浙江文化和旅游年鉴 2022

《浙江文化和旅游年鉴》
编纂委员会 编

浙江工商大学出版社
ZHEJIANG GONGSHANG UNIVERSITY PRESS
杭州

图书在版编目(CIP)数据

浙江文化和旅游年鉴. 2022 /《浙江文化和旅游年鉴》编纂委员会编. —杭州：浙江工商大学出版社，2023.12

ISBN 978-7-5178-5839-3

Ⅰ.①浙… Ⅱ.①浙… Ⅲ.①地方文化—文化事业—浙江—2022—年鉴②地方旅游业—浙江—2022—年鉴 Ⅳ.①G127.55—54②F592.755—54

中国国家版本馆 CIP 数据核字(2023)第 235261 号

浙江文化和旅游年鉴 2022

ZHEJIANG WENHUA HE LÜYOU NIANJIAN 2022

《浙江文化和旅游年鉴》编纂委员会 编

责任编辑	沈 娴 刘 颖
封面设计	林朦朦
责任校对	孟令远 费一琛
责任印制	包建辉
出版发行	浙江工商大学出版社
	(杭州市教工路 198 号 邮政编码 310012)
	(E-mail：zjgsupress@163.com)
	(网址：http://www.zjgsupress.com)
	电话：0571 - 88904980,88831806(传真)
排 版	杭州朝曦图文设计有限公司
印 刷	浙江海虹彩色印务有限公司
开 本	889mm×1194mm 1/16
印 张	41
字 数	1264 千
版 印 次	2023 年 12 月第 1 版 2023 年 12 月第 1 次印刷
书 号	ISBN 978-7-5178-5839-3
定 价	398.00 元

编 辑 说 明

一、"浙江文化和旅游年鉴"系列由浙江省文化和旅游厅主持编纂,是社会各界及国内外关心支持文化和旅游工作的人士了解与研究浙江文化和旅游的信息资料工具书,具有资政、存史、交流、宣传浙江文化和旅游的作用。

二、本年鉴以马克思列宁主义、毛泽东思想、邓小平理论、"三个代表"重要思想、科学发展观、习近平新时代中国特色社会主义思想为指导,坚持辩证唯物主义和历史唯物主义的立场、观点和方法,主要记载浙江省 2021 年 1 月 1 日至 12 月 31 日期间发生的主要文化和旅游事件。为便于读者了解事情始末,个别条目所记时间适当上溯或延伸。

三、本年鉴设图记,特载,特辑,概览,概况,大事记,厅属单位建设发展,市、县(市、区)文化和旅游工作,文献资料,统计资料,附录 11 个部类。

四、本年鉴设双重检索系统,书前有详细目录,书后备有主题索引,范围详及条目。为方便读者查阅和保存,配有光盘。

五、本年鉴所收内容(含图片)均由浙江省文化和旅游厅、省文物局各处(室)和厅属各单位,各市、县(市、区)文化和旅游主管部门提供并经各单位领导审核,涉及的全省性统计数字以省文化和旅游厅科技与教育处及有关处(室)核准的数字为依据;厅直属各单位和市、县(市、区)的有关数据以本单位和本市、县(市、区)文化和旅游主管部门提供的为准。

六、本年鉴的编纂出版工作得到浙江省文化和旅游厅、省文物局各处(室),厅直属各单位及全省各市、县(市、区)文化和旅游主管部门的高度重视和积极配合,在此谨表谢意。因编辑水平所限,书中难免有不足之处,敬请有关方面和广大读者批评指正。

《浙江文化和旅游年鉴》编辑部
2023 年 5 月

◆10月14日,浙江省委书记、省人大常委会主任袁家军参加辛丑(2021)年中国仙都祭祀轩辕黄帝大典

◆9月18日,浙江省委、省政府组织召开全省文物安全专题工作电视电话会议。浙江省委副书记、省长郑栅洁出席会议并讲话

◆3月31日，2021年"东亚文化之都·中国绍兴活动年"正式启动。文化和旅游部副部长张旭（前排左）出席并致辞

◆9月25日，第16届中国义乌文化和旅游产品交易博览会开幕。文化和旅游部副部长杜江（前排中）出席开幕式并参观了博览会

◆5月8日，"百年风华　青春筑梦"主题动漫展播活动在嘉兴南湖启动。文化和旅游部党组成员王晓峰（右二）参加启动仪式

◆2月24日，浙江省委常委、宣传部部长朱国贤到浙江省文化和旅游厅调研数字化改革工作

◆5月31日,"百名红色讲解员讲百年党史"宣讲活动在杭州市举行,浙江省委常委、省委秘书长陈奕君(左八)会见宣讲团成员

◆2月25日,浙江省副省长成岳冲带队赴浦江上山遗址进行工作调研,实地考察了上山考古遗址公园,并召开座谈会听取相关情况汇报

◆2月24日，2021年浙江省青少年新春音乐会在杭州剧院上演

◆3月1日，浙江省市级馆长联席会暨服务大提升工作部署现场会在台州召开

◆3月2日至4月15日，浙江小百花越剧院越剧《枫叶如花》参加2021年全国舞台艺术优秀剧目网络演播

◆3月8日，"红船女儿"纪念第111个"三八"国际妇女节、献礼中国共产党成立100周年艺术特展在浙江美术馆开幕

◆3月10日，杭州市文化广电旅游局"传承红色记忆、创树百场精品"庆祝建党百年系列活动启动仪式举行

◆3月12日，"百年百景·先锋领跑"长三角文化和旅游系统党史学习教育活动在台州椒江大陈岛启动

◆3月17日,省级文化和旅游系统2021年度党建和党风廉政建设工作会议暨党史学习教育动员大会在浙江图书馆召开

◆3月23日,浙江省文化和旅游志愿者总队成立仪式在浙江旅游职业学院举行

◆3月31日,"东亚文都 绍兴有戏"东亚文化之都城市戏曲经典荟萃演出活动在绍兴大剧院开幕

◆4月8日,宁波市越剧廉政大戏《走马御史》在国家大剧院上演

◆4月11日,浙江省舞台艺术"1111"人才培养计划2021年第1期培训班在浙江艺术职业学院开班

◆4月13日,宁波余姚井头山遗址入选"2020年度全国十大考古新发现"。图为井头山遗址考古发掘钢结构基坑

◆4月14日,第十届沐尘"三月三"畲族风情文化旅游节在衢州龙游沐尘畲族乡开幕

◆4月19日,2021年遂昌"班春劝农"典礼在丽水遂昌石练镇举行

◆4月23日,"文化驿站——文化馆总分馆体系建设的温州模式"在全国公共文化领域重点改革工作总结部署会上亮相推广

◆4月24日至25日,第四届"国丝汉服节·唐之雍容"在中国丝绸博物馆举办

◆4月25日,"红韵湖州"文化和旅游消费年暨浙江老干部老同志"银领研学·同心向党"在湖州看见美丽中国启动仪式在湖州吴兴丝绸小镇举行

◆4月27日,"守好红色根脉　书写青春忠诚"首场主题宣讲暨全省文旅青年宣讲团百场大巡讲活动启动仪式在浙江音乐厅举行

◆5月9日,百年党史文物说——浙江省文物系统"六个一百"庆祝建党百年系列活动启动仪式在义乌陈望道故居举行

◆5月10日,2022年"东亚文化之都"终审活动在北京举行。温州从全国5个候选城市中脱颖而出,总得分位列第一

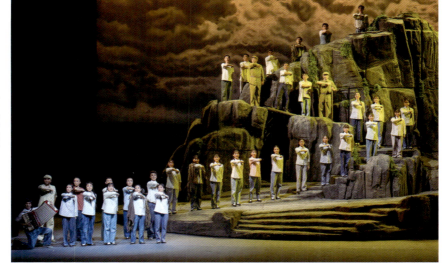

◆5月15日至16日,台州乱弹大型现代戏《我的大陈岛》在国家大剧院献演

◆5月17日，跨界音乐会"听·瓷"2021全国巡演季慈溪站在慈溪大剧院上演

◆5月18日，中国丝绸博物馆"众望同归：丝绸之路的前世今生"特展入选第十八届（2020年度）全国博物馆十大陈列展览精品名单

◆5月19日，浙江艺术职业学院启动庆祝建党百年活动"百年望道 百年华诞"——纪念《共产党宣言》中文首译本出版百年展暨浙艺原创电影《妈妈们的青春往事》展映活动

◆5月21日，"迎建党百年　享美好生活"浙江省民间音舞大型广场展演在湖州德清举办

◆5月21日，第八届中国戏剧奖·梅花表演奖（第30届中国戏剧梅花奖）在江苏南京举行颁奖仪式，浙江婺剧艺术研究院国家二级演员楼胜摘得戏曲类榜首

◆5月21日，浙江省庆祝建党百年红色文旅宣传推广活动——2021嘉兴红船文化旅游节开幕式暨浙江省文化和旅游消费季启动仪式在嘉兴举行

◆5月22日，2021"相聚浙里"国际人文交流活动启动仪式在温州举行

◆5月25日，以"乘着衢宁高铁游丽水"为主题的2021浙江丽水遂昌、庆元、龙泉、松阳文化旅游推介会在厦门举行

◆5月28日，2021"湖光山色 度假之州"国际滨湖度假大会暨湖州度假博览会在湖州市奥体中心开幕

◆5月29日，浙江京昆艺术中心"浙阿共庆·建党百年"红色主题京昆戏曲晚会在新疆阿拉尔文化馆大剧院上演

◆5月30日，"红色根脉　红动浙江"2021千万游客寻访百年百景活动在温州平阳启动

◆5月30日，文化和旅游部百名红色讲解员讲百年党史宣讲活动走进温州

◆6月1日至2日,浙江省省级文化传承生态保护区创建工作会商活动在杭州举办

◆6月5日,2021年"文化和自然遗产日"浙江省主场城市(嘉善)系列活动开幕式在嘉兴嘉善西塘景区举行

◆6月11日,浙江省入选第五批国家级非物质文化遗产代表性项目名录新闻发布会在杭州举行

◆6月14日,"礼赞百年·共庆端午"舟山市"阿拉过端午嘞"系列文化活动举办。图为龙舟赛

◆6月15日,浙江省庆祝中国共产党成立100周年优秀舞台艺术作品展演在杭州开幕

◆6月16日,第六届越窑青瓷文化节暨第十二届慈溪艺术节在宁波慈溪开幕

◆6月17日,全国文化艺术职业院校和旅游职业院校"学党史 迎百年"课程思政现场展示暨教育研讨活动在浙江旅游职业学院举行

◆6月18日,衢州市柯城区"传承红色基因,凝聚奋进力量"迎建党百年百人快闪活动在水亭门历史文化街区举行

◆6月20日,"迎建党百年 享美好生活"浙江省群众(乡村)合唱大赛在衢州江山举行

◆6月21日,浙江省省级文化和旅游系统庆祝中国共产党成立100周年主题党日活动在浙江音乐厅举行

◆6月22日,浙江自然博物院"福禄寿喜 美好生活"中国吉祥文化特展开幕

◆6月23日,浙江非遗剧种和曲牌抢救工作启动仪式暨林为林戏曲创研推广中心、陈晓红越剧创研工作室挂牌仪式在浙江音乐学院举行

◆6月24日,"丝绸之路周"2021闭幕式在浙江万里学院举办

◆6月27日,"百年红船　扬帆远航"浙江省庆祝中国共产党成立100周年大型交响诗画文艺演出在杭州上演

◆6月28日,"永远跟党走"台州市庆祝中国共产党成立100周年文艺演出举办

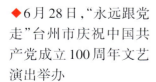

◆6月28日至7月1日，嘉兴市"颂党恩 跟党走"庆祝中国共产党成立100周年七一系列群众文化活动举行

◆6月29日，浙江图书馆党史书房揭牌暨"真理的力量"建党百年革命历史文献展开幕式举行

◆7月2日，歌剧《红船》在国家大剧院演出

◆7月7日,"唱支渔歌给党听"主题文艺晚会在舟山嵊泗举行

◆7月8日,"双水擎莲·两地跨虹"——诗画浙江澳门推介会在澳门举行

◆7月9日,宁波市第六届"悦读童年"经典绘本剧创意表演大赛在宁波图书馆举办

◆ 7月9日至10日，越剧现代戏《核桃树之恋》在北京天桥剧场上演

◆ 7月13日，数字音乐智能处理技术文化和旅游部重点实验室在浙江音乐学院正式揭牌成立

◆ 7月14日，中国职业技术教育学会旅游职业教育专业委员会成立大会暨旅游职业教育数字化转型高峰论坛在杭州举行

◆7月19日，"百家媒体看金华、百家旅行商走金华、百万市民游金华"2021金华市"再续金申"文旅推介发布会在上海举办

◆7月23日，"浙里不止小康——八个'窗口'看精彩浙江"特展在浙江省博物馆武林馆区开幕

◆8月4日至5日，浙江省"文化基因解码工程"暨文化标识建设工作推进会在绍兴召开

◆8月17日,浙江版画百年艺术特展座谈会在浙江美术馆举办

◆9月1日,第四届中国与阿拉伯国家图书馆及信息领域专家会议以视频会议形式在杭州举行

◆9月7日,浙江石窟寺考古项目列入《中国石窟寺考古中长期计划（2021—2035年）》

◆9月9日,丽水市全域旅游现场会暨市旅游专班第四次工作会议在松阳举行

◆9月16日,第十三届浙江·中国非物质文化遗产博览会(杭州工艺周)在杭州富阳开幕

◆9月16日,深化全省国有文艺院团改革现场会在金华召开

◆9月16日，2021中国农民丰收节系列活动暨第二十四届中国（象山）开渔节仪式在宁波象山石浦港举行

◆9月17日至18日，全省促进文化和旅游消费工作会议在湖州德清召开

◆9月22日至24日，浙江省文化和旅游厅联合央媒和省级主流媒体开展浙江山区县跨越式高质量发展媒体采风活动

◆9月23日,浙江省文物安全工作部署会在湖州长兴召开

◆9月25日,2021"诗画浙江"金秋文化和旅游消费季启动仪式在金华义乌举行

◆9月25日至27日,第16届中国义乌文化和旅游产品交易博览会举行

◆9月27日至30日,推进国家文化和旅游消费示范(试点)城市建设现场交流活动在湖州举行

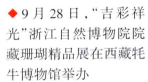

◆9月28日,"吉彩祥光"浙江自然博物院院藏珊瑚精品展在西藏牦牛博物馆举办

◆9月28日,2021绍兴文化旅游消费季系列活动正式启动

◆9月29日,浙港职业教育联盟成立大会暨首届浙港职业教育研讨会在浙江旅游职业学院举行

◆9月30日,2021中国希腊文化和旅游年之"照鉴·中希戏剧对话"活动在杭州举行

◆9月30日,长三角戏曲产教联盟成立仪式在浙江艺术职业学院举行

◆9月30日,中国浙江·全国曲艺传承发展论坛及观摩交流展演在温州开幕。图为温州鼓词表演

◆10月9日、10日晚,浙江京昆艺术中心(京剧团)现代京剧《战士》参加第九届中国京剧艺术节线下剧场演出

◆10月11日至20日,浙江省第一届书画鉴定培训班在杭州举办

◆10月12日,第二届海峡两岸影像文化周在浙江美术馆开幕

◆10月14日,丽水缙云仙都景区海峡两岸交流基地正式授牌

◆10月14日,浙江省文献信息资源共建共享平台开通仪式在杭州举行

◆10月15日,2021长三角乡村文旅创客大会在湖州长兴举行

◆10月18日,第三届全国文化馆理论体系构建研讨活动在台州开幕

◆10月18日,良渚遗址入选"百年百大考古发现",并同时入选考古遗址保护展示优秀项目。图为良渚反山王陵遗址

◆10月20日，浙江省博物馆"临安市馆藏水丘氏墓出土瓷器保护修复项目"入选2021全国十佳文物藏品修复项目

◆10月20日，浙江省新时代文化艺术创研基地开工仪式举行

◆10月22日至24日，"2021未来旅游嘉年华"活动在杭州湖滨步行街举办

◆ 10月23日，"百年红船路　启航新征程"长三角红色文化旅游宣传推广活动在丽水举办

◆ 10月28日至11月3日，中国－中东欧国家音乐院校联盟音乐展演在浙江音乐学院举办

◆ 10月31日，2021年"书香宁波日"在宁波图书馆新馆启幕。图为系列活动之宁波图书馆"帐篷阅读营"·探秘千年古建活动

◆11月3日,宁海县依托"十里红妆"婚俗特色民间文化资源入选2021—2023年度"中国民间文化艺术之乡"

◆11月4日,"诗画浙江与世界对话"——良渚主题系列文化交流活动在希腊雅典拉开序幕

◆11月4日,浙江省民间收藏文物公益鉴定(温州站)活动在温州博物馆举行

◆11月4日,浙江音乐学院主办的第三届中国–中东欧国家音乐学院院长论坛以线上会议的形式举行

◆11月9日,"浙江考古与中华文明"新闻发布会在杭州举行

◆11月10日,云和县童话书房正式对外开放

◆11月15日至16日，国际丝路之绸研究联盟（IASSRT）第五届学术研讨会"丝路之绸：从中世纪到工业时代"在中国杭州和意大利特伦托召开。图为杭州主场与会人员合影

◆11月18日，2021"浙江好腔调"全省传统戏剧展演活动在线上H5集中展映

◆11月21日至24日，博物馆与可持续发展2021国际学术研讨会在浙江自然博物院安吉馆举办

◆11月24日，"天涯比邻　相逢有期"——"诗画浙江"文旅交流周在日本静冈启幕

◆11月24日，"云上浙江"线上展览发布仪式在马来西亚吉隆坡举行

◆12月7日，第二届中日旅游论坛在绍兴举行

◆12月26日,浙江京昆艺术中心(京剧团)实验京剧《王者俄狄》以线上展演的形式亮相中国–东盟(南宁)国际戏剧周

◆12月31日晚,"启航2022"中央广播电视总台跨年晚会在台州府城举办

目　录

特　载

浙江召开省委文化工作会议 …………… 2

浙江省十大海岛公园建设推进会在杭州召开 … 3

浙江省旅游专班研究谋划新年工作任务 ……… 4

全省旅游"遏重大"攻坚战现场推进会暨旅游安
　　全专业委员会全体扩大会议在安吉举行 … 4

浙江开展全省文物安全大排查大整治大提升行动
　　………………………………………… 5

浙江省庆祝中国共产党成立 100 周年大型交响
　　诗画文艺演出举行 ……………………… 5

浙江省文化和旅游系统开展"七个一百"系列活
　　动　向中国共产党成立 100 周年献礼 …… 6

浙江率先实现全省文物局全覆盖 ………… 7

浙江开展"百年党史文物说"活动 ………… 7

2021 年中国仙都祭祀轩辕黄帝大典举行 …… 7

《关于高质量打造新时代文化高地　推进共同富裕
　　示范区建设行动方案（2021—2025 年）》印发实施
　　………………………………………… 8

浙江加快建设公共文化服务现代化先行省 … 8

浙江实现国家级非遗项目申报"五连冠" ……… 8

浙江考古发掘成果丰硕 …………………… 9

第 16 届中国义乌文化和旅游产品交易博览会
　　"四赋能"引领产业转型升级 …………… 9

安吉余村入选首届联合国世界旅游组织最佳旅
　　游乡村 …………………………………… 10

婺剧演员楼胜获第 30 届中国戏剧梅花奖 …… 10

浙江音乐学院师生获第十三届中国音乐金钟奖
　　………………………………………… 10

温州市当选 2022 年"东亚文化之都" ………… 10

浙江启动乡村博物馆建设 ………………… 11

浙江博物馆工作获多项荣誉 ……………… 11

浙江出台全国首个省级自由贸易试验区文化和

旅游改革发展专项工作方案 …………… 11

2021 中国特色旅游商品大赛浙江获奖总量蝉联
　　全国第一 ………………………………… 12

浙江 30 个县市入选中国县域旅游综合竞争力百
　　强县市 …………………………………… 12

浙江省文化和旅游志愿者总队成立 ……… 12

"云上泽国——良渚文明线上主题展"启动海外
　　传播 ……………………………………… 12

"世界看见·诗画浙江"海外推广文旅"金名片"
　　展示周获 2021 年 EMA 大奖 …………… 13

《丽水市革命遗址保护条例》批准通过 …… 13

泰顺廊桥灾后修复工程入选《全球文化遗产恢复
　　和重建案例研究》 ……………………… 13

特　辑

2021 年全省文化和旅游局长会议 …………… 16

概况 ………………………………………… 16

在 2021 年全省文化和旅游局长会议上的讲话
　　省文化和旅游厅党组书记、厅长　褚子育 …… 17

**省级文化和旅游系统 2021 年度党建和党风廉政
　建设工作会议暨党史学习教育动员大会** …… 26

概况 ………………………………………… 26

在省级文化和旅游系统 2021 年度党建和党风廉
　　政建设工作会议暨党史学习教育动员大会上
　　的讲话
　　省文化和旅游厅党组书记、厅长　褚子育 …… 26

2021 年全省文物局长培训会 ……………… 31

概况 ………………………………………… 31

在 2021 年全省文物局长培训会上的讲话
　　省文化和旅游厅党组书记、厅长　褚子育 …… 32

2021年全省年中文化和旅游局长座谈会 ········ 35

概况 ······ 35

在2021年全省年中文化和旅游局长座谈会上的
讲话

省文化和旅游厅党组书记、厅长 褚子育 ····· 36

全省文化和旅游系统"双减"工作电视电话会议
······ 40

概况 ······ 40

在全省文化和旅游系统"双减"工作电视电话会
议上的讲话

省文化和旅游厅党组书记、厅长 褚子育 ····· 41

全省文化和旅游资源普查工作动员会 ······ 44

概况 ······ 44

在全省文化和旅游资源普查工作动员会上的讲话

省文化和旅游厅党组书记、厅长 褚子育 ····· 44

**加快打造新时代文化高地 展现共同富裕美好
社会的人文图景** ······ 47

省文化和旅游厅党组书记、厅长 褚子育 ····· 47

概 览

浙江省文化和旅游概览 ······ 52

概 况

2021年浙江省文化和旅游工作 ······ 56

2021年浙江省文物工作 ······ 60

政策法规 ······ 63

专业艺术 ······ 65

公共服务 ······ 69

图书馆事业 ······ 72

科技与教育 ······ 74

非物质文化遗产保护 ······ 76

资源开发 ······ 79

产业发展 ······ 82

市场管理 ······ 86

执法监督 ······ 89

对外对港澳台合作交流 ······ 92

文物保护与考古 ······ 96

革命文物保护 ······ 98

博物馆事业 ······ 98

文物安全与执法督察 ······ 99

队伍建设与人才培养 ······ 100

党工团工作 ······ 102

大事记

2021年浙江省文化和旅游大事记 ······ 108

厅属单位建设发展

浙江音乐学院 ······ 122

浙江旅游职业学院 ······ 124

浙江艺术职业学院 ······ 127

中国丝绸博物馆 ······ 129

浙江图书馆 ······ 133

浙江省文化馆 ······ 135

浙江美术馆 ······ 138

浙江省博物馆 ······ 140

浙江自然博物院 ······ 145

浙江省文物考古研究所 ······ 146

浙江省非物质文化遗产保护中心（浙江省非物
质文化遗产馆） ······ 149

浙江京昆艺术中心 ······ 152

浙江小百花越剧院 ······ 154

浙江交响乐团 ······ 154

浙江省文化和旅游宣传推广信息中心 ······ 157

浙江省文物鉴定站（国家文物进出境审核浙江
管理处） ······ 160

浙江演艺集团有限责任公司 ······ 162

市、县（市、区）文化和旅游工作

杭州市文化广电旅游局 ······ 168

杭州市县（市、区）文化和旅游工作概况 ······ 173

上城区文化和广电旅游体育局 …………… 173
拱墅区文化和广电旅游体育局 …………… 174
西湖区文化和广电旅游体育局 …………… 175
滨江区社会发展局 ……………………… 176
萧山区文化和广电旅游体育局 …………… 177
余杭区文化和广电旅游体育局 …………… 179
临平区文化和广电旅游体育局 …………… 180
钱塘区社会发展局 ……………………… 181
富阳区文化和广电旅游体育局 …………… 182
临安区文化和广电旅游体育局 …………… 184
建德市文化和广电旅游体育局 …………… 185
桐庐县文化和广电旅游体育局 …………… 186
淳安县文化和广电旅游体育局 …………… 187

宁波市文化广电旅游局 …………… 189
宁波市县(市、区)文化和旅游工作概况 ……… 198
　　海曙区文化和广电旅游体育局 …………… 198
　　江北区文化广电旅游局 …………… 200
　　镇海区文化和广电旅游体育局 …………… 201
　　北仑区文化和广电旅游体育局 …………… 203
　　鄞州区文化和广电旅游体育局 …………… 205
　　奉化区文化和广电旅游体育局 …………… 207
　　余姚市文化和广电旅游体育局 …………… 209
　　慈溪市文化和广电旅游体育局 …………… 210
　　宁海县文化和广电旅游体育局 …………… 212
　　象山县文化和广电旅游体育局 …………… 214

温州市文化广电旅游局 …………… 216
温州市县(市、区)文化和旅游工作概况 ……… 222
　　鹿城区文化和广电旅游体育局 …………… 222
　　龙湾区文化和广电旅游体育局 …………… 223
　　瓯海区文化和广电旅游体育局 …………… 224
　　洞头区文化和广电旅游体育局 …………… 226
　　乐清市文化和广电旅游体育局 …………… 227
　　瑞安市文化和广电旅游体育局 …………… 228
　　永嘉县文化和广电旅游体育局 …………… 230
　　文成县文化和广电旅游体育局 …………… 232
　　平阳县文化和广电旅游体育局 …………… 233
　　泰顺县文化和广电旅游体育局 …………… 235
　　苍南县文化和广电旅游体育局 …………… 236
　　中共龙港市委宣传统战部 …………… 238

湖州市文化广电旅游局 …………… 239
湖州市县(市、区)文化和旅游工作概况 ……… 244
　　吴兴区文化和广电旅游体育局 …………… 244
　　南浔区文化和广电旅游体育局 …………… 246
　　德清县文化和广电旅游体育局 …………… 247
　　长兴县文化和广电旅游体育局 …………… 249
　　安吉县文化和广电旅游体育局 …………… 250

嘉兴市文化广电旅游局 …………… 253
嘉兴市县(市、区)文化和旅游工作概况 ……… 265
　　南湖区文化和旅游局 …………… 265
　　秀洲区文化和旅游局 …………… 266
　　嘉善县文化和广电旅游体育局 …………… 268
　　平湖市文化和广电旅游体育局 …………… 270
　　海盐县文化和广电旅游体育局 …………… 271
　　海宁市文化和广电旅游体育局 …………… 273
　　桐乡市文化和广电旅游体育局 …………… 274

绍兴市文化广电旅游局 …………… 278
绍兴市县(市、区)文化和旅游工作概况 ……… 284
　　越城区文化广电旅游局 …………… 284
　　柯桥区文化广电旅游局 …………… 286
　　上虞区文化广电旅游局 …………… 287
　　诸暨市文化广电旅游局 …………… 288
　　嵊州市文化广电旅游局 …………… 290
　　新昌县文化广电旅游局 …………… 291

金华市文化广电旅游局 …………… 294
金华市县(市、区)文化和旅游工作概况 ……… 298
　　婺城区文化和旅游体育局 …………… 298
　　金东区文化和旅游局 …………… 299
　　兰溪市文化和广电旅游体育局 …………… 301
　　东阳市文化和广电旅游体育局 …………… 302
　　义乌市文化和广电旅游体育局 …………… 303
　　永康市文化和广电旅游体育局 …………… 304
　　浦江县文化和广电旅游体育局 …………… 306
　　武义县文化和广电旅游体育局 …………… 307
　　磐安县文化和广电旅游体育局 …………… 309

衢州市文化广电旅游局 ……………… 311

衢州市县(市、区)文化和旅游工作概况 ……… 313

　　柯城区文化和旅游体育局 ………… 313

　　衢江区文化和旅游体育局 ………… 315

　　江山市文化广电旅游局 …………… 317

　　龙游县文化和广电旅游体育局 …… 317

　　常山县文化和广电旅游体育局 …… 319

　　开化县文化和广电旅游体育局 …… 321

舟山市文化和广电旅游体育局 ……… 323

舟山市县(市、区)文化和旅游工作概况 …… 330

　　定海区文化和广电旅游体育局 …… 330

　　普陀区文化和广电旅游体育局 …… 332

　　岱山县文化和广电旅游体育局 …… 333

　　嵊泗县文化和广电旅游体育局 …… 335

台州市文化和广电旅游体育局 ……… 338

台州市县(市、区)文化和旅游工作概况 …… 341

　　椒江区文化和广电旅游体育局 …… 341

　　黄岩区文化和广电旅游体育局 …… 342

　　路桥区文化和广电旅游体育局 …… 343

　　临海市文化和广电旅游体育局 …… 344

　　温岭市文化和广电旅游体育局 …… 346

　　玉环市文化和广电旅游体育局 …… 347

　　天台县文化和广电旅游体育局 …… 348

　　仙居县文化和广电旅游体育局 …… 350

　　三门县文化和广电旅游体育局 …… 351

丽水市文化和广电旅游体育局 ……… 354

丽水市县(市、区)文化和旅游工作概况 …… 360

　　莲都区文化和广电旅游体育局 …… 360

　　龙泉市文化和广电旅游体育局 …… 361

　　青田县文化和广电旅游体育局 …… 362

　　云和县文化和广电旅游体育局 …… 364

　　庆元县文化和广电旅游体育局 …… 366

　　缙云县文化和广电旅游体育局 …… 367

　　遂昌县文化和广电旅游体育局 …… 369

　　松阳县文化和广电旅游体育局 …… 370

　　景宁畲族自治县文化和广电旅游体育局 … 372

文献资料

浙江省发展和改革委员会　浙江省文化和旅游
　　厅关于印发《浙江省旅游业发展"十四五"规
　　划》的通知 ………………………… 376

浙江省发展和改革委员会　浙江省文化和旅游
　　厅关于印发《浙江省"十四五"时期推进旅游
　　业高质量发展行动方案》的通知 …… 394

浙江省发展和改革委员会　中共浙江省委宣传
　　部关于印发《浙江省文化改革发展"十四五"
　　规划》的通知 ………………………… 398

浙江省公共文化服务体系协调组办公室关于印
　　发《高质量推进城市公共文化服务体系建设三
　　年行动计划(2021—2023年)的通知》……… 415

浙江省文化和旅游厅关于印发《高质量推进旅游
　　公共服务体系建设的若干意见》的通知 …… 419

浙江省文化和旅游厅等6部门关于印发《浙江省
　　旅游业"微改造、精提升"五年行动计划(2021
　　—2025年)》的通知 ……………… 425

浙江省文化和旅游厅等6部门关于印发《关于加
　　快推动山区26县旅游业高质量发展的意见》
　　的通知 ……………………………… 429

浙江省文化和旅游厅关于印发《浙江省非物质文
　　化遗产保护发展"十四五"规划》的通知 …… 434

浙江省文化和旅游厅　浙江省发展和改革委员
　　会　浙江省商务厅印发《关于加快推进夜间
　　文化和旅游消费集聚区建设的指导意见》的
　　通知 ………………………………… 445

浙江省文化和旅游厅关于印发《建设文化标识
　　推进文旅融合行动计划(2021—2025年)(试
　　行)》的通知 ………………………… 447

浙江省文化和旅游厅关于印发《推进文化和旅游
　　高质量发展　促进共同富裕示范区建设行动
　　计划(2021—2025年)》的通知 ……… 451

浙江省文化和旅游厅关于印发《浙江省加强旅游
　　服务质量监管　提升旅游服务质量五年行动
　　(2021—2025年)实施方案》的通知 ……… 462

浙江省文化和旅游厅　浙江省文物局关于全面
　　贯彻省委文化工作会议精神　实施浙江省

文化和旅游领航计划的通知 ············· 467

浙江省文化和旅游厅印发《关于加快推进全省
景区村庄文旅运营的实施意见（试行）》的通知
·································· 489

浙江省文化和旅游厅关于印发《浙江省海洋旅游
发展行动计划（2021—2025）》的通知 ······· 491

浙江省文化和旅游厅关于印发《浙江省5A级旅
游景区、国家级旅游度假区培育管理意见》的
通知 ··························· 501

浙江省文化和旅游厅关于印发《浙江省"十四五"
时期濒危剧种保护扶持方案》的通知 ······· 503

浙江省文化和旅游厅印发《浙江省文化和旅游厅
关于加快推进数字文化产业高质量发展的实
施意见》的通知 ················· 504

统计资料

2021年浙江省文化发展指标 ········· 512
2021年浙江省旅游业主要指标 ······· 512
2021年浙江省分市主要文化发展指标（一）··· 513
2021年浙江省分市主要文化发展指标（二）··· 513
2021年浙江省分市主要文化发展指标（三）··· 514
2021年浙江省分市旅游业主要指标 ······· 514
2021年浙江省分市接待游客总人数和旅游总收
入情况 ····················· 515
2021年浙江省分市接待入境游客人数、国际旅
游（外汇）收入情况 ············· 515
2021年浙江省国内游客分市人均停留时间、人
均花费情况 ·················· 516
2021年浙江省接待外国游客客源分布情况 ··· 517
2021年浙江省接待国内游客客源分布情况 ··· 518
2017—2021年浙江省文化发展指标 ······· 519
2017—2021年浙江省旅游业主要指标 ······· 519
2017—2021年浙江省接待入境游客人数、国际
旅游（外汇）收入情况 ············· 520
2017—2021年浙江省接待入境外国游客和港澳
台同胞人数情况 ················ 520
2017—2021年浙江省接待国内游客人数和国内
旅游收入情况 ·················· 520
2017—2021年浙江省假日旅游接待收入情况
··································· 521

附 录

浙江省国家历史文化名城 ········· 524
浙江省省级历史文化名城 ········· 524
浙江省全国文化先进单位 ········· 524
浙江省2021—2023年度中国民间文化艺术之乡
···································· 525
浙江省国家级非物质文化遗产代表性项目名录
···································· 525
浙江省国家级非物质文化遗产代表性项目代表
性传承人 ··················· 534
2021年浙江省非物质文化遗产代表性传承人
（第6批）·················· 540
浙江省中国历史文化名镇（村）········· 548
浙江省中国历史文化街区 ········· 549
浙江省全国重点文物保护单位 ········· 549
浙江省国家公共文化服务体系示范区（项目）
···································· 558
2021年浙江省公共文化服务体系示范区（项目）
（第4批）·················· 558
浙江省国家文化和旅游消费试点城市 ······· 559
浙江省国家级夜间文化和消费集聚区 ······· 559
2021年浙江省省级夜间文化和旅游消费集聚区
···································· 559
浙江省国家文化产业示范基地 ········· 560
浙江省全国爱国主义教育示范基地 ········· 560
浙江省全国博物馆十大陈列展览精品获奖项目
···································· 561
浙江省博物馆（纪念馆）名录 ········· 562
浙江省国家4A级以上景区 ········· 579
浙江省国家级旅游度假区 ········· 586
浙江省省级旅游度假区 ········· 587
浙江省国家全域旅游示范区 ········· 588
2021年浙江省全域旅游示范县（市、区）（第2批）
···································· 588
浙江省全国乡村旅游重点村镇 ········· 589
浙江省全国红色旅游经典景区 ········· 590
浙江省全国甲级、乙级旅游民宿 ········· 590
2021年浙江省旅游休闲街区（第1批）········· 590

2021年浙江省工业旅游示范基地 ············ 590

2021年浙江省中医药文化养生旅游示范基地
············ 591

2021年浙江省省级红色旅游教育基地（第5批）
············ 592

浙江省4A级以上景区城和5A级景区镇（乡、
街道）············ 592

浙江省五星级品质旅行社 ············ 593

浙江省文化和旅游机构简址 ············ 595

索　引

索　引 ············ 602

特　载

ZHEJIANG CULTURE AND TOURISM YEARBOOK

浙江召开省委文化工作会议

8月31日，省委文化工作会议在杭州召开。省委书记袁家军出席会议并讲话。省委副书记、省长郑栅洁主持，省领导葛慧君、黄建发、陈金彪、朱国贤、许罗德、王昌荣、彭佳学、陈奕君、刘小涛、梁黎明、成岳冲出席。会上，省文化和旅游厅、省社科联、温州市、慈溪市、横店集团的相关负责人做交流发言。

会议强调，"十四五"时期，要坚持以习近平新时代中国特色社会主义思想为指导，围绕举旗帜、聚民心、育新人、兴文化、展形象的职责使命，守好"红色根脉"、增强精神力量、深化文化建设"八项工程"，深入推进新时代文化浙江工程，着力打造思想理论高地、精神力量高地、文明和谐高地、文艺精品高地、文化创新高地，培育浙江文化新标识，构建文化建设大平台，形成文化发展新格局，在共同富裕中实现精神富有，在现代化先行中实现文化先行，为忠实践行"八八战略"、奋力打造"重要窗口"，争创社会主义现代化先行省，高质量发展建设共同富裕示范区，提供强大思想保证、舆论支持、精神动力和文化条件，建设文化强省，努力成为传承中华文脉、建设社会主义文化强国的生力军和排头兵。

会议指出，近年来，历届省委坚定不移沿着习近平总书记指引的路子，坚持一张蓝图绘到底，接续推进文化大省、文化强省、"文化浙江"等文化发展战略，走出了一条具有中国特色、时代特征、浙江特点的文化发展之路，显著增强了浙江文化软实力，推动我省文化建设取得了历史性成就。经过多年努力，浙江文化建设形成了积厚成势、蓄力跃升的良好态势，为新时代浙江攀登文化高峰打下了坚实基础。新发展阶段，浙江已经逐上实现第二个百年奋斗目标的新征程，正在奋力打造"重要窗口"，争创社会主义现代化先行省，高质量发展建设共同富裕示范区。必须在建设共同富裕示范区中，准确把握浙江文化工作面临的形势使命、目标要求和主要任务，深刻认识到，共同富裕美好社会是全面建成小康社会后的一种更高级的社会形态，建设共同富裕示范区是一场深刻的社会变革，需要发挥文化铸魂塑形赋能的强大力量和功能，加快打造新时代文化高地，构建起以文化大量推动社会全面进步的新格局。

会议明确，"十四五"时期，我省要打造思想理论高地，展现"红色根脉"守护传承、思想力量充分彰显的新气象；打造精神力量高地，展现人文精神标识鲜明、人民精神昂扬奋进的新气象；打造文明和谐高地，展现崇尚美美与共、自信开放包容的新气象；打造文艺精品高地，展现流派高峰涌现、创造活力充沛的新气象；打造文化创新高地，展现文化引领驱动、形神融合兼备的新气象。下一步，我省要围绕打造"五个高地"，找准抓实文化建设牵一发动全身的重要抓手，不断取得新突破。一是要在挖掘传承习近平总书记留给浙江的宝贵思想理论财富上不断取得新突破，放大视野、观照现实、入脑入心，不断把总书记留给浙江的宝贵财富转化为浙江改革发展的动力源泉；二是要在大力弘扬红船精神、浙江精神上不断取得新突破，构建以红船精神为主的浙江红色精神谱系，推动与时俱进的浙江精神融入血脉，筑好引领未来的精神家园；三是要在打造文化精品力作上不断取得新突破，创新文化精品力作创作生产的体制机制，积极打造文化精品创作的重要平台，完善文化精品创作的全流程保障，让浙产文化精品力作成为浙江文化高地最鲜明、最令人信服的标识；四是要在壮大高水平文化人才队伍上不断取得新突破，打造浙江高水平文化人才方阵，创造文化人才脱颖而出的环境和机制，打造重大文化人才集聚平台；五是要在提升思想文化传播能力上不断取得新突破，做深媒体融合发展，拓展对外传播渠道，讲好浙江故事，更好地以"浙江之窗"展现"中国之治"；六是要在建设人民满意的公共文化服务体系上不断取得新突破，建设一批重大文化地标，大力完善基层公共文化设施网络，创新优化公共文化服务供给；

七是要在打造以宋韵文化为代表的浙江历史文化"金名片"上不断取得新突破,抓研究、抓传播、抓转化,做足特色、放大优势,传承好浙江优秀传统文化的精神内核;八是要在提升全民文明素养上不断取得新突破,推动社会主义核心价值观深入人心,进一步擦亮"最美浙江人"品牌,推进全域精神文明创建,让浙江社会正气充盈、温暖如春;九是要在加快建设现代文化产业体系上不断取得新突破,积极打造文化领军企业,加快建设文化产业功能平台,加快文化产业数字化步伐;十是要在推进文化融合发展上不断取得新突破,写好文旅融合的文章、跨界拓展的文章、文化出海的文章,以文化深度融合发展进一步激发文化领域创新创造活力。

会议还强调,我省各级党委、政府必须以高度的政治自觉,以等不起、慢不得的紧迫感和使命感,突出文化在现代化先行中的地位和作用,完善文化工作责任落实机制、改革突破机制,构建文化工作争先创优机制、激励保障机制,推动文化领域实现体系重塑、功能优化、高效协同、闭环管理,不断取得打造新时代文化高地的新成果。

(来源:《浙江文化和旅游》2021年第9期)

浙江省十大海岛公园建设推进会在杭州召开

10月11日,浙江省十大海岛公园建设推进会在杭州召开。省委常委、常务副省长陈金彪出席会议并讲话,副省长成岳冲主持会议。省文化和旅游厅党组书记、厅长褚子育参加会议。

会议指出,近年来,我省深入学习习近平总书记关于海洋发展的系列重要论述精神,贯彻落实省委、省政府海洋强省建设重大战略部署,连续3年将十大海岛公园建设工作列为省政府工作报告重点任务,坚持一张蓝图绘到底,持续推动海洋经济发展,全面加快全省十大海岛公园建设,取得了初步成效。一是经济效益持续增强;二是项目投资持续扩大;三是生态环境持续优化。会议强调,各有关市、县和省级有关单位要进一步提高站位,把十大海岛公园建设放到推进海洋强省建设的大局,放到推进"四大建设"特别是大花园建设的大局,系统思考、系统推进,着力打造十大海岛公园"诗画浙江·海上花园"品牌,为构建新发展格局和高质量发展建设共同富裕示范区贡献力量。十大海岛公园建设是一项系统工程,需要坚持系统思维,完善工作体系,强化部门协同和省、市、县联动,确保十大海岛公园建设各项措施落地见效。下一步,各地、各单位要紧盯目标任务,着力推进生态护岛、绿色用岛、产业兴岛、设施联岛。进一步突出问题导向和效果导向,以钉钉子精神狠抓工作落实,进一步强化工作协同、进一步强化政策集成、进一步强化评估宣传。

会议要求,全省要围绕省委、省政府决策部署,在扛起责任、错位发展、合力攻坚3个方面下功夫,迅速形成强大向心力,助推海岛公园发展新高潮。各地要锚定目标,工作项目化、项目清单化、清单责任化,全面扣紧任务环节,压实主体责任,加快推出一批十大海岛公园建设标志性成果,力争在高质量发展中跑出新纪录,在共同富裕示范区建设中跑出加速度。

(省文化和旅游厅资源开发处)

浙江省旅游专班研究谋划新年工作任务

为深入学习贯彻省委、省政府关于旅游工作的重要批示精神，认真研究谋划专班新年度工作任务，2月23日，浙江省旅游专班第二次工作会议在杭州召开。省旅游专班组长、副省长成岳冲出席会议并讲话。省旅游专班副组长、省政府副秘书长蔡晓春主持会议。省旅游专班副组长、省委宣传部副部长葛学斌，省旅游专班副组长、省文化和旅游厅厅长褚子育参加会议。

成岳冲围绕当前旅游形势怎么看、旅游工作怎么干、旅游工作机制怎么建3个方面提出要求。他指出，要深刻把握全民旅游时代到来、国际旅游形势发生深刻

变化的大趋势，创新工作思路，做好旅游产品创新和新型旅游业态培育的文章。要特别注重系统集成、短长结合、内外并重，避免单打独斗，既要做好短期纾困，又要着眼长期发展，做好疫情之后国内外旅游业复苏的准备。他强调，旅游工作是一项系统工作，要坚持合力推进，充分集成力量，发挥最大效益；要坚持问题导向，以解决问题为基本评价标准；要建立赛马机制，向全省发出大抓旅游工作的明确信号。

褚子育向会议报告了省旅游专班组建以来的运行情况，提出了2021年全省旅游工作的指导思想、主要目标、基本工作架构及

要取得明显突破的11项具体工作，并就下阶段旅游专班工作安排提出建议。

省发展和改革委员会、省财政厅、省交通运输厅、省文化和旅游厅等专题小组组长单位汇报了各小组前期工作进展情况及下一步工作安排，各成员单位代表围绕浙江省旅游业发展"十四五"规划、2021年旅游工作要点等内容进行了讨论研究。会议还审议通过增设"微改造、精提升"行动专题小组。19个专班成员单位及相关厅局领导参加了会议。

（省旅游专班办公室）

全省旅游"遏重大"攻坚战现场推进会
暨旅游安全专业委员会全体扩大会议在安吉召开

4月27日，全省旅游"遏重大"攻坚战现场推进会暨旅游安全专业委员会全体（扩大）会议在安吉召开。副省长成岳冲出席会议并讲话。省旅游安全专业委员会各成员单位分管领导，各设区市分管市领导、文化和旅游部门主要负责人参加会议。省文化和旅游厅党组书记、厅长褚子育主持会议。

会议指出，要切实按照省委

办公厅、省政府办公厅《关于坚决打赢遏制重大生产安全事故攻坚战的实施意见》及省安全生产委员会《关于印发重点领域遏制重大生产安全事故整治攻坚实施方案的通知》部署，推动打好旅游领域"遏重大"攻坚战。要牢牢聚焦大型游乐设施安全、封闭式室内景点消防安全、旅游新业态安全，在精准识别重大风险基础上，坚持针对性和基础性举措相结合，

有效防范化解系统性安全风险。各地、各部门要从重点领域治理整治、新业态安全监管、疫情防控等方面，切实做好旅游安全工作。

会议强调，新业态监管是当前旅游领域安全监管的重点、难点。湖州市在全国率先出台旅游新业态项目多部门全过程联合监管实施办法，将新业态项目与已明确监管部门的项目进行对比，确定了监管部门和监管流程，做

了很好的尝试。各地市要借鉴湖州做法，抓紧对旅游新业态进行梳理，研究制定相应规范，明确联合监管机制，用好数字化手段，放大监管效果。省级各部门要齐抓共管，协同推进，共同向前跨半步，切实形成整体工作合力。五一假期即将到来，要全力以赴做好五一假期旅游安全相关工作，确保广大游客和群众过一个平安祥和的假期。

湖州市介绍了旅游新业态项目安全监管工作。针对"无行业标准、无运营规范、无监管主体"的旅游新业态项目，给安全监管带来的难题，湖州市制定发布了《湖州市旅游新业态项目多部门全过程联合监管实施办法》，住房和城乡建设、农业农村、市场监管、体育等部门陆续对玻璃滑道等16类旅游新业态项目制定了安全管理规范（试行），有力推动了旅游新业态的监管。

下一阶段，省旅游安全专业委员会将推动以遏制重特大事故为重点开展的集中攻坚行动，联合各部门开展旅游新业态设施设备专项检查，推广湖州市旅游新业态监管试点经验，提升智慧监管水平，继续加强旅游安全重点领域风险管控。

（省文化和旅游厅执法指导监督处）

浙江开展全省文物安全大排查大整治大提升行动

9月18日，浙江召开全省文物安全专题工作会议，部署开展全省文物安全大排查大整治大提升攻坚行动。9月23日，浙江省文物局在长兴召开全省文物安全工作部署会，全面贯彻、落实全省文物安全专题工作会议精神。11个设区市和大部分县（市、区）根据部署，建立由政府领导牵头的安全工作协调机制。所有市、县（市、区）将文物安全工作纳入地方党政领导班子和领导干部年度考核评价体系，全面完成文物安全责任书签订工作和省级以上文物保护单位直接责任人公告公示工作。

（省文物局文物安全与督察处）

浙江省庆祝中国共产党成立 100 周年大型交响诗画文艺演出举行

6月27日晚，"百年红船扬帆远航"浙江省庆祝中国共产党成立100周年大型交响诗画文艺演出在杭州举行。省委书记袁家军出席并致辞。郑栅洁、葛慧君、黄建发等省领导，在杭省部级副职以上老同志，省直有关部门主要负责人，离退休老同志代表、全省优秀共产党员代表、省直机关党员干部代表、人民警察代表、医疗卫生界代表、在杭高校和中小学师生代表、在杭社会各界代表等共2000余人观看演出。演出得到省委书记袁家军高度评价：大家用深厚的感情和高超的艺术水准，齐心协力奉献了一场高潮迭起、精彩纷呈的演出，集艺术性、思想性、政治性于一体，以艺术的方式呈现了中国共产党的百年奋斗史，展现了新时期浙江改革发展的成就和新时代浙江人的风采，让人深受感动、深受教育、深受启迪。

（省文化和旅游厅艺术处）

浙江省文化和旅游系统开展"七个一百"系列活动向中国共产党成立100周年献礼

2021年,浙江省文化和旅游系统充分发挥阵地优势、资源优势和工作优势,广泛组织开展百场建党百年文艺演出、百项建党百年群文宣传活动、百场红色经典剧目展演、百个文博场馆主题联展、百场"云上中国故事"宣介、百年百景红色旅游主题活动、百年百艺非遗展示展演等"七个一百"系列活动,向中国共产党成立100周年献礼。

一、唱响红色旋律,传播红色声音

创排一批红色题材剧目。推出歌剧《红船》、交响乐《大潮之上》、京剧《战士》等红色题材剧目,4个作品入选庆祝中国共产党成立100周年优秀舞台艺术作品展演。组织创作100首浙江特色鲜明,具有高质量、高传唱度的主旋律歌曲。展演一批红色艺术作品。共同主办"百年红船 扬帆远航"浙江省庆祝中国共产党成立100周年大型交响诗画文艺演出。推出全省庆祝建党百年优秀舞台艺术作品展演,63部优秀红色剧目在全省各地演出135场。举办一批红色群文活动。围绕"迎建党百年 享美好生活"主题,省、市、县、乡、村5级协同、线上线下联动,推出群众文化活动4万余场,其中全省群众曲艺大赛、民间音舞大型广场展演近1万群众现场参与,150万群众在线参与。

二、激活红色基因,发展红色旅游

推出红色旅游项目。开发红色旅游精品景点和路线,启动千万游客追寻百年百景活动,发布红色旅游声音地图和画册,认定第五批红色旅游教育基地10家,推出红色根脉经典旅游线路10余条,入选全国百条红色旅游线路4条。发布红色惠民惠企政策。启动庆祝建党百年红色文旅消费季,立足3个国家级和23个省级文化和旅游消费试点城市,开展"浙里红""生态绿"等五大板块惠民惠企系列活动,推出景区门票减免、文旅产品优惠、酒店民宿折扣、现金奖励补贴等惠民惠企措施55条,促进文化和旅游消费提质扩容升级。

三、重温红色记忆,追寻红色足迹

用好红色文物资源。举办百年党史文物说系列活动,开展绘制百馆百址数字地图、举办百馆革命文物联展、实施百址保护展示项目、组织百童讲解革命文物、征集百集讲述革命文物故事短视频、数字化展示百件国宝级革命文物等"六个百"系列活动。办好红色馆藏联展。推出"浙里小康""红色印记"等百年党史主题展览,4个展览入选庆祝中国共产党成立100周年精品展览。全省已开展红色文博、美术作品系列展览80场次,累计参与100万人次。开好红色非遗展会。以"百年百艺"为主题,举办第十三届浙江·中国非遗博览会(杭州工艺周)、"文化和自然遗产日"浙江省主场城市系列活动,开展"红色非遗伴我行"全省非遗旅游商品评选等,83位作者的104件(套)非遗作品入选"百年百艺·薪火相传"中国传统工艺邀请展,数量居全国前列。

四、讲好红色故事,守好红色根脉

讲好红色百年党史。遴选42位优秀宣讲员组建"8090青年理论宣讲团",结合承办文化和旅游部"百名红色讲解员讲百年党史"走进浙江活动,以"守好红色根脉、书写青春忠诚"为主题开展百场大巡讲。做好红色对外宣介。组织开展100场"云上中国故事"宣介,推出"诗画浙江与世界对话"主题系列交流推广活动、"照鉴·中希戏剧对话"和良渚文明主题展演等线上交流项目,积极开展对外宣介。树好红色引领典型。拍摄《红心向党 浙江文旅》电视专题片共17期,在浙江经视进行系列展播。在官方微信公众号推出"感动浙江文旅人"专栏,专题推出浙江省劳动模范、最美公务员、最美文旅人等先进典型事迹,举办"红心向党——讲述浙江文旅人故事"短视频创作大赛,面向全系统118家单位征集短视频作品154个,累计阅读量突破30万次。

(省文化和旅游厅直属机关党委)

浙江率先实现全省文物局全覆盖

抓住中央编办发文要求加强基层文物保护管理机构建设的机遇，争取省委编办支持，浙江在全国率先实现市、县（市、区）文物局全覆盖。浙江省文物局内设机构增挂革命文物处牌子并调拨使用事业编制 5 个，省文物考古研究所编制数增加至 120 个。各地也对文物机构力量进行配强。

（省文物局综合处）

浙江开展"百年党史文物说"活动

1 月 26 日，公布浙江省第一批革命文物名录，包括不可移动革命文物 547 处、可移动文物 9061 件（套）。5 月 9 日，在义乌启动"百年党史文物说——全省文物系统'六个一百'庆祝建党百年"系列活动，共推出红色主题展览 376 场，相关活动 2127 场，观众逾 951.6 万人次。南湖革命纪念馆"红船起航——南湖革命纪念馆基本陈列"、浙江省博物馆（浙江革命历史纪念馆）"浙里小康——庆祝中国共产党成立 100 周年特展"、宁波中国港口博物馆"红船引航　迎潮搏浪——中国共产党与中国强港之路"、金华市博物馆"望道之路——陈望道与《共产党宣言》暨中国共产党成立 100 周年系列联展"等 4 个展览入选中宣部、国家文物局庆祝中国共产党成立 100 周年精品展览，浙江省博物馆"浙里不止小康——八个'窗口'看精彩浙江"、跨湖桥遗址博物馆"勇立潮头——跨湖桥文化主题展"2 项展览入选 2021 年度"弘扬中华优秀传统文化、培育社会主义核心价值观"前 20 主题展览重点推荐名单，数量居各省第一，3 个展览获推介。

（省文物局博物馆与社会文物处、浙江省博物馆）

2021 年中国仙都祭祀轩辕黄帝大典举行

10 月 14 日（农历辛丑年九月初九），中国仙都祭祀轩辕黄帝大典在缙云县仙都黄帝祠宇举行。全国政协副主席刘奇葆，省委书记袁家军，省委副书记黄建发出席祭祀大典，活动由省政协主席葛慧君主持。中国侨联党组成员、副主席程学源，省领导朱国贤、陈奕君、熊建平、李卫宁、吴晶，四川省政协副主席林书成，吉林省政协副主席兰宏良，青海省人大常委会副主任刘同德出席祭祀大典。友好市代表、全国劳动模范、全国道德模范及文化、教育、卫生等领域先进模范代表、专家学者，社会各界及群众代表等 400 余人参加了祭祀大典。

经全国清理和规范庆典研讨会论坛活动工作领导小组批准同意，2021 年，浙江首次以省政府名义主办中国仙都祭祀轩辕黄帝大典，由丽水市人民政府、缙云县人民政府承办。活动以"四海同心祭始祖，共同富裕启华章"为主题，以线上线下相结合方式举办，共有长号鸣天、击鼓撞钟、敬上高香、敬献花篮、敬献美酒、恭读祭文、行鞠躬礼、高唱颂歌、乐舞告祭等9项仪程，全球华人可通过"中国仙都祭祀轩辕黄帝大典"网上祭祀平台参与网上献花、祈福等活动。祭祀大典后，还举办了黄帝文化学术研讨活动、"庆丰收"系列活动、海峡两岸交流系列活动等。

（丽水市文化和广电旅游体育局）

《关于高质量打造新时代文化高地　推进共同富裕示范区建设行动方案（2021—2025年）》印发实施

11月9日，文化和旅游部、浙江省人民政府联合印发《关于高质量打造新时代文化高地　推进共同富裕示范区建设行动方案（2021—2025年）》，提出大力弘扬社会主义核心价值观、推进文艺精品创作演出演播、推动公共文化服务提档升级等9方面26项重点任务，力争到2025年支持浙江省基本建成以社会主义核心价值观为引领、传承中华优秀文化、体现时代精神、具有江南特色的文化强省，为全国文化和旅游实现高质量发展、促进共同富裕提供可复制可推广的经验。

（省文化和旅游厅政策法规处）

浙江加快建设公共文化服务现代化先行省

8月24日，浙江省委办公厅、省政府办公厅印发《关于高质量建设公共文化服务现代化先行省的实施意见》，计划到2025年，基本建成以人为核心的高质量公共文化服务现代化体系，市、县、乡3级公共文化设施覆盖达标率达到100%，城乡一体"15分钟品质文化生活圈"覆盖率达到100%，为我省高质量发展建设共同富裕示范区提供有力的文化支撑。

（省文化和旅游厅公共服务处）

浙江实现国家级非遗项目申报"五连冠"

6月10日，国务院公布第五批国家级非物质文化遗产代表性项目名录，我省共24个项目入选，数量居全国第一，实现国家级非遗项目申报"五连冠"。至此，我省共有国家级非遗项目241个、人类非遗项目10个，总数全国领先。

（省文化和旅游厅非物质文化遗产处）

浙江考古发掘成果丰硕

11月9日，浙江召开"浙江考古与中华文明"新闻发布会，集中介绍80余年来浙江考古重大成就及其在实证中华文明发展史中的重大意义。余姚井头山遗址考古发掘项目入选2020年中国考古新发现。余姚施岙遗址考古证实是世界上最早、面积最大、证据最充分的古水稻田，入选2021

年度"考古中国"重大项目。衢州市衢江区西周时期大型土墩墓群考古工作取得重大成果，入选2021年度国内十大考古新闻。9处遗址入选"十四五"国家大遗址名录。浦江上山遗址、余姚河姆渡遗址、余杭良渚遗址、杭州南宋临安城遗址及官窑遗址等4项发现入选"百年百大考古发现"，良

渚遗址还入选了考古遗址保护展示优秀项目（全国5个）。全面启动上山文化遗址群保护申遗工作，在中国国家博物馆举办"稻·源·启明——浙江上山文化考古特展"暨"万年浙江与中华文明"学术座谈会。

（省文物局文物保护与考古处）

第16届中国义乌文化和旅游产品交易博览会
"四赋能"引领产业转型升级

9月25日至27日，第16届中国义乌文化和旅游产品交易博览会在义乌举行。全国26个省（区、市）996家企业和机构参展，同比增加55.3%；标准展位3154个，同比增加37.1%，展出产品超15万件，达成重大采购与合作意向100余个；现场参与3.55万人次，同比增加179%，线上参观1.03亿人次；各媒体平台受众超1200万人次，新华社推出6篇专题报道，单篇浏览量突破70万次。本届博览会通过"四赋能"引领产业转型升级：一是红色赋能，展现美丽中国新图景。聚焦建党

百年主题主线，以图文展览、实物展陈、专人讲解、创意互动、沉浸体验等形式，集中展示红色旅游、红色文创等重点成果，传承红色基因，汲取奋进力量。二是融合赋能，引领未来贸易新热点。聚焦打造文化和旅游产品创意设计高地，"文创引擎　京义共赢"北京和义乌文创合作签约，清华文创院和义乌市合作举办"奇妙城市展""2021创意产品义乌发布活动""奇妙城市论坛"，在线收看量突破250万次。三是数字赋能，打造"云上展会"新体验。聚焦数字化改革成果呈现，现场展

示"浙里好玩"等应用场景。以"云逛展"形式突破时空限制，做好大众传播，引入共享主播、网红主播、逛展直播等活动，在抖音、快手、"央视＋"等平台同步推送，线上平台累计直播32场，观看量达214.18万次。四是共享赋能，满足美好生活新期待。以"浙江就是一幅现代版的'富春山居图'"展现全省11个地市的"生态图""诗意图""共美图"，"诗画浙江"金秋文旅消费季全省各地推出提振文化和旅游消费市场举措470余项。

（省文化和旅游厅产业发展处）

安吉余村入选首届联合国世界旅游组织最佳旅游乡村

12月2日，联合国世界旅游组织第24届全体大会在西班牙马德里举行，浙江省安吉余村从75个国家170个申请的乡村中脱颖而出，入选首届联合国世界旅游组织最佳旅游乡村，全国仅2家。本届评选每个主权国家最多可推荐3个村参评，入选村将进入"世界最佳旅游乡村"交流平台，并获得联合国世界旅游组织及其合作伙伴在乡村旅游发展上的支持。

（省文化和旅游厅资源开发处、安吉县文化和广电旅游体育局）

婺剧演员楼胜获第30届中国戏剧梅花奖

5月21日，第八届中国戏剧奖·梅花表演奖（第30届中国戏剧梅花奖）举行颁奖典礼，浙江婺剧团婺剧文武小生楼胜以得票数第一的成绩斩获梅花奖。截至第30届中国戏剧梅花奖，浙江共有46人次获得梅花奖，数量在全国名列前茅。

（省文化和旅游厅艺术处）

浙江音乐学院师生获第十三届中国音乐金钟奖

10月24日，在第十三届中国音乐金钟奖美声组总决赛中，浙江音乐学院青年教师刘涛以98.29分获第1名，声乐歌剧系本科四年级学生王博以97.58分获并列第4名，双双夺得金钟奖，在美声组5名金钟奖获得者中占据2席。此次获奖意义重大，实现浙江省声乐事业在金钟奖上的重大突破，得到省委书记袁家军的高度表扬。

（省文化和旅游厅艺术处）

温州市当选2022年"东亚文化之都"

8月30日，第十二次中日韩文化部长会议以视频会议方式举行，正式宣布中国温州市、济南市，日本大分县，韩国庆州市4座城市当选为2022年"东亚文化之都"，并为当选城市授牌。

（温州市文化广电旅游局）

浙江启动乡村博物馆建设

9月23日,在长兴举行全省乡村博物馆建设工作部署会暨全省乡村博物馆建设启动仪式。浙江乡村博物馆建设全面启动,并被列入全国试点和2022年省政府十大民生实事,初步完成《乡村博物馆建设认定标准》《乡村博物馆管理办法》。

（省文物局博物馆与社会文物处）

浙江博物馆工作获多项荣誉

5月18日,中国丝绸博物馆"众望同归——丝绸之路的前世今生"、萧山跨湖桥遗址博物馆"勇立潮头——跨湖桥文化主题展"分获第十八届（2020年度）全国博物馆十大陈列展览精品推介活动精品奖和优胜奖。10月20日,浙江省博物馆"临安市馆藏水丘氏墓出土瓷器保护修复"获全国十佳文物藏品修复项目,中国丝绸博物馆"河北遵化清东陵纺织品保护修复"、浙江自然博物院"中国缙云甲龙化石修复"获优秀项目,获奖数居全国第一。此外,"丽人行——中国古代女性图像云展览"获全国文化遗产"云传播"精品征集推介"云展览十佳项目"、省文化和旅游数字化改革最佳项目。

（省文物局博物馆与社会文物处）

浙江出台全国首个省级自由贸易试验区
文化和旅游改革发展专项工作方案

10月12日,浙江省文化和旅游厅与中国（浙江）自由贸易试验区工作领导小组办公室联合印发全国首个省级自由贸易试验区文化和旅游改革发展专项工作方案,提出要创新载体,培育文化和旅游产业发展新业态;数字赋能,打造文旅融合发展新高地;动力变革,探索消费引领发展新模式;协同监管,优化便捷公平营商新环境。

（省文化和旅游厅产业发展处）

2021中国特色旅游商品大赛浙江获奖总量蝉联全国第一

9月3日,2021中国特色旅游商品大赛及参赛商品展示活动在四川乐山举办,浙江共获52个奖项,其中金奖13个、银奖22个、铜奖17个,金奖数、银奖数、铜奖数均居第一,获奖总量在全国各省份中遥遥领先,蝉联全国第一。

(省文化和旅游厅产业发展处)

浙江30个县市入选中国县域旅游综合竞争力百强县市

11月2日,竞争力智库、中国经济导报社、北京中新城市规划设计研究院等机构联合发布《中国县域旅游竞争力报告2021》,全面梳理2020年我国县域旅游发展情况,公布第四届全国县域旅游竞争力评价结果。在全国(不含港澳台地区)1871个县市中,浙江安吉、淳安等30个县市入选2021中国县域旅游综合竞争力百强县市,入选数量位居全国第一,占全国总数三成;永康、瑞安等6个县市入选2021中国县域旅游发展潜力百强县市。

(省文化和旅游厅资源开发处)

浙江省文化和旅游志愿者总队成立

3月23日,浙江省文化和旅游志愿者总队成立仪式在杭州举行,总队设省直属支队15支、各市支队11支、县(市、区)大队96支,注册志愿者20万人。浙江省文化和旅游志愿者总队将重点在打通基层公共服务"最后一公里"、打造"文化＋旅游"志愿服务品牌项目、促进文化和旅游志愿服务制度化规范化等方面,发挥统筹协调作用,整合社会各项资源,切实推动志愿服务成为全省文化和旅游高质量发展的"金名片"。

(省文化和旅游厅公共服务处)

"云上泽国——良渚文明线上主题展"启动海外传播

1月1日,"云上泽国——良渚文明线上主题展"在海外全面上线,在全球中国文化中心和旅游办事处的官网和社交媒体同步发布。展览分为五大篇章、四大板块,采用沉浸式沙盘动画、嵌入式视频等交互技术,展示良渚的王城风貌、农业与手工业、水利工程、玉器等辉煌成就,推动良渚文化在海外的广泛传播。

(省文化和旅游厅对外合作交流处)

"世界看见·诗画浙江"海外推广文旅
"金名片"展示周获 2021 年 EMA 大奖

3月30日,全球知名垂直媒体 Campaign 主办的活动营销大奖(Event Marketing Awards,简称 EMA)获奖名单公布,由省文化和旅游厅与省人民政府新闻办联合主办、省文化艺术交流促进会协办的"世界看见·诗画浙江"海外推广文旅"金名片"展示周脱颖而出,获 2021 年 EMA 的 Best Arts & Cultural Event 大奖,这是中国内地省级旅游目的地品牌首次获此殊荣。

(省文化和旅游厅对外合作交流处)

《丽水市革命遗址保护条例》批准通过

7月30日,浙江省十三届人大常委会第三十次会议批准通过省内首部革命遗址保护类地方性法规《丽水市革命遗址保护条例》,并于10月1日起施行。条例共计 6 章 38 条,着眼于让革命遗址保得住、留得下、活起来、传下去,确定了保护为主、统筹管理、合理利用的原则,统筹好革命遗址保护与经济社会发展,在确保革命遗址安全的基础上,规定了革命遗址保护的主要制度,加强革命文化的挖掘阐释和传播利用,发挥浙西南革命精神的独特优势,推动其与新时代社会主义核心价值观融合发展。

(丽水市文化和广电旅游体育局)

泰顺廊桥灾后修复工程入选
《全球文化遗产恢复和重建案例研究》

3月4日,国际古迹遗址理事会和国际文物保护与修复研究中心联合发布《全球文化遗产恢复和重建案例研究》,浙江"泰顺廊桥——文兴桥、文重桥、薛宅桥的灾后修复工程"案例入选,是该书介绍的 11 个案例中唯一入选的中国案例。

(省文物局文物保护与考古处)

特　辑

ZHEJIANG CULTURE AND TOURISM YEARBOOK

2021年全省文化和旅游局长会议

【概况】 2月2日，2021年全省文化和旅游局长会议以电视电话会议方式举行。会议总结回顾"十三五"时期及2020年工作，研究"十四五"时期发展思路，部署2021年重点任务。省文化和旅游厅党组书记、厅长褚子育做工作报告，厅党组成员、副厅长、一级巡视员许澎主持会议，厅领导柳河、杨建武、刁玉泉、叶菁、王峻、朱海闵在主会场参会。

会议指出，2020年，全省文化和旅游系统紧紧围绕省委、省政府"两手硬、两战赢"总体部署和年初提出的"七力推七力促"工作目标任务，聚焦高质量竞争力现代化，全力推进全省文化建设和旅游发展再上新台阶。突出取得了3方面成果：一是"两手硬、两战赢"取得战略性成果。二是"窗口"性成果丰硕呈现。三是数字化改革迈出新步伐。具体表现在文化和旅游治理能力和水平不断提升，疫情防控和复工复产统筹推进，体制机制改革进一步深化，文化遗产传承保护生态持续优化，文艺繁荣取得新成果，公共服务效能不断提高，文化和旅游资源开发有力有效，文化和旅游产业加快发展，文化和旅游市场管理规范化水平不断提高，合作交流打开新局面。2020年也是"十三五"规划实施的收官之年。"十三五"时期，全省文化建设和旅游发展成果丰硕，优秀传统文化弘扬成效显著，公共服务提质扩面，艺术事业蓬勃发展，产业高质量发展，全域旅游格局基本形成，"诗画浙江"品牌享誉海内外，改革创新成绩凸显。

会议强调，"十四五"时期是我国全面建成小康社会、实现第一个百年奋斗目标后，乘势而上开启全面建设社会主义现代化国家新征程、向第二个百年奋斗目标进军的第一个五年。要以努力建成新时代文化高地、中国最佳旅游目的地、全国文化和旅游融合发展样板地为发展目标，聚焦高质量竞争力现代化，积极打造良渚文化等一批世界级文化标识；达到国家全域旅游示范省标准；全省文化产业和旅游产业增加值占GDP的比重均达到8%以上，旅游业对国民经济的综合贡献达到19%以上，为建设"新时代全面展示中国特色社会主义制度优越性重要窗口"贡献标志性成果。

会议明确了2021年全省文化和旅游工作的目标：建党百年系列庆祝活动圆满完成；彰显"重要窗口"魅力的标志性成果继续增长；完成"优秀传统文化行动计划"项目总投资达75%以上；制订文化和旅游公共服务新标准体系并组织实施；实现文化和旅游疫情零传播，并使文化产业和旅游产业增加值实现正增长，旅游收入、旅游人次均恢复到历史最高水平；65%以上县（市、区）达到国家、省全域旅游示范区标准，建成50%以上景区村、45%景区镇、60%景区城；"文化浙江""诗画浙江"影响力显著提升；省域文化和旅游现代化治理体系初步构建，全省文化和旅游发展再上新台阶。

会议要求，新的一年，全省文化和旅游工作要以习近平新时代中国特色社会主义思想为指导，全面贯彻党的十九大和十九届二中、三中、四中、五中全会精神，全面落实省委十四届八次全会部署，增强"四个意识"、坚定"四个自信"、做到"两个维护"，立足新发展阶段，贯彻新发展理念，构建新发展格局，聚焦高质量竞争力现代化，围绕忠实践行"八八战略"新篇章、奋力打造"重要窗口"这一主题，以庆祝中国共产党成立100周年为主线，以开启"十四五"、奋进新征程为重点，以满足人民日益增长的精神文化生活和旅游休闲需求为目的，全面建设新时代文化高地、中国最佳旅游目的地、全国文化和旅游融合发展样板地，为争创社会主义现代化先行省开好局贡献力量，以优异的成绩迎接建党100周年。

会议通报了一年来全省文化和旅游系统获文化和旅游部等部委和省委、省政府命名、表彰的项目，杭州、温州、嘉兴、台州4个设区市文化和旅游部门主要负责人做了交流发言。省文物局副局长、厅局机关各处室（专班）和厅

属各单位主要负责人在杭参加会议,各市、县(市、区)文化和旅游

局主要负责人等在分会场以视频会议形式参会。

(省文化和旅游厅办公室、省文化和旅游宣传推广信息中心)

在2021年全省文化和旅游局长会议上的讲话

省文化和旅游厅党组书记、厅长　褚子育

(2021年2月2日)

这次会议的主要任务是,坚持以习近平新时代中国特色社会主义思想为指导,全面贯彻党的十九大和十九届二中、三中、四中、五中全会精神,认真落实省委十四届七次、八次全会和全国文化和旅游厅局长、全省宣传思想工作会议精神,根据省政府工作报告确定的目标任务,紧密结合实际,总结"十三五"时期及2020年工作,研究"十四五"时期文化和旅游发展思路,部署2021年重点任务,全面推进"文化浙江""诗画浙江"建设。

下面,我代表省文化和旅游厅党组讲两点意见。

一、关于2020年工作总结和"十三五"发展成绩

2020年是极不平凡的一年,面对突如其来的新冠疫情,全省文化和旅游系统紧紧围绕省委、省政府"两手硬、两战赢"总体部署和年初提出的"七力推七力促"工作目标任务,聚焦高质量竞争力现代化,全力推进全省文化建设和旅游发展再上新台阶。突出取得了3方面成果:一是"两手硬、两战赢"取得高分报表。按照Ⅰ级应急响应要求,实行最严管控措施,没有发生文化和旅游活动导致疫情传播现象。坚持抓投资,实施"四十百千"工程成效显著,郑栅洁省长批示:"特殊年份的特别成就,不容易,好!"全年旅游人次和收入恢复率比全国平均水平分别高出31和38.1个百分点,走在全国前列。二是"窗口"性成果丰硕呈现。全年全系统获得国家级、省级各类奖项、称号达209个。古典舞《西施别越》荣获第十二届中国舞蹈荷花奖,评书《一次心灵的对话》、杭州滩簧《淑英救弟》获中国曲艺牡丹奖。率先全面实现基本公共文化服务标准化。《浙江省大运河世界文化遗产保护条例》通过省级地方立法(国内首部)。24个项目入选第五批国家级非物质文化遗产代表性项目公示名单,数量居全国第一。新昌县、松阳县、仙居县、桐庐县、嘉善县被认定为全国第二批全域旅游示范区,总量居全国第一。温州文成刘伯温故里景区获评国家5A级旅游景区。德清莫干山国际旅游度假区、淳安千岛湖旅游度假区被新认定为国家级旅游度假区,数量居全国第一。还获评一批国家级产业平台,等等。三是数字化改革迈出新步伐。"最多跑一次"改革持续深化,行政许可承诺时限压缩比、网办率、跑零次率、即办率等领跑全国。具体表现为以下10个方面:

(一)文化和旅游治理能力和水平不断提升

政治建设全面加强。学懂弄通做实习近平新时代中国特色社会主义思想,切实增强"四个意识"、坚定"四个自信"、做到"两个维护"。全系统上下从讲政治高度谋划和推进文化和旅游工作,围绕中心服务大局,坚决贯彻落实省委、省政府的工作部署,实干担当,善作善成。深入学习贯彻《中国共产党宣传工作条例》和我省实施办法。健全负面舆情处置机制。评选表彰2020年首届"最美浙江人·最美文旅人"20名。党风廉政建设得到全面加强,严格执行中共中央八项规定及其实施细则,坚决惩治腐败行为。压缩各类文件会议30%以上,公共财政开支进一步压缩。深入开展"三服务""大学习大调研大抓落实"活动,想方设法服务企业服务群众服务基层,帮助办实事解难事。大兴真抓实干作风,强化按"四个体系"闭环管理,克服官僚主义、形式主义。加强法治建设,自觉接受全国人大关于《中华人民共和国公共文化服务保障法》执法检查等的监督、政协民主监

督、审计监督。加强法治文化建设。省文化和旅游厅被评为法治工作年度先进单位。

（二）疫情防控和复工复产统筹推进

疫情发生后，坚持人民至上、生命至上，第一时间采取措施关停文化和旅游设施，终止各项集聚性活动。印发《关于做好文化和旅游疫情防控工作的通知》等9个文件，率先修订完善文化和旅游场所及活动有序开放9个工作指南共190条措施。健全精密智控机制，全面落实景区"预约、限流、错峰"。围绕"六稳""六保"工作，指导各地用足各项纾困支持政策，建立驻企服务员机制，共派出驻企人员4813人次，驻企7726家，走访企业29537家，解决问题3868个。妥善做好春节出境受阻19.8万名游客9.6亿元"退团退费"处置工作，全省涉疫旅游达成100%协议改签、100%和解退费。实施"抗击疫情——文艺轻骑兵'云'行动"和文艺名家战"疫"行动。促消费，穷尽措施和办法，推动文化和旅游市场恢复。自9月开始，全省国内旅游已基本恢复到上一年同期水平。全年累计接待游客5.7亿人次，总计收入8275.1亿元，分别达到上年的78.5%和75.8%。抓投资，全省在建项目2839个，总投资2.01万亿元，实际完成2584.7亿元，完成年度计划129%。

（三）体制机制改革进一步深化

加快推动"最多跑一次"改革成果向旅游景区、公共图书馆拓展延伸，评定放心消费景区77家，全省公共图书馆100%实现通借通还。在安吉设立新时代县域践行"绿水青山就是金山银山"理念综合改革创新试验区，推进长三角生态绿色一体化发展示范区（嘉善）改革发展。推进事业单位改革，厅属事业单位由21家压减至16家，精简比例为27.27%。促进文化和旅游融合发展，率先制定《关于推进文化和旅游深度融合发展的意见》。开展文旅融合发展监测体系研究，建立文旅融合发展评价指标体系和指数模型。加快推进系统集成改革，25个县（市、区）正式列入浙江省文旅产业融合试验区名单。完成《浙江省文旅融合IP发展综合评价办法（试行）》，构建"文旅IP"量化考核评价指标。印发《关于加快文旅金名片培育工作实施意见》，与11个设区市分别签订共建100张"金名片"协议。推进浙江省交通强国建设试点任务，完成交通和旅游融合发展试点方案编制，将道景交通、码头、设备等纳入《浙江省建设高水平交通强省的实施意见》并推动实施。组建浙江省文化和旅游创新团队26支。持续推进高等教育改革，浙江音乐学院成功获批国家级、省级一流本科专业6个，一流本科专业占比达75%；创设"五大学院"新型表演实践教学平台，探索"人才分类培养"模式创新；联合招收培养博士研究生。浙江旅游职业学院和浙江艺术职业学院双双进入全国、省"双高"建设序列。

（四）文化遗产传承保护生态持续优化

深入实施传承发展浙江优秀传统文化行动计划，完成总投资的55%。全面实施"文化基因解码工程"，印发实施方案和工作导则，研发"文化基因解码工程信息管理系统"（1.0版）。统筹推进上山文化遗址的研究、保护和宣传，制订《阳明文化、和合文化、南孔文化研究、保护和文旅融合发展行动计划（2021—2023）》。组织实施考古调查勘探项目206项、考古发掘项目61项。发现了中国东南沿海地区埋藏最深、年代最早的一处海岸贝丘遗址——井头山遗址。义乌桥头遗址、安吉龙山越国贵族墓园入围2019年度全国十大考古新发现终评。荣获第十七届全国博物馆陈列精品奖和优胜奖各1项。召开全省文物安全工作会议，落实文物安全工作责任制，推动文物安全工作纳入《浙江省高质量发展综合绩效评价指标体系》、全省地方党政领导班子和领导干部年度考核。与浙江大学、浙江理工大学、中国计量大学开展全面合作。印发《浙江省省级文化传承生态保护区建设的意见》并组织实施。出台《浙江省省级非物质文化遗产代表性传承人管理办法》，制定浙江省省级非物质文化遗产代表性项目和代表性传承人评估实施细则。加快浙江省非遗保护公共服务平台建设，发布浙江非遗数字地图"非遗GO"。评选公布第二批省优秀非遗旅游商品100项。

（五）文艺繁荣取得新成果

11个作品入选文化和旅游部庆祝中国共产党成立100周年舞台艺术精品创作工程，数量居全国前列。开展"重要窗口"主题文艺精品创作，全省382个项目列入题材规划。评审推出2020年度全省舞台艺术创作重点题材项目11个、当代舞台艺术精品创作扶持项目 5 个。举办 2020 龙游石窟国际音乐盛典等大型旅游演艺演出。命名第二批浙江文艺创作采风基地 14 个、浙江省戏曲之乡 12 个。举办各类美术展览 30 余个,获全国美术馆优秀公共教育项目和优秀展览提名项目各 1 个。5 个项目获国家社会科学基金艺术学重大项目立项,26 个项目获国家社会科学基金艺术学年度项目立项,数量均居全国前列。全面启动浙江省文化和旅游导师工作室培育创建工作和舞台艺术"1111"人才计划等各类人才培养计划。浙江音乐学院学生再次蝉联"中国好声音"总冠军。

(六)公共服务效能不断提高

推进基层综合性文化中心社会化运营,提高基层文化场馆服务效能。会同省发改委制定印发《高质量打造未来社区公共文化空间的实施意见》,推动城市公共文化服务提档升级。启动新时代公共文化服务体系 2.0 版制订。新增农村文化礼堂 3463 个。制订《关于高质量推进旅游公共服务的实施意见》,印发《旅游志愿者服务规范》。累计完成旅游厕所新建改建 5638 座,旅游厕所建设管理三年行动计划提前超额完成。完善"浙里好玩"公共服务平台,完成预约旅游企业接入 1386 家。持续开展文化惠民活动,全省送戏下乡 21677 场,送书下乡 2904020 册,送讲座、展览下乡 16193 场,"文化走亲"1592 次;送教下乡 115 场,培训 9200 多人次。

(七)文化和旅游资源开发有力有效

加快发展全域旅游,出台《浙江省全域旅游示范县(市、区)创建认定和复核评估管理办法(试行)》和评分细则。除国家级示范区外,再认定第三批省级全域旅游示范县(市、区)16 家。新增全国乡村旅游重点村 26 家。新创建 5A 级景区 1 家,认定国家 4A 级旅游景区 11 家。推动文化场馆景区化建设,中国丝绸博物馆、浙江自然博物院安吉馆、中国港口博物馆被评为 4A 级景区。推进"百城千镇万村"景区化,提前 1 年实现万村景区化,景区城覆盖率 55.5%,景区镇覆盖率 34.65%,景区村覆盖率 49.4%。加快"四条诗路"千万级核心景区建设,启动 42 家千万级大景区培育。加快打造十大海岛公园,编制印发三年行动计划(2020—2022)并组织实施。认定第四批旅游风情小镇 27 家,评定等级民宿 206 家、第四批省级红色旅游教育基地 10 家。发布 100 条浙江文化和旅游精品线路。完成两个县(市)文化和旅游资源普查试点。率先完成全国红色旅游资源普查试点工作(嘉兴市)。入选文化和旅游部"金牌导游"9 名。世界旅游联盟总部完成土建工程,省之江文化中心建设按计划推进。

(八)文化和旅游产业加快发展

建立文化和旅游企业"企业码"和信息库,筹建投融资服务平台,指导帮助企业做强办大。做强产业平台,杭州白马湖生态创意城"国家级文化产业示范园区"、宁波"国家级文化与金融合作示范区"获得认定,创建国家级金华横店影视产业集聚区、衢州儒家文化产业园。创新拓展消费市场路径,联合省发改委等 10 部门下发《关于尽快恢复振兴文化和旅游消费市场　进一步激发文化和旅游消费潜力的实施意见》。纵深推进"诗画浙江·百县千碗"工程,认定两批共 263 家美食体验店。推动杭州市入选国家文化和旅游消费示范城市,宁波市、温州市入选试点城市。确定省级文化和旅游消费试点城市 23 个,拟定省级夜间文化和旅游消费集聚区建设指导意见和认定办法。争取中国国际网络文化博览会永久落户浙江,成功举办第 15 届中国义乌文化和旅游产品交易博览会。联合中国人民银行浙江分行出台《关于做好全省文旅企业金融支持工作的通知》,联合省农行、杭州银行出台"十条""九条",专项安排 400 亿元信贷资金解决受困企业资金难题。制定文化和旅游企业梯度培育计划并组织实施。

(九)文化和旅游市场管理规范化水平持续提升

优化行政审批服务,涉及我厅的 16 项审批事项实现"一次也不用跑"。率先完成"游艺娱乐场所设立审批"等 4 个审批事项全面实施告知承诺、营业性演出"一件事"改革。完成涉外涉港澳台营业性驻场演出受理窗口下放工作。建设信用监管平台 2.0 版,出台《浙江省文化和旅游行业信用评价管理办法(试行)》,修订完善《浙江省旅游黑名单管理工作流程》《浙江省旅行社信用评价指引》等 8 项工作制度,确定信用试点单位 10 个并启动实施。打造旅行社信用监管"浙江模式",被列为全省行业信用监管及全国文化和旅游信用体系建设典型案例,在 2020 年度全省信用监管晾晒考核中,总体推进率 100%,排名第一。在全国首创"信用绿码"

并试点推行。新评定五星级饭店2家，五星品质旅行社2家、"品质饭店"58家、特色文化主题饭店25家，绿色饭店22家。深化文化执法改革，制定全省文化市场综合执法工作考核评估细则，指导各地完成"三定"方案确定和队伍合并组建。位居文化和旅游部2019—2020年度重大案件办理榜首。加强社会组织监管，搭建省文化和旅游类社会组织信息网，制订社会组织管理办法，依法依规开展登记管理工作。

（十）合作交流打开新局面

绍兴市获评"东亚文化之都"。整理完成10组245项内容的对外文化和旅游交流资源库，打造18项线上交流项目。"云游浙江"英文文化和旅游宣传在涉外媒体社交账号集中发布。建成7家国际人文交流基地建设。加快推进长三角文化和旅游一体化发展，环太湖生态文化旅游圈、杭黄世界级自然生态和文化旅游廊道、浙皖闽赣生态旅游协作区建设积极推进。紧密围绕决战决胜脱贫攻坚，与贵州省、青海省海西州等4个地区签署对口支援工作框架协议，组织开展"文化润疆"系列活动。省内对口扶贫任务高质量完成。

2020年也是"十三五"规划实施的收官之年。过去的5年，我们坚持一手抓传承一手抓保护，优秀传统文化弘扬成效显著。实证中华五千年文明史的良渚古城遗址成功列入世界文化遗产名录，全省世界自然与文化遗产总数达4处，居全国并列第五。全国重点文物保护单位281处，居全国第四。260个考古发掘项目、1200多个考古调查勘探项目依

法实施，3个项目入选"全国十大考古新发现"。6个陈列展览项目获评全国十大博物馆陈列展览精品奖。共有10个项目列入联合国教科文组织人类非遗名录，217个项目入选国家级非遗代表性项目名录，196人被认定为国家级非遗代表性传承人，数量均居全国第一。

过去的5年，我们坚持以标准化促进均等化，公共服务提质扩面。制定出台《浙江省公共文化服务保障条例》。积极推进基本公共文化服务标准化、基层综合性文化服务中心建设、公共文化机构法人治理结构改革和县级图书馆文化馆分馆建设等4项改革，并率先全面实现全省基本公共文化服务标准化，完成市有5馆、县有4馆、区有3馆总体布局，乡镇（街道）综合文化站和村（社区）文化服务中心实现全覆盖。全省建成遍布城乡的图书馆分馆956个、文化馆分馆762家、城市书房604家、农村文化礼堂17511家。实施"厕所革命"行动计划，累计建成旅游厕所7784座，完成率115％。宁波市鄞州区、嘉兴市、台州市成功创建国家公共文化服务示范区，6个项目成功创建国家公共文化服务体系示范项目。全省县级以上公共文化机构全部成立理事会。

过去的5年，我们坚持服务大众和精品创作同步推进，艺术事业蓬勃发展。高质量建成浙江音乐学院。成立浙江文艺创研中心，搭建引聚人才、创作精品的省级平台。民族歌剧《呦呦鹿鸣》入选中宣部"五个一工程"；婺剧《宫锦袍》入选国家舞台艺术精品创作扶持工程重点扶持项目，获省

政府通报表扬；舞剧《花木兰》等2部作品获得中国舞蹈荷花奖；评书《一次心灵的对话》等2部作品获得中国曲艺牡丹奖；交响乐《祖国畅想曲》入选2019年"时代交响——中国交响音乐作品创作扶持计划"名单；歌剧《青春之歌》《红船》入选中国民族歌剧传承发展工程重点扶持剧目；越剧《枫叶如花》、绍剧《于谦传之两袖清风》入选全国舞台艺术重点创作剧目名录；话剧《新新旅馆》获第三十二届田汉戏剧奖剧目奖；《烟雨伊人》获中国·宝丰第七届魔术文化节魔术节奖。共241个项目获得国家艺术基金资助，获助资金1.59亿元。"新松计划"累计实施各类青年艺术人才培养项目90多项，发现、培养和资助青年艺术人才600余人。全面实施浙江省舞台艺术"1111"人才计划（一批名编一批名导一批名角一批名匠），遴选36名拔尖人才，实施"一人一策"培养方案。通过浙江省戏剧节、音乐舞蹈节、曲艺杂技节等平台，一批优秀文艺作品和青年艺术人才脱颖而出。

过去的5年，我们坚持统筹深化供给侧结构性改革和加强需求侧管理，促进产业高质量发展。文化产业和旅游产业快速增长，双双迈入万亿产业。"十三五"期间，2016—2019年文化产业增加值年均增长12.6％，高于GDP现价增速3.1个百分点；2016—2019年旅游产业增加值年均增长11.2％，高于GDP现价增速1.7个百分点，对全省GDP的综合贡献超过18％。一批国家级产业平台相继成功创建。成立全国首个省级文旅IP研究中心。宋城演艺发展股份有限公司等4

家企业入选第十届"全国文化企业30强",数量位居全国第二。

过去的5年,我们坚持贯彻"绿水青山就是金山银山"理念,全域旅游格局基本形成。我省是8个国家全域旅游示范省创建单位之一;建成省级全域旅游示范区61家,覆盖率达60.40%,其中国家级全域旅游示范区8家(位居全国第一)。建成54个A级景区城,377个A级景区镇,10083个A级景区村庄。大力发展乡村旅游,共有40个村入选全国乡村旅游重点村名单(数量居全国第一)。成功创建省级旅游风情小镇100家。旅游品质全面提升。建成5A级旅游景区19个,数量居全国第二;4A级旅游景区228个。建成国家级旅游度假区6个,数量居全国第一;省级旅游度假区48个。被文化和旅游部确定为红色资源普查试点省、首个全国民宿等级评定试点省,拥有民宿1.98万家,直接就业人数超15万人次,总营收超100亿元,位列全国第一。截至目前,全省共有星级饭店554家、"品质饭店"139家、绿色饭店362家、特色文化主题饭店129家、旅行社2805家。

过去的5年,我们坚持不断延伸拓展文化和旅游交流合作,"诗画浙江"品牌享誉海内外。全省共实施对外和对港澳台文化和旅游交流项目7280个。深化"一带一路"文化和旅游交流合作,在浙江音乐学院设立中国-中东欧国家音乐院校联盟秘书处、中国-中东欧国家艺术创作和研究中心。在近60个国家和地区举办了160余项高规格、高水平的对外交流活动。承办部省重大外事

活动10余场。基本完成世界旅游联盟总部建设。参与长江经济带建设,推动长三角区域文化和旅游一体化发展,实现长三角相关口岸过境免签政策联动,牵头推进浙皖闽赣国家生态旅游协作区建设。

过去的5年,我们坚持推进文旅融合,改革创新成绩凸显。"最多跑一次"改革深入推进,"放管服"齐头并进,政府数字化转型加快实施,完成"诗画浙江文化和旅游信息服务平台"项目全功能上线和省、市、县贯通,建成浙江文化和旅游数据仓。顺利完成文化和旅游机构职能融合。组建成立浙江演艺集团。全省域被评为基本公共文化服务标准化建设和综合性基层文化中心建设改革试点国家示范区。标准化建设成效突出,目前文化和旅游地方标准总量已达30项,主导修订文化和旅游国家标准和行业标准45项,均居全国前列。文化执法体制改革持续深入,各市、县(市、区)已全部挂牌成立文化市场综合行政执法队,并实现市、区同城一支队伍执法。

总的来说,2020年工作和"十三五"发展推进有力,成果丰硕。这些成绩的取得,离不开全省文化和旅游工作者的辛勤付出。在此,我代表厅党组,向在座各位并通过你们向全省文化和旅游系统全体干部职工表示衷心感谢!

看到成绩的同时,我们也要清醒认识到,与忠实践行"八八战略"、奋力打造"重要窗口"的新定位新要求相比,我们的工作还存在着一些不足。主要表现在:高质量发展的基础尚不稳固;发展不平衡不充分问题仍然存在;推

进文化和旅游融合发展方法手段比较单一;国际化、高水平人才队伍建设存在短板;特色化竞争力还需强化;防范化解安全风险任务艰巨;治理体系建设和治理能力提升亟须加强;等等。所有这些,都需要在2021年及"十四五"期间克难攻坚,逐步加以有效解决。

二、关于2021年和"十四五"时期工作思路

"十四五"时期是我国全面建成小康社会、实现第一个百年奋斗目标后,乘势而上开启全面建设社会主义现代化国家新征程、向第二个百年奋斗目标进军的第一个五年。

"十四五"时期总的发展目标是:聚焦高质量、竞争力、现代化,积极打造良渚文化等一批世界级文化标识;达到国家全域旅游示范省标准;全省文化产业和旅游产业增加值占GDP的比重均达到8%以上,旅游业对国民经济的综合贡献达到19%以上。努力建成新时代文化高地、中国最佳旅游目的地、全国文化和旅游融合发展样板地,为建设"新时代全面展示中国特色社会主义制度优越性重要窗口"贡献标志性成果。

"十四五"时期的主要任务是:

(一)实施重大改革

加快数字化改革,探索建立"整体智治"格局。推动长三角3省1市消除市场壁垒,实施标准统一、项目合作、业务联盟、管理协同、制度创新。培育自贸区产业新业态,加快形成新的增长点。探索培育未来景区、未来酒店(民宿)、未来文博场馆等"未来系列"产品。系统集成打造具有浙江辨

识度的文化标识,培育100张文旅融合"金名片",推出100个具有全国影响力的文旅融合IP,提升核心竞争力。探索文化和旅游线性和区域高地建设模式创新。改革提升办学办馆办所办团办学质量和水平。

（二）建设重大平台

完成世界旅游联盟总部落户杭州工作,建设国际丝绸之路与跨文化交流中心,争取更多国际性、国家级交流平台落户浙江。推进浙皖闽赣生态旅游协作区、杭黄世界级自然生态和文化旅游廊道、环太湖生态文化旅游圈等区域合作发展平台建设。积极融入上海中国邮轮旅游发展试验区。充分运用大数据,建立文化和旅游产业投融资服务平台。打造一批高能级文化和旅游产业园区,筑强产业链。培育一批国家级、省级文化和旅游消费试点城市、夜间文化和旅游消费集聚区。推进省域文化和旅游共同富裕发展平台建设,建立山区26个加快发展县旅游业提升支持机制。建成"文化和旅游智慧大脑",提升"浙里好玩"公共服务平台。

（三）实施重大项目

实施科技驱动与数字赋能工程。对影响文化和旅游发展关键性技术,以合作方式开展科技项目协同攻关。推进"四条诗路"、十大海岛公园等文化和旅游重大项目建设,完成投资1万亿元,每年2000亿元。完成"文化基因解码工程",计划用3年左右时间,构建浙江文化基因库,抓好文化基因向旅游资源转化工作。实施文化弘扬工程,建设浙江省大运河国家文化公园,打造良渚文化、上山文化、阳明文化、和合文化、

南孔文化、宋韵文化等100个文化标识,建成之江文化中心等一批文化工程。实施新时代文艺精品创优工程,打造20个文艺精品佳作,复排约30部传统优秀剧目;打造10个全国领先的知名旅游演艺品牌项目。出台并实施公共文化服务标准2.0版。遴选培育世界级旅游景区、度假区、国家级旅游休闲城市和街区等一批冲击国内领先、国际有影响力的"单打冠军"。

（四）实施重大政策

完善"坡地村镇"等供地政策。完善金融政策,布局设立文化和旅游专营银行,发展产业融资担保机构,创设信用担保基金,支持企业上市融资。完善人才政策,打好人才引进费、安家补助费、科创成果奖励、激励性特殊报酬在绩效工资外单列等组合拳,实行年薪制、协议工资制、项目工资等灵活多样的分配形式。完善消费政策,制定职工带薪休假实施细则。制订国有文化单位景区化后的收入分配及资金监管办法。建立对组织入境游企业的激励政策,落地境外旅客购物离境退税政策。

（五）实施重大机制

完善旅游、数字化改革专班工作机制,将文化和旅游发展纳入我省对各地创先争优行动的评价内容。创新统计方法,建立利用大数据分析评价文化和旅游发展新机制。研究制定文化和旅游融合评价指标体系。建立以县域为单位的文化和旅游产业增加值占GDP比重晾晒制度。建立群众、游客评价反馈机制、信用评价机制和第三方评价机制。

2021年,是中国共产党成立

100周年,也是高水平开启"十四五"和社会主义现代化先行省的开局之年。2021年全省文化和旅游工作的指导思想是:以习近平新时代中国特色社会主义思想为指导,全面贯彻党的十九大和十九届二中、三中、四中、五中全会精神,全面落实省委十四届八次全会部署,增强"四个意识"、坚定"四个自信"、做到"两个维护",立足新发展阶段,贯彻新发展理念,构建新发展格局,聚焦高质量竞争力现代化,围绕忠实践行"八八战略"新篇章、奋力打造"重要窗口"这一主题,以庆祝中国共产党成立100周年为主线,以开启"十四五"、奋进新征程为重点,以满足人民日益增长的精神文化生活和旅游休闲需求为目的,全面建设新时代文化高地、中国最佳旅游目的地、全国文化和旅游融合发展样板地,为争创社会主义现代化先行省开好局贡献力量。

2021年全省文化和旅游工作的主要目标是:建党百年系列庆祝活动圆满完成;彰显"重要窗口"魅力的标志性成果继续增长;完成"优秀传统文化行动计划"项目总投资达75%以上;制订文化和旅游公共服务新标准体系并组织实施;实现文化和旅游疫情零传播,文化产业和旅游产业增加值增速高于全省GDP增速;65%以上县（市、区）达到国家、省全域旅游示范区标准,建成50%以上景区村、45%景区镇、60%景区城;"文化浙江""诗画浙江"影响力显著提升;省域文化和旅游现代化治理体系初步构建,全省文化和旅游发展再上新台阶。

"十四五"规划的"五个重大"和2021年44条工作任务已经明

确,大家要聚焦聚力、强化落实,务求实效。下面,我着重在10个方面做些强调,希望大家下足功夫。

(一)着力在系统推进建党百年庆祝活动上下功夫

庆祝建党百年系列活动,是贯穿全年工作的一条主线,要举全系统之力,高标准高质量组织开展。精心筹备"不忘初心、牢记使命"大型音乐舞蹈诗画文艺演出,开展百场建党百年文艺演出、百部红色经典剧目展演、百个文博场馆主题联展、百项群文宣传教育活动、红色旅游百年百景系列活动、百场"云上"中国故事宣介、百年百艺非遗展示展演等系列活动。抓好建党百年重大主题创作,精心创作歌剧《红船》、交响乐《大潮至上》等文艺精品。开展献礼中国共产党成立100周年系列主题宣传活动。举办"红心向党——讲述浙江文旅人的故事"短视频作品创作大赛。组织开展护航中国共产党成立100周年文化和旅游市场百日攻坚等行动。

(二)着力在构建文化和旅游新发展格局上下功夫

围绕激活文化和旅游内需体系和投资潜能,高质量服务国内大循环,高水平融入国际大循环。一是坚持以文化和旅游消费拉动经济增长。推进国家级和省级文化和旅游消费示范、试点城市建设工作。出台《关于加快推进夜间文化和旅游消费集聚区建设的实施意见》和《浙江省省级夜间文化和旅游消费集聚区认定办法》并组织实施。培育创建3—5个"百县千碗"美食特色小镇、10个文化和旅游美食园(商业街区)、200个美食体验店。举办旅游商

品大赛,优选文创旅游商品进景区、进民宿、进特色文化主题酒店。培育10个浙江特色鲜明的旅游演艺项目。注重组织开展聚人气效果佳的营销活动并逐步培育品牌。二是丰富文化和旅游融合产品。省、市共建,30张文旅融合"金名片"做到初见成效,再推出30个具有全国影响力的IP。新创建约30个省级以上产业融合基地。推动一批博物馆(美术馆)创建成为旅游景区,培育一批文化主题民宿、省非遗旅游景区。三是提前谋划入境游市场复苏工作。用好用足144小时过境免签政策。在主要客源国谋划设立境外推广中心。继续培育"诗画浙江"友好使者。利用杭州亚运会的有利时机,推销亚运主题旅游产品。建成15—20个国际人文交流基地。完成世界旅游联盟总部建设。建设国际丝绸之路与跨文化交流中心。提高中国义乌文化和旅游产品交易博览会、国际海岛旅游大会、国际乡村旅游大会的质量和国际影响力。制定实施浙江省自由贸易区文化和旅游发展改革工作方案,探索发展娱乐演艺、购物旅游、邮轮游艇旅游、会展旅游等新业态。研究实施推进主要入境旅游目的地国际化能力和水平提升计划。

(三)着力在持续深化"两手硬、两战赢"上下功夫

在全球疫情扩散蔓延态势仍在持续、我国疫情反弹风险仍然存在的形势下,要切实抓好文化和旅游领域疫情防控。按照75%最大承载量要求,全面实施"限量、预约、错峰"精密智控机制。严格执行戴口罩、防集聚、保持社交距离、公勺公筷等防控规程,避

免疫情通过文化和旅游活动传播。建立文化和旅游产业经济运行联系会议制度,准确分析研判产业经济运行趋势,推动助企纾困普惠性政策落实落地。穷尽一切办法,切实抓好稳投资和促消费工作,确保年度目标任务完成。

(四)着力在"重要窗口"成果打造上下功夫

启动"浙江省文化和旅游领航计划",遴选培育一批冲击全国领先、世界有影响力的"单打冠军",瞄准文华奖、梅花奖、"五个一工程"奖艺术创作、世界文化遗产项目、人类非遗代表作名录、国家重点文博单位、世界级国家级旅游景区和度假区、国家级旅游休闲城市和街区等重点项目、重点奖项等,努力彰显我省文化和旅游标志性成果。做好联合国教科文组织非遗名录项目、第六批国家级非遗代表性传承人申报工作。积极争创国家文化和旅游产业融合发展示范区、文化产业示范基地、对外文化贸易基地,全国文化和旅游创意产品开发示范点,国家级文化生态保护区、夜间文化和旅游消费集聚区,非遗特色村镇、街区等国家级品牌。争取认定更多的国家级全域旅游示范区。支持新时代浙江(安吉)县域践行"绿水青山就是金山银山"理念综合改革创新试验区建设,加快建成具有全国影响力的"绿水青山就是金山银山"理念文旅实践样板地。

(五)着力在文化高地建设上下功夫

"文化浙江"建设工程是列入省委、省政府"十四五"时期,为了争创社会主义现代化先行省谋划的"十三项战略抓手"之一,全省

上下一定要围绕"什么是当地文化""当地文化是什么""干什么""怎么干"等问题,认真谋划推进。一是推进文化标识建设。接续实施"文化基因解码工程",再用1年时间基本完成"解"的任务。在此基础上,重点先谋划打造100个具有浙江辨识度的文化标识。深入实施《阳明文化、和合文化、南孔文化研究、保护和文旅融合发展行动计划(2021—2023)》,以及省委宣传部牵头组织的上山文化、宋韵文化建设项目,先行突破,发挥好示范效应。二是不断提高艺术创作质量和水平。实施新时代文艺精品创优工程,加快"重要窗口"重大题材文艺精品创作。创作3—5首能广泛传唱的主旋律歌曲。三是加大考古研究力度。一个地方文化底蕴深厚程度关键看考古和文物。接续推进上山文化遗址、余姚井头山遗址、绍兴宋六陵等一批重点考古研究项目。开展长三角区域考古合作。推进海洋文物考古工作。开展石窟寺专题调查并形成保护计划。四是提升文物保护利用水平。建立健全大运河遗产保护综合协调机制,建设完善大运河世界文化遗产监测平台。加大遗址公园建设力度。完成诗路沿线地区文物资源调查,保护修缮文化遗产,复兴一批古城古镇古村和历史活力街区。实施全省博物馆优化提升服务计划。五是加强非物质文化遗产传承保护利用。继续推进省级文化传承生态保护区创建工作。协同推进大运河非遗保护。创新体制机制,加大人才队伍建设,加强经费保障,举办浙江省传统戏曲演出季,不断推进越剧、婺剧、昆剧等18个传统剧

种的振兴。组织开展民间传统戏曲曲牌抢救计划,委托浙江音乐学院利用2年时间,建设浙江传统剧种曲牌库。六是高质量推进公共文化服务体系建设。加快之江文化中心等重大文化设施建设,开展浙江音乐厅新宿等文化项目前期工作。完成公共文化服务标准迭代升级,制订《浙江省基本公共文化服务标准(2021—2025年)》。特别强调的是,进入新发展阶段,各设区市要把音乐、各县(市、区)要把美术事业真正重视起来,按年度计划抓好落实。

(六)着力在旅游高质量发展上下功夫

深入践行"绿水青山就是金山银山"理念,顺畅转化通道,加快建设浙江旅游"一体两翼"高质量发展格局。所谓"一体"即为全方位提高旅游品质。坚持问题导向,立足以挖掘文化内涵和提升游客微观感受为导向,全面开展A级旅游景区、旅游度假区、旅游风情小镇、文博场馆等旅游核心吸引物,景区城、景区镇、美丽城镇、景区村等旅游目的地,酒店、民宿等旅游接待场所的"微改造、精提升"。今年出台"五年行动计划",先行安排部分设区市和县(市、区)组织试点,明年开始全面铺开。"两翼"之一为加快山区26县旅游业高质量发展。制订《关于加快推动山区26县旅游业高质量发展的意见》,谋划推进全域旅游品质提升等十大建设工程。组建山区26县文化和旅游联盟,实现抱团化、集群式、协同性发展。积极提升全域旅游示范区,发展高能级旅游景区和度假区,加快景区城、景区镇、景区村建设,助推旅游业跨越式发展,使

旅游业成为山区26县国民经济的主导型产业和助力富民增收的主渠道。"两翼"另一为打造千亿级海洋旅游休闲业。海洋旅游的重点一是海岛旅游,二是滨海旅游,三是"公海游"即无目的地邮轮航线。首先,挖掘宁波、舟山海丝文化遗址价值,保护沿海抗倭等海防遗址,打造海洋考古文化旅游目的地。推进象山影视城景区等节点建设,加快建设全省生态海岸带涉文涉旅项目。加紧规划三门湾、象山港等湾区旅游。其次,加快推进"十大海岛公园"建设,出台创建导则并启动首批认定工作。再者,推动舟山、温州洞头始发港和访问港建设,积极融入中国邮轮旅游发展试验区,开通上海到洞头浙东沿海邮轮旅游线路。

(七)着力在创新引领改革发展上下功夫

把创新摆在文化建设和旅游发展全局的首要位置,依靠改革创新推动文化和旅游工作实现新跨越。一是加快推进文旅融合。把着力点落到以县域为单位文化和旅游产业增加值占GDP比重上,建立晾晒制度,切实推动各县(市、区)把生态优势转化为发展优势。加大文艺、非遗、文物等各领域与旅游的融合发展。巩固省文旅产业融合试验区建设成果。总结完善文旅融合指数测算办法并组织实施。推进旅游和交通融合试点改革,出台全省旅游交通发展规划,推进一批旅游和交通融合项目。二是开展"未来系列"文化和旅游业态探索和试点。突出数字赋能、标准赋能、生态赋能、科技赋能,开展未来社区、公共文化服务、未来景区、未来度假

区、未来民宿（农家乐）、未来酒店等试点，在微观层面创造典型案例，引领市场主体转型升级。三是创新办学办馆办所办团模式。善于整合社会优质资源为我所用，"文教结合、校（院）团合作"，创新体制机制，为提升质量和水平探路。瞄准"高精尖缺"，启动高层次艺术人才引聚计划。实施省文化和旅游导师工作室培育计划，建设约15个导师工作室。四是深化文艺院团改革。出台深化国有文艺院团改革实施方案，扎实推进"一团一策"实施。承担文化和旅游部关于促进民营院团发展改革试点。下沉一级发展音乐和美术事业迈出新步伐。五是推进文化和旅游科技创新。完善厅科研管理制度，建立厅级科研与创作项目管理平台，以及科研专家库、项目库、成果库，以需求为导向，联合高水平高校、科研院所协同攻关。

（八）着力在数字赋能上下功夫

以数字化技术、数字化思维，系统构建省域文化和旅游现代化治理体系。一是推进整体智治。基于全省"一张网""一朵云"，全面构建"1＋4＋N"的数字化改革总框架："1"即1个智慧文旅大脑；"4"即4类数字化改革体系包括数字政务服务体系、数字公共文化服务体系、数字文化和旅游产业发展体系、数字文化和旅游治理体系；"N"即持续推出多个应用场景，实现政府"数字驾驶舱"和群众应用端的两端赋能。二是推进数字公共服务。继续推动"最多跑一次"改革向公共服务领域延伸扩面。优化行政审批服

务，全面推行"告知承诺制"，推动审批事项在线服务。完善统计制度，组建文化和旅游数据技术创新实验室。重视文化和旅游大数据建设，研究制定《文化和旅游数据采集规范》地方标准。三是推进数字监管。全面推广"互联网＋监管"平台应用。综合运用大数据技术，完善信用体系建设。四是推进数字文化和旅游产业发展。研究制订《推动数字文化和旅游产业高质量发展指导意见》，切实谋划平台和抓手，大力促进数字文化和旅游发展，抢占制高点。

（九）着力在文化和旅游领域平安建设上下功夫

一根扁担两头挑，一头是发展一头是安全。我们要增强忧患意识，强化底线思维，不断深化文化和旅游领域平安建设。一是加强安全责任体系建设。加强政治安全、卫生安全、生产安全、国家安全、廉政安全、保密安全管控。我们要搞清楚责任在哪里，然后让责任者把责任扛起来。今年重点抓3个：一是扼制重大安全事故；二是旅游新业态安全监管，要推行湖州经验；三是抓文物安全。文物安全主要是抓落实，深入推进全省民居类文物建筑消防安全三年专项整治行动和浙江省文物安全工作全面提升三年行动计划。二是强化市场综合执法。加快推动执法服装、执法证件、执法文书及标识的统一。持续把扫黑除恶、"扫黄打非"、校园周边整治、打击侵权盗版等工作抓好抓实。推广旅游执法与公安、市场监管、法律服务、人民调解协同的监管模式，促进旅游纠纷调解融

入基层矛调中心。建立文化和旅游领域知识产权保护工作机制。三是强化风险防范能力建设。善于发现问题，只有发现得了，才能防守得住。对旅游新业态产品，坚持常态化监测。加强"瞭望哨"建设，以互联网为重点，做到问题早发现早处置，有力开展舆论斗争，守好主阵地；建强文旅网军，强化实战应用。建设推广厅属单位财务集中交叉会审制度，有效防范廉政风险。

（十）着力在作风建设上下功夫

坚持以好作风护航文化建设和旅游发展。一是厚植为民情怀。习近平总书记指出："人民是我们党执政的最深厚基础和最大底气。"我们要坚持以人民为中心的发展思想，把群众"盼的事"变成我们要"干的事"。以深化"三服务"2.0版开路，转变作风，纾困解难，真正让企业轻装上阵、让群众收获满满、让基层活力迸发，推动文化和旅游高质量发展成果由人民共享，助力实现共同富裕目标。二是强化求真务实。活是靠干出来的，不是说出来的，我们要集中心思抓落实、倾注精力抓落实、创新方法抓落实。把任何一件事善于按"目标体系、工作体系、政策体系、评价体系"要求，形成工作闭环，做到"说一件干一件成一件"。决不能"把说的当做了，把做了当做成了"。三是坚持主动作为。面对新发展阶段新目标新任务新要求，我们不能被动适应、不知所措，更不应瞻前顾后、碌碌无为；而是应该虚心学习，学中干、干中学；要在科学研判、精准施策的基础上，主动作为，以历史的责任担当，善作善成。

省级文化和旅游系统2021年度党建和党风廉政建设工作会议暨党史学习教育动员大会

【概况】 3月17日,省文化和旅游厅召开省级文化和旅游系统2021年度党建和党风廉政建设工作会议暨党史学习教育动员大会。厅党组书记、厅长褚子育做动员部署,厅党组成员、副厅长朱海闵主持会议,厅领导许澎、杨建武、刁玉泉、叶菁、王峻,省纪委监委驻省委宣传部纪检监察组副组长叶向阳出席会议。厅局机关全体干部职工、厅属各单位党政领导班子成员共250余人参加会议。

会议指出,2021年是中国共产党成立100周年,也是实施"十四五"规划、争创社会主义现代化先行省的第一年,省级文化和旅游系统所有工作都要围绕开好局、起好步来展开,全系统要切实提高站位、深化认识,以高度政治

担当和政治自觉开展和参与党史学习教育。一方面,要以走在前列的要求,增强开展好党史学习教育的思想自觉、政治自觉、行动自觉;另一方面,要通过党史学习教育赋能打造更多"重要窗口"标志性成果,创造和展示更多"重要窗口"建设的新实践、新变化、新气象,彰显文化和旅游战线忠实践行"八八战略"、奋力打造"重要窗口"的政治担当。

会议强调,要把开展党史学习教育作为贯穿系统党建和党风廉政建设全年工作的一条主轴,切实明确方向,突出重点,努力展现省级文化和旅游系统党建和党风廉政建设新气象。要做到"六个表率":在提高政治能力、做到"两个维护"上走在前做表率;在

感悟思想伟力、强化理论武装上走在前做表率;在牢记初心使命、为民办好实事上走在前做表率;在提升能力作风、积极担当作为上走在前做表率;在夯实基层基础、锻造坚强堡垒上走在前做表率;在强化正风肃纪、保持清正廉洁上走在前做表率。

会议要求,全系统要对标对表中央和省委精神,按照厅党组下发的党史学习教育实施方案和年度党建工作要点,切实加强领导、精心谋划,强化责任落实、强化督促指导、强化政治引领,确保党史学习教育高标准推进、高质量见效。

会上,还签订了2021年度党风廉政建设责任书。

(省文化和旅游厅直属机关党委)

在省级文化和旅游系统2021年度党建和党风廉政建设工作会议暨党史学习教育动员大会上的讲话

省文化和旅游厅党组书记、厅长　褚子育

(2021年3月17日)

今天我们召开省级文化和旅游系统2021年度党建和党风廉政建设工作会议暨党史学习教育动员部署大会,主要任务是以习近平新时代中国特色社会主义思想为指导,深入学习贯彻中央、省

委党史学习教育动员部署会、省直机关党的工作暨纪检工作会议和省级宣传文化系统党风廉政建设工作会议精神,以开展好省级文化和旅游系统党史学习教育为重点,对系统2021年度党建和党

风廉政建设工作进行组织动员和部署安排。

过去一年,面对严峻复杂的国际形势、艰巨繁重的改革发展稳定任务,特别是面对疫情冲击,省级文化和旅游系统各级党组织

和党员干部认真贯彻落实党中央战略部署、习近平总书记考察浙江重要讲话精神和省委"两手硬、两战赢"部署要求,忠实践行"八八战略"、奋力打造"重要窗口",在"大战大考"中闻令而动、迎难而上、争当先锋,统筹推进疫情防控和复工复产"举措实、力度大、成效好","取得了特殊年份的特别成就",彰显了绝对忠诚、能打硬仗的政治本色,交出了文化和旅游系统的党建高分报表,连续两年被评为省直机关党建综合考评优秀单位。系统党建和党风廉政建设工作取得的成绩,为文化和旅游工作的高质量发展提供了坚强保障和重要动能,应该予以充分肯定。

今年,是实施"十四五"规划、争创社会主义现代化先行省的第一年,我们将隆重庆祝党的百年华诞。省级文化和旅游系统所有工作都要围绕开好局、起好步、展现新气象来展开,这既是对我们系统工作的考验,也是对全系统党建和党风廉政建设工作成效的检验。会前,我们已经把年度党建工作要点和党史学习教育方案,以及全省文化和旅游系统庆祝建党百年系列活动方案印发给大家,机关和各单位要紧密结合实际,认真抓好落实。下面,强调3点意见。

一、提高站位、深化认识,以高度政治担当和政治自觉开展与参与党史学习教育

2月20日,中共中央召开党史学习教育动员大会,习近平总书记发表重要讲话。习近平总书记强调:"全党同志要做到学史明理、学史增信、学史崇德、学史力行,学党史、悟思想、办实事、开新

局,以昂扬姿态奋力开启全面建设社会主义现代化国家新征程,以优异成绩迎接建党一百周年。"习近平总书记的重要讲话,深刻阐述开展党史学习教育的重大意义,系统回答了"为什么学、学什么、如何学"的重大问题,对党史学习教育进行全面动员和部署,为开展好党史学习教育指明了方向、提供了根本遵循。

3月2日,省委召开全省党史学习教育动员部署会。袁家军书记强调,要深入学习贯彻习近平总书记在党史学习教育动员大会上的重要讲话精神,推进"九学九新",守好"红色根脉",扛起"五大历史使命",奋力争先创优,争当学史悟思的排头兵、增信崇德的排头兵、为民办事的排头兵、勇开新局的排头兵,以实际行动和优异成绩庆祝建党100周年。

省文化和旅游厅作为重要的意识形态工作部门,每个部门、每个单位和每名党员干部都要切实提高政治站位,把思想和行动统一到中央和省委决策部署要求上来,扎扎实实把党史学习教育引向深入,为我们全年的党建和党风廉政建设工作奠定坚实基础。

一方面,要以走在前列的要求,增强开展好党史学习教育的思想自觉、政治自觉、行动自觉。通过实施党建"举旗铸魂""赋能加力""固本强基""监督护航"四大工程,把文化和旅游系统的党史学习教育做实做细,做出特色和成效。成效之一,教育引导广大党员干部和更多人民群众深刻理解中国共产党为什么"能"、马克思主义为什么"行"、中国特色社会主义为什么"好",深刻认识新中国来之不易、中国特色社会

主义来之不易、幸福生活来之不易,从而更加坚守对马克思主义的信仰、坚持对中国特色社会主义的信念、坚定实现中华民族伟大复兴中国梦的信心。成效之二,发挥系统优势,用好红色资源、传承红色基因、厚植"红色根脉",用党的奋斗历史和伟大成就鼓舞斗志、明确方向。成效之三,用党的光荣传统和优良作风坚定信念、凝聚力量,用党的实践创造和历史经验启迪智慧、砥砺品格,推动全系统把好传统带进新征程,将好作风弘扬在新时代。

另一方面,我们要通过党史学习教育赋能打造更多"重要窗口"标志性成果,创造和展示更多"重要窗口"建设的新实践、新变化、新气象,彰显文旅战线同志们忠实践行"八八战略"、奋力打造"重要窗口"的政治自觉和行动自觉。省委十四届八次全会提出新发展阶段浙江必须担负起的"五大历史使命",都与文化和旅游工作密切相关。发挥浙江人文优势,加快推进文化建设,是书写忠实践行"八八战略"新篇章的重要内涵;实施新时代"文化浙江"工程,建设思想文化窗口,是展示奋力打造"重要窗口"新成果的有机组成;统筹文化事业和文化产业高质量发展,创新文旅融合发展新优势,是展现探索构建新发展格局有效路径新担当的有力支点;推进文化建设现代化先行,打造新时代文化高地,是争创社会主义现代化先行省的重大任务之一;建设素质过硬的文旅浙军,是提升党员干部推进现代化建设新能力的内在要求。在我们迎来习近平总书记考察浙江、赋予浙江"重要窗口"新目标新定位一周年

的重要节点，时代赋予文旅人重大使命，唯有奋斗、唯有争先，才能在争创社会主义现代化先行省征程上担当作为。

二、明确方向，突出重点，努力展现省级文化和旅游系统党建和党风廉政建设新气象

我们要把开展党史学习教育，作为贯穿系统党建和党风廉政建设全年工作的一条主轴，以周密部署和有力举措落实好这项重大政治任务。要抓住学党史这个基础、把握悟思想这个关键、突出办实事这个重点、聚焦开新局这个目标，教育引导全系统各级党组织和广大党员干部把党的历史学习好、领悟好，把党的成功经验传承好、发扬好，进一步夯实信仰信念的根基，激发奋斗的信心和动力，提升推动发展、服务人民的本领和能力，推动系统党的建设各项工作全面进步、全面过硬。具体来讲，要做好6个表率。

（一）在提高政治能力、做到"两个维护"上走在前做表率

文化和旅游工作，立时代潮头、发时代先声，为国家立心、为民族立魂，增百姓福祉、利共同富裕，我们的工作意义重大、使命光荣，我们也肩负着重要的政治责任，是政治性很强的业务部门，也是业务性很强的政治机关，政治性是第一属性，讲政治是第一要求，在管党治党上要始终做到旗帜鲜明讲政治。通过党史学习教育，我们要切实深入学习领会百年来我们党形成的全党服从中央、维护党中央权威和集中统一领导的强大政治优势；我们要深刻理解认识习近平总书记关于"全面从严治党首先要从政治上看""贯彻落实党中央决策部署，

必须善于把握政治大局"的重要讲话精神，学会从政治上切实领会把握党中央关于党建和党风廉政建设的重大方针、原则和任务的政治内涵；我们要持续深入把各级领导班子的政治建设作为党的根本性建设抓具体抓到位，遇到问题、做出决策、处理工作时，要首先从政治上想一想，通过对照党章、党内政治生活准则、党纪处分条例举一反三，真正在学习实践中切实提高政治判断力、政治领悟力、政治执行力，让"两个维护"成为根本政治自觉和首位政治素质。

（二）要在感悟思想伟力、强化理论武装上走在前做表率

党史学习教育中，党员干部要深刻感悟马克思主义的真理力量和实践力量，以党的创新理论武装头脑、指导实践、推动工作。一要围绕"六大方面"深入学。袁家军书记在省委党史学习教育动员部署会上提出了"九学九新"的要求，要求我们在学思用贯通、知信行统一上有更高的标准。要以"我在红船起航地学党史"为主题，紧紧围绕党的光辉历程、党的伟大贡献、党的初心宗旨、党的理论成果、党的伟大精神、党的宝贵经验这六大方面抓实抓好重点学习任务，推动全系统党员深刻学习领会新时代党的创新理论，从中汲取丰厚滋养，学出理论上的清醒，夯实思想之基；学出政治上的坚定，铸牢忠诚之心；学出党性上的提升，传承红色之魂。二要抓住"关键少数"重点学。党史学习教育是面向全体党员，以"县处级以上领导干部"为重点开展学习教育实践。系统处级以上领导干部要坚持以上率下，在学习上

有更高标准、更严要求，在学党史、讲党史、懂党史、用党史方面发挥示范带动作用。具体来说，班子成员、每个处室、厅属单位党组织书记要领学示范，做到6个"带头"：带头组织学习讨论，带头参加领导干部党史学习教育专题培训，带头开展服务实践活动，带头撰写理论文章，带头讲党课，带头保廉洁树新风。要通过你们的带头作用切实推动党史学习教育走深走实走心。三要突出"文旅特色"生动学。要以"学党史、话初心、担使命"为主题，以习近平同志在浙江工作时提出的党员教育"六个一"倡议为内容，严格落实"第一议题"学习制度，采取"三会一课"、主题党日活动、专题组织生活会等形式，健全多层次理论武装格局。除了常规动作外，结合文化和旅游业务工作实际，开展主题突出、特色鲜明、形式多样的学习活动。积极发挥系统青年理论宣讲团作用，省、市、县3级联动开展"守好红色根脉、书写青春忠诚"全省文旅青年宣讲团百场大巡讲，举办系统线上线下党史知识竞赛、"红心向党——讲述浙江文旅人的故事"短视频作品创作大赛和微党课视频比赛等，以丰富多彩的艺术作品、展览展示、红色旅游等载体讲好党的创新理论、讲好党史国史、讲好文旅惠民政策、讲好文旅故事，讲述百年大党的风华正茂。

（三）要在牢记初心使命、为民办好实事上走在前做表率

我们要深入学习百年来我们党为人民而生、因人民而兴，始终以人民为中心的拼搏历程，把为群众办实事、解难题作为学习教育的着力点和落脚点。一要突出

效果导向，为人民办好实事。要积极投身实施"三服务"2.0版，扎实开展"我为群众办实事、我为企业解难题、我为基层减负担"专题实践活动。按照"整体智治、唯实惟先"理念，常态化落实"助企八条""暖心八条"，着力破除文化和旅游企业生产经营中的痛点难点堵点。二要为共同富裕做出文旅贡献。围绕区域发展和帮扶开发，继续做好对口工作，强化对困难地区、困难群众的公共文化服务供给，制定具体意见、抓出成效；落实为基层减负若干措施和厅党组"38条措施"，进一步树立机关党员干部实干在一线、关爱在基层的鲜明导向。三要坚持问题导向，找差距补短板。要主动把自己摆进去、把职责摆进去、把工作摆进去，结合中央巡视、"七张问题清单"和本系统内部巡察反馈问题的整改，深挖思想根源，查找工作短板，查摆自身不足，深刻检视剖析，严格对照整改清单抓实整改，举一反三，建章立制，"坚决杜绝点上整改问题在其他地方、单位再次发生或变异发生，坚决避免巡视反馈指出的类似问题再次发生"，确保整改到位、见到效果。党史学习教育结束前，大家要围绕党史学习教育开展情况，聚焦践行初心使命、坚守人民立场的情况，召开一次组织生活会开展批评与自我批评。

（四）要在提升能力作风、积极担当作为上走在前做表率

重温我们党百年奋斗的恢宏史诗时，十分重要的一点是学以致用、学以促用，以党员干部作风攻坚巩固深化党的建设成效，以党员干部能力先行引领现代化先行，以党员干部本领提升推进"重

要窗口"建设。一要聚焦融入中心，赋能加力。要坚持把党建"第一责任"落实到推动发展"第一要务"之中，把党建贯穿文化和旅游业务工作的全过程，加快"重要窗口"重大题材文艺精品创作，持续推动数字化改革向公共服务领域延伸扩面，着力推动双万亿产业转型升级、构建"一体两翼"旅游建设重点等，力争深度融合、相互促进。致力于解决实际问题，将业务发展难点作为党建工作重点，发挥党组织把方向、管大局、做决策、促改革、保落实的核心作用和政治引领、宣传教育、组织发动、凝聚感召的功能优势，发挥党员业务骨干的先锋模范作用，推动中心任务和业务工作的高质量完成。二要聚焦职责使命，务实担当。牢固树立"不走在前列也是一种风险"意识，通过党史学习教育，增强睡不着、等不起、坐不住的紧迫感，锤炼想担当、会担当、好担当的政治品格。要充分激发创造性，将文化和旅游的行业特征、工作特点融入党史学习教育的全过程，持续实施"文化基因解码工程"，加快重大文化标识建设、数字化改革，加大文艺、非遗、文物等各领域与旅游的交融发展，多出文旅精品、文旅品牌、文旅融合"金名片"，动员引导党员干部坚定文化自信，坚持守正创新，用实干和实绩彰显忠诚干净担当的政治本色。三要聚焦能力建设，带强队伍。主动适应"三个争先"要求，积极涵养"唯实惟先、善作善成"的团队文化，通过组织开展数字化改革、履职能力等专题培训，通过搭建业务竞赛、技能比武等争先创优舞台，通过基层挂职、实践历练等打好"组合

拳"，帮助和激励党员干部提高政治能力。这里我要特别强调，要树牢舆情风险也是政治风险的意识，不断提高统筹发展和安全的能力。今年大事要事喜事多，风险防控化解压力也大。各单位一定要高度重视、提高警惕，完善"两微一端"等新媒体平台管理办法；推进工作清单式管理、项目化推进，推动意识形态工作责任——落实到人，加强舆情监测和分析研判，加强应急处置，提升风险隐患见之于未萌、处置于未发的能力。

（五）要在夯实基层基础、锻造坚强堡垒上走在前做表率

省级文化和旅游系统有200多个基层党组织、3000多名党员，覆盖机关、企事业单位、社会组织等各个领域，还有高校的大学生党员，只有各级组织都健全、都过硬，党的领导才能坚强有力，党的建设才能根深叶茂。既要深入学习我们党加强组织建设、提升组织力的历史经验，更要对标对表省委关于数字化改革的要求，推进数字化在组织工作中的应用。一要推进智慧党建。将数字化改革融入系统党建各领域各方面，对党建工作的理念、机制、工具、手段、方法做出优化和变革。着眼职能重塑、流程再造、效能提升，我们正在组织开发系统智慧党建平台，希望能加快形成系统党员管理"一件事"、支部运行"一条链"、党建工作"一张网"，力争于5月上线试运行。二要坚持分类指导。配套上级法规，结合系统实际，突出细分需求。在高校单位重点抓坚持和完善党委领导下的校长负责制，推动"抓院促系、整校建强"，深化高校党建

和思想政治工作;在其他事业单位重点健全完善保证党的全面领导的制度安排,并落实党建工作机构和力量配备;在企业单位重点强化党的领导融入国有企业公司治理;在社会团体重点建立完善党组织管理体系,实现党的组织和工作全面有效"双覆盖"。三要建强支部堡垒。要进一步优化组织设置,配齐配强法人单位党组织领导班子,并强化委员履职意识,提升班子组织力和整体功能。实施党支部建设提升工程2.0版,深化"六强六规范",强化"堡垒指数"运用,形成后进追先进、先进更先进态势。四要严格党员管理。对标"先锋指数",党员要接受政治洗礼、当好先锋。重视在高知识群体、在校大学生、"两新"组织中发展党员,确保高质量完成吸收发展任务。实施"双带头人"培养工程,着力把业务骨干和专业带头人培养成党员,把党员培养成业务骨干和专业带头人,把党员骨干带头人培养成管理人才,建队伍聚人才。

(六)要在强化正风肃纪、保持清正廉洁上走在前做表率

慎终如始把"严"的主基调长期坚持下去,始终坚持把纪律挺在前面,用铁的纪律、严的要求推动全面从严治党向纵深发展。一要在一体推进"三不"机制上下功夫。坚持有案必查、有案严查,零容忍、强震慑,形成不敢腐的高压态势。在全系统构建全覆盖监督体系,加强政治监督,开展好第二轮系统单位巡察和第一轮3个单位的巡察反馈问题整改。紧盯党组织履职情况,紧盯重点领域和关键环节,特别是已经成为文化和旅游系统违法违纪新焦点的财

务漏洞和管人管钱管项目的重要岗位,深化系统治理发现问题机制,前移工作关口,净化不能腐的政治生态。把大力弘扬清廉文化作为"文化浙江""诗画浙江"建设的重要内容,深入挖掘提炼优秀传统文化中的清廉元素,推进廉政文化标识和法治文化标识建设,积极推动文艺院团开展清廉艺术作品创作,加大清廉文化产品供给力度,筑牢不想腐的思想防线。二要完善廉政风险的防控体系。保持良好政治生态,以廉政"风险点"为切入点抓好廉政风险防控体系建设。深化推动"四种形态",以系统施治、标本兼治理念,统筹运用党性教育、政策感召、纪法威慑,常态化纠治"四风",常态化开展警示教育,用身边事教育身边人。特别是强化"红脸出汗",看见苗头就提醒、听到反映就过问、存在问题就处理。各处室、各单位要进一步做深日常监督,新任职党员领导干部和新入职党员干部要主动接受廉政教育、廉政谈话和党纪党规知识测试等,自觉做到知敬畏、存戒惧、守底线。三要构建层层传导的责任闭环。抓住责任制这个"牛鼻子",推动全面从严治党"四责协同"机制落细落实,定期开展党风廉政建设分析和政治生态研判,做到问题解决全过程清单式、具体化、可视化。各单位党组织领导班子要把握大局、统筹谋划,我自己带头做到同部署、同检查、同落实、同考核,各处室、各单位主要领导也要走在前列、发挥"头雁效应",班子成员要履行"一岗双责",负责抓好分管领域和部门的党风廉政建设工作;机关纪委要加强与派驻纪检监察组的协同

配合,及时发现问题、纠正偏差,健全完善"明责、履责、尽责"的整体闭环。四要强化从严管理的制度执行。要找到好办法,把党风廉政建设制度细分成若干模块,深刻剖析某些问题反复出现的原因,总结梳理规律,细化配套措施,推动制度机制各个模块综合集成、迭代升级,着力推动制度优势转化为治理效能。全系统党风廉政建设大会每年都开,党风廉政工作一季一分析、半年一总结;党风廉政建设责任书每个厅属单位党组织书记都签、签字背书、责任在肩,这既是一套规定动作,也是推进全面从严治党责任落实的重要举措。各级领导班子成员包括我在内,都要把自己摆进去,以身作则,推动清风正气蔚然成风,为我们打造"清廉机关、模范机关"提供坚强纪律保证。

三、加强领导、精心谋划,确保党史学习教育高标准推进、高质量见效

开展好党史学习教育,推进党建和党风廉政建设工作,是对系统各级党组织领导力、组织力、执行力的一次实践检验。各处室、各单位要对标对表中央和省委精神,按照厅党组下发的学习教育方案和年度党建要点,抓好贯彻落实。

(一)强化责任落实

厅党组建立了厅党史学习教育领导小组,下设办公室在厅直属机关党委,负责全厅党史学习教育的具体指导和日常工作。系统各单位也要成立相应领导和工作机构,制定具体方案和工作计划,每名党员特别是县处级以上领导干部也要有学习计划,对照每项工作任务已经明确的"目标

要求""重点举措""预期成果",细化实化抓好本单位的具体落地,体现可量化、可评估,形成闭环管理,确保高质量完成党史学习教育目标任务,有力推进本部门本单位党的建设。

（二）强化督促指导

厅党组建立了巡回指导机制,派出巡回指导组,由厅党组成员和有关领导担任各组组长,处室党员处长担任副组长。机关各处室在抓好自身学习的同时,还要采取随机抽查、调研访谈等方式,对系统各法人单位党史学习

教育工作进行指导,确保学习教育质量。各级领导都要发挥带头作用,做好相互提醒督促,在学习教育中先一步、深一层、实一些,当示范、做表率。

（三）强化政治引领

切实把学习党史、总结经验、观照现实与推动工作紧密结合起来,形成"学习教育—推动工作—再学习教育—提质增效"的迭代升级,使党史学习教育和推动工作同向提质、螺旋上升,在改革突破、服务提质、风险防控上奋力争先,在"说一件干一件成一件"中

担当力行。

同志们,欲知大道,必先为史。能看到多远的过去,方可看到多远的未来。学习党史,不仅是为了回顾走过的路、走好当下的路,更是为了开创未来的路。我们要始终以初心不改的执着、义无反顾的担当、时不我待的精神,切实抓好党史学习教育,深入推进党建和党风廉政建设各项任务,以奋力推进文化建设和旅游发展"十四五""开门红"向建党100周年献礼!

2021 年全省文物局长培训会

【概况】 4月7日至8日,2021年全省文物局长培训会在杭州良渚召开。省文化和旅游厅党组书记、厅长褚子育出席并讲话。省文化和旅游厅党组成员、省文物局局长杨建武做工作报告。

培训会深入学习贯彻习近平总书记关于文物工作的重要论述和重要指示精神,贯彻落实党的十九届五中全会、全国"两会"、全国革命文物工作会议、省委十四届八次全会、全省文化和旅游局长会议等精神,总结回顾"十三五"时期及2020年全省文物工作情况,推动"十四五"时期全省文物事业开好局、起好步。

褚子育在讲话中充分肯定了"十三五"时期及2020年全省文物工作。他指出,"十三五"时期,全省广大文物工作者主动作为,推动良渚古城遗址申遗成功并成

为"重要窗口"标志性成果,推动各项工作持续走在全国前列;特别是在2020年,全省文物系统在文博场馆"两手抓、两战赢"、文物保护利用、考古、文物安全体系构建、博物馆服务等方面取得了良好成绩,推动全省文物事业有序发展、亮点纷呈。他强调,新时期对文物工作提出了更高要求,全省文物系统要深入学习贯彻习近平总书记关于文物工作的重要论述和重要指示批示精神,忠实践行"八八战略"、奋力打造"重要窗口",为到2035年建成文化强国、"十四五"时期我省打造新时代文化高地贡献力量。他要求,全省文物系统要努力打造"重要窗口"重大标志性成果,在打造"万年上山""千年南宋""百年南湖"等具有浙江辨识度的"金名片"上精准发力,在抢占数字化改革、文旅融

合、文教结合等新兴领域制高点上闯出新天地,在破解与文物真假鉴定、社会文物规范交易收藏、机构队伍建设等方面相关的全国共性难点问题上率先突围;要全力做好革命文物工作,重点抓好革命文物资源普查、抢救保护、研究、传播弘扬、活化运用5个步骤,打造浙江"红色地标",推动革命文物整体规划、连片保护、统筹展示、有效利用,使浙江革命文物工作走在全国前列;要大力推动文物数字化改革,根据全省"一张网""一朵云"思考好平台搭建,围绕业务协同要求做好核心业务梳理和集成,立足"管好""用好"设置好应用场景,开发好"文物驾驶舱",确保"一年出成果、两年大变样、五年新飞跃";要有效防范化解重大安全风险隐患,重点抓好组织领导、常态化文物监管机制、

要素保障和模式创新、督查和评价问责机制4个方面,大力实施全省文物安全工作全面提升三年行动计划,建立完善的文物安全精密智控机制,推动形成文物安全治理体系和治理能力现代化。他勉励全省文物系统要以实的作风、实的举措、实的成效,推动各项工作持续走在全国前列,以优异成绩庆祝建党100周年。

杨建武传达了习近平总书记关于革命文物工作重要指示精神和全国革命文物工作会议精神及省委常委会关于推进我省革命文物保护利用工作的意见,要求全省文物系统把抓好学习贯彻落实作为当前首要政治任务,迅速掀起学习贯彻热潮,抓紧做好革命文物工作与经济和社会发展、文化发展改革、旅游发展、文博事业发展等规划衔接,对照我省革命文物保护利用五大工程立即行动起来。他从世界文化遗产申报、服务大局、文物工作体制机制、文物资源家底、考古、博物馆建设管理、文物安全、文物资源活化利用、人才队伍建设、文物保护工作基础10个方面,回顾总结了"十三五"以来全省文物工作情况。他强调,"十四五"时期,全省文物工作要以打造"重要窗口"的亮丽之窗,建成博物馆现代化公共服务体系标杆省、文物数字化治理示范省、文物与旅游融合发展样板省为目标,在法治化保护、数字化改革、融合化发展、国际化接轨、人本化服务上持续发力、久久为功。

培训会上,杭州市、金华市、温州市瓯海区、安吉县及杭州良渚遗址管委会围绕不同主题做了交流发言,省文物局机关各处负责人做了2021年具体工作部署,省文物考古研究所副所长方向明做了浙江考古工作讲座。与会人员还考察了良渚博物院和良渚国家考古遗址公园。

全省各市、县(市、区)文物行政部门负责人、在浙部属博物馆及4A、5A级景区国有博物馆负责人、杭州良渚遗址管理区管委会、浙江大学文化遗产研究院、省古建筑设计研究院、西泠印社社委会相关负责人、省级文博单位及省文物局机关各处负责人参加培训。

(省文物局综合处)

在2021年全省文物局长培训会上的讲话

省文化和旅游厅党组书记、厅长　褚子育

(2021年4月7日)

今年是建党100周年,也是高水平开启"十四五"和社会主义现代化先行省的开局之年。新时期对文物工作提出了更高更新的目标要求,全省文物系统要深入贯彻落实习近平总书记关于文物工作的重要论述和重要指示批示精神,认真落实中共中央、省委关于文物工作的系列决策部署,忠实践行"八八战略",奋力打造"重要窗口",为到2035年建成文化强国、"十四五"时期将我省打造成为新时代文化高地贡献浙江文博力量。

在刚刚过去的"十三五"中,全省广大文物工作者主动作为、奋发有为、担当善为,奋力跑出了浙江文物事业发展的加速度,以良渚古城遗址申遗成功为"重要窗口"标志性成果,推动各项工作持续走在全国前列。特别是极不平凡的2020年,大家以昂扬斗志和奋进姿态,推动全省文物事业有序发展、亮点纷呈。我认为,至少有5方面成绩值得充分肯定:一是"两手抓、两战赢"扎实有效。在疫情防控初期,全省各级文博场馆闭馆不闭展,推出300余个线上展览,丰富了特殊时期人民群众的精神文化生活。举办的"'浙'里长城——浙江省抗击新冠肺炎疫情纪实展"等抗疫主题展览,得到了省领导和社会各界的一致好评。二是文物保护利用成效明显。新出台的《浙江省大运河世界文化遗产保护条例》,成为全国第一部大运河世界文化遗产保护的省级地方性法规。全省文物部门大力推进文物保护区域评估和考古调查勘探项目,有力服务保障"标准地"改革、"最多跑一次"改革和重大基本建设;积极融入参与诗路文化带建设、"千年古城"复兴计划、古井水源保护工程等中心工作,推动文物保护利用赋能经济社会发展。三是考古工作成绩亮眼。义乌桥头遗址、安吉龙山越国贵族墓园入围全国十大考古新发现终评。中国东南沿海地区埋藏最深、年代最早的一处海岸贝丘遗址(井头山遗址),目前世界上面积最大、年代最早的古稻田遗址(施岙遗址),浙江地区西周时期规模最大、等级最高的墓葬(衢江区云溪乡孟姜村土墩墓)先后被发现。成功举办了上山遗址发现20周年学术研讨会,形成了上山文化考古研究的最新认识和成果,进一步实证、阐释了浙江是世界稻作农业起源地、世界最早农业聚落定居地、世界最早彩陶出土地。四是文物安全体系全面构建。面对严峻的文物安全形势,全省文物系统负重前行,召开了全省文物安全工作会议,实现省、市、县各级人民政府层层签订文物安全责任书,签订率达100%。深入实施全省文物安全工作全面提升三年行动计划,大力推进数字赋能安全工作,积极推动文物安全工作纳入我省高质量发展综合绩效评价指标体系以及平安浙江考核体系,全面夯实安全工作基础。五是博物馆服务量质齐升。"县县有公共博物馆"目标全面实现,全省等级博物馆进一步提质扩面,数量位居全国前三。有两个展览分别荣获第十七届全国博物馆十大陈列展览精品奖和优胜奖。成功承办的首届"丝绸之路周"主场活动,荣获中国外文局"2020年度对外传播十大优秀案例"提名奖等。

总的来说,这些成绩的取得,无不凝聚着全省广大文物工作者的智慧、心血和汗水。大家干得很辛苦,但也干出了气势、干出了担当、干出了成效,成绩来之不易!在此,我谨代表省文化和旅游厅党组向在座的各位并通过你们向全省文物工作者致以崇高的敬意和诚挚的问候!

下面,我讲4点意见:

一、努力打造"重要窗口"重大标志性成果

1年前,习近平总书记视察浙江,赋予了浙江"努力成为新时代全面展示中国特色社会主义制度优越性的重要窗口"的新目标、新定位。4月2日,省委召开"牢记重要嘱托,建设'重要窗口'"专题交流会,号召我们以实干创新的精气神,推动"重要窗口"建设加速推进、纵深推进。社会主义先进文化高地是"重要窗口"的有机组成部分,需要重大标志性成果支撑。我们文物人要围绕中心、服务大局,以走在前列的豪迈,做好文物工作的每一件事,在筑"高原"基础上出"高峰",具体来讲,要在补齐短板的基础上再拉长长板,在发扬传统优势领域的基础上抢滩新兴领域,在部分地区的基础上山区、海岛、平原全域都要出新出彩。我们要立足浙江面向全国走向世界,围绕着考古新发现、文物有效保护利用、博物馆能级提升、现代治理体系构建等,认真谋划、仔细盘算,盯住不放、抓出成效。

(一)在打造具有浙江辨识度"金名片"上下功夫

"万年上山""五千年良渚""千年南宋""百年南湖",以及吴越文化、海丝文化、江南古城古镇古村,都是浙江文博工作核心竞争力所在,我们要找到着力点,精准发力,把"金名片"擦得更亮。

(二)在新兴领域抢占制高点上下功夫

面向21世纪第二个百年目标,围绕科技化、国际化、融合化等,我们要解放思想、抢先一步,在数字化改革、文旅融合、文教结合等新的增长点上,闯出新天地。

(三)在破解全国共性难点问题上下功夫

文物真假鉴定、社会文物规范交易收藏、流失海外文物回归、博物院办馆传统经验依赖、文物系统编制不足"小马拉大车"等都是亟待解决的共性难题,我们要走在前列,不要一等二看三通过,开动脑筋,敢闯敢试,率先突围,为全国创造最佳实践案例。

二、全力做好革命文物工作

近日,习近平总书记就革命文物工作专门做出了重要指示,为做好新时代革命文物工作指明了前进方向、提供了根本遵循。今年是建党100周年,加强革命文物保护利用,弘扬革命文化,是全党全社会的共同责任,做好革命文物工作意义重大。我省革命文物资源丰富,价值特别重大,体系比较完备,富有浙江特点,在全国独树一帜。全省上下要把学习好、贯彻好、落实好总书记重要指示精神和全国革命文物工作会议精神,作为当前首要的政治任务,省、市联动,加强顶层设计,完善体制机制,打造浙江"红色地标",推动革命文物整体规划、连片保护、统筹展示、有效利用,守护好红色根脉,传承好红色基因,使浙江革命文物工作走在全国前列。省里还要成立工作专班,各地要立即行动起来,尽快专题研究革

命文物工作,明晰落实举措。重点抓好5个步骤:

(一)资源普查

在原有基础上,用1—2年时间对全省革命文物开展专项调查,全面建立起全省革命文物资源大数据库。

(二)抢救保护

坚持保护第一,应保尽保,努力改善不可移动革命文物的保存状况和保存环境。

(三)加强研究

要联合相关研究机构、高等院校、文博机构,共同开展革命文物研究,解码文化基因,构建浙江革命精神谱系。

(四)传播弘扬

要结合建党100周年重大主题和党史学习教育,组织开展红色主题系列活动,把红船精神、浙江精神、浙西南革命精神、大陈岛垦荒精神、抗疫精神讲好、讲透、讲精彩。

(五)活化运用

要依托各地革命文物资源,开辟公共文化空间,建设社区服务设施,发展红色旅游,助力革命老区实现跨越式高质量发展。

三、大力推进文物数字化改革

文物系统的数字化改革,就是围绕建设数字浙江总体目标,运用数字化技术、数字化思维、数字化认知,把数字化、一体化、现代化贯穿到文物工作全过程、全方面,对全省文物治理的体制机制、组织架构、方法流程、手段工具进行全方位系统性重塑。这是我们文物战线全面深化改革的总抓手,是立足新发展阶段、贯彻新发展理念、构建新发展格局的重大战略举措。我们要按照省委的统一部署和省委宣传部、省文化和旅游厅具体要求,对标国际一流,对标先进,着力构建系统配套、远期和近期相衔接、定性和定量相结合的数字化改革工作体系。

(一)思考好平台搭建

文博系统做到全省"一张网""一朵云",不要户户点火,村村冒烟,再搞信息孤岛。

(二)做好核心业务梳理工作

核心业务梳理是数字化改革基础、关键的一步,只有梳理清楚主要领域核心业务,才能更加明确文物数字化改革的目标、任务及路径。要围绕业务协同要求,认真梳理和综合集成,使各项文博工作边界清楚,责任明确,清清爽爽。

(三)设置好应用场景

每一个应用场景都要体现"管用""实用""好用"。"管用"就是解决问题,提高管理质量和治理效能;"实用"就是实实在在,以问题为导向去引领;"好用"就是要把复杂问题简单化,提升使用者的体验感、获得感。

(四)建好"驾驶舱"

"驾驶舱"是指标数字分析系统,要开发好"文物驾驶舱",使文物管理者可以实时掌握第一手资料、第一手舆情,实时为精准的决策和判断提供科学依据。总之,就是要把握好节奏和力度,确保"一年出成果、两年大变样、五年新飞跃"。数字化改革是一项复杂的系统工程,全省文物战线的同志们要提升学习力、谋划力、执行力,明确时间表、线路图,强化工作协同,形成工作闭环,在现代化建设新征程中迈大步、勇向前。

四、有效防范化解重大安全隐患

我们文物人一根肩担两头挑,一头挑着发展,一头挑着安全,两者都不可偏颇。做好文物安全工作,是一场只准赢不准输的战役。近年来,我省文物安全形势逼人,警钟不断。我们的目标很明确,就是实施全省文物安全工作全面提升三年行动计划,建立起完善的文物安全精密智控机制,推动形成文物安全治理体系和治理能力现代化,实现文物绝对安全。要着重抓好4个方面:

(一)加强组织领导

各地各单位要切实提高政治站位,落实主体责任,加强组织,认真部署安排。要突出法人违法、火灾、盗掘等3方面重点,集中力量打好3年文物安全攻坚战。要强化部门协同,联合公安、海关等有关部门重点开展打击文物走私犯罪专项行动;联合消防、民族宗教等部门重点开展消防安全隐患专项排查,联合自然资源、建设等有关部门重点开展建设工程前置监管和违法案件查处等工作等,形成齐抓共管工作格局。

(二)完善常态化文物监管机制

建立健全县、乡(镇)、村3级文物安全管理网络,以及以政府为主导的县、乡(镇)、村、使用人"四级责任制"。既要防室外文物,又要防室内文物;既要防不可移动文物,又要防可移动文物;既要检视客观原因,又要检视主观因素,加强问题发现机制建设,以问题为导向,及时整改,防患于未然。

(三)加强要素保障和模式创新

各地要按照文物保护单位隶属关系,积极争取经费,增加人财物保障。在文物保护单位财产权、使用权和管理权流转、数字赋能等方面,鼓励各地大胆创新,积累经验。

（四）强化文物安全督察和评价问责机制

文物安全工作将被纳入我省高质量发展综合绩效评价指标体系。可考虑建设安全巡察制度,营造"不发现问题就是最大问题"的文物安保氛围。我们不能失之于"初"、失之于"粗"、失之于"软",要早发现早解决,通过行政约谈、督查检查、签订文物安全责任书等形式压紧压实地方党委政府文物安全主体责任。文物保护工作做不好,全域旅游示范区、A级旅游景区、各类度假区等评优创先活动都将缓一缓、放一放,甚至一票否决,各地务必真正重视起来。

同志们,在争创社会主义现代化先行省的新征程中,文物工作使命光荣、责任重大。大家要加满油、鼓足劲,以新气象新担当新作为,推动我省文物事业改革发展再上新台阶、开创新局面;大家要以实的作风,实的举措,努力取得实的成效。所谓"实"的作风,就是少讲"没错但也没用"的话,少做"没错但也没用"的事,要研究"怎么做",不要老在"做什么"上打圈圈。所谓"实"的举措,就是清单化管理、项目化推进、销号制完成。所谓"实"的成效,就是"说一件、干一件、成一件",不但要干活,更要能出活。总之,大家要肩并肩齐上阵,形成整体硬核力量、不求所有但求所用,要有系统集成的思维和方法,同向同步同力。"一花独放不是春,百花齐放春满园",发达的县(市、区)、加快发展的县(市、区),城市与乡村,山区与海岛,都要担起责任,都要把文博事业放在心上、扛在肩上、握在手上,全力推动各项工作持续走在全国前列,力争以优异成绩迎接建党100周年。

2021年全省年中文化和旅游局长座谈会

【概况】 8月3日,省文化和旅游厅在丽水召开2021年全省年中文化和旅游局长座谈会。会议以习近平新时代中国特色社会主义思想为指引,深入学习贯彻十九届五中全会和省委十四届九次全会精神,总结2021年上半年工作,部署下半年重点工作任务,推进文化建设和旅游发展,助力高质量发展建设共同富裕示范区。省文化和旅游厅党组书记、厅长褚子育出席会议并做工作报告。厅党组成员、副厅长、一级巡视员许澎主持会议。厅领导许澎、杨建武、刁玉泉、叶菁、朱海闵、柳河做工作部署。各市、县(市、区)文化和旅游局主要负责人,省文物局副局长,厅属各单位、厅局机关各处室(专班)负责人参加会议。

2021年上半年,全省文化和旅游系统按照年初制定的工作要点,以真抓实干开创工作新局面,文化建设和旅游发展蓬勃向上、态势良好。半年工作呈现4个亮点:一是庆"百年",红色根脉弘扬赓续;二是抓改革,发展新优势逐步形成;三是促发展,"十四五"开局顺利;四是保安全,文化和旅游领域平稳有序。

会议指出,高质量发展建设共同富裕示范区是党中央赋予浙江的光荣使命,是忠实践行"八八战略"、奋力打造"重要窗口"的核心任务,是扛起"五大历史使命"的总牵引。结合文化和旅游工作实际,高质量发展建设共同富裕示范区要重点把握立足高质量和共同富裕、突出改革和创新、注重经验和模式的可复制性3个原则,形成文化和旅游高质量发展、旅游富民、文化和旅游城乡区域协调发展、促进共建共享品质生活、促进群众精神富足、把生态优势转化为发展优势主渠道、文化和旅游现代化治理、共同富裕改革探索等8方面省域示范。

会议强调,下半年,全省文化和旅游系统要在文化和旅游数字化改革、旅游市场恢复、构建文化和旅游"数出一门"统计体系、重点打造"重要窗口"标志性成果、文旅赋能乡村振兴和增加农民收入探索、文化和旅游改革创新、铸牢文物安全"保护网"、高质量对口工作新模式打造等8个重点领域关键环节重点发力,率先推进并取得实质性进展,以优异的成绩为建党 100 周年、争创社会主义现代化先行省、高质量发展建设共同富裕示范区做出新的贡献。

会上，与会代表围绕褚子育的工作报告、《浙江省文化和旅游厅推进文化和旅游高质量发展服务共同富裕示范区建设行动计划（2021—2025 年）（征求意见稿）》《中共浙江省委办公厅　浙江省人民政府办公厅印发〈关于开展全省文物安全六排查大整治大提升攻坚行动的意见〉的通知（代拟稿征求意见稿）》进行了讨论。杭州、温州、湖州、绍兴、丽水等 5 个设区市文化和旅游部门负责人做了交流发言。

（省文化和旅游厅办公室）

在 2021 年全省年中文化和旅游局长座谈会上的讲话

省文化和旅游厅党组书记、厅长　褚子育

（2021 年 8 月 3 日）

今天，我们在这里召开全省年中文化和旅游局长座谈会，主要有两方面的考虑：一方面，年已过半，有必要对上半年工作做一次年中盘点，及时总结回顾，对照目标，查漏补缺，以更好地推进下半年工作，为"十四五"开好局起好步；另一方面，近期，省委十四届九次全会系统研究部署了高质量发展建设共同富裕示范区，我们文化和旅游系统干什么、怎么干，有必要就此做一次深入研究，谋好思路、定好航向，加快推进文化和旅游高质量发展，更好服务共同富裕示范区建设。等下，各分管厅领导还要分头部署下半年重点任务，大家务必认真抓好落实。下面，我讲两点意见。

一、充分肯定上半年成绩

上半年，全省文化和旅游系统认真贯彻落实省委、省政府和省委宣传部的工作部署，深入开展党史学习教育，以真抓实干开创工作新局面，文化建设和旅游发展蓬勃向上、态势良好。按照年初制定的工作要点，263 项年度工作全面推进，其中：247 项完成进度超 50%，占比 93.9%；15 项全部完成，占比 5.7%。回顾上半年的亮点工作，可以用 12 字概括，即庆"百年"、抓改革、促发展、保安全。

（一）庆"百年"，红色根脉弘扬赓续

上半年，我们紧紧围绕中心、服务大局，高质量开展建党百年系列庆祝活动，既做到隆重热烈，又确保务实高效，可谓亮点突出、精彩纷呈。一是以《红船》为代表的文艺精品齐展演。新创作推出歌剧《红船》、交响乐《大潮之上》、京剧《战士》、婺剧《信仰的味道》、歌剧《畲山黎明》等一批红色文艺精品，其中：歌剧《红船》入选并位列国家艺术基金资助项目榜首，在国家大剧院隆重展演，与越剧《核桃树之恋》等 4 部作品一同入选"庆祝中国共产党成立 100 周年优秀舞台艺术作品展演"。二是成功举办庆祝建党百年大型文艺演出。6 月 27 日晚，隆重举办"百年红船　扬帆远航"浙江省庆祝中国共产党成立 100 周年大型交响诗画文艺演出。圆满完成中共中央宣传部、文化和旅游部等举办的大型情景史诗《伟大征程》舞台搭建任务；我厅荣获庆祝中国共产党成立 100 周年文艺演出工作突出贡献单位，被文化和旅游部通报表扬。各地也相继举办高质量高水平的庆祝演出。三是举办"百年党史文物说——浙江省文物系统'六个一百'庆祝建党百年系列活动"。"红船启航——南湖革命纪念馆基本陈列"等 4 个展览入围中央宣传部、国家文物局庆祝中国共产党成立 100 周年精品展览；我省 5 人入选"全国革命文物百佳讲述人"；浙西南革命根据地纪念馆、良渚博物院、安吉余村等 4 处入选全国爱国主义教育基地；一批革命纪念馆（博物馆）、革命旧址成为党史学习教育重要场所。四是开展百年百景红色旅游。推出 10 家省级红色旅游教育基地，发布 5 条长三角红色旅游精品线路，举办"千万游客寻访红色根脉"等旅游活动；推动文化和旅游部"百名红色讲解员讲百年党史"宣讲首站走进浙江，举办全省红色讲解员大赛，以旅游为载体，弘扬革命精神。

（二）抓改革，发展新优势逐步形成

上半年，我们以文化和旅游数字化改革为统领，一手抓改革，一手抓创新，全力打造文化和旅游发展新优势。一是数字化改革有成效。"诗画浙江"文化和旅游数据仓被列为省级数据仓试点；"浙里好玩"等4个应用入围全省第二轮"揭榜挂帅"榜单。文物安全监管、假日旅游"停车难、如厕难"、旅游新业态监管、馆藏图书全省通借通还、杭州"多游一小时"等应用场景成功开发，有效破题，相应流程再造，系统集成体制机制重新构建。二是"放管服"改革有进展。持续深化"证照分离"改革，103项政务服务全面实现"全省通办"，率先由优化审批服务进位到告知承诺。加快信用监管体系建设，率先全国建立旅行社信用评价体系，并上升为长三角地区通用标准；获评浙江省信用数字化应用场景十大优秀案例。三是文艺院团改革有突破。以省委办公厅、省政府办公厅名义，出台规范性文件《关于推进全省国有文艺院团深化改革加快发展的实施意见》，进一步明确改革方向，完善财政保障、精品创作、内部分配等机制，有力激发文艺院团活力。博物馆改革积极谋划推进。四是创新性工作有亮点。科技创新加快推进，全省新增2个文化和旅游部重点实验室，9个项目入围国家文化和旅游科技创新工程，13个项目列入全国文化艺术职业教育和旅游职业教育"提质培优"行动计划，总量和单项数量均居全国第一。自贸区旅游、数字文旅贸易、艺术品拍卖等

改革、海洋旅游休闲船艇交通管理创新、抓文化标识建设推动新时代文化高地建设落实落地、公共文化服务新标准2.0版等一系列创新意见或办法的制订正积极推进。

（三）促发展，"十四五"开局顺利

上半年，我们集中资源和力量促发展，为"十四五"起好步，为高质量发展建设共同富裕示范区增色赋能。一是谋深，发展蓝图落定。指导未来五年发展的全省旅游业发展、文物博物馆事业发展、非物质文化遗产保护发展"十四五"规划相继印发实施。制订《推进文化和旅游高质量发展服务共同富裕示范区建设行动计划（2021—2025年）（征求意见稿）》，争取文化和旅游部、国家文物局与省政府联合制定出台专项政策。二是抓实，创新工作机制建立。成立省旅游专班，成岳冲副省长亲任组长，推动各市、县（市、区）设立旅游专班，形成省、市、县3级联动的专班工作体系；召开3次例会，研究推进重点难点问题，统筹推进旅游业高质量发展。三是争先，"窗口性"成果持续呈现。亚洲之光国际艺术节落户浙江；世界旅游联盟总部秘书处落户杭州实质性推进；"东亚文化之都"新添温州市，总数居全国第一；24个项目入选第五批国家级非遗项目，实现国家级非遗项目申报"五连冠"；我省牵头组织的"中国传统制茶技艺及其相关习俗"申遗材料正式顺利递交联合国教科文组织；11部优秀舞台作品入选全国"百年百部"计划，列全国第一；婺剧演员楼胜获第30届中国戏剧梅花奖；井头山遗址入选全国

十大考古新发现；2个项目入选国家级服务业标准化试点；等等。四是落细，发展形势稳中向好。以旅游业"微改造、精提升"行动、山区26县旅游业高质量发展、十大海岛公园建设、"四十百千"工程、企业梯度培育计划、"百年百场"促文旅消费活动、"百县千碗"工程等为抓手载体，促消费、优环境、强业态，推动产业发展提质升级。1—6月，全省接待游客人次、旅游总收入同比分别增长59.9%、60.5%，恢复至2019年同期的89.5%、90.9%。

（四）保安全，文化和旅游领域平稳有序

上半年，我们全力打好平安护航建党100周年攻坚战，确保一系列活动顺利开展，一系列重要节点平稳度过。有3个方面可圈可点：一是疫情防控成效明显。通过精密智控、严格防范，以及对春节、清明、五一、端午等重要时段的严格管控，上半年全省文化和旅游领域平稳有序，实现疫情零传染。二是安全体系和能力建设不断强化。按照省政府工作部署，建立了省旅游安全专业委员会，推动11个地市组建旅游安全专业委员会；全面落实旅游领域安全工作。安全生产责任体系更完善，省、市、县3级安全责任书签订率100%。文物安全形成大排查大整治大提升总体方案。三是文化和旅游市场环境更优。全省执法监管能力不断提升，掌上执法率、"双随机、一公开"监管事项覆盖率双100%。全省联动开展安全生产百日攻坚、专项整治、联合执法，有效净化文化和旅游市场环境。获评全省扫黑除恶专项斗争先进集体。

半年来,全省上下锻长板、补短板、挖潜力、拓空间,干出了新业绩,展现了新作为,为全省文化和旅游发展做出了贡献。但是,与高质量发展建设共同富裕示范区的新任务新要求相比,我们的工作还存在一定差距:一是年度工作完成度不平衡。未超过50%的有16项,占比6%,"走读浙江"、旅游演艺集聚区等工作,尚在方案和标准制定阶段,需进一步加快推进。二是文化和旅游数字化改革工作仍处于起步阶段。一些地方和单位对数字化改革的蓝图心里没数,思路不够清晰,工作仍旧停留在助跑热身阶段;统计数出多门、底数不清的情况一定程度存在;已经完成开发的应用场景推广不快。三是彰显"重要窗口"魅力的标志性成果不够突出。走前列、做示范的高等级奖项、国家级重大改革事项、国际化国家级平台等数量还不够多。四是全省旅游市场尚未全面恢复。虽然采取了一系列有力有效的举措,使旅游市场恢复走在全国前列,但总体上全省接待游客、旅游总收入仍较2019年分别下降10.5个百分点、9.1个百分点。疫情防控常态化下,促消费、增经济、助发展的文章有待进一步做深做实。五是安全任务繁重。下半年,暑期、中秋节、国庆节等预计仍将是旅游人数爆发期,由此带来的疫情防控压力、安全隐患排查整改压力、"停车难、如厕难"老大难问题破题压力仍然很大,等等。所有这些都需要我们高度重视,全力破解。

全面完成年度目标,关键是做好下半年工作。全省上下要对照年初既定目标任务,把握工作重点,紧扣时间节点,细化工作任务,层层压实责任,精准发力、全力冲刺,对推进有难度的工作,要想方设法化解矛盾和问题;对进度滞后的工作,要千方百计抢时间、追进度;对应完成而未完成的工作,要对照任务指标和清单,逐项分析、全力推进。我们要说一件干一件成一件,确保全年工作不折不扣完成。根据省政府要求,对下半年工作,省里有几个重要时间节点的要求,这里也预先告知大家:一是10月召开明年工作务虚会;二是第四季度第一个月报送全年走在前列成果;三是第三季度末报送民生实事2022年计划,请各地结合年度工作的实施提前谋划、做好准备。

二、聚焦高质量发展建设共同富裕示范区,加快推动下半年工作落实落细

高质量发展建设共同富裕示范区是党中央赋予浙江的光荣使命,是我们忠实践行"八八战略"、奋力打造"重要窗口"的核心任务,是扛起"五大历史使命"的总牵引。

站在"两个一百年"奋斗目标的历史交汇点上,党的十九届五中全会,提出了"全体人民共同富裕取得更为明显的实质性进展"的目标。3月11日,十三届全国人大四次会议表决通过了关于"十四五"规划和2035年远景目标纲要的决议,提出支持浙江高质量发展建设共同富裕示范区。5月20日,中共中央、国务院印发了《关于支持浙江高质量发展建设共同富裕示范区的意见》。省委、省政府印发《浙江高质量发展建设共同富裕示范区实施方案(2021—2025年)》。

结合文化和旅游工作的实际,高质量发展建设共同富裕示范区,要重点把握好3个原则:一是立足高质量和共同富裕,在加快发展的基础上缩小"三大差距";二是突出改革和创新,在一片深蓝海中开辟新航道,不能搞"政策洼地";三是注重经验和模式的可复制性,努力形成更多可复制可推广的浙江范例,为全国大局做贡献。

高质量发展建设共同富裕示范区,既要有宏观思路,也要有微观举措。本次会上,我们也将《推进文化和旅游高质量发展 服务共同富裕示范区建设行动计划(2021—2025年)(征求意见稿)》印发给大家,征求大家意见后尽快印发实施。之前,我们所开展的一系列重点工作都可迭加到该行动计划上来。概括起来,要形成文化和旅游领域8方面省域示范:一是构建现代产业体系,努力成为文化和旅游高质量发展的省域范例。二是实施促进居民收入十年倍增计划,努力成为旅游富民的省域范例。三是抓重点补短板促提升,努力成为文化和旅游城乡区域协调发展的省域范例。四是推动公共服务提质增效,努力使文化和旅游成为促进共建共享品质生活的省域范例。五是打造新时代文化高地,努力使文化成为促进群众精神富足的省域范例。六是大力推进全域旅游示范省建设,努力成为把生态优势转化为发展优势主渠道的省域范例。七是探索有效治理方式,努力成为文化和旅游现代化治理的省域范例。八是积极创新文化和旅游体制机制,努力成为共同富裕改革探索的省域范例。具体内

容在征求意见稿中都有体现,不再赘述。

工作重在落实,落实贵在速度。省委、省政府启动高质量发展建设共同富裕示范区后,我们要不等不靠,在顶层设计基础上,全线动起来,快速上跑道,分别轻重缓急,下半年要在重点领域关键环节重点发力率先推进,并取得实质性进展。

(一)在文化和旅游数字化改革上重点发力并取得进展

在省"152"的总体框架下,建立文旅数字化改革话语体系。打造省、市、县互联互通、共建共享、一屏决策的数据采集监测与分析体系。加快建成具有文旅辨识度的全局性、主题式的"数字驾驶舱"。体系化规范化推进"游有所乐""文有所化""浙里文物安全""智慧旅游＋未来社区"等各条子跑道建设,一窗集成具有地方特色的多跨应用场景,以数字化为牵引,有效解决文旅安全、假日旅游治理、加快旅游市场恢复等难题。

(二)在旅游市场恢复上重点发力并取得进展

受疫情影响,旅游是唯一没有恢复到 2019 年水平的板块。下半年以国内市场恢复到 2019 年水平为目标。一是建立以设区市为单位的市场恢复晾晒排队制度,每月 1 次。条件成熟,下沉到按县(市、区)晾晒。二是创新市场推广办法。克服"活动＋App"简单办法,在大数据分析基础上,鼓励各地面向主要客源地,利用多种办法精准营销。推广衢州思路和做法。三是加大"诗画浙江·百县千碗"推广力度。在杭州新农都开设集全省"千碗"的美

食中心。

(三)在构建文化和旅游"数出一门"统计体系上重点发力并取得进展

一是利用文旅应用系统平台完成文化和旅游统计并权威使用,克服"数出多门"现象。二是建立分业态文化和旅游产业统计。三是制订按县(市、区)旅游增加值统计办法。四是建立以县(市、区)为单位的旅游收入占农民人均收入贡献率统计制度。

(四)在重点打造"重要窗口"标志性成果上重点发力并取得进展

一是筹备好亚洲之光国际艺术节。二是完成世界旅游联盟落户杭州工作。三是争取先行试点富有文化底蕴的世界级旅游景区度假区、国家旅游休闲城市和街区遴选与培育。四是启动以文化标识建设支撑文旅"金名片"工程。以建设具有浙江辨识度的文化标识为统领,串联起文旅资源普查、文化基因解码、景区度假区项目建设及线路打造、文创产品开发、舞台艺术创作、文旅消费、文旅公共服务、对外交流等工作,加强工作协同和资源集成。五是推动各条战线和各领域争创全国第一的标志性成果。六是总结最佳实践案例,推广全国。建立"赛马机制",发挥各地积极性,推动各地创新性地开展工作。

(五)在文旅赋能乡村振兴和增加农民收入探索上重点发力并取得进展

一是推动山区 26 县旅游业高质量发展。"一县一策"指导山区 26 县完成旅游业"十四五"规划编制并组织实施,为千方百计缩小与发达县(市、区)经济和收

入差距做出新贡献。二是实施万户农家旅游致富计划。三是持续开展乡村民宿提质富民三年行动。四是在赋能渔民转产转业上,选择象山石浦、洞头、普陀等地先行先试,探索路径。五是持续开展全域旅游示范区建设。六是持续推进"百千万"工程。

(六)在文化和旅游改革创新上重点发力并取得进展

一是学习借鉴海南等地自贸区政策,出台《浙江自由贸易试验区文化和旅游改革发展工作方案》。二是在保税免税购物旅游上取得突破。三是协调推进舟山国际邮轮港建设,争取在开展无目的公海旅游上率先突破。四是在杭州、宁波、自贸区开展文旅数字贸易率先突破。五是在金义自贸区开展文化艺术品展示、交易、保税拍卖等试点,构筑以电子交易、仓储物流、融资结算、信息服务为支撑的综合服务平台。六是创新内海休闲船艇交通管理制度。七是试行开展文旅融合指数评价工作。八是制订"15 分钟品质文化生活圈"标准。九是建立全周期文艺精品服务机制,推动国有文艺院团改革取得实质性突破。十是探索推行文化保障卡制度。

(七)在铸牢文物安全"保护网"上重点发力并取得进展

开展全省文物安全大排查大整治大提升攻坚行动,层层建立干部联系国家文保单位制度。全面推动"文保绿码",构建全省文物博物馆单位风险隐患"一张图",加快实现文物安全分色分类动态监管和隐患整治的闭环管理。

（八）在高质量对口工作新模式打造上重点发力并取得进展

对口工作是"共同富裕"重要抓手。加强与西藏、新疆、青海、四川等地文化和旅游对口工作，在文化建设、遗产保护、旅游开发、产业发展、艺术创作、互送客源、人文交流、人员培训、人才共享等方面，形成浙江模式，及时总结，形成最佳实践案例。省内山海协作二程中，承担支援任务的县（市、区）努力提高文化和旅游资金份额，在项目引进、经验分享、人才培训等方面花大力气，"真帮忙、帮真忙"；受援地要主动对接，努力架起共同致富路和桥。建立省文化和旅游协作统计评价制度，加强监测和协调。

同志们，集众智可定良策，合众力必兴伟业。我们要把"目标"放在心上，把"任务"扛在肩上，把"行动"落在手上，不松劲不泄气，奋发有为，圆满完成年度各项工作，以优异的成绩为建党100周年、争创社会主义现代化先行省、高质量发展建设共同富裕示范区做出新的贡献。

全省文化和旅游系统"双减"工作电视电话会议

【概况】 11月2日，省文化和旅游厅组织召开全省文化和旅游系统"双减"工作电视电话会议。省文化和旅游厅党组书记、厅长褚子育出席会议并讲话。省文化和旅游厅党组成员、副厅长刁玉泉主持会议。会议采取电视电话形式召开，在各设区市设分会场。省文化和旅游厅"双减"工作专班成员，相关厅属单位负责人，市、县（市、区）文化和旅游局分管领导、业务处室及文化馆主要负责人等近470人参会。会议还特别邀请省教育厅、省市场监督管理局相关处室负责人参加。

会上，省教育厅、省市场监督管理局等部门处室负责人向与会人员介绍全省"双减"工作总体情况，就营利性校外培训机构登记工作做专题辅导，解读《浙江省文化艺术类校外培训机构设置指引（试行）（征求意见稿）》和法律法规依据。

褚子育指出，要从"为党育人、为国育才"的战略高度、"文化涵养促进精神富有"的全局高度和"围绕中心、服务大局"的政治高度充分认识做好"双减"工作的重要性和必要性。当前，要重点做好拟从学科类转型为文化艺术类培训机构的接收工作。

褚子育强调，"双减"工作是一项长期性、复杂性的系统工程，要明确以培育"质量至上、规范有序、健康发展"的文化艺术类校外培训市场为目标，把握6个方面的重点要求，让浙江的文化艺术类校外培训机构管理和服务经验成为全国的范例。要突出"依法"要求，切实做好文化艺术类校外培训机构行政许可、执法检查和管理服务。要突出"科学"要求，坚持"一盘棋"系统思维，有目的、有计划、有步骤地做好顶层设计，形成文化艺术类校外培训机构有效治理体系。要突出"创新"要求，找准"工具箱"，统筹运用行政审批、年检年审、艺术考级、演出比赛、评优评先、数字平台综合施治，营造良好氛围环境。要突出"数字"要求，以数字化的认知、技术和方式集中统一管理文化艺术类校外培训机构，打造集审批许可、信息公开、报名管理、评价管理、收费管理、合同管理、星级评定、风险预警、资金监管等功能于一体的系统平台。要突出"安全"要求，平稳有序落实好转型接收、资金监管、舆情管理等工作。要突出"分工"要求，理清权责关系，落实牵头部门、行政许可部门、行政执法部门、日常指导服务部门，确保担子有人挑，工作有人做。

（省文化和旅游厅科技与教育处）

在全省文化和旅游系统"双减"工作电视电话会议上的讲话

省文化和旅游厅党组书记、厅长　褚子育

（2021 年 11 月 2 日）

同志们，今天我们召开全省文化和旅游系统"双减"工作培训会，主要任务是深入学习贯彻习近平总书记关于教育工作的重要指示精神，进一步统一思想，认真贯彻落实党中央、省委、省政府对"双减"工作的部署要求；明确文化和旅游部门在"双减"工作大局中的职责定位，聚焦当前工作中的重点难点问题，采取积极有效的举措，夯实责任，推动落实文化艺术类校外培训机构管理各项工作任务，为全省"双减"工作做出积极贡献。

刚才，省教育厅的同志给大家介绍了全省"双减"工作总体情况和"压减"工作推进情况，省市场监督管理局的同志就营利性校外培训机构登记工作给大家做了专题辅导，浙江艺术职业学院薛亮书记为大家解读了《浙江省文化艺术类校外培训机构设置指引（试行）（征求意见稿）》，厅里的法律专家就实际工作的法律依据问题为大家答了疑解了惑，相信大家听了以后，都能够进一步理清工作思路，找到工作路径和方法。

下面，我就做好下一步"双减"工作，讲几点意见：

一、充分认识做好"双减"工作的重要性和必要性

（一）从"为党育人、为国育才"的战略高度，深刻认识"双减"工作对实现中华民族伟大复兴的

重大意义

今年 5 月，习近平总书记主持召开中央全面深化改革委员会第十九次会议，会议审议通过了《关于进一步减轻义务教育阶段学生作业负担和校外培训负担的意见》（以下简称《意见》）。7 月，《意见》正式印发。"双减"工作是从"为党育人、为国育才"的战略高度，着眼于广大青少年健康成长和全面发展的重大战略部署，是从国之大计、党之大计、培养好祖国未来的角度做出的重大安排，是坚持以人民为中心、增强人民福祉、回应百姓教育关切的生动体现，传递了党中央从实现中华民族伟大复兴的战略高度，构建教育良好生态的坚强决心。文化和旅游战线的同志要认真学习好、深入领会好、准确把握好中共中央和省里关于"双减"工作的一系列会议精神，进一步提高对"双减"工作重要性的认识。

（二）从"文化涵养促进精神富有"的全局高度，深刻认识"双减"工作是落实高质量发展建设共同富裕示范区的重要抓手

共同富裕不仅是物质层面的富裕，更是精神层面的富有。在推进高质量发展建设共同富裕示范区的进程中，我们必将看到一代又一代浙江人的精神更富有、获得感和幸福感更强。袁家军书记在省委文化工作会议上提及：

文化工作在浙江高质量发展建设共同富裕示范区中具有决定性作用、是关键变量；展现共同富裕美好社会的图景，文化是最富魅力、最吸引人、最具辨识度的标识。大家要充分认识到，落实"双减"工作要求，抓好文化艺术类校外培训机构日常管理，既是减轻学生课业负担、提高教育质量的需要，也是从娃娃抓起、提升素质、促进人的现代化的需要。我们要把当前肩负的压力转换为投身文化高地建设、为国家培育高素质接班人的持久动力，形成高度的思想自觉和行动自觉。

（三）从"围绕中心、服务大局"的政治高度，深刻认识文化和旅游部门在"双减"工作中的角色定位和职责担当

自"双减"工作开展以来，袁家军书记高度重视，每日了解工作进展，多次专门听取工作汇报，黄建发副书记亲自担任省"双减"工作领导小组组长，朱国贤部长和成岳冲副省长担任副组长，31家省直机关的主要领导担任小组成员。这充分说明省里对这项工作高度重视。根据省委决定和"双减"工作方案，文化和旅游部门要承担起文化艺术类校外培训机构的管理部门职能，负责调查摸底、准入审批、日常管理、行政执法等工作。大家要切实提高政治站位，吃透中央和省委精神，领

会战略意图,将其摆上重要议事日程,明确职责定位,自觉将"国之大者"变成我之要务,高标准高质量完成省委、省政府赋予的工作任务。

二、在前期工作基础上,当前重点做好拟从学科类培训机构转型为文化艺术类培训机构的接收工作

根据教育部的规定,校外培训机构分为学科类和非学科类,学科类包括道德与法治、历史、地理、语文、数学、外语、物理、化学、生物等承担基础教育的机构;非学科类包括体育、文化艺术、科技等专业类教育机构。我们主要承担非学科类文化艺术板块的管理职责。全省共有营利性学科类校外培训机构8106家,其中大概有3000家有意向转型为非学科类文化艺术类校外培训机构。配合做好这3000家学科类培训机构的接收工作,加快提升压减率,确保中共中央提出的年底前营利性学科类培训机构清零任务完成,是近期工作的重点。

(一)应收尽收

文化艺术类培训机构是指提供音乐类、舞蹈类、美术类、戏剧类(戏曲曲艺)、其他艺术表演类服务内容的非学历教育培训机构。各地要在当地"双减"工作领导小组或专班的统一指导下,组织专门人员,根据举办者意愿,做好接收工作。接收后,原举办者就不得以文化艺术类机构的名义再举办学科性的培训业务。

(二)规范接收

要协同市场监管(负责营利性机构)、民政(负责非营利性机构)部门,在做好清产核资,理清债权债务,处理好遗留问题等基础上,按"特事特办、规范快办"的原则做好转隶工作。

(三)先收后管

按照"老人老办法、新人新办法"的工作原则、"原机构和转型机构并轨管理"的工作思路和"先接纳、后管理、保稳定"的工作方法,处理好文化艺术类培训机构各项监管和服务工作。

与此同时,各地摸清底数做到心中有数,非常重要。据不完全统计,全省原有文化艺术类校外培训机构就达1.8万家,再加上即将接收转型进来的0.3万家,合计有2.1万家,这些都是将来我们文化和旅游部门监管和服务的对象。各地要在做好接收工作的同时,同步开展培训机构调查摸底,尽快掌握培训机构的数量、名称、地址、法人代表、规模、财产、人员等基本情况,一一登记造册,做好台账。

三、立足长远,找准抓手,聚焦高质量发展要求理清下一步工作思路

"双减"工作是一项长期性、复杂性的系统工程,我们要根据浙汇特点,立足当前和着眼长远相结合、目标导向与问题导向相结合,尊重文化艺术类教育规律,统筹谋划、一体推进,持续发力、久久为功。具体来说,要明确1个目标,把握6个方面的重点要求。

1个目标是:按照"质量、有序、健康、示范"的总体要求,创新科学管理方式,培育"质量至上、规范有序、健康发展"的文化艺术类校外培训市场,有效形成良性竞争和可持续发展机制,让浙江的文化艺术类校外培训机构管理和服务经验成为全国的范例。

6个重点要求是:

(一)要突出"依法"要求,切实做好文化艺术类校外培训机构行政许可和执法检查工作

按照中共中央、省委、省政府统一要求,校外培训机构均实行审批制,文化艺术类机构也一样,无论是营利性的还是非营利性的机构,都要办理行政许可证。经研究,文化艺术类校外培训机构依法纳入《中华人民共和国民办教育促进法》《中华人民共和国民办教育促进法实施条例》管理范围。我们要按照《中华人民共和国民办教育促进法》等法律法规,依法做好文化艺术类校外培训机构管理和服务工作。具体的操作办法,国家层面正在进行顶层设计,省级层面尚在协调,将尽快明确后印发各地实施。

(二)要突出"科学"要求,形成有效的文化艺术类校外培训机构治理体系

要始终坚持"一盘棋"系统思维,围绕合理布局、准入标准、行政许可、教研管理、质量监管、劳动分配、财务管理等方方面面,从无到有,加快形成成熟的制度供给,让文化艺术类校外培训机构真正成为传播中国传统文化、涵养青少年文艺素养、促进学生全面发展的坚强阵地。各地的顶层设计很重要,"不怕慢只怕弯""先设计再施工",做到有目的、有计划、有步骤,蹄疾步稳。既要考虑系统有效地管理和服务,又要考虑结构优化、布局合理,满足不同学生对不同艺术门类培训的需要,还要与各地发展音乐、美术、戏剧等文化事业有机结合,统筹兼顾,弹好钢琴。

（三）要突出"创新"要求，找准强化日常管理的"工具箱"

实施对非学科类校外培训机构的有效监管，尚在探索当中，没有成熟的经验可供参考和借鉴。大家要按照不能"死"，不能"乱"，而要"活"的要求，进一步发挥主观能动性，以创新思维深入思考，找到"工具箱"，牵到"牛鼻子"，统筹运用行政审批、年检年审、艺术考级、演出比赛、评优评先、数字平台等，综合施治，努力营造良性竞争、健康发展的良好氛围和制度环境。同时，要创新性思考"地下"培训这一难点问题的治理办法，精准谋划，打好"组合拳"。

（四）要突出"数字"要求，优化管理方式提升管理效能

2.1万家文化艺术类校外培训机构是全省现有中小学数量的6倍左右，今后准入和退出的量不少，机构设置在不停变化的动态平衡中。如此庞大的管理工作量，传统的管理方法难以达到理想的管理效果。务必要形成数字化的思维习惯，以数字化认知、数字化技术、数字化方式来集中统一管理。要乘着数字化改革这阵东风，推进信息技术与文化艺术类校外培训机构管理的融合创新，打造集审批许可、信息公开、报名管理、评价管理、收费管理、合同管理、星级评定、风险预警、资金监管等功能于一体的一站式、全过程智能管理系统和统一管理平台，努力实现管理过程的现代化、智能化。

（五）要突出"安全"要求，平稳有序落实好各项工作任务

"双减"工作事关民生，事关社会安全稳定。要把风险想深，

把工作做细，守住不出事的底线。转型接收工作方面，要坚持"老人老办法，新人新办法"。对已经依法登记并在运行的，以及从学科类转型的机构，一律作为"老人"管理，先接纳后规范；对不符合设置标准的，允许一定的过渡期，以"促"的办法，引导其不断充实条件，加强管理，提高质量；对新增设的培训机构，要按新的标准从严把握。资金安全方面，要按照机构的性质，加强收费的管理，完善资金监管手段、方法，防范发生"卷款潜逃"等现象，确保安全。舆情安全方面，要随时注重对"双减"工作的社会风险评估，确保第一时间发现舆情苗头，积极引导，妥善处置。

（六）要突出"分工"要求，理清权责关系，确保担子有人挑工作有人做

各地要明确分管领导和责任处室承担日常工作。牵头工作由科教部门负责，没有设置科教部门的，可由各地落实专门部门负责该项工作。行政许可工作由负责市场审批部门归口负责，执法工作由文化市场综合行政执法部门负责。文化艺术类校外培训机构的日常业务指导和服务工作由各市、县（市、区）文化馆具体承担。考虑到文化艺术类培训机构投资主体多元、性质多为民办营利等特点，下一步，要考虑由文化馆牵头成立协会或联盟，以发挥其行业自律作用。今天会议以后，大家要明确自身职责，分头落实好各项工作任务。

四、进一步加强组织领导，凝聚强大合力推动任务落实

（一）要建立完善的责任落实

体系

为落实好"双减"工作任务，厅里专门成立了"双减"工作专班，我担任专班组长，许澎、刁玉泉、叶菁3位副厅长担任副组长，相关处室负责人担任专班成员。各市、县（市、区）文化和旅游部门也要尽快搭好工作班子，建立完善的工作机制，明确分管领导和责任部门，推动"双减"工作要求在本地区本部门的贯彻落实，确保工作到位、力量到位、责任到位。

（二）要尽快形成工作闭环

抓工作落实，形成工作闭环非常重要。要抓紧构建3个闭环。一是构建文化艺术培训机构的目标体系、工作体系、政策体系、评价体系，形成工作闭环。二是构建规划、审批、设置、管理、执法的管理闭环。三是构建决策、调研、审核、接纳、许可的"双减"工作闭环。大家要坚持问题导向，聚焦重点、难点、关键点，提前谋划思考，找准突破性抓手，清单化推进、精细化管理，切实增强工作的计划性，加快取得突破性进展。

（三）要加强工作协同

要进一步完善运行机制，对标对表国家、省里有关部署要求，加强上下对接，左右协同，统筹协调，精准施策。特别强调的是，文化和旅游部门履行监管和服务主体责任，从办理（或变更）行政许可证开始。从接收到办理（变更）行政许可证这段时间，应为过渡期。在过渡期内，大家要在当地领导小组或专班统一领导下，配合做好相关"双减"工作，确保平稳过渡。

全省文化和旅游资源普查工作动员会

【概况】 12月2日，全省文化和旅游资源普查工作动员会以电视电话会议形式在杭州召开。省文化和旅游厅党组书记、厅长褚子育出席会议并讲话，党组副书记、副厅长芮宏主持会议。省文物局，厅属各单位，厅机关相关处室（专班），各市、县（市、区）文化和旅游部门相关人员参会。杭州市、温州市、开化县做表态发言。

会议指出，文化和旅游资源普查既是文化和旅游部交给浙江的一项创新性工作，也是全省文化和旅游业忠实践行"八八战略"、奋力打造"重要窗口"的一项基础性工作，既事关当下的保护与开发，又关乎长远的规划与发展。各地要从为摸清家底描绘底图，为转化利用提供方向，为高质量发展积蓄能量3个方面充分认识文化和旅游资源普查的重要意义。

会议要求，各地要认准方向，理清根本，明确任务，系统全面推进资源普查工作。一是要锚定力争全面摸清家底，力争成果成为全国样板，力争实现重大成果转化三大工作目标。二是要把握"发展""吸引力""利用"3个关键词，明确什么是文化和旅游资源这一关键问题。三是要按照今年年底前启动，2022年8月完成内外业工作，10月完成验收，12月底前完成总结的总体安排，重点做好八大工作任务。

会议强调，各地要强化责任担当、普查重点、工作保障及指导督促，合力确保圆满完成文化和旅游资源普查工作任务。

我省是全国文化和旅游资源普查试点省之一，围绕文化和旅游业高质量发展，聚焦文旅融合，在制定资源普查标准体系时开展了一系列探索创新。如将文物、非遗、公共文化的调查评价体系科学地整合进资源普查标准当中，在全国首创文旅融合的资源普查标准；以数字化改革为引领，建立贯穿发现、管理、转化利用全过程的资源全生命周期管理系统；顺应时代发展，吸收文化标识等诸多具有时代特征、浙江特色的资源类型；提出资源优集区概念，引导资源集聚高效开发，为高等级旅游景区、度假区开发建设奠定基础等。

本次会议的召开，标志着文化和旅游资源普查工作在我省全面铺开。在1年多的时间里，浙江将先行先试，力争形成试点经验，成为全国文化和旅游资源普查的样板。

（省文化和旅游厅资源开发处）

在全省文化和旅游资源普查工作动员会上的讲话

省文化和旅游厅党组书记、厅长　褚子育

（2021年12月2日）

今天，我们召开全省文化和旅游资源普查工作动员会，主要目的是深入贯彻党的十九届六中全会、省委十四届十次全会精神，认真落实省委、省政府关于争创社会主义现代化先行省、建设共同富裕示范区、打造新时代文化高地决策部署，锚定"文化浙江""诗画浙江"建设总目标，推进全省文化和旅游资源普查工作，为"十四五"时期文化建设和旅游高质量发展提供有力支撑。

刚才杭州市、温州市、开化县分别做了表态发言，讲得都很好。2市1县资源禀赋各异，但相同的是都有目标、有举措、有干劲，希望全省能迅速掀起工作热潮，早日出成果、见成效。下面，就做好文化和旅游资源普查工作，我讲3点意见。

一、提高站位，深刻认识文化和旅游资源普查工作重要意义

文化和旅游资源普查是文化和旅游部交给浙江的一项创新性工作，这项工作列入文化和旅游部与省政府联合印发的《关于高质量打造新时代文化高地　推进共同富裕示范区建设行动方案（2021—2025年）》，同时也是全省文化建设和旅游高质量发展的一项基础性工作，既事关当下的保护与开发，又关乎当前与长远的规划与发展，既是工作量很大的一件事，也是难度很高的一项工作。我们要有为全国开好路、做示范的气魄，高标准、高质量做好这次普查工作。概括起来"三点认识"：

（一）为摸清家底描绘底图

文化和旅游两个部门合并为一个大家庭后，摸清全部家底势在必行。我们破解以往文化和旅游分门立户、分锅吃饭的壁垒，创新编制文化和旅游融合的资源普查标准，首次开展横向到边、纵向到底，覆盖全省域、全类型、全等级的资源摸底工作。借此机会，我们将为全省文化和旅游资源"画像"，按地理分布分地区描绘资源地图，从而全面摸清资源情况，为绘就美好未来打好底图。

（二）为转化利用提供方向

当前，如何科学地保护与开发利用好文化和旅游资源是新时代需要回答好的必答题。通过资源普查，我们将全面了解当代浙江文化和旅游资源的时空特征、自然特征、人文特征等，再分析成因背景、基础功能，准确把握好资源的转化利用方向。结合实际，资源禀赋高但开发利用前景暂不清晰的，应予以重点保护；开发条件成熟的，注意搞好规划，谋划好再实施；对于已经在开发或开发好的资源，要结合新时代要求，想办法迭代升级。总之，要努力把有限的资源利用好、利用到极致作为我们的努力方向。

（三）为高质量发展积蓄能量

相较以往，本次资源普查工作并不是为了看看有多少"家财"可以压箱底，而是更加与时俱进，围绕高质量发展，聚焦于"利用"开展了一系列探索创新。如以数字化改革为引领，建立资源"保护、开发、利用"全生命周期管理系统；如将文物、非遗、公共文化的调查评价体系科学整合，形成统一的资源普查标准；如顺应时代发展，吸收诸多具有新时代特征、浙江特色的资源类型；如提出资源优集区概念，引导资源集聚高效开发等。通过本次普查，有利于为各级党委、政府谋划文化和旅游业高质量发展提供决策依据；有利于打通资源与市场有机衔接、科学转化的绿色通道；有利于加深文旅融合，加快实现以文塑旅、以旅彰文。

二、系统发动，全面推进文化和旅游资源普查重点工作

文化和旅游资源普查是一项规模浩大的工程，大场景、大手笔、大气魄。全省要认准方向，理清职责，明确任务，系统全面推进资源普查工作。

（一）锚定工作目标

本次资源普查要力争通过全省的共同努力，实现三大目标：一是力争全面掌握家底。从类型、等级、性质、位置、保护程度和可开发利用潜力等方面，全面掌握全省各地文化和旅游资源禀赋、地理分布，全面评估各地资源开发现状与潜力。二是力争成为全国样板。集成全省普查工作成果，形成能作为"重要窗口"展示成果之一的一套标准体系（含标准、技术规程、操作手册）、一个数字化管理应用平台、一套普查成果（含普查报告和图集）"三个一"标志性成果，做法及经验力争在全国推广。三是力争实现重大成果转化。强化工作指导，在全省范围内筛选一批资源普查重大成果转化利用典型案例，培育一批世界级、国家级的文旅品牌。

（二）把握工作要点

当前，文化和旅游的内涵正发生着日新月异的变化，资源的边界在不断外延。开展文化和旅游资源普查，首先要回答好什么是文化和旅游资源这一关键问题。既不能装到篮里都是菜，也不能挑肥拣瘦所剩无几。主要是把握好3个"关键词"：第一个关键词是"发展"。我们要以发展的眼光看文化和旅游资源。在"旅游＋""＋旅游"的视角下，文化和旅游资源的形态或者说呈现方式正越来越多元。如过去工业与旅游是很少产生交集的，现在我们有153家省级工业旅游示范基地，有的基地年接待人数接近一个4A级旅游景区，所以有文化底蕴的、有旅游价值的工厂就是资源；如以空气、星星、萤火虫等为支撑的高海拔山岳以前不是资源，现为露营的好去处；等等。上述很多被"种草""打卡"的新业态、新产品，都要求我们要以适度超前的眼光来审视资源，否则就可能会错过下一个发展的"风口"。第二个关键词是"吸引力"。吸引力是一个物体或现象能否成为文化和旅游资源的核心要素。

没有吸引力,投资再大的古镇也会门可罗雀;具有吸引力,农村的文化礼堂也能成为优质资源。所以,吸引力是判断文化和旅游资源的一个关键标准。第三个关键词是"利用"。资源只有在利用中才能得到更好地保护。资源普查不是做学术调查,普查成果不应束之高阁。本次普查对象是指凡能带来人气,可以为旅游业高质量发展所开发利用的资源。所以,价值要素最为重要。我们要从文化、艺术、环境等多个角度去评判,切忌以新旧、交通便捷程度等去简单取舍。比如松阳濒临倒塌的泥木结构的老屋,通过"微改造、精提升",也能成为符合高质量发展要求的好产品、好项目。

(三)明确工作任务

前期,省里已经下发关于开展全省文化和旅游资源普查工作的通知,全省要按照今年年底前启动,2022年8月完成内业外业工作,10月完成验收,12月底前完成总结的总体安排,重点做好8项工作:一是成立领导小组或专班。各市、县(市、区)文化和旅游部门都要成立资源普查工作领导小组或专班,统筹推进资源普查工作,明确目标任务,建立工作机制,强化部门配合,落实工作经费等保障。二是组建调查队伍。各地要分类组建专业的调查队伍。实地调查人员应具备与当地文化和旅游环境、资源、保护开发有关的专业知识。三是组织召开培训。12月中旬前,各地要组织相关单位、乡镇街道开展培训,全面发动,形成声势。省厅也将组织专家赴全省协助开展培训工作。据了解,杭州市、舟山市、台州市已于近期完成培训,宁波市、

金华市也在筹备。四是开展内业外业调查。对照标准,依据操作手册,高质量实地完成资源信息及影像的外业采集;与外业调查同步,做好资源信息汇总及平台填报等内业工作。其间,各地要层层把好关口,确保最后汇总的信息全面、准确。五是形成普查成果。各地要根据工作进度,及时汇总形成普查报告、图集,报上级文化和旅游部门审核。专家组将对四、五级资源进行认定,并对部分普查成果开展实地抽查。六是建成数字平台。在资源管理与应用平台上全面集成全省文化和旅游资源信息数据,动态管理,并绘制数字地图。七是同步规划资源开发。边普查边开发利用。明年继续把文旅投资摆在重要位置。要提前谋划,储备立项一批大项目好项目,不要等着普查好了再慢慢来,看准了的,就抓紧普查后的相关工作。优中选优,选取一批具有浙江代表性的普查成果集中发布,这些成果要成为招商选商项目的吸引物。八是开展宣传报道。好的资源就要对外展示出来,成熟的要组织一次集体"亮相",各地也要适时组织发布普查标志性成果。充分利用电视、报纸、新媒体等多种传播途径,广泛深入宣传普查意义和成果,提高群众发现资源的积极性,提升企业关注度,引导社会通过多种方式积极参与文化和旅游建设发展。

三、强化领导,确保文化和旅游资源普查各项措施落地见效

文化和旅游资源普查工作是一项系统性工程,涉及面广,专业性强,工作要求高。省、市、县3级要强化联动,合力确保工作平稳

有序推进。具体再提4点要求:

(一)强化责任担当

资源普查是一项最为重要的基础性工作,开展一次,就要关系未来五到十年的发展。各地要按照"全省统一领导、地方分级负责、部门分工协作、各方共同参与"的原则,以高度的责任感与使命感,以饱满的热情、扎实的作风,高质量、高标准完成文化和旅游资源普查各项目标任务。这是一项盘家底的工作,各地一把手、当家人要亲自抓。

(二)突出普查重点

普查不是撒胡椒面,工作要有侧重点。从全省来看,一是要围绕红色文化、宋韵文化、阳明文化、和合文化、良渚文化等文化标识建设,重点梳理出一批可转化、活化的标志性文化资源;二是要围绕共同富裕、海洋强省、乡村振兴等发展主题,重点挖掘一批利用前景好、市场带动性强的旅游资源;三是要围绕高质量开发建设,重点挖掘一批禀赋优、开发前景好的未来文旅"金名片"。对重点资源先进行综合评价,前置资源评估流程。

(三)加强工作保障

一要结合实际,制定全面周密、切实可行的普查方案。二要组织精干力量,选取政治素质好、业务水平高、组织协调能力强、工作认真负责的人员组成工作组。三要保障经费所需,各地在安排明年的预算时,该项工作所需经费要重点保证。四要强化工作宣传,宣传在普查工作中涌现出的典型人物和事迹,激发普查人员的使命感和荣誉感。

(四)重视指导督查

省、市、县3级都要组建技术

力量团队，加强日常工作的指导督查，确保准确把握标准，严格执行规程，规范落实操作流程。同时，各地要严把质量关，坚决抑制"数字冲动"。特别强调的是，浙江的文化和旅游资源普查不以资源多少论英雄，而凭普查的标志性成果见高低。

加快打造新时代文化高地
展现共同富裕美好社会的人文图景

省文化和旅游厅党组书记、厅长　褚子育

（刊于《政策瞭望》2021年第9期）

省委文化工作会议是进入新发展阶段召开的特别重要的会议，以更高站位、更大格局、更广视野谋划打造新时代文化高地，为全省文化改革和发展指明了前进方向、注入了强大动力。省文化和旅游厅将抢抓机遇、乘势而为，以实际行动坚决贯彻省委文化工作会议精神，勇当新时代文化改革和发展的主力军和排头兵。我们将坚持系统观念，重塑工作体系，积极有为，着力打造标志性文化成果，让文化成为"重要窗口"最富魅力、最吸引人、最具辨识度的鲜明标识；我们将坚持惠民导向，实现人民群众精神富有，促进人的全面发展，让文化成为衡量共同富裕的关键变量；我们将坚持融合思维，以文化的力量凝聚正能量，激发创造力，让文化成为促进经济社会全面发展的动力源泉。

一分部署，九分落实。我厅坚持高原与高峰结合、改革与发展结合、事业与产业结合、文化与旅游结合，深入研究高质量高水平贯彻落实举措。谋划制订全面贯彻省委文化工作会议精神实施"浙江省文化和旅游领航计划"，清单化管理、项目化实施，在文旅融合、公共文化服务、文化遗产保护与传承、舞台艺术创作等方面努力形成领航态势、领先优势，打造文化创新发展的省域范例。

一、以数字化改革为统领，加快形成构筑新时代文化高地新路径

构建浙江智慧文旅大脑，加快建设文旅"数字驾驶舱"，打造省、市、县3级互联互通、共建共享的大数据仓和决策分析体系。高质量提供一体化智慧服务，升级"智慧文化云"功能，打造未来社区"文E家"等应用场景，建成一批智慧文化场馆。建设数字管理系统，打造"艺数家"艺术精品创作生产"一件事"数字化管理服务应用场景，对全省创作题材、剧目、主创团队等实行"一屏掌控"，对创作、生产、营销与传播方式进行系统性重塑、闭环式管理。加快形成文化市场"互联网＋执法"全闭环监管，实现所有执法事项网上办、掌上办，全程留痕可追溯。

二、以文化基因解码工程为基础，加快打造浙江辨识度的文化标识

省委提出，传承弘扬中华优秀传统文化，打造具有代表性的浙江文化符号和文化标识。省文化和旅游厅于2020年上半年启动文化资源普查，实施"文化基因解码工程"，挖掘整理全省各地文化元素，按"物质、精神、语言、规范"4个维度进行解码，目前已入库22927个。以此为基础，提炼好文化标识。以文化标识为统筹，串联文化遗产、艺术创作表演、文化旅游场景和线路开发、文创产品研发、惠民服务、对外宣传交流、活动论坛等各环节，形成文化标识建设的工作链条。全省计划先期遴选宋韵文化、和合文化、阳明文化、南孔文化等300项地域性的文化标识重点加以培育，部分将逐步成为浙江文化"金名片"。通过文化标识建设，清单化管理、项目化推进，汇集成浙江文化的高原和高峰，挖掘和弘扬蕴藏在浙江优秀文化里的思想理念、哲学思考、传统美德、人文精神，切实增强文化认同，使其成为江南特色文化高地的鲜明底色。

三、以党的十八大以来浙江大地发生的火热实践和生动故事为要素，加快推出文艺精品佳作

探索建立艺术精品全要素生

产体系、全周期服务机制和重大文艺创作项目"揭榜挂帅"机制，构建拓展文化高原、攀登文艺高峰的生态链。突出区域特色文化元素，设立重点题材库，推出一批具有时代特征、地域特点的艺术精品。着力打造亚洲之光国际艺术节等一批高能级平台，提升浙江文艺创研中心，增强文艺原创能力，力争在全国精神文明建设"五个一工程"奖、中国文化艺术政府奖等重大奖项评审中实现新突破。开展浙江省讴歌"新时代"原创主题歌曲创作，推出一批新时代的浙江"采茶舞曲"。促进音乐艺术下沉发展，推动设区市及有条件的县（市、区）成立乐团，建设音乐厅，举办音乐学校，普及音乐艺术，厚植音乐创作的土壤。深化文艺院团改革，使全省国有文艺院团高质量发展指数达标率达100%，推动各设区市组建国有文艺院团，实现全覆盖。提升浙江舞台艺术演出院线。实施戏曲传承保护计划，确保全省18个戏曲剧种发展"一个都不能少"。

四、以彰显浙江文化在中华文明版图中的"启明星"地位为坐标，加快推进文化遗产研究保护传承

积极推进文明之源大遗址群和世界文化遗产群建设，不断创造条件，推动海宁海塘·潮文化景观、上山遗址申报世界文化遗产；争取浙江申报人类非物质文化遗产代表作目录实现更多突破。加大良渚古城、上山文化、河姆渡文化等30个考古遗址公园建设力度，大力宣传良渚文化、上山文化、河姆渡文化在中华城市文明起源、农业文明起源、海洋文明起源中的价值。实施红色根脉传承计划，开展100项革命文物保护利用，打造10条"寻访红色足迹、传承红色基因"主题精品旅游线路，守护好精神家园，传承红色基因。实施博物馆提升"一十百千"工程，培育世界一流博物馆1家，打造10家国内领先博物馆，国家等级博物馆数量达到100家，建成约1000家乡村博物馆。建设10个省级以上文化传承生态保护区、100个非遗展示馆、100个非遗生活馆、100条非遗街区，培育100家文化主题（非遗）民宿，推动非物质文化遗产活态保护与传承。

五、以建设公共文化服务现代化先行省为任务，加快提升公共文化服务水平

全面落实《关于高质量建设公共文化服务现代化先行省的实施意见》和公共文化服务标准2.0版。推进文化地标建设，协同建设之江艺术长廊，建成之江文化中心、浙江音乐厅新馆、越剧博物馆等标志性设施，实现"市有五馆一院一厅，县有四馆一院，区有三馆，乡镇（街道）有综合文化站，村有农村文化礼堂"。建设100个未来社区公共文化空间、约1000个未来乡村文化新社区。支持公共文化机构业务干部兼任驻村（社区）文化策划师，建立基层服务点。推进乡村文艺团队"三团三社"（合唱团、民乐团、艺术团、文学社、摄影社、书画社）建设，到"十四五"末数量达40000个。开展文化示范户和乡村文化能人培育。推进县级图书馆、文化馆总分馆建设，建成图书馆分馆1500家，文化馆分馆1300家，促进文化服务资源向基层延伸。探索推行文化保障卡制度，国有公共图书馆全面实行省内通借通还和借阅服务零门槛，保障人民群众基本文化权益。

六、以打造浙江省主导性产业为目标，加快推动文化产业转型发展

培育和提升文化产业竞争力，力争到2025年文化产业增加值占GDP比重达8%以上。鼓励发展文化创意产业、历史经典产业及文化旅游产业，出台《浙江省数字文化产业高质量发展实施意见》，着力建设全国数字文化产业创新发展高地。积极推动文化科技创新，加快建设省级文化和旅游科技创新平台、自主创新项目；加大国家文化旅游科技创新工程、国家文化和科技融合示范基地、文旅部重点实验室和技术创新中心等重点项目建设力度，推动产学研用协同创新。实施"领军型、骨干型、新锐型"文旅企业梯度培育计划，培育100家龙头企业、1000家成长型企业和10000家小微企业。创新自由贸易区文化产业发展的路径方法，加快形成新的增长点。优化消费制度环境，丰富消费供给，创新消费场景，努力扩大消费。到2025年，创建20个国家级夜间文化和旅游消费集聚区，40个省级夜间文化和旅游消费集聚区，打响"浙里消费"文旅品牌，助力"双循环"发展新格局。

七、以创新政府文化传播管理方式为抓手，加快推动文化"走出去"

推进国际传播能力建设，积极探索文化"走出去"的"浙江模式"。设立浙江省对外文化交流精品项目库。实施"文化浙江""诗画浙江"全球推广计划，探索建立5—10个浙江境外文化和旅游推广中心。加强与"一带一路"国家地区文化交流合作,加强永久落户浙江音乐学院的"中国·中东欧国家艺术创作与研究中心""中国-中东欧国家音乐院校联盟"建设;依托中国丝绸博物馆成立国际丝绸之路与跨文化交流中心、丝绸之路文化研究院,建设"一带一路"国际人文交流枢纽。建设约30个省内国际人文交流基地,加强与在浙境外人士、留学生文化交流。精心打造"丝路之绸""丝路之茶""丝路之瓷"三大交流品牌,做强"浙江文化旅游年(节)""诗画浙江与世界对话"等一批品牌交流活动,推进浙江"文化印记"海外宣传。聘选一批传播达人、"诗画浙江"友好使者,注重发挥侨乡作用,推动浙江文化走向世界。实施入境旅游提振计划,吸引国外游客了解、体验浙江文化。

八、以文旅融合为杠杆,加快拓展文化发展形态与空间

用好旅游这个年游客近8亿人次的超级载体,创新文化业态,扩大文化传播。推进"文化润景"计划,以"微改造、精提升"为手段,将特色文化有机融入现有旅游产品。加快推进大运河文化带和浙东唐诗之路、钱塘江诗路、瓯江山水诗路文化带建设,形成"一文含四带,十地耀百珠"的空间形态。加快打造高能级文化旅游目的地,建设富有文化底蕴的世界级旅游景区和度假区,打造文化

特色明显的国家级旅游休闲城市、街区和旅游线路。大力发展研学旅行,打造"跟着考古去旅游"系列研学体验产品,建成全国研学旅游重要目的地。建设50个旅游演艺示范项目,推出10部具有全国影响力的演艺力作,加快培育中国旅游演艺之都。重点推动100个博物馆、美术馆等创建成为A级旅游景区。实施百个文化和旅游IP培育工程。创建一批国家级文化和旅游产业融合试验区。制定区域文旅融合指数测评指标体系,发布文旅融合发展指数。

九、以培养高层次人才为战略,加快改革完善文化人才培养体系

强化艺术人才培养,实施领军人才"名编、名导、名角、名匠"培养计划、青年骨干人才培养"新松计划""新鼎计划"、未来艺术家培养计划,形成3级培养梯次。开展"大师回家"高层次艺术人才引聚计划,建设约80个浙江省文化和旅游导师工作室。为引进人才搭建工作平台。创新文化艺术教育体系建设,高质量推进文化和旅游部、省政府共建浙江音乐学院、浙江旅游职业学院、浙江艺术职业学院。鼓励厅属高校与优秀社会资源合作,创建具有浙江特色的"文教结合""院团合作"新模式,全面提升人才培养质量。探索建立从小学到本科一体化艺术人才培养体系,从文化艺术人

才成长规律出发,探索新的文化艺术人才培养模式和经验。

十、以构建现代文化治理体系为关键,加快提升文化发展效能

迭代升级治理理念与手段,努力实现文化和旅游领域整体智治。加快形成法治化治理新格局,争取出台地方性法规《浙江省公共图书馆条例》和政府规章《浙江省乡村旅游促进办法》,争取修订《浙江省非物质文化遗产条例》《浙江省文物保护管理条例》等。打造"浙江省文化和旅游行业信用监管平台",深化行业信用评价体系、分类监管体系和应用体系建设,优化文化市场主体信用分级分类监管。注重标准化治理,建成覆盖文化和旅游各领域、支撑高水平发展的标准体系,设立文化和旅游国际标准研究基地,以标准化提升文化发展质量。推进社会共建共治,创新文化事业单位社会化管理运营机制,促进各类社会文化机构参与公共文化服务。完善文化考核评价机制,推动文化和旅游发展纳入省对所辖市、县(市、区)发展质量和水平,以及领导班子的考核评价内容,建立以县域为单位的文化和旅游产业增加值占GDP比重晾晒制度。着力构建文化安全保障体系,全面加强艺术创作、舞台演出导向管理,持续加强文化阵地、文化市场、大型文化活动和文物领域安全管理。

概　览

ZHEJIANG CULTURE AND TOURISM YEARBOOK

浙江省文化和旅游概览

浙江地处中国东南沿海、长江三角洲地区南翼，毗邻上海市和江苏、安徽、江西、福建等省，向有"鱼米之乡、丝茶之府、文物之邦、旅游胜地"之美誉。全省陆域面积10.56万平方千米，海域总面积26万平方千米，海岸线总长6486.24千米，居全国首位。境内有面积500平方米以上岛屿2878个，是中国岛屿最多的省份。

浙江的名称，最早见于《山海经·海内东经》。唐肃宗乾元元年（758），置浙江西道和东道两节度使，分辖浙江以西（长江以南）十州和以东八州，这是浙江作为行政区域名称之始。南宋（1127—1279）建都临安（今杭州），历时152年。元代丙午年（1366）置江浙行中书省，明初改元制为浙江承宣布政使司，辖11府1州75县，清康熙初年改称浙江省，省界区域基本定型，沿用至今。

浙江省有杭州、宁波两个副省级城市，温州、湖州、嘉兴、绍兴、金华、衢州、舟山、台州、丽水等9个地级市，下设37个市辖区、20个县级市和33个县。2021年末，全省常住人口6540万人，比上年末增加72万人。浙江属少数民族散杂居省份，在浙江居住的人口中已包含全部56个民族，世居浙江的少数民族主要是畲族，设有中国唯一的畲族自治地方——景宁畲族自治县。

浙江自然资源丰厚，素有中国"东南植物宝库"之称，树种资源丰富。"活化石"银杏等50多种野生植物列入《中国珍稀濒危保护植物名录》。已知野生动物1900种，其中列入《国家重点保护野生动物名录》的有120多种。浙江矿产以非金属矿产为主。已发现的固体矿产113种，叶蜡石、明矾石探明资源储量居全国第1位，萤石、伊利石列第2位。东海大陆架蕴藏着丰富的石油和天然气资源，开发前景良好。浙江海域渔业资源丰富，舟山群岛是中国最大的海洋渔业基地。

改革开放以来，历届省委、省政府团结带领全省人民艰苦奋斗、开拓创新，走出了一条具有浙江特色的发展路子，浙江经济快速发展，社会全面进步，城乡面貌发生了巨大变化，实现了从资源小省向经济大省的历史性跨越，人民生活实现了由基本温饱向全面小康的历史性跨越。2021年，全省生产总值为73516亿元，比上年增长8.5%；全省人均生产总值超过11.3万元。财政总收入14517亿元，比上年增长16.9%；财政一般公共预算收入3263亿元，增长14.0%。城乡居民生活继续改善，2021年全省城镇居民人均可支配收入68487元，居全国第3位，农村居民人均可支配收入35247元，居全国第2位，分别比上年实际增长9.2%和10.4%。城乡居民收入比缩小到1.94∶1。

浙江风光秀丽，旅游资源丰富。钱塘江是浙江第一大江，从南源头至杭州湾河口入海处全长612千米。钱塘江大潮与印度恒河潮、巴西亚马孙潮合称为世界自然奇观的三大涌潮。千岛湖是浙江最大的人工湖，因拥有1078座形态各异的翠岛而得名。拥有中国佛教四大名山之一的舟山普陀山、中国四大避暑胜地之一的湖州莫干山，以及世界自然遗产衢州江郎山。截至2021年末，全省共有906家国家A级旅游景区，其中5A级旅游景区19家，数量位居全国前列。有国家全域旅游示范区8家、国家级旅游度假区6个、国家级旅游休闲街区3处，全国乡村旅游重点村47个、重点镇4个，数量均居全国第一。安吉余村获首届联合国世界旅游组织"世界最佳旅游乡村"。国家级和省级风景名胜区、历史文化名城、自然保护区、森林公园、地质公园、湿地公园和重点文物保护单位等旅游资源的数量均居全国前列。

浙江历史悠久，是中国古代文明的发祥地之一。长兴七里亭旧石器早期遗址的考古发现表明，早在100万年前浙江就已出现了人类活动。境内已发现新石器时代遗址百余处，最著名的有距今5300—4300年的良渚文化、距今7000—5000年的河姆渡文化、距今6000多年的马家浜文化、距今8000—7000年的跨湖桥文化、距今1万年的上山文化，其中在良渚遗址还发现了 5000 年前中国最大的古城。

浙江文物古迹众多。全省有世界文化遗产 3 处，国家级历史文化名城 10 座，省级历史文化名城 10 座；中国历史文化街区 4 处；中国历史文化名镇 27 个，省级历史文化名镇 68 个；中国历史文化名村 44 个，省级历史文化名村 175 个，入选中国传统村落名录古村落 636 处。全省有全国重点文物保护单位 281 处，省级文物保护单位 869 处。第三次全国文物普查中全省共登录不可移动文物 73943 处，其中新发现 61728 处。全省现有各类博物馆 420 家，国家一、二、三级博物馆 73 家，数量位居全国前列。杭州西湖文化景观成为我国列入《世界遗产名录》独一无二的湖泊类文化遗产，填补了世界遗产中以"文化名湖"为主要价值特征的湖泊类遗产空白。

浙江的藏书之盛自古闻名。杭州文澜阁、宁波天一阁、瑞安玉海楼、湖州嘉业堂等著名藏书楼在保存与传播文献典籍、培养人才、促进学术研究等方面成就卓越。始建于明嘉靖四十年（1561）的天一阁是中国现存年代最早的私家藏书楼。同时，浙江也是中国兴办近代图书馆较早的省份之一，1902 年绍兴古越藏书楼的建立，标志着中国私立藏书楼向公共图书馆的过渡，而在原杭州藏书楼（1900 年建立）基础上扩充改建的浙江图书馆，则是中国最早建立的省级公共图书馆之一。截至 2021 年末，全省共有县级以上公共图书馆 102 个，文献总量 10619.24 万册（件）。

浙江的戏剧艺术底蕴丰厚，

是中国南曲戏文的诞生地，并拥有越、婺、绍、瓯、甬、姚、湖等多个剧种。越剧是中国主要剧种之一，20 世纪初发源于浙江嵊县（今嵊州市），曲调优美婉转，细腻抒情。早期越剧全部由女演员演出，中华人民共和国成立后，提倡男女合演，越剧得到迅速发展并日益成为国内最具影响的地方剧种之一。21 世纪以来，浙江创作生产了一大批优秀剧目，越剧《陆游与唐琬》、昆剧《公孙子都》、越剧《梁山伯与祝英台》、京剧《藏羚羊》、话剧《谁主沉浮》等先后入选国家舞台艺术精品工程重点资助剧目。越剧《五女拜寿》、昆剧《十五贯》荣获原文化部优秀保留剧目大奖。

浙江书画名家辈出，自成一派，影响深远。书画艺术成就在中国书画史上占有极其重要的地位。历史上曾出现王羲之、吴镇、赵孟頫、吴昌硕等浙籍书画大家，现当代又出现了黄宾虹、潘天寿、沙孟海等知名书画家。成立于 1928 年的中国美术学院（前身为国立艺术院），是中国最早的美术高等教育学校，如今已成为美术人才辈出的摇篮之一。创建于 1904 年的西泠印社是中国最早的以研究印学为主的学术团体和专业金石书画出版机构，在国内外享有很高的声誉。绍兴兰亭因东晋（317—420）大书法家王羲之曾在此作《兰亭集序》而成为中国的"书法圣地"。

浙江浓郁的乡土风情孕育了绚丽多姿的民间艺术。"三雕一塑"即东阳木雕、青田石雕、温州黄杨木雕和瓯塑蜚声中外；剪纸、刺绣、染织、编织和灯彩丰富多彩；而以嘉兴秀洲、宁波慈溪和舟

山为代表的农民画和渔民画则充满了生活劳作气息。浙江民间的音乐、舞蹈、戏曲、曲艺独具浓郁的地域特色。浙江有 10 个项目入选联合国教科文组织公布的《人类非物质文化遗产名录》，196 人被认定为国家级非遗代表性传承人；在国务院公布的第五批国家级非物质文化遗产名录中，浙江共有 24 项入选，累计已有 241 项国家级非物质文化遗产项目。

浙江自古人文荟萃、文风鼎盛、代有人出。自东汉以来，载入史册的著名浙江籍文学家已逾千人，约占全国的六分之一。举凡思想家王充、王阳明、黄宗羲、龚自珍，诗人贺知章、骆宾王、孟郊、陆游，科学家沈括，戏剧家李渔、洪昇等都是杰出代表。20 世纪，中国文学巨匠鲁迅、茅盾，教育家蔡元培，著名科学家茅以升、竺可桢、钱学森、陈省身，以及李叔同、王国维、夏衍、艾青、徐志摩、陈望道、马寅初、金庸等一批名人均为浙江人。中华人民共和国成立以来的全国"两院"院士（学部委员）中，浙江籍人士占近五分之一。

浙江省委、省政府高度重视文化建设和旅游发展，对文化和旅游发展做出了一系列重大部署。1978 年，第一次全省旅游工作会议召开。1996 年，省政府成立了省旅游发展领导小组，统筹领导全省旅游经济发展工作。1997 年，省政府召开了全省旅游工作会议，要求从经济发展全局的高度，提高对旅游业在国民经济中地位的认识，动员全社会的力量，加快推进旅游产业的发展。1998 年，省委、省政府召开全省旅游工作会议，首次提出浙江省"由旅游资源大省建设成旅游产

业大省"的目标,在全国较早地提出旅游是国民经济的支柱产业,是第三产业龙头的战略思想,确立了浙江省旅游业在国民经济支柱产业的地位,并出台了《关于进一步加快旅游业发展若干意见的通知》。1999年,提出了建设文化大省的战略目标。2000年,颁布了《浙江省建设文化大省纲要(2001—2020年)》。2001年,出台了《关于建设文化大省的若干文化经济政策》。2002年,将建设文化大省、发展文化经济写入省党代会报告,并召开全省文化工作会议;出台了《关于深化文化体制改革加快文化产业发展的若干意见》。2003年,部署了文化体制改革综合试点工作。2004年,省委、省政府召开全省旅游发展工作会议,时任中共浙江省委书记习近平提出了建设旅游经济强省的目标和重要部署,省委、省政府随后出台了《关于建设旅游经济强省的若干意见》,提出"大旅游、大产业、大市场"的要求,勾画了全省旅游"三带十区"的布局。2005年,省委做出了《关于加快建设文化大省的决定》,全面实施文化建设"八项工程"。2006年,省政府出台《浙江省文化建设"四个一批"规划(2008—2012)》。2007年,省政府召开全省农村文化工作会议,部署实施"新农村文化建设十项工程"。2008年,省委召开工作会议,制订出台了《浙江省推动文化大发展大繁荣纲要(2008—2012)》。2009年,省委、省政府召开全省旅游发展大会,

明确提出"把旅游业培育成为服务业发展的龙头产业和国民经济发展的重要支柱产业",对新时期加快建设旅游经济强省做出了总体部署,提出了"一强四化五转变八创新"的具体要求,省委、省政府出台了《关于推进旅游业转型升级,加快建设旅游经济强省的若干意见》。省政府办公厅印发《关于加快发展民营文艺表演团体的意见》。2010年,省委专门成立了由省委书记任组长的文化建设小组;省政府出台了《关于进一步加快旅游业发展的实施意见》。2011年,省委召开十二届十次全会专题研究部署文化强省建设,出台了《中共浙江省委关于认真贯彻党的十七届六中全会精神大力推进文化强省建设的决定》;省政府出台了《浙江省文化产业发展规划(2010—2015)》《浙江省文化服务业"十二五"发展规划》《浙江省旅游业发展十二五规划》。2012年,省委召开第十三次党代会,将文化建设作为实现物质富裕精神富有的现代化浙江的重要目标。2013年,省委、省政府召开全省文化产业发展大会,出台了《关于进一步加快发展文化产业的若干意见》。2014年,省委、省政府召开全省旅游发展大会,省政府出台了《关于加快培育旅游业成为万亿产业的实施意见》。2015年,省委办公厅、省政府办公厅印发《关于加快构建现代公共文化服务体系的实施意见》。省人大常委会审议通过《浙江省旅游条例》,旅游法制建设迈

上新台阶。2016年,省政府调整升格省旅游发展领导小组并由省长任组长,建立"一事一议"机制研究解决旅游重大问题。省政府办公厅出台了《浙江省旅游业发展"十三五"规划》《浙江省旅游风情小镇创建工作实施办法》《关于推进基层综合性文化服务中心建设的实施意见》。2017年,省委、省政府先后出台了《浙江省公共文化服务保障条例》《关于加快把文化产业打造成为万亿级产业的意见》《关于推进文化浙江建设的意见》。省第十四次党代会明确提出打造"诗画浙江"中国最佳旅游目的地。2018年,省政府发布《浙江省传承发展浙江优秀传统文化行动计划》,并正式批复实施《浙江省全域旅游发展规划(2018—2022)》。2019年,省委办公厅、省政府办公厅出台了《关于加强文物保护利用改革的实施意见》《关于浙江省实施革命文物保护利用工程(2018—2022年)的意见》。2020年,经省政府批准,成立省旅游专班,明确组织架构,建立工作机制。这些举措有力地推动了浙江省文化事业和旅游产业持续快速发展,多项工作走在全国前列。2021年,文化和旅游部与省政府联合印发《关于高质量打造新时代文化高地 推进共同富裕示范区建设行动方案(2021—2025年)》,全力支持浙江高质量发展,打造新时代文化高地,推动共同富裕示范区建设。

(陈玉兴)

概　况

ZHEJIANG CULTURE AND TOURISM YEARBOOK

2021 年浙江省文化和旅游工作

2021 年,全省文化和旅游系统以习近平新时代中国特色社会主义思想为指导,全面贯彻党的十九届五中、六中全会和省委十四届八次、九次、十次全会及省委文化工作会议精神,忠实践行"八八战略",奋力打造"重要窗口",以庆祝中国共产党成立 100 周年为主线,以开启"十四五"、奋进新征程为重点,聚焦高质量竞争力现代化目标,加快打造新时代文化高地,为浙江高质量发展建设共同富裕示范区贡献文旅智慧和力量。

一、围绕中心、服务大局,努力扛起打造"重要窗口"的使命担当

（一）服务中心有力有效

深入贯彻习近平总书记重要指示批示精神。坚持把学习贯彻习近平新时代中国特色社会主义思想作为首要政治任务,认真学习领会习近平总书记重要讲话,特别是关于文化和旅游工作重要论述和指示批示精神。深入落实习近平总书记重要批示精神,对 6 件批办指示件逐一分工、逐一推进落实,并建立长效机制。有力推进中央巡视反馈问题整改。深刻吸取教训,认真做好钱镠墓被盗案举一反三工作,确保文物安全。深入开展党史学习教育。出台《省级文化和旅游系统关于开展党史学习教育的实施方案》,研究制定相关重要落实工作方案 12 个。厅党组开展理论中心组集中学习 13 次、专题研讨 11 次。

评选表彰建党百年"百名百优",集中表彰"两优一先",为 155 名老党员颁发"光荣在党 50 年"纪念章。遴选 42 位优秀宣讲员组建省级系统青年理论宣讲团,深入全省各地景区、课堂、讲堂开展文旅青年百场大巡讲。圆满完成建党 100 周年庆祝活动。举办"百年红船 扬帆远航"浙江省庆祝建党 100 周年大型交响诗画文艺演出。完成全国大型情景史诗《伟大征程》演出的舞台搭建任务,被文化和旅游部通报表扬。广泛开展百场文艺演出、百项群文活动、"百年党史文物说"、百场红色剧目展演、百年百景红色旅游、百场"云上中国故事"宣介、百艺非遗展演等主题活动 27347 场。歌剧《红船》等 4 部作品入选庆祝建党 100 周年优秀舞台艺术作品展演,7 部作品入选全国"百年百部"计划;4 个陈列入围庆祝建党 100 周年精品展览。深入开展护航建党 100 周年文化和旅游市场百日攻坚等行动,为建党 100 周年营造良好文化和旅游环境。

（二）文旅助力共同富裕扎实开局

加强顶层设计。积极争取国家层面政策支持和改革授权,促成文化和旅游部与省政府联合印发了《关于高质量打造新时代文化高地 推进共同富裕示范区建设行动方案（2021—2025 年）》。按"四个体系"谋划重要抓手清单,制定《推进文化和旅游高质量发展 促进共同富裕示范区建设行动计划》《促进共同富裕示范区建设重要抓手清单（第一批）》《浙江省文化和旅游"领航计划"》等文件。研究重要指标统计监测,

创新按县（市、区）统计旅游产业增加值占 GDP 比重、农村居民旅游收入占其可支配收入的比重统计、监测文旅融合指数等,提升了对各地文旅赋能共同富裕工作的指导精度和效度。探索促进"精神富有"路径和方法。启动研究文旅幸福指数。开展公共文化服务现代化试点,制定城乡一体"15 分钟品质文化生活圈"建设标准,纳入 2022 年政府民生实事。改革文化供给方式,构建"送文化、走文化、淘文化、云文化、种文化"多元立体供给体系,全年面向农村群众送戏下乡 21722 场、送书 418 万册、送讲座及展览 23877 场,组织"文化走亲"活动 2354 次。开发"智慧文化云",建成公共文化服务大数据中心。组建培育"三团三社"2.5 万余个、文化示范户 966 个、乡村文化能人 2620 名。积极赋能"物质富裕"。促区域协调发展。抓好山区 26 县和海岛地区旅游业高质量发展,率先出台《关于加快推动山区 26 县旅游业高质量发展的意见》。山区 26 县文化和旅游项目实际完成投资额 722.8 亿元,投资增速高于全省平均水平。26 县有 22 个县旅游增加值占 GDP 比重超 8%,成为主导产业。抓海洋旅游,支持海岛县发展,制定《浙江省海洋旅游发展行动计划（2021—2025）》,出台《海岛公园推进办法》,推动上海—舟山—温州—厦门—深圳贯穿省内邮轮航线通过审批,十大海岛公园在建项目 229 个,总投资 1948.5 亿元,累计完成投资 1112.9 亿元。促城乡一体发展。抓好国家全域旅游示范省建设,累计 66 个县（市、区）创成省级全域旅游示范县,其

中国家级 8 个(全国第一)。持续推进"百千万"工程,景区城、景区镇、景区村覆盖率分别达 70%、56.7%、56.5%。累计建成 5A 级景区 19 家(全国第二)、国家级旅游度假区 6 家(全国第一)。发展乡村旅游,启动《浙江省乡村旅游促进办法》编制,出台《关于加快推进全省景区村庄文旅运营的实施意见(试行)》,累计建成 A 级景区村庄 11531 个。促农民旅游收入增长。通过扩大就业、利用闲置民用建筑、经营旅游等增加财产性收入等渠道,使全省农民收入中旅游贡献率达 11%,安吉、淳安等超 20%。发展等级民宿,助力增加农民财产性收入,全省乡村民宿超过 2 万家,总营收超 100 亿元。

(三)数字化改革加快推进

完成顶层框架设计。制定文化和旅游数字化改革方案和年度工作要点,构建"1＋4＋N"数字化改革总框架。完成重大任务、省文化和旅游厅年度工作、核心业务梳理,建立文旅数字化改革的"跑道"和话语体系。加快多跨场景应用开发。开发推广"假日旅游通"、旅游新业态监管、"全省图书通借通还"、"文 E 家"、"浙里阅"等应用场景;建成省文物安全风险隐患"三色图"动态监管平台;建成"诗画浙江·百县千碗"美食数字化服务系统,上线运行文化艺术数媒服务平台。入选文化和旅游部示范案例 1 个;入围全省第二轮数字社会"揭榜挂帅"榜单应用 4 个;"浙里好玩""浙里文物安全监管"应用被列入全省数字化改革重大应用"一本账S1"目录;"浙里好玩"应用入选数字社会首批最佳案例。推进统

计制度改革和文旅数据仓建设。搭建晾晒平台和数字展示窗口,组织全省 11 个设区市和 90 个县(市、区)各月度监测和季度评价晾晒。修订《浙江省文化和旅游统计调查制度》。探索搭建统一数据仓和展示"驾驶舱",推动实现数据"数出一门、一数一源、一数多用"。

(四)"窗口性"成果丰硕呈现

全省上下勠力同心、勇于争先,全年全系统共获得省部级以上奖项 512 项。安吉余村入选联合国世界旅游组织首批世界最佳旅游乡村;推动亚洲之光国际艺术节、世界旅游联盟总部落户杭州;温州市入选 2022"东亚文化之都";全省文化和旅游系统 11 个单位、25 人被文化和旅游部表彰为先进集体和先进个人,数量位居全国第一;入选第五批国家级非遗项目 24 个,实现国家级非遗项目"五连冠";此外,还在梅花奖、金钟奖、乡村旅游、国家文化和旅游消费试点城市、国家级夜间文化和旅游消费集聚区等 18 项工作评比中取得全国第一。

(五)体制机制改革迈开新步伐

深化文旅融合改革。加快文化标识建设。完成文化元素普查入库 31029 个和首批 1878 项重点文化元素解码工作,基本建成"浙江文化基因库"。新遴选 100 个浙江文化标识项目,以文化标识建设集成配置文旅资源,打造新时代文化高地。协助推进宋韵文化建设,出台《和合文化、南孔文化、阳明文化研究、保护和文旅融合发展行动计划(2021—2023)》并组织实施。加快实施"传承发展浙江优秀传统文化行动计划",

累计完成总投资额的 75% 以上。接续开展第二批文化和旅游 IP创建,认定 15 个示范级文化和旅游 IP,44 个创建级文化和旅游IP。推进厅、市合作共建,加快107 张文旅"金名片"培育打造。推进省级文旅产业融合试验区改革,总结推广改革经验。探索建立全省文化和旅游融合发展综合评价指数评价办法。稳步推进自贸区改革。创新自贸区政策,率先出台《中国(浙江)自由贸易试验区文化和旅游改革发展工作方案》,聚焦舟山、宁波、杭州、金义4 个片区"一区一地两中心"文化和旅游产业建设,重点在邮轮旅游、艺术品交易、免税购物、数字文旅贸易等方面率先突破,加快形成新的增长点。有序实施企事业单位改革。深化国有文艺院团改革,出台《关于推进全省国有文艺院团深化改革加快发展的实施意见》并组织实施。推动文化资产战略重组体制改革,剥离政府部门办企业职能,顺利完成新远集团、浙江省古建筑设计研究院等企业国有产权无偿划转工作。

二、奋力拼搏、齐头并进,不断夯实支持文化和旅游高质量发展的"四梁八柱"

(一)艺术事业发展势头良好

文艺精品创作推陈出新。加快实施新时代文艺精品创优工程,精心打磨歌剧《红船》、交响乐《大潮之上》、京剧《战士》、婺剧《信仰的味道》等一批优秀作品。实施全省舞台艺术创作重点题材计划,评选推出交响乐《大潮之上》、越剧《绿水青山》等 10 个重点题材项目。组织创作优秀主题歌曲 150 首,其中《本色》入选全国第九批"中国梦"主题新创作歌

曲宣传推广曲目。41 个项目入选国家艺术基金资助项目,蝉联全国第二。演艺事业蓬勃发展。振兴发展传统戏剧,命名 15 个浙江省戏曲之乡,评选 25 个省经典保留剧目并展演。推进旅游演艺发展,培育 5 个旅游演艺集聚区和 10 个省级旅游演艺精品项目。优化景区演艺机制,推出山水实景剧《我在廊桥等你》、轩辕黄帝祭祀大典等一批大型艺术作品。美育赋能乡村成效初显。实施"艺术赋能乡村振兴"计划,建成 94 家美育村。创建美育阵地 158 处、乡村美术馆 22 个、写生基地 25 个,引进驻村艺术家 199 位,开展美育活动 3171 场,展览 496 场,参观人次达 112 万人次,文创收入达 1537 万元。联合浙江广电集团开展"美美与共··村艺'益然——浙江省美育村大型主题推广活动"。

(二)公共文化服务优化升级

现代化体系建设有力推进。全面启动公共文化服务现代化先行县(领航项目)创建工作,确定首批先行县创建单位 8 家、培育单位 5 家和领航项目创建单位 10 个。出台《高质量推进城市公共文化服务体系建设三年行动计划(2021—2023 年)》。开展公共文化馆、公共博物馆、非遗馆、公共美术馆等 4 类公共场所服务大提升行动。基层文化服务能力加快提升。完成乐清图书馆等 6 家单位国家级试点建设任务。遴选安排 3 个县(市、区)、15 个公共图书馆和文化馆、30 个乡镇(街道)综合文化站和 147 个农村文化礼堂开展公共文化场馆服务功能拓展先行先试。完成第七次乡镇(街道)综合文化站评估定级工

作,等级站比例达 97%,比上一轮提升了 6.02%。全省 96 家公共图书馆达到"满意图书馆"服务标准。累计建成图书馆分馆 1491 个、文化馆分馆 1188 个。93 个文化馆获评一级馆,全省一级馆率达到了 93.9%;成立浙江省文化和旅游志愿者总队,志愿者总数达 28.9 万人。评选文化示范户 966 个、乡村文化能人 2620 名。6 家单位获评"2021—2023 年度中国民间艺术之乡",34 家单位获评"浙江民间艺术之乡"。文化惠民活动扎实开展。开展全民阅读月系列活动,全省百家公共图书馆联动开展"图书馆之夜"活动累计近 2000 场,线上线下参与人数超过 300 万人次。开展各类线上活动 32660 场,参与人次达 1.99 亿人次。

(三)文物活化利用水平实现跃升

考古工作成果丰硕。井头山遗址入选 2020 年度中国考古新发现、全国十大考古新发现。上山遗址等 9 处遗址入选"十四五"国家大遗址名录;上山遗址、河姆渡遗址、良渚遗址、南宋临安城遗址及官窑遗址入选"百年百大考古发现",良渚遗址同时入选考古遗址保护展示优秀项目。泰顺廊桥灾后修复工程作为全国唯一项目入选《全球文化遗址恢复和重建案例研究》。衢州发现疑似西周姑蔑国王陵入选中央广播电视总台 2021 年度国内十大考古新闻。文物保护成效显著。在全国率先实现市、县(市、区)设立文物局全覆盖。启动实施革命文物保护利用三年行动计划和五大工程,公布第一批革命文物名录。督导绍兴市查处大禹陵周边违法

建设案等文物安全事故、违法案件 9 起。召开全省文物安全专题工作会议,启动全省文物安全大排查大整治大提升行动,并对 6 市 12 县开展专项督查。将文物安全工作纳入全省地方党政领导班子和领导干部年度考核、党委(党组)意识形态专项检查、高质量发展综合评价和"平安浙江"等指标体系。利用水平大幅提升。乡村博物馆建设工作被列入全国试点,编制形成《乡村博物馆建设认定办法》,提升改造乡村博物馆 40 家。2 个展览入选国家文物局 2021 年度主题展览 20 个重点推荐名单。2 个展览分获全国十大陈列展览精品奖、优胜奖。完成大型纪录片《良渚文明》的制作并在浙江卫视播出。全省各级博物馆举办展览 1578 场次,观众数量达 2651.7 万人次。

(四)非遗保护传承卓有成效

挖掘遴选不断深入。"中国传统制茶技艺及其相关习俗"申遗材料正式递交联合国教科文组织。评审通过第六批省级非遗代表性传承人 226 名,评审公布第三批优秀非遗旅游商品 100 项。抢救保护及时有效。海洋渔文化(象山)国家级生态保护区正式授牌。指导推进 17 个省级文化传承生态保护区创建工作。优化省非遗保护信息化平台。推进省非遗网络传习所建设。推进大运河非遗保护传承利用协同机制建设,制订行动计划。组织抢救民间戏曲曲牌,完成浙江省戏曲曲牌数据库调查摸底。宣传推广措施有力。启动传统工艺工作站建设,推进非遗曲艺书场试点工作。举办第十三届浙江·中国非遗博览会(杭州工艺周)、"文化和自然

遗产日"、第二届"非遗购物节·浙江消费季"等系列活动。

（五）旅游资源开发提质升级

持续推进文旅项目投资建设。高质量完成全省旅游业发展"十四五"规划。认定国家4A级旅游景区11家。加快"四条诗路"千万级核心景区建设，举办诗路文化带景区讲解员大赛，推出33条诗路精品旅游线路。推进浙江省之江文化中心、新时代文化艺术创研基地等重点项目建设。全省文化和旅游项目总数2857个，实际完成文化和旅游项目投资2769.7亿元，同比增长7.2%，完成年度计划137.1%。启动全省文旅资源普查。创新出台《浙江省文化和旅游资源分类、调查和评价标准》《浙江省文化和旅游资源普查技术规程》，搭建全省文化和旅游资源管理与应用平台，完成嘉兴全国红色旅游资源专项试点和宁海、江山两家文化和旅游资源普查试点。大力提升旅游品质。实施旅游业"微改造、精提升"五年行动计划，研究制定工作评价细则、推进办法，推出2个试点市、31个试点县（市、区）和133个单项试点，联合浙江省农村信用社联合社设立总额度1000亿元的"微改易贷"。研究制定世界级景区、度假区标准。创成国家级旅游休闲街区3家，认定省级旅游休闲街区4家。创建全国4C级自驾车旅居车营地1家。积极推动未来景区、山地休闲度假、民宿（农家乐）助力乡村振兴改革试点，开展试点评估。推进旅游公共服务体系建设，发布《高质量推进旅游公共服务体系建设的若干意见》。

（六）文化和旅游产业平稳复苏

全年实现旅游总收入增长10%，旅游人次和总收入分别恢复至2019年的85%和84%。培育壮大市场主体。启动企业梯度培育计划，遴选产生了29家领军型企业、55家骨干型企业、78家新锐型企业。新创建2家五星级旅游饭店、3家四星级旅游饭店、27家绿色旅游饭店、45家品质饭店、21家特色文化主题饭店、4家五星级品质旅行社。加大平台建设和产品开发力度。建立文化和旅游产业运行分析数字化平台和联席工作机制。上线文化和旅游产业投融资平台。积极推动文旅金融改革，支持指导宁波、绍兴等地推进文旅与金融合作示范区。做大做优重大节庆展会平台，举办"5·19"中国旅游日、第16届中国义乌文化和旅游产品交易博览会、第十六届浙江山水旅游节等大型节庆展会活动。全面布局"诗画浙江·百县千碗"消费体验场所，培育认定第三批241家省级体验店，持续开展"六进"活动。全年评定工业旅游示范基地26个、中医药文化养生旅游示范基地12个、省级运动休闲旅游示范基地9个。提振文化和旅游消费。持续加大对文旅企业的纾困力度。组织举办形式多样的文化和旅游促消费活动，各地累计推出文化和旅游惠民措施550余项、惠民活动836场，参加人次达5118.4万人次。认定首批省级夜间文化和旅游消费集聚区13家。开展国内市场精准宣传和推广，全省累计开展200余场宣传推广活动，分别与安徽、山西、四川等10余省召开专场推介会。

（七）文化和旅游交流合作走深走实

对外合作交流持续推进。全年共实施对外文化交流项目587项。举办2021绍兴"东亚文化之都活动年"、"欢乐春节"（线上）、"2021丝绸之路周"、"良渚揽秀·诗路寻音"诗画浙江主题推广盛典等，传递浙江好声音。开展第二批省国际人文交流基地培育建设工作，认定第二批国际人文交流基地13家。培育60余名来自10个国家和地区的"诗画浙江"友好使者（外籍）。在日本、韩国、东南亚（马来西亚）设立浙江文化和旅游推广中心。面向东南亚发布"云上浙江"万象馆。开设浙江文旅海外社交媒体账号。参加东盟博览会旅游展，获最佳组织奖和最佳展示奖。与港澳台地区交流合作不断深化。全年实施对台、对港澳文化交流活动分别为102起、19起。举办"双水擎莲·两地跨虹"诗画浙江推介会走进澳门活动，发布为澳门同胞量身打造的精品旅游线路6条；为400多名港澳青少年举办内地游学专题线上培训；承办第二届海峡两岸影像文化周活动，同期举办第二届海峡两岸大学生短视频大赛、第三届海峡两岸大学生摄影大赛、"我在浙里"在浙台湾青年手机摄影比赛。参加第十七届海峡旅游博览会和2021第七届中国（厦门）国际休闲旅游博览会，获最佳组织奖和最佳展台奖。区域合作交流更加紧密。轮值长三角文化和旅游联盟，成立长三角文化馆联盟、交响乐联盟；推进全省212个公共图书馆（含分馆）、146个国有博物馆、212个A级景区均实现长三角社保卡"一卡通"应用;联合印发《长三角生态绿色一体化发展示范区江南水乡古镇生态文化旅游圈建设三年(2021—2023)行动计划》及嘉善片区文化和旅游发展专项规划;推进杭黄自然生态和文化旅游廊道、环太湖生态文化旅游圈、浙皖闽赣(衢黄南饶)"联盟花园"、大运河文化带建设。开展"我爱浙疆·文润百年"文化润疆"百万"系列活动,做好新一轮浙川文化和旅游协作合作。

三、推进治理、强化保障,为抢抓"十四五"良好开局蓄力赋能

（一）治理体系治理能力全面提升

常态做好疫情防控工作。指导督促全省公共文化场馆和A级旅游景区严格执行"限量、预约、错峰"要求,认真实施测温、亮码、戴口罩、日常清洁、通风消毒、保持社交距离、减少人员集聚等防疫规定,全年处置疫情防控隐患问题 2566 个,未发生因文旅活动导致的疫情传播。全面推进文娱领域综合治理。制定行动方案、任务清单,建立例会制度,全面推进工作。妥善处置涉及演员签名造假、演出合同、演出内容不规范、演员出入境证照、演出经纪人资格证书不合规等问题。深化行政审批改革。承诺压缩比、即办率等核心指标继续保持全国领先,文化和旅游营商环境指数领跑全国。文化和旅游市场行政许可事项"告知承诺"全覆盖,103项政务服务全面实现全省通办。率先建立网络表演内容专家审核机制。加强标准引领。修订完善品质饭店、品质旅行社评价规范实施细则;在全国率先制定出台《演出经纪机构评价指标》;发布

《博物馆教育服务规范》。推进标准数字化工作,制定《公共美术馆数字化服务与管理规范》,出台智慧景区导则。入选 2021 年度国家级服务业标准化试点项目 2个,首获国际标准提案立项。优化市场监管。深入打造浙江省文化和旅游信用监管平台,获评全省信用数字化应用场景十大优秀案例。制定《关于在文化和旅游领域推行轻微违法行为告知承诺制的意见(试行)》,推行审慎包容柔性执法。全省文化市场综合行政执法队伍掌上执法率 100%,"双随机、一公开"监管事项覆盖率 100%,应用信用规则率达96.11%。全年检查文化和旅游经营场所 154717 家次,查获违规3574 家次,行政处罚立案 2333件,办结案件 2179 件,停业整顿50 家次,吊销许可证 7 家次。

（二）重大安全风险防范措施到位

加强旅游新业态监管,旅游领域遏制重大生产安全事故整治攻坚战取得实效,全年未发生较大以上安全生产责任事故。认真贯彻新修订《党委(党组)意识形态工作责任制实施办法》和我省实施细则,印发实施方案,构建意识形态"432"工作体系,落实意识形态工作责任制"四张清单"。加强网络生态"瞭望哨"工程建设,落实"监测—预警—处置—反馈"工作机制,及时分办舆情告知书65 期。制订管理实施办法,对177 个各类新媒体账号实行号长制。深化厅属单位财务集中交叉会审工作,加强结果运用。加大矛盾纠纷排查化解力度,全年省、市、县联动化解信访积案 10 件。强化法治思维,率先在全国文化

和旅游系统印发实施《浙江省文化和旅游厅法治文化建设三年行动计划(2021—2023 年)》。组织《浙江省乡村旅游促进办法》《浙江省公共图书馆条例》立法调研。

（三）科教和人才队伍建设水平再上台阶

浙江音乐学院、浙江艺术职业学院、浙江旅游职业学院办学质量和水平日益提升。与浙江外国语学院签订厅校合作协议并指导其成立文化和旅游学院,指导中国丝绸博物馆与浙江理工大学共建国际丝绸学院。接管文化艺术类校外培训机构 2.1 万家。国家社会科学基金艺术学重大项目立项 3 个,年度全国艺术科学规划项目立项 19 个。入选优秀科研成果 1 项、优秀科研实践案例1 项。评审确定首批 18 个文旅导师工作室。继续实施"未来艺术家计划"、旅游拔尖人才培育项目、舞台艺术"1111"人才计划、"新松计划"、"新鼎计划",完成"新松计划"浙江省青年歌手大赛、青年舞蹈演员大赛。18 人入选文化和旅游部 2021 年度乡村文化和旅游能人支持项目;39 人入选 2021 年度浙江省文化和旅游厅旅游拔尖人才培育项目。

（省文化和旅游厅办公室）

2021 年浙江省文物工作

2021 年,浙江在全国率先实现市、县(市、区)文物局全覆盖;召开全省文物安全专题工作会议和部署会,开展全省文物安全大排查大整治大提升攻坚行动,出动 54580 人次,检查文博单位

25969 处，发现安全隐患 7346 项，整改 6554 项；立案查处文物法人违法案件 31 起，重点督导查处 9 起法人违法案件，2 个案例获全国文物行政执法指导性案例、优秀案例，获奖数和等次居全国前列；实施文物平安工程 49 项，竣工验收 13 项；9 处遗址入选"十四五"国家大遗址名录，4 处入选"百年百大考古发现"，1 处入选考古遗址保护展示优秀项目；实施主动性考古项目 9 项，考古调查、勘探、发掘项目 530 项，考古勘探面积 2755.67 万平方米，考古发掘面积 14.54 万平方米；1 个项目入选 2020 年度全国十大考古新发现和中国考古新发现，1 个项目入选"考古中国"重大项目；开展文物保护区域评估 18 项，评估面积 483.1 平方千米，累计完成 144 处省级以上平台文物保护区域评估；举行"浙江考古与中华文明"新闻发布会；全面启动乡村博物馆建设，举办展览 1578 场次，观众 2651.7 万人次，1 个展览获全国十大陈列展览精品奖，1 个"云展览"获全国文化遗产"云展览"十佳项目及省文化和旅游数字化改革最佳项目；1 个项目获全国十佳文物藏品修复项目，2 个项目获优秀项目，获奖数居全国第一；启动实施革命文物保护利用三年行动计划和五大工程，公布第一批革命文物名录，开展"百年党史文物说"系列活动，推出红色主题展览 376 场，相关活动 2100 多场，观众逾 951 万人次，4 个展览入围庆祝建党百年精品展，2 个展览入选"弘扬中华优秀传统文化、培育社会主义核心价值观"主题展览重点推荐名单；多项文创产品获全国性奖项；

数字化改革形成"一图一库一窗一网"，确定 22 个应用场景试点项目。

一、主动服务大局

加强长三角 3 省 1 市文物领域合作，签订《长三角文物市场一体化规范发展战略合作框架协议》《上海大学浙江省文物局战略合作协议》。加强长三角考古遗址旅游线路串联。基本实现长三角 3 省 1 市"一卡通"预约参观浙江省各级公共博物馆。参与推进江南水乡古镇联合申遗相关工作，联合开展长三角区域考古协作。助力山区共富，开展山区 26 县文物资源梳理，启动 26 县文物发展利用规划编制前期工作，加强上山遗址群等文物资源保护与利用，促进文物资源优势转化为文旅产业发展优势。参与"千年古城"复兴计划实施，加强相关文物古迹修复和活化利用工作指导，配合省发展改革委开展第二批"千年古城"复兴试点遴选。

二、推进文旅融合

以"四条诗路"和大花园建设为主线，文物古迹类标志性工程为重点，推出"八大明珠"培育项目（全省诗路"珍珠"114 颗），培育形成一批特色品牌。编撰出版《诗路遗珍：浙江诗路沿线文物资源调研报告》。深化"跟着考古去旅游"方案，杭州市推出 10 条文物激活爆款旅游线路。湖州市公布首批 10 个市级考古遗址公园。绍兴市对 64 处大禹文化文物遗存安装标识点。指导、推进博物馆创 4A 级景区及专业化建设工作。

三、加强文博宣传

召开"浙江考古与中华文明"新闻发布会，集中发布 80 余年来

浙江考古重大成就及其在实证中华文明发展史中的重大意义。"五千年前的神秘古城——良渚"在中央电视台综合频道播放，电视端观众量达 5985.7 万人次，融媒体端观看量达 9 亿人次，节目相关话题阅读量破 3 亿人次。组织"2021 年度浙江考古重要发现"汇报会网络直播，网络点击率超过 300 万人次。"2021 年丝绸之路周"主场活动吸引全球 100 余家文博单位和文化机构参与，并上线全球首家丝绸之路"云上博物馆"——丝绸之路数字博物馆。召开可持续发展 2021 国际学术研讨会。"云上泽国——良渚文明线上主题展"全面发布。"家在青山绿水间：浙江乡土建筑""云展览"活动在五大洲 10 个国家上线。组织"良渚与中华文明"系列线上讲座，协办"文明的回望——良渚文明与希腊文明的对话"活动。"丽人行——中国古代女性图像云展览"获"全国文化遗产云展览"十佳项目、省文化和旅游数字化改革最佳项目。制作大型纪录片《良渚文明》并在浙江卫视播出。"良渚文明丛书"获第五届中国出版政府奖提名奖。召开衢江区云溪乡孟姜村墓葬考古发掘研讨会，衢州发现疑似西周姑蔑国王陵入选中央广播电视总台 2021 年度国内十大考古新闻。基本完成"中国历代绘画大系"编纂。完成"浙江考古与中华文明"系列丛书 11 个子课题撰稿。

四、加强机构与队伍建设

加强机构建设。抓住重大机遇，争取省委编办支持，推动设区市、县（市、区）在文化和旅游部门增挂文物局牌子，在全国率先实现市、县（市、区）文物局全覆盖。

省文物局内设机构增挂革命文物处牌子并调拨使用事业编制5名。配合省委编办全面梳理并明确21家省级各相关部门文物管理职责，在省级层面形成文物保护部门协同工作机制。

加强队伍建设。增强下属单位及地方力量，省文物考古研究所增编59名，总数达到120名。杭州市园林文物局增设文物安全监管处并增加行政编制5个，2021年历史文化名城保护专项经费达1.15亿元。杭州市文物考古研究所增编25名，总数达50名。绍兴市文物局增设文物安全监管处、革命文物处和市文物保护管理所，新核增行政编制2名、事业编制21名，增加文物安全专项经费1000万元。丽水市委编办批复同意龙泉市成立正科级市文物保护中心。杭州市西湖区、余杭区、临平区、富阳区、永康市、衢州市、衢州市衢江区、嵊泗县等均新成立文物保护管理机构、增加人员编制或文物安全专项经费，提升文物安全监管工作保障水平。继续开展第四届文博人才"新鼎计划"选拔培养。省文物局与浙江大学城市学院签署协议共建省内首个考古学系。加强博物馆专业队伍建设，举办第一期浙江省书画鉴定培训班、第二期全省博物馆青年策展人培训班、全省博物馆负责人业务培训班。

获多项荣誉。省文物局在全国文物职业技能竞赛中获优秀组织奖，浙江省博物馆宣教部获"全国青年文明号"称号。省文物考古研究所王宁远和陈明辉分别入选第四批浙江省"万人计划"领军人才、青年拔尖人才，省文物局文物保护与考古处李新芳获评全省"最美公务员"，衢州市荥阳侯夫人墓文保员郑荣良被评为全国"最美文物安全守护人"和第二届"最美浙江人·最美文旅人"，临海市古建筑工程公司黄金荣获全国文物职业技能竞赛三等奖。完成省委、省政府良渚古城遗址申遗先进集体和先进个人表彰，得到省领导批示。完成第五届"最美浙江文物守望者"评选。

五、推进数字化改革

基本完成数据系统集成。制定文物博物馆数字化改革工作方案，设计"浙里文物"顶层架构，基本完成全省文物资源数据归集摸底和省级文物系统相关数字化平台集成，建成并上线运行全省文物博物馆资源"数据驾驶舱"，形成"一图一库一箱N应用"，并横向实现与省自然资源厅相关平台的数据共享。浙江自然博物院参与课题"关于打造文博大脑'应用超市'的建议"获省委书记袁家军等省领导批示肯定。宁波市构建"宁波市文化遗产信息化管理云平台"，温州市实施"魅力百工进百乡沉动数字博物馆"项目。

推进应用场景开发。推进被列入全省数字化改革重大应用"一本账S1"目录的"浙里文物安全智慧监管"应用建设，初步完成文物安全监管"驾驶舱"、文物安全基础档案、安全隐患排查整治、文博单位"健康码"、区域安全指数、分色图等功能模块，逐步形成文物安全"一图一库一清单"，初步构建文物安全分级分类智慧监管新模式。组织开展全省文物安全场景应用试点建设"揭榜挂帅"项目征集，最终遴选确定"文物安全体检"等8个赛道的22个应用场景试点项目。完成"七张问题清单"之重大文物安全问题画像及相关数字化应用建设。重点指导杭州市临安区、温州市瓯海区、兰溪市等地文物部门完成文物安全相关应用场景开发。建立有效筛选机制，做好"一地突破，全省共享"体系支撑。启动国家文物局2个试点项目之一——大运河国家文化公园文物检测预警国家级数据库及总平台（浙江省）、浙江省大运河世界文化遗产检测平台开发建设，完成文物保护工程领域信用监管系统建设。西溪湿地博物馆"博悦游"文旅融合新场景等4个项目入选省文化和旅游数字化改革试点项目。全省不可移动文物GIS系统将省级以上文物保护单位基本信息和保护区划数据纳入省域空间治理平台并通过验收；初步实现与不同信息系统的数据对接；为国家、省级文物行政机关41个涉及不可移动文物的项目整理提供数据服务。

推进政务数字化。完成文物条线政务服务2.0事项改造、秒办事项改造、证照分离事项证照归集、局机关AK替代工程、新OA系统开发等工作。推动文书档案数字化，获评2020年度省级规范化档案室。文物工程管理项目迭代升级。推动文物保护单位信息核查，线上完成文物保护单位保护范围和建设控制地带矢量化工作。宋代文物核查建立线上工作流程。开展调研交流，召开浙江省文物局数字化改革讨论会。

（叶大治、姚杰、刘自俊、
孔海洋、丁历丽）

政策法规

【概况】 2021年,政策法规工作坚持围绕中心、服务大局,始终保持战斗状态,取得显著成效:一是牵头谋划编制《浙江省旅游业发展"十四五"规划》等3个五年规划、行动方案。省文化和旅游厅领导3次在全国文化和旅游工作会议上就"十四五"发展思路做典型发言,得到文化和旅游部部长胡和平的表扬。二是牵头推进省文化和旅游厅共同富裕示范区建设工作。制定《促进共同富裕示范区建设五年行动计划》等文件,积极争取文化和旅游部出台《关于高质量打造新时代文化高地　推进共同富裕示范区建设行动方案》,得到省委常委、宣传部部长朱国贤的批示肯定。省文化和旅游厅2次在省委、省政府共同富裕推进会上做汇报。三是牵头落实省委文化工作会议精神。制定《关于全面贯彻省委文化工作会议精神实施浙江省文化和旅游"领航计划"》。四是牵头制定多个推动旅游业发展的政策文件。联合省发改委制定《浙江省"十四五"时期推进旅游业高质量发展行动方案》,联合省财政厅起草《关于促进旅游业高质量发展的若干措施》,积极筹备全省旅游发展大会相关文件与材料。五是认真落实省领导指示精神。落实省委书记袁家军关于总结文旅融合经验批示精神,汇编《共同富裕图景里的文旅融合优秀案例》;承担副省长成岳冲年度重点调研课题和蹲点调研报告。

【开展高质量发展建设共同富裕示范区工作】 聚焦共同富裕,开展高质量发展建设共同富裕示范区工作。制定实施《浙江省文化和旅游厅推进文化和旅游高质量发展促进共同富裕示范区建设行动计划(2021—2025年)》《促进共同富裕示范区建设重要抓手清单(第一批)》。积极争取文化和旅游部出台《文化和旅游部　浙江省人民政府关于高质量打造新时代文化高地　推进共同富裕示范区建设行动方案(2021—2025年)》,得到省委常委、宣传部部长朱国贤的批示肯定。建立文化和旅游高质量发展促进共同富裕最佳实践案例总结推广工作机制,推出首批12个最佳实践案例。配合做好浙江卫视"共同富裕看'浙'里·对话厅局长"专访。省文化和旅游厅《充分发挥文化和旅游铸魂富民功能　促进群众精神生活和物质生活共同富裕》在省委、省政府高质量发展建设共同富裕示范区重点工作落实情况汇报会上做典型汇报,《生态旅游富民推进落实情况》做书面交流汇报。

【研究制定促进旅游业发展文件】 聚焦旅游发展,牵头研究制定促进旅游业发展的若干文件。开展"十四五"时期发展规划研究编制,高质量完成《浙江省旅游业发展"十四五"规划》,省文化和旅游厅3次在全国文化和旅游规划会议上做典型发言,得到文化和旅游部部长胡和平的表扬。完成副省长成岳冲课题报告《浙江省旅游业高质量发展专题调研报告》及《成岳冲副省长到台州蹲点调研报告》。联合省发展改革委制定《浙江省"十四五"时期推进旅游业高质量发展行动方案》。积极筹备全省旅游发展大会,编辑《习近平同志关于旅游工作重要论述》,起草了省领导的讲话稿和《中共浙江省委　浙江省人民政府关于推进旅游业高质量发展的意见(初稿)》。积极配合省旅游专班工作,形成《兄弟省市支持旅游业高质量发展政策汇编》,起草了《关于促进旅游业高质量发展的若干措施》。

【制定贯彻省级文化工作会议精神工作举措】 聚焦文化建设,制定贯彻省委文化工作会议和省宣传思想文化工作领导小组会议精神的工作举措。牵头制定《关于全面贯彻省委文化工作会议精神实施浙江省文化和旅游"领航计划"》,遴选培育90项冲击国内领先、国际有影响力的"领航项目"。参与省委宣传部组织的《关于加快实施新时代文化浙江工程的实施意见》《浙江省文化改革发展"十四五"规划》起草工作。起草省文化和旅游厅主要领导在省委文化工作会议上的交流发言《加强新时代艺术精品创作　促进人民群众精神富足》;起草厅主要领导在省委《政策瞭望》上的理论文章《加快打造新时代文化高地　展现共同富裕美好社会的人文图景》;配合厅主要领导起草《关于学习贯彻省宣传思想文化工作领导小组会议精神情况的报告》。梳理总结《"八八战略"实施以来浙江省文化和旅游发展成就与经验》。根据省委书记袁家军的批示要求,聚焦文旅深度融合,遴选了15个文旅融合优秀案例,联合省宣传推广信息中心组织开展宣传推广。

【贯彻中央和省委重要会议精神】聚焦重要部署,贯彻中央和省委重要会议精神。贯彻习近平总书记关于碳达峰碳中和重要论述和全省碳达峰碳中和工作推进会精神,制定实施《浙江省文化和旅游领域碳达峰碳中和指导意见》。贯彻中央和省委民族工作会议精神,起草了《关于支持民族地区文化建设和旅游发展的指导意见》。牵头完成省委、省政府综合性重点工作,积极配合相关兄弟厅局制定乡村振兴、美丽浙江(生态文明)、法治政府(依法行政)、健康浙江、"五水共治"等综合性重点工作的政策性文件。

【推进法治政府建设】聚焦依法行政,推进法治政府建设。率先在全国文化和旅游系统印发实施《浙江省文化和旅游厅法治文化建设三年行动计划(2021—2023年)》,编制文化和旅游系统"八五"普法规划,努力打造法治文化建设标志性成果。制定《关于开展法治宣传教育的第八个五年规划(2021—2025年)》。创新法治文化宣传,拍摄制作文化和旅游法治宣传片,为法治浙江建设15周年献礼。印发《浙江省文化和旅游厅2021年法治建设(依法行政)工作要点》。配合省文化和旅游厅主要领导起草《厅长依法履职情况报告》。协同相关处室推动《浙江省乡村旅游促进办法》列入省政府2022年度一类立法项目。做好合法性审核及清理工作。开展行政规范性文件审核备案工作,审核备案6件;配合其他兄弟厅局开展行政规范性文件合法性审核工作,审核3件。开展重大事项合法性审核,审核9项;

开展重大行政合同审核,审核3件。组织以宪法为主题法律知识学习考试。积极参与"双减"工作,牵头开展文化艺术类培训机构管理的法律法规依据研究,加强与省司法厅、省教育厅等单位的沟通,向省政府提出依法管理解决方案。

【开展调查研究、政策参考和征求意见稿办理等工作】聚焦决策参谋,开展调查研究、政策参考和征求意见稿办理等工作。根据省文化和旅游厅主要领导的指示和落实重点工作需要,组织开展共同富裕、旅游业高质量发展、国内外比较研究等专题调研,形成了一批高质量的调研报告。2篇调研报告被文化和旅游部评为二十佳调研报告,7篇调研报告被文化和旅游部评为优秀调研报告,获奖数量分别位居全国各省(区、市)第一。向省委宣传部组织报送省文化和旅游厅关于习近平总书记对文化旅游(文物)批示精神落实情况的调研报告。发挥智库参谋作用,共计编印《文旅纵览》12期,《文旅快讯》225期。牵头办理其他兄弟厅局各类征求意见稿,共计1038件。

【推进公共场所服务大提升改革】全省文化和旅游系统公共场所服务大提升实现全覆盖,印发实施博物馆、文化馆、非遗场所、美术馆等4类公共文化场馆服务大提升行动方案,进一步推进图书馆、A级景区服务大提升行动。与省委改革办谋划对接,推出"浙里改"公共场所服务大提升和旅游景区服务大提升两个专题(5期),共20个市、县(市、区)的经验做

法在《竞跑者》选登。全年共组织公共场所服务大提升工作专题会议8次,刊出专题性工作指导信息15篇。全省累计认定放心景区550个,覆盖率达70%;全省11家市级图书馆、85家县级图书馆通过"满意图书馆"考评,覆盖率达94%。省博物馆、省文化馆等4类公共场馆相继研究修订服务标准,全面部署提升工作。

【推进数字政务服务改革】推进以数字化改革为核心的政务服务改革。在国务院对省政府考核中,浙江文化和旅游营商环境指数和放管服改革竞对领跑全国,承诺压缩比、即办率等核心指标保持全国第一。举办全省文化和旅游系统"一件事"集成和数字审批改革工作培训班。推进义乌"数字审批"改革,梳理"证照分离"改革事项20项,"互联网上网服务营业场所经营单位设立审批"3个事项优化审批服务,7个审批事项进位为告知承诺制,将"经营性互联网文化单位设立审批""演出经纪机构设立审批"等6个行政许可事项审批下放至各设区市。加快推进政务服务2.0建设,实现文化和旅游系统政务服务"全省通办",接入政务服务2.0权力事项108项,事项要素432项,调整事项行使层级56处,完成103个事项流程的系统改造,印发《浙江省文化和旅游系统政务服务"全省通办"工作方案》。推出"旅行社设立服务网点的备案""旅行社设立分社的备案"等5项"智能秒办"事项。推进其他营业性演出设立审批"一件事"和图书借还"一件事"集成场景应用改革,上线"浙

里办"平台和浙江政务服务网。完成机关内部"最多跑一次"事项 10 项,数字审批改革行政许可事项 18 项。完成《浙江省文化和旅游系统"最多跑一次"改革绩效评估报告》。

【提升省级文旅产业融合试验区建设质量】　25 个省级文旅产业融合试验区按照各自改革方向继续稳步推进建设工作,积极提升建设质量,与数字化改革、共同富裕示范区建设等中心工作深度结合,集成创新模式。加强督查通报和经验总结,征集文旅产业融合试验区媒体宣传报道材料,与《浙江日报》等媒体对接,进行宣传推广。形成一批文旅融合典型案例,编印《浙江省文旅产业融合试验区创建典型案例汇编》,为全省文化和旅游系统提供经验借鉴,也为对接国家文旅产业融合示范区创建工作奠定了坚实基础。

【深化公共文化机构法人治理结构改革】　统筹相关处室,继续推进全省公共文化机构法人治理结构改革。全省累计成立各类理事会 1951 家,其中市级公共文化机构理事会 17 家,县级公共文化机构理事会 255 家。通过成立理事会,探索建立与之相关联的人事体制、财政体制、管理体制等配套制度体系,实现了政府职能转变,强化了公共文化机构的法人自主权,形成了社会力量参与管理运行的多元共治格局。

【共建浙江省红色文化研究与传承协同创新中心】　与嘉兴学院共建浙江省红色文化研究与传承协同创新中心,充分发挥资源优势和研究特色,围绕国家和全省文化发展战略需求,担当"学术创新、精神传承、资政服务"使命,努力发挥红色文化研究的学术高地、红色传统教育的示范基地、红色资源应用的传播阵地、浙江红色文化和旅游发展的实践重地作用。与嘉兴学院共同开展"浙江省红色文化和旅游深度融合发展研究"课题,并圆满结题。合作撰写的《我省做强红色旅游守好"红色根脉"的对策建议》经《浙江社科要报》呈送省领导,获省委书记袁家军,省委常委、宣传部部长朱国贤,副省长成岳冲批示。

【推进文艺院团改革】　与省文改办加强对接,协调相关处室,解决文艺院团改革相关历史遗留问题。积极做好文化和旅游部国有文艺院团考核评价工作。配合制定出台《关于推进全省国有文艺院团深化改革加快发展的实施意见》(以下简称《意见》),明确国有文艺院团发展方向、功能定位,完善财政保障机制,优化精品创作机制、健全内部分配机制,进一步激发文艺院团的生机和活力,切实提高全省舞台艺术作品质量。对《意见》进行任务分解,确保国有文艺院团改革任务落到实处。

【配合推进自贸区改革发展】　探索以自贸区政策拉动形成新的增长点,先后赴杭州、宁波、舟山、金义 4 个片区开展实地调研,根据各片区地域特色和文旅产业特点进行功能划分和目标定位设定,联合省自贸办制定印发《中国(浙江)自由贸易试验区文化和旅游改革发展方案》。

(陈如福、骆　威)

专业艺术

【概况】　2021 年,全省艺术事业坚决贯彻省委、省政府决策部署,紧紧围绕"出精品、出人才、出效益"的工作目标,重点在抓好"六个聚焦"上狠下功夫,深入实施精品引领战略,有力推动了全省音乐、舞蹈、戏曲、戏剧、美术等新时代浙江文艺繁荣发展。

【艺术创作生产成果丰硕】　组织重大题材创作。推出歌剧《红船》、交响乐《大潮之上》、婺剧《信仰的味道》、越剧《核桃树之树》、京剧《战士》等一大批优秀文艺作品。4 个作品参加庆祝中国共产党成立 100 周年优秀舞台艺术作品展演,文化和旅游部部长胡和平现场观看歌剧《红船》在京展演。7 部作品完成文化和旅游部"百年百部"精品创作工程验收,数量位居全国第二。杂技《花样年华·伞技》入选中国杂技艺术创新工程。歌剧《畲山黎明》获第六届全国少数民族文艺会演优秀剧目奖,4 位主要演员获艺术表演奖。昆剧《浣纱记·吴越春秋》参加第八届中国昆剧节,京剧《战士》等 6 个剧目参加第九届中国京剧节。歌剧《红船》《五星红旗》参加第四届中国歌剧节,舞蹈《信仰的味道》参加第十三届全国舞蹈展演。组织开展优秀主题歌曲创作活动,收集各类歌词作品 92 件,歌曲作品 150 多件,其中《本色》入选全国第九批"中国梦"主题新创作歌曲宣传推广曲目。

做好题材规划。围绕关键历史节点,强化题材组织规划,逐年逐批滚动推进创作项目。开展2021—2022年度重点题材申报评审工作,从全省各地55个申报项目中遴选出10个项目,涉及戏曲、交响乐、音乐剧等多个艺术门类。编制完成《2022—2024年度全省舞台艺术创作题材规划表》,共有199个项目。指导开展对2018年至2020年35个重点题材的中期督导、结项验收工作。

加强艺术创作管理。制订实施《关于加强舞台艺术创作导向的实施意见》。省属艺术单位申报浙江文化艺术发展基金,共立项29个。2020年国家艺术基金资助项目全省立项41个,立项数量蝉联全国第二;全省617个项目申报2022年国家艺术基金资助项目。

【建党百年系列活动圆满举办】举办庆祝建党百年大型文艺演出。大型交响诗画《百年红船扬帆远航》于6月27日在黄龙体育馆正式演出,节目内容丰富、形态多样,演员阵容强大,演职人员达3000余人,全省40余家单位参与,圆满完成演出任务,受到省委书记袁家军和省委常委、宣传部部长朱国贤高度评价。

开展百场优秀剧目展演。推出全省庆祝建党百年优秀舞台艺术作品展演,组织涵盖戏曲、音乐等12个艺术门类的63部优秀剧目,在全省各地联动上演135场,全面展示了浙江精品创作成果。全省国有文艺院团共开展建党百年主题文艺演出2900多场。

举办系列美术展览。举办艺术特展"星驰潮涌"、全省美术馆馆藏名家主题创作展"敢教日月换新天"、建党百年小型组画展览"窗口"、艺术特展"红船女儿"等系列三题展览,营造出庆祝建党百年的良好社会氛围。

【深化改革实施效果显著】深化国有文艺院团改革。起草《关于推进全省国有文艺院团深化改革加快发展的实施意见》,以省委、省政府名义在全国率先出台,并进行了任务分解。征集国有文艺院团优秀案例,在金华召开深化全省国有文艺院团改革现场会,贯彻落实《关于推进全省国有文艺院团深化改革加快发展的实施意见》精神,推动全省国有文艺院团改革落地见效。

推进文旅创新融合发展。苏浙沪皖4地共同签署了《长三角交响乐发展联谊会共建框架协议》,促进区域交响乐事业高质量发展。推进旅游演艺事业发展,制定出台《浙江省文化和旅游厅关于促进旅游演艺发展的实施意见》和《认定办法》,首批认定10个省级旅游演艺精品项目,着手培育5个省级产业集聚区,打造文旅融合"金名片"。深化省地协同创演机制,推出山水实景剧《我在廊桥等你》、轩辕黄帝祭祀大典等大型艺术作品12个,引起强烈社会反响。

开展文艺数字化改革。对照省"1+5+2"及省文化和旅游厅"1+4+N"跑道,省、市、县联动,打造"艺数家"全省文化艺术数媒服务平台,以数字化赋能艺术精品创作,对艺术创作、生产、营销、传播方式进行制度重塑、流程再造。平台的演播中心、咨询中心、人才作品中心等一期功能已上线运行,并迭代升级至2.0版,已入驻文艺院团61家、剧场43个,上线剧目259部,收录文艺工作者692名,推送各类活动信息1000余条。积极推进精品创作全周期服务管理、票务分发、艺术教育培训、IP文创开发等二期功能建设。

【人才队伍建设齐头并进】人才奖项层出不穷。楼胜以票数第一荣获第30届中国戏剧梅花奖,刘涛以第1名、王博以第4名荣获中国声乐金钟奖。蔡浙飞、严盛民、王靖、崔湛等4人分别获评文化和旅游部戏曲表演领军人才、民族歌剧创作人才、全国声乐领军人才。

领军人才培养势头强劲。"1111"人才计划特聘濮存昕为首席导师,通过集中培训、采风实践、艺术观摩等教学方式,进一步提升综合素养。36位培养对象共完成主创、主演作品176部,其中,37部作品获得国家级、省级荣誉奖项,17部作品入选各类扶持项目。培养对象共获得个人荣誉奖项40余项,省级以上人才称号10人次。人才计划的实施引发业内外关注好评,关键词"'1111'人才计划"网络词条达到253万条,微博专属话题点击量累计2340多万次。浙江文艺创研中心新增特聘专家3名。19家艺术院团共31位设计师及其作品参加第四届中国舞台美术展。

青年艺术人才不断涌现。举办"新松计划"浙江省青年歌手大赛、青年舞蹈演员大赛,经过初赛、复赛、决赛3轮评比,在2000余名参赛选手中,92名青年歌手和53名优秀舞蹈演员获得最终奖项。实施中青年编剧扶持计划,收到来自全国的27个参评项目,浙江3个作品入选。

【美术工作不断提升】　整体建设水平跃升。浙江美术馆被评为全国文化和旅游系统先进集体、浙江省"双建"工作先进集体，党总支书记被评为全国三八红旗手。发布《公共美术馆数字化服务与管理规范》地方标准，成为全国第 1 部美术馆行业数字化标准。指导全省 21 家美术馆安装藏品信息管理平台，全面实现美术馆藏品信息互通互联、资源共享。

专业成果不断凸显。3 个项目被文化和旅游部评为 2021 年度国家美术作品收藏和捐赠奖励项目。2 本画册分别获得第 11 届华东书籍设计双年展整体设计奖、封面设计奖。"浙江版画百年"入选文化和旅游部全国美术馆馆藏精品展出季项目。

美育村建设稳步推进。首批 94 家美育村经过近 3 年培育，取得阶段性成果，引进驻村艺术家 199 位，创办写生基地 25 个，全年文创项目收入 1537 万元。

（陈含笑）

链接：

2021 年浙江省文化系统专业艺术门类在国际和全国性及华东区域性专业艺术评比中获奖情况

评比活动名称	获奖剧（节）目名称	获奖类别及等次	获奖单位或个人
庆祝中国共产党成立 100 周年优秀舞台艺术作品展演	歌剧《红船》	庆祝中国共产党成立 100 周年优秀舞台艺术作品展演参演作品	浙江演艺集团 浙江交响乐团 浙江音乐学院
	越剧《核桃树之恋》		嵊州市越剧团 浙江小百花越剧院
	歌剧《呦呦鹿鸣》		宁波演艺集团有限公司 宁波交响乐团
	婺剧《信仰的味道》		浙江婺剧艺术研究院（浙江婺剧团）
第六届全国少数民族文艺会演	歌剧《畲山黎明》	第六届全国少数民族文艺会演优秀剧目奖	浙江歌舞剧院有限公司
第九届中国京剧节	京剧《战士》	第九届中国京剧节参演作品	浙江京昆艺术中心
第八届中国昆剧节	昆剧《浣纱记·春秋吴越》	参加第八届中国昆剧节参演作品	
2021 年度"中国杂技艺术创新工程"	杂技《花样年华·伞技》	入选 2021 年度"中国杂技艺术创新工程"	浙江曲艺杂技总团
第 30 届中国戏剧梅花奖		梅花奖第 1 名	浙江婺剧团楼胜
第 13 届中国音乐金钟奖		金钟奖美声组第 1 名	浙江音乐学院刘涛
		金钟奖美声组第 4 名	浙江音乐学院王博
文化和旅游部 2021 年戏曲表演领军人才		入选文化和旅游部 2021 年戏曲表演领军人才	浙江小百花越剧院蔡浙飞
2021 年度"全国声乐领军人才培养计划"暨第十四届全国声乐展演		2021 年度"全国声乐领军人才培养计划"暨第十四届全国声乐展演演员	浙江演艺集团王靖、崔湛
文化和旅游部民族歌剧创作人才研修班		文化和旅游部民族歌剧创作人才研修班学员	浙江音乐学院严圣民

续　表

评比活动名称	获奖剧(节)目名称	获奖类别及等次	获奖单位或个人
国家艺术基金2020年度资助项目	跨界融合作品《越地长歌》	大型舞台剧和作品创作资助项目	浙江音乐学院
	杂技剧《明家大小姐》		杭州杂技总团演艺有限公司
	越剧《黎明新娘》		杭州越剧传习院
	话剧《雄关漫道》		浙江话剧团有限公司
	越剧《伪装者》		浙江小百花越剧院
	台州乱弹《我的大陈岛》		浙江台州乱弹剧团
	群舞《奋楫者》	小型剧(节)目和作品创作资助项目	浙江歌舞剧院有限公司
	小舞剧《朴裙》		浙江音乐学院
	独奏曲《无极》		
	室内乐《吴歈越吟》		
	独奏曲《望海》		
	群舞《十八焕蝶》		
	歌曲《西子歌》		
	群舞《榫卯》		
	小戏曲《子在渡口曰》		浙江艺术职业学院
	群舞《脚擂鼓》		温州市文化馆(温州大剧院管理处)
	陈晶	青年艺术创作人才资助项目	浙江歌舞剧院有限公司
	歌剧《在希望的田野上》巡演	传播交流推广资助项目	浙江歌舞剧院有限公司
	舞剧《花木兰》巡演		宁波市歌舞剧院有限公司
	民族器乐演奏人才培养	艺术人才培养资助项目	浙江音乐学院
	版画《浙南非物质文化遗产图录(形卷)》	美术创作资助项目	浙江美术馆
2021年度国家美术作品收藏和捐赠奖励	伍霖生作品捐赠收藏项目	2021年度国家美术作品收藏和捐赠奖励项目	浙江美术馆
	佟振国作品及文献捐赠收藏项目		
	潘长臻作品及文献收藏捐赠项目		
庆祝中国共产党成立100周年优秀曲艺作品征集活动	中篇弹词《最熟悉的陌生人》	庆祝中国共产党成立100周年优秀曲艺作品征集活动优秀曲艺作品	浙江演艺集团
	绍兴莲花落《映日骄杨》		
"向党报告"庆祝中国共产党成立100周年优秀曲艺节目展演	群口评书《我爱祖国的蓝天》	"向党报告"庆祝中国共产党成立100周年优秀曲艺节目展演作品	
"礼赞百年　同心向党"庆祝中国共产党成立100周年全国优秀杂技作品展演	杂技《梦系西湖·伞技》	"礼赞百年　同心向党"庆祝中国共产党成立100周年全国优秀杂技作品展演作品	
国家艺术基金(一般项目)	歌剧《红船》	庆祝中国共产党成立100周年大型舞台剧和作品主题创作资助项目	

(省文化和旅游厅艺术处)

公共服务

【概况】　截至 2021 年底,全省建成公共图书馆 102 家,文化馆 102 家,城市书房 1025 家,文化驿站 578 家,县级图书馆分馆 1491 家、文化馆分馆 1188 家;新建改建旅游厕所 111 座;全面启动旅游驿站建设,共认定全省第一批旅游驿站(试点)128 个。印发《关于高质量建设公共文化服务现代化先行省的实施意见》,确定公共文化服务现代化建设的总体目标。启动浙江省公共文化服务现代化先行县(领航项目)创建工作。"智慧文化云 2.0"基本建成。

【公共文化服务现代化开启新篇】推进公共文化服务现代化建设制度设计。3 月,召开高质量推进公共文化服务现代化建设研讨会,召集国家公共文化服务体系示范区创新研究中心有关负责人、业界专家团队,共同研讨高质量推进公共文化服务体系建设现代化、公共文化服务现代化示范县创建等议题。4 月起,起草《关于高质量建设公共文化服务现代化先行省的实施意见(征求意见稿)》,多次征求有关省级部门、设区市人民政府、市(县)文化和旅游部门及各方专家的意见。8月,省委办公厅、省政府办公厅正式印发《关于高质量建设公共文化服务现代化先行省的实施意见》,确定了公共文化服务现代化建设的总体要求、主要任务、保障措施,提出"到 2025 年,基本建成以人为核心的高质量公共文化服务现代化体系"的目标,公共文化

服务不断完善,内容更加优质、供需更加平衡、主体更加多元、保障更加有力,市、县、乡 3 级公共文化设施覆盖达标率达到 100%,城乡一体"15 分钟品质文化生活圈"覆盖率达到 100%。同时,出台《浙江省公共文化服务现代化主要目标指标》和《浙江省县(市、区)公共文化服务现代化标准(2021—2025 年)》。《浙江省公共文化服务现代化主要目标指标》紧紧围绕公共文化服务现代化主题,从优先发展、均衡发展、以人为本、创新发展和社会评价 5 个方面,设计了 44 个指标,综合衡量、科学评价公共文化服务现代化的实现度。《浙江省县(市、区)公共文化服务现代化标准(2021—2025 年)》对基本公共文化服务标准 1.0 进行提升,实现了 3 个转变:一是从重建设向重内涵转变,更加重视公共文化服务的品质要求;二是从重硬件向重软件转变,更加重视公共文化设施的使用效能;三是从重供给向重效能转变,更加重视公共文化服务的针对性和有效性。

全面启动公共文化服务现代化先行县(领航项目)创建工作。全面贯彻落实浙委办文件精神,于 9 月下发《浙江省文化和旅游厅关于开展浙江省公共文化服务现代化先行县(领航项目)创建工作的通知》,全面启动公共文化服务现代化先行县(领航项目)创建工作,以创建为抓手,提炼一批先行先试的公共文化服务现代化理论成果,探索一批富有成效的现代化公共文化服务体制机制,建成一批智慧便捷的现代化公共文化服务场馆空间,创新一批多元协同的现代化公共文化服务供给

模式,完善一批以人为核心的现代化公共文化服务保障措施,推动浙江公共文化服务迈上新台阶。经各地申报、专家评审、厅长办公会审议及公示等环节,确定杭州市临平区等 8 个县(市、区)获得第一批先行县创建资格,丽水市村晚联盟等 10 个项目获得第一批领航项目创建资格,龙游县等 5 个县(市、区)获得第一批先行县培育资格。

【公共文化服务数字化改革富有成效】　根据 2021 年全省数字化改革会议部署,全面推进文化和旅游数字化改革,以数字化赋能公共文化服务,推动体制和机制突破,提升服务能级和水平,增强辐射范围与能力,推动公共文化服务品质发展、均衡发展、开放发展和融合发展,更好满足人民群众新要求、新期待。

"智慧文化云 2.0"基本建成。"智慧文化云"是浙江省公共文化大数据平台,年初由浙江省文化和旅游厅正式立项,分两期安排 1000 万元资金,是年安排建设资金 400 万元。至年底,"智慧文化云 2.0"基本建成,完成"智慧文化云驾驶舱"和公共文化服务大数据中心建设。"智慧文化云"服务端上线"浙里办"应用,横向汇聚图书馆、博物馆、文化馆、非遗馆、美术馆、艺术剧场等场馆服务内容,纵向串联省、市、县、乡镇和村(社区)5 级公共文化活动场馆(机构)。以"三张清单"为抓手,重点建设"全省图书通借通还""浙里阅""民生关键小事职能速办""文 E 家"等四大公共文化服务场景。

公共图书馆系统加强共建共

享。由省委宣传部牵头、省文化和旅游厅负责推进公共图书馆数字化改革，建设浙江省文献信息资源共建共享平台，并于10月上线，初步实现全省域文献信息资源贯通融合。该应用构建了浙江全省文献资源联合目录，共聚合全省县级以上公共图书馆的1127万条书目数据。读者通过平台可一站式检索全省文献信息资源，快速了解所需信息资源的分布情况，更便捷地获取资源。同时，打通可供全省读者使用的30个外购数据库，包括知网、万方、维普等期刊类数据库，中文在线、金图外文等中外文图书数据库；还根据浙江经济社会文化发展需要和地域特色，按照分类导航和地区导航的方式，挂接了全省各公共图书馆自建的158个资源库，涉及古籍、地方志、历史与文化、美术与技艺等类别，全面提升了可共享资源的规模和质量。在服务端建成"一键借阅""一键检索""长三角一卡通""手机端阅读"等4个子场景。在治理端全面汇集全省阅读数据，按个人、身份、地区等维度形成阅读图谱，为职能部门开展高质量文化服务提供决策支撑。此外，全省公共图书馆完成与社保系统互通，凭实体社保卡或电子社保卡可享受图书借阅服务，实现长三角地区公共图书馆社保卡"一卡通"。

群众文化系统打造全民艺术普及数字化应用。重点打造全民艺术普及应用场景，上线"指尖艺术赛事"场景，集中展示全省文化活动，支持赛事与活动的资讯、直录播、活动图集、节目赏析、评选和征集、互动活动、满意度调查等用户服务，支持节目报送、抽签、评审、统计等业务服务，支持灵活通用的活动配置，形成集赛事组织、管理、应用、展示、评估于一体的全流程服务应用。建设"指尖艺术导师"场景，汇集全省网络艺术培训资源，打造线上培训场景、线下培训场景、线上线下相结合的互动体验与解锁式学习的培训场景，探索全新的培训模式，支持信息公开、报名管理、评价管理、在线培训、在线预约、智慧匹配等"智治"管理与用户服务，实现从报名到领证"一站式"的服务闭环。提前半年实现全省102家文化馆在"浙江群文云"的入驻或对接，提前2年从技术层面完成全省文化馆从"国家公共文化云""浙江智慧文化云""浙江群文云"到市、县文化馆平台的互联互通全覆盖。

【公共文化服务体系不断完善】
完善城市公共文化服务体系建设。持续推进公共文化服务体系标准化建设。1月印发《高质量推进城市公共文化服务体系建设三年行动计划（2021—2023年）》（以下简称《行动计划》），通过实施城市公共文化空间品质提升工程、城市公共文化IP塑型工程、城市公共文化多元化治理工程、城市公共文化数智化工程、城市公共文化服务一体化工程、城市群众文化活动繁荣工程等六大工程，推动城市公共文化服务高质量发展。同时，出台《〈高质量推进城市公共文化服务体系建设三年行动计划（2021—2023年）〉重大项目库》，涉及6类314个项目，预计总投资254亿元。5月，在温州举办2021全省城市公共文化建设工作现场会，推进

全面贯彻落实《行动计划》，交流各地城市公共文化建设工作先进经验。

推进公共文化服务设施建设均等化。重点推动县级图书馆、文化馆总分馆建设，累计建成图书馆分馆1491个，文化馆分馆1188个。打造具有浙江特色、有品位的嵌入式新型公共文化空间，全省城市书房共有1025家、文化驿站578家、其他公共文化空间3316处。开展公共文化场馆服务功能拓展先行先试工作，遴选3个县（市、区）、15个公共图书馆和文化馆、30个乡镇（街道）综合文化站和147个农村文化礼堂作为浙江省公共文化场馆服务功能拓展先行先试单位，探索提高公共文化场馆服务效能、推进文化和旅游融合发展的创新道路。

开展公共文化场馆评估定级工作，以评促建提升场馆设施水平和服务效能。参加第五次全国文化馆评估定级，93个文化馆被评为一级馆，一级馆率达到了93.9%，位居全国第三。完成第七次乡镇（街道）综合文化站评估定级工作，全省共有1366个文化站参加了评估定级，等级站比例达97%，比上一轮提升了6.02%。

持续加大山区26县扶持力度，在因素法分配资金的基础上，新增1500万元支持山区26县公共文化服务体系建设。

【深入开展惠民文化活动】 迎接建党百年系列活动蓬勃开展。广泛组织开展"迎建党百年 享美好生活"系列群众文化活动，下发《浙江省文化和旅游厅关于开展"迎建党百年 享美好生活"系列

群众文化活动的通知》，重点策划浙江省第二十届群众音乐大赛等省级示范性群众文化活动 10 项，引领省、市、县 3 级文化和旅游部门同步推进。全省各地全年开展具有当地特色的群众文化活动共56586 场次（线上活动 32660 场次，线下活动 23926 场次），积极营造全民喜迎中国共产党百年华诞的欢乐场面，参与群众达到 3.05 亿人次。其中，浙江省群众（乡村）合唱大赛、浙江民间音舞大型展演两项活动，通过线上线下同步开展的方式，参与群众分别达到了 690 万、530 万人次。

公共文化惠民活动精彩纷呈。深入开展公共文化惠民活动，全省完成送戏下乡 21722 场，送书下乡 418 万册，送讲座、展览下乡 23877 场，组织"文化走亲"活动 2354 次。根据防疫特殊要求，积极创新公共文化产品供给模式，开展各类线上活动 32660场，参与人次达 1.99 亿人次。春节期间，全省公共图书馆响应省委、省政府"就地过年"号召，联合开展阅读推广活动，丰富人民群众节日文化生活。全面开展全民阅读月系列活动，全省百家公共图书馆联动开展"图书馆之夜"主题活动，累计开展各类活动近2000 场，线上线下参与人数超过300 万人次。举办浙江省第十七届未成年人读书节。

【公共文化服务队伍不断健全】
成立浙江省文化和旅游志愿者总队，下设省直属支队 15 支，市支队 11 支，县（市、区）支队 90 支，志愿者人数近 10 万人。继续实施乡镇文化员定向培养工作计划，定向培养基层文化员 32 人，

总人数达到了 243 人。持续开展基层文化从业人员培训工作，组织开展各类培训 17723 班次，培训超过 109 万人次。加强以"三团三社"为核心的基层文艺社团培育工作，全省各类文艺社团达到 4.6 万个（其中"三团三社"2.5万个）。开展文化示范户和乡村文化能人评选工作，全省共评出省、市两级文化示范户 966 户，乡村文化能人 2620 名。

【旅游公共服务效能日益凸显】
制定并发布《高质量推进旅游公共服务体系建设的若干意见》，明确了五大重点任务和四大重点项目，编制《浙江省旅游公共服务指导标准（2021—2025 年）（试行）》，涉及 5 项一级指标，21 项二级指标，53 项三级指标，全省旅游公共服务体系建设有了实质性进展。

完善旅游厕所服务体系建设。以县为单位对全省旅游景区、旅游线路沿线、交通集散点、乡村旅游点、旅游餐馆、旅游娱乐购物场所、休闲步行区等七大重点区域的旅游厕所情况进行了全面摸底排查，共完成 111 座旅游厕所的新建改建任务，推动旅游厕所全域覆盖、平衡发展。打造旅游厕所数字化应用场景，全省旅游厕所"一张图"通过浙江民生"关键小事智能速办"重大应用，上线"浙里办"平台，切实提升旅游公共服务水平。

全面启动旅游驿站建设，共认定全省第一批旅游驿站（试点）128 个，其中一级旅游驿站 30个，二级旅游驿站 37 个，三级旅游驿站 61 个，建成旅游驿站已全部实现挂牌和地图标注。

【文化基因解码取得积极成果】
截至年底，全省共完成文化元素普查入库 31029 个，其中中华优秀传统文化元素 28202 个，革命文化元素 1661 个，社会主义先进文化元素 1175 个，建立家底数据"一本账"、濒危目录"一张表"、图片和音视频"一个库"。完成全部1839 项重点文化元素解码工作，并通过了专家评审。通过文化基因解码，各地基本将区域重要文化生存发展的原因、发展脉络梳理清楚，明确了后续开发利用的资源、途径和目标。基本建成浙江文化基因库。积极探索解码成果转化利用，开展理论研究，确定"真实用码"和"形态转化"两条关键标准。着重遴选培育了一批典型的解码成果转化利用示范项目。召开全省文化基因解码工程暨文化标识建设工作推进会，全年指导参加市、县两级工作推进会 20 余场。

【文化标识建设步伐加快】　完成全省文化标识建设的顶层设计。印发《建设文化标识　推进文旅融合行动计划（2021—2025）》，明确建设文化标识的总体目标、遴选程序、建设方法和考核要求。开展首批文化标识的遴选和申报工作。截至年底，全省遴选确定首批文化标识建设项目 100 项，涉及二级建设任务 1799 项，绩效考核点 3780 个，预计投入项目资金 1260 亿元。启动宋韵文化标识建设工作。根据省委宣传部要求，开展省级文化和旅游系统宋韵文化建设成果和工作计划调研，制订《浙江省文化和旅游厅打造千年宋韵标识　实施宋韵文化传世工程工作方案》，启动全省宋

韵文化和旅游资源普查。

完成"传承发展浙江优秀传统文化行动计划"项目库调整工作,完成总投资额的 75% 以上。配合做好省政府督查激励工作,嘉兴市、东阳市、绍兴市柯城区被列为省政府督查激励对象。

(孙诗颖、韩　昱)

图书馆事业

【概况】　2021 年,浙江省有县(市、区)以上公共图书馆 102 座,其中省级图书馆 1 座、市级图书馆 11 座、县(市、区)级图书馆 90 座。全省公共图书馆馆舍面积 156.19 万平方米,阅览座席 9.79 万个。文献总量 10619.24 万册(件),实际持证读者数量 793.08 万张,全年外借实体文献 7398.95 万册,图书馆网站访问量 21191.54 万人次,总流通人数 10998.79 万人次,读者活动次数 2.26 万场次,参加活动 1231.81 万人次。

【服务体系建设】　浙江图书馆持续推动全省公共图书馆服务大提升工作,召开服务大提升工作阶段性成果发布会、全省市级馆长联席会议暨服务大提升工作部署现场会及服务大提升工作协调推进会,开展工作部署、协调和推进。

不断完善基层图书馆体系建设,新建各类主题图书馆、城市书房等 273 家,超过 60% 村级基层综合文化中心、农村文化礼堂纳入图书馆业务管理。全面推进"满意图书馆"建设,全省 96 家县级以上公共图书馆达到"满意图书馆"服务标准。推进全省文献通借通还系统建设工作,发布《浙江省公共图书馆文献通借通还服务规则》《浙江省公共图书馆通借通还文献赔偿规定》,全省县级以上公共图书馆实现纸质文献通借通还。温州市图书馆进一步推进地区"馆校通"工程,新增 10 家校园分馆纳入通借通还体系。嘉兴图书馆对全市的乡镇(街道)分馆进行升级改造,实现乡镇(街道)城市书房全覆盖。宁波图书馆启动红色主题馆系列建设计划,在张人亚党章学堂等地方建立红色主题馆 3 座。

【图书馆基础设施建设】　浙江图书馆之江新馆土建工程顺利结顶,嘉业藏书楼修缮工程通过整体验收。4 月,湖州市吴兴区图书馆开放运行,总建筑面积 12000 平方米;湖州市南浔区图书馆新馆主体建筑完工。7 月,金华市政府常务会议通过金华市图书馆新馆建设方案,确定新馆选址。9 月,嘉兴市秀洲区图书馆和杭州建德市图书馆新馆正式开馆。杭州图书馆开辟亚运元素特色阅读空间,融入展示、体验、互动、阅读等功能,以打造主题公共文化空间的方式助力城市大型国际赛事。

【图书馆信息服务】　浙江图书馆为省委、省政府、省人大、省政协开展信息服务,编发《时事观察》《文旅快讯》《文旅纵览》等信息刊物,《文旅纵览》作为固定信息产品每月印发给文化和旅游部、省领导班子、省委宣传部、省文化和旅游厅下属单位和各市文化广电旅游局。嘉兴市图书馆为科技人员和企业提供专题咨询和情报分析服务,编印信息刊物《政策法规浏览》《行业监测快报》。绍兴图书馆、舟山市图书馆等市、县图书馆积极参与"两会"信息服务工作,舟山市图书馆编制了"两会"专题《后疫情时代舟山旅游业发展变局》。

【读者服务】　全省市级以上公共图书馆"一键借阅"入驻"浙里办"平台,实现长三角地区社保卡"一卡通",实现身份证、市民卡、社保卡等多途径注册服务。浙江图书馆在全省的"信阅"线下书店服务点增至 32 家,涵盖舟山、金华、台州、衢州、丽水 5 个地区;以"信阅"服务为载体开通文化援疆服务,新疆阿克苏阿拉尔地区读者可享受免邮借阅"信阅"平台上百万册馆藏图书。台州市图书馆开发"户外不下车还书系统",建成融合车辆感应、视觉 AI 识别、RFID(射频识别)等技术的自助还书平台,打造疫情之下"无接触"还书新模式。温州市图书馆全面升级"书香门递"服务,通过与新华书店合作丰富新书比重、增加少儿图书分类、疫情期间提供"免单借阅"等服务,让读者足不出户即可阅读好书。

【阅读推广活动】　全省各级公共图书馆围绕建党 100 周年,立足公共文化服务阵地开展各项文化活动。浙江图书馆以"百年党史　百年经典"为主题,引领全省公共图书馆开展全民读书月活动近 6000 场;联动长三角地区 180 余家公共图书馆举办"长三角阅读马拉松",浙江赛区有 69 家图书馆 2150 名读者参加;加强"天籁浙江""阅读锦鲤""布可读书""宋韵文化""红色阅读"等新品牌推广力度，多渠道开展文化活动。嘉兴市图书馆与上海图书馆（上海科学技术情报研究所）牵头，联合首都图书馆、南昌市图书馆、遵义市图书馆等 10 多家党史重要节点城市公共图书馆，策划开展"重温革命之路　点亮阅读星火"建党百年红色阅读系列活动，在全国范围形成了红色阅读文化活动的热潮。丽水市图书馆服务品牌"我陪你读"——陪伴留守儿童阅读成长公益行活动入选浙江省未成年人思想道德建设十件实事。台州市图书馆全生命周期阅读服务体系入围首批浙江省公共文化服务现代化领航项目。

【特殊群体服务】　全省各级公共图书馆加强对特殊读者群体的服务，按照服务大提升行动要求完善馆内盲道、无障碍停车位、轮椅等无障碍设施标准化建设。浙江图书馆面向特殊人群开展针对性服务活动，推出全新"乐龄 e＋""常青 E 学习"等服务，以手把手教学、定制内容、上门服务等形式，帮助老年人体验信息服务和智能技术。聚焦青少年阅读，与社会组织共建校园基地、少儿分馆、乡村书屋等馆外服务点。在外来务工人员较为集中的馆外服务点开展阅读推广活动。杭州图书馆和绍兴图书馆在"一键借阅"网上一体化服务平台应用上进行了适老化版本开发，为老年人网上借阅提供便利服务。宁波图书馆与市残联、市盲人协会合作参与中国盲文图书馆主办的视障读者红色经典诵读比赛活动，在第 30 个"国际残疾人日"主办"健康路上　甬图同行"主题活动。

【少儿服务】　浙江图书馆联合全省各级公共图书馆举办第十七届浙江省未成年人读书节，围绕"品读红色经典　漫话红色精神"主题，开展青少年漫画大赛，通过引导青少年阅读红色主题相关书籍及影像，走读红色革命基地（纪念馆、景区等），激发青少年以漫画的形式开展红色主题创作，全省 89 家公共图书馆围绕主题开展各类活动近 5000 场，参与人次达 300 多万。温州市图书馆组织承办 2021 全国少年儿童系列活动"魅丽声音之寻找家乡的红色印记"少儿音频大赛，推出"馆员进课堂"活动，探索建立"双减"政策下的馆校合作机制。

【古籍与地方文献工作】　浙江图书馆依托全省文献资源共建共享平台，开展地方文献和古籍数字化工作，对全省古籍修复、保护、数字化等工作提供技术和人才指导。杭州图书馆配合国家版本馆杭州分馆建设工作，完成版本资源的征集，累计清点上交版本资源 3419 件。宁波市鄞州区图书馆参加 2018 年度国家社会科学基金重大项目《1949 年以来中国家谱总目》，进行家谱联合编目系统家谱平台著录，已有 6 套家谱录入家谱联合编目系统。平湖市图书馆对馆藏民国平湖报纸进行数字化，建立民国平湖报纸数据库，获评浙江省社科普及创新项目。舟山市图书馆组建舟山家谱研究中心专家团队，并与浙江国际海运职业技术学院图书馆共建舟山地方文献研究中心专家团队，完善舟山市地方文献联络员队伍。

【公共数字文化与数字资源建设】　浙江图书馆牵头全省各级公共图书馆共同建设浙江省文献信息资源共建共享平台，整合全省县级以上公共图书馆馆藏书目数据 2730 余万条，搭建浙江省历史文献数字资源总库和浙江省新编地方志两个模块，实现全省公共图书馆数字资源的整合与共享，提供 30 多个中外文数据库供全省读者免费使用，除提供文献服务外，平台还设置了数字展厅、阅读活动联合服务、文化活动在线直播等功能。推进国家发展中心项目建设，完成《山水故园——浙江古村落》（二期）、《丝路浙江》、《薪火相传·越地拾遗》等 3 个专题片制作。台州市公共图书馆全部完成新型基层公共电子阅览室建设，推广扫码读书、有声听书，打造终生学习新场景，推出"和合 e 书吧""e 书一键借阅"等数字化应用场景。绍兴图书馆牵头建成绍兴市数字资源共建共享平台，各县（市、区）公共图书馆加入数字资源统筹采购体系，实现绍兴地区信息共享。

【国内外交流合作】　浙江图书馆以"线上＋小规模线下"形式承办第四届中国与阿拉伯国家图书馆及信息领域专家会议、首届丝绸之路国际图书馆联盟大会。与国际图书馆协会联合会（IFLA，以下简称国际图联）和联机计算机图书馆中心（OCLC）对接工作，参加新任国际图联主席一对一交流视频会议、年度国际图联世界图书馆和信息大会（WLIC）线上会议、"2021 领导人对话"论坛公共图书馆专场等多个线上会议。参与国际图联治理改革和 2021

年度选举工作,1人当选大都市图书馆工作组常委。上线浙江图书馆新版英文网站,全面呈现浙江省公共图书馆风貌。杭州图书馆举办第二届中国-中东欧国家图书馆联盟馆长论坛线上会议,并在第86届国际国联世界图书馆和信息大会上分享了"杭州图书馆参与绿色实践的独特路径"。宁波图书馆入围国际国联公共图书馆奖。温州图书馆的"漫画温图"项目被国际国联评为十个最具创新与创造力的项目之一。10月,由中国图书馆学会主办,中国图书馆学会阅读推广委员会、宁波图书馆承办的2021年"书香社区"论坛举行。绍兴图书馆的"阳明文化"巡讲巡展相继在江苏扬州、无锡、淮安,福建上杭、漳州,陕西渭南及浙江海盐等7个城市举办活动13场次,参与人次达5.5万。

【区域联盟合作】 浙江图书馆积极参与长三角公共图书馆智库服务联盟"两会"信息参阅编辑工作,编撰"碳中和,开启未来新发展"专题。加强长三角地区阅读活动交流协作,联合开展"上图讲座"系列巡展、"澄怀观道——宋代生活美学展"巡展活动等。长三角有声阅读联盟吸纳宁波地区11个市、县图书馆为新成员单位,发布长三角有声阅读联盟倡议书。嘉善县图书馆作为长三角一体化示范区于5月底实现了三代社保卡在青浦、吴江、嘉善3地的通借通还。温州市图书馆开通城市书房合作共享机制专题网站,联合全国各地成立的"全国城市书房联盟机制",已发展110个成员城市、1480家城市书房,6月联动全国102座城市近2000家

城市书房举办"百座城市 千家书房 全国城市书房线上百年党史知识竞答"活动。杭州、绍兴、开封3地图书馆在第六届"两宋论坛"开幕式上签约战略合作协议,促进3地图书馆读者服务、文献信息开发、古籍保护、地方文献等方面的合作交流。

【学术研究】 浙江图书馆完成《浙江图书馆"十四五"发展规划》编制及国家图书馆、中国图书馆学会"全国公共图书馆事业发展战略研究"子课题"公共图书馆事业发展环境及趋势"的后续研究工作。完成12期《图书馆研究与工作》的编辑出版,策划国外图书馆馆长访谈系列、浙图学人系列、社会记忆研究专题、图书馆发展趋势等多个专栏,持续聚焦图情领域发展前沿动态。杭州图书馆"以微服务架构实现公共图书馆线上服务模式的创新与实践"课题入选国家文化和旅游科技创新工程定向推荐项目。宁波市鄞州区图书馆"爱心漂流书库"案例入选全国图书馆扶贫案例集。温州市图书馆牵头联合洛阳市图书馆、重庆市渝北区图书馆等共同起草的行业标准《公共图书馆馆外服务场所服务规范》获文化和旅游部批准立项。乐清市图书馆"读万卷书 行万里路"国家级文旅融合试点项目通过验收。

【志愿者服务】 浙江图书馆进一步完善志愿服务制度建设,修订《浙江图书馆文化志愿服务管理规范》。联合蚂蚁公益持续开展志愿服务。文澜朗诵团志愿服务项目被列为浙江省文化和旅游系统优秀志愿服务项目。盲人阅读

项目"触摸天堂"获中国盲文图书馆首届文化助盲志愿服务项目专赛一等奖。全省各地区图书馆均与当地学校、社团、公益组织、企事业单位等签订长期志愿服务协议,开展志愿服务活动。杭州图书馆与在杭13所高校签订志愿者实践基地合作协议,以团队的形式配合图书馆对外服务部门开展日常管理、系列品牌活动等志愿服务。

(王芊予)

科技与教育

【概况】 2021年,科技与教育工作聚焦落实"双减"抓实机构管理,聚焦创新突破抓科技科研,聚焦"双高"建设抓办学治校,聚焦"数出一门"抓统计改革,各项业务工作取得新的进展和成效,为高质量发展建设共同富裕示范区,打造"重要窗口"文旅标志性成果做出了应有贡献。

【"双减"工作扎实推进】 健全工作机制。第一时间组建省文化和旅游厅"双减"工作专班,形成厅主要负责人担任组长,分管负责人担任副组长,各协调小组定期会商、分头实施、齐头并进的工作机制;组建非学科类校外培训机构准入指引制订小组,牵头省教育厅、省科技厅、省市场监督管理局、省体育局统一推进起草工作。提高思想认识。组织召开省、市、县3级文化和旅游系统约470人参加的电视电话会议,深刻领会"双减"工作的重大意义,分析厘清文旅部门角色定位和工作职责,深入理解学习文化艺术类校

外培训机构管理的法律法规依据、准入设施条件和审批登记流程。摸清核实家底。第一时间制定排查方案，摸清全省文化艺术类校外培训机构底数，明确排查目标、范围、要求和时间安排，积极与省教育厅、省市场监督管理局、省民政厅协调，获取在册登记机构名录，提高摸排准确性和精确度。全省共有文化艺术类培训机构18142家。完成标准起草。第一时间从省文化和旅游厅属院校、社会艺术考级培训机构抽调专业老师，制订调查问卷，深入走访调研，创新性开展文化艺术类校外培训机构准入指引研制，也为兄弟厅局提供参考。起草过程中组织专门力量调研，多层面开展座谈，征求各方意见，完成社会风险评估、合法性审查，并于2022年1月与省教育厅联合正式印发。

【科技创新提能增效】　项目中签率纵向领跑。2021年度国家文化和旅游科技创新工程项目入选9个，其中定向推荐项目独占2个，立项总数、定向推荐单项入选数量均居全国第一；第三批文化和旅游部重点实验室全国共18家，浙江独占2家，入选数量并列全国第一；国家社会科学基金艺术学重大项目3个立项，2021年度全国艺术科学规划项目19个立项，立项数量居全国第四；推荐上报优秀科研成果和优秀科研实践案例，入选优秀科研成果1项、优秀科研实践案例1项。部门协同度横向拓边。重新梳理与省科技厅的全面合作，开展省科技厅"十四五"重大文旅科技需求征集，《历史地理环境复原重建关键技术研究与应用示范》入选省科

技厅2022年度社发领域重点研发计划项目指南。积极对接省社科联，在省社科规划课题对策研究类项目中增设1项"文化和旅游领域问题研究"类目，含"文旅与科技融合发展研究""浙江省新时代乡村文旅运营专题研究"等5个具体研究方向，面向社会发布并配合省社科联完成立项申报、资格审核、项目评审等具体工作。科研创新持续突破。实施浙江省文化和旅游科技创新示范项目推荐工作，择优遴选产生孵化和培育项目12个。明确浙江省文化和旅游发展研究院为厅级科研与创作管理项目日常工作承担部门，为厅级项目日常工作提供有效的体制保障。从严完成第一批13项2020—2021年度厅级科研与创作项目结项评审工作，结项率84.6%。启动2021—2022年度厅级科研与创作项目立项工作，收到申报项目200多项。

【办学治校水平稳步提升】　"高水平一流"和"双高"建设呈现新局面。浙江旅游职业学院承办的第四届全省大学生乡村振兴创意大赛，浙江艺术职业学院承办的全国职业院校技能大赛艺术专业技能选拔赛、长三角戏曲产教联盟成立大会等赛事活动圆满举行；推选省内72件作品参加文化和旅游部第七届全国青少年民族器乐教育教学成果展示选拔，13个项目入选全国文化艺术职业教育和旅游职业教育提质培优行动计划，数量居全国第一。文旅教育培养体系逐步建立。探索一体化、专业化、多样化的文旅人才培养体系，指导浙江旅游职业学院与省内30所中职校联合中高职

一体化人才培养，秋季共招收五年一贯制学生1300多名；指导浙江艺术职业学院开展多种学制的艺术人才培养体系，与杭州越剧院、余姚姚剧传承保护中心联合举办订单班，招收定向培养学生41名。厅校、馆校合作取得新突破。深化与高水平大学合作，积极推动合作项目落地，与浙江外国语学院签订战略合作协议，合作成立文化和旅游学院；指导中国丝绸博物馆与浙江理工大学共建国际丝绸学院，2021年计划培养硕士研究生20名、博士研究生1名；指导浙江美术馆与浙江师范大学美术学院签署馆校合作协议，与中国美术学院艺术管理与教育学院在前期基础上深化战略合作，就联合培养硕士研究生发布招生简章。

【文旅统计改革迈出坚实步伐】体制机制持续深化。规范全省旅游测算，修订完成《浙江省旅游统计调查制度》，重点修订浙江省接待国内游客抽样调查方案和浙江省乡村旅游统计调查方案。加强统计结果运用，全面建立以各市、县为核算体系的旅游产业占GDP比重的晾晒制度，完成2020年度全省、11个设区市和90个县（市、区）全域旅游产业测算。组建文化和旅游数据技术创新中心，深化统计数字赋能，开展大数据旅游统计应用试点，试行分行业分业态统计。"数出一门"取得突破。梳理各条线厅级以上在用数据平台29个，厘清数据指标、字段2000余个。建立数据质量评估机制，数据质量按照"高、中、低"3个等级取舍使用。搭建统一数据库和展示"驾驶舱"，实现

数据"数出一门、一数一源、一数多用"。建立数据质量标准体系,规范数据生产流程,解决数据采集重复建设问题。文旅融合深入推进。发布省、市文化和旅游融合发展综合评价指数,反映文化和旅游融合发展态势。完成全省、各设区市文化和旅游融合发展综合评价指数测算和《浙江省文化和旅游产业融合发展评价研究报告》。发布2019年全省及各设区市文化和旅游融合发展综合评价指数。

【网络安全基础夯实筑强】 以强化建党百年重要时段网络安全保护工作为核心,网络安全管理工作稳步推进。按要求开展电子政务外网隐患自查自纠。在省公安厅指导下,深入查找省级文化和旅游系统各单位信息系统风险,修补完成14项安全漏洞。结合建党百年重要时点,分4个步骤精心策划开展省级文化和旅游系统网络安全攻防演练活动,演练成果面向全省文化和旅游系统共享,全省各级安全防护水平有效提升。加强建党百年重要时段值班值守,切实落实7×24小时实时检测机制和网络安全事件"零报告"制度。举办全省文化和旅游系统网络安全工作培训班,全面提升网络安全工作人员专业素养。着眼于强化服务和监管职能,出台《关于进一步加强省级文化和旅游系统网络安全管理工作的方案》,明确2021年为整治年,2022年为提升年,分别从开展网络安全知识宣传、全面摸排网络信息资产、建立前置审批制度、设立首席网络安全官、严格网络安全等级保护、实行网络安全风险

实时监测预警、迭代升级管理平台等7个方面明确了整治提升路径,从明晰领导小组职责、开展工作考核、强化责任追究和人力财力保障等4个方面强化了组织保障力度。扎实做好全省文化和旅游系统网络安全管理工作平台迭代升级相关工作。按照省大数据局的有关要求,全面摸清省级文化和旅游系统信息系统等级保护工作要求落实情况,建立未落实到位负面清单,明确整改工作主体责任。

【文旅人才专业化建设扎实推进】 立足供给侧发力优化送教下乡课程设置。对送教下乡课程进行优化调整,设置"党史学习+红色旅游""乡村文旅品质提升"等六大专题,课程菜单数量增至34门,类目更细,实际指导性更强。全省共开展培训100余场次,培训超1万人次。立足规范性提升强化考级机构监管。扎实推进社会艺术水平考级机构管理,起草下发进一步规范社会艺术水平考级文件,强化对全省9家考级机构的业务指导、评估、监管和服务。立足培训能力提升加强基地管理。认真落实文化和旅游部人事司关于培训基地的工作要求,重点抓好3家依托单位业务干部学习培训,指导3家依托单位按季度做好内训计划制定、组织实施和内训总结工作。按要求做好系统3家依托单位及浙江大学培训工作年度考核工作。3家依托单位共25名业务骨干参加文化和旅游部培训管理者专题培训。向文化和旅游部人事司推荐新增湖州乡村文旅院为浙江基地依托单位。立足旅游领域人才培养,组

织好导游考试相关工作。严格落实文化和旅游部关于疫情常态化管控要求,做好导游考试相关筹备工作。

(郑 妮)

非物质文化遗产保护

【概况】 2021年,浙江深入学习贯彻习近平总书记关于非遗保护的重要指示精神,认真贯彻"保护为主、抢救第一、合理利用、传承发展"的工作方针,着力构建非遗保护传承体系,不断提升全省非遗保护发展水平,积极为高质量发展建设共同富裕示范区贡献非遗力量。截至年底,全省有国家级非遗代表性项目241项、国家级非遗代表性传承人196名,省级非遗代表性项目886项、省级非遗代表性传承人1441名。

【申遗工作高质量完成】 "中国传统制茶技艺及其相关习俗"为我国新一轮申报联合国"人类非物质文化遗产代表作名录"的项目,文化和旅游部确定浙江省牵头,由浙江省文化和旅游厅联系相关14省,负责申报文本、图片、视频和社区知情同意书等材料的制作。文本撰写4万字,共修改32稿;梳理各省社区知情同意书216份,经过6轮修改,定稿83份;拍摄并收集视频素材3957段2159G、1828张图片,精心制作10分钟申报片,遴选确定10张代表性图片;精准翻译2万多字的申报文本,3万多字的知情同意书、1万多字的辅助材料及视频解说词和图片说明。申报材料经文化和旅游部审核,于3月31日正

式递交联合国教科文组织。组织茶非遗项目保护工作组赴福建等地调研,制订该项目数字化共建共享系统方案;指导省内 6 个国家级茶非遗项目深化保护工作。

【项目保护成果丰硕】　国务院公布第五批国家级非遗代表性项目名录,浙江入选 24 项,数量居全国第一,实现国遗项目申报"五连冠"。按联合国教科文组织要求,完成亟须保护的非遗名录项目"中国木拱桥传统营造技艺"浙江履约报告。组织开展第六批省级非遗代表性传承人申报认定工作,评审通过 226 名省级传承人。开展第六批(2020 年度)、第七批(2021 年度)国家级非遗代表性传承人记录工作,做好 2019 年支持项目通查验收工作。

【工作机制建设不断加强】　落实中共中央办公厅、国务院办公厅《关于进一步加强非物质文化遗产保护工作的意见》,研究制订我省实施意见。制定发布《浙江省非物质文化遗产保护发展"十四五"规划》,明确提出"十四五"时期浙江非遗保护发展的指导思想、基本原则、发展目标、主要任务和保障措施,推进非遗强省建设。出台《浙江省非物质文化遗产馆(传习体验场所)服务大提升行动方案(2021—2022 年)》。开展民间文学、传统音乐、传统舞蹈、传统戏剧、曲艺、传统体育、游艺与竞技、民俗 7 类省级非遗项目和非遗传承人评估工作。推进大运河非遗保护传承利用协同机制建设,协助文化和旅游部非遗司制订《2021 年大运河非遗保护行动计划》。发布 2020 年度全省各

市、县(市、区)非遗保护发展指数评估数据。文化和旅游部非遗司委托课题"非遗馆建设与服务标准研究"顺利结题。

【非遗传播交流广泛开展】　组织开展 2021 年"文化和自然遗产日"非遗宣传展示活动。围绕"人民的非遗　人民共享"主题,组织开展 2021 年"文化和自然遗产日"非遗宣传展示活动。全省现场参与遗产日活动的群众达 100 余万人次,线上"云直播""云观展"参与人数 2000 余万人次。在嘉善县举行省主场城市系列活动开幕式暨"唱支歌儿给党听"非遗民歌主题展演,直播观看人数达326.5 万人次。开展《中华人民共和国非物质文化遗产法》颁布实施 10 周年宣传活动。以线上线下相结合形式举办以"共享非遗　共同富裕"为主题的第十三届浙江·中国非遗博览会(杭州工艺周),包括薪传奖传统工艺(陶瓷工艺)大展、国家级非遗代表性传承人(陶瓷工艺)邀请展、非遗进校园成果展、非遗助力乡村振兴案例展、第三批浙江省优秀非遗旅游商品展、"非遗淘淘乐"文化市集、第六届"大匠至心"非遗传承发展杭州沙龙等活动。举办以"百年遇鉴"为主题的第16 届中国义乌文化和旅游产品交易博览会非遗生活馆,整合国内外创意设计及高校优质资源,携手多方力量呈现非遗保护成果,促进非遗融入现代生活。由浙江省人民政府主办的辛丑(2021)年中国仙都祭祀轩辕黄帝大典举行。以线上展播形式举办第四届全国曲艺传承发展论坛及交流展演活动,来自 7 个省(区、市)19

个曲种的 150 多位传承人携 3 台共 29 个优秀节目参加。举办"红色光辉照我心"全省非遗摄影摄像比赛,780 余件作品参赛。线上举办"浙江好腔调"全省传统戏剧展演系列活动,邀请 5 位曾获梅花奖、2 位曾获白玉兰奖的非遗传承人参演,58 个传统戏剧类非遗项目精彩亮相。配合中央对外联络部和浙江省委共同主办的"中国共产党的故事——习近平新时代中国特色社会主义思想在浙江的实践"专题宣介会,举办"文脉咏传"浙江非遗主题展。205 件作品入选"百年百艺·薪火相传"中国传统工艺邀请展,6 件作品列入重点推介展品,数量居全国前列。组织参加"文化进万家——视频直播家乡年"活动、第四届中国国际进口博览会浙江省人文交流活动非遗展示、对口援疆 19 省市非遗展、大运河文化带城市非遗展、长三角城市非遗特展、中国农民丰收节主场活动非遗展示、第五届中国非遗传统技艺大展、中国大运河非遗旅游大会"非遗大集"等。线上线下相结合,举办第四届"少年非遗说"浙江传说故事讲述大赛,各地选拔报名人数达 11618 人。举办第二届浙江非遗读书周活动。组织赴四川省阿坝藏族羌族自治州开展"非遗走亲"工作交流。举办专题培训班,启动第五批国家级非遗项目丛书编纂工作。

【"非遗+"成效日益显现】　非遗经济效益显著。举办"非遗购物节",全省 215 家已开设网店的非遗企业、6483 种非遗商品在阿里巴巴、京东等电商平台开展线上销售活动。继续推出"非遗购物

节·浙江消费季"商品推介平台，全省401家非遗商户、822个非遗商品参与。据统计，5月25日至6月18日期间，全省参与商品82749种，实现销售额104111余万元，其中线上销售额92710余万元、线下实体店销售额11401余万元。

文旅融合不断深化。评审公布第三批优秀非遗旅游商品100项。杭州市开展首批非遗主题旅游线路征选体验活动。宁波市5家单位获批该市首批以非遗为主题的中小学生研学实践教育基地。金华市策划举办"婺风遗韵·一梦归婺州"悦夜之旅，打造非遗夜游模式。衢州市举办"非遗文创发布"活动，发布开化香火草龙灯、香火草龙玩偶及目连戏玩偶等非遗代表性作品，推动"非遗＋潮玩"。

非遗数字化改革积极推进。配合做好"智慧文化云""数字驾驶舱"等建设。推进省非遗保护信息化平台内容建设，完善平台功能架构，优化相关栏目，增加保护单位库、非遗商户库、非遗商品库等栏目，增加图档数据172000余条，影像数据1800余条。推进省非遗网络传习所建设，完成系统开发，上线传承人教学课件407种。完成"浙江非遗GO"系统初步开发，内容包括舌尖非遗、乐享非遗、乐淘非遗、乐游非遗等栏目。

探索"非遗＋金融"新模式。联合中国建设银行浙江省分行推出"遇'建'非遗"——浙江建行非遗专项服务品牌，发布"非遗薪传贷"专属产品，赋能非遗保护传承。

【创建工作推进有力有效】 加快推进省级文化传承生态保护区建设，指导17家创建地区进一步明确创建目标方向和路径，加强组织领导，制订总体规划和管理办法，着力解决要素保障；搭建平台，推动生态区创建地和相关高校、研究机构建立合作关系，共同建设传统工艺工作站；先后在金华、杭州召开全省创建会商活动；在浙江省非遗网、浙江非遗微信公众号开辟创建工作专栏，展示宣传各地创建进展情况。开展中期评估工作，以评促建。海洋渔文化（象山）生态保护区入选首批国家级文化生态保护区，正式颁牌。开展越剧文化（嵊州）生态保护区申报国家级文化生态保护区相关工作。

指导温州市推进"非遗在社区"全国试点工作，超额建成50个"非遗在社区"示范点，着力打响"瓯越非遗百家坊"品牌；做好文化和旅游部非遗司"非遗在社区"全国工作经验交流活动筹备工作。开展省级非遗曲艺书场试点调研。组织开展第六批省级非遗旅游景区申报工作。温州市制订《非物质文化遗产体验基地建设与服务规范》《非物质文化遗产特色民宿要求与评价》，绍兴市出台《非遗研学游基地认定要求》《非遗形象门店管理规范》等地方标准。

链接：

2021年浙江非遗
保护10件大事

1. 国家级非遗代表性项目申报实现"五连冠"

国务院公布第五批国家级非遗代表性项目名录，浙江入选24项，数量居全国第一。这是继2006年国务院公布第一批国家级非遗名录以来，我省连续5次入选项目数量保持全国第一，实现了国遗项目申报"五连冠"。

2. 制定发布《浙江省非物质文化遗产保护发展"十四五"规划》

《浙江省非物质文化遗产保护发展"十四五"规划》分析了"十三五"期间浙江非遗保护的发展现状、面临的机遇与挑战，明确了"十四五"时期浙江非遗保护发展的指导思想、基本原则、发展目标，提出了7项主要任务和4方面保障措施。

3. 第六批省级非遗代表性传承人名单公布

为加强全省非物质文化遗产传承人队伍建设，组织开展第六批省级非遗代表性传承人推荐申报，经评审，226人被确定为第六批省级非遗代表性传承人，至此，全省共有省级非遗代表性传承人1441名。

4. 辛丑（2021）年中国仙都祭祀轩辕黄帝大典举办

7月，中国仙都祭祀轩辕黄帝大典主办单位变更为浙江省人民政府。10月14日（重阳节），以"四海同心祭始祖，共同富裕启华章"为主题的辛丑（2021）年中国仙都祭祀轩辕黄帝大典在缙云举行。

5. 2021年"文化和自然遗产日"浙江省非遗宣传展示活动影响广泛

围绕"人民的非遗 人民共享"主题，以线上线下相结合的方式集中组织开展297项"文化和自然遗产日"非遗宣传展示活动。浙江省主场城市系列活动在嘉善举行，开幕式直播观看人数共计326.5万人次。组织参加非遗购物节，举办"非遗购物节·浙江消费季"商品推介活动,实现销售额104111万余元。

6. 省级文化传承生态保护区创建工作有序推进

省级文化传承生态保护区建设加快推进,各创建地区进一步明确创建目标方向和路径,制订总体规划和管理办法,推动生态区创建地和相关高校、研究机构建立合作关系,共同建设传统工艺工作站。先后在金华、杭州召开全省创建会商活动,组织开展中期评估工作。

7. 组织举办"百年百艺"庆祝建党100周年浙江非遗展示展演系列活动

为庆祝中国共产党成立100周年,以"百年百艺"为主题,组织举办"红色非遗伴我行"全省非遗旅游商品评选、"红色光辉照我心"全省非遗摄影摄像比赛、"唱支歌儿给党听"全省非遗民歌展演、"百年传承谱新篇"全国曲艺展演、"百年百艺经典传"全国非遗系列展览、"百花齐放心向党"全省传统戏剧展演、第四届"少年非遗说"浙江传说故事讲述大赛等系列展示展演活动,取得了良好成效。

8. 举办第十三届浙江·中国非遗博览会(杭州工艺周)和第16届中国义乌文化和旅游产品交易博览会非遗生活馆

以线上线下相结合形式,举办以"共享非遗　共同富裕"为主题的第十三届浙江·中国非遗博览会(杭州工艺周),包括薪传奖传统工艺(陶瓷工艺)大展、国家级非遗代表性传承人(陶瓷工艺)邀请展、非遗助力乡村振兴案例展、第六届"大匠至心"非遗传承发展杭州沙龙等活动。举办以

"百年遇鉴"为主题的第16届中国义乌文化和旅游产品交易博览会非遗生活馆,围绕"呈现百年匠心""记录百年传承""见证百年创新"3个板块,依托浙江省代表性非遗项目及衍生品,整合国内外创意设计及高校优质资源,推出系列专题展和研讨活动,促进非遗融入现代生活,提振文旅消费。

9. 浙江205件作品精彩亮相"百年百艺·薪火相传"中国传统工艺邀请展

为庆祝中国共产党成立100周年,传承弘扬优秀传统文化,全面展示中国传统工艺振兴成果,6月12日至7月11日,文化和旅游部、上海市人民政府在上海主办"百年百艺·薪火相传"中国传统工艺邀请展,浙江205件作品入选,数量居全国前列。

10. 非遗数字化改革有力推进

积极推进非遗数字化改革,赋能非遗保护发展。夯实数字资源基础,设立全省非遗保护工作体系指标80余个;深化非遗网络传习所建设,上线传承人教学课件407种;打造"浙江非遗GO"公众一站式体验数字化传承传播平台。

(薛　建)

资源开发

【概况】　2021年,资源开发工作围绕中心、服务大局,聚焦共同富裕和"重要窗口"打造,深入贯彻落实"十四五"规划,紧紧围绕现代化旅游经济强省目标,系统推进十大行动,各项工作推进有力。

【全域旅游工作】　加快推动全域旅游3.0发展,不断打响浙江全域旅游品牌。全年共认定杭州市余杭区等省级全域旅游示范县(市、区)29家,覆盖率达60%。3家单位获评首批全国旅游休闲街区,数量位居全国第一。加快景区度假区发展,编制《浙江省5A级旅游景区、国家级旅游度假区培育管理意见》,认定浙江美术馆等国家4A级旅游景区11家,其中文化场馆景区6家,富春江湾等6家通过4A级景区景观质量评价。报请省政府设立衢州灵鹫山等5家省级旅游度假区、撤销遂昌金矿等3家省级旅游度假区,批复泰顺廊桥-氡泉等3个总体规划。持续推进"百千万工程",研究制定景区村庄2.0建设指南,全年认定宁波市奉化区等4A级景区城7家,A级景区城覆盖率达70%;嵊泗县花鸟乡等5A级景区镇4家,景区镇覆盖率达56.7%。省文化和旅游厅获评2021年度全省美丽城镇建设成绩突出集体。在2021中国县域旅游综合竞争力百强县市中,浙江37家入选,占比近三成,连续3年第一。

【"微改造、精提升"工作】　深入贯彻落实省政府领导关于"以'微改造、精提升'行动为主抓手"的指示精神,联合省发改委、省财政厅、省自然资源厅、省建设厅和省农业农村厅等5厅局共同印发《浙江省旅游业"微改造、精提升"五年行动计划(2021—2025年)》,全面实施"微改造、精提升"五年行动。抓好建章立制,研究制定《浙江省旅游业"微改造、精提升"推进办法》《浙江省旅游业

"微改造、精提升"工作评价细则（试行）》，推出2个试点市、31个试点县（市、区）和133个单项试点。优化监督指导，实现微改造项目线上全生命周期监管，组建督察员、指导员队伍开展线下服务，并通报每月工作进展和排名情况。强化要素保障，联合省农信联社设立总额度1000亿元的"微改易贷"。深化宣传推广，对接浙江日报社设立"微改造、精提升"宣传专栏。

【区域合作工作】 山区26县旅游业跨越式发展。联合省发改委、省财政厅、省自然资源厅、省建设厅和省农业农村厅等5厅局共同印发《关于加快推动山区26县旅游业高质量发展的意见》，对接省自然资源厅共争取每年1000亩的专项建设用地指标。研究制定《山区26县旅游业高质量发展实绩评价细则（试行）》，汇编山区26县旅游业高质量发展行动方案，全面推动旅游助力山区26县发展。推进厅、市合作共建，加快107张文旅"金名片"培育打造。指导浙皖闽赣（衢黄南饶）合作区召开"联盟花园"第一次会议暨签约仪式，并组建衢黄南饶联盟花园有限公司，推动"95联盟大道"建设。

【红色旅游工作】 立足建党百年大庆，围绕"四史"学习教育，守好红色根脉，谱写了红色旅游发展新篇章。提升影响力。举办"红色根脉　红动浙江"系列红色主题活动，包括文化和旅游部"百名红色讲解员讲百年党史"宣讲活动首站走进浙江、"百年百景　先锋领跑"长三角文化和旅游系统党史学习教育、千万游客寻访百年百景、红色根脉经典旅游线路首游活动、"薪火相传跟党走"百万亲子家庭寻访红色根脉活动、全国大学生红色旅游创意策划大赛、全国红色旅游创意产品和红色旅游演艺创新成果展示活动、"从'浙'里看百年——百所高校百件大学生多媒体作品展"等活动，共吸引20余家中央和省级主流媒体、50余家地方媒体报道，累计阅读量近250万次，网络直播累计访问量近700万次。推出精品游线。全年共推出红色主题经典线路数十条，其中4条红色线路入选全国建党百年红色旅游百条精品线路，数量位居全国第一。编印《红色根脉　红动浙江》宣传画册。打造红色阵地。认定第五批浙江省红色旅游教育基地6家。举办浙江红色讲解员大赛，选拔红色故事金牌讲解员30名，其中专业组、志愿组、少年组各10名，省文化和旅游厅获评中共中央宣传部、文化和旅游部第二届全国红色故事讲解员大赛优秀组织单位。

【乡村旅游工作】 创建走在前列。安吉余村入选联合国世界旅游组织首届世界最佳旅游乡村，实现中国"零的突破"，典型案例在全国乡村旅游现场会推广交流。7地入选全国乡村旅游重点村，4地入选全国乡村旅游重点镇，累计共47个村入选全国乡村旅游重点村，入选数量排名全国第一；4个镇入选乡村旅游重点镇，入选数量并列全国第一。改革先行先试。全省3个案例入选"2021世界旅游联盟——旅游助力乡村振兴案例"，入选数量全国第一。淳安下姜村等6地乡村旅游入选第一批浙江省文化和旅游促进共同富裕最佳实践案例，持续推进15家民宿助力乡村振兴改革试点。运营率先破题。启动制订《浙江省乡村旅游促进办法》，出台《关于加快推进全省景区村庄文旅运营的实施意见（试行）》，举办第一、二期乡村运营文旅大讲堂，印发乡村运营建设与服务管理指南，发布《读村记——浙江省文旅赋能乡村运营范式》。《浙江省文化和旅游厅关于支持泰顺县村尾村旅游发展情况的报告》获省委常委、纪委书记许罗德肯定批示。省文化和旅游厅获2020年度全省实施乡村振兴战略实绩考核优秀，乌镇旅游发展经验获国家发改委推广。民宿经济全国领先。出台《浙江省民宿评定实施意见》，创建国家级首批甲级、乙级旅游民宿4家，数量居全国第一。举办第二届"君遇浙宿·好礼则安"民宿伴手礼大赛，累计推出112个民宿伴手礼。

【资源普查工作】 全面完成嘉兴全国红色旅游资源普查专项试点，完成宁海、江山两家文化和旅游资源普查试点，积极探索新时代文化和旅游资源普查新路径，创新出台《浙江省文化和旅游资源分类、调查和评价（试行）》《浙江省文化和旅游资源普查工作技术规程（试行）》《浙江省文化和旅游资源普查工作操作手册（试行）》，搭建全省文化和旅游资源管理与应用平台，全面启动全省文化和旅游资源普查，为全国提供浙江经验。文旅资源普查工作获文化和旅游部交流推广。

【改革试点工作】 探索智慧景区建设。制定发布《浙江省智慧景区建设导则》,制定景区数字化服务规范,"杭州适老服务弥鸿沟"入选文化和旅游部资源开发司首批发展智慧旅游提高适老化示范案例。全面落实 A 级旅游景区预约制度,协助提升长三角"一卡通"景区覆盖率。推进改革试点。印发《浙江省海洋旅游发展行动计划(2021—2025)》《浙江省交通运输与旅游融合高质量发展规划》。指导三门县启动三门湾湾区旅游规划编制工作。编制未来景区、山地休闲度假、民宿改革试点工作导则,推进横店等 9 家未来景区改革试点,云和梯田等 15 家山地休闲度假试点,天台寒山等 14 家民宿(农家乐)助推乡村振兴改革试点。培育世界级景区和度假区、国家级休闲城市和街区。围绕世界视野、世界标准、世界品质、世界客源、世界服务等,研究制订世界级景区创建导则,研究出台《浙江省旅游休闲街区认定工作方案》,确定 10 家旅游休闲街区培育名单,认定省级旅游休闲街区 4 家,向文化和旅游部推荐创国家级旅游休闲街区 3 家。创建全国 4C 级自驾车旅居车营地 1 家。指导湖州市出台《露营营地景区化建设和服务指南(试行)》。

【文旅投资工作】 持续推进"四十百千"投资行动,全面推动全省文旅项目投资,得到省长郑栅洁批示肯定,蝉联"两年红"。全省文化和旅游项目总数 2865 个,其中新开工项目 821 个,总投资 2.05 万亿元,计划投资 2468.8 亿元,实际完成投资 2684.9 亿元,同比增长6.2%,计划投资完成率 108.8%,指标任务完成率 132.9%,提前实现 1 个季度完成"全年红"目标。其中,"微改造"项目共入库10747 个,竣工 9548 个。总投资281.7 亿元,当年计划投资 267.3亿元,实际完成投资 268.7 亿元,超额完成全年投资。

【海岛公园工作】 印发《浙江省十大海岛公园推进办法》,推动完成 10 家海岛公园总体规划编制和省级联审工作。研究编制《浙江省海洋旅游发展行动计划(2021—2025)》。高规格召开全省十大海岛公园建设推进会,省委常委、常务副省长陈金彪,副省长成岳冲出席并讲话。"十大海岛公园"在建项目 227 个,总投资 1951.9 亿元,累计完成投资 1155.6 亿元,完成十大海岛公园年度评估,并将评估成绩与 7500 万元省海岛公园专项资金分配挂钩。

【"四条诗路"建设工作】 加快推动 42 家千万级核心大景区培育,打造诗路"耀眼明珠"。举办第二届诗路文化带景区讲解员大赛,推出 10 名金牌讲解员,全省累计20 名。推出 33 条诗路精品旅游线路。

【长三角文化和旅游一体化发展】 浙江省文化和旅游厅作为长三角文化和旅游联盟轮值单位,按照省委、省政府及长三角协作办、长三角示范区执委会的有关指示要求,全力推动长三角文化和旅游一体化发展走深走实。以视频连线的形式召开浙皖闽赣(衢黄南饶)"联盟花园"建设工作领导小组第一次会议,签署合作共建框架协议。会同嘉善县人民政府编制完成并发布《长三角生态绿色一体化发展示范区嘉善片区文化和旅游发展专项规划(2020—2035)》。积极配合省发改委研究制定《杭黄世界级自然生态和文化旅游廊道建设方案》,并向国家发改委、文化和旅游部联合上报"廊道建设方案"(浙江部分)。发布《浙江省乡村文旅创客基地数字化建设与服务管理指南》,提升长三角地区乡村创客创业创新活力。全力推进长三角居民服务"一卡通"应用,全省 212 个公共图书馆(含分馆)、146 个国有博物馆、212 个 A 级景区实现长三角社保卡"一卡通"。在杭州成立"长三角戏曲产教联盟",吸引长三角地区近 30 家单位加盟,构建戏曲发展的良好生态。长三角文化和旅游联盟评选公布首批 31家长三角高铁旅游小城,协同打造长三角民俗、养老、度假、购物等专项特色旅游产品。举办了"百年百景·先锋领跑"长三角文化和旅游系统党史学习教育启动仪式、"诗路丽水　惠享生活"长三角红色文化旅游宣传推广活动暨 2021 瓯江山水诗路文旅消费季、"红动我心　诗画浙江"长三角一体化旅游推广活动暨 2021长三角千车万人畅游浙江自驾游系列活动等重大活动,召开了2021 年长三角文化和旅游联盟主要领导联席会议、《长三角生态绿色一体化发展示范区江南水乡古镇生态文化旅游圈建设方案》工作部署会议、2021 第二届长三角一体化古镇发展大会等重要会议。组织专家团队,重点研究长三角文化旅游一体化发展现状及存在的问题,完成

《长三角一体化文旅融合高质量发展的合作机制与先行政策研究》调研报告。

【基础设施建设】 推进浙江省之江文化中心建设。根据2020年跟踪审计提出的问题及时抓好整改落实工作，并于年初将整改情况复函报送省审计厅。完成项目施工图预算审核，并多次召开协调会，明确预算编制、审核原则。完成建设工程土地征迁款项结算、谈判，并顺利签订结算协议。做好疫情防控、材料价格上涨应对等工作，全力推进土建结构施工，并根据实际情况，重新调整项目年度投资计划。积极配合做好年度跟踪审计，并针对市场价格异常波动，磋商谈判并签署补充协议，支持总包单位缓解资金和施工压力。积极寻求省领导、省级相关职能部门的支持，全力推进工程建设。截至12月底，文学馆区域包括砌体和二次结构、外墙粉刷、屋面防水、钢结构连廊及钢楼梯结构施工全部完成，外脚手架全部拆除，积极实施安装工程和金属屋面施工；图书馆区域主体结构施工全部完成，砌体及二次结构完成75%，安装工程完成45%，外脚手架开始拆除，积极实施机电安装工程、屋面防水施工；博物馆区域主体结构施工基本完成，砌体和二次结构完成60%，安装工程完成40%，钢结构穹顶拼装焊接完成80%，继续实施机电安装、钢结构拼装焊接、金属屋面施工；非遗馆区域主体结构施工全部完成，砌体和二次结构完成55%，安装完成35%，继续实施屋面防水、钢结构楼梯、二次结构砌体及机电安装剩余工程、下沉庭院土建施工。全年完成投资55700万元，预算执行支出48150.20万元，当年预算执行率为96.30%。项目累计完成投资148900万元（实际支付），占总投资的45.6%。

加强浙江省新时代文化艺术创研基地建设。全力以赴协调推进建设用地拆迁安置工作，以及相关国有资产置换事宜。10月，正式拆除建设用地范围内建筑，顺利取得建设用地规划许可证，桩基图纸通过审查，办理完成基础底板以下先行的施工许可证，同时正式约谈承建单位领寻和建设班子人员。举行项目开工仪式，启动桩基施工。全年完成投资90.23万元；项目累计完成投资3898万元。

（刘卉妍、何梦彧、刘雨宁）

产业发展

【概况】 2021年，全省文化和旅游产业发展及消费工作坚持以习近平新时代中国特色社会主义思想为指导，全面贯彻党的十九大和十九届历次全会精神，聚焦高质量竞争力现代化，紧扣文化和旅游部及浙江省委、省政府中心工作，贯彻新发展理念，构建新发展格局，坚持"一手抓疫情防控，一手抓消费提振"，积极作为、主动作为，着力推动文化和旅游消费转型扩容提质，深入推进文化和旅游数字化改革，大力开展文旅改革创新工作，有力推动文化和旅游产业转型升级和高质量发展，扎实助力高质量发展建设共同富裕示范区。

【服务文化和旅游企业发展结出新成果】 高质量发展数字文化产业。深入实施数字经济"一号工程"和数字经济五年倍增计划，出台《关于加快推进数字文化产业高质量发展的实施意见》，加快发展新型文旅企业、文旅业态、文旅消费，改造提升传统业态，提高质量效益和核心竞争力，推动形成一批具有国际竞争力的数字文化产业集群。抓好企业梯度培育计划。积极推动文旅企业结构优化、制度创新、层次提升，深入实施浙江省文化和旅游企业梯度培育计划，遴选产生了第一批领军企业（29家）、骨干企业（55家）、新锐企业（78家），逐步建立文化和旅游企业发展梯队，加快形成浙江文化和旅游产业发展特色和优势。认真开展"三服务"。组织人员分组赴各地市，通过走访调研、座谈交流等形式主动服务、上门服务、集中服务，加强对企业的政策指导和安全生产情况督导，深入了解文化和旅游企业发展中面临的共性难点、政策落实中的突出问题及相关政策建议，实地为企业送政策、解难题、办实事。加强文化和旅游系统节能降耗工作。出台《浙江省文化和旅游厅关于加强全省文化和旅游系统节能降耗工作的通知》，统筹推进全省文化旅游行业能源双控和节能降耗工作，为全省绿色发展做出贡献。

【文化和旅游产业数字化改革迈出新步伐】 搭建"诗画浙江·百县千碗"美食数字化服务平台。指导有关单位完成"百县千碗"美食数字化服务平台设计，先后赴13个试点县（区）开展调研工作，完成治理端"数字驾驶舱"系统开发及测试、服务端小程序设计,组织"百县千碗"数字化平台操作实务培训。创建文化和旅游产业投融资服务平台。整合文旅项目、企业、金融机构、扶持政策等资源,建设文化和旅游产业投融资服务平台并上线运营。积极引入中国建设银行、中国农业银行、中国银行、杭州银行等金融机构,上线普惠金融、乡村旅游重点村贷款、税金贷等9款金融产品。征集遴选入库重点企业826家、招商项目380个、录入公开政策法规213条。创新长三角社保卡"一卡通"服务。配合省人力资源和社会保障厅、省大数据局完成"一卡通"技术层面的顶层设计、软硬件升级改造、数据共享,修改完善"浙里办"平台居民服务"一卡通"专区,更新"浙里办"景区、图书馆、博物馆列表。联合省人力资源和社会保障厅和省大数据局,制订《浙江省文化和旅游厅文化和旅游系统"一卡通"应用接口服务规范》。督导各地推进文旅领域用卡环境改造,提升社保卡刷卡入园体验。

【文化和旅游深度融合取得新进展】 文化和旅游IP培育持续深化。评定第二批文化和旅游IP示范级15个,创建级44个。举办浙江省文化和旅游IP创意设计展。推荐23个项目参评中国文化艺术政府奖第四届动漫奖。全省工业旅游示范基地、中医药文化养生旅游示范基地蓬勃发展。评定省工业旅游示范基地26个,中医药文化养生旅游示范基地12个。全省已评定工业旅游示范基地152家,中医药养生

旅游示范基地94家,研学旅游示范基地97家。联合省农业农村厅推出100条以绿色康养、茶事体验、田园村韵、红色乡情等为主题的休闲农业和乡村旅游精品线路。联合省体育局认定9个省级运动休闲旅游示范基地、推出9条运动休闲旅游精品线路、遴选出25个省级运动休闲旅游优秀项目。特色旅游商品荣获佳绩。组织2021浙江省特色旅游商品评选会,推荐93件优秀商品参加2021中国特色旅游商品大赛,浙江获13个金奖、22个银奖、17个铜奖,总量继续蝉联全国第一;选送部分商品参加2021中国旅游商品大赛(健康主题),浙江获2个金奖、2个银奖、6个铜奖。

【文化和旅游改革创新取得新突破】 制定出台全国首个省级自由贸易试验区文化和旅游改革发展专项工作方案,大力推动自贸区文化和旅游创新发展,探索以自贸区政策拉动形成新的增长点。积极推动文旅金融改革,支持指导宁波、绍兴等地推进文旅与金融合作示范区建设。实施融资畅通工程,主动切入温州金融综合改革、台州小微金融改革等试点,推广宁波国家文化与金融合作示范区创建经验,探索建立文化和旅游消费贷款制度。推荐10个项目申报文化和旅游部2021年开发性金融支持文化和旅游领域重点项目,其中4个项目入选国家开发银行支持项目。

【"百县千碗"工程迎来新气象】 组织"诗画浙江·百县千碗"现场推进会暨重点项目推介会,推进"诗画浙江·百县千碗"新农都项

目建设,全面布局"诗画浙江·百县千碗"消费体验场所。持续开展"六进"活动,重点推动"诗画浙江·百县千碗"进政府接待酒店、机关食堂、景区、星级酒店、社区、高速服务区等场所。指导各县(市、区)评选本地10碗美食小吃和10碗冷盘,丰富"百县千碗"菜品,形成"1+1+1"的美食标准体系。大力宣传"百县千碗"美食,坚持线上线下联动,利用媒体积极宣传推广,组织"舌尖上的相遇——中东欧美食与'诗画浙江·百县千碗'人文交流活动"、舟山国际海岛大会"一家人·一桌菜"主题展,"诗画浙江·百县千碗"亮相金秋购物节、第16届中国义乌文化和旅游产品交易博览会,联合省、市主流媒体推出"百县千碗"专题栏目,各地以专刊的形式积极参与《百县千碗》杂志投稿,联合各市开展"诗画浙江·百县千碗"主题活动,持续打响美食品牌。修订《"诗画浙江·百县千碗"美食体验店(示范店)、旗舰店、美食街区、美食小镇认定办法》,培育认定第三批"诗画浙江·百县千碗"特色美食体验(示范)店241家、美食街区(小镇)16家。

【重大展会节庆活动稳中有进】 克服疫情影响,坚持守好疫情安全底线,高质量举办第16届中国义乌文化和旅游产品交易博览会、"5·19中国旅游日"、浙江山水旅游节、"百年风华青春筑梦"主题动漫展播、2021年长三角乡村文旅创客大会等重要活动。其中,第16届中国义乌文化和旅游产品交易博览会采用线上线下联动模式,全面展示文化旅游与其

他行业融合的态势,吸引了全国26个省(区、市)的996家企业和机构参展,达成采购与合作意向100余个。2021年"中国旅游日"系列庆祝活动共推出文化和旅游惠民措施550余项,惠民活动200余场。

【国家、省级文化和旅游消费试点示范城市建设扎实推进】 及时总结推广杭州、宁波、温州等第一批国家文化和旅游消费试点示范城市的典型经验和创新举措,形成"互联网+文化和旅游新消费"的杭州模式、"金融+文化和旅游消费"的宁波模式、"全域夜游+文化和旅游消费"的温州模式;指导绍兴、湖州和衢州3市成功创建第二批国家文化和旅游消费试点城市,全省国家文化和旅游消费试点示范城市数量位居全国前列。指导推动23个省级文化和旅游消费试点城市进一步完善试点工作方案,创新发展文化和旅游消费新产品新业态新模式,不断丰富提升文化和旅游消费产品供给,激活市民游客的文化和旅游消费需求,汇总整理各试点城市在文化和旅游消费工作方面的经验总结,汇编成册供各地借鉴。开展全省文化和旅游消费试点示范城市调研,对我省试点示范城市建设取得的成效、面临的问题与短板及如何进一步深化相关工作、推进全省文化和旅游消费提质扩容升级等进行总结提炼,形成《浙江文化和旅游消费试点示范城市建设的对策研究》,被文化和旅游部评为全国文化和旅游系统2021年度优秀调研报告。加强与省消费专班的互动联动,推动国家、省级文化和旅游消费试点示范城市纳入消费中心城市建设体系。

【文化和旅游消费促进活动丰富多彩】 以建党百年为契机,举办"百年百场"文化和旅游消费活动,下发《关于在全省开展"百年百场"文化和旅游消费活动的通知》,围绕"大力开展红色旅游、深入推进绿色消费、积极开展研学旅游、扎实办好节庆会展、推动'百县千碗'落地、着力扩大夜间消费、创新推动数字消费"等七大重点,全省上下联动,因地制宜、多措并举开展各类消费促进活动,为建党100周年营造浓厚的文化和旅游消费氛围,截至12月,全省共开展"百年百场"文化和旅游消费活动836场,参加人数达5118.4万人次。举办2021全省文化和旅游消费季活动。会同嘉兴市人民政府于5月在嘉兴启动以"五彩消费 美好生活"为主题的浙江省文化和旅游消费季,推出"浙里红——逐梦新时代""生态绿——乐游新乡村""活力橙——酷玩新潮流""畅想蓝——云享新体验""品质金——爱尚新生活"等五大板块33项子活动,发布105条惠民惠企政策,省、市、县3级联动共促文化和旅游消费提质扩容升级,在全省营造全民参与、全民乐享的文旅消费盛宴。举办2021"诗画浙江"金秋文化和旅游消费季。抢抓国庆、元旦、春节等假日文化和旅游消费黄金期,印发《2021"诗画浙江"金秋文化和旅游消费季总体方案》,在义乌启动以"惠游'诗画浙江' 共享美好生活"为主题的2021"诗画浙江"金秋文化和旅游消费季,活动持续到2022年春

节,发布"红动浙江""艺动浙江""智游浙江""漫游浙江""走读浙江"和"走进浙江"等六大系列主题活动,推出招引游客、刺激文化和旅游消费市场惠民惠企举措共470余项,省、市、县3级联动,省内省外互动,线上线下融合,进一步激发文化和旅游消费潜力。

【各地文旅消费特色节庆活动有序开展】 指导湖州市承办由文化和旅游部产业发展司主办的推进国家文化和旅游消费示范(试点)城市建设现场交流活动;指导2021宁波旅游节、2021温州文旅消费季、2021绍兴文旅消费季、2021"红韵湖州"文化和旅游消费年暨浙江老干部老同志"银领游学·同心向党"在湖州看见美丽中国活动、2021"福在舟山"惠民季和《处州忆夜》沉浸式体验秀暨2021瓯江山水诗路非遗购物节"等综合性消费促进活动。指导持续打造"杭州奇妙夜"、沉浸式"甬式夜生活"、瓯海青灯市集全国美学大会、松阳非遗夜市、横店影视节和乌镇戏剧节等聚人气、效果佳的"文旅+消费"品牌营销活动。指导开展"发现身边美好——2021嘉兴市文旅消费创新案例征集评选""悦动金秋文旅先行——万人金秋游绍兴"和"水亭门之夜"沉浸式主题演出等特色文化和旅游消费活动。

【夜间文化和旅游消费持续升温】 推荐清河坊历史文化街区、杭州宋城、西塘古镇等一批集聚区申报国家级夜间文化和旅游消费集聚区,杭州市的杭州宋城、清河坊文化街区,宁波市的老外滩,温州市的温州南塘景区,嘉兴市的西

塘古镇景区,金华市的横店影视文化产业集聚区等6家入选第一批国家级夜间文化和旅游消费集聚区,入选数并列全国第一。联合省发展和改革委员会、省商务厅出台《关于加快推进夜间文化和旅游消费集聚区建设的指导意见》,修改完善《浙江省省级夜间文化和旅游消费集聚区认定和管理办法(试行)》,进一步细化评价指标体系,开展了第一批省级夜间文化和旅游消费集聚区申报和认定工作,择优认定杭州新天地活力Park街区等13家首批省级夜间文化和旅游消费集聚区。配合省委宣传部完成"浙江省'十四五'夜间文化和旅游经济发展规划"课题结题工作。指导全省各地丰富夜间文化和旅游产品供给,创新构建多样化的夜间消费场景,加快推进夜间文化和旅游消费集聚区建设,合力促进夜间文化和旅游消费扩容提质,打造主客共享的夜间美好生活新空间。

【文化和旅游消费环境不断优化】会同省公安厅、省财政厅、杭州海关等相关部门和单位,专题研究出入境文化和旅游消费,通过加大离境退税政策宣传、推进长三角外国人口岸签证"通办机制"建设、完善口岸签证代转工作制度、有序确定退税单位和发布"诗画浙江"旅游精品线路等一系列措施,进一步提高文化和旅游出入境消费的便利性。办理境外旅客购物退税开单22笔,已退税14笔,落实萧山国际机场为离境退税口岸,中国农业银行浙江分行为退税代理机构,联合认定首批37户退税商店(41个网点备案)

等。针对旅游企业节前"退订潮",争取省发展和改革委员会、省人力资源和社会保障厅等部门出台或延长相关降费减负政策,省税务局对餐饮和旅游业等小微企业延续实施2020年度房产税、城镇土地使用税等减免政策,帮助符合条件的餐厅和旅游企业申请就业政策补贴。联合中国人民银行杭州中心支行等探索进一步提高文化和旅游消费便利度、旅游消费信贷产品丰富度的惠民举措。

【全省促进文化和旅游消费工作会议召开】　9月17日,全省促进文化和旅游消费工作会议在湖州德清召开。来自杭州市、温州市、湖州市、衢州市、宁波市鄞州区、丽水市莲都区等6个国家及省级文化和旅游消费试点示范城市的参会人员结合各自城市的实际情况,在会上交流了促进文化和旅游消费工作的经验做法。会议回顾总结了全省前阶段促进文化和旅游消费工作的开展情况,分析了当前文化和旅游消费存在的问题和短板,研究部署了下阶段促进文化和旅游消费的工作任务,保障全省文化和旅游消费工作有序推进。

【文旅消费扩容提质】　发挥专班优势促进文旅消费扩容提质,组织召开5次省旅游专班消费促进专题小组工作例会和省消费专班文旅消费促进小组工作例会,分阶段研究部署文化和旅游消费促进工作,协同做好"浙里好玩"平台升级。聚焦解决促消费工作中的难点、堵点和痛点问题,以"清单式管理、项目化推进、阶段性评

估"的工作机制抓好各项工作落实。做好省消费专班的日常工作部署,完成例会材料、信息上报等各项工作。

链接:

2021促进文化和旅游
消费十大亮点

1.浙江入选国家文化和旅游消费试点城市数量并列全国第一

继杭州市成为全国首批国家文化和旅游消费示范城市,宁波市、温州市成为国家文化和旅游消费试点城市后,绍兴、湖州、衢州3市又入选国家文化和旅游消费试点城市,至此,我省11个市已有6个市成为国家文化和旅游消费试点(示范)城市。一批可借鉴、可复制的试点(示范)城市的经验得到推广和运用。

2.浙江入选首批国家级夜间文化和消费集聚区数量并列全国第一

杭州市的杭州宋城、清河坊文化街区,宁波市的老外滩、温州市的温州南塘景区,金华市的横店影视文化产业集聚区,嘉兴市的西塘古镇景区等6家入选首批国家级夜间文化和旅游消费集聚区,文旅消费目的地品牌进一步打响。

3.持续推动省文化和旅游厅等10部门印发《关于尽快恢复振兴文化和旅游消费市场　进一步激发文化和旅游消费潜力的实施意见》促文旅消费30条举措落地见效

积极发展网络消费、定制消费、体验消费、互动消费等文旅消费新产品、新业态、新模式,大力打造文旅消费新品牌,持续推动落实职工疗休养和带薪休假制度,着力优化文旅消费环境。

4. 庆建党百年在全省组织开展"百年百场"文旅促消费活动

围绕"大力开展红色旅游、深入推进绿色消费、积极开展研学旅游、扎实办好节庆会展、推动'百县千碗'落地、着力扩大夜间消费、创新推动数字消费"等七大重点,全省上下联动,线上线下互动,据不完全统计,共开展各类促文旅消费活动 800 余场,参加人数达 5100 余万人次。

5. 组织举办 2021 全省文化和旅游消费季、2021"诗画浙江"金秋文化和旅游消费季

5 月,在中国革命红船起航地嘉兴启动以"五彩消费 美好生活"为主题的全省文化和旅游消费季,推出"浙里红——逐梦新时代""生态绿——乐游新乡村""活力橙——酷玩新潮流""畅想蓝——云享新体验""品质金——爱尚新生活"等五大板块 33 项子活动,发布 105 条惠民惠企政策。9 月,在中国国际小商品城义乌启动以"惠游'诗画浙江' 共享美好生活"为主题的 2021"诗画浙江"金秋文化和旅游消费季,在全省组织开展"红动浙江""艺动浙江""智游浙江""漫游浙江""走读浙江"和"走进浙江"等六大系列主题活动,推出各类促消费举措 470 余项。

6. 率先在全国开展省级文化和旅游消费试点城市和省级夜间文化和旅游消费集聚区的建设和认定工作

推动 23 个省级文化和旅游消费试点城市因地制宜、先行先试,探索试点经验做法,组织召开全省促进文化和旅游消费工作会议,6 个试点城市代表在会上交流分享了促进文化和旅游消费工

作的经验做法。会同省发展和改革委员会、省商务厅出台《关于加快推进夜间文化和旅游消费集聚区建设的指导意见》和《浙江省省级夜间文化和旅游消费集聚区认定和管理办法(试行)》及评价体系;认定杭州新天地活力 Park 街区等首批 13 家省级夜间文化和旅游消费集聚区。

7. 文化和旅游部产业发展司在浙江举办推进国家文化和旅游消费示范(试点)城市建设工作现场活动

9 月,文化和旅游部、财政部、住房和城市建设部相关领导及来自江苏、山东等 5 个省的文化和旅游厅、发展和改革委员会、财政厅的代表在湖州参加现场交流与调研。浙江国家文化和旅游消费试点(示范)城市在会上交流了经验和做法。

8. "促进浙江夜间文化和旅游消费对策研究"调研课题被评为全国文化和旅游系统二十佳调研报告

文化和旅游部组织专家,对部机关各司局、各直属单位及国家文物局、地方文化和旅游厅局报送的 413 篇调研成果进行评审,评选出 20 篇"二十佳调研报告"及 80 篇"优秀调研报告","促进浙江夜间文化和旅游消费对策研究"课题调研报告被评为全国文化和旅游系统"二十佳调研报告"。

9. 完成全国首个省级夜间文化和旅游经济发展规划编制

积极谋划未来 5 年全省夜间文化和旅游经济发展方向和实施路径,推动《浙江省夜间文化和旅游经济发展规划》编制并结题。

10. 省文化和旅游厅促文化和旅游消费工作专项小组办公室获省政府通报表扬

省文化和旅游厅促文化和旅游消费工作专项小组办公室工作成绩突出,被评为 2021 年度促消费和批发零售业改造提升成绩突出集体,获省政府通报表扬。专项小组办公室以"清单式管理、项目化推进、阶段性评估"工作机制,推动各阶段促文旅消费任务落实,协调推动省级相关部门出台或延长包括对文旅企业在内的降税减费政策,取得显著成效。

(叶耀坤、叶康伟)

市场管理

【概况】 2021 年,全省市场管理工作深入学习贯彻党的十九大和历次全会精神,省委、省政府重要会议精神和相关决策部署,紧紧围绕省文化和旅游厅党组年度工作思路和重点工作安排,以文化和旅游现代治理能力提升为方向,文化和旅游市场信用监管为突破,"放管服"改革为牵引,假日旅游市场管理为重点,按照改革创新、系统集成、协同高效要求,努力创造安全、文明、有序的市场环境,加快推动文化和旅游市场管理高质量发展。

【文化市场"放管服"改革纵深推进】 演出经纪行业标准率先出台。着眼标准引领、示范引领,科学化、规范化推进演出经纪行业行政审批,率先全国制定《演出经纪机构评价指标》。

文娱领域综合治理全面推进。切实加强文艺工作者的教育

管理,遏制失德行为,推动文娱领域综合治理常态化、长效化,成立由省文化和旅游厅主要领导任组长的工作领导小组,周密制定行动方案、任务清单,建立例会制度,先后召开全省文化和旅游系统文娱领域综合治理工作视频会、座谈会,全面推进工作。共有55件审批因涉及演员签名造假、演出合同、演出内容不规范、演员出入境证照、演出经纪人资格证书不合规等问题,不予通过。

文化市场"证照分离"改革领先全国。以"放出活力、管出公平、服出便利"为导向,加速推进"证照分离"改革,激发市场主体活力。有效拓宽"告知承诺"实施范围,在实施"内资投资旅行社业务许可"等5项"告知承诺"事项基础上,大幅新增"经营性互联网文化单位设立审批"等7项"告知承诺"事项;持续下放省级行政许可事项,将"经营性互联网文化单位设立审批"等6项行政许可下放至各设区市。

审批领域意识形态工作全面加强。严格涉外涉港澳台营业性演出审批。在文化和旅游部禁演演员名单的基础上,做到多渠道、多手段审查涉外演员资质;严格审查涉政、涉黄、涉毒、涉教等内容;严格演出安全审查,审查演出活动安全防范预案,做好现场内容及安全监管。

网络表演内容审核全面优化。针对网络表演企业申报材料雷同、审批时限长、后续监管乏力等问题,以行业头部企业及资深专家为依托,扩充网络表演内容审核专家库,前移审核关口,加强内容审核,实现审核时间减、质量提。

省级行政审批事项办理加速推进。全年受理省文化和旅游厅本级网络文化经营单位、演出经纪机构事项等各类申请1182件,审批同意565件;受理涉外、涉港澳台营业性演出申请1321件,审批同意783件。举办全省文化和旅游行政审批培训班,开展各市(县、区)行政审批案卷互评。

【文化和旅游行业信用监管示范引领】　信用评价提质拓面。在全省范围内深入推进旅行社行业信用评价、新增演出经纪机构信用评价,在衢州、奉化等13个试点市县推行网吧、星级饭店等主体信用评价。旅行社信用评价"浙江模式"先后被评为全省信用数字化应用场景十大优秀案例、全国文化和旅游信用体系建设典型案例。宁波市奉化区入选文化和旅游部文化和旅游信用经济发展试点地区。

信用制度逐步健全。修订出台《浙江省文化和旅游行业信用评价管理办法(2021版)》,配套出台《浙江省旅行社信用评价指引》《浙江省旅游黑名单管理工作流程》等制度,构建文化和旅游领域行业信用制度体系。

信用信息高效归集。依托浙江省文化和旅游信用监管平台,建立跨部门、跨领域、跨层级的数据共享机制,建立信用数据仓。其中,公共信用信息通过省公共数据工作平台交换自动获取;行业信用信息实时接入全国旅游监管服务平台等8个系统的行业数据。累计归集有效数据110万余条。

信用监管成效明显。着力构建"一体两翼"新型"信用+监管"

体系,以分级分类监管为核心,重点监督、预警监测为有效补充。通过信用监管,实施旅行社行政处罚102起,吊销旅行社证照7起,较单一"双随机"监管异常检出率提升超过25%,有效提升监管效率,降低执法成本。

【旅游市场高质量发展稳步推进】统筹抓好行业引领。以数字化为导向,举办全省旅游饭店业数字化转型活动,回顾总结浙江饭店业数字化转型取得的工作成果,推进全省饭店业数字化建设,为"数字浙江"建设贡献行业力量。以"化危为机"为导向,举办疫情下旅行社行业转型升级与创新发展活动,助推行业转型升级、促进行业创新发展。

深入抓好品质提升。以标准为抓手,推进行业品质提升。深入推进实施省委、省政府重点打造的区域公共品牌"品字标",牵头制定浙江省饭店"品字标"评定标准,由省品牌联合会发布,实现全省服务业"品字标"零的突破;修订完成《品质饭店评价规范》实施细则;修订完成《品质旅行社评价规范》及实施细则、新版浙江省旅游合同文本。深入推进创评创建,完成全省53家四星级饭店年度复核工作,责令11家星级饭店限期整改,擦亮星级饭店"金字招牌";举办全省旅游饭店标准宣贯网络培训班,新创建2家五星级旅游饭店、1家四星级旅游饭店、31家绿色旅游饭店、50家"品质饭店"、28家特色文化主题饭店、4家五星级品质旅行社。

重点抓好人才培育。借助杭州亚运会契机,充分融入亚运元素,创新推出迎亚运特色服务设计、主题宴会设计等比赛项目,举办全省旅游饭店业服务技能大赛,促进饭店企业不断提高服务技能人才培养质量,为全省旅游饭店行业健康可持续发展提供坚实人才支撑;举办全省旅行社业务专题培训班,提升旅行社经营管理者业务素养。

【假日旅游市场平稳有序】 假日旅游工作机制持续完善。成立省文化和旅游厅假日旅游工作专项小组,明确厅机关内部职责分工,完善假日旅游工作机制。

假日突出问题整改持续深入。切实加大各市假日旅游出行难、停车难、如厕难等突出问题整改督导力度。指导各地梳理出重点关注景区、度假区等旅游目的地清单 11 份,会同公安、交通运输等部门制定整改方案 12 个。

假日市场安全值守持续加强。严格执行事故信息报告制度和工作动态"一日一报"制度,做好假日旅游阶段性工作总结,确保重要信息及时报送。全年未收到假日重大旅游服务质量投诉,未出现群体性事件、人员伤亡,未发生重大负面舆情。五一假日旅游工作获省长郑栅洁、副省长成岳冲批示肯定。

假日旅游数字化改革持续见效。运用数字化手段加速推进"停车难、如厕难、交通堵"等假日旅游突出问题治理工作,《浙江日报》9 月 25 日头版《数字化改革》专栏予以报道。国庆期间,全面上线"假日旅游通"多跨场景应用系统,发布七大假日旅游数字化典型案例,推动假日旅游"数智"治理。

【文明旅游氛围良好】 举办2021 年浙江省文明旅游主题宣传活动启动仪式、2021"文明旅游不负浙里风光"系列活动,营造文明旅游良好氛围。举办"传递文明好声音,万人点亮'诗画浙江'"线上主题宣传活动,传播"浙里文明旅游"故事。推动莫干山风景名胜区、宁波市天一阁月湖景区入选第一批国家级文明旅游示范单位。积极推进旅游行业厉行节约反对浪费工作,倡导推行分餐制、自助餐制、公筷公勺制,落实"光盘行动"。率先出台行业塑料污染治理实施方案,在文化和旅游场所全面推行垃圾分类和塑料垃圾治理工作,积极改善旅游环境,展现文明形象。

【社会组织管理不断加强】 通过党建引领、制度规范、阵地拓展,积极推动社会组织党建工作与业务工作深度融合,不断扩大社会组织的辐射力和影响力,持续推进社会组织高质量发展。

积极开展社会组织特色活动。围绕建党 100 周年主题,举办了一系列高质量、高水准、有影响力、有文化品位的活动和项目。积极筹划省文化和旅游厅业务主管社会组织 2021 年重点活动项目,主办了"2021 献礼建党 100 周年全国陶瓷艺术品展览"等 9 个活动项目,指导了"庆祝中国共产党建党 100 周年暨浙江省民族管弦乐学会'红船爱党百载情'民族器乐音乐会"等 10 个活动项目。各社会组织活动开展活跃,社会团体共举办庆祝活动 68 项,民办非企业单位共举办庆祝活动 45 项,基金会共举办庆祝活动 5 项。

不断健全社会组织管理工作机制。出台规范性文件,深化科学管理。制定下发《浙江省文化和旅游厅业务主管社会组织管理办法(试行)》《浙江省文化和旅游厅管理社会组织工作规则(试行)》等行业规范性文件,明确工作要求,细化工作标准,规范工作流程,进一步加强社会组织管理,有效促进了社会组织的健康发展。组建由浙江大学教授庞虎等10 位专家学者组成的文化和旅游类社会组织智库,尝试借助外力提升专业管理水平。编印下发《浙江省文化和旅游厅社会组织工作文件资料汇编》。开展社会组织委托财务公司记账试点工作。完成 2021 年度年检工作。依据社会组织有关规范性文件,对省文化和旅游厅业务主管社会团体、民办非企业单位、基金会三大类社会组织开展 2020 年度检查工作,通过党建模块、业务模块、财务模块综合考量,提出初审意见。完成社会组织变更工作。全年完成 3 家社会组织的法人变更,完成 2 家社会组织的住所变更,完成 2 家社会组织的业务主管单位变更,完成 5 家社会组织的章程核准。开展前置审查和注销工作。完成 2 家社会组织的换届前置审查工作。新成立社会组织 6 家,其中社会团体 1 家(浙江省中医药文化交流协会),民办非企业单位 5 家(浙江涌优金丝楠木博物馆、浙江省大运河紫檀博物馆、浙江省美如意传统手工艺研究院、浙江明德书院、浙江西湖书画院);注销社会组织 5 家,其中社会团体 4 家(浙江省浙商文化促进会、浙江省企业家民间文化遗产保护促进会、浙江省社会舞蹈研究会、浙江省民俗摄影协会）、基金会 1 家（宁波博约博物馆文化发展基金会）。

（丁　屹、黄紫薇）

执法监督

【概况】　2021 年，执法指导监督工作认真贯彻落实中共中央和省委、省政府的决策部署，以围绕中心、服务大局为主线，在规范市场秩序、保障行业安全、深化执法改革、强化队伍建设等方面创造新业绩、取得新突破，多项工作走在全国前列。

【严格执法监管，维护市场秩序】重点保障任务成效显著。牢牢把"为建党 100 周年营造良好文化和旅游环境"作为全年工作任务的重中之重，组织开展元旦春节期间文化和旅游专项执法检查、网络文化市场集中执法检查、未经许可经营旅行社业务及不合理低价游专项整治、全省护航建党 100 周年文化和旅游市场百日攻坚、校园周边文化市场专项整顿等行动，线上线下同步清查，持续保持市场高压态势，通过全方位、全覆盖、不间断巡查，确保建党 100 周年文化和旅游市场总体平稳有序。

执法办案工作卓有成效。将维护国家文化安全和意识形态安全作为文化市场综合行政执法的首要任务，以旅行社诱导强迫购物、假借保健品名义组团、组织游客参与境外赌博及上网服务、娱乐、演出、网络文化等市场为重点，整治文化和旅游市场存在的突出问题。全省文化市场综合行政

执法队伍全年共出动检查 356772 人次，检查经营单位 154717 家次，查获违规 3574 起，行政处罚立案调查 2333 件，办结案件 2179 件，警告 997 家次，罚款 13149628.60 元，停业整顿 50 家次，吊销许可证 7 家次，没收非法所得 21.53 万元，没收违法物品 26.65 万件，有重大案件 36 件，移交 22 家次。在文化和旅游部 2020—2021 年度全国文化市场综合执法重大案件办理单位及办案人员的通报表扬中，浙江获评重大案件 5 件，数量位居全国前列。2019—2021 年度全国文化市场综合执法案卷评查中，浙江位居全国第六。

督查检查工作常态运行。省文化和旅游厅全年共派出各类省级督查组 60 余次，由厅主要领导和班子成员带队，采取"四不两直"的方式赴一线实地督查，同步推进市场整治、疫情防控、安全生产等工作。组织开展第三方体式暗访，共派出暗访小组 120 批次，调查人员 360 人次，对全省 11 个设区市的 82 个县（市、区）745 家单位开展暗访调查。检查过程中发现问题 1336 个，其中防控措施落实不严的 536 个，存在安全生产问题的 238 个，涉嫌违法违规经营的 298 个，存在服务质量问题的 264 个，检查中发现的问题均以清单的形式予以交办，督促整改，形成"发现、交办、整改、核查、销号"的全过程闭环。

"互联网＋监管"全面推进。切实加强浙江省行政执法监管（互联网＋监管）平台，特别是"浙政钉·掌上执法"系统的推广应用。全省文化和旅游系统"掌上执法"开通率 100％，激活率 100％，监管事项入驻率 100％，

检查次数 159335 家次，"掌上执法"率 99.99％。"双随机、一公开"监管事项覆盖率 100％，应用信用规则率 96.15％，任务完成率 99.39％。同时，推动行政执法全流程数字化管理，积极建设文化市场综合执法指挥监控平台，优化执法资源配置，提升执法预警能力，加强非现场监管执法，推广移动执法、电子案卷等手段，提升执法效能，防止"检查任性""执法扰民"等问题。

【深化执法改革，加强队伍建设】统一执法规范。根据新修订的《中华人民共和国行政处罚法》，推广实施新的《文化市场综合行政执法文书格式》。按照文化和旅游部及省政府相关要求，做好文化市场综合执法制式服装招标和管理等工作，实现执法服装、执法证件、执法文书的"三统一"。动态调整浙江省文化和旅游市场随机抽查事项清单，规范文化和旅游领域执法流程。对衢州市衢江区廿里镇、金华市义乌佛堂镇等"乡镇一支队伍管执法"试点地区进行调研，做好指导和服务工作。湖州、杭州分别承接文化和旅游部文化市场综合执法人员培训标准化、文化市场跨区域执法工作规范课题，并进行试点。

提升履职能力。发挥全国、全省文化市场综合行政执法师资库力量，组织开展 2019—2021 年全省文化市场综合行政执法案卷评查。针对新修订的《中华人民共和国行政处罚法》《中华人民共和国未成年人保护法》《中华人民共和国著作权法》，对全省文化市场综合行政执法队伍负责人进行培训。开展网络文化市场、旅游

市场以案施训活动。组织 2021 年文化和旅游市场法律法规知识竞赛,进一步增强实战性、操作性,持续提升执法队伍的履职能力。慈溪市文化和广电旅游体育局在全国文化市场综合执法改革推进现场会上做交流发言,省文化和旅游厅、宁波市文化广电旅游局做书面交流,浙江是全国唯一省、市、县 3 级均做经验交流的省份。

创新执法方式。在全省推行审慎包容柔性执法,会同省综合执法办共同拟定《关于在文化和旅游领域推行轻微违法行为告知承诺制的意见》,并发布文化和旅游领域轻微违法经营行为告知承诺不予处罚清单。推广"娱乐场所一件事"等数字化监管应用,强化文化和旅游市场非现场监管。积极推动旅游投诉融入基层矛盾调解中心,探索旅游投诉调解与司法仲裁相衔接机制,宁波市、台州市被列为文化和旅游部办公厅、司法部办公厅开展旅游投诉调解与仲裁衔接试点工作城市。

启动对口交流。7 月,会同四川省文化和旅游厅联合印发《浙江-四川文化市场综合执法对口交流协作计划(2021—2023)》,在常规对口交流合作模式基础上,增加执法检查(暗访)、联合办案、投诉举报协作处理,进一步丰富协作模式,完善两地执法协作联动机制。

【强化闭环管控,落实安全职责】加强统筹协调,切实压实各方责任。健全组织架构。按照省政府要求,进一步健全旅游安全专业委员会组织架构,明确 14 个厅局为成员单位,协调细化工作职责,

下发了《浙江省旅游安全专业委员会工作职责方案》,建立健全各项工作制度,同时积极协调 11 个地市均组建旅游安全专业委员会。继续推进文化和旅游系统安全生产工作例会,定期召开联席会议,会商重大安全问题。强化部署落实。先后于 4 月 27 日、5 月 31 日、7 月 9 日召开全省旅游"遏重大"攻坚战现场推进会暨旅游安全专业委员会全体(扩大)会议、"平安护航建党百年"旅游领域安全隐患大排查大整治专项行动电视电话会议、省旅游安全专业委员会半年度工作例会,副省长成岳冲出席。制定《旅游领域遏制重大生产安全事故整治攻坚实施方案》,完成风险链鱼骨图制定并动态迭代,针对风险链关键节点,逐条制定防控措施和责任清单,经省政府同意,以省安委办名义下发各地市。印发《浙江省文化和旅游厅关于做好旅游领域遏制重大生产安全事故整治攻坚工作的通知》等文件,就旅游领域"遏重大"等重点工作做出部署。印发《浙江省旅游领域防汛防台抗旱应急预案》的通知,对防汛防台相关部门职责分工进行再细化。压实主体责任。3 月底前将安全生产各项要求以签订安全责任书等形式予以明确,层层传导压力,逐级压实责任。4 月中旬,省文化和旅游厅已与 11 个地市文化和旅游局、17 家厅属单位签署安全责任书;11 地市文化和旅游部门已与所有县(市、区)签署安全责任书,签署率达 100%。县(市、区)文化和旅游部门也主动和企事业主体对接,落实安全责任,共计与 8478 家企事业主体签订了安全责任书。

织密隐患排查,打好"遏重大"攻坚战。紧盯新业态监管。以省旅游安全专业委员会办公室名义转发《湖州市安全生产委员会关于印发〈玻璃栈桥等 15 类旅游新业态项目安全管理规范(试行)〉》等文件的通知,在湖州召开现场会,全面推广湖州多部门联合监管新业态的经验,推进旅游新业态监管。要求各地抓紧抓实对旅游新业态的梳理,研究制定相应规范,建立联合监管机制,确保监管效果。督促企业加强内部巡查,运用数字化技术手段强化安全管理,做到安全自查、隐患自除、责任自负。开展风险普查。根据省安委会要求,于 4 月 27 日印发《浙江省旅游领域安全生产风险普查工作方案》,将风险项目分为 43 个类别,制定 A 级景区风险点普查表,在全省开展风险点普查,并制定相应的风险管控举措。5 月 14 日,组织召开全省旅游领域安全生产风险普查培训班,对安全生产风险普查工作进行部署,要求各地根据实际,细化方案,引入第三方力量,对景区风险点进行系统排查梳理。全省 825 家 A 级景区 100% 完成了风险自查及系统填报。加强督导检查。协调建设、市场监管、林业、体育、消防等多个省级相关部门共同开展安全检查,重点推动旅游新业态排查、密闭式室内景点消防、大型游乐设施安全等工作。全年共派出各类省级督查组 60 余次,由省文化和旅游厅领导带队,采取"四不两直"的方式赴一线实地督查,共检查点位 408 处,发现问题隐患 311 处,均已现场交办,督促落实整改。落实风险管控。建立重大隐患管控清单,

重点检查企业安全防范措施落实、特种设备来源安全管控、专业设施设备定期维护保养等主体责任落实情况，对发现的问题隐患进行全覆盖闭环确认，确保无遗漏。全年各类安全隐患大排查、大整治专项行动文化和旅游部门共计出动23495人次，检查经营单位17126家次，发现各类风险隐患3245个，整改完成3094个。

聚集重点领域，守牢安全监管底线。聚焦数字化改革。协同创建"浙里安全"等综合集成应用，推进风险防范"分色图"建设等相关工作，在风险普查及湖州新业态数字化建设的基础上，着手搭建全省旅游领域风险防控"一张图"。充分发挥"诗画浙江"文化和旅游信息平台作用，通过大屏进行景区流量监控和视频全天候监测，并根据大数据综合分析，对存在风险隐患的景区所在地下发《风险提示函》，有效指导各地做好风险防控。通过采取控制总预约数、提醒游客分时段进入景区等措施，缓解人员聚集、拥堵现象。及时在公众号及官方媒体推出旅游景区客流量查询程序，供游客实时查询重点景区客流量。全省4A级以上景区、主要旅行社的监控系统和基本数据系统已接入省文化和旅游厅行业监管服务大数据平台，安全管理的有效性不断提升。聚焦防汛防台。在梅汛期防御及第6号超强台风"烟花"、第14号超强台风"灿都"等重大险情防御期间，在前期风险隐患大排查工作的基础上，再检查、再部署、再落实，将安全责任落实到预警提示、隐患排查、救援准备、应急值守等各个环节，严防各类灾害和次生灾害发生。对受强降雨影响大、地质灾害风险较大的山区景区、高风险旅游项目等根据研判情况，果断采取相应措施，视情暂停举办户外大型文化和旅游活动、暂停运营A级景区高风险项目、关停景区。督促旅行社及时调整行程计划，做好转移团队游客工作，并做好安抚劝导。防汛防台期间，全省文化和旅游部门共发送预警信息19332次，暂时关闭旅游景区1151家次，暂停涉水等高风险项目610次，暂停大型文化和旅游活动101次，转移游客39102人次，劝退游客263093人次。在全系统的共同努力下，较为顺利地完成了防汛防台任务，做到安全无事故，游客零死亡。聚焦旅游包车安全。联合交通运输、公安等部门，下发《关于联合开展道路客运市场专项整治行动的通知》，加强对旅行社客运包车行为的规范和整治。与交通运输等部门共同建立信息共享机制，开展旅游包车和旅行社资质互查，交换本地旅游客运企业、营运车辆和旅行社资质名录。督促旅行社贯彻落实"五不租"制度，要求旅行社应当从营运车辆名录中选择车辆，并签订包车合同，出车前核验车辆和从业人员资质。联合交通运输部门，积极组织开展旅行社规范用车安全知识培训等活动。坚持问题导向，由新昌等地试点"数字打非"与旅行社管理相结合，共同开发交旅融合监管系统。聚焦森林防灭火安全。及时传达《关于深入落实习近平总书记视察塞罕坝林场时的重要指示精神切实加强旅游景区森林草原防灭火工作的通知》文件精神，转发《关于扎实抓好今冬明春森林防灭火工作的通知》相关文件。要求各地文化和旅游部门在同级森防指及应急管理部门的指导下，针对本地区文化和旅游领域森林防灭火工作特点，进一步压实属地A级旅游景区的主体责任。配合省森林防灭火指挥部于清明、冬至等重要节点前，派出专门督查小组，赴杭州、舟山、嘉兴等地，进行专项检查。指导省文物局配合省林业局开展地处林区文物保护单位大排查，涉及52个市、县338处文物保护单位，指导督促文保单位抓好周边环境治理，杜绝安全隐患。

落实长效措施，提升安全监管效能。完善工作制度。建立浙江省文化和旅游系统安全生产工作例会制度，专题听取例会成员处室关于业务领域安全生产监管情况、存在问题或监管难点等汇报，研判全省文化和旅游安全生产形势，研究部署安全生产工作，将安全生产工作融入日常业务管理活动，做到安全与处室工作同部署、同落实、同检查，切实履行部门安全监管职责。广泛宣传动员。加强主流文化教育，广泛开展安全工作宣传。6月，在文化和旅游行业组织开展"安全生产月"宣传活动。深入学习贯彻习近平总书记关于安全生产重要论述，通过认真开展专题学习、宣传咨询日、警示教育视频共享及公益讲座等活动，营造"安全生产月"关注安全、关爱生命浓厚氛围。全省各地上下联动，开展了声势浩大的系列宣传及安全检查、演练等活动，共出动检查10617人次，检查文化和旅游单位7851家次，整改各类安全隐患1776处，有效净化了文化和旅游行业安全环境。组织应急演练。4月28日,在安吉县举行全省文化和旅游系统安全培训暨应急演练活动,邀请业内专家就旅游新业态安全监管、应急救援、旅游安全等主题进行授课。各地结合工作形势,进一步完善文化和旅游安全应急预案,组织开展应急演练。完善行业标准。与省消防救援总队共同拟定了《浙江省文化和旅游系统消防安全标准化管理规定(试行)》,并印发各地贯彻实施。与省委宣传部、省消防救援总队联合印发《关于建立全省电影院、公众聚集文化经营场所消防安全风险长效管控机制的通知》,将专项整治中形成的有效办法以机制的形式固化,进一步加强和改进公共聚集文化经营场所消防安全工作。

【坚持慎终如始,严格疫情防控】及时研判形势强化部署。省文化和旅游厅党组书记、厅长褚子育多次召集厅疫情防控工作领导小组成员会议,准确把握疫情风险演变的新形势及全省文化和旅游系统疫情防控工作面临的新挑战,保持高度的思想警惕性和政治敏感性,把"防聚集、保健康、可追溯"作为重中之重,聚焦常态化、精准化、实战化,进一步增强防控措施的针对性和实效性,研判排查风险隐患点,并及时对疫情防控做出部署要求。全年根据疫情形势共印发防控相关文件31个。

严格管控跨省游业务。督促旅行社及在线旅游企业不得经营出入境团队旅游和"机票+酒店"业务,暂缓组织赴有本土感染者的设区市旅游,暂停经营旅游专列业务。12月6日,浙江出现疫情中风险地区后,省文化和旅游厅立即启动跨省旅游经营活动管理"熔断"机制,暂停全省旅行社及在线旅游企业经营跨省团队旅游及"机票+酒店"业务。要求各地指导旅行社及在线旅游企业服从服务大局,依法妥善处理游客行程调整和退团退费等事宜,维护好游客与旅游企业的合法权益。

细化常态化防控措施。督促各地公共文化和旅游场所,特别是密闭式室内场所切实落实疫情防控主体责任,严格执行"限量、预约、错峰"要求,根据疫情防控要求动态调整,严格执行游客接待上限,认真实施测温、亮码、戴口罩、日常清洁、通风消毒、保持社交距离、减少人员集聚等防疫规定,坚持"人物并防",切实把风险降到最低。

加强防控宣传引导。通过官方网站、微信等各种渠道及时发布游客出游防控注意事项,增强游客自我防控意识。提醒游客保持"一米线"、勤洗手、戴口罩、分餐制、公勺公筷制、规范处理垃圾等卫生习惯,推广"无接触"服务等健康旅游新方式。同时,将防控要求通过省旅行社协会等发至每一个成员单位,通过行业自律进一步推进日常防疫工作不放松。

开展防控督查检查。各地文化和旅游部门、文化市场综合行政执法队积极运用"大数据+网格化""互联网+督查""四不两直"等方式,针对重点场所、重点环节、重点时段,持续抓好疫情防控检查工作,发现问题隐患及时整改到位,形成工作闭环。特别是加大假日市场巡查力度,元旦、春节、清明、五一、端午、中秋、国庆假日期间,各地共巡查文化和旅游经营单位17997家次,处置疫情防控隐患问题1428个,发现并整改安全生产隐患问题1029个,维护了假日市场安全平稳。

强化应急防控响应。做好疫情相关地区组团游客协查任务。根据疫情防控需要,组织各地对旅行社组团赴内蒙古、甘肃、陕西、宁夏、湖南、贵州、江西等突发疫情地区旅游的人员进行全面排查,摸排出团队游客11906名,并第一时间上报省防控办。严格控制会议活动。根据疫情防控需要,按照"非必要不举办、能线上不线下"的原则,严格控制会议活动数量和规模,严格控制大型文艺演出、旅游宣传推广等人员聚集性活动。精密调整防控措施。明确省内发生本土疫情期间,各地可结合疫情防控态势,暂时关停KTV、电子游戏等室内密闭公共娱乐场所。发生本土疫情的设区市,按照属地疫情防控工作领导小组要求,可对文化和旅游领域人员聚集采取更加严格的措施,该限流的限流、该暂停的暂停、该关闭的关闭。做好重点人员协查管控。加强文化和旅游系统内部管控,对照公开发布的阳性病例行动轨迹,组织对本系统本单位是否存在密接和次密接人员进行全面排查,第一时间掌握信息,确保不漏、不脱、不失。

(王 华)

对外对港澳台合作交流

【概况】 2021年,全省共实施对外及对港澳台文化旅游交流项目710项,1899人次参与交流;线上交流 5 项。对外文化交流项目 587 项,1467 人次参与交流;对港澳文化交流项目 19 项,48 人次参与交流;对台文化交流活动 104 项,384 人次参与交流。引进项目 707 项,1869 人次(主要为涉外及港澳台营业性演出项目);派出项目 3 项,30 人次。举办线下活动 17 场,线上活动逾 100 场,覆盖 70 多个国家与地区,影响 6000 余万人次。收到驻外使领馆、驻外旅游办事处及境外合作机构感谢信 4 封。

【设立浙江文旅海外推广中心】借鉴兄弟省、市成功经验和做法,在日本、韩国、马来西亚设立了浙江文旅海外推广中心,安排专职人员负责"诗画浙江"推广工作。通过旅游产品开发、观光情报制作与发送、形象推广及维护等工作,加大浙江文旅资源的宣传力度,不断提高"诗画浙江""文化浙江"品牌的国际影响力。

【举办《富春山居图》合璧十周年纪念活动】　6 月 1 日,由国务院台湾事务办公室交流局指导,杭州市人民政府、海峡两岸关系研究中心、浙江省人民政府台湾事务办公室、浙江省文化和旅游厅、浙江广播电视台共同主办的《富春山居图》合璧十周年纪念活动在浙江省人民大会堂开幕,来自海峡两岸的 350 多名嘉宾参加了活动。整场纪念活动以"画合·梦圆"为主题,"一幅画·十年""一个梦·机遇""一家亲·圆合"三大篇章展现《富春山居图》合璧 10 年来两岸的交流成果、当前发展及未来展望。中共中央台办、国务院台办主任刘结一,浙江省

人大常委会党组副书记、副主任熊建平等领导出席活动。浙江省人民政府党组成员、副省长徐文光主持活动。中国国民党前主席、中华青雁和平教育基金会董事长洪秀柱,台湾文化事务主管部门前负责人洪孟启以视频方式参与纪念活动。

【参加系列重要国际性旅游展会】6 月 17 日至 20 日,第十七届海峡旅游博览会和 2021 第七届中国(厦门)国际休闲旅游博览会在厦门举办。浙江共组织 69 家单位参展,获最佳组织奖和最佳展台奖。其中,宁波市作为本届海峡旅游博览会的唯一主宾市,上演大型舞剧《花木兰》,开展国家级非遗项目"十里红妆"婚俗展演。

7 月 9 日至 11 日,由文化和旅游部支持,澳门特区政府旅游局主办的第九届澳门国际旅游(产业)博览会在澳门举办。浙江共组织杭州、宁波、温州、台州文旅部门及 30 余家文旅企业参加,浙江展厅共接待观众 7000 余人次,分发手册、画册、宣传页、小礼品等 4000 余份,各市、县企业代表与当地企业积极洽谈,44 家企业达成合作意向。

10 月 15 日至 17 日,由文化和旅游部、广西壮族自治区共同主办的 2021 中国-东盟博览会旅游展在广西桂林举办。浙江共组织 30 家单位 100 人参展,荣获最佳组织奖和最佳展示奖。展会现场,通过播放宣传视频、旅游纪念品和文创产品展示、宣传册发放等方式,介绍了浙江优越的自然旅游资源和独具特色的文旅产业。

【运营浙江文旅海外社交媒体】7 月,省文化和旅游厅在 Facebook、Twitter、Instagram、YouTube 四大平台开设浙江文旅海外社交媒体账号"Discover Zhejiang",策划四季浙江及说唱浙江等精彩活动并精心运营。平台粉丝数已超 10 万,互动量超 140 万,覆盖人群超 1200 万,在全国省级文化和旅游新媒体国际传播力综合指数排名中三度雄踞榜首。

【举办"诗画浙江"澳门推介会】7 月 8 日,由省文化和旅游厅主办的"双水擎莲·两地跨虹"诗画浙江推介会走进澳门,澳门特别行政区政府旅游局局长文绮华、澳门中联办宣传文化部部长万速成出席活动。本次活动发布了为澳门同胞量身打造的 6 条精品旅游线路,引起参会旅行商和媒体的高度关注,并通过浙江特色艺术品展览、艺术大师现场讲解及互动、VR 体验等多种形式,向澳门同胞展示了多彩的浙江风姿,增进了澳门同胞对浙江的了解和情感认同,促进了浙澳双方共赢发展。

【举办"照鉴·中希戏剧对话"活动】　9 月 30 日,省文化和旅游厅在杭州举办 2021 中国希腊文化和旅游年之"照鉴·中希戏剧对话"活动,中国、希腊两国艺术家以视频连线的方式交流。希腊国家剧院艺术总监、希腊著名戏剧学家、剧作家艾丽·吉尔伊亚,中国驻希腊大使馆原文化参赞王超,中国驻希腊大使馆一等秘书赵凤以线上方式出席活动。两国戏剧专家从多个层面交流探讨如何通过"戏剧"这一透镜互为照

鉴,特别创排了改编自古希腊悲剧《俄狄浦斯王》的同名越剧(片段)。除剧场版外,该片版本还有专程前往世界文化遗产良渚古城遗址录制的外景版。

【参与第二届海峡两岸影像文化周活动】

10月12日,由海峡两岸影像文化周组委会主办、浙江省文化艺术交流促进会承办的第二届海峡两岸影像文化周活动在浙江美术馆开幕。中共中央台办、国务院台办副主任龙明彪,浙江省委副书记黄建发,浙江省委办公厅副主任方毅,旺旺集团副董事长周锡玮,海峡两岸影像文化周组委会主任、浙江省委台办和省政府台办主任庄跃成,海峡两岸影像文化周组委会副主任、浙江省文化和旅游厅副厅长朱海闵等领导出席了活动开幕式。本届海峡两岸影像文化周活动延续了首届活动聚焦青年、设计新颖、内容丰富等特点。文化周期间,推出了"景观·山悟"王达军摄影艺术展、"光影瞬间·映像两岸"摄影作品展、"从'浙'里看美丽中国"摄影作品展,还举办了第二届海峡两岸大学生短视频大赛、第三届海峡两岸大学生摄影大赛、"我在浙里"在浙台青手机摄影比赛。本次活动为两岸摄影人及青年提供了广阔的艺术创作与交流空间。

【发布浙江入境旅游精品线路】

10月13日,省文化和旅游厅在杭州举行"眼见为实"诗画浙江入境旅游精品线路发布会。浙江省文化和旅游厅党组成员、副厅长、一级巡视员许澎,浙江省政府外事办公室党组成员、副主任、一级巡视员顾建新,马耳他驻沪总领事伯纳德·韩弥敦,欧盟轮值主席国、斯洛文尼亚驻沪领事馆馆长李美霞等出席活动。来自美国、法国、日本、马来西亚、中国澳门等地的旅行商代表线上参与活动并发来视频贺词。

依托浙江入境旅游市场的大数据报告,省文化和旅游厅精准定位港澳台、东亚、东南亚、欧洲、北美5个不同客源市场与人群,分析入境游客的旅游诉求、产品接受度、产品喜好度,在充分融合浙江文旅特色资源及144小时过境免签等政策优势的基础上,广泛邀请国内外资深旅游业界人士和入境游客代表参与设计,并最终评选出"越地宝藏,文明之光""枕水人家,江南古镇""古韵遗风,千年回响"等10条精品线路。

活动还发布了浙江精心制作的10部VR宣传短片和2部体验式主题短片,在YouTube、Facebook、Twitter等海外社交媒体和搜索引擎上进行全球推广。此外,浙江精选五大客源市场中的5个核心城市,设立线下VR体验点,让当地的市民游客可以"眼见为实"地感受"诗画浙江"的独特韵味。

【举办"诗画浙江"主题推广活动】

10月31日,由省文化和旅游厅与省人民政府新闻办公室联合主办的"良渚揽秀 诗路寻音"诗画浙江主题推广活动在杭州运河文化发布中心举办。活动邀请世界顶尖音乐奖艾美奖、泰利奖获得者、美国好莱坞音乐家Mark Chait来诗路文化带采风,创作《诗路寻音》交响乐,并邀请4位世界著名音乐家在"云端"合奏,进行全球发布。与"盖娅传说"创始人熊英合作,以服装跨界表演的形式,展示良渚文化的精髓。活动通过央视频移动网、新华社现场等媒体平台及YouTube进行全球直播。来自法国和意大利的文化艺术界人士200余人连线观看。据不完全统计,仅活动当日观看量就超过400万人次,相关报道逾1000篇,覆盖60余个国家和地区。好莱坞作曲大师大卫·齐佩尔、《老友记》导演罗杰·克里斯滕森等名流纷纷为《诗路寻音》点赞。观看活动的多国驻华外交使节也赞不绝口,并主动索要活动素材,显示了中国文化的独特魅力。

【"诗画浙江"与世界对话——良渚主题系列活动在希腊雅典举办】

11月4日,省文化和旅游厅在希腊雅典举办"曙光之约·东方泽国"中国良渚文明主题展及"文明的回望"良渚文明与希腊文明的对话交流活动,希腊旅游部原部长哈里斯·塞奥哈里斯、希腊文化和体育部秘书长乔治·迪达斯卡卢、雅典中国文化中心主任任刃出席活动,并共同为本次活动开幕剪彩。

"曙光之约·东方泽国"主题展以良渚文明的发展时间轴为叙事顺序,由"稻与王国""城与创造""神与信仰"3个板块构成,通过文物复制品、三维实景复原视频、图文资料及光影艺术装置等形式,向希腊观众展示良渚文明的全貌,实现两大古文明之间超越时空的对话。

"文明的回望"良渚文明与希腊文明的对话交流活动通过线上直播连线希腊与浙江两地会场,双方学者在古文明遗址的发掘、保护、教育等领域展开交流,探讨古老文明的深邃智慧,展现文明古国的历史担当,回望文明,展望未来。

【"云上浙江"万象馆在东南亚发布】　11月24日,"云上浙江"万象馆分别在马来西亚、新加坡、越南3个国家发布。中国驻马来西亚大使欧阳玉靖,马来西亚旅游、艺术和文化部部长南希·舒克里现场出席发布会。新加坡旅游局局长陈建隆及越南国家旅游总局副局长何文超在线上发表视频致辞。"云上浙江"万象馆线上展览分为"山水间""博物志""百工巷""绕梁音""江南味"五大篇章,从风光、历史、非遗、艺术、美食5个方面展示浙江的全貌。上线两天,观展量突破100万人次。

【"诗画浙江"文旅交流周在日本静冈举办】　11月24日,省文化和旅游厅在日本静冈举办"天涯比邻　相逢有期""诗画浙江"文旅交流周,静冈县知事川胜平太观展并表达了希望静冈与浙江之间友谊长青的美好祝愿,中国驻日本大使馆公使衔参赞石永菁视频致辞,静冈县体育、文化和旅游部部长植田基靖现场致辞。文旅交流周分两个区块,其中葵塔综合体的展览以"邂逅""雅韵""知音"为主题营造3个展区板块,吸引了众多静冈市民观展;青叶广场借助静冈世界节,设立浙江风物展示区及体验互动区,分别对浙江特色的茶道、篆刻、书画、服饰、音乐等内容进行多点联动展示,为静冈人民展现多姿多彩的浙江风貌。

【"来诗画浙江　为亚运喝彩"文旅交流展在日本东京举办】　11月30日,省文化和旅游厅在日本东京举办"来诗画浙江　为亚运喝彩"文旅交流展,中国驻日本大使馆公使衔参赞石永菁视频致辞,日本参议院议员松下新平、日本亚洲共同体人文合作机构事务局局长小松道彦、日本华人文联主席晋鸥莅临现场并致辞。交流展分为"山河印象　诗意长歌""璀璨亚运＠晴空""故梦流光　东方共叙"三大板块,分别展示了浙江的文旅资源、亚运主要场馆与文创产品及浙江的传统运动和非物质文化遗产,与日本人民分享活力蓬勃的浙江风采。

【承办2021港澳青少年内地游学专题培训暨青少年非遗传习活动】　11月30日至12月1日,由文化和旅游部国际交流与合作局(港澳台办公室)指导,内地游学联盟主办,浙江省文化和旅游厅承办,浙江旅游职业学院执行的2021港澳青少年内地游学专题(线上)培训举办。作为文化和旅游部2021年度内地与港澳文化和旅游交流重点项目之一,培训以"专题教学＋分享交流"的形式在线上开展。主办方邀请了业界专家学者、行业代表开展了"游学与研学的思考""研学旅行产品设计及浙江研学产品介绍""数字赋能游学产品案例分享""全国十佳游学产品案例分享"等多场专题授课,组织了包括中国香港、澳门在内的10省、区业界代表开展了线上交流分享。据统计,港澳内地游学机构、内地游学联盟成员、研学研究机构、游学项目研创机构等单位的841人同步参加了本次线

上开幕和培训,学员通过腾讯会议直播平台及微信群进行学习、交流和讨论,并在培训结束后参与测评和培训小结。根据学员课后提交的测评,本次线上培训满意度99.72%,达到了预期的培训效果。

12月,以"赏析教学＋体验交流"的组织形式,邀请亚太地区手工艺大师、中国工艺美术大师等,摄制青瓷、核雕、扇艺、刻纸4个非遗文化宣传推广视频和4个相关的非遗技艺展示视频,并打造"非遗文化线上研习馆"推广示范性游学项目。邀请澳门大学、澳门旅游学院、香港耀中幼教学院、香港理工大学专业进修学院等多所院校青少年共同体验非遗产品设计制作,还将对优秀作品进行展示交流。

【"诗画浙江-杭州亚运号"无降落包机活动在韩国仁川举办】　2021年是"中韩文化交流年",为推进后疫情时期韩国市场的快速复苏,提振浙江入境游市场,借助文化交流年的契机,12月18日,省文化和旅游厅在韩国仁川举办"诗画浙江-杭州亚运号"无降落包机活动,共招募140余名对浙江文旅有旅游意愿的韩国游客参与,搭载德亚航空公司客机从韩国国内机场出发,不降落返回机场,享受了一把旅游新体验,增进了韩国乘客对杭州2022年第19届亚运会的深入了解。活动受到韩联社、韩国《中央日报》《经济学人》杂志等30余家主流媒体的广泛关注。

【良渚海外推广:诗画浙江与世界对话(西欧)·丝茶瓷线上展在法

国上线】 12月,省文化和旅游厅主办的"良渚海外推广:诗画浙江与世界对话(西欧)·丝茶瓷线上展览"在法国各文化机构和媒体平台正式上线。本次活动是浙江文化"金名片"在法国的"云端"首秀,展示了浙江传统文化的历史传承与当代艺术面貌。本次展览主题为"润物耕心·观照时代之美",分"赓续""嬗变""破土"3个板块,用先锋艺术的形式,选取有代表性的浙江当代艺术家群体,集中展现浙江传统文化的精粹与蜕变。

【年度要闻】

2021年度海外"欢乐春节" 积极适应疫情防控形势,按照文化和旅游部统一部署,挖掘梳理品牌资源,推出海外"欢乐春节"13项线上活动,以全球海外中国文化中心和中国驻外使领馆官方网站及社交媒体为主阵地,向世界人民传递美好祝福,助推春节文化"走出去",打造"世界看浙江"闪亮窗口。截至2月25日,线上活动辐射至全球40多个国家,新华社、人民网、《北欧时报》、北欧华人网、《北欧绿色邮报》、巴塞罗那电视台等媒体广泛报道,环球网、中新网、中国政府网、新浪网等媒体转载,浏览点击量超100万次。

借力国家平台提高传播广度 积极对接文化和旅游部,服务亚洲之光国际艺术节落户浙江。联合杭州市、杭州市萧山区推动世界旅游联盟有关事项落地。牵头推动文旅行业和亚组委合作事宜,与亚组委达成24项合作项目清单。推动温州市当选2022"东

亚文化之都",2021绍兴市"东亚文化之都"活动年按计划推进。举办首届丝绸之路国际图书馆联盟大会,指导中国-中东欧国家音乐院校联盟年度4场活动顺利实施,中国-中东欧图书馆联盟馆长论坛顺利举办。

借助海外中国文化中心扩大浙江故事全球传播 与瑞典和罗马中国文化中心合作开设"美丽中国·诗画浙江"专栏等10个项目。与中国驻萨尔瓦多和苏里南等大使馆合作实施8个交流项目。"云上泽国——良渚文明线上主题展"、"世界看见·诗画浙江海外推广文旅金名片线上展"、"美丽中国·诗画浙江"形象推广线上专栏、《浙江文化印记》电子书、交响乐《良渚》、"家在绿水青山间:浙江乡土建筑之美"、"云上浙江"、"良渚海外推广:诗画浙江与世界对话(西欧)"、"山海新经"、"良渚和中华文明"线上讲座、"风雅·宋——中国点茶文化云课堂"等一系列项目通过中国文化中心和旅游办事处在美国、瑞典、希腊、墨西哥、澳大利亚等近60个国家进行传播。

国际人文交流活动成果丰硕 开展第二批省国际人文交流基地培育建设工作,完成第二批国际人文交流基地13家认定工作,已累计建成20家体现浙江特色、代表中国形象、具有国际影响的人文交流基地,使之成为"世界看浙江"的闪亮窗口。启动2021"相聚浙里"国际人文交流活动,培育了60余名来自10个国家和地区的"诗画浙江"友好使者(外籍),组织了3批近30名"诗画浙江"

友好使者走进温州、金华、湖州、丽水等地体验浙江传统文化和乡村建设成果,不断扩大知华友华的国际舆论朋友圈。

(刘文俊)

文物保护与考古

【概况】 2021年,全省文物保护与考古工作紧抓制度保障、文保单位管理、世界文化遗产保护、考古与大遗址保护工作,取得一定成效。

【制度保障】 联合印发《浙江省文物保护单位保护范围和建设控制地带划定办法》及导则。编制浙江省国土空间规划文物保护专项规划,将文物保护单位空间管控纳入全省国土空间"一张图"及省域空间治理平台,初步建立多规合一和国土空间管控背景下的文物保护与城乡建设管理新机制,相关工作被国家文物局列为试点项目。开展全省文物保护区域评估,组织文物保护区域评估18项,评估面积483.1平方千米,累计完成144处省级以上平台的文物保护区域评估,完成工作总量的82.3%。

【文保单位管理】 泰顺廊桥灾后修复工程作为唯一中国案例,入选国际古迹遗址理事会(ICOMOS)国际文物保护与修复研究中心(ICCROM)《全球文化遗产恢复和重建案例研究》。组织编制《浙江省文物保护工程检查管理办法》《浙江省文物保护工程竣工验收管理办法》,审批文物保护工程立项50余项,审查省级以上文物

保护单位保护规划和设计方案180余项,审批涉及省级以上文物保护单位保护区划建设项目50项。公布全省第三届不可移动文物保护利用优秀案例和入围案例名单。开展省级文物保护单位修缮许可审批下放后的事中事后监管,组织施工中期检查40余次、验收工程50项。探索常态化、标准化文物建筑预防性保护新机制,启动实施兰溪诸葛村民居文物建筑预防性保护项目,被列为国家文物局5个试点项目之一。完成松阳县"拯救老屋行动"二期项目,修缮老屋123幢,启动低级别文物建筑保护利用管理模式推广,助力乡村振兴战略。协同省住房与建设厅编制《浙江省历史文化名城名镇名村保护"十四五"规划》,做好全省第七批历史文化名镇、名村(街区)申报。

【世界文化遗产保护】　上报全省第三轮世界文化遗产定期报告。启动《浙江省大运河世界文化遗产保护管理规划》编制,完成大运河文物监测预警国家级数据库及总平台——浙江省试点项目中期验收。《杭州市大运河世界文化遗产保护规划》获2020年度浙江省规划科学技术进步奖二等奖。成立"中国大运河世界文化遗产监测联盟"。推动《浙江省大运河世界文化遗产保护条例》宣传、贯彻和实施,配合制定出台大运河核心监控区负面清单管理办法、大运河核心监控区管控通则。举办首届浙江省大运河世界文化遗产宣传周宣传活动,在全省大运河沿线城市进行联动。实施良渚古城外围水利系统塘山水坝发掘,新发现确认石岭头等水坝坝

体;发掘良渚古城南部北村遗址,发现良渚早期聚落和贵族墓地,对研究良渚文明发展进程具有重大价值。完成《良渚遗址和鲤鱼山-老虎岭水坝遗址保护总体规划》。良渚古城保护利用经验做法获副总理孙春兰批示肯定。杭州西湖文化景观获联合国教科文组织希腊梅丽娜·梅尔库里文化景观保护与管理国际奖提名。

【专项调查】　完成全省石窟寺造像专项调查,调查核定1911年以前开凿的石窟寺和摩崖造像87处,其中新发现16处。编制完成《浙江省石窟造像调查报告》《浙江省石窟造像病害调查报告》《浙江省石窟寺考古中长期计划实施方案(2021—2035)》,启动《浙江省石窟寺及石刻保护利用专项规划》编制,谋划一批石窟寺保护利用重大工程。会同全国白蚁防治中心在全国率先完成全省文物保护单位白蚁灾害专项调查,编制全省省级以上文物保护单位白蚁防治三年行动计划,遴选4个县(市、区)启动全省文物建筑白蚁防治试点项目。

【考古与大遗址保护】　做好考古发掘工作。实施主动性考古项目9项,配合基本建设项目考古调查、勘探、考古发掘项目530项,考古勘探面积2755.67万平方米,考古发掘面积14.54万平方米。推进浙江省文物保护与考古基地建设,争创国家重点区域考古标本库房,被国家文物局《大遗址保护利用"十四五"专项规划》列为国家重点支持项目。黄岩沙埠考古工作站建成使用,基本形成"一主五中心十个以上工作站"

框架。建立基本建设考古前置制度,在国家级、省级历史文化名城及地下文物丰富的市、县(市、区),推行经营性用地"先考古、后出让"工作机制,推进全省文物保护区域评估工作。推动宋韵文化和南宋文化文物考古与保护,参与制定宋韵文化研究传承、南宋文化品牌塑造年度工作计划与三年行动方案,编制《实施宋韵文化传世工程子方案》。浙江考古经验在仰韶文化发现暨中国现代考古学诞生100周年纪念大会上被交流推广。11月9日召开"浙江考古与中华文明"新闻发布会,集中介绍80余年来浙江考古重大成就及其在实证中华文明发展史中的重大意义。

推动大遗址事业发展。上山遗址、河姆渡遗址、良渚遗址、安吉古城遗址、上林湖越窑遗址、大窑龙泉窑遗址、临安城遗址、宋六陵、蒲壮所城等9处遗址入选"十四五"国家大遗址名录,姚江谷地(以河姆渡遗址为主)被列入国家大遗址保护利用重点片区。上山遗址、河姆渡遗址、良渚遗址、南宋临安城遗址及官窑遗址入选"百年百大考古发现",良渚遗址还入选考古遗址保护展示优秀项目(全国5个)。上山文化遗址、河姆渡遗址、跨湖桥遗址、马家浜遗址等被列入中共浙江省委加快推进新时代"文化浙江"工程重大项目。余姚井头山遗址考古发掘项目入选国家文物局2020年度全国十大考古新发现和中国社科院考古学论坛2020年中国考古新发现。余姚施岙遗址考古证实是世界上最早、面积最大、证据最充分的古水稻田,入选国家文物局"考古中国"重要成果。衢州市

衢江区西周时期大型土墩墓群考古工作取得重大成果,被专家认定极有可能是姑蔑国王陵区。推进德寿宫遗址保护展示工程,完善考古遗址公园体系建设,完成第一、二批省级考古遗址公园运行管理评估,推动绍兴宋六陵考古遗址公园建设,安吉古城国家考古遗址公园及安吉古城遗址博物馆开馆。

加强上山文化遗址群保护利用。全面启动上山文化遗址群保护申遗工作,纳入省委、省政府重要决策部署。印发实施《上山文化研究、保护和宣传工作方案》,遴选确定6处遗址作为上山文化遗址群,申报世界文化遗产预备名单遗产点。筹办习近平总书记批示暨上山文化命名15周年系列活动,在中国国家博物馆举办"稻·源·启明——浙江上山文化考古特展"暨"万年浙江与中华文明"学术座谈会。指导编制《考古中国——长江中下游稻作农业社会的形成》考古工作规划,申报国家文物局"考古中国"重大课题。完成"上山文化"考古公开课拍摄,在中纪委网站播出。

(宋丹妮、徐竞之、黄昊德)

革命文物保护

【概况】 2021年,省文物局文物保护与考古处加挂革命文物处牌子,进一步加强革命文物保护规划引领,公布了浙江省第一批革命文物名录,开展了"百年党史文物说"活动,全省革命文物保护管理利用水平稳步提升。

【机构改革】 经省委编办批准,

根据浙编办函〔2021〕106号文件,在省文物局文物保护与考古处加挂革命文物处牌子,主要负责拟订全省革命文物保护管理利用的政策与规划,调查、公布全省革命文物资源,指导全省革命文物保护管理利用,开展革命文物研究、展示和传播,指导全省革命博物馆、纪念馆等工作。

【保护规划】 贯彻落实全国革命文物工作会议精神,启动实施浙江省革命文物保护利用三年行动计划和五大工程,印发《浙西南革命文物保护利用规划》《金华市红色资源保护利用工作方案》《丽水市革命遗址保护条例》等。

【革命文物名录】 1月26日,公布浙江省第一批革命文物名录,包括不可移动革命文物547处、可移动文物9061件(套)。不可移动革命文物涵盖全国重点文物保护单位15处、省级文物保护单位72处、市县级文物保护单位338处、文物保护点122处;可移动革命文物涵盖一级文物139件(套)、二级文物873件(套)、三级文物4825件(套)、一般文物3224件(套)。这是浙江首次开展系统调查和核定公布革命文物工作。启动全省第二次革命文物专项调查。

【"百年党史文物说"活动】 5月9日,在义乌市陈望道故居举行"百年党史文物说——浙江省文物系统'六个一百'庆祝建党百年系列活动"启动仪式。全省共组织红色主题展览376场,社会教育活动2127场,观众951.5万人次,宣传报道7903篇(其中国家

级媒体131篇,省级媒体287篇)。南湖革命纪念馆"红船起航——南湖革命纪念馆基本陈列"、浙江省博物馆(浙江革命历史纪念馆)"浙里小康——庆祝中国共产党成立100周年特展"、宁波中国港口博物馆"红船引航　迎潮博浪——中国共产党与中国强港之路"展、金华市博物馆"望道之路——陈望道与《共产党宣言》暨中国共产党成立100周年系列联展"入选中共中央宣传部、国家文物局"庆祝中国共产党成立100周年精品展览";2个展览入选国家文物局2021年度"弘扬中华优秀传统文化、培育社会主义核心价值观"主题展览前20重点推荐名单,数量居各省第一,并有3个展览获推介。4人入选"全国革命文物百佳讲述人",2人获全国"庆祝中国共产党成立100周年讲解大赛"三等奖。

(周依丽、杜学全)

博物馆事业

【概况】 2021年,全省博物馆建设水平进一步提升,等级博物馆数量位居全国前列,乡村博物馆建设列入全国试点,多项文创产品获全国性奖项。

【博物馆建设】 实现设区市综合性博物馆全覆盖,全省等级博物馆73家,数量位居全国前列;登记备案博物馆420家,数量位居全国第二。推进浙江省博物馆之江馆区、世界旅游博物馆、京杭大运河博物馆、浙东运河博物馆建设和天一阁博物馆扩建项目;配合做好国家版本馆杭州馆筹建工

作,启动谋划宋韵文化博物馆建设项目;浙江越剧博物馆、嵊泗博物馆、仙居博物馆、平湖博物馆新馆实施建设;审查一批文博单位安全防护工程、展陈设计与提升等工程设计方案。

【博物馆改革】　乡村博物馆建设被列入全国试点和2022年省政府十大民生实事,全面启动。初步完成《乡村博物馆建设认定标准》《乡村博物馆管理办法》。发布全省首个博物馆领域地方标准《博物馆教育服务规范》。开展《浙江省博物馆事业面向2035远景规划纲要》编制。编制《浙江省文物博物馆事业"十四五"规划》。国家文物局致信浙江省人民政府,肯定我省博物馆事业发展状况。

【博物馆展陈】　举办展览1578场次,观众2651.7万人次。中国丝绸博物馆"众望同归——丝绸之路的前世今生"、跨湖桥遗址博物馆"勇立潮头——跨湖桥文化主题展"分获第十八届全国博物馆十大陈列展览精品奖和优胜奖。

【博物馆公共服务】　开展博物馆公共服务能力大提升工作,完成95家公共博物馆考评。推进湖州、金华的县级公共博物馆质量提升试点。浙江省博物馆被列入全球20强博物馆名单。中国丝绸博物馆成立"丝路文化进校园"教育联盟。浙江省博物馆沙孟海旧居被授予"中国民主同盟传统教育基地""浙江省盟员传统教育基地"。良渚博物院获评全国爱国主义教育基地、第九批中国华侨国际文化交流基地。先后举办2021年浙江省博物馆学会年

会暨学术研讨会、全省博物馆十佳青少年教育项目推介、全省博物馆十佳展品说明牌推介、全省博物馆十佳志愿者之星推介等活动。

【博物馆文创】　杭州良渚遗址管理区委员会举办三大世界文化遗产主题文创集市,合作开发推出文创产品110余款。良渚文创入驻天猫旗舰店。发布良渚博物院教育IP品牌"良良",科普读物《良良的世界》入选全球世界遗产教育创新优秀推荐案例。中国丝绸博物馆"2020丝绸之路周"系列文创获评全国百佳文化创意产品、"十三五"期间文化创意产品开发优秀成果并荣获2021中国特色旅游商品大赛铜奖。浙江自然博物院(青少年)AR科普文创获评全国百佳文化创意产品。组织文澜阁商店联盟成员单位和文博单位参加第16届中国义乌文化和旅游产品交易博览会,获展会组织一等奖,优秀展台奖,工艺美术金、银、铜奖等荣誉。

【可移动文物保护】　开展馆藏品管理专项检查,指导市、县博物馆馆藏文物保护修复及一级文物借用备案,协调馆藏文物定级鉴定和《馆藏文物大典》编纂。完成可移动文物修复资质年报。配合开展中国少数民族文物图谱编撰。完成杭州海关、宁波海关移交文物工作。举办民间收藏文物公益鉴定咨询试点工作。推进文物藏品保管领域的数字化应用。完成省文物鉴定委员会换届。1个项目获"2021全国十佳文物藏品修复项目",2个项目获评优秀项目,获奖数居全国第一。

【文物科技保护】　"文化遗产保护利用关键技术研究与应用示范项目——传统村落保护技术与活态利用"入选科技部"十三五"重点科技项目,协调国家重点研发计划项目"大遗址文化内涵叙事化展示与交互技术研发"浙江省参与课题的研究。开展2022年度浙江省文物保护科技项目申报,22个项目立项。省文物考古研究所跨学科研究项目被列入省科技厅2022年度"领雁计划"。审核余姚井头山遗址出土编织物应急保护工作方案、宁波"小白礁Ⅰ号"和清代沉船保护修复方案(二期)评审,以及武义县博物馆南宋徐谓礼文书和相关文物预防性保护方案、桐乡市博物馆、兰溪市博物馆、丽水市博物馆可移动文物数字化保护方案。

(杜学全、骆莉丹)

文物安全与执法督察

【概况】　2021年,全省文物安全与执法督察工作机制进一步健全完善,构建起文物安全管理机制,部署开展全省文物安全大排查大整治大提升攻坚行动,创新文物安全监管模式,实施文物平安工程,加大文物执法督察力度,文物安全与执法督察工作水平进一步提高。

【文物安全管理机制构建】　省政府督查室牵头开展文物安全专项督查,文物安全工作被纳入全省地方党政领导班子和领导干部年度考核、党委(党组)意识形态专项检查、高质量发展综合评价和"平安浙江"等考核评价体系。全面落实文物安全直接责任人公告

公示制度,其中省级以上文物保护单位完成率达100%,市县级文物保护单位完成率达97%。建立文物安全工作例会、领导干部联系重要评优考核与文物安全关联等一系列制度,推动全省层层建立文物安全联系制度,实现281处全国重点文物保护单位领导干部联系全覆盖。

【文物安全大排查】 9月18日,浙江召开全省文物安全专题工作会议,部署开展全省文物安全大排查大整治大提升攻坚行动。9月23日,省文物局在长兴召开全省文物安全工作部署会,全面贯彻落实全省文物安全专题工作会议精神。全省文物安全大排查大整治大提升攻坚行动中,共出动54580人次,检查文博单位25969家次,发现文物安全问题和隐患7346处,整改到位6554处;省文物局出动206人次,对95家文博单位进行检查,发现安全隐患及问题228处,发出督办函15份,整改率达100%。

【多方协同监管】 会同省消防救援总队出台《浙江省文物消防安全风险长效管控机制》,加强文物消防安全监管。探索文物安全群防群治新做法,在全国率先组建以退休干部为主体的文物安全督查队,指导地方加强文物安全基层网格治理,创立"楼长制""桥长制"等文物安全监管新模式。

【文物平安工程建设】 实施文物平安工程49项,其中全国重点文物保护单位项目18项,省级文物保护单位项目31项;竣工验收项目13项,提升安全防护能力。

【文物执法督察】 联合省公安厅召开深入推进打击文物犯罪专项行动视频会,全面部署打击文物犯罪专项行动,查获涉及文保单位犯罪案件2起,抓捕涉案分子8人。查处文物法人违法行为31起,做出行政处罚案件12起,罚款金额共计193万元。温州市永嘉县、杭州市临安区的文物行政执法案例分获全国文物行政执法十大指导性案例和优秀案例。组织开展首届长三角地区文物行政处罚案卷评查活动。

做好重点案件查处工作。配合有关部门做好钱镠墓被盗案的舆情处置、案件复查、问责追责、案件侦办审理等工作,指导杭州市和临安区做好后续处置和问题整改。重点督办绍兴大禹陵等9起违法建设案,督导大窑龙泉窑遗址局部被盗挖案、东阳民房火灾殃及全国重点文物保护单位白坦民宅之三立堂受损事故、省级文物保护单位依仁灯柱被撞案等3起文物安全案件调查处置工作。

【社会文物管理】 完成文物拍卖企业资质管理和文物拍卖标的审核工作,新增文物拍卖企业10家;审核文物拍卖经营活动109场,审核文物拍卖标的87639件(套)。

调研文物流通领域的互联网企业,会同省、杭州市市场监督管理局第一时间调查处理杭州微拍堂文化创意有限公司涉嫌非法经营文物案,调查处理杭州宜和拍卖有限公司涉嫌违法经营文物案。

(丁历丽、郑李潭、
杜学全、骆莉丹)

队伍建设与人才培养

【概况】 2021年,队伍建设与人才培养工作以习近平新时代中国特色社会主义思想为指导,深入贯彻新时代党的组织路线,围绕中心、服务大局,真抓实干、改革创新,建设高素质文旅干部队伍,推动省级文化和旅游系统队伍建设与人才培养再上新台阶。

【推进省级文化和旅游系统干部队伍建设】 成功选树1名处级干部入选浙江省"最美公务员"。11个单位被人力资源社会保障部、文化和旅游部授予"全国文化和旅游系统先进集体"称号,17名同志被授予"全国文化和旅游系统先进工作者"称号,8名同志被授予"全国文化和旅游系统劳动模范"称号,获表彰总数居全国第一,为干部队伍树立了标杆。

认真落实干部管理新规定。加快构建与高质量建设共同富裕示范区相适应的干部工作体系,坚持好干部标准,规范有序做好选人用人工作。根据省文化和旅游厅党组部署,加强机关公务员队伍建设。规范有序组织开展干部选拔任用工作。严格执行《党政领导干部选拔任用工作条例》和"五个办法",坚持德才兼备标准,完善干部工作流程,提升工作规范化水平,大力选拔任用优秀年轻干部。注重在优秀年轻干部中提任处级干部,提升各单位领导班子中45岁以下干部比例,逐步改善厅属单位领导班子的年龄结构和知识结构。着力拓宽干部选拔任用视野。优化干部队伍结构,根据单位实际情况和工作需要从全省范围选调干部。按照省委组织部部署,按要求报送优秀年轻干部入库名单,配合做好省文化和旅游厅机关与基层干部的双向交流。认真组织开展干部培训工作。举办全省文化和旅游人事干部培训班,通过业务培训、座谈交流、现场教学等方式,推动全省文化和旅游人事干部深入学习新时代党的组织路线要求,进一步学习政策法规、操作实务等专项知识。

【规范厅属单位管理】　加强事业单位建章立制管理工作。部署推进16家省文化和旅游厅属事业单位章程制定(修订)工作。制定《厅属事业单位人事工作管理办法》,进一步规范编制使用、人员招聘、岗位竞聘等工作。完成厅属单位年度目标责任书签订工作,制定印发《厅属企业绩效考核办法》,完成浙江演艺集团主要负责人2020年薪酬核定工作。组织2021年厅属单位目标责任书签订工作。优化服务流程和效能,3家高校和省文物考古研究所已按时完成章程起草修订工作。争取厅属单位机构编制有所突破。争取到在省文物局增挂革命文物工作处牌子。为省文物考古研究所争取增编。争取在中国丝绸博物馆增设丝绸之路文化研究院,增加部分事业、内设机构和领导职数。在充分研究系统内事业编制空余数,统筹调节的基础上,为筹建中的浙江省非物质文化遗产馆积极争取增编。做好事业单位日常工作的规范管理。认真做好事业单位编制申请、人员

招聘、人员交流、岗位晋升等工作的审核和报送,截至12月31日,为15家厅属单位申请使用编制304个、完成岗位晋升277人审核备案工作,8家单位公开招聘20批次297人,调入、聘用人员204人。贯彻落实《浙江省事业单位工作人员培训实施细则(试行)》,丰富更新浙江文化干部网络学院在线课件。认真审核和指导厅属事业单位绩效工资业务。完成事业单位人力资源和社会保障工资福利RW年报统计。邀请省统发办、"一件事"技术团队为系统16家事业单位开展技术和业务培训,提高经办人员业务水平。依申请完成浙江省文物考古研究所等3家公益一类事业单位绩效工资内部分配"搞活"工作,3家单位已实施与考核挂钩的新的内部分配办法。审核指导浙江音乐学院高层次人才和突出贡献奖励费在绩效工资总量外单列,并督促两家高职院校尽快跟进。按照中共中央组织部通知,做好系统9位抗战时期参加革命工作的离休干部提高享受副省(部)长级标准报销医疗费待遇的上报工作。部署职称评审工作。制定《浙江省美术专业高级专业技术职务任职资格评价条件》和《浙江省群众文化高级专业技术职务任职资格评价条件》,下发《关于做好2021年度主管系列中级、高级专业技术职务任职资格评价工作的通知》,组织2021年群众文化、图书资料、艺术高级职称理论考试,落实《浙江省事业单位工作人员培训实施细则(试行)》,完善更新文化干部网络学院课件。

【启动数字人事改革工作】　在省文化和旅游厅"数字政务"板块中探索人事人才工作数字化转型。推进干部人才工作数字库建设和数字化改革。远期目标为全面构建"2+6"数字人事改革总框架,其中,"2"是指人事管理"云管理"和人事服务"云服务";"6"是指6个数字化改革子系统:机关干部人事管理系统、厅属单位人事管理系统、干部档案数字化管理系统、人事政策服务系统、人才服务系统、离退休老同志服务系统。开展公务员职业生涯全周期"一件事"改革具体业务。截至12月底,省文化和旅游厅通过省委组织部"一件事"平台,共完成调任1人次、转任8人次(含军转安置),职务职级晋升22人次,调出3人次,有效提升了组织人事工作的质量和效率,提高了机关数字化治理水平。启动"数字人事"改革工作。根据厅党组的部署和厅数字化改革要求,完成厅机关干部平时考核、请假审批和借用人员审批模块上线运行,探索建设厅机关干部数据仓模块。配合省委组织部数字化改革,开展领导干部信息、事业单位工作人员信息等采集攻坚行动。

【扎实推进文化和旅游人才队伍建设】　开展2021年国家级海外引才、省级海外引才工作。召开2次省文化和旅游厅属单位引才工作动员会议,分别布置国家级、省级引才工作。4月底,浙江音乐学院引进3名外籍人员(美国、捷克、波兰),并作为2021年度国家长江学者推荐候选人上报教育部。开展人才推荐与遴选工作。做好2021年中共中央宣传部文

化名家暨"四个一批"人才及国家级、省级"万人计划"人才申报遴选并开展导师工作室评审工作。推荐 4 人申报中共中央宣传部文化名家暨"四个一批"人才，2 人申报国家高层次人才特殊支持计划青年拔尖人才，5 人申报宣传思想文化青年英才；推荐 3 人申报浙江省高层次人才特殊支持计划人文社科领军人才，推荐 5 人申报浙江省高层次人才特殊支持计划青年拔尖人才；推荐 10 人申报浙江省宣传文化系统"五个一批"领军人才和青年英才；推荐 1 人申报浙江省"杰出工匠"；18 人入选文化和旅游部 2021 年度乡村文化和旅游能人支持项目；确定 39 人入选 2021 年度浙江省文化和旅游厅旅游拔尖人才培育项目。做好文化和旅游部 2021 年乡村文化和旅游能人推荐和培训组织工作。开展导师工作室评审工作及年度人才课题相关工作。首批导师工作室全省共申报 38 个，经处室预评与实地核查、专家评审、处室综合评议等程序，评审公布首批 18 家浙江省文旅导师工作室。

（程慕艺）

党工团工作

【概况】 2021 年，党工团工作坚持以习近平新时代中国特色社会主义思想为指导，全面落实中共中央和省委历次全会精神，按照中共中央和省委部署，以党史学习教育为年度重点工作，认真落实"建设清廉机关、创建模范机关"工作要求，巩固和发展省级文化和旅游系统党建机制创新和制度创新成果，着力提升系统党建工作的质量和水平，各项工作取得了新的成绩。2 月，省文化和旅游厅蝉联省直机关党建综合考评年度优秀单位。浙江美术馆入选全省"建设清廉机关、创建模范机关"先进集体。《推动党的创新理论入脑入心研究——以浙江省文化和旅游系统为例》《"建设清廉单位 创建模范单位"工作实践与研究》等 2 篇党建研究论文获全省机关党建优秀课题三等奖。上线运行省级文化和旅游系统智慧党建应用系统、闭环构建党建责任落实工作机制、"红色流动美术馆"推动美育服务深入基层等 3 个案例分别入选省直机关"最佳制度供给、最佳服务项目、最佳组织举措"十佳案例和优秀案例。3 人获评省直机关优秀党员，2 人获评省直机关优秀党务工作者，2 家基层党组织获评省直机关先进基层党组织，2 家高校院系入选全省高校党建工作标杆院系单位，5 家高校党组织入选全省高校党建工作样板支部，1 人获评省直机关十佳党支部书记宣讲员，1 人获评省直机关优秀党支部书记宣讲员，1 人获评省直机关青年理论宣讲暨微型党课比赛三等奖。

【常态长效抓政治统领】 深入组织党史学习教育。在省文化和旅游厅党组领导下，厅直属机关党委作为牵头处室，研究制定《省级文化和旅游系统关于开展党史学习教育的实施方案》，建立党史学习教育日常工作提醒机制，推动形成厅党组以上率下做表率、领导小组和办公室多措并举共推进、厅巡回指导组有效运转强保障的工作格局。党史学习教育开展以来，厅机关党委及时把握工作节奏，扎实推进日常组织工作，共研究制定重要方案 12 个，梳理工作清单 9 张，发出综合性工作提醒 13 次，组织系统大型学习教育活动 14 次，刊发系统党史学习教育信息 202 篇，并对 10 家厅属单位党史学习教育开展情况进行了抽查，有效推动了省文化和旅游厅党史学习教育深入有效开展。12 月中下旬，在省级文化和旅游系统内开展了党史学习教育访谈和测评，测评结果认为省文化和旅游厅开展党史学习教育效果好的比例为 100%。

持续强化政治理论武装。党组示范带头学。紧密结合理论热点，研究出台《关于认真学习宣传贯彻习近平总书记在庆祝中国共产党成立 100 周年大会上的重要讲话精神的工作方案》《关于认真学习宣传贯彻党的十九届六中全会精神的工作方案》，省文化和旅游厅党组开展理论中心组集中学习 13 次，专题研讨 11 次，其中厅党组成员围绕党的十九届六中全会精神、习近平总书记"七一"重要讲话精神、《习近平在浙江》采访实录、《习近平科学的思维方法在浙江的探索与实践》等中心发言共 26 人次，累计带动系统各单位党组织领导班子开展集中理论学习 110 次。处级干部培训学。3 月，组织 200 名处级干部听取中央党校党史教研部主任罗平汉讲座。4 月，组织省文化和旅游厅党组理论学习中心组扩大党史学习教育专题学习会，省文化和旅游厅、省文物局机关干部职工、系统各单位党政领导班子成员等

200余人参加。5月,组织党史学习教育处级干部网络专题培训班,全系统340余名处级以上干部参加集中学习并完成测试。7月,组织习近平总书记"七一"重要讲话精神专题读书班,省文化和旅游厅、省文物局机关干部职工、系统处级干部等200余人参加。10月,组织系统党工团负责人党史学习教育专题培训班,系统各单位党工团负责人、厅机关党员干部等140余人参加。12月,组织党的十九届六中全会精神专题培训,全体处级以上干部参加学习。邀请中国新闻社浙江分社副社长严格、省直机关工委一级巡视员王义、省委党史研究室原主任金延锋等到省文化和旅游厅做党史学习教育专题报告,在系统内产生了热烈反响,取得了良好效果。全体党员覆盖学。建立理论学习"周提醒"制度,本年度共下达重点学习任务37项,购买并下发党史学习教育指定书目1.3万册,系统3171名党员干部参加了党史学习教育专题学习,3144名党员进行了党史学习专题发言,做到党组织和党员两个"全覆盖"。举办党史知识竞赛,1829名在职党员参加了网络初赛答题,省文化和旅游厅、省文物局机关和17家厅属单位党组织全部组队参加了机考、笔试两轮复赛。

大力推进青年理论宣讲。以开展"青年理论大学习"活动为抓手,面向全系统遴选42位优秀年轻宣讲员组建省文化和旅游厅青年理论宣讲团。召开全省文化和旅游系统党史学习教育交流会暨全省文旅青年百场大巡讲省、市、县3级联动部署会,在全省文化

和旅游系统党建领域尝试以省、市、县3级联动的方式,启动一项具体的党史学习教育工作任务。以"守好红色根脉、书写青春忠诚"为主题,通过深入基层、贴近青年、面向群众开展分众化、对象化、互动化全省大巡讲,重点讲好党的创新理论、讲好党史国史、讲好惠民政策、讲好文旅故事,在建设"重要窗口"的生动实践中奉献青春力量、谱写人生华章。省级层面已完成宣讲任务,4万余名高校大学生、乡村中小学生、游客、市民、村民等现场聆听,网络累计访问量突破500万次。省文化和旅游厅属各单位也单独或联合组建青年理论学习小组和宣讲团13个,开展宣讲142场次。

扎实开展建党百年活动。制定庆祝建党百年活动方案,广泛发动全省文化和旅游系统开展百场建党百年文艺演出、百项建党百年群文宣传活动、百场红色经典剧目展演、百个文博场馆主题联展、百场"云上中国故事"宣介、百年百景红色旅游主题活动、百年百艺非遗展示展演等"七个一百"系列活动,在全社会营造隆重热烈的良好氛围。完成红色剧目展演135场次,组织主题文艺演出2900余场,围绕"迎建党百年　享美好生活"主题,全省举办群众音乐、舞蹈、戏剧、小品大赛等多形式群文活动及"云上中国故事"宣介、"百年百艺"非遗主题活动等2.4万余场,举办开展红色文博、美术作品系列展览展陈217场次,认定第五批红色旅游教育基地10家,推出红色根脉经典旅游线路10余条,各类活动参与人次突破1000万,

让全省文化和旅游资源成为党史学习教育"活教材"。1名同志获文化和旅游部庆祝中国共产党成立100周年文艺演出突出贡献个人殊荣。

【落细落实抓基层基础】　抓组织生活。以党员教育"六个一"为主要内容部署开展党史学习教育主题党日活动。联合省直机关工委,以剧目党课的方式,举办省级文化和旅游系统在职党员党史学习教育集体党日活动,近1000名党员干部一起观看浙江建党百年献礼剧目歌剧《红船》。坚持单位领导班子成员"双重组织生活"情况半年度通报制度,系统党员领导干部参加"双重组织生活"1800余次。持续深入组织讲好专题党课,省文化和旅游厅党组书记带头上党史学习教育专题党课3次,全系统党员领导干部和基层党支部书记讲党课334场次,其中下基层讲党课163场次,3115名党员聆听了各类党课宣讲。同时,推动省文化和旅游厅属各单位通过举办征文比赛、创排剧目、参观展览、举办论坛等形式,使组织生活"活"起来。以召开党史学习教育专题组织生活会为契机深入开展对照检查,支部书记与党员干部、支部班子成员之间充分开展谈心谈话,系统各级党组织共查摆党支部存在问题701条,党员存在问题5948条,制定针对性整改措施6492项。

抓考评示范。落实党组织负责人三级述职制度,直属党组织负责人口头和书面述职全覆盖。按照分级管理原则对基层党组织开展星级评定,累计分层评定出

上年度五星党组织 37 个、四星党组织 187 个、三星党组织 8 个。举办省级文化和旅游系统庆祝建党百年主题党日活动，为 155 名老党员颁发"光荣在党 50 年"纪念章，并组织评选表彰省级文化和旅游系统"百名百优"，共评选出省直机关优秀党员 3 人、优秀党务工作者 2 人、先进基层党组织 2 家，省级文化和旅游系统优秀党员 58 人、优秀党务工作者 32 人、先进基层党组织 4 家。

抓党员发展。着力在党员"进、出、管、育、爱"5 个方面下功夫，把政治标准放在首位，把好党员入口关，健全党员发展工作联系制度，做好新党员和发展对象的集中轮训工作，全年新发展党员 599 名，发展数量同比增长 31%。以强化思想政治建设为重点，组织发放 898 份问卷调查，并与 9 名党组织负责人进行深度访谈，对系统思想政治工作现状进行全面分析。

抓责任落实。深入贯彻新时代党的建设总要求和党的组织路线，研究出台《中共浙江省文化和旅游厅党组贯彻落实党建工作责任制实施办法》《中共浙江省文化和旅游厅党组成员和直属机关党委、纪委委员联系基层党组织工作制度》，明确厅党组、直属机关党委、厅属各单位党组织履行党建责任的重点任务，明确厅党组成员联系厅属单位，厅直属机关党委、纪委委员协助联系厅属单位的重点任务，坚持一级抓一级，层层抓落实，推动形成厅党组统一领导，分管领导具体领导和管理，厅直属机关党委直接负责，系统各单位党组织具体落实的省级文化和旅游系统党建责任体系，确保系统各级党组织和党组织书记真正把管党治党主体责任扛在肩上、落到实处，推动全面从严治党走向纵深。

【服务中心抓务实担当】 以"点带面"纵深推进"双建"。充分总结 3 年"双建"创建经验，推动浙江美术馆入选全省"建设清廉机关、创建模范机关"先进集体。研究出台《省级文化和旅游系统纵深推进清廉单位模范单位建设评估指标》，对省文化和旅游厅属单位党组织提出 47 项创建刚性指标的基础上，进一步细分创建单位，推动"双建"工作创建主体由系统各单位向单位部门、工作组延伸，评选出 10 家"双建"先进工作集体，以点带面纵深推进全系统各级党组织"双建"工作向纵深发展，做到全覆盖、无盲区。

以"清单式"深化专题实践。制定《"深化拓展三服务、凝心聚力十四五"活动方案》，全面部署开展"三为"专题实践活动。发布《关于进一步深化"三为"专题实践活动的通知》，认真落实"六个一批"活动要求，进一步深化专题实践。部署开展省文化和旅游厅领导基层"走亲连心"活动、机关处室与基层挂钩服务活动等五大活动，配套厅领导"三服务"联系基层清单、厅机关各党支部"我为群众办实事"专题实践活动清单等 5 张清单，积极推动乡村美育、信阅服务等 4 项重点工作纳入党史学习教育全省第一批、第二批为民办实事清单。印发《关于开展"深入学习习近平总书记'七一'重要讲话精神 扎实推进'三为'专题实践活动"专项督导工作的通知》，明确 3 项重点督导清单，推动各巡回指导组开展"三为"专题实践活动专项督导工作。10 月 8 日，省党史学习教育第八巡回指导组到省文化和旅游厅开展专项督导，对省文化和旅游厅"三为"专题实践活动成效给予了高度肯定。党史学习教育中，省文化和旅游厅、省文物局机关和厅属各单位共开展"三为"专题实践活动 1646 次，组织系统党员为身边群众办实事 11970 人次，推动系统基层党支部与 94 个村（社区）党支部结对共建，破解群众、基层、企业难题 984 个，其中厅党组成员开展实践活动 84 次。

以"数字化"赋能智慧党建。自主设计研发，并在省直机关率先建成集办公、晾晒和决策为一体的智慧党建应用系统。以系统党建质量评估指标、党支部堡垒指数等五大党建量化指标体系构建应用系统的目标体系模块，以各项党建核心业务和年度重点任务的应用场景集成构建工作体系模块，以党建制度规范和工作数字档案等构建政策体系模块，以督查考核特色场景自动提取数据、统计数据、分析数据，构建评价体系模块，实现两级界面的系统构架、一次登录的落地平台、四个体系的闭环管理，为省直厅局单位如何推进必要、科学又经济的党建数字化改革提供了文旅思路和文旅方案。"上线运行省级文化和旅游系统智慧党建应用系统"党建案例，被评为省直机关年度十佳组织举措，并多次受邀展示，广获好评。

以"严管控"筑牢疫情防线。严格落实中共中央和省委关于疫情防控的各项工作要求，积极配合业务处室做好当前疫情分析，持续更新发布疫情中高风险地区提醒 32 次，细化落实防控要求和措施。制定《新冠疫情防控检查方案》，组织 5 名直属机关纪委委员对 17 家厅属单位的疫情防控情况进行检查。牵头做好疫苗接种工作，系统各单位第二针已接种人数 1651 人，加强针已接种 240 人，有力推动系统新冠疫情防控工作。

【驰而不息抓正风肃纪】　强化权力运行监督。强化推进中共中央巡视反馈问题整改，积极巩固上一轮巡视以来的制度建设和2020 年度省文化和旅游厅属单位党组织巡察工作成果，坚决按照"五个着力""三个强化"工作要求，抓好第一轮被巡察单位党组织巡察反馈问题整改工作及"回头看"，深入开展第二轮、第三轮厅属单位巡察工作。其中第一轮3 家被巡察单位共发现问题 91 个，除 3 个问题因历史原因还没有整改完成，其他 88 个问题已基本整改到位。制定下发加强"一把手"和领导班子监督"五张责任清单"，召开省级文化和旅游系统年度党建和党风廉政建设会议，分类修订年度党风廉政建设责任书，采取先分片、后集中的方式召开第一、第三季度党风廉政建设分析会，带头履行"一岗双责"，推动"四责协同"机制落实。按照上级部署开展教育领域腐败问题整治和国企领域突出问题专项治理，聚焦项目、资金、资源加强日常监督，全年现场监督重大项目招标、重要奖项评审、重大资金使用等 15 次。

驰而不息纠治"四风"。严格执行中共中央八项规定和省委贯彻实施细则，贯彻落实《关于锲而不舍落实中央八项规定精神治"四风"树新风的工作意见》精神，组织开展整治"四风"问题中"低级红""高级黑"自查，对"突击花钱"问题进行监督检查。组织开展正风肃纪检查，通过明察暗访等方式及时发现和纠改公务接待、公车使用等方面存在的问题，并将问题及时向单位领导反馈，提出整改要求。组织开展党建和党风廉政建设情况大督查、正风肃纪明察暗访 10 次，累计出动 350 余人次，督查检查省文化和旅游厅属单位 95 家次，谈话 225 人次，查阅原始资料 700 余本。做好选人用人、评奖、出国（境）等环节的廉政鉴定工作，全年共出具廉政鉴定意见 59 人次。

准确运用"四种形态"。深化单位财务集中交叉会审结果运用，加强问题线索管理，扎实做好信访举报处理、线索处置、案件审理等工作，精准把握好运用好"四种形态"，及时阻断从前一种形态向后一种形态发展的态势，以严肃问责倒逼责任落实。全年共收到信访 20 件，其中，按照管理权限移交属地处理 8 件，本级处理 12 件，已办结 8 件，给予党纪处分 1 人，政务处分 2 人。

此外，加强群团组织自身建设，发挥桥梁纽带作用。3 月初，组织省级文化和旅游系统和基层工会"三委"干部参加"强巾帼力智、助文旅犇腾"活动。召开年度系统群团工作会议，深入交流群团工作经验，评选工会工作先进集体和优秀个人，并对系统 2021 年群团工作做出全面部署。细致

摸排基层困难情况，及时发放春节期间坚守一线职工慰问金。根据上级工会要求，结合实际制定下发开展职工春秋游、疗休养通知，明确相关规定和奖励措施，进一步调动工作积极性。明确 2020 年度工会经费回拨办法，有力支持基层工会各项活动开展。全面掌握各单位高温户外工作点，为后期高温慰问做好准备。协助省直工会做好劳模体检工作。大力推进先进创评，完成往届全国青年文明号星级认定及文化和旅游行业第 20 届全国青年文明号创建工作，2 家单位获评全国青年文明号，浙江旅游职业学院厨艺学院金晓阳荣获"浙江工匠"称号。继续施行"1 加 1"行动计划，在做好疫情防控的前提下，有序推进游泳、篮球、时装、摄影、乒乓球、羽毛球等 13 个系统工会兴趣小组活动开展，丰富职工业余文体生活。

（黄　辉）

链接：

浙江省文化和旅游厅公布 2021 年第二届浙江省"最美文旅人"名单

12 月 20 日，浙江省文化和旅游厅公布 2021 年第二届浙江省"最美文旅人"名单，共 13 人获评第二届浙江省"最美文旅人"，8 人获提名奖荣誉。

为贯彻落实党的十九届六中全会和省委十四届十次全会精神，积极培育和践行社会主义核心价值观，充分展示新时代我省广大文化和旅游工作者凝心聚力、共谋发展的精神风貌，激发全省文化和旅游战线忠实践行"八八战略"、奋力打造"重要窗口"，争创社会主义现代化先行省、高

质量发展建设共同富裕示范区的奋进力量,根据省委宣传部《关于深入开展新时代"最美浙江人"学习宣传活动的通知》精神,8月起,省文化和旅游厅组织开展了第二届浙江省"最美文旅人"评选活动,经各设区市文化和旅游主管部门及厅属单位踊跃推荐,主办单位审核、微信公众号网络投票、评议、甄选、监察部门监督和公示等环节,共有21名同志获得第二届浙江省"最美文旅人"和提名奖荣誉。

2021年第二届浙江省
"最美文旅人"名单
(共13人,按姓氏笔画排序)
1. 丰　华
浙江大丰实业股份有限公司党委书记、董事长、总经理
2. 刘　涛
浙江音乐学院声乐歌剧系讲师
3. 陈小静
永嘉县岩坦镇源头村党总支书记、村民委员会主任
4. 吴明俊
龙泉市博物馆馆长

5. 张垣洪
仙居县文化和广电旅游体育局资源开发科主要负责人
6. 陈美兰
浙江婺剧艺术研究院(浙江婺剧团)一级演员
7. 汪衍君
江山市大陈乡大陈村党总支书记、村民委员会主任
8. 罗丹菁
浙江演艺集团浙江曲艺杂技总团有限公司一级演员
9. 周正平
浙江艺术职业学院美术系首席专家、一级舞美设计师
10. 郑荣良
衢州市柯城区九华乡下坦村村民、省级文物保护单位荣阳侯夫人方氏墓文保员
11. 金晓阳
浙江旅游职业学院厨艺学院院长、党总支副书记
12. 程贤法
杭州时代国际旅行社有限公司导游
13. 童锦泉
太湖龙之梦乐园董事长

2021年第二届浙江省
"最美文旅人"提名奖名单
(共8人,按姓氏笔画排序)
1. 丁洪新
宁波市文化市场综合行政执法队执法四处处长(副处级)
2. 王征宇
杭州市文物考古研究所副所长
3. 王　莺
新昌县调腔保护传承发展中心主任
4. 王维莎
海宁市文化馆馆长
5. 孔　燕
宁波市文化馆(宁波市展览馆、宁波市非物质文化遗产保护中心)副馆长(副主任)
6. 罗汝鹏
浙江省文物考古研究所项目管理部主任、商周考古室主任
7. 施洁净
浙江绍剧艺术研究院一级演员
8. 黄琳琴
文成县野舍文化旅游发展有限公司总经理

(省文化和旅游厅办公室)

大事记

ZHEJIANG CULTURE AND TOURISM YEARBOOK

2021 年浙江省文化和旅游大事记

1 月

1 日 "云上泽国——良渚文明线上主题展"在海外全面上线,在全球中国文化中心和旅游办事处的官网和社交媒体同步发布。展览采用沉浸式沙盘动画、嵌入式视频等交互技术,展示良渚的王城风貌、农业与手工业、水利工程、玉器等辉煌成就,推动良渚文化在海外的广泛传播。

6 日 浙江省旅游景区(点)质量等级评定委员会发布公告,确定中国丝绸博物馆、余杭径山景区、慈溪鸣鹤古镇景区、苍南渔寮景区、浙江自然博物馆安吉馆、德清新市古镇景区、武义温泉小镇、嵊泗花鸟岛景区、舟山南洞艺谷景区、椒江大陈岛景区、天台山大瀑布(琼台仙谷)11 家为国家 4A 级旅游景区。

7 日 浙江省文化和旅游厅发文,正式命名建德市千鹤妇女精神教育基地、宁波市张人亚党章学堂、泰顺县中共闽浙边临时省委成立旧址、桐乡市茅盾纪念馆、绍兴市俞秀松纪念馆、金华市毛主席视察双龙电站纪念馆、衢州市常山西源革命纪念馆、舟山市蚂蚁岛精神红色教育基地、温岭市坞根镇红色旅游教育基地、龙泉市住龙红色小镇 10 家单位为第四批浙江省红色旅游教育基地。

8 日 经省级验收,认定杭州市淳安县城区、绍兴市柯桥区城区、新昌县城区为省 5A 级景区城;认定杭州市桐庐县城区等13 个县(市、区)城区为省 4A 级景区城;认定建德寿昌镇、余杭瓶窑镇、宁海前童镇、苍南霞关镇、德清莫干山镇、柯桥安昌街道 6 个镇为省 5A 级景区镇(乡、街道)。

同日 浙江省民宿等级评定管理委员会认定杭州市临安区潭心谷民宿、宁波市奉化区张家大院、平阳县霖野精品民宿、湖州市吴兴区妙溪民宿、德清县塔莎杜朵民宿、磐安县汇森绘舍、衢州市柯城区抱山民宿、常山县彤弓山居、岱山县素海民宿、仙居县杜若山居、云和县云谷山房 11 家为 2020 年度浙江省白金宿。同时认定杭州市拱墅区语自在老杭州墙门文化民宿等 22 家为金宿,杭州市西湖区西元民宿等 173 家为银宿。

15 日 "万年浙江,从这里开始——上山文化考古成果展"在浙江省博物馆孤山馆区精品馆开展。本次展览展出的是由浦江上山遗址、义乌桥头遗址、仙居下汤遗址出土的上山文化最新考古成果,主要为大口盆、双耳罐、陶杯、陶碗等上山文化早、中、晚不同时期的特色陶器。展览从实证"万年浙江"的高度,切实加强上山文化的研究、保护和宣传,推动其成为弘扬浙江优秀传统文化、展示浙江文化发展水平的"金名片"。

21 日 浙江省文化和旅游厅公布全省首批示范级文化和旅游 IP 名单,良渚文化、南湖红船、塘河夜画、宋城千古情、静城宁海、南孔爷爷、缙云烧饼、大云云宝、海上古城、太湖龙之梦、横店影视城、跟着课本游绍兴、和合天台、南浔古镇、神仙居共 15 个 IP 入选。

22 日 浙皖闽赣(衢黄南饶)"联盟花园"建设工作领导小组第一次会议暨衢黄南饶"联盟花园"签约仪式以视频连线的形式在衢州、黄山、南平、上饶同步召开。会上,4 市签署《浙皖闽赣(衢黄南饶)"联盟花园"合作共建框架协议》,计划通过 3 到 5 年的建设,将"联盟花园"打造成为跨省域旅游协作的先行区、特色鲜明的国家级旅游休闲城市群和世界级生态文化旅游目的地。

26 日 浙江省文物局公布全省第一批革命文物名录,包括547 处不可移动革命文物和9061 件(套)可移动文物,涵盖与中国共产党领导中国人民进行革命、建设、改革相关的史迹、实物和纪念设施,与近代以来中国人民争取民族独立和人民解放(含抗日战争)相关的史迹、实物和纪念设施,与近代以来著名民主党派和无党派爱国人士相关的史迹、实物和纪念设施等。

是月 浙江省万村景区化提前实现五年行动计划任务目标,全省共计创建 A 级景区村10083 个,其中 3A 级景区村 1597 个。

2 月

2 日　2021 年全省文化和旅游局长会议以电视电话会议方式举行。会议总结回顾"十三五"时期及 2020 年工作,研究"十四五"时期发展思路,部署 2021 年重点任务。

4 日　浙江省市场监督管理局发布省级专业标准化技术委员会考评结果通报,浙江省文化和旅游标准化技术委员会在全省 67 家省级专业标准化技术委员会年度考核中脱颖而出,获得优秀,成绩名列第一。

19 日　浙江省文化和旅游厅召开数字化专班工作会议,学习研究全省数字化改革大会精神,部署文化和旅游系统贯彻落实措施。

23 日　浙江省旅游专班第二次工作会议在杭州召开。会议深入学习贯彻省委、省政府近期关于旅游工作的重要批示精神,认真研究谋划专班新年度工作任务。省旅游专班组长、副省长成岳冲出席会议并做讲话。

24 日　浙江省委常委、宣传部部长朱国贤到省文化和旅游厅调研数字化改革工作,对省文化和旅游厅数字化改革工作给予充分肯定,强调要通过数字化改革实现数字赋能,在建党百年活动宣传、文化礼堂建设、"百县千碗"及文化和旅游消费投资等方面充分体现出数字化改革的价值。

同日　浙江省市场监督管理局、省文化和旅游厅联合发布《关于开展"品字标浙江服务"品牌建设工作的通知》,重点面向已评定的"金桂品质饭店",培育约 15 家"品字标浙江服务"品牌企业。

25 日　副省长成岳冲带队赴浦江上山遗址进行工作调研,实地考察了上山考古遗址公园,并召开座谈会听取相关情况汇报,强调要坚定不移地按照习总书记在浙江工作时"要加强对'上山文化'的研究与宣传"批示要求,继续挖掘、研究,推动"上山文化"保护研究宣传进一步往前走。

3 月

4 日　浙江省文物局召开全体干部大会,宣布主要领导职务任免决定。杨建武任省文化和旅游厅党组成员、省文物局局长。

8 日　浙江省新型冠状病毒肺炎疫情防控工作新闻发布会(第 67 场)召开。会上宣布,自 3 月 9 日开始,全省终止实施农村地区返乡人员健康管理措施。同时,动态清理和调整前阶段各地各单位从严限制人员流动的相关规定和指引。有序组织开展国内低风险地区旅游,尤其是倡导省内旅游休闲度假,引导开展周边游、乡村游,鼓励旅行社组织生态游、康养游,逐步恢复因疫情暂停的特定旅游线路。

11 日至 12 日　2021 年长三角文化和旅游联盟联席会议暨"百年百景·先锋领跑"长三角文化和旅游系统党史学习教育启动仪式在台州举行,来自沪苏浙皖 1 市 3 省文化和旅游部门负责人参加,就当前和今后一个时期内如何围绕高质量一体化发展提出倡议、达成共识,共同发布 20 条长三角红色旅游精品线路。会上还举行了长三角文化馆联盟、交

响乐发展联谊会签约仪式。

23 日　浙江省文化和旅游志愿者总队成立仪式在浙江旅游职业学院举行,标志着我省文化和旅游志愿服务开启了制度化常态化的新征程,迈出了专业化品牌化的新步伐。

26 日　中国社会科学院考古研究所公布"2020 年中国考古新发现",我省余姚市井头山新石器时代遗址入选,成为此次 6 个入选项目之一。井头山遗址是当前在浙江省和长三角地区发现的首个贝丘遗址,也是当前所见中国沿海埋藏最深、年代最早的典型海岸贝丘遗址(距今 8300 年—距今 7800 年)。考古发掘表明余姚、宁波乃至浙江沿海地区是中国海洋文化发源的重点区域,同时也将余姚和宁波的人文历史源头在河姆渡文化基础上又向前推进了 1000 多年。

31 日　以"文脉千年·寻梦绍兴"为主题的 2021 年"东亚文化之都·中国绍兴活动年"正式启动,来自中日韩 3 国的嘉宾齐聚绍兴,共同推动东亚文化交流合作。文化和旅游部副部长张旭,浙江省委常委、宣传部部长朱国贤等领导出席活动。

4 月

6 日　浙江省文化和旅游厅正式出台文化和旅游数字化改革方案,明确以数字化改革撬动文化和旅游各方面改革,统筹运用数字化技术、数字化思维、数字化认知对文化和旅游治理的体制机制、组织架构、方式流程、手段工具进行全方位系统性重塑,聚焦"七个关键",推进跨部门多场景

系统集成应用,高水平推进文化和旅游治理体系和治理能力现代化。

7日至8日 2021年全省文物局长培训会在杭州良渚召开。会议强调,新时期对文物工作提出了更高要求,全省文物系统要深入学习贯彻习近平总书记关于文物工作的重要论述和重要指示批示精神,忠实践行"八八战略"、奋力打造"重要窗口",为到2035年建成文化强国、"十四五"时期我省打造新时代文化高地贡献力量。

11日 浙江省舞台艺术"1111"人才计划2021年度第一期培训开班仪式在浙江艺术职业学院举行。著名表演艺术家、中国文联副主席、中国戏剧家协会主席濮存昕出席开班式并担任特邀首席导师。

13日 制定发布《浙江省非物质文化遗产保护发展"十四五"规划》,明确了"十四五"时期我省非遗保护发展的指导思想、基本原则、发展目标,提出了7个主要任务和4方面保障措施。

14日 2021年全省文化馆馆长视频会议召开,为推动"十四五"期间群众文化高质量发展谋篇布局。会议要求要抓好文化馆服务大提升工作,大力推进文化馆数字化改革,积极做好对基层文艺院团、文艺团队的帮带和指导,切实提高群众文化的质量和效果。

20日 2021年"诗画浙江·百县千碗"进浙江省旅游饭店专项活动在杭州望湖宾馆启动。现场还发布了专项行动计划,将通过三年努力,在全省范围内培育、认定150家"诗画浙江·百县千碗"旅游饭店消费体验店,努力实现全省86家五星级旅游饭店"诗画浙江·百县千碗"消费体验全覆盖。

21日 2020浙江文化和旅游总评榜颁奖仪式暨"数智赋能文化和旅游发展新时代"分享会在绍兴柯岩景区举行。2020浙江文化和旅游总评榜设置了包括浙江文化和旅游业十大新闻事件、浙江文旅融合高质量发展十佳县(市、区)、"诗画浙江·百县千碗"特色体验店、浙江十大数智景区、浙江文旅促消费创新优秀案例、履行社会责任和创新发展旅行社等在内的12份榜单,2020"我爱浙疆"文旅援疆活动获得了本届总评榜特设的奖项——决胜小康特别奖。

23日 由浙江省文化和旅游厅主办,浙江图书馆联动全省各级公共图书馆举办的"典籍里的百年党史"2021图书馆之夜活动在浙江图书馆举行。

25日 浙江省旅游专班第三次会议暨全省旅游业"微改造、精提升"工作动员会在宁波宁海召开。省旅游专班组长、省政府副省长成岳冲出席并着重阐述了新时期全省各级成立旅游专班、实行省、市、县3级旅游专班联动机制的重大历史使命,以及新形势下旅游业"微改造、精提升"工作的重大意义。

26日 浙江省文化和旅游厅联合长三角示范区执委会及上海市、江苏省文化和旅游厅(局)在浙江省嘉善县召开《长三角生态绿色一体化发展示范区江南水乡古镇生态文化旅游圈建设方案》工作部署会议。

27日 全省旅游"遏重大"攻坚战现场推进会暨旅游安全专业委员会全体(扩大)会议在湖州安吉举行。副省长成岳冲出席会议并讲话。会议强调,要牢牢聚焦大型游乐设施安全、封闭式室内景点消防安全、旅游新业态安全,在精准识别重大风险基础上,坚持针对性和基础性举措相结合,有效防范化解系统性安全风险。下一阶段,省旅游安全专业委员会将推动以遏制重特大事故为重点开展的集中攻坚行动,联合各部门开展旅游新业态设施设备专项检查。

5月

8日 由文化和旅游部产业发展司、浙江省文化和旅游厅共同主办的"百年风华 青春筑梦"主题动漫展播活动在嘉兴南湖启动。文化和旅游部党组成员王晓峰出席启动仪式。

9日 百年党史文物说——浙江省文物系统"六个一百"庆祝建党百年系列活动启动仪式在义乌陈望道故居举行,成立了浙江省革命纪念馆联盟并发出了倡议书。启动仪式上,"百年党史文物说"专题宣传栏目开通暨《浙江革命旧址革命场馆地图》正式上线。

10日 浙江省党史学习教育第八巡回指导组进驻省文化和旅游厅,并召开进驻工作会议,听取省文化和旅游厅党组关于党史学习教育工作的情况汇报,并就深入开展党史学习教育进行指导。

12日 浙江省旅游专班办公室以电视电话会议的形式召开2021年一季度全省文化和旅游项目投资例会,回顾总结一季度我省文化和旅游项目投资工作，要求进一步加快项目建设进度，扩大有效投资，推动全省旅游业高质量发展。金华市、宁波市奉化区、绍兴市柯桥区做了项目投资典型交流发言。

同日　上山文化遗址联盟第二次联席会议在浦江召开。会议讨论通过了《"上山文化"研究保护和宣传（2021—2025年）工作方案》《"万年浙江与中华文明"上山文化进京国博特展工作方案》等，强调要争取如期列入中国世遗预备名单。

14日　"红船女儿——庆祝中国共产党成立100周年艺术特展"在北京的中国妇女儿童博物馆展出。全国妇联主席沈跃跃为展览揭幕。全国妇联党组书记、副主席、书记处第一书记黄晓薇致辞。浙江省副省长王文序，全国妇联副主席、书记处书记、中国妇女儿童博物馆馆长蔡淑敏等出席活动。

17日　文化和旅游部办公厅公布《2021年全国美术馆馆藏精品展出季活动目录》，浙江美术馆浙江百年版画艺术特展、宁波美术馆"变革中的'别样红'"馆藏宁波籍艺术家纸本作品研究展和中国美术学院美术馆"红色光影"中国现代皮影研究专题展3个项目入选。

18日　中国丝绸博物馆"众望同归——丝绸之路的前世今生"、萧山跨湖桥遗址博物馆"勇立潮头——跨湖桥文化主题展"分获第十八届（2020年度）全国博物馆十大陈列展览精品推介活动精品奖和优胜奖。

19日　第八届中国戏剧奖·梅花表演奖（第30届中国戏剧梅花奖）终评结果公示，浙江省舞台艺术"1111"人才计划培养对象、婺剧优秀文武小生楼胜，以得票数第一位列榜首。

同日　庆祝"中国旅游日"2021年浙江主会场活动、"最美风景在路上"夏季自驾游推广季启动仪式暨第十九届徐霞客开游节开幕式在宁海举行。全国政协常委、浙江省政协副主席张泽熙，宁波市委副书记、市长裘东耀等领导出席。

21日　浙江省庆祝建党百年红色文旅宣传推广活动——2021嘉兴红船文化旅游节开幕式暨浙江省文化和旅游消费季启动仪式在嘉兴举行。现场发布了2021年浙江省红色旅游产品线路及惠民、惠企政策。

同日　"唱支山歌给党听"大家唱群众歌咏活动浙江省联动活动、"迎建党百年　享美好生活"浙江省民间音舞大型广场展演暨系列群众文化活动启动仪式在德清举行。

22日　2021"相聚浙里"国际人文交流活动启动仪式在温州举行。现场发布了"相聚浙里"活动标志和全年活动计划。

26日　全省文物安全工作座谈会在杭州召开。会议部署了全省文物安全大排查大整治大提升攻坚行动"五大行动"和"四大工程"，要求全省文物战线要聚焦文物安全工作中存在的突出问题，压紧压实文物安全责任，抓好文物安全隐患排查整治，提升文物安全防范监管的精细化水平，健全完善文物安全工作长效机制，坚决守住文物安全的底线。

同日至27日　浙江省城市公共文化建设工作现场会在温州召开。会议明确了浙江将按照打造"重要窗口"的新目标新定位，以满足人民日益增长的美好生活需要为出发点和落脚点，推动建设以人为核心的现代化"城市公共文化体系"，进一步培育浙江公共文化发展新优势，不断提升全省城市文化软实力。

27日　浙江省政府专题研究钱镠墓被盗案举一反三工作。

28日　在湖州举办2021国际滨湖度假大会暨湖州度假博览会，10个环太湖国家级旅游度假区联合发起成立了国家级旅游度假区联盟，发布"湖州倡议"。

同日至31日　"百名红色讲解员讲百年党史"宣讲活动走进浙江，先后在嘉兴市、温州市、杭州市、湖州市进行专场宣讲。浙江省委常委、秘书长陈奕君接待了"百名红色讲解员讲百年党史"宣讲活动成员。

29日　浙江3人入选文化和旅游部2021年度"全国声乐领军人才培养计划"暨第十四届全国声乐展演入选人员名单，其中，浙江歌舞剧院有限公司崔湛入选美声组，浙江歌舞剧院有限公司王靖入选民族组，浙江音乐学院陈家淇入选流行音乐组。

31日　第三批文化和旅游部重点实验室名单公布，全国共18家入选，浙江独占2家，分别是数字音乐智能处理技术文化和旅游部重点实验室、传统热成型手工技艺与数字化设计文化和旅游部重点实验室。

6月

1日　浙江省赴四川省东西部协作干部培训欢送会召开。省文化和旅游厅副厅长王峻任浙江驻川工作组组长,赴四川开展新一轮浙川东西部协作。

3日　浙江省委常委、宣传部部长朱国贤赴省文物局调研文物安全工作,要求充分调动地方党委、政府的积极性和各方面的力量,层层压实责任,聚焦重点单位和重点领域,以点带面,把文物安全大排查大整治大提升攻坚行动落到实处,真正守好文物安全底线。

5日　2021年"文化和自然遗产日"浙江省主场城市(嘉善)系列活动在嘉善西塘启动。本次活动与浙江省文化和旅游厅"百年百艺——庆祝建党100周年浙江非遗展示展演活动"相结合,现场举办了"唱支歌儿给党听"非遗民歌主题展演、第三届长三角"田山歌"节主题展等活动。同时,线上推出"非遗购物节·浙江消费季"活动,全省401家非遗商户、822个非遗商品集中推介,助力非遗经济发展。

7日至9日　第二届"舌尖上的相遇——中东欧美食与'诗画浙江·百县千碗'人文交流活动"在宁波举行。其间,陆续举办了中东欧与"诗画浙江·百县千碗"美食品鉴及商品展销、中东欧国际美食邀请赛、中东欧咖啡红酒生活节、布拉格之夏·捷克啤酒美食节等。作为中国-中东欧国家博览会暨国际消费品博览会期间唯一的人文交流活动,其以美食为媒,搭建起了中国与中东欧国家之间合作交流的桥梁。

10日　国务院公布第五批国家级非物质文化遗产代表性项目名录,浙江入选24项,数量居全国第一。这是继2006年国务院公布第一批国家级非遗项目名录以来,浙江连续5次入选项目数量位居全国第一,实现了国遗项目申报"五连冠"。

15日　浙江省庆祝中国共产党成立100周年优秀舞台艺术作品展演在杭州运河大剧院拉开帷幕。以老英雄胡兆富为原型改编的大型现代京剧《战士》在展演启动仪式上献演。本次展演集中了我省近年来的一批舞台艺术佳作,63部优秀剧目、135场演出在全省各地联动上演,涵盖了京剧、昆剧、越剧、婺剧、绍剧、甬剧、姚剧、台州乱弹、话剧、歌剧、音乐剧、交响乐等多个艺术门类的高质量作品。

18日　2021第二届长三角一体化古镇发展大会在湖州南浔召开,来自沪苏浙皖3省1市文化和旅游部门领导、行业专家及重点古镇代表等参会,共商长三角古镇文化遗产保护传承和活化利用。长三角范围内八大古镇首次集中展示了江南古镇文化遗产活化利用优秀案例。

同日　2021丝绸之路周杭州主场活动开幕式在中国丝绸博物馆举行。现场发布了《2020年度丝绸之路文化遗产年报》和"穿越之合:敦煌研究院和中国丝绸博物馆联名文创",启动了丝绸之路数字博物馆,"万物生灵:丝绸之路上的动物与植物"展览启幕。

20日　"迎建党百年　享美好生活"浙江省群众(乡村)合唱大赛在衢州江山举行。本次大赛是全国"唱支山歌给党听"大家唱群众歌咏地方联动活动之一,也是我省文旅系统庆祝中国共产党建党100周年的一项重要活动。

22日　"百年红色印记·千年运河文化"首届浙江大运河世界文化遗产宣传周在杭州启幕。启幕仪式上重点宣介了于今年初正式施行的《浙江省大运河世界文化遗产保护条例》,成立了"浙江省大运河世界文化遗产监测联盟",发布了"百年红运·浙里起航"大运河红色研学线路等。

24日　2021浙江省讴歌"新时代"原创主题歌曲发布会在杭州举行,确定《本色》《遇见未来》《绿水青山总是情》《心中的誓言》《生而不凡》《红船正青春》《看见未来》《向幸福奔跑》《北京来信了》《嘿!中国牛》10首主旋律歌曲作为重点打造作品。

27日　"百年红船扬帆远航"——浙江省庆祝中国共产党成立100周年大型交响诗画文艺演出在杭州上演。整台演出分"开天辟地""改天换地""翻天覆地""新的天地"等篇章,回顾党的奋斗历程,歌唱党的丰功伟绩,颂扬党的先进执政理念,展示中国特色社会主义制度优越性。省委书记袁家军出席并致辞。郑栅洁、葛慧君、黄建发等省领导,在杭省部级副职以上老同志,省直有关部门主要负责人等2000余人观看了演出。来自全省40余家省级、市级文艺团队的2300余名演员参加演出。

30日　"美丽中国·诗画浙江"对外文化交流和旅游推广资源数据库专题在浙江省文化和旅游厅官网上线。数据库涵盖了全省优秀的对外文化交流和旅游推广资源,包括视觉艺术、听觉艺术、戏剧艺术、杂技、舞蹈、民俗非遗文创、文博交流、中医药、武术、地方美食、旅游目的地形象推广、特色旅游产品(节会、赛事),以及国际旅游精品线路,助力提升"诗画浙江"国际影响力,积极打造"世界看浙江"闪亮窗口。

7月

2日 歌剧《红船》在国家大剧院上演。《红船》是浙江省庆祝中国共产党成立100周年的献礼作品,入选中共中央宣传部、文化和旅游部、中国文学艺术界联合会庆祝中国共产党成立100周年优秀舞台艺术作品展演剧目,文化和旅游部"庆祝中国共产党成立100周年舞台艺术精品创作工程"重点扶持作品和"中国民族歌剧传承发展工程"重点扶持剧目。

6日 重温习近平总书记关于良渚遗址重要批示精神理论研讨会暨"杭州良渚日"活动在良渚古城遗址公园举行。从2019年良渚古城遗址在第43届世界遗产大会上成功列入《世界遗产名录》,中华5000年文明史得到了世界范围的普遍认可。

8日 由浙江省文化和旅游厅主办的"双水擎莲·两地跨虹"诗画浙江澳门推介会走进澳门,为澳门同胞带去一场鲜活、立体、多元的浙江文旅盛宴。

9日 浙江省旅游安全专业委员会召开半年度工作会议,全面贯彻落实省委、省政府关于安全生产和减灾救灾工作的部署,总结回顾上半年我省旅游领域安全工作进展情况,部署下半年重点任务。省旅游安全专业委员会主任、副省长成岳冲主持会议并讲话。

15日 国家艺术基金管理中心公示国家艺术基金2020年度资助项目立项名单,浙江41个项目入围,继续蝉联全国第二。

16日 文化和旅游部、财政部公布第四批国家公共文化服务体系示范区(项目)名单,温州市被命名为国家公共文化服务体系示范区,杭州市拱墅区社区公共文化服务动态评估体系项目、杭州市萧山区引导社会多元投入提升公共文化服务效能项目2个项目被命名为国家公共文化服务体系示范项目。

同日 全国县域旅游研究课题组、北京华夏佰强旅游咨询中心在京联合发布第三届全国县域旅游研究成果《全国县域旅游研究报告2021》暨"2021年全国县域旅游综合实力百强县"名单。浙江有36个县(市)位列其中,其中安吉县连续3年位列第一。

20日 浙江省文化和旅游厅公布"2021—2022年度浙江省舞台艺术创作重点题材扶持项目",交响乐《大潮之上》、越剧《绿水青山》、音乐剧《渔老大》等3个项目入选"重点扶持项目",越剧《钱塘里》、音乐轻喜剧《未来已来》、民族管弦乐《国乐江南》、甬剧《众家姆妈》、婺剧《踏摇娘》、绍剧《喀喇昆仑》、民族歌剧《畲山黎明》等7个项目入选"重点题材项目"。

23日 "浙里不止小康——八个'窗口'看精彩浙江"特展在浙江省博物馆武林馆区开幕。展览以"八八战略"为核心构架,着重从人文优势、民营经济、科技创新、生态建设、山海协作、长三角一体化、城乡协调、社会治理8个方面,全方位、立体式、多角度地对浙江高水平全面建成小康社会的奋进之路进行系统梳理与呈现。该展览也是中共中央宣传

部、国家文物局联合推介的"庆祝中国共产党成立100周年精品展览",2021年度"弘扬中华优秀传统文化、培育社会主义核心价值观"主题展览重点推介项目之一。

24日 为做好强台风"烟花"防御工作,浙江全境所有旅游景区暂停运营,图书馆、博物馆、文化馆、美术馆等公共文化场馆暂停开放,所有文化和旅游活动取消或延期。全省旅行社暂停组接旅游团队,正在旅途中的要及时调整行程计划,做好劝阻、撤离、转移游客的工作。妥善做好滞留游客的安置工作。

26日 为贯彻落实习近平总书记关于文物工作的重要指示批示、省委常委会和省政府专题会议精神,省公安厅与省文物局在杭州联合召开全省深入推进打击文物犯罪专项行动部署会。会议指出,全省文物部门要加强与公安部门通力合作,在定期会商、联合检查、涉案文物鉴定和保管、信息共享、文物犯罪信息发布、文物安全管理人才培养等方面,积极探索建立规范化、常态化的长效机制,努力构建"政府主导,社会参与"打击文物犯罪的群防群治新格局。

29日 文化和旅游部召开庆祝中国共产党成立100周年文艺演出工作总结大会。浙江省文化和旅游厅荣获突出贡献单位,厅艺术处刘戈荣获突出贡献个人,受到通报表扬。会上,厅长褚子育代表浙江做典型发言,介绍了我省全力保障文艺演出舞台搭建的做法和经验。

同日 全省首批"大花园耀眼明珠"名单公布,8类共16颗"耀眼明珠"上榜。分别为:古城

名镇名村,包括梅城古城、慈城古城、南浔古镇、张思村;高能级景区,包括横店影视城、乌镇景区、千岛湖旅游度假区、新昌5A级景区城;名山公园,包括雁荡山、钱江源;海岛公园,包括普陀海岛公园;遗址公园,包括良渚国家考古遗址公园、慈溪上林湖越窑国家考古遗址公园;产业平台,包括磐安江南药镇;人文水脉,包括松阴溪;森林古道,包括仙霞古道。

30日　全国文化和旅游系统2020年度优秀调研成果名单公布,我省报送的《杭黄世界级自然生态和文化旅游廊道建设方案文化旅游专题研究》等2篇调研报告被评为二十佳调研报告,《浙江省"十四五"时期舞台艺术创作实现高原到高峰机制和举措创新研究》等7篇调研报告被评为优秀调研报告。

8 月

2日　浙江省重大文旅项目暨"金名片"工作推进会在丽水召开。会议充分肯定了上半年全省文化和旅游项目投资工作,对高质量推进文旅项目投资及"金名片"工作进行了部署。1—6月,全省在建文化和旅游项目2607个,其中新开工项目598个,续建项目2009个,总投资20484.8亿元,实际完成投资1651亿元。

3日　浙江省文化和旅游厅召开2021全省年中文化和旅游局长座谈会。会议总结回顾了全省文化和旅游系统上半年的亮点工作,对下半年重点工作进行了部署。

5日　全省"文化基因解码工程"暨文化标识建设工作推进会在绍兴召开。会议总结全省"文化基因解码工程"取得的基本成果和主要经验,要求各级文化和旅游部门加快推进"文化基因解码工程",在2021年基本建成浙江文化基因库。会上还部署了文化标识建设工作。

11日　浙江省文化和旅游厅印发了《推进文化和旅游高质量发展服务共同富裕示范区建设行动计划(2021—2025年)》。行动计划围绕"为浙江高质量发展建设共同富裕示范区提供致富之路、智力之源和精神之力"定位,突出"物质富裕、精神富足"双向发力,谋划打造8个方面的省域范例。通过努力,到2025年,基本建成新时代文化高地、中国最佳旅游目的地、全国文化和旅游融合发展样板地,探索形成文化和旅游高质量发展模式和推动共同富裕的有效路径,为全国文化和旅游系统提供可复制可推广的"浙江经验"。

18日　浙江大学城市学院考古学系成立仪式举行。这是我省设立的首个培养考古本科生的专业,计划2022年9月招收考古学本科第一批30人。国家文物局副局长顾玉才视频祝贺。浙江大学城市学院、浙江省文物局现场签署了考古学系共建协议。

23日　浙江省文化和旅游厅公布2021年度"浙江省民间文化艺术之乡"名单。淳安县里商乡(里商仁灯)等34个县(市、区)、乡镇(街道)入选。

24日　浙江省委办公厅、省政府办公厅印发《关于高质量建设公共文化服务现代化先行省的实施意见》,计划到2025年,基本建成以人为核心的高质量公共文化服务现代化体系,市、县、乡3级公共文化设施覆盖达标率达到100%,城乡一体"15分钟品质文化生活圈"覆盖率达到100%,为我省高质量发展建设共同富裕示范区提供有力的文化支撑。

25日　浙江省委书记袁家军在杭州专题调研文化工作,并召开思想理论和文艺工作者座谈会。省文化和旅游厅厅长褚子育一同调研并参加座谈会。

30日　宁波市文物局挂牌仪式举行。至此,我省11个设区市已全部挂牌成立文物局,标志着我省文物工作迈上了新征程,进入新的发展阶段。

同日　第十二次中日韩文化部长会议宣布中国温州市等4座城市当选为2022年"东亚文化之都"。中共中央宣传部副部长,文化和旅游部党组书记、部长胡和平在北京会议现场向温州市授牌。

31日　浙江省委文化工作会议在杭州召开,省委书记袁家军出席会议并讲话。他强调,"十四五"时期,我们要坚持以习近平新时代中国特色社会主义思想为指导,围绕举旗帜、聚民心、育新人、兴文化、展形象的职责使命,守好"红色根脉",增强精神力量,深化文化建设"八项工程",深入推进新时代"文化浙江"工程,着力打造思想理论高地、精神力量高地、文明和谐高地、文艺精品高地、文化创新高地,培育浙江文化新标识,构建文化建设大平台,形成文化发展新格局,在共同富裕中实现精神富有,在现代化先行中实现文化先行,为忠实践行"八八战略",奋力打造"重要窗口",争创社会主义现代化先行省,高质量发展建设共同富裕示范区,提供强大思想保证、舆论支持、精神动力和文化条件,建设文化强省,努力成为传承中华文脉、建设社会主义文化强国的生力军和排头兵。省委副书记、省长郑栅洁主持会议,省领导葛慧君、黄建发、陈金彪、朱国贤、许罗德、王昌荣、彭佳学、陈奕君、刘小涛、梁黎明、成岳冲出席。省文化和旅游厅厅长褚子育在会上做题为《加强新时代艺术精品创作 促进人民群众精神富足》的发言。

9 月

3 日 2021 中国特色旅游商品大赛颁奖典礼在四川乐山举行,浙江 52 项商品获奖。其中 ChaX 茶息口罩等 13 项商品获金奖,古婺窑火系列之"乾坤"(茶具)等 22 项商品获银奖,"铭元"香酥小黄鱼等 17 项商品获铜奖。

8 日 浙江省委副书记、省长郑栅洁赴中国丝绸博物馆参观"2021 丝绸之路周"展览。省委常委、宣传部部长朱国贤等一同参观。

16 日 深化全省国有文艺院团改革现场会在金华召开。会议深入学习贯彻落实省委文化工作会议精神和省委办公厅、省政府办公厅《关于推进全省国有文艺院团深化改革加快发展的实施意见》精神,部署下一步工作,努力开创全省国有文艺院团改革发展新局面。

同日至 20 日 第十三届浙江·中国非物质文化遗产博览会(杭州工艺周)在杭州富阳举行。本次博览会以"共享非遗 共同富裕"为主题,围绕"薪火传承之光、乡村振兴之路、少年研学之

行、文旅融合之美"展开,具体活动包括优秀作品展、大匠至心沙龙、非遗旅游商品、非遗小吃、非遗购等。

17 日至 18 日 浙江省文化和旅游厅在德清召开全省促进文化和旅游消费工作会议。会议明确,要通过 3 年努力,在全省建设 3 个以上国家文化和旅游消费示范城市、6 个以上国家文化和旅游消费试点城市、10 个以上国家级夜间文化和旅游消费集聚区、30 个以上省级夜间文化和旅游消费集聚区,打造一批文化和旅游消费品牌,促进全省文化和旅游消费快速回暖、稳步增长。

18 日 浙江省委、省政府组织召开全省文物安全专题工作电视电话会议。省长郑栅洁出席会议并讲话,省委常委、宣传部部长朱国贤主持会议,副省长成岳冲出席。会议强调,要切实增强对历史文物的尊崇之心、珍惜之心、敬畏之心、责任之心,采取切实管用有效的实招,全面提升我省文物保护水平。会议指出,省委、省政府决定在全省开展文物安全大排查大整治大提升攻坚行动,到 2024 年底要实现文物安全责任书签订率、省级以上文物保护单位隐患排查率、安全档案建档率、文物法人违法案件立案率、文物安全管理人员受训率均达到 100%,确保我省不发生文物安全责任事故和重大文物安全事故,确保在文物安全方面走在前列。相关省级单位负责人参加主会场会议。全省各市、县(市、区)设分会场。

22 日 文化和旅游部公示第九届中国京剧艺术节参演作品名单,我省 6 个剧目入选,其中,京剧《战士》入选参演大戏名单,

婺剧《拷寇》《临江会》《小宴》《雁荡山》入选折子戏名单,京剧《生如夏花》入选线上展演剧目名单。

23 日 浙江省文物局在长兴县召开全省文物安全工作部署会,全面贯彻、落实全省文物安全专题工作会议精神,进一步明确要按照省长郑栅洁提出的实现 5 个 100%,确保文物安全工作走在全国前列的要求,推进全省文物安全大排查大整治大提升行动,坚决守住文物安全底线。

同日 全省乡村博物馆建设工作部署会暨全省乡村博物馆建设启动仪式在长兴举行,标志着乡村博物馆建设全面启动。

同日 第六届全国少数民族文艺会演圆梦奖获奖剧目揭晓,浙江演艺集团创排的大型原创民族歌剧《畲山黎明》荣获优秀剧目奖。

25 日 2021"诗画浙江"金秋文化和旅游消费季启动仪式在义乌举行。本次消费季以"惠游'诗画浙江' 共享美好生活"为主题,推出"红动浙江""艺动浙江""智游浙江""漫游浙江""走读浙江""走进浙江"六大系列 40 场主题活动和 470 项惠民举措,持续推动文化和旅游消费转型扩容升级。

同日至 27 日 由文化和旅游部、中国国际贸易促进委员会、浙江省政府共同主办的第 16 届中国义乌文化和旅游产品交易博览会在义乌市开幕。本届博览会以"共话百年、共同富裕,美好生活、美丽中国"为主题,设主题馆、美丽中国馆、诗画浙江馆、创新设计馆、旅游休闲装备馆、旅游商品馆、非遗体验馆、电竞动漫馆 8 个展馆,展品涵盖文化和旅游创意

与设计服务、智慧旅游服务、消费类文化产品、旅游休闲度假消费用品、非遗产品、旅游纪念品等多个门类。文化和旅游部党组成员、副部长杜江,浙江省政协副主席陈小平出席开幕式并巡馆。全国26个省(区、市)996家企业和机构参展,标准展位3154个,展出产品超15万件,达成重大采购与合作意向100余个。

27日至30日 文化和旅游部产业发展司在湖州市举办推进国家文化和旅游消费示范(试点)城市建设工作现场活动。我省国家文化和旅游消费试点(示范)城市在会上交流了经验和做法。

30日 2021中国希腊文化和旅游年之"照鉴·中希戏剧对话"活动在杭州市蝴蝶剧场举行,中国、希腊两国艺术家以视频连线的方式开展交流。

同日 浙江省文化和旅游厅、省文物局联合实施"浙江省文化和旅游领航计划",主要内容包括促进共同富裕、弘扬传统文化、繁荣文化艺术、提升公共服务、深化文旅融合、加快产业发展、扩大交流合作、发展数字科技、创新体制机制、完善保障体系10个类别90个重点项目。

10月

11日 浙江省十大海岛公园建设推进会在杭州召开。省委常委、常务副省长陈金彪出席会议并讲话,副省长成岳冲主持会议。会议强调,要进一步提高站位,把十大海岛公园建设放到推进海洋强省建设的大局,放到推进"四大建设"特别是"大花园建设"的大局,着力打造十大海岛公园"诗画浙江·海上花园"品牌,加快推出一批十大海岛公园建设标志性成果。会上,省文化和旅游厅汇报了十大海岛公园建设情况,省发展改革委、省自然资源厅、舟山市政府、温州市洞头区政府分别做了交流发言。

12日 国家文物局印发《大遗址保护利用"十四五"专项规划》,全国共有145处遗址被列为"十四五"时期大遗址,浙江8处入选,分别为上山遗址、河姆渡遗址、良渚遗址、安吉古城遗址、上林湖越窑遗址、大窑龙泉窑遗址、临安城遗址、宋六陵。同时入选的还有1处涉及浙江的跨省、自治区、直辖市大遗址蒲壮所城。

同日 第二届海峡两岸影像文化周在浙江美术馆开幕。中共中央台办、国务院台办副主任龙明彪出席,省委副书记黄建发宣布开幕。

同日 省文化和旅游厅、中国(浙江)自由贸易试验区工作领导小组办公室联合印发《中国(浙江)自由贸易试验区文化和旅游改革发展工作方案》。

13日至14日 第二届中国-中东欧国家图书馆联盟馆长论坛以线上会议的形式举行。文化和旅游部党组成员、副部长张旭在开幕式上致辞。

14日(重阳节) 辛丑(2021)年中国仙都祭祀轩辕黄帝大典在丽水市缙云县举行。全国政协副主席刘奇葆,省委书记袁家军,省委副书记黄建发等领导出席祭祀大典,省政协主席葛慧君主持。这是我省首次以省政府名义主办中国仙都祭祀轩辕黄帝大典。活动以"四海同心祭始祖,共同富裕启华章"为主题,以线上线下相结合方式举办。

同日 "浙江省文献信息资源共建共享平台"正式开通。省委常委、宣传部部长朱国贤出席平台启动仪式。该平台聚合了全省县级以上公共图书馆共计1127万条书目数据,实现了全省文献信息资源的联合目录一站式检索。此外,平台还实现了全省公共图书馆数字资源的整合与共享。

15日 由浙江省文化和旅游厅、湖州市人民政府主办的2021长三角乡村文旅创客大会在湖州市长兴县开幕。大会发布了《浙江省乡村文旅创客基地数字化建设与服务管理指南》。

17日至18日 仰韶文化发现暨中国现代考古学诞生100周年纪念大会和第三届中国考古学大会在河南省三门峡市召开。会上进行了考古经验典型交流。会上公布了"百年百大考古发现",我省浦江上山遗址、余姚河姆渡遗址、余杭良渚遗址、杭州南宋临安城遗址及官窑遗址4项入选。其中,余杭良渚遗址同时入选考古遗址保护展示优秀项目。

18日至21日 第三十一届浙江省群众舞蹈大赛决赛在绍兴大剧院开赛。来自全省各地的34个优秀作品、800余名群众舞蹈演员参加比赛。

20日 浙江省新时代文化艺术创研基地奠基仪式在杭州市西湖区举行。

同日 "2021世界旅游联盟研究成果"新闻发布会在北京举行。浙江的民宿经济助力乡村振兴(武义县柳城畲族镇梁家山村)、文旅融合绽放"五朵畲花"(景宁畲族自治县大均乡)、服务乡村振兴战略助力万村景区建设（浙江旅游职业学院）3个案例入选"2021世界旅游联盟——旅游助力乡村振兴案例"。

24日 在第十三届中国音乐金钟奖美声组总决赛中，浙江音乐学院青年教师刘涛获第1名，声乐歌剧系本科四年级学生王博获并列第4名，双双夺得金钟奖。此次获奖意义重大，实现浙江省声乐事业在金钟奖上的重大突破。

25日 省委组织部召开会议，宣布芮宏任省文化和旅游厅党组副书记、副厅长（正厅长级）。

27日 文化和旅游部、国家发展改革委、财政部联合发布第二批国家文化和旅游消费试点城市名单，我省绍兴市、湖州市、衢州市入选。

29日 浙江省政府发文，正式命名杭州市西湖区、杭州市余杭区、杭州市临平区、杭州市临安区、建德市、宁波市江北区、余姚市、慈溪市、平阳县、苍南县、泰顺县、湖州市吴兴区、海盐县、绍兴市上虞区、诸暨市、嵊州市、东阳市、义乌市、永康市、武义县、龙游县、岱山县、嵊泗县、临海市、三门县、丽水市莲都区、龙泉市、青田县、景宁县共29处为第二批浙江省全域旅游示范县（市、区）。

同日 浙江省属国有文艺院团高质量发展暨文娱领域综合治理工作座谈会召开。会议就贯彻省委文化工作会议精神，推动省属国有文艺院团高质量发展和贯彻落实文娱领域综合治理工作做了部署。

31日 由浙江省人民政府新闻办公室、省文化和旅游厅主办的"良渚揽秀 诗路寻音"诗画

浙江主题推广活动在中国杭州运河文化发布中心举行。西班牙、波兰、委内瑞拉、斯洛伐克、智利、马来西亚等多国驻华使节出席活动。

11 月

2日 省文化和旅游厅组织召开全省文化和旅游系统"双减"工作电视电话会议。

3日 文化和旅游部公布2021—2023年度"中国民间文化艺术之乡"名单，舟山市普陀区（渔民画）、杭州市余杭区径山镇（茶文化）、宁海县（"十里红妆"婚俗）、瑞安市（鼓词）、永康市方岩镇（庙会）、衢州市柯城区沟溪乡（农民画）6地入选。

4日 由浙江省文化和旅游厅主办的"曙光之约·东方泽国"中国良渚文明主题展及"文明的回望"良渚文明与希腊文明对话交流活动在希腊雅典文化中心举行。

9日 文化和旅游部、浙江省人民政府联合印发《关于高质量打造新时代文化高地推进共同富裕示范区建设行动方案（2021—2025年）》（以下简称《行动方案》），就发挥文化和旅游行业优势，支持浙江高质量发展、打造新时代文化高地、建设共同富裕示范区做出部署。

同日 浙江召开"浙江考古与中华文明"新闻发布会，发布浙江考古在中华乃至世界文明史上的重要贡献和辉煌成就。自1990年开展"全国十大考古新发现"评选以来，浙江共有19个项目获此殊荣。最近发布的全国"百年百大考古发现"评选，浙江又有4个

项目入选。全省共拥有3处世界文化遗产和5处世界文化遗产预备名单项目。

16日，副省长成岳冲赴杭州市临平区（海塘遗址考古现场）、海宁市（老盐仓段）调研钱塘江海塘考古与文物保护工作。

17日 浙江省文化和旅游厅公布第二批浙江省戏曲之乡名单。淳安县、象山县、乐清市、绍兴市柯桥区、新昌县、浦江县、温岭市共7个县（市、区）为第二批浙江省戏曲之乡（县级），杭州市余杭区瓶窑镇、宁波市镇海区骆驼街道、湖州市吴兴区织里镇、永康市唐先镇、松阳县玉岩镇、景宁县英川镇、建德市大同镇镇源村、衢州市柯城区航埠镇严村村共8个乡镇（街道）、村为第二批浙江省戏曲之乡（乡镇、村级）。

18日 全国文化和旅游系统先进集体、先进工作者和劳动模范名单公布，我省获评先进集体11家，分别为浙江婺剧艺术研究院（浙江婺剧团）、浙江美术馆、温州市文化广电旅游局、浙江省非物质文化遗产保护中心、杭州市余杭区文化和广电旅游体育局、湖州市文化广电旅游局、嘉兴市文化广电旅游局公共服务处、宁波交响乐团、嵊州市越剧艺术保护传承中心（嵊州市越剧团）、台州市文化市场综合行政执法队、龙泉市文化和广电旅游体育局。17人获评先进工作者，8人获评劳动模范。

19日 2021"新松计划"浙江省青年舞蹈演员大赛决赛在温州举行。中国舞A组的刘坤，民族民间舞A组的张一鹏，现代舞A组的邓春晴，B组（18周岁以上）的徐幸恬，B组（18周岁以下）的

苏瑶,分别取得了所在组别的第1名。

同日 文化和旅游部公布首批国家级夜间文化和旅游消费集聚区名单,浙江共6家入选,分别为杭州宋城、杭州市清河坊文化街区、宁波市老外滩、温州南塘景区、嘉兴市西塘古镇景区、金华市横店影视文化产业集聚区。

同日 由浙江代表中国提出的ISO14785《旅游及其相关服务——线上线下旅游咨询服务与要求》国际标准提案,历经3个月的投票,在国际标准化组织(ISO)正式立项,成为首批由中国提出的旅游国际标准提案。

21日 "稻·源·启明——浙江上山文化考古特展"在中国国家博物馆展出。展览共展出上山文化早、中、晚3期文物近200件,包括最早的炭化稻米、最早的彩陶、最早的定居村落遗迹等上山文化重要标志性遗存。同日,"万年浙江与中华文明"学术座谈会在北京举行。

22日 第六批省级非遗代表性传承人名单公布。226人被确定为第六批省级非遗代表性传承人。

23日 全国旅游标准化技术委员会公布首批58家甲级、乙级旅游民宿名单,浙江共4家上榜。其中,位于景宁县大漈乡小佐村的如隐小佐居民宿、常山县新昌乡泰安村的村上酒舍民宿为甲级旅游民宿,位于长兴县小浦镇方一村的云栖舍民宿、桐乡市乌镇镇虹桥村的那年晚村民宿为乙级旅游民宿。

同日 浙江省文化和旅游厅、浙江省发展和改革委员会公布首批浙江省旅游休闲街区,杭

州清河坊历史街区、宁波老外滩街区、温州五马历史文化街区、杭州桥西历史文化街区4家入选。

同日至24日 2021年全省文化和旅游法律法规知识竞赛决赛在湖州市举行。各市11支代表队33位选手参赛,台州市代表队拔得头筹。

24日 由浙江省文化和旅游厅主办的"云上浙江"万象馆东南亚发布仪式分别在马来西亚、新加坡、越南举行。本次线上展览展示了浙江的全貌,为浙江与东南亚在文化、旅游等领域的交流与互鉴提供了新的途径。中国驻马来西亚大使欧阳玉靖,马来西亚旅游、艺术和文化部部长南希·舒克里出席发布会。

同日 由浙江省文化和旅游厅主办的"天涯比邻 相逢有期""诗画浙江"文旅交流周在日本静冈启幕,通过浙江风物展示区及体验互动区,为静冈市民展现多姿多彩的浙江风貌。

12 月

2日 在西班牙马德里举行的联合国世界旅游组织第24届全体大会上,安吉县余村村从75个国家的170个申请乡村中脱颖而出,入选首届联合国世界旅游组织最佳旅游乡村。

同日 浙江省文化和旅游资源普查工作动员会在杭州召开,标志着文化和旅游资源普查工作在浙江全面铺开。

7日 浙江省文化和旅游厅公布第五批浙江省红色旅游教育基地名单。认定杭州市富阳区抗日战争胜利浙江受降纪念馆、宁波市奉化区松岙红色旅游基地、

湖州市烈士陵园(钱壮飞纪念馆)、嘉兴市海盐县核电科技馆、衢州市衢江区红色千里岗景区、丽水市松阳县安岱后——浙西南红色教育中心6家为第五批浙江省红色旅游教育基地。

10日 浙江省市场监督管理局批准发布了浙江省地方标准《公共美术馆数字化服务与管理规范》(DB33/T 2395—2021),于2022年1月10日开始实施。

14日 浙江省文化和旅游厅印发《浙江省5A级旅游景区、国家级旅游度假区培育管理意见》,按照"自愿申报、规范程序、动态管理、注重实效"的原则,建立5A级旅游景区、国家级旅游度假区发展梯队,推动创建培育工作滚动协同、持续开展,全面推进旅游业高质量发展。

15日 浙江省文化和旅游厅发布首批12个"浙江省文化和旅游促进共同富裕最佳实践案例"。

17日 浙江省文化和旅游厅、省卫生健康委、省农业农村厅、省中医药管理局联合发文,认定杭州市富阳中医骨伤医院等12家单位为2021年浙江省中医药文化养生旅游示范基地。

20日 浙江省文化和旅游厅公布第一批浙江省公共文化现代化先行县(领航项目)创建资格名单。第一批浙江省公共文化现代化先行县创建对象8个,分别为杭州市临平区、宁波市鄞州区、平阳县、平湖市、长兴县、绍兴市柯桥区、温岭市、龙泉市(以上各地人民政府,下同);培育对象5个,分别为杭州市余杭区、海宁市、东阳市、龙游县、舟山市普陀区。同时公布的还有第一批公共

文化服务现代化领航项目创建对象 10 个。

同日 中央广播电视总台发布 2021 年度国内十大考古新闻,衢州发现疑似西周姑蔑国王陵入选。

同日 浙江省文化和旅游厅、省发展改革委、省商务厅联合发文,公布第一批共 13 家省级夜间文化和旅游消费集聚区名单,分别为杭州新天地活力 Park 街区、杭州星光大道电影文化特色街区、宁波南塘老街、宁波文化广场、温州五马历史文化街区、湖州南浔古镇景区、长兴太湖龙之梦乐园、嘉兴月河历史街区、云澜湾温泉景区、绍兴柯岩风景区"夜鲁镇"景区、金华婺州古城、衢州水亭门历史文化街区、临海紫阳街历史文化街。

同日 浙江省文化和旅游厅、省经济和信息化厅联合发文,确定广汽乘用车(杭州)有限公司等 26 家企业为 2021 年浙江省工业旅游示范基地。

21 日 浙江省文化和旅游厅公布第二届浙江省"最美浙江人·最美文旅人"名单。浙江大丰实业股份有限公司党委书记、董事长、总经理丰华等 13 名同志获评"最美文旅人"。

23 日 浙江省文化和旅游厅公布浙江省第七次乡镇(街道)综合文化站评估定级结果。全省共有 1366 个文化站参加了评估定级,其中特级综合文化站 272 个、一级综合文化站 478 个、二级综合文化站 290 个、三级综合文化站 294 个、无等级综合文化站 32 个。

25 日 浙江省文化和旅游厅印发《浙江省海洋旅游发展行动计划(2021—2025)》,进一步明确打造"诗画浙江·海上花园"中国最佳海岛旅游目的地、"诗画浙江·黄金海岸"国际滨海旅游度假胜地、"诗画浙江·海上丝路"新时代海洋文化高地发展目标。

27 日 经浙江省政府同意,浙江省文化和旅游厅发文命名杭州市临平区南苑街道等 30 个乡镇(街道)为新一批浙江省文化强镇,杭州市上城区彭埠街道杨柳郡社区等 94 个村(社区)为新一批浙江省文化示范村(社区)。同时,杭州市上城区采荷街道等 187 个浙江省文化强镇、杭州市上城区南星街道美政桥社区等 926 个浙江省文化示范村(社区)通过复核。

30 日 浙江省文化和旅游厅发文公布新一批省 4A 级景区城和 5A 级景区镇名单,杭州市富阳区城区、宁波市奉化区城区、温州市洞头区城区、长兴县城区、海盐县城区、兰溪市城区、缙云县城区 7 家为省 4A 级景区城,杭州市余杭区径山镇、杭州市临安区湍口镇、文成县铜铃山镇、嵊泗县花鸟乡 4 家为省 5A 级景区镇(乡)。

31 日 浙江省文物局举行文物安全监督员受聘仪式。来自全省文旅系统的 14 位监督员接受聘任,标志着我省文物安全巡查队正式成立。

是月 浙江省政府新闻办、省文化和旅游厅联合命名第二批"浙江省国际人文交流基地"共 13 家,分别为中国美术学院、浙江省文化馆、西泠印社、艺创小镇、宁波诺丁汉大学、温州医科大学、温州市世界温州人服务中心、安吉县余村、南湖旅游区、浙江婺剧艺术研究院(浙江婺剧团)、衢州市南孔文化发展中心、天台县和合人间文化园、缙云县仙都风景旅游区。

(包雪燕)

厅属单位建设发展

ZHEJIANG CULTURE AND TOURISM YEARBOOK

浙江音乐学院

【概况】 设有音乐与舞蹈学、艺术学理论、戏剧与影视学等3个一级学科,音乐与舞蹈学、戏剧与影视学等2个学科被列入省一流学科建设计划,其中音乐与舞蹈学为A类计划。拥有音乐与舞蹈学硕士学位授予权和艺术硕士专业学位授权点。设有作曲与作曲技术理论、音乐学、音乐表演、舞蹈学、舞蹈表演、舞蹈编导、表演、艺术与科技等8个专业。设立作曲与指挥系、音乐学系、音乐教育学院、钢琴系、声乐歌剧系、国乐系、管弦系、流行音乐系、舞蹈学院、戏剧系、音乐工程系、人文社会科学部(马克思主义学院)等12个教学单位和附属音乐学校、继续教育学院、创业学院、国际教育学院、叔同学院。设有数字音乐智能处理技术文化和旅游部重点实验室、数字音乐浙江省工程研究中心、浙江文艺创研中心等省部级科研机构和高等音乐教育研究所、戏剧学研究所、音乐学研究所、舞蹈学研究所、艺术与文化管理高等研究院、音乐文化研究院等校级科研平台,以及乐队学院、民族乐队学院、歌剧学院、室内乐学院和合唱学院5个新型表演学科教学平台。建有交响乐团、国乐团、合唱团、室内乐团等高水平艺术实践团体,设有《音乐文化研究》学刊编辑部。与英国皇家音乐学院、皇家北方音乐学院、匈牙利李斯特音乐学院、罗兰大学、意大利米兰音乐学院等多所国际著名院校签订校际战略合作协议,并作为主席单位成立了"中国—中东欧国家音乐院校联盟",积极开展国际交流与合作。学院经教育部批准具有参照独立设置本科艺术院校艺术类专业单独招生资格,面向全国招生。2021年末在校本科生2744人,研究生532人;教职工590人(其中专任教师397人;具有高级技术职务资格的208人,中级199人)。

2021年,浙江音乐学院紧盯"高水平一流"办学目标,以党建为引领,以创新促改革,以改革谋发展,办学水平日益提升,办学成效日益显现,办学声誉日益扩大,并在诸多方面取得了系列新的标志性成果,在省文化和旅游厅2021年考核中获评优秀,实现了"十四五"开局满堂红,在"重要窗口"和共同富裕示范区建设中展现了浙音风采。

一、全面从严治党展现"新担当"

扎实推进基层党组织"双创"工作,2个党支部入选教育部第三批全国党建工作样本支部,2个党支部入选第三批全省高校党建"样本支部"创建单位,还有1个基层党组织和14名党员干部在省级文化和旅游系统、全省高校各类党建评奖评优中获奖。制定出台《干部队伍建设规划(2021—2025)》《进一步加强中层领导人员监督管理的若干规定》,不断加强干部队伍建设。制定出台《党委理论学习中心组学习实施细则》等制度,全面推进宣传思想工作。官方微信多次进入全省高校新媒体周排行榜前三。全面深化"清廉浙音"建设,认真组织开展中央和省委巡视反馈问题、师德师风建设专项巡察等13个方面的专项监督和整治活动,推动全面从严治党落实落细。

二、立德树人收获"新成果"

不断擦亮"音乐厅里的思政课"品牌,深化推进"课程思政"改革,实现390门专业类课程的课程思政全覆盖,获批教育部课程思政示范项目1项、教学名师1名和团队1个,省级课程思政示范课程4门、教学研究项目6项和示范基层教学组织1个,省高校课程思政教学改革系列活动获奖20项。1位教师获评第二届"最美浙江人·最美文旅人",1名学生获国家奖学金特别评审奖。获批国家一流本科专业建设点1个,省一流本科专业建设点2个,省级及以上一流本科专业率达100%,新获批省一流本科课程30门,全校省级一流本科课程累计达50门。获省级教学成果奖4项,其中一等奖2项、二等奖2项,实现了历史性重大突破,获奖数位列浙江省本科高校前列。获省级产教融合示范基地1个,省级虚拟仿真实验教学项目8项和省级产学合作协同育人项目2项。全面推进研究生教育改革,召开全校首届研究生教育大会,增设艺术与文化管理招生方向,新增硕士生导师74名,启动首次研究生科研及艺术实践项目计划,以浙音名义招收的首届23名硕士研究生顺利毕业。附中人才培养质量显著提高,全年为大学本部输送了60名优质生源。

三、科研创演取得"新突破"

获批数字音乐智能处理技术文化和旅游部重点实验室,成立艺术与文化管理高等研究院、舞蹈学研究所,初步构建以"四所两院一实验室"为核心的校级科研平台创新发展体系。面向国内外举办了系列高端学术论坛,公布了系列开放基金资助项目,迅速在全国扩大了影响力。再获国家社科基金艺术学重大项目 1 项,其他各类省部级及以上项目 20 项。《音乐文化研究》期刊在全国艺术学期刊关注度排名中蝉联第一。举办第二届杭州现代音乐节、第三届之江国际青年艺术周、第四届国际室内乐音乐节及第六届国乐艺术节等系列艺术品牌活动,组织开展了全国优秀主题歌曲作品征集和亚运会主题歌曲征集等活动,推出了一批文艺精品力作,并有 1 部作品获国家艺术基金大型舞台剧和作品资助,2 部作品入选省舞台艺术创作重点题材扶持项目。8 名师生进入第十三届中国音乐金钟奖半决赛,数量居全国第三位。教师刘涛和学生王博分获金钟奖美声组第一名和第四名,创下浙江省参赛以来最好成绩,得到了省委领导的充分肯定。学生参演 2022 年春节联欢晚会创意音舞诗画《忆江南》,给全国观众留下了深刻印象。5 个作品入围第七届全国青少年民族器乐教育教学成果展示活动,在全国大学生艺术节上获一等奖 2 个,在"新松计划"等省级比赛中获奖 21 项。

四、开放办学谱写"新篇章"

主动适应常态化疫情防控新形势,积极参与国家"一带一路"倡议,以线上线下相结合的方式,举办第三届中国—中东欧国家音乐学院院长论坛暨音乐院校联盟音乐展演,活动得到文化和旅游部、省委宣传部等的积极评价。与 6 所国际知名音乐院校以"云签约"形式签署了合作协议。全年新招收外国留学生 8 名、港澳

台籍学生 8 名,招生数、生源国和生源质量创下历年之最。与浙江省文史研究馆,衢州市,杭州市拱墅区、临平区,湖州市德清县等地方政府及网易、大丰、音王等知名企业签署战略合作协议。校内文艺演出覆盖全省 1.9 万个农村文化礼堂,学院"快乐音乐教室"大学生社会服务品牌获评"浙江希望工程 30 周年优秀公益合作伙伴"。多名教师积极参与"文化润疆"工程。继续教育学院作为文化和旅游部培训基地,承办各类培训班 24 个,为全国全省文化艺术骨干人才培养做出了积极贡献。

五、内部治理实现"新提升"

做好常态化疫情防控,师生新冠肺炎疫苗接种率达 94.59%,无感染病例或疑似病例。系统推进数字校园建设,制定出台《浙江音乐学院"十四五"数字校园建设规划》,"智慧琴房"获批国家级服务业标准化试点项目、全省文化和旅游数字化改革最佳应用,学院还被评为浙江省高校网络信息化建设先进单位。深入实施人才强校战略。全年共全职引进专任教师 37 名,比上年增长约 50%。稳步推进现代大学治理体系,制定发布学院"十四五"发展规划及相关的 6 个子规划,修订发布《浙江音乐学院章程》,顺利召开第二届教职工代表大会。综合服务保障能力不断提升。预算管理体制改革稳步推进,顺利完成年度预算执行目标。

【年度要闻】

在全国第六届大学生艺术展演活动中取得佳绩 5 月 12 日,学院国乐系节目民族管弦乐合奏

《我的祖国》和舞蹈系节目当代舞《彷徨》获得全国第六届大学生艺术展演一等奖及优秀创作奖,学院获优秀组织奖。

长三角与越剧学术研讨会在浙音召开 5 月 23 日,长三角与越剧学术研讨会在本院召开。研讨会由浙江省文化和旅游厅、中国艺术研究院戏曲研究所、浙江省社会科学界联合会、浙江音乐学院主办。

艺术与文化管理高等研究院正式揭牌成立 5 月 24 日,学院艺术与文化管理高等研究院正式揭牌成立。省文化和旅游厅党组成员、副厅长刁玉泉,中国艺术管理教育学会主席余丁,中国演出行业协会会长朱克宁等分别致辞。

舞蹈学院、舞蹈学研究所正式揭牌成立 5 月 30 日,舞蹈学院、舞蹈学研究所成立揭牌仪式举行。教育部音乐与舞蹈学专业教学指导委员会副主任委员、中国舞蹈家协会副主席、北京舞蹈学院院长郭磊,南京艺术学院舞蹈学院名誉院长于平,国务院学位委员会音乐与舞蹈学科评议组成员江东,浙江省舞蹈家协会主席崔巍,以及 10 余所艺术院校舞蹈学院(学科)的主要负责人出席揭牌仪式。

文化和旅游部数字音乐智能处理技术重点实验室落户浙音 5 月 31 日,依托本院建设的"数字音乐智能处理技术文化和旅游部重点实验室"入选第三批文化和旅游部重点实验室名单。这是文化和旅游部唯一以"数字

音乐技术"为主体研究领域的重点实验室,也是迄今为止唯一落户于音乐艺术类院校的重点实验室。

举行浙江非遗剧种和曲牌抢救工作启动仪式暨林为林戏曲创研推广中心、陈晓红越剧创研工作室挂牌仪式 6月23日,浙江非遗剧种和曲牌抢救工作启动仪式暨林为林戏曲创研推广中心、陈晓红越剧创研工作室挂牌仪式在学院举行。省文化和旅游厅厅长褚子育出席挂牌仪式并为工作室揭牌。国家一级演员、浙江艺术职业学院特聘教授杨小青等20余位有关领导和戏曲名家出席活动。

参演歌剧《红船》亮相国家大剧院 7月2日,歌剧《红船》在国家大剧院上演,学院声乐歌剧系教师杨小勇、严圣民、郑培钦、刘涛与40名学生共同参演。中宣部副部长、文化和旅游部部长胡和平,文化和旅游部副部长饶权,浙江省副省长王文序、省委宣传部副部长葛学斌、省文化和旅游厅厅长褚子育等观看了演出。

王均寅同志任学院党委副书记 7月8日,学院召开党政班子会议宣布干部任命,根据省委决定,王均寅同志任学院党委副书记;汪洋同志任学院党委委员,提名为学院副院长。省委组织部干部三处副处长李春柳,省委宣传部干部处处长、一级调研员陈洁,学院党政班子成员、相关处室负责人参加会议。

数字音乐智能处理技术文化和旅游部重点实验室正式揭牌成立 7月13日,数字音乐智能处理技术文化和旅游部重点实验室在学院正式揭牌成立。文化和旅游部科技教育司副司长刘冬妍,浙江省文化和旅游厅党组成员、副厅长刁玉泉,教育部学校规划建设发展中心创新发展处处长刘志敏,教育部学校规划建设发展中心专家牟廷林,雅马哈乐器音响(中国)投资有限公司董事长兼总经理金田日出男,其他政府、高校、相关企业负责人,以及学院党政领导班子成员出席揭牌仪式。

第二届杭州现代音乐节开幕 10月15日,由学院和杭州市西湖区人民政府共同主办的现代艺术盛会在本院开幕。驻节作曲家、中国音乐家协会副主席张千一,省文化和旅游厅党组成员、副厅长刁玉泉,省音乐家协会主席翁持更,学院党政领导班子成员,以及音乐节驻节艺术家、省文化和旅游厅相关处室、省音乐家协会、艺创小镇相关负责人,签约青年艺术家、新闻媒体记者、学院师生等出席开幕式。音乐节邀请了多个国内优秀艺术团体和近300位音乐人,上演了13个国家的44首现代作品,其中有27首作品为世界首演。

教师刘涛、学生王博喜获第十三届中国音乐金钟奖 10月24日,在第十三届中国音乐金钟奖美声组总决赛中,学院青年教师刘涛以98.29分荣获第1名,声乐歌剧系本科四年级学生王博(指导教师陶维龙、艺术指导金麦克)以97.58分荣获并列第4名,

双双夺得金钟奖,在5名金钟奖获奖者中占据2个席位,创下浙江省参赛以来的最好成绩。

第三届中国—中东欧国家音乐学院院长论坛举行 11月4日,由学院主办的第三届中国—中东欧国家音乐学院院长论坛以线上会议形式举行。学院院长与来自保加利亚、捷克、匈牙利、北马其顿、黑山、波兰、罗马尼亚、塞尔维亚、斯洛文尼亚、希腊10个中东欧国家的16位校(院)长和专家学者同步连线,共同围绕"后疫情背景下音乐艺术教育国际合作"主题展开探讨。

(蒋 楠)

浙江旅游职业学院

【概况】 内设机构36个。2021年末教职工671人(其中具有高级技术职务资格的196人,中级298人)。

2021年,浙江旅游职业学院以习近平新时代中国特色社会主义思想为指导,全面贯彻落实党的十九大和十九届中央历次全会精神和浙江省委十四届九次、十次全会精神,以全国职业教育大会精神为指引,紧扣高水平建设"双高"和高品质建设幸福旅院两大中心任务,以"建设攻坚年、治理提升年"活动为抓手,全面推进学校高质量发展。

一、党建引领作用更加突出

开展党史学习教育,打造"走访红色基地＋开展专题学习"的"沉浸式"学习模式,组织开展庆祝建党百年"七个一"系列活动,建成全国首个高校"红色之旅"主

题馆,全校各级党组织召开党史学习教育专题学习会300余场、党课宣讲20余场。深化基层党建"先锋工程",出台《基层党组织"堡垒指数"和党员队伍"先锋指数"考评管理办法(试行)》,3个基层党组织入围浙江省高校"双创"项目培育对象。聚焦"清廉旅院"建设,规范开展校内巡察和审计监督工作,实现二级教学部门的政治巡察全覆盖。

二、学校治理能力不断提升

制定学校"十四五"规划,修订《浙江旅游职业学院章程》。制定学校《校院两级管理指导意见》,完成校院两级管理实施细则和各二级学院的绩效分配方案,初步建立校院两级管理体制。制定学校《二级单位考核管理办法》和《二级单位考核目标任务》,对各二级学院进行分类考核。制定《教职工年度考核评价办法》,构建教师、行政人员、辅导员、科研人员等4类人员的考核评价体系,激发教职工干事创业的动力。深化学校数字化改革,制定"1+5+N"的数字化改革体系,校务管理和服务全面实现"网上办、掌上办、终端办",数据治理、"一项工作一看板"、填表一件事等工作取得突破性进展。获评工信部、教育部"5G+智慧教育"试点、浙江省教育领域数字化改革第一批创新试点学校、第一批高校智慧思政特色应用试点学校、浙江省教育领域数字化改革特别优秀案例等6项成果,《教育参阅》《光明日报》《中国旅游报》《学习强国》等重要媒体给予报道,形成数字化改革的"旅院样板"。

三、人才培养质量再上台阶

招生就业持续向好,共招生5146名,报到率97.36%。在中国教育在线"榜样力量·2021年度教育盛典"评选活动中,获得全国2021年度高招服务创新奖。2021届毕业生4773名,初次就业率达99.27%,创学校就业率同期历史新高。专升本报考1576人,报考率33.02%,录取人数858人。学校作为全国高职院校的唯一代表在教育部召开的全国就业工作会议上做典型经验发言。育人成果再创新高,学生在全国各项A类技能竞赛中获奖4项,在省级A类竞赛中获奖110项,尤其是在全国"互联网+"创新创业大赛中获得铜奖1项。承办首届全国大学生乡村振兴创意大赛暨第四届浙江省大学生乡村振兴创意大赛。在文化和旅游部提质培优行动计划中立项大学生团队实践扶持项目2项。持续深化"三全育人"综合改革,出台《"三全育人"综合改革建设任务》,学校获教育部"一站式云服务平台"自主试点。持续推动"人文铸旅"工程建设,完善"2+4+X"课程体系;《旅游职业教育人文素养课程体系设置指南》团体标准由浙江省标准化协会正式发布。举办首届"喜迎亚运 礼绽芳华"礼仪展示活动,开展劳动育人"最洁净校园"系列活动,建立校外劳动实践教育基地8个,打造"中国服务之美"的劳动教育品牌。

四、教学科研水平稳步提高

新增民宿管理与运营、定制旅行管理与服务、智慧旅游技术应用3个招生专业。11个专业申报15项"1+X"职业技能等级证书,实施岗课赛证一体化建设。承担旅游类专业简介和教学标准制修订工作,牵头制定国家职业教育旅游类新专业教学标准3个,对中职、高职专科、高职本科的16个旅游类专业简介和教学标准进行内审。教科研成果峰值凸显,获得省级教学成果奖特等奖1项、一等奖3项;在2021年教师教学能力大赛中获得国家一等奖1个;2部教材分获首届全国优秀教材一、二等奖;荣获国家社科基金艺术学项目2项,是全国高职院校中唯一获立项的单位;荣获教育部等省部级项目12项;发表二级期刊论文及著作26篇(部);2021年《文化艺术研究》复合影响因子为0.471,全年被引量超前3年之和;获省部级领导批示10项,其中主要领导批示1项。课程思政建设纵深推进,印发《浙江旅游职业学院课程思政建设工作方案》,成立学校课程思政教学研究中心,组建课程思政工作指导委员会。入选全省课程思政示范校,2门课程入选国家级课程思政示范课,9门课程入选省级课程思政示范课;3个案例入选"2021年全国文化艺术职业院校和旅游职业院校'学党史 迎百年'"课程思政展示活动。质量监督常抓不懈,制定学校《内部质量保证体系诊断与改进工作实施意见》,完善内部质量诊改制度体系,组织制订师生个人发展规划。开展日常课堂教学督导,开展质量专项调研与分析,完成12份专项质量报告和《2022年高等职业教育质量年度报告》。获第三届浙江省黄炎培职业教育优秀学校奖。作为秘书长单位,牵头成立中国职业技术教育学会智慧旅游职业教育专业委员会,并举办首届"旅游职业教育数字化转型"高峰论坛。

五、合作交流成果丰硕

浙江旅游职业教育集团入选国家示范性职业教育集团（联盟）。扎实推进浙江省旅游产业产教融合联盟和浙江北大数字文旅联合中心实验室建设，启动建设专业群协同创新中心集群，3个项目获2020年度省产教融合三类实践项目立项，7个项目获2021年度职业院校产教融合项目立项。以地方产业发展需求为导向，先后与松阳县人民政府、杭州西湖游船有限公司等10家单位（企业）建立合作关系，组建开元、蜗牛、麦扑等10个产业学院。参与乡村振兴、全域旅游、"文化基因解码工程"、文旅资源普查等工作，2个调研报告获全国文化和旅游系统2020年度优秀调研报告，1个调研报告获2021年文化和旅游研究院所科研建设优秀成果；组织58支团队300余名师生分赴31个县（市、区）服务浙江省旅游"微改造、精提升"；连续14年开展"暑期送教下乡"活动，44位教师送教下乡105场。全年共开设各类培训班83期，培训人数10536人，培训收入724.62万元。依托各产学研平台，承接全省地方政府和行业企业横向课题近100项，合同金额达3500万元。获评浙江省首批国际化特色高校，加入世界职业院校与技术大学联盟，获亚太经济合作组织（APEC）旅游领域项目立项1项；《国际中文教育中文水平等级标准》获教育部教学资源建设项目立项，旅游汉语名师工作室《旅游汉语》教材获教育部中外语言交流合作中心立项。作为理事长和秘书长单位，牵头成立由浙江省教育厅发起的浙港职业教育联盟，承办浙港职业教育联盟成立大会暨首届浙港职业教育研讨会。

六、干部师资队伍建设卓有成效

扎实推进干部增强"四力"教育实践，出台《干部教育培训五年规划》，举办干部数字化专题培训、暑期中层干部读书会等干部培训活动。实施第四批干部岗位职级对应工作，全年新提拔中层干部13名、选任助理级干部5名；派出挂职（借调）干部人才8名。全年招聘教学岗位人员30名和非教学岗位人员37名，引进高层次及行业紧缺人才8人。按1:350的配比要求完成思想政治理论课专任教师的招聘、转聘工作。深化"星光计划"实施工程，出台《2021—2025年师资队伍建设"星光计划"实施意见》。浙江文化和旅游教师发展中心建成并投入使用，全年举办各类讲座68场、培训班5期。1个团队获国家级职业教育教师教学创新团队建设立项单位，1人获国家文化艺术职业教育和旅游职业教育提质培优行动项目"双师型"师资培养扶持项目，1人入选浙江省旅游拔尖人才培育项目，1人入选"浙江工匠"培养项目等。

七、"幸福旅院"建设持续推进

扎实开展"幸福工程"，圆满完成服务师生10件实事，开展全民健身年、"品味旅院"沙龙等活动，打造高品质幸福旅院。荣获浙江省教育系统"最美志愿服务组织"荣誉称号，"幸福工程"被评为浙江省教职工文化金品牌培育项目。全面加强校园建设，完成酒店烹饪一体化实训大楼的规划验收。亚运会橄榄球训练场馆进入施工阶段。浙江旅游博物馆正式加入中国博物馆协会。安全稳定成果不断巩固，修订学校《突发公共事件总体应急预案》《校园施工安全管理实施细则》等多项制度，稳步推进校园智慧安防建设项目。严格落实意识形态工作责任制，开展意识形态领域风险隐患排查整治工作5次。做好常态化校园疫情防控，全力做好疫苗接种工作，师生接种率超90%。

【年度要闻】

获批浙江省教育领域数字化改革第一批创新试点项目 6月2日，浙江省教育厅公布全省教育领域数字化改革第一批创新试点项目名单，确定了65个项目，其中16所高校入选（9所本科院校，7所高职院校），学校申报的"校园教育数据治理业务清单与技术规范"项目顺利入围。

承办全国文化艺术职业院校和旅游职业院校"学党史 迎百年"课程思政现场展示暨教育研讨活动 6月17日，由文化和旅游部科技教育司指导，全国文化艺术职业教育教学指导委员会和全国旅游职业教育教学指导委员会联合主办，浙江旅游职业学院和浙江艺术职业学院联合承办的全国文化艺术职业院校和旅游职业院校"学党史 迎百年"课程思政现场展示暨教育研讨活动在浙江旅游职业学院举行。面向全国中高职院校文化艺术类和旅游类专业基础课和专业课教师，共征集课程教学案例200余个，通过专家评审遴选，80个课程入选展示活动，12个优秀课程代表参加现场展示交流。

入选国家示范性职业教育集团（联盟） 6月，教育部发布《关于公布第二批示范性职业教育集团（联盟）培育单位名单的通知》，由浙江旅游职业学院牵头组建并担任理事长单位的浙江旅游职业教育集团入选。

牵头成立中国职业技术教育学会智慧旅游职业教育专业委员会 7月14日，中国职业技术教育学会旅游职业教育专业委员会（后更名为"中国职业技术教育学会智慧旅游职业教育专业委员会"）成立大会在杭州举行。中国职业技术教育学会会长鲁昕、文化和旅游部科技教育司副司长刘冬妍、教育部职业教育与成人教育司教学处副处长董振华等领导出席会议。学校作为秘书长单位，牵头成立中国职业技术教育学会智慧旅游职业教育专业委员会，并举办首届"旅游职业教育数字化转型"高峰论坛。会上19位全国知名的旅游界领导、专家、学者受聘为智慧旅游专委会专家指导委员会委员。

入选全国职业教育示范性虚拟仿真实训基地培育项目 8月3日，教育部职业教育与成人教育司公布了"全国职业教育示范性虚拟仿真实训基地培育项目"名单，学校现代旅游虚拟仿真实训基地入选。

入选第二批国家级职业教育教师教学创新团队立项建设单位 8月9日，教育部发布了《教育部关于公布第二批国家级职业教育教师教学创新团队立项建设单位和培育建设单位名单的通知》，共确定了240个国家级职业教育教师教学创新团队，其中高职院校196个团队，学校智慧景区开发与管理教师教学创新团队名列其中。

获国家社科基金艺术学项目立项2项 8月21日，文化和旅游部公布了2021年度国家社科基金艺术学项目立项名单。学校连续3年荣获国家社科基金艺术学项目，成为全国高职院校在该领域的唯一立项单位，且获立项2项。项目分别为王相华主持的"高质量发展视角下中国数字文化创意产业政策模型构建与实证研究"和杜兰晓主持的"红色旅游与公众国家认同的文化逻辑及其建构策略研究"。

牵头成立浙港职业教育联盟 9月29日，浙港职业教育联盟成立大会暨首届浙港职业教育研讨会在浙江旅游职业学院举行。本次活动由教育部港澳台办、香港中联办教科部、香港职业训练局、浙江省教育厅、浙江省港澳办共同指导，浙江旅游职业学院主办。首批共29家成员单位加入联盟，由浙江旅游职业学院担任联盟理事长单位。

承办旅游类专业简介和教学标准制修订工作 牵头制订国家职业教育旅游类新专业教学标准3个，对中职、高职专科、高职本科的16个旅游类专业简介和教学标准进行内审，推进专业简介和教学标准的正式出台。

获全国职业院校技能大赛教学能力比赛一等奖 学校范平、陈萍萍、芦爱英、黄中黎4位教师组建的教学团队获全国职业院校技能大赛教学能力比赛一等奖。

（凌素梅）

浙江艺术职业学院

【概况】 内设机构30个。设有戏曲、音乐、舞蹈、设计、戏剧影视、手工艺、文化管理与教育等七大二级学院和附属中专（浙江艺术学校）、基础教学部（公共体育部）、马克思主义学院、教学实践中心、继续教育学院，共开设29个专业。至2021年末有教职工536人（其中具有高级技术职务资格的147人，中级211人）；全日制在校生近4500人。

2021年，浙江艺术职业学院紧紧围绕建党100周年、"十四五"开局，争创社会主义现代化先行省、高质量发展建设共同富裕示范区等关键时点，忠实践行"八八战略"，奋力打造"重要窗口"，全面从严治党，深化人才培养，完善学校治理，提升办学内涵，各项工作取得了新成效。学校是《职业教育专业目录（2021）》表演艺术专业目录的牵头承担单位，领衔中高本一体的表演艺术类和文化服务类42个专业简介和22个教学标准的拟制工作。

一、围绕建党百年强引领，党的建设全面提升

以"七个一百"为重点，举办"艺心向党"专场演出、主题党日等庆祝中国共产党成立100周年系列活动。100余名学生参加文化和旅游部"伟大征程"，以及省委、省政府"百年红船 扬帆远航"等重大主题庆祝活动。创建

"初心讲堂",开展6期18个教学单位和职能部门的工作亮晒,共推出30多项重点工作排行榜。完善"三全育人"和"大思政"体系,部署"立德树人十件小事"。3个项目入选全国课程思政展示优秀案例,2个项目入选线上思政教育典型案例。文化管理系党总支获党建工作标杆院系单位,美术系教工第一党支部获党建工作样板支部。舞蹈系党总支获省级文化和旅游系统"建设清廉单位、创建模范单位"工作先进集体。

二、围绕"双高"建设强发展,专业建设全面提升

国、省"双高"建设任务顺利推进,戏曲表演专业群进一步深化产教融合,加强院团合作订单培养,开办3个订单班。成立梅花奖教学工作室。"戏曲身段"8堂网络直播课上线2天,累计200多万人次收看。舞蹈表演专业群完成"舞蹈系实训室及教学环境改造""舞蹈实训室多媒体(二期)"重大教学项目,开发浙江本土特色舞蹈新形态教材。承办2021年全国职业院校技能大赛高职组艺术专业技能(声乐表演)赛项,4年内第2次成功申办"国赛"。连续9年承办全省中职学校职业能力大赛。顺利通过教育部第三批现代学徒制试点验收,是全国唯一入选的高职艺术院校。牵头修(制)订《高等职业学校表演艺术类专业教学标准》,领衔全国各艺术类职业院校进行表演艺术类和文化服务类42个专业简介和标准的修制订工作。2021届毕业生中,中职学生升学率100%,高职毕业生初次就业率98.82%(其中专升本录取239人)。连续5年开展乡镇文化员定向培养工作,其中2届共98名学生顺利毕业。

三、围绕提质培优强质量,队伍建设全面提升

引进文华奖获得者、中国歌剧舞剧院音乐剧专业人才1人。学校教师周正平荣获省特级专家、最美文旅人,黄杭娟荣获第三届浙江省黄炎培职业教育奖杰出校长奖,杨小青、支涛、周伟君入选文化和旅游部"百名优秀戏曲专业专兼职教师"。开展首届教师专业技能考核,表演类专业主要以舞台展示的形式,非表演类专业主要以专题展览或小型讲座的形式,结果纳入教师年度教学业绩考核,归入教师业务档案。

四、围绕艺术特色强优势,科研创作全面提升

1个项目获浙江省人文社科重大攻关项目立项,4个项目申报国家社科艺术学项目。23个项目获立项,其中省级1项、厅级10项。浙江文化艺术基金入选项目、省舞台艺术重点题材扶持项目民族管弦乐《听见江南》正式演出。2个节目获第六届全国大学生艺术节展演一等奖,2名学生入围中国文化艺术政府奖子项"第七届全国青少年民族器乐教育教学成果展示活动"。获省大学生艺术节一等奖6个、省第十七届"挑战杯"大学生课外学术科技作品竞赛三等奖2个。

五、围绕文旅融合强合作,服务水平全面提升

与七大院团签订战略合作协议,开展产教融合、人才培养等方面合作。举办第14届综合展演季,推出26台专场展演,其中舞台表演类19台、展览展映策划类7台,展演70余场次,直接覆盖观众超过100万人次(含数字平台观展观演人数)。第四届浙艺金鸪电影节上升为由中国艺术职业教育学会主办,学院和杭州市瓶窑镇人民政府承办,累计收到来自境内外251所高校的1129件参赛作品,进一步促进了产教融合,提升了影响力。正式成立长三角戏曲产教联盟。培训实践案例"唤醒乡村振兴原力,打造乡村文旅队伍的'浙江样本'"获文化和旅游部2021年优秀科研实践案例,是唯一一个学校内设科研机构申报的案例。全年举办各类培训83期,培训9985人次;浙江文化干部网络学院更新课程205个,共11万人次参加在线学习,完成30万学时。

六、围绕自身建设强基础,治理能力全面提升

修订学院章程。制定学院"十四五"事业发展规划,优化专业群构架,组建新的二级学院。促进"三服务"活动提质增效,开展"三服务"活动321次。新教学综合楼及学生宿舍楼建设项目开工,进展顺利。全力开展更高等级平安校园创建工作,切实提升学院意识形态、"三防"建设、教育培训、应急处置、学生心理健康等领域的治理能力和水平,确保"迎建党百年、保学校平安"。

【年度要闻】

"浙·艺·年"精彩上演 1月7日,作为2021省属院团新年演出季的重要组成部分,"浙·艺·年"浙江艺术职业学院校团合作专场汇报演出在杭州剧院上演。演出由浙江艺术职业学院、浙江演艺集团、浙江小百花越剧院、杭

州演艺集团、宁波演艺集团和浙江婺剧艺术研究院等联手打造，还通过网络平台进行了现场直播，演出结束时，腾讯视频、图文直播观众达 88 万余人次。

教学综合楼及学生宿舍楼建设项目开工　1 月 10 日，教学综合楼和学生宿舍楼建设项目开工仪式举行。省文化和旅游厅领导及相关处室负责人，省教育厅教育发展中心、属地街道社区负责人，有关兄弟单位代表，学院全体教职员工、离退休老同志、校友、学生代表及工程管理单位和参建单位代表出席。

承办省中职职业能力大赛赛项　4 月 24 日至 25 日，由浙江省教育厅、浙江省人力资源和社会保障厅主办，浙江艺术职业学院承办的 2021 年浙江省中等职业学校职业能力大赛（学生技术技能类）在学院举行。学院自 2013 年起已连续 9 年承办大赛赛项。本次比赛共有 8 支队伍参赛，参赛剧种涉及越剧、婺剧、绍剧、湖剧、临海词调等地方剧种。学院获得团队一等奖，并代表浙江省参加国赛。

承办省高职高专院校技能大赛　5 月 9 日至 10 日，由浙江省教育厅主办，浙江艺术职业学院承办的 2021 年浙江省高职高专院校技能大赛艺术专业技能（声乐表演）赛项在学院举行，来自全省 8 所高职院校的参赛选手同台竞技、相互学习、共同提高。学院参赛队 3 名选手全部获奖，其一获一等奖第 1 名。

承办全国职业院校技能大赛　6 月 7 日，2021 年全国职业院校技能大赛高职组艺术专业技能（声乐表演）比赛在浙江艺术职业学院开赛。这是学院 4 年内第 2 次成功申办"国赛"，浙江省仅 3 所学校成功申办"国赛"。学生谢怡婷作为浙江省唯一入选全国赛的选手，获得民族声乐组一等奖（第 1 名），指导老师章蔓丽获得大赛优秀指导教师奖。

文化和旅游部科技教育司司长嘎玛泽登一行到校调研　6 月 16 日，文化和旅游部科技教育司司长嘎玛泽登一行到校调研。省文化和旅游厅副厅长刁玉泉一同调研。

长三角戏曲产教联盟正式成立　9 月 30 日，学院牵头组建的长三角戏曲产教联盟成立大会在本院举行。浙江省文化和旅游厅副厅长刁玉泉出席大会并致辞，浙江艺术职业学院、上海越剧院、上海戏剧学院、南京越剧团、安徽省黄梅戏剧院、江苏戏剧学校等近 30 家联盟单位的代表参会，签约成立"长三角戏曲产教联盟"。

（汪仕龙）

中国丝绸博物馆

【概况】　内设机构 5 个。2021 年末人员 47 人（其中具有高级技术职务资格的 17 人，中级 15 人）。

2021 年，中国丝绸博物馆全馆干部职工不懈努力，团结协作，有序推进各项工作，亮点纷呈。一是坚持以习近平新时代中国特色社会主义思想为指导，全面贯彻落实党的十九大精神，拍摄精品微党课"兵团岁月"视频，荣获省级文化和旅游系统精品微党课视频比赛三等奖；在 2020 浙江文化和旅游总评榜中被评为"2020 浙江十佳影响力博物馆"。二是持续推出一系列影响力广泛、特色鲜明的主题展览，展现了浙江省的文化软实力，充分发挥了社会教育职能，丰富了展陈体系。三是举办了"2021 丝绸之路周"活动，联动国内外 100 余家文博机构，在社交媒体上的阅读量和观看量超 3.4 亿次。四是在文博宣教方面加大工作力度、拓展业务范畴、提升服务水平，举办第四届"国丝汉服节·唐之雍容"，承接国家文物局"博物馆进校园"示范项目"丝路文化进校园"并成立"丝路文化进校园"教育联盟。五是推进文物保护科研进度，三星堆丝绸复原成果首次公布，国丝研究团队亮相央视；参加国际博物馆协会藏品保护委员会（ICOM-CC）第 19 届大会，阐释全链条科研体系；"世界丝绸互动地图"及相关产品项目成果亮相"十三五"科技创新成就展。

一、机制建设

召开首届理事会第六次会议。12 月 31 日，会议在中国丝绸博物馆国际中心召开，以线上、线下相结合的形式举办，馆长赵丰向理事会汇报了中国丝绸博物馆 2021 年度工作完成情况、2022 年工作思路，介绍了 2022 年中国丝绸博物馆建馆 30 周年活动安排。此外，还汇报了 2021 年度财务决算和 2022 年财务预算情况。与会理事充分肯定了过去一年中国丝绸博物馆取得的工作亮点成果，并对 2022 年相关工作进行了探讨。下一步,中国丝绸博物馆将继续发挥好理事会的决策和监督作用,努力在文化遗产考古与保护、非物质文化遗产保护传承、丝绸之路文化史研究、设计与艺术史研究等领域继续做深做实,继续向研究型、全链条、时尚范、国际化方向迈进。

二、安全保卫

与各部门及协作单位签订2021年度社会治安综合治理目标管理责任书,严格落实文物安全、网络安全、疫情防控等各项责任。严格执行亮码、测温、戴口罩等防疫措施,中控室24小时在岗,做好日常维护并登记安全检查台账,确保重点区域24小时实时监控。每日安全巡查4次,每月安全排查1次,每月举办1次展厅管理员、物业保安的培训和例会,不定期组织消防、反恐演练,优化保安队伍。全年无藏品安全事故、公共安全事故发生。

三、藏品征集与管理

完成2021年度新增藏品的登记、入库、拍照及制档的初步信息。继续参与省文物局"纺织品文物包装形式及制作研究"课题,学习借鉴国外博物馆的存储方案,完成蕾丝残片、衬衫及档案资料包装盒的设计制作,小件类抽屉内分格存储等的设计工作,衣服收纳袋、伞和拐杖收纳盒的制作。推动藏品收纳精细化,更好地对藏品进行保护和利用。

完成年度文物征集任务。全年新增藏品1472件(套),其中捐赠936件(套);征集498件(套),其中一级藏品数0件(套);新入藏考古发掘品数0件(套);移交38件(套)。馆藏品总量达到69460件(套),其中一、二、三级

文物总计达4899件(套)。

继续丰富和完善文物收藏体系。重点征集了明清丝绸服饰和匹料,用于基本陈列展品更换及展览研究。征集了元代大袖袍、元代纳石失带等,进一步加强馆藏元代服饰体系建设,并用于"锦程:中国丝绸与丝绸之路"的展品更换。征集了一批外销丝绸服饰文物,有助于进一步加强馆藏服饰体系建设。以举办"天染:重现昔日的色彩""时间的艺术:当刺绣穿越时尚""远去的花手帕:20世纪的上海手帕业"等展览为契机,以无偿捐赠、征集等方式收藏了展品,丰富当代时装及纺织样本馆藏。

四、陈列展览

除基本陈列外,全年共举办各类临展24个,其中馆内临展18个,馆外临展6个。

6个基本陈列包括4个馆内展陈"锦程:中国丝绸与丝绸之路""天蚕灵机:中国蚕桑丝织技艺非物质文化遗产""从田园到城市:四百年的西方时装""更衣记:中国时装艺术(1920s—2010s)",充分利用馆藏资源,构建了以中国丝绸为核心、丝绸之路概念为亮点、融古今中外于一体的完整展览体系;纤维园与染草园为户外植物展示,让观众亲近自然、认知植物纤维生长过程、了解染料植物的相关知识。

共举办馆内临展18场,其中包括临展厅5场重点展览"云荟:中国时尚大展回顾(2011—2020)""云上之和:云南哈尼族服饰展""万物生灵:丝绸之路上的动物与植物""衣尚自然:服饰的美与责任""时间的艺术:当刺绣穿越时尚",修复展示馆5场中型展览,

新猷资料馆4场小型文献展,时装馆4场中小型展览。

共举办馆外临展6场,其中包括1场大型展览"万年永宝:中国馆藏文物保护成果展",3场合作展览,2场线上数字展览及1场小型展览。境外配合"2021丝绸之路周"举办临展1场。

五、文物保护与基地建设

全年共编制纺织品文物保护修复方案4项,其中除山西大同永泰南路S1地块M29北魏壁画墓出土丝绸揭展修复保护方案处于批复中,其余3项已获批立项。接受文博机构委托,全年保护修复完成文物46件(组),其中一级品4件,二级品5件,未定级37件(组)。全年共检测委托样品6批次102个,并出具检测报告。完成纺织品文物800个样品的染料和纤维测试,初步建成纺织品文物标本数据库。

纺织品文物保护国家文物局重点科研基地共设7个工作站,为新疆工作站(2010)、西藏联合工作站(2014)、内蒙工作站(2017)、甘肃工作站(2018)、北高加索工作站(2019)、郑州工作站(2019)和陕西工作站(2020)。

六、学术研究

全年立项课题1项,即浙江省文物保护科技项目"基于Micro CT的古代动物皮层微结构形态鉴别研究"。

在研课题10项,国家重点研发计划课题"丝绸文物的精细鉴别与产地溯源""纺织品文物价值认知及关键技术研究",中国科学院国际合作局国际伙伴计划"丝路文明与环境变化"子课题"丝路纺织品的纤维与染料研究",国家重点研发计划项目"世界丝绸互

动地图关键技术研发和示范"，国家文物局重点科研基地自筹经费科研项目"马山楚墓出土龙凤虎纹绣罗单衣的科学认知与工艺复原"，国家社科基金项目"南方地区原始纺织机具的考古发现与研究"，浙江省文物保护科技项目"南宋丝绸服饰研究与复原：以黄岩赵伯澐墓为例""纺织品文物包装形式及制作研究""胶粘剂在丝绸文物修复中的应用"，联合国教科文组织"丝绸之路青年研究基金"项目"中国和丝绸之路沿线国家的缂丝技术及交流"。

完成课题 9 项，出版 6 本专著（包含一套 10 本丛书），发表 36 篇中英文期刊论文，授权发明专利 5 项，国丝科研全面亮相国际博物馆协会藏品保护委员会（ICOM-CC）第 19 届大会，阐释全链条科研体系。

举办第二届天然染料双年展，关注天然染料的传统，通过民间调研、古代文献研究、科学分析等方式，重现昔日自然色彩之美。"天染：重现昔日的色彩"学术研讨会以线上线下相结合的形式召开，与会学者从多个维度展望了天然染料在当代和未来的应用。

七、文博宣传

面对后疫情时期博物馆恢复与重塑面临的多重挑战，积极探索新发展、新模式、新方案，在观众服务、社教活动与宣传推广等方面均取得优异成绩，喜获众多奖项。在《2020 年政务微博影响力报告》中，荣获"全国十大博物馆微博"；"我为丝路修文物（国丝篇）"荣获全国文化遗产"云传播"精品征集推介活动"云讲堂"十佳项目；"2020 丝绸之路周"被中共浙江省委网信办评为"2020 浙江

网络正能量传播·网络文化创新项目"；"2020 丝绸之路周"活动宣传入选浙江省文化和旅游系统 2020 年十大优秀宣传案例。

做好传统大众媒体宣传报道的同时，通过微信、微博、抖音、B 站、新华号等自媒体平台，进一步搭建媒体矩阵及线上、线下互通互联的聚合平台。通过报刊、电视、各大媒体客户端报道本馆各项展览、科研、学术交流活动等 354 次；与新浪微博、字节跳动、新华网等深度合作，针对"丝绸之路周"等重大活动实行全方位联动宣传。

八、文博教育与培训

女红传习馆除了开展染、织、绣、编、缝纫、服装等与纺织服饰相关的主题课程，还特别开设了儿童馆手工工坊，提供丰富的常设手工课程，并积极开展了多项馆外合作活动。全年共开设各类课程及体验活动 420 场（次），参与人数共计 3829 人。线上课程"一技"拍摄编辑 20 期，配合节日直播课程等观看量共计 52950 人次。"蚕乡月令：'中国蚕桑丝织技艺'非遗传承和推广"荣获 2021 全省博物馆十佳青少年教育项目。

志愿者建设方面，招募了首届志愿者工作委员会，选拔了会长与委员，在后疫情时期开启社会志愿者队伍的重建工作。

九、交流与合作

11 月 15 日至 11 月 16 日，由国际丝路之绸研究联盟（IASSRT）主办、中国丝绸博物馆和意大利特伦托大学卫匡国研究中心承办的第五届学术研讨会"丝路之绸：从中世纪到工业时代"采用线上线下并行的方式，在杭州和特伦

托召开。3 月 26 日，中国博物馆协会服装博物馆专业委员会成立，中国丝绸博物馆赵丰当选主任委员。4 月 23 日至 24 日，首届"国丝服饰论坛"以"服饰史的回顾与展望"为主题在本馆召开。

与联合国教科文组织签署《丝绸之路上的文化互动专题集：纺织服装卷》合作出版协议，进行教科文组织丝绸之路项目数字档案 DAS 收集与上线，完成浙江文化研究工程项目"中国丝绸艺术大系"相关申报工作，举办并参与了多场线上会议，推进各研究领域学术交流与项目合作。

【年度要闻】

第四届"国丝汉服节·唐之雍容" 4 月 24 日至 25 日，第四届"国丝汉服节·唐之雍容"在本馆举办。本次国丝汉服节以线上、线下相结合的形式呈现，在馆官方微博、抖音及哔哩哔哩平台进行了全程直播，与全国观众一起聚焦唐代服饰与文化。本次汉服节包括展厅导览、专题讲座、文物鉴赏、汉服之夜、银瀚论道等活动，为了让更多观众参与，还发起了"国丝十景"打卡活动，设计了汉服节户外艺术装置，推出传统手工艺市集，提供汉服租售等。

参加国际博物馆协会藏品保护委员会（ICOM-CC）第 19 届大会 5 月 17 日至 19 日，国际博物馆协会藏品保护委员会（ICOM-CC）第 19 届大会在北京召开，馆长赵丰发表题为《全链条保护：中国丝绸博物馆应对全球挑战的工作模式》的主旨报告，分享了纺织品文物全链条保护应对不同挑战的工作方式。本次大会共收到

43 个国家 468 个作者提交的 475 篇论文，其中中国学者提交论文 133 篇，最终入选 18 篇，中国丝绸博物馆 3 篇入选。委员会为增进世界各地文物保护工作者之间的交流，展示研究成果，特意遴选了 99 篇学术海报，中国丝绸博物馆入选 1 篇，是纺织品部分唯一一篇中国学者撰写的海报。

儿童馆开放试运行　5 月 18 日为"国际博物馆日"，中国丝绸博物馆儿童馆正式向公众开放。蚕桑科普、丝绸知识、服饰文化穿插在趣味互动活动与探索游玩中，还有印染、编织、缝纫、纤维、手绘五大工作坊定期开展特色手工课程，让小观众感受互动式参观的乐趣，让博物馆成为家庭教育的最佳体验场所。儿童馆开放时间为公休日及国庆节假日，每周五发布可参与活动预告。

"万年永宝：中国馆藏文物保护成果展"荣获十大年度科普作品　展览由国家文物局、北京市人民政府主办，中国丝绸博物馆联合首都博物馆、中国文物保护技术协会承办，汇集 10 省市、23 家文博单位的 50 余件（套）文物及相关辅助展品，集中展示我国馆藏文物保护成果。5 月 18 日至 8 月 17 日，展览在首都博物馆举办。7 月，发布线上展览。12 月，作为唯一展览入选并荣获"典赞·2021 科普中国"之"十大年度科普作品"。

2021 丝绸之路周　由国家文物局、浙江省人民政府主办，浙江省人民政府新闻办公室、浙江省文化和旅游厅、浙江省文物局承办，中国丝绸博物馆国际丝绸之路与跨文化交流研究中心执行承办，主题为"丝绸之路：多元共存和包容发展"。5 月 27 日至 6 月 24 日，丝绸之路周活动陆续举办。本届丝绸之路周线上推出海报接力、短视频和直播等活动，线下举办了展览、讲座、论坛沙龙、研修班、丝路进校园等各种形式的学术与科普活动，从线上到线下，深度解析，鲜活讲述，弘扬丝路精神，解读丝绸之路文化遗产的无穷魅力。活动反响巨大，国内观看量超 3.4 亿次，参与话题讨论 3.7 万人次，各直播平台观看量达到 1000 万次，相关报道 160 余篇。本届丝绸之路周进一步加强国际线上联动，全球近 20 个国家的 200 家文化机构参与。联合国教科文组织丝绸之路项目在官网发布了"2021 丝绸之路周"的详细内容，全球各地文博行业的专家纷纷在社交媒体上与丝路周活动互动。同时，积极开展国际线下活动，在意大利米兰、法国巴黎、比利时布鲁日 3 地举办系列主题活动。

三星堆丝绸复原成果首次公布　9 月 11 日，央视新闻频道直播了三星堆出土的大量文物，三星堆丝绸复原成果首次公布，中国丝绸博物馆研究团队亮相央视。在三星堆的考古发掘中，考古人员发现很多青铜器物的表面附着大量黑色的灰烬物质，研究人员发现这些物质里含有丝蛋白。经过半年多的研究，中国丝绸博物馆和四川省考古研究院联合发布了研究成果。此次研究以考古学实证填补了四川盆地的丝绸历史，将其推到 3000 多年前；

同时，发现了不同品种的丝绸，意味着三星堆跟殷墟交相呼应，与中原文明也是多元一体。

"丝路文化进校园"教育联盟成立　9 月 15 日，国家文物局"博物馆进校园"示范项目"丝路文化进校园"教育联盟在中国丝绸博物馆发起成立。联盟首批示范学校共 9 所，分别为杭州市卖鱼桥小学教育集团、杭州市卖鱼桥小学教育集团桃源小学、浙江大学幼儿园实验园、杭州师范大学东城小学、浙江大学教育学院附属学校、杭州观成实验学校、杭州绿城育华亲亲学校、杭州市保俶塔实验学校教育集团、杭州市天杭实验学校。"丝路文化进校园"项目启动于 2020 年 12 月 23 日，旨在推进馆校融合，加强优势互补，建立长效合作机制，创新教育模式，实现"博物馆进校园"与"学生进博物馆"的双向互动及融合贯通。

在仰韶村遗址墓葬中发现丝绸残留物　9 月 29 日，河南省文物考古研究院在渑池县召开仰韶村遗址第四次考古发掘报告会，其中中国丝绸博物馆在仰韶文化和龙山文化墓葬人骨土样中，采用电化学免疫检测技术检测出丝绸残留物——丝素蛋白，说明墓葬中可能存在过丝绸实物，对推进仰韶文化研究具有重要意义。

"世界丝绸互动地图"项目成果亮相"十三五"科技创新成就展　10 月 21 日，由科技部、国家发展改革委、财政部、军委装备发展部、军委科技委、北京市人民政府共同主办的国家"十三五"科技创新成就展在北京展览馆开幕。中国丝绸博物馆承担的"世界丝绸互动地图"项目成果亮相展览,展示了项目的最新进展及相关产品,包括"锦秀·世界丝绸互动地图平台"、考古现场丝素蛋白快速检测试剂盒、"中国历代丝绸艺术"丛书及相关文创产品等。

第二届天然染料双年展 10月22日,第二届天然染料双年展暨"天染:重现昔日的色彩"在中国丝绸博物馆开幕。此次双年展由浙江省文化和旅游厅、浙江省文物局主办,中国丝绸博物馆承办,中国美术学院文化遗产中心、温州采成蓝夹缬博物馆协办。与2019年首届天然染料双年展有所不同,本届双年展强调了参展艺术家的天然染料及染色工艺须有民间的来源和古代文献的出处。10月23日,展览配套学术研讨会召开,与会学者围绕"重现昔日的色彩"这一主题,从多个维度展望了天然染料在当代和未来的应用,还有不少企业参加了研讨会,进一步提高了双年展品牌的影响力和开放性。10月24日至26日,展览配套工作坊活动举办,"五彩夹缬技艺重建"分享体验会、"喀什戳印"工作坊和"拼布乾隆色"工作坊,吸引了高校师生、影视制作团队、艺术家、植物染爱好者等各类群体,社会评价良好。

国际丝路之绸研究联盟(IASSRT)第五届学术研讨会 11月15日至16日,国际丝路之绸研究联盟第五届学术研讨会"丝路之绸:从中世纪到工业时代"在杭州和特伦托召开,共有来

自中国、意大利、丹麦、希腊、英国、美国、加拿大、俄罗斯、印度尼西亚、泰国、越南、巴基斯坦等12国的70多位学者和代表参会,其中22位专家学者在会上做了学术报告。本次研讨会得到了卫匡国研究中心、特伦托大学和联合国教科文组织的大力支持,讨论主题广泛,呈现出学者年轻化的趋势。

(梁严艺)

浙江图书馆

【概况】 内设机构16个。2021年末人员233人(其中具有高级技术职务资格的48人,中级125人)。

2021年,浙江图书馆继续发挥省馆示范引领作用,加快推动全省公共图书馆服务大提升工作,助力全民阅读,促进全省文献信息资源共建共享,满足人民精神文化需求。

一、持续推进服务大提升工作

继续牵头做好全省公共图书馆服务大提升工作。2月,召开浙江省公共图书馆服务大提升工作阶段性成果新闻通气会,通报2020年服务大提升工作成果及下一阶段工作目标。3月,在台州组织召开浙江省公共图书馆馆长联席会暨服务大提升工作现场会,对全省服务大提升工作完成情况进行反馈,部署"满意图书馆"考评相关工作。4月,组织召开全省公共图书馆服务大提升工作协调推进会,研究部署全省公共图书馆服务大提升2021年重点工作、长三角社保卡一卡通工作、全省公共图书馆联合目录著录规则及平台建设工作等。截至

年底,全省共有各类主题图书馆和城市书房1200多家,有超过60%的村级基层综合文化中心、农村文化礼堂纳入图书馆业务管理。3月、11月,分别开展2批次"满意图书馆"实地考评工作,全省96家县级以上公共图书馆达到"满意图书馆"服务标准。实现全省县级以上公共图书馆纸质文献通借通还服务,全年全省各地区区域内通还文献170万余册次,跨地区通还文献2.2万余册次。

二、强化阅读品牌建设

充分发挥省馆龙头作用,以"百年党史 百年经典"为主题,引领全省公共图书馆开展全民读书月系列活动,累计举办活动6000场,累计参与人数超1000万人次。4月23日世界读书日,浙江图书馆主会场开展"典籍里的百年大党"图书馆之夜主题活动,53万余人次在线观看。组织开展第十七届浙江省未成年人读书节,围绕"品读红色经典 漫话红色精神"主题,全省各级公共图书馆举办形式多样、内容丰富的系列活动近5000场,参与人次300多万。开设党史书房,集中收集展示馆藏5000余册红色文献,开展系列红色主题阅读活动,为公共图书馆促进党史阅读、传承革命精神、弘扬红色文化提供前沿主阵地。扩大"文澜讲坛""文澜读书岛""阅读马拉松""有声阅读"等传统阅读品牌社会影响力,加强"天籁浙江""阅读锦鲤""布可读书""宋韵文化""红色阅读"等新品牌推广力,产生良好社会效应。文澜读书岛活动品牌获省委宣传部"最美阅读团队"称号。"文澜读书岛'建党百年 红色阅读'之旅"荣获省文化和旅游厅主

办的"领读浙江 寻路初心"建党百年主题阅读活动"优秀领读人"奖项。全年举办各类读者活动770余场次,参与读者1753.9万人次。

三、促进全省文献信息资源共建共享

牵头全省各级公共图书馆做好全省文献信息资源协同服务平台建设。在全省推进数字化改革的大背景下,围绕"一张网一朵云",10月开通浙江省文献信息资源共建共享平台。整合全省县级以上公共图书馆馆藏书目数据2730余万条,搭建浙江省历史文献数字资源总库和浙江省新编地方志两个模块,实现全省公共图书馆数字资源的整合与共享,提供30多个中外文数据库供全省读者免费使用,除提供文献服务外,平台还设置了数字展厅、阅读活动联合服务、文化活动在线直播等功能。截至年底,平台共有用户总数47638人,文献总下载量96903篇,总访问量26574571次,总检索量1892160次。开发"浙里阅"客户端、小程序,即时发布浙江全省公共图书馆活动信息。推进国家发展中心项目建设,完成《山水故园——浙江古村落》(二期)、《丝路浙江》、《薪火相传·越地拾遗》等3个专题片建设。省文献采编中心全年新增馆藏记录38万余条,将上年度馆藏数据10092条批量上传至国际联机计算机图书馆中心(OCLC)书目数据库WorldCat,推动浙江省文献资源全球共享。

四、深入推动信用借阅服务升级

推进全省市级以上公共图书馆"一键借阅"入驻"浙里办"平台,实现长三角地区社保卡入馆借阅"一卡通",实现身份证、市民卡、社保卡等多途径注册服务。加强全省"信阅"网借服务中心建设与运营管理,为疫情常态化形势下的图书馆流通业务带来新发展,全年共计服务网借读者27.3万余人次,外借图书35.1万余册次。进一步扩大"信阅书店借"服务面,开启丽水、衢州两地"信阅"线下书店服务,截至年底,全省共有"信阅"线下服务点32家,涵盖舟山、金华、台州、衢州、丽水5个地区。以"信阅"服务为载体开通"文化援疆"服务,向新疆阿克苏、阿拉尔地区提供免邮借阅。

不断加强线上服务,根据疫情防控要求适时调整线下服务策略,保证服务不中断。全年新注册读者65万人,文献外借151.7万册次,总流通人数2010.5万人次,到馆读者168.3万人次,官网访问量7704.5万次,无线网利用8.4万次。

五、深化区域和对外合作交流

举办庆祝"中国旅游日"2021年浙江省主会场暨第十九届徐霞客开游节系列活动之"天籁浙江 诗路宁海"长三角名家朗诵会。联动长三角地区180余家公共图书馆举办"长三角阅读马拉松",浙汇赛区69家图书馆2150名读者参赛。积极参与长三角公共图书馆智库服务联盟组织"两会信息参阅"编辑工作,编撰"碳中和,开启未来新发展"专题。加强长三角地区阅读活动交流协作,联合开展"上图讲座"系列讲座巡讲、"澄怀观道——宋代生活美学展"巡展活动等。承办第四届中国与阿拉伯国家图书馆及信息领域专家会议、首届丝绸之路国际图书馆联盟大会。与国际图书馆协会联合会(IFLA)和国际联机计算机图书馆中心(OCLC)对接工作,开通对外馆际互借服务,提供馆际互借文献12册次,文献传递15篇次(条/项)。参加新任国际图联主席一对一交流视频会议、年度国际图联世界图书馆和信息大会(WLIC)线上会议、"2021领导人对话"论坛公共图书馆专场等多个国际线上会议。参与国际图联治理改革和2021年度选举工作,1人当选大都市图书馆工作组常委。上线浙江图书馆新版英文网站,全面呈现浙江省公共图书馆风貌。

六、持续提升学术研究水平

完成《浙江图书馆"十四五"发展规划》编制工作。完成"全国公共图书馆事业发展战略研究"子课题"公共图书馆事业发展环境及趋势"的后续研究并顺利结题。策划《图书馆研究与工作》刊物的国外图书馆馆长访谈系列、浙图学人系列、社会记忆研究专题、图书馆发展趋势等多个专栏,不断拓宽办刊视野。持续聚焦图情领域发展前沿动态,做好"看世界"专栏编译工作,全年共在浙江图书馆微信公众号上发布47期内容,在《图书馆研究与工作》刊物上发布12期内容。参与图书馆标准国际化相关工作,和全国图书馆标准化委员会交流,对国际标准化组织(ISO)中与图情领域相关的标准、国际图联(IFLA)和美国图书馆协会(ALA)的标准规范体系做系统梳理并形成调研报告。全年全馆职工撰写及参与编撰著作2本,发表学术论文18篇,主持完成学术课题及研究项目6项。

七、加强古籍保护利用工作

发挥浙江省古籍保护中心秘书处统筹协调作用，对全省古籍修复、保护、数字化等工作做好技术和人才指导。完成古籍数字化158222拍及年度古籍数字化项目验收。完成民国平装书、民国线装书、期刊、家谱、报纸、拓片等文献编目5万余册。做好《嘉兴文献丛书》、浙江古籍出版社影印书目等项目的数字化图像质量把控和质检。完成善本书12000部目录核对，536部碑帖整理排架，完成12000部善本书、1460件书画、15000通信札等的清点工作，为2022年古籍清点工作做好准备。

八、加快推进馆舍基础设施建设

不断深化新馆基础设施建设，落实服务规划和信息化功能需求，确保新馆建设有力有序推进。不断优化室内设计方案，与相关领域专家、浙江省建筑设计研究院及家具公司就各楼层功能定位及空间特色等进行讨论研究，顺利完成新馆开放楼层及办公楼层平面设计和家具摆放设计工作。做好新馆智慧化建设相关准备，完成文献库存和输送智能管理系统设计，起草新馆信息化建设项目可行性研究方案，完成弱电建设方案优化调整。湖州南浔嘉业堂修缮工程经过初验、整改，最终通过整体验收。孤山馆舍（红白楼）修缮工程完成设计招标，修缮方案及经费报国家文物局批复。孤山馆舍杨虎楼完成日常维护保养方案设计，报省文物局批复。大学路馆舍修缮工程正式开工。

九、优化人才培养体系

加强人才队伍建设，公开招聘人员22名，对全馆职工开展线上线下多平台多内容培训。完成"十三五"期间"浙江省公共图书馆拔尖人才"培育计划，共40人入围，20人获得"浙江省公共图书馆拔尖人才"命名，其中浙江图书馆有7人。启动ISO9001质量管理体系认证工作，制定建设方案，组织各部门内审员开展专业培训并通过考核。推荐3人申报"2021年浙江省宣传文化系统'五个一批'领军人才"，推荐2人申报"公共文化服务和旅游公共服务领域专家"，推荐1人申报"高层次人才特殊支持计划人文社科领军人才"等。

（王芊予）

浙江省文化馆

【概况】 内设职能机构10个。2021年末人员52人（其中具有高级技术职务资格的28人，中级19人）。

2021年，浙江省文化馆围绕迎建党百年主题，把握发展趋势，引领文化潮流，推进文艺精品创作，提升全省群众文化理论研究水平，促进全省群文业务互联互通、共赢发展，取得成效。

一、大型群文活动

全年主办、承办群文活动96场。围绕"迎建党百年 享美好生活"主题，把握发展趋势，引领文化潮流，创造性地组织了浙江省民间音舞大型广场展演活动、浙江省群众（乡村）合唱大赛、浙江省红色主题雕塑展、"守好红色根脉 书写青春忠诚"浙江省文旅青年宣讲团百场大巡讲活动等，参与广泛，影响深远，在全社会营造爱党爱国的良好氛围。浙江省首届喜剧小品大赛、浙江省首届数字绘画展、"美丽浙江"网络文学大赛、"百年百家"庆祝建党100周年浙江省群星书法名家名作邀请展、2021浙江省喜迎建党百年"红船精神"剪纸作品大赛、浙江省"三团三社"区域联动示范交流系列活动等满足人民多层次、多样化的文化需求，在省内外形成较强的示范性，获得了社会各界的高度肯定。

二、群文精品创作

将繁荣文艺创作与培育文艺精品相结合，全年举办表演艺术作品题材培训班和新作品实践培训班13个，开展各艺术门类专业干部理论研修及培训活动20余场。开展浙江省第二十届群众音乐大赛、浙江省第三十一届群众舞蹈大赛、浙江省第三十二届群众戏剧小品大赛、浙江省第十一届群众曲艺大赛、浙江省第七届群星视觉艺术综合大展。动态类赛事评出进入决赛作品127个，为冲击全国群星奖奠定基础。静态类赛事评出书画、摄影入展作品353件，显示近两年来全省群文视觉艺术创作水准稳步提升。

三、群文理论研究

全省群众文化理论研究成效进一步提升。围绕"新时代公共文化服务高质量发展"等主题举办专题征文活动，出版《浙江公共文化服务现代化研究》，为浙江公共文化服务体系建设贡献智慧。组织推荐全省多篇优秀群文理论论文参加2021中国文化馆年会征文活动并获奖，获评2021中国文化馆年会征文活动优秀组织单位。文学创作局面进一步拓宽，全省新故事征文大赛、乡村诗歌大赛收稿数再创新高，首次出版诗歌专集《乡村，一个伟大的词汇》。群文期刊质量进一步提高。浙江省群众文化刊物《浙江公共文化》复刊。在全国文化馆期刊评比中，选送的2本刊物获2021年度期刊奖。艺档管理工作进一步规范，首次开展新修订的《中华人民共和国档案法》知识网络竞赛活动，举办全省首届优秀档案室评选活动，提高从业人员的综合素质和业务水平。

四、文化交流

被省政府新闻办、省文化和旅游厅正式命名为浙江省国际人文交流基地。制作的"话年俗·看技艺·读文化——品品春节的味道"5类14节线上课程，在海外中国文化中心线上平台播出。推出"美丽中国·诗画浙江"资源数据库专题，面向首批"诗画浙江"友好使者开放6项公共文化专属服务。在2021年长三角文化和旅游联盟联席会议中，与兄弟省、市文化馆签订《长三角公共文化发展联盟协议》，作为轮值方主办2021长三角现代民间绘画（农民画）交流展，甄选最具浙江代表的公共文化空间参与长三角浙江区公共文化空间评审。积极组织、参与首届长三角合唱歌曲创作大赛、第三届华东六省一市现代地方小戏大赛、第六届"缤纷长三角·浦东北蔡杯"曲艺邀请赛、第21届"江南之春"美术作品展等长三角区域文化活动，促进省际毗邻区域群众文化的协同发展。

五、免费开放

开展面向基层的线上线下培训，总课时11628个，共计服务182.57万人次。公益课程内容丰富，涵盖舞蹈、语言、声乐、戏曲、书画、器乐、民间艺术、生活艺术等门类。为进一步探索全民艺术普及的深度和广度，扩大公共文化服务覆盖面，创新推出群文人才培育"1＋7＋N"机制，组建基层文艺培训联盟，辐射发展社会群文骨干力量达18万余人次。打造线上线下双联动、共享名师的"双师"教学模式，将原有线上课程和线下培训相互分离的单一教学升级为线上线下交叉学习的"双师"教学。积极将"双减"工作要求纳入全民艺术普及工作中，参与制订《浙江省文化艺术类校外培训机构业务指导方案》《浙江省青少年文化艺术发展协会章程》等规范文件。

六、民间艺术

在民间艺术数据库建设的基础上，整理优秀资源，完成浙江省民间文化艺术之乡、中国民间文化艺术之乡的评审、复核、上报。举办"此生此长"浙江省新农村公共艺术展，为乡村的环境美化、旅游推广、艺术普及带来发展动能。通过民间艺术志愿服务成果展、《民艺三两事》人文纪录片的宣发，探索民间艺术发展普及的创新路径。持续做好对浙江省传统手工艺教学实验基地、浙江省新农村群众文化业务建设绣花鞋项目实验基地等的课程教学、业务指导。

七、志愿服务

完善全省文化和旅游志愿者队伍组织架构，规范志愿者登记注册和管理，推动文旅志愿服务深入开展。举行浙江省文化和旅游系统优秀志愿服务项目演讲大赛、举办全省文化和旅游志愿者队伍联络员培训班。完成"我爱浙疆"——2021年"春雨工程"浙江省文化和旅游志愿者新疆行暨浙新优秀原创文艺作品交流展演活动。开展"携手浙里·喜迎亚运"活动，与武林街道共建"武林大妈＆浙江省文旅国际志愿者服务联盟基地"，组建浙江省文化馆系统美育课堂志愿服务队，开展美育课堂志愿者培训。"圆梦青苗·以艺育美"浙江省百名文艺志愿者面向农村未成年人开设美育课堂项目入选省文明办2021年"浙江未成年人思想道德建设十件实事"。

八、数字服务

制定从技术对接到平台运营的一整套标准体系，创建全新的数字化业务流程，构建起省、市、县3级数据动态管理机制，提前半年完成全省文化馆从"国家公共文化云""浙江智慧文化云""浙江群文云"到市、县文化馆平台的互联互通全覆盖。针对全民艺术普及、赛事欣赏、资源共享的场景，打造特色应用。加强全省联动推广数字文化活动的能力。针对线上活动，形成规范化的活动前、中、后全流程服务体系。全年推出"'浙里'过大年 文化乐不停"等在线服务活动321场。新增资源同比增长161%。平台新增用户数量同比增长1倍。生产慕课等全省共享的原创数字文化资源同比增长220%。根据不同平台特色，进行差异化定位、区分化运营，实现信息发布的多样化、移动化、可视化。新媒体矩阵发布信息2200条，全年数字服务超6331万人次。

九、机制创新

运用全省文化馆工作系统化联动运行的理念，深入推进"沃土深耕"基层联络服务机制,促进全省群文业务实现互联互通、互补共享的共赢发展,进一步发挥全省文化馆在公共文化服务体系建设中的职能作用。根据机制的运行模式、主要任务、支持重点等,合理调配资源,提升服务品质。统筹全省文化馆力量组建联片服务组,针对全省试点单位在作品创作、活动开展及队伍建设中的具体问题进行有效帮扶。同时,根据各个片区在群文工作中所面临的共性问题制订解决方案,加速形成全省文化阵地"线下一盘棋、线上一张网"的格局。

【年度要闻】

浙江省省级文化和旅游青年宣讲团全省巡讲 在省文化和旅游厅直属机关党委和厅团委的指导下,牵头组织开展"浙江省文化和旅游系统百场大巡讲"活动。活动于4月27日启动,共开展理论宣讲活动24场,240余个主题宣讲和文艺节目参演,观众30000余名;线上宣讲42期,网络访问量约75万次。在浙江省文化馆微信公众号刊发"守好红色根脉 书写青春忠诚"浙江省级文化和旅游青年宣讲团全省巡讲活动系列报道。被中共浙江省文化和旅游厅党组评为"守好红色根脉 书写青春忠诚"浙江省文旅青年宣讲团百场大巡讲活动优秀组织单位。

浙江省民间音舞大型广场展演 5月21日"迎建党百年 享美好生活"浙江省民间音舞大型广场展演在德清举办。该活动由文化和旅游部公共服务司指导,浙江省文化和旅游厅、中共湖州市委、湖州市人民政府主办,浙江省文化馆、湖州市文化广电旅游局、中共德清县委、德清县人民政府承办。参与演出的主会场演职人员2000余名,地市分会场6000余名,活动线上线下总访问量609.79万人次。

浙江省第十一届群众曲艺大赛 5月25日至28日,在衢州开化举办的"迎建党百年 享美好生活"浙江省第十一届群众曲艺大赛,由浙江省文化和旅游厅主办,浙江省文化馆、衢州市文化广电旅游局、开化县人民政府承办,24个作品参加决赛。

浙江省群文系统微宣讲大赛 4月,浙江省文化馆组织开展全省群文系统"守好红色根脉 书写青春忠诚"浙江省群文系统微宣讲大赛。5月28日,在杭州市西湖区文化馆举办决赛,来自全省11个地市的50名选手参赛。

浙江省建党百年红色主题雕塑展 6月11日,"迎建党百年 享美好生活"红色主题雕塑大展在乐清市文化馆开幕。展览由浙江省文化和旅游厅主办,浙江省文化馆、乐清市人民政府、浙江省雕塑学会承办,线上线下总访问量250.47万人次。

浙江省群众(乡村)合唱大赛 6月20日,"唱支山歌给党听"大家唱群众歌咏活动浙江省联动活动"迎建党百年 享美好生活"浙江省群众(乡村)合唱大赛在江山举行,线上线下总访问量762.02万人次。

"圆梦青苗·以艺育美"百名文艺志愿者面向农村未成年人开设美育课堂 2021年"圆梦青苗·以艺育美"项目再次入选浙江省文明办全省"未成年人思想道德建设十件实事"。9月,在安吉县正式成立了浙江省文化馆系统美育课堂志愿服务队,下设11个市志愿服务分队,成员为各级文化馆的业务干部,各地文化站、文化礼堂的工作人员等。是年,在全省各地200个村开设美育课堂,辅导内容在音乐的基础上增加了美术、舞蹈,开展艺术普及活动600余场,服务2万余人次,线上访问量120万人次。全省参加志愿服务的志愿者从2020年的200人增至650人。

浙江省第七届群星视觉艺术综合大展 浙江省第七届群星视觉艺术综合大展包括美术、书法、摄影三大专场展览,从上万件作品中精选353件入展,代表了2年来浙江群文视觉艺术创作的最高水准。6月30日,优秀美术作品展在宁波市北仑区文化馆开幕;9月30日,优秀书法作品展在杭州市滨江区文体中心开幕;10月9日,优秀摄影作品展在海宁开幕。美术、书法、摄影三大专场展览参观总人数近1万人次。

浙江省新时代公共文化服务论坛系列活动 10月11日至13日,浙江省公共文化服务现代化研讨会在台州举行。论坛由浙江省文化和旅游厅主办,浙江省文化馆、浙江省群众文化学会、台州市文化和广电旅游体育局承办,80多位作者、专家参加。

浙江省第二十届群众音乐大赛 10月12日至15日,2021浙江省第二十届群众音乐大赛决赛在平湖举行。决赛由浙江省文化和旅游厅主办,浙江省文化馆、平湖市人民政府承办,平湖市文化和广电旅游体育局执行承办,平湖市文化馆执行,45支音乐团队参赛。

第三届全国文化馆理论体系构建研讨活动 与中国文化馆协会、台州市文化和广电旅游体育局联合主办"第三届全国文化馆理论体系构建研讨"活动。活动于10月18日开幕,文化和旅游部公共服务司一级巡视员陈彬斌,全国公共文化发展中心副主任罗云川,浙江省文化和旅游厅党组成员、副厅长叶菁,全国公共文化发展中心文化馆处处长、中国文化馆协会秘书长赵保颖等领导出席开幕式。活动围绕全民艺术普及与挑战、文化馆新空间、乡村振兴时代使命和新路径、文化志愿服务政策引导4个专题开展研讨与交流。

浙江省第三十一届群众舞蹈大赛 10月18日至21日,浙江省第三十一届群众舞蹈大赛决赛在绍兴大剧院开幕。大赛由浙江省文化和旅游厅主办,浙江省文化馆、绍兴市文化广电旅游局承办,绍兴市文化馆执行承办,34个优秀作品参加。

2021年浙江省民间艺术志愿服务成果展 10月25日,在程允贤雕塑馆举办2021年浙江省民间艺术志愿服务成果展,重点展示全省涌现的民间艺术志愿服务品牌项目、优秀团队(个人)成果,以及本馆连续实施8年的"以文化人——文化志愿服务走进浙江省女子监狱"项目成果特展。

浙江省第三十二届群众戏剧小品大赛 11月1日至2日,由浙江省文化和旅游厅主办,浙江省文化馆、东阳市人民政府、金华市文化广电旅游局承办的浙江省第三十二届群众戏剧小品大赛在东阳开幕,来自全省各地的优秀作品参赛。

2021年长三角现代民间绘画(农民画)交流展 11月2日,浙江省文化馆主办的"绘共富图景 享丰收喜悦"2021年长三角现代民间绘画交流展在海宁市海洲街道举办开幕式。现场展出来自江、浙、沪、皖4地优秀作者提供的近100件绘画作品。

浙江省文化和旅游系统优秀志愿服务项目演讲大赛 省文化和旅游志愿者总队组织开展浙江省文化和旅游系统优秀志愿服务项目演讲大赛。11月2日,现场决赛在杭州市萧山区文化馆举行。全省21个项目参赛,从志愿服务品牌项目内涵、实施理念、团队建设、创新途径、传播推广等不同维度,讲述志愿品牌故事。截至12月底,文旅志愿者在"志愿汇"平台注册的志愿服务组织3000余个,注册志愿者32万余名,文旅志愿服务组织实现省、市、县(市、区)3级联动,覆盖全省。

浙江省三团三社区域联动示范交流系列活动 受疫情影响,11月5日,在景宁山哈大剧院举行的"庆建党百年 享美好生活"浙江省"三团三社"区域联动示范交流系列活动决赛通过线上平台推广,点击量超过1300万人次。

2021年浙江省首届喜剧小品竞演活动 12月6日至8日,"庆建党百年 享美好生活——2021年浙江省首届喜剧小品竞演活动"在金华举办。活动由浙江省文化馆、浙江省戏剧家协会、浙江省曲艺家协会、金华市文化广电旅游局共同主办,金华市文化馆承办,13个节目参演。

2021年"欢乐春节"线上课堂 挖掘梳理浙江优秀文化品牌资源,开设2021年"欢乐春节""话年俗·看技艺·读文化——品品春节的味道"5类14节线上课堂,在海外中国文化中心等线上平台播出,促进中国优秀文化走出去,向世界展现浙江的年俗文化。获评省文化和旅游厅2021年度海外"欢乐春节"线上活动执行优秀单位。

(许子忆)

浙江美术馆

【概况】 内设机构10个。2021年末人员44人(其中具有高级技术职务资格的13人,中级26人)。

2021年,浙江美术馆共对外开放315天,举办各类展览40余个,学术活动10余场,新增藏品1400余件(组),实施寄存代管藏品509件(组),编辑推送微信200篇,总阅读次数701158次,微博共发布博文55篇,总阅读数2026999次,观众近50万人次(含流动美术馆参观人次)。浙江美术馆被授予全国文化和旅游系统先进集体和全省"建设清廉机关、创建模范机关"工作先进集体;伍霖生作品捐赠收藏项目、潘长臻作品及文献捐赠收藏项目和佟振国作品及文献捐赠收藏项目3个项目被文化和旅游部评为2021年度国家美术作品收藏和捐赠奖励项目。《纸上谈缤》画册获第11届华东书籍设计双年展"整体设计奖"、第5届国家政府出版奖装帧设计奖入选提名奖、2020年度浙版传媒图书装帧设计奖、第37届浙江优秀出版物装帧设计奖正式奖;《其耘陌上:耕织图艺术特展》画册获第11届华东书籍设计双年展封面设计奖、第3届之江印艺大奖银奖、2020年度浙版传媒图书装帧设计奖、第37届浙江优秀出版物装帧设计奖正式奖。"浙江版画百年艺术特展"入围2021年度全国美术馆精品展出季项目。

一、顺应艺术与科技发展趋势,打造系列主题展览

(一)提升展览学术高度,发挥文化传播主阵地作用

"涵抱万有——何绍基特展"获主流报刊、网络电视媒体专题报道,公众号新闻点击量突破4万次。举办"雅集兴答——第六届杭州中国画双年展""两宋的金石世界——宋代金石学与印学:文献、实物、图像特展""从头开始——王冬龄书法艺术60年大展""我,90后——曾宓书法题跋展""平板向度:从纸面到虚拟的视觉艺术"等主题展览,让数字化改革成果真正惠及社会公众,增强文化艺术的传播力与感染力。"东方智慧"系列展览之"大地史

诗:中国大运河主题艺术展"获浙江文化艺术发展基金扶持,并完成签约等相关工作。

(二)积极开展交流合作,弘扬中华优秀传统文化

与各国驻沪领事馆、友好城市及驻外文化中心等保持沟通联络。实施"静谧的凝视:意大利当代雕塑艺术展""浙台合作周:第二届海峡两岸影像艺术展"等合作展览。利用数字化技术策划实施"春之幻:综合艺术展""中国年:文化与设计"文化和旅游部2021欢乐春节主题艺术线上展览。"山海新经:中华神话元典当代艺术线上展"先后推出英文、葡萄牙文、西班牙文等多语种版本线上展览,通过文化和旅游部国际局、省文化和旅游厅推介,与各驻外中国文化中心合作,在欧洲、美洲、大洋洲等进行推广传播。

二、扩大藏品征集渠道,推广中华优秀传统文化

(一)加强藏品征集

积极拓展征集渠道,丰富馆藏资源,精心策划实施"代山川言——伍霖生作品展""敢教日月换新天——全省美术馆馆藏名家主题创作展""振迅鸿归——张鹏翼书法展"等各类藏品展览,在杭州富阳、湖州、浦江等地策划举办"流动美术馆"展览项目,为全省22家基层单位送展览24场,共计展出馆藏作品1500多幅。

(二)开展藏品研究与推广

编辑出版《星驰潮涌——庆祝中国共产党成立100周年特展作品集》《真予不夺——吕洪仁的艺术世界》《仙华双甲——吴茀之、张书旂诞辰120周年作品集》等藏品集;编辑印行《代山川言——伍霖生》《敢教日月换新

天——名家主题创作作品集》等藏品展览导览手册。在《美术观察》《美术馆》《荣宝斋》等专业核心期刊发表"萧耘春""桥本关雪与钱瘦铁""伍霖生"等专题学术论文3篇。

(三)提升藏品数字化管理水平

做好藏品管理与展览配套工作,向全省美术馆免费推广使用浙江省美术藏品资源信息管理平台,已完成25家单位藏品信息系统软件的安装与培训,逐步实现全省美术馆藏品信息化建设"一张网、一盘棋",在全国率先实现省域美术馆的藏品资源共享。

三、拓展美育服务内容,推进馆校馆企合作

(一)拓展美育服务内容

策划"她们——纪实摄影艺术计划",举办线上展览。与浙江旅游职业学院合作实施"为她们发声"声音剧场项目,并推出"盒子里的美术馆""美妆记"公共教育计划,以及美术馆之友素人美妆产品。与杭州植物园(杭州西湖园林科学研究院)、《都市快报》社共同举办杭州小学生中国画作品展,邀请青年艺术家打造空间作品,并举办植物工作坊。和"橙柿互动"App杭友圈联合举办"以花献礼"公众花卉征集活动,在杭州植物园"盛世花盛开 百花庆百年"展览现场展出。

(二)推进"馆校合作""馆企合作"模式

与中国美术学院、浙江师范大学美术学院签署馆校合作协议,推进与中国美术学院、浙江大学等高校关于研究生招生美术馆学课程设置及导师互聘等的合作项目。与杭州绿城育华学校联合

推出美术馆中学生推广计划，与中国美术学院艺术人文学院共同举办第三届"西湖美术讲坛——艺术人文之旅系列讲座"。此外，还与杭州市基础教育研究室实施"百校百师"美术教师支持计划，落实省委文化工作会议精神，推动基础公共文化服务项目为学校美育教学服务。加强与网络企业合作，签署合作框架协议，双方就视觉AI、数字化等技术在智慧展馆领域的开发与应用展开合作。

（三）注重宣传推广

落实安全责任人和稿件审查制度，不断优化大型主题展宣推内容和形式。通过沉浸式互动展厅、导览直播、《都市快报》纪实艺术计划、讲解员培训、调查问卷等多种方式，借助优质直播平台，加强观众与美术馆的关联，官方微博指标评估常年入选浙江省微博影响力月榜TOP10和TOP20榜单。

四、提升公共文化服务效能，加强基层文化建设

（一）根据业务发展需要，制定完善相应服务技术规范

《公共美术馆服务规范》行业标准向文化和旅游部艺术司美术处、中央文化和旅游管理干部学院艺术学院、全国近90家各级各类美术馆征求意见，修改完善后报文化和旅游部科教司审核。牵头起草《公共美术馆数字化服务与管理规范》省级地方标准（DB33/T 2395—2021），省市场监督管理局于12月10日批准发布，并于2022年1月10日开始实施。发布《浙江省公共美术馆服务大提升行动方案》，并添加2021年重点改革项目清单。推进法人治理结构改革，《浙江美术

馆章程》于4月19日经浙江省事业单位登记管理局核准。完成浙江美术馆国家4A级旅游景区创建。

（二）推动美术资源下沉，积极推进美育村建设

对首批94家浙江省美育村（社区）试点单位进行帮扶，培育86家浙江省美育村（社区）。创建美育阵地158处，开展美育活动3171场，参与人数达2077320人次。建立22个乡村美术馆，举办展览496场，参观人数1118002人次。引进驻村艺术家199位，创办写生基地25个，文创项目全年创收1537万元。文旅融合特色路线创建22家，创收11695.1万元，并于年底上线浙江省美育村数字平台。举办"美美与共·'村艺'盎然"浙江美育村直播推广活动，直播活动观看量达365.96万次，参与人数达318.93万人次，被新华网、《浙江日报》、《钱江晚报》等多家媒体报道。

（三）围绕内部管理提升，不断加强制度体系建设

修订发布馆内各类管理制度70项，按时完成美术系列职称评审工作，严密组织编外人员招聘工作考核流程。做好财务规范管理，确保资金使用安全，严格控制"三公"经费支出，做好财政支付管理系统的支付工作，预算执行进度达到91.6%。落实新冠肺炎防疫常态化工作，定期召开安全专题会议，构建"无预约、不参观"管理新机制。做好安全隐患排查工作，营造稳定的安全环境。

（胡　超）

浙江省博物馆

【概况】 内设机构20个。2021年末人员155人（其中具有高级技术职务资格的45人，中级56人）。

2021年，浙江省博物馆根据《2021年度目标管理责任书》相关要求，各项工作按计划有序开展，全力以赴推动"十四五"开好局、起好步。

一、领导视察

3月19日，浙江省副省长、民盟浙江省委会主委成岳冲为沙孟海旧居授"浙江省盟员传统教育基地"牌，中国文联副主席张平为沙孟海旧居授"中国民主同盟传统教育基地"牌。

4月15日，全国政协副主席、民盟中央常务副主席陈晓光率民盟中央调研组考察浙江省博物馆武林馆区。浙江省副省长、民盟浙江省委会主委成岳冲，民盟浙江省委会专职副主委徐燕峰，浙江省文化和旅游厅党组成员、省文物局局长杨建武等陪同考察。

5月28日，全国政协常委、民盟中央副主席曹卫星参观浙江省博物馆沙孟海旧居，民盟浙江省委会专职副主委徐燕峰、民盟浙江省委会秘书长何志芬陪同参观。

6月1日，中共中央台湾工作办公室、国务院台湾事务办公室主任刘结一调研浙江省博物馆。

6月17日，国家文物局党组成员、副局长关强，博物馆与社会文物司（科技司）司长罗静，博物馆与社会文物司（科技司）博物馆处副处长焦丽丹赴浙江省博物馆

孤山馆区考察，浙江省文化和旅游厅党组成员、省文物局局长杨建武陪同。

7月19日，浙江省委常委、秘书长陈奕君一行赴浙江省博物馆武林馆区参观调研，浙江省委党史和文献研究室主任刘芸陪同。

7月22日，中央宣传部副部长孙业礼一行参观浙江省博物馆孤山馆区，浙江省文化和旅游厅党组成员、省文物局局长杨建武陪同参观。

7月23日，"浙里不止小康——八个'窗口'看精彩浙江"特展在浙江省博物馆武林馆区开幕。浙江省委宣传部副部长、省电影局局长葛学斌，省文化和旅游厅党组书记、厅长褚子育，省联党组书记、副主席陈瑶，省文化和旅游厅党组成员、省文物局局长杨建武等领导出席开幕式。

8月25日，浙江省委书记袁家军考察浙江省博物馆孤山馆区，省委常委、宣传部部长朱国贤，省委常委、秘书长陈奕君，副省长成岳冲等陪同考察，省文化和旅游厅党组书记、厅长褚子育接待。

10月15日，中共中央宣传部副部长张建春一行参观浙江省博物馆孤山馆区，浙江省委宣传部副部长李杲，浙江省文化和旅游厅党组成员、省文物局局长杨建武陪同参观。

二、之江馆区建设

稳步推进之江馆区基础设施建设，相应设备先后进场安装。完成之江馆区陈列布展项目建议书与可行性研究报告项目招标。积极推进之江馆区展陈顾问和文本优化提升项目，修改完善之江

馆区12个展览文本，撰写设计需求。编制并启动展品征集计划，针对性地开展馆藏文物保护修复工作。编制2022年至2024年之江馆区开办与运行经费预算及后期库房搬迁预算。稳步开展之江馆区教育中心筹建工作。

三、文物征集与保管

严格执行藏品管理制度，加强文物库房管理，完成新入藏藏品登记、注册并建立相应账目。全年共接收入库藏品581件（组），其中接收捐赠132件（组），接收移交179件（组），征集收购270件（组），藏品总数达82215件（组）。

完成753件瓷片标本信息卡制作与430件标本信息采集与录入，2.5万余件钱币拓本整理，1.5万余页古籍数字化及全国馆藏一级文物备案系统的复核补登。

为大英博物馆等41家单位及个人提供馆藏文物图片的使用授权或仿制。

四、文物保护

完成馆藏文物修复、维护、复制品做旧处理等460件（组）。为武义县博物馆、杭州博物馆等省内10家文博单位提供文物保护修复、修复方案编制等技术服务。持续做好茅山独木舟保存脱水定型后预防性保护工作。完成海洋出水木质地文物工艺测控平台建设。筹备建设浙江省可移动文物预防性保护区域监测中心实验平台。"临安市馆藏水丘氏墓出土瓷器保护修复项目"入选中国文物学会、中国文物报社组织评选的"2021全国十佳文物藏品修复项目"。

五、学术研究

文物保护类和社科类课题涵

盖技术保护、文物研究、博物馆开放服务、数字化应用等方面，结题8项，在研9项，新立项7项。其中"数字化集成展示与交互技术在博物馆的应用示范"项目入围国家文化和旅游科技创新工程项目储备库名单；国家重点研发计划"海洋出水木质文物保护关键技术研发"专项在木质文物分析方法、定型材料、脱水工艺等关键技术路线上进行创新。

全馆专业人员发表学术论文和专业文章31篇。在国家文物局组织开展的全国石窟寺专项调查工作中，专业人员在杭州烟霞洞内新发现了8处吴越国时期的罗汉造像题记并释读其文字内容。

六、学术研讨

举办博物馆学国际学术研讨会、"博物馆理论与实践"青年学术研讨会、文澜博物馆学论坛·青年工作坊、"传承与创新：新时代的婺州窑茶器具研讨会"等学术研讨会8场。选派专业人员参加"博物馆的未来：恢复与重塑"学术研讨会、中国古代青铜文化学术研讨会、第二届博物馆青年论坛等活动并发言。

七、图书出版

完成《东方博物》78至81辑的编辑工作。出版个人专著1本，图录6本，论文集2本。《黄宾虹大系》被列入国家"十四五"重大出版工程规划。

八、信息化工作

制作"丝绸之路上的金银货币""百年党史文物说""浙江革命历史纪念馆"等专题网站8个；制作"浙江省博物馆阿克苏地区数字分馆"专题网站，共享馆藏文物数字资源。

开展浙江博物馆数字资源管

理平台的运营和维护更新，完成全省181家文博单位64.3万余条"一普"数据的导入，和嘉兴博物馆、德清县博物馆、台州市黄岩区博物馆、玉环市博物馆签订馆际文物数字资源共享协议。

开展浙江博物馆公共服务综合平台的有序运营和维护，全年共推送微信266篇，发布临时展览信息293条、交流展览信息6条、活动信息93条、数字展览信息17条、报道资讯73条，网站总浏览量16.1万余次。

九、陈列展览

举办馆内临展16个，其中原创展11个、合作展4个、引进展1个；外展9个（涉及6省1直辖市）；"云展览"3个。为庆祝中国共产党成立100周年，策划推出"以刀代笔：浙江省博物馆藏版画展"、"浙里不止小康——八个'窗口'看精彩浙江"特展、"红船从'浙'里起航——中国共产党在浙江（1921—1949）"巡展。"浙里不止小康"特展入选中共中央宣传部、国家文物局公布的庆祝中国共产党成立100周年精品展览推介名单和国家文物局2021年度"弘扬中华优秀传统文化、培育社会主义核心价值观"主题展览重点推介项目。"丽人行——中国古代女性图像云展览"获"全国文化遗产云展览十佳项目"。

十、对外对港澳台交流

接待西班牙驻沪总领事卡门·丰特斯、英国驻华大使吴若兰一行、中国国民党前主席洪秀柱一行及澳门特别行政区"第五期司法范畴培训班"学员一行到馆参观。

12月17日，举办"博物馆价值重塑"国际学术研讨会，共有来自中国、英国、加拿大、法国、捷克、澳大利亚、意大利等国家的20位专家学者做主旨发言或主题报告。

十一、宣传教育

新成立宣传与对外交流部，持续加强与各类媒体的合作，开展宣传与推广工作。全年被电视广播及纸媒报道50余次，新媒体报道117次，更新官网、微信及微博1645条。微博粉丝总数超100万，微信服务号粉丝总数超80万。与中央电视台、上海卫视、浙江广电等单位合作录制《宝证不一样》《国家宝藏·展演季》《遇鉴文明》《文博中华》等节目。官方微博获评2020年度"浙江十大文旅系统微博"，"'浙'里长城——浙江省抗击新冠肺炎疫情纪实展"宣传模式被评为浙江省文化和旅游系统2020年十大宣传案例。"红色·追忆——文物背后的故事"系列微视频获首届全省博物馆十佳新媒体短视频推介，《我在浙博修文物》获"红心向党——讲述浙江文旅人故事"短视频作品创作大赛优秀奖。

完成长三角社保卡预约和入馆接入工作，全年观众92.8万人次。提供讲解服务681场，其中未成年人免费讲解261场，收费讲解296场。结合特展及重要节假日，针对不同人群，组织开展线上线下社教活动和课程教育共252场，参与观众7万余人次，志愿者服务时长共1.65万余小时。开放与教育部获评"第20届全国青年文明号"。

十二、经营服务

共开发文创产品6个系列44个品类。参加"2021文旅市集·杭州奇妙夜活动""博物馆文创中国行之走边防"等活动。参加第16届中国义乌文化和旅游产品交易博览会，并获展会组织一等奖、优秀展台奖和工艺美术银奖。在中国文物交流中心开展的"十三五"期间文化创意产品开发优秀成果征集评选活动中，"十里红妆"系列产品获评全国文化创意产品开发优秀成果，并入选《全国博物馆文化创意产品目录汇编》。

十三、示范引领

全年对外开展文物鉴定、展陈设计、讲解培训、主题讲座等业务指导60余项。浙江革命历史纪念馆入选省委组织部公布的100家省级党员教育培训基地。与浙江省文物鉴定站共同举办民间收藏文物公益鉴定咨询活动17场。

配合"文化润疆"项目，在阿克苏地区文博院推出"良渚的世界"和"没有共产党就没有新中国——庆祝中国共产党成立100周年特展"两个展览。"没有共产党就没有新中国"特展还通过流动博物馆的形式赴阿克苏地区基层巡展。

十四、人才队伍建设

全馆人员参加各类学术研讨会37人次，各类培训18批次。公开招聘12人，录取博士研究生1人、硕士研究生5人、本科生6人；调入3人，其中"新鼎计划"优秀文博人才1人；辞职3人；退休8人。

十五、内部建设

召开浙江省博物馆第一届理事会第三次会议，听取意见与建议，为博物馆决策提供参考。全面推进移动端办公系统使用，准确及时做好政务信息报送工作，规范公文管理,全年无泄密事件。完成办公区域与公共区域的环境整治工作,提升改造观众服务设施,公共厕所达到4A级旅游厕所标准。做好8863.76万元财政资金的管理工作,资金完成进度94.37%,无财务违纪发生。有序推进浙江文博经营公司移交改制工作。每月组织安防、消防检查,完善人防、物防、技防措施,开展安全知识技能培训,加强各类应急预案修订与演练,累计接受上级公安、消防等单位检查35次。全年未发生重大安全责任事故。

【年度要闻】

双璧同辉——红山·良渚文化展 1月12日至4月12日,在赤峰博物馆举办。展览由浙江省博物馆、赤峰市文物局、赤峰博物馆主办,赤峰市博物馆馆际联盟承办,共分为"礼天法地""乐趣天成""珠环玉绕""社会生活""琢玉成石"5个单元,通过140件(组)红山文化和良渚文化时期的文物,展示了两地先民5000年前的精神思想和社会生活。该展览同时集合展出了赤峰市博物馆馆际联盟多家博物馆的精品红山文化文物。

万年浙江,从这里开始——上山文化考古成果展 1月15日至3月14日,在孤山馆区展出。展览由浙江省文物局指导,浙江省文物考古研究所、浙江省博物馆、浦江县人民政府、上山文化遗址联盟主办,浦江县文化和广电旅游体育局、义乌市文化和广电旅游体育局、仙居县文化和广电旅游体育局承办。展出了由浦江上山遗址、义乌桥头遗址、仙居下汤遗址出土的上山文化最新考古成果,展品共118件(组)。

"江南生活美学展"巡展 1月23日至3月10日在福建博物院展出展品68件(组)、9月26日至11月25日在河北博物院展出展品72件(组)。展览分"香""闻""味""意"4个单元,通过香料、茶样、瓷器、创意古琴、非遗丝织工艺品、围棋等文化载体展现古代江南文人的风雅情趣和诗意生活。

专业人员在杭州烟霞洞新发现罗汉造像 1月至2月,在国家文物局组织开展的全国石窟寺专项调查中,浙江省博物馆专业人员在杭州烟霞洞内新发现了8处吴越国时期的罗汉造像题记,并释读其文字内容,实证了从唐代十六罗汉至宋代十八罗汉的发展过渡,解答了佛教美术史上的关键问题。

丽人行——中国古代女性图像云展览 3月8日正式上线。展览汇聚了32家博物馆1000余件原作高清图片,分为"态浓意远""绣罗翠微""云幕椒房""逝水流年""闺阁芳菲"5个单元,从不同视角观察解读,生动鲜活、多元立体地呈现古代女性形象。该展集合了观众调研、学术研究、图像展览、文创展示等多种功能。在"全国文化遗产云传播精品征集推介活动"中获评"全国文化遗产云展览十佳项目"。

"文澜博物馆学论坛"第一期"博物馆理论与实践"青年学术研讨会 由中国博物馆协会博物馆学专业委员会、浙江省博物馆联合主办,浙江省博物馆博物馆学研究所承办,3月22日在浙江省博物馆文澜阁罗汉堂召开。浙江省博物馆、杭州博物馆、浙江大学、上海交通大学、上海大学、杭州师范大学的博物馆学专家和青年学者参会,分享与交流相关学术研究成果,探讨理论与实践有效结合的路径。

传承与创新:新时代的婺州窑茶器具研讨会 3月23日,在浙江省博物馆文澜阁罗汉堂召开。中国国际茶文化研究会会长周国富,中国工艺美术大师徐朝兴、陈新华及中国国际茶文化研究会的部分会员参会。会议围绕婺州窑在当代如何传承、发展与创新,如何融入生活,回应时代的美育需求等问题展开讨论。

"我爱浙疆·文润百年"文化润疆"百万"系列活动 配合浙江省援疆指挥部"文化润疆"项目,浙江省博物馆与新疆阿克苏地区文博院联合推出"良渚的世界"和"没有共产党就没有新中国——庆祝中国共产党成立100周年特展"2个展览。"良渚的世界"展期为4月16日至8月30日,展出129件(组)文物;"没有共产党就没有新中国"特展展期为6月25日至12月30日,展出了100幅展现浙江、新疆两地革命史、党史的图片及资料。其中"没有共产党就没有新中国"特展还通过流动博物馆的形式赴阿克苏地区基层巡展。此外,还制作了"浙江省博物馆阿克苏地区数字分馆"专题网站,共享馆藏文物数字资源,内容包括展览信息、论文论著、浙博典藏、数字展览等。

"红船从'浙'里起航——中国共产党在浙江（1921—1949）"巡展　由中共浙江省委党史和文献研究室、浙江省文物局指导，浙江省博物馆（浙江革命历史纪念馆）、浙江日报报业集团主办，5月至12月赴瓯海博物馆、诸暨市博物馆、杭州市文史馆、浙江大学、浙江工业大学、嘉善县博物馆、浙江传媒学院、浙江经贸职业技术学院、浙江警官职业学院、浙江建设职业技术学院等单位巡展。展览分"扬帆起航""冲破迷雾""劈波斩浪""红旗潮涌"4个单元，通过文物文献和信息辅助版，展示浙江革命斗争艰辛而辉煌的风雨历程，彰显首创、奋斗、奉献的"红船精神"及其当代意义。

以刀代笔——浙江省博物馆馆藏版画展　7月1日至10月7日在武林馆区展出，以此庆祝中国共产党成立100周年。展览展出张漾兮、杨可扬、张怀江、赵延年、赵宗藻等老一辈版画家的代表作品共116件（组）。

文澜博物馆学论坛·青年工作坊　全年在孤山馆区文澜阁罗汉堂举办了4期，线上同步直播，邀请博物馆从业人员、博物馆学相关专业在读研究生参加。7月2日至8月6日第一期主题为"博物馆策展理论与实践"，8月27日第二期主题为"博物馆陈列展览的浙江方案"，10月8日第三期主题为"博物馆陈列展览的浙博方案"，11月20日至12月20日第四期主题为"博物馆陈列展览的名家方案"。

"浙里不止小康——八个'窗口'看精彩浙江"特展　7月23日至10月30日在武林馆区展出，以庆祝中国共产党成立100周年。展览由浙江省委宣传部指导，浙江省文化和旅游厅、浙江省文学艺术界联合会、浙江省文物局主办，浙江省博物馆（浙江革命历史纪念馆）、浙江日报全媒体视频影像部、浙江省摄影家协会、浙商博物馆承办。展览全方位、立体式、多角度地对浙江高水平全面建成小康社会的奋进之路进行系统梳理与呈现。以"八八战略"为核心构架，着重从人文优势、民营经济、科技创新、生态建设、山海协作、长三角一体化、城乡协调、社会治理等8个方面，生动鲜活地讲述了奋进高水平全面小康路上的浙江故事。该展览也是中宣部、国家文物局联合推介的庆祝中国共产党成立100周年精品展览，2021年度弘扬中华优秀传统文化、培育社会主义核心价值观主题展览重点推介项目之一。

获评"第20届全国青年文明号"　8月18日，在由共青团中央、最高人民法院、国家发展改革委等23家全国创建青年文明号活动组委会成员单位发起的第20届全国青年文明号命名表彰活动中，浙江省博物馆宣教部（现为开放与教育部）以"敬业、协作、创优、奉献"为理念，凭借饱满的工作热情和务实的工作作风，获评"第20届全国青年文明号"。

"人与神——神秘的古蜀文明"展　由浙江省博物馆主办，三星堆博物馆、成都金沙遗址博物馆协办，2021年9月17日至2022年1月4日在浙江西湖美术馆展出。展览以古蜀王国两个最重要的遗址——三星堆遗址、金沙遗址出土的典型文物为载体，涵盖青铜头像、青铜面具、金箔饰物、各类玉器、陶器等，共展出文物139件（组），其中一级文物65件（组）。该展览是引进社会资源以充分发挥博物馆职能的成功尝试。

"临安市馆藏水丘氏墓出土瓷器保护修复"项目　10月20日，在中国文物学会、中国文物报社组织开展的"全国十佳文物藏品修复项目推介活动"中荣获"2021全国十佳文物藏品修复项目"。该项目利用现代分析手段，从微观形态、胎釉成分、烧造温度等入手，针对文物的烧造工艺、病害成因、修复材料、修复工艺进行系统研究，科学筛选出适宜的加固材料，实现了越窑秘色瓷文物修复领域全新的突破，同时完善了越窑青瓷标本的基本数据，为瓷器微裂隙加固提供了现实案例。该项目的成果，体现了文物传统修复和现代科技统一与多学科合作的重要性。

玉见——红山良渚文化展　由内蒙古自治区文物局、赤峰市人民政府主办，浙江省博物馆、赤峰市文化和旅游局、赤峰博物馆承办，赤峰市博物馆馆际联盟成员单位协办，2021年12月10日至2022年4月3日在武林馆区展出。展览共分为"文明之光""敬神娱人""人居其地""珠环玉绕"4个单元，展出262件（组）红山文化和良渚文化时期的文物，旨在通过对比展示的方式,展现5000年前红山文化和良渚文化时期先民的精神文化思想和社会物质生活。

"博物馆价值重塑"国际学术研讨会 12月17日,由浙江省博物馆、南京艺术学院联合主办,浙江省博物馆博物馆学研究所与南京艺术学院国际博物馆学院共同承办的"博物馆价值重塑"国际学术研讨会在浙江省博物馆设主会场,在南京艺术学院和上海大学设分会场。30余名国内学者在各分会场参会,并通过在线平台同步实时交流;另有来自13个国家的17位国外专家学者通过zoom平台线上参会,主会场设同声传译。本次研讨会着重探讨了新时代博物馆价值重塑的重要意义,体现博物馆在新的社会文化价值创造过程中的重要作用。会上,共有13位国内专家与7位国外专家围绕议题做主旨报告与主题发言。

"宋韵——士大夫的精神世界"展 2021年12月18日至2022年3月20日在南京博物院展出。展览由南京博物院和浙江省博物馆共同举办,分上、下篇,上篇以"文治天下"讲述宋代士大夫的治世行道,下篇以"士林风雅"展现宋代士大夫的文艺生活,共展示了来自38家考古文博机构收藏的约300件宋代文物精品,突出浙江宋代考古新发现,包括大量浙江宋代文人士大夫墓葬出土文物,讲述宋代士大夫的治世行道和文艺生活,展现士大夫的精神世界。

(张松丽)

浙江自然博物院

【概况】 内设机构16个。2021年末人员210人(其中具有高级技术职务资格的42人,中级22人)。

2021年,浙江自然博物院全院职工凝心聚力,忠实履职,克服疫情干扰,强化党建工作,以精细化管理为抓手,秉持"突出重点、发挥特点、破解难点、打造亮点"的工作策略,迈出新气象,交出新成绩。全国政协副主席、民盟中央常务副主席陈晓光,省委常委、秘书长陈奕君,国家文物局党组成员、副局长胡冰,国家文物局党组成员、副局长关强,文化和旅游部科教司司长嘎玛泽登,省委宣传部副部长李杲等先后实地考察浙江自然博物院。

一、内部建设

通过一系列党建教育活动,提高全员政治站位,勇于担当作为,落实全面从严治党主体责任,把党史学习教育成果转化为奋进新征程、建功新时代的实际行动。全体员工"知党恩、感党恩、听党话、跟党走",贯彻"两个确立",做到"两个维护",凝心聚力形成强大的精神力量和工作动力。积极配合省文化和旅游厅第二轮巡察工作,针对厅巡察组反馈的4方面28个问题,制定65项具体整改措施,并举一反三深入查摆问题,标本兼治保障问题整改到位。全院梳理出12方面52项重点工作及完成情况张贴上墙,每季度公布工作进度,促进"比、学、赶、超",提升工作效能。

完成安吉馆藏品楼库房密集柜工程并启用。提升4A级景区服务设施,提升天文台对外开放服务质量,为高质量持续建设4A级景区夯基垒台。获评国家生态环境科普基地、浙江省生态文化基地。

二、安全保卫

全面做好安全保卫、疫情防控、开放服务、后勤保障及政府采购、资产管理等工作任务。严格抓好疫情防控工作,根据上级有关疫情防控部署,组织全院182人完成疫苗接种,结合博物馆开放服务工作,及时调整观众参观流程及疫情防控方案。完成杭州馆安防监控室和消防监控室合并提升改造工程。完成安吉馆藏品楼安防项目改造及整体安防工程竣工验收。认真落实安全生产、文物安全及安全保卫工作各项措施,积极开展日常安全巡查检查,及时消除各类安全隐患和设备故障,保持单位安全和谐稳定,全年未发生违纪违法案件及各类安全事故。每天开展展厅安全巡查不少于10次,消防巡查10次;两馆每月开展1次全馆安全检查;组织保安队伍开展反恐及消防应急演练80次。获评2020年度省级"平安单位"暨省级"智安单位"、2020年度杭州市防恐怖工作优秀典型单位。

三、展览服务

举办各类展览25个,联合河北博物院、上海历史博物馆跨界推出"福禄寿喜·美好生活——中国吉祥文化特展",获评2021年度"弘扬中华优秀传统文化、培育社会主义核心价值观"主题展览推介项目。在西藏和平解放70周年之际,为贯彻习近平总书记关于西藏工作重要指示和中央民族工作会议精神,9月率先在西藏牦牛博物馆举办"吉彩祥光——浙江自然博物院院藏珊瑚精品展",促进汉藏民族文化交流。举办未成年人生态教育展、社区及文化礼堂展5个,共展出140场次,受益观众达13.2万人次,回收调查问卷9228份。

全年两馆接待观众140余万人次,讲解5360场,开展教育活动995场次,提供便民服务4324次,累计志愿者服务时数16567.5小时。完成《博物馆教育服务规范》标准化项目,由浙江省市场监督管理局正式发布并率先宣贯实施,有效提升公共文化服务能力和质量。参与全国文化遗产"云传播"精品征集推介活动,荣获1个十佳、2个优秀项目。落实省文化和旅游厅《关于促进碳达峰碳中和工作的指导意见》,推出"碳索者联盟"系列研学课程。联合杭州师范大学理学院"博物摘星阁"志愿者团队开展2次"博物馆云支教"活动,首次尝试通过网络直播课堂的方式,为桐庐、淳安、余杭、台州黄岩等地的100余位学生提供线上参观博物馆的体验活动。

四、学术研究

承担国家、省等各级科研课题项目49项,发表学术论文33篇(其中SCI检索论文11篇),出版、参编专著5册,发表科普文章9篇。呼应全省数字化改革创新实践,重新审视博物馆的定位与使命,在数字化改革上下功夫。参与研究课题"关于打造文博大脑'应用超市'的建议",得到省委书记袁家军的肯定,并着力贯彻落实。进一步提升智慧博物馆项目功能和使用效能。呼应新时代可持续发展基本国策,组织召开"博物馆与可持续发展2021国际学术研讨会",10个主旨报告、4场主题沙龙,同声传译、同步直播,30余位中外嘉宾线上线下交流互鉴,3天线上收看量达185.2万人次,取得了丰硕的学术成果,并在《中国文物报》刊发专版学术综述。

五、藏品管理与保护

全年接收新增藏品4377件,累计入院藏品281277件,其中藏画177件、生命科学类217458件、地球科学类18977件、其他类44665件。"中国缙云甲龙化石修复"获评2021全国优秀文物藏品修复项目。完成化石修理和保护10余件;完成海生爬行动物化石标本在中科院古脊椎所的修复扫尾工作,协助义乌市博物馆和缙云县博物馆修复大型足迹和蜥脚类动物化石20余件,协助杭州市学军小学修复装架鹦鹉嘴龙化石骨架。安吉馆珍稀植物园引种10余种珍稀植物。

六、队伍建设与培训

组织参加各类专业培训32次,培训90余人次。完成干部人事档案(91人)专项审核和数字化工作。浙江生态研究院培养在读硕士5名,新招硕士4名,新增2名硕士生导师。配合浙江省博物馆学会举办博物馆文创授权的若干法律问题培训班等5个培训班,成立研学专业委员会。

持续开展志愿者团队建设,加强与社区、学校等博物馆之友的合作交流及共建工作,有共建合作单位22个。杭州馆有注册个人志愿者296人,全年开展公益服务时数11420.5小时;安吉馆有社会志愿者320人,全年开展公益服务时数4670小时。

七、文博宣传

全年在《人民日报》《中国文物报》《中国新闻》《浙江日报》《浙江文物》《杭州日报》《钱江晚报》《都市快报》及中国网、人民网、中新网、新华社、中国国家地理、浙江卫视、西藏卫视、浙江新闻等各类媒体、平台发布报道200余篇次。本院官方网站全年发布信息550余篇,点击量近260万人次;官方微博编辑推送300余篇,阅读量近5万人次;官方微信推送270余篇,粉丝65万人。配合陈列展览制作5个虚拟展览,推出8个在线科普课堂;抖音发布科普视频24条。做好省博物馆学会网站的维护及管理工作,发布学会公告、工作动态、各地咨询33篇。

八、文创活动

配合"福禄寿喜·美好生活——中国吉祥文化特展",设计开发中国风"福禄寿喜"纹样,并设计完成包括纹身贴、杯垫、御守、书签、冰箱贴等配套文创产品13款39种,销售额近18万元。5月,青少年AR科普系列文创产品获全国百佳文化创意产品奖。7月,申报中国文物交流中心举办的全国文创产品征集与评选活动,青少年AR科普文创系列入选博物馆文创产品优秀成果,并纳入《全国博物馆文化创意产品目录汇编》。

(庞吟萱)

浙江省文物考古研究所

【概况】 内设机构12个。2021年末人员62人(其中具有高级技术职务资格的30人,中级21人)。

2021年,浙江省文物考古研究所以深化新时期文物保护利用改革为统领,全面贯彻落实省文化和旅游厅、省文物局的决策部署,以"十四五"规划为抓手,以推动新时期文物保护利用改革为重点,大力传承发展浙江优秀传统文化,不断推进文物考古和文化遗产保护事业可持续发展,迎难而上、奋发有为,较好地完成年度各项工作目标任务,主动对标对表"重要窗口"和"共同富裕示范区"新目标新使命,扎实推进考古、文保工作,争创世界一流考古机构,展现浙江考古的世界贡献。

一、全面做实做细做好各项保障工作,为高质量发展提供坚强组织保障

(一)提升行政办事效能

建立健全各项规章制度,修订完善全所规章制度34个,首次完成《浙江省文物考古研究所章程》的制订并完成公告。优化钉钉审批流程,将制度规定融入钉钉审批流程,依托钉钉实施公文流转、财经审批等核心业务全程无纸化,全年执行钉钉流程审批单3889个,完成收发公文921件。

(二)提升干部职工凝聚力战斗力

确立人才优先发展理念,认真落实各项人才政策,强化人才建设规划,加强人才队伍梯队建设。推荐"新鼎计划"优秀青年文博人才培养对象4人,第二届"最美浙江人·最美文旅人"1人,申报浙江省宣传文化系统"五个一批"领军人才1人、浙江省宣传文化系统"五个一批"青年英才1人,申报文化名家暨"四个一批"人才1人、宣传思想文化青年英才1人,申报浙江杰出工匠1人、

浙江省"万人计划"人文社科领军人才1人、浙江省"万人计划"青年拔尖人才1人。参与省委组织部"千名干部互派交流工程",派出1人到地方文化和旅游主管部门挂职,加快人才培养。

修订完善《浙江省文物考古研究所聘任上岗实施方案》并根据方案完成全所在编人员岗位聘任变动工作,开展专技二级岗的评聘申报工作并完成审批。规范干部选拔任用工作,完成科技考古室副主任的选拔与聘任。完成7名人员入编、8名编外人员招聘工作,并在12月启动4名交流干部调动和2名干部的选聘流程,完成1名人员的调出手续与1名人员的退休手续。

(三)做好图书档案管理和文物保管工作

正式实施《图书资料室管理制度》《图书资料室图书领用、邮寄制度》《考古资料归档实施细则》。完成40万元经费预算内购书,查重书目近1万条,购书1238种。新进成员利用"图书管理系统"持续开展图书系统整理工作,做好本所出版物的管理与赠书配书事项,所有工作在纸质归档的基础上全部纳入"出版图书管理系统"。完成11项课题,337种563册图书的盖章入库、领用登记工作,并全部纳入"课题用书管理系统"。全面做好各类档案的接收整理归档。推动形成统一的小件登记提交模式,起草《关于借展的手续流程》,做好日常的文物调用、移交、入库整理等工作。

(四)强化安全体系建设

发布试行浙江省文物考古研究所《工地安全保卫制度》《考古工地突发事件应急预案》。加快

改善文物保存和管理条件,继续推进浙江省考古与文物保护基地建设。配合完成《浙江省文物保护工程检查管理办法》《浙江省文物保护工程竣工验收管理办法》征求意见稿编制。认真做好疫情防控工作,落实疫情防控政策与要求。

(五)拓展宣传平台

用好"浙江考古"微信公众号,全年发文118篇,多篇推文阅读量达1万余次。密切联系新闻媒体,通过人民网、新华社、浙江新闻客户端、头条号等平台,协调发挥《中国文物报》《中国文化报》等国家级专业媒体作用,主动关注、推介、宣传浙江文物保护与考古工作。开展"宋韵"阐释宣传,提炼宋代历史文化资源的时代价值和正能量,为"宋韵"文化解码注入考古内涵。全年向省文化和旅游厅、省文物局网站报送信息24条。举办2021年"文化和自然遗产日"活动,以"追寻浙江根脉,发现中华文明"主题图片展致敬中国考古学百年;与浙江图书馆联合举办"天行健 地势坤——'考古人眼中的世界'"摄影展,全方位展示考古工作。

二、持续发挥考古业务优势,努力打造新时代文化高地

(一)做好主动性考古项目及配合基本建设考古工作

处理好考古与保护、考古与发展的关系,不断完善建设工程考古管理。在"先考古、后出让"政策精神的指导下,本年度考古项目工作量显著增加、地域覆盖更广、考古工作日渐深化。开展国家专项资金支持主动性考古项目15项,其中考古发掘项目8项、考古调查项目7项。配合基

本建设考古（含抢救性考古）项目301项。全年完成配合基建考古调查勘探发掘177项，涉及调查勘探面积742.92万平方米，调查线路长度978.82公里，基建考古发掘面积25347平方米。

（二）加强考古和历史研究重大课题攻关

建设文明之源大遗址群，持续推进"中华文明探源"和"考古中国"重大项目，联合江西省文物考古研究院、湖南省文物考古研究所申报"考古中国：中华（长江流域）万年稻作农业起源与发展"课题；余姚施岙古稻田遗址入选"考古中国"重大项目，是迄今世界上发现面积最大、年代最早、证据最充分的大规模稻田。良渚遗址群北村遗址发掘揭露了一批良渚文化早期的贵族墓葬。绍兴越城区商周时期遗址发掘取得了重要发现，发现大型建筑线索。配合上山文化遗址申报世界文化遗产，对荷花山遗址等一系列上山文化遗址进行考古调查勘探，为编制上山文化遗址保护方案奠定基础。配合国家基础能源设施重大战略性工程建设开展川气东送二线天然气管道工程（鄂皖赣浙闽段）浙江境内管道工程沿线文化调查。配合落实省委、省政府开展未来社区建设试点的勘探发掘工作，将社区考古发掘成果融入未来社区建设，推动文化保护成果为民共享，赋能人民群众美好生活。

（三）加强考古成果挖掘整理和阐释

推进毗山遗址2017—2019年发掘资料、宋六陵二号陵园相关资料的整理工作。完成湖州渔林村遗址试掘、安吉五福墓地土墩墓考古、兰若寺墓地考古、宋六陵2018年一号陵园等资料整理，并撰写考古报告初稿。完成仙坛庙遗址、长兴江家山遗址、庄桥坟遗址、杨家埠汉墓、曹湾山遗址等考古报告。完成龙泉窑枫洞岩窑址出土文物标本的移交分配。已出版《王士伦文物考古论集》《瑶山》（修订本）。已交付出版社"浙江考古与中华文明"丛书11册、"良渚文明丛书"第二辑4册、《反山》（修订本）。完成《世界古代文明》译丛。

三、立足实际求突破，推动文物保护工作取得新成效

（一）切实做好文物保护技术咨询与审查验收

受省文物局委托或地方文物部门邀请，完成文物保护相关设计文件集中审查、现场审查或函审247项次，涵盖保护工程设计方案、施工图设计、监测方案、展示利用方案、文物影响评估、保护规划等多种类型；完成文物保护工程竣工验收或阶段性验收137项次；配合省文物局开展省级以上文保单位档案的复审和各地文保单位"四有"建档工作，全年累计审查10余处文保单位档案；多次到各市、县（市、区）为基层文物保护工作提供技术支持，到现场进行踏勘、技术指导、处理突发事件及参加地方举办的文物保护相关会议等累计60余次。

（二）重点推进全省石窟寺专项调查

参与浙江省石窟寺及石刻保护研究利用专项规划编制相关工作，编写完成《浙江石窟造像调查报告》。按照计划持续开展课题研究，"紫薇山民居彩画数字化采集及传统工艺研究""桐庐江南地区古代引水系统与传统村落研究""南宋墓葬研究"已基本完成，"诗路文化带沿线历史文化遗存调查""丽水地区摩崖石刻研究"项目已部分完成。

（三）持续开展多学科跨学科研究

充分利用科技测年、微量元素分析、DNA研究、有机残留物分析、大数据等方法手段，提高考古现场保护、信息提取、综合分析和研究应用的水平。以海洋鱼类和软体动物为重点，丰富动物考古标本库。有序开展上山和井头山—施岙等遗址的石质遗存研究，分区开展地质标本资源调查和标本采集。建设完成地质考古、动物考古、植物考古的标本数据库及浙江地区历史地图和早期遥感资料数据中心。

（四）大力推动文物保护科技应用

完成浙江省文物资源地理信息（GIS）系统研发项目验收，并在已有GIS系统成果的基础上搭建起浙江省文物工作数字化平台，涵盖数字驾驶舱、不可移动文物管理、博物馆公共服务、文物安全监管等功能模块。联合推进浙江省文物博物馆综合管理系统、浙江省文物博物馆数据驾驶舱、浙江省文物博物馆数据仓的研发和建设，其中浙江省文物博物馆综合管理系统通过验收并试运行。

（五）不断加强世界遗产监测保护

围绕世界文化遗产监测与保护管理、浙江省文物博物馆数字化改革、大运河（浙江）文化带建设、诗路文化带建设等开展相关工作。完成2019—2020年度大运河（浙江段）全线大运河两岸

2000 米范围的卫星遥感影像采集和地表覆盖图斑比对工作,持续推进国家文物局委托的大运河世界文化遗产监测预警平台提升及浙江段试点建设开发工作。

四、做好公共考古工作与学术成果交流

(一)擦亮"文明之源看浙江"品牌

做好上山文化研究和传播,承办国家博物馆"稻·源·启明——浙江上山文化考古特展",提供文物,撰写展览文本,完成图录的器物拍摄与文本。与良渚博物院、临平博物馆联合举办"早期良渚——良渚遗址考古特展",全方位展示良渚早期发展阶段的重要突破。举办衢江区云溪土墩墓群考古成果专家座谈会。召开2021年绍兴越国文化考古成果新发现现场研讨会,深入认识以大湖头遗址、亭山遗址、南山遗址为主的春秋战国时期大型遗址群。承办由省文物局主办的2021年浙江省世界文化遗产监测工作座谈会暨2021年度浙江省世界文化遗产监测年会线上视频会议。在杭州之江饭店举办《王士伦文物考古文集》出版座谈会。举办年度"自然和文化遗产日"暨考古百年宣传活动"追寻浙江根脉,发现中华文明"主题图片展及"万年行旅 青年对话""千年宋韵 考古漫谈""如何讲好考古故事"等主题沙龙活动。

(二)持续开展考古成果国际交流

与驻欧盟使团共同举办了"何为良渚"的线上讲座。与罗马尼亚布加勒斯特和瑞典中国文化中心合作,举办"家在青山绿水间:浙江建筑之美"云展活动,并制作了英语、葡萄牙语、法语、西班牙语4个版本,在五大洲10余个海外平台上线。策划"良渚与中华文明"线上讲座活动,7月在雅典中国文化中心上线。作为"曙光之约·东方泽国"中国良渚文明主题展的开幕活动之一,在本所开展了"文明的回望——良渚文明与希腊文明的对话"活动,进一步丰富了浙江文化遗产国际传播路径。

(吕晓昱)

浙江省非物质文化遗产保护中心
(浙江省非物质文化遗产馆)

【概况】 内设机构5个。2021年末人员14人(其中具有高级技术职务资格的8人,中级3人)。

2021年是建党100周年、"十四五"规划开局之年,浙江省非物质文化遗产保护中心(浙江省非物质文化遗产馆)以习近平新时代中国特色社会主义思想为指引,认真落实省文化和旅游厅决策部署,聚焦重点,勇开新局,在全面推进省非物质文化遗产馆建设、组织实施"百年百艺"庆祝建党100周年浙江非遗展示展演系列活动、推进国家级非遗代表性传承人记录工作、创新开展非遗保护信息化工作、提升学术研究与成果出版等方面取得质效提升。获人力资源社会保障部、文化和旅游部"全国文化和旅游系统先进集体"称号。

一、场馆建设:浙江省非物质文化遗产馆建设稳步推进

浙江省非物质文化遗产馆建设基建工程、展陈工程、数字化工程得到全面深化,藏品征集、开馆筹备工作有序开展,事业发展谋划、机构建设、经费统筹等稳步推进。

(一)以讲政治的站位,强化组织领导

组建浙江省非物质文化遗产馆筹建工作领导小组,建立完善工作机制,编制2021—2022筹建工作推进计划表,明确工作任务、工作程序和时间节点。加强与省发改委、省财政、之江文化中心建设工程指挥部和省建筑设计研究院、之江文化中心其他文化场馆的工作对接。全年组织筹建工作专题汇报会6次,编辑省非物质文化遗产馆建设《工作简报》11期,刊出专题性工作指导信息15篇。

(二)以突显浙江特色的要求,强化谋深谋实

紧紧围绕省非物质文化遗产馆"文化地标,全国一流"建设目标,围绕"现代化、数字化、国际化"全面统筹各项工作。组建由文化场馆、非遗、展陈设计、数字化等领域全国知名专家学者组成的专家组,进行学术性把关。组织考察中国扬州大运河博物馆、苏州博物馆等数十家展馆,学习交流展陈设计理念、项目组织管理、运营管理等先进经验。开展文化和旅游部非遗司委托课题"非遗馆建设与服务标准研究"并顺利结题。《浙江非物质文化遗产场馆建设与服务标准研究》获评全国文化和旅游系统优秀调研报告。研究提出"1个总体目标、3个发展体系"机构建设目标体系,开展人员增编工作,制订增编用编工作计划。

（三）以奋进者的姿态，强化担当精神

强化基建、展陈、数智化、招标、藏品征集、综合等工作小组职责。强化与基建工程对接，完成公共空间室内设计方案优化及15372平方米展陈面积等的确认，并对场馆智能化、标识标牌、屋顶花园景观设计、食堂、库房、传统戏剧展厅、小剧场有关方案多次进行研讨磋商。完成厨房、库房、弱电智能化等变更事项，完成库房建筑平面、电气各平面、电梯深化图纸、保温外墙等7个技术文件审核确认处理工作，明确下一阶段基建和展陈安消防工程"一体设计、预留基础、分步实施"工作思路。编制完成《省非遗馆陈列布展项目建议书》《省非遗馆信息化项目可行性研究报告》并向省发改委报审。编制完成《省非遗馆陈列布展项目招标方案》。着眼展陈和开馆需要，成立专业征集工作小组，制定2021—2023年藏品征集计划，做到有效征集、精准征集和多元征集。完成2021藏品征集67件（套）。"2020年浙江省非遗馆藏品征集"获省级部门支出绩效抽评优秀等次。

（四）以新时代的坐标，强化可持续发展

提前谋划省非物质文化遗产馆法人治理结构建设，组织章程、运营模式、发展规划编制。统筹各项工程及开办工作，制订《筹建资料使用登记管理办法》《廉洁自律制度》《工作例会制度》等。启动《浙江省非遗馆管理发展规划》编制。与中国美术学院G20和亚运会LOGO设计团队合作，开展视觉优化设计。加强与专业律师事务所合作，为相关工作提供法律咨询，确保工程进展程序严谨规范。

二、夯实基础：记录二作和信息化建设走在全国前列

记录工作继续走在全国前列，"四力合一"创新模式成效明显，成果转化和传播成效持续扩大。

（一）非遗传承人记录工作稳步推进

第四批、五批（2018—2019年度）国家级和第三批省级代表性传承人、非遗专家记录工作顺利通过省文化和旅游厅验收，并向文化和旅游部非遗司提交。2018年14项记录工作成果通过省文化和旅游厅验收，6个项目被评为优秀项目。2019年度27项记录成果通过省文化和旅游厅验收，12个记录成果被评定为优秀项目。第四批、五批（2018年度12位、2019年度27位）国家级非遗传承人记录工作成果通过省文化和旅游厅通查验收，根据专家评审组意见进行修改完善，提交文化和旅游部非遗司。有序开展第六批（2020年度）、第七批（2021年度）国家级非遗代表性传承人记录工作。第六批（2020年度）国家级非遗代表性传承人记录对象20位，形成初步成果。第七批（2021年度）国家级非遗代表性传承人记录对象20位，记录工作进入全面实施阶段。

（二）非遗系列丛书编撰出版工作有序开展

编纂出版《浙江省国家级非遗代表性传承人口述史丛书·倪东方卷》《浙江省国家级非遗代表性传承人口述史丛书·董直机卷》《2020薪传奖图录》。完成2021年度《浙江省国家级非遗代表性传承人口述史丛书》招标工作。

（三）传承人记录成果转化及宣传推广工作取得成效

举办第二届浙江非遗读书周活动。在小时新闻客户端开设栏目，阅读量累计超过10万人次。继续与二更平台合作，将记录综述片制作成短视频进行传播推广。

实现全省数据库互通互联，开创全省"一张网"新局面。数据资源社会共享工程建设推进顺利，管理应用框架基本形成，为浙江省非遗数智化管理提升奠定扎实基础。加强数据库协同建设。推进非遗数据仓建设，为省非物质文化遗产馆信息化建设提供数据支撑。推进"一台五库"建设，开展信息化平台改版，完善信息化平台架构，对栏目进行优化，整理录入普查线索、项目、传承人、图档影像等数据5.8万条。加强数字资源社会化服务。通过数字资源赋能，探索新的模式和路径。推进"浙江非遗GO"小程序建设，完成系统开发和部分内容梳理。2021年"非遗购物节·浙江消费季"非遗商品推介平台上线，为非遗传承人和大众消费搭建平台。推进网络传习所建设，开通在线学习及直播功能，拓展非遗培训与传承渠道。加强宣传工作。加强浙江非遗网站、微信公众号、抖音号、视频号等自媒体建设。浙江非遗公众号粉丝数30455人，较上年度增长18.7%，全年发布稿件1003篇，阅读量251万人次；非遗网发布信息1622篇，访问量72万人次；抖音号发布视频58条，观看量2329万人次；视频号发布短视频54条，浏览量10万人次。组织开展"央媒浙江行"采访宣传活动，《人民日报》、

《光明日报》、中央电视台等央媒发布报道30余篇。

三、传承传播:"百年百艺"系列活动为建党百年献礼

根据省文化和旅游厅庆祝建党100周年系列活动总体部署,以"百年百艺"为主题,组织开展系列庆祝活动,深入挖掘和展示一批红色非遗资源,树立线上传播推广新样板,浙江非遗影响力持续扩大,较好满足了群众多样化文化需求。

(一)举办"红色非遗伴我行"全省非遗旅游商品评选活动

结合庆祝建党百年主题,侧重红色非遗资源与百年老字号项目挖掘,共有414项商品参与评选,最终100项商品入选,并举办专题展进行推广。

(二)举办"红色光辉照我心"全省非遗摄影摄像比赛

收到全省780余件参赛作品,经评选,产生一等奖3名,二等奖9名,三等奖12名,优秀奖30名。

(三)举办"唱支歌儿给党听"全省非遗民歌展演

在嘉善县举办2021年"文化和自然遗产日"浙江省主场城市活动,围绕献礼建党百年,以全省各地传统民歌表演类项目为主,举办了"唱支歌儿给党听"非遗民歌主题展演,共有来自全省10个地市的40余位演员演出了12个精彩节目,直播观看量326.5万人次。

(四)举办"百年传承谱新篇"全国曲艺展演活动

组织举办第四届"中国浙江·全国曲艺传承发展论坛及观摩交流展演"暨"中国浙江(温州)·全国曲艺唱曲传承发展论坛及观摩交流展演",全国9个省(区、市)28个曲种150位传承人,携40多个优秀节目参演。本届活动展演与研讨相结合,老中青3代传承人同台亮相,充分展示曲艺保护发展成果,直播观看量达266万人次。

(五)参加"百年百艺·薪火相传"中国传统工艺邀请展

"百年百艺·薪火相传"中国传统工艺邀请展由文化和旅游部、上海市人民政府主办,浙江组织推荐42项传统工艺项目、126位非遗传承人作品参加,经评审遴选,83位作者104件(套)作品入选,其中国家级非遗代表性传承人钱高潮的鸡血石雕作品《万山红遍》、罗启松的黄岩翻簧竹雕《凤耳孔雀花瓶》、沈新培的龙泉宝剑《素装唐剑》等6件作品列入重点推介展品,入选作品数量居全国前列。

(六)举办"百年百艺经典传"全国非遗系列展览

在杭州市富阳区举办第十三届浙江·中国非物质文化遗产博览会(杭州工艺周),推出线上博览会,深化线上线下共享展会创新模式。线下展陈项目240个,展品数量1200件。薪传奖传统工艺(陶瓷工艺)大展共有25个省(区、市)264位参赛者报名参赛,参赛作品670件。评出金奖2个、银奖3个、铜奖5个、优秀奖25个,国家级非遗代表性传承人薪传奖20个。本届活动线上曝光量832.7万人次,浏览量320.3万人次,直播观看量315万人次,话题播放量3990.1万人次,线上线下传播效应显著。促成线上交易金额734万元,社会效益与经济效益双丰收。与建设银行浙江分行联手,探索"非遗＋金融"新模式,推出"非遗薪传贷",帮助解决传承人在保护传承中的瓶颈问题。举办第16届中国义乌文化和旅游产品交易博览会非遗生活馆展览活动,以"百年遇鉴"为主题,由"百年匠心—百年传承—百年创新"三大主线串连,向观众展现独特的东方神韵、深厚的文化底蕴、精湛的传统技艺、高颜值的非遗衍生品,获组织一等奖、优秀展台奖。

(七)举办"百花齐放心向党"全省传统戏剧展演活动

邀请5位获梅花奖、2位获白玉兰奖的非遗传承人参演,全省58个传统戏剧非遗项目精彩视频集中亮相,取得"浙江好腔调"传统戏剧展演传播新成效。此外,还组织举办第四届"少年非遗说"浙江传说故事讲述大赛,以"大运河诗路""钱塘诗路""浙东唐诗之路""瓯江山水诗路"等4条诗路为主线,采取线上线下相结合方式,选拔报名人数1.2万人。经评比,产生特等奖8个,一等奖16个,二等奖16个,优秀组织奖10个。

四、学术研究:实施专题调研强化科学保护学术引领

继续在非遗研究、学术交流、学术成果出版等方面进行提升,"大匠至心"沙龙影响力持续扩大,首次走进乡村与村民对话,内刊在全国业界获得好评,课题研究及著作出版等成果丰硕,学术建设再上新台阶。

(一)举办2021年"大匠至心"非遗传承发展杭州沙龙

沙龙采取线上线下结合的方式,以"青春手艺 活力乡村"为主题,围绕传统手工艺和乡村振

兴,以圆桌会议形式共话乡村振兴与非遗赋能。线上活动邀请专家学者、非遗传承人等分享观点。以"非遗与乡村振兴"为主题征文,收到全国15个省、市80篇文章,经评选,产生一等奖6篇,二等奖11篇,三等奖16篇,沙龙参与面和影响力持续扩大。

(二)开展《浙江非遗》刊发工作

创刊《浙江非遗》,得到业内广泛好评。本年度完成4期内刊刊发,学术阵地建设进一步增强。以《浙江非遗》为平台,推荐发表省内优秀调研论文等成果。

(三)开展课题研究与评选

重点课题"非遗传承人与教育在基础教育中的理论与实践研究"进行到中期阶段。完成2021年省文化和旅游系统调研课题"浙江省非遗馆展陈内容规划研究""疫情之下民俗类非遗项目传承发展研究——以永康方岩庙会为例"。开展非遗展示场馆(传习所)建设及展陈设计研究成果评选活动,收到研究成果31篇,经评选,产生一等奖3篇,二等奖6篇,三等奖12篇。

(四)开展图书出版工作

出版《大匠至心:非遗传承发展杭州沙龙(2020)叙录》《浙江好腔调:50个曲艺项目集萃》《非遗馆征集藏品图录》等书籍。

五、交流合作:走出浙江扩大合作高效完成重要任务

发挥走在前列优势,认真贯彻落实上级主管部门关于大运河、长三角、东西部协作等重要指示批示精神,组织开展交流活动,加强与兄弟省、市工作交流,带动相关地区非遗保护。

(一)组织参加各类展会

组织浙江非遗项目赴安徽、江苏、上海、新疆等地,参加中国(宿州)大运河非遗美食展、第四届中国(淮安)大运河文化带城市非遗展暨2021年"文化和自然遗产日"江苏省非遗系列活动、2021长三角地区传统美术精品展、第三届大运河文化旅游博览会、第二届长三角城市非遗特展、"新疆是个好地方"对口援疆19省市非遗展、第五届中国非遗传统技艺大展、2021第四届长三角非遗节等。

(二)开展"非遗走亲"工作交流活动

组织设区市、县(市、区)非遗机构负责人赴四川省阿坝藏族羌族自治州交流,在保护实践、成果转化利用、人才培养、数字化运用、非遗衍生品研发等方面进行帮扶协作。

六、队伍建设:提升人才队伍素质推进可持续发展

推动非遗保护人才队伍建设,培养有创造力的当代非遗传承人,促进协同创新,为非遗传承储备人力资源。

(一)举办全省非遗中心主任与业务骨干培训班

首次采用线上线下相结合的方式组织开展。全省100余名业务骨干参加线下培训,400多人次参加线上培训。

(二)举办非遗记录工作培训班

全省2021年度国家级非遗代表性传承人记录工作对象或其家人、弟子,传承人所在地保护机构、项目保护单位工作人员,2021年国家级非遗代表性传承人记录工作的学术专员,摄制团队项目

负责人、核心成员参加培训。

(三)举办编纂工作培训班

举办《浙江省非遗代表作丛书》第五批国家级非遗代表性项目编纂工作培训班。24项第五批国家级非遗代表性项目所在地非遗处(科)或非遗保护中心负责人、国家级非遗丛书编著者、非遗保护专家、出版社编辑参加培训。

(潘昌初、陈逾辉)

浙江京昆艺术中心

【概况】 内设机构12个。2021年末人员151人(其中具有高级技术职务资格的55人,中级46人)。

2021年,浙江京昆艺术中心坚持以习近平新时代中国特色社会主义思想为引领,以党史学习教育为抓手,围绕打造新时代文化高地,紧盯高质量发展建设共同富裕示范区的工作目标,改革创新,锐意进取,擦亮京昆艺术品牌,通过突出党建引领、加紧传承京昆传统经典、拓宽戏曲艺术创新思维等方式,持续推动中心由传统的戏曲文化表演模式逐渐转向同数字化改革发展相结合的新时代戏曲传承发展模式。全年演出310场次,圆满完成工作目标。

一、扎根戏曲基点,传承京昆传统经典

正式启动"浙江京昆传统经典剧目传承学习季"之"传统折子戏专场",通过"老带新""一对一"传承辅导教学方式,邀请戏曲表演名家亲授教学,由优秀青年演员学习并主演京昆传统经典曲目,夯实京昆表演基本功,传承京昆文化经典。展开了数十场全国不同地区的巡演活动,并举办"浙

江昆曲"五代传承折子戏专场演出、"浙江京剧"传统折子戏专场演出、昆曲传播推广成果汇报专场演出、浙江京剧南派武戏专场演出等。此外,还传承排练了《珠帘寨》《长生殿》《望江亭》《牡丹亭》等京昆大戏,传承排演了《飞虎峪》《百花赠剑》《琴挑》《亭会》《八大锤》《小商河》《泗州城》《绝龙岭》《乌盆记》《棒打薄情郎》等传统京昆折子戏,为年轻演员的艺术提升和业务积淀打下了扎实的基础,也收到了良好的市场反馈。

二、创新京昆艺术剧目,拓展中心演出空间

(一)创新剧目广受好评

京剧《生如夏花》参加文化和旅游部举办的全国庆祝建党百年优秀剧目展演、第九届中国京剧艺术节优秀京剧作品线上展演,获评第九届中国京剧艺术节优秀剧目,荣获2021年度国家艺术基金大型舞台剧作品重点资助项目奖。

京剧《战士》作为浙江省庆祝建党百年重点献礼剧目入选作品在运河大剧院献演,并荣获浙江省文化和旅游厅颁发的浙江省庆祝建党百年重点献礼剧目"金质荣誉奖盘",获得广大观众的一致好评;参演了浙江省庆祝建党百年优秀舞台作品大展演及第九届中国京剧艺术节,获评第九届中国京剧艺术节优秀剧目、浙产优秀原创舞台艺术作品、浙江省"十佳红色经典剧目",入选2021年度浙江省文化艺术发展基金重点资助项目。

优秀传统剧目昆曲《十五贯》入选文化和旅游部庆祝建党百年全国百部优秀舞台作品。

新编昆曲《浣纱记·春秋吴越》经过再次修改提升,参加第八

届中国昆剧艺术节苏州展演。

大型京剧节目《八八战略绘蓝图》参演"百年红船 扬帆远航"——浙江省庆祝中国共产党成立100周年大型交响诗画文艺演出,得到了省委、省政府领导的高度赞誉。

实验京剧《王者俄狄》线上参演了第九届中国—东盟(南宁)国际戏剧周,荣获国际戏剧节最高奖朱槿花奖·优秀剧目奖和优秀主演奖,得到各界观众和戏剧专家的一致好评。

神话京剧《宝莲灯》、传统昆剧《西园记》两部大戏和一出昆曲小戏《寻梦》入选首届浙江省传统经典保留剧目。

新编现代京剧《山里人芥里情》入选2021年度浙江省文化艺术发展基金重点资助项目。

(二)多民族地区的文艺创作更加丰富

深入新疆阿克苏地区、阿拉尔地区及宁夏回族自治区开展了中国戏曲艺术秀"国色天香"之"浙阿共庆·建党百年"红色京昆戏曲晚会的创排和30场的新疆巡演,以及"浙江京昆名家戏曲进校园"系列"文化润疆"项目和"2021年宁夏回族自治区庆祝'建党百年'大型戏曲晚会""风华百年·梨园千秋"的创演。通过与新疆、宁夏多民族地区文化部门和文艺院团的合作交流,创演了一系列带有中国民族特色的红色主题戏曲晚会,拓宽了剧目创演思路和展现空间,帮扶和提高了多民族地区艺术院团的艺术作品创作质量和水平。

(三)京昆艺术进校园项目持续推进

持续推进京剧名家进校园主

题讲座和"跟我学""京韵大讲堂"等公益京昆艺术培训班系列主题活动。其中,中心(京剧团)为浙江锦绣育才教育集团锦绣京剧社团辅导创作了红色校园微型红色京剧《二小放牛郎》;中心(昆剧团)为杭州京都小学创排的校园昆曲节目《玉树芝兰》获得了中国少儿戏曲小梅花奖;中心(京剧团)为长兴县小铺镇中心小学创排的校园神话京剧《哪吒闹海》荣获了湖州市校园戏剧节优秀剧目金奖。

(四)京昆优秀品牌剧目商演不断

中心(昆剧团)举办了迎接"建党百年""浙江昆曲全国行"广西、广东、安徽、福建等省、市巡演和经典昆曲剧目《雷峰塔》江苏、安徽商演。中心(京剧团)创演了商业性大型戏曲演出晚会"风华百年·梨园千秋"、大型戏曲演出主题晚会"浙阿共庆·建党百年",观众口碑和演出票房收入良好。中心(京剧团)举办4场浙京经典传统京剧专场商演、深圳"全国戏曲名家名剧展演季"开幕式"国色天香·梅韵芬芳"专场戏曲晚会商演及2021"浙江好腔调"全省传统戏剧展演系列活动大型戏曲主题晚会"国色天香·非遗绽放"。

三、培养创演人才,打造京昆艺术拔尖人物

对入选省文化和旅游厅的全省"1111"艺术重点培养人才、省文联"孵化计划"艺术拔尖人才裴冰、杨崑、姜艳、鲍晨、傅玉分别进行了选题培养和艺术打造,分别对《浣纱记·春秋吴越》《珠帘寨》《牡丹亭》《望江亭》等戏进行了传承学习、修改提升,并进行一对一

辅导,精心策划培养项目汇报和专场演出。同时,通过老戏传承和新编剧目创作,积极提供学习平台和创演任务,培养优秀创、演人才,全年开展了近400场剧目创演。

（徐　静）

浙江小百花越剧院

【概况】　内设机构16个。2021年末人员192人(其中:在编187人,其他5人;具有高级技术职务资格的94人,中级57人)。

2021年,浙江小百花越剧院围绕重点主题进行学习提高、创新创作、传承传扬、人才培养,狠抓落实,强化责任担当、安全廉洁,致力于全院内部融合改革后正式起步的文化建设、品牌建设、人才建设,被评为2020年度省级文化和旅游系统优秀单位、第二十七届长三角演出交易会2020年度"重合同守信用"单位、省级文化和旅游系统"建设清廉单位、创建模范单位"工作先进集体。

一、紧扣主题搞创作,抓立根之本

（一）新创4个越剧舞台作品

挖掘传扬宋韵文化,打造传统越剧《红玉》。创排国家艺术基金、浙江省文化艺术发展基金资助项目越剧《伪装者》。协助绍兴市上虞区文化广电旅游局,创排《祝家庄里的年轻人》。根据真人真事,联合嵊州市越剧团打造现实题材作品《核桃树之恋》。

（二）传承复排2部经典剧目

复排廉政文化主题作品《汉文皇后》,传承南戏经典《琵琶记》,实现传承中的创新与发展。

经典传统剧目《陆游与唐琬》《胭脂》《刑场上的婚礼·黎玥挥笔》入选浙江省经典保留剧目。

（三）储备打磨5部原创剧本

储备打磨5部原创刮本,其中《苏秦》《龙港的春天》《秘色》入选浙江省文化艺术发展基金,《绿水青山》《钱塘里》入选浙江重点题材创作扶持工程,初评入选文化和旅游部新时代现实题材创作工程项目。

二、重视文化交流,抓重要窗口建设

（一）组织开展常规演出

全年完成演出262场。承办全省文化和旅游系统2021年新年演出季,组织"2021浙江越剧中国行"浙江小百花越剧院巡演、国家艺术基金传播交流推广资助项目巡演,先后赴江苏、黑龙江、广东、吉林、四川、上海、北京等地演出。

（二）积极参加建党百年相关活动

《枫叶如花》参加文化和旅游部"建党百年"优秀剧目网络展演。参加"百年红船　扬帆远航"——浙江省庆祝中国共产党成立100周年大型交响诗画文艺演出,收到省委宣传部感谢信。《核桃树之恋》参加中宣部庆祝中国共产党成立100周年优秀舞台艺术作品展演。《五女拜寿》入选文化和旅游部"百年百部"重点扶持作品展演。《核桃树之恋》《枫叶如花》参加省文化和旅游厅庆祝中国共产党成立100周年百场优秀舞台艺术作品展演。《红色浪漫》参加建党百年长三角红色剧目展演。

三、注重人才培养,抓梯队建设

（一）夯实领军力量

王滨梅入选浙江省"万人计划"社科界领军人才,蔡浙飞入选文化和旅游部2021年全国戏曲表演领军人才计划,章益清入选浙江省"万人计划"青年拔尖人才。认真实施蔡浙飞、钱可、章益清、杨浩平的浙江省舞台艺术"1111"人才第二年度培养计划。

（二）培养青年人才

推出"群芳谱(第二季)·新松计划专场""越伶斟戏·'小百花'青年演员折子戏专场",以实际行动落实青年艺术人才培养计划。

（三）充实未来力量

2016浙越班完成实习大考,根据院团未来发展需要,综合学员的专业能力、学习能力、舞台素养、发展潜力等,择优留团工作。

四、聚焦数字化赋能,抓线上市场

开设"小百花第一女团""浙越青微VLOG"视频号,多维度宣传小百花的艺术创作、节目演出、党建活动等,全年阅读量近100万人次,其中微视频"花落万家小百花"获省级文化和旅游系统"精品微党课"视频比赛二等奖。全年开展5次大型直播、展播等网络观演活动,点击量近200万次,同时借助浙江电信等平台进行收费点播,实现流量变现。

（章烈琴）

浙江交响乐团

【概况】　内设机构7个。2021年末人员69人(其中具有高级技术职务资格的 24 人,中级 35 人)。

2021 年是中国共产党成立 100 周年,是"十四五"规划开局之年和全面建设社会主义现代化国家新征程的开启之年。浙江交响乐团以习近平新时代中国特色社会主义思想和党的十九大精神为指导,增强"四个意识"、坚定"四个自信",自觉承担起举旗帜、聚人心、兴文化、展形象的使命任务,紧紧围绕"讲政治、守规矩、敢担当、有作为"的总体目标,紧扣"以作品立团、以人才兴团、以业务强团"的办团宗旨,将党建工作与业务工作同部署、共推进,积极落实重大项目,认真开展重要工作,全面提升乐团实力、影响力,在围绕建党百年庆祝活动、开展艺术创演、探索文旅融合、推出文艺精品、加强队伍建设方面不断进取,积极推动乐团发展。

一、围绕大局工作,完成庆祝建党百年重要项目

(一)排演《大潮之上》

为献礼中国共产党成立 100 周年,创作交响乐《大潮之上》。该作品入选 2021—2022 年全省舞台艺术创作重点题材扶持项目、浙江省庆祝中国共产党成立 100 周年优秀舞台艺术作品展演剧目,于 3 月举行国内首演,作为第七届"中国交响乐之春"的品牌音乐会之一在国家大剧院上演,并在省内举行 14 场巡演。该作品是全省"重要窗口"主题重点创作项目,展现了浙江关于改革开放、奋进新时代、打造"重要窗口"的音乐史诗画卷。

(二)举办"唱支歌儿给党听"优秀舞台艺术作品展演

举行两场"唱支歌儿给党听"浙江省庆祝中国共产党成立 100

周年优秀舞台艺术作品展演。携手近 70 名老中青歌唱家及 12 名学生演员,上演了全省最新创作推出的 10 多首交响乐、声乐作品,并穿插观众耳熟能详的各时期经典歌唱作品,采用器乐演奏及多种歌唱形式展现浙江儿女勇立潮头、创业创新的精神风貌和幸福生活,深情讴歌党的百年风华。

(三)创演民族歌剧《方志敏》

与国家大剧院联合制作演出民族歌剧《方志敏》。5 月,在国家大剧院举行了 3 场巡演,深情演绎了歌颂革命英雄方志敏的动人诗篇。在演出前夕,乐团党总支与国家大剧院剧目制作部党支部以业务、党建共建的形式,联合召开党员代表学习、座谈会,开展了《方志敏》主题党日活动,推动了党史学习教育和艺术精品打造互相促进。

(四)创演民族歌剧《红船》

联合制作、演出民族歌剧《红船》。该作品荣获"中国民族歌剧传承发展工程"重点扶持剧目、"庆祝中国共产党成立 100 周年舞台艺术精品创作工程"重点扶持作品。4 月,举行公演;7 月 2 日,亮相国家大剧院,博得满堂彩,谢幕长达 16 分钟。

此外,还统筹联合省内乐团,参与了"百年红船、扬帆起航"——浙江省庆祝中国共产党成立 100 周年大型交响诗画文艺演出的排练、演出工作。

二、围绕重要题材,紧抓艺术精品创作

(一)成立新一届艺术委员会

结合乐团艺术特点和发展实际,成立新一届艺术委员会,修订《浙江交响乐团艺委会工作章

程》,设立艺术创作领导工作组,开展针对性更强的研究谋划和工作部署,对乐团的重大艺术创作、演出项目进行内容论证、研判,对 2021 年至 2022 年的音乐季曲目、场次及演出形式进行研讨,强化方向引领、担当作为。

(二)策划原创交响乐作品

召开艺术委员会会议,策划筹备以"向阳花"为意象,歌咏浙江之魂、展现浙江气派的大型交响组曲《向阳花开》,积极打造以弘扬中国传统文化、宋韵文化为主题的大型原创交响组曲《脉》和《音诗》(交响合唱版)。举行研讨座谈会,确定创作主题、作曲家、演出形式等。用精品文艺展现浙江省作为"重要窗口"、打造新时代文化高地的发展风貌,迎接党的二十大胜利召开。该作品入选 2021—2022 年度浙江省文化和旅游厅科研与创作项目。

(三)召开原创交响乐《大潮之上》专家论证研讨会

原创交响乐《大潮之上》参加国家大剧院"交响之春"演出,并于结束后召开专家论证研讨会。会上,中国音乐家协会副主席、指挥家谭利华及中央音乐学院教授唐建平、《人民音乐》原总编张弦、中芭交响乐团团长慕宗顺、陕西交响乐团团长江龙等业界专家对作品给予好评。根据专家意见,乐团将继续打磨作品,于 2022 年推出《大潮之上》改编版。

三、加强社会合作,拓宽发展空间

(一)推进长三角交响乐共建

推进长三角交响乐共建,签订长三角交响乐发展联谊会共建框架协议,推进长三角地区交响乐发展。

（二）助推地方乐团发展

通过专业指导、业务培训、集中排练等方式，助推衢州何天乐团发展，在乐谱配器、作品改编、演出内容构思等方面给予支持，协助创排艺术精品项目。此外，还协助衢州市文化广电旅游局完成庆祝建党100周年文艺演出。

此外，持续对省直机关工委管弦乐团进行指导；积极发挥青少年交响乐团、管乐团、单簧管乐团的公益普及作用，两个乐团荣获"中华杯"中国第十四届优秀管乐团队展演"示范乐团"（一等奖）称号。

四、实施数字化转型，开启线上发展

（一）建立数字"云平台"

在乐团内部建立数字"云平台"。制定《关于使用乐团数字化云平台的实施细则》《关于推进交响乐数字化应用系统开发运行和业务协同集成工作的方案》，指定专人推进工作。已在乐团数字"云平台"上整理上传照片资料100多GB，共20000个项目；录音资料60多GB，共1000个项目；视频资料600多GB，共1000个项目；乐谱资料40多GB，共600个项目。开展档案数字化管理，已完成2009年建团至2018年的档案数字化，总计业务类41卷，文书1998件，照片3500张，光盘100张。与央视频、抖音、新蓝网等国内知名数媒平台建立合作关系，进行现场音乐采编等。此外，启动"潮向未来·数字乐团"项目，制定了短期及中长期发展计划。

（二）持续推进线上展演、线上课堂

专题线上音乐会海内外获好评。在大年三十当天，为巴塞罗那总领馆、当地民众、华人华侨们献上了一场主题为"'诗画浙江'与加泰罗尼亚共庆春节"的云端音乐会。巴塞罗那电视台、亚洲之家网站、驻巴塞罗那总领馆官网等多个平台上线播放了音乐会，为当地带去了中国春节的祥和、欢庆气息，也展示了中国的音乐和文化魅力。浙江省文化和旅游厅及乐团收到了驻巴塞罗那总领馆发来的感谢信，赞扬音乐会得到当地观众的好评。为让更多的海内外朋友欣赏到云端新春音乐会，还制作了1部纯音乐会版本，于2月12日在央视频、新蓝网上线，共计吸引40多万观众收看。交响乐《良渚》线上版，作为驻委内瑞拉使馆庆祝中国共产党百年华诞系列文化活动之一，于7月3日在委内瑞拉国家电视台播出；亮相萨尔瓦多独立200周年暨"浙江省文化艺术月"，于7月17日、18日在萨尔瓦多TVX电视台及新媒体平台播出。筹备"诗画浙江·江南韵"浙江交响乐团经典管弦乐新春音乐会，入选浙江省与埃及开罗中国文化中心部省合作项目。

将乐团精品资源搬到"云端"。全年发布30多期"云上"音乐会，以及线上公益讲堂等。此外，更新制作了对外中英文宣传册等资料。借助线上、"云端"展演、展播等方式，在多个国家和地区开展了对外文化交流活动，扩大了传播受众。

五、紧抓核心业务，打造驻场和普及演出品牌

继续签约指挥家张艺，担任艺术总监，同时携手知名指挥家林大叶、程晔、张国勇、范妮、拓鹏等，与演奏家蒋国基、郑迪、董德君、聂佳鹏、黄滨、刘念、陈光、黄蒙拉、金文彬、高参、张放、徐暄涵及歌唱家朱慧玲、韩蓬等合作，克服疫情影响，举行了11场音乐季驻场演出，既提升了业务水准，也扩大了艺术影响力。

儿童节动漫交响音乐会、弦乐四重奏等品牌音乐会持续举办。举办了9场高雅艺术进校园演出，2场"'幸福来临'——高雅艺术走进临平"专场音乐会，得到了广大师生和基层群众的好评。此外，在"良渚揽秀　诗路寻音""诗画浙江"主题推广演出、第三届禹上稻乡开镰节暨丰收月活动启动仪式——稻田音乐会、大型交响乐《鲁迅》——纪念鲁迅先生140周年诞辰音乐会等商业演出中，以高度敬业的团队精神、高质量的艺术水准赢得了主办方及群众的赞誉。

六、强化宣传营销，开拓演出市场

（一）加强重大演出宣传

长三角交响乐合作、歌剧《红船》演出等得到新华社、央视网、央视综艺等媒体的宣传报道。《大潮之上》浙江公演、北京公演受到央视音乐频道、《光明日报》、浙江新闻联播、《浙江日报》等主流媒体的报道。浙江经视为乐团两台献礼建党100周年演出录制专题记录宣传片并播放。在"红心向党——讲述浙江文旅人故事"短视频创作大赛中，乐团报送的《大潮之上》奏响浙江故事，献礼建党百年，获优秀作品奖。七一前夕，《音乐周报》刊登整版宣传乐团打造"献礼三部曲"庆祝中国共产党百年生辰。11月上旬，中国新闻网（浙江□□版宣传《大潮之上》。乐团微信公众□□抖音号、央视频账号运行稳定,新设立的微信视频号每条浏览量均达 1 万次以上。

(二)新组建营销团队

新组建营销团队,增设了负责演出营销的工作岗位和人员,通过与第三方票务平台合作,结合宣传工作积极推广会员服务,有力提升了音乐季、音乐会等演出的售票率。

七、加强队伍建设,打造德才兼备的艺术主力军

继续签约指挥家张艺,担任艺术总监;聘请指挥欧阳汪剑担任驻团指挥,法国籍小提琴演奏家 Guillaume Molko 担任乐团客座首席。聘任赵坤宇、许玉莲、陈光担任乐团客座首席,充实了乐团的艺术实力。

修订《绩效工资分配方案》,设立荣获省级及以上人才扶持项目的"人才津贴"专项,切实提高业务骨干收入。全年人才招聘 9 人,补充了新鲜血液。通过业务考核、教育培训等形式,提高演职员业务水平、文化素养、职业道德规范等。

驻团作曲邬娜入选省舞台艺术"1111"人才培养对象,创作室内乐《问茶》《玉碗飘香》,其中《问茶》于 10 月首演并入选 2021 年浙江艺术发展基金扶持项目。举办青年演奏员室内乐专场音乐会、邬娜作品音乐会等。

(张翀、李滨伊)

浙江省文化和旅游宣传推广信息中心

【概况】 内设机构 4 个。2021 年末人员 19 名(其中具有高级技术职务资格的 3 人,中级 3 人)。

一、数字化改革亮点纷呈,持续保持领先优势

"浙里好玩"入选数字社会"揭榜挂帅"应用与文化和旅游部智慧旅游创新应用案例;省文化和旅游数据仓被列为省级数据仓试点;文化和旅游专题库被列入专题库优秀案例。宁波市天一阁景区、长兴县龙之梦景区入选省大数据局的数字孪生景区安全监管试点应用;杭州图书馆、长兴县龙之梦入选省发改委数字赋能促进新业态新模式典型平台和企业。

(一)强化顶层统筹设计

不断健全数字化改革工作体系和运行机制,完善省文化和旅游厅数字化改革领导小组"一把手"亲自抓的工作机制,制订全省文旅数字化改革总体方案,推出省文旅系统"1+4+N"的数字化改革总体框架。在梳理核心业务的基础上,制订完善全省文旅系统数字化改革蓝图和任务计划鱼骨图;对年度文旅数字化改革工作重点任务及未来 5 年工作目标进行界定;梳理完成"一本账单三张清单"多跨应用子切口场景 15 个,其中"浙里好玩"和"浙江文物安全监管"两个场景纳入省委改革办"一本账"清单;制定数字化改革例会制度和多跨场景应用推广制度。印发文旅系统"一地先行、全省共享"机制实施办法(试行);建立项目预审制机制,实现文旅系统应用"一本账";建立健全培训计划,全年培训指导 20 余场;建立考核评价机制,编制文化和旅游数字化改革试点项目评估指标体系及文化和旅游数字化改革晾晒指标体系,试点验收及晾晒评价。

(二)夯实数据支撑体系

推进文旅数据仓试点及文旅专题库建设。大力推进应用系统综合集成,全面提升文旅数据仓功能,跨部门汇聚数据 44.9 亿条,整合构建省、市、县联动一体化门户。文旅数据仓和专题库被列为省大数据试点建设应用;加强应用编目及数据治理。完成省本级应用编目 52 个,关联率达 100%。完善公共数据编目、归集、治理、共享、开放,完成编目录 425 个,开放目录 254;推出"厅长驾驶舱""假日旅游专题驾驶舱""百县千碗""非遗大脑""诗路文化驾驶舱"的建设或集成;加强数据分级管控,开展数据开放应用,向美团、飞猪等 OTA 平台开放 9 类公共服务数据的共享;组织各地申报"智慧旅游＋未来社区"试点,确定余杭良渚、义乌宾王、南湖甪里等 9 家试点单位。

(三)完善公共服务体系

深化数字化改革,持续迭代升级"浙里好玩"服务平台,构建以"浙里好玩"省级主站为核心、市级分站为节点、县级主题馆入驻的发展体系,完成 PC 端、App(如"浙里办")、H5 页面、小程序、等全平台多端口的服务触达层,实现省、市、县一体化运维。在微信、钉钉、支付宝、数字电视等实现多端有效触达,联动高德和百度地图,实现融文旅资讯信息的地图端共享协同。推出"浙里有戏""浙里非遗"等多类型主题,协同飞猪、携程等 OTA,上线"浙里好玩"旗舰店。基于"浙里好玩"服务平台,推出专题应用"假日旅游通"。接入全省旅游厕所 12000 余个,构建移动厕所储备计划,精准定向定点投放应急

厕所。探索景区停车位置智能化改造及车位周边共享及引导模式。推出文旅日历旅游预报,汇聚全省各地资讯、活动、优惠等城市服务。协同气象、发改委等部门,推出景区天气、气象预警(数据来自省气象局)和企业信用查询(数据来自省发展和改革委员会)。以图书馆、博物馆、文化馆、美术馆、非遗馆、景区、文旅企业等多端联动,汇聚各地各条线的资讯、活动、演出、优惠等内容,推出"文旅日历"和"旅游预报"场景,一体化服务游客及居民。基于"浙里好玩"服务平台汇聚的全省各类 POI(资源点描述)为游客提供智能化行程定制服务。截至12月31日,新版"浙里好玩"服务平台共汇聚"浙里好玩"POI(资源点描述)27213 个;仅仅正式上线运行 8 个月,就有资讯、攻略、线路文章 4326 篇,玩法分享4758 篇,达人 250 余位,酒店和民宿 18660 余家,接入预约预定的景区景点 738 家,包括 5A 级景区 10 家、4A 级景区 140 家、博物馆 118 家,所含内容已覆盖全省 11 个设区市,89 个县级行政区,服务人次超过 6800 万。基本建成"智慧文化云",完成"云上展览""云上课堂""云上阅读"和文化活动场馆预约、非遗传承等模块上线试运行,完成浙江图书馆、浙江省博物馆、浙江省文化馆三大场馆数据对接,实现浙江博物馆公共服务综合平台、"浙江群文云"平台数据对接。实现 3 项民生关键小事应用,入馆预约、旅游厕所、一键借阅等在"浙里办"平台上线运行。

(四)优化政务服务体系

以"大场景、小切口"为原则,梳理产业优化升级、城乡一体化、生态示范创建等 5 个领域 8 个一级任务、17 个评估体系、15 个二级任务。紧扣省委、省政府工作重点,梳理形成 10 个方面的 35项总任务、107 项分任务及 149个具体指标。集中遴选推荐"高质量建设公共文化服务现代化"和"万村景区化"两个项目申报"重要窗口""绿箱清单"。拟定省文化和旅游厅机关"七张问题清单"整改工作机制。对省政府工作报告和部门重点工作绩效指标进行拆解、细化,上线 16 个指标项,数据清单完善程度达 100%。

(五)提升产业发展体系

上线文化和旅游产业投融资平台,基本建成我省文化和旅游产业季度经济运行分析系统,下发《关于加快推进文化和旅游产业季度经济运行分析系统建设的方案》。有序推进"百县千碗"美食服务数字化应用。完成"驾驶舱"建设,选取 12 个市、县进行试点采集和培训,开展"诗画浙江·百县千碗"农都美食小镇重点项目推介活动。完成长三角居民服务一卡通专区建设。8 月初,协同省大数据局及省人力资源和社会保障厅,在浙里办 App 上线居民服务"一卡通"专区文旅服务场景,有 168 家博物馆、157 家图书馆(含部分分馆)、173 家 A 级景区推出基于社保卡的预约购票核验入园服务。

(六)赋能行业现代治理体系

优化"文旅绿码"。打通全国健康码、疫苗、行程码等,实现预约、入园(馆)一码通行。提升分时预约功能,打通社保卡、身份证功能,实现"预约、错峰、限流"的市场管控,并在浙里办、浙政钉等

平台上线。提升旅游应急指挥应用,整合全省 248 家 4A 及以上重点景区近 1000 路视频,通过手机信令数据监测,结合景区承载量信息,实现基于"钉"消息的信息推送和多跨协同,提高假日应急预警及指挥能力。推进文物安全智慧监管,创新文物安全智慧监管新模式,初步构建文物安全精密智控及分级监管模式,提升文物安全监管效能。

(七)择优推出推广 N 场景

智慧旅游新服务列入省发展和改革委员会数字社会系统"揭榜挂帅"榜单,指导的杭州"多游一小时"、瓯海"错峰乐游"、嘉善"行程定制"等 3 个市、县应用也同时入榜,其中杭州"多游一小时"获时任浙江省长的郑栅洁批示,要求全省推广。安吉"安"心停、旅游新业态安全监管,长兴旅游厕所应用,德清"安心游浙山",江山"放心购"均入驻"浙里办"平台。

(八)形成一批制度和理论成果

构筑统一术语体系,加强制度规范建设,建立"一个应用场景＋三个成果"的制度生成体系,研究形成文旅数字化改革术语定义集,发布"旅游大脑＋未来社区"定义内涵、试点、建设指南;景区数字化服务规范、美术馆数字服务规范两个标准获批立项,印发"多游一小时"多跨应用场景推广工作指南、文旅安全数字化监管场景推广指南、旅游厕所"建管用育"集成新服务推广指南等。

二、宣传推广与时俱进,促进消费成效明显

(一)未来旅游嘉年华活动可圈可点

为应对疫情常态化特殊背

景，以文化和旅游数字化改革为抓手，文化和旅游节会为载体，创新活动模式，在杭州湖滨步行街举办了 2021 未来旅游嘉年华活动，率先启动数字概念文旅节庆活动，展示"数字让文旅更美好"成果。3 天活动总参观人数达 20 万人次，单馆 3 天日均参观量达 3.4 万人次，最高单日参观量超 5.8 万人次。

（二）走读浙江系列主题推广丰富多彩

全年以"走读浙江"为主线，以线上线下结合，省、市、县联动的方式，举办八大主题推广活动，发布系列主题宣传视频、电子导览等成果，设计走读浙江画册、折页、指南，并通过大咖、达人进行广泛传播，有力提升浙江红色文化、"百县千碗"、"四条诗路"、运河文化、康养文化、亲子文化、传统文化的影响力，持续打响"诗画浙江"品牌。在绍兴举办"走读浙江"启动仪式，在金华横店举办"百县千碗"推广活动，丽水举办红色文化推广活动、杭州举办运河文化推广活动、温州瓯海举办"四条诗路"推广活动、衢州龙游举办康养文化推广活动。其中，9 月 24 日至 26 日在横店影视城举办的"百县千碗"活动，3 天吸引游客超 7.3 万人次，美食展位销售收入约 26 万元。联合举办"2021 浙江省文化和旅游消费季"、"诗画浙江"金秋文化和旅游消费季等形式多样的文化和旅游消费促进活动，参加人次达 5118.4 万人次。

（三）国家及省级重要战略持续推进

围绕长三角一体化战略，在温州洞头举办长三角一体化推广暨千车万人自驾行活动，宣传推广长三角自驾游产品。围绕对口帮扶战略，开展"文旅筑梦·西行记"浙江文旅对口帮扶公益活动，探访浙江在四川阿坝藏族羌族自治州非遗传承、红色遗迹、乡村旅游发展方面的帮扶成果，通过专家讲座传递东部地区先进的文旅发展经验，通过文化旅游资源推介、直播带货等方式宣传推广阿坝文旅项目。围绕"碳中和"战略，联合省发展和改革委员会、省能源局、省广电集团、国家电网等部门共同发起"扫绿证　碳中和——畅游'浙江大花园'"公益活动，通过吃、住、行、游、购等方面的系列消费体验，宣传推广"诗画浙江大花园"，带动旅游、休闲、购物等方面绿色消费。围绕 2022 杭州亚运主题，充分发挥在文化、旅游景点宣传等方面的优势，支持开展亚运宣传推广工作，对接上线"云游浙江"产品到智能亚运一站通。

（四）省级媒体合作进一步深化

加强与省广电集团合作。开展"四条诗路"推广活动，邀请《诗和远方》节目组导演、"四条诗路"沿线文旅部门领导、相关领域学者等嘉宾参加"四条诗路"专题访谈，以浙江卫视《诗和远方》栏目拍摄的诗路城市为切入点，深度访谈，挖掘浙江"四条诗路"建设背后的故事，并通过中国蓝新闻 App、中国蓝 TV、新蓝网等平台进行宣传；开展"诗画浙江·百县千碗"进乡村（景区）暨衢州市"反对浪费""公筷公勺"文明就餐进民宿启动仪式，进一步传承美食文化，不断推动"诗画浙江·百县千碗"工程在衢州乡村（景区）落

地见效，助力衢州本地乡村游、民宿游，实现衢州民宿"诗画浙江·百县千碗"消费体验全覆盖。加强与浙江日报社合作。开展"文创百城"活动，通过专家评审、现场展览、海报接力等形式，评选出 100 种经典文创产品，并对 100 种各具特色、形象鲜明的文创产品进行宣传推广，相关海报的微博阅读量突破 1 亿次。

（五）头部 OTA 平台合作全方位拓展

在马蜂窝、同程、去哪儿、携程、飞猪等头部 OTA 平台开设"浙里好玩"旗舰店，举办上线仪式，对"浙里好玩"形象进行曝光，借助平台进行引流。

三、新媒体工作有声有色，宣传效果不断提升

2020 年浙江省首届"最美浙江人·最美文旅人"评选活动被评为浙江省文化和旅游系统 2020 年十大宣传案例。作品"'百名红色讲解员讲百年党史'浙江之行"荣获"红心向党——讲述浙江文旅人故事"短视频作品创作大赛优秀作品奖。

（一）新媒体运营成效斐然

在省文化和旅游厅官网平台的"浙江文旅"栏目发布文稿 235 篇、"地方动态"栏目发布文稿 598 篇、"文旅热点"栏目发布文稿 381 篇、"媒体聚焦"栏目发布文稿 493 篇，新开设"厅属单位"栏目并发布文稿 37 篇。在厅微信公众号平台发布信息 358 篇，单篇最高阅读量超过 5.3 万人次，粉丝人数从年初的 6800 多人上涨至年底的 1.55 万人，增幅超 120%，月度阅读量从 1 月份的 8660 次上升至 11 月份的 31.5 万次，增长超 35 倍。《余村成了

中国唯二！浙江旅游乡村惊艳世界》单篇阅读量高达 5.4 万人次。"感动浙江文旅人"栏目推出 12 期,宣传了郑幼明等一批优秀的浙江文旅人,多篇内容阅读量突破 1 万次。微信视频号自开通后发布视频 160 条,其中"仙都祭祀轩辕黄帝大典服饰鉴赏"视频播放量达到 25 万次。在开通的厅官方抖音上发布视频 100 条,其中"中国大运河文化带京杭对话"视频播放量达到 105.8 万次。在厅天目号上发布视频 37 条,获得点赞量达 6.9 万人次。在厅官方微博平台发布信息 275 篇,其中春节期间推出的"浙里过大年"话题获得了 2.4 亿次的阅读量,讨论数达 2.6 万人次;微博粉丝数突破 50 万。《浙江文旅手机报》平台全年发布政务版信息 140 期。

（二）日常舆情监测井然有序

开展全省文化和旅游领域舆情监测工作,每日 24 小时不间断实时扫描全国性、行业性和区域性的新闻站点、新闻客户端、各类社交媒体（包括微博、微信公众号、论坛、贴吧、博客等）、传统媒体电子报刊、视频网站及客户端、问答平台等,及时获取浙江省文化和旅游领域的热点信息、敏感信息和倾向性信息,编制各类舆情报告 65 份,对"湖州营盘山景区二十四孝雕塑"等事件及时做出报告,对"钱镠墓被盗"事件进行了深入的舆情分析。

（三）媒体宣传工作全力配合

配合省文化和旅游厅机关党委在官网开设相关专栏,发布相关宣传文稿 202 篇。配合厅资源处开展"文旅融合"系列宣传,拍摄制作一批典型案例视频在抖音、微信、微博等新媒体平台进行

宣传,播放量达到 49 万次。配合省文物局开展"浙江考古与中华文明"新闻发布会,开展抖音、微博、视频号的现场直播宣传。配合厅宣传专班开展"最美文旅人"评选宣传活动,在厅微信公众号上开展专题投票,获得 236.9 万人次投票,转发分享量达到 9442 次。配合开展全省文旅系统宣传员培训、新闻发言人培训及十大优秀文化和旅游新闻稿评选、2020 年度全省文化和旅游宣传稿件统计、"红心向党"短视频竞赛评比等。

四、技术运维保质保量,网络安全常抓不懈

办助省文化和旅游厅机关做好网络安全日常维护,下发漏洞预警 22 起,安全隐患通报 10 起。对厅本级信息系统进行渗透测试及风险评估,抵挡网络攻击 550 万余次。配合省公安厅做好浙江省"护网 2021"网络安全攻防演练工作。配合厅机关做好本行业政务信息系统网络安全专项整治和省文旅系统 2021 护网演练工作;配合做好厅机关信息系统的等级保护工作、2021 年系统网络安全工作培训班等相关工作。完成建党百年、互联网大会等重要时期网络安全"零报告"及重要信息系统的安全监测保障工作。

（杨　玲）

浙江省文物鉴定站
（国家文物进出境审核浙江管理处）

【概况】　内设机构 2 个。2021 年末人员 12 人（其中具有高级技术职务资格的 7 人,中级 2 人）。

2021 年,浙江省文物鉴定站

（国家文物进出境审核浙江管理处）积极开展全省文物鉴定技术工作及相关业务,做好全省各口岸申报进出境文物审核、全省境域内妨害文物管理等刑事案件涉及的文物鉴定和价值认定等工作,各项工作有序推进。

一、综合管理

按照省文化和旅游厅、省文物局相关部署和安排,积极配合完成省文化和旅游厅年度巡察工作,根据反馈意见,制定方案、整理报告、修订制度。制定《浙江省文物鉴定站章程》,梳理并修订完善 110 多项内控制度,完成党建工作、业务管理、综合管理 3 类 45 项制度的修订。修订《浙江省文物鉴定站岗位设置实施方案》,做好事业单位法人年检和人事统计报表工作,推进完成人事档案数字化。重视政务管理及保密工作,有序开展日常收发文登记、信息报送等工作,无泄密无差错。履行岗位职责,做好日常财务管理工作,严格执行财务制度,配合完成各项绩效、工资审计,及单位年度预算、决算、政府采购及交叉会审、内部报销等工作。规范网络安全、消防应急处置等单位后勤保障工作。按照常态化防疫要求,购买防疫物资,添置换购工作器材,保障单位正常有序运行。按计划完成办公场所回迁工作。加强宣传,创办"浙江文物鉴定"微信公众号,扩大行业影响力。做好工会群团工作,强化服务意识,提升工作水平,促进和谐氛围。

二、文物进出境审核

受国家文物局委托,做好省内文物进出境审核和查验工作,全年办理临时进境展览文物审核 1 起 32 件,临时进境展览复出境

文物审核 3 起 242 件,复仿制品证明 1 起 1 件。继续秉持上门服务企业的宗旨,受理旧家具(新仿制品)出境审核 3 起 330 件,旧家具申报厂家与出境数量继续呈下降态势。

助力海关完善文物进出境。与杭州海关监管科、萧山机场海关相关负责人和业务人员开展调研座谈,就涉及文物的进出境业务、海关方面关切的事项,进行深入交流。做好与海关方面相应的衔接工作,和海关方面始终保持良好交流和沟通,确保文物进出境审核工作平稳有序开展,共同维护文化安全。随省文物局考察外高桥自由贸易区国际艺术品保税服务中心等,了解上海办理自贸区进出境文物审核的特色,为我省相关业务开展提供思路。

三、涉案文物鉴定

依据《中华人民共和国文物保护法》《涉案文物鉴定评估管理办法》等,积极配合公安、检察、法院、海关、海警、纪检监察和文化文物行政执法等部门,坚决打击盗窃、盗掘、走私等妨害文物管理和贪污渎职等涉及文物的犯罪活动。全年共办理各类涉案文物鉴定 58 起,鉴定各类器物 3743 件,其中认定珍贵文物 87 件(一级 1 件、二级 6 件、三级 80 件)、一般文物 3092 件、非文物 553 件,待定 11 件。认定不可移动文物 19 起 49 处。为海关库存疑似文物鉴定、移交文物鉴定共 7 批 147 件(套)。年底完成涉案鉴定专家库重设工作。

四、文物拍卖标的审核

严格按照法规要求,配合省文物局做好文物拍卖标的审核工作。全年共受理文物拍卖申请 116 场,审核拍卖标的 88654 件,其中允许拍卖的文物标的 88261 件,撤拍国家禁止流通文物 393 件。拍卖形式中网拍逐渐占据主流,已审核拍卖场次中,65 场以网拍形式进行。

五、国有馆藏文物定级鉴定及培训教学

全年为浙江大学考古与艺术博物馆、浙江省博物馆、遂昌县文物保护管理所等单位开展馆藏文物定级鉴定 10 次计 1566 件,其中确认珍贵文物 622 件(一级 72 件、二级 139 件、三级 411 件)、一般文物 218 件,更正部分藏品年代和定名,为相关博物馆的文物藏品管理、展览利用等奠定基础。

受省文物局委托,于 10 月中旬承办浙江省第 1 期书画鉴定培训。培训涵盖中国绘画史、中国绘画定名规范、品类及技法、明清绘画鉴定断代与辨伪、近现代绘画鉴定断代与辨伪等内容,并从书画鉴定的规律出发,着重于提高学员的实践经验,组织学员赴浙江省博物馆、杭州博物馆观摩,并对每一件书画进行讲解,切实提高培训成效。此次培训,学员均为全省县(市、区)国有博物馆专业技术岗位优秀中青年骨干,为我省馆藏书画的保护利用工作打下了良好基础。

六、待征集文物鉴定评估及公益鉴定服务

开展待征集文物鉴定评估。本站专家还多次应邀为绍兴博物馆、宁波中国港口博物馆等 10 多家博物馆待征集文物和捐赠文物进行初步鉴定。

深化扩展公益鉴定服务。发挥专业及人才优势,加大业内咨询服务力度,及时组织党员、专家,积极参与进出境审核、藏品鉴定、拍卖审核、征集鉴定和公益鉴定,努力服务企业、服务基层、服务群众。是年起,联合浙江省博物馆开展为期 3 年的民间收藏文物公益鉴定服务试点工作,计划每年开展公益鉴定不少于 16 场次,推进公益鉴定服务常态化。年内完成场次要求,其中 7 场深入地方县(市)举行,服务 300 余人,鉴定器物 780 余件。调研总结公益鉴定经验,参加省文物局考察团赴上海调研民间文物公益鉴定事项,了解公益鉴定运管流程、鉴定标准、管理措施及经验得失,为开展符合本站自身特点的民间文物公益鉴定工作奠定基础。

七、人才队伍建设

加强专业人才培养和咨询服务。组织参观专题展览、业务学习交流等,赴安徽博物院参观"家在黄山白岳之间——浙江书画艺术展"等,赴绍兴博物馆(徐渭艺术馆)参观"畸人青藤——徐渭书画作品展",赴浙江省博物馆参观"碧玉流光——龙泉青瓷制釉技艺古今对比展"等;派员赴南京参加国家文物局文物鉴定责任人员实习实训基地古代铜镜鉴定培训班;赴兰州参加国家文物局主办的彩陶文物鉴定培训班、赴敦煌参加流失海外中国文物追索返还管理培训班;派员赴长沙参加由中国文物信息咨询中心主办的文物进出境审核责任鉴定人员培训班(陶瓷方向)。开设"鉴学工坊"系列讲座,提升专业人员专业素养。编印完成《文物鉴定相关法规文件选编》,为业务工作提供科学支撑。总结学术研究成果,编印单位建制 30 年纪念文集。

(吴婧芸)

浙江演艺集团
有限责任公司

【概况】 内设机构 8 个。2021 年末人员 11 人（其中具有中级技术职务资格的 1 人）。下属浙江歌舞剧院有限公司内设机构 12 个，2021 年末人员 221 人（其中具有高级技术职务资格的 91 人，中级 60 人）；浙江话剧团有限公司内设机构 7 个，2021 年末人员 100 人（其中具有高级技术职务资格的 30 人，中级 9 人）；浙江曲艺杂技总团有限公司内设机构 7 个，2021 年末人员 93 人（其中具有高级技术职务资格的 29 人，中级 24 人）；杭州剧院有限责任公司内设机构 3 个，2021 年末人员 44 人（其中具有高级技术职务资格的 1 人，中级 5 人）；浙江胜利剧院有限责任公司内设机构 3 个，2021 年末人员 22 人（其中具有中级技术职务资格的 1 人）；浙江演艺集团剧院经营管理有限公司内设机构 5 个，2021 年末人员 31 人（其中具有中级技术职务资格的 2 人）；浙江钱江浪花文化艺术有限公司内设机构 7 个，2021 年末人员 36 人（其中具有中级技术职务资格的 4 人）。

2021 年是中国共产党成立 100 周年，也是“十四五”开局之年，浙江演艺集团有限责任公司响应疫情防控和复工复产要求，围绕年度工作目标，健全工作机制，加强协同联动，强化责任担当，打造高水准的组织队伍，紧扣“作品”“人才”两大工作重心，精品力作不断涌现，人才培养成绩斐然，取得了社会效益和经济效益双丰收。全年演出总场次 2242 场（其中不含剧院经营管理有限公司演出 71 场、钱江浪花演出 210 场）。5 部作品入选文化和旅游部“百年百部”；3 部作品入选国家艺术基金；9 台剧目入选浙江文化艺术发展基金；承办“百年红船　扬帆远航”——浙江省庆祝中国共产党成立 100 周年大型交响诗画文艺演出、浙江省庆祝建党 100 周年优秀舞台艺术作品展演、辛丑年中国仙都祭祀轩辕黄帝大典等一系列有影响力的大型活动。多人入选省“二111”人才、“全国声乐领军人才培养计划”、国家艺术基金青年艺术创作人才资助项目、2021 年“新松计划”等，荣获第六届全国少数民族文艺会演艺术表演奖等重量级奖项。

一、深化改革，机制创新提动力

从精品创作入手，成立艺术委员会、创作生产部，建立和培养策划、创作队伍，围绕经典剧目、市场剧目、新创剧目的分类创作计划，立足浙江实际，围绕浙江重大事件、代表性重要人物等梳理相关题材素材，确定重点创作剧目，以优秀丰富的文艺作品提升集团的品牌和形象。面向市场需求，打造各类舞蹈专场、声乐专场、彩蝶女乐专场、民乐专场、杂技主题晚会、曲艺专场、魔术专场、评弹折子专场、话剧、儿童剧演出季等，推出各类晚会、开幕式和活动庆典“菜单”，推动集团演艺资源的深度整合。

全面梳理下属院团和各大剧院的管理制度，调整剧院岗位、租场费用等。逐步完善演职员工资薪酬、演出分配、排练演出等制度，尽量向剧组一线演职员倾斜。进行年度业务考核，奖励表彰先进，执行多劳多得的激励机制。重视宣传工作，加强与省文化和旅游厅自媒体合作。

二、培养人才，梯队建设铸根本

加大人才培养力度，开展了一系列人才选拔和培养工作。浙江歌舞剧院创作中心陈晶入选国家艺术基金青年艺术创作人才，主笔作品音乐剧《一抹红》入选浙江文艺创研中心 2021 年中青年编剧扶持计划。在 2021“新松计划”浙江省青年歌手大赛中，浙江歌舞剧院有限公司喜获流行组 1 金 1 银 1 优秀、民族组 1 金 1 银 1 铜 1 优秀、美声组 1 银 2 铜 1 优秀的优异成绩，创历届最好成绩；在 2021“新松计划”浙江省青年舞蹈大赛中，喜获中国舞 1 金 2 银 2 铜、民族民间舞 1 金 2 铜、现代舞 1 银 1 铜的佳绩。

浙江话剧团根据“1111”人才计划要求，为演员高伟伟制定培养计划和专业课程学习。以梯次化建设为目标，以第一梯队优秀演职员为骨干，着力培养第二、第三梯次艺术人才。集中优势力量培养院团领军人才，青年演员陈伟鑫（主演）、陈文元参加电影《云霄之上》的拍摄，该影片入围第二十四届上海国际电影节“首映盛典”单元，获得第十一届北京国际电影节天坛奖最佳影片奖、最佳摄影奖和最佳男主角奖；浙江电影最高奖项凤凰奖优秀故事片奖、优秀音乐奖和优秀摄影奖。由李伯男导演领办、浙话新势力代表组成的李伯男话剧创作导师工作室入选浙江省首批文旅导师工作室名单。

浙江曲艺杂技总团曲艺团中篇弹词《最熟悉的陌生人》（12 分

钟版）、绍兴莲花落《映日骄阳》、群口评书节目《我爱祖国的蓝天》入选中国曲艺家协会庆祝建党100周年优秀曲艺作品。评弹团《最熟悉的陌生人》（12分钟版）入围浙江省第八届曲艺新作会演暨第十二届中国曲艺牡丹奖浙江节目选拔。杂技团演员张家仪、邹涵荣获第二届"浙江杂技奖"；罗丹菁获评第二届"最美浙江人·最美文旅人"。

三、注重内容，剧目创作涌精品

围绕中国共产党成立100周年、高水平全面建成小康社会、奋力打造"重要窗口"、新时代浙江大地取得的伟大成就，坚持以人民为中心的创作导向，创作生产大力弘扬中华优秀传统文化、社会主义先进文化、红船精神、浙江精神的文艺作品。

（一）文艺作品精打磨

浙江歌舞剧院创排歌剧《红船》、音乐剧《一抹红》、民族歌剧《畲山黎明》等；浙江话剧团创作演出儿童剧《疯狂语文课》《抓马西湖》《科学大作战》、话剧《刘伯温·霜台忠魂》，复排话剧《谁主沉浮》献礼建党100周年；浙江曲艺杂技总团创排中国传统故事杂技剧《宝莲灯》、第三代杂技《蹬伞》、绍兴莲花落《映日骄阳》等一批反映新时代新气象的文艺精品力作。

（二）剧目获奖频入选

歌剧《红船》、民乐《诗画浙江》、话剧《谁主沉浮》《雄关漫道》《此心光明》入选文化和旅游部庆祝中国共产党成立100周年舞台艺术精品创作工程重点扶持作品。舞蹈《我从这里出发》入选文化和旅游部第十三届全国舞蹈展演优秀节目和第十二届中国舞蹈荷花奖当代舞、现代舞参赛作品。杂技《花样年华·伞技》入选文化和旅游部2021年度中国杂技艺术创新工程重点扶持作品。歌剧《红船》获评2020浙江最受欢迎原创演艺节目；入选文化和旅游部中国民族歌剧传承发展工程重点扶持剧目、"百年百部"舞台艺术精品创作工程重点扶持作品，国家艺术基金庆祝中国共产党成立100周年大型舞台剧和作品主题创作资助项目，中宣部、文化和旅游部、中国文联庆祝中国共产党成立100周年优秀舞台艺术作品展演剧目，第四届中国歌剧节展演剧目。歌剧《畲山黎明》荣获第六届全国少数民族文艺会演优秀剧目奖。话剧《雄关漫道》入选国家艺术基金大型舞台剧和作品创作资助项目。话剧《郁达夫·天真之笔》、歌剧《在希望的田野上》入选国家艺术基金2020年度滚动资助项目。歌剧《在希望的田野上》入选国家艺术基金传播交流推广资助项目。第二届"新时代"主题原创歌曲创作、2022新春交响音乐会、音乐轻喜剧《未来已来》等9部作品入选2021年度浙江文化艺术发展基金资助项目。

（三）剧目宣传树品牌

围绕重点剧目、重点作品，开展全方位、多层次、有针对性的宣传工作。全年在中央级、省级主流媒体发表相关宣传报道200余篇。加快对集团本部及下属单位宣传账号、专栏的管理和推广，初步形成以微信公众号为主体，新浪微博、抖音、微信视频号、荔枝为辅的浙演宣传网络，全年共发稿1500余篇。多部作品受邀参与央视录制，彩蝶女乐演绎的《采茶新韵》参加央视音乐频道《风华国乐》节目录制，并多次在央视音乐频道滚动播出。民乐《浙里有乐》之"竹林七贤"、舞蹈团男女12人受邀参加央视综合频道《古韵贺新春》节目录制。舞蹈《鹿鸣宴》（又名《兰亭风骨》）受邀参加央视综合频道《国家宝藏·展演季》节目录制。歌剧《红船》主题宣传和首届"最美浙江人·最美文旅人"评选活动宣传被评为全省文化和旅游系统十大宣传案例；《歌剧〈红船〉幕后的故事》荣获"红心向党——讲述浙江文旅人的故事"短视频作品创作大赛优秀作品奖。

四、繁荣演出，开拓市场促发展

（一）专场演出及多地巡演

浙江歌舞剧院歌剧《红船》进行两轮全国巡演，先后在浙江、北京、江西、江苏、新疆等地完成巡演28场；民族管弦乐《印象良渚》先后在浙江、江苏、上海、江西等地巡演5场；彩蝶女乐巡演6场。

浙江话剧团儿童剧《疯狂语文课》《奇妙的穿越》《花木兰》等剧在湖州安吉、金华兰溪、温州苍南、嘉兴海盐等地举行"浙江省雏鹰计划万里行"送戏演出活动，将优秀文艺作品送到基层，演出466场；诗剧《志摩有约》、青少年剧场《接触》等参加浙江省"高雅艺术进校园"演出活动，演出10场；积极开展浙话新春话剧节演出、省属院团新年演出季、浙江儿童戏剧节等活动；抓紧实施国家艺术基金项目《郁达夫·天真之笔》《雄关漫道》、浙江文化艺术发展基金资助项目《李叔同》《哪吒闹海》《接触》《抓马西湖》等。

浙江曲艺杂技总团作品参与浙江省庆祝中国共产党成立100周年大型交响诗画文艺演出、庆祝中国共产党成立100周年全国杂技精品展演及第十一届中国杂技金菊奖全国魔术、滑稽比赛闭幕式演出等；与浙江话剧团合作排演大型话剧《刘伯温》，温州首演获好评。

（二）晚会演出及承办活动

积极开展省地协作、对口支援、对口协作，力促文化深度交流、推进文旅新融合。承办中国仙都祭祀轩辕黄帝大典，围绕"四海同心祭始祖，共同富裕启华章"主题，深入挖掘、多方磨合、精心创作，打造了一台独具宋韵文化特色的祭祀活动，祭典当日实况直播在线观看人数5086万人次，全网关注超2.4亿人次，得到省委书记袁家军的高度评价。与天台合作打造文旅演艺项目"听见"系列之音舞诗《天台故事》，解码天台10地文化，解读天台文旅内涵。以泰顺百年廊桥工艺为根，打造大型山水实景剧《我在廊桥等你》。

参与策划、创作"百年红船扬帆远航"——浙江省庆祝中国共产党成立100周年大型交响诗画文艺演出，受到各界的一致好评。承办了省直机关迎接建党百年主题党日活动、浙江省机关事务管理局主题党日活动文艺汇演及浙江省税务局庆祝中国共产党成立100周年活动文艺演出等。

积极开展浙江省庆祝建党百年优秀舞台艺术作品展演、省属院团新年演出季、杭州剧院新年演出季等活动。始终将社会效益放在首位，积极承担起主阵地职责，保质保量完成省委、省政府及

省文化和旅游厅委派的任务，奔赴宁波、绍兴、义乌、德清、海盐、海宁、嘉善开展文化惠民演出活动。

（三）丰富形式及拓展渠道

创新营销手段，拓宽演出形式。重视微信公众号、视频号等营销渠道，尝试演出现场直播。克服疫情影响，新年演出季剧目《郁达夫·天真之笔》《秋水山庄》在剧场演出的同时，由中国蓝新闻策划推出"云赏话剧"活动，联动新华网客户端、人民日报客户端、央视频客户端、新浪微博，全网阅读量316万次，评论量356条，点赞量1689个。在荔枝App平台推出广播剧《冬惊里循录》。年初演员业务考核的精彩片断也在bilibili网站进行展示，儿童剧《花木兰》《哪吒》在"印象浙江"英文网集中上线，《花木兰》参加了第六届西安国际儿童戏剧展演"云上展演"活动，并在中国教育电视台播出。

五、院线管理，多元经营稳业绩

（一）引进高品质剧目，实行差异化市场定位

杭州剧院与央华戏剧合作承办连台戏曹禺经典作品改编的话剧《雷雨》《雷雨·后》；承接舞剧《朱鹮》、上海芭蕾舞团芭蕾舞《天鹅湖》、儿童剧《奥特曼》、脱口秀《笑果专场系列演出》等一系列优秀剧目。舞剧《大饭店》4场演出票房销售达124.9万余元，《雷雨》《雷雨·后》4场演出票房销售达98万余元，话剧《被嫌弃的松子的一生》2场演出票房销售达73万余元，音乐剧《摇滚浮士德》2场演出票房销售达55万余元。各大精品演出都取得了票房

收益和社会效益的双丰收，提升了观众对剧院品牌的认知。

杭州运河大剧院于6月投入使用，深入挖掘经营内容，突出剧院特色。采取差异化经营政策，策划包装"运河狂舞季""新年演出季"，引进《只此青绿》《永不消逝的电波》《舞者之巅GALA》等知名度广、运作成熟的剧目，以及小众、成本较低、艺术性较高的《俑Ⅲ》《一刻》等佳作。全年演出71场次，演出总收入1050万元。

胜利剧院因消防整改，于8月停止对外演出业务，全年演出81场。电影放映于10月8日停止，影城票房2192119元，月均2万余元；总放映场次3479场，总观影人数67346人，较2020年已从全线停摆转向逐步复苏。

同时，为进一步弘扬优秀传统文化，各大剧院运营重点品牌项目，实现社会、经济效益双丰收。杭州剧院积极承接越剧《陆游与唐琬》、越剧《春香传》、昆剧《浣纱记·春秋吴越》等优秀传统剧目。运河大剧院引进大型现代京剧《战士》，发挥红色剧目的思想政治引领作用。胜利剧院举办建党100周年主题音乐会，取得良好演出效果。

（二）开拓宣传思路，实现会员数量大幅增长

高度重视演出的宣传推广，加强内容建设和平台拓展，着力开展多样化、互动性、惠民性线下活动。结合剧目优势和特点，与传统纸媒合作开展抢票活动，让更多观众能享受正能量的文艺作品，得到高雅艺术的熏陶。及时反馈并回复观众留言，及时把握舆论动向，做好信息处理。持续推出"双十一"巨惠系列活动，888

元限量版盲袋火爆销售,累计售出盲袋58套。举办观众见面会活动并在线直播,增加观众与主创团队的互动,解读剧目的内涵和外延,提升演出观看效果。充分利用新媒体宣传优势,加大对演出项目的宣传推广。借助剧院平台,组织开展户外亲子"野生戏剧"体验活动、剧场开放日探险活动等,密切与观众的联系。

(三)拓宽票务分销渠道,构建大数据分析平台

继续大力推广手机微信端、售票App等互联网购票模式,观众可第一时间通过关注剧院微信公众号了解演出信息并自主在线购票,通过电子票二维码、手机短信验证、手机号码验证、闸机等多种方式入场观看。在大麦、麦座、万社、猫眼等平台上提供小剧场售票服务,增加自助取票机,首次在小剧场尝试微信售票,实现电子票入场。利用大数据分析演出上座率、票档划分、受众喜好等重要信息,为项目承接提供依据和参考。

六、拓展业务,多元经营谋发展

(一)打造数字院团,助力业务拓展

与九功文化联合成立浙江艺云科技有限公司,打造浙江省艺术数媒服务平台,集成全省文艺内容,有针对性地进行运营与推广,推动歌剧、舞剧、话剧、音乐剧等艺术作品繁荣发展。完成"浙江演艺"小程序开发,上架演出项目80余个,累计出票4.5万余张,累计销售金额670万余元,沟通对接分销票务渠道12家,累计粉丝5400余人。代销其他主办单位项目60余部,累计代售金额8万余元。

(二)依托演艺资源,培育艺体培训新领域

迎合"双减"政策,浙话戏剧培训中心开设了12个培训班,学生60人次。其中精英班专门为学生准备了《孔子》《第十二夜》《皇帝的新衣》等优秀剧目。招生采取公开海选的方式,择优录取。3月、9月,少儿版《国学小戏班》《孔子》分别在浙话艺术剧院演出,观众分别有744人次、627人次。此外,加强与"浙艺学"等机构合作,在杭州余杭区、临平区等地开辟新的教学点,开设小主持、课本剧、讲故事等语言表演类艺术课程,进一步扩大社会效益。

(三)加强省地合作,打造文旅融合新窗口

开发舞台艺术精品"省省合作""省地合作"模式,以"地方特色题材+省属院团资源"的合作方式,充分挖掘全省各地及省外创作素材,联合定向创作艺术佳作。1月,与天台县政府签订战略合作协议,确定精品剧目演出计划,并进一步细化"作品导向,历史活化"的文旅合作新方式,形成深度合作长效机制。与嘉兴市政府合作的歌剧《红船》入选中宣部、文化和旅游部"百年百部"扶持名单。创作协同,突破演出制式。在创、演、宣等环节,调动专业创意团队,着力创新艺术内容。与泰顺合作的大型山水实景剧《我在廊桥等你》,在舞台舞美方面结合媒体水幕,依托北涧桥天然制景,打造亲水九曲主舞台视觉,准确做到"微改造、精提升",为观众带去一台兼具艺术性与临场感的演出。整合各地文化资源,进一步以艺术活动反哺地方文化,通过文化帮扶、文化下乡服务、打造实践基地、帮助培养文化从业人员等方式,持续创新"文化资源共享型"合作模式。已与8个地市、县签订话剧、歌剧、舞剧等长期合作协议,累计演出44场,吸引34575人次观看,营业总收入3448.5万元。

(许佳韵)

市、县(市、区)文化和旅游工作

ZHEJIANG CULTURE AND TOURISM YEARBOOK

杭州市文化广电旅游局

【概况】 内设职能处室 15 个,下属单位 7 个。2021 年末人员 493 人(其中:机关 84 人,事业 409 人;具有高级技术职务资格的 77 人,中级 178 人)。

2021 年,杭州市文化广电旅游系统以习近平新时代中国特色社会主义思想为指导,全面学习宣传贯彻党的十九届六中全会精神,深入开展党史学习教育讴歌百年建党辉煌,贯彻落实中央经济工作会议、全国宣传部长会议和省委、市委全会精神,聚焦争当高质量发展建设共同富裕示范区城市范例,全面推进文化兴盛行动,创新数字化改革,克服疫情局部地区反弹带来的行业复苏影响,全力推动全市文化旅游发展再上新台阶。文旅市场恢复平稳。全市接待游客总人数为 8933.7 万人次,同比增长 4.9%;旅游总收入为 1518.29 亿元,同比增长 6.8%。游客总人数、旅游总收入较 2019 年分别恢复到 88% 和 89%。数字化改革步伐坚实有力。"以微服务架构实现公共图书馆线上服务模式的创新与实践"和"基于数据智能技术的全域文旅跨域业务一码通"获文化和旅游部科技创新工程项目。"一键借阅"做法在省数改办《竞跑者》上刊发,入选全市首批"民呼我为"最佳案例。"多游一小时"获省文化和旅游厅发文推广。"娱乐场所'一件事'监管"应用场景在全省文化市场综合行政执法现场会上做典型交流。"头雁"实力充分呈现。承办中国—阿拉伯国家广播电视合作论坛。"数字驱动文旅新消费整合营销"获文化和旅游部国内旅游宣传推广典型案例,重大文旅项目投资综合指数全省排名第一,非遗保护发展指数连续 3 年全省排名第一,基层公共文化服务评估总排名全省第二,文化市场综合执法队被文化和旅游部通报表扬为全国文化市场综合执法重大案件办案单位,"亚洲之光"国际艺术节、中国国际网络文化博览会永久落户杭州,世界旅游联盟总部秘书处迁移杭州、杭州艺术学校迁扩建项目取得实质性进展。

一、文旅数字改革创新应用

聚焦提升公共服务水平和行业治理能力,系统推进数字化改革,形成了一批数字文旅"硬核"场景。把健康码、景区入园码、公交码、地铁码等多码合一,集成创建"文旅一码通",打通全市 500 多条公交线路、9 条地铁线路、4 条水上巴士线路,覆盖西湖、西溪湿地等 36 个重点景区和 60 多家博物馆、文化场馆及 10 条数字旅游专线,在全国率先实现"吃住行游购娱"一码畅游。推出"20 秒"入园适老服务,实现 70 岁以上老年人直接刷身份证入园,弥合"数字鸿沟",做法入选文化和旅游部首批发展智慧旅游提高适老服务程度示范案例。创建"杭州文旅一张图",实现了找酒店、找景点、找厕所、找车位、找活动、找书房、找咨询点等功能一站集成。打造"i"杭州数智文旅共富体系,推出首批 10 个特色文旅咨询服务中心、100 个文旅咨询点、2 个未来社区智慧文旅服务应用场景。升级"一键借阅"平台,形成 1 个市级图书馆,13 个县(市、区)图书馆和 N 个合作书店的"1＋13＋N"服务新模式,全年"一键借阅"借还文献 17.9 万册,真正使图书馆变成老百姓"家里的书房"。在全省率先推出娱乐场所"一件事"数字监管平台,通过与全市 700 多家 KTV 等娱乐场所数据共享,实现疫情防控、违禁曲目、禁毒宣传、消防安全等事项全流程跨部门在线监管。在"杭州数据开放平台"上设置"杭州文化和旅游数据在线"板块,在全国率先实现了客流、预订、消费等数据的实时查询。举行 2 次全市文广旅游系统场景路演活动,表彰了淳安"旅游品质数智提升多跨场景"等 8 个项目。

二、文旅宣传推广开创新局

联合市园文局、博物馆举办"杭州宝贝过大年"系列活动,首次集结 12 家国内博物馆在"杭州奇妙夜"现场展示最具代表性的文创精品,制作推出"文物轻科普"系列动画短视频,推出"十大文物激活精品旅游线路",创新"文化基因解码"方式。举办"苏东坡文化旅游节",拍摄制作 40 余部"宋韵杭州"非遗题材系列短视频，推出宋韵杭式生活文旅体验基地（体验点），开设"城市记忆工坊"宋韵主题课程。举办"文旅市集·杭州奇妙夜"，联动"一核九星"6个分会场和25个夜游点，3天活动销售文旅产品价值7071.35万元。举办大运河文化旅游季，推出"百县千碗"美食嘉年华、百人百匠非遗市集、运河旗袍嘉年华三大主题活动。举办杭州文旅"新十大"评选活动，发布"十大文化新地标""十大文化新现象"等新品牌。深化"数字经济旅游十景"，在全国创新打造数字旅游体验新平台。举办中国杭州大学生旅游节，中央电视台连续3年进行报道。首推以杭州"十二 Yuè"为主题的全民朗读文化跨年活动，5小时网络接力直播、4万在线浏览、5万点赞好评。以西湖、大运河、良渚古城遗址三大世界文化遗产和宋韵文化等为素材创作"杭州故事"海外传播视频15个，实施全球英才讲杭州故事，在 Facebook 等杭州文旅五大海外社交平台开展"属于你的杭州时刻"活动，提升海外影响力。签订《杭甬双城记文化旅游合作框架协议》，共同唱好杭甬"双城记"，加强与甘孜、广元2个城市的对口帮扶协作，拓展杭州都市圈文旅合作，启动都市圈文化市场综合行政执法联动合作机制，组织文旅系统和重点文旅企业赴福州、长沙等重点客源地开展推广促销活动。

三、文化文艺事业富有活力

以建党100周年为契机，大力促进事业繁荣发展。修订出台市级非物质文化遗产代表性项目管理办法和代表性传承人管理办法，推进濒危戏曲剧种专项保护

工作，完成72个省级非遗代表性项目抢救性记录拍摄工作，新增国家级非遗项目4项，全市国家级非遗项目总数48项，位居全省第一、全国副省级城市第一。深入推进"文化基因解码工程"，全市52个项目获评省级优秀解码项目，16个文化标识入选首批100个浙江文化标识培育项目。创编并首演杭剧《结发缘》、青春舞蹈剧《少年》等6部文艺精品力作，完成原创红色歌曲《你的名字》和《红岩》《青春之歌》等话剧排演，作品《秋风秋雨》获得第三届"浙江风格·江南舞韵"舞蹈作品展演第2名。举办首届"杭州·上海"双城街头艺术节、"西湖之春"艺术节和"最美歌声献给党"首届中国杭州合唱指挥大会暨合唱艺术节，推出"舞动红韵"原创剧目展演、"红曲声动"致敬经典民乐演奏。全年配送文艺演出250场。全市94家杭州书房和28个宋韵、音乐等图书馆主题分馆遍布社区、乡村、景区、产业园区等城乡各个角落，成为杭州文化建设新地标。"文化管家"覆盖全市11个县（市、区）148个乡镇（街道），累计培训乡村文艺队伍4039支、受益群众近20万人，初步构建"线上一键直达、线下一刻即享"的公共文化旅游服务新格局。

四、文旅融合发展深度推进

成立市旅游专班，推动形成市、县联动的专班工作体系。编制完成《杭州市"十四五"文化广电旅游发展规划》，完成全市文化和旅游资源普查，钱塘江诗路、浙东唐诗之路、大运河文化公园等重点区块项目积极推进，全年在建重大文旅项目281个，已竣工

项目124个，实际完成投资332.53亿元；实施旅游业"微改造、精提升"改造项目1275个，实际投资38.57亿元。持续推进全域旅游，指导"梅城—严子陵钓台"景区统一品牌建设，推进梅城、青山湖4A级旅游景区创建，培育创建景区城2家、A级景区镇28家、3A景区村56家，全市A级景区村庄覆盖面达68%。推进杭州书房、南宋皇城遗址、"宋韵杭式生活节"等省级文旅IP创建，宋城、清河坊历史街区入选第一批国家级夜间文化和旅游消费集聚区，"百县千碗·杭州味道"品牌知名度影响力进一步推广。加强金融支持文旅消费力度，创新信贷产品和服务，鼓励发展直播带货、"云旅游"、"云看展"等新业态，鼓励有条件的景区开展夜游服务。

五、文化旅游市场日趋规范

召开市旅游专班会议暨"迎亚运 展风采"旅游服务质量大提升行动，拍摄暗访视频，向12家单位反馈整改问题20个，处罚"野导"73人、"黑车"42辆。协同市旅游警察支队成功收网"4·15"扰乱旅游市场秩序专案，有力震慑了"野导""黑车"等扰乱旅游市场的行为，行业乱象得到有效治理。开展建党百年文旅市场"百日攻坚"行动，对包括阿里巴巴、网易等在内的30多家重点网络平台进行检查清查，封禁账户80余个，处置违规短视频200余个，共建晴朗的网络空间。开展本地"一日游"、不合理低价游、旅行社安全用车等专项检查，全年共检查各类旅游企业600多家次，疫情重点防控期间，对网吧、KTV、影院等人员密集文化场所进行"拉网式"检查，对320家文化经

营场所实施自行停业整顿措施，有力促进了文化旅游市场安全有序发展，全年未发生有责亡人事故。深化"最多跑一次"改革，推进"证照分离"改革全覆盖，优化政务服务事项办理指南，抓好文化市场分级分类管理，搞好"一库一网一平台"信用信息平台建设，协调推进教育"双减"工作落实，指导县（市、区）完成528家学科类文化艺术培训机构转型登记备案工作。

六、亚运城市建设增色添彩

打造首座"杭州·亚运文化空间"，完成《杭州亚运旅游地图》编印方案，筛选50个亚运非遗体验项目，金石篆刻（西泠印社）、雕版印刷、桐庐剪纸、西溪小花篮等非遗项目将在亚运会期间进行展示展演，推出50条亚运旅游专线和首批50个亚运人文体验点，设计制作中英文双语版本海报和电子书。推进无障碍旅游环境设施整改工作，打造了10条无障碍旅游线路，首创无障碍服务专员进4A级景区模式，对65家四星级以上饭店进行无障碍环境整改提升。举办景区景点讲解员业务培训，开展金牌导游"大比武"，推出世界遗产游、传统经典游等一系列亚运旅游专线和亚运城市文化体验点，优化旅游咨询服务功能，更新维护IVR语音系统，在96345便民服务热线开通2条旅游专线，协助96123提供旅游咨询和预订服务。杭州图书馆新增盲人阅读专区。

【大事记】

1月

1日至3日　全市接待外地游客176万人次，元旦假日旅游市场安全、有序、平稳。

21日　市政府成立旅游专班，召开第一次工作会议。

22日　推出"新春文旅惠民月"十大举措，助力留杭过大年活动。"留在杭州过大年，新春文旅惠民月"活动项目涉及观光游览、休闲度假、文化体验各方面，分为看展演、去读书、赏美景、尝美食、品民俗、学非遗、住美宿、购年货、听大戏、宅家乐10个类别，推出新产品、新线路、新活动和新优惠共计804项。

2月

7日　2020杭州文化和旅游大数据年度盛典暨2021年全市文化广电旅游工作会议召开。院士王坚出席并发表专题演讲。会上，总结了"十三五"时期及2020年杭州市文广旅游工作，提出"十四五"时期发展思路，部署2021年工作任务；余杭区、桐庐县、淳安县文旅局和运河集团、华数集团有关负责人做典型交流发言；市文化和旅游发展中心发布了《2020年度杭州文化和旅游大数据报告》；对2020杭州文旅优质服务计划优质认定企业和个人、局机关优秀公务员、"30秒入住""20秒入园"示范单位、数字文旅年度创新案例等进行了表彰。

9日　省委常委、宣传部部长朱国贤一行先后调研杭州长乔极地海洋公园、开元森泊度假乐园、湘湖玉湖山岛世界旅游联盟总部暨世界旅游博物馆，查看了省之江文化中心项目工程建设情况，听取项目进展汇报，并现场慰问了文旅一线工作人员。

12日　省委书记袁家军，省委副书记、省长郑栅洁看望慰问市旅游经济实验室春节值班人员，并调研文旅数据监控平台。省委常委、省委秘书长陈金彪，杭州市市长刘忻等一同调研。

3月

10日　杭州市文化广电旅游局庆祝建党百年系列活动开启。活动以"传承红色记忆，创树百场精品"为主题，推出百条红色旅游"走读"线路；组织红色文化巡演108场，受益观众100余万人次；举办百位名家红色作品展131场；创作红色文艺作品4200余件；开设百场音乐党史讲座；举办百场非遗红色作品手艺展示，开设班次160个，培训学员3000人；推出百部红色电视剧网络视听展播；举办百家社团参与"十佳红色社团"选树活动等。

26日　2021杭州茶文化博览会暨西湖龙井开茶节活动启动。本次茶文化博览会包括西湖龙井春茶节、清河坊民间茶会、杭州茶文化之旅、湘湖龙井茶艺节、中国茶圣节、富阳安顶云雾茶文化节、雪水云绿休闲文化节等一系列活动。

30日　文化和旅游部副部长张旭一行到杭州调研，走访了西泠印社、杭州书房·乾嘉书房等地，深入调研了杭州市国际交流和公共文化服务工作。文化和旅游部国际交流与合作局副局长张西龙，省文化和旅游厅厅长褚子育、副厅长许澎及一级巡视员柳河等一同调研。杭州市市长刘忻、副市长陈国妹会见了张旭一行。

4月

1日　在文化和旅游部举办的2021年全国文化和旅游消费工作培训班上，副市长陈国妹代表杭州市，捧回了首批"国家文化和旅游消费示范城市"奖牌。

17日 2021杭州都市圈春季旅游惠民活动在西湖文化广场启动。杭州都市圈相关城市及宁波市文旅部门、有关协会、文旅企业，杭州市运河集团、商旅集团代表，以及在杭媒体等共约500人参加。本次活动是展示文旅融合、抗疫复苏的重要载体和平台，展陈规模创历年新高，共设100个展位，展区达1000平方米，通过文旅商品展示和旅游推介、抽奖、演出活动，吸引了大量市民和游客参与。

23日 "文旅一张图"场景入选全省数字化改革数字社会"揭榜挂帅"项目。"文旅一张图"线上基于"杭州数字旅游"小程序，进行文化和旅游资讯呈现及互动，融入杭州历、智慧悦读、家门口服务、个性路线、头号玩家、县（区）智慧游等应用场景；线下借助文旅咨询公共服务网络，将"线上一张图"延伸拓展至"线下空间"，实现"线上＋线下"的闭环发展，将线上线下资讯服务覆盖游客获取信息的全过程、全要素，为游客提供"一站式"文旅公共服务。

5月

6日 首堂"音乐党课"在杭州书房·隐士音乐书房开讲。为庆祝建党百年，创新推出音乐党课红色文化宣传分享活动，推动党史学习教育走深、走心、走实。随后，杭州图书馆推出了"世纪放歌——新中国优秀歌唱家作品赏析""用音乐弘扬廉洁清风""穿越时空的经典旋律""学七一讲话 听音乐党课"4个主题课程，全年共计举办25场，累计服务各级党组织30余个。

8日 杭州荣获"2019&2020年度最佳MICE目的地营销"大奖。

17日 创新推出了每周1期的"文旅干部大讲堂"，分别由局领导、处级干部、8090青年上台交流党史学习教育心得体会，全年举办19期，受众2850人次。同时，邀请专家、学者、老红军等20人次做"学史明理、学史增信、学史崇德、学史力行"专题讲座，成为理论学习分享的重要平台。

19日 首届"宋韵杭式生活节"开幕。本次活动以"宋韵风、雅生活、潮消费"为主题，包括"宋韵时尚周、宋韵百味品、宋韵诗词咏、宋韵演艺秀、宋韵工坊学"等10个单元250余项宋韵文化体验活动。3天雅集，社会各界反映热烈，孔庙的接待量达到平时的10至15倍，央视网、新华社等100余家中央及省、市媒体争相报道，活动总曝光量超过1亿次。

21日 首届"杭州·上海"双城街头艺术节在杭州举办。来自杭州和上海的100位街头艺人，在湖滨步行街、嘉里中心、新天地广场等10余个网红打卡点位，现场开展艺术展示活动。双城街头艺术节也拉开了最"艺"是杭州——2021年杭州市"西湖之春"艺术节的帷幕，为期1个月的艺术节，聚合推出了"剧目展演＋艺术普及＋全民艺术"3个版块26个公益免费观演观展项目。

24日 杭州市花边制作技艺（萧山花边制作技艺）、严东关五加皮酿酒技艺、传统中医药文化（桐君传统中医药文化）、农历二十四节气（半山立夏习俗）4个项目入选国家级非遗代表性项目，至此杭州国家级非遗项目增至48

项，累计入选数量居全省第一。

24日至28日 组团赴福州、长沙、南京开展"最忆是杭州"大型文旅推广活动，3地主流媒体发稿200余篇，曝光量超过1000万人次。

31日 文化和旅游部、中央宣传部、中央党史和文献研究院、国家发展改革委联合发布"建党百年红色旅游百条精品线路"，杭州市梦想小镇、西溪国家湿地公园、云栖小镇、城市大脑、未来科技城、千岛湖景区、淳安下姜村等7个景区、景点分别入选"走近大国重器、感受中国力量"和"体验脱贫成就、助力乡村振兴"分类精品线路，占全省入选总数的27％。

6月

21日 庆祝中国共产党成立100周年原创音乐舞蹈诗《少年》首演。《少年》由杭州艺术学校历经半年时间创排而成，是用艺术的形式开展的一次特殊党课，也是学校扎实推进党史学习教育的具体体现。

28日 举办"百年辉煌 文旅华章"——"光荣在党50年"纪念章颁发仪式暨庆祝建党100周年党员风采展示活动。

7月

9日 "宋韵杭式生活走进澳门"亮相第九届澳门国际旅游产业博览会。这是疫情期间杭州文旅首次出境宣传推广，吸引了大量参观体验者，受到澳门各方好评。

30日 "民呼我为"市民文化夜"2021文旅市集·杭州奇妙夜"暨文旅消费季活动启动。2021文旅市集·杭州奇妙夜将文化旅游与博物馆、数字经济等有机融合,联动6个分会场和25个夜游点,共同打造城市文化消费空间,合计销售文旅产品7071.35万元。同步举办的文旅消费季活动,以"杭式雅生活 国风潮消费"为主题,推出了潮动、雅动、艺动、跃动、红动、萌动等线上线下"六动"系列活动,持续至11月,在全市营造了杭州韵、雅生活、潮消费的深厚氛围。

31日 第二十六届"三江"歌手大赛优秀获奖歌手展演暨颁奖晚会举办。本届"三江"歌手大赛于4月启动,得到了全市文化馆、站和乡镇、社区及相关院校的积极响应,线下共举办选拔赛数十场,参与人数5000多人次,线上专题页面浏览量超过380万人次。

8月

3日 "以微服务架构实现公共图书馆线上服务模式的创新与实践""基于数据智能技术的全域文旅跨域业务一码通"入选2021年度国家文化和旅游科技创新工程项目储备库。

6日 下发《关于全面加强我市文化和旅游行业疫情防控工作的紧急通知》,持续全面加强全市文化和旅游行业疫情防控工作。

9月

21日 中央电视台《新闻联播》报道杭图古籍文献活态互动体验活动。活动通过引入AI技术,将古籍文献中的插图变成有声动态图片,市民不仅可与文献互动,还可参与配音,体验活态的传统文化。

22日 推出旅行社入驻旅游咨询亭试点,满足市民游客对旅游线路咨询、线下报名的需求,挤压"野导"、非法旅游小广告的

生存空间,旅游行业隐患排查整治见成效。

24日 2021中国杭州大学生文化旅游节开幕。本次大学生文化旅游节以"传承红色基因·追梦扬帆启航"为主题,来自杭州、宁波及国内各大高校的近200名大学生代表参加了开幕式,有近20个国家和地区的150多所高校学生及在华留学生通过网络直播等形式同步观看开幕式。活动现场还发布了2021秋季"四新"(新产品、新节庆、新线路和新优惠)文旅项目和中国杭州大学生文化旅游节优惠活动共计151项。开幕式结束后,近100名大学生参加了杭州红色线路体验之旅。

27日 "亚运PASS·文旅一码通"正式公测。"亚运PASS·文旅一码通"实现了将疫情防控健康码、旅游观光入园码、公共交通乘车码、办事服务身份码、文化场馆预约码等多码合一,将各场景核验化繁为简,实现"一次亮码、全域通用"。已经覆盖了100%交通服务(公交、地铁和水上巴士)和35个景区景点、101个文博场馆及数字旅游专线等多类功能。

10月

1日至7日 杭州国庆假日接待游客1798.52万人次,其中外地游客886.97万人次,按可比口径分别恢复至2019年同期的94.89%、74.9%。央视《新闻联播》《人民日报》等主流媒体多次报道、点赞杭州。

11日 副市长丁狄刚调研杭州艺校迁扩建项目,实地踏勘了项目建设用地现状,了解土地征用审批等情况,并在西湖区转

塘街道办事处主持召开了专题协调会。

23日 "最江南·杭州味"大运河文化旅游季开幕。本次文化旅游季活动囊括了运河旗袍嘉年华、"百人百匠"非遗市集、"百县千碗"运河美食汇等10余项精彩内容和300余项优惠活动。开幕式上,推出了"杭州文旅新势力""十大代表性历史文化建筑""十大文化新地标"及"十大文化新现象"。

26日 《杭州市文化广电旅游发展"十四五"规划》正式发布,提出以数智赋能、国际引领、品质提升、统筹共进为战略,至2025年,努力将杭州打造成为具有国际影响力的历史文化名城、世界一流的旅游目的地。

11月

25日 印发《关于推进文化和旅游深度融合高质量发展的实施意见》,明确了未来几年在彰显杭州城市文化特色,优化产业布局,强化科技支撑,推进资源整合,促进消费升级等方面的任务和要求,加快促进杭州市文化产业、文化事业和旅游业的高质量发展。

26日 2021"杭州游礼"文旅惠民发布仪式暨杭州市伴手礼创意设计大赛颁奖活动举行。

28日 2起行政处罚案件入选全国文化市场综合执法重大案件,杭州市文化市场综合行政执法队荣获2020—2021年度全国文化市场综合执法重大案件办案单位。

29日 杭州市第四届景点景区讲解员服务技能大赛中,15名选手获杭州市"金牌讲解员"荣誉称号。

12 月

10 日　发布首批 15 个宋韵杭式生活体验基地、体验点，南宋御街·清河坊、余杭径山、宋韵欢潭五义文化村等 3 家为"宋韵杭式生活体验基地"，杭州宋城、城隍阁景区、宋代玉器艺术馆等 12 家为"宋韵杭式生活体验点"。

同日　"杭州适老服务弥'鸿沟'便民惠民提效能"被文化和旅游部确定为首批发展智慧旅游提高适老化程度示范案例。

30 日　省委常委、杭州市委书记刘捷视察亚运指挥中心图书角，对图书角的建设给予充分肯定。市委常委、政法委书记许明一同视察。

（李　苑）

杭州市县（市、区）文化和旅游工作概况

【上城区文化和广电旅游体育局】 内设职能科室 7 个，下属单位 7 个。7 月，加挂"杭州市上城区文物局"牌子。2021 年末人员 104 人（其中：公务员 21 人，参公 21 人，事业 62 人；具有高级技术职务资格的 9 人，中级 14 人）。

2021 年，上城区文化和广电旅游体育局全面贯彻落实市、区有关决策部署，聚焦打造宋韵文化新高地，深入推进文旅融合发展，多项工作走在全国、全省前列。一是宋韵文化建设成果丰硕。夯实文化发展顶层设计。将宋韵文化建设目标写入区文旅"十四五"专项发展规划。与城研院专家合作，启动区文化发展规划编制工作。与区委组织部、区委宣传部、区住建局等部门协同联动，起草完成精神共富五年行

动方案。输出基因解码上城模式。梳理文化元素 753 个，重点解码宋韵文化元素 20 个，解码进度走在全省前列。编印《宋韵咏续》文化基因解码图册，基本建成"一表一文一册一库"。8 月 5 日，作为杭州市唯一代表，在全省"文化基因解码工程"暨文化标识建设工作推进会上做典型发言。区"宋韵文化（南宋皇城）"入选首批浙江文化标识培育项目。全面打响宋韵文化品牌。在省委宣传部指导下，高质量举办 2021 宋韵文化节，推出宋韵悦读、杭式生活展等品牌活动 25 项，入选全省 55 个重大节庆活动。推出"宋风物语"非遗（文创）大观园，3 天展示期间线上线下营业额突破 200 万元。11 月 19 日，市委副书记、市长刘忻批示肯定本区宋韵文化建设成果。二是重点项目统筹有力有效。精耕细作一批亚运建设项目，全区"一园六中心"大型文体场馆布局体系构建基本完成。精心谋划一批数字化改革应用场景，"走红巷　游上城"被授予 2021 年度杭州数字文旅创新案例。指导凯旋街道景芳社区入选"i"杭州数智文旅共富场景建设试点单位。精确推动一批省、市认定项目。指导笕桥街道成功创建省文化强镇，彭埠街道杨柳郡社区、紫阳街道上羊市街社区入选省文化示范村（社区）。全区 14 个街道文化站获评省特级综合文化站 10 个，省一级综合文化站 4 个。区图书馆通过首批省级满意图书馆认定。4 家非遗旅游商品上榜第三批全省百强名单，4 位非遗传承人入选第六批省级传承人名单。三是文旅活动品牌影响升级。围绕品宋韵、迎亚运、颂

百年等主题，开展了一批丰富多彩的文旅活动，实现周周有活动、月月有主题、季季有亮点。5 月，承办宋韵杭式生活节，有序落地 56 项宋韵文化活动；6 月，举办"红巷心声"歌咏大会等活动，生动宣传展示新上城新风貌；8 月，承办 2021 杭州奇妙夜，点燃城市夜间经济；10 月，举办"百县千碗·舌尖上的宋韵"发布仪式暨美食嘉年华活动，现场推出"生态宋宴"；11 月，发布全国首张"宋韵书单"，推出"宋韵书架"；12 月，举办杭州首届海塘论坛暨世界遗产联盟会议，推动上城文博事业繁荣发展。四是公共服务体系健全完善。公共文化服务提质增效。制定《杭州市上城区公共文化服务现代化建设工作的实施意见》《杭州市上城区公共文化服务现代化标准（2021—2025 年）》。区文化馆惠民路馆提升改造完成并对外开放。海塘博物馆宋韵文化体验空间展陈全面升级。新建杭州书房 9 家，建设完成孝爱、人才枢纽、女性主题图书馆 3 家。全面推进文化惠民工程。全年举办讲座、培训、展览、非遗体验等各类文化活动 3000 余场，惠及群众 30 余万人次，大力丰富群众精神文化生活。区文化馆全年完成音乐、摄影、书画等作品 291 件，获省级及以上奖项或入展 57 件。五是文旅融合发展纵深推进。景区创建成果丰硕。清河坊连获 2 项国家级称号，玉皇山南基金小镇和皋亭山景区顺利通过 4A 级景区复评考核。以"微改造、精提升"为契机，指导景区开展旅游景区服务大提升行动，推动服务质量持续升级。全区 5 个国家级 A 级景区和湖

滨步行街共接待游客 7300 余万人，实现旅游总收入 162.55 亿元。文旅"金名片"影响升级。德寿宫遗址保护展示项目建设稳步推进，常态化运维筹备工作有序开展。推出宋韵、红色、非遗游线 16 条，推荐胡庆余堂中药博物馆等 12 个点位入选 2021 年度杭州亚运人文体验点。文旅交流合作走深走实。与东阳、浦江、桐乡等地协同联动，开展文化走亲交流活动 20 余场。首发"美丽新上城宋韵巴蜀情"旅游专列，助推四川雅江、剑阁两地乡村振兴。参与澳门、福州、长沙、南京等地文旅推介会，全方位宣传展示上城文旅魅力。六是市场安全监管持续加码。数字政务能力提升。深化"最多跑一次"改革，实现"网上办""掌上办""跑零次"完成率 100%。完善"一窗受理，集成服务""受办分离""综合窗口"等创新方式，屡次被评为金牌窗口、服务之星。安全防线扣紧守牢。政治安全、生产安全、社会安全、文物安全协同推进，常态做好公共文化场馆、A 级旅游景区疫情防控工作，全力打赢疫情防控、防汛抗台"双战役"。常态开展"安全生产固定日"活动，防范、检查、督促、整改协同推进，有效保障文旅市场和谐稳定。市场监管力度加大。开展"扫黄打非""护苗""清网""固边""清源""秋风"和"平安浙江"等专项整治行动，完善长效管理机制。全年共出动检查 890 次、3236 人次，检查文化经营单位 5118 家次，受理各类举报投诉 568 起，没收各类非法出版物 365 件，查处违法经营点 32 个，举报查处率、结案率均达 100%。

（陶艳磊）

【拱墅区文化和广电旅游体育局】内设职能科室 7 个，下属单位 6 个。2021 年末人员 83 人（其中：机关 16 人，事业 67 人；具有高级技术职务资格的 11 人，中级 21 人）。

2021 年，拱墅区文化和广电旅游体育局紧紧围绕高质量建设运河沿岸名区的目标，积极助推大运河国家文化公园样板区建设，实现了"十四五"规划的良好开局，在现代化先行中践行文化先行。一是聚焦文化传承，夯实遗产资源保护利用。挖掘梳理历史文化资源。全面摸清大运河拱墅段文化资源，梳理出 398 个文化元素，形成大运河组团、工业遗存组团、名人组团、非遗组团、红色组团共 5 个门类 36 项重点文化元素清单，王星记、都锦生等 36 个重点基因解码报告。其中，"武林广场"等 6 个转化利用项目被评为省级"优秀解码项目"，"文化基因解码"工作被评为优秀等次，"大运河文化（拱墅段）"项目入选首批 100 项浙江省文化标识培育项目名单。非遗保护传承卓有成效。省级大运河文化传承生态保护区创建通过中期验收，非遗保护发展指数位列全省第 3 位。半山立夏习俗列入第五批国家非物质文化遗产保护项目名录，王星记制扇技艺和张小泉剪刀锻制技艺 2 位传承人被认定为第六批省级非遗代表性传承人，手工艺活态馆等 7 个基地被列入市级非遗体验点，全市首个"杭州评话"主题公园落户大关街道。在全省率先建立对区级非遗项目和非遗传承人的动态评估管理体系，推进"非遗进校园"研究课题，完成小学阶段非遗教育课程"浙里的非遗"。文保工作开启新局

面。建立文物工作 3 级管理体系，组建文物工作管理队伍，成立区文物工作委员会、街道文物工作领导小组、文物保护志愿者队伍，确定全区 49 处文保单位（点）文物安全责任人；研究制订《拱墅区人民政府关于进一步加强文物工作的实施意见（征求意见稿）》，编印《拱墅区文物工作导引》。二是聚焦文旅融合，全面打造运河文旅品牌。加快文旅地标建设。运河大剧院、亚运体育公园场馆群、上塘古运河景区建成投用。中国杭州电竞中心、武林之星博物馆群、武林美术馆、大运河紫檀博物馆、江南运河诗词馆即将收官。杭州音乐厅、祥符桥传统风貌街、华丰工业记忆走廊等项目推进有序。推动文旅产业提升。运河大剧院、京杭大运河博物院等 11 个项目被纳入国家文旅项目库。推进"微改造、精提升"工作，完成富义仓艺术中心等 58 个项目的提升改造。深化"一镇一街多店"美食产业发展格局，"百县千碗 957 运河家宴"落地上塘古运河景区，发布"运河宴"特色美食（十大冷盘、十大小吃、十大菜肴）和特色旅游商品（旅游工艺品类、旅游用品类、旅游纪念品类共 3 类 30 件），11 道美食入选"诗画浙江·百县千碗"杭州味道 100 道金牌美食。胜利河·百县千碗美食街获评首批"诗画浙江·百县千碗"特色美食街区，新天地活力 Park 街区被评为省级夜间文化和旅游消费集聚区，桥西历史文化街区成为首批浙江省旅游休闲街区。全年景区接待游客 1390.12 万人次，旅行社国内接待 21.23 万人次，组织国内出游人数 61.39 万人次。推出精品

旅游线路。打造"运河·印""运河·味""运河·红""运河·潮"4个特色板块，出版旅游推介书籍《运河南的光辉岁月》。"走读街巷遗迹，品味运河市井""探寻运河文化基因，体验杭州传统技艺""赏工匠技艺，品传统民俗"等3条非遗主题旅游线路入选浙江省诗路精品旅游线路名单。举办文旅品牌活动。举办半山立夏节、大运河庙会、大运河沿岸区县合作论坛、首届"大运河戏曲廊道"演出季暨2021年长三角戏曲文化走亲、2021拱墅区旅游推介促消费暨2021AW杭州时尚周等活动。着重推出"最江南·杭州味"大运河文化旅游季系列活动，举办"长三角水上运动节暨京杭大运河（杭州）运动·文旅嘉年华"。三是聚焦文旅惠民，持续提升公共服务品质。文艺创作量质齐升。辅导创作了《那歌声》等100余件文艺作品，其中35件作品荣获全国及省、市奖项（获国际性奖项的1件、全国性的5件、省级17件、市级12件）。越剧《荣华·越剧印象》等3个戏剧类作品入选杭州市文艺精品创作扶持工程项目，小热昏《光辉历程》入选首届中国大运河曲艺文化艺术节。演艺活动精彩纷呈。全年全区演艺场所开展演出4316场次。7月启用的运河大剧院推出了《红色足迹》等59场剧目，接待观众人数5万余人次。首部江南古运河文化实景演出"如梦上塘"国庆开演，共演出212场，平均上座率达95％。此外，各类公共文化场馆举办线上线下文化惠民活动3366场次，惠及38万人次。成立运河文化红盟，21家党建联盟单位整合文旅体服务资源，发布

并完成"运河文化红盟在行动"十大实事项目。图文博服务提档升级。区图书馆武林分馆、文化馆武林分馆试开放。区文化馆复评国家一级馆，区图书馆成为首批省"满意图书馆"，京杭大运河博物馆被评为浙江省华侨国际文化交流基地、市科普教育基地联合会先进集体。京杭大运河博物馆全年接待观众近40万人次。区图书馆流通图书72万余册，读者办证8.5万张，实现了长三角图书一体化通借通还。建成7家杭州书房、27家社区文化家园。数字化改革有序推进。推动"文旅一码通""一键找导游""一键借阅2.0"等数字场景应用落地。"30秒入住"安装酒店122家。依托微信公众号，开设音乐、美术等11个门类的22期"云课堂"，举办58期"云讲座"，360课时"云慕课"。文旅数字平台"云游运河、数治拱墅"应用场景荣获全市文旅系统数字化改革第2次比学赶超第3名。四是聚焦行业安全，确保文旅市场平稳有序。打好疫情防控持久战。成立疫情防控工作小组，召开疫情防控专题会议20余次。定期对全区文旅经营场所开展巡查，并在五一、国庆等假期前后开展专项疫情防控安全检查。在12月杭州疫情严控期间，关停KTV、舞厅等娱乐场所56家，出动检查人员13组2704人次实地上门巡查。全区文旅场所没有发生疫情失管失控问题。强化行业监管。完成各类许可审批789件，备案117件，受理信访件1600件，处理市企业信用联动监管平台反馈企业1375家。完善《拱墅区旅游突发公共事件应急预案》，开展文化旅游行

业专项安全生产培训，签订120份安全生产责任书。加强执法力度。全年检查各类文化经营场所2439家次，出动5183人次，排除安全隐患40余处，办案32起，办案数同比上升82.3％。开展安全生产、"扫黄打非"、旅游市场整治等专项行动12次，联合公安、消防、卫健等部门开展"双随机"抽查10次。

（杨于佳）

【西湖区文化和广电旅游体育局】内设职能科室6个，下属3家公益一类事业单位和市文化市场综合行政执法队西湖执法大队。8月，加挂西湖区文物局牌子。2021年末人员58人（其中：公务员15人，参公22人，事业21人；具有高级技术职务资格的4人，中级8人）。

2021年，西湖区文化和广电旅游体育局深入推进文化赋能基础提升，产业赋能文旅融合，数字赋能公共服务等工作实践，重点开展九大工程56项具体工作，在提升服务质效、推进产业升级、促进文旅消费、保障市场稳定等方面取得新成效。全区A级景区7家，其中国家4A级景区3家、3A级景区4家；星级饭店10家，其中五星级3家、四星级2家、三星级5家；等级民宿16家，其中金宿级1家、银宿级15家；特色文化主题酒店6家，其中金鼎级3家、银鼎级3家；旅行社147家，其中出境社27家，中国旅行社品牌20强1家，省五星旅行社4家，四星级6家。浙江省全域旅游示范区创建圆满收官，宋城景区成功创建首批浙江省智慧景区，艺创小镇成功创建浙江省放

心景区,灵山和兰里景区成功创建杭州市无废景区,外桐坞村成功创建第二批全国乡村旅游重点村。一是打基础、抓提升,推进产业升级。获评浙江省全域旅游示范区,铜鉴湖、之江文化中心等六大类文旅重点项目完成投资额20亿元,完成率100%。推进云栖小镇、艺创小镇、铜鉴湖3地3景区融合发展,积极做好人通、路通、事通,实现资源共享、活动共办。在全区星级饭店、民宿、旅行社、景区、非遗点等文旅行业中开展品质评定暨"文旅签章"活动,评选出15家金质类和15家银质类品质企业。为企业争取市级现代服务业文旅专项资金385.3万元,兑现西湖区旅游产业扶持政策393.84万元,惠及54家文旅企业。二是惠民生、办实事,提升服务质效。全区改扩建西湖书房7家、图书室11家,获评杭州书房4家,图书馆获评首批浙江省"满意图书馆"。"云图书馆"容量提升到12万册(集),开展"文化三堂""三送三到"等群众性文体活动780场次。桐坞村、慈母桥村等7个村创成3A级景区村,完成慈母桥慈孝文化体验馆、桐坞村美育村试点等"微改造、精提升"项目26个。三是强宣传、重推介,提振文旅消费。举办西湖区"文化和自然遗产日"活动、西湖龙井开茶节、中国旅游日活动、"自在西湖外漫游天目里"文旅体嘉年华等节庆活动,不断擦亮"自在西湖外"品牌。举办西湖有好物专场直播活动,推介西湖区旅游资源。在钱江新城投放西湖区迎新年灯光秀,并在微博、微信、小红书、抖音等平台上线,曝光量10万余次。开展寻味乡村美食

评比,评选十大金奖菜榜单,制作完成"百县千碗"歌曲《美美哒西湖》。宋城景区入选第一批国家级夜间文化和旅游消费集聚区,宋城千古情获评全省首批示范级文化和旅游IP。联动品牌纸媒、长三角新媒体大号,立体化发布西湖区文旅资讯,共发布宣传报道1900余篇,覆盖市民游客6500万余人次。参加《小康》"2021中国最具诗意百家县市""2021中国品质休闲百佳县市"评选,位居双榜首。四是兴文化、重传承,坚持守正创新。西湖区11个镇街综合文化馆中有10个被评定为省特级综合文化站,1个为省一级综合文化站,省特级率达到90%。完成蒋村龙舟文化、茶文化、民俗节庆文化等15个代表性文化元素基因解码,打造西湖龙井区域文化标识,筹办"文化基因解码"成果展。杭州梅龙茶文化传播中心、杭州西湖龙井茶博物馆入选亚洲城市民间交流、亚洲非遗体验首批体验点。"漫享龙坞茶园之旅"非遗旅游线路入选首批杭州市非遗主题旅游线路;"红色印记——开启记忆之门"红色线路被杭州市评选为优秀线路。组织西湖龙井、九曲红梅、越窑青瓷、雕版印刷等7个非遗项目,参加第五届中国非遗传统技艺大展、第十三届中国浙江非遗博览会等11场次的展示体验活动,区域传统文化影响力不断提升。五是强监管、保底线、保障市场稳定。实施"平安护航""安全攻坚"大检查行动,组织"扫黄打非"、营业性演出经营等专项整治,常态化落实疫情防控举措,全年共检查场所7672家次、电话提醒5481家次,推送消息41959

条。强化旅游目的地联合执法和综合治理,共巡查星级宾馆及景区127家次,出动执法人员254人次,驱赶"野导"74人,处罚13人次,驱赶"黑车"17辆,处罚3辆,驱赶违停车420余辆。受理办结各类行政审批服务事项1462件,办结率100%,满意率100%。

(江 欢)

【滨江区社会发展局】 内设职能科室1个,综合执法机构1个,下属单位2个。2021年末人员11人(其中:机关8人,事业3人;具有中级技术职务资格的1人)。

2021年,滨江区社会发展局聚焦文化和旅游高质量发展、聚力高品质生活,强化文旅资源整合力度,打造文化旅游生态圈。一是做好公共文化基础提升。推进公共文化服务政策保障,起草的《社区公共文化服务规范》列入杭州市地方标准。开展全区文化团队普查,出台《杭州高新区(滨江)社会文化团队扶持补助办法》,鼓励和扶持辖区各类社会文化团队的建设和发展。推进基层文化设施建设,协同推进未来社区、社区美好生活共同体建设,缤纷未来社区、滨和社区、冠山社区等社区文化场馆完成改造提升。拓展文化空间,完成吴牧野音乐工作室选址,新建武警医院分馆、风入松茶书院,与高新企业联合建设书房2家,隐士精舍音乐书房、嘻番图书馆、缤纷书房、滨和书房获杭州书房称号。区图书馆获2021长三角地区公共图书馆阅读马拉松大赛优秀组织奖,被评为浙江省第一批"满意图书馆"。沃尔沃汽车博物馆、杭绣·江南传习所、网易蜗牛读书馆入

选杭州亚运人文体验点，网易蜗牛读书馆非遗体验点入选第二批杭州市非物质文化遗产体验点培育名单。二是开展品牌文化活动。开展"创客节""阅读节"滨江区第九届业余歌手大赛，参加杭州市第26届三江歌手选拔赛，共获得1金3银3铜的佳绩，区文化馆获优秀组织奖。选取优秀团队参加杭州市大众艺术健身大赛荣获银奖。开展"墨香满春·金牛迎福"送春联活动77场次，举办"携手同心，文化惠民"送戏、送演出进基层活动245场。举办"浙江省第七届群星视觉艺术综合大展——优秀书法作品展"、"同心筑梦·幸福滨江"新春灯笼展、"笔墨扬清风　书画颂百年"书画展等各类展览583场。赴淳安、临平、上城、钱塘等地开展"文化走亲"演出活动19场。开展"码"上借阅阅读推广活动，提供家门口"一站式"借阅服务，累计举办180场。三是推进传统文化传承发展。开展非遗项目、传承人、基地评选工作，新评选出非遗项目1项、传承人3名、传承教学基地2个、非遗体验点2个，丰富了非遗保护资源。开展非遗进校园，分别在杭州市创意城小学、闻涛小学、丹枫小学等6所学校开展11门非遗课程，开课100余课时，学员300余人。"非遗＋旅游"有新突破。省级项目蓝印花布文创产品被评为浙江省第三批非遗旅游商品。非遗旅游线路"华彩滨江一日游"被评为杭州市首批非遗旅游线路。积极推进非遗进景区，在物联网小镇和互联网小镇搭建非遗文创产品展示空间。成立滨江区"文化基因解码工程"工作小组，文化基因普查完

成150条基本元素梳理和15项重点元素解码报告，并制定2项文化元素转化利用规划方案，制定"西陵津渡"文化标识任务书。加强"诗画滨江"建设，编印完成《诗韵滨江》钱塘江诗词选集。四是加强文化人才和队伍建设。培养以"三团三社"为核心的基层文艺团队，全年开展"千堂万艺"文艺培训2250课时，区文化馆、老年电大滨江分校开展春、秋季班公益培训。推进文化示范户、乡村文化能人培育，2户1人分别获得省级文化示范户、乡村文化能人称号，5户24人入选市级文化示范户和乡村文化能人名单，培育区级文化示范户20户，乡村文化能人59名。五是推进旅游品质提升。滨江美食IP有新韵味。开展"百县千碗"滨江美食项目，深入挖掘滨江美食资源，打造"WA！滨江味道"美食IP，形成美食图书、美食歌曲、美食地图等一系列产品，展示兼具人文、国际、创新特色的"滨江味道"。推广"30秒入住"应用场景。研究制定了新的考核奖励补贴政策，并召开考核动员大会及自助机酒店安装推进会议，鼓励"30秒入住"应用场景安装与使用，覆盖47家酒店，平均使用率为85.93％，完成年度目标任务。创建浙东唐诗之路精品线路。"畅游白马湖，漫步西兴老街，趣探动漫画"旅游线路入选浙江省诗路精品旅游线路。六是做好文旅行业管理。全年接待群众1024人次，接受电话咨询事项980件。窗口行政许可事项收件102件，企业信用联动平台接收、反馈248家，完成150余家企业2021年度年报统计工作。做好游戏游

艺设备电子标识管理和艺术类培训机构摸底工作。做好文旅行业疫情防控工作。分组分片区对辖区内文旅经营场所开展安全生产和疫情防控检查，检查组实行日巡查、日报送机制，督促场所坚决落实安全生产和疫情防控主体责任。开展旅游专委会工作。成立滨江区旅游专委会，多次开展安全工作会议，并召集各成员单位深入开展旅游景区安全检查和疫情防控工作，督促企业落实主体责任，确保安全隐患整改到位，保障假日市场安全。全年开展旅游安全检查25次，巡查场所136家次。畅通举报、投诉渠道，及时处置市民游客咨询求助，维护消费者合法权益。

（来佳萍）

【萧山区文化和广电旅游体育局】内设职能科室10个，下属单位7个。2021年末人员216人（其中：机关53人，事业163人；具有高级技术职务资格的26人，中级53人）。

2021年，萧山区文化和广电旅游体育系统认真贯彻落实国家、省、市决策部署，紧紧围绕区委、区政府中心工作，争先创优、干在实处、锐意进取、担当有为，亮点工作突出，取得了可喜成绩，获得区级及以上荣誉近400项。一是围绕"庆建党百年"主线，精心组织红色主题活动。承办区委、区政府"百年风华　奔竞不息"庆祝中国共产党成立100周年主题大型晚会，举办青年歌手大赛、戏剧小品大赛等24场建党百年主题比赛。各镇（街道）也相继举办高质量、高水平的庆祝演出。以萧山本土革命先驱杨之华

为人物原型，组织创排大型革命历史绍剧《秋之白华》，演出近10场。开展红色主题阅读活动26场，受众达2万人次，红色书籍送书下乡辐射群众上万人次。对10处革命文物进行修缮，楼塔抗战纪念馆、金萧支队萧山纪念馆相继对外开放。整合全区革命文物资源，推出红色研学路线，获评杭州市红色精品研学线路。红色电影惠及基层群众，荣获"全省公益电影展映活动先进放映单位"称号。二是锚定"三大创建"任务，勇当全省文旅排头兵。顺利推进省级文化传承生态保护区创建。做好区内非遗项目整体性保护和活态传承，"钱塘潮涌"省级文化传承生态保护区通过中期评估验收。"萧山花边制作技艺"入选国家级非物质文化遗产代表性项目名录。成功创建省级全域旅游示范区。创建省3A级景区城、4个省级景区镇和25个A级及以上景区村庄，图灵小镇创建为国家3A级景区。推进"百县千碗·诗画浙江""五进"工作，新增5家省级体验（示范）店。三是以党建品牌为引领，模范机关创建扎实推进。争创"五强双领先"模范机关，打造特色党建品牌"传薪铸魂双融合"。"文旅红"宣讲团、"党史微宣讲"、专场比学等党史学习教育特色动作各具亮点，"文旅红·云集市"项目获全区优秀党建项目奖，永兴书房入选全区"三为"专题实践活动十佳案例。推进文化人才队伍建强建优。以引育"高、精、尖、缺"人才为方向，制定出台全区文化人才项目实施细则、项目评审办法和资金管理办法。四是以共同富裕为目标，公共文化服务提档升级。

"引导社会多元投入　提升公共文化服务效能"获评国家公共文化服务体系示范项目。以"文化管家"社会化服务创新探索"精神共富"路径入选全市首批共同富裕试点名单，"文化管家"项目累计服务群众50万人次。新建10家永兴书房，区图书馆获评全省第一批"满意图书馆"。出台《杭州市萧山区关于引导和鼓励社会力量参与公共文化服务实施办法》及配套细则，共补助10余个公共文化服务项目，补助金额500万元。高质量开展文艺创作，文艺作品斩获省级奖项19项、市级奖项10项。五是以文化高地为支撑，文化遗产保护利用内涵提升。承办全区首届文化大会。与区委宣传部共同起草《关于推进萧山区文化事业和文化产业高质量发展的实施意见》，拍摄文化萧山宣传片。加强文物保护利用。编制全区文物安全大排查大整治大提升攻坚方案，开展地毯式、拉网式文物安全检查。加大文物保护修缮力度，全区23个修缮项目总投资3600余万元。依托国保单位茅湾里窑址打造全国首家印纹硬陶博物馆，完成萧山博物馆展陈改造提升。推动萧山运河文化带建设。加强运河文化挖掘研究，编写首部专题研究著作《萧山运河文化》。推动区级层面浙东运河萧山段保护传承利用规划编制。保质保量完成老岳庙文物修缮工程，打造北海塘遗址公园。建成萧山首个开放式文创公园浙农·东巢艺术公园。实施"文化基因解码工程"。解码成果荣获全省优秀奖，跨湖桥遗址等6个项目被评为优秀解码项目，钱江潮文化被评为首批100

项浙江文化标识培育项目。六是以全域提升为导向，文旅融合发展走深走实。抓好顶层设计。完成全区文化和旅游发展总体规划、文化和旅游"十四五"发展规划、乡村旅游高质量发展专项规划等规划编制。出台《杭州市萧山区加快推进文旅融合和全域旅游发展专项扶持政策实施细则》，全年完成补助项目23个，补助金额300万元。推动重大项目。全区列入全国文旅项目系统重点项目17个，计划总投资375亿元，其中列入省"四十百千"项目5个。实施"微改造、精提升"项目48个。世界旅游联盟总部、联盟博物馆主体完工。加强宣传推介。举办第二届乡村文化旅游节、"韵萧然　潮无界"萧山文旅推介会等活动，策划萧山文旅LOGO征集大赛、旅游商品征集大赛等赛事。在萧山机场、高铁站、地铁站等交通枢纽和上海步行街、外滩等地进行广泛宣传。配合央视播出《家乡至味》节目，打响萧山美食全国知名度。七是以数字化为牵引，改革应用成果持续呈现。扎实推进数字化改革工作，建立由数字化专班牵头、各专项小组分头推进的工作模式，按照"1+3+X"总体架构，谋划特色应用场景。萧山智慧文旅系统上线，实现旅游服务个性化、品质化和智慧化。"萧山文旅红"数字文旅系统获评杭州数字文旅创新案例。建成以自助式、智能化服务为特点的永兴书房旗舰店，全面开通"一键借阅"一体化平台。数字文化馆一期建设项目投入运行。"文物安全应用火灾检测处置场景"入选省文物局"揭榜挂帅"名单，萧山博物馆智慧化一期项目建设完成。八是以安全稳定为底线，文旅市场环境优化有序。作为区旅游商贸安全专业委员会办公室单位，专题研究遏制重大安全事故实施方案等事项。对A级旅游景区开展风险普查，绘制安全风险"四色图"。开展文明城市测评、垃圾分类、无障碍改造、提升文旅行业质量。全年出动文化执法人员14965人次，检查7473家文旅单位。受理各类行政审批项目1342件，"最多跑一次"实现率、群众满意率均达到100%。

（王方正）

【余杭区文化和广电旅游体育局】内设职能科室8个，执法队内设机构4个，下属单位7个。2021年末人员103人（其中：机关33人，事业70人；具有高级技术职务资格的10人，中级20人）。

2021年，余杭区文化和广电旅游体育局围绕高质量发展建设共同富裕示范先行区，积极作为，取得了一定成效：获评全国文化和旅游系统先进集体；径山茶文化入选文化和旅游部"中国民间文化艺术之乡"名单；小古城村入选全国乡村旅游重点村。余杭区在2020年度浙江省非遗发展指数评估中位列全省第一，基层公共文化服务评估、文博事业发展水平位列全省第二。一是抓项目、强基础，城市文化能级显著提升。推进重大文体设施建设。围绕余杭区"一廊一轴、一心三片"的城市规划格局，积极推动未来科技城"梦溪水乡"规划区级"五馆一中心""一场两馆"公共文体设施建设，加快推进区图书馆、文化馆、小百花越剧艺术中心等区级文化过渡性场所设施建设。完

善重大文旅项目库。征集文旅重大项目，优化区文旅"1010项目库"，协调项目推进中的问题，推动文旅项目按时保质保量完成。全区共有文旅投资项目33个，列入省"四十百千"项目10个，项目实际投资60.05亿元，占全市投资总额的16.87%，列全市第一。基层服务网络日渐完善。高质量完成"文化管家"社会化运营管理项目，实现"文化管家"镇（街道）全覆盖。径山镇综合文化站、中泰街道枫岭村文化礼堂等9个单位入选2021年杭州市公共文化场馆服务功能拓展先行先试单位。二是优服务、出精品，文旅资源供给有效增加。红色主题活动亮点纷呈。围绕"建党百年"主题，组织"同心向党谱华章"文艺演出、"我把初心献给党"红色主题书画摄影展览等活动，梦想小镇、未来科技城入选全国100条建党百年红色旅游百条精品线路，"文明圣地革命足迹之旅"列入杭州10条红色旅游精品路线。文艺精品创作硕果累累。曲艺杭摊《淑英救弟》获浙江文化艺术发展基金扶持；杭摊《施昕更》获浙江省第十一届群众曲艺大赛金奖；原创越剧小戏《一张化验单》获华东六省一市现代地方小戏大赛银奖；杭州市三江歌手比赛获1金3银5铜的佳绩；曲艺杭摊《施昕更》、越剧大戏《却金亭》入选2021年杭州市文艺精品工程扶持项目。文化惠民赋能美好生活。开展浙江省公共文化服务现代化先行区创建工作。制定出台《余杭区"余阅"公共阅读空间实施方案》，推出20个"余阅"新型公共阅读空间。完成区级"送戏下乡""送戏进校园"等演出活动

170场，商业性演出15场；开展送书下基层活动，送书1.9万册，极大地丰富了余杭人民的文化生活；开展跨区域"文化走亲"演出6场，扩大了余杭文化的影响力。三是传文化、深挖掘，文化遗产保护利用亮点纷呈。做好文化元素挖掘，开展文化基因解码工程，完成径山禅茶文化、中泰竹笛等9项重点文化元素基因的深度解码，开展333项文化元素普查，完成4项重点文化基因转化利用。守好文物安全底线。出台《关于进一步加强文物保护利用的实施意见》《杭州市余杭区文物安全大排查大整治大提升攻坚行动方案》等系列文件，并完成余杭街道安乐塔等5个文物修缮养护项目。宝塔山烈士墓等7处文物列入浙江省第一批革命文物名录，西镇红村入选杭州市红色精品研学线路，章太炎故居纪念馆等荣获"杭州最美文物守望者"暨"红色基因传承者"称号，被评为杭州十佳红色旅游景点。促进非遗创新性发展。积极推进大运河省级文化传承生态保护区创建工作。组织开展2021年"文化和自然遗产日"暨余杭区第十六个"非遗保护月"、余韵非遗·梦想live季、非遗悠游等系列活动。全区非遗品牌含金量继续提升，余杭纸伞馆、径山镇五峰山房入选首批杭州市非遗体验点；"良渚文化和径山茶文化"非遗之旅入选首批杭州非遗旅游主题旅游线路，径山入选杭州市宋韵杭式生活体验基地。四是谋布局、提动力，文旅体融合水平稳步提升。文旅服务品质不断提升。完成省级旅游业"微改造、精提升"方案，指导良渚古城遗址公园做好省级试点工

作,确定全区 29 个区级试点。依托"西部富美"、共同富裕等中心工作,指导径山镇创建省级旅游度假区。小古城村荣获第三批全国乡村旅游重点村,径山村、青山村获评省级重点旅游村,瓶窑老街获评浙江省四星级旅游购物场所,并被纳入浙江省休闲旅游街区培育名单。浙江力石科技等 2 家企业获评浙江省文旅领军型企业。市场环境不断净化。至年底,共出动执法人员 3954 人次,检查各类经营单位 4513 家次,查获并纠正违规经营行为 65 起,立案处罚 30 件。开展"双随机"抽查(含跨部门"双随机")46 次,共抽检各类场所 480 家余次,发现问题场所 25 家,均完成相关整改或通报。指导、纠正各类场所防疫漏洞与不足 190 余起,相继责令场所停业整改 40 余家次,行政约谈防疫不力场所 18 家次。结合相关工作要求,开展文保安全、夏季旅游市场、"护校安园"等专项检查工作。五是拓场景、促发展,数字化改革提质增速。推进文旅场景应用。响应杭州市城市大脑,推进 30 秒入住酒店、20 秒扫码入园等场景应用,超额完成市级目标。整合交通数据,打造交旅悠游圈,"交旅一张图"入选杭州市数字社会首轮"揭榜挂帅"名单。景区村庄导览系统上线浙里办城市频道。推进未来社区智慧文旅服务。打造线上智慧文旅平台,配合线下展示,实现社区一站式文旅服务,良渚文化村未来社区入选智慧文旅省级试点。配合区数管局"一卡一码"工作,完成良渚古城遗址公园、良渚博物院扫码入园。

(师　晨)

【临平区文化和广电旅游体育局】内设职能科室 6 个,综合执法机构 1 个,下属单位 6 个。2021 年末人员 97 人(其中:公务员 14 人,参公 18 人,事业 65 人;具有高级技术职务资格的 10 人,中级 21 人)。

2021 年,临平区文化和广电旅游体育局站在新起点,积极开展工作。一是公共文化方面。临平区入选省第一批公共文化服务现代化先行县创建对象名单。南苑街道、乔司街道永西村成功创建省文化强镇和省文化示范村。临平区群星滚灯艺术团获"全国最佳志愿者服务组织"称号,临平区图书馆获第一批浙江省"满意图书馆"称号;联通区、镇(街道)文化馆(站、室)数字化资源,完成数字文化馆、公共图书馆总分馆建设,开展基层文艺辅导 900 余次、阅读推广活动 891 次,文献外借 158.8 万余册。打造临平国乐节等特色品牌节庆,开展"藕花洲"系列、"相约"系列、"迎亚运"系列活动及"同心向党谱华章"庆祝建党百年特色主题活动等近 200 场。创作文艺精品,歌曲《鲁飞飞都来点赞》入选浙江省献礼中国共产党成立 100 周年主题歌曲作品展播。在临平大剧院引进话剧《如梦之梦》等高水准剧目,提升市民群众观演体验。探索"云上观演"形式,"奋斗吧!我是临平人"线上同步直播观看量 85 万余人次。二是文物保护方面。全面摸排临平区文物底数,梳理各级文物保护单位(点)42 处。推进中国江南水乡文化博物馆和良渚文化玉架山考古遗址公园(博物馆)建设,做好海塘临平段迁移工作。完善文物安全责任体系,出台《临平区不可移动文物巡查制度》等相关政策制度 6 个,推出文保工作协同机制等 7 项重点举措。筹建文物安全智慧监管平台,实施广济桥和桂芳桥安全监测,增设监测管理平台及承载力评估分析等,实现 24 小时实时监测、监测数据多终端实时共享、随时采集与调用。启动文物保护修缮工作,投资 460 万元,对塘栖镇万松桥、东湖街道广福桥和回龙桥等 5 处不可移动文物进行保护修缮。开展土地出让考古前置工作,完成 16 宗地块 123 万平方米土地的勘探。三是非遗传承方面。梳理全区各级非物质文化遗产 87 项、各级非遗代表性传承人 68 位。深化大运河文化传承生态保护区创建,积极做好浙江省"入选联合国教科文组织非物质文化遗产名录项目""3＋N"保护实践各项工作,新建各类非遗展示、体验场馆 16 个。开展"临平区非遗季"、非遗迎亚运等品牌非遗活动 20 余场,探索社会共建销售平台、传承人入住新媒体平台等非遗推广模式。重组辖区非遗资源,初步形成运河沿线非遗项目培育链和以"清水丝绵制作技艺"为代表的丝织类非遗项目培育链;运河街道采用"微改造""绣花"功夫,还原集镇记忆,打造五杭集镇,建成大运河美食展示馆、蚕桑文化馆等 13 个展馆,形成科学系统的非遗聚落;设立大运河丝绸研究院、时尚产业产教融合联盟实践基地、丝绸文化传承与产品设计数字化技术文化和旅游部重点实验室(实践基地)等五大实践基地,通过现代设计、技艺改良、产能提升等途径,推动传统技艺类项目产业化发展。四是融合发展方面。牵头编制《临平区"十四五"文化和旅游体育发展规划》，修订产业政策及细则，鼓励团队旅游会奖旅游、旅游企业品质提升及各类产业融合示范项目创建。发布文旅融合指数，完成重大文旅项目超山百联奥特莱斯广场建设，超山IP成功申报省级文旅融合创建级IP。深化省级文旅产业融合试验区建设，对接省旅游项目投融资服务中心、相悦投资，做实文旅赋能乡村振兴"6+X"计划。以"百千万工程"为抓手，运河五杭集镇创建国家3A级景区，崇贤街道创建省3A级景区镇，塘栖镇超山村、超丁村，崇贤街道沾桥村、运河街道杭南村创建省3A级景区村庄。实施"微改造、精提升"行动，临平智慧图书分馆纳入省级试点。临平区成为杭州唯一一列入"诗画浙江·百县千碗"数字化改革试点县（区）的区，刺毛肉圆等7道美食被列为"百县千碗·杭州味道金牌美食"，数量列杭州县（区）前列。引进阿里体育等民营企业探索大型体育场馆"一体化智慧运营"新模式，推进"体育+文化+教育+旅游"融合。新建新媒体账号，重点打造心"临"之旅、临平味道等栏目，实现抖音粉丝破万，浏览量超200万次，公众号推文平均阅读量2000余次。围绕庆祝建党百年、亚运场馆启用等主题开展宣传，累计获各级媒体报道500余次。举办中青旅走进临平等推广活动3场、8小时造梦之旅等游线体验4场，参加各类旅交会12场，做优临平文旅品牌。五是安全保障方面。做好五一、国庆等节假日、暑期及建党百年期间景区的各项防疫工作，推

进星级饭店全面使用公勺公筷，常态化落实亮码、测温、戴口罩等防疫措施要求。高度重视部门协作，做好文旅市场安全监管、"扫黄打非"、"双减"、防汛防台等工作。累计出动执法人员5168人次，检查文旅体场所、培训机构2584家次，全力确保文旅市场平安有序，引导场所自觉落实"双减"工作要求。

（王雨佳）

【钱塘区社会发展局】 内设职能科室10个，下属单位6个。2021年末人员57人（其中：机关29人，事业28人；具有高级技术职务资格的1人，中级12人）。

2021年，钱塘区文旅工作紧紧围绕区委、区政府"智涌钱塘·现代星城"工作部署，秉承"文化乐民、旅游富民、非遗共享"宗旨，在文化文艺、旅游开发、产业发展、市场管理、队伍建设等方面主动发力，积极传承围垦文化根脉，厚植钱塘文化基因，促进钱塘文旅迈向深度融合、高质量发展的新阶段。一是以文乐民，助力共同富裕。坚持普惠共享，提高公共文化服务的精准供给水平。接入杭州市"一键借阅"线上平台，与杭州图书馆合作开展"一键借阅"文化共享活动，提供1000余册新书借阅。全年采购新书约1.8万册，配送至钱塘书房和各街道图书馆，丰富基层馆藏图书。在新区唯一一家国家3A级景区医药港小镇设置为老服务窗口，服务好老年游客。坚持以文旅活动服务好群众，开展免费文化培训800余课次。开展2021年新春送福活动，线上线下送春联1000余副。坚持品质优先，推动

公共文化服务提质增效。举办"颂歌献给党　百年谱华章"钱塘区第一届歌手大赛，选送优秀歌手参加杭州市第二十六届"三江"歌手大赛，荣获4银4铜。举办以"绿色亚运、生态钱塘"为主题的摄影大赛，启动"钱塘飞鸟集"拍摄征集活动，历时1年，开展四季集中采风活动，全面展示钱塘区优质生态环境。顺利通过浙江省文化强镇和文化示范村的创评复评工作，新创建河庄街道蜀南村和义蓬街道头蓬社区为省级文化示范村，白杨街道、河庄街道、义蓬街道、新湾街道通过省级文化强镇复评，下沙街道潋澜社区、白杨街道多蓝水岸社区、河庄街道江东村、向公村、建一村通过省级文化示范村复评。河庄街道江东村、河庄街道综合文化站和同一村、江东村、向公村、火星村等4个农村文化礼堂入选杭州市公共文化场馆服务功能拓展先试先行名单。开展省、市、区3级文化示范户和乡村文化能人推荐评审，最终获评浙江省文化示范户1户、浙江省文化能人5名、杭州市文化示范村8户、杭州市文化能人28名、钱塘区文化示范户23户、钱塘区文化能人65名。坚持共享共建，推动公共文化服务社会化发展。创建杭州书房1家，受到中国蓝新闻、《浙江日报》《杭州日报》等各级媒体的跟踪报道和群众的广泛关注。有"钱塘书房""钱塘新湾书苑"2家杭州书房，全年开展阅读分享、文化展示等群众活动40余场次。城乡结对"山海协作"，与江山市文化广电旅游局签订结对互助合作协议，开展江山、淳安"文化走亲"、文化礼堂会演等区域文化联

动活动。深入开展"百年百张"红色主题摄影作品征集活动、"百年百幅"红色主题书画作品征集活动和"百年百场"送红色主题演出、电影下乡等"三个一百"活动,营造庆祝建党百年浓厚氛围。二是以旅兴文,加快文旅融合。全力打造工业旅游金名片。联合区教育局,组织开展"非遗寻访+工业研旅"活动,推动非遗传承与工业研旅有机结合,共计接待游客约1.5万人次。积极参加杭州市文化广电旅游局组织的"中国旅游日""杭州奇妙夜"等活动,做好工业旅游宣传推广工作。组织工业旅游联盟座谈会和培训会,邀请专家授课。组织城市书房、工业旅游示范基地等11家单位申报2021"杭州亚运人文体验点",其中广汽传祺(杭州)智能制造旅游示范基地和浙江太古可口可乐博物馆入选;组织工业旅游企业、文创企业积极参与"韵味杭州·游礼相伴"2021伴手礼创意设计大赛,上报作品8个,其中杭州麦扑文化创意有限公司的"小红印"(红印旅游日历)被评为特色红色文化伴手礼。全力打造寻味钱塘新特色。持续推进"诗画浙江·百县千碗"工程,以"寻味钱塘"为主题,充分挖掘钱塘美食文化,落实"五进"计划,在机关食堂、美食体验店、工业旅游示范基地开展"钱塘美食"宣传推广工作。开展"诗画浙江·百县千碗"寻味钱塘有奖征集活动,确定冷菜、热菜、点心各10道,完成30道钱塘美食照片拍摄,完成钱塘美食地图、画册和视频的设计制作,其中美食视频获学习强国App平台录用。参加杭州市文化广电旅游局举办的"百县千碗·杭州味道·

运河美食汇"及市民体验活动,其中醋熘肉皮等5道钱塘美食入选杭州市"百县千碗"金牌美食。全力推动非遗共享新思路。联合区教育局,组织开展非遗进校园活动,评选出非物质文化遗产传承教学基地6家。在新湾街道组织非遗表演和现场体验传承活动,10余个非遗项目参加。以庆祝建党百年为主题设计展板,全面介绍区非遗项目,分别进党群服务中心、办事服务中心、街道、社区等巡展。杭州孔凤春化妆品股份有限公司孔凤春花颜宫粉列入第三批浙江省优秀非遗旅游商品名单。全力打造数字改革新平台。优化"钱塘文旅云"线上数字文旅服务平台,参加杭州市"二季度文化和旅游数字化改革应用场景"比学赶超路演活动,排名第三,入围案例表彰项目。2名导游入选"杭州市百名红色导游员(讲解员)"名单。三是以管促治,优化市场保障。守牢防疫战线。落实疫情常态化管理,严格督促文旅行业企业落实各项防疫措施,消费场所落实"测温、亮码、戴口罩"措施,景区落实"预约、错峰、限流"措施,全区文旅行业系统新冠疫情零发生。扎牢安全防线。完善工作机制,与全区文旅企业、文保企业签订安全责任书124份,制定《钱塘区文物保护单位文物安全和突发事件应急预案》。加大执法力度,开展各类专项行动12个,累计出动执法人员3837人次,检查文化市场经营单位1922家次,联合杭州市文化市场综合行政执法队立案查处案件6起。把牢市场主线。全面落实文旅领域安全生产、扫黑除恶、"扫黄打非"等专项行动和重点任

务。加强"互联网+监管"力度,实现浙江省行政执法监管(互联网+监管)平台文化、旅游相关抽查事项全覆盖,监管事项认领率、实施清单编制率100%。开展本部门"双随机"抽查6次,跨部门"双随机"抽查3次,完成省文化和旅游厅下达的相关检查计划4次。

(周 洁)

【富阳区文化和广电旅游体育局】内设职能科室10个,下属单位7个,区文化市场综合行政执法队实行局队合一体制。2021年末人员137人(其中:公务员29人,参公16人,事业91人,工勤1人;具有高级技术职务资格的31人,中级21人)。

2021年是中国共产党成立100周年,是实施"十四五"规划的开局之年,是富阳区开启全面加快"三个立起来",高水平打造现代版"富春山居图"的第1年,更是迎亚运的冲刺年。富阳区文化和广电旅游体育局以严的主基调抓人促事,以高度的紧迫感和责任感加快"富春山居图"实景地文旅融合新发展。一是谋布局、抓项目,文旅融合有新亮点。科学谋划发展布局。出台《富阳区文化旅游体育发展总体规划》《富阳区文化旅游体育发展"十四五"规划》。围绕扩大旅游消费、旅游品质提升等重点,出台《富阳区旅游业高质量融合发展三年行动计划》《富阳区促进旅游业高质量融合发展的扶持政策》,发挥旅游专班攻坚作用,加快古城复兴、城市休闲、诗画乡村、亲子研学、红色文化等业态培育。文旅项目不断推进。全年指导推进富春小叠空梦想田园综合体、天钟山景区提

升改造项目、坑西村西岩温泉文化旅游度假区 3 个在建项目。推进 37 个"微改造、精提升"项目建设。协调推进春建开放式服务区田园综合体项目。品牌创建持续加强。成功创建富阳城区为省 4A 级景区城。成功创建"富春山居"为浙江省示范级文旅 IP。成功创建拔山村、五丰村等省 A 级景区村庄 88 个，其中 3A 级 10 个，2A 级 33 个，A 级 45 个。成功创建新登镇、胥口镇为省 4A 级景区镇，渔山乡为省 3A 级景区乡。富阳永安山滑翔基地滑翔伞项目获评浙江省运动休闲旅游优秀项目，永安山慕野星空露营基地入选浙江省十佳露营地。文旅推介扩大效应。在苏州、无锡举办"富春山居·味道山乡"2021 富阳文旅推介活动，举办了 2 场推介分享会和 2 场市民推广活动，浙江省文化和旅游厅官网、中国网、今日头条等平台和媒体给予报道，提升富阳文旅在苏州、无锡市场的影响力。以富阳红色资源和区域联动为载体，推出"富春山居映红心""重走山乡忆初心"两条精品旅游线路。11 月起，在杭州地铁 1 号线、2 号线、6 号线投放以富春山居实景游为主题的富阳文旅广告，为期 3 个月。二是出精品、抓基础，公共服务有新成绩。文化活动传播正能量。全年组织举办各类文化活动 4586 场。把庆祝建党百年作为全年宣传主线，承办"壮阔百年·繁花富春"2021 年富阳区庆祝中国共产党成立 100 周年大型文艺演出，主办"百年荣光　颂歌富春"——"家在富春江上"2021 年富阳区第九届乡镇（街道）文艺会演。开展"庆祝建党百年　畅享美好生活"红色广场舞推广活动、"重温红色记忆，追寻红色足迹"为主题的摄影采风活动等，大力唱响主旋律。现代越剧《生命之光》入选浙江文艺创研中心孵化项目，并作为杭州唯一一代表剧目参加 2021 年中国—东盟（南宁）戏剧周优秀剧目展演，获评朱槿花奖·优秀剧目。创作戏剧小品《算账》参加 2021 年"杭州有戏"戏剧大赛获表演金奖、创作金奖。基础设施完善新布局。推进黄公望村文化礼堂文旅公共服务机构融合部级试点工作。区文化馆完成装修升级并对外开放，连续 4 次被文化和旅游部评定为国家一级馆。新建公望书屋、富春山居城市书房、达夫书屋 3 家城市书房，其中富春山居城市书房入选 2021 十大最美杭州书房，增设 28 个馆外图书流通点。文化遗产保护利用卓有成效。全年修缮各类农村乡土建筑 20 处。召开全区文物安全工作会议，开展文物保护大排查大整治大提升工作。启动新登古城墙申遗工作，杭州富阳新登古城遗址入选 2021 年浙江十大考古重要发现。承办第十三届浙江中国非物质文化遗产博览会（杭州工艺周）。建成富阳元书纸陈列馆、金竺非遗馆、张氏骨伤国遗陈列馆等非遗主题馆。竹纸产品富春山居礼盒被评为第三批省级优秀非遗旅游商品。富春竹纸研学基地、东坞山豆腐皮制作体验点、富阳纸伞非遗体验点入选首批杭州市非物质文化遗产体验点。富阳大竹元文房四宝体验点、龙门古镇、张小泉刀剪科教基地、东梓关景区村庄、富阳博物馆（富春山馆）入围 2021 杭州亚运人文体验点。文博事业持续发展。抗日战争胜利浙江受降纪念馆完成提升改造并入选第五批浙江省红色旅游教育基地，为杭州地区唯一一家。富阳博物馆结合庆祝建党 100 周年，全年以"红色印记"为主题开展系列宣传活动。数智文旅逐步推进。区文化馆入驻浙江省"群文云"，并有序上传文化馆自建数字库资源。区图书馆、博物馆实现电子社保卡全省一卡通行，实现长三角一体化同城待遇。完成社保卡在文旅领域的"一卡通"应用任务，涉及 2 个国有景区和 2 个文化场馆。持续做好城市大脑文旅系统"20 秒入园"和"30 秒入住"两大场景建设，新增"30 秒入住"酒店 4 个。三是严执法、抓安全，行业监管有新提升。加强疫情防控工作。切实履行行业监管职责，常态化对 A 级景区、星级酒店、艺术类校外培训机构等重点防疫场所进行疫情防控督查指导，广泛宣传发动行业从业人员接种疫苗。加强旅游新业态管理。对辖区内 21 家涉空、涉水、涉山、涉农等旅游新业态项目经营单位进行安全风险普查，并开展安全隐患排查整治。起草《富阳区旅游新业态项目安全监督管理办法》，填补新业态监管标准空白，推动形成职责明确的监管制度体系。加强行业监管服务工作。紧盯元旦、五一等重要节点，开展重点时段、重点领域各类专项整治。全年查办各类"扫黄打非"案件 10 件，立案查处 5 件，有效促进富阳文旅市场健康发展。自 2016 年以来，文化市场综合行政执法队连续 5 年被评为市级"执法优胜单位"。

（夏　晨）

【临安区文化和广电旅游体育局】内设职能科室8个，下属单位6个。2021年末人员117人（其中：公务员25人，参公12人，事业80人；具有高级技术职务资格的6人，中级32人）。

2021年是建党百年和"十四五"开局之年，临安区文化和广电旅游体育局紧紧围绕省、市文旅系统的重要部署，全力抓好文化赋能、旅游为民、行业安全、数字化改革等重点工作。一是以提质增效为目标，推动公共服务普惠共享。加快推进公共文化服务体系建设。完善基础设施建设。完成"X＋School"、锦悦书房、初心书房3个杭州书房建设，区图书馆创成浙江省"满意图书馆"，打造"15分钟阅读圈"。昌化镇孙家村文化礼堂和后营村文化礼堂被确定为省级公共文化场馆服务功能拓展先行先试试点。於潜镇、湍口镇通过浙江省民间文化艺术之乡复评。实施文化惠民工程。举办庆祝中国共产党成立100周年系列文艺活动、第十届临安区群众文艺调演决赛等大型群众文化活动。创作各类文艺精品，开展送戏下乡108场，送书下乡5万余册，组织全民阅读活动660场。加强公共文化服务人才队伍建设。鼓励和扶持业余文化团队发展，建设和扶持以"三团三社"为核心的群众文艺团队，累计设立民办非企业22家、社团2家。开展省、市、区级文化示范户和文化能人评选，推荐省级文化示范户2家，省级文化能人6人。开展优秀传统文化挖掘和传承。推进"文化基因解码工程"。完成172个文化基因解码，3个成果获评全省优秀解码项目，钱王文化、

天目山文化成功申报浙江省文化标识培育项目。开展非遗保护和传承工作。以非遗活化利用为载体，促进文旅深度融合，昌化鸡血石博物馆建党一百周年纪念印章、天目云雾茶（天目青顶）列入第三批浙江省优秀非遗旅游商品，昌化鸡血石博物馆、桃花纸体验园列入杭州市首批非遗旅游体验点。组织参加各类推介活动，开展非遗传承人申报评选，进入省级公示2人，新增区级11人。二是以改革攻坚为导向，实现文旅工作全面奋进。全速推进文旅产业复苏。加强文旅规划建设。编制《临安区"十四五"文旅发展规划》，谋划制订《临安区文旅产业高质量发展三年行动计划》和临安区露营基地策划方案和标准、旅游酒店发展专题研究报告，加快招引华侨城主题公园、和尚坪滨河世纪等大项目落地，推进大明山景区提升改造、昌化8300骑趣小镇、云起坞野奢露营基地等重点项目建设，国漫数字化景区狐妖小红娘项目、青山湖水上运动中心投入试营业。指导湍口镇创成省5A级景区镇、太湖源镇创成省4A级景区镇、高虹镇创成省3A级景区镇，新增3A级景区村庄10个。列入省级旅游业"微改造、精提升"试点名单，已入库118个开工项目，总投资3.92亿元，累计完成投资3.5亿元。推进文旅产业融合。推出团建线路12条、团建基地11个、"红色印迹"精品研学游线路5条，举办年俗节、大明山山地户外赛等活动30余个，研发推广"百县千碗·天目暖锅"餐饮品牌。临安获评"浙江省全域旅游示范县（市、区）""长三角最佳悠享旅游城市"

称号。创新市场宣传推广。赴各地开展"陌上花开，临安等你来"等旅游推介，初步打响"游天目村落、住天目乡宿、品天目暖锅、购天目山宝"品牌IP。全年全区旅游接待总量为575.5万人次，同比上升2％，旅游业综合收入为107.94亿元，同比上升3.2％。全面深化乡村旅游改革。运营机制出成果。2月3日，在北京发布全国首个村落景区公共品牌"天目村落"；6月7日，正式发布《乡村运营（村庄经营）导则》（DB330185/T 008—2021），出台《临安区村落景区运营考核办法》，有效推进天目村落"微改造、精提升"，获省、市各级媒体报道21篇。运营培育有推广。以做好天目村落"微改造、精提升"为抓手，加强"圈层"合作，持续为运营商赋能，推进乡村运营集群化发展，招引8家运营商进入青山湖街道7个村整村运营，新增或改建各类文旅业态项目20余处，带动村民参与经营100余人。民宿发展保品质。开展天目乡宿提质增效行动，新增金宿2家，文化主题民宿5家，银宿1家，新增特色民宿20家。激活乡村内生动力，组建"乡村厨娘会""青年乡贤会""民宿小集群""运营营销联盟"等各类乡村组织10余个。三是以文旅安全为目标，确保行业领域平安有序。加强文旅市场安全管理。破题新业态。探索建立《临安文旅新业态管理标准》，已完成18类22项临安景区新业态梳理，明确新业态类型、审批联动机制、管理责任部门等内容，为新业态安全管理探索新途径。严管成常态。加强各领域全方位严管态势，持之以恒抓安全，通过强预警、建机制、常

宣传等措施严密文旅行业常态化疫情防控工作，制定《娱乐场所、电影院新冠肺炎疫情防控工作指南及核查标准》《互联网上网服务营业场所新冠肺炎疫情防控工作指南及核查标准》等，形成标准化检查流程。加强协同态。以专业、综合、"专业＋综合"方式，推进文广旅体综合监管"一件事"，推动力量整合、处置联合、工作融合，已梳理事项 5 个，制定综合表单 2 张。全年出动执法人员 5875 人次，检查场所 2918 家次，受理并处理各类投诉 69 件，行政处罚立案调查 39 件，罚款 699995 元，没收非法出版物 7136 件，开展"双随机"抽查 55 次（其中跨部门联合抽查 7 次），检查场所 240 家，完成率和及时率 100％。连续 2 年获评杭州市文化市场综合行政执法工作优秀单位，成功创建全国"青少年维权岗"。加强场所管理数字赋能。全面打造"文保天目"钱王陵数字孪生应用，在全市文化广电旅游系统数字化改革应用场景第 2 次比学赶超路演活动中成为表彰项目。充分运用数字化技术，实现管住人（工作人员、重点人员、游览人员），管住物（文物状态、感知在线、硬件完好）和管住事（常态管理、协同处置、应急响应）。

（薛慧玲）

【建德市文化和广电旅游体育局】内设职能科室 7 个，下属单位 6 个。2021 年末人员 89 人（其中：公务员、参公 23 人，事业 66 人；具有高级技术职务资格的 13 人，中级 31 人）。

2021 年，建德市文化和广电旅游体育局着力增强公共服务供给能力，构筑文旅发展新高地，持续扩大影响力和知名度，促进文化和旅游事业繁荣发展。一是惠民利民，增强公共服务供给能力。公共服务阵地有新突破。图书馆新馆开馆，"两馆两中心"成为建德市文旅新地标。新建寿昌、大同 2 家杭州书房及 2 家 24 小时图书馆。浙江省基层公共文化服务评估排名跃至全省第 20 名，为历史最高水平。文化活动有声有色。组织开展了文化暖冬行、"留在建德过大年　博物馆里品年味"、第八届农村文化节、第九届戏曲周等丰富多彩的文化活动。开展"文化惠民进礼堂"活动 280 场。二是业态融合，构筑文旅发展新高地。加强顶层设计。编制完成《建德市文化和广电旅游体育业"十四五"发展规划》。按照"一轴引领、四区驱动、多点发力"的新格局，链式带动全域发展，科学谋划、指引文旅融合发展。文旅项目有新进展。全年完成文旅投资 14.51 亿元。飞凤心灵庄园、德扬乐活岛、富春蝶来江月湾乡村酒店、卧龙峡漂流、黄饶半岛朴宿·所在等一批文旅项目建成。全面启动"微改造、精提升"工作，全年投入 6.1 亿元，完成 202 个项目。市非遗馆、梅城镇列入省级试点项目。美食产业有新亮点。打造建德"十大碗"，创建"百县千碗"省级体验店 10 家，建德棍子鱼、严州干菜鸭等 7 道菜获评杭州市"百县千碗"金牌美食。全面推广"建德豆腐包"品牌，在全国 9 个省、市布点豆腐包店（点）271 家。文旅品牌创建有新成果。严州古城成功创建国家 4A 级景区；大同镇、大慈岩镇被评为 4A 级景区镇；三都镇、杨村桥镇被评为 3A 级景区镇；新和村、前源村等 8 个村被评为 3A 级景区村。建德市通过浙江省全域旅游示范市复评。三是宣传营销，持续扩大影响力和知名度。开展假日主题营销。以春节、五一、端午、暑期、十一等节假日为节点，相继策划了各类主题活动，出台在建德过春节的外来务工人员、高层次人才、爱情特惠周免门票游景区等政策。央视《新闻联播》《新闻直播间》、新华社等主流媒体报道了本市的特色做法。举办各类推介活动。相继举办建德新安江旅游奖励大会、文旅（福州）推介会、文旅（上海）趣玩夜市集等活动。举办 2021 建德新安江旅游奖励大会暨红色旅游产品发布仪式，兑现 56 家旅行商 2020 年度建德旅游客源引进奖励 365.53 万元，推出红色旅游精品线路 3 条，被长三角三省一市旅游协会授予"长三角自驾游示范目的地"称号；散客专线、研学旅行等战略合作签约 66 个。开拓疗休养市场。全年引进疗休养团队 1189 批 4.34 万余人次。全年接待游客 1128.19 万人次，实现旅游收入 117.67 亿元。四是守正创新，促进文化繁荣发展。传承发展优秀文化。推进钱塘江诗路（富春山水）文化传承生态保护区创建工作，"17℃新安江·爱在一起之旅"入选杭州市首批非遗主题旅游线路，严东关五加皮酿酒技艺入选国家级非物质文化遗产，实现零的突破。大同镇镇源村喜摘"浙江省戏曲之乡"招牌。打造鲜明文化标识。对千鹤妇女精神、新安江水电站等 16 个重点文化元素分析解码，提炼基因，形成具有辨识度的文旅 IP。

"千鹤妇女""严州古城""宿建德江"入选文化基因解码"优秀解码项目"名单。"严州文化"成为首批浙江文化标识培育项目。推进文物保护工作。完成界龙、梅城五马洲兰博士、洋溪天石湾、下涯杭橡等7处地块的考古勘探。继续推进历史建筑保护,梅城古镇获评杭州市最佳文物建筑保护利用案例。

（吴京攀）

【桐庐县文化和广电旅游体育局】内设职能科室9个,直属单位9个。2021年末人员111人（其中:公务员16人,参公6人,事业60人,保留事业身份29人;具有高级技术职务资格的28人,中级45人）。

2021年,桐庐县文化和广电旅游体育局持续纵深推进文旅融合,促进文旅事业产业长远发展。全年接待旅游人数531.7万人次,比上年增长11.6%;旅游业总收入94.2亿元,比上年增长18.5%。其中,乡村旅游接待人数1531万人次,乡村旅游收入16.4亿元,分别比上年增长16.61%、15.84%。一是不断促进全域文旅发展。编制《桐庐县全域旅游发展规划》及《桐庐县文化旅游体育发展"十四五"规划》。新（改）建旅游厕所11座,以旅游景区、村落景区中的为主。完成瑶琳仙境、严子陵钓台、大奇山景区厕所提升改造。基本完成全域旅游服务中心提升布展工作,保留旅游资讯服务、航站楼登机服务、大数据平台等功能,改造旅游商品展销区、休闲会议多功能区、直播空间区域等。全县共有旅游（村落）景区（点）35个,其中国家4A级景区6个,3A级景区8个,2A级景区11个,浙江省旅游经济强镇5个,浙江省休闲旅游示范村8个。二是不断推进文化阵地建设。开展艺术乡村建设,推进各试点村艺术场馆、艺术景观、艺术活动等建设项目50余个,组织开展翙岗古村动漫艺术节、深澳百匠艺术节、横村山花节等各类乡村艺术文化活动20余场次,引进艺术工作室30余家,组织开展文化艺术培训100余场,培训乡村文艺人才5000余人次。新建桐君运动主题馆、文昌阁生活馆2家杭州书房及翙岗动漫艺术馆、舒羽山房·国际写作中心、彰坞民俗文化馆、芦茨乡村美术馆等乡村公共文化场馆。三是不断开展文旅全民活动。举办"浙里富春 那么乡田"中国·桐庐山水艺术季、翙岗古村动漫艺术节、全民旅游节暨第十二届杭州·桐庐山花节、"诗画浙江·百县千碗"2021"爱上桐庐"百店百菜美食品鉴会、钱塘江诗路·富春山水2021浙江省非遗展演暨长三角百家旅游企业走进横村等文旅活动100余场。开展送戏送文化下乡255场,送展览下乡35场。举办全民阅读活动200场次,开展排舞、腰鼓、合唱等免费文艺培训300场,培训10000人次。四是不断落实文化遗产保护工作。桐君传统中药文化入选第五批国家级非遗代表性项目名录。新增省级非遗代表性传承人5人,县级非遗代表性传承人40人,十六回切糕点获评第三批浙江省优秀非遗旅游商品。成功推荐分水镇、江南镇深澳村、富春江镇石舍村3个行政镇（村）申报第六批浙江省非物质文化旅游景区（民俗文化村）。"桐庐民俗三日游"列入杭州十大优秀非遗主题旅游线,新增3个市级非物质文化遗产体验点。新增县级非遗传承中心（传习所、传习点）微展馆等非遗基础设施33处,认定非遗集市（夜市、超市）展销平台5个,新增非遗广场、公园、景观街道、特色街区等非遗生活平台14个;认定非遗主题民宿5家、非遗旅游体验点10个、非遗精品旅游线路3条。实施何家村何氏宗祠、桐君山摩崖石刻、石联村张建新旧居、石丰村方大标民居、石丰村方满松民居修缮工程。开展76处文物保护单位和历史建筑"智慧消防"建设工程。完成儒桥等8处桥梁类文物保护单位的勘察安全评估和金氏牌坊等3处文物保护单位数字精细化测绘工作。联合杭州市文物考古研究所完成横村镇双湖村定塘坞山古墓群、横村2018—6古墓群、桐庐舞象山古墓群和桐庐中青五星健康城古墓群4个考古项目的发掘,共发掘清理墓葬92座、窑址3座、房址1座,出土文物240余件（套）。完成119宗地块考古前置勘探工作,完成考古勘探项目12个,勘探面积56万平方米。五是不断推进文艺精品创作演出。叶浅予艺术馆编成《叶浅予中国画作品集》,并由中国美术学院出版社出版。以"泰山压顶不弯腰"的"南堡精神"为主题,创排现代越剧《南堡壮歌》。歌曲《与梦想同行》获"2021年度浙江省十佳优秀歌曲"称号;原创故事《迁移》获第二届浙江省农民故事大赛银奖;小品《快递老哥》获杭州市纪念徐玉兰100周年诞辰暨"杭州有戏"戏剧大赛创作银奖、表演银奖。邀请越剧名家金静、阮建绒排演戚毕派经典越剧大戏

《梁祝》《血手印》，到上海、温州、宁波等地巡演。加强与杭州演艺集团合作，引进非凡乐队"芳华璀璨"音乐会、儿童剧《你看起来很好吃》、话剧《一窝马蜂》等演出9场。六是不断深化数字旅游建设。继续推进"城市大脑"文旅系统建设，"30秒入住"覆盖酒店45家，使用率75%；"20秒入园"覆盖景区（场馆）27家。10月，"桐你游"小程序上线，小程序包含"游在桐庐""宿在桐庐""桐庐味道""桐庐有礼""VR桐庐""节庆赛事""旅游攻略""咨询服务"等板块，已注册用户5000人，发放"桐游币"6万余枚。七是不断实施百千万创建工程。分水镇创成浙江省4A级景区镇，横村镇、百江镇、钟山乡创成浙江省3A级景区镇；盛村村、桃源村等5个行政村创成浙江省3A级景区村庄，双溪村、高峰村等7个行政村创成浙江省2A级景区村庄。累计创成3A级景区村庄40个，2A级景区村庄34个，A级景区村庄107个，景区村庄覆盖面100%。八是不断规范文旅市场管理。全县共有文化经营单位113家；文物保护单位85家，其中省级11家、县级74家。开展旅游市场日常巡查151次，检查旅游企业503家次，出动1364人次，开展联合检查41次。全年共接到旅游诉求723件，包括旅游咨询587件、旅游投诉136件，全部办结。开展安全检查153次，排查隐患69处，整改率100%。举办漂流企业护漂人员、水上救生员、消防安全、旅行社用车安全、景区突发事件应对及预案编制等培训7场，参训600余人次。开展景区、宾馆突发事件应急预案演练12场。

全县未发生旅游安全责任事故。

（王　洁）

【淳安县文化和广电旅游体育局】内设职能科室8个，下属单位4个。2021年末人员139人（其中：机关30人，事业109人；具有高级技术职务资格的14人，中级33人）。

2021年，淳安县文化和广电旅游体育局狠抓党的建设，稳步提升产品业态，持续推进行业建设，严格落实文保工作，全面激发文旅动能，各项工作取得实效。全年旅游接待总数932.5万人次，旅游总收入154.18亿元，按可比口径同比分别增长9%和11.4%。千岛湖景区、下姜村入选文化和旅游部建党百年红色旅游百条精品线路，淳安县被列为"微改造、精提升"省级试点单位，并入选首批长三角高铁旅游小城，荣获搜狐旅游"2021年县域旅游影响力TOP100"第1名。一是瞄准项目，稳步提升产品业态。全县在推重大文旅项目34个，重点在谈旅游项目15个。紧盯"白天热、晚上冷，夏季热、冬天冷"等发展短板，引进"月光之恋"声光秀、冰雪联合体、时光隧道等新产品新业态。大下姜文旅客厅展示馆、樱花岛、修正健康小镇等一批项目相继开工，推动燕山文化景区方案设计，噢麦力（Oatly）亚洲生态工厂项目落地。聚焦运动休闲产业，鲁能亚运场地自行车馆通过竣工预验收，亚运分村项目顺利推进。加快品质提升，牧心谷景区完成土地出让，鲁能地中海酒店、丽思卡尔顿酒店2家国际顶尖品牌酒店建设进展顺利。鲁能引进另一国际顶尖品牌瑞吉酒店，品湖度假酒店建成开

业，福朋喜来登、假日等高品质酒店试营业。制定《淳安县旅游业"微改造、精提升"行动方案（2021年—2025年）》，将"微改造、精提升"工作纳入全域旅游工作考核，建立全县"微改造"项目库，完成"微改造、精提升"入库项目256个，已启动136个微改造项目，总投资4亿元，完成投资2.56亿元。二是规范管理，持续抓实行业建设。紧抓疫情防控不放松。长效落实防疫举措，为行业筑牢疫情防控墙。持续推进疫情常态化监督检查，指导各宾馆饭店、景区等文旅企业做好防疫工作。全力做好隔离酒店和综合服务点保障工作，为疫情防控做好基础保障服务。防范风险项目寻突破。针对热气球、滑翔伞、玻璃栈道、悬崖秋千等体验性强但无行业标准、无运营规范、无监管主体且有一定风险的项目，制定出台《淳安县旅游业高风险项目安全监管暂行办法》，明确相关部门高风险项目的立项、验收和监管工作职责，从制度入手，解决高风险旅游项目发展过程中的监管盲区和安全漏洞。为解决水上运动休闲项目的审批问题，牵头修订《千岛湖水上运动休闲项目管理暂行办法》。行业品质建设有提升。加强市场治理，编制《淳安县民宿质量等级的划分与评定》，推行民宿等级评定与政策扶持、对外宣传等要素挂钩，新增精品民宿6家，激发民宿内在发展潜能。制定出台民宿村落、精品民宿、等级民宿等全域旅游政策实施细则，引导民宿行业健康发展。获评金树叶绿色旅游饭店1家、银鼎级特色文化主题饭店1家、浙江省2021年度节水标杆酒店1家、"杭州文旅优质

服务计划"优质(优秀)饭店3家。三是高度重视、严格落实文保工作。挂牌成立淳安县文物局,统筹推进全县文物保护工作。召开全县文物安全工作会议,开展历史文化资源普查,启动第13轮13处农村历史建筑修缮,完成178口古井挂牌保护工作,并与各文保单位所在行政村签订了文物安全责任书,在全市范围内率先全面完成文物保护单位及博物馆文物安全直接责任人公告公示工作。9月15日,省文化和旅游厅党组成员、省文物局局长杨建武实地调研指导本县文物保护工作。县领导高度关注文物工作,在县政府常务会议上专题学习了《中华人民共和国文物保护法》,并多次带队赴县重点文物保护单位金銮殿调研,统筹推进金銮殿保护和修复。专题召开水下文物保护工作会议,部署水下文物保护工作,制订有关保护方案,全力保障水下文物保护。开展文物保护单位巡查检查,累计检查文保单位164家次,发现并整改安全隐患16起。加强非物质文化遗产保护工作。新增县级非遗代表性传承人19名,另有3人被选为第六批省级代表性传承人。新培育非遗传承人工作室1个、"金牌导游"工作室1个。四是创新模式,精准开展营销推广。深度剖析疫情对旅游带来的影响及市场需求调整、旅游产品转型等变化,全新修订出台《2021年淳安县全域旅游营销奖励政策》。开展主题营销,结合建党百年,举办2021千岛湖红色旅游年启动仪式,发布5条精品红色旅游线路、3条跨区域联动线路,形成县内

全覆盖、县外强联动的"双路"发展模式。针对疗休养热点,明确"心灵绿洲 康养福地"主题定位,编印1本疗休养手册,组织3场专场推介活动,出台4项优惠政策,发布5条推荐线路。全县纳入行业管理的39家酒店接待县外疗休养3895批次24.4万人。开展融合推广,以融合思维推动"旅游+""+旅游"的全面发展,与县农业农村局、生态产业和商务局等12个部门合作,组织包括"千岛农品""百县千碗"等近20场联合营销活动。加强与电商合作,针对疫情影响下散客出游占比迅速攀升的情况,全面梳理电商合作体系,确立了五大电商平台合作模式,千岛湖景区电商渠道共招徕散客28.13万人次,同比增长9.89%。五是强化融合,全面激活文旅动能。加快"淳安文化""淳安体育"与"千岛湖旅游"的进一步融合,打造千岛湖文旅体品牌。举办活动赛事,壮大产业。举办淳安首届非遗国风集活动,"玩物得志"App"中国非遗产业IP数字化扶持计划"全国首站落户淳安,借力数字化创新,将非遗产品商品化、产业化,实现活态传承。举办千岛湖博物馆&旅游日主题活动,推出淳安文化旅游地图,发布3条文化主题旅游精品线路。组织开展公开水域游泳、公路自行车等大型体育赛事15场,吸引国内外选手5万余名,直接带动宾馆、餐饮、农特产品销售等行业创收7000万元。姜家镇入选浙江省第四批运动休闲乡镇培育名单,沪马乐园滑板车项目获批浙江省运动休闲旅游优秀项目。拓展文旅空间,

完善功能。推进骑龙巷文化书院项目,建成千岛湖文创客厅,激活旅游街区的文化联动力和吸引力。完成3处杭州书房改造提升,县图书馆和6家文化礼堂入选市级公共文化场馆服务功能拓展先行先试单位,将旅游服务功能融入公共文化场馆,将文化服务功能延伸至旅游景区景点。促进品质提升,优化服务。提升公共服务水平,县文化馆获评国家一级馆,县图书馆入选全省第一批"满意图书馆"。开展"文化基因解码"工作,凝炼淳安文旅IP,完成120个基本文化元素入库、20个重点文化元素清单初步梳理和3个重点文化元素的解码报告,初步构建起本县的文化脉络。六是深化改革,积极构建数智平台。县委主要领导亲自点题、指导"旅游品质数智提升"多跨应用场景建设,建立数据归集、分类反馈、闭环跟踪和结果运用一体化管理机制,改进旅游产品,提升服务质量,优化旅游目的地消费环境,在二季度全市文化和旅游数字化改革应用场景比学赶超路演活动中,成为本期表彰项目。整合文旅体基础数据,搭建开发文旅体"数字驾驶舱",为数字化改革、旅游决策提供大数据支撑。持续推进文旅系统场景应用,61家酒店实现自助入住,目标覆盖率达52.13%,位居全市前列。快速推进长三角社保卡一卡通工作,县博物馆、县图书馆、千岛湖景区、龙川湾、石林5个国有景区完成长三角"一卡通"入园。

(葛蔡铭)

宁波市文化广电旅游局

【概况】 内设职能处室14个,下属单位10个。2021年末人员609人(其中:机关108人,事业501人;具有高级技术职务资格的159人,中级219人)。

2021年,宁波市文化广电旅游系统坚持以习近平新时代中国特色社会主义思想为指导,认真贯彻落实文化和旅游部、省文化和旅游厅决策部署,紧紧围绕市委、市政府打造现代化滨海大都市的总体目标,聚焦高质量发展,为建设共同富裕先行市贡献文旅力量。全市累计接待游客5155.94万人次,同比增长8.04%,恢复到疫情前同期水平的96.59%;实现旅游总收入838.82亿元,同比增长5.5%,恢复到疫情前同期水平的90.52%。

一、聚焦文艺精品创作,公共服务持续提升

(一)创排红色文艺精品

以"百年礼赞·一心向党"为主题组织十大系列庆祝活动,线上观众超千万。创排"听见·红色家书"经典朗读会、红色甬剧《众家姆妈》《红杜鹃》等党史题材文艺精品,话剧《张人亚》和姚剧《童小姐的战场》入选省文化和旅游厅主办的庆祝建党100周年优秀舞台艺术作品展演。教育部"音乐党史"活动——中央音乐学院院长俞峰与宁波交响乐团音乐党课"海陆丝路·东西交响"在西安交通大学举办。《信仰的力量》入围第十二届中国舞蹈荷花奖终评。

(二)举办文艺展演赛事

舞剧《花木兰》赴全国12个城市巡演;话剧《张人亚》赴北京、上海、杭州和宁波各地演出;舞剧《天路》《冼星海》和越剧《走马御史》上演。举办"一人一艺杯"全民戏曲大赛和宁波市第五届青年舞蹈演员大赛;"'一人一艺'全民艺术普及促进群众精神富有案例"被评为首批浙江省文化和旅游促进共同富裕最佳实践案例,普及工程入选首批浙江省公共文化服务现代化领航项目,《光明日报》整版报道。宁波交响乐团品牌初显,赴北京、杭州、深圳等副省级以上城市巡演,展现宁波文化魅力。

(三)夯实公共服务基础

全市150个文化站参加第七次乡镇(街道)综合文化站定级,省评一级以上文化站占比超过86.6%。对全市150个乡镇(街道)综合文化站和2500多个村(社区)文化服务中心开展公共文化设施运行管理情况排查。鄞州区入选首批浙江省公共文化服务现代化先行县。慈溪长河镇、宁海县、奉化区被评为省级民间文化艺术之乡,宁海县还被评为中国民间文化艺术之乡。43个家庭被评为省级文化示范户,88人入选省级乡村文化能人名单,数量均居全省第一。

(四)提升公共服务效能

宁波图书馆入围2021年度国际图联公共图书馆奖,实现中国公共图书馆界该奖项零的突破。全市11家公共图书馆获评省"满意图书馆",达标率全省第一;新建镇海"半刻书房",北仑戚家山图书馆新馆;新增"天一约书"信用借还服务点9个,建成宁波图书馆前湾新区分馆等阅读空间。"书香宁波日"期间,推出"北大名家天一讲堂讲座系列"等100余项活动,省第十七届未成年人读书节在宁波举办。推动旅游厕所标准化,完成省文化和旅游厅10座示范性旅游厕所建设任务。

二、聚焦高质量发展,产业发展和资源开发成果丰硕

(一)有效激活文旅消费

推进国家文化和旅游消费试点工作。举办2021宁波文旅消费季启动仪式及春季展示、长三角地区残健融合游宁波、国际友人游宁波及秋季展示等活动,现场销售和带动周边消费近千万元。江北老外滩入选国家首批夜间文化和旅游消费集聚区,海曙南塘老街、宁波文化广场入选浙江省首批夜间文化和旅游消费集聚区,鼓楼沿历史文化街区等12个区块被认定为首批市级夜间文旅消费集聚区。

(二)提升示范文化金融

推进创建国家文化与金融合作示范区。搭建文旅企业"风险池"在线融资平台和"我要贷"线上专窗,促进文旅产业与金融资

源、政策资源有效对接。风险池5家合作银行已为68家文旅企业提供2.79亿元融资支持,99家文旅企业通过"我要贷"专窗获得金融机构融资支持金额1.25亿元。依托甬股权交易中心,持续推动文旅企业挂牌,累计挂牌和展示的文旅企业274家。《宁波文旅保险发展现状和创新发展路径》获浙江省文化和旅游系统优秀调研报告。

(三)夯实全域发展格局

江北、余姚、慈溪正式获批为第二批省全域旅游示范区,鄞州完成省全域旅游示范区创建验收,全市示范区覆盖率达70%。建成386个A级景区村庄、27个A级景区镇,景区城、镇、村覆盖率分别达到100%、58%、56%。新增3家省工业旅游示范基地、1家省中医药文化养生旅游基地、25家省旅游驿站、12家省智慧景区。实施文旅项目308个,实际完成投资312.2亿元,招引文旅项目43个,总投资388亿元。制定《宁波市旅游业"微改造、精提升"行动计划》,累计完成微精项目705个,实际完成投资14.85亿元,打造一批示范典型。

(四)深化核心产品建设

指导老外滩街区获评首批国家级旅游休闲街区,新增1家4A级和8家3A级旅游景区。指导象山影视城通过省未来景区改革试点阶段性评估,宁波湾、杭州湾建设省级旅游度假区可研报告通过省级部门联审。印发实施《宁波市邮轮游艇旅游发展"十四五"规划》,完成《宁波市滨海旅游提升发展对策研究》,《象山县花岙海岛公园建设发展规划》通过市政府审查和省级部门联审,召开

2市3县"三门湾湾区旅游高质量发展研讨会",开展"港通天下"旅游精品线路调研。

(五)推进乡村旅游提质富民

制定《宁波市乡村旅游提质富民行动计划》,编制《宁波市民宿旅游发展规划》。新增2家市乡村全域旅游示范区和4家创建单位,新增25家省等级民宿、3家文化主题民宿、2家非遗民宿、10家市叶级客栈。组织2021宁波乡村旅游季、宁波民宿(南京)推介会和第二届"甬乡伴"乡村旅游(民宿)伴手礼大赛。印发实施《宁波市红色旅游发展规划》,培育首批5家市红色旅游融合发展示范区和10家市红色旅游教育基地,新增1家省红色旅游教育基地,举办"红色基因、绿色发展"2021宁波红色旅游融合发展大会。

三、聚焦文化遗产管理,保护传承不断提升

(一)提升文物保护效能

出台《宁波市关于加强文物保护利用改革的实施方案》,发布《宁波市文物事业发展"十四五"规划》,市本级和10个县(市、区)分别挂牌成立文物局。完成不可移动文物基础信息数字化采集录入5117处;获评全省不可移动文物活化利用优秀案例5个;通过国家历史文化名城文物保护评估抽查复核。开展文物安全大排查大整治大提升攻坚行动,县(市、区)文物安全责任书签订率100%。印发实施《大运河(宁波段)遗产巡查工作异常处置规则》,编制完成《宁波大运河国家文化公园建设概念规划研究(初稿)》和《河姆渡考古遗址公园建设规划》,召开2021年海上丝绸之路保护和联合申报世界文化遗产城市联盟联

席线上会议。

(二)传承革命文物红色文化基因

加强革命文物保护与利用,完成总工会旧址、镇海口海防遗址修缮维护,提升革命文物保护级别4处,创建爱国教育基地、党史宣传教育基地5处,开放"浙东临委驻地"等革命史迹馆3处。开展融媒体宣传活动,举办"三江潮涌"革命文物专题展览,组建大学生宣传小分队,编印手绘地图,制作"追寻先烈足迹"短视频,在学习强国平台推介"红色文物"126件。推进红色文旅融合发展,"红色四明山""难忘横坎头"等线路初步形成,张人亚党章学堂、和丰纱厂旧址"初心讲堂"、柔石故居"为了忘却的纪念"社会反响良好。

(三)培树"考古宁波"品牌

井头山遗址入选2020年度全国十大考古新发现,河姆渡遗址入选全国百年百大考古发现。开展配合工程建设抢救性考古调查项目48项、勘探项目36项、发掘项目13项。指导"小白礁Ⅰ号"二期保护、慈溪潮塘江元代沉船保护和象山定塘横湾沉船整体迁移保护;指导河姆渡创建国家考古遗址公园,启动井头山遗址二期考古发掘工作。举办考古专题展览7个,出版《城·纪千年——港城宁波发展图鉴》等专业图书4部,推进文化遗产研究成果转化。

(四)提高文博场馆服务水平

开展"十四五"时期河海博物馆等全市重点文化设施选址研究,协力推进天一阁南馆建设,筹划市史前文物保护研究中心建设,宁波市民荣誉馆、中国海洋渔文化馆开馆,周尧昆虫博物馆新馆

落成开放。举办"红色印记——庆祝中国共产党成立100周年特别展"等展览22场，获评全省博物馆陈列展览精品奖4个，优秀奖1个。推动博物馆智慧导览体系建设，3家博物馆实现社保卡预约购票和入园核验功能；新增42项数字博物馆展览项目，完成奉化博物馆数字展馆创建。落实馆藏文物保护管理并做好藏品征集研究工作。

（五）非遗保护传承取得新进展

天一阁古籍修复技艺、红帮裁缝制作技艺、象山竹根雕入围第五批国家级非物质文化遗产代表性项目名录。余孟友等23人入围第六批省级非遗代表性传承人。新增市级非遗项目55个，命名7个乡镇为第二批市级文化传承生态保护区。"薪火计划"育人工程带出骨木镶嵌等30余个项目40名学徒。慈溪市越窑青瓷有限公司等5家单位获评首批以非遗为主题的中小学生研学实践教育基地。"阿拉非遗汇"实现甬舟协作，"温故"非遗展以"宁波非遗生活志"为主题融入百姓生活，创新打出"小宁讲非遗"品牌。完成第一批50个省级非遗项目短视频拍摄制作。

四、聚焦推广实践创新，文旅品牌影响扩大

（一）打造文旅品牌"金名片"

着力打响"海丝古港 微笑宁波"旅游形象、"顺着运河来看海"旅游品牌，作为《宁波日报》专栏标题，推出系列报道。宁波新闻宣传工作成果在省文化和旅游系统中位列第一，上榜央视《新闻联播》20次。通过境内外"融媒体"宣传体系，多渠道、多平台展示宁波文旅资源和产品，激发外地游客的向往度，提升本地市民的认可度。2021年长三角城市群（26个城市）品牌影响力综合指数宁波位居第6位；获评2021年度中国城市国际传播论坛文化旅游美誉度领军城市。

（二）探索文旅推广新模式

以"音乐＋推介""展会＋推广"融合推广模式，举办宁波文化旅游全国十城巡展及跟着航线来旅游等活动。创新国际交流新路径，推出世界名城"云上巡展"，深化宁波旅游在"一带一路"沿线国家的形象；举办"顺着运河来看海"中东欧领事家庭游宁波、"舌尖上的相遇"中东欧美食与"诗画浙江·百县千碗"人文交流活动、2021东亚文都中日韩青少年文化交流活动、海外宁波记忆1200建城周年系列展。依托索非亚中国文化中心举办"中国旅游文化周"、宁波文艺出海等活动，讲好中国故事。宁波诺丁汉大学获评省级国际人文交流基地。联合推动宁波机场开设免税店，完成6家游客离境退税商店备案。宁波文旅境外体验店营销模式成为中东欧联络处联席机制的样板。

（三）谱写区域合作"协奏曲"

唱好杭甬"双城记"，积极推动杭甬两地签订文化旅游合作框架协议，联动杭州举办杭甬金色盛典、杭州大学生旅游节闭幕式等系列活动，推出两市景区年卡旅游优惠互享和3条亚运线路，推动双城互游。推进长三角一体化文旅发展，举办2021宁波文旅（上海）推广活动，联动上海自驾旅游机构做好"千车万人游宁波"产品推广，首次联合举办上海旅游节宁波分会场活动，奉化区入围长三角高铁旅游小城；协同上海职工休养旅游服务总社研发上海职工宁波休养旅游产品，全年引进上海疗休养职工2万人次。

（四）打好文旅惠民"组合拳"

打造美食IP，推进"百县千碗"工程，创新组织实施"两个大赛"和"五个十"项目，全市推出"甬菜百碗"系列菜品126道、美食小吃100道和冷盘100道，形成"1＋1＋1"美食体系。创建完成"诗画浙江·百县千碗"省级美食体验店33家，总数居全省第一，省级美食街区（镇）3家，完成"百县千碗"进55家星级饭店、3个高速服务区、10家学校、15家社区、7家机关食堂和21家A级旅游景区。发动全市文旅企业组织开展"5.19中国旅游日"、2021宁波旅游节、"宁波人游宁波"等文旅惠民活动，"市民旅游日"62家惠民景区（点）接待游客6.5万人次，优惠额度达370.88万元。

五、聚焦文旅市场治理，平安护航建党百年

（一）行政审批服务提质增效

推进无接触审批，共办理政务服务事项1577件，全流程网上办理率100%。推行"证照分离"改革全覆盖，告知承诺行政审批之宁波实践模式在全省文化旅游行政审批会议上予以推广。推进"无证明"事项改革，办结无证明事项498件，为群众减少证明材料近2500件。推进政务服务"全城通办"，承接省级文保单位修缮许可事项。"智能化"审批成效显现，旅行社变更、注销备案事项实现"智能秒办"。宁波"一件事"改革模式在全省文旅系统"一件事"集成推进会上做经验交流。

（二）市场监管平安有序

全市文旅市场实现"三个零、三个百"。内容安全、生产安全"零"事故（事件），场所及人员"零"疫情；平安护航建党百年、25项旅游"遏重大"和承担的19个成员单位职责等三大任务圆满完成。"遏重大"工作获市委书记彭佳学批示。排查旅游新业态项目124个，实现"五步管理法"和部门监管前移，出台宁波市旅游新业态项目安全管理规范。开展全国信用体系建设示范城市创建工作，实现行政许可和行政处罚"双公示"3个100%，奉化区被文化和旅游部列为文旅市场信用经济发展14个试点地区之一。假日旅游市场平安有序，国庆假日旅游市场工作获省文化和旅游厅厅长褚子育批示肯定。

（三）文旅市场品质提升

实施标准引领，服务行业练内功保稳定，品质旅游饭店和旅行社逆势壮大，总量比2019年分别增长31%、22%。新增奉化华侨豪生大酒店等12家省金桂品质饭店、特色文化主题饭店和国家金树叶绿色旅游饭店，以及8家品质旅行社。优秀旅游人才培养成效突出，1名导游荣获全国文化和旅游系统劳动模范，新增全国"金牌导游"1名、省级旅游拔尖人才2名，获选市人大代表1名。文旅企业履行社会责任，完成文明典范城市创建、节能节水降耗等年度任务，以及防疫抗疫保障工作。深化文明旅游工作，天一阁·月湖景区获评首批国家级文明旅游示范单位。全市星级饭店助力宁波在全省制止餐饮浪费、推广"公筷公勺"专项测评中取得好成绩，获市委书记彭

佳学批示。

（四）综合执法走在全国前列

宁波市和慈溪市分别在全国深化文化市场综合执法改革推进会上做典型经验交流，北仑区被列入华东六省一市文化市场综合执法规范化建设示范试点单位。在全省率先部署开展庆祝建党100周年"扫黄打非"和文化市场综合执法百日攻坚行动，依法查处"3·10盗录院线影片案"和"恋恋图库网侵权案"，连续11年获全国文化市场十大或重大案件办案单位和全国查处重大侵权盗版案件有功单位。完成"扫黄打非""新风·2021""净网·2021"等10余个专项整治任务，全市共查办案件390件。面对疫情引发的新一轮退团退订潮，快速有效处置涉疫旅游投诉。

六、聚焦统筹谋划管理，综合保障科学有效

（一）加强规划编制，做好统筹谋划

编制完成《宁波市文化和旅游发展"十四五"规划》并联合市发改委公开发布，确立打造新时代文化高地和现代化滨海旅游名城新目标。《"一人一艺"乡村艺术普及的宁海实践研究》《宁波文旅保险发展现状和创新发展路径》《新冠肺炎疫情对宁波文旅产业影响及疫后提振发展思考》分别获评国家、省、市级年度优秀调研成果。文化和旅游消费、文化与金融合作、文物保护利用改革、文艺院团改革等重点改革项目进展顺利，宁海、象山2个省级文旅融合试验区继续深化改革。

（二）加强制度建设，推进依法治理

制定2021年局重大行政决

策事项目录，出台《局重大行政决策程序实施办法》《局公平竞争审查工作规范》等制度。《宁波市非物质文化遗产保护条例》通过市政府、市人大常委会审议，完成《宁波市大运河世界文化遗产保护条例》立法调研报告。完成2个案件的法治审核和212件合同的合法性审查。启动"八五"文旅普法规划编制，结合"5·18国际博物馆日""5·19中国旅游日"，开展文旅相关法律法规的宣讲。全年共发生12751个行政执法行为，无文旅安全事故发生，无败诉和败议案件。

（三）强化绩效管理，内审外查并行

贯彻好"过紧日子"的要求，加强财政资金合理统筹和节约使用。制订完成《文化和旅游发展专项资金管理办法》《宁波市文化遗产保护专项资金管理办法》。做好浙江省"职责＋项目＋绩效"试点相关工作。开展局管领导干部经济责任审计，揭示风险隐患，优化内部管理。配合市审计局财政同级延伸审计、放心消费等专项审计检查9批次。开展市级文化设施布局调研，谋划"十四五"重大文化设施规划，河海博物馆、天一阁南馆项目纳入"十四五"文化保护传承利用项目储备库。

（四）抓好选拔培养，加强队伍建设

局系统推荐2名干部提任副局级单位副职，晋升二级调研员1名、四级调研员8名；共录用事业人员8名，其中博士1名、硕士4名、海外留学回国人员4名；新选局系统干部参加全市重大项目、杭甬"双城记"、农村指导员等挂职锻炼。按照市委部署，配合

做好单位领导班子和领导干部届末考察。完成干部人事档案预审核并整体移交。推荐入选人才工程国家级 4 人、省级 3 人、市级 3 人。全市共有 1 家单位获评全国文化和旅游系统先进集体，1 人获评全国文化和旅游系统先进工作者，2 人获评全国文化和旅游系统劳动模范。1 家单位获宁波市五一劳动奖状，1 人获宁波市五一劳动奖章。

七、聚焦数字化改革，文旅重点应用场景建设有序推进

（一）主动认领省级数字化改革任务

对标省文化和旅游厅数字化改革部署要求，编制《宁波市文旅数字化改革规划》，加速宁波文旅数字化改革进度。"宁波市文旅数据仓协同建设"项目入选浙江省数字化改革试点名单。"文化云宁波站"为全省数字化改革提供了"宁波经验"。重点推动社保卡一卡通在长三角地区文旅场景的应用，确保二代实体社保卡、三代实体社保卡、电子社保卡均可适用，并积极与"浙里好玩"平台对接。

（二）参与市级数字化改革赛道不断发力

以重大任务、重点项目、重要应用场景为切入点，率先驶入"数字政府系统""数字社会系统""党政机关整体智治系统""数字经济系统"四大赛道。完成数字政府文化软实力任务树、文旅综合展示平台建设；数字社会围绕"文有所化""游有所乐"两大领域，对接应用场景的谋划、多跨场景及"浙里办"平台服务功能；党政智治点亮党政机关整体智治专题门户；做好数字经济系统架构 3.0 版。

（三）稳步推进重点应用场景建设

"宁波市文旅数据仓协同建设"试点项目加快推进系统搭建并做好省、市、县（市、区）3 级联动数据的对接归集工作，实现数据纵向联通、横向整合。聚焦重大需求、多跨场景、重大改革"三张清单"，推进"文旅信用通""安心艺培""享旅游""未来乡村"等多跨场景和应用场景的谋划、申报。为县（市、区）提供有效的业务指导，重点关注慈溪市旅游厕所智慧管理服务系统、宁海县艺术赋能"微改造、精提升"数字服务系统、镇海区"文化荟客厅"等的建设工作。

【大事记】

1 月

5 日　完成《宁波市基本公共文化专项资金管理办法》的修订印发工作。

12 日　宁波市文化市场综合行政执法队获评全省 2020 年度市场监管执法工作成绩突出集体。

28 日　局党组召开专题民主生活会。会议回顾分析局党组 2019 年度"不忘初心、牢记使命"专题民主生活会整改落实情况。局党组全体成员围绕主题，逐一进行对照检查，开展了批评和自我批评。

是月　慈溪法院审结一起盗掘上林湖越窑遗址案，被告触犯盗掘古文化遗址罪，被判处有期徒刑 10 年，并处罚金 5000 元。

2 月

2 日　《宁波文旅保险发展现状和创新发展路径》获评全省文化和旅游系统 2020 年度优秀调研论文。

3 日　鄞州区文物保护中心与鄞州区地方志编研室合作编写专著《鄞州碑刻选录》，总文字量约 30 万字，由浙江古籍出版社出版。

7 日　浙江省旅行社品质评定委员会发文批复宁波万达国际旅行社有限公司、浙江省中国旅行社集团宁波有限公司为五星级品质旅行社。

10 日　宁波市图书馆 2 人入选第二批浙江省公共图书馆拔尖人才。

23 日　与杭州市文化广电旅游局开展行政审批受理窗口下移及"最多跑一次"改革工作调研交流。

3 月

6 日至 22 日　宁波交响乐团举办"春暖花开"迎"三·八"国际妇女节音乐会和宁波市学党史践初心致敬志愿者专场音乐会。

9 日　召开全市艺术和公共服务工作会议，总结 2020 年工作，部署 2021 年重点工作。

12 日至 27 日　组织完成"一人一艺杯"宁波市第二届全民戏曲大赛初赛、复赛。

26 日　发布 2021 年度宁波重点文化旅游节事活动，涵盖美食类、采摘类、赏花类等八大类节事活动共计 319 项，实现"周周有活动，月月有精彩"，拉动消费约 2.7 亿元。

29 日　中铁隆工程集团有限公司档案馆向天一阁博物院捐赠了一批现当代宁波籍名人的手书信件、文章手稿、登记履历、照片等文献资料，共计 60 件，具有较高的史料价值和收藏价值。

同日　宁波市文化市场综合行政执法队四级调研员张海英被评为全省最美公务员。

31日　召开全市文广旅游行政审批工作会议。

同日　组织召开全市文化旅游市场管理工作会议。

31日至4月2日　参加2021年"东亚文化之都·中国绍兴活动年"开幕活动暨中国"东亚文都"工作机制启动仪式。宁波市选送的甬剧《田螺姑娘·对山歌》和姚剧《打窗楼·三月桃花红沉沉》参加"东亚文都·绍兴有戏"城市戏曲经典荟萃演出活动。

是月　制订对县(市、区)目标管理考核(行政审批)指标。

是月　承接办理首个省级文物保护单位修缮许可。

4月

6日　宁波市市长裘东耀到虞氏旧宅调研考察。

7日　召开全市推进乡村全域旅游示范区建设现场会,全市各县(市、区)文化和旅游部门分管领导、科室负责人,22家市乡村全域旅游示范区负责人和指导专家组70余人参加会议。

9日　宁波交响乐团赴北京国家大剧院举办第七届中国交响乐之春:百年辉煌·时代回响——"印象宁波"俞峰与宁波交响乐团音乐会。

11日至22日　举办"一人一艺杯"宁波市第二届全民戏曲大赛决赛并组织赛后巡演。

12日　局系统3人入选第八批宁波市宣传文化系统"六个一批"人才。

13日　2020年度全国十大考古新发现在北京揭晓,余姚井头山遗址入选。这是宁波考古历史上第4次入选全国十大考古新发现。

15日至16日　组织召开全省文化和旅游产业发展工作会议。

18日　宁波籍经济学家董辅礽旧居暨生平纪念展在江北揭幕。武汉大学校长窦贤康,宁波市委常委、宣传部部长李军,泰康保险集团董事长、董辅礽基金会会长陈东升,江北区相关负责人、武汉大学校友企业家代表参加了揭幕仪式。

20日　印发《在宁波文旅系统开展"守好红色根脉、书写青春忠诚"大巡讲活动方案》,组建青年宣讲团,进机关、进基层、进社区、进学校、进景区,在全市开展党史宣讲。

22日至7月13日　举行"春响大地　乡约宁波"2021乡村旅游季活动,分别在东钱湖城杨村和镇海区招宝山街道举行了开幕式和闭幕式。副市长许亚南出席开幕式。

23日　组织开展宁波读书月、"4·23世界读书日"相关阅读推广活动,重点做好"谁在阅读"主题展览、"百年风华　全城共读"等阅读活动。

同日　传播宁波庆祝"建党100周年"红色故事,全市策划推出10条红色旅游线路。其中,余姚梁弄红色革命根据地-横坎头村-丹山赤水2日游入选首批长三角"东进之路"红色旅游精品推广线路。

24日　举办2021宁波文旅消费季启动仪式及春季展示活动。

是月　根据浙江省财政厅、宁波市财政局绩效管理相关工作要求,宁波市文化广电旅游局作为宁波市级两家试点单位之一,启动实施"工作职责＋具体活动＋绩效目标"项目绩效管理模式试点工作。

5月

3日　浙江省文物局局长杨建武到天一阁突击检查五一节日期间安全开放和疫情防控工作。

同日至7月6日　指导市区4家剧院开展宁波市庆祝建党100周年全国优秀舞台剧目展演活动。

8日至9日　在宁波博物馆举办长三角地区残健融合游宁波活动。

19日　广泛发动各县(市、区)文旅行业组织开展"5·19中国旅游日"系列文旅惠民活动,共推出47个主题、108项惠民措施,支持宁海开展庆祝"中国旅游日"浙江省主会场活动。

同日　国家级文化生态保护区建设经验交流活动在湘西举行,象山获国家级海洋渔文化生态保护区授牌。

23日　创新推出"顺着运河来看海"宁波文化旅游全国十城巡展活动,活动持续开展至8月。其中,"海陆丝路·东西交响"2021宁波文化旅游(西安)推广季活动,开展了丝路联盟大学生线上旅游季、俞峰与宁波交响乐团音乐党课、宁波文旅走进西安交大集市等5项主干活动,并与中国东方航空公司联合,面向西安市场推出万张"跟着东航游宁波"文旅畅游卡。

24日至28日　参加全省文化和旅游行政审批工作经验交流。

是月　对屠滽故居、万氏别第、湖心寺旧址等3处市级文保点修缮工程进行现场竣工验收。

是月　省直属机关工委副书记、纪检监察工委书记翁春光到本局调研"双创"工作。

6月

5日 甬剧《众家姆妈》首演。

同日 "生命探秘，从慈开启"谈家桢生命科学教育馆开馆仪式在江北慈城举行。来自全国各地的30余位生命科学领域的院士、专家与谈家桢家属出席了开馆仪式。

6日 国际友人游宁波活动在宁波中国港口博物馆举办。

7日 组织开展"舌尖上的相遇"——中东欧美食与'诗画浙江·百县千碗'人文交流活动，制作美食宣传片，设置长桌宴，现场集合全省11个地市特色美食，媒体争相报道。

同日 宁波市文化广电旅游安全专委会下发《宁波市文化广电旅游安全专业委员会关于印发〈宁波市文化广电旅游安全专业委员会组织机构和职责〉的通知》，明确旅游领域"遏重大"工作的职责和分工。

9日 "相邻相亲 相约吾宿"2021宁波民宿（南京）推介会在南京举办。

11日至12日 由宁波市文化广电旅游局和镇海区人民政府主办的2021年宁波市文化和自然遗产日主题活动"阿拉非遗汇"暨海峡两岸（镇海、南投、高雄）民间艺术交流活动在宁波植物园举行。

18日至20日 以主宾城市单位参与第17届中国海峡旅游博览会，借助大型展会，依托艺术表演、美食品鉴、文化创意等形式，展现宁波文旅新形象。获第七届中国（厦门）国际休闲旅游博览会最佳组织奖、最佳展台奖。

19日 举办"礼赞百年 一心向党"宁波市庆祝中国共产党

成立100周年新农村健康舞比赛。

25日 浙江省文物局公布第三届不可移动文物保护利用优秀案例评选结果，保国寺保护利用案例、延寿堂（甬上枫林晚书店）保护利用案例、新浦老屋（张人亚党章学堂）保护利用案例、柔石故居保护利用案例、陈汉章故居保护利用案例等5个案例入围。

27日 宁波交响乐团赴杭州参加"百年红船 扬帆远航"——浙江省庆祝中国共产党成立100周年大型交响诗画文艺演出。

30日 宁波市演艺集团、宁波交响乐团、宁波合唱团联袂参加宁波市庆祝中国共产党成立100周年文艺晚会演出。

同日 由宁波中国港口博物馆、中国港口协会联合主办的"红船引航，迎潮搏浪——中国共产党与中国强港之路"特展在宁波中国港口博物馆开幕。此展入选中宣部、国家文物局联合推介的"庆祝中国共产党成立100周年精品展览"。

是月 宁波市文化广电旅游局1人、图书馆党支部获评市直机关工委表彰。

7月

4日 民族歌剧《呦呦鹿鸣》通过"庆祝中国共产党成立100周年舞台艺术精品创作工程"重点扶持作品验收。

5日至6日 组织举办全市文旅系统行政审批业务培训。

6日 宁波图书馆入围IFLA年度公共图书馆奖。

7日至9日 文化和旅游部产业发展司副司长马峰一行调研宁波国家文化与金融合作示范区创建工作，完成示范区中期评估调研报告。

9日 组织参加第九届澳门国际旅游产业博览会，强化境内外展商对接交流，宁波文旅与澳门南光集团签署研学旅行项目合作协议，积极推动研学课程设计、研学旅行生态共建、IP及文创开发等项目落地。

10日 举办"礼赞百年 一心向党"宁波市庆祝中国共产党成立100周年群众合唱展演活动。

13日 举行"红色基因、绿色发展"2021宁波红色旅游融合发展大会。大会由中共宁波市委宣传部、宁波市文化广电旅游局主办，镇海区文化和广电旅游体育局、招宝山街道办事处承办。

14日 浙江省文物局发布第十五届（2020年度）全省博物馆陈列展览精品项目获奖名单，宁波4个项目荣获精品奖，分别是：宁波中国港口博物馆的"白银芳华——从外销银器看晚清民初社会和商贸变迁"、奉化博物馆的"山海交响——奉化历史文明展"、宁波博物院的"妙曼丝语——诺丁汉蕾丝及蕾丝制造"、天一阁博物院（保国寺古建筑博物馆）的"四明伟构——保国寺古建筑博物馆基本陈列"。此外，上林湖越窑博物馆的"千峰翠色——上林湖越窑遗址专题陈列"获优秀奖。

21日 省委常委、宣传部部长朱国贤到保国寺古建筑博物馆调研文物保护工作。市委常委、宣传部部长李军一同调研。

30日 举办军地共建"八一"双拥文艺演出活动。

同日 组织开展全市案卷评查各县（区、市）交叉互评。

同日 文化和旅游部公布全国文化和旅游系统2020年度优秀调研成果，《"一人一艺"乡村艺术普及的宁海实践研究》获评优秀调研报告。

是月 组织召开庆祝建党100周年暨七一表彰大会。

8月

3日 组织开展全市案卷评查专家评审。

5日 举办宁波市第五届青年舞蹈演员大赛决赛。

6日 举办"礼赞百年 一心向党"宁波市庆祝中国共产党成立100周年第七届群星视觉艺术优秀作品展。

11日 2021"诗画浙江"全省旅游歌曲大赛在奉化举行。

13日 根据中央编办、省编委、市编委批复,宁波市文化广电旅游局增挂宁波市文物局牌子。

16日 市政府常务会议审议通过《宁波市非物质文化遗产保护条例(草案)》。

26日 中铁隆工程集团有限公司档案馆再次向天一阁博物院捐赠了一批珍贵文书资料,包括清代古籍和近现代与宁波相关的名人手书信件、文章手稿等各类文献资料,共计42件(套)。

30日 组织召开全市文明旅游联席(扩大)会议,市文明旅游联席会议成员单位、各县(市、区)、园区文化和广电旅游体育局、部分旅游企业等负责人代表50余人参会。

同日 省文化和旅游厅党组成员、省文物局局长杨建武赴江北区对国保单位的保护利用情况进行实地考察,实地走访了保国寺和慈城古建筑群,听取慈城镇、江北开投公司关于慈城古县城保护利用的情况汇报,高度评价了药商博物馆和冯定故居的保护利用案例。

是月 推进"一事联办"迭代升级,探索涉文物审批投资项目市、县两级跨层级、跨区域"一件事",落实其他营业性演出审批"一件事"办理操作流程。

9月

13日 完成全市文旅行政审批案卷评查并公布评查结果及反馈整改问题。宁海县文化和广电旅游体育局的"宁海金鸣越剧团申请的文艺表演团体设立审批"等10个案卷被评为2021年度宁波市"十佳"文化广电旅游行政许可案卷。

16日 宁波市文化广电旅游局系统1人入选浙江省"新鼎计划"优秀青年文博人才培养对象。

25日 全国政协经济委员会副主任韩长赋向天一阁博物院捐赠诗书作品《丰收赋》。中共宁波市委副书记、市长裘东耀,市政府秘书长朱金茂,副市长张文杰出席了本次捐赠仪式。

同日至27日 组团参加第16届中国义乌文化和旅游产品交易博览会。

28日至29日 举办2021宁波文旅(上海)推广活动,开展美食直播、自驾分享、秋冬产品推介等"组合拳"推广,联动上海自驾旅游机构做好"千车万人游宁波"产品推广工作。

29日 市委办公厅、市政府办公厅公布2020年度全市党政系统优秀调研论文成果,宁波市文化广电旅游局调研论文《新冠肺炎疫情对宁波文旅产业的影响和疫后提振发展思考》获评2020年度精品调研成果。

是月 宁波作为上海旅游节分会场城市,推出惠民活动。宁波市文化广电旅游局整合宁波72家景区、酒店民宿、餐饮店针对上海市民推出优惠产品。获2021年第三十二届上海旅游节最具人气奖、长三角分会场最佳组织奖。

10月

3日 甬剧《红杜鹃》通过省重点题材项目验收。

10日 举办"百年礼赞·一心向党"宁波市庆祝中国共产党成立100周年原创音乐舞蹈和原创戏剧小品大赛。

11日至15日 在西安交通大学举办全市文化广电旅游系统领导干部能力素质提升研修班,局机关干部,县(市、区)文化和广电旅游体育局领导,局属单位领导班子成员、中层干部85人参训。

14日 宁波市文广旅游安全专委会工作例会召开,市文广旅游安全专委会常务副主任、市政府副秘书长杨小平及市文旅局、市教育局、市农业农村局、市气象局、市综合执法局、市体育局、市市场监管局等16家成员单位分管领导及职能处室负责人参加会议。

15日 上林湖越窑国家考古遗址公园入选2021年全国文化遗产旅游百强案例。

16日 举办"市民旅游日"活动,62家惠民景区(点)共接待游客6.5万人次,累计优惠额度370.88万元。为期1个月的2021宁波旅游节也正式拉开帷幕,本届旅游节含"惠游宁波""畅游宁波""数游宁波"三大板块十大主题活动,此外还推出了22条精品文旅线路和100场秋冬文旅节事活动。

18日 余姚河姆渡文化遗址入选中国考古百年百大考古

发现。

23 日至 24 日　宁波市文化广电旅游局举办"百年礼赞·一心向党"宁波市庆祝中国共产党成立 100 周年原创音乐舞蹈大赛。

29 日至 30 日　2021 宁波文旅消费季秋季展示活动在江北老外滩举行。

11 月

5 日　印发实施《宁波市文化广电旅游局重大行政决策程序实施办法》。

同日　宁波市江北老外滩入选第一批国家级文化和旅游夜间消费集聚区名单。

8 日　印发实施《宁波市文化广电旅游局公平竞争审查工作规范（试行）》。

9 日　由宁波市文化广电旅游局主办，凤凰网宁波频道承办的"甬乡伴"2021 宁波乡村旅游（民宿）伴手礼大赛"现场评审会举办。活动自 9 月启动，经初评共筛选出 150 件入围作品，最终评选出故事奖 5 件、创意奖 5 件、风情奖 5 件、工艺奖和网络人气奖各 6 件。

10 日　第二届"浙宿好礼"乡村民宿伴手礼大赛系列活动现场终评在杭州举行，宁波市 24 件作品入围，并有 7 件作品分别荣获大赛综合奖、贡献奖、传承奖和人气奖；宁波市文化广电旅游局荣获大赛组织奖。

13 日　2021 东亚文都中日韩青少年文化交流闭幕式活动举行，3 国青少年代表做总结发表，宁波市文化广电旅游局联合市教育局为参与交流的青少年授予证书。

15 日　联合市发展和改革委印发《宁波市文化和旅游发展"十四五"规划》。

同日　甬党干〔2021〕199 号文件印发，詹荣胜任宁波市文化广电旅游局党组书记。

16 日　联合市委宣传部、市外办发布《宁波市国际人文交流基地建设管理办法》，启动新一轮宁波市国际人文交流基地建设。

18 日　人力资源社会保障部、文化和旅游部决定，授予宁波交响乐团"全国文化和旅游系统先进集体"称号，授予江武吉（宁波市文化广电旅游局）"全国文化和旅游系统先进工作者"称号，授予丰华（余姚大丰）、李晶（达人旅业）"全国文化和旅游系统劳动模范"称号。

19 日　浙江省黄才良泥金彩漆导师工作室被命名为浙江省首批文旅导师工作室。

22 日　第六届宁波微电影节征片启动。本届赛事历时 2 个月，共征集全球参赛作品 869 部。国际短片参赛者来自法国、希腊、意大利、保加利亚、韩国、新加坡等，国内短片参赛者来自上海、浙江、北京、湖南、福建、新疆、重庆、广东等 20 多个省（区、市），最终评选出最佳短片金螺奖等 10 个奖项。

24 日至 26 日　组织 8 家旅游饭店 36 名选手参加迎亚运全省旅游饭店服务技能大赛，奉化华侨豪生大酒店、宁波南苑环球酒店分别获团体二等奖、三等奖，9 名选手分别获个人二等奖、三等奖。

25 日　局系统金华入选 2021 年度旅游拔尖人才培育资助名单（浙江省"金牌"导游培育项目），谢贤华入选 2021 年度旅游拔尖人才培育资助名单（浙江省乡村文化和旅游带头人培育项目），刘

伟义入选 2021 年度旅游拔尖人才培育资助名单（浙江省旅游管理精英人才培育项目）。

26 日　根据甬人大常〔2021〕56 号文件精神，詹荣胜任宁波市文化广电旅游局局长。

30 日　局系统叶弦、刘建江入选文化和旅游部 2021 年度乡村文化和旅游能人支持项目。

同日　奉化区被文化和旅游部列入文化和旅游市场信用经济发展试点地区。

同日　文化和旅游部发布首批 47 家国家级文明旅游示范单位名单，宁波市天一阁·月湖景区入选，全省仅 2 家入围。

同日　启动宁波市文化广电旅游系统"12.4"普法宣传，举办"以案释法"文化、文物、广电、旅游领域典型案例巡回展。

是月至 12 月　积极推进杭甬"双城记"文旅合作，推动杭甬两地签署文化旅游合作框架协议。联动杭州共同举办杭甬金色盛典、"宁波旅游节""杭州大学生旅游节闭幕式"等。推动两市景区年卡旅游优惠互享，推出 3 条亚运线路，融入"智能亚运一站通"宁波分赛区线路，推动双城互游。

12 月

6 日　发布《宁波市文旅普法宣传微视频（2021）》系列宣传片，结合宁波建城 1200 周年和宁波市第十三个"历史文化名城保护日"，通过官网、微信公众号宣传文物保护法律法规。

15 日至 27 日　浙江省饭店星级评定委员会 3 次发文，分别批复奉化华信天港禧悦酒店等 3 家饭店为金树叶绿色旅游饭店，宁波华侨豪生大酒店等 6 家饭店

为金桂级品质饭店,东钱湖华茂希尔顿酒店为金鼎级特色文化主题饭店,溪口夜泊君亭酒店等2家饭店为银鼎级特色文化主题饭店。

16日 鄞州区和"一人一艺"全民艺术普及工程分别获得浙江省公共文化建设先行县和领航项目创建资格。

18日 现代舞剧《冼星海》入选文化和旅游部"庆祝中国共产党成立100周年舞台艺术精品创作工程"重点扶持项目。

20日 2021年第二届浙江省"最美文旅人"名单公布,宁波市文化广电旅游局推荐的浙江大丰实业股份有限公司党委书记、董事长、总经理丰华获评,另有2人获提名奖。

21日 宁波文化广场和南塘老街入选第一批省级夜间文化和旅游消费集聚区名单。

同日 联合市委宣传部、市外办发布《关于公布首批宁波市国际人文交流基地的通知》,完成首批25家市级国际人文交流基地创建。

23日 完成2021年度旅游厕所评估和评定报告,完成3A级旅游厕所认定。

24日 与中国人民银行宁波市中心支行联合公布"宁波文化金融合作创新总榜"评选活动结果,宁波市全域旅游综合保险服务项目、农行文创支行、鄞州银行文旅易贷团队等20个文旅金融产品和团队获"十大文旅金融创新产品""十佳文旅金融创新团队"奖。

26日 2021年度浙江考古重要发现评选结果在杭州揭晓,宁波慈城胡坑基遗址、宁波镇海

吕岙遗址入选。

31日 浙江省文物局公布"文物安全"应用场景建设"揭榜挂帅"试点项目名单,宁波市文物安全体检场景建设和海曙区恶劣天气、灾害预警监测处置模块入选。

（朱竣获）

宁波市县（市、区）文化和旅游工作概况

【海曙区文化和广电旅游体育局】 内设职能科室6个,下属单位7个。2021年末人员76人（其中:公务员13人,参公21人,事业42人;具有高级技术职务资格的7人,中级9人）。

2021年,海曙区文化和广电旅游体育局以践行高质量发展共同富裕样板区为核心,以实施"十四五"总体规划布局为主线,以打造"最具古韵的甬城文化核心区""长三角休闲旅游目的地"为目标,全力推动海曙区文化、旅游工作走在宁波市前列。一是探索专项行动实施路径。聚焦数字化行动。依托浙江省文物局文物安全智慧监管平台建设试点工作,提高文物领域治理水平,推进文物安全工作人防、物防、技防的文物安防体系建设。谋划打造全域旅游数字监管系统,提升全区旅游行业实时情况的数字分析能力及安全生产精准指导能力。谋划搭建网吧动态数字分析系统,实施动态人像捕捉。聚焦"精特亮"行动。推动实施明州罗城环线和多彩滨汇线精品线路打造。组建专班,建立月例会、季督查、年总结的闭环工作管理机制。利用小场地、空置地、闲置用房策划设计系

列有情怀、有创意的精品小项目、小景观、小配套,实现聚点成景、连线成片。聚焦"双减"行动。深化底数排摸工作,从近1000家培训机构中筛选出220家正常经营的非学科类校外培训机构,其中文化艺术类校外培训机构146家。探索建立联系协作机制,全面汇总梳理校外培训机构情况,建立校外培训机构信访纠纷协调处置机制,确定责任部门、处理标准,化解潜在社会矛盾。二是打造最有温度的公共文化服务体系。文化惠民有特色。推动"文化＋"品牌融合发展,持续举办海曙区"百川工程"等文化惠民活动。组织书香海曙·2021天一读书节、2021"城市萤火虫"换书大会、"迎建党百年 享美好生活"等系列群众文化活动。提升"一卡通"分馆流转效能,创新"点单式"按需配送模式,点单配送专项类图书13.6万余册。服务供给有温度。实施"一人一艺"全民艺术普及工程,开设17项课程,共204课时。推出"读者点单再配送""你选书我买单"等惠民便民服务,配送图书47500册次。破解零散游戏游艺场所审批、监管困境,实施游艺设备备案。提供社保卡、电子社保卡借还图书服务,开通小程序办证业务,已有1561位读者通过小程序办理电子读者证。数字改革有场景。建设数字化阅读网络体系,建成10家特色数字化阅读书房,搭建智慧监控系统,实现"7＋24小时"实时联控。建设特色数字资源库,全年上传数字资源15TB,实现资源下载250万次;推动地方文献数字化,初步形成地方文献数字化名录。三是推动传统文化

活态传承。创建省级文化传承保护区。重点推进省中医药文化传承生态保护区创建工作。强化校地合作，借智借力浙江中医药大学等高等院校，制定《中医药文化传承生态保护区（海曙）总体规划（2021—2025）》等政策规划。拓展中医药文化阵地，建成寿全斋1760博览馆，推进建设非遗特色酒店2家，申报非遗主题研学实践教育基地1个，发布非遗主题研学路线2条，认定非遗文创骨干企业3家，推进保护区创建宣传活动。推动海曙区非遗项目提档升级。海曙区新增市级非遗项目14项、区级非遗项目12项，四明南词1名传承人入围第二批市非遗"薪火计划"传承人培养名单；2020年非遗指数评估排名全省第24位、全市第3位，为历年最好成绩。古林镇创建为第二批宁波市文化传承生态保护区，洞桥镇沙港村入选浙江省民俗文化村创建名单。推进"文化基因解码工程"，"梁祝传说"入选浙江省"文化基因解码工程"及文化标识建设培育项目。有序推进文物保护利用。推进文物建筑安全保护工作责任书签订工作，签订责任书132份。升级文物智慧监管，已建成区文物"天地一体"视频监控系统111个监控点位。强化文物安全检查督查，开展文物检查172次。承办市级"四明星火映百年·革命文物耀甬城"启动仪式，3名讲解员入选市级革命文物讲述者。延寿堂入选第三届浙江省不可移动文物保护利用优秀案例。四是实现文旅产业有序发展。强化产业政策引领。完成2020年文化产业政策兑现，共兑现42家文化企业扶持资金244.34

万元。强化文旅企业梯度培育，遴选领军型企业、骨干型企业、新锐型企业5家，评定新增海中金、鼓楼132、集仕芯谷3家文创园区。旅游产业恢复显著。据浙江省旅游统计系统显示，星级饭店营业收入3.92亿元，同比增长48.68%。全区旅游景区累计接待游客2276.91万人次，同比增长35.64%；实现营业收入2.55亿元，同比增长34.71%。乡村旅游接待游客218.58万人次，同比增长29.75%；实现乡村旅游经营总收入1.04亿元，同比增长92.85%。旅行社接待国内游客10.38万人次，同比增长115.80%，组织国内游客29.72万人次，同比增长94.52%。促进文旅消费升级。承办2021宁波文旅消费季春季活动，开创文旅产业"体验式消费"新模式。开展海曙区第三届"美好生活节"活动，举办第十九届亚运会（宁波分会场）倒计时一周年活动暨海曙区第三届美好生活节开幕式，非遗、文创企业20余家参加。清新龙观运动体育旅游精品路线入选2021年度长三角地区精品体育旅游线路。五是促进旅游行业品质化发展。强化规划引领。成立海曙区旅游专班，召开旅游专班会议。编制完成《海曙区文化与旅游发展"十四五"规划（评审稿）》，开展四明山区域旅游发展课题调研。利用精特亮工作契机，开展精品线路规划与设计，制定罗城精品线的游线和点位；策划10条红色信仰旅游线路，联合龙观乡举办"曙色初心 红色信仰"海曙红色游线发布仪式。推动品质建设。成立海曙区旅游饭店星评组，指导嘉和大酒店通过四星级饭店复评，指

导2家饭店创建金桂级品质饭店，指导2家饭店创建四花级酒店，指导3家单位创建四星级旅行社。打磨"书香酒店"品牌，率先全省制定海曙区书香酒店建设的评价标准，召开海曙区书香酒店评价规范评审会，确立了海曙区书香酒店评价规范。提升旅游人才素质，特聘6位宁波市旅游行业专家，开展5期培训，受训440人次。打造"微游宁波老城"目的地品牌。借宁波建城1200年契机，率先全市推出"宁波根脉子城之旅""骑游六门罗城之旅"等5条"微游宁波老城"阅读城市故事旅游线路，开展城市历史文化培训、模拟设计线路大赛、导游现场讲解指导等活动，拟定"微游宁波老城"阅读城市故事旅游线路推广奖励政策。强化宣传推广，设计推出"微游老城"动画，印制中英文版"微游宁波老城"口袋书40000份，强化抖音、微信视频号、高校资源推广等，累计曝光量892.69万次。六是力争执法监管高效发展。重点监管强基增效。针对网络文化市场、娱乐场所、网吧行业共出动检查9487人次，检查单位2703家次，发现违规22家次，受理举报（督查）1件，行政处罚立案调查18件，办结案件13件，警告7家次。实施安全生产全覆盖检查2次。与全区150多家文化经营场所签订安全生产年度责任书，经营单位全年开展生产培训及演练130余次。推进文明典范城市创建。针对A级景区、星级宾馆、公共文化服务场所、文旅市场等创建点位，压实各项创建要求。深化网吧禁烟工作，在全市范围内率先开展网吧禁烟专项整治行动，与

全区 95 家网吧签订《网吧常态化禁烟承诺书》和《信用承诺书》；连续开展多部门检查，出动人员 695 人次，检查网吧 228 家，处罚 1 家，集体约谈 6 家次，关闭停业 17 家，21 家网吧自愿聘请禁烟员实施禁烟监管。七是护航建党百年筑牢安全防疫底线。压实责任强化巡查。制定《宁波市海曙区文广旅游安全专业委员会组织机构和职责》，做好"遏重大"排查整改，建立旅游新业态多部门常态化联合监管模式。与 29 家旅游饭店、75 家旅行社、34 家旅行社分社签订安全生产责任书。旅游领域安全生产风险普查率达 100%。拉网式排查 34 家星级宾馆饭店用气安全。广泛宣传务求实效。召开文旅市场安全培训会。开展"平安护航建党百年"海曙区文旅行业安全应急演练，全区 85 家文旅单位 150 人参与。开展"小海狸"亲子阅读安全主题故事会、"阅游甬城"第 5 季走进海曙消防救援大队等特色活动。疫情防控守牢底线。召开旅游饭店疫情防控会议，部署旅游饭店做好小门管控，落实查码、测温、戴口罩措施。在全区网吧、娱乐场所内设置疫情防控临时留置点 150 余个。落实景区预约、错峰、限流工作。开展疫情防控工作检查，落实文化市场经营单位疫苗接种工作。

（张　晴）

【江北区文化广电旅游局】　内设职能科室 6 个，下属单位 6 个。2021 年末人员 74 人（其中：公务员 9 人，参公 21 人，事业 23 人，机关工勤 1 人；具有高级技术职务资格的 1 人，中级 2 人）。

2021 年是"十四五"规划开局年和建党百年，江北区文化广电旅游局深入学习贯彻党的十九届五中全会精神，切实实施"147"专项行动，着力"五区共建"落地落实。全区全年共接待国内外游客 395.65 万人次，同比增长 12.81%，恢复到 2019 年的 98.53%。实现旅游总收入 57.46 亿元，同比增长 4.85%，恢复到 2019 年的 90.85%。一是抓全域旅游有厚度。成立旅游专班，抓好全区旅游业发展顶层设计。编制《江北区"十四五"文化和旅游发展规划》，明确"宁波文化能级提升的先行区、长三角文旅时尚消费集聚区、国家级文旅融合发展示范区"的发展目标和"一带二核三区"的文旅空间发展布局。完成全域旅游创建标识导览系统设计安装，在交通主入口精神堡垒、主干道和通景公路交通标识牌等 85 个点位安装全域旅游导览图。指导洪塘街道、慈城镇通过浙江省第二批全域旅游示范区复核；全面启动洪塘、前江街道省 4A 级和 3A 级景区镇创建，达人村国家 4A 级景区创建；宁波涌优文化馆通过 3A 级景观质量评审；申报创建等级民宿（客栈）和主题文化（非遗）民宿 4 家；有省果蔬采摘基地 4 家，省五星级旅游购物场所 1 家（梦神健康睡眠中心）。二是抓项目建设有速度。成立投资促进专项小组，统筹推进文旅项目建设。围绕"147"专项行动、"微改造、精提升"五年行动计划，申报市、区两级试点项目 22 个，全年文化旅游项目实际完成投资 32.76 亿元。慈城古县城列入浙江省文旅"金名片"和首批千年古城复兴试点，建成开放聪

马河、城南旧事历史文化街区，以及冯定真理园、敬修堂等 8 家文化场馆，引进 1.82 亿元社会资本建成运营云酒店、甬浩轩等一批民宿和餐饮单位，基本完成保黎大酒店、三民路、大东门停车场建设，市、区、镇 3 级累计投入资金 90 多亿元，全年接待人数 336.72 万人次，同比增加 185.2%；营业收入 7783 万元，同比增加 311.8%。创建老外滩成为浙江省唯一国家级高品位步行街、浙江省首批千万亿级大景区和旅游休闲街区、宁波市唯一国家级夜间文化和旅游消费集聚区，打造宁波首个开放沉浸式演艺"入戏·老外滩"城市文化品牌项目，提升老外滩天主教堂亮化工程，加快老外滩国际化建设。打造"灵山慈水休闲生态带"精品线路，依据"唐宋山水图""见山望水解乡愁"的地理和功能定位，布局沿线"四意十景"，抓好沿线景观、道路提升。三是抓文旅惠民有态度。全力推进民生实事项目落实，开展"天然舞台"，送戏下乡惠民演出 200 余场，惠及近 5 万人，完成送书下乡 23880 册，开展全民阅读活动 86 场，参加人数约 5.5 万人次，江北区图书馆获评第一批浙江省"满意图书馆"。抓好各项文艺精品创作，组织参加各级文化赛事活动，创排沉浸式情景剧《进击的人生》，原创作品男生组唱《手·心》、群舞《呦呦我心》和小品《情敌》连获 3 金，首创江北区全品类三连冠。开展春节期间外来留甬员工免费游江北活动，累计申领景区门票 4.51 万张，补贴发放超 300 万元。开通社保卡借书和微信二维码借书服务，推行"图书馆＋书店"和"天一约书"信用借

还服务，便民惠民。全力打响"诗画浙江·百县千碗"品牌，举办第二届"舌尖上的相遇——中东欧美食与'诗画浙江·百县千碗'人文交流活动"，推进"百县千碗""六进"工作，提升江北美食品牌影响力。四是抓安全防控有力度。扎实推进宁波市建党100周年"扫黄打非"和文化市场综合执法百日攻坚行动，加强对重点区域、重点内容、重点时段的监管，日常检查出动2433人次，检查1145家次，"双随机"检查27次208家次，处理轻微违规370余起、明显违规情况23起，其中15起予以立案查处。集中力量开展网吧禁烟专项整治，与全区32家网吧签订责任书，增设禁烟展板、禁烟答题开机页面，安装烟雾报警装置，利用撒网式排查、突击检查、网络监管等"线上＋线下"相结合的方式，发送提醒信息72条，发现安全隐患47处、吸烟人员59名，涉及网吧24家，均进行处罚、整改，其中3家停业整顿，网吧环境显著好转。五是抓传承利用有广度。启动省、市非遗代表性项目和代表性传承人申报、评估和考核工作，越窑青瓷烧制技艺、木雕、螺钿雕刻、玉成窑紫砂制作技艺等4个非遗项目被评为第六批宁波市非遗项目；慈城镇被评为宁波市非遗文化传承保护区。组织开展"追寻百年征程，传承千年文化"文化和自然遗产日、浙江省非遗购物节和宁波"阿拉非遗汇"等活动，"线上互动＋线下打卡"相结合，宣传推广江北文化遗产资源。完成20个重点文化元素基因解码报告，录入"文化基因解码"信息采集系统的基本文化元素数量达标。六是抓数

字赋能有深度。依托数字化建设，完成江北智慧文旅信息平台功能优化提升，打通与市大数据平台互联互通渠道，全力攻坚应用场景的提质扩面。完善文旅大数据平台、文旅公共服务平台，文旅数据仓等系统功能并正式上线运营。完成3A级及以上景区接入省"浙里好玩"平台，实现网上预约功能。完成慈城古县城、绿野达人谷、保国寺、达人村四大景区刷社保卡快速入园改造工程。完成慈城古县城智慧景区改造，启动智慧外滩数字项目，构建集"智慧旅游""智慧停车""智慧消防"等系统于一体的综合管控平台，建成达人村景区票务管理系统，增设数字信息馆，为游客提供生动的观摩体验，建成保国寺景区、绿野山居景区智慧旅游服务体系。加强全区酒店信用住、信用游场景开拓工作，全区星级饭店实现信用住。

（吕晓莹）

【镇海区文化和广电旅游体育局】内设职能科室8个，下属企事业单位6家。2021年末人员101人（其中：公务员14人，参公24人，事业63人；具有高级技术职务资格的6人，中级18人）。

2021年，镇海区文化和广电旅游体育局紧紧围绕上级决策部署，统筹推进常态化疫情防控和文旅体融合发展，以建党100周年为主线，以开启"十四五"、奋进新征程为重点，创新工作思路、提升工作水平、完善工作机制、狠抓工作落实，着力推进公共服务体系建设、推动文化艺术事业繁荣发展、提升旅游品质、提高文旅产业发展水平、改进市场监管治理

机制，为镇海区争创共同富裕示范先行区开好局贡献了力量。一是提升公共文化服务水平，努力打造文化新高地。提升公共文化服务品质。持续推进乡镇（街道）综合文化站改建提升。招宝山文化站人文艺墅投入使用，九龙湖文化站改建有序推进。十七房村文化礼堂获评浙江省公共文化场馆功能拓展先行先试工作单位。推进文化馆、图书馆提品升级，加强文化馆、图书馆数字化建设和总分馆建设，推出"扫码听书"服务，打造有声图书馆。指导镇海海韵艺术团创排宁波帮题材越剧《君子成忠》，推广"商帮故里"文化。联合上海书法界，在宁波帮博物馆举办周慧珺杯——上海市"宋四家"诗文临创书法大赛作品展。拓宽公共文化服务空间。探索"图书馆＋公共空间"模式，创新"图书馆＋企业""图书馆＋公寓""图书馆＋社区"服务模式，打造覆盖城乡、遍及全民的全域化城市阅读圈。新建"半刻书房"、新晨社区图书馆并投入使用。镇海区文化艺术中心"公共文化场馆高效能低成本运行模式"成功创建浙江省第四批公共文化服务体系建设示范项目。区图书馆上榜浙江省第一批"满意图书馆"达标名单。深化全民艺术普及。讲好党的红色故事，推出镇海区党史学习教育交响音乐党课、主题文艺展演、基层文艺汇演等庆祝中国共产党成立100周年系列活动。举办第八届市民文化节，开展"百年礼赞　歌声颂党"镇海区音乐达人赛、镇海区优秀文艺团队线上评选活动、镇海区业余文艺团队PK赛等全民赛事。获"一人一艺杯"宁波市第二届全民

戏曲大赛金奖、铜奖各 1 个。加大文化惠民力度。制定《镇海区留镇过节职工子女文化暖冬活动方案》,举办 40 余场活动。开展"2021·活力镇海"第二故乡网络体育文化节线上活动,助力疫情防控。开展"文化走亲"活动 2 次、举办展览 28 场、举办讲座 67 场、送培训 10 次、组织"艺韵追梦"基层巡演 7 次。深入推进全民阅读,持续推进"书香镇海"建设。全年送书下乡 2 万多册,开展全民荐书活动 11 期,举办第五届镇海区古诗文阅读大赛。推动传统文化发展。实施"一镇一街一项目",举办澥浦镇冬至文化节和九龙湖端午节、招宝山街道"老底子文化节"、骆驼街道民俗文化展演等节庆文化品牌活动。5 户家庭、8 人分别获评浙江省文化示范户、浙江省乡村文化能人。招宝山街道、澥浦镇通过浙江省民间文化艺术之乡复核。镇海区骆驼街道通过第二批浙江省戏曲之乡市级审核。二是加强文化遗产保护,推动非遗活态传承。加强文物常态保护。制定《文物安全大排查、大整治、大提升行动实施方案》,局班子成员带队开展文物安全督查。联合公安、消防加强检查、督查。吕岙遗址入选2021 年度浙江考古十大重要发现。深化文博研究宣传。加强海防、海丝史料挖掘与整理,发布了我国首个明代沿海镇城地图复原图,主办"文明的'星'光——宁波镇海应家遗址考古成果特展"、"'大声歌唱·振发民气'——国歌与一位镇海人的故事"刘良模纪念特展等展览,扩大镇海文博影响力。镇海口海防历史纪念馆获评浙江省党员教育培训基地、

浙江省党外知识分子思想教育基地、浙江省民族团结进步教育基地,创建国家 3A 级景区,文创产品"'四小抗'人偶手办"入选第三批浙江省优秀非遗旅游商品名单。加强非遗保护传承。推进"文化基因解码工程",完成 348个文化元素的系统录入工作,确定了 20 个镇海区重点文化元素。全区共有 37 个非遗项目(省级 3项、市级 10 项、区级 24 项),已挖掘、扶持、培育传承人 37 名(省级 2 名、市级 11 名、区级 24 名)。全年区非遗中心、非遗传承人和项目基地共开展非遗公益培训300 多期。承办宁波市第八届"阿拉非遗汇",举办 2021 宁波市第四届少儿非遗故事大赛(镇海赛区)比赛。组织选手参加省文化和旅游厅第四届"少年非遗说"浙江传说故事讲述大赛,获得一等奖。招宝山街道被评为第三批宁波市非物质文化遗产特色小镇;镇海非遗作品"大漆快客杯——故里人家"获 2021 中国特色旅游商品大赛金奖。三是推进旅游品质提升,努力打造旅游目的地。实施创建工程,助力旅游品质提升。不断加大旅游创建力度,推进景区提质升级,各项创建工作取得较大成果。镇海口海防历史纪念馆成功创建国家 3A 级景区,全区国家 A 级景区数量达 8 家,辖区内 A 级景区拥有量居宁波市前列。镇海口海防历史纪念馆咨询点、新材料小镇咨询点入选新一批宁波市旅游咨询点。澥浦镇成功创建 3A 级景区镇,田顾村成功创建 3A 级景区村,清水湖村成功创建 A 级景区村,镇海区景区镇、景区村覆盖率继续保持宁波市第一。开心农场获评省

2A 级采摘旅游体验基地,成为镇海区第 5 家省级采摘旅游体验基地。九龙湖镇获评年度最佳乡村旅游目的地。红色旅游创建实现新突破。招宝山街道成为宁波市首批 3 家宁波市红色旅游融合发展示范区之一,镇海口海防历史纪念馆获评宁波市首批红色旅游教育基地。实施项目建设,助力旅游基础设施改善。全力推进文旅项目建设。17 个项目收入国家文旅项目库系统,其中 5 个项目入选省文化和旅游厅"四十百千"类文旅项目建设名录。完成庄市街道永旺村 3A 级景区村整体提升、九龙湖景区主入口集散中心改造提升工程、招宝山旅游风情小镇提升等项目。加速开展"微改造、精提升"工程,建立"微改造、精提升"项目库。加强智慧旅游建设。将景区监控数据、客流数据统一接入省、市平台,全面推进镇海全域旅游应用项目建设,实现旅游数据共享。实施资源整合,助力旅游新业态打造。全新打造"镇 high—超级目的地"品牌,策划推出 4 条红色研学精品路线,组织开展 4 场特色亲子研学活动,进一步完善了红色研学旅游产品供给。开发旅游新业态。以海上丝绸之路、大运河等历史文化为主题,深挖夜游文旅市场,打造出沉浸式夜景观,拉动文旅旅游消费。开展"镇海十碗"之"十小吃""十冷盘"评选,形成"1+1+1"菜品体系。策划商帮文化宴,做好菜单策划、文化挖掘和宣传推广。举办镇海区美食讲解员大赛,在宁波市美食讲解员大赛中,获最佳组织奖和团体三等奖。"镇海十碗"美食亮相镇海区农民庆丰收暨"稻海粮

仓"稻田文化艺术季开幕式、2021宁波文旅（上海）推广活动等。大力推进乡村旅游健康发展。举办第二届镇海乡村旅游节系列活动、重点打造九龙湖乡村草坪音乐节，推出精品乡村旅游线路4条，与景区、农家乐、民宿等联合推出的乡村旅游节旅游联票受到游客欢迎。九龙湖镇获评年度最佳乡村旅游目的地。实施市场拓展，助力旅游形象推广。做好旅游市场拓展。举办镇海区红色旅游季、第三十四届金秋菊展、乡村旅游节等节事活动，吸引各地游客。组织区内旅游企业参加第七届海峡旅游博览会、西安交通大学集市等大型文旅展会和推介活动，提高镇海旅游企业知名度。加强同对口扶贫、协作地区在文旅资源、客源市场方面的合作交流，拓展省外客源市场。加强市场宣传推广。联合马蜂窝、上海《旅游时报》、《阿拉宁波（文化·旅游）》杂志等平台，宣传推介镇海旅游品牌形象。加强与周边、长三角地区重要媒体的协作，开展常态化旅游宣传，进一步扩大受众范围。设计制作宁波首份多媒体手绘地图《遇见镇海》，实现纸质平面、视频、音频三合一，手绘地图可读、可看、可听。四是夯实产业发展基础，产业融合发展有序推进。促进产业融合发展。推进宁波植物园—吾悦广场省级夜间文旅消费集聚区建设。创建九龙湖旅游度假区省级运动休闲旅游示范基地。出台《镇海区工业旅游示范点实施方案》，推进走运智能健身产业园、329创业园区区级工业旅游示范点建设。推进非遗、文创与旅游商品融合发展，"黑漆描金山水阁楼手炉"获

第16届中国义乌文化和旅游产品交易博览会工艺美术银奖。开发设计"镇海礼物"，编印《镇海礼物·随手礼》宣传册。提升产业消费水平。将有效产品供给和刺激消费需求相结合，构筑新消费平台，进一步挖掘消费潜力。以"点亮夜色 约惠镇海"为主题，举办2021年镇海区文旅体消费季活动。投入财政资金28万元，发放住宿券、体育消费券1万张，拉动消费200万元。举办镇海文旅名品展，组织企业参加各类展销交易会、文博览、直播带货等，提升产业消费水平。夯实产业统计基础。加强产业统计网络、平台和机制建设，提升数据质量和时效。开展旅游产业增加值测算。组织镇海住宿床位、游客消费结构调查统计，进一步完善统计基础数据。做好春节、五一、国庆等重要节假日旅游经济运行分析和信息报送，及时汇总、研究分析主要文旅企业各项经济指标。完善文化旅游产业名录库和重点企业名录库。新增1家动漫企业和1家限上住宿企业。加大政策扶持力度。制定《镇海区留镇过节职工子女文化暖冬活动方案》，推出免费游览景区、培菊观影、新春赠书等40余场活动，活动期间8家景区累计接待留镇过年外来务工人员31.3135万人，累计免除门票998.15万元。修订《镇海区影视游戏动漫发展专项资金管理办法》，促进影视游戏动漫企业生产经营落地镇海。全年发放产业补助资金143.07万元。五是深化综合执法改革，市场监管规范有序安全。专项行动显成效。开展专项整治，全面护航建党百年，共出动检查5744人次，检查

各类场所2713家次，组织、参与联合行动92次，行政处罚立案37件，结案38件，罚没款92260元，没收非法物品165个。重点开展了"扫黄打非"和文化市场综合执法百日攻坚行动、游戏游艺专项整治行动、歌舞娱乐曲库专项整治行动等。法治建设有亮点。招募组建浙江省首支涉外文旅志愿者队伍，积极引入社会力量监管涉外演出。以"护苗行动"为契机，持续发挥文明旅游普法宣讲队及网络文化普法宣传平台作用。全年共发放各类法治宣传品及法治宣传手册6000余份，解答群众法律咨询20余次。执法质效获突破。深入业务学习，提升执法案卷制作水平，在2021年度镇海区行政执法案卷评查中，镇海区文化和广电旅游体育局获评行政处罚案卷质量优秀单位、行政许可案卷质量优秀单位，2起案卷获评优秀行政执法案卷。

（位梦蕊）

【北仑区文化和广电旅游体育局】内设职能科室5个，下属事业单位5个。2021年末人员88人（其中：机关33人，事业55人；具有高级技术职务资格的7人，中级16人）。

2021年，北仑区文化和广电旅游体育局以深化文旅融合为主线，以推动高质量发展为目标，力促北仑文化、旅游事业取得新成效、呈现新格局。宁波中国港口博物馆晋升国家一级博物馆，获评2020年浙江省十佳影响力博物馆，"红船引航 迎潮搏浪——中国共产党与中国强港之路"展览入选中宣部、国家文物局2021年度"弘扬中华优秀传统文化、培

育社会主义核心价值观"百大主题展览推介项目。梁祝传说之花鸟纹铜镜系列文创产品"梁祝传说"入选第三批浙江省优秀非遗旅游商品。张人亚党章学堂获评宁波市文物保护利用优秀案例、第三届浙江省不可移动文物保护利用优秀案例、第四批浙江省红色旅游教育基地,张人亚党章学堂红色守护团获得"最美浙江文物守望者"荣誉称号。新增国家3A级旅游景区2个,浙江省4A级景区街道2个,A级景区村庄20个。北仑区图书馆获评浙江省首批"满意图书馆",大碶街道学苑社区获评2021年全国"书香社区",九峰山文化礼堂、瑞岩文化礼堂入选浙江省公共文化场馆服务功能拓展先行先试单位。霞浦街道入围宁波市第一批红色旅游融合发展示范区。一是公共文化服务水平稳步提升。启动文化基因解码工程,梳理一般元素400个,完成重点基因解码报告19个。文化惠民亮点纷呈。开展"迎建党百年 享美好生活"系列群众文化活动,办好2021中国(宁波北仑)中东欧青年艺术周、第三届中国(宁波北仑)青年漆画大展等,打造青年文化节品牌。文艺精品创作不断繁荣。培育乡村文艺骨干队伍,获评省级文化示范户5户、省级乡村文化能人5人。承办、参加省、市各类群文赛事活动。漆画《空间·时间·生命》获"迎建党百年 享美好生活"浙江省第七届视觉艺术综合大展金奖,原创小品《共享奶奶》获市级创作金奖和表演金奖,北仑合唱代表团获市级展演金奖,北仑区美术作品参加第七届省群星视觉艺术综合大展优秀美术作

品展,获1金5银6铜等。非遗传承持续有力。完成第六批非遗代表性项目申报工作。开展"服务传承人""非同儿戏·遇见北仑""文化和自然遗产日"等特色非遗活动。《蛟川走书:散不去的乡音》《唱新闻:行走在人间的烟火》入选《浙江好腔调:50项非遗曲艺集萃》。文物保护利用稳步实施。实施市、区、街道、责任文保员4级文物巡查制度,完成智慧文保一期项目,发布北仑红色地图,守好红色根脉。二是文旅融合促进产业提质增效。规划引领发展。编制印发"十四五"文旅事业发展规划和国土空间规划,完成国保单位《镇海口海防遗址保护规划》初稿编制。加大招商引资与政策扶持,完成"微改造、精提升"旅游项目投资3000万元,兑现2020年度区级旅游产业扶持资金430万元。海天文体中心建成开放。"精特亮"全力推进。牵头"港通天下·中轴主画卷""港通天下·激情东海岸"2条精品线建设,获评全区上半年"精特亮"创建工作表现突出集体。创建评优拓展业态。完成梅山金融小镇、张人亚党章学堂等的整改提升并准备迎接3A级景区验收。21家村(社)成功创建省A级景区村庄,亚洲纸业、三星重工2家工业旅游展馆挂牌,加快布局红色旅游、工业旅游、沉浸式夜游、滨海休闲旅游等特色文旅新业态。多措并举提振市场。开展乡村旅游季、青年才俊北仑行、文旅惠民消费季、"诗画浙江·百县千碗·北仑十味"、首届红旅文化节等文旅节事活动,广泛开展旅游推介促进市场复苏。三是品牌效应凸显文旅高质量发展动能。

"港口""海丝"品牌初显。不断优化"市—区—街道—社区"4级文化设施网络。宁波中国港口博物馆以"参与式"理念打造完成"港通天下——中国港口历史陈列"古代部分展示提升,推进"海濡之地——北仑史迹陈列"改陈项目,举办"天下开港:宁波的港与城"8期临展。利用钟观光故居建成开放钟观光纪念馆,俞启慧版画艺术馆正式开馆并对外开放。"书香北仑"气息日趋浓郁。进一步完善基层阅读服务体系,开展区未成年人读书节、图书馆之夜各类读书活动170余场。新建改建戚家山街道、柴桥街道图书馆,建设城市书房,与贝发集团共建职工书屋。打造特色文化空间公共服务品牌,北仑区文化馆艺术空间落成启用,举办浙江省水彩名家北仑采风活动、浙江省漆画研修班,培育青年漆画艺术品牌,开展"一人一艺"公益培训课程,全年"文化加油站"课程点单共计480次。四是守牢底线推动行业健康发展。全面摸清底数,夯实安全基础。发挥北仑区文化和广电旅游体育局专委办统筹协调和行业主管部门管理作用,掌握全区400余家经营场所安全情况。检查文旅体场所1260家次,发现安全隐患155处,约谈企业46家,整治完成155家。旅游领域安全生产风险普查工作进入"常普常新"阶段。推进重点攻坚,强化日常监管。完成旅游领域"遏重大"攻坚战攻坚任务25项。开展人员密集场所房屋安全大排查,完成旅游饭店、娱乐场所等房屋安全鉴定180余家。承办2021年宁波市文博场馆消防安全演练现场会,开展文化行业消防应急

实战演练。全年累计出动检查人员6000余人次，检查经营单位3000余家次，行政处罚立案调查31件。创新"数字＋执法"，提升监管效能。探索旅游纠纷调解多元化解新模式并进街道基层矛调中心试点，试行分级分类管理办法并与其信用等级挂钩，创新信用监管制度。进一步推进北仑区文化市场技术监管平台建设，网上执法应用率达到100％。

（李丹丹）

【鄞州区文化和广电旅游体育局】内设职能科室8个，下属单位7个。2021年末人员136人（其中：机关48人，事业88人；具有高级技术职务资格的19人，中级37人）。

2021年，鄞州区文化和广电旅游体育局认真学习贯彻习近平总书记重要指示精神，尤其深刻领悟习近平总书记考察浙江重要讲话精神，全面贯彻党的十九大和十九届历次全会精神，紧紧围绕区委、区政府总体部署，突出重点，强化措施，狠抓落实，全力推进鄞州区文化、旅游各项工作再上新台阶，为"十四五"开好局，起好步，奠定坚实基础。一是高质量发展，稳步推动文化服务优质先行。不断完善公共文化服务体系。启动浙江省首批公共文化服务现代化先行县创建工作，出台《鄞州区创建浙江省公共文化服务现代化先行县实施规划（2022—2023）》，成为浙江省8个省级公共文化服务现代化先行县创建对象之一，是宁波唯一入选县（市、区）。启动由中国人民大学课题组实施的"艺术振兴村社"课题报告编撰工作，成为鄞州区公共文化服务创新案例。鄞州区图书馆上榜省首批"满意图书馆"；五乡镇创建浙江省文化强镇、白鹤街道丹顶鹤社区创建浙江省文化示范村（社区），咸祥镇和王应麟读书节获宁波市第五批公共文化示范区（项目）创建资格。21个综合文化站参加省第七次乡镇综合文化站定级工作，11个获评特级站，10个获评一级站。不断提升文化惠民服务品质。创新公共文化供给模式"鄞州晚七点"，通过招募文化精英、吸收社会力量，组建30多人的文化宣讲师队伍、10支场地服务志愿者队伍、5支活动宣传志愿者队伍，推动梨枣书店、千工甬式家具博物馆、甬之美艺术交流中心等20多家新型城市文化公益空间提供场地支撑，定期举办阅读、艺术、生活美学等主题文化课。已开设51个精品课程，授课近200次，服务群众5200余人次。举办"艺起来"基层文艺团队综艺巡演，在9个镇30个文化礼堂巡演，吸引了2万多人现场观看，75万余人次观看了直播。组建鄞州区越剧团有限公司为主体的"天天演"管理小组，举办了"宁波走书"民间艺人选拔活动，全年完成各类演出501场次。首次采用"云开幕"形式举办第十一届王应麟读书节，推出了《王应麟故事》首发式、2021鄞州阅读马拉松、"阅读护照"——集章打卡活动等10项活动。开展庆祝建党百年活动。创作快板《幸福路》，获浙江省第十一届群众曲艺大赛金奖；创作编排红色越剧小戏《两只大白鹅》赴上海参加庆祝建党百年长三角三省一市小戏作品评比展演，获优秀剧目奖和优秀表演奖。与宁波市甬剧研究传习中心合作的大型红色原创甬剧《众家姆妈》是本年度宁波唯一一部庆祝中国共产党成立100周年的新创剧目。组织"星光"合唱团参加宁波市庆祝中国共产党成立100周年群众合唱展演，获金奖。举办鄞州区庆祝中国共产党成立100周年主题文艺党课、大合唱比赛活动。不断健全公共文化服务队伍。评选创建省、市公共文化示范项目和乡村文化示范户、文化能人，共评选出25个2021年文化示范户和45名乡村文化能人，并有4户、9人入选2021年省级文化示范户、乡村文化能人。依托镇街与村社组织，在全区铺设志愿服务网点，构建"区总会—镇街分会—村社小组"志愿服务架构，共成立23个镇街分会、400多个村社小组，注册会员4000多名。打造"政府引导、企业参与、机构运作、社会参与"志愿服务格局，培育12个文化志愿服务品牌，服务群众24649人次。艺术基地培训项目入选全国文化志愿服务项目；"鄞州晚七点"项目获文化和旅游领域学雷锋最佳志愿服务项目；鄞州区天天文化志愿者协会获评4A级社会组织，获2021年宁波市志愿服务"六个10"最佳志愿服务组织称号。二是挖掘优势，擦亮旅游"金名片"。全力推进重点工作。以城乡风貌提升、"精特亮"精品线建设、艺术振兴村社、"微改造、精提升"等工作为抓手，开展省级全域旅游示范区创建工作，积极打造精品线路（风景线），加快城杨国际旅游村打造。鄞州区入选省级全域旅游示范区拟命名单；鄞州"精特亮"创建上半年度考核结果位列宁波市第一档次；牵头打造的湖光山色"绿水青山"实践线，入选上半年度5条"最美精品线路"；城杨村共改造点位60余个，吸引游客7.5万人次，村民收入大幅度增长。开展旅游"微改精提"。全面开展旅游核心吸引物、旅游目的地、旅游接待场所的"微改造、精提升"，完成3类"微改造、精提升"项目共22个，涵盖酒店、文博场所、非遗馆、精品线路等领域，包括省级试点项目2个、市级试点项目10个和区级试点项目10个。统筹乡村旅游发展。大力推进省"百千万工程"建设，市级乡村全域旅游示范区建设、省级旅游驿站创建工作，积极推动农业和旅游、工业和旅游融合创新发展，指导天童老街和南部商务区水街开展第一批省级特色旅游街区申报工作。天童老街景区获评国家3A级旅游景区；云龙镇创建省3A级景区镇；横溪镇游客服务中心正式挂牌省级旅游驿站；金峨山果蔬专业合作社、塘溪林惠农场分别获评2A级、A级浙江省旅游采摘体验基地；鄞州欣达集团有限公司被列为省级工业旅游基地培育对象；咸祥镇列入市级全域旅游示范区创建单位。三是调优结构，促进文旅经济高质发展。推动文化产业提质增效。全区规上文创产业实现增加值160.54亿元，同比增长35.4%，高于市平均1.3个百分点，增速远高于市对区文化产业考核中设定的预期目标（8%）。在上半年GDP支撑性指标考核中，本局获"快马奖"。重点加强企业主体建设，逐步形成"潜力企业—骨干企业—龙头企业"方阵。音王电声入选国家文化和科技融合示范基地，音王电声、酷乐潮玩、甬派传媒获评2019—2020年度浙江省重点文化企业；宁波国家广告产业园、集盒文创产业园、和丰创意广场获评2019—2020年度浙江省重点文化产业园区；文化广场、书香文化街区获评2020年度浙江省文化创意街区；法诺工业产品设计、未有文化传媒获评第五批浙江省成长型文化企业；甬派传媒获评2019—2020年度浙江省重点数字文化示范企业。全力推动省级文化和旅游领域领军型企业、骨干型企业、新锐型企业申报工作，共有9家单位通过初选。推动GDP支撑性指标争先进位。限上住宿业实现营业额20.2亿元，增长7.8%，高出市平均2.1个百分点，体量排名宁波市第一，增速排名宁波市第四。2家月度新增企业，带来约1000万纯增量，9家企业完成"小升规"。文体娱乐业实现营业收入7.9亿元，增长38.15%；旅行社行业实现营业收5.1亿元，增长17.45%。推动招商引资提振加速。征集25个落地项目和17个在谈项目，并选送1个项目在浙洽会签约；新增文创产业投资16.5亿元；新增各类文创企业近440家，注册资金合计约24.6亿元；接待客商20余批次。联合申报"甬江引才工程"项目31个，国家级引才项目3个。新引进各类文创企业36家，实现营业收入126.5亿元，税收1.5亿元，全部完成区定考核任务。推动文旅消费争优创新。重点引进阪急百货、万象汇、欢乐海岸3家商业综合体落地开业。布局开发舟宿夜江、东裕夜市、惊驾路美食街等夜市街区，挖掘提升三江夜游、爱珂演艺等夜间文旅项目，培育走马塘、天童老街等一批夜间乡村网红打卡地，打造夜景区。鼓励图书馆、博物馆等公共场馆延长夜间开放时间，推出"鄞州晚七点"、24小时城市书房等夜间特色活动。宁波文化广场、南部商务区水街、韩岭老街先后入选第一批省级、市级夜间文化和旅游消费集聚区名单，其中宁波文化广场入选省级夜间文旅集聚区点位。受邀在浙江省促进文化和旅游消费工作会议上介绍鄞州经验和成效。四是数字赋能，扎实构建整体智治体系。建章立制加强建设。印发《鄞州区文化和广电旅游体育局数字化改革工作实施方案》，成立局数字化改革领导小组，建立工作专班、定期会商制度、"例会＋周报"机制。全面构建四大领域数字化改革总框架，实现"掌上治理"和"掌上服务"数字化模式，持续推进建设数字政务服务、数字文旅服务、数字文旅产业发展、数字文旅治理新体系，持续抓好"智慧文化云"、"诗画浙江"文化和旅游信息服务系统、文物资源综合管理系统等重点工作。实时互动串起资源。打造"中央课堂"品牌，通过网络直播形式，开启总分馆互动模式，21个乡镇（街道）数字分馆进入直播间学习、互动，向全民分享优质高效的艺术课程，已播出196期，实时观看总人数26万余人，互动量44万余次。浙江新闻、今日头条、新浪新闻等媒体给予报道。微信粉丝社群扩大至7个，共聚集2228名文艺爱好者。积极推动数字转型。区图书馆实现第三代社保卡在全区9家图书分馆的借阅功能，成为宁波市首家支持社保卡借阅服务的公共图书馆。上线鄞州数字博物馆微信小程序。超额完成 A 级景区社保卡一卡通工作。五是彰显活力，传承优秀传统文化。做实"保护为先"文章。构建人防、物防、技防"三位一体"防护体系，完成文物安全责任人、文物保护标志牌、身份标识牌等亮显工程，推进省级及以上文保单位"两划"地形图纸绘制，将其链入智慧文保系统，打造"云端博物馆"数字体验平台。落实文物安全三年行动，开展基层文物安全"巡回培训"。文保单位（点）和博物馆隐患排查率、安全责任状签订率及安全管理人员受训率均达到 100%。做深"活化利用"文章。深度挖潜博物馆及不可移动文物资源，通过实施"微改造、精提升"工程，全力推动数量与质量"双量驱动"。周尧昆虫博物馆新馆拥有各类昆虫标本 1.1 万个，数量居全国之最；沙氏故居、宁静居均获评宁波市不可移动文物活化利用优秀案例；城区第一支部和丰纱厂小洋楼布展升格为宁波和丰工人运动纪念馆，成为宁波市首个国家工业遗产。全区有不可移动文物 862 个，博物馆 24 座，年参观人数破 100 万人次。做强"形象推介"文章。推出留"鄞"过年、革命文物耀映百年征程、文化和自然遗产日等主题文化宣教活动，推介 14 个文保单位（点）入选省第一批不可移动革命文物。扎实做好文化遗产"共享"新章。编制宋韵文化建设空间规划，追寻鄞地文化遗产"风雅宋"并策划系列深度报道，相关稿件被《人民日报》、学习强国 App 等刊发，获得良好社会反响。六是固本强基，加强文化市场综合

监管。加强安全生产工作。成立专业安委办，设立专业工作组，实施"1＋X"模式，部署安全生产专项整治三年行动计划、消防安全专项检查、瓶装燃气整治等重要专项排查。完成 316 家文旅企业和 244 个不可移动文物点位的安全风险等级评估，开展专项检查 26 次、检查 1200 余家次，旅游领域风险普查 98%，主动发现并整改安全隐患 35 条。严格按照上级有关要求，做好疫情防控工作。加强综合执法力度。全年出动检查人员 6129 人次，检查各类场所 2072 家次；开展"双随机"检查 46 次，检查场所 166 家次；行政处罚立案调查 27 件，办结案件 20 件，警告 3 家次，罚款 61400 元，没收违法物品 13373 个。课题"未签订旅游合同案关键证据解析"入选文化和旅游部文化市场综合执法规范化课题，为浙江省唯一入选课题；"金某与某旅行社涉疫旅游纠纷调解案"入选浙江省人民调解优秀案例，为浙江省旅游行业性调委会中唯一入选案例；组织执法骨干力量参加 2021 年宁波市文化市场综合执法技能竞赛，获得执法综合技能竞赛团体二等奖、网上业务知识考试团体二等奖和 2 项个人三等奖。加强文旅市场监管。推进"最多跑一次"向"最多跑一地"转变。作为鄞州区试点，开展"最多报一次"工作，梳理法人企业报表，减轻企业负担。组织开展鄞州区校外培训机构调查排摸工作。推进文明创建、垃圾分类、安全生产等工作。协调建立知识产权民事纠纷化解联动机制，探索娱乐场所版权协管新办法。开展防范电信网络诈骗和平安"三率"知识宣传。做

实做细信访工作，全年处理信访件 1449 件，平台办结率及好评率均为 100%。

（茅书含）

【奉化区文化和广电旅游体育局】内设职能科室 8 个，下属企事业单位 6 家。2021 年末人员 101 人（其中：公务员 14 人，参公 24 人，事业 63 人；具有高级技术职务资格的 6 人，中级 18 人）。

2021 年，奉化区文化和广电旅游体育局坚持以习近平新时代中国特色社会主义思想为指导，围绕践行"八八战略"、奋力当好"重要窗口"模范生的使命任务，深化公共服务效能、提升文化遗产保护、激发全域发展、做大文旅产业、优化文旅市场，各项工作取得了显著成效。一是着力精品打造，提升公共服务效能综合力。文化阵地更加完善。致力打造城乡一体"15 分钟品质文化生活圈"，完成方桥街道综合文化站建设，新建并开放朝夕城市书房——中交未来城分馆，实现每万人拥有公共文化设施面积 5100 平方米，推动优质公共文化资源向基层、乡村延伸。积极推进雪窦山省级文化传承生态保护区创建，与浙江师范大学合作建立奉化传统工艺工作站。文艺创作精品不断。原创女声表演唱《踏水而歌》在"百年礼赞·一心向党"宁波市庆祝中国共产党成立 100 周年原创音乐舞蹈大赛中获金奖。原创歌曲《心中的誓言》入选 2021 新时代主题原创歌曲十优作品，获评浙江省 10 首主旋律歌曲之一。奉化布龙参加"庆建党百年 享美好生活"浙江省民间音舞大型广场展演，获民间舞蹈精品奖。

惠民活动丰富多彩。深化文化惠民品牌建设,开展红色文物故事讲述、红色文化赛事活动、建党100周年巡展等活动30余场,开展"和乐大舞台"、"百姓戏台"、"宁波走书"进基层、送戏下乡、"文化走亲"、全民阅读等惠民活动780余场;推进"一人一艺"全民艺术普及工程,举办展览、讲座和培训100余场次,受益群众超5000人次;以奉化区非遗馆为阵地,全年举办农民画、植物染、棠岙纸等体验活动100余场。二是加强活化利用,提升文化遗产保护传承力。打造弘扬奉化历史文化魅力的前沿阵地。以奉化区博物馆为依托,策划精品展览10场,接待观众22.9万人次,团队142批次,举办各类活动145场,参与人数8200余人次,其中"山海交响——奉化历史文明展"获评第十五届(2020年度)全省博物馆陈列展览精品项目。拍摄并发布《王馆长说文物》视频145期,点击率超60万人次。有序推进文物保护工作。公布第九批区级文保单位、第七批文保点,完成不可移动文物数据库和区级以上文保单位"三色图"清单。修缮蒋氏宗祠西厢房、天主教堂、毛邦初旧宅等6处场所;完成滨海医疗、江口杜家畈等考古勘探12处,S203省道、白杜厨余垃圾处理厂地块等考古发掘6处。开展文物日常安全检查和专题检查"双项行动",对全区各级文保单位、文保点进行巡查,出动巡查人员412人次,保障文物安全。全面铺开非遗保护和传承工作。入选省级第六批非遗代表性传承人名单4人,建成市级非遗体验基地3个、传习所3个、生产性保护示范基地4个。启动编纂浙江省非遗丛书《红帮裁缝技艺》和宁波市非遗抢救记录工程传承人口述史丛书。制作48集动漫IP短视频《奉小布讲非遗》,总曝光量500余万次,点赞量近10万个,抖音号粉丝数突破5.8万人。奉化布龙、闪家拳、剡竹脑技艺等非遗项目受邀参加中央电视台《了不起的地方》节目录制,9月在央视综艺频道播出。"文化基因解码工程"稳步推进。梳理奉化区文化元素清单,完成20个重点文化元素的基因解码和400个文化元素的图象资料数据输入,纳入浙江省文化基因库。启动奉化文化标识建设工作,弥勒文化被确定为首批浙江文化标识培育项目。三是优化旅游产品,激发全域发展创新力。坚持规划引领。印发《宁波市奉化区人民政府关于加快推进全域旅游发展的实施意见(修订)》《宁波市奉化区促进民宿发展实施办法》等文件,积极推进制定《奉化区旅游发展总体规划》《奉化区"十四五"文旅体融合发展规划》,为奉化区旅游业高质量发展奠定制度基础。制定《奉化区民宿经济促进会筹备工作方案》,加快成立民宿经济会。突出创建提档。推进溪口—滕头国家5A级景区、黄贤森林公园景区提升,高质量完成省全域旅游示范区复核评估,在浙江省29家全域旅游示范县(市、区)中列入A档。翡翠湾渔文化公园和青云村成功创建国家3A级旅游景区,松岙镇被命名为第五批浙江省红色旅游教育基地。继续做好A级景区村庄创建,5个村庄通过省3A级景区村庄认定,A级景区村庄占比达67%,超全省平均水平。推进主题活动。举办乡村旅游节、萧王庙街道水蜜桃文化节、大堰镇"云上大堰"等乡村旅游品牌活动。推出5条"不忘初心 牢记使命"奉化红色旅游精品线路,策划"红色征程""奉起之路"红色旅游主题教育线路,在甬派等新媒体进行视频宣传和图文直播,拓宽红色旅游团建和自驾游渠道,吸引游客打卡红色旅游点,充分展示奉化在中国革命、建设和改革历史进程中取得的重大成就。四是聚焦项目推动,提升文旅产业影响力。加快重点项目建设。推进弥勒圣坛、应梦里等重点项目,依托地域文化和文物资源挖掘项目内涵,培育文化和旅游融合新业态。全区共有文旅项目57个,计划总投资331.81亿元,累计完成投资58.6亿元,完成年度计划的105%;新增东山上·花庭、连山非宿、古岩一舍等特色民宿8家,推动民宿行业提质扩容。实施"微改造、精提升"专项行动。印发《奉化区旅游业"微改造、精提升"五年行动计划(2021—2025年)》,共实施"微改精提"项目231个,竣工率100%,实际完成投资5.3亿元,解决问题1365个。奉化区列入省旅游业"微改造、精提升"行动试点县,溪口—滕头景区、奉化景区城列入省旅游业"微改造、精提升"行动单项试点单位。加强特色业态开发。打造惠政老街街区为夜间文旅消费集聚区,爱伊美服装有限公司获评省级工业旅游示范基地,金钟广场特色美食街区获评"诗画浙江·百县千碗"美食街区(镇)。在春节、中国旅游日、桃花马拉松等节事节假日开展景区惠民活动,发放文旅消费券,共使用消费券 9.8 万余张，消费金额 240.6 万元，加快形成文旅消费新动能。加大宣传推广力度。持续推广"奉化十碗"，将其植入奉化区文化礼堂、70 家 A 级景区村庄、中东欧美食与"诗画浙江·百县千碗"人文交流活动。组织企业参加宁波文旅消费推广、海峡旅游博览会（厦门）等宣传展示品牌活动，郑福海雕塑创作工作室、叶锡堂雕刻艺术馆在第 16 届中国义乌文化和旅游产品交易博览会上获工艺美术奖银奖。加强长三角地区客源市场开拓，拓展浙东南和江西联合体宣传，加强与缙云县的交流协作。组织参加宁波市美食讲解员总决赛，获团体第一、一、二、三等奖各 1 名和最佳组织奖。承办宁波旅游总评榜颁奖盛典，切实提升行业品牌竞争力。五是严格行业管理，提升文旅市场保障力。文化和旅游市场执法检查有序推进。开展未经许可经营旅行社业务专项整治等各类专项行动 16 项。全年共出动检查人数 3700 人次，检查各场所 1468 家次，立案调查 49 件，办结案件 48 件。文化和旅游市场管理科学规范。全力打造国家文化和旅游市场信用经济发展试点，推行 7 类涉旅主体"五色信用码"，推进旅游信用治理体系建设。提升旅游住宿行业服务品质，开展住宿行业管理人员能力提升培训，指导限上酒店创建省级金桂品质酒店、省银鼎文化主题酒店，全面提升奉化区住宿业服务水平。疫情防控和安全生产严格落实。制定《宁波市奉化区旅游领域安全生产风险普查工作方案》《宁波市奉化区旅游领域遏制重大生产安全事故整治攻坚实

施方案》，为开展 A 级景区风险普查、持续推进 25 项"遏重大"任务清单奠定制度基础。印发《关于进一步做好新冠肺炎疫情防控重点工作的紧急通知》《关于进一步做好当前疫情防控工作的补充通知》等 5 个疫情防控相关文件，压实安全生产责任，开展常态化专项检查，确保文化和旅游市场安全稳定。

（王璐婷）

【余姚市文化和广电旅游体育局】 内设职能科室 8 个，挂牌单位 1 个，下属企事单位 9 个。2021 年末人员 249 人（其中：公务员、参公 44 人，事业 205 人；具有高级技术职务资格的 35 人，中级 87 人）。

2021 年，余姚文化和广电旅游体育局深入贯彻落实党的十九大和十九届历次全会精神，以及习近平总书记在浙江考察重要讲话精神，强基础、抓融合、促提升，有力地推动了文旅各项事业的发展。一是组织队伍建设常抓常新。积极开展党史学习教育。印发党史学习教育实施方案，举办青年干部"诗与远方"知行讲坛，组织领导干部带头上党课，确保规定动作做到位、自选动作有特色。继续深化"周二夜学"制度，激发党员干部的学习兴趣和学习动力。强化组织建设和人才保障。加强对基层党组织规范化建设的日常指导和督查。做好姚剧"3+2"大专班招生有关工作，为姚剧事业发展提供人才保障。抓好党风廉政建设。严明政治纪律和政治规矩，推进政治监督精准化常态化。二是文化惠民服务有声有色。公共文化服务体系建设提质升级。余姚市公共文化中心

项目建设稳步推进，完成主体结构、钢结构工程，屋面工程基本完成，累计完成投资 6 亿元。14 个乡镇（街道）图书分馆达到宁波一星级馆以上标准，市图书馆列入第一批省"满意图书馆"达标名单。全面推进"一人一艺"全民艺术普及工程。推进公共文化演出配送、"周末文化"系列、"姚剧文化周"等文化惠民活动。配送公共文化演出 142 场，开展全民艺术普及活动 119 场。建党百年主题活动有序开展。承办"百年交响 激荡姚江"余姚市庆祝中国共产党成立 100 周年文艺演出，线上点击量超 500 万人次，指导开展"幸福新时代 永远跟党走"全市系列文化活动。姚剧《童小姐的战场》入选浙江省、宁波市庆祝建党 100 周年优秀舞台文艺作品展演展示，并完成"百场庆百年"展演目标。三是文化遗产保护可圈可点。推进国家历史文化名城创建。召开创建国家级历史文化名城工作专班会议，组建工作专班和工作团队，完善工作计划和任务分解，对接聘请高级顾问相关工作。完成《余姚市文化遗产保护管理办法》意见征求，做好各级文保单位和历史建筑保护状况评估，实施一批文物建筑、历史建筑修缮和抢修加固工程。推进河姆渡国家考古遗址公园建设。《河姆渡国家考古遗址公园规划》通过省级专家评审。井头山遗址二期发掘进入新阶段，明确了二期发掘基坑建设项目的实施内容、招标主体、经费组，进入招标程序。"文化基因解码工程"稳步推进。普查历史文化、旅游、环保、地理等资源，完成一般文化元素梳理 420 个并上报数据平

台。完成河姆渡文化、姚剧等15个重点元素解码报告初稿。加强非遗保护和传承。泗门镇列入第三批宁波市级非遗文化传承保护区创建名单；梁弄阿桥大糕、陆埠佛雕列入第三批省优秀非遗旅游商品名单；余姚盆景等8个项目列入第六批宁波市级非遗代表性项目名录，并增补7个宁波市级代表性传承人；余姚土布制作技艺传人列入第二批宁波市非遗"薪火计划"中青年传承人群培养。完成第一批至第四批宁波市级非物质文化遗产民间文学、民俗、传统医药类项目"三位一体"评估，其中示范项目1个，优秀项目3个。组织开展各类非遗宣传展示和传承体验活动，完成《中国戏曲剧种全集》（浙江卷姚剧卷）初稿。四是旅游产业发展抓实抓细。推进重大旅游创建。修改完善《余姚市文化旅游体育发展"十四五"规划》。梁弄镇创建为宁波市首批红色旅游融合发展示范区，丹山赤水景区、浙东小九寨中共浙东临委驻地创建为宁波市首批红色旅游教育基地。七彩白鹿景区通过3A级旅游景区景观质量评审。抓好"微改造、精提升"行动。编制《余姚市旅游业"微改造、精提升"五年行动计划（送审稿）》。河姆渡遗址博物馆列入省旅游业"微改造、精提升"文博场馆试点。共收集符合条件的"微改造"项目143个。推进重大项目招引建设。推进"招商引资一号工程"，充分发挥项目对旅游业整体发展的强大驱动力。全市共有在建、在谈、谋划中文旅项目103个。重点做好阳明古镇、姚江水岸诗路文化交流中心、横坎头田园综合体、黑龙潭明心谷等

落地项目的跟踪服务工作，抓好项目建设的进度和品质。五是旅游营销推广独具特色。办好重点节庆，推进市场营销。赴西安、厦门等地参加各类旅游促推广活动。重点举办"余姚杨梅中国红"2021中国余姚杨梅节等大型节庆活动，共计20多项，其中在上海明珠塔下进行的杨梅云直播在线观看人数累计达50万人次。加快数字化建设，打造智游系统。加快推进"四明之窗·百里红诗路"智游项目建设；注重数字赋能，结合数据资源和AR、VR技术、5G通信等，规划创建"四明诗路"小程序、"游遍余姚"数字视觉运营系统，构建余姚"文旅驾驶舱"，打造智慧旅游"新名片"。完成3A级及以上封闭式景区"一卡通"项目建设。推进"诗画浙江·百县千碗"工作。重新梳理"余姚十大碗"菜品，培育、认定了一批"诗画浙江·百县千碗"美食体验店消费场所，创建省级示范店3家，宁波市级示范店4家。六是行业市场管理有力有序。强化文旅市场监管。加快推进品牌创建，进一步提升行业品质。开展旅行社服务网点专项整治行动，加强旅游包车整治，确保行业秩序良好。与市法院、鹿亭乡人民政府共同试点推进鹿亭乡旅游巡回法庭，探索建立健全重点旅游乡镇与基层人民调解组织衔接联动机制。深化安全生产保障。围绕平安护航建党百年，对文旅各行业开展安全隐患大排查大整治专项行动。按照"遏重大"攻坚战相关工作要求，制定《余姚市旅游领域安全生产风险普查工作方案》和《余姚市文物建筑消防安全风险普查技术服务工作方案》，全

面摸清余姚市旅游领域和国有文物建筑消防安全风险底数。严格落实消防安全隐患整改措施，并协调市消防救援大队、陆埠镇政府进行联合验收。

（方麒君）

【慈溪市文化和广电旅游体育局】内设职能科室8个，执法中队3个，下属单位8个。2021年末人员140人（其中：机关41人，事业99人；具有高级技术职务资格的12人，中级40人）。

2021年，慈溪市文化和广电旅游体育局立足新发展阶段、坚持新发展理念、服务新发展格局，力促项目提速、服务提升、发展提质，各项工作有序开展。一是聚焦以旅彰文，推动文化发展创新。优化公共文化服务体系。开展第七批浙江省乡镇综合文化站评估定级，评定特级站5个、一级站12个。完成浙江省2020年度基层公共文化服务评估。完善阵地建设，市图书馆通过省第一批"满意图书馆"达标考评，市文化馆通过第五次全国一级文化馆评估定级。推进图书馆、文化馆总分馆制建设，新建图书馆绘本主题法院分馆1家、图书流通服务点13个。推进品牌创建，胜山镇"情·型·声·思""四有"特色公共文化服务创建成为第五批宁波市公共文化示范项目，长河镇入选浙江省民间艺术之乡，坎墩街道通过浙江省民间艺术之乡复评，匡堰镇入选第三批宁波市文化传承生态保护区创建名单。桥头镇五姓村入选浙江省文化示范村，观海卫镇和龙市镇王家路村获评第六批浙江省非物质文化遗产旅游景区非遗小镇和民俗文化村。加

快"云享艺"线上公共文化服务平台建设，升级"云展厅""云课堂""云阅读"等线上文化服务。丰富群众文化艺术活动载体。举办第六届越窑青瓷文化节和第十二届慈溪艺术节，承办 2021"新松计划"浙江省青年歌手大赛、宁波市群众原创音乐舞蹈大赛等高水准艺术赛事。举办"文化走亲"活动 6 场。开展"一人一艺"全民艺术嘉年华系列活动，成立"一人一艺"全民艺术普及社会联盟。推进文化惠民下基层，深耕"四百文化"惠民工程，开展"情暖留慈，'艺'起同行"新春送暖等活动，做好浙江小百花越剧团、宁波市话剧团等宁波市天然舞台演出，全年完成送戏剧进农村 628 场，送文艺演出 20 场，放映公益电影 4950 场，举办"百姓课堂"培训 993 期，推出"百姓书场"等公益演出、展览等 112 场次，市电影公司获评第九届全国服务农民、服务基层文化建设先进集体。推动地域文化保护传承。出版《慈溪秘色瓷》书籍，完成"慈溪秘色瓷"国家地理商标注册。推进非遗数据库建设，举办 2021 非遗在我身边展演展示、"红色少年非遗说"大赛等活动，评定第八批慈溪市级非遗代表性项目 12 个、代表性传人 5 个、非遗传承基地 11 个，7 个非遗代表性项目、6 个代表性传人、1 个集体传承项目获评第六批宁波市非物质文化遗产代表性项目及传承人，3 人入选省级非遗代表性传承人。深耕"青瓷瓯乐"文旅 IP，与浙江音乐学院签订战略合作协议。推进瓯乐团市场化运作，创新"演出＋推介"模式，与保利院线和上海晶英文化有限公司合作开展全国巡演，

赴北京、上海等 21 地巡演 22 场。推进文物资源保护利用。挂牌成立市文物局。联合浙江省、宁波考古部门完成东埠头茂山钱山漾文化遗址考古发掘项目。完成第八批市级文物保护单位和第五批文物保护点评选，命名文保单位 3 个、文物保护点 10 个。印发《全市文物安全大排查大整治大提升行动实施方案》，推进文物安全排查整治。推进上林湖越窑国家考古遗址公园二期建设，上林湖越窑国家考古遗址公园入选 2021 全国文化遗产旅游百强案例、省首批"大花园耀眼明珠"，上林湖越窑遗址专题陈列获第十五届浙江省博物馆展览陈列精品项目优秀奖。推进文物保护利用，指导完成锦堂学校旧址修缮工程省级技术验收和教育博物馆筹建，开展潮塘江沉船、达蓬山摩崖石刻等项目保护工作。推进"文化基因解码"和文化标识培育，完成"文化基因解码"报告 16 个，实施文化标识培育项目 3 个，其中"千年越窑　秘色慈溪"入选浙江文化标识培育项目，"秘色瓷""达蓬山"等 4 个项目被评为省优秀解码项目。二是聚力以文促旅，推动全域旅游出彩。优化全域旅游发展格局。出台《慈溪市旅游体育"十四五"发展规划》。创建成为省第二批全域旅游示范市，成立旅游专班。实施旅游业"微改造、精提升"工程，制定《慈溪市旅游业"微改造、精提升"专项行动方案（2021—2025）》，实施首批改造提升项目 47 个，总金额 1.3 亿元。聚焦"精特亮"，实施上林湖越窑国家考古遗址公园景区门户提升、青瓷文化传承园夜景消费提升等工程，打造越窑秘色瓷

文化长廊"亮点工程"。加速"百千万"景区化，周巷镇、掌起镇创建为省 4A 级景区镇，崇寿镇创建为 3A 级景区镇，评定景区村 71 个，其中 3A 级 6 个。徐福红木馆、周巷智能家电制造小镇创建成为 3A 级景区。创新文旅融合发展业态。指导鸣鹤古镇创建成为宁波市夜间文旅消费集聚示范区。指导慈溪正优食品店、海通科创生活馆创建省级旅游购物场所，凯末果蔬农场创建省级采摘基地，评定市级特色"旅游＋"基地 4 家、研学实践教育基地（营地）8 家，改（新）建旅游厕所 11 家，储备精品民宿培育单位 5 家，丹橘山房创建省银宿。发展红色旅游，实施"浙东红色慈孝之旅"品牌拓展工程，开展崇寿镇相公殿村红色旅游基地提升等工程项目 3 个，浙东中共区委成立旧址获评首批宁波市红色旅游教育基地。推进"特色节庆＋旅游"，举办第二届阿拉慈溪文旅节暨慈溪杨梅节，推出杨梅采摘线路 8 条。推动文旅消费多向赋能。开展融媒营销，加强与央视、人民网等平台合作，开设文旅慈溪抖音号，赴江西、西安等地开展慈溪文旅推介活动。加强跨区联动，与长三角一体化旅游联盟合作，开展"万人游慈溪"长三角高铁专列游活动。开展"慈溪有味、慈溪有礼、慈溪有游"文旅推广，创建省级"百县千碗"示范（体验）店 1 家、宁波市级 3 家，评定"慈溪有礼"旅游商品 36 件，推出"慈溪有游"线路 8 条。创新文旅消费业态，鸣鹤古镇获评宁波市夜间文旅消费集聚区，培育"阿拉慈溪"文旅夜市，举办 2021 金秋文旅惠民消费季、"走进慈溪"等促消费活动，

拉动消费 600 余万元。推进重点项目招商建设。加强重大项目招引,与北京永新华韵签约,引入国际非遗博览园项目,计划投资 14 亿元打造全国首个高端"非遗主题街区＋沉浸式体验"文旅综合体。建立项目储备和动态管理制,新梳理入库项目 10 个,共有文旅项目管理系统在建项目 28 个,总投资 510.95 亿元,全年完成投资 38.01 亿元。三是立足文旅智治,推动治理体系提质。加速政务服务转型。推进政务服务 2.0 转型升级,网上办、"掌上办"、跑零次实现率 100％,即办事项比例 100％、承诺期限压缩比 100％、材料电子化率 100％、窗口进驻率 100％。加大改革力度,加速推进"跨省通办""全省通办",落实审批领域"最多跑一次"向镇(街道)、村(社区)延伸,推动文化类审批事项"全城通办"试点。规范"一事联办"办理流程,相关经验做法在浙江省文化和旅游系统"一件事"集成和数字审批改革工作中做经验交流。提升行业管理效能。落实文旅场所常态化疫情防控,开展疫情防控专项检查 75 次,出动检查人员 210 人次,检查各类场所 580 家次。推进"平安市场、安全市场、文明市场"建设,开展旅游领域"遏重大"、消防安全隐患大排查等行动,强化旅游质量纠纷调解,调处成功率 100％。推进行业协会建设,分类设立饭店、景区、旅行社协会。推进文旅市场优质发展,杭州湾大酒店获评省金桂级品质饭店。深化行政执法改革。开展庆祝建党 100 周年"扫黄打非"和文化市场综合执法百日攻坚、文化和旅游领域扫黑除恶专项斗争等

专项行动,共出动检查人员 6711 人次,检查各类场所 2413 家次,办结案件 43 件,罚款 19.82 万元,没收违法物品 483 件。深化文化市场综合行政执法改革,改革案例入选《浙江省文化和旅游系统改革基层典型案例汇编》。慈溪市在全国文化市场综合执法改革推进现场会暨综合执法工作会上做典型发言。推进数字化改革。实施智慧文旅二期项目,健全数字场馆、全景导览等功能板块,推进应用场景搭建,完善场馆预约等功能,上线"云游慈溪文旅""慈溪有游"微信小程序,其中"云游慈溪文旅"已接入"浙里办"平台,A 级以上景区 100％实现社保卡刷卡入园。推进数字政府建设,完成数字政府"文化软实力"应用页面设计与展示。实施"旅游厕所智慧管理服务一件事"和"全域智慧文旅数据仓协同建设"等浙江省、宁波市文化和旅游数字化改革试点。推进智慧场馆建设,完成图书馆办公网络改造及无线网络建设等项目。四是强化要素支撑,推动政风行风建优。提升依法履职水平。强化信访调解和矛盾化解,落实首问负责制,推动行政争议发案量和败诉率"双下降"。严格落实政府信息公开制,持续完善政府网站、"文旅慈溪"微信公众号等平台建设,全年主动公开政府信息 368 条。浙江省文旅系统新闻宣传计分排名位列县(市、区)第 10 位,宁波第 3 位。"文旅慈溪"获得 2021 年度慈溪市十佳政务新媒体第 4 名。严格执行决策法定程序,加强党内和行政规范性文件备案审查,制定重大行政决策程序暂行办法,实现重大行政决策合法性审核 100％

覆盖。优化人才队伍建设。推进干部队伍建设,推行月度工作对账、重点项目包干挂钩、重点任务晾晒等制度。抓好本土人才选育,加大"三团三社"基层文艺团队培训力度,陈何娜、陈建平等 11 人获评浙江省乡村文化能人。强化专业技术职称人才评聘,推荐申报群众文化、文物博物、艺术等各类中级以上专业技术人才 5 名。全系统拥有专业技术人才 90 人,10 人入选 2021 年慈溪市上林人才培养工程。

(舒　靳)

【宁海县文化和广电旅游体育局】内设职能科室 8 个,下属单位 6 个。2021 年末人员 112 人(其中:机关 39 人,事业 73 人;具有高级技术职务资格的 12 人,中级 33 人)。

2021 年是"十四五"开局之年,宁海县文化和广电旅游体育局以满足人民日益增长的精神文化和旅游休闲需求为出发点,将党史学习教育成效转化为文化和旅游高质量发展的强大动力,全面推动各项工作任务,并取得了一系列成果,宁海县获评中国民间文化艺术之乡、浙江省 4A 级景区城。一是改革创新成效显著。推动文旅功能融合,前童镇综合文化站以"一站六馆"模式通过国家级文旅公共服务机构功能融合试点验收,许家山村、葛家村文化礼堂获评省级文旅融合先行先试试点单位。推进文旅数字化改革,艺术赋能"未来乡村"数字化服务系统入选浙江省文旅系统改革试点项目。率先启动旅游业"微改造、精提升"试点,举办浙江省旅游业"微改造、精提升"工作动员会,宁海县及森林温泉旅游

度假区均列入省级试点单位。深化"文化基因解码工程"，列入省重点县，完成十里红妆、前童古镇、宁海古戏台等21个重点文化元素解码。汶溪翠谷民宿集聚区通过浙江省民宿助推乡村振兴改革试点评定。二是重点项目稳步推进。加快龙头景区培育，对标对表抓好森林温泉和前童古镇"双创"工作，重大项目和基础设施建设不断推进。全力攻坚重大项目，哩呀罗国际乡村休闲旅游度假区、宁海旅游集散中心等74个重点项目进展顺利，潘天寿艺术中心、宁海县文化中心建设有序推进。宁海森林温泉大道获评宁波最美精品线路。抓好乡村旅游配套项目，督促完成70余个涉农资金项目，创成浙江省A级景区村庄40个，其中3A级6个；新增民宿50余家，其中精品民宿5家，培育金银宿级民宿5家、文化主题（非遗）民宿2家、叶级客栈2家。三是公共文化服务提质增效。常态化开展戏剧进农村、百姓大舞台、戏曲纳凉晚会、濒危剧种"三进"等文化惠民活动1200余场，举办群众文化艺术节、"五王"才艺大赛等大型品牌文化活动，开展宁海县"一人一艺"全民艺术普及公益文化培训1800课时，覆盖45000人次。进一步做好全民阅读推广工作，通过浙江省"满意图书馆"验收，建成并开放"霞客行"城市书房，举办"方孝孺"读书节、"天籁浙江·诗路宁海"长三角名家朗诵会、经典文化读书节等活动，惠及40余万人次；开展"正学讲堂""唐诗小达人"等阅读活动200场次以上，覆盖10余万人次。强化精品文艺创作，歌曲《东岙渔歌》《乡村网

红》、舞蹈《映山红》《宇宙，你好》、合唱《迎风飘扬的旗》、小品《我们的童诗社》获省、市群众文化类奖项；平调《金莲斩蛟》入选浙江省经典保留剧目，完成《中国戏曲剧种全集（宁海平调）》编撰。四是文化传承保护常抓不懈。抓好文物保护，继续推进城隍庙古戏台等国保单位修缮，加强县前街古井等一批新发现不可移动文物保护工作。开展文物安全大排查大整治大提升行动，发现安全隐患11项并整改到位。抓好革命文物活化工作，举办杨象宪惠泽乡里书画展、红色革命史迹图片展，大力宣传孔墉、柔石、童保暄等本土革命人物事迹。做好非遗保护传承工作，做好国家级非遗代表性传承人童全灿的抢救性记录工作，宁海平调传承人王春秋等3人入选浙江省非遗代表性传承人；宁海红妆家具制作技艺等7个项目入选第六批宁波市非遗名录。泥金彩漆、黄坛镇三月三、前童龙狮争霸赛等非遗体验活动深受市民欢迎。五是品牌宣传持续发力。拓展"静美宁海"品牌内涵，明确以"静"为主线，"JING"为辐射的品牌升级理念，形成"静""竞""菁""劲""净"IP矩阵，策划推出"竞行天下、静养温泉、菁品古镇、劲享滨海、净美乡村"精品文旅线路，获批全省首批示范级文化和旅游IP。"竞行天下"线路入选文化和旅游部"最美风景在路上"十大夏季自驾游精品线路。提升创意文旅营销实效，策划拍摄原创短视频26个，其中《宁海欢迎您》特辑在微信视频号上浏览量达28.7万人次，新华网、中新社、人民网等国家级网站集中宣传，有效提高宁海文旅

的知名度和美誉度。全力开拓旅游市场，积极参加江西、西安、厦门等地推介会，举办宁海文旅（杭州）推介会和长三角百城互游宁海行杭州站启动仪式，推出"静城宁海号·五月免费游"活动，努力打开省外市场。建立三门湾区域联盟，与杭州拱墅、丽水景宁、贵州晴隆、湖北谷城建立战略合作关系，实现文旅资源互宣、客源互送。举办庆祝"中国旅游日"2021年浙江主会场暨第十九届徐霞客开游节，设置了霞客文化、文旅融合、惠民共享三大板块和中国乡村旅游峰会、寻访"中国当代徐霞客""徐霞客游线标志地"现场终审会、霞客文旅嘉年华等10项活动，进一步弘扬了徐霞客精神，集中展示了宁海文旅形象，促进了文旅市场复苏。深化"百县千碗"工程，打造10碗美食小吃和10碗冷盘，形成"1+1+1"的美食体系。建成县级体验店9家、市级体验店4家，其中霞客食府成为首批省级旗舰店，"霞客宴六进"工程成效明显。在第十一届全国海鲜烹饪大赛中，宁海获得特金奖，美食讲解大赛获得三等奖。六是市场管理日趋规范。抓企业品质，安岚酒店获评金桂级品质酒店，宁海兰亭温泉艺术酒店获评银鼎文化主题酒店；金色假日、千百度创成三星级旅行社，尽孝驿站获评四星级旅行社。抓文明旅游，策划举办"文明实践集市""文明旅游惠民你我"等专场活动，开展文明旅游倡议。抓市场整治，重点开展未经许可经营旅行社业务、"不合理低价游"专项整治行动，进一步规范旅行社门市等分支机构经营行为。抓行政执法，完善"诉转案""吹哨报到"

等制度,提升投诉举报响应速度。抓联合检查,积极开展跨部门"双随机"抽查,全年开展"双随机"抽查 43 次,其中跨部门 15 次,累计发现各类违规行为 99 次。

(邵颖玢)

【象山县文化和广电旅游体育局】内设职能科室 5 个,下属单位 8 个。2021 年末人员 91 人(其中:机关 19 人,事业 72 人;具有高级技术职务资格的 11 人,中级 22 人)。

2021 年,象山县文化和广电旅游体育局紧扣党史学习教育和"十四五"开局之年的重大背景,求真务实,奋发进取,按照年初目标,推进文化旅游各项工作有序开展。一是突出惠民理念,加快构建文化繁荣新格局。编制《象山县文化体育事业"十四五"发展规划》《象山文化体育设施空间规划研究报告》等,不断完善象山县图书馆、博物馆、文化艺术中心等文化设施布局。完成象山县图书馆迁建项目选址地块征迁工作。进一步优化城乡公共文化设施建设,建成城市书房(乡镇书吧)3 家,打造书香民宿 10 家,乡村文旅周末剧场 7 家。紧紧围绕党史学习教育和庆祝建党百年,举办象山县"我心向党"大合唱比赛、朗诵大会等主题活动,并积极组队参加省、市庆祝建党百年各类文艺活动,其中《年年有鱼》获省民间音舞大型广场展演金奖,象山合唱团摘得"红船颂·南湖情"全国合唱汇演金奖,曲艺唱新闻《那片红》入选全国曲艺唱曲传承发展论坛及观摩交流展演。做好文化创强工作,象山县入选浙江省戏曲之乡(县级),石浦镇、爵溪

街道通过省文化强镇复评,10 个省级文化示范村(社区)通过复评,浙江省民间文化艺术之乡——象山农民画、象山竹根雕通过复评。5 户家庭获评省级文化示范户,10 名文化骨干获评省级乡村文化能人。泗洲头镇、溪里方村、樟岙村入选浙江省公共文化场馆服务功能拓展先行先试名单,溪里方村完成首批省级美育村培育项目建设。举办第五届群众文化艺术节、第十五届陈汉章读书节等重大文化节庆活动,精心打造原创精品《渔歌组歌》,并进行专场演出。二是坚持保护传承,着力发挥文化生态新活力。着力推动浙江省唯一国家级海洋渔文化生态保护区建设,出台保护区 5 年建设方案,发布渔文化重点建设项目清单,扎实推动石浦——东门核心区建设,建成 3 家渔文化传承展览馆,启动 3 家非遗传承所建设,并将保护区建设纳入县重点工作差异化考核,形成晒清单、比进度、抓落实工作机制。象山竹根雕入列第五批国家级非物质文化遗产项目名录,国家级非遗项目数量达 7 项,居全市首位。增补渔民号子省级代表性传承人 1 个。象山晒盐(海盐晒制技艺)等 3 个项目在宁波市"三位一体"考评中被评为示范项目,大塘红庙庙会等 2 个项目被评为优秀项目。新增市级非遗项目 5 个,市级非遗代表性传承人 11 人,市级非遗传承基地 8 家;新增县级非遗项目 15 个,县级非遗代表性传承人 34 人,县级非遗传承基地 30 家。西周镇入选宁波市非物质文化传承保护区。象山竹根雕入选"百年百艺·薪火相传"中国传统工艺邀请展,传承人张心荣

被评为第二届中国丹寨非遗周"非遗传播大使"。举办"少年非遗说"浙江传说故事讲述大赛、"这个春节 感谢有你"、文化和自然遗产日等系列活动,开展"非遗半岛行"580 余场。开展国家级传承人记录工程,摄制徐福东渡传说故事 9 个,拍摄省级项目短视频 7 个。推出非遗亮相台、"沧海遗珠"、"非遗共富"等专题宣传。确定塔山遗址、象山海防遗址群等 15 个重点文化元素作为 2021 年解码任务,并形成《象山县文化基因解码报告》。录入省文化基因库基本元素 400 个,整理文字 17 万字,图片 2000 余张,视频 15 个。三是突出地域特色,不断巩固文物保护新实效。做深做实文物保护文章,陈汉章故居保护利用案例入选浙江省第三届不可移动文物保护利用优秀案例,大徐镇"青"风徐来志愿宣讲队等红色根脉守护团队入围第五届"最美浙江文物守望者"名单,殷夫故居入选省级党员教育培训基地。公布石浦巡检司旧址等 7 处第八批县级文物保护单位。实施市木结构文保单位线路改造试点二期,开展全县 168 家文保单位(点)文物消防安全大排查大整治大提升行动。完成王家谟故居、殷夫故居、贺威圣故居等革命文物修缮和展陈提升,积极拓展爱国主义、党史教育、军民融合实践等各类阵地。完成国保单位花岙兵营遗址本体保护工程计划书编制,积极推进塔山遗址省级考古遗址公园创建,指导完成横湾沉船考古发掘基坑围护工程等前期工作。充分发挥博物馆教育惠民和宣传象山历史文化的窗口作用,举办"展示百年风华 传

承红色基因"象山革命文物展等线上线下展览 8 期，开展流动博物馆进社区、进学校、进企业等宣传教育活动 8 场，累计接待参观人数 12 万人次，接待团队 285 个。四是强化规范监管，不断营造文化市场新环境。牢固树立为民便民服务理念，扩展"一事联办"，升级企业全生命周期"一件事"事项和指南梳理，提升联办比率。推进"证照分离"改革，推出游艺娱乐场所设立审批等 3 项可实行告知承诺的审批。165 项县级依申请政务服务事项均接入政务服务 2.0 平台，办结行政许可案件 218 件。所有审批事项"掌上办"、网上办、跑零次及群众满意度均达到 100%。强化文化市场监管，完成浙江省权力事项库监管库 312 个事项的认领和清单编制，处理监管类投诉举报转"互联网＋监管"15 件。规范实施"双随机、一公开"执法制度，开展安全生产（消防安全）大检查、安全生产月、文化市场综合执法"百日攻坚"行动、KTV 曲库专项清理、"扫黄打非"专项行动。全年共出动执法人员 5589 人次，检查 2020 家次，行政处罚立案调查 27 件，办结案件 19 件，警告 15 家次，罚款 6.34 万元。联合消防、公安等部门开展专项整治行动 6 次，联合属地乡镇（街道）开展专项整治行动 11 次，下发责令改正通知书 27 份。五是坚持夯实基础，着力推动文旅产业新发展。举办浙江省百家企业走进宁波暨象山体育＋旅游项目推荐会，吸引 200 多家企业参加，重点推介象山 12 个体育产业项目，4 家企业签约。东旦时尚运动海滩获评省运动休闲旅游示范基地。象山县入围 2020 浙江文旅融合高质量发展十佳县（市、区），象山美丽海岸体育旅游线路入选 2021 年国庆假期体育旅游精品线路，"阿拉的海"水上乐园获评中国品质文旅项目，石浦沙塘静湾客栈入选 2020 浙江十佳文化遗产民宿，象之陶文创品入选象山人大会伴手礼及亚运宣传助力榜礼品。启动文旅消费季，推出文创品直播 8 期，以购书折扣、景区门票与民宿券赠送、邀请名家图书签名等方式促销增流，点击量达 28 万人次，累计发放价值 16 万元的文体旅消费券，带动市民消费 210 万元。组织推荐 21 家企业参加中国义乌文化和旅游产品交易博览会等，签订意向订单 10 个。文旅联盟提质扩容，新增文促会成员单位 10 家。积极推进数字化改革，编制《象山县文化和广电旅游体育局、象山县旅游发展中心数字化改革总体方案》，初步建成象山县文旅体数据仓和文旅体公共服务应用平台。

（胡梦丹）

温州市文化广电旅游局

【概况】 内设职能处室13个,下属单位10个。2021年末人员510人(其中:公务员52人,参公75人,工勤6人,事业377人;具有高级技术职务资格的107人,中级115人)。

2021年,疫情防控常态化背景下,温州市文化和旅游系统紧扣共同富裕、数字化改革等中央和省委、市委重大决策部署,聚焦高质量、竞争力、现代化,进一步创先争优,谋进求好,全力以赴推动各项工作不断取得新突破,成功当选"东亚文化之都",荣膺全国文旅系统先进集体,获评2021中国文旅融合高质量发展示范城市、中国最美旅游城市、长三角最佳悠享旅游城市。

一、公共文化全国示范引领

迭代升级"城市书房""文化驿站"等公共文化创新品牌,获文化和旅游部等国家3部委联合发文全国推广,全年4次在全国会议上做典型发言,并编入国家"十四五"文化改革发展规划。牵头组建由110家地市级以上城市参加的"全国城市书房联盟",高质量完成乐清图书馆"读万卷书·行万里路"公共服务机构文旅功能融合项目国家试点,推动公共文化发展"温州样板"辐射全国。推进城乡公共文化设施提档升级,建成10家城市书房、31家文化驿站,12家文化馆全部获评国家一级文化馆,12家公共图书馆全部获评省"满意图书馆",均达

100%;8个文化空间获评长三角及全国部分城市"最美公共文化空间"。围绕庆祝建党百年,高水平承办文化和旅游部2场红色旅游宣讲、展示活动,推出13条红色主题旅游线路和100个党史胜迹推荐打卡点,并开展各类文化活动5000余场次,受众达2400多万人次,多维度展示文旅发展成果,全方位掀起全民参与热潮。积极申创国家级、省级文化品牌,创成1个中国民间文化艺术之乡、5个浙江省民间文化艺术之乡、1个浙江省戏曲之乡、4个浙江省文化强镇、9个浙江省文化示范村,入选第一批浙江省公共文化服务现代化先行县创建名单1个。加强永嘉昆曲调研保护,启动首届"戏曲寻根——南戏文化季"活动,持续打响"戏曲故里"文化品牌。《温州通史》首发面世,成为温州有史以来第一部官方编修通史。

二、优秀传统文化创新传承

积极推进"瓯江山水诗路"文化带建设,大力实施"文化基因解码工程",推进265个文化基因成果转化利用。策划举办大型原创音乐会《瓯江山水诗路交响组歌》,并积极指导筹建博物馆联盟,落实市、区非国有博物馆奖励性补助政策,启动池上楼展陈提升工作,着力打造"中国民办博物馆之城"。强化文物安全"三色"智慧监管全省推广,持续推进文物安全大排查大整治大提升取得扎实

成效,实现文物安全"零事故"。深入推进"非遗在社区"国家试点,超额建成50个"非遗在社区"示范点,完成率达166.67%;全年常态化开展非遗传承传播活动2000余场次,参与人数超16万人次;全国率先开展"非遗百家坊"建设,着力打造"非遗在社区"国家试点的"温州样板"。加强非遗保护传承,温州发绣入选国家级非遗项目,市级非遗保护发展指数连续4年位列全省第一。

三、文化旅游产业蓬勃发展

制定《温州市国家文化和旅游消费试点城市建设实施方案》,并在全省率先出台大型到温旅游团队营销补助政策,发布68项文旅惠民措施,争取到700万元市财政额外奖补资金,助力文旅企业渡过疫情难关。精心培育"文旅IP+"新业态,推出"全域夜游""侨家乐""青灯市集""山根音乐艺术小村""楠溪江音乐慢都""铁定溜溜"等一批特色文旅IP,在全国首创"侨家乐"品牌,高标准建成30家"侨家乐"品牌民宿,成为高品质国际范的"微旅游目的地",强势带动全市乡村旅游接待人数、经营总收入,全年分别同比增长68.85%、57.54%;坚持"全域夜游"模式,推动南塘景区入选首批国家级夜间文旅消费集聚区,五马街入选首批国家级旅游休闲街区,并认定22家市级文旅消费集聚区、50家特色文旅消费示范点;积极打造东方生活美

学集群，"青灯市集"成为影响全国的"流量IP"。积极培育红色旅游、乡村旅游、研学旅游、海洋旅游、康养旅游、工业旅游等文旅消费新增长点，创成1家省级工业旅游示范基地、2家省级中医药文化养生旅游示范基地。提升文旅消费品牌，评选推出五大类"百县千碗·瓯菜十大系列菜"，发布2021年旅游伴手礼名单，创新推出戏曲文创产品，有效丰富文旅消费产品供给。全市接待国内旅游人次、实现旅游总收入分别为4956.6万人次、656.84亿元，同比分别增长11.4%、16.2%，分别恢复至2019年的97.3%、98.3%，恢复程度居全省前三。

四、休闲旅游品质大幅提升

洞头半屏山创成省级旅游度假区；泰顺廊桥-氡泉旅游度假区创国家级旅游度假区，待国家验收；指导永嘉楠溪江调整核心景区范围，注重品质提升，争取列入国家5A级景区景观质量评估名单；泰顺、苍南、平阳创成省级全域旅游示范区；塘河夜画创成省级示范级文化和旅游IP；创成2家国家4A级旅游景区，位居全省第一；创成8家省级"放心景区"。深入实施旅游业"微改造、精提升"工程，入选省级试点县（区）6个、省级试点单位13个。坚持"项目为王"理念，深化重大文旅项目挂钩服务机制，新引进并开工建设文旅农旅项目31个，投资10亿元以上重大旅游项目9个，重点推动中青旅、华侨城等头部企业项目落地温州，全年实际完成投资385.83亿元，完成率167.75%，位居全省前列。以文赋能推进"千村百镇十城景区化"工程，创成景区镇62个（其中文

城铜铃山获评5A级景区镇，永嘉岩头镇获评首批全国乡村旅游重点镇）；新增景区村268个（其中3A级31个）；创成龙湾、瓯海、瑞安等3个3A级景区城，洞头获评4A级景区城。

五、数字文旅建设初显成效

强化顶层设计，明确"1＋5＋X"的文化和旅游领域数字化改革总框架，即1个温州智慧文旅大脑、5个文旅数字化改革体系及"X"个文化和旅游服务、监管的特色应用场景。抓好民生重大需求、多跨场景和重大改革突破，其中"易游温州"一键通智慧服务入选全国智慧旅游典型案例，瓯海"错峰乐游"应用入选省数字社会第二批"揭榜挂帅"项目，另有3个项目入选省文化和旅游厅试点项目，3个项目入选市数字社会改革重点项目。坚持数字化赋能旅游景区，创成6家省级智慧旅游景区。加快构建"城乡艺网"公共文化服务体系，12个县（市、区）文化馆已全部进驻或联通城乡艺网，实现公共文化服务全市域覆盖。积极打造智慧博物馆，创新开展"魅力百工进百乡流动数字博物馆"项目，有效推动文物"活起来"。

六、文旅交流合作迈开大步

通过精心挖掘温州文化国际元素与东亚特性，积极提升温州城市国际化形象，成功当选2022年"东亚文化之都"，有效构建起海内外文化交流合作大平台。创成3家省级国际人文交流基地，数量位居全省第一。深化"世界看见·温州非遗"宣传展示交流，举办世界中医药非遗发展论坛，央视科教频道5次深度报道温州非遗，并多次入选学习强国平台，

全面提升温州非遗国际传播能力。加大与携程、马蜂窝、小红书、同程等互联网企业的对接合作，利用抖音、百度及天安门地铁站等重要平台推出温州文旅精美大片，持续打响城市品牌。坚持市县联动、抱团促销，主动融入长三角，积极拓展珠三角，不断延伸中西部，持续开展120多场重大文旅节庆活动，举办全国百家旅行商温州文旅采购大会，有力营造文旅促消费氛围。温州获评中国文旅融合高质量发展示范城市、中国最美旅游城市、长三角最佳悠享旅游城市。

七、文旅市场环境持续优化

坚持安全与发展"两手抓、两手硬"，迅速稳妥处置1800多批次8万余人次旅游退团纠纷，旅游服务投诉办结率、涉嫌违法违规投诉诉转案办结率、督办案件办结率均达100%，文旅市场未发生影响社会稳定事件，获评全国文旅系统先进集体。扎实开展"百日会战护航建党百年"专项行动，查办全国首例庆祝建党百年专用标识侵权类案件，入选全国文化市场重大案件。在文成开展文化和旅游行业信用体系建设试点，有效构建文旅企业和从业人员事前信用承诺、事中信用分类监管、事后信用联合奖惩的闭环监管模式。市、县两级建立旅游安全专业委员会，制定《温州市旅游领域遏制重大生产安全事故整治攻坚实施方案》，进一步明确旅游新业态安全监管权责，为全市旅游新业态构建了一道全过程全方位的安全保护屏障。

【大事记】

1月

13日　温州市启动争创2022"东亚文化之都"宣传月活动，营造浓厚的创建氛围，动员社会各界广泛参与，向海内外传播推介温州文旅的多元魅力，进一步提升温州的国际化都市形象。

15日　温州市旅游专班成立并召开第一次工作会议，市人民政府副市长、旅游专班组长汤筱疏主持会议并讲话，旅游专班成员单位负责人参加会议。温州市旅游专班成员由市发改委、市教育局、市财政局、市人力社保局、市交通运输局等19个部门分管领导组成。

2月

4日至5日　省文化和旅游厅党组成员、副厅长许澎带队督查泰顺文旅市场疫情防控和节前安全生产工作。

9日　温州市文旅英文版宣传口号"Wenzhou-Poetic Wonderland"正式对外公布，与中文宣传口号"诗画山水　温润之州"配套使用，高质量树立、展示温州国际文旅新形象。

3月

12日　温州东亚文化交流历史人物评选启动。活动旨在充分挖掘并展示温州与日韩文化交流历史，推进温州争创2022"东亚文化之都"工作，激发广大市民的自豪感和文化认同感，全面提升温州城市文化传播力和影响力。活动由温州市文化广电旅游局主办、温州市海外传播中心承办。

16日　2021全国百家旅行商温州文旅采购大会召开，来自全国16个省、市，127家国内重点组团社和40家各省、市旅行社协会会长单位，以及各级文旅部门、旅游企业、景区的代表与媒体记者近300人参会。

25日　温州市旅游联合会召开第一届三次会员大会，回顾总结和研究部署联合会工作，审议通过了新修订的《温州市旅游联合会会费标准及管理办法》，选举产生新增理事会成员。

26日　"百年风华　砥砺奋进"温州市庆祝建党百年"五个一百"文艺文化活动、第七届温州艺术节暨第九届市民文化节在市区白鹿洲公园同步启动。本次系列活动营造了"文化搭台、全民参与、共庆华诞"的热烈氛围，让群众在"可看、可学、可唱、可秀、可品"中普及技艺，在百年大庆中共享美好生活，助推温州高水平建设"五城五高地"。

27日　温州文旅消费季的主要活动之一"百城联动·春游温州"活动正式拉开帷幕，来自哈尔滨、沈阳、青岛、太原、天津等地的游客1000多人参加了启动仪式。与此同时，福州、台州和永嘉县3个分会场也举办了联动仪式。当天联动城市共有5000多名游客到温州游览。

30日　温州至格尔木航线开通新闻发布会暨"万名游客海西行"魅力海西（温州）生态旅游推介会在温州举行。温州、格尔木两地航线正式开通，拉开了两地"万名游客海西行"等系列活动的序幕。

4月

12日　"长三角职工疗休养（温州）交流协作大会"在雁荡山召开。省部属工会、省教育工会、省建材工会等长三角地区工会、长三角区域城市大型国有企业工会、长三角区域城市承办旅行社，各级文化和旅游部门、旅游企业、温州疗休养基地代表，以及新闻媒体记者等近200人与会。会议倡导长三角地区工会形成疗休养工作联盟，资源互联、信息互通、人员互动，进一步推进长三角地区疗休养事业发展。

21日至26日　2021温州国际时尚文博会瓯海分会场——温州文旅消费季暨青灯市集全国美学大会（春季）在青灯石刻艺术博物馆举行。为期5天的市集共吸引来自全国150多个城市的37.9万名粉丝，交易总额突破8300万元，并连续3天居抖音温州同城热点话题首位，网络总点击量超过1.2亿人次。

23日　在全国公共文化领域重点改革工作总结部署会上，副市长娄绍光代表温州以《"文化驿站"——文化馆总分馆体系建设的温州模式》为题做典型发言，"文化驿站"——文化馆总分馆体系建设的温州模式在全国亮相推广。

27日　国内首个数字文旅5G融媒彩信《温州旅游指引》正式上线。该产品突破了传统短彩信的容量和格式限制，是一种新型的5G融媒体沉浸式消息触达服务，游客可享受5G超高清视频、VR游温州、语音导游、快速攻略等体验，并支持按钮互动、搜索点赞等特色交互服务。同时，通过终端厂商系统渲染，实现温州文旅品牌LOGO展现、底部导航菜单等全新体验。

28日　省咨询委主任黄旭明一行赴苍南县博物馆参观调

研,参观考察了"戏说生活——馆藏戏曲文物展""玉苍遗韵——苍南县博物馆基本陈列展"及非物质文化遗产展。

同日至29日　温州市"侨家乐"品牌民宿发展现场推进会在文成县举行。会议强调,打造"侨家乐"民宿品牌是温州发展旅游经济、推进乡村振兴、实现共同富裕的一项创新性工作,要发挥温州作为全国重点侨乡的独特优势,打造具有温州辨识度的"侨家乐"品牌民宿,成为旅游发展的靓丽名片、乡村振兴的标志成果和共同富裕先行的示范窗口。

5月

1日至5日　温州市共接待游客647.55万人次,同比增长149.24%,按可比口径恢复到疫前2019年的114.28%。

2日至3日　省文化和旅游厅党组书记、厅长褚子育一行赴温州督查文化和旅游市场安全生产和疫情防控工作,详细了解了假日期间景区疫情防控方案、入口人员聚集疏导、突发事件处置预案等,对相关工作的落实情况给予充分肯定。

9日　"行走的阅读·红动瓯阅"启动仪式暨《温州日报》小记者十周年系列活动在公园路历史文化街区举行。本次活动是2021"书香社会·阅读温州"全民阅读节重要内容之一,首期以"最繁华的街区,最红色记忆"为主题,围绕五马历史文化街区,品读温州古城的历史记忆与红色文化。

10日　2022年"东亚文化之都"终审活动在北京举行,市委常委、宣传部部长胡剑谨代表温州做终审陈述答辩。经评审委员会

现场评审,温州从5座候选城市中脱颖而出,总得分位列第一。

16日　第二届温州市乡村旅游文化节暨首届文成乡村旅游嘉年华在文成县百丈漈镇启幕,现场还发布了"5·19中国旅游日"惠游政策。当天,龙湾分会场——第三届状元王鱼杨梅节同步启动。

17日　由浙江省文物考古研究所指导、温州市文化广电旅游局主办,温州博物馆等单位承办的"东瓯厚土——十三五温州考古成就展"在温州博物馆启幕。市人大常委会副主任徐育斐,副市长娄绍光等出席启幕仪式并为温州市考古工作先进集体、先进个人代表颁奖。

18日　永嘉县楠溪江古村落保护与发展高峰论坛在大若岩镇举行。省文物局局长杨建武致辞,国际旅游研究院院士吴必虎、北京第二外国语学院首都文化和旅游发展研究院执行院长厉新建做主题演讲。

20日　全省"红船从'浙'里起航——中国共产党在浙江(1921—1949)"大型巡展首站在瓯海博物馆开幕。本次巡展由中共浙江省委党史和文献研究室、浙江省文物局指导,浙江省博物馆(浙江革命历史纪念馆)、浙江日报报业集团、中共温州市委宣传部、温州市文化广电旅游局、中共瓯海区委员会主办。

22日　由浙江省文化和旅游厅主办、浙江省文化艺术交流促进会和温州市文化广电旅游局协办的2021"相聚浙里"国际人文交流活动在温州市海外传播中心举行启动仪式。省文化和旅游厅副厅长、一级巡视员许澎,省外

事办公室副主任陈江风,温州市委宣传部部长胡剑谨出席,来自20余个国家的"诗画浙江"友好使者和在浙外国人代表,浙江省国际人文交流基地及创建单位代表,国际人文交流领域专家代表及媒体代表等出席。

26日至27日　浙江省城市公共文化建设工作现场会在温州召开。文化和旅游部公共服务司司长李宏、温州市市长姚高员、省文化和旅游厅副厅长叶菁出席会议并讲话,温州市文化广电旅游局局长做经验交流发言。

27日　温州市旅游安全专业委员会召开第一次全体会议。本次会议深入学习贯彻习近平总书记关于安全生产工作的重要论述和指示批示精神,切实落实省委、省政府和市委、市政府安全生产工作有关要求,全面做好温州旅游领域"遏重大"攻坚战工作。

30日　由文化和旅游部主办的"百名红色讲解员讲百年党史"宣讲活动在温州市举行。文化和旅游部资源开发司司长单钢新,文化和旅游部直属机关党委副书记、一级巡视员孙秋霞,浙江省文化和旅游厅厅长褚子育等领导出席活动。10位全国红色故事讲解员大赛优秀选手、全国红色旅游五好讲解员做专场讲解。温州机关干部职工、文广旅系统和高校师生代表等500余人听讲。

同日　由浙江省文化和旅游厅主办的"红色根脉　红动浙江"——2021千万游客寻访百年百景活动在平阳县文化艺术中心大剧院正式启动。文化和旅游部机关党委副书记、一级巡视员孙秋霞,浙江省文化和旅游厅党组书记、厅长褚子育,浙江省文化和

旅游厅党组成员、副厅长朱海闵，温州市副市长娄绍光出席启动仪式。文化和旅游部宣讲团成员等900余人参加启动仪式。

6月

28日　温州市文化广电旅游系统庆祝建党100周年暨党史学习教育成果展在苍南县文博馆启幕。展览借文旅系统职工作品抒怀言志，展现温州文旅系统党史学习教育成果，向建党百年献礼。

30日　"红遍浙南——温州革命征程（1921—1949）特展"在温州博物馆开幕，展出了全市100余件珍贵革命文物、档案资料。

同日　温州市文化广电旅游系统举行庆祝中国共产党成立100周年大会，表彰了一批先进典型，颁发了一批"光荣在党50年"纪念章，观看了一场党史学习教育主题演出，激励全市文化广电旅游系统党员干部进一步鼓足干劲、砥砺前行。

7月

10日　中国寓言文学馆在古韵纸山温州瓯海泽雅正式开馆。中国寓言文学馆于2020年9月开始建设，总占地面积约13000平方米，展馆面积1968平方米，是全国唯一一座具备寓言文学藏品收藏、展览展示、线上宣传教育及线下研学实践功能的文化地标。

16日　文化和旅游部、财政部公布了第四批国家公共文化服务体系示范区（项目）名单，温州市获评第四批国家公共文化服务体系示范区。

27日　文化和旅游部资源开发司副司长吴科锋一行到瓯海区山根音乐艺术小村调研，省文化和旅游厅一级巡视员柳河一同调研。

28日　全国红色旅游创意产品和红色旅游演艺创新成果征集展示活动在温州开展。本次活动由文化和旅游部资源开发司、国家博物馆、浙江省文化和旅游厅主办，温州市人民政府协办，中国旅游协会旅游商品与装备分会、温州市文化广电旅游局承办。全国各省（区、市）文化和旅游部门等的150余名代表参加了展示活动。

8月

1日　《温州市泰顺廊桥保护条例》正式施行。这是我国第一部廊桥保护专项法规，共23条，对泰顺廊桥本体及其周边附属物和廊桥营造技艺实施"双保护"，通过构筑廊桥保护完整体系，助力泰顺廊桥申遗，助推泰顺文化旅游事业高质量发展。

9日　温州第一部大型通史著作《温州通史》首发式在市人民大会堂举行。《温州通史》由温籍著名历史学家吴松弟领衔主编，林华东、鲁西奇、刘光临、李世众、冯筱才等史学专家担任分卷主编，60余名学者参与，历时10年编纂，共6卷本350万字，外加16部专题史，厘清了温州发展的历史脉络，全面展现了温州丰厚的历史文化积淀。

30日　温州当选2022"东亚文化之都"。第十二次中日韩文化部长会议上宣布，中国温州市、济南市，日本大分县，韩国庆州市共同当选为2022年"东亚文化之都"。文化和旅游部部长胡和平在北京会议现场向温州市、济南市授牌。温州市委常委、宣传部部长胡剑谨代表温州受牌。

31日　省委文化工作会议在杭举行，温州作为全省唯一的设区市发言代表，在会上交流分享文化工作的典型经验。

9月

25日　温州文旅产品亮相义乌文化和旅游产品交易博览会，荣获3金2银4铜。

30日　温州市政府印发《温州市国家文化和旅游消费试点城市建设工作方案》，从优化消费场景、丰富消费供给、创新业态模式、加强宣传营销、优化消费环境等5个方面，提出19项具体举措，加快推动国际化休闲度假旅游城市建设。

10月

12日　温州市人民政府联合中国戏剧家协会、浙江省文化和旅游厅共同举办的首届"戏曲寻根——南戏文化季"活动开幕。活动以"传续南戏经典，艺术点亮生活"为主题，举办了"回望经典"古典戏曲展演、诗画山水戏曲群英会、宋韵南戏文化会市等10余项大型活动。

16日　省委常委、市委书记刘小涛专题调研文化工作，强调要把文化建设摆在更加突出的位置，在共同富裕、现代化先行的大场景中传承弘扬瓯越文化，全面激活"文化＋"引擎，持续提升文化软实力，以璀璨瓯越文化赋能温州高质量跨越式发展。

19日　2021温州文旅消费季活动在印象南塘正式启动。活动持续3个月，围绕"玩转山江海""潮生活夜市""城市艺人秀""品瓯味百碗""寻南戏故里"五大主题，推出"2021长三角千车万人畅游浙江自驾游系列活动""青灯市集""瓯江山水诗路文化旅游推广活动"等70多项文旅消费系列活动，推动全市文旅消费热潮持续到2022年春节。

22日 举办2021"诗画山水 温润之州"温州文旅广东推介活动。此次推介会以"诗画山水 温润之州"为主题，通过温州文旅资源展示、特色旅游产品推介、定制线路发布、文艺表演等形式，全方位呈现温州丰富的文化和旅游资源。

24日 省文化和旅游厅一级巡视员柳河带队赴泰顺指导廊桥-氡泉国家级旅游度假区创建工作。

25日 由温州市文化广电旅游局主办、温州市旅游联合会协办的"侨风侨韵、温情温享"——温州市"侨家乐"品牌推介活动在温州广播电视中心举行。活动中发布了《温州市"侨家乐"品牌民宿标准》、"侨家乐"品牌LOGO及30家首批温州市"侨家乐"品牌民宿名单，并成立温州市"侨家乐"品牌民宿联盟。

同日至29日 组织举办"微改造、精提升"推进工作与乡村旅游人才专题培训班，全市各县（市、区）美丽乡村与特色村镇建设的职能部门和乡镇村干部、微改精提试点单位负责人共90余人参训。

11月

1日 温州市召开全市文物安全大排查大整治大提升工作推进会。全市各级文物主管部门一把手、温州博物馆、市文化市场综合行政执法队主要负责人参加会议。

6日至7日 副市长张健一行赴泰顺调研文化和旅游工作，

指出要充分挖掘本土文化旅游资源，创新思路，不断催生文旅新业态、推出文旅新产品，着力打造特色文旅爆点；要突出泰顺文化特色，塑造具有泰顺鲜明标签的优质旅游品牌。

8日 2021世界青年科学家峰会——世界中医药非遗发展论坛在温州南塘中医药特色街区召开。论坛采取线上线下相结合的方式，积极探索医学与文旅融合发展，形成温州中医药文化事业发展新路径。中国工程院院士、海内外专家学者、相关部门负责人、行业协会代表等100余名嘉宾参会。

同日 温州"非遗百家坊"揭牌仪式在南塘中医药特色街区举行。"非遗百家坊"是温州率全国之先打造的"非遗在社区"试点工作"温州样板"，是拓展非遗公共服务的新空间，也是创新实践城镇社区非遗传播的新途径、新方式。

9日 "我眼中的文化之都——温州"2021年温州市外籍青年中文演讲比赛举办，来自20个国家的30多名选手参加了比赛。

10日 文化和旅游部公布2021—2023年度中国民间文化艺术之乡名单，瑞安凭借温州鼓词项目入选。

12日 温州市越剧院建院70周年，"岁月荣光 越音清扬"温越七十年暨献礼建党百年晚会在文苑剧场上演，省内专家、各级领导及温越演职员代表等共庆温越建院70周年。

17日 省文化和旅游厅公布了第二批浙江省戏曲之乡（县级）名单，乐清市凭越剧入选。

18日 人力资源社会保障

部、文化和旅游部印发《关于表彰全国文化和旅游系统先进集体、先进工作者和劳动模范的决定》，温州市文化广电旅游局获评全国文化和旅游系统先进集体，温州市图书馆副馆长、研究馆员仇杨坪和温州市越剧院书记、院长、一级演员黄燕舞获评全国文化和旅游系统先进工作者。

同日 温州市人民政府发布《温州市旅游业发展"十四五"规划》。

22日 "玉篆春风——纪念方介堪先生一百二十周年诞辰特展"在温州博物馆启幕，并陆续推出相关展览、学术研讨等活动。

28日 "红动我心 诗画随行"2021长三角一体化旅游推广活动暨千车万人畅游浙江自驾游系列活动在洞头启动。上海、江苏、浙江、安徽三省一市的旅游行业协会代表、浙江省文旅企业和自媒体达人、全国各地的自驾爱好者参加了活动，共同探讨长三角区域一体化背景下的文旅新发展。

12月

4日 "诗画山水 温润之州"亮相2021广州文化产业交易会暨广州国际旅游展览会。

5日 中国瓯海·日本长野"侨家乐"线上交流推介会，在瓯海区行政中心和日本穗高城温泉酒店两地同时举行，以文化和旅游之力推动人民交往、文明互鉴，助力"东亚文化之都"建设。

21日 由中国温州市、济南市，日本大分县，韩国庆州市共同发起的2022"东亚文化之都"视频会议举行。温州市副市长娄绍光、济南市政府副秘书长张蓉、大分县知事广濑胜贞、庆州市市长朱洛荣出席了会议并发言。会议采取线上线下相结合的模式，4个与会城市分别就城市概况、2022"东亚文化之都"活动年重点工作进展和未来合作进行了交流。

26日 温州子城遗址勘探入选2021年度浙江考古重要发现。温州子城遗址考古勘探项目是自2015年以来，温州考古团队连续第7年荣获浙江考古重要发现奖。

30日 乐清市铁定溜溜景区、平阳浙南（平阳）抗日根据地旧址被评定为国家4A级旅游景区。

（毛诗漫）

温州市县（市、区）文化和旅游工作概况

【鹿城区文化和广电旅游体育局】内设职能科室6个，下属单位4个。2021年末人员55人（其中：机关8人，事业47人；具有高级技术职务资格的8人，中级13人）。

2021年，鹿城区文化和广电旅游体育局坚持"谋发展、比作为、争一流"，致力于打造更多具有鹿城辨识度的文旅项目。新建城市书房1个，文化驿站2家，建成"非遗创艺坊"2家，提升"非遗在社区"示范点8家。全区共接待国内外游客623.3万人，同比增长15.4%；旅游总收入85.8亿元，同比增长12.9%。一是社会文化。新建城市书房1个，文化驿站2家，在14个街镇各派驻1名文化下派员辅助街镇开展文化工作。承接2021"新松计划"浙江省青年舞蹈演员大赛。大赛

8月启动，全省6个市和省本级38家单位、1000多名选手报名参赛。相继开展鹿城区群众性四大赛、"讲温州故事·'艺'百年党史"、2020年度鹿城区"我的礼堂我的家——我要上村晚"才艺大赛。创作《孤屿共题诗》《谯楼吟》《登池上楼赋》等10首古典诗词作品，登上学习强国平台。原创曲艺作品《文天祥·夜泊江心》参加浙江省第十一届群众曲艺大赛和浙江省第八届曲艺新作会演获银奖，并参加了第十二届中国曲艺牡丹奖的选拔。选送的宣讲作品《不忘初心，践行公益路》参加浙江省群文系统微宣讲大赛荣获全省一等奖；原创小品《情浓姜茶摊》获2021年"我要上村晚"浙江省农村小品大赛第1名；舞蹈《一村好戏》获"幸福像花儿一样——首届浙江乡村文化艺术节暨乡村舞蹈大赛"金穗奖一等奖，舞蹈《天路行》获金穗奖二等奖；舞蹈《媛·女贞花开》获第三届"浙江风格 江南舞韵"舞蹈作品展演表演奖；舞蹈《阿坝来的小徒弟》参加省三十一届群众舞蹈大赛获一等奖；草书《毛泽东〈七律·长征〉》、行书《节录〈世说新语·德行篇〉》、八章草《朱德诗三十三首》、行草《纪念建党百年古诗词数首》入围浙江省第七届群星视觉艺术综合大展优秀书法作品展。二是非遗工作。截至年底，全区共有非遗代表性项目110项，代表性传承人121人。其中国家级项目3项、省级15项、市级70项；国家级代表性传承人3人、省级16人、市级40人。建成"非遗创艺坊"2家，提升"非遗在社区"示范点8家。温州发绣项目入选第五批国家级非物质文化

遗产代表性项目名录。打造华盖词场，入选省级非遗曲艺书场示范点名单。定向街镇招募非遗专项志愿者300余人，面向社会招募志愿者100余人，开展非遗志愿者专项培训168场。非遗专项志愿者在14个街（镇）社区自主开展体验活动，全年开展活动1051场。三是图书馆工作。鹿城区图书馆馆舍面积0.55万平方米，阅览坐席0.041万个。是年，鹿城区图书馆经费投入0.0587亿元，文献总量60.8万册（件），累计发放有效借书证4.68万张，外借文献31.53万册，图书馆网站访问量0.73万人次，全年总流通人次73.4万人次，举办读者活动363场次，线上线下参加人次22.49万余人次。四是文化市场管理工作。全年共出动执法人员1915人次，检查各类文旅企业2339家次；办理行政处罚案件45件，同比增长10%；罚没款约35万元，同比增长77%。办理首个不可移动文物行政处罚案件"季氏古民居擅自修缮改变原状案"，出版物行政处罚案件"浙江昌慧生物科技有限公司擅自从事出版物发行业务案"机构改革以来单笔罚没金额最高（17.3万余元）、没收非法财物最多（735件）。全年行政处罚案件涵盖文化、旅游、出版物、印刷、不可移动文物、网络出版、艺术品经营等七大领域。高效办理完成"双创"督办件30件，文化市场举报42起，有效促进了文旅市场平稳有序发展。五是项目建设。聚焦"一岛一城一带"文旅板块，提升"一岛"，打造瓯江山水诗路带建设样板，推进江心屿改造提升工程；改造"一城"，争创千年古城复兴样板，启

动公园路、五马街、禅街改造，打造了一条全长 1400 多米的高等级步行街；统筹"一带"，打造全域大景区，争创全域旅游示范区，全力打造国际化休闲度假旅游城市核心区。规划建设 40 个文旅项目，累计落地 10 亿元以上文旅产业项目 8 个，1 亿元以上项目 13 个，累计完成投资额 168.8 亿元。累计创成 A 级旅游景区 5 个、浙江省 A 级景区街镇 11 个、A 级景区村庄 53 个、国家级旅游休闲街区 1 个。进行"小角落里的大革命"，建设旅游厕所 56 座，景区实现第三卫生间全覆盖。建设鹿城区文旅数字化转型项目，着力开发"游在鹿城"小程序。提升"i鹿城"微信公众号服务功能，提供"一键周边游"服务，推动实现线上线下融合旅游。打造茶花未来城数字文旅应用，搭建邻里街坊、享看世界、乐娱舞台、君在松台四大场景，打通"浙里好玩""E游温州""虚拟游温州"等应用系统，实现全省文旅资源和数据直接下沉到社区，推动"旅游＋社区"融合。六是景区建设。江心屿东园改造提升工程成果整体亮相，西园改造提升设计方案定调，为全岛整合提升奠定了扎实基础。3 月 1 日起，对温州市本地户籍居民、持有《浙江省居住证》的新温州人免门票，收取往返渡轮费 6 元，此举受到市民一致点赞。"五一"假期景区人流量同比增长 376％。推进西园码头建设工程、共青湖清淤及生态修复工程、江心屿引水工程、江心屿防洪堤改造提升工程等四大基础配套工程建设。8 月，夜游亮化改造提升工程完成灯光安装及效果调试。实施江心屿东园文化整体提升工程、清辉浴光（宋园）布展工程、楹联匾额植入工程等。实施江心屿景区码头提升改造工程，并投入试运行，实现"新码头、新渡轮、新形象"。印象南塘景区塘河夜画二期项目 4 个单体建筑完工。塘河时光项目完成桩基施工，完成中间验收，钢结构主体结顶。塘河日游项目于 9 月 30 日启航，12 月正式对外运营。提升景区空置场地利用率，举办 47 场大型活动。组建温州名瓯旅游建设开发有限公司、广告分公司，其中广告分公司完成金竹嘉园一期广告投放，与集团内 5 家单位签订委托运营书，实现资源整合。实施湖心岛加固、公厕提升、足球场建设等工程，顺利通过了国家 4A 级景区复评。七是行业建设和管理。优化营商服务，创新服务举措，完善备案流程，打破传统勘验方式，率先开展视频远程勘查，实现现场核查"不见面"，以视频勘查替代传统人工现场勘查，不断深化基层工作。引导旅行社开展鹿城地接旅游业务，提升地接旅游业务服务水平。持续推进星级品质旅行社创建工作，提高游客对鹿城旅游的满意度。八是宣传促销。整合优质鹿城文旅特色旅游资源，针对不同区域、不同群体、不同层次的消费需求，加大对文旅融合发展的宣传力度，强化线上线下宣传，积极引导市民转变消费观念和消费习惯，培育和壮大夜间消费群体。通过发放消费券、打造"网红打卡点"等方式，多渠道扩大"月光经济"的知名度。举办"2020 温州夜间文旅消费季"，研发红色研学路线，推出的"行走的党课"和"行走的少年党课"，共举办 149 场。推出夜景网红打卡地、夜间旅游美食、文旅休闲夜娱点等多项夜间文旅项目。推出鹿城十大精品旅游线路手册，强化鹿城旅游线路的宣传推广。面向社会公开招募志愿讲解员，搭建含专业导游、兼职导游和志愿讲解员等的综合型导游人才公共资源库。

（马凤丽）

【龙湾区文化和广电旅游体育局】内设职能科室 6 个，下属单位 4 个。2021 年末人员 54 人（其中机关 11 人，事业 43 人；具有高级技术职务资格的 3 人，中级 18 人）。

2021 年，龙湾区文化和广电旅游体育局认真贯彻落实省、市、区有关精神，切实以高品质文化和旅游供给增强人民群众的体验感、获得感、幸福感。一是大力巩固公共文化服务体系示范区创建成果。公共文化设施基础进一步夯实。进一步织密"15 分钟都市文化圈"和"农村 30 分钟文化圈"，新建文化驿站 3 家，新建城市书房 2 家，新增社会阅读流通点 8 个。区图书馆获省"满意图书馆"称号。提升街道综合文化站、农村文化礼堂等基层文化场所的服务效能，扎实推进基层公共文化服务体系建设。精品文艺创作添佳绩。打磨提升舞蹈《活到头发像盐白》，冲刺 2021 浙江省群星奖决赛。原创音乐作品《畲山的呼唤》入选中国当代歌曲创作精品工程"听见中国，听见你"优秀歌曲，创下了温州在该音乐工程奖项上的最高纪录。文化艺术氛围进一步浓厚。筹建中国工艺美术大师叶萌春艺术馆、徐志通美术馆，围绕黄石山雕塑公园展开的具有龙湾特色的艺术场馆群初步形成。积极参与温州市"东亚文化之都"创建工作,筹建姜立纲艺术馆,承接首届姜立纲书法国际学术研讨会。文化惠民工程接地气聚人气。继续深化常态化文化惠民活动,完成送戏下乡 179 场、"文化走亲"4 场,送书下乡 5856 册。区图书馆以全民阅读节主题活动为引领,开展各类线上线下活动 433 场次、惠及读者 12.9 万人次。区文化馆开设"群众课堂"公益培训 50 班次,学员 1 万余人次。二是切实推进文旅品质提档升级。打造一批优质文旅融合项目。积极融入"四条诗路"建设,谋划、储备、实施一批重大文旅融合项目。统筹推进永昌古镇文旅开发、黄石山公园美术提升工程、瑶溪旅游风情带打造工程、永中郑宅呑美丽田园综合体项目、寺前街历史文化街区提升改造等项目建设。开展"微改精提"旅游品牌创建行动。以打造"山海古堡·未来之城"为主题,谋划"十四五"全区文旅规划。以挖掘文化内涵和提升游客微观感受为导向,实施城乡环境更精美、配套设施更精良、旅游体验更精致、休闲空间更精巧、多旅融合更精妙、人性服务更精心、市场营销更精准、数字改革更精进、运营管理更精细、保障体系更精确等"十精"工程,约有 30 个项目入库。浙江卓诗尼鞋业有限公司创成省级工业旅游示范基地,指导乔顿服饰等单位设计工业旅游线路。多措并举抓好旅游营销造势。创新形式、全面推介龙湾旅游资源,结合中国旅游日,推出"5·19 龙湾旅游体验日"系列活动。深入开展"诗画浙江·百县千碗"工程建设,挖掘龙湾本地特

色美食,谋划龙湾"新十碗",澳珀"瓯·小酌"等获评 2021 年度省优秀旅游商品。举办"'鱼'你共享'梅'好时光"——第三届状元王鱼杨梅节,以网红直播打卡方式推介龙湾美食。三是努力夯实文化遗产保护利用基础。文物保护利用水平有效提高。完成 2021 年城中村改造等建设范围内的历史建筑现状调查。完成庙上路 1 号和王绍志故居维修,申请国保资金 264 万元用于英桥始祖故居修缮,完成张璁祖祠、张天麟家庙抢修。文化遗产保护传承有效推进。钟秀园贞义书院于 2 月试开院,引入非遗项目,形成个性化、产业化发展的体验基地。确定李选忠等 10 位传承人为龙湾区第一批区级非遗传承人。文物安全工作常抓不懈。严格按照《文物保护单位巡视制度》做好全区文保单位日常巡查工作,共出动巡查 260 人次,保持文物安全零事故的良好态势。以普法日、文化遗产日为契机,加强文物法规宣传,构建全社会共同关心文物保护的大格局。四是全力做好疫情防控,加快实现文旅产业转型发展。全力做好疫情防控。切实抓好文化和旅游领域疫情防控,严格国家、省各类文化和旅游设施、场所、活动等防控防范要求,以及最大承载量要求,慎始如终筑牢安全工作管控防线,切实维护全区文化市场安全稳定。深化文旅数字化改革。以文化市场监管和执法数字化改革为突破口,推进数字化改革项目"码上文旅—数聚智治仓"落地,并入围省文化和旅游厅数字化改革重点项目、省司法厅数字化一本账赛道,实现文旅市场监督的精密智治。积极

接入"E 游温州""文化温州云""浙里好玩"等公共信息服务平台,实现"一部手机游龙湾"。

(陈正中)

【瓯海区文化和广电旅游体育局】 内设职能科室 5 个,下属单位 4 个。2021 年末人员 69 人(其中:机关 33 人,事业 36 人;具有高级技术职务资格的 3 人,中级 12 人)。

2021 年,瓯海区文化和广电旅游体育局以打造"都市＋乡村休闲旅游度假区"为目标,以创建省级文旅消费试点城市、省级旅游示范区为契机,不断加速提升文化瓯海的品牌影响力,满足全区人民对文旅发展的新期待。一是公共文化服务实现新作为。文化阵地更加完善。新建城市书房(书屋)3 个、文化驿站 3 个。完成省"满意图书馆"创建,开展各类阅读推广活动 1309 场,送书下乡 330 次、23 万册,获评"书香中国·文学有我"全民阅读基层推广单位。完成第七次省级镇街综合文化站定级工作和文化强镇、文化示范村(社区)复评有关工作。全面实践"民办政补,民藏政扶"的社会力量办文博模式,东经纸文化艺术馆、"园"艺术馆和博山美术馆陆续开馆,塘河民办博物馆群 5 馆全部投用。文艺精品更加出彩。原创作品获省级 2 金 2 银 3 铜,获省、市级奖项 13 个。原创歌曲《家有多远》荣获浙江省第十九届音乐新作大赛金奖,入选浙江文化艺术发展基金项目。联合温州大学音乐学院开展校地合作,共同打造瓯海民乐团、瓯艺艺术团,在温州大学音乐学院设立培训基地、实践基地,共同进行课题研究和精品创作等五大方面

合作。群众文化活动更加走心。送文化下乡 78 场，119 支瓯海乡村艺术团开展各类主题演出 182 场。与温州大学音乐学院成立校地艺术合作基地。"新乡式"主题宣讲团百场宣讲、百支乡村艺术团、百场文艺赛事和文艺轻骑兵活动助力百年党庆。举办大美温州——中外名家书画展、2021 年浙江省版画展、永嘉学派·温州先贤书画展等。推出"红船从'浙'里起航——中国共产党在浙江（1921—1949）"大型图文巡展，成为全区红色教育重要打卡点。二是文化遗产保护有了新高度。文物保护持续加力。"三色图"文物安全智慧监管平台持续发力，累计发现隐患 506 处，整改完成 502 处，相关做法在全省做经验介绍，获副省长成岳冲批示认可、省文化和旅游厅厅长褚子育肯定，并获区红榜激励荣誉。设立区政府文物安全专项经费，完成重点文物建筑监管对象智慧用电终端设备安装及线上管理。非遗保护加速转化。成立区非遗协会，创新"数字化＋非遗"保护发展模式，瓯海非遗民艺馆开馆。泽雅屏纸体验区完成 2021 年度市优秀非遗体验基地申报。建成非遗社区 3 个。开展非遗"五进"活动，14 位非遗传承人每周深入 43 所中小学开展非遗课程。文化基因深入挖掘。深化文化基因解码，调查梳理文化元素 200 余项，形成瓯柑、三垟湿地等 20 项重点文化元素清单。三是全域旅游发展迈上新台阶。规划引领，发展布局更合理。围绕瓯海"两城三区"城市发展大框架，构建"三带多点，全域推进"文旅发展新格局，完成《瓯海区文旅发展

"十四五"规划》编制任务并形成送审稿。创建提档，品质提升更全面。启动省级全域旅游示范区创建工作，开展景区城、景区村、放心景区、A 级旅游景区等创建工作。新建旅游厕所 9 座、游步道 8 千米、停车场 4 个，完成 2 个标识（门户）、21 个导视图的建设。开展瓯海旅游"五个最美"系列评选，评出"最亮微改点""最期待微改点""最受欢迎旅游景区""最美旅游厕所""最美景区村"，受到广大市民游客的热捧。项目为王，发展动能更强劲。梳理全域旅游项目建设工作任务与具体创建内容 155 项，全域重大文旅项目 55 项总计划投资 523.92 亿元，年度计划投资 38.65 亿元，实际完成投资额 44.87 亿元。泽雅龙溪旅游度假区项目在第四届进博会签约，投资额 1.5 亿美元。龙舟运动基地项目通过竣工验收，龙舟博物馆完成进场装修。梧田老街项目全面施工。数字赋能，基础服务更便捷。全省数字社会"揭榜挂帅"项目瓯海错峰乐游应用在"浙里好玩"、微信小程序、"浙里办"上线，在全省文旅数字化改革会议上做典型发言、亮相第 16 届中国义乌文化和旅游产品交易博览会、入选温州市数字社会案例集（2.0 版本），获得省文化和旅游厅厅长褚子育点赞、中央电视台专题采访。创新载体，宣传推介更有力。创新开展"2021 年瓯海文旅线上'云'推介活动"，累计送出文旅消费产品 4101 件。"吃喝玩乐购在瓯海"官方抖音号上线。四是文旅消费繁荣打开新局面。省级文旅消费试点稳步推进。谋划"一镇街一特色"文旅消费节庆活动。山根

音乐艺术小村入选省级夜间文旅消费集聚区。联合省文化和旅游厅举办"诗路踏歌"2021 诗画浙江诗路宣传推广成果发布活动，打造文旅融合发展"金名片"。"侨家乐"品牌民宿取得阶段成效。全市率先出台"侨家乐"配套扶持 10 条政策，举办推介会 2 次，发布优质项目 25 个，吸引新华网、人民网等 50 多家媒体报道，获温州市市长姚高员批示肯定，并获区红榜激励荣誉。与日本长野合作开展线上国际交流推介活动。青灯市集品牌晋升全国"顶流"。2021 春季大会总客流量 38 万，交易总额突破 8300 万元，获温州市市长姚高员批示肯定，成为全国市集"流量 IP"。旅游业"微改造、精提升"稳步开展。累计申报"微改造、精提升"项目数 104 个，累计投资 3.04 亿元。山根音乐艺术小村旧村"微改造、精提升"模式纳入全省单项试点，入选全市首批未来乡村试点，获省文化和旅游厅厅长褚子育点赞。五是文旅市场监管迎来新突破。疫情防控政策全面贯彻。累计开展疫情防控实地排查 635 家次，发现隐患问题 58 个，停业整顿 15 家次。执法队伍业务精湛。累计出动检查 2646 人次，检查经营单位 1173 家次，行政处罚立案调查 40 件。获 2021 年全市文化和旅游法律法规知识竞赛团体三等奖。文旅执法效能提升。落实"双随机一公开"抽查工作，执法操作全部通过"浙政钉""掌上执法"完成。建立"新闻出版职能动态监管一体化"网络数字化监管平台，实现一网通办。

（谢若诗）

【洞头区文化和广电旅游体育局】内设职能科室5个，下属单位9个。2021年末人员82人（其中：机关7人，事业75人；具有高级技术职务资格的5人，中级18人）。

2021年，洞头区文化和广电旅游体育局围绕"旅游兴区"战略，坚持围绕中心、服务大局，强化统筹推进、补齐短板，全力推进文旅产业融合发展。洞头区获批设立半屏山海洋省级旅游度假区，获得省十大海岛公园2020年考核评估优秀，创成省民间文化艺术之乡，海霞小镇被纳入传承发展省优秀传统文化行动计划项目。全区共接待游客304.7万人次，实现旅游社会总收入35.7亿元，分别同比增长23.2%、39.9%。一是旅游品质提档升级。全力破解20多年历史遗留问题，大沙岙景区股权成功回购，阿波罗商务酒店顺利启动拍卖。推进全域旅游示范区建设提升，荣获2021年度省级全域旅游示范区复核评估A档。入选省首批旅游业"微改造、精提升"行动试点县和单项试点单位，完成40个试点项目建设。加快全域景区化，新增省4A级景区城、省4A级景区镇、国家3A级景区各1个，3A级景区村2个。完善旅游接待设施，出台"侨家乐·海宿"等级划分与评定办法，全年新增床位1652张，创成金鼎级特色文化主题饭店、四星级饭店、市侨家乐品牌民宿各1家，省银宿级民宿2家。加快旅游交通数字化改革，建成旅游道路交通"三色"预警项目。推进高校毕业生招引"510计划"攻坚行动，开辟文旅就业岗位130个，招引滨海旅游人才16名。开展民宿管家、景区景点等培训8场，

培训涉旅从业人员366人次，1名讲解员荣获"省优秀博物馆讲解员"称号。二是项目建设推进有序。全区共实施（谋划）重点文旅产业项目29个，总投资499.14亿元。其中续建项目14个，总投资136.77亿元，占比27.4%；新建项目5个，总投资18.37亿元，占比3.68%；谋划重点招商项目10个，总投资344亿元，占比68.9%。全区重点文旅项目年度投资任务20亿元，全年完成投资额23.18亿元。牵头服务文旅项目9个，包括续建项目4个、新建项目1个、招商项目4个。在建项目完成投资3.03亿元，累计完成投资6.1亿元。牵头联系文旅助企服务挂钩企业18家，走访企业（项目）162次，解决企业困难问题28个，审核兑现"一企一策"奖励资金1342.77万元。三是公共文化润心惠民。开展文化惠民活动，举办中国共产党成立100周年大合唱比赛、海洋文化节、"礼赞百年 文化润心"、"十个百"系列活动，开展送文化下乡和文化分享活动500余场。实施"文化基因解码工程"，完成20个重点文化元素报告，遴选闽瓯、海霞2个文化标识。打造文旅融合空间，完成贝雕艺术主题公园主体工程，建成半屏文创中心、船模工作室等文创基地。加强文化设施建设，新增"城市文化客厅"、"非遗在社区"示范点各3个，省、市级非遗传承人、传承团体5个，市级（优秀）非遗体验（传承）基地3家。创成国家一级文化馆、省首批"满意图书馆"，建成数字文化馆、数字图书馆。强化文艺精品创作，全年创作歌曲、舞蹈、小品等文艺精品48个，荣获国家、

省、市奖项47个，其中舞蹈《我们的直播间》荣获第三十一届浙江省群众舞蹈大赛银奖。推动文物保护利用，制定全区文物保护安全整治方案和提升方案，建立班子领导挂钩联系制度，启动文物安全数字化改革，逐步完善文物安全管理体系。四是体旅融合成效明显。打造海上运动之都，签约建设国家海上国民休闲运动中心，完成航海（帆船帆板）中心项目合作可行性研究报告。大力发展赛事经济，举办全国海钓邀请赛、帆船邀请赛、浙马百公里赛等体育赛事13场，组队参加市级赛事获得16金26银24铜。实施民生实事体育项目工程，建成百姓健身房2家、省社区多功能公共运动场1个、篮球场1个、登山步道1条，全区7个乡镇（街道）全员高分通过省级"四提升四覆盖"全民健身工程建设。五是文旅营销全面拓展。打造海岛旅游节庆品牌，举办首届婚旅节、首届烟花音乐节、海霞旅游节等节庆活动，举办长三角职工疗休养（温州）交流协作大会、"长三角一体化"旅游推广活动，开展金华、衢州、湖州3地推介会。开发精致旅游产品，引进首条国内沿海游轮旅游航线，推出婚纱T台秀、沙滩露营等旅游产品，提升"洞头同心夜市"等夜游品牌，包装推出5条精品旅游线路，其中红色旅游线路入选全国美丽乡村休闲旅游行（夏季）精品景点线路，体旅融合线路入选省运动休闲旅游精品线路。推出特色旅游商品，获评中国（特色）旅游商品大赛银奖2个、省优秀旅游商品3个、省优秀非遗旅游商品1个。开拓省外客源市场，推出散客班、大团等5

项奖励政策，引进长春、西安、太原等地散客班 56 批 2003 人次、大团 14 批 4251 人次走进洞头。强化抖音、马蜂窝等新媒体营销，各级平台累计曝光量达 1.78 亿次，主流媒体报道洞头文旅 350余次。六是文旅市场监管有序。常态化开展文旅市场疫情防控，出台文旅系统"一场所一防控预案"和应急处置机制工作方案，从严从紧管好文旅公共场所。加强文旅市场安全监管，定期开展文旅领域安全巡查，持续推进"扫黄打非"、扫黑除恶工作，加大文旅安全生产宣传教育。全年共出动执法人员 785 人次，检查经营单位 400 家次，办结案件 8 起，没收非法出版物 7 件，文化旅游市场无重大安全事故发生。

（王施施）

【乐清市文化和广电旅游体育局】内设职能科室 8 个，下属单位 8个。2021 年末人员 267 人（其中：机关 51 人，事业 216 人；具有高级技术职务资格的 18 人，中级57 人）。

2021 年，乐清市文化和广电旅游体育局抓规划重编制，抓设施重发展，抓活动重宣传，抓机遇重培育，推动文旅事业持续发展。一是抓规划重编制，打造文旅发展新引擎。编制《乐清市文旅一体化发展"十四五"规划》《乐清市推进瓯江山水诗路文化建设三年行动计划（2021—2023）》《A 级旅游景区品质提升行动计划》《乐清市重点文旅建设项目库》，为全市文化和旅游融合发展指明方向，创新引领。建立第三方评估机制，提高基层文化设施利用率。对乡镇文化站、社区文化服务中

心效能利用情况开展明查暗访，并建立通报整改机制。构建"三责联动"防控体系，提升文物保护利用水平。建立全市文物安全联系制度和属地文物安全直接责任人制度，与各乡镇（街道）负责人签订文物保护责任书，层层压实责任，进一步完善了市、乡镇（街道）、村 3 级保护网络体系。二是抓设施重发展，打造文旅体系新格局。打造文旅融合新地标。围绕"乐读"体系重点打造"1+30+N""乐读"新空间，以清和书苑为样板，在全市新建 30 家高品质城市书苑，并于 10 月 15 日"悦读乐清·文化周"启动当日集中投用。这一批书苑均位于公园、小区等市民活动密集区，集阅读创意、家庭亲子、数字未来、网红打卡、旅游休闲等功能于一体，配有藏书40 万册，新增城市公共文化空间约 1.1 万平方米。"乐读"城市书苑已成为乐清文旅融合新地标，经验做法先后被《浙江日报》《人民日报》、央视新闻等媒体报道。打造全域旅游新目的地。整合各方资源，依托社会资本、国有集团，高品质推进盐盆山清和公园一体化建设工程等一批重要旅游基地建设。加快农文旅一体化建设，重点发展下垟牡丹园、玉禾庄园田园综合体、玉甄茶园等。有序推进"微改精提"工程，全年共有 35 个项目，总投资 9143 万元，成功提升王十朋景区、黄檀硐、雁荡灵岩等旅游目的地旅游品质和文化气息。挖掘"瓯江山水诗路"资源，改造提升南阁历史文化名村、淡溪景区王十朋状元故里；启动朱苔岭古道修复。乐清湾电力科技小镇获评国家 3A 级旅游景区；铁定溜溜乐园创成 4A 级旅

游景区。高标准开展"千村百镇十城景区化"工程，创建 3A 级景区村 4 个、3A 级景区镇 5 个，新增 2A 级景区村 19 个，1A 级景区村 30 个。提升旅游服务品质。持续开展中雁荡山品质提升工程，钟前湖设施不断完善，中雁平田花海和仙境梯田项目打造成功。出台民宿管理办法，打造精品民宿，培育隐于流世、安葵·岚宿等 2 家侨家乐主题民宿。乐清路之遥奥特莱斯时尚广场、永乐人民抗日自卫游击总队纪念馆等 2 家入选 2021 年度省级放心景区。浙江仙乐国际旅行社有限公司获评五星级品质旅行社。推出乐清市招徕外地游客奖励政策，举办温台两地万人游乐清活动，吸引万人游览淡溪、清江、大荆等乡村旅游点。举办 2021 年乐清市金牌导游员大赛，在全省首创以直播赛形式培养"网红导游"，评选出 10 名金牌导游与 5 名优秀导游。三是抓活动重宣传，文旅品牌亮点纷呈。建党百年庆祝活动丰富多彩。承办省文化和旅游厅"迎建党百年 享美好生活"红色主题雕塑大展，举办"乐音清扬 百年风云"合唱大赛、金牌导游员带您走读乐清红色印记等 88 场红色主题文旅活动，参与人数 130 余万人次；创作歌曲《刻在心上的中国》等 30 余个文艺作品，开展"教你唱红歌"等公益培训 400 余场；推出"1+6"条红色研学线路。深化普惠性文化活动。各文化场馆实施"夜景亮化"，实现夜间常态化开放，丰富公共文化产品供给。开展全民文化艺术公益培训 432 课次，推出全民阅读活动 663 个，开展"戏曲五进"270 场、送戏下乡 202 场、

送书下乡13万册、文化艺术类展览24场,送展览、讲座63场,"文化走亲"10场。打造"乐清十碗"美食品牌,培育文旅新业态。举办"诗画浙江·百县千碗"乐清十碗评选活动,从238道菜中评选出乐清"十大碗""十小碗""十小吃",推出龙西乡石斛宴、淡溪镇状元宴、乐清湾海鲜宴等特色宴席。让乐清美食进景区、进饭店、进学校、进机关食堂、进高速服务区,进一步提升乐清的城市美誉度和知名度。新增乐清市白沙人野生海鲜排挡、金鼎大酒店等2家"诗画浙江·百县千碗"省级美食体验(示范)店。四是抓机遇重培育,文旅精品硕果累累。新增省戏曲之乡文化"金名片"。民歌《对鸟》获浙江省第十一届群众曲艺大赛民间音舞精品奖民间音乐金奖;舞蹈作品《再唱山歌给党听》获首届浙江乡村文化艺术节暨乡村舞蹈大赛最高人气奖;舞蹈作品《我的山海》入围浙江省群星奖。举办乐清市舞蹈大赛、乐清市群众声乐大赛、乐清市视觉艺术大赛、乐清市金牌导游员大赛等文旅赛事。温州市旅游饭店服务技能大赛斩获四大项目一等奖2名,二等奖4名。五是抓保护重利用,文化遗产工作持续推进。有序推进文化基因解码,不断深化非遗保护。完成王十朋、雁荡山传说等31个重点文化基因解码工作,录入210条基本元素。完成《乐清童谣》的编辑工作及乐清方言的整理和虞金顺、陈余华、高公博等3位国家级传承人口述史纪录片的拍摄。创成"非遗在社区"示范点4个,新增温州市级非遗代表性传承人7人,温州市级非遗体验基地1家

(雁荡山国际营学基地)。举办非遗进校园活动413场、"非遗在社区"活动67场。强化文物安全保障,优化文博宣教。开展文物维修保护3年行动(2021—2023年),分期分批进行文物修缮、活化、利用,已完成国保单位东塔的修缮工作,启动3处文保单位修缮工作。开展文物安全巡查,联合市消防局对各级文保单位安全督查185人次,检查文保单位30家次。市博物馆举办虞金顺"中国梦"黄杨木雕系列作品展、"红色乐清"特展、"浙南红路"特展等,参观人数9万多人次。联合上海嘉定、江苏太仓举办"'时代经典'陆俨少、周昌谷、宋文治艺术作品展",同时推出"昌谷艺术讲堂"与"红色星期天"美育活动。六是抓安全重监管,文旅市场有序发展。规范文旅行业秩序,压实安全生产责任。完善监管制度,开展专项行动,实现执法全覆盖。全年共出动巡查9681人次,检查文旅经营单位2478家次,立案79起,结案69起,罚没款269400元,停业整顿1家次,受理投诉举报39起,处置办结39起,反馈满意率达100%。加大重点领域重点行业监管,增加多部门联合执法频次和力度。全年开展重点领域"双随机"抽查39次,其中跨部门"双随机"检查13次,"双随机"抽查占日常巡查比11.31%。七是抓服务重共享,有序推进文旅数字化建设。上线"读行乐清"文旅融合数智平台,并纳入温州市数字化改革先行项目库。结合"读万卷书·行万里路"国家文旅融合试点项目,于6月上线"读行乐清"数智文旅微信小程序,市民可通过平台参与丰富的文旅活动,

并可获取积分,兑换文创产品、文旅消费券、景区门票等奖品,加快推进线上线下融合发展,优化文旅公共服务供给侧。国家级文旅融合试点项目"读万卷书·行万里路"通过文化和旅游部验收。升级"文旅乐清""数据驾驶舱",提供决策支持和业务动态监管。"数据驾驶舱"分为景区资源、文体场所、行业监管、酒店民宿、文体活动及文旅项目六大板块,实现全市文旅行业的实时监控、动态管理,已列入乐清市第一批数智城市重点建设项目。做好"文旅乐清"运用场景建设,推出"云直播""云展厅""云课堂"等一批线上活动,加快数字化在文旅工作中的运用。

(池卢莹)

【瑞安市文化和广电旅游体育局】内设职能科室9个,下辖参公单位1家,事业单位6家。2021年末人员150人(其中:公务员27人,参公26人,事业97人;具有高级技术职务资格的12人,中级32人)。

2021年,瑞安市文化和广电旅游体育局全力推动文旅事业高质量发展,获评中国民间文化艺术之乡,成功创建浙江省3A级景区城,全市累计接待国内游客411.87万人次,同比增长4.67%;实现国内旅游收入60.34亿元,同比增长5.56%。一是公共文化服务。完善基层公共文化设施。新增4家城市书房(百姓书屋)、14个图书流通站,改造提升首批9个心兰书苑阅读点,设立汽车图书馆服务点13个,社会类文化驿站4个。推动儿童友好型城市创建,建成全省首家寓言主题

城市书房。全市 520 个行政村（社区）文化活动中心覆盖率 100%。开展文艺活动。承办中央电视台"戏曲寻根——南戏文化季"之"角儿来了"活动，在湖岭镇泉玥民宿录制"山水诗画群英会"节目，春节档向全国播放。全年举办讲座、展览 710 场，送综艺戏曲下乡 1470 场，送书下乡 32 万册，送讲座 6 场、公益培训 15 场，举办各类阅读推广活动 47 场，受益人员 3000 多人；开展线上各类文化活动 266 场次，线上参与人数 28 余万人次。加强队伍培育。打造公益联盟大课堂，开设培训班 50 余班次，培训学员 1000 余人。积极向外输送优秀文艺骨干，组织优秀团队参加浙江省乡村合唱大赛、浙江省"三团三社"区域联动示范交流系列活动等。发展图书事业。至年底，公共图书馆文献总量 158.1 万册（盘），馆藏数字资源总量 8.75TB，接待读者 187.17 万人次，数字资源访问量 115 万人次；以全民阅读推广为重点，全新打造"跟校长一起读书""书香市集""心兰 reading"等活动品牌，共举办各类读者活动 539 场，参与读者 42 万人次。二是文化遗产保护。加强文物保护。加快实施"文化基因解码工程"，共梳理出文化元素 392 项，"文化基因解码工程"解码成果获评全省优秀。对全国重点文保单位和存在重大安全隐患的文保单位实行"一点一策"，省级以上文物保护单位实行"宝长制"，将全市 20 家省级以上重点文物单位、国有博物馆纳入属地派出所治安重点防范单位。以数字化改革为抓手，打造"文物卫士"平台，实现分色分级文物安全智慧监管；推

进数字监测，编制完成全国重点文物保护单位玉海楼、利济医学堂，省级文物保护单位卢氏宗祠、翠阴洞摩崖题刻的监测方案。开展文物安全大排查行动，检查文物保护单位 32 家次，发现完全隐患 32 处，完成整改 30 处。发展博物事业。瑞安市博物馆累计接待线下观众 7.3 万余人次，线上参观人数 18.6 万余人次；移动博物馆"超级连接"乡镇学校美育帮扶项目获得"2021 年浙江省青年志愿者服务项目大赛"铜奖、"2021 年全省博物馆优秀志愿团队"等称号。推进数字化建设，市博物馆被确定为温州市文博数字化试点单位，引入智慧消防系统，开启线上"云展览"，开发"文物拼图"互动小游戏，整合馆藏文物精品、"云教育"课堂等数字资源，打造"博物瑞安"线上数字展厅。开展文物征集与保护工作，新增藏品 31 件（套），对可移动文物进行预防性保护。开展非遗工作。创建 4 个"非遗在社区"示范点，加快建设东源木活字产业园，打造中国木活字印刷术研学馆，建设非遗主题民宿群，开发木活字文创衍生品，木活字笔筒等多次入选省级优秀非遗旅游商品。选送木活字印刷技术、蓝夹缬技艺、温州鼓词、瓯窑等优秀项目参加中央电视台《乡村大舞台》节目录制、直播间展示，以及"百年百艺·薪火相传"中国传统工艺邀请展等省级以上活动。举办"红色传承·魅力非遗"瑞安市第三届非物质文化遗产摄影大赛。开通数字化改革项目"非遗学堂""瑞安非遗"微信公众号。三是文化市场监督。加强安全生产工作。与 8 家 A 级旅游景区、20 家

旅行社、126 家网吧、45 家娱乐场所签订安全生产责任书，强化经营单位安全生产主体责任、实际控制人的第一责任人法定责任。开展"8＋3"重点领域安全生产专项整治和"迎党庆、除隐患、保平安"安全生产百日大会战，共检查点位 169 处，针对现场排查的安全隐患点实行销号闭环制度。加强市场监管工作。做好常态化疫情防控，开展疫情防控专项督查 12 次，有效运行"三色管理"机制，积极开展"百日会战护航建党百年""扫黄打非"等专项整治行动。贯彻落实未成年保护法及"双减"工作，严厉打击未成年人进入 KTV、网吧、酒吧等违法行为。加强高危险领域的"破难攻坚"，确保文旅市场安全有序运行。共出动执法人员 3848 人次，检查 1505 家次，行政处罚立案调查 29 件，办结案件 26 件，警告 9 家次；举报受理 83 件，办结 81 件。优化行政审批。推进基层事务治理"一件事"改革，借力浙江政务服务网、"浙里办"App 等平台，由线下扎堆申报转为线上下融合申报，让业务"线上跑"代替群众"腿上跑"，真正实现跑零次。四是文化艺术成果。创作各类文艺精品 77 件，获国家级奖项 2 个、省级奖项 16 个、市级奖项 35 个。其中，金笃远参与主演的歌剧《五星红旗》荣获中国第四届歌剧节优秀剧目奖；原创歌曲《转眼之间》入选文化和旅游部主办的"唱支山歌给党听"全国群众歌曲创作征集百首优秀作品；温州鼓词《阿干遇小偷》获浙江省第十一届群众曲艺大赛金奖；小品《心态》获浙江省首届喜剧小品大赛银奖；舞蹈《刀墨留芳》获得浙江

省第三十一届群众舞蹈大赛入围奖及第三届"浙江风格　江南舞韵"舞蹈作品创意奖；歌曲《我的爱一刻不停》获得浙江省第二十届群众音乐大赛银奖等。五是旅游建设与管理。加快湖岭温泉小镇、寨寮湖景区工程、马屿诗画绿港等项目建设，打造"云江悠境""陶泉福地""蓝海风情"等全周期文旅休闲精品带，计划总投资12.29 亿元，已开工 11 个（包含乡村振兴项目），竣工 1 个，在建圣井山平大线等 5 个精品项目。完善旅游基础设施，完成新改建旅游厕所 6 座，其中 3A 级旅游厕所 2 座，启动厕所标识标牌更新 36 座；推进景区长三角"一卡通"专项工作，增设桐溪景区票务系统；完成桐溪景区湖心岛茶楼改造提升设计，打造成"一湖一宿"的文化场馆。深入开展"微改精提"专项行动，录入"浙江省微改造项目全生命周期管理系统"项目 59 个，开工项目 1 个，在建项目 26 个，竣工项目 32 个，累计完成投资额约 1.28 亿元。曹村镇、玉海楼分别被省文化和旅游厅列为景区镇和文博场馆"微改精提"单项试点单位。六是文旅品牌建设。瑞安获评中国民间文化艺术之乡，是温州唯一。马屿镇和塘下镇陈宅社区成功创建浙江省文化强镇和文化示范村；瑞安市创成浙江省 3A 级景区城。马屿镇成功创建浙江省 4A 级景区镇，玉海街道、安阳街道和湖岭镇、林川镇、高楼镇成功创建 3A 级景区镇。培育行业品牌，壮大文旅市场主体，提升行业服务水平和品质。瑞安市辰茂阳光酒店获评浙江省金桂品质饭店，圣井左舍、依山小筑 2 家民宿获评浙

江省银宿。七是提振文旅市场。及时兑现民宿奖励政策，拉动旅游住宿市场，累计发放补助奖励资金 80.5 万元。举办"2021 中国瑞安·文成旅游目的地推介活动暨长三角千万人游瑞文启动仪式"、乡村文化旅游节暨杜鹃花节、高楼杨梅节等 8 个节庆活动，央视、新华网、人民网等媒体给予报道。组织一批旅游达人到瑞安深度体验，发掘瑞安新玩法，并形成攻略进行发布传播。邀请抖音达人到瑞安拍摄，增加瑞安文旅资源在短视频平台的曝光量，抖音达人的小视频点击率超 70 万人次。

（吴晓媚、许之涵）

【永嘉县文化和广电旅游体育局】内设职能科室 6 个，下属单位 9 个。2021 年末人员 273 人（其中：公务员 16 人，参公 19 人，事业237 人，工勤 1 人；具有高级技术职务资格的 31 人，中级 71 人）。

2021 年，永嘉县文化和广电旅游体育局统筹推进疫情常态化防控和经济社会发展，奋力开启建设文化旅游名城新局，聚焦文化赋能、旅游兴县，高质量推进公共文化服务体系创新发展，深入践行"12310"旅游发展路径，着力丰富优秀文旅产品供给，全年接待海内外游客 1938.44 万人次，实现旅游总收入 222.95 亿元，均比上年增长 4.1%，连续 3 年跻身全国县域旅游综合实力百强县和全国县域旅游综合竞争力百强县榜单，"打造楠溪江乡村音乐漫都　助推山区共同富裕"列入全省共同富裕第一批典型案例。一是推动文化发展创新创造。拓展公共文化服务空间，有序推进"三

馆一团"建设，新增城市书房 1家、文化驿站 3 家、有声图书馆 5家，县文化馆再度入选国家一级文化馆，县图书馆入选全省首批"满意图书馆"。掀起建党百年活动热潮，办好"百年风华　我心向党"音乐合唱会，推出文艺红旗小分队、"听党话、跟党走"等主题巡演，高标准承办省政协"六送下乡"活动，组织送文化下乡 545 场、送展览和讲座 74 场、送书下乡5.05 万册，开展公益培训 480 场、文化驿站活动 234 场次，开展线上活动 37 场，观众人数 35.8 万人。推动文艺事业繁荣发展，永昆《红拂记》亮相第八届中国昆剧艺术节，昆剧《张协状元》入选浙江省经典保留剧目名单，双语视频《曲韵永昆》入选"我与中国文化"系列短视频 30 强，在 2021 年省、市示范性群众文化活动中斩获 38 项大奖，获评省级文化示范户 3 户、乡村文化能人 10 人。艺术赋能乡村振兴，岩头镇苍坡村、鹤盛镇桅峰村入选浙江省首批美育村，碧莲镇入选 2021 年度浙江省民间文化艺术之乡。二是推动文化遗产保护走深走实。加强文物保护利用，枫林镇列入全省首批、全市首个"千年古城"复兴试点，推荐 8 处文物保护单位申报省级文保单位，入选全省首批不可移动革命文物名录 15 处；守牢文物安全防线，推进文物安全大排查、大整治、大提升，累计投入2800 余万元实现省保以上文物平安工程全覆盖，通过搭建文物智慧监管系统，探索文物第三方监管模式，形成隐患检查、交办、整改、销号闭环管理，实现文物安全由粗放管理向精密智控转变。推动古村落宣传和保护利用，举

办楠溪江古村保护与发展高峰论坛，完成岩头、枫林91处传统建筑电子建档。推进非遗保护传承，新增非遗传承人省级2人、市级19人、县级32人，入选市级非遗传承基地2家、非遗体验基地1家，深入实施非遗"师带徒"工程。授牌"非遗在社区"试点社区5个，深入开展非遗"五进"活动，办好"'遗'心向党 献礼百年"系列培训，瓯忆瓯窑产品入选全省优秀非遗旅游商品和特色伴手礼。中央电视台报道《永昆隽永 习近平心系非遗保护》获120多个平台转发，在学习强国主平台取得3000余万阅读量。三是推动全域旅游建强建优。提升旅游发展品质，修订《永嘉县促进全域旅游发展扶持办法》，通过省级全域旅游示范县复评，楠溪江景区入选浙江省千万级核心大景区培育名单，永嘉县列入全省旅游业"微改造、精提升"行动试点县，楠溪江景区列入单项试点单位，60多个"微改造、精提升"试点项目创建取得初步成效。深入实施楠溪江景观打卡点项目建设，龙湾潭景区"脱离地球"等网红项目影响力提升。加大旅游重点项目谋划招引力度，签约青峰云顶、楠溪之尚、新民江山康养云谷等3个10亿元以上重大旅游项目，100亿级文旅康养项目实现零突破。楠溪·云上温泉旅游度假区、春风楠溪等重点旅游项目稳步推进，云岭山地温泉旅游度假区可研报告通过省级联审。旅游接待设施加快建设，三江希尔顿、南陈开元等高端酒店建设稳步推进。存量酒店盘活取得新突破，芙蓉山庄完成收购。推动乡村旅游发展，出台《打造乡村度假微目的地的

实施意见》，岩头镇获评全国首批、全市首个全国乡村旅游重点镇，新增A级景区镇6个（4A级1个、3A级5个）、A级景区村68个（3A级7个），岩头古镇楠溪韵味精品游入选中国美丽乡村休闲旅游行夏季精品景点线路，创建金树叶级绿色饭店1家、四星级旅行社1家、等级民宿银宿1家，获评全市首批"侨家乐"民宿4家。推进红色旅游发展，红十三军教育基地入选浙江省红色根脉打卡地，全年接待游客量超17万人次。四是推动文旅业态出新出彩。推动文化赋能旅游发展，完成20个重点文化元素基因解码，瓯窑文化入选首批浙江文化标识，永嘉书院入选浙江省示范级文化和旅游IP。创新推出"诗画浙江·百县千碗"永嘉"新十碗"，永嘉裕锦大酒店、永嘉县丽苑餐厅入选省级美食体验（示范）店，永嘉县旅游餐饮十大时尚餐厅榜单出炉。全面实施楠溪江乡村音乐漫都打造，狮子岩音乐人家等楠溪江音乐产业基地项目有序铺开，打造楠溪江东海、星巢、草莓、ROCKTOWN音乐节和楠溪江星巢音乐营、楠溪江COART艺术营等"四节两营"音乐品牌，楠溪江ROCKTOWN音乐节创下国内音乐节双日票房最高纪录。打造"夜游楠溪"升级版，推出"楠溪江音乐奇妙夜"，展现五大周末常态场景。实施艺术家驻村计划，在芙蓉、苍坡等古村打造一批文化名家工作室，首批入住艺人30余人，开设情绪美术馆、黑胶唱片馆等10余家特色店铺，中国首部艺术驻村影像纪录片《亲爱的楠溪江》在腾讯视频平台上线，《忆江南》《雁楠公路》等原创歌曲在网

易云发布。在芙蓉、枫林集中建设民俗、陶瓷、摄影、石雕等一批民间博物馆，全力打造乡村文化窗口。常态开展楠戏琴山、曲艺书场和永昆沉浸式"游园惊梦"实景演出，推出宋韵南戏文化会市活动、中国山水诗雅集、永嘉书院论坛等特色文旅节庆活动，林坑晒秋引爆楠溪江冬季旅游，浙江卫视摄制播出《还有诗和远方》第二期《永嘉·山水》节目，微博话题阅读量破4亿次，全网短视频播放量破5.2亿次。针对以温台为重点的省内客源市场，自驾游、自由行等主要旅游消费群体，在浙江交通之声、台州广播音乐频道、杭州东站和加油站投放楠溪江旅游形象广告等。五是推动文旅治理提质提效。优化行业服务，政务服务事项实现100%网上办、跑零次，4个事项实行告知承诺，即办率达到96%，"营业性演出审批'一件事'改革"入选《浙江省文化和旅游系统改革基层典型案例汇编》。通过探索旅游纠纷解决新机制，在石桅岩、永嘉书院景区设立旅游巡回法庭。强化行业监管，出动执法人员7635人次，检查2675家次，开展"双随机"抽查工作25次，办结案件60件，相继开展安全生产、校园周边文化场所、文物安全等专项整治行动，"临海古建筑工程公司擅自变更文物保护工程设计方案造成文物破坏案"获评首届长三角地区文物行政处罚优秀案卷，并入选第四批全国文物行政执法指导性典型案例，永嘉县文化和广电旅游体育局、永嘉县文化市场综合行政执法队作为办案单位、执法机构，获得国家文物局通报省级人民政府予以表扬。加大文旅

企业扶持力度,"创新民宿经营权贷款"典型做法获国家发改委全国推广。推进文旅领域数字化改革,总投资1788万元的楠溪江智慧旅游二期加快推进,完成数字文旅数据中心、景区信息化建设(第三批)和长滩岛、自然岛等滩林视频监控等建设,完成智能票务系统建设,楠溪江景区"智慧厕所"正式上线,"智游楠溪"应用入选全市数字社会案例集。

(胡冬冬)

【文成县文化和广电旅游体育局】内设职能科室7个,下属单位7个。2021年末人员89人(其中:机关23人,事业66人;具有高级技术职务资格的6人,中级18人)。

2021年,文成县文化和广电旅游体育局着力推动公共服务提质增效,加强文化遗产保护传承,促进文旅产业创新融合发展,取得实效。一是公共服务提质增效。建成城市书房4个,百姓书屋6个,文化驿站2个,进一步完善"15分钟品质文化生活圈"。创新推出文成本土图书品牌"遇书阁",建成野舍武阳、九溪民宿等民宿5家。新设流动汽车图书馆,提供上门服务。南田镇综合文化站和石庄村、铜铃村、垟头村文化礼堂列入浙江省公共文化场馆服务功能拓展先行先试单位。实施文化惠民工程。围绕庆祝建党百年主题,排演音舞诗画情景剧《浩气长存》,举办"百年峥嵘颂 赞歌献给党"大合唱比赛、民营剧团戏剧周展演等形式多样的线上线下活动。继续做强"山水舞台""周末剧场"等文化品牌,举办"山水舞台"演出82场。联合浙江话剧团打造历史话剧《刘伯

温霜台忠魂》,联合浙江艺术职业学院打造革命史诗剧《浩气长存》,新创编越剧《刘伯温智斩玉面郎》等文艺精品。开展"红色文艺小分队"送文化下乡和文化进万家活动,送戏下乡240场,送书下乡1.8万余册。开展小蝌蚪故事屋、巧手巧心公益培训等100余场。县文化馆在第五次全国文化馆评估定级中获评国家一级馆。县图书馆入选第一批省"满意图书馆"。二是文化遗产保护传承发展。落实文物单位直接责任人公告公示制度,出台国保、省保单位文物安全"一点一策"方案,建立文物部门层层联系、公安内保重点联系、打击文物犯罪会商、消安委联合检查、委托第三方评估等文物安全5项制度,聘请137名业余文保员并开展岗位培训,开展消防环境管理承包责任制试点。开展文物安全大排查大整治大提升工作,对全县135个文保单位4类隐患进行地毯式排查,整改各类安全隐患183个。深入20个国保、省保单位和木构类民居建筑开展消防演练和防盗宣传。完成7个点上消防工程项目,有序推进13个安防工程项目。理顺国保单位刘基庙及墓责任分工,安装入侵探测、微震动监测报警和应急广播系统,全面提高国保单位刘基墓的安保水平。夯实文物保护基础。实施平和东方太阴宫、黄坦依仁天灯柱抢修工程,国保、省保单位完成本轮修缮。完成蔡坑朱氏宗祠抢修工程和松龙岭古道、五十二岭古道提升工程,推进雅庄古民居、浙江图书馆旧址、武阳堂等修缮工程。完成全县75处石窟室和摩崖石刻调查。提升文博事业水平。举

办临时展览8场,各类特色文博体验活动37场次,展览配套活动30余场次,共征集原电影公司影片资料、窑址考古调查形成的成果资料和文创产品、城镇开发中坟墓构件等500多件。推进地方文化和非遗传承。排查地方文化元素475条,20个重点文化基因解码报告通过省文化和旅游厅验收(其中优秀报告4个),刘伯温故里被列为全省第二批浙江文化标识培育重点县。开展刘伯温诞辰710周年纪念活动,成立温州大学国学研究院刘伯温文化研究所。"太公祭""刘伯温传说"通过省级非遗项目评估,完成"刘伯温传说"抢救性记录,拍摄3个省级非遗项目短视频。出版《走近刘伯温》等3本文成地方课程读本,在"淡墨文成"公众号上推送200篇地方文化文章并结集出版(第一辑)。打造珊门社区(寨山公园)叶式太极拳项目、中堡社区南拳项目、上房社区剪纸项目等3个"非遗在社区"示范点。三是文旅产业创新融合发展。全年接待游客327.59万人次,同比增长18.96%;实现旅游收入41.91亿元,同比增长18.51%。推进景区创建,创成铜铃山镇5A级景区镇,成为本年度温州唯一创成单位。二源镇、峃口镇、珊溪镇创成3A级景区镇(乡),南田镇创成4A级景区镇。创成高村、坦歧、鳌里3家3A级景区村和21个2A级及A级村庄。新培育民宿15家,创成省级文化主题民宿1家、银宿4家。新培育"侨家乐"品牌民宿5家,创成市五星级"侨家乐"民宿2家、四星级2家、三星级5家,"侨家乐"民宿获评浙江省三大民宿品牌之一。培育

5 家民宿"浙宿好礼"，入选浙江省第二届乡村民宿伴手礼大赛。召开全市"侨家乐"品牌民宿现场推进会，在全市掀起"侨家乐"热潮。紧扣建党百年，按照"场景式打造、沉浸式体验"的目标，投资1.5 亿元完成项目 40 余个，成功打造"初心之旅"红色旅游品牌。刘英纪念馆列入 3A 级景区创建单位，西坑鳌里红色古村落创成温州市红色旅游主题教育基地，"初心之旅"获评温州市青少年红色研学线路并入选浙江省 52 个红色"网红打卡点"，全年接待游客 14.6 万人次。编制完成《文成县红色旅游发展规划》《文成县初心之旅策划总体方案》《西坑畲族镇鳌里红色古村落规划》《刘英纪念馆提升方案》。推出"初心之旅·文成之光"系列作品，其中《文成之光》红色故事纳入"建党百年在浙江"系列丛书。完成文成县"初心之旅"红色旅游讲解员培训 49 名。红色旅游工作获县委、县政府"铁军团队"称号。强化"微改造、精提升"高位推进。高标准制定出台《文成县旅游业"微改造，精提升"五年行动方案（2021—2025 年）》，完成自主项目申报 130 余个，总投资约 1 亿元。"百县千碗"工程打造了伯温家宴、畲家长桌宴等 4 家网红餐厅，打造 20 款文成特色冷菜，完成2021 年"文成十大碗"评选，伯温猪脚入选 2021 年浙江瓯菜十大名菜。开展"诗画浙江·百县千碗"首届文成味道美食评选活动，阳光大酒店和野舍武阳民宿获评文成番薯粉丝体验店。创成古韵公阳学生研学基地、浙南民俗博物馆研学基地、毛泽东像章文化研学基地 3 个市级研学旅行基

地，创成天圣逸境研学营地。市场拓展成效显著，出台《2021 年文成县游客招徕奖励办法》，配套开发文成县游客招徕奖励系统。全年共接待 32 个大团、99 班飞机切位。承接采购大会和推介会50 余次。创新推出利用网络"云互播"进行旅游推介。举办文化旅游合作大会 10 场。首次创建文成"城市音乐小站"平台，刺激夜生活消费。数字文旅建设走在前列。四是文旅执法监管长抓不懈。从严监管文化、文物、旅游相关企业和场所，实施一日一查、节假日巡查、举报受理、明察暗访等制度，实现全时段、全区域、全覆盖。执法队出动巡查 362 人次，检查各类企业 185 家次，巡查密度较上年同期增长了 15.6%。受理投诉举报 21 起，处置办结 21起，反馈满意率达 100%。统筹联动，加大重点领域监管。多次与公安、市监、应急、新闻出版等多部门联合执法检查，充分发挥联动效应，扩大执法震慑作用，共同促进市场健康、繁荣、有序发展。精准聚焦，持续深化专项整治。扎实有效开展日常巡查工作的同时，根据上级主管部门部署，以及本地实际情况开展各类专项整治行动。开展"8＋3"旅游领域安全生产专项整治行动、"平安护航建党百年"旅游领域安全隐患大排查大整治专项行动、文成县旅游领域安全生产百日攻坚等安全生产专项工作。

（王灵华）

【平阳县文化和广电旅游体育局】内设职能科室 12 个，下属单位10 个。2021 年末人员 184 个（其中：公务员、参公 41 人，工勤 2

人，事业 141 人；具有高级技术职务资格的 19 人，中级 52 人）。

2021 年，平阳县文化和广电旅游体育局扎实推动文旅事业在平阳的生动实践，取得了一定成效。一是以服务促提升，健全公共文化服务体系。平阳县乡村艺术一村一团大联动项目入选第四批浙江省公共文化服务体系示范项目。平阳县青街畲族乡（平阳畲族三月三）入选浙江省民间文化艺术之乡，"平阳木偶戏""鳌江划大龙"2 个项目通过复核。入选浙江省文化示范户 3 名，文化能人 10 名。1 个综合文化站、5家农村文化礼堂入选浙江省公共文化场馆服务功能拓展先行先试单位，数量居全市各县（市、区）首位。县图书馆获全省首批"满意图书馆"称号。文化阵地设施建设扎实推进。以项目建设为核心，逐步完善文化阵地建设。新文化艺术中心建成投用，新图书馆、新博物馆、木偶生态文化园、南拳文化园等重点项目建设有序推进。新建 4 家城市书房（百姓书屋），建成开放 3 个文化驿站。文化惠民服务深入开展。推进文化惠民工程，开展菜单式订单式服务。擦亮文化品牌活动，举办第七届文化艺术节、"书香平阳红色阅读"全民阅读节等群众性文化活动，为市民提供多元化、品质化的公共文化服务。开展线上线下文化活动超 900 场，服务人次超 120 万。组织送演出 52 场、送书 18191 册、送展览和讲座 77场。文化产品供给方式不断创新。依托文化艺术节、全民阅读节，做好建党百年系列活动，举办迎接建党百年"红色故事会"、2021"中国旅游日"平阳系列活动

启动仪式,开展舞台剧《百年追寻》等文艺演出12场、乡村艺术团展演22场。人才队伍建设不断加强。扶持社会文艺团队,举办专题培训班,不断提升公共文化从业人员的理论和业务水平。完成平阳木偶中专班第1学年教学课程,培养综合性木偶戏人才。二是以精品育亮点,实现文艺创作繁荣发展。文艺精品创作力度持续加大。围绕建党100周年主线,推出一系列红色经典作品,创作红色文艺作品275件。木偶剧《烽火雏鹰》线上展演,音乐剧《一抹红》杭州首演,广受好评。文化品牌影响力不断扩大。通过"文化T台""一镇一品""艺苑星空""品非遗·逛庙会"等近年来平阳独创的公共文化亮点品牌项目,以全民阅读节、市民文化节等品牌文化活动为支撑,开展读书征文、文艺演出、经典诵读、书画摄影等文化活动,为广大群众提供优质的公共文化服务。传统戏曲振兴更加"有戏"。《烽火雏鹰》创排工作完成,入选温州市第十五届戏剧节展演剧目并举行线下首演仪式,获得了观众的一致好评。完成《平阳木偶戏表演教材》(内部参考)第二版修改工作。三是以保护为根本,推动文化遗产事业行稳致远。平阳县入选浙江省"文化基因解码工程"重点县。苏步青励志教育馆获评温州市师德教育基地、温州市十佳博物馆;苏步青故居和苏步青励志教育馆入选首批中国科协"科学家精神培育基地"名单。平阳县博物馆荣获第五届"最美浙江文物守望者"红色根脉守护团队荣誉称号。文物保护力度持续加强。县、乡镇、村(社区)逐级签订文物安全目标

管理责任书,完成县级以上117处文物保护单位文物安全直接责任人公告公示,落实文物安全责任制。完成红军挺进师驻地(平阳)旧址、中共闽浙边临时省委机关驻地旧址、中共浙江临时省委成立旧址等3处革命文物安防工程方案编制。完成青街李氏池氏大屋3幢古建筑的文物平安工程项目、红军挺进师驻地(平阳)旧址文保单位电气线路改造。开展文物安全专项检查和隐患大排查,出动超过1000人次,累计检查650多处不可移动文物和24家文博场馆。非遗传承保护大力推进。完成介绍省级非遗项目"平阳白鹤拳"的图书《平阳白鹤拳》手稿收集整理工作。"艺苑曲坛"入选省非遗曲艺书场试点,全省仅10个。温州文人瓷(温州鸣山陶瓷文化有限公司)荣获2020浙江"双十佳"爆款文创产品和旅游商品,平阳漆器获评第三批浙江省优秀非遗旅游商品。平阳吴垟山饭糍入选2021浙江特色伴手礼产品名单。平阳县白鹤拳传承基地被评为省非物质文化遗产传承教育基地,全省仅2个。非遗展示交流丰富活跃。鼓励平阳非遗"走出去",加强对外交流。参加上海徐行镇首届"55购物节"暨第八届非遗嘉年华活动,参加第十三届浙江·中国非遗博览会,参加2021年"浙江好腔调"全省传统戏剧展演。平阳木偶戏亮相央视戏曲频道。四是以品牌聚人气,打造文旅融合示范地。上榜全国县域旅游综合实力百强县,位列第51位。平阳县、凤林村入选浙江省旅游业"微改造、精提升"行动试点县和试点景区村。平阳黄汤茶博园获评省级放心景

区。A级景区村创建有序推进。全年创成25个A级景区村,其中3A级景区村4个。A级景区创建提升加速推进。南雁景区服务设施提升明显。加大南雁旅游开发项目招商力度,对接省二轻集团,签订框架协议,完成项目策划设计方案,启动项目合作洽谈。红色旅游景区4A创建完成游客中心、标识系统、旅游厕所和智慧旅游等配套设施设计方案。"微改造、精提升"成效显著。完成47个"微改造、精提升"项目。民宿开发全面推进。制定民宿产业扶持政策,积极培育壮大发展民宿产业,全县新增民宿12家。五是以营销扩影响,提升千年平阳知名度。加强宣传推广。完成《行走红都平阳》大型纪录片拍摄,举办"网红带你游平阳"平阳首届文旅直播活动,举办"红色根脉 红动浙江——2021年千万游客寻访百年百景启动仪式"、第二届"红动瓯越"等系列红色活动。加大市场推介。组织参加2021全国百家旅行商温州文旅采购大会、浙东南旅游联合体(江西)营销推广活动、温州文博会、徐行镇"五五购物节"暨第八届非遗嘉年华、浙江省庆祝建党百年红色文旅宣传推广活动暨浙江省文化和旅游消费季启动仪式、中国—东盟博览会旅游展、2021年中国旅游产业博览会、中国国际旅游交易会等,进一步扩大平阳旅游影响力。举办系列节庆和评选活动。制定并发布平阳县十大旅游精品线路。组织拍摄"平阳十大碗"宣传片并举办视频发布会,组织评选"平阳十大冷盘"。举办萧江镇第二届大鼓旅游文化节、水头镇第三届黄汤茶旅文化

节、凤卧镇第六届红色文化旅游节、青街畲族乡"三月三"风情旅游节等节庆活动。六是以监管铸平安，优化文旅市场环境。行政审批工作规范有序。严格履行行政审批职责，做到审批程序标准化、过程透明化，行为可监督，结果可核查。全年共受理办件67件，办结67件，提前办结率达100%，所有办理件均无超时办结、违规许可现象发生。市场监管力度持续加强。出动执法人员1371人次，检查文化市场经营单位2285家次。开展各类专项整治行动28项，出具责令办证通知书23份，行政处罚立案调查27件（其中当场处罚1件），办结案件16件，取缔无证场所7家。实施18次"双随机"抽查任务，共抽取检查经营单位159家，停业场所16家、注销场所1家、变更场所1家、违规立案1家。

（杨　银）

【泰顺县文化和广电旅游体育局】
内设职能科室7个，下属事业单位11个，其中参照公务员管理事业单位1个，公益类事业单位10个。2021年末人员107人（其中：公务员11人，参公9人，事业85人，工勤2人；具有高级技术职务资格的7人，中级29人）。

2021年，泰顺县文化和广电旅游体育局紧紧围绕"走走泰顺　一切都顺"的旅游IP形象，积极推进"生态立县　旅游兴县　产业强县"战略，进一步深化文旅融合，拓展市场开发，强化行业管理，围绕公共文化服务示范区以标准化促进均等化，实现基本公共文化服务均衡发展的要求，重点做好文化民生服务。全年旅游接待总人次218.7万人次，同比增长30.9%；旅游总收入24.98亿元，同比增长45.9%。全年开展送戏下乡、全民阅读等文化惠民活动5180余场次。一是品牌创建。制定实施《泰顺县旅游业"十四五"规划》《泰顺县旅游主业化三年行动计划》《泰顺县旅游业高质量发展实施方案》，省级全域旅游示范县通过复核，累计创成4A级旅游景区3家、3A级6家，泗溪、竹里、东溪创成省级旅游风情小镇，累计创成A级景区镇16个、A级景区村庄170家。"廊桥文化"列入首批100项浙江文化标识培育项目。二是产业打造。出台《泰顺县特色民宿集聚村实施方案（2021—2023年）》《泰顺县民宿产业发展扶持新政》。开展6批民宿验收及档次评定工作，新审批民宿41家，新增床位数627张，累计建成民宿185家，床位数2469张。泰顺县月蓝舍民宿被评为2021年度金宿，泰顺县驿游民宿、泰顺县沐云四月民宿被评为2021年度银宿，旅行社增至6家，泰顺县被评为全省休闲农业与乡村旅游示范县。三是项目提升。全力实施全域旅游总体规划，深耕华东大峡谷温泉度假区、泰顺文化中心等重点文旅项目。签约风篁峪等项目11个，推进文旅项目49个，完成文旅项目投资33亿元。云岚牧场、筱村公社、南浦溪景区、开元系列酒店、小南山等系列红色旅游项目等一批景区、酒店项目建成投用。投资3.8亿元，推进全县148个"微改精提"项目建设，完成3个省级试点"微改造、精提升"年度任务，泰顺县列入全省旅游业"微改造、精提升"行动综合改革试点县，小松坡创成4C级自驾车旅居车营地。四是营销推广。制定出台《2021年泰顺县招徕奖励办法》，刺激旅游消费。推进"好玩泰顺"智慧营销平台建设，整合全县15家旅游景区（点）、33家优质民宿，入驻19家酒店、43家旅行社企业，实现交易总金额3700多万元，消费券兑现总金额330多万元，交易订单总数7万多单，预定总人数35万人次，平台注册用户数75151人。举办第三届王者荣耀全国大赛东南赛区系列赛事活动，"辉煌百年　缤纷桐雪"2021泰顺县第二届5号绿道彩虹跑旅游节、"温润之州　别样文泰"——温州（文成泰顺）推介会福州专场、泰顺旅游暨泰顺石文化展杭州站等宣传营销活动。实施"百家旅行社、百家媒体、百家工会、百名网红、百名作家、百名书画家、百名摄影家、百万福利"等"八百"项目，引进旅游行业各类宣传、营销、创作人员到泰顺开展采风踩线、文艺创作和宣传推介活动。五是群众文化。全面提升公共文化服务水平，积极创作文艺精品，完善城市书房、文化驿站，加强乡村艺术团建设等工作。组织送戏下乡、送展览及讲座、"文化走亲"、展播展览等活动2000多场，创新"我想我享""文化快线""专业干部网格联系制度"等模式，建立完善"订单式""菜单式""预约式"服务机制，线上线下受益群众773万人次。选送149件文艺作品参加省、市比赛，获省、市级奖项36件。六是文化事业。县文博馆开发了"向刘英同志学习"搪瓷杯等文创产品。泰顺三条桥砖瓦9件参加浙江省博物馆举办的"碧玉流光——

龙泉青瓷制釉技艺古今对比展"、温州市博物馆举办的"东瓯厚土——温州考古十三五成果特展""红遍浙南——温州革命征程(1921—1949)展"。泰顺碇步龙、畲族民歌、绿茶炒制技艺等非遗项目参加 2021 温州文博会,提线木偶戏参演第 16 届中国义乌文化和旅游产品交易博览会非遗生活馆展演活动、2021 第四届长三角非物质文化遗产节,车木工艺等非遗项目参加安徽省第五届中国非物质文化遗产传统技艺大展,木偶头雕刻等非遗项目参加"新疆是个好地方"对口援疆 19 省市非遗展。七是市场监管。共梳理行政审批事项 134 项,全年办结各类文广旅体经营项目 11 件。不断加强疫情防控,严格落实"限量、预约、错峰"及"验码+测温"等要求,同步开展"扫黄打非·净网 2021"专项行动、旅行社专项整治及旅游包车专项整治行动等,共出动执法人员 1113 人次,检查各类场所 485 家次,立案并办结 18 件。八是文博工作。泰顺县文物保护单位共 99 处,其中全国重点文物保护单位 5 处,省级文物保护单位 9 处,县级文物保护单位 85 处,文保点 44 处。馆藏藏品 893 件,其中馆藏珍贵文物 65 件(套),一级文物 5 件,二级文物有 9 件,三级文物有 51 件,未定级馆藏文物 791 件(套)。全年征集北宋抄手砚、古钱币、瓷器各 1 件,红色篆刻作品 14 件,书法作品 9 件;完成征集藏品整理登记 50 多件(套),编纂整理曾镛《复斋诗文集》、董正扬《味义根斋诗稿》、曾璧揩《有鹤来巢——曾璧揩书法篆刻艺术》。制定出台《关于开展泰顺县文物安全大

排查大整治大提升攻坚行动的实施方案》《泰顺县业余文保员管理办法(试行)》,审议通过《温州市泰顺廊桥保护条例》。完成登云桥、三条桥、北涧桥、林秉全故居等各级文物保护单位的修缮工程并通过省、市文物主管部门验收。完成全国重点文物保护单位下垟寨土楼、半月坵土楼、玉岩包氏宗祠修缮方案编制,泰顺土楼——黄沙坑土楼和泰顺廊桥——溪东桥的修缮工程等项目的计划书申报。公布第八批县级文物保护单位 11 处。九是非遗工作。有人类急需保护的非物质文化遗产项目 1 项,国家级非物质文化遗产项目 6 个、省级 15 个、市级 106 个、县级 186 个;国家级非遗项目代表性传承人 6 位、省级 24 位、市级 92 位、县级 443 位;各类省级非遗基地 14 个,非遗传承基地市级 23 个、县级 29 个;非遗体验基地市级 3 个、县级 10 个。完成百家宴、碇步龙、药发木偶戏等 10 个省级非遗项目及周尔禄、张良华等 12 位省级非遗传承人的考核申报工作。黄小友、林长就、朱臣生、蓝剑光等 4 位传承人入选浙江省第六批非物质文化遗产代表性传承人,27 人入选温州市第五批非物质文化遗产代表性传承人。组织泰顺碇步龙、畲族民歌、提线木偶戏等非遗项目参加腾讯王者荣耀大赛现场展示展演活动,木拱桥传统营造技艺、提线木偶戏、药发木偶戏等非遗项目在央视《探索与发现》栏目播出。

(李成财)

【苍南县文化和广电旅游体育局】内设职能科室 7 个,下属单位 6 个。2021 年末人员 131 人(其中:公务

员 12 人,参公 27 人,事业 92 人;具有高级技术职务资格的 13 人,中级 28 人)。

2021 年,苍南县文化和广电旅游体育局坚持文旅融合发展理念,开拓创新、务实举措,全力推动文化广电旅游工作取得新的成效。一是提升服务,做好示范区"后半篇文章"。乡镇文化阵地提档升级。组织指导全县 18 个乡镇综合文化站参加浙江省第七次乡镇(街道)综合文化站评估定级工作,灵溪、金乡文化站被评定为浙江省特级文化站,灵溪镇、金乡镇顺利通过浙江省文化强镇复评;灵溪镇大门社区等 11 个村(社区)综合文化服务中心通过浙江省文化示范村复评,金乡镇六祥村、钱库镇项东村创成浙江省文化示范村。新型文化空间提质增效。指导建成全县首家入驻星级酒店的城市书房;新增藻溪长泰茶书院文化驿站、金乡瀛岭文化驿站、钱库项东文化驿站,推动文化馆优质服务进一步向基层倾斜和延伸。全民阅读服务提升进位。深化县图书馆服务大提升行动,巩固省级"满意图书馆"创建成效,进一步优化阅读环境;举办第十届全民读书节,开展祝福党的百年大庆诗歌朗诵、"4·23 世界读书日"书香苍南现场直播等线上线下阅读推广活动 85 场次,参与读者 15 万人次。文艺惠民服务下沉。以庆祝建党百年为契机,举办"永远跟党走"苍南县庆祝中国共产党成立 100 周年七一表彰暨文艺演出、"百年光辉"苍南县庆祝中国共产党成立 100 周年视觉艺术主题展等有特色、有影响、有实效的线上线下群众性主题文化活动 90 余场,惠及群众

50余万人次；组织开展"百名党员百场服务进基层"全民艺术普及活动，按照"一包一"的方式，组织党员文艺骨干60余人次下沉一线。二是保护传承，文化遗产工作再上新台阶。多措并举保安全。压实属地责任，县、镇、村3级逐层签订文物安全责任书，完成国保单位安全责任人公告公示；强化日常监管，全县共出动600人次，检查文博单位180次，发现隐患问题60余处，全部落实整改；提升技防水平，推进蒲壮所城（二期）、矴步头谢氏民居平安工程，完成矾山矾矿遗址平安工程设计报批；凝聚执法合力，联合住建、综合执法、乡镇等力量，及时妥善处理蒲城文昌阁民居、矾山矾矿遗址、金山古井违建事件。加强宣传培训，利用"5·18国际博物馆日""文化和自然遗产日""流动博物馆"等，开展文博知识、文物法律法规、消防安全知识培训和消防演练。提质增量促利用。新增藻溪陡门桥等20处县级文保单位和21处县级文保点。完成蒲壮所城五显庙、倪氏宗祠、西晏公殿3处古建筑，以及矾山矾矿遗址传统民居三期、矴步头谢氏民居、藻溪杨府宫及通福亭、曾氏民居等7处文保单位的修缮。编制《蒲壮所城保护规划》，编制完成白湾堡城墙修缮工程与消防工程设计方案。有序推进陈式纯纪念馆、朱程纪念馆、林夫纪念馆、南坪革命纪念室建设。非遗传承有成效。积极推进"非遗在社区"工作，在灵溪镇状元文化公园叶文运点色剪纸微馆和苍南夹缬体验馆、灵溪镇吾南非遗研学基地、金乡镇非遗驿站（余家大院）、桥墩镇松山区织梦工坊4个

示范点，开展了丰富多彩的非遗活动。投入40万元，实施非遗展厅"微改造，精提升"工程，调整、更新和维护展馆硬件软件设施。创建县级非遗数据库，分阶段完成各级非遗项目、传承人、非遗基地的资料录入，实现省、市、县数据共享。三是着眼长远，文旅融合发展取得新进展。文旅融合发展不断深化。加快实施"文化进景区"行动，确定碗窑景区、霞关镇为本年度文旅融合景区（镇）创建培育单位，持续推进"文化进景区"五大行动。打造碗窑书吧、茶吧、咖啡吧、陶瓷手工作坊、非遗馆、霞关旧书馆、美术馆、艺术文化客厅、文艺创作采风基地（音乐基地）等实体项目。常态化在景区开展非遗表演，提升景区整体文旅服务水平。文旅融合宣传不断加强。以文旅结合为主线，举办"山海苍南'村'光明媚"文化旅游推介会，主办"古今共鸣·苍南有请"2021苍南文旅消费季暨喜迎"5·18国际博物馆日"和"5·19中国旅游日"宣传活动。完成文旅口号标识社会征集，围绕"浙南看一看　苍南第一站"全域旅游宣传口号，举办了2021温州苍南旅游高质量发展高峰论坛及官方旅游宣传营销口号发布仪式。参与"山海协作"苍南—龙湾台州专题旅游宣传推介会，提升苍南旅游知名度和美誉度。旅游统计稳步运行。坚持依法统计，日常对旅游景区、旅行社、住宿设施、乡村旅游等主体进行数据审核，开展全域旅游集聚区数据统计调查工作，完成年度全域旅游名录库的分类维护。四是谋划亮点，文旅数字改革有突破。加快升级数字阅读体验，推进"满意图书

馆"常态化。启动公共图书馆数字化智能化提升项目，县图书馆、7个百姓书屋升级图书借还智能化服务模块，并纳入长三角区域公共图书馆"城市阅读一卡通"服务系统。加快构建苍南文旅大数据平台。完成全县文旅核心业务梳理、县文旅数据仓与省文旅数据仓的数据接入等工作，推进系统核心模块一体化应用，实现省、市、县数据和应用的互联互通。建设景区运行监测、文旅企业口碑监测、新闻舆情监测等应用系统，为行业主管部门提供决策和营销效果评估支持。完善公共服务体系，建设系列文旅公共服务应用场景，提升游客满意度。对标省文化和旅游厅数字化改革任务，入选省改革试点单位。以"苍南县文体类社会团体和民办非企业单位审批联办一件事应用"为主体，线上搭建苍南文体组织审批联办"一件事"服务应用，通过业务梳理、流程再造等，促进审批项目便利化，提高监管有效性，入选全省文化和旅游数字化改革试点单位，温州仅3家。五是强化监管，文旅市场平安健康有序。严抓实干，聚力日常审批和行业监管。全年审核执法案卷35个，受理娱乐、网吧、演出等行政审批项目34件，办结率100%。继续开展"双随机"执法，抽查事项覆盖率100%。全年抽查29次，其中跨部门"双随机"5次。部门联动，扎实开展专项整治。依据各重要时间节点有序开展"扫黄打非"等各项专项检查整治行动。开展印刷业"百日攻坚"专项行动，立案查处无证印刷等案件4起，其中"浙江忠简文具有限公司侵犯著作权案"为全国首例关于

庆祝中国共产党成立100周年专用标识图案用于商业发行的案件。推进文旅市场安全隐患清剿。注重日常动态巡查,抓好法定假日、旅游黄金周、国家重大会议及暑期汛期等重要时期的文旅市场安全工作,积极开展旅游新业态安全隐患排查整治。加强旅游社、星级酒店等行业监督管理。开展"平安旅行社"创建活动,加大旅游经济扶持力度,推动县政府出台《苍南县旅游经济发展扶持奖励办法》。积极配合相关部门做好"双减"工作,完成艺术类培训机构排查摸底,有效进行艺术培训市场监管。

(李伟伟)

【中共龙港市委宣传统战部】 下设文化旅游科。2021年末人员6人(其中:机关1人,事业5人;具有高级技术职务资格的1人,中级1人)。

2021年,中共龙港市委宣传统战部文化旅游科围绕"十四五"规划任务目标,站位大局,狠抓落实,公共文化服务、旅游和非遗等工作齐头并进,以有力的工作举措取得了显著的工作成效。一是公共文化服务效能不断提升。提升公共文化设施建设。加大文化设施建设投入,龙港市文化中心、河底高未来社区图书分馆(沿江图书馆)等相继投入使用。在图书馆方面总体投资60万元,为全市图书馆(分馆)、城市书房购置文献资料和设施设备,提升公共文化服务质量。截至年底,龙港市图书馆在馆有效读者证13586

个,其中新增读书证2372个;到馆阅读151732人次,借阅23355人次,借阅量13.62万册。其中城市书房·世纪新城分馆全年借阅量位列温州市城市书房第2名。开展多项文化惠民活动。举办"双龙文化走亲"、爱国歌曲大合唱活动、庆党百年书画摄影展等一系列文化活动。举办首届文化艺术节,推出京剧越剧专场演出、艺术类公益培训、百首红歌我来唱、百人诗歌朗诵、百人红歌大合唱、百场党史教育公益讲座等活动。二是文化旅游产业持续发展。聚焦"微改造、精提升"项目。着重落实微改造精提升项目15个,招标控制金额4131.33万元。滨海乡村振兴示范带沿线房屋立面改造工程、龙源村(三大庙)滨水公园建设工程、龙源村(三大庙)谢云文化公园建设工程3项工程完成施工并通过验收。努力打造文旅"金名片"。研究规划龙港红色研学路线,分为爱国、革命、红色起义3条路线,涵盖龙港市文化中心、姜立夫故居、谢云旧居等多个景村景点,努力将红色研学打造成龙港旅游"金名片"之一。三是文化遗产得到有力保护。加强非遗保护与传承。开展龙港市级非遗项目、基地、传承人3项评审工作,初步评选出非遗基地5个,非遗项目10个,非遗传承人25人。着力推动"非遗在社区""五进"活动,将夹纻漆艺和太平龙迎新春作为本年度主要推进项目,发挥非遗在维系邻里情感、促进社区和谐方面的重要作用。同时,以"多彩非遗,美好生

活"为主题,开展一系列非物质文化遗产宣传展示活动,两批次开展非遗进学校、进机关、进广场、进社区、进乡村活动。组织开展非遗口述史编纂工作。推动文物修缮工作和公示公告牌制度落实。龙港市文物局挂牌成立。完成对张家堡双牌坊和瓦窑头2处文物的修缮工作。完成龙港市区域内所有文物单位及场所的文物公示公告牌制作工作。四是监管力度有效加强。加强法治学习教育,提高工作人员依法办事能力。强化依法治理,规范旅游市场。将旅游市场日常监管和节假日巡查工作常态化,针对旅游市场存在的主要问题及疫情的严峻态势,联合龙港市综合执法局,展开旅游市场综合巡查31次,覆盖全市4处景点村、5家旅行社和2家星级酒店。加强网吧、娱乐场所监管。通过专项行动与定期巡查相结合,重点时段与重点区域相结合,联合综合执法局、消防志愿团队等,共巡查23次,出动人员121人次,对全市18家网吧、14家娱乐场所、3家电影院、1家电子游戏厅进行巡查监管,共查封5家网吧、1家KTV。加强文物安全监管。针对重点文物保护单位制定相应的应急预案,出台一系列动态巡查管理制度,落实文保员责任制度。开展文物安全巡查18次,出动120余人次,对全市11个文保单位和21个文保点进行消防隐患排查,发现安全隐患47处。

(夏邦周)

湖州市文化广电旅游局

【概况】 内设职能处室 11 个，下属事业单位 8 个。2021 年末人员 208 人（其中：机关 34 人，工勤 1 人，参公 22 人，事业 151 人；具有高级技术职务资格的 25 人，中级 64 人）。

2021 年，湖州市文化广电旅游（文物）系统坚持群众所盼、未来所向、文旅所能，高品质打造湖州文化生态新样本，高水平建设"湖光山色·度假之州"旅游目的地，加速推动文化和旅游高质量发展迈出新的步伐。市文化广电旅游局获评首批全国文化和旅游系统先进集体。全市人均接受公共文化场所服务次数位居全省第二，入选"东亚文化之都"候选城市，成为全国乡村博物馆建设试点市、国家文化和旅游消费试点城市。全市微改造综合评价指数列全省首位，安吉余村入选联合国世界旅游组织评选的首批世界最佳旅游乡村（全国仅 2 个），湖州成为全省首个省级以上全域旅游示范区（县）全覆盖的地级市，安吉、长兴、德清连续 3 年蝉联全国旅游综合实力百强县前 10 位。全市接待过夜游客 4335 万人次，实现旅游收入 1390 亿元。旅游业增加值增长 10.8%，占 GDP 比重 7.8%，增速和占比均居全省第 2 位。

一、献礼建党百年，文旅显示度增强

主动超前谋划、分步落实，充分发挥文化和旅游系统在党史学习教育和献礼建党百年中的主力军作用。

（一）百年故事催人奋进

举办"不忘初心　砥砺前行"湖州市庆祝中国共产党成立 100 周年大型交响乐组歌（组曲）文艺演出。以湖州籍"两弹一星"元勋屠守锷为原型的原创湖剧现代大戏《国之守锷》首演。深度打造"我与母亲的故事——湖州市庆祝中国共产党成立 100 周年革命文物特展"，组建红色宣讲团，赴红色联盟村社区、共建单位开展"守好红色根脉、书写青春忠诚"大巡讲活动，辐射群体超过 60 万人次。湖州三跳《龙腾钱江赋》、评书《香樟树下》分获省第十一届群众曲艺大赛金奖、银奖。民间舞蹈《百叶龙》《金狮呈祥》《叶球灯》获全省民间音舞大型广场展演民间音舞精品奖。民间音乐《太湖新渔歌》、民间舞蹈《花龙船》获全省民间音舞新作奖金奖。粉画《等待的风景》获省第七届群星视觉艺术综合大展金奖。

（二）百年活动精彩纷呈

积极对接争取重大文化活动落户，文化和旅游部"百名红色讲解员讲百年党史"宣讲活动、"迎建党百年　享美好生活"浙江省民间音舞大型广场展演先后在安吉和德清举办。推出"百年辉煌·红色经典"演出季，举办"唱支山歌给党听"2021 年合唱新年音乐会、越剧沙龙演唱会、"唱支新曲给党听"城市艺术课堂汇报演出等系列活动。市、县（区）联动开展各类展览、讲座、广场活动等文化活动 3026 场次，实现市、县、乡、村红色文化活动全覆盖，参与人次超过 1000 万。

（三）百年产品推陈出新

率先开发"红韵湖州"主题系列旅游产品，"红动百年·先锋领跑"环浙江红色旅游接力跑活动在安吉余村启动。联合上海市、携程集团举办"旅动中国红"红色之旅主题活动，发布"从中共一大会址到安吉余村""从嘉兴南湖红船到江南小延安"等红色之旅精品线路。创新举办文化和旅游消费年暨浙江老干部老同志"银领研学·同心向党"活动，推出自驾生活网红营地、活态非遗、生态文明研学等 10 类 93 种创新产品。湖州烈士陵园（钱壮飞纪念馆）成功创建省级红色旅游教育基地，安吉余村、新四军苏浙军区旧址群入选全国百个红色旅游景区和长三角十大红色精品自驾游线路。

二、重塑治理体系，文旅现代化先行

全面整合文化和旅游资源，构建了"1＋4＋N"文化和旅游数字化改革体系，确定了文化和旅游治理迭代的"跑道"。

（一）"湖州度假"率先上线

聚焦"度假一件事"，围绕"管理端、游客端、企业端"，以"舒心游""安心玩""暖心榜"为主场景，率先上线惠民、助企、智治的"湖州度假"平台。整合大数据、公安、交通、市场监管、气象等 16 个部门数据,汇集8846个文旅企业和4个高铁站、16个高速出入口等涉旅数据,归集数据清单58项,汇集数据6897万条。迭代升级"湖上云""云游湖州"等各类数字化系统和平台66个,成为首批接入"浙政钉""浙里办""诗画浙江"的重大文旅应用。

（二）"N"个场景成色多元

针对群众的高频"小事、急事、难事",全市所有文博场馆和A级景区率先应用"长三角文旅一卡通"。旅游新业态"码上管"、景区停车"码上停"、游客如厕"方便码"等10个特色应用场景项目入选全省文旅系统首批数字化改革试点项目。太湖龙之梦乐园"龙腾码"、西塞山旅游度假区"一码游"、莫干"登山码"等一批特色场景上线应用。全市30多家旅游企业（酒店、景区、民宿）共同推出"信易游"应用场景。市图书馆、吴兴区图书馆、南浔区图书馆联合推出"信易阅"应用场景。

（三）行业治理实现变革

成立市旅游安全专业委员会,在全国率先出台玻璃滑道等16类旅游新业态项目安全管理规范,落实多部门全过程联合监管机制,相关做法在全省推广。聚焦大型游乐设施、室内封闭景区景点、旅游新业态项目等重点领域,全面推进旅游"遏重大"攻坚战行动,承办全省旅游"遏重大"攻坚战现场会。率先制定《湖州市露营营地景区化建设和服务指南（试行）》《湖州市露营营地景区化安全防范要求（试行）》《湖州市露营营地景区化管理办法（试行）》等系列文件,部门联动推进营地景区化建设,首批20家通过景区化验收。

（四）政务服务2.0持续推进

承诺压缩比、即办率等核心指标保持全省前列。动态调整权力事项清单,迭代升级事项库与办件库,累计完成行政审批事项420件,实现事项办件"全发生"、办件信息"零异常"。深化"证照分离"改革,完成"证照分离"权力事项27项。实行优化审批服务事项达到16项,累计办件125件。全市21家游艺娱乐场所的1122台游戏游艺设备实施电子标识管理。

三、加速绿色共富,文旅竞争力凸显

出台《湖州市旅游业发展"十四五"规划》,推动市委、市政府印发《关于推进文化和旅游高质量发展 助力高质量建设共同富裕绿色样本的实施方案（2021—2025）》,迭代推动"绿水青山"向"金山银山"转化。

（一）项目建设超额完成

全力推进文旅项目"四十百千"工程,按照"竣工运营一批、推进在建一批、开工建设一批、招引入库一批",全面梳理、完善文化和旅游项目库,亿元以上重点文旅项目增加至208个,较2020年增加67个。推动"坡地村镇、农业标准地"等政策在文旅领域落地,为海亮康养、西塞科学谷等文旅项目争取用地指标约13万平方米。推动龙之梦、大象酒店等311个文旅项目全年完成投资297亿元,项目数量、年度投资额同比均增长30%以上,全市所有县（区）全部进入全省投资评价综合指数第一方阵。

（二）微精提升走在前列

在全省率先成立旅游专班,启动"微改造、精提升"行动,推动6个县（区）、25个部门向心发力,成为全省2个试点市之一,13个单项纳入省级试点。成立12名专家组成的"微精"导师团,聘任100名专业检查员,组建1000名旅游志愿者队伍。举办全市旅游业"微改造、精提升"暨景区镇（村）建设运营大讲堂。联合金融机构推出"景区提升贷"等8种金融服务解决方案、100亿元金融授信服务。全年完成改造项目1022个,其中示范点392个,形成了"妙山十景"、善琏美术馆、安吉溪龙白茶小镇等一批具有湖州标识度的成果。全市微改造综合评价指数列全省首位,3县2区全部进入全省前20位。

（三）全域景区化实现突破

高标准起草编制《国家全域旅游示范区（地级市）验收、认定和管理实施办法及验收标准（试行）》。发布国内首个绿色旅游地方标准《安吉县全域旅游绿色管理规范》。"城、镇、村"景区化加速推进,长兴、安吉分别创成4A级和3A级景区城,景区城、景区村庄覆盖率达到100%,景区镇的覆盖率达到88.2%。莫干山景区入选首批国家级文明旅游示范单位。安吉余村入选联合国世界旅游组织评选的首批世界最佳旅游乡村（全国仅2个）。南浔区创建省级全域旅游示范区取得成效。安吉、长兴、德清连续3年位列全国旅游综合实力百强县前10位。

（四）度假产业能级提升

大力发展度假产业,创办湖州度假博览会,举办长三角乡村文旅创客大会、长三角一体化古镇发展大会等品牌会展。德清"洋家乐"、浙江百叶龙入选省级文旅示范IP,丁莲芳等5家单位入选省级文旅 IP 创建单位,16 家企业入选省级文旅企业梯度培育名单。吴兴区妙山村、德清县莫干山镇分别入选全国第三批乡村旅游重点村和第一批乡村旅游重点镇,全市累计 8 个村(镇)入选重点村(镇)名录,数量列全省第一。新认定 8 家金百合、银百合乡村酒店,培育发展 24 家文化主题(非遗)民宿,乡村民宿达到 3088 家(其中省等级民宿 118 家),数量居全省第一。10 家企业创建各类省级旅游饭店。13 家旅行社通过四星级、三星级复评。渔人码头、苕溪渔隐·获港入选全省"百县千碗"特色美食镇。新认定 5 家市级"百县千碗·湖州味道"旗舰店、12 家示范店、12 家体验店。组织研发"湖州生态宴",推动"百鱼宴"重生入市,市(县、区)实现特色美食主题宴全覆盖。举办第二届"湖宿首信"乡村民宿伴手礼大赛和"文创百品·百年风华"湖州特色旅游商品大赛,参加 2021 中国特色旅游商品大赛,获 3 金 6 银 2 铜,获奖数量居全省第一。

四、打造品质生活,文旅美誉度提升

传承发展优秀传统文化积极主动,文化创新发展活力不断显现,构建"普惠、均衡、可及"的品质文化生活圈,入选"东亚文化之都"候选城市。

(一)文物保护全面加强

市委、市政府印发《全域开展全市文物安全工作全面提升三年行动的实施方案》,市、县(区)、乡镇持续签订文物安全责任书。县(区)文化和广电旅游体育局全部增挂文物局牌子。全市文物安全直接责任人公告公示实现全覆

盖,完成文物安防、消防和防雷工程 20 项。出台《湖州市文物安全联系制度》《湖州市文物执法工作机制(试行)》,落实文物安全"三责""三防""四风险""田野文物联防联控"等内容,全年立案处理文物违法案件 6 起。实施子城城墙遗址等国保、省保、市保、县保单位抢修加固、修缮工程项目 21 个。推进高铁、轻轨、水利、公路等工程项目和重点园区内的文物保护和抢救性考古发掘工作。推进德清瓷之源、长兴台基山第三批省级考古遗址公园建设。公布全市首批市级考古遗址公园 10 个。昆山考古遗址公园启动建设,考古发掘区保护大棚投入使用。

(二)文化基因加速转化

深入实施"文化基因解码工程",出台《湖州市文化基因解码活化利用三年行动计划》,登记入库文化元素 2811 个,遴选解码区域重点文化元素 138 个,建成全市"文化基因解码"数据库。安吉县获全省"文化基因解码"成果评审优秀等次,吴兴"中国茶文化圣地·茶经故里"、南浔"湖笔文化"和"蚕桑丝府"等 7 个项目入选首批浙江文化标识培育名单。完成戏剧《浔梦江南》、八都岕文旅驿站等 31 个活化利用示范项目,安吉古城遗址博物馆落成开放。莫干山、太湖古镇、获港古村等 12 个名山名镇名村项目入选全省"运河明珠"培育项目,入选数量列全省第一。实施德清乾元镇"文化复兴、资源复兴、产业复兴"三大行动,推进千年古城复兴试点建设。编制《湖州市三普登录点以上文物活化利用培育计划方案》,推动古迹遗址入景区景点 21 处、文物资源入美丽乡村 15

个、文物标本入文化礼堂 12 个。全省首个省级文物保护单位活化利用项目千甓亭城市书房正式投入使用。率先启动乡村博物馆建设,成为全省唯一、全国 3 个试点市之一。

(三)非遗再造成效明显

时隔 20 年重建湖剧团,成立湖剧传习中心,湖剧《卖青炭·朝奉吃菜》入选浙江省经典保留剧目。央视《空中剧院》播出专题节目《跟着湖剧看湖州》,湖剧团受邀参与央视戏曲频道开播 20 周年系列演唱会。"长兴紫笋和安吉白茶制作技艺"申报"中国传统制茶技艺与相关习俗"人类非遗项目,成为全省唯一有 2 项制茶技艺入选的地级市。湖州三跳入选第五批国家级非遗代表性项目名录。18 人入选第六批省级非遗代表性传承人名单。新认定第八批市级非遗代表性项目 45 项、第七批市级非遗传承人 19 人。加强德清蚕桑丝织生态文化保护区建设,德清县成功争创省级生态文化保护区。天官牌湖笔、"启航"紫砂杯、三道茶等 9 件商品入选第三批省级非遗旅游商品。

(四)文旅服务优质共享

文化空间布局持续优化,市博物馆新馆、南浔区博物馆新馆启动规划论证,建成市非遗馆,吴兴区图书馆对外开放。编制《文化和旅游公共服务机构功能融合规范》,建成"文旅驿站"15 家,覆盖全市 1/3 以上乡镇,全国文化和旅游公共服务融合综合性试点完成验收。公共文化场馆大提升行动进展顺利,德清县和 17 家公共文化场馆分别成为省级公共文化场馆服务功能拓展县域综合试点和先行先试单位。全市"文旅

空间"、长兴县分别成为首批省级公共文化服务领航项目、现代化先行县创建单位。安吉县章村镇、德清县钟管镇入选2021年度浙江省民间文化艺术之乡，德清县舞阳街道、长兴县和平镇、安吉县灵峰街道入选新一批省级文化强镇（街道），全市累计达到19个，乡镇（街道）占比率列全省第二。市、县（区）联动举办"全民阅读节""国际博物馆日""文化和自然遗产日"系列活动，全年送戏下乡1754场次，送书下乡339036册次，送展览、讲座下乡1441场次，开展"诗行远方""文化走亲"557场次，开展"城市艺术课堂""运河情""太湖风"等品牌艺术类公益培训812班次。全市人均接受公共文化场所服务次数突破8次，列全省第二。举办湖州市旅游饭店服务技能大赛，培训推出"绿色点餐员""绿色景餐员""绿色导游员""绿色民宿管家"共395名，制止餐饮浪费、垃圾精准分类落地落实。新认定3A级旅游厕所20座。在全国公共服务质量监测排名中，湖州市公共文化质量跃至全国第三。

五、统筹安全和发展，文旅高质量跃升

统筹推进文旅安全和行业复苏，守好守牢安全红线和底线，并入选国家文化和旅游消费试点城市。

（一）安全底线守牢守住

常态化落实精准防控要求，印发疫情防控通知公告10余个，推广首创的"星级酒店、民宿前台疫情防控操作'五步法'，创新网吧防控'六步法'"等10余项疫情防控指南，守住了4255家文旅场所小门。健全领导带班检查、多部门联动检查、市场督查整改、景区工作联络、文旅市场日报"五项制度"，明确景区关停、滞留游客劝退等12项动态要素。全面实施"红环·正道""黄环·新风""黑环·亮剑""绿环·坚盾""蓝环·春风"文化市场"五环"治理行动，全市累计出动检查人员14501人次、检查场所5690家次，发现并整改疫情防控问题257个，关停处理疫情防控措施不到位的文旅企业89家，立案调查160件、办结案件152件、警告71家次，罚款1553320元，停业整顿1家次、吊销许可证2家次，没收非法所得58415.44元，没收违法物品9805件。劝退和疏散游客297544人，处理疫情相关投诉46起，协调退款43.8万元。

（二）重大风险防范到位

假日市场保障机制进一步完善，文物安全、防汛防台、防冰冻雨雪各类应急预案规范完善。扎实推进文化和旅游领域风险普查和隐患排查整治攻坚行动，完成全市85家A级景区安全风险普查，在全省率先完成18家A级景区的安全风险"四色图"绘制。

（三）交流推广迭代升级

开展"此心安处是吾乡·我在湖州过大年"新春消费暖心行动，全市69家景区、85家文化场馆，面向留湖过年人员和大学生免费畅游，通过支付宝、携程、美团、南太湖号，派发湖州文旅新春专属"五福"1000万个、旅游消费券5150万元、免费门票100万张，举办带货直播活动101场次。联合浙江省旅游协会、长三角一体化旅游联盟、携程集团等，举办2021长三角旅行商大会暨"在湖州看见美丽中国"全球旅游攻略大赛，发布"绿水青山之旅""乡村踏青之旅""红色研学之旅"等市十大春季旅游主题产品线路和最受长三角客欢迎十大旅游产品（目的地）。办好"在湖州看见美丽中国"马蜂窝攻略大赛、"一泊两宿在湖州"小红书网红计划、"从苕溪到黄浦江"喜马拉雅有声之旅等系列推广活动，成为2022"国际山地旅游日"承办地。联合央视《美食中国》栏目摄制10期《品味湖州》专题节目。加强与湖南卫视、浙江卫视、东方卫视等卫视综艺栏目合作，推动10余个景区景点、酒店民宿成为《快乐大本营》《极限挑战》《牛气满满的哥哥》等热门节目外景拍摄基地。举办吴兴菰城旅游节、南浔古镇虾客大会、南太湖左岸生活节、长兴"上海村"过大年、德清莫干山民宿节等县域特色品牌活动。

（四）文旅消费潜力激发

"绿色消费、融合创新"消费主题特色明显，文化和旅游消费省级试点深入推进。承办推进国家文化和旅游消费示范（试点）城市建设现场交流活动、全省促进文化和旅游消费工作会议。实施"文化探源看江南"研学旅游产业三年行动，以"江南考古大学堂"为载体，建设江南文化研学旅游产业试验区。全省首家"百县千碗"体验店在G50湖州服务区建成，联合教育部门启动编撰全省首部"百县千碗"地方菜教材。出台《工业旅游创新发展三年行动计划（2021—2023年）》，召开全市工业旅游发展现场推进会，南浔久盛地板、德清泰普森、吴兴美妆小镇创成省级工业旅游示范基地。新增省级采摘旅游体验基地27家，累计达到49家，数量居全省第一。创新举办"'闲步苕雪'夜 show"创意文旅市集 40 场次，南浔古镇、太湖龙之梦乐园入选全省首批夜间文化和旅游消费集聚区。全年接待过夜游客 4335 万人次，实现旅游总收入 1390 亿元。

六、党建引领发展，文旅战斗力集聚

（一）发挥党建引领作用

牢牢把握党建工作主阵地，发挥党建引领作用，"机关＋系统＋行业"三位一体党建体系持续完善，推动文化和旅游高质量发展迈出新步伐。扎实推进"三服务"活动，深化驻企专员常态化联系走访机制，全市破"五未"项目中的 12 个文旅项目问题破解率 100％。"湖州市在全国率先构筑文旅新业态安全监管体系"入选全市第二批"担当破难"典型案例。

（二）推动人才队伍管育结合

内控管理机制进一步健全，修改完善《局管干部重大事项报告制度》等 6 项制度，抓好证照集中保管、因私出国（境）审批等制度落实。搭建好"赛马"平台，开展"干事我争先，文旅开新局"月度亮晒比拼活动。加强执法队伍建设，入选全国文化市场综合执法培训试点城市，是全省唯一。湖州代表队在全省文化和旅游市场法律法规知识竞赛中获团体二等奖。举办年轻干部培训班 1 期，韵海讲堂专题讲座 3 期。组建培育"三团三社"10 个，新推荐入选省级文化示范户 32 户、省级乡村文化能人 77 位，认定市级文化示范户 84 户、市级乡村文化能人 201 位。100 余个集体和个人获市级以上表彰和荣誉，1 人获评全国文化和旅游系统先进个人。

【大事记】

1 月

12 日　率先成立市旅游专班。充分发挥市旅游专班在推动旅游经济发展、行业纾困解难、市场推广等方面的积极作用，"湖光山色·度假之州"旅游目的地形象不断提升。

2 月

1 日　"此心安处是吾乡、我在湖州过大年"——2021 年湖州文旅新春消费暖心行动启动。全市 69 家景区、85 家文化场馆，面向留湖过年人员和大学生免费畅游，通过支付宝、携程、美团、南太湖号，派发湖州文旅新春专属"五福"1000 万个、旅游消费券 5150 万元、免费门票 100 万张，举办带货直播活动 101 场次。

3 月

18 日　上海·湖州文旅合作行动暨"旅动中国红"从上海·中共一大会址到湖州·安吉余村红色之旅首发仪式在上海携程集团总部举行。是年，湖州全面推动沪湖合作、政企合作开启新篇章，两地签订互送客源合作协议，推出红色之旅等特色旅游路线，进一步促进文化旅游市场复苏发展。

31 日　2021 长三角旅行商大会暨"在湖州看见美丽中国"全球旅游攻略大赛启动。活动现场，发布了"绿水青山之旅""乡村踏青之旅""红色研学之旅"等市十大春季旅游主题产品线路和最受长三角游客欢迎十大旅游产品（目的地）。

4 月

25 日　2021"红韵湖州"文化和旅游消费年启动。结合庆祝建党百年主题，推出自驾生活网

红营地、活态非遗、生态文明研学等 10 类 93 种创新产品，安吉余村、新四军苏浙军区旧址群入选全国百个红色旅游景区和长三角十大红色精品自驾游线路，文化旅游产品活力不断激发。

28 日　湖州召开新闻发布会，发布全国首个旅游新业态安全监管矩阵。湖州在全国率先出台玻璃滑道等 16 类旅游新业态项目安全管理规范，落实多部门全过程联合监管机制，获省长郑栅洁表扬，省委常委、宣传部部长朱国贤和副省长成岳冲批示，相关做法在全省推广。"实施旅游新业态全过程联合监管　筑牢旅游富民安全基石"入选浙江省文化和旅游促进共同富裕最佳实践案例。

5 月

18 日　"我与母亲的故事——湖州市庆祝中国共产党成立 100 周年革命文物特展"启动，图书《我与母亲的故事——献给中国共产党百年华诞》首发。特展启动后，湖州推动组建"红色宣讲团"，赴红色联盟村社区、共建单位开展"守好红色根脉、书写青春忠诚"大巡讲活动，辐射群体超过 60 万人次。

21 日　湖州入选全省旅游业"微改造、精提升"行动试点市，13 个单位列入省级单位试点。

28 日　首届湖州度假博览会举办，国际山地旅游联盟秘书长何亚非，原国家旅游局党组副书记、副局长王志发等参加。全国 45 个省级以上旅游度假区、十大类别度假产品商参展，成立国家级旅游度假区高质量研究中心，发布《国家级度假区高质量发展研究报告》。

6 月

11 日　湖剧传习中心成立，湖剧现代大戏《国之守锷》首演，百年故事催人奋进。

16 日　湖州 5 个项目入选全省文化和旅游数字化改革试点，总量位居全省第二。

7 月

16 日　安吉、长兴、德清连续 3 年入选全国县域旅游综合实力百强县前十，分列第一、第三、第八。

8 月

14 日　文化和旅游部国际交流与合作局公布 2023 年至 2025 年"东亚文化之都"评审初审结果，湖州入选第一批候选城市。

31 日　湖州成为国家乡村博物馆建设试点市，是全省唯一。成为试点后，湖州市积极探索创新文博公共服务供给方式，强化构建和完善现代公共文化服务体系，新建 35 家乡村博物馆。

9 月

26 日　"湖州度假"平台上线，成为全省首批入驻"浙政钉""浙里办"的重大文旅场景。

10 月

27 日　湖州入选国家文化和旅游消费试点城市。湖州坚持绿色发展，通过培育"绿色＋融合"文旅新动能，打造经济增长新篇章。

28 日　全国首个《湖州市露营营地景区化建设和服务指南（试行）》《露营营地景区化安全防范指南（试行）》《湖州市露营营地景区化管理办法（试行）》正式发布。全力推进露营营地健康、规范发展，丰富湖州度假业态，部门联动推动营地景区化建设，首批 20 家通过景区化验收。

11 月

18 日　人力资源社会保障部、文化和旅游部印发《关于表彰全国文化和旅游系统先进集体、先进工作者和劳动模范的决定》，湖州市文化广电旅游局被授予"全国文化和旅游系统先进集体"称号。

12 月

3 日　安吉余村入选世界最佳旅游乡村。湖州创新发展乡村旅游、带动农民增收致富，推动"绿水青山就是金山银山"理念在湖州落地生根，全市乡村民宿 3088 家，其中省等级民宿 118 家，数量均列全省第一。

（朱玲熙）

湖州市县（市、区）文化和旅游工作概况

【吴兴区文化和广电旅游体育局】 内设职能科室 7 个，下属单位 5 个。2021 年末人员 3 人（其中：机关 18 人，事业 18 人；具有中级技术职务资格的 1 人）。

2021 年，吴兴区成功创建第二批浙江省全域旅游示范县（市、区）。太湖溇港景区成功创建国家 4A 级景区。创成国家级乡村旅游重点村 1 个（妙山村）、省级乡村旅游重点村 2 个（潞村、义皋村）、省级乡村旅游重点镇 2 个（妙西镇、八里店镇）。织里镇获评第二批浙江省戏曲之乡。吴兴区位列 2021 年全国市辖区旅游综合实力百强区第 47 名，相比去年进 1 位。区文化市场综合行政执法队获评全国青少年维权岗。一是统筹谋划，改革创新成效显著。迭代升级吴兴文旅智慧平台，加入文物、安全监管等新功能，探索"一图一单一表一码"监管办法。梳理完善数字化改革"三张清单"，不断谋划新应用场景，上线"旅游线路打卡成就系统"应用场景并列入全省文旅系统数字化改革试点，入选全省大数据旅游统计应用试点单位。区文物局挂牌。48 个行政服务审批事项实现"最多跑一次"全覆盖，"跑零次""网上办""掌上办"均为 100％。创新实施旅游新业态项目部门联合全过程监管。获得万象新"声"浙江省首届诗路文化带景区讲解员大赛颁奖盛典优秀组织奖。在全省文化和旅游系统新闻宣传计分排名中，位居各县（市、区）第一。二是紧抓双进，文旅项目有力发展。织里镇文体中心、湖州海亮国际康养度假小镇等 2 个项目列入浙江省"4＋1"重大项目。推进妙禅谷等 60 个项目建设，塘里休闲养生村、沈家本历史文化产业园等 13 个项目竣工。国内首个野奢洞穴酒店"野界"营业后好评不断；地标建筑世界乡村旅游大会永久会址运营；余不谷国际度假小镇项目以绿色新材料为主，是全省首个被动式超低能耗建筑，项目一期 10 月试运营。文旅项目推进工作在省专题会议上做经验交流。三是培大育强，乡村旅游持续做优做强。西塞山旅游平台发展稳步推进，协调解决西塞山创国技术指导等问题 18 个，赴文化和旅游部、省文化和旅游厅对接汇报 7 次。赋能文旅消费，承办"红韵湖州"文旅消费年活动，发布"红韵湖州·银领研学"等推荐线路 10 条。世界乡村旅游大会永久会址建成启用，召开世界乡村旅游可

持续发展论坛，与亚太旅游协会签订战略合作协议，共同推动乡村旅游高质量发展。举办湖州市工业旅游发展现场推进会暨吴兴区工业旅游线路首发启动仪式，发布工业旅游首发线路3条。推进4A级景区、4A级景区镇、等级民宿、示范景区村庄、采摘基地、工业旅游基地、"百县千碗"体验场所等创建任务31项，涉及市场主体70余家。太湖溇港景区成功创建为4A级旅游景区。美妆小镇建设投资开发有限公司入选浙江省工业旅游示范基地名单。吴兴原乡蝴蝶小镇列入浙江省特色小镇第七批创建对象名单。湖州灵粮生态农场、土蛋哥家庭农场、桑农生态园、立竿见影家庭农场入选2020年度浙江省采摘旅游体验基地名单。钱壮飞纪念馆入选第五批省级红色旅游教育基地。义皋村、潞村、红里山村、菰城村获评市级示范景区村庄。四是精准施策，市场推广营销铿锵有力。"留吴过年"政策举措走在全省前列，充分考虑外地留吴人员文化旅游生活需求，推出"600万元消费券""邀您看春晚"等组合举措。深化"春来游吴兴"主题系列活动，赴上海开展"春来游吴兴　爱上西塞山"文旅推介活动，推出2021吴兴文旅十大主题，打造4条初心之旅红色地标打卡线路。中央电视台四套《美食中国》栏目专题拍摄，打响吴兴"百县千碗　吴兴新食力"品牌，浙江卫视综艺节目《奔跑吧》《青春环游记》到吴兴取景拍摄。举办第七届菰城文化旅游节、携程919直播带货活动等文旅活动60余场。吴兴文旅主题宣传覆盖上海长宁等地区住宅电梯，覆

盖全市电梯1500余部及杭州地铁90个站点。联合携程、南太湖视频号开展吴兴文旅直播专场活动，直播现场关注互动客流达100万余人。制作吴兴文旅疗休养线路，向市级机关和各县（区）机关派发邀请函800多份，向全市各大企业派发1600多份，向周边杭州、苏州、南京等地机关派发2500多份，有力提升了吴兴文旅影响力。五是普惠共享，公共文化服务提质提量。区图书馆正式开馆运营，开展活动140余场，累计到馆读者11.5万余人次，图书借还8.6万册次，总办证读者约5000余人，在《人民日报》客户端、《图书馆报》等各类媒体宣传报道28次，获评省"满意图书馆"。织里镇获第二批浙江省戏曲之乡，路村文化礼堂、妙山村文化礼堂获浙江省公共文化场馆服务功能拓展先行先试单位，获评省级文化示范户5个、乡村文化能人19个。开展"幸福吴兴"主题展览、讲座、文艺演出等公共文化活动500余场次，线上线下参加11万余人次。为每个乡镇街道送演出5场、送图书2000册。参加省、市比赛、活动11场，荣获3金6银6铜。布点城市书房和振兴书栈建设，挖掘文化基因，打造"菰城讲堂"文旅IP品牌。排摸整理公共文化"微改造、精提升"示范点46个。湖州王一品斋笔庄有限责任公司的天官牌湖笔入选第三批浙江省优秀非遗旅游商品名单。六是严格监管，治理水平稳步提升。以市场平稳发展为目标，以规范市场运营为主线，以强化执法办案为抓手，围绕重要节点，扎实落实"护航"任务。规范市场运营，积极开展"五环"治理。

落实常态管理，持续推进扫黑除恶专项斗争。突出防疫安全，持续强化疫情防控。全年共出动检查人员1087人次，检查各类经营单位3261家次，办理行政处罚案件26件，罚款195220元，联合属地政府、公安等部门开展专项整治行动23次，处理举报、投诉案件73起。完成部门联合"双随机、一公开"监管任务，完成率100%。七是守牢底线，文旅市场安全稳定。以区安委会名义出台《吴兴区旅游新业态项目多部门全过程联合监管实施办法》，统筹指导项目立项、审批、建设、验收、应急等环节工作，出台《ATV全地形车监管标准规范》，打通旅游新业态项目安全监管路径。对全区旅游新业态项目开展地毯式安全隐患排查和复查，累计驻点服务30余次。原乡小镇景区玻璃水滑梯成为全市首个通过验收的新业态项目，验收完成率居全市第一，获市领导批示肯定。建设区智慧文旅平台，推出新业态项目"安全码"，生成企业隐患治理"四色图"和企业安全预警"三色图"，探索"四个一"安全监管方法。创新旅游企业"信用＋"监管模式，把企业信用纳入评优评先及申请专项资金必备条件，指导失信文旅企业修复信用。湖州珍贝浙北大酒店有限公司获评省金鼎级特色文化主题酒店，新国际1名高级导游员入选浙江省"金牌"导游培育对象，新增高级导游5名，中级导游14名，育有"绿色点餐员"27名、旅行社"绿色导游员"18名，全面打响"吴兴旅游"品牌。

（陈钰佳）

【南浔区文化和广电旅游体育局】内设职能科室 7 个,下属单位 6 个。2021 年末人员 42 人(其中:公务员 6 人,参公 11 人,事业 25 人;具有高级技术职务资格的 2 人,中级 8 人)。

2021 年,南浔区文化广电旅游体育工作紧紧围绕"重塑水晶晶南浔、建设美丽繁华新江南"目标,献礼建党百年,助力共同富裕,实践数字化改革,做好疫情防控,真抓实干,克难攻坚,扎实推进文化广电旅游工作高质量发展。一是以共同富裕为目标,推进文旅普惠共享。阵地建设提质扩面。建成 4 个文旅空间、10 个文旅公共服务融合示范点,区图书新馆完成工程量的 90%,区博物馆完成项建、可研和立项申报,区图书馆成为全省首批"满意图书馆"达标单位,区文化馆获评国家一级馆,3 家场馆被列入省级公共文化场馆服务功能拓展先行先试单位。文旅活动精彩纷呈。承办浙江省献礼中国共产党成立 100 周年音乐作品巡演南浔音乐会、第二十届群众音乐大赛决赛加工会,举办南浔区庆祝中国共产党成立 100 周年文艺演出、"水晶晶南浔"第五届文化艺术节等大型线下活动 4 场和"运河情"等线上活动 63 期,受众 7 万余人次。全年开展"文化走亲"、送戏下乡 600 余场,送书下乡 2 万册。精品创作更加出彩。创作《红色故事》等 3 部红色精品,提升舞蹈《春上蚕时》等 4 部文艺作品,出版图书《浔根丛书·第八辑》《浔迹丛书·第二辑》,打造具有南浔"标签"的精品力作。美术作品《青春之歌》荣获省第七届群星视觉艺术综合大展银奖,南浔区文化馆艺术团获评省民间音舞大型广场展演展示活动优秀展演团队。文化基因解码工作深入推进。深入实施"文化基因解码工程",完成 20 个重点文化基因解码报告、439 个文化基因资料入库、文化基因图谱绘制,建成南浔非遗馆文化基因终端体验设备,完成 38 种文创产品的开发和情景剧《浔梦江南》的提升,在全省"文化基因解码工程"暨文化标识建设工作推进会上做经验交流。二是以融合发展为导向,推进产业能级提升。文旅项目跑出加速度。加快重点项目建设,36 个文旅项目完成年度投资 48.5 亿元,完成年度目标计划 100.6%,其中 12 个项目竣工投产,招引从家庄理想村等 9 个文旅项目,启动与本地高校合作的 4 个文化艺术村项目建设。加快基础配套项目建设,完成新改建旅游厕所 15 座,新增改旅游交通标识牌版面 15 处,改造提升旅游集散中心门户及内部服务配套。微精工程实现全域化。制定《南浔区推进旅游业"微改造、精提升"重塑水晶晶南浔行动方案(2021—2025)》,在全市率先召开"微改造、精提升"动员会,南浔古镇景区等 3 家单位入选"微改造、精提升"省级试点名单;打造"指尖微精"线上旅游舆情系统,梳理"四不"问题 600 余个,均全部完成整改。全年完成 82 个示范点、188 个项目的改造提升。产业融合取得新成果。成功创建省级全域旅游示范区、省级工业旅游示范基地 1 家、省景区镇 3 个、星级农家乐 10 家、市级休闲农场 2 家,南浔古镇获评首批省级示范文旅 IP、首批省级夜间文旅消费集聚区,并入选全省首批"大花园耀眼明珠"名单。承办第二届长三角一体化古镇发展大会,举办第三届虾客大会等特色主题活动 7 场。打造了"苕溪渔隐"荻港美食小镇、南浔古镇沉浸式夜游、花海龙虾集市等高人气业态产品,开展"水晶晶南浔"特色旅游商品评选大赛。不断提升服务水平。深入开展"三服务",开展指导服务近 230 家次,解决实际问题 77 个。举办"水晶晶南浔"全区旅游饭店服务技能培训暨比武大赛、区年轻干部"浔景讲"决赛,培养一支行业技能精英队和一支百人志愿讲解服务队。开展文化礼堂管理员、乡村旅游人才、文旅场所安全生产等各类业务培训 24 次、培训 4000 余人。三是以数治改革为牵引,推进行业质变增效。打造智慧文旅应用数据平台。完成"畅游水晶晶南浔"微信小程序开发并上架"浙里办"服务平台,形成 18 项服务和 4 个特色板块,实现文旅企业应纳尽纳。按照"1+3+2"模式建设南浔智慧文旅大数据平台,实现决策"一屏掌控"、政令"一键智达"、监督"一览无余",智慧文旅数据平台入选省大数据旅游统计应用试点。打造未来社区智慧旅游场景。顿塘社区入选首批"旅游大脑+智慧旅游"应用场景落地未来社区试点,按照"一个平台、三大板块、N 个应用"的系统架构完成原型文档设计,打造"未来浔游"应用场景,在顿塘未来社区展厅落地 3 处旅游体验点,满足社区居民和来浔游客多层次、个性化、便捷化旅游需求。四是以安全有序为准绳,推进监管强基固本。疫情防控再加强。第一时间召开局系统疫情防控工作部署会,修订完善《区文广旅体系统疫情防控应急预案》,集中开展"一码一册一演练",对386家各类文化旅游场所进行全领域地毯式"洗楼"排查,联动筑牢文旅行业防疫安全屏障,共出动检查小组63个,检查各类文化旅游场所691家次,发现问题153处,约谈3家,责令停业整顿1家,实现6轮全覆盖检查,落实整改率100%。执法检查再加力。开展文旅市场各类专项行动36次,发现并整改安全隐患1005处,没收违法物品6369个,收缴各类非法出版物487件,立案查处执法案件35起,立案数居全市第一,入选全市优秀案卷1个。制定旅游新业态项目多部门全过程联合监管办法,1个项目通过联合验收。遗产保护再加码。加快历史文化名镇、古村落的保护,推进大运河遗产保护、历史水系修复及环境风貌整治,完成大运河国家文化公园文物保护项目申报,推进3个重点项目和3处文物活化利用。完成文保工程9处、不可移动文物公示牌849处。新增市级非遗名录项目10项、区级非遗名录项目11项。召开全区文物安全专题工作会议,开展文物安全大排查大整治大提升工作。

(申宗民)

【德清县文化和广电旅游体育局】内设机构11个,下属事业单位5家。2021年末人员101人(其中:公务员19人,参公15人,机关工勤1人,事业66人;具有高级技术职务资格的9人,中级31人)。

2021年,德清县文化和广电旅游体育局围绕建党100周年和全域高质量发展,唯实惟先,担当作为,为努力打造"重要窗口"中的"精品窗口"、高质量助力德清县共同富裕示范区先行样板地建设增添文化底色和旅游魅力。全县共接待游客2390万人次,旅游总收入356.66亿元。全省基层公共文化服务评估总排名逐年递增,位居全省第六。紧扣市对县考核任务,旅游产业增加值占GDP比重8.09%。限上住宿营收10.2亿元,同比增长28.0%,位居全市第二;限上餐饮营收3.9亿元,同比增长27.7%,位居全市第一。一是工作有效性乘势而上。德清上榜2021中国县域旅游综合竞争力百强县市,名列第16位。入选全省新时代公共文化场馆服务功能拓展综合试点。莫干山镇获评全国乡村旅游重点镇。莫干山国际旅游度假区获评国家体育旅游示范基地(全省2家)。莫干山风景名胜区入选第一批国家级文明旅游示范单位(全省2家)。莫干山郡安里体旅综合体获评2021年长三角地区精品体育旅游目的地。2021中国特色旅游商品大赛中收获3金1银1铜。钟管镇获评2021年度浙江省民间文化艺术之乡。泰普森创建成为省级工业旅游示范基地。莫干山通航机场飞行项目获评2021年浙江省运动休闲旅游优秀项目。二是品牌影响力持续增强。根据《驴妈妈2021长三角文旅消费国庆出游趋势报告》,德清上榜2021国庆热搜TOP10县(区)旅游目的地,高居"小众目的地"TOP20第2位,莫干山景区在热门景区TOP20榜单排名第三,开元森泊位列长三角热门酒店TOP10第4位。在学习强国、央广网、人民网等中央

级平台报道100余篇次,在浙江新闻、"诗画浙江"等省级平台报道300余篇次,有针对性地投放上海、杭州、苏南等地新媒体矩阵,报道100余篇次。三是展现民生实事新作为。文化润民,推动公共服务上台阶。举办德清县庆祝建党100周年大合唱比赛、大型图片展及陈望道首译《共产党宣言》纪念展等红色主题文化活动,推出《革命文物说党史》短视频、《建党百年 非遗献礼》微视频、《连环画里的中国共产党100周年》《党史百年天天读》专题阅读等系列活动,为庆祝建党百年营造浓厚氛围。举办第四届前溪艺术节,共收到参赛作品102件。创新"我们'德'系列"文化服务品牌,举办乾元龙灯会、新市蚕花庙会、雷甸枇杷文化节等"我们'德'节庆"活动,开展"我们'德'有约"5期、"我们'德'培训"105期,建设"我们'德'书屋"20家,共开展文化惠民活动2800余场次,送书下乡近2万册。旅游乐民,促进服务品质大提升。围绕"微改造、精提升"行动,以丰富游客综合体验入手,推进旅游业高品质提升。完成微改造项目109个,完成投资额1.5亿元。出台《莫干山等级民宿管家补助办法》,开展民宿管家培训8期,培训100余人。举办民宿生活节、民宿峰会、文化市集等10余项活动。举办"创业长三角,度假莫干山"2021系列文旅(疗休养)专题推介会3场,分别在嘉兴、宁波、杭州等地区,通过签署战略合作协议、推介文旅品牌、现场洽谈的形式增加客源黏度。四是开启文旅生活圈新征程。实施文艺精品创优行动。通过实施"文化基

因解码工程",以艺术创作、文化活动、文旅融合、文创开发等为转化途径,促进文化基因转化利用,完成20个重点文化元素的解码报告。开展省级蚕桑丝织文化传承生态保护区建设工作,厘清以蚕桑丝织为基础的德清文化事项和文化元素,制定《蚕桑丝织文化传承生态保护区总体规划(2021—2030)》。立足全县基层公共文化服务绩效评估实际,制定《乡村旅游民宿参与公共文化服务规范》,印发《德清县文旅演艺点单积分制管理办法》,修订《德清县基层公共文化服务专项补助资金管理办法》,加强文化设施建设及文化活动专项资金使用管理,让适合的演艺节目定向传播,进一步鼓励和扶持民间文艺团队。承办"迎建党百年 享美好生活"浙江省民间音舞大型广场展演,点击率100万余人次,创群众文化活动参与度历史新高。实施旅游景区创城行动。委托浙江大学城乡规划设计院编制《德清县旅游业发展"十四五"规划》。提升能级产品供给,雷甸镇、新安镇创建成为3A级景区镇,实现景区镇全覆盖。承办全省促进文化和旅游消费工作会议,组建县文旅消费专班,先后协调下渚湖景区5A创建筹备、文旅体新业态项目审批、重大文旅项目推进等相关工作。37个在建文旅项目共投入50.4亿元,完成年度计划的118%,新开工项目8个、竣工项目2个,通过亿元以上文旅预评价项目17个。大力推进"旅游+多产业融合发展",德清"洋家乐"、欧诗漫珍珠之源积极申报省示范级文旅IP;成功培育莫干山开元森泊度假乐园等7家县级研学基地。

五是跑出行业发展新效能。建立业态联合监管机制。完善管理办法,全面落实《德清县旅游新业态安全监督管理实施办法》,出台《"皮划艇""滑翔伞"旅游新业态项目安全管理规范》,草拟"新西兰滑板车""威亚"2个项目的安全管理规范。健全工作机制,建立旅游新业态联合执法会商机制,完善旅游新业态项目联合监管资料汇编,以业务培训会、项目协调会、现场巡查指导及组织交流考察等多种方式层层推进旅游新业态项目联合监管工作。组织督导检查,开展A级景区旅游新业态专项整治,对拟建和在建的28个旅游新业态项目实行多部门联合"双审查",联合审查项目14个、联合验收项目8个,责令暂停建设或停业整改项目6个。提升治理整体智管水平。搭建德清旅游大数据平台,整合共享莫干山景区换乘中心数据监控、莫干山镇一室四平台、莫干山景区监控、县旅游大数据4个系统数据,构建全县旅游指挥协调体系,有效提高假期应急管理综合指挥能力,实现旅游资源"一张图"、安全管控"一键式"、舆情监测"一张网"和精准营销"一条龙",为行业智治提级赋能。开发文旅点位数字治理平台,借助"浙里好玩"平台,构建"一前端+一后台+N支撑"框架,提高治理快速响应能力,实现多跨协同处理。开展旅游领域"数字化监管"体系试点建设,首批选点莫干山景区和下渚湖景区,通过对景区安全风险点排摸和移动端、PC端建设,推动信息共享共用,完善景区安全风险分级管控和隐患排查治理双重预防工作体系。落实安全行业主

管责任。围绕重要时段节点,部署开展平安护航建党100周年专项保障行动,创新建立"631"安全协调机制,有效保障各重点假期、节点文旅市场安全。围绕平安细胞建设,建立"执法人员'双随机'检查+第三方专业辅助排查+行业企业质监自查"的拉网式监管机制,共出动检查3116人次,检查经营单位1944家次,立案查处25起,排查整治安全隐患720起,受理旅游投诉117起,收缴各类非法出版物3000余册(张),有力保障检查无死角、安全零事故。围绕统筹疫情防控,严格落实文旅场所"预约、限时、错峰"和"测温、验码、登记"要求,开展文旅行业疫情防控应急演练,落实行业从业人员疫苗应接尽接,疫苗接种率达98%。六是催生数字化转型新动力。数字治理"有力"。紧抓德清全域数字治理试验区建设机遇,排摸民宿、景区村庄等数字化建设适用地,依托"我德清"搭建乡村旅游数字化平台基本框架和模块分区,优化乡村数字化治理与服务功能,丰富乡村旅游数字化应用场景,推进旅游配套功能多元化。实地采集,将全县所有行政村(社区)文化、旅游场所和设施,收录进"数字乡村一张图",共有2456个文旅点位。建设线上博物馆及VR线上展览,在"我德清"小程序中展示"线上博物馆"4219套藏品信息。建设虚拟图书馆系统,实现机器人自动巡架盘点图书,对全馆楼层环境进行3D建模,场馆设备、服务台、功能区实现热点导航,呈现虚拟与现实的体验结合。数字服务"有度"。在"e游德清"基础上,通过"玩德好"小程序,提供全县

景区景点、酒店民宿预约预定，餐饮美食、特产推荐及精品游线推送等便民服务，实现全域旅游一机游。"玩德好"上架民宿酒店72家，活动产品23个，访问2.3万人次，成交订单112单，成交金额2.8万元。推出"德清优品""找绿道""找厕所"等便捷旅游服务，多维度提升游客体验感，已累计服务超400万人次。依托德清线上数字馆，实现文化馆、博物馆、图书馆在线预约服务，累计预约数50余万人次。平台营销"有效"。飞猪莫干山旅游旗舰店销售总额突破1200万元，粉丝达2万余人，总浏览量超50万次，访客超15万人次，签约民宿累计100余家。打造抖音、小红书、微信视频等新媒体矩阵，官方抖音号"我在莫干山等你"发布视频84条，单条短视频点击率破66万次，单条最高点赞量达3.3万人次，点赞量累计超13万人次，粉丝量10.2万人。"百县千碗·德清味道"美团店自开办以来入驻大型商家酒店6家、小型商家7家，共销售套餐159套，引流到商家消费约300套，美团网站浏览人数7万人次，关注收藏3万余人，德清本地餐厅排行榜位居第6名。

（李　淑）

【长兴县文化和广电旅游体育局】
内设职能科室12个，下辖文化市场综合行政执法队1个及直属单位6个。2021年末人员98人（其中：机关17人，事业81人；具有高级技术职务资格的14人，中级24人）。

2021年是"十四五"规划的开局之年。长兴县文化和广电旅游体育局以国家级全域旅游示范区创建和"长三角休闲旅游目的地"打造为主线，聚力融入长三角一体化，以数字化改革为驱动力，文化引领、公共服务、文旅品牌打造、文旅体融合、文物保护等各项工作有序推进。完成《长兴县"十四五"旅游业发展规划》《长兴县公共文化与体育设施专项规划》编制，争创省级以上项目（政策）23个，省级以上试点7个。全县全年累计接待游客2786.02万人次，同比增长16.92%；据公安住宿数据显示，全县过夜游客313.39万人，同比增长26.10%。一是荣誉争创有声有色。获得2021年度全国文旅融合高质量发展典范城市、2021年度全国最佳推广旅游胜地、2021年全国县域旅游综合实力百强县等荣誉称号。长兴县基层公共文化服务评估在全省90个县（市）中，排名跃升至第4位。纪念馆获得湖州市关心下一代教育基地、浙江省党员教育培训基地、浙江省第一批民族团结进步教育培育基地、红色根脉守护团队等荣誉称号。县图书馆获评湖州市2020年度社会事业发展工作先进集体。打造红色文化题材舞台作品《一盏马灯》《在和平的日子里》《清溪谣》等原创文艺作品，荣获省级金奖4个。入选省优秀非遗旅游商品2个。二是创建工作亮点纷呈。文旅项目列入国家"十四五"时期文化保护传承利用工程项目储备库项目2个、省级项目24个，入选全国建党百年红色旅游百条精品线路1条，立项国家文物保护项目3个，长兴县纳入中国乡村博物馆试点县，以总分全省第一的成绩入选浙江省第一批公共文化服务现代化先行县创建名单，县文化馆通过国家一级馆评估定级。入选浙江省民间文化艺术之乡文化项目4个、浙江省公共文化场馆服务功能拓展先行先试工作试点单位4家、浙江省石窟寺专项调查项目2个、浙江省爱国主义教育基地1家、浙江省第三届不可移动文物保护利用优秀案例1个，获评浙江省乡村旅游重点镇5个、浙江省乡村旅游重点村2个。《长兴县按下"快进键"点亮旅游夜经济》《长兴县推动"旅游厕所数字化革命" 让"方便"更方便》登上省委改革办《竞跑者》，长兴县图书馆列入省第一批"满意图书馆"，开元名都大酒店获评五星级旅游饭店，成为长兴县首家五星级旅游饭店。创建国家4A级景区1家、国家3A级景区1家。纪念馆讲解员郭文文受聘为十大浙江省革命文物宣讲人。服务太湖图影国家旅游度假区创建工作。全面梳理太湖图影旅游度假区存在的短板与不足，加强工作对接，指导度假区内旅游基础配套设施建设和业态优化，完成景观绿化提升工程、景区服务与环境质量的提升、园区标识导览改造提升等。三是数字化改革成效显著。出台《长兴县文化和广电旅游体育局数字化改革方案》，完善省、市智慧文旅平台内容，积极落实长三角社保卡一体化工作，推进文旅公共服务数字化，成功争取省级数字化改革试点5项，长兴旅游厕所"建管用育"集成新服务成为全省首批定向推广的应用场景，其中"方便码"获省文化和旅游厅主要领导书面批示表扬，并在《竞跑者》《浙江日报》、人民网等媒体刊发报道。四是服务项目扎实有效。研究制定《长兴县旅游新业态项目预审机制》，进一步规范本县旅游新业态项目的准入落户。举办以"龙之梦"为主题的宣传推介活动 12 场，全力服务中华盆景园、醉美太湖、嬉水世界等新业态开业，推进旅游厕所新（改）建工作，布点智慧化方便驿站 2 座，做好太湖古镇剧场"醉美太湖"演出审批服务，完成"梦幻钻石""动物世界演艺秀"3240 场涉外营业性演出备案。太湖龙之梦乐园全年接待游客 810.23 万人，同比增长 68.52%；营业收入 7.2 亿元，同比增长 71.58%。举办 2021 长三角乡村文旅创客大会，引进龙之梦冰雪世界、来野民宿二期和长兴"印象水口"品牌提升推广项目，推动非遗赋新乡村振兴、长三角项目"赋能乡村、直播振兴"等达成战略合作，总签约金额 1 亿元以上，切实推动了长兴的乡村旅游发展。全域旅游"微改造、精提升"工程全力推进。组织跟进长兴县旅游专班工作，制定长兴县旅游业"微改造、精提升"专项行动工作方案，确定 55 家试点单位，梳理 251 个项目，与长兴县农商银行签订"微改易贷"战略合作协议，完成项目 237 个，完成投资 3.7 亿元，推动长兴旅游品质不断提升。五是营销形式不断创新。研究出台《2021 年"常聚长兴"树品牌、促消费专项行动方案》，全新打造长兴文旅惠民卡，创新推出新媒体宣传"九朵云"计划，加速推进文旅市场复苏。精准开展"年味长兴""红色旅游""户外古道"等主题推介活动 16 场，邀请长三角地区近 600 家旅行社、自驾游组织、户外组织、新闻媒体定向宣传长

兴文旅产品。发布"梅好时光"旅游产品专题朋友圈广告，点击量 35 万人次；全新打造"常聚长兴"视频号，开设"常聚长兴"直播间，完成 10 场直播"云推介"，最高场次在线参与人数突破 10 万人。六是"文化基因解码工程"深入实施。探索文化基因解码重点项目的转化工作，完成了部分重点文化元素解码，形成了解码成果《根脉》，打造活化利用项目 20 余个；唐潮十二坊"茶圣·陆羽"户外清景式演出和太湖古镇"醉美太湖"大型歌舞演艺秀正式公演。完成长兴文旅融合图书《长兴之境》初稿。七是文物资源保护利用持续深化。红色记忆——长兴乡村精品线路、希望田野休闲乡村精品线路纳入 2021 年浙江省休闲农业和乡村旅游精品线路。完成水口摩崖石刻最高堂、霸王潭部分保护修缮，增设游步道、导览牌并对外开放。举办"让文物鲜活起来 让历史告诉未来"长兴县首届文物活化案例大赛。完成新四军苏浙军区旧址陈列展示 4 处，组织开展"纪念抗美援朝入朝作战 70 周年巡回展（第六站）开幕式""庆祝中国共产党成立 100 周年——新四军苏浙军区四处旧址展陈开展暨中国人民银行党校红色金融现场教学基地揭牌仪式"等活动。新四军苏浙军区旧址群接待党史教育团队 1550 余批，参观总人数 29.6 万余人，同比增长 38.2%。文物安全底线不断夯实。全省率先出台文物工作考评办法，继续实施"日报月晒季推年考"制度，承办全省文物安全工作会议和全省乡村博物馆试点建设工作启动仪式。联合公安、消防进行文物安全检查 4 次，巡查文

物保护单位 81 家，出动文物专项安全巡查 681 人次，开展文物安全巡查 1094 次。八是"书香长兴"建设不断优化。建设完成水口茶文化主题书房 1 家、民宿书房 10 家，打造文学创作室 1 个。完成图书馆和 7 家城市书房长三角"社保卡一卡通"借阅功能，推进数字社会"浙里民生关键小事智能速办"重大应用，自建"云书馆总分馆系统"，实现"图书一键借阅"和全县图书分馆、行政村图书室通借通还。

（王　叶）

【安吉县文化和广电旅游体育局】 内设机构 10 个，下属事业单位 9 个。2021 年末人员 126 人（其中：公务员 20 人，参公 18 人，事业 88 人；具有高级技术职务资格的 15 人，中级 29 人）。

2021 年，安吉县文化和旅游各项工作稳步推进，取得显著成效。安吉游客接待量 2671 万人次，旅游总收入 365.7 亿元，旅游业增加值 56.38 亿元，同比分别增长 26.9%、19.9%，恢复至 2019 年同期的 95.1% 和 94.2%。连续 3 年位居全国县域旅游综合实力百强县榜首，余村入选首届联合国世界旅游组织最佳旅游乡村。古城遗址博物馆落成，遗址公园首创社会资本参与文物保护新模式，获省长郑栅洁、副省长成岳冲、市委书记王纲批示肯定。安吉古城遗址入选国家文物局公布的"十四五"时期大遗址，全省共 8 处遗址入选。在全省文物安全专题工作会议上，作为唯一县（区）做经验交流。乡村旅游产业案例入选全国乡村产业高质量发展十大典型，获评省文旅融合高

质量发展十佳县。发布全国首个《全域旅游绿色管理规范》地方标准规范、全省率先出台旅游新业态安全管理办法，打造省级试点"安心游""安心停"及"安心宿"等数字化改革应用场景。全省率先出台民宿村落建设旅游标准地办法，全力打造"十大民宿村落"，新增3A级旅游景区6处。一是改革集成，积蓄高质发展澎湃动能。推进项目建设。狠抓文旅项目落地见效和项目入库工作，加强项目建设智慧化数字化管控，开发文旅招商项目智能遴选平台，优化升级文旅项目数字地图系统，全链条抓好项目招引、预评估以及考核督查工作。全县共有在建文旅项目66个，其中5亿元以上项目19个，10亿元以上7个，总投资284.75亿元。累计完成旅游投入56.72亿元，其中新开工项目17个，竣工9个，签约落地16个，"8＋X"评审通过12个。梳理"五未"项目19个，通过深入开展"三服务"推动项目提速快跑，截至11月已全部破解，破解率100%。推进数字治理。成立文旅数字化改革专班，下设8个工作小组，全面推进数字化改革建设，梳理文旅数字改革任务清单25项。重点加快旅游大数据中心（驾驶仓）、项目数字地图、全县文保点巡查及管理一张图、"云"上旅游综合调解平台、涉旅企业安全风险管控数字化监管系统（"安"心游）、智慧停车引导系统（"安"心停）、民宿智慧管理场景应用（"安"心宿）等数字化应用场景建设，不断提升治理体系和治理能力现代化水平。其中，"安心停""安心游"被列入首批省级试点，智慧停车引导工作获全省

文旅系统数字化改革推进电视电话会议专题推荐，"安心游"获全省推广。已完成一期项目投资1692.15万元，二期项目13个预算2865.1万元。深化改革创新。持续推进浙江省文旅融合改革试验区、浙江省交通与旅游融合发展综合改革、浙江省文化和旅游消费城市、浙江未来景区改革、浙江山地休闲度假发展等5项省级改革试点。发布全国首个地方标准规范《全域旅游绿色管理规范》，涵盖绿色餐饮、绿色住宿、绿色景区、垃圾分类等12个章节20项具体指标，细化明确全域旅游绿色管理的覆盖范围、履行主体及管理内容。出让全国首宗旅游标准地，全省率先出台民宿村落建设旅游标准地办法、旅游新业态安全管理办法。首创"政府主导（监管）＋考古机构（研究）＋社会资本（运营）"新模式，受到国家文物局充分肯定，成为全国"让陈列在大地上的遗址活起来"保护利用模式新典范，获省长郑栅洁、副省长成岳冲、市委书记王纲批示肯定。二是释放美誉，筑牢文旅发展根基。场馆联动提升服务水平。防疫期间，公共文化场馆积极整合各类文化资源，努力为广大市民配送丰富的线上文化精品资源。县图书馆全年开展线上线下活动180余场。县博物馆推出馆藏书画名家作品展和馆藏古籍特展等原创展览，结合安吉当地收藏家的红色收藏策划举办庆祝中国共产党成立100周年特展，与南阳唐王府博物馆联合举办"牛气冲天——中国牛文化百馆联展"等，教育项目"'印'刷世界——从印章到活字印刷"在2021年全省十佳青少年教育项目推介

活动中被评为优秀青少年教育项目，原创展"耕读传家——馆藏安吉书画名家作品展"说明牌入围全省博物馆十佳展品说明牌推介活动终评项目。11月21日至24日，承办了博物馆与可持续发展2021国际学术研讨会。会议以"博物馆的重塑与可持续发展"为主题，同时设置"博物馆事业的可持续性""博物馆与城市、社区""博物馆跨界合作""博物馆教育发展前沿"4项分议题。来自长三角地区和部分其他省、市的博物馆界从业人员，高校学者及社会代表共150余人参加了研讨会。城乡联动发展绿色产业。推动生态产品的价值转化，提档升级一批优质生态文化旅游产品和景区。出台《关于推动民宿（农家乐）产业高质量发展的实施意见》，明确3年内建设十大民宿村落，改造提升3个农家乐集聚区，为共同富裕安吉样本提供优秀实践案例。全县181个行政村A级景区村庄全覆盖，其中创成3A、2A级景区村分别有39家、107家，4A、3A级景区镇10个。浙江自然博物院安吉馆、田园加勒比等2个景区入选国家4A级旅游景区名单，云上草原、灵溪山景区等4个景区入选国家3A级旅游景区名单，余村村入选首批省级文化和旅游IP库，温德姆至尊豪庭大酒店等3家旅游饭店分别获评金桂、金鼎、金树叶等省品质饭店金牌荣誉，认定"安吉好味道"美食体验店（点）31家。争取第二届两山（中国）旅游商品联盟峰会、博物馆与可持续发展国际研讨会在安吉举办，实施旅游商品"五进"工程，会同中国旅游协会设立两山（中国）旅游商品联盟

峰会永久会址(涉及12个省、市)。三是共建共享,推动事业产业繁荣向好。深入分析、精准把握文化旅游业的新需求、新格局、新市场、新诉求,统筹优化城市、乡村的多元多维空间布局创新,加快从注重景区(点)构建向目的地建设的方向转变。精细微改提升文旅品质。以"十四五"规划为引领,进一步统筹城乡区域文化旅游协调性差异化发展,着力构建文化旅游"五区一带"总体发展格局,全面推进中部高端康养度假区、南部山地休闲旅游区、北部历史文化休闲区、东部农旅生态旅游区、西部乡村旅居休闲区、西苕溪生态文化旅游带的全域发展。深入实施文旅"微改造、精提升"行动计划,制定"微改造、精提升"5年计划,排定年度改造示范点清单共52个,微改投资2.6亿元,并建立统分结合、专项激励、问题发现、闭环管理和自我评价等5项机制。全年入库项目289个,示范点115个(其中天荒坪镇、县图书馆被列入省级试点),投资额5.13亿元,投资完成率达100.28%。在三季度全省旅游业"微改造、精提升"工作综合指数排名中,位列全省第二。内外兼修释放文旅美誉。以融合长三角一体化发展战略为重点,进一步打响"绿水青山·旅居安吉"旅游目的地品牌,优化"中国亲子旅游第一县"等品牌体系。以"春赏花、夏玩水、秋观星、冬滑雪"为主题推出四季宣传活动,加强高铁户外广告宣传,打造影视拍摄优选地,开展全媒体平台运营,发布4条红色风景线。与携程、美团、小红书、飞猪等主流旅游OTA平台建立合作关系,线上线下合力推进安吉旅游形象与产品。开展长三角文旅推广周、线上直播、抖音大赛等活动,丰富载体强化互动性体验。有序盘活"乡愁"资源,全面梳理全县文化元素200个,选出重点文化元素30个,培育文旅IP新名片,加强文化标识建设。以余村联合国世界最佳旅游乡村建设提供对外实践经验、以吴昌硕艺术拓展对外文化交流、以古城国家大遗址文化联动世界遗产、以竹文化强化国际交流,积极打造国际人文交流基地,提升安吉文旅品牌国际影响力。四是守正创新,推进文旅领域现代治理。坚持管理服务两手抓,统筹做好市场监管和常态化疫情防控工作,优化环境、守正创新、科学管理,提高市民和游客满意度,营造文明有序的一流文旅市场环境。创新模式实现现代治理。创新探索文旅市场治理模式,全省率先推出"涉旅企业安全风险管控数字化监管"系统,构建"一图两清单"体系,全力推进旅游安全监管智慧化赋能,实现风险管控关口前移、确保安全生产风险可控,该项工作以"文化和旅游安全数字化监管场景推广指南"形式在全省复制推广,获副省长成岳冲充分肯定。打造全县智慧旅游数字化监管平台,提升市场全时段监管、执法全流程监督、后台全数据支撑等信息化、数字化监管水平,加快构建"人防+技防"相结合的文化市场数字化综合行政执法平台。全省旅游"遏重大"攻坚战现场推进会暨旅游安全专业委员会全体(扩大)会、全省文化和旅游系统安全培训暨应急演练活动在安吉举行。提质拓面优化市场环境。推动"网上办""掌上办""五星服务"实现率100%;进一步减少办事材料、缩短办事期限、优化办事程序,推进"无证明"城市创建和机关内部"最多跑一次",力争实现跑零次。推进改革向公共服务、公共场所延伸扩面,巩固便民惠民改革成果。积极推进诉源治理,共同探索旅游纠纷处理新模式,全省首创文体旅游系统"云上法庭",实现异地维权跑零次。建立"1+3+N"旅游综合执法体系,探索"旅游警察"警务新模式,全力打造安吉"零投诉"景区。建立多元化等级评定机制,依据企业信用等级分类监管、分类追踪。全年共办理各类审批事项51件,回访满意率100%。加强监管规范行业秩序。加强市场日常动态巡查,加大对违法行为的查处力度,特别是在重大活动与时间节点,加强市场安保维稳工作,联合多部门开展旅游"黑车"、低价游、旅游领域安全隐患等重点治理行动。进一步发挥旅游协会等行业组织在政府与企业间的桥梁作用,促进行业自律和抱团发展,推动品质旅游饭店、品质旅行社创建提升。配合开展"双减"专项行动,完成全县228家艺术类校外培训机构治理工作。全面落实安全生产"一岗双责"责任制,继续加大技防监管力度,完善安全生产社会化服务,聘请专业机构技术人员全面排解各行业领域安全隐患风险。全年受理各类投诉举报160起,办结率100%。全年巡查出动1227人次,检查578家次,立案25件,办结25件,警告11家次,罚款16万元,没收非法所得近3.5万元,没收违法物品近400件。

(吴　凡)

嘉兴市文化广电旅游局

【概况】 内设机构 11 个,下属单位 11 个。2021 年末人员 188 人(其中:公务员 34 人,参公人员 24 人,事业 130 人;具有高级技术职务的 38 人,中级 70 人)。

2021 年,嘉兴市文化广电旅游局紧紧围绕市委、市政府中心工作,对标"三城一地"的城市发展定位,全力迎接建党百年,一批先进集体和先进个人获文化和旅游部表彰;两部红色文艺精品登上国家大剧院舞台;基层公共文化服务评估蝉联全省"八连冠";红色旅游列车获央视新闻联播两次报道;多项工作入选省级试点,为进一步打造"重要窗口"最精彩板块凝聚文旅力量。

一、坚定信念,围绕中心任务提升协同度

(一)围绕党史学习教育,锻造文旅队伍凝聚力

组织集中学习,发动全系统党员干部全面深入学习百年党史,通过微党课大赛等活动号召全系统党员干部进一步守好"红色根脉"。组织专题学习,邀请专家学者开展专题辅导;开展"重温习近平同志在嘉兴"活动。组织实践学习,开展"七讲七比七争"党建高地创建行动,落实"一编三定"工作,积极参与城市基层党建,全力投身各类中心工作。

(二)围绕数字化改革,搭建智慧文旅"大脑"

全面梳理核心业务,构建起"1+4+N"文化和旅游领域数字化改革体系,着力打造文旅综合管控平台、"心游嘉兴"文旅服务总入口、4 个数字化协同场景及 10 余个服务应用。形成一批数字化改革示范项目,"嘉里玩"服务平台正式上线"浙里办";智慧书房获全省数据开放创新大赛嘉兴地区一等奖;红色旅游大数据服务应用、南湖区甪里未来社区等 5 个项目被列入省文化和旅游厅数字化改革试点。

(二)围绕长三角一体化,探索联动发展模式

支持一体化示范区嘉善片区建设,指导嘉善县成功创建第二批国家全域旅游示范区。全面谋划虹桥国际开放枢纽建设,加快推进湘家荡旅游度假区改造提升、秀洲油车港世界级科创旅游湖区、平湖"一山、一城、八小镇"平台等项目建设。积极融入区域合作交流,"南湖·1921"红色旅游列车作为长三角一体化十大重大项目之一,由市文化广电旅游局、嘉城集团和上海铁路国际旅游集团在浙江省人民大会堂签约;举办长三角文化旅游合作大会宣传推广活动;与上海等地共同推出"从初心之地到圣地之旅"旅游产品、"红旅中国 壮美山河"联合线路展演及"云游博物馆 穿越九城时空"活动。

二、唱响赞歌,锚定建党百年提升首位度

(一)打造红色旅游标杆城市

打造 5 平方千米的南湖旅游区,全面推进南湖旅游景区周边环境改造提升,建设成效显著。作为项目推进办主任单位,完成新时代"重走一大路"工程,复建1921 老站房、南湖红船民兵先锋连连部、宣公祠和宣公书院、鸳湖旅馆等,全景重现中共"一大"嘉兴南湖会议重要节点,吸引众多市民游客重温"初心之旅"。助力高品质文旅商项目"南湖天地"成为城市网红打卡点。南湖旅游区共接待游客 330.82 万人次,同比增长 47.11%。

(二)推出红色主题文艺精品与文旅活动

一批红色主题文艺精品获得如潮好评,歌剧《红船》、舞剧《秀水泱泱》相继登上国家大剧院舞台,重大革命历史题材电视连续剧《大浪淘沙:启航》播出后引发热议,第五届"红船颂"全国美展在新建成的嘉兴美术馆开展。一批重大文旅活动渲染红色氛围,"红船颂 南湖情"庆祝中国共产党成立 100 周年合唱歌会在七一广场上演;以"党的光辉照我心"为主题的市民文化艺术节等主题性群众文化活动贯穿全年;先后主办、承办嘉兴红船文化旅游节、"百年风华 青春筑梦"主题动漫展播活动、第十一届全国大学生红色旅游创意策划大赛总决赛、"嘉兴号"天启卫星冠名仪式等,受到媒体关注。

（三）布局红色经典旅游线路与产品

国内首条纳入铁路运营图的红色旅游列车"南湖·1921"正式运行，串联起上海中共一大会址与嘉兴火车站复建老站房、狮子汇渡口旧址、南湖红船、南湖革命纪念馆等红色资源，并推出全长862米的新时代"重走一大路"路线。精选"红船精神百年百景"，以南湖红色基地为轴心，串起全市100个重点红色旅游景区（点），形成"首创之旅""奋斗之旅""奉献之旅"3个主题15条精品游线。南湖红船、南湖革命纪念馆与上海中共一大会址等一起入选由文化和旅游部等多个部门联合推出的"建党百年红色旅游百条精品线路"。

三、强化保护，推进文化复兴提升标识度

（一）重铸历史风貌

持续推进"禾城文化复兴三年行动计划"。马家浜考古遗址公园、子城考古遗址公园、罗家角遗址展示馆相继建成并对外开放，庄桥坟考古遗址公园启动建设。大运河国家文化公园建设取得新进展，完成杭州塘三塔路片区改造提升项目及苏州塘"月芦文杏"片区保护整治项目，编制完成《大运河（嘉兴段）遗产保护规划》，落实长虹桥防撞设施方案。文物保护工作基础进一步夯实，公布第七批16处市级文保点名单；对唐兰故居等10多处文物进行保护修缮；指导完成天主堂修复工程；对西曹墩遗址、绕坟桥遗址等进行抢救性发掘，出土良渚时期文物200多件。

（二）传承文化基因

健全非遗保护体系，公布海宁潮传说等23个第七批嘉兴市非物质文化遗产代表性项目，19位传承人入选第六批省级非物质文化遗产代表性传承人，12种非遗旅游商品入选第三批省优秀非遗旅游商品。推进"文化基因解码工程"落地见效，全市共梳理文化元素2822项，重点文化元素清单144个，完成基因解码127项，"红船文化"等7个项目被列为全省首批浙江文化标识。拓宽非遗传播途径，征选100位非遗少年拍摄的原创MV《红船谣》登陆"学习强国"平台；举办嘉兴非遗100件红色主题作品展、非遗文艺晚会、元宵非遗戏曲专场活动、"隔屏过端午"直播互动活动等。非遗工作受到文化和旅游部领导批示肯定。

（三）推进重大项目

重点围绕中心城区品质提升、省"四十百千"重大文旅项目、文旅IP"金名片"及诗路文化带建设，统筹协调市区、镇街、村社3个空间文化设施布局，市文化艺术中心（嘉兴美术馆新馆）、嘉兴博物馆二期正式启用。加快文旅项目投资建设，全年完成投资196.2亿元，海盐融创文旅城水乐园正式开业；南湖区和平湖市被列为省"微改造、精提升"行动试点县，南湖旅游区、乌镇—石门省级度假区等一批景区（点）、酒店民宿、公共文化场馆被列为省级试点单位，累计完成投资10.85亿元。

四、普惠均等，创新文旅服务提升幸福度

（一）公共文化创新不断深入

制定印发《嘉兴高质量推进公共文化服务创新发展建设共同富裕示范区的典范城市行动方案（2021—2025年）》，提出城乡一体"10分钟品质文化生活圈"建设目标。深化推进文化馆企业分馆建设，全市建成113家企业分馆，《中国文化报》以《运用"涟漪效应"让公共文化服务"出圈"》为题做专题报道。48家健心客厅正式对外开放，超额完成2021年政府民生实事项目既定目标。开展公共文化服务创新奖申报评选，设立项目创新奖和集体创新奖。

（二）基层公共文化服务评估蝉联全省"八连冠"

提升阵地建设，全市乡镇（街道）综合文化站特级站占比68%，文化强镇占比37.5%，均为全省第一；海宁市、嘉兴市图书馆、嘉兴市文化馆等13个单位入选全省公共文化场馆服务功能拓展先行先试单位。提升队伍建设，组织开展优秀业余文艺团队评审，25支业余文艺团队被评为2020年度嘉兴市优秀业余文艺团队；组织开展省级、市级文化示范户和乡村文化能人评选，31户家庭获评浙江省文化示范户，80人获评浙江省乡村文化能人；62户家庭获评嘉兴市文化示范户，164人获评嘉兴市乡村文化能人。局公共服务处被授予"全国文化和旅游系统先进集体"称号。

（三）群众文化活动精彩纷呈

推进书香嘉兴建设，市图书馆联动10余家党史重要节点城市公共图书馆开展"重温革命之路 点亮阅读星火"建党百年红色阅读系列活动，掀起图书馆红色阅读文化活动热潮。推出各类精品展览，嘉兴博物馆举办馆藏革命文物展等展览17个，博物馆二期局部开放并举办"马王堆汉

墓文物精品展"，嘉兴美术馆举办长三角数字艺术展等广受好评。推出数字惠民服务，文化馆通过数字化平台推出"云展厅""云课堂""云演出"等，文化馆总分馆"八馆联动"文艺演出入选2021年全国"百姓大舞台"网络群众文化品牌活动，嘉兴市第九届广场舞（排舞）大赛首次在"国家公共文化云"上直播。

五、擦亮品牌，发展文旅产业提升知名度

（一）推动行业健康发展

制定出台旅游产业发展专项资金管理办法和补助细则，进一步明确和规范旅游发展专项资金的使用方向、使用范围、补助标准，执行程序及监管等内容，切实发挥专项资金对旅游产业发展的保障和推动作用。形成产业融合示范基地发展评估报告，编制产业融合示范基地手册，加强旅游产业融合示范基地指导工作。全市全年共接待国内外游客3218.72万人次，实现旅游收入503.54亿元，同比分别增长9.98%、13.39%。

（二）加快全域旅游步伐

以"百千万"工程为抓手，全年新创建4A级景区城1个、3A级景区城2个，景区镇17个；创建景区村庄147个，其中3A级景区村庄19个。积极推进景区村庄创建工作，继续开展3A级景区村庄动态监测工作，修订《嘉兴市3A级景区村庄发展评价方案》（2021版），将对村庄景区化发展的年度考核结果纳入市对县（市、区）乡村振兴考核。监测显示，嘉兴市3A级景区村庄整体具备较为完善的旅游产品体系和服务体系，平均接待游客数、旅游经营总收入、净收入三大主要经营指标均超过全省平均水平，在全市乃至全省均起到标杆示范作用。

（三）拓展文旅消费蓝海

打造消费场景，浙江省文化和旅游消费季在嘉兴启动，发布多项惠民惠企政策；嘉兴文化旅游消费季活动推出4个版块22项活动；西塘古镇景区入选第一批国家夜间文化和旅游消费集聚区，嘉兴月河历史街区、嘉善云澜湾温泉景区入选第一批省级夜间文化和旅游消费集聚区；推出"嘉兴旅游指南"，打造南湖天地等一站式消费场景，并评选出30个嘉兴市文旅消费创新案例。倾力打造品牌，持续扩大"百县千碗·嘉肴百碗"美食品牌影响力，新增19家省级"诗画浙江·百县千碗"美食体验（示范）店，20家市级"诗画浙江·百县千碗·嘉肴百碗"美食示范店。积极拓展客源，携手中国驻首尔旅游办事处在韩国推出"红船秀水·云游嘉兴"图片暨视频展播活动；与福州、桂林携手组建3地文化旅游城市联盟，探索打造区域文化旅游合作典范。

六、守好根脉，维护市场安全提升稳定度

（一）落实落细常态化防控措施

从严落实1533家文化市场经营单位、382家旅游企业的疫情防控工作，通过座谈会、电话信息、微信群等方式进行宣传和排查，指导文化和旅游企业做好防疫常态化工作。加强对旅游景区、旅游酒店、旅行社、网吧、娱乐场所疫情防控措施落实的督查，开展防控宣传教育，做好疫情管控工作。春节、清明、端午等节假日期间，分析疫情形势、研判风险等级、明确防疫要点、提出防控要求，采取局领导一线督导、随机抽查等方式，扎实做好文化和旅游市场疫情防控和安全生产督查工作。全市共处理185家防疫不力的文旅经营场所，其中92家被要求责令整改，51家被行政处罚，42家被责令关门停业。

（二）严格抓好文旅市场平安建设

持续做好文化和旅游市场执法监管工作，针对市场经营规律和特点，分时点、分重点、分领域组织开展护航建党100周年平安保障行动、文化和旅游市场"百日办案大会战"专项行动、"扫黄打非"、网络文化市场远程集中排查、中小学教辅教材整治行动、未经许可经营旅行社业务整治行动等一系列专项检查和集中整治行动。全市共出动执法检查26227人次，检查经营单位11905家次，行政处罚立案调查287件，办结案件277件，罚款108.5万余元，停业整顿16家次，吊销许可证2家次。市文化广电旅游局连续10年被国家版权局评为全国打击侵权盗版有功单位。

【大事记】

1月

1日　即日起嘉兴市所有公共图书馆读者逾期还书不再收取逾期费。

1日至3日　嘉兴市图书馆总分馆联动开展百年百场系列活动，以总馆"红船朗诵艺术团喜迎建党百年大型主题诗会"为重心，各区、乡镇（街道）分馆因地制宜举办各具特色的红色主题活动，逾1万人次参与。

11日　与嘉兴市农业农村局联合发文公布 36 个工作室为"2020 年度嘉兴市乡村文化名师工作室"。

13日　与嘉兴职业技术学院联合组建的"嘉兴市非物质文化遗产学院"正式成立。学院聚焦"非遗传承、非遗研究、非遗研培、非遗传播"四大基地建设目标,构建集人才培育、资源共享、技术创新、社会服务"四位一体"的"校地合作共同体"。

16日　"檇李诗文合集"首发式在嘉兴市图书馆举行。该套书共 72 卷,是"檇李诗系"和"檇李文系"两大系列的集成,是嘉兴文化历史的重要载体,对于传承嘉兴文脉意义重大。

同日　由嘉兴博物馆、湖北省博物馆、意中时代(北京)国际文化传播有限公司共同主办的"日本浮世绘特展"在嘉兴博物馆开展,展出作品 55 件。展览持续至 3 月 21 日。

20日　发文公布"群众艺术网络大学"等 16 个项目获 2020年度嘉兴市公共文化服务创新奖。

27日　省文化和旅游厅副厅长刁玉泉一行到嘉兴市督查疫情防控情况和假日安全防范工作落实情况。

28日　嘉兴博物馆收到陆耀明捐赠的陶瓶 1 件。此陶瓶于 1990 年前后在凤桥窑厂取土时发现。据博物馆工作人员初步判断,该器物年代为西汉。

31日　实现省内公共图书馆通借通还,读者可通过支付宝App 办理电子借阅证,在全省任一公共图书馆(县级及以上)借还图书。

同日　实现嘉兴地区公共图书馆市民卡(第三代)一卡通。

是月　西曹墩遗址考古发掘工作基本完成,共清理良渚文化灰坑、灰沟等 10 余处,出土小件器物 400 多件。完成西曹墩遗址出土器物的绘图、拍照、修复陶器 60 多件,整理陶器发现有刻划符号 100 个。

2月

9日　嘉兴博物馆"沃土嘉禾——历史时期的嘉兴"基本陈列提升后重新开放。该基本陈列 2020 年 8 月起实施改造,改造后分"秀水如歌""滨海泽国""嘉禾飘香""繁庶市镇""文风鼎盛""风雨南湖"6 个部分,展览以文物、图版和场景相结合的形式,展示文物近 600 件(套)、图版近 100块、场景 10 多个,较详细地记录了嘉兴从青铜文化开始历经虞宋元明清等各时代的发展变化过程。

26日　举办"禾域闹元宵"嘉兴非遗戏曲专场晚会,并通过"嘉兴非遗"公众号直播。

3月

1日　嘉兴市文化市场统计年报工作全面完成。至 2020 年底全市共有文化市场经营单位 1533 家,其中网吧 409 家,歌舞娱乐场所 390 家,游艺娱乐场所 50 家,文艺表演团体 29 家,演出场所 40 家,演出经纪机构 26 家,互联网文化经营单位 37 家,广播影视节目制作单位 552 家。全市旅游企业共 376 家,其中旅行社223 家,A 级景区 87 家,旅游饭店 66 家。

4日　嘉兴市第五届市民文化艺术节暨"嘉禾百年红"百名妇女美术书法摄影作品展开幕式在市文化馆举行。艺术节以"党的光辉照我心"为主题,分"十个一百"群众文化活动、特色品牌活动、全国联盟活动等三大板块,持续至 12 月。

10日　首批 14 个中意国际合作项目在嘉兴签约,项目包括"一带一路·地中海印记"意大利当代艺术展、"意式美食荟萃嘉肴百碗"中意美食嘉年华、"鸳鸯湖畔的普契尼之声"中意普契尼音乐会等中意文旅合作项目。

13日　由嘉兴博物馆、桂林博物馆举办的"恋恋银风——桂林博物馆藏南方少数民族银饰展"在嘉兴博物馆开展。展览展出清代至民国时期 277 件南方少数民族银饰,主要以广西地区为主,包括相邻的贵州、云南等地,多数属国家二、三级珍贵文物。展览持续至 5 月 9 日。

16日　中国(嘉兴)国际漫画双年展馆藏精品展在温州市美术馆开幕。展览以"人类命运共同体"为主题,展出历届双年展馆藏的 24 个国家和地区漫画家作品 80 件。

18日　马家浜文化博物馆与沈阳博物院(沈阳故宫博物馆)、沈阳新乐遗址博物馆联合举办的"辽河畔史前文明之花——新乐遗址"在马家浜文化博物馆开展。展览选取反映农业、渔猎和手工业发展水平的石器、陶器、玉器、骨器等展品 125 件(套),展现辽河流域古代人类的生产与生活,展现史前先民的聪明才智和沈阳地区古代文明的历史进程。展览持续至 6 月 18 日。

19日　中国图书馆学会举办的"魅力声音·抗击疫情,我们在行动"少儿音频征集活动全国评选结果公布。嘉兴地区选送

16 件作品，有 14 件作品获奖，2 人获评优秀指导老师，嘉兴市图书馆被评为"星级组织单位"。

22 日　庆祝建党 100 周年"文化直通车"进基层演出在经开区首演，全年演出 90 场。

25 日　由嘉兴博物馆、南阳唐王府博物馆等 100 家场馆联合推出的"牛气冲天——中国牛文化百馆联展"线下展览在嘉兴博物馆展出。展览持续至 4 月 15 日。

是月　开展文化和旅游市场网络远程集中排查，共排查 63 家互联网文化单位，200 余家旅行社网络发布旅行信息情况，235 个本地企事业单位网站，发现涉嫌违法违规行为 6 起。

是月至 6 月　开展 2021 嘉兴百位非遗少年征选活动。活动分声乐、舞蹈、朗诵、器乐、书画 5 个类别进行选拔，组织学校及社会海选 8 场，1000 多名在校学生参加，评选出 100 位非遗少年。活动期间，网络在线直播 8 场，观看人次达 42 万。

4 月

2 日　文化和旅游部艺术司在杭州召开歌剧《红船》指导工作会议。文化和旅游部艺术司副司长黄小驹主持会议，省文化和旅游厅副厅长刁玉泉出席会议并讲话，"百年工程"指导专家、"百年工程"工作联络组相关负责人、嘉兴市文化广电旅游局和主创团队、演出制作单位领导及相关负责人参加会议。

5 日　携手中国驻首尔旅游办事处共同在韩国推出"红船秀水·云游嘉兴"图片暨视频展播活动，拉开"共庆百年华诞·美丽中国行"系列主题活动的序幕。活动通过中国驻首尔旅游办事处

社交网平台发布，并在 Facebook、Instagram、YouTube、抖音等 4 个社交网平台进行同步宣传，报道语言涵盖中、韩、英等多个语种。

6 日　位于瓶山东侧的建国路景观改造项目工地出土一批铜钱，约 1600 枚，重 8.76 公斤，种类 60 余种。大部分铜钱字迹锈蚀无法辨认，可辨认铜钱中大部分为宋钱，此外还包括少量的唐开元通宝和元至大通宝。

22 日　由浙江省慈善联合总会、省书法家协会、省美术家协会、嘉兴市委宣传部、市文化广电旅游局、市民政局主办的"爱党爱民　向上向善——庆祝中国共产党成立 100 周年书法美术主题创作及优秀作品展"在嘉兴博物馆开幕。浙江省副省长王文序、中国思想政治工作研究会副会长方立、浙江省慈善联合总会会长陈加元、上海市慈善基金会理事长钟燕群、江苏省慈善总会会长蒋宏坤、山东省书法家协会副主席王讯谟等领导出席开幕式。嘉兴市领导张兵、毛宏芳、刘冬生、高玲慧等参加。展览展出作品 120 件，持续至 5 月 9 日。

同日　省文化和旅游厅党组成员、副厅长朱海闵一行赴嘉兴督查假日文化和旅游市场工作。

同日　"追寻光辉足迹"主题阅读活动首站暨浙江省全民阅读节启动仪式在嘉兴举办，秀洲区洪合镇凤桥村农家书屋作为分会场之一，以现场连线的形式展示了嘉兴在基层公共文化服务智慧化和便利化等方面取得的工作成果。

23 日　由上海图书馆（上海科学技术情报研究所）、嘉兴市图

书馆牵头的"重温革命之路，点亮阅读星火"图书馆建党百年红色阅读"献礼七一"系列活动在上海正式启动。之后在各党史重要节点城市巡回开展"七个一"系列活动，7 月底在嘉兴市图书馆举办闭幕式。

5 月

3 日　嘉兴市委书记张兵，市委常委、宣传部部长祝亚伟，市委常委、市委秘书长敖考权，副市长邢海华率宣传、文旅、卫健、交通、应急、公安等部门赴南湖旅游景区实地检查景区安全和疫情防控工作，并与游客交谈，随后召开相关部门座谈会，对下一步旅游工作尤其是疫情防控和安全生产提出具体要求。

6 日至 8 日　嘉兴市文化市场综合行政执法队组织开展了全市旅游以案施训集中办案活动。

8 日　"百年风华　青春筑梦"主题动漫展播活动在嘉兴启动。活动由文化和旅游部产业发展司、浙江省文化和旅游厅主办，中国国际动漫节执行委员会办公室、嘉兴市文化广电旅游局承办。文化和旅游部党组成员王晓峰，产业发展司司长高政；浙江省文化和旅游厅党组书记、厅长褚子育，党组成员、副厅长王峻；嘉兴市副市长邢海华等领导参加主题动漫展播启动仪式，并参观嘉兴南湖文创"烟雨楼前"。爱奇艺、腾讯、哔哩哔哩、快看漫画、咪咕等网络动漫平台参加活动。

同日　制定印发《嘉兴市高质量推进城市公共文化服务体系建设三年行动计划（2021—2023年）》，明确至 2023 年嘉兴市城市公共文化服务的主要目标和任务。

9 日　"嘉禾少年心向党"嘉

兴·沙雅百名少儿书画大赛在海宁市文化馆举行,展出嘉兴、沙雅两地少儿书画作品100件。

11日　发文公布2020年度嘉兴市优秀业余文艺团队25个,其中一等奖4个,二等奖8个,三等奖13个。

13日至15日　由中国民俗学会、嘉兴市人民政府联合举办的"端午与文明生活"2021嘉兴端午全国学术研讨会在南北湖举行,来自北京、上海、广东、湖北、甘肃、福建等地的专家学者参会,探讨常态化疫情防控特殊背景下的民俗文化传承与发展。

14日　文化和旅游部联合中央宣传部、中央党史和文献研究院、国家发展改革委推出"建党百年红色旅游百条精品线路",嘉兴南湖红船、南湖革命纪念馆入选"开天辟地·革命启航"精品线路,桐乡乌镇世界互联网大会会址、杭州湾跨海大桥、海盐县秦山核电科技馆入选"数字科技·云上逐梦"精品线路。

同日　由浙江省文物局、嘉兴市文化广电旅游局、嘉善县人民政府共同主办的2021年"5·18国际博物馆日"浙江省主会场活动开幕式在嘉善县博物馆举办。活动期间还组织了"博物馆的未来:恢复与重塑"学术研讨会、"中瑞博物馆文化交流之夜"、国内外多元化展览等系列活动。

同日　2021年嘉兴市群众合唱大赛暨"'庆建党百年　享美好生活'浙江省群众(乡村)合唱大赛"嘉兴地区复赛在南湖音乐厅举行,来自全市乡镇(街道)"三团三社"中的8支合唱团进入复赛。

15日　第二届非遗练习生集训营在嘉兴粽子文化博物馆开营。活动以"传人踏浪行,鲜物承匠心"为主题,全国共有33位选手入围。

16日　"环球同此凉热——庆祝中国共产党成立100周年卢乐群专题创作展"在嘉兴博物馆开幕。嘉兴市委书记张兵出席并宣布展览开展,市领导刘冬生、祝亚伟、邢海华、马玉华等出席。专题展展出作品70件,以书法艺术为形,以百年征程为基,书写内容涵盖革命家诗文、名人题咏等,呈现红色与艺术的交融。展览持续至6月3日。

18日　"新境——长三角当代水墨作品巡展"在嘉兴美术馆首展。展览展出59位作者的当代水墨作品73件。

同日至26日　"我,90后——曾宓书法题跋展"在嘉兴市文化馆开幕,展出曾宓90幅书法题跋作品。

19日　嘉兴与松江、杭州、金华、苏州、湖州、宣城、芜湖、合肥9城联动,共同开展"云游博物馆　穿越九城时空"——博物馆长带你游活动。嘉兴博物馆馆长带领9城市市民"云游"嘉兴马家浜文化博物馆和马家浜文化遗址公园,深度解读马家浜7000年文化。

20日至22日　2021红色文旅创意市集在嘉兴举办,设有红色城市、红动浙江、对外协作、红色文创4个展区,共吸引来自8个省(市)的25个城市参与,是近年来红色文创成果的大展播。该活动也是2021嘉兴红船文化旅游节开幕式的配套活动。

21日　由浙江省文化和旅游厅,嘉兴市委、市政府主办的浙江省庆祝建党百年红色文旅宣传推广活动——2021嘉兴红船文化旅游节开幕式暨浙江省文化和旅游消费季启动仪式在嘉兴启幕。浙江省文化和旅游厅党组书记、厅长褚子育,嘉兴市委书记张兵出席活动并致辞。嘉兴市领导祝亚伟、敖考权、邢海华,河北省文化和旅游厅、江西省文化和旅游厅、上海市文化和旅游局相关领导,吉安、瑞金、遵义、延安、石家庄等红色旅游城市、浙江省11个地市、有关对口帮扶地区文旅部门领导,全国各大媒体、长三角旅行社代表参加活动。开幕式上,推出红色旅游城市共同打造的"红旅中国　壮美山河"联合线路。2021浙江省文化和旅游消费季同步启动,并发布2021年浙江省红色旅游产品线路及惠民惠企政策。

同日　推出"百年百景"红船精神主题游线,献礼建党百年。线路整合开发"红古配""红绿配""红蓝配"等复合型产品,围绕"首创之旅""奋斗之旅""奉献之旅"三大红船精神主题,以南湖旅游区、红船、南湖革命纪念馆三大红色基地为轴心,通过15条游线,向嘉兴县(市、区)的100个重点红色旅游景区(点)扩展,生动展示党的光辉历史和改革开放伟大成果及嘉兴践行习近平新时代中国特色社会主义思想的历史性成就。

26日至29日　第十一届全国大学生红色旅游创意策划大赛总决赛在嘉兴市举办。大赛由文化和旅游部资源开发司、浙江省文化和旅游厅、嘉兴市委市政府、北京第二外国语学院共同主办,得到教育部思想政治工作司、"学习强国"平台支持,中国旅游协会旅游教育分会、中国教育电视台等单位大力协助。文化和旅游部资源开发司司长单钢新,教育部思想政治工作司副司长李景升,浙江省文化和旅游厅党组书记、厅长褚子育,北京市委宣传部副部长、市政府新闻办公室主任徐和建,北京第二外国语学院党委书记顾晓园,嘉兴市委书记张兵等领导出席颁奖晚会。全国大学生红色旅游创意策划大赛是国内规模最大的旅游创意策划类赛事,也是唯一面向全国大学生的红色旅游专业赛事,自 2011 年创办以来已连续举办 10 届。本届大赛设置"红色足迹微视频""红色精神微讲解""红色故事微漫画""红色旅游线路设计""红色旅游目的地设计""红色文创产品设计"6 个参赛类别,吸引来自全国622 所高校的 3561 支队伍近 1.5 万名师生参加。大赛共收到3097 份参赛作品,其中包括 1188 条线路、389 个目的地、337 个文创产品、457 个微讲解、504 个微视频、222 个微漫画,参赛人员、队伍、学校、作品数量创新高,成为全国规模最大的红色旅游专业赛事和全国知名思政特色品牌活动。经过激烈角逐,50 余所高校的 60 支队伍获全国奖项。大赛期间,嘉兴市人民政府与北京第二外国语学院签订校地合作框架协议,双方围绕红色资源开发、人才培养等展开深度合作,进一步发挥高校服务国家战略和社会发展的作用,探索地方政府与高等院校建立多领域、全方位、深层次的合作新模式。

28 日至 29 日　由文化和旅游部组织的"百名红色讲解员讲

百年党史"宣讲团到嘉兴,为机关干部和高校师生做两场专题宣讲,拉开了文化和旅游部红色宣讲团赴地方宣讲的序幕。宣讲团还赴南湖景区开展了集中宣传活动。嘉兴南湖景区讲解员蒋昕莹入选"百名红色讲解员讲百年党史"宣讲团。

31 日　嘉兴市委书记张兵调研嘉兴大剧院提升工程改造进度,听取情况汇报。

同日　下发《关于成立嘉兴市文化和旅游志愿者支队的通知》,成立嘉兴市文化和旅游志愿者支队,秘书处设在嘉兴市文化馆。至年底,全市成立 7 个直属大队和 9 个县(市、区)大队,共有14 万名文化和旅游志愿者。

是月　部署有害歌曲专项清理清查工作。各县(市、区)迅速行动,全面组织对 KTV 娱乐场所、网络音乐平台曲库展开清理清查。行动期间,全市共出动执法人员 236 人次,检查歌舞娱乐场所 377 家次,网络音乐平台 36 家次,立案查处 4 起。

6 月

5 日　2021 年"文化和自然遗产日"浙江省主场城市系列活动在嘉善县西塘景区开幕。现场表彰 2020 年度全国十大考古新发现入选项目、2020 年度全国博物馆十大陈列展览精品获奖项目、浙江省非遗馆藏品收藏等。开幕式后,举办了"唱支歌儿给党听"非遗民歌主题展演、第三届长三角"田山歌"节主题展演。

同日　举办"秀水泱泱 同行致远"长三角文化旅游合作大会宣传推广活动。活动分长三角文旅交流展销、长三角非遗小镇共建共享结对活动、长三角文化

旅游合作大会 3 部分。会上,举行了嘉兴市、苏州市、湖州市长三角一卡通合作签约仪式及长三角一卡通(嘉兴第三代社会保障卡)启动仪式,联合发布《沪苏浙皖旅游行业合作宣言》。3 市通过探索建立居民服务"一卡通",在交通出行、旅游观光、文化体验等方面努力实现"同城待遇",推动长三角旅游产业互通、资源互补。

8 日至 9 日　绍兴市文化市场综合行政执法队到嘉兴市开展交叉执法检查工作。

12 日　2021 嘉兴端午民俗文化节开幕式暨"五芳斋杯"龙舟竞渡和踏白船表演赛在西南湖举行,嘉兴市委书记张兵与浙江省文化和旅游厅副厅长叶菁共同为文化节鸣锣开幕,嘉兴市领导毛宏芳、刘冬生、高玲慧、王涛等出席。本次民俗文化节以"嘉兴端午·中国味道"为主题,组织开展"同舟奋进""幸福小康""守根弘文""创意江南"4 个板块共 13 项活动。

同日至 29 日　举办 2021 年"文化和自然遗产日"嘉兴市系列活动,开展"隔屏过端午"我来教你学非遗——端午直播互动、"匠心映初心"嘉兴市非物质文化遗产百件红色主题作品展、"我们的节日"——嘉兴非遗文艺晚会等一系列保护、传承活动,在全社会营造"人民的非遗,人民共享"的良好氛围。

15 日　嘉兴市委人才工作领导小组公布首批"创新嘉兴·优才支持计划"名单,嘉兴美术馆美术创作工作室、嘉兴非遗保护创新团队入围骨干型创新团队,嘉兴博物馆 1 人入选人文社科拔尖人才。

16日 浙江省文化和旅游厅公布第三批浙江省优秀非遗旅游商品,嘉兴市真真老老食品有限公司的"高汤传人粽"等12种非遗旅游商品入选,累计入选26项。

17日 文化和旅游部、浙江省文化和旅游厅及延安、瑞金和嘉兴市领导出席"嘉兴号"卫星冠名仪式。"嘉兴号"卫星是一颗微纳低轨物联网卫星,可实现地面网络覆盖盲区的数据采集。6月18日14时30分,长征二号丙运载火箭在西昌卫星发射中心实施发射,将"嘉兴号"卫星(天启星座14星)送入预定轨道。此次以3座红色城市分别冠名,全年陆续发射3颗天启卫星,致敬红色精神与航天精神,献礼中国共产党百年诞辰。

18日 由中国工艺美术学会、嘉兴市人民政府主办的"红船精神——中国工艺美术大师'百名大师、百件作品'红色主题展"在嘉兴博物馆揭幕。展览持续至7月2日。

19日 南湖旅游区占地21万平方米的南湖天地建成开放,由鸳湖里弄、嘉绢印象、南湖书院、南堰新景四大板块组成。

23日 举行"光荣在党50年"纪念章颁发仪式暨"两优一先"表彰大会,为16名老党员颁发"光荣在党50年"纪念章,表彰了全系统20名优秀共产党员、3名优秀党务工作者、3个先进基层党组织。

24日 庆祝中国共产党成立100周年"日出东方"上海静安·浙江嘉兴书法作品联展在上海市静安区文化馆开幕,展出作品100幅。

25日 举行子城遗址公园开园仪式,市委书记张兵宣布遗址公园正式开园。市委副书记、市长毛宏芳致辞,市领导刘冬生、高玲慧、马永良、王涛等四套班子领导出席仪式。副市长江海洋主持仪式。子城遗址公园位于嘉兴老城区偏东南区域,范围北至中山东路,东至建国南路,南至府前街,西至紫阳街,总占地面积约5.67万平方米。子城遗址公园的建设不仅能有效保护和延续嘉兴老城历史文脉,而且能够有效带动嘉兴文化旅游产业的发展,助力嘉兴打造文化"金名片"。

同日 历时1年多的"新时代'重走一大路'"建成开放。项目总投资21.67亿元,以1921年中共"一大"代表从上海转移到嘉兴途经的站点为主线,重现"一大路"历史场景,沿线设有嘉兴人文精神展示馆(城市书房)、铁路文化主题展、红船民兵先锋连主题展、嘉兴古城文化展等。

同日 Y701/Y702次上海—嘉兴"南湖·1921"红色旅游列车开通,成为国内首趟进入铁路运行图日常运营的红色旅游列车。嘉兴红色旅游列车获评浙江省委思想文化工作创新项目、铁道行业"最美铁路"主题研学实战赛二等奖。

26日 嘉兴市文化艺术中心启用仪式举行。嘉兴市委书记张兵出席并宣布嘉兴市文化艺术中心启用。市委副书记、市长毛宏芳讲话。市领导刘冬生、高玲慧等出席。当晚,大型音乐舞蹈诗《泱泱秀水》在嘉兴市文化艺术中心秀湖音乐厅首次展演。嘉兴市文化艺术中心是嘉兴市十大标志性工程之一,位于嘉兴市秀洲工业区新塍塘路北侧、秀洲大道西侧的秀湖之畔,总投资9.75亿元,总用地面积约5万平方米,总建筑面积约11.07万平方米(地上7.78万平方米、地下3.29万平方米),由一栋5层34米高的地标性建筑和附属配套建筑组成。

28日至7月1日 "颂党恩 跟党走"庆祝中国共产党成立100周年七一系列活动在"重走一大路"沿线和七一广场举行。活动以歌咏、舞蹈、曲艺、快闪、微党课、展览等丰富多彩的形式,表达党员群众对党的热爱和深情礼赞。

29日 发文公布"南湖讲坛"等29个项目为优秀文化志愿服务项目,32人为优秀文化志愿者。

30日 即日起开展为期6个月的燃气及相关领域安全专项整治,重点整治旅游饭店、A级旅游景区燃气用气安全情况,牢牢守住安全底线。

同日至7月底 "从吴镇到蒲华——嘉兴历代名画展(高仿)"在嘉兴市文化馆开展,展出从元代至近代约600年间嘉兴名人绘画仿制作品100件。

是月 开展"安全生产月"活动,开展安全隐患大排查大整治、旅游安全生产风险普查,强化安全法规学习宣传,增强责任意识。

7月

1日 "红船依旧 精神永恒——庆祝中国共产党成立100周年嘉兴博物馆藏革命文物展"在马家浜文化博物馆开展,展出革命文物74件。展览持续至9月1日。

2日 歌剧《红船》在北京国

家大剧院演出，为党的百年华诞献礼。经过近 4 年的精心创作和排练，歌剧《红船》从全国 140 多部优秀作品中脱颖而出，入选中宣部、文化和旅游部、中国文联组织的"庆祝中国共产党成立 100 周年"优秀舞台艺术作品进京展演剧目。

8 日　嘉兴市第二届中小学生声乐大赛在嘉兴一中实验经开学校举行，来自全市的 56 组选手参加比赛。

9 日　"红船颂"庆祝中国共产党成立 100 周年全国美术精品创作工程作品展暨第五届"红船颂"全国美展在嘉兴市文化艺术中心开幕。中国文联、中国美术家协会、中央美院、浙江省委宣传部、省文联、省美术家协会及嘉兴市有关领导和来自全国各地的美术家代表 300 余人参加开幕式。嘉兴市委书记张兵，中国美术家协会分党组书记、驻会副主席徐里先后在开幕式上致辞。展览展出"红船颂"庆祝中国共产党成立 100 周年全国美术精品创作工程作品 100 件，第五届"红船颂"全国美术作品展作品 96 件。展览持续至 12 月底。

同日　嘉兴市人民政府公布第七批嘉兴市非物质文化遗产代表性项目（增补）名录，海宁潮传说等 23 个项目入选，全市总数达 316 个。

14 日　全市文化市场综合行政执法处罚案卷评析暨青浦区、吴江区、嘉兴市三地长三角一体化示范区执法业务培训在嘉善举行。3 地以此为契机，探索建立行政执法监督一体化合作交流机制。

15 日　嘉兴博物馆二期（北馆区）正式开馆。"永生奇迹——马王堆汉墓文物精品展"和"大爱有痕——嘉兴博物馆文物捐赠回顾展"同期开展。

21 日　"百年百幅·红色艺履——全国书画名家走进嘉兴南湖采风写生作品展"嘉兴巡展在嘉兴美术馆开展，展出 36 位全国书画名家的 100 件采风写生作品。展览持续至 30 日。

是月至 9 月　在全市集中开展"拉网式、地毯式、起底式"文物博物馆单位治安防范隐患集中排查整治活动。活动期间，共出动安全检查人员 1806 人次，排查走访文物保护单位 369 处、文物保护点 71 处、博物馆 24 家；发现安全隐患 142 处，落实整改安全隐患 127 处。余下的 15 处，根据计划，2022 年完成整改 14 处，2023 年完成整改 1 处。

8 月

2 日　印发《嘉兴市"无废景区""无废饭店"创建工作方案》，在全市 A 级旅游景区、旅游饭店开展"无废细胞"创建工作。全年成功创建 20 家"无废景区"和 10 家"无废饭店"。

3 日　由浙江省援青指挥部都兰工作组、嘉兴市文化广电旅游局、嘉兴日报报业传媒集团主办的"十年援青促发展　光影流彩绘都兰"摄影展在嘉兴市图书馆举办。展览持续至 9 月 13 日。

4 日　省文化和旅游厅公布省级文化示范户和乡村文化能人名单，嘉兴市冯嘉生等 31 户家庭入选省文化示范户，何志法等 80 人获评省乡村文化能人。

6 日　第五届嘉兴市民原创歌曲培训班在海盐县澉浦镇举行，来自 5 县 2 区近 30 位音乐创作骨干参训。

同日　"辉煌百年高举旗帜　永守初心再启新程"庆祝中国共产党成立 100 周年静安、嘉兴书法邀请展在嘉兴市文化馆举办，展出作品 100 幅。展览展至 28 日。

12 日　省文物局局长杨建武带队赴嘉兴督查疫情防控工作，现场查看文博场馆、A 级景区、网吧等文化和旅游市场重点疫情防控场所。

13 日　"群星璀璨耀南湖"百场视觉艺术作品展在桐乡市文化馆开展，同步在嘉兴市文化馆微信公众号等线上平台按美术、书法、摄影类别依次展出。本次展览为"十个一百"群众文化系列活动之一，以"庆祝建党百年"为主题，全市征集作品 100 幅。

同日　对市本级申报的 16 家旅游咨询服务网点进行综合考核认定，评定浙江梅花洲文化旅游有限公司旅游咨询服务网点等 7 家网点为优秀，另有 7 家为良好、2 家为合格。

16 日　2021 年度"环球自然日——青少年自然科学知识挑战赛全球总决选"结果揭晓，嘉兴赛区共 11 组选手参加总决选，取得 6 个一等奖，4 个二等奖，1 个三等奖。

23 日　文化和旅游部全国公共文化发展中心下发《关于公布 2021 年"百姓大舞台"网络群众文化品牌活动入选名单的通知》，嘉兴市文化馆总分馆"八馆联动"文艺演出群文活动品牌入选。

同日　浙江省文化和旅游厅完成 2021 年度浙江省民间文化艺术之乡的评审命名和浙江省民

间文化艺术之乡复核工作。南湖区（南湖合唱）等7个县（市、区）、乡镇（街道）通过省民间文化艺术之乡评审，海盐县澉浦镇（骚子演唱）等18个项目通过复核。全市共有25个浙江省民间文化艺术之乡。

24日 嘉兴市委、市政府召开嘉兴市社会心理服务体系建设推进会，嘉兴市委书记张兵出席会议并讲话，市文化广电旅游局在推进会上做交流发言。是年，全市公共图书馆服务体系内共嵌入式建成"健心客厅"48家（市本级25家），实现嘉兴地区各县（区）图书馆全覆盖。制定《"健心客厅"建设标准与管理规范（试行）》，有效保障"健心客厅"项目的规范化、高效化推广。"健心客厅"的建成，开创了"图书馆＋社会心理服务"新模式，逐步打造成为具有嘉兴特色的社会心理服务体系，为大众心理健康护航。

9月

7日至9日 国家公共文化服务体系示范区创新研究中心（浙江嘉兴）举办嘉兴市公共文化服务高质量发展培训班。培训班以线上直播的形式举办，来自嘉兴市图书馆、文化馆及公共文化领域的专业技术人员等近120人参加。

8日 公布嘉兴市文化示范户和乡村文化能人名单，62户家庭入选嘉兴市文化示范户，164人获评嘉兴市乡村文化能人。

16日 "艺心向党，展卷三秦——浙派书画家走进西安美术作品展"在西安市曲江艺术博物馆开展，展出庆祝建党80周年"红船颂"全国中国画名家作品邀请展作品50幅（复制）。

17日 长三角文化和旅游联盟第二次联席会议在嘉善县举办，浙江省与上海市、江苏省、安徽省文化和旅游厅（局）及嘉兴市委相关负责人参加会议。

20日至21日 大型原创民族舞剧《秀水泱泱》在国家大剧院上演。该剧由嘉兴市委、嘉兴市人民政府、中国歌剧舞剧院、浙江传媒学院共同打造，是嘉兴致敬建党百年的优秀作品，入选浙江文化艺术发展基金2021年度资助项目、2021年国家艺术院团演出季和国家艺术基金重点支持项目。

23日 嘉兴市委、市人民政府表彰嘉兴市优秀人才和人才工作优秀集体，嘉兴市图书馆馆长获文体艺术先锋奖，并应邀参加2021中国浙江"星耀南湖·长三角精英峰会"开幕式的颁奖仪式。

25日 组织33家企业参加第16届中国义乌文化和旅游产品交易博览会，展位37个，面积333.5平方米。在展会的工艺美术奖评选中，嘉兴市企业获金奖3个，银奖6个，铜奖11个。

26日 红船领航——嘉兴市第九届广场舞（排舞）大赛在海盐大剧院举行。各县（市、区）选送的16支队伍参赛，评出金奖6个，银奖10个。比赛还在"国家公共文化云"平台上进行了直播。

同日 嘉兴市文化市场疫情防控"文旅绿码"正式启用，首次尝试启用疫情防控小程序服务文化市场疫情防控监管。

同日 永远跟党走——"红船颂 南湖情"嘉兴市第八届中国画作品展在嘉兴市文化馆展出。展览展出至10月5日。

27日 省文化和旅游厅副

厅长刁玉泉一行到嘉兴开展国庆节前文化和旅游市场安全生产专项检查。

同日 第十九届嘉兴市"社区之声"文艺调演——戏曲曲艺票友大赛在秀洲区洪合镇举行。

28日 文化和旅游部在重庆举行全国文化和旅游资源普查专题培训班，嘉兴市文化广电旅游局做经验交流。

29日 嘉兴市委人才办、市委宣传部等6部门联合印发《关于公布首批嘉兴市文化名家工作室领衔人的通知》，嘉兴市图书馆馆长、市文化馆馆长被命名为嘉兴市文化名家工作室领衔人。

30日 平湖南河头历史文化街区、嘉兴雅莹集团大雅家工厂店获评2020年度浙江省四星级旅游购物场所，成为嘉兴市首批旅游购物场所。

10月

6日 "忆声·韵乐——庆建党百年忆韵少儿民乐团专场音乐会"在嘉兴南湖音乐厅举行。

9日 由嘉兴市委宣传部、嘉兴市文化广电旅游局、嘉兴学院红船精神研究中心主办的"访踪——董必武手迹展"在嘉兴市文化馆举办，展出董必武题诗、题字手迹及手迹的复制件。展览展至21日。

14日 由嘉兴市文化馆和平湖市文化馆联合出品的原创歌曲《风回来的车站》在浙江省第二十届音乐新作演唱（演奏）大赛中获金奖。

同日 2021年全省博物馆十佳青少年教育项目推介活动终评会在衢州召开，嘉兴博物馆的"云想衣裳花想容之点翠"活动获评优秀项目。

15日　公布第七批嘉兴市级文物保护点16处,共有市级文物保护点164处。

16日　副省长成岳冲对海宁海塘的保护和申遗工作进行专题调研,实地调研了沿江一线古海塘,深入了解了古海塘的历史价值,详细询问了文物保护和海塘申遗等情况,对海宁海塘的保护与申遗工作给予充分肯定,同时强调要进一步加强对海宁海塘·潮文化景观的保护和管理工作。省政府副秘书长徐张艳,省文化和旅游厅厅长褚子育,省文物局局长杨建武等随行调研。

17日　"红色足迹——嘉兴市红色旅游资源普查成果展"在市区"新时代·重走一大路'"12号楼举行,同时展出嘉兴收藏家陈连兴友情提供的南湖红船像章、红船纪念章、南湖船插屏等。

22日　由嘉兴市人民政府和匈牙利驻沪总领事馆联合主办,嘉兴市人民政府外事办公室、嘉兴市文化广电旅游局、秀洲区人民政府共同承办的嘉兴·匈牙利文化与创新周活动在嘉兴市图书馆正式开幕。活动内容包括"色的交响"——木兰(Áder Orsolya)&徐南歌子双人艺术作品展、罗特·米克绍彩绘玻璃画作品展、匈牙利名人事迹展等,持续到11月7日。

同日　嘉兴市首届农村文化礼堂杯男子篮球联赛在洪合镇凤桥村文化礼堂篮球场等6地开赛。比赛持续至11月3日,共有21支队伍参加,经过2轮46场比赛,产生前6强。

23日　嘉兴市图书馆与中信出版集团全面合作启动仪式在嘉兴市图书馆开幕,双方正式签约,探索图书馆与出版行业的合作新模式。

同日　2021长三角阅读马拉松嘉兴赛区在嘉兴市图书馆总馆智慧书房完赛。共有10支队伍参赛,嘉兴地区第1名选手位列长三角地区第14名。

同日至25日　"意式美食荟萃嘉肴百碗"中意美食嘉年华活动在历史文化街区梅湾街举办,来自中意两国的100多位参展企业代表出席启动仪式。活动由嘉兴市人民政府主办,是2021中意文化交流月系列活动之一。

25日　举办2021年嘉兴地区图书馆业务培训,嘉兴地区各级公共图书馆、高职院校图书馆等单位约160人参训。

26日　"领读浙江　寻路初心"建党百年主题阅读活动暨全民阅读月颁奖典礼在建德举办。嘉兴市图书馆获优秀领读组织奖;"穿越百年学党史　行走万里传精神"庆祝中国共产党成立100周年南湖讲坛暨红船朗诵艺术团"文化走亲"活动获优秀领读项目奖;孙丽娜、丁沛媛获优秀领读人奖;"红船起航"获建党百年红色主题展览优秀展览奖。

29日　海盐县入选第二批浙江省全域旅游示范县(市、区)。

同日　2021嘉兴曲艺"党旗在我心中"好戏连台颂党恩专场演出在凌公塘音乐厅举行。

11月

1日　2021年嘉兴市旅游饭店服务技能大赛举行。全市18支参赛队69名选手参赛,评出个人一等奖4名,二等奖8名,三等奖20名;团体一等奖1名,二等奖2名,三等奖3名。

2日　省文化和旅游系统优秀志愿服务项目演讲大赛决赛举行,嘉兴博物馆志愿者项目代表嘉兴地区参赛,获三等奖。

4日　发文公布"发现身边美好——2021嘉兴市文旅消费创新案例"评选结果,推选出3类共30个"发现身边美好——2021嘉兴市文旅消费创新案例",其中红色文旅创新案例10个,智慧文旅创新案例8个,跨界文旅创新案例12个。

5日　由中国收藏家协会主办的"红色印记——庆祝中国共产党成立100周年全国篆刻作品展"在嘉兴博物馆开展,展出31个省(区、市)篆刻艺术家作品113件、印屏118件。

9日　省文化和旅游厅对嘉兴市国家公共文化服务体系示范区创新发展进行复核检查工作,对嘉兴市公共文化服务体系建设工作表示充分肯定。

同日至10日　嘉兴市文化和旅游法律法规知识竞赛在平湖举行,全市各县(市、区)文化市场综合行政执法队的8支代表队参加竞赛,海盐县、平湖市、桐乡市、海宁市文化市场综合行政执法队4家单位获团体奖,10名同志获个人奖。

16日　副省长成岳冲对海宁海塘的保护和申遗工作进行专题调研,省政府副秘书长徐张艳,省文化和旅游厅厅长褚子育,省文物局局长杨建武等随行调研。

18日　人力资源保障部、文化和旅游部颁发《关于表彰全国文化和旅游系统先进集体、先进工作者和劳动模范的决定》,嘉兴市文化广电旅游局公共服务处获评先进集体,嘉兴市图书馆沈红梅获评先进个人,南湖名胜发展有限公司庄李冰获评全国文化和旅游系统劳动模范。

19 日 长三角地区视觉艺术作品联展（嘉兴站）在平湖文化馆开展，展出作品 140 件。展览由长三角城市文化馆联盟主办，上海市浦东新区文化艺术指导中心、江苏省南通市文化馆、浙江省嘉兴市文化馆、安徽省马鞍山市文化馆联合承办，是继 2020 年首届四地联展后的又一次联合巡展。

同日 长三角一体化发展上升为国家战略三周年浙江省系列主题活动启动仪式在省人民大会堂举行。省委常委、常务副省长陈金彪发表重要讲话。省人民政府、省发展改革委、省委组织部及三省一市相关单位出席仪式。嘉兴市委常委、常务副市长陈利众做嘉兴城市推介。在长三角一体化重大项目签约仪式上，嘉兴市文化广电旅游局、上海铁路国际旅游集团与嘉城集团共同签署了沪嘉红色旅游发展合作战略协议。

同日 《中国文化报》报道《浙江嘉兴：壮大优质文旅人才队伍 引领高质量发展》。

同日 浙江省首批文旅导师工作室名单公布，全省共 18 家，嘉兴市胡金龙硖石灯彩导师工作室、沈民权红色旅游人才培育导师工作室入选。

22 日 第六批浙江省非物质文化遗产代表性传承人名单正式公布，嘉兴市共有 19 位传承人入选，全市总数达 90 人。

23 日 全国旅游标准化技术委员会发布《关于甲级、乙级旅游民宿的公告》，桐乡乌镇的那年晚村成为全国首批乙级旅游民宿（全省仅 4 家民宿入选，其中甲级 2 家，乙级 2 家）。

24 日 嘉兴市"两员"队伍才艺培训班在沙龙宾馆举行，全市 150 多名文化下派员、专职文化管理员参训。

25 日 浙江省文化和旅游厅公布 2021 年度旅游拔尖人才培育项目名单，嘉兴市烟雨楼国际旅行社有限公司陈海峰入选"金牌导游"项目名单，海盐县通元镇丰义村奕国华入选乡村文化和旅游带头人培育项目名单，嘉兴市南方国际旅行社有限公司李俊毅、浙江行游天下国际旅行社有限公司孙莹莹入选旅游管理精英人才培育项目名单。

同日 嘉兴市人大专题调研《禾城文化复兴三年行动计划》进展情况。

同日 举行嘉兴市"两员"队伍才艺大比拼活动，共有 100 多名文化下派员、专职文化管理员参赛。

26 日 嘉兴市第五届市民原创歌曲展演活动在海盐县大剧院举行。

是月 省文化和旅游厅发布《浙江省基层公共文化服务评估指标数据（2020 年度）》白皮书。嘉兴以总得分 71.54 的成绩，再次荣获全省第 1 名。这是继 2013 年以来，嘉兴市连续 8 年位列第一，实现"八连冠"。

12 月

1 日 庆祝中国共产党成立 100 周年嘉兴·丽水"山海协作"文化走亲书画作品联展暨写生创作活动在嘉兴市文化馆开展，展出嘉兴、丽水优秀美术书法作品 100 件。展览展至 7 日。

6 日 出台《关于进一步推进非遗馆总分馆体系建设的指导意见》，明确 2022 年各县（市、区）要探索建设 1 至 2 个非遗馆分馆，至 2025 年全市非遗馆分馆数量达到 50 个以上。

7 日 首届"全省博物馆十佳新媒体短视频推介活动"终评会举办，嘉兴博物馆选送的短视频"红船依旧 精神永恒——嘉兴博物馆话说馆藏革命文物"和平湖市博物馆推出的"塔影垂虹——湖光里的守望者"获首届全省博物馆优秀新媒体短视频奖。

同日至 14 日 举办第十五届嘉兴市乡村文化艺术周。举办了"三团三社"及村级民间精品文艺节目展演、"永远跟党走"农民画艺术大赛、2021 嘉兴市乡村舞蹈大赛等活动，评出视觉类一等奖 3 个、二等奖 6 个、三等奖 10 个、优秀奖 26 个；表演类金奖 11 名、银奖 17 名。

10 日 嘉兴市委办印发《嘉兴高质量推进公共文化服务创新发展建设共同富裕示范区的典范城市行动方案（2021—2025 年）》，明确全市公共文化服务 6 个板块 25 项行动计划，发布嘉兴市高质量公共文化服务标准。

21 日 与嘉兴市商务局联合发文公布全市第二批 20 家"百县千碗·嘉肴百碗"特色美食示范店。

24 日 召开嘉兴市文物安全工作会议。市委常委、宣传部部长祝亚伟做重要讲话，副市长邢海华主持会议。会议总结交流近年来全市文物事业发展情况，深入分析当前文物工作面临的新形势新任务，对文物安全提出更高要求。

26 日 由嘉兴市委宣传部、嘉兴市文化广电旅游局主办，嘉兴市图书馆与5县（市）公共图书馆联动承办的"颂中华民族千秋伟业 歌百年大党风华正茂——庆祝建党百年暨十九届六中全会精神主题诗歌朗诵会"在嘉兴市图书馆举行。

27日 与嘉兴市农业农村局联合发文公布南湖区新丰镇民丰村等19家单位为2021年3A级景区村庄。

同日 浙江省文化强镇、文化示范村（社区）名单公布。嘉善县罗星街道、海盐县于城镇、海宁市尖山新区（黄湾镇）、桐乡市河山镇、嘉兴港区乍浦镇5个镇（街道）被命名为浙江省文化强镇，南湖区大桥镇由桥村、秀洲区油车港镇胜丰村等9个村（社区）被命名为浙江省文化示范村。

同日 嘉兴市发展和改革委员会、嘉兴市文化广电旅游局印发《嘉兴旅游业发展"十四五"规划》。

30日 月河历史街区获评首批"诗画浙江·百县千碗"特色美食街区。

同日 在"全省博物馆十佳志愿者之星推介活动"中，嘉兴博物馆志愿者王立群获评全省博物馆优秀志愿者、嘉兴博物馆志愿者讲解团获评全省博物馆优秀志愿团队。

31日 由嘉兴市委组织部、市委宣传部、市委直属机关工委主办的第31期"知行论坛"在嘉兴市图书馆举办，论坛以"唯实惟先做先锋 善作善成勇担当"为主题，嘉兴市图书馆馆长作为"利民惠民践初心"篇章的代表讲述红船旁图书馆人的初心与实践，嘉兴市文化广电旅游局局长作为访谈嘉宾，介绍嘉兴在总分馆制

度建设方面的创新性与先进性。

同日 公布秀洲区、海宁市为浙江省3A级景区城；秀洲区油车港镇、平湖市新埭镇、林埭镇，海宁市袁花镇、桐乡经济开发区（高桥街道）、嘉兴港区乍浦镇6个镇为浙江省4A级景区镇；秀洲区洪合镇、平湖市曹桥街道、独山港镇、海盐县秦山街道、沈荡镇、通元镇，海宁市周王庙镇、丁桥镇，桐乡市凤鸣街道、河山镇、大麻镇11个镇为浙江省3A级景区镇。

同日 公布南湖旅游区、云澜湾温泉景区、南北湖风景区、海宁中国皮革城景区、乌镇景区为嘉兴市2021年浙江省智慧景区。

（潘筱凤）

嘉兴市县（市、区）文化和旅游工作概况

【南湖区文化和旅游局】 内设职能科室3个，下属事业单位3个，派驻单位1个。2021年末人员24人（其中：机关7人，事业17人；具有高级技术职务资格的5人，中级5人）。

2021年，南湖区文化和旅游局以护航建党百年为工作抓手，全力推进文旅事业蝶变跃升、全景展现文旅行业高质量发展状态、全面压实文旅护航建党百年的坚定任务，圆满完成了年度目标任务。一是高质量举办庆祝建党百年重大活动。策划开展庆祝建党100周年大型系列主题活动，举办了"红船颂 南湖情"第七届中国诗歌春晚新年朗诵会、"因为信仰"从南湖出发——浙江省优秀原创歌曲演唱会全省巡演启动仪式暨"红船颂 南湖情"原创歌词歌曲首发式音乐会、"红船

颂 南湖情"2021百团庆百年全国合唱会演暨第十八届南湖合唱节、第三届中国长三角城市合唱节（南湖）高峰论坛、中国农民丰收节"唱赞歌·颂丰收"农民村晚活动和"亮绝活·乐丰收"水上表演等省级以上活动。其中，"红船颂 南湖情"2021百团庆百年全国合唱会演于5月24日晚被央视《新闻直播间》深度报道。配合区委宣传部在北京中华世纪坛举办"红船颂 南湖情 在南湖遇见最红的你"——庆祝中国共产党成立100周年全国摄影作品展暨北京国际摄影周南湖推介展。二是高水平打造红色旅游标杆城市。围绕"红船魂、国际范、江南韵、运河情"城市定位，整合优化精品线路，实现红色旅游产业化。南湖红色旅游重点建设以南湖红船为内涵的红色文化核心区，重点结合火车站及中心城市品质提升，全力做好1921火车站站房复建项目的内部装修展陈工作。举办"百年风华·红潮涌动"2021红色文旅创意市集，全国25个红色旅游城市参加，共推红色旅游及长三角一体化旅游合作联动。举办"传承红色基因 赓续红色血脉"——2021嘉兴南湖文化旅游长三角城市推介会（上海站）。正式开启长三角"百团千车万人游南湖"活动，长三角近20个自驾游协会、俱乐部参与。三是提升公共文化服务。结合党史学习教育，全区开展文艺巡演等各类文化惠民活动659场，极大丰富了广大人民群众的精神生活。不断推进基层文化设施建设进度。东栅街道文体活动中心等一批改（扩）建设施正式启用，区图书馆基本完成主体建设，内部装修设

计方案初步定稿。10家"健心客厅"、3家智慧书房陆续完成建设并对外开放，星火村、乌桥村、天香社区、长秦村、倪家浜村建设完成5家礼堂书屋。四是聚焦文化重点工程。梳理文化元素，完成267项文化元素入库，完成南湖区文化基因解码报告，承办嘉兴市浙江文化标识建设工作推进会，"红船文化"入选首批100个浙江文化标识培育项目。"南湖红船""烟雨楼"入选省文化基因解码优秀解码项目名单。南湖区、东栅街道分别凭南湖合唱、掼牛获得"浙江省民间文艺之乡"荣誉称号。五是保持良好产业发展势头。全年全区接待游客458.23万人次，同比增长6.12%；旅游总收入70.52亿元，同比增长33.91%。全国文旅项目管理系统南湖区入库34个旅游产业项目，年度计划投资40.08亿元，截至12月实际完成投资53.19亿元，超额完成了全年任务。根据2021年全省文化和旅游项目投资情况通报，南湖区投资推进综合评价指数在全省90个县（市、区）中排名第23位。六是推动农文旅融合发展。全年创建省级A级景区村庄9个以上，大桥镇云东村、由桥村和新丰镇民丰村、净相村完成了《省级3A级景区村庄建设规划》。投资500万元的云东村先行项目（褚家浜项目）开工建设。新丰镇净相村樆李园、南中浜、六艺学堂、净相驿前期项目已基本完成。凤桥镇新民村接待中心、公共厕所、三线落地建设工程项目建设完成。七是推进文旅数字化改革。完成云游南湖智慧文旅平台升级，加大优质数字文化产品供给力度，推出线上文化产品30余

件。8月，角里社区被列为全省"旅游大脑＋智慧旅游"应用场景落户未来社区试点单位，积极打造新一代智慧旅游体系。八是发展全域旅游。南湖区成功创建浙江省全域旅游示范区。完成《南湖区十四五文旅发展规划》和《南湖区全域旅游发展规划》编制。召开南湖区省级旅游业"微改造、精提升"行动试点区暨省级全域旅游示范区创建动员大会。指导湘家荡旅游度假区完成湘家荡环湖景区、嘉湘四季农业观光园、森林公园自驾游拓展营地等项目的整改提升和度假区整改验收工作，做好湘家荡环湖景区国家4A级景区5年评定性复核省级验收相关工作。至年底，辖区内有旅游企业90家，其中旅行社企业63家、旅游饭店（含星级饭店、特色文化主题饭店、绿色饭店）14家、国家A级旅游景区13家（其中5A级景区1家、4A级景区2家、3A级景区6家、2A级景区4家）。九是做好文化遗产保护利用工作。发掘运河底蕴，用文化助推运河发展，成立大运河诗歌（嘉兴）创作基地，完成《大运河诗丛》文稿，浙江数字诗路e站南湖体验中心选址卢席汇。出台建设工程文物保护预警机制，开展历史建筑排摸、白蚁危害专项调查、文保单位安防布点勘查及日常文物巡查共1628次。推荐嘉兴老火车站、宣公弄等5个不可移动文物参评第二次革命文物专项调查工作。组织非遗传承人46人次参加浙江省优秀非遗旅游商品评选、2021年薪传奖传统工艺大展等各类活动，组织推荐嘉兴黑陶烧制技艺、凤桥竹刻、南湖画舫制作技艺分别参加第十三届浙江

中国非物质文化遗产博览会、第十六届中国义乌文化和旅游产品交易博览会等各类活动，挖掘非物质文化遗产的商业利益，用商务带动文旅发展。十是护航建党百年安全。出台《南湖区旅游领域遏制重大生产安全事故整治攻坚实施方案》《南湖区文化和旅游企业安全生产大排查大整实施方案》《南湖区旅游领域安全生产风险普查工作方案》。全年共出动执法检查3780人次，检查经营单位4070家次，行政立案调查案件16件，办结案件16件，停业整顿1家次，没收非法出版物255册，罚款239520元。发现并清理"僵尸企业"142家。

（陆雅菊）

【秀洲区文化和旅游局】　内设职能科室3个，下属单位5个。2021年末人员37人（其中：公务员8人，参公3人，事业26人；具有高级技术职务资格的8人，中级9人）。

2021年，秀洲区文化和旅游局紧扣共同富裕示范区建设，完善公共文化服务体系，加强文化遗产保护利用，加快文旅产业经济发展，促进全要素保障，全力保障市场安全，以秀洲区文化旅游的高质量发展迎接党的百年华诞。一是持续推进公共文化阵地建设。嘉兴市文化艺术中心全面启用，嘉兴美术馆、秀湖音乐厅、秀洲区图书馆、秀洲区文化馆、秀洲区农民画艺术馆、秀洲区非遗馆和秀洲区群团艺术馆"六馆一厅"相继开馆，省定一级及以上文化站建成率达到100%，建成"健心客厅"10个，礼堂书屋7个，乡村文化名师工作室3个，文化馆企业分馆3家，获原美术馆银杏

分馆落户油车港镇银杏·天鹅湖。县（区）级公共文化场馆深度社会化运营入选浙江省公共文化服务现代化领航项目创建名单。秀洲区图书馆启用，洪合镇图书分馆、洪合镇凤桥村智慧书房等一批阅读阵地提档升级。二是开展建党百年特色活动。"泱泱秀水"音乐舞蹈诗在上海、嘉兴展演7场。举办大运河国际钢琴艺术节秀洲分会场活动、"秀水泱泱百年荣光"秀洲区庆祝建党百年会演等大型活动5场。举办"绘心声 颂党恩"系列绘画作品展览2场。组织100名艺术家创作"秀水泱泱 百年辉煌"书画摄影作品。由民进浙江省委员会、民进中央开明画院联合主办的"在正道上行——庆祝中国共产党成立100周年民进美术作品联展"在秀洲举办。三是丰富群众文化生活。开展送戏下乡18场、"文化走亲"7场、培训展览700场次。举办全区声乐大赛、村歌大赛、舞蹈大赛、故事会（文本创作）大赛等群文赛事。组织开展"竹垞有约 书香秀洲"主题阅读推广活动约400场。"我的艺术梦"公益培训吸引2000余人次。加强数字服务，出台《秀洲区文化和旅游局（区文联）数字化改革方案》，初步完成嘉兴市文化艺术中心多馆融合平台建设，各类线上活动参与超85万人次。秀洲区在浙江省基层公共文化服务评估排名中上升至第26位。四是打造文艺精品。农民画入选国家级30幅，省级14幅，其中3幅获学术提名，农民画百米长卷在扬州世界运河古镇合作机制大会上发布，秀洲区和中国美术家协会联合主办的全国农民画作品展中的

50幅作品入选中宣部主办的"2022我们的小康生活美术作品展"。56件摄影作品在市级以上大赛中获奖。舞蹈《带你去远方》、歌曲《城市驿站》入围省级决赛，排舞获红船领航——嘉兴市第九届广场舞（排舞）大赛金、银奖，越剧《杨开慧·丹心永远向太阳》获嘉兴市第十七届社区之声文艺会演金奖。五是深化秀洲文化复兴行动。8月17日，秀洲区文物局挂牌。相继出台《嘉兴市秀洲区文化遗产保护"十四五"规划》和《秀洲区文物保护工作实施办法》，区级文化遗产保护工作迈上新台阶。加强文物保护，结合节前、双月度、汛期检查及全区文物安全大排查大整治大提升三年攻坚行动，全年开展文物安全实地检查8轮，动员文保志愿者800多人次，检查不可移动文物189处，发现并处置隐患105处，转移群众33人次。长虹桥防撞保护工程方案获国家文物局批复，完成了新塍镇天竺桥、火炬村永兴桥、油车港镇徐家港礼堂的文物维修工程。嘉桐工委新塍联络处旧址案例入选浙江省第三届不可移动文物保护利用优秀案例。六是促进秀洲优秀传统文化传承。秀洲区非遗馆开馆，展播非遗剧《嘉禾万事兴》，用以演代展的方式全面呈现秀洲非遗。举办长三角非遗小镇共建共享结对活动暨穆益林帛画馆开馆仪式，上海新场、江苏桃源、嘉善西塘、秀洲油车港和新塍等5个长三角非遗小镇结对共建。"朱彝尊文化·浙西词派"入选首批浙江文化标识培育项目，"食宪鸿秘"项目被评为优秀解码项目，参加浙江省文化基因解码成果现场展演。新增第八批区级

非遗项目9个，第四批区级非遗传承人19名，第七批嘉兴市非遗项目（增补）4个。朱月祥入选第六批浙江省非物质文化遗产代表性传承人名单；张荟丰蜜饯获评第三批浙江省优秀非遗旅游商品；秀洲农民画文创产品在"嘉乡有礼"嘉兴市乡村旅游商品大赛中获金奖1个，银奖2个，铜奖2个。古塘村申报第六批省级非遗旅游景区。对标国家级传承人记录标准，首次尝试开展省级非遗项目（七月七香桥会）和传承人（李同章）的记录保护工作。七是促进旅游业提质。成立秀洲区旅游专班，统筹推进旅游产业链提质工程。全区全年接待旅游总人数223.76万人次，同比增长22.36%；国内旅游人数223.55万人次，同比增长22.37%；国内旅游收入35.32亿元，同比增长39.13%。加快推进全区文旅项目建设，全年新建文旅项目1个，续建14个，总投资35.84亿元。嘉兴文化艺术中心、嘉兴地方党史陈列馆新馆、米科军旅园一期等一批文旅项目先后建成并发挥了良好效应。清池温泉景区创建为国家级3A级景区。创建浙江省乡村旅游重点镇2个、重点村2个，省四星级旅游购物场所1个，银叶级绿色旅游饭店1家，省3A级景区城1个，省4A级景区镇1个，省3A级景区镇1个，省3A级景区村庄2个，省级特色文化主题饭店1家。25个"微改造、精提升"项目全年累计完成投资8405.42万元，胜丰村和新塍传统美食非遗馆2家单位被列为省级单项试点单位，嘉兴运河文化省级旅游度假区、新塍镇康和桥村、新塍镇潘家浜民宿服务中心、

洪合镇王洪合纪念馆4家单位被列为市级单项试点单位。举办2021嘉兴红船文化旅游节"秀水泱泱·同行致远"长三角文化旅游合作大会,在上海举办秀洲区文旅专场推介会,开展沪苏浙皖旅游资源推介,发布长三角最佳旅游目的地和《沪苏浙皖旅游行业合作宣言》,助力长三角一体化。开展"庆百年·进百村"悠游巴士公益活动,接待游客7720人次。组织推进"秀味十碗"宣传推广活动,举办"秀味十碗"厨艺竞技赛暨提升推广活动。推进景区村庄发展,农民画艺术村胜丰村在中央电视台《新闻联播》、中国国际电视台亮相,国务院新闻办公室基层党员群众见面会在胜丰村菱珑湾举行;潘家浜村建设民宿服务中心;古塘村引进垂钓基地;在嘉兴市3A级景区村庄年度旅游发展监测与评价情况中位列第二。八是强化行业监管。办结行政许可事项31件,网办件5件。成立局安全生产工作领导小组,落实常态监管,压实企业责任,全年日常巡查出动检查862人次,检查410家次,行政处罚立案调查8件,办结案件8件,罚款5000元。因疫情防控不到位责令整改7家次,全区文旅市场生产安全责任事故零发生。

（陈 琳）

【嘉善县文化和广电旅游体育局】内设职能科室7个,下属单位11个。2021年末人员212人（其中:公务员15人,参公17人,事业180人;具有高级技术职务资格的5人,中级46人）。

2021年是中国共产党成立100周年,是"十四五"开局第一年,也是嘉善"双示范"建设全面推进年。嘉善县文化和广电旅游体育局始终坚持以习近平新时代中国特色社会主义思想和党的十九届五中、六中全会精神为指导,以高质量发展为要义,找准立足点,高标准推进,严要求落实,有力推动全县文旅事业取得良好成效。一是以垒高地彰显发展魅力,文化效能实现突破。嘉善县以第27位的名次入选"2022中国文化建设百佳县市"榜单。完善城乡公共文化服务体系。夯实设施基础,做强"阵地存量"。积极配合梅花坊城市客厅和东门历史文化街区建设项目的实施,加快推进县影剧院改造、善文化馆和吴镇陈列馆设计。优化图书馆、博物馆功能布局,两馆荣获中国建筑行业工程质量"鲁班奖",这是迄今为止嘉善县首个获此殊荣的建设项目。图博中心已通过4A级景区验收,开创了县公共文化场馆成功创建4A级旅游景区的先河。织密城乡公共文化设施网络,新建完成善城智慧书房3家、礼堂书屋10家、非遗体验点9家、乡村文化名师工作室9家、文化馆企业分馆9家、"健心客厅"10家。加快推进数字非遗体验馆建设和数字文化馆建设,积极搭建文化传承、技艺展示和文化交流的数字平台。完善"文化有约"平台,县级文化场馆入驻率100%,文化活动上线率100%。构建管理体系,做优"服务增量"。修订《乡镇（街道）综合文化中心委托社会运营服务规范》,出台《善城智慧书房管理考核办法（试行）》,确保公共文化服务效能取得实质性提升。罗星街道创成省级文化强镇,开发区（惠

民街道）枫南村创成省级文化示范村（社区）,5个镇（街道）通过省级文化强镇复核,12个村（社区）通过省级文化示范村（社区）复核。姚庄镇北鹤村、陶庄镇汾南村创成省首批美育村。优化公共文化场馆服务功能,县文化馆连续5次获得国家一级馆荣誉,全县19家公共文化场馆入选省、市级公共文化场馆服务功能拓展先行先试名单。县图书馆总分馆、县博物馆接待读者、参观人数分别为82.7万人次、8.7万人次,举办阅读推广活动705场次,开设临时展览项目20个,配套公共教育活动31个,原创展览"乡国情怀——张天方先生文物史料展"获评浙江省博物馆陈列展览精品奖,图书馆获评浙江省首批"满意图书馆",博物馆获评"浙江省最具创新力博物馆"。完善供给机制,提升"活动质量"。以"好戏在嘉善"文化活动品牌培育为抓手,开展一批统筹城乡的高质量文化活动。举办"百场巡演迎百年""百首红歌颂百年""百年风雨忆百年"等"八个双百"系列活动。开展百场文艺下村进社区巡演110场次,文明创城主题性文艺演出22场次,优秀儿童剧展演、传统越剧经典演出、文艺进校园演出等公益演出82场次,公益类书画培训40场次,"节日戏苑"54场次,下乡巡展35场次,送书下乡40批次2.29万册,善艺汇公益培训开班21个,开展红色电影展映等电影放映900场次,农村电影放映1468场次。全县12户家庭入选省、市级文化示范户,43人入选省、市级乡村文化能人。实施新时代艺术精品创优工程。紧扣建党百年主题,举办庆祝建

党百年的 10 部文艺精品发布会、"百年荣光　伟大梦想"诗歌大赛、"同心向党　多彩华章"书画展,出版《柳洲》创刊 10 年以来的作品精选集"柳洲文丛",并确定曹琦《进城》等 14 部作品作为 2021 年度文化精品工程进行重点扶持。聚焦文艺精品创作,举办全国著名散文诗人嘉善大云采风活动、中国故事节·吴根越角汾湖故事会、第五届"恋恋西塘"全球诗歌大赛及孙道临诞辰百年系列活动。持续深化交流合作,举办第八届顾锡东戏剧艺术长三角越剧票友大赛。推进嘉善特色文化标识建设。着手编制《江南水乡文化传承生态保护区总体规划》,并参加了中期评估答辩。深化文化基因解码,全年完成 17 个重点文化元素的解码报告,解码成果被省文化和旅游厅评定为"优秀","嘉善田歌"等 4 个项目入选省优秀解码项目名单,"善文化"入选首批浙江文化标识培育项目名单。举办"5·18 国际博物馆日"和"文化和自然遗产日"省主场活动,全面展示嘉善历史文化遗产保护和传承发展的重要成果;承办《西塘宣言》发表十五周年国际研讨会;持续举办长三角非遗嘉年华和第三届江南民歌节,"田山歌"展演备受关注,线上直播点击量突破 92 万次。二是以促融合挖掘发展潜力,文旅品质显著提升。嘉善入选 2021 年全国县域旅游综合实力百强县名单后,连续 4 年入选中国县域旅游综合竞争力百强县市名单。融合特色文化,创新文旅业态。牵头编制了示范区嘉善片区文化和旅游发展专项规划,并获准实施。积极参与示范区江南水乡古镇生

态文化旅游圈建设三年行动计划编制,进一步落实落细生态文化旅游圈建设。加快推进省级文旅产业融合试验区建设和省级文旅消费试点城市创建,持续推动产业繁荣发展。西塘古镇景区、云澜湾温泉景区分别获评第一批国家级、省级夜间文化和旅游消费集聚区,云澜湾温泉景区荣获中国温泉行业最高奖项金獬豸奖,并获评浙江省智慧景区。西塘古镇景区、歌斐颂巧克力小镇入选浙江省千万级核心大景区培育名单。全年旅游接待总人数 697.58 万人次,同比增长 7.40%;旅游总收入 105.90 亿元,同比增长 3.79%。融合资源,优化提升文旅品质。制定出台《嘉善县推进全域旅游发展奖励资金实施细则》,县财政共拨付专项资金 2359 万元。加快推进大云国家级旅游度假区创建、西塘千年古镇复兴提升,持续跟进嘉善五彩姚庄、梅花坊城市客厅等项目建设,全年新增省 A 级景区村庄 18 家,其中省 3A 级景区村庄 3 家。以省旅游业"微改造、精提升"五年行动计划为指导,点面结合、深入实施精致体验、精良设施、精美环境等"五精"工程,全年新开工建设"微改造、精提升"项目 85 个,实际完成投资 1.1 亿元。推进省等级民宿创建,3 家名宿入选浙江省等级民宿和文化主题（非遗）民宿名单,其中西塘的梵净客栈同时获评金宿级民宿和非遗主题民宿,大云的近云九舍和西塘的亦心民宿获评银宿级民宿。推进"无废城市"创建,西塘古镇景区、歌斐颂巧克力小镇创成浙江省"无废景区",西塘古镇景区入围浙江省全域"无废城市"建设创新推广案例。

融合宣传推广,扩大品牌效应。主动出击广拓客源,举办 2021 浙江·嘉善数字文旅（上海）推介会、2021 中国·嘉善"文旅＋"高质量发展对话暨长三角文旅嘉年华等较大规模的宣传推广活动,推出 7 条青吴嘉红色精品旅游线路,奋力开拓长三角区域旅游客源市场。加强交流合作,深化嘉善和九寨沟两地对口支援工程;举办庆元（嘉善）疗休养旅游产品推介会,双方签订合作协议,探索"山海协作"新路径。强化外宣展示形象,完成了一部文旅宣传片、一本文旅体融合宣传画册、一批文旅创意旅游商品征集、一次文旅创意产品设计大赛等"四个一"宣传推广项目;深化"佳膳十碗"文旅品牌,嘉善宾馆、嘉善东方大厦获评"诗画浙江·百县千碗"省级美食体验（示范）店,嘉善宾馆、嘉善景辰大酒店获评市级美食体验（示范）店;以《IN 嘉善》栏目、喜马拉雅平台为依托,推出《水乡佳膳》节目 21 期、"聆听嘉善"有声电台 88 期,嘉善文旅的知名度和美誉度大幅提升。三是以深改革增强内生动力,数字文旅蹄疾步稳。积极构建数字公共文旅服务新体系和文旅治理新体系,本局数字化工作在上半年全市文旅领域数字化改革推进进度中位居第一。数字化平台创新"掌上文旅"应用。整合特色文旅数据采集、文旅项目监管、文旅一张图全景导览体验等功能于一体,完善嘉善数字文旅应用服务平台建设。嘉善数字文旅应用服务平台 V2.0 入选 2021 年浙江省城市大脑（智慧城市）场景应用优秀案例名单。创新打造的"云游嘉善"平台并成功上架"浙里办",入选全

省数字生活新服务首批重点场景名单,是嘉兴市唯一。同时,以小切口、小场景、大作用为理念,谋划建设"云游嘉善——行程订制服务"应用场景,入选省数字社会第二轮"揭榜挂帅"名单,并入选"全省数字化改革"一本账 S1"重大应用"三张清单",被评为浙江省文化和旅游数字化改革最佳应用。数字化合作提供惠民乐民服务。面向上海市民首次推出"数字旅行大礼包"、嘉善全域旅游电子护照等创新产品,嘉善县人民政府与北京三快在线科技有限公司(美团)签订战略合作协议,进一步提升了嘉善文旅数字创新、智慧应用的影响力。探索以社会保障卡为载体的文旅服务"一卡通"机制,全县 4 家收费景区完成第三代社保卡手持核销机软件升级,青吴嘉打通了"开卡授权、图书借阅、图书归还"3 个环节,3 地图书实现通借通还。青吴嘉 3 地的文旅公共服务一体化项目多次接受中央电视台等媒体集中采访报道。数字化手段助推文旅市场监管。创新开发了集测温、查码和实名登记于一体的疫情防控小程序"善扫通",全年累计扫码 26 万多次。四是以强监管层层传导压力,文旅行业安全有序。慎终如始做好常态化疫情防控。全面贯彻落实省、市、县疫情防控工作要求,压紧压实责任,与 130 多家文旅场所签订了疫情防控承诺书。组建 5 个专项工作督导组,持续开展高压性督查,对落实疫情防控措施不到位的 35 家网吧进行了处理。坚持不懈抓好安全生产工作。结合全县安全生产大排查大整治大执法"雷霆"行动、旅游领域安全生产风险普查行

动、防汛防台应急处置行动等,深入开展安全生产隐患大排查、大清理、大整改。全年共出动检查人员 2710 人次,检查文旅市场各类经营场所 1275 家次,完成文化市场 325 个检查事项全覆盖,立案 40 件,结案 39 件,行政处罚罚没款 39486.4 元。受理各类旅游投诉 27 件,已全部办结。认真做好行政审批工作,共办理服务事项 358 件。本局获评 2021 年度全县信访工作考核优秀单位,世博开元名都大酒店荣获浙江省节水标杆单位。点面结合开展文物保护管理工作。研究制定《嘉善县不可移动文物修缮工程管理办法》,进一步规范全县不可移动文物修缮工程的管理。委托省文物考古研究所对县文保单位张安村遗址开展调查勘探。创新文物工作会商机制,深入各镇(街道)组织召开文物工作专题会议,直面文物重难点问题。完成全县文博单位安全直接责任人公示公告及文保单位公示牌内容更新,强化文物安全责任。推进文物数字化保护,完善智慧文保体系建设,实现 61 处文保单位、文保点的智能监管,编制完成博物馆馆藏文物数字化保护方案。加快受损文物抢救修复,完成全国重点文物保护单位吴镇墓消防工程,完成对省级文保单位西塘建筑群等一批不可移动文物的维修、竣工和验收工作。不可移动文物陈氏民居修缮许可案卷获评 2021 年度优秀行政执法案卷。全面推进"双减"工作落实落地。及时组建系统"双减"工作专班,标准化推进校外培训机构治理工作。加强底数排摸,了解掌握全县相关校外培训机构基本情况。会同相关部

门及时完成全县 23 家学科类转非学科类(文化艺术)培训机构转登工作。妥善处理相关培训机构停业后续事宜,协助退还学费款项约 41.5 万元。

(曹 琦)

【平湖市文化和广电旅游体育局】内设职能科室 7 个,下属单位 10 个。2021 年末人员 106 人(其中:机关 26 人,事业 80 人;具有高级技术职务资格的 9 人,中级 42 人)。

2021 年,平湖市文化和广电旅游体育局以打造"文化平湖、动感平湖、尽兴平湖"为抓手,整合文旅资源、加强文旅事业、发展文旅产业、激发市场活力,推进文化旅游全面深度融合。全市基层公共文化服务全省排名第 9 位,列入全省首批 8 个公共文化服务现代化先行县创建名单;全市接待外地游客 298.9 万人,旅游收入 48.7 亿元,同比分别增长 6.6%、12.9%,成功创建为省全域旅游示范市;文旅工作受到嘉兴副市长邢海华批示肯定。一是文化工作可圈可点。公共文化空间建设工作在全省做经验交流,"农民读书会"列入省级公共文化服务体系示范项目,文化基因解码工作获省级优秀,4 个文化基因解码项目获省级优秀项目。群众文化不断丰富,原创多媒体史诗剧《转角湾》和话剧《施奇》成功演出,在线观看和转发量达 50 万多次,其中《转角湾》入选 2021 年度嘉兴市文化精品工程重点扶持项目。举办庆祝建党 100 周年红色诗歌朗诵会、省群众音乐大赛决赛、李叔同音乐会、"百姓舞台"金平湖才艺大赛等系列活动。《风回来

的车站》《热土·浙西南革命精神领航地》等 13 项文艺精品获省级荣誉。持续开展"文化走亲"活动，全年开展 67 场，"金平果"文化品牌获评 2021 嘉兴市长三角一体化发展优秀创新案例。文化阵地不断夯实，千人拥有公共文化设施面积 530 平方米，新增 6 个特级文化站。新建 3 家智慧书房、8 家礼堂书屋、5 家乡村书吧、8 家文化馆企业分馆和 4 家"健心客厅"，累计建成 19 家智慧书房、28 家礼堂书屋和 14 家乡村书吧；博物馆新馆（历史文化展示中心工程）进入陈列布展施工阶段，平湖书场改造后正式开放，吴一峰艺术馆迁建、李叔同纪念馆展陈工作有序推进。全民艺术水平不断提升，全民艺术普及率达到 60%。全年开展送戏、送讲座、送展览 624 场次，送书下乡 9.5 万册。打造"金平湖·慧阅读"省级品牌，开设声乐、摄影、舞蹈等公益培训班 37 个，金平湖惠民剧场全年演出 26 场次。出版《平湖文物志》《沪上寻踪》《陆维钊研究（2009—2021）》等作品。数字化改革不断推进，优化"文旅云"平台，新增文化直播、游在平湖等功能。"艺数家"平台试点稳步推进，开展校外文体类培训机构管理模型研究，纳入首批"金平湖"数字创新应用实验室 4 个试点项目之一。抗战碉堡保护和数字化工作首次列入省文物保护科技项目。加强非遗研究保护，新建 2 个非遗主题园、2 个民俗文化村、3 个非遗体验点、2 条非遗旅游线路；新增省级非遗传承人 1 名、嘉兴市级非遗传承项目 2 个、平湖市级传习基地 5 处、非遗助残基地 1 处；平湖市（平湖派琵琶）、广陈镇（钹子书）入选 2021 年度浙江省民间文化艺术之乡；钹子书《半只钱袋》入选浙江文化艺术发展基金扶持项目。二是旅游工作成果丰硕。平湖市位列全国县域旅游综合实力百强县第 75 位；新增 3 家国家 3A 级景区、2 家省 4A 级景区镇、2 家省 3A 级景区镇、1 家省工业旅游示范基地、1 个省四星级购物场所、3 家省 3A 级景区村庄，3A 级景区村庄旅游发展指数测评连续 10 个季度位居嘉兴第一，景区镇创建率走在嘉兴前列。5A 级景区城创建完成验收，工作专班按"22310"任务，完成 2 个城市门户形象打造，开通水游、陆游 2 条景区城旅游观光专线，提升老城风貌区、南市新区、北部商贸区等 3 个平湖特色区块，实施好标识解说工程、美丽创建工程、景观点缀工程、智慧交通工程等 10 项配套工程，接受了省专家组的现场验收。全域旅游项目有序推进，全市文旅体产业入库项目 32 个，已完成 22.9 亿元，占年度任务的 127.2%，长红文旅大健康产业项目、"钟溪棹歌·隐世田园"精品线民宿集群、东郁国际园艺康养实验室等项目全面推进。入选省旅游业"微改造、精提升"试点县，出台实施方案、补助政策，实施"十个一"精品打造工程，年内投入 3.82 亿元完成 143 个"微改精提"项目。旅游业态不断丰富，铂尔曼、华桥、万怡等一批高等级酒店建成运营，新增五星级标准床位 2100 余个，增幅达 70%。探索建立明月山塘与廊下郊野公园景区、东方地中海景区和枫泾古镇景区"2+2"景区共建机制，打造长三角跨区域高等级景区样板。三是市场工作亮点纷呈。强化市场支持，出台新一轮全域旅游政策，文化方面政策完成初稿。向上争取各类补助资金 1493 万元。举办文旅商品创意设计大赛、"微博读城"系列活动、"金平湖十六味"厨艺大赛等活动，评选出"金平湖十六味"美食示范店 7 家、美食体验店 9 家，丰富文旅产品。严格市场执法，开展"双随机"检查 36 次，办理行政处罚案件 50 件，获嘉兴执法工作考核第 1 名。加强对旅行社、星级旅游饭店、景区景点、棋牌室等 1600 多个市场主体的市场监管和疫情防控工作，提高精准防控能力。落实"双减"政策，共排摸出文化艺术类培训机构 136 家，为规范校外机构发展奠定基础。加强文保工作，全年累计开展文物检查 2700 多人次，新发现窑墩、北堰等 2 处古文化遗址，首次发现仿青铜的原始瓷礼器，完成 3 处全国重点文物保护单位保护规划修编工作，推进南河头等 39 处文物修缮工程。完成文保单位责任公示牌和所有文保点保护标志牌更换工作。做好对外宣传工作，在《人民日报》《文化月刊》、今日头条、《南湖晚报》等各类媒体宣传报道 70 多篇，"金平湖"文旅微信公众号发布消息 400 多条，抖音号发布 60 条、直播活动近 20 次。《小霓裳曲》MV 首发，取得良好社会反响。

（严玉锋）

【海盐县文化和广电旅游体育局】内设职能科室 7 个，下属单位 10 个。2021 年末人员 107 人（其中：机关 11 人，事业 96 人；具有高级技术职务资格的 7 人，中级

36人）。

2021年，海盐县以第1名成绩成功创建浙江省第四批公共文化服务体系示范区，于城镇成功创建浙江省文化强镇，综合文化站在新一轮评估定级中均定级为特级站。海盐县被命名为浙江省第二批全域旅游示范县，武原、望海两个街道成功创建浙江省4A级景区城。县文化和广电旅游体育局获得2021年度浙江省知识产权保护工作成绩突出集体，县文化市场综合行政执法队获得第九届全国服务农民、服务基层文化建设先进集体。全县累计接待游客310.64万人次，实现旅游总收入47.56亿元。一是凝心聚力，提高公共文化服务效能惠民生。探索实践文化馆企业分馆制度，在全县成立文化馆企业分馆15家，实现了公共文化服务资源互通、设施共享。完成1家智慧书房、8家礼堂书屋、4家"健心客厅"和3家文化名师工作室建设，实现3A级景区村文化名师工作室、智慧书房镇（街道）全覆盖，礼堂书屋覆盖全县30%的村（社区）。张元济图书馆总、分馆全年共接待读者150万余人次，新增馆藏近9.2万册，文献外借100万余册次，办理新证10014张，总馆举办各类讲座、沙龙125场，展览19场，巡展105场，公益性培训61期，开展其他线上、线下宣传服务活动300余场。海盐县文化馆举办各类公益艺术培训班74期，参训人员10060人次。以"欢乐四季·优雅海盐"为主旋律，广泛开展五一歌会、广场舞（排舞）大赛、非遗精品节目展评等县级大型文化活动，6月底以建党百年为主题在大剧院举办专

场文艺晚会，共计开展送戏下乡活动168场。围绕建党百年，创作红色歌曲《那一天》，二度创编《美丽海盐》，配合编排的排舞获评"美丽海盐·逐梦未来"海盐县广场舞（排舞）大赛金奖，群舞《早春的飞燕》获浙江省群众舞蹈大赛银奖，群舞《老虎嗲蝴蝶》获入围奖。《闻说风月在笔端》获浙江省第二十届群众声乐大赛入围奖。二是开拓创新，推进传统文化传承保护增自信。杨家甸遗址抢救性考古发掘正式启动，批准发掘面积300平方米。浙江省文物考古研究所联合海盐博物馆组成考古队于7月11日正式进场启动考古发掘。10月18日，在20号墓葬出土了1件海盐境内首次发现的良渚重器——玉琮，填补了海盐没有玉琮的空白。同时该遗址还发现了当前浙江省内发现保存最好、面积最大的汉六朝时期房址，至12月10日发掘工作结束，共清理良渚文化墓葬48座、灰坑3座；马桥文化灰坑3座；汉六朝柱坑135个、灰坑19座、水井1座、排水沟1条。加强文物安全基础设施建设，完成任祠堂桥等7处文保单位视频监控安装。实施海盐县博物馆馆藏珍贵文物数字化保护项目，启动朱远琴声馆项目建设。做好维修工程监管及前期方案审批，完成冯夷桥、新四军海北支队驻地旧址、载青别墅、西涧草堂、待封庙蚕室的维修工作，完成云岫庵、钱家祠堂、漂母墩遗址安防工程和千佛阁（含镇海塔）消防、安防工程申报工作。成立海塘·潮文化申遗领导小组，完成工作方案编制和单一来源采购，与浙江省古建筑设计研究院签订合同，开展海

塘·潮文化申遗基础性研究工作、保护规划和申报文本编制工作，并完成保护规划初稿。全面梳理县域文化特色，解码海盐文化元素，录入文化元素数量312项，其中中华优秀传统文化279项，革命文化17项，社会主义先进文化16项，确定年度16个重点解码元素，梳理整合各个项目材料近10万字。确定28人为第五批海盐县非遗代表性传承人，新增4位省级非遗代表性传承人，3个项目入选嘉兴市第七批非物质文化遗产代表性项目（增补）名录。举办海盐腔全国研讨会。选送非遗精品节目及作品多次参加省、市级展演展示活动。出版画册《海盐乡村老景记忆》。三是与时俱进，深化全域旅游发展格局提品质。成立南北湖景区创建国家5A级景区工作领导小组，实施南北湖景区品质提升工程，推进南北湖风景区鲍公堤维修、道路改造及周边景观提升等基础设施建设。协调推进海盐滨海省级旅游度假区和杭州湾融创文旅城国家4A级旅游景区创建。沈荡镇、通元镇、秦山街道成功创建浙江省3A级景区镇。推进"万村景区化"工作，编制完成《海盐县"绿野仙踪"乡村旅游品牌策划》，望海街道永福社区、秦山街道北团村成功创建3A级景区村，创建完成7个2A级、A级景区村庄，10个A级及以上旅游厕所。参加全县服务业招商专班，梳理确定11个招商项目。南北湖景区引进开元森泊、洲际英迪格、丘山牧云等高端酒店项目。修订《关于进一步加快文化、旅游、体育服务业发展若干意见》，全年兑现奖补资金249.92万元。

组织嘉善、海盐两县景区、文创企业之间踩线活动，与景宁县签订文化旅游合作交流协议，举办海盐－慈溪"文化走亲"和旅游推介活动，启动2021金秋慈溪万人游海盐，组织文旅企业参加第32届上海销售洽谈会、第16届中国义乌文化和旅游产品交易博览会等，赴杭州开展海盐文旅推介会。开展饭店服务人员项目技能培训、消防应急演练暨技能比武大赛、旅游饭店服务技能培训和比赛，积极推动"无废城市"创建工作，上报创建"无废景区"2家、"无废饭店"1家。开展县首届红色旅游讲解员短视频大赛，三毛童玩节、夜光文化节、杭州湾融创文旅城开业等活动吸引众多游客参与，有效促进文旅消费。四是铁腕护航，筑牢文旅行业安全防线护平安。全年日常巡查、专项督查出动执法人员2702人次，检查1248家次，行政处罚立案调查26件，办结案件25件，罚没款4.47万元，开具责令整改书39份，没收违法物品208件。重点加强网吧、娱乐场所监管。依法查办擅自从事互联网上网服务经营活动案1件，及时制止2家无证娱乐场所经营行为。加强对网络文化经营单位的监控，巡查76家次，立案查处1起。加强源头监管，加大对旅行社不规范、不安全经营行为的排查。严格执行属地防办及上级行业主管部门发布的疫情防控措施要求，严防疫情通过文旅市场传播。协助公安部门破获1起案值近千万元的涉党史学习教育侵犯著作权案（6·2侵犯著作权案）。

（章　敏）

【海宁市文化和广电旅游体育局】内设职能科室7个，下属单位9个。2021年末人员164人（其中：公务员14人，参公17，事业133人；具有高级技术职务资格的15人，中级65人）。

2021年，海宁市文化和旅游工作以习近平新时代中国特色社会主义思想为指引，全面贯彻落实习近平总书记考察浙江的重要讲话精神，统筹推进常态化疫情防控和经济社会发展的决策部署。基层公共文化服务评估连续5年全省排名第三，公共文化工作以满分获得2021年度嘉兴市公共文化重点工作目标量化评估第1名，文化馆企业分馆入选省文化和旅游厅首批共富最佳实践案例，全民阅读实践探索入选省文化和旅游厅改革基层典型案例，2个项目获嘉兴市公共文化服务创新奖，本局获嘉兴市公共文化服务集体创新奖。文化馆企业分馆等工作在省、市有关会议上交流发言。一是紧盯项目建设拓展文旅惠民阵地。坚定推进重大文旅项目建设。盐官音乐小镇项目全年完成投资10.84亿元，投资完成率154.86%。海宁市非遗馆正式开馆。完成伊嘉塘区块城市馆群大剧院、博物馆新馆等建筑初步设计任务书。均衡推进基层文化阵地延伸。完成图书馆总馆、长安分馆、马桥分馆、袁花分馆、鹃湖静安智慧书房5个点位的"健心客厅"建设。指导完成尖山新区（黄湾镇）文化活动中心新建、袁花镇文化活动中心改建。完成马桥街道、尖山新区（黄湾镇）的图书分馆智慧化提档升级，完成新华书店与尖山新区（黄湾镇）图书分馆"馆店合一"合作。

新建静安智慧书房2个、礼堂书屋16个。新建3A级景区村庄文化名师工作室3个、企业分馆6家，进一步延伸公共文化服务链。二是深化品牌创建加强文旅精品打造。深入推进全域旅游示范市创建。成功创建3A级景区城，创建4A级景区镇1个、3A级景区镇2个、3A级景区村庄3个、2A级景区村庄4个、A级景区村庄22个、示范性旅游厕所1个、2A级旅游厕所12个、A级旅游厕所16个、智慧景区1个。创建中医药文化养生旅游示范基地1个、省级文旅IP（潮宝）1个、省乡村旅游重点村4个、重点镇2个、省级美食体验（示范）店2家。深入推进文化精品创作。创排歌曲《抢潮头》、舞蹈《新编海宁花灯》、越剧小戏《还乡》等舞台类作品14件，获省级金奖3个、银奖3个。"文化基因解码工程"共梳理录入文化元素515项，完成重点文化元素解码清单17项，完成海宁文化基因解码报告编制、基因图谱绘制、浙江省文化基因库（海宁文化子库）填报，举办海宁市文化基因解码阶段性成果展。高水平打造"静安"阅读品牌，开展"静安悦读汇""云约静安"等主题活动，全面提升静安阅读品牌影响力，开展"静安悦读汇""云约静安"等主题活动1074场，服务读者343973人次。持续打造"美丽海宁大舞台"群众文化品牌，开展演出60场，引进高层次艺术演出4场，全面提升品牌影响力。深入推进文化遗产保护精品打造。完成《南天国》《岳飞考武场》等8部皮影戏经典剧目抢救性复排。非遗作品获得省级一等奖3个、二等奖8个、三等奖15个。

继续推进"海宁海塘·潮文化景观"申遗、大运河(海宁段)遗产保护工作,建立盐官度假区核心区块建设文物保护联动机制,成立工作专班。出台海宁市非国有文物建筑维修保护政策,解决了非国有文物建筑保护难题。指导做好邱氏民宅、海神庙大殿、张宗祥故居及许村、长安、师姑桥侵华日军炮楼等维修工作。公布海宁市第八批文保单位、第七批非遗项目名录。新增省非遗传承人 2人、非遗旅游商品 2 件、非遗旅游景区 1 个,新增嘉兴市非遗项目9 项、非遗体验点 2 个、非遗民俗文化村 1 个、非遗主题小镇 1 个、非遗旅游路线 1 条。三是优化文旅服务推动精神共富。强化制度顶层设计。制定出台《海宁市基本公共文化服务标准(2021—2025 年)》《海宁市文化馆企业分馆建设管理规范》地方标准,进一步完善海宁市"公共文化尺"标准体系。出台《海宁市 2021 年公共文化服务体系建设工作实施意见》,完成第七次全省镇(街道)综合文化站评估定级,共评定特级站 9 家。创建省文化强镇 1 家、省文化示范村 1 家。28 个村(社区)文化设施提档升级。大力推进文化活动惠民。举办海宁市第九届文化艺术节,突出"百年征程""百年百人""百年百件"等主题篇章,涵盖全市 41 个大项、100余场文化艺术活动,为庆祝中国共产党成立 100 周年营造了浓厚的文化氛围。全年开展文化下乡870 场、送书下乡 202787 册、公益性文化艺术培训 287 期、非遗传承实践活动 106 期,极大丰富了市民的文化生活。深化数字化改革提升服务水平。出台《海宁

市文化和广电旅游体育局数字化改革实施方案》,"团游智享""潮游乐享"数字化改革应用场景正式上线。"团游智享"应用被浙江卫视报道、被《嘉兴市数字化改革专报》录用,并申报了全省"一地先行、全省推广"最佳应用。海宁市文化馆总分馆"智慧文化眹"建成,以数字化手段提升基层文化阵地建管用育水平。阅读场馆智慧化水平不断提高,完成智慧书房"四智化"试点工作,升级全市图书馆总分馆体系第三代市民卡设备 191 台,设立图书馆有声阅读空间。四是文旅融合提升产业活力。做好"文化＋旅游"文章。成立文旅产业产教融合联盟,推动职业教育、高等教育、社会培训和文旅市场主体之间形成良性互动,促进文旅产业高质量发展。与同程集团合作策划"跟着课本游海宁"全年品牌研学活动,围绕"潮、蚕、徐志摩"三大核心 IP,推出 4 条研学旅行线路,共有研学团队(学校)5 万余名学生参加研学。推动乡村旅游业态品质提升,尖山新区(黄湾镇)成功创建省级乡村旅游产业集聚区,指导盐官、周王庙、丁桥、黄湾等地发展精品民宿,全年限上 29 家住宿业营业额 35630.4 万元,同比增长 1.72％。钱江君庭成功创建节水标杆酒店、开元酒店成功创建节水酒店。推动体旅高品质融合。举办 2021 海宁国际追潮马拉松、2021CBSA 海宁斯诺克公开赛、2021 中国·钱江国际越野赛暨长三角国际越野挑战赛等重大体育赛事 30 余项,吸引省级以上媒体报道 100 余次,共有来自全国各地的 1.3 万名运动员留宿海宁,直接带动消费 4000 余万

元。打造精品体旅融合节点。持续指导省运动休闲乡镇建设,海宁尖山休闲运动基地成功创建浙江省运动休闲旅游示范基地,海宁盐官百里钱塘生态绿带被评为浙江省运动休闲旅游精品线路,尖山彼岸营地获评浙江省十佳露营地。招商引资注入动力。围绕乡村旅游等专题,积极参与文化产业沙龙推介招商活动。"线上＋线下"广泛开展城市形象推广工作,与携程集团开展战略合作,推出"约来阅潮"推广活动,创新举办第二十八届钱江(海宁)观潮节、"5·19 中国旅游日"系列活动等,持续推广海宁休闲运动、研学旅行、"潮味十碗"特色美食等旅游产品,营造旅游亮点热点。积极开展产业招商活动,围绕乡村旅游、冰雪运动等项目开展招商工作。五是强化执法净化文旅发展环境。落实"最多跑一次"改革,优化审批服务流程,办理行政审批 440 件。加强行政执法标准化规范化建设,制订出台文旅局《行政处罚自由裁量权实施办法》《行政处罚自由裁量执行标准》。全年出动执法人员 5361 人次,检查各类场所 2580 家次,开展联合执法 39 次,立案调查 40 件,警告13 家次,罚款 31.62 万元。

(李如月)

【桐乡市文化和广电旅游体育局】内设职能科室 8 个,下属单位 12个。2021 年末人员 146 人(其中:公务员 15 人,参公 21 人,事业 110 人;具有高级技术职务资格的 11 人,中级 54 人)。

2021 年是"十四五"开局之年,也是市第十四次党代会确定的各项工作任务的收官之年,桐

乡市文化和广电旅游体育局始终锚定目标惠民生，着眼长远求发展，大力推进文化、旅游事业协调可持续发展。在 2021 年嘉兴市文化广电旅游局年度工作考核中，并列第一，基层公共文化服务评估位列全省第一，非物质文化遗产保护发展指数评估位列全省第二，文博事业发展位列全省第三，全域旅游示范县复核评估位列全省第四。"2021 全国县域旅游综合实力百强县"位列全国第五。桐乡市被命名为浙江文旅融合高质量发展十佳县（市、区）。一是提升服务惠民生，公共文化凸显新亮点。公共文化服务保障显著增强。强化政策供给和经费保障，优先拨付 788 万元用于基层公共文化设施、文化活动、队伍培育等项目建设。完成 15 家城市社区公共文体中心设施提升。创新文化馆总分馆服务体系，创建文化馆企业分馆 19 家。新建（改建）"健心客厅"5 家，君匋艺术院、丰子恺纪念馆、钱币馆改扩建和展陈提升工程全部完工，全力配合推进丰子恺艺术中心项目规划设计等工作。桐乡市图书馆获评全省首批"满意图书馆"，荣获 2021 长三角及全国部分城市优秀公共文化空间案例奖。完成各镇（街道）综合文化站评估定级，8 家获评省特级站，省一级站达标率 100%。完成省级文化强镇、省级文化示范村（社区）复查工作，指导河山镇获评省级文化强镇，梧桐街道桃园村获评省级文化示范村。伯鸿阅读平台建设加快推进，新建伯鸿乡村书屋（礼堂书屋）18 家。推进图书借阅"一件事"集成改革，健全市图书馆、城市书房、乡村书屋等通借通

还借阅体系。开展全民阅读系列活动 1155 场。启动第五届"伯鸿书香奖"评选活动，举办"伯鸿讲堂（桐乡）"全民公益文化讲座 5 期、"桐乡记忆"乡土文化公益讲座 11 期，"云直播"点击量超 30 万人次。"伯鸿讲堂"服务品牌获评浙江省图书馆学会第三届优秀图书馆服务品牌最佳影响奖。开展阅读进机关、进社区、进校园、进礼堂、进企业、进家庭"阅读六进"活动 367 场，参与读者 7000 余人次。公共文化服务供给广受欢迎。开展"我们的春晚""我们的村晚""我们的年味"等系列线上文化活动，举办清明轧蚕花、双庙渚蚕花水会、崇福端午民俗风情等节日文化品牌活动。"我们的节日"系列非遗民俗展示展演活动入选 2020 年度浙江省社会科学联合会浙江省社科普及创新项目。举办第二届中国·桐乡小戏艺术邀请展、第六届"浙江少儿戏曲小金桂荟萃"暨第二十五届"中国少儿戏曲小梅花荟萃"浙江地区选拔赛、第八届群众文艺菊花奖会演等活动。开展文化惠民活动，开展文化下乡演出 610 场次，受众超 7 万人次；举办公益培训班 40 余期，培训市民 1000 余人次。二是精品创作展形象，文艺事业实现新繁荣。打响名人文化品牌。举办"致敬文学巨匠·传承红色基因"纪念茅盾先生逝世 40 周年系列活动及全国学术研讨会、"第三届丰子恺散文奖"颁奖典礼、"历程——徐肖冰、侯波镜头下的峥嵘岁月"摄影展暨同名新书首发式等。桐乡市茅盾纪念馆成功创建第十批浙江省社会科学普及教育基地、首批浙江省新时代高校思政课研学基地

（嘉兴学院）。桐乡市茅盾纪念馆 2 人入选桐乡市青年名嘴宣讲团宣讲员、1 人入选桐乡市英烈故事宣讲团宣讲员，全年参加各级各类红色宣讲活动 100 余场次，获得嘉兴市级宣讲比赛第 2 名 1 人次。丰富文艺精品创作。越剧小戏《老先生》获第二届中国·桐乡小戏艺术邀请展优秀剧目奖。戏剧小品《查无此人》获"庆建党百年　享美好生活"浙江省第三十二届群众戏剧小品大赛银奖。民俗舞蹈《蚕花水会》获浙江省民间音舞大型广场展演活动最高奖精品奖；越剧小戏《刘胡兰剪辫子》获第二十五届"中国少儿戏曲小梅花荟萃""小梅花集体节目"称号；三跳《小狐狸找妈妈》代表浙江登上央视少儿频道《大手牵小手》节目；长篇小说《青镇人家》等 10 部作品获得第十二届嘉兴市文学艺术南湖奖创作奖；原创舞蹈《红船"哨兵"王会悟》获"筑梦百年　共舞芳华"2021 年嘉兴市原创舞蹈比赛金奖。加大创作扶持力度。举办桐乡市第八届群众文艺菊花奖会演，共评出金奖 3 个、银奖 4 个和铜奖 6 个。话剧《故事里的家乡》等 3 项入选 2021 年度嘉兴市文化精品工程重点扶持项目。评选出桐乡市第二批文化名家工作室 5 家、第六批文化精品创作扶持项目 14 项，文艺人才奖励 18 人，文化精品成果奖励项目 18 项，共计奖励和扶持 156.32 万元，创年度历史最高。1 人入选第九批浙江省"新荷计划"人才库。三是文化遗产重传承，活化利用获得新提升。推进省级文化传承生态保护区创建。出台《桐乡市创建浙江省蚕桑丝织文化传承生态保护区实施

方案》《桐乡市创建浙江蚕桑丝织文化传承生态保护区工作部门联席会议制度》《桐乡市蚕桑丝织文化传承生态保护区管理办法》，编制《桐乡市蚕桑丝织文化传承生态保护区总体规划》。开展"文化基因解码工程"，摸排遴选入库文化元素512个，提取文化基因130余个、核心文化基因45个。完成桑蚕丝织技艺、蓝印花布、乌镇古镇等17个重点文化元素的解码工作，汇编形成《桐乡市文化基因解码报告》，高分通过省级生态区创建中期评估。加强文物安全管理。挂牌成立桐乡市文物局。开展文物安全大巡查、大排查，建立文物博物馆单位文物安全直接责任人公告公示制度、文物安全联系制度、文物安全巡查制度。严格文物项目审批，加强涉大运河项目的监管。配合省文物考古研究所启动考古中国·桐乡崧泽至良渚文化遗址调查勘探大型业务活动，完成铁路杭州萧山机场站枢纽及接线工程沿线文物考古调查。推进文物保护利用。出台《桐乡市文化遗产保护专项资金管理办法》，推进古镇古街古村古宅古桥保护利用三年行动计划，建立文物工程年度项目库，开展崇福横街、开发区（高桥街道）严家厅等37处年度入库文物工程的保护修缮利用工作，完成洲泉中市路地下党联络站、崇福湾里村张家厅、凤鸣伍社庙戏台等8个维修利用项目。推进馆藏文物维修，博物馆修复装裱馆藏书画作品100幅，君匋艺术院修复装裱院藏书画作品162件。举办2021浙江大运河世界文化遗产宣传周启动暨罗家角遗址展示馆开馆仪式等活动。加大非遗

资源活化利用。探索全省领先的非遗馆总分馆体系建设，新增1家藤编非遗分馆，已建成非遗馆分馆5家。蓝印花布2件作品入选"百年百艺·薪火相传"中国传统工艺邀请展，丝巾系列、"三百年留香"杭白菊（朵菊）2个项目入选第三批浙江省优秀非遗旅游商品，菊花仙子传说等4个非遗项目入选嘉兴市第七批非遗项目（增补）名录。举办首届传统工艺大赛，蓝印花布、竹刻、麦秆画青年骨干传承长训班及传承人群研培班，承办"红船向未来——嘉兴市百工百匠红色主题精品展"。在2020年度浙江省非物质文化遗产保护发展指数评估中，桐乡市位列全省第二，连续6年领跑嘉兴。四是提质升级强实力，全域旅游展示新风采。实施旅游"微改造、精提升"行动。成立专题工作组，制定桐乡市"微改造、精提升"实施方案。启动实施环境精美、设施精良、体验精致、服务精心、运营精细的"五精工程"。全市"微改造、精提升"项目55个，入围2个省级、3个嘉兴级"微改造"示范点，加快推进全市25个示范点建设。开展"百城千镇万村景区化"创建。确定43个A级景区村庄创建培育单位，其中3A级景区村庄4个。完成经济开发区（高桥街道）4A级景区街道创建，凤鸣街道、河山镇、大麻镇3个3A级景区镇（街道）创建，指导八泉村、骑力村、合星村、清河村4个村创建3A级景区村庄。乌镇景区被评为2021年浙江省智慧景区。实现3A级以上景区镇全覆盖，3A级景区村庄数量位居嘉兴第一。推进旅游项目管理服务。完成项目更新51

项，计划总投资186亿元，其中2021年实际完成投资36.62亿元，在第一季度全省90个文旅项目投资综合评价指数中位列第十。将濮院古镇有机更新项目、全民健身项目、桐乡市未来广场等重点项目纳入全国文旅项目管理系统。五是深度融合育品牌，产业发展迈上新台阶。促进文化和旅游产业融合。编制完成《桐乡市文化和旅游体育融合发展"十四五"规划》，出台《加快文旅融合推进全域旅游高质量发展的专项补助政策实施细则（试行）》，兑现资金772.09万元。深化文旅产业融合试验区建设工作，开展省级精品民宿和旅游等示范基地评定，大力培育新业态。乌镇文旅多元融合的"乌镇实践"荣获首批全省文旅融合优秀案例，茅盾纪念馆获红色文旅创新案例，"智慧文旅 云游乌镇"获智慧文旅创新案例，风雅桐乡文旅消费季获跨界文旅创新案例。那年晚村民宿被评为全国首批乙级民宿，1人入选全国乡村文旅能人，均为嘉兴唯一。此外，还获评省金宿级民宿2家、银宿级民宿4家。提振文化和旅游市场消费。列入浙江省"百县千碗"数字化改革试点，启动桐乡市文旅消费季系列活动。举办"风雅桐乡·美好食光"等线上线下活动10余场，覆盖人次超1000万。评选"桐香十碗"系列冷盘、小吃、水果、饮品，推出《寻味桐乡》美食主题曲和美食特别节目，开展美食"云直播"推介活动，发放餐饮消费券，带动文旅市场销售。获批"诗画浙江·百县千碗"省级美食体验（示范）店2家、嘉兴美食店3家。组织参加第16届中国义乌文化和

旅游产品交易博览会、中国国际旅游交易会、浙江旅游交易会等，文旅产品获金奖 2 项、银奖 6 项、铜奖 10 项。全年共接待游客 575.18 万人次，同比上升 7.50%；旅游总收入 92.01 亿元，同比上升 6.63%。加强区域合作与宣传推广。与中铁网络签订合作协议，定制"风雅桐乡"号高铁车模线上展示宣传，曝光量超 1100 万次；开展长三角"风雅桐乡"高铁游系列宣传，日均覆盖 100 万人次；开展上海旅游交通图、上海南京路、西湖景区等线下宣传，以及"风雅桐乡·同享桐游"、"与风雅桐乡的声音之旅"喜马拉雅品牌电台、"风雅桐乡全域旅游"大展播等线上推广。开展 2021 年度"研学浙江·风雅桐乡"全省研学体验日活动，线上累计观看人数达 1453.2 万人次。开展桐乡人游阿坝活动，助力东西部协作。举办长三角地区职工疗休养旅游线路设计大赛，评选团队及个人优秀奖，发布经典线路。六是加强监管抓落实，文明有序营造新环境。狠抓全国文明城市创建（国卫复查）工作任务，开展包干小区、责任路段巡查，入户走访和周六文明创建日等活动，建立局

机关及下属单位志愿服务大队 12 个，开展志愿活动 300 余次；设置一批展示社会主义核心价值观、中国梦、红船精神等的公益广告；启动"风雅桐乡　因你而美"文明旅游主题系列活动，成立首批文明旅游志愿服务点 23 个。督促指导文化场馆、文旅企业落实创建主体责任，营造浓厚的创建氛围。加强文旅市场监管。推进法治政府建设，办结各类行政审批 42 件，行政处罚 31 件。开展安全生产宣传培训 9 场次，累计培训从业人员 1000 余人次。开展娱乐场所违禁曲目专项整治、未经许可经营旅行社业务专项整治、校园周边环境整治等行动 40 余次，日常巡查出动检查 3450 人次，检查 1691 家次。受理旅游投诉 65 起，理赔金额 14448 元，旅游投诉受理率、结案率、满意率达到 100%。望津里精品酒店等 2 家酒店通过金桂品质饭店评审，新世纪大酒店等 2 家旅游饭店通过四星复评。参与市、县两级组织的平安应急联动演练 4 次，应急处置甩团事件 2 次。落实疫情防控常态化机制。组织开展文旅企业疫情防控工作督查检查，累计督查检查 1100 余家次，

共处理疫情防控不力场所 42 家次，其中约谈 11 家次，责令整改 16 家次，行政处罚 6 家次，停业处理 9 家次。七是突出重点促创新，数字文旅汇聚新动能。高效率推进项目建设。迭代升级"风雅桐乡"公共服务平台并试运行。打造文旅体数字应用服务品牌，推进文旅体数字化平台（二期）建设，完善文旅数据仓，新增民宿 511 家、景区村庄 95 个；新建文旅宜游指数、OTA 消费数据、移动端决策等分析系统；建设"云图片库"管理系统，开发旅行助手、旅行预订等应用小程序，实现公共服务与营销推广模式有效对接。高质量推进数据归集。落实部门首席数据官，明确专人负责，按照应归尽归原则，对自建系统的全量数据进行编目，33 个目录实现数据 100% 归集，有效地支撑全市一体化智能化公共数据平台建设。高水平打造特色亮点。在全省率先启动数字非遗馆建设，已完成主体建设并正式上线。列入省文物安全白蚁监测预防处置应用场景"揭榜挂帅"试点、省"百县千碗"数字化改革试点，全面提升智慧文旅服务。

（蒋　婷）

绍兴市文化广电旅游局

【概况】 内设职能处室 12 个,下属单位 8 个。2021 年末人员 419 人(其中:公务员 35 人,参公 23 人,事业 361 人;具有高级技术职务资格的 103 人,中级 148 人)。

2021 年,绍兴市文化旅游工作坚持以习近平新时代中国特色社会主义思想为指导,以建党百年、"十四五"开局为契机,深入学习贯彻省委文化工作会议、市委八届十次全会精神,按照市委、市政府高质量发展系列决策部署,持续锚定"重塑城市文化体系,打造最佳旅游目的地,争创文旅融合样板地"三大目标,全力推进文化和旅游高质量发展再上新台阶,取得了三大标志性成果:成为"2021 东亚文化之都",入选"国家文化和旅游消费试点城市",获评"2021 研学旅行十大热门城市"。绍兴市文化广电旅游局获 2021 年绍兴市改革开放创新发展突出贡献奖。

一、长远规划加强谋篇布局

(一)制定规划谋定发展蓝图

编制完成并正式印发文化和旅游"十四五"发展规划,明确了绍兴文化旅游"十四五"发展总体目标、文态布局、10 项主要任务,提出了相关指标体系,为文旅事业的发展提供了纲领性指引。

组织全市休闲旅游业高质量发展政策绩效评价,政策兑付率 97%,位列全市 13 个部门第 2 位;加大对来绍旅游团队的扶持力度,制订了 500 万大型来绍旅游团队营销补助政策;在"5·19 中国旅游日"统筹开展 26 项主题文旅活动,推出惠民举措 59 项。18 家店入选第三批"诗画浙江·百县千碗"省级美食体验(示范)店,3 家企业入选 2021 年浙江省工业旅游示范基地,1 地入选 2021 年浙江省中医药文化养生旅游示范基地。

(二)促进消费稳定旅游发展

促消费、优环境、强业态,全市旅游业接待指标恢复率居全省前列。全年全市接待游客 2758 1 万人次,同比增长 5.1%;实现旅游总收入 380.9 亿元,同比增长 15.8%。绍兴市入选国家文化和旅游消费试点城市。

(三)加强部署推进项目建设

全市旅游投资快速增长,引进、落地了一批重大文旅融合类项目,入库全国文旅项目管理系统文化和旅游重点项目 229 个,计划总投资 1832.95 亿元。全年计划投资 240.38 亿元,实际完成投资 282.46 亿元,完成率为 118.49%,完成省文化和旅游厅年度任务指标 160 亿元的 176.54%,完成工作任务目标 200 亿元的 141.23%。绍兴市旅游业"微改造、精提升"项目总数、完成率、问题整改数、县(市、区)综合评价指数均列全省第一。

二、建党百年挖掘红色资源

(一)创作优秀红色主题作品

以建党百年为契机,结合文旅优势和特点,在全省较早启动"红动绍兴"活动,推出 67 项特色主题活动,其中"红动绍兴·全城有戏"庆祝中国共产党成立 100 周年优秀艺术作品展览展演,包含 10 台大戏,展览展演 1000 余场次,成为近年来覆盖范围最广、剧目品质最高的艺术盛会。《核桃树之恋》入选庆祝中国共产党成立 100 周年优秀舞台艺术作品展演,是全国唯一进京展演的越剧作品;复排经典绍剧《孙悟空三打白骨精》,入选全国百部优秀剧作典藏;3 个节目获浙江省第十一届群众曲艺大赛金奖,2 部舞台艺术作品、11 部优秀剧目入选浙江省庆祝中国国共产党成立 100 周年优秀舞台艺术作品展演。

(二)推进红色旅游资源摸排

全面摸排全市红色旅游资源,全市红色胜迹 171 处,其中 55 处入选浙江省第一批不可移动革命文物,占全省 10%,数量居全省前列;做精红色旅游,评选 6 家首批红色旅游教育基地,联合上海、嘉兴、宁波等周边省、市,整合设计"红色名人寻访"等 10 条红色经典游线。

(三)开展生动党史学习教育

发挥文旅优势,创新组建一支"红色文旅宣讲团"、打造一堂"音乐党史课"、举办一场专题音乐会、推出一堂"博物馆里的思政课"、开展三场"三为"专题实践活动,让文旅特色党史教育走进党校、党政机关、乡镇、景区、社区及校园,受众近 1 万人次,党史学习教育信息录用列市级部门第一。

三、促进改革形成发展优势

（一）数字化改革进展顺利

制定文旅数字化改革方案，全面梳理核心业务，确定了"1＋X"的文旅系统数字化改革架构，完善智慧文旅平台1.0，建设智慧文旅平台2.0。"智慧文化云绍兴分站"、"不可移动文物智慧管理服务系统"、"数字＋越剧""浙里好玩"品牌馆、"旅游大脑＋智慧旅游"未来社区等4个项目入选省文化和旅游厅数字化改革试点，"智慧文化云绍兴分站"入选全市多跨场景重大应用"一本账"S0版。

（二）"放管服"改革成效显著

推进所有事项"一网办"工作，达到"五星级"标准，实现群众办事从"跑一次"向"零跑腿"的升级；加快推进"全省通办""跨省通办"，本局审批事项已实现全省通办，完成率100％，营造了良好的文旅发展环境。全年共审批办结955件，群众测评满意率100％。

四、立足国际开展推广活动

（一）全面启动东亚文都建设

3月31日，2021"东亚文化之都·中国绍兴活动年"启动，文化和旅游部在绍兴成立中国"东亚文化之都"工作机制，发布中国"东亚文化之都"建设"绍兴倡议"，实现文都城市之间的常态化交流合作。围绕绍兴市5张"金名片"，落实4000万元专项资金，举办100余项专项活动，先后举办公祭大禹陵典礼、兰亭书法节、纪念徐渭500年诞辰等10余项规格高、影响大的主体活动，承办第二届中日旅游论坛。东亚文都全年工作和第二届中日旅游论坛承办工作两次获文化和旅游部发

文表彰肯定。

（二）创新启动《东亚禹迹图》编撰

在编制《绍兴禹迹图》《浙江禹迹图》基础上，完成《中国禹迹图》资料整理，完成《日本禹迹图》的翻译，启动《韩国禹迹图》的绘制。对绍兴64个"禹迹点"设立标识牌，完成"禹迹点"数字应用场景设计发布，完成《绍兴禹迹标识导读》。禹迹图的编制和禹迹标识的落地，成为全国文旅资源普查和利用的范例，强化了"绍兴大禹文化"在全国的地位，拓展了东亚文化圈。

五、注重质量提升公共服务

（一）健全公共文化服务设施

打造都市"15分钟文化圈"，新建城市书房11家，新增博物馆5家，绍兴博物馆新馆、绍兴美术馆、浙东运河博物馆等重大文化地标建设顺利推进，全市每万人拥有公共文化设施面积达1800.03平方米，已累计建成农村文化礼堂1721家，建有城市书房72家、博物馆61家（含国有、非国有）、乡村博物馆约200家，全市103家乡镇（街道）文化分馆普及率、综合文化站面积达标率均达100％。

（二）提升公共文化服务品牌

印发《高质量推进城市公共文化服务体系建设三年行动计划（2021—2023）》，提升"绍兴有戏"公共文化服务品牌，"我的艺时光"开设28门课程，培训近5000人次；举办"文艺播撒乡镇行"活动4场，累计服务约11万人次；街艺角活动举办300余场，服务群众近10万人次。全市7家公共图书馆全部获评省"满意图书馆"。

（三）全面实施文化惠民工程

继续深入实施文化惠民工程，

丰富群众性文化活动，全年累计送戏下乡1796场，送书下乡296054册，送展览下乡491场，"文化走亲"90场，开展"文化大巴"活动70场、"越乡莲歌"48场。开展线上服务1400场次，参与近815万人次。嵊州市文化"三走进"系列活动入选浙江省公共文化服务体系示范项目。

六、强化保护积淀文化底蕴

（一）创新文物保护利用方式

在全省率先创新实施《绍兴市名人故居激活三年行动计划（2021—2023年）》，对全市107处名人故居落实保护利用措施，计划3年内提升18处以上的名人故居保护级别，新增开放20处以上，文物类名人故居保存完好率达到100％。全年落地资金6000万元，修缮名人故居10处，提升级别4处，新增开放4处，绍兴名人故居激活工作得到副省长成岳冲的批示肯定。新昌鼓山书院"书声千载——鼓山书院历史文化陈列"入选第三届全省不可移动文物保护利用优秀案例；1个团队、4个先进个人上榜第五届"最美浙江文物守望者"，数量居全省第一。

（二）推进考古勘测发掘工作

浙东考古基地落户绍兴并有效运作，完成平水盆地越国王陵区二期考古调查勘探约200万平方米、宋六陵考古发掘约2000平方米。配合基本建设，实施地下文物考古勘探、发掘项目共56个，项目数居全省前列。引进1名文物考古专业人才，绍兴兰亭野生动物园一期墓地入选2021浙江考古十大重要发现。

（三）加强非遗保护传承力度

2个项目入选第五批国家级

非物质文化遗产代表性项目名录,25人入选浙江省非遗代表性项目代表性传承人,8件商品入选浙江省第三批优秀非遗旅游商品。公布15家乡村非遗体验基地、20家非遗研学游基地、10家非遗形象门店,非遗传承体系进一步完善。举办"文化和自然遗产日""闹元宵""祝福·绍兴古城过大年"等活动。2020年度绍兴非遗保护工作全省排名第二,连续4年稳居全省前三。

（四）加快博物馆体系升级

新增博物馆5家,绍兴博物馆新馆、浙东运河博物馆、徐渭艺术馆、绍兴纺织博物馆展陈项目有序推进,其中徐渭艺术馆开馆1个月参观量超过4.6万人次,成为绍兴文化新地标,"畸人青藤——徐渭书画作品展"位列微博热搜榜"十大热搜展览"第三。绍兴博物馆、新昌县博物馆获第十五届浙江省博物馆陈列展览优秀奖,新昌县博物馆获评2020浙江文化和旅游总评榜"2020浙江十佳影响力博物馆"。

七、稳抓转化优化资源开发

（一）提升全域旅游覆盖率

上虞区、诸暨市、嵊州市晋升为浙江省全域旅游示范县（市、区）,越城区已完成浙江省全域旅游示范县（市、区）公示,创建成功率达100%,率先实现省级全域旅游示范县（市、区）全覆盖。组织第三批全国乡村旅游重点村镇和省级乡村旅游重点村镇评比,推动乡村振兴先行工作,新增全国乡村旅游重点村1个、浙江省乡村旅游重点村10个、浙江省乡村旅游重点镇18个;高标准实施绍兴市"万千百"创建计划,新增12家3A级景区镇。

（二）推进浙东唐诗之路建设

以"浙东唐诗之路"为重点,全面推进"三大文化带"建设,明确了"一图、五路、十二景"建设的重点工作任务,完成"浙东唐诗之路遗迹图"和"浙东唐诗之路"宣传片制作,完成《绍兴市浙东唐诗之路文化保护利用条例》立法调研。在浙江省第二届诗路文化带景区讲解员大赛中,获奖人数位居全省第一,其中5人荣获"金牌讲解员"。

（三）提高旅游资源品质

实地复核检查A级旅游景区42个,摘牌2家,降级2家,严重警告1家,通报批评2家。7家景区通过3A级景区景观质量评审,1家景区创4A,5家景区创3A,6家景区创浙江省智慧景区,9家景区创建"无废景区",开展4A级和5A级旅游景区楹联匾额专项提升行动,促进旅游景区高质量发展;推动民宿高质量发展,分别新增金宿级、银宿级、文化主题（非遗）民宿1家、12家、3家。

八、聚焦消费发展文旅产业

（一）创成国家文旅消费试点城市

绍兴市成功创建国家文化和旅游消费试点城市,打造"越潮·越好"梦幻文旅消费夜,开展"全国招募百名城市体验官"和"'越惠券'文旅消费补贴发放"等主题活动;举办"'越'动金秋　文旅先行——万人金秋游绍兴"等6个主题、100项文旅消费系列活动。柯岩风景区"夜鲁镇"景区入选第一批省级夜间文化和旅游消费集聚区。

（二）推进研学旅行高质发展

完成4个研学旅行地方标准

的制定,经省文化和旅游厅推荐,积极申报国家标准,其中《研学旅行村镇建设与管理规范》为全国首创。编制完成1本研学画册、1项研学规划、1张研学地图、1份研学课程。举办"走读浙江　研学绍兴"——中国研学旅行报告绍兴发布研讨活动,发布《2021中国研学旅行发展报告》《中国研学旅行发展的绍兴实践》,绍兴入选2021研学旅行十大热门城市。

（三）全面完善文旅产业政策

组织全市休闲旅游业高质量发展政策绩效评价,政策兑付率97%,位列全市13个部门第2位;加大对来绍旅游团队的扶持力度,制定了500万大型来绍旅游团队营销补助政策;在"5·19中国旅游日"统筹开展26项主题文旅活动,推出惠民举措59项。18家店入选第三批"诗画浙江·百县千碗"省级美食体验（示范）店,3家企业入选2021年浙江省工业旅游示范基地,1地入选2021年浙江省中医药文化养生旅游示范基地。

九、扩大影响创新宣传方式

（一）打造海内外媒体宣传矩阵

创新打造"海外推广＋国内新媒体宣传＋地推"全矩阵宣推平台,全力提升绍兴旅游影响力和知名度。绍兴市文旅新媒体矩阵（微信、微博、抖音、头条号）7次入选全国市级文化和旅游新媒体传播力指数TOP10榜单,综合传播力指数连续两个月位居全省融媒体榜单第1位,晋升至全国市级文化和旅游新媒体传播力指数第4位,绍兴文旅海媒平台（中文名:走读绍兴　读懂中国）获2021年度政府海外社交媒体平台优秀奖。

（二）加强全面文旅营销推广

组织参加首届上海旅游产业博览会、2021 杭州都市圈春季大联展、浙东南联合体（江西）营销、第三届大运河（苏州）文化旅游博览会、第 17 届海峡旅游博览会、2021 中国—东盟博览会旅游展、第 16 届中国义乌文化和旅游产品交易博览会等，荣获首届上海旅游产业博览会优秀参展单位奖、第 16 届中国义乌文化和旅游产品交易博览会展会组织一等奖和优秀展台奖。

十、强化监管维系市场平稳

以护航建党 100 周年文游市场百日攻坚行动为重点，深入推进文旅市场遏制重大安全事故攻坚行动、疫情防控督查、防汛防台隐患排查、"安全生产月"活动、"护苗 2021"专项行动、"绿叶"专项整治行动等，开展 3·18 法律法规宣传活动、4·26"我的版权课"巡讲活动、5·19 体验式暗访活动、6·11"送法入户"活动、赠书普法活动、文化和旅游部优秀师资选拔活动暨文化市场综合执法队伍建设专题业务提升活动等。全年日常巡查出动 25099 人次，检查 11341 家次，查处违规 54 家次；举报（督查）受理 15 件；行政处罚立案调查 189 件，办结案件 199 件，办理重大案件 4 件，全年文旅市场零事故，1 家单位入选 2020 年度查处重大侵权盗版案件有功单位。

【大事记】

1 月

5 日　"绍兴有戏"之"诗路江南·文艺播撒"文艺专场走进嵊州市石璜镇西白山村，是 2021 年"我们的中国梦"——文化进万家活动启动暨首场慰问演出。

13 日　上虞区文化市场综合行政执法队查办的"汪某某买卖国家禁止买卖的文物案"被文化和旅游部通报表扬。

20 日　"过年的故事——新春绍兴年味展"在绍兴仓桥直街张桂铭艺术馆开展，正式拉开2021"祝福·绍兴古城过大年"系列活动的序幕。

2 月

5 日　省文化和旅游厅党组成员、副厅长杨建武一行到绍兴市柯桥区检查假日文旅市场安全工作。

23 日　市委书记马卫光调研新成立的市演艺集团，考察演艺集团剧场、排练厅等场馆设施，观看绍剧现代戏《喀喇昆仑》和新编越剧《江姐》。

26 日　绍兴越剧名家吴凤花、李敏亮相中央电视台戏曲频道 2021 元宵戏曲春晚。

同日　开展 2021 元宵晚会"绍兴有戏"之"福牛踏春来"文艺专场演出，举办祝福·绍兴古城过大年系列活动之"春满绍兴，福闹元宵——绍兴古城元宵猜灯谜"活动。

3 月

5 日　市委副书记、市长盛阅春调研兰亭文化旅游度假区工作。

8 日　召开贯彻市委"三先三创"暨抓落实工作推进会，总结亮点工作、分析问题困难，部署全年重点工作任务。

12 日　2021 年全市创作工作会议在绍兴永和庄园召开。

17 日　举行"红动绍兴"绍兴市红色研学旅行活动启动仪式。市委常委、宣传部部长丁如兴，副市长顾涛出席活动。市红色旅游教育基地、红色研学旅行学生代表等 350 余人参加活动。

31 日　举行 2021 年"东亚文化之都·中国绍兴活动年"开幕式、"东亚文化之都"工作机制成立仪式，文化和旅游部副部长张旭，浙江省委常委、宣传部部长朱国贤，外交部亚洲司公使郭燕，绍兴市委书记马卫光，绍兴市委副书记、市长盛阅春，日本驻上海总领事矶俣秋男，韩国驻华公使衔参赞兼驻华韩国文化院院长金辰坤等出席。

4 月

1 日　绍兴主题展馆参展首届上海旅游产业博览会。

2 日　由嵊州市越剧团、浙江小百花越剧院（浙江越剧团）联合出品的原创越剧现代戏《核桃树之恋》入选庆祝中国共产党成立 100 周年优秀舞台艺术作品展演。

9 日　文化和旅游部资源开发司副司长宋奇慧一行赴绍兴市鉴湖旅游度假区调研，浙江省文化和旅游厅党组成员、副厅长王峻等陪同。

同日　"欣于所遇——2021东亚文化之都中日韩书法邀请展"在绍兴博物馆开展，展出中日韩 3 国 100 名书法家的 100 件书法作品。

19 日　"丝丝相扣""一带一路"金城兰州走进古越绍兴城际交流专场推介活动在绍兴饭店举行。

同日　《东亚禹迹图》编制启动仪式暨禹迹图规范制定研讨活动举行。

20日 2021年公祭大禹陵典礼在绍兴大禹陵祭祀广场举行。省人大常委会副主任姒健敏,副省长刘小涛,省政协副主席张泽熙等参加。

21日 2020浙江文化和旅游总评榜颁奖仪式暨"数智赋能文旅发展新时代"分享会在绍兴柯岩景区举行。

22日 绍兴、临沂两地召开文旅融合座谈会。

29日 绍剧新编现代戏《喀喇昆仑——绍兴青年屯垦成边纪事》在绍剧艺术中心剧场开演,中国戏剧家协会副主席罗怀臻、中国戏剧家协会秘书长崔伟等观看演出。

5月

1日 市委副书记、市长盛阅春赴市内多地检查假日旅游安全工作。

3日 市委书记马卫光赴柯桥区、诸暨市专题检查节日期间景区疫情防控和旅游安全工作。

6日 市委书记马卫光调研青藤书屋周边综合保护项目进展情况。

9日 2021(中国·绍兴)第十九届越剧大展演暨"红动绍兴·全城有戏"庆祝中国共产党成立100周年优秀艺术作品展演展览季活动在绍兴大剧院正式启动。省文化和旅游厅党组成员、副厅长刁玉泉等出席。

11日 开封、绍兴两市召开座谈会,交流"东亚文化之都"创建经验。

18日 2021年"5·18国际博物馆日"绍兴市旅游宣传推介主场活动在绍兴博物馆启动。

19日 徐渭500周年诞辰纪念暨徐渭故里开放仪式在绍兴徐渭艺术馆举行。中国文联党组书记、副主席李屹,中国美术家协会主席、中央美术学院院长范迪安,绍兴市委书记马卫光共同为徐渭艺术雕像揭幕。

31日 举行"红动绍兴"全市红色旅游讲解员大赛暨浙江省第二届诗路文化带讲解员大赛绍兴市选拔赛。

6月

4日 绍兴市诗路文化带建设推进会召开,市委书记马卫光出席会议并讲话。

7日至9日 参加第二届"舌尖上的相遇——中东欧美食与'诗画浙江·百县千碗'人文交流活动"。

10日 绍兴市传统医药类项目"绍派伤寒"和民俗类项目"绍兴舜王庙会"入选第五批国家级非物质文化遗产代表性项目名录。

11日 2021年"文化和自然遗产日"绍兴市主场(嵊州)系列活动启动暨第三届绍兴市非遗兴乡大巡游首站活动在嵊州市崇仁镇举办。

17日 全省文化和旅游国内市场工作座谈会在绍兴市召开,省文化和旅游厅党组成员、副厅长、一级巡视员许澎出席。

19日 "畸人青藤——徐渭书画作品展"在徐渭艺术馆开展,为规模最大、展品最优、参展单位最多的一次徐渭主题展。

24日 "红动绍兴"旅游演艺进景区启动仪式暨绍剧《海棠忆》首演在周恩来纪念馆举行。

29日 "百年风华 逐梦前行"——绍兴市庆祝中国共产党成立100周年文艺演出在绍兴大剧院举行。

7月

9日至10日 越剧《核桃树之恋》在北京天桥剧场上演,中共中央办公厅、中宣部、文化和旅游部有关领导,中国戏剧家协会专家等2200多人观看。

11日 莲花落《核桃树下》荣获省第十一届群众曲艺大赛金奖。

19日 市委书记马卫光专题调研全市文化和旅游工作并召开座谈会,强调要点线面结合推进文商旅融合发展,着力打造共同富裕新标识新引擎。

20日 参加由文化和旅游部国际交流与合作局主办的城市品牌节庆活动与"东亚文化之都"建设城市论坛。

28日 省文化和旅游厅党组成员、省文物局局长杨建武一行赴绍兴市柯桥区调研汛期后文物防灾减灾和石窟寺保护工作。

29日 新昌5A级景区城入选全省首批"大花园耀眼明珠"名单。

8月

2日 柯桥区湖塘街道香林村入选第三批全国乡村旅游重点村名单和第一批全国乡村旅游重点镇(乡)名单。

3日至4日 举行"东亚文化之都"城市创建工作分享交流活动、"东亚文化之都"绍兴活动年夏季活动发布仪式,文化和旅游部国际交流与合作局副局长张西龙、江华参加。

5日 全省"文化基因解码工程"暨文化标识建设推进会在绍兴召开,省文化和旅游厅党组书记、厅长褚子育出席会议并讲话。

10日　绍兴博物馆与嘉定博物馆共同举办的"圣贤之道——阳明的故事"全国巡展第9站在上海嘉定博物馆开展。

11日至12日　省文化和旅游厅党组成员、副厅长、一级巡视员许澎一行到绍兴开展"三服务"调研、督查疫情防控工作落实情况。

12日　《绍兴市名人故居激活三年行动计划（2021—2023年）》正式公布，启动实施绍兴市名人故居激活三年行动计划。

13日　嵊州市文化"三走进"系列活动上榜十大省公共文化服务体系示范项目名单。

17日　《绍兴市文化和旅游"十四五"规划》正式印发，为加快推进全市文化和旅游高质量发展擘画了新蓝图。

19日　省文化和旅游厅党组成员、省文物局局长杨建武一行赴大湖头遗址考古现场、陈建功旧居、周恩来祖居等地调研文物考古工作。

24日　省第二届诗路文化带景区讲解员大赛结果公布，绍兴讲解员斩获9个奖项，绍兴市文化广电旅游局荣获优秀组织奖。

25日　嵊州市甘霖镇（越剧）、柯桥区安昌街道（安昌古镇腊月风情节）、新昌县（新昌调腔）入选2021年度浙江省民间文化艺术之乡名单。

9月

5日　30个省级文化示范户，80名乡村文化能人入选2021年度省级文化示范户、乡村文化能人名单。

10日　市委书记马卫光专题调研古城部分文旅项目建设推进情况。

11日　由绍兴市文化广电旅游局、鲁迅文化基金会主办，绍兴图书馆、鲁迅文化基金会绍兴分会、绍兴鲁迅纪念馆、绍兴朗诵协会（绍兴朗诵群）承办的"梦魂常向故乡驰——纪念鲁迅先生140周年诞辰朗诵会"在绍兴图书馆举行。

24日　"2021大师对话——故乡对话大会"在绍兴举行，中日韩3国专家学者以故乡和乡愁为纽带，共话东亚文化与世界文化的"精神故乡"。

25日　鲁迅先生140周年诞辰纪念活动在绍兴举行。

同日　文化和旅游部党组成员、副部长杜江到绍兴调研文化旅游工作。文化和旅游部资源开发司司长单钢新，省文化和旅游厅党组书记、厅长褚子育、市委书记马卫光一同调研。

同日至27日　参加第16届中国义乌文化和旅游产品交易博览会，荣获展会组织一等奖和优秀展台奖。

26日　文化和旅游部"庆祝中国共产党成立100周年舞台艺术精品创作工程"传统精品复排计划重点扶持作品——绍剧《孙悟空三打白骨精》在绍剧艺术中心举行结项演出。

28日　省文化和旅游厅党组成员、副厅长朱海闵赴绍兴调研督查国庆期间文化和旅游市场假日安全工作情况。

同日　国家文化和旅游消费试点城市创建暨绍兴文化旅游消费季启动仪式在绍兴举行。

10月

8日　绍兴小百花六代同台版《梁祝》在杭州剧院演出。国家一级演员、"二度梅"获得者吴凤花，国家一级演员、梅花奖获得者陈飞等优秀演员参演。

14日　"越"动金秋　文旅先行——万人金秋游绍兴活动在绍兴城市广场启动。

18日至20日　第三十一届浙江省群众舞蹈大赛决赛在绍兴市大剧院开赛。

22日　2021年"诗画浙江·百县千碗·绍兴佳肴——金秋美食节"活动启动仪式在越城区迎恩门风情水街举行。

25日　第二届"东亚文化之都"城市峰会在日本北九州市启幕，绍兴以分会场视频连线形式参会。

27日　绍兴市入选第二批国家文化和旅游消费试点城市。

29日　2021绍兴虞舜文化旅游节在绍兴市柯桥区王坛镇舜王庙广场启幕。省文化和旅游厅副厅长叶菁出席活动。

30日　以"阳明心学与东亚文化"为主题的2021阳明心学大会在绍兴开幕。

11月

1日　《跟着书本去旅行》栏目《绍兴访古》系列节目在中央电视台科教频道开播。

8日至9日　以"线上＋线下"联动的形式举行"走读浙江"系列主题推广活动启动仪式暨中国研学旅行报告绍兴发布研讨活动，省文化和旅游厅党组成员、副厅长、一级巡视员许澎出席。

10日　上虞区、诸暨市、嵊州市上榜第二批浙江省全域旅游示范县（市、区）名单。

12日　由绍兴市文化广电旅游局主创、绍兴市鉴湖研究会编制的《绍兴禹迹标识导读》出版。

17日　举办纪念毛泽东同

志为绍剧《孙悟空三打白骨精》题诗 60 周年系列庆典活动。新版绍剧《孙悟空三打白骨精》在绍兴大剧院首演,浙江省文化和旅游厅党组成员、副厅长刁玉泉出席观看。

18 日　文旅产业指数实验室发布 2021 年 10 月全国市级文化和旅游新媒体传播力指数 TOP10 榜单,绍兴市晋级全国第四。

同日　《孙悟空三打白骨精》《狸猫换太子》《西施断缆》《北西厢·请生》4 个剧目入选浙江省经典保留剧目。

19 日　省文化和旅游厅党组成员、省文物局局长杨建武一行赴绍兴调研文物保护工作。

同日　宋六陵作为中华文脉的绍兴标识和宋韵文化的重要标志,入列"十四五"国家级大遗址。

22 日　25 位传承人入选第六批浙江省非物质文化遗产代表性传承人名单。至此,绍兴市省级非遗代表性传承人增至 134 人。

24 日至 26 日　参加 2021 年浙江省旅游饭店服务技能大赛,绍兴获得 2 个个人二等奖、6 个个人三等奖、6 个个人优胜奖、工装表演赛三等奖。

12 月

1 日　"畸人青藤——徐渭的故事"全国巡展第一站在贵阳孔学堂艺文馆开展。

6 日　"宋韵流芳　绍兴有戏"第七届绍兴非遗集市精彩开市。

7 日　举办 2021 年"东亚文化之都·中国绍兴活动年"闭幕式。文化和旅游部副部长张旭讲话并宣布闭幕。绍兴市委书记盛阅春、浙江省文化和旅游厅厅长褚子育致辞。日本驻华使馆参赞

笈田雅树、日本驻上海总领事馆副领事田代翔太参加。

同日　第二届中日旅游论坛以线上、线下形式举行,绍兴设主会场,日本东京中国文化中心设分会场。

13 日　柯岩风景区"夜鲁镇"景区入选首批省级夜间文化和旅游消费集聚区。

17 日　由绍兴市文化广电旅游局官方出品的《寻迹南宋,遇见绍兴》短视频入选中国文化传媒集团主办的"我与中国文化"系列短视频 30 强获奖名单,获得该系列美景篇第 3 名。

29 日　举办《绍兴市应对疫情加快企业复工复产的若干政策意见》新闻发布会,支持文旅企业共渡难关,多措并举助推产业发展。

30 日　《青藤》杂志获第四届全国文化(群艺)馆期刊交流展示活动 2021 年度期刊奖和浙江省文化馆主办的 2021 年度浙江省群文报刊评比金奖。

(童　谣)

绍兴市县(市、区)文化和旅游工作概况

【越城区文化广电旅游局】　内设职能科室 5 个,下属事业单位 6 个,镇街文化站 17 个。2021 年末人员 77 人(其中:机关 7 人,事业 70 人;具有高级技术职务资格的 3 人,中级 21 人)。

2021 年,越城区文化广电旅游局始终坚持以习近平新时代中国特色社会主义思想为指导,深入贯彻党的十九大和十九届历次全会精神,以及上级决策部署,忠实践行"八八战略",奋力打造"重

要窗口",各项工作成效显著。一是致力于文化挖掘,全面提升文化首位度。高质量推进"文化基因解码工程",高规格承办全省"文化基因解码工程"暨文化标识建设工作现场会,完成文化元素普查入库 441 个,解码 20 项区域重点文化元素,"黄酒文化""鲁迅文化"入选全省首批浙江文化标识培育项目,文化挖掘成果显著。坚持非遗守正创新,12 个非遗项目列入区第六批非物质文化遗产项目名录,6 家单位列入区级非物质文化遗产传承基地,4 家单位列入区级乡村非遗体验基地,完成 6 位市级非遗传承人奖励政策兑现。建成越城区非遗工作数据库平台,着力推动非遗领域数字化改革。二是致力于普惠于民,推动群众精神富有。在文化阵地建设上,始终坚持标准引领,全面提升 17 个镇街综合文化站和 100 多个村(社区)文化活动中心。新建开放 5 家特色城市书房(农村书屋),新增图书流通站 8 个,区图书馆创成 2021 年全省第一批"满意图书馆",区文化馆获评国家一级馆,在加快公共文化服务标准化体系进程上迈出了坚实的一步。在服务品牌打造上,以展演、讲座、送戏下乡等群众性文化活动为载体,持续打造全区"越文化越幸福"文化品牌 IP,全年送精品群众文化演出进基层 100 场,开展"文化走亲"、书法摄影等演出、交流活动 21 场,举办展览、讲座 166 场,送书下乡 2.5 万余册。开展庆祝中国共产党成立 100 周年系列活动 17 场,其中线下 12 场、线上 5 场。三是致力于以创促强,聚力提升旅游品质。成立越城区全域旅游示范区及

4A级景区城工作领导小组和区旅游专班，制定"双创"工作实施方案及《关于加快推进越城区全域旅游发展的政策意见》，编制完成《越城区文化和旅游"十四五"规划》《越城区全域旅游发展规划》及《东部片区旅游发展专项规划》，为创建工作把脉定向。持续推进"百千万景区化"工作，结合全市"五星3A"迭代升级工作，指导2个4A级景区镇、3个3A级景区镇和3个3A级景区村（示范村）开展创建，并顺利通过验收。建立健全旅游标识系统，完成全域手绘地图制作，举办2021首届文旅嘉年华系列活动，公布全新的宣传口号和LOGO，发布了10条全域精品游线和5条红色游线，全年陆续开展吼山桃花节、富盛油菜花节等"全域任你游"主题宣传活动，推出了"清凉一夏"过夜游补助政策和"百县千碗·越宴十八味"促消费系列活动，贯穿全年主题推介，做强越城全域旅游品牌。越城区获评浙江省全域旅游示范区，并通过了4A级景区城汇报评审。四是致力于项目为王，夯实产业发展基础。入库45个重大文旅项目，完成58.61亿元投资额，完成率达到122%，鲁迅故里高品质步行街、徐渭艺术馆正式开业；以微改造的"绣花功夫"提升全域品质，共入库126个"微改造、精提升"项目，完成2.89亿元投资额，绍兴饭店、绍兴古城博物馆群、张桂铭艺术馆等列入省单项试点名单。通过项目建设持续有效地推进文旅产业迭代升级。五是致力于保护传承，坚定弘扬越地文化。精心守护文化遗产，抓实文物安全，开展文物安全大排查大整治大提

升攻坚行动；完成古城内文物古建筑消防安全标准化管理"智慧消防"试点；陆续开展了国保单位绍兴古桥群（越城区）、省保单位石屋禅院造像等16处重点文物的保护、修缮、整治工程。落实名人故居保护利用，制定出台《关于越城区名人故居保护利用工作的实施意见》，新布展和提升3处，专项养护修缮10处，开放利用5处；公布新一批区级文保单位、文保点25处。编纂《越城文物览胜·屋檐下》宣传图书，制作《三千台门映名城》宣传片，不断扩大越城文物影响力。文物考古继续走在全市前列，全年共向省文物局报请考古调查、勘探49项，累计面积约1420万平方米，完成其中的38项；共报请亭山村1号、人民路1号、栖湖区块等考古发掘项目7项，累计发掘面积达4.48万平方米；完成黄酒小镇、绍兴高新技术产业开发区、绍兴袍江经济技术开发区文物保护区域评估，评估总面积超66平方千米。举办"重华在亭山"越城区常禧路考古成果专题汇报会和展览，共展出常禧路一、二期建设工程用地考古发掘出土文物295件（套）。六是致力于数字赋能，精心谋划应用场景。立足核心业务，统筹兼顾部门治理和行业服务两端，建成"智慧文旅"信息应用场景，采集汇聚16类旅游数据、31类文化数据，建成文旅数据仓，实现文旅数据互联互通。创新开发不可移动文物智慧管理服务应用场景，入选全省文旅数字化改革试点项目，古桥安全监测、火灾监测处置2个模块场景入选全省文物安全"揭榜挂帅"项目。同时，在公共文化服务领域

推进"云服务"，开启"云享艺术""云上书房"新模式，在数字整体"智治"领域打造了"越城文旅样板"。七是致力于稳字当头，紧盯市场安全生产。积极落实文化旅游企业"守小门"常态化疫情防控工作，特别是在12月防疫阻击战中，组建了60余人的志愿服务队投身抗疫大赛大考，积极协助开展全区全员核酸检测，皋埠街道、陶堰街道管控和值班值守工作。积极做好全国文明城市测评。以深化"三服务"贯穿全年市场管理工作，兑现旅游企业奖补资金近328万元，扎实推进旅游领域"遏重大、控较大"整治攻坚、旅游领域安全生产风险普查、安全隐患大排查大整治等专项行动。深入推进"掌上执法"工作，实现"掌上执法"检查率100%。行政处罚立案调查29件，办结案件29件，公开案件1件。区文化市场综合行政执法队被国家版权局表彰为2020年度查处重大侵权盗版案件有功单位，全省两个，全市唯一。八是致力于形象宣传，提升越城文旅影响。开设"越城文旅"微信公众号，得到了市、区级领导的关注认可。与各级媒体保持广泛联系，拓宽形象宣传渠道。及时提炼经验做法，主动对接省、市、区3级，加大信息报送力度。积极对外发声，被国家级报刊媒体宣传10次，被省、市级主流媒体宣传25次，获得全省文化和旅游系统新闻宣传工作优秀组织奖、区级党政信息考核优秀单位，取得了岗位目标责任制宣传考核满分。

（姚春叶）

【柯桥区文化广电旅游局】 内设职能科室8个,下属单位7个。2021年末人员194人(其中:机关14人,事业180人;具有高级技术职务资格的58人,中级57人)。

2021年,柯桥区文化广电旅游局积极贯彻落实全市文化旅游工作部署,结合柯桥区文化旅游发展实际,以《柯桥区文化旅游高质量发展"十四五"规划》为指引,全面推进文化旅游产业事业各项工作,努力推动柯桥文旅发展水平领跑全市、竞跑全省,为柯桥打造高质量发展共同富裕示范区先行地贡献文旅力量。一是全域旅游发展水平迈上新台阶。以"双创"引领全域景区化发展。区委、区政府召开旅游"双创"大会,启动推进柯桥区创建国家全域旅游示范区、鉴湖旅游度假区创建国家级旅游度假区工作,以"双创"为引领,深化柯桥全域景区化,齐贤街道、夏履镇、稽东镇、杨汛桥街道、马鞍街道被评为浙江省4A级景区镇(街道),福全街道、钱清街道被评为浙江省3A级景区镇(街道);齐贤街道齐贤村等9个村被评为浙江省3A级景区村庄;百思寒羽绒股份有限公司认定为浙江省工业旅游示范基地;至味酱园研学基地、景岳堂中药研学基地、会稽山黄酒研学基地被认定为市级研学基地。高标准完成2家4A级景区省级复核、3家3A级景区市级复核、12家2A级景区区级复核有关工作。以"微改造、精提升"促进服务水准升级。积极贯彻省文化和旅游厅要求,及早启动旅游业"微改造、精提升"工作,柯桥区"微改造、精提升"项目总投资排名全省领先,季度累计综合评价指数排名全省

第二,录入浙江省微改造项目全生命周期管理系统419项,总投资8.89亿元,相关工作经验获副省长成岳冲批示。以优质项目带动产业品质提升。文化旅游项目投资评价指数继续保持全省第一。全区共有文旅项目46个,总投441.43亿元。全年计划完成投资58.38亿元,实际完成投资额75.75亿元,完成率为129.75%。二是公共文化服务体系建设迈入新阶段。公共文化服务阵地提档升级。全区共有1个镇(街)文化站、6个村文化礼堂入选省公共文化场馆服务功能拓展先行先试试点单位,名列全市第一。区图书馆成功创建全省首批"满意图书馆"。区文化馆通过一级文化馆复评。开展全省第七次乡镇(街道)综合文化站定级工作;共7个综合文化站被评为省特级站,占比率全市第一;完成省文化强镇、文化示范村(社区)评审复评工作,共4个镇(街道)和15个村(社区)入选,数量位居全市第一。柯桥文化"金名片"影响力持续扩大。深化绍兴小百花院团内部机制改革,持续擦亮越剧"金名片",柯桥区列入第二批浙江省戏曲之乡。进一步扩大以绍兴莲花落为代表的柯桥曲艺影响,举办第七届中国曲艺高峰论坛,吸引曲艺名家80余人。精品文艺创作推陈出新。结合建党百年主题,创排"莲花颂党恩"绍兴莲花落喜迎建党百年原创作品演唱会和"百年铸辉煌,永远跟党走"越剧折子戏专场。都市题材当代越剧《云水渡》亮相"红动绍兴 全城有戏"庆祝中国共产党成立100周年优秀艺术作品展览展演季;越剧《一钱太守》《云水渡》《王

阳明》入选浙江省文化和旅游厅庆祝中国共产党成立100周年百场优秀舞台艺术作品。绍兴莲花落《龙山星火》参加浙江省第十一届群众曲艺大赛获银奖第1名,绍兴莲花落《崇高》《龙山星火》参加第十二届中国曲艺牡丹奖评选。群众文化活动蓬勃开展。持续推进文艺"五进"、幸福水乡才艺秀、"百花大舞台"等品牌群众文化活动,创新推出精品文艺演出进景区等,共开展各类文化惠民演出280场次。三是文化遗产保护传承呈现新气象。强化人员力量。在全市首个挂牌成立柯桥区文物局,在全市成立首支文物"护宝"志愿者队伍。建立文物安全直接责任人制度,梳理文物安全责任人公告公示牌193块,实现各级文保单位(点)"一对一"专人专管。守护文物安全。推进乡村文物资源振兴三年行动计划,完成第二批乡村文物修缮工程14项,完成辛亥革命"浙东三烈士"之一陈伯平故居维修及史迹陈列布展。配合省文物考古研究所做好兰亭野生动物园一号地块的考古发掘工作,发现各类古墓葬48座。曹素民故居等4处不可移动革命文物和17件(套)可移动革命文物入选浙江省第一批革命文物名录。依托红色馆藏文物和红色遗存,推出"红色百年柯桥印记——庆祝建党100周年柯桥区党史回眸"等展览7场次,开展红色基地研学游2场次、红色巡回展览走进社区、学校等8场次,接收红色收藏家葛紧根等捐赠红色藏品63件(套)。推进非遗保护。柯桥区非遗馆新馆开馆,入选第二批浙江省华侨国际文化交流基地名单、第十批浙江

省社会科学普及基地名单。举办第二十二届安昌腊月风情节、第五届柯桥非遗嘉年华、王坛舜王庙会，其中王坛舜王庙会列入国家级非物质文化遗产代表性项目名录。四是文化旅游市场管理探索新方法。引入第三方监管。启动第三方文旅行业安全隐患排查项目，通过购买服务，选择由专业第三方对区内文旅经营单位开展安全隐患排查，完成闭环检查1次。抓好办案质量。全年检查经营单位1375家次，开展"双随机"抽查32次，立案查处一般程序案件23起，其中重大案件1起，简易程序案件7起，罚款107200元，收缴非法出版物51册、非法印制庆祝中国共产党成立100周年印刷品152件，立案查处5家歌舞娱乐场所，下架违规曲目13首。"绍兴田娃旅行社有限公司未经许可经营旅行社案"在文化和旅游部视频会议上交流经验，受到点名表扬。提升行业品质。开展旅行社、饭店评星创牌业务指导，天马大酒店积极评选金树叶级绿色饭店。举办柯桥区文旅市场"遏重大"特种设备应急演练等演练活动，开展了文化旅游市场安全生产培训。五是柯桥文旅品牌形象呈现新内涵。做强"浙东诗路"核心地品牌。结合浙江文旅总评榜活动，组织柯桥"浙东唐诗之路"成果发布会。完成"构桥浙东唐诗之路"丛书（《稽山镜水唐诗三百首》《稽山镜水故事一百则》）编撰，推出柯桥诗路"水、陆、空、山间、云端"5条黄金游线，与绍兴文理学院合作开展"重走诗路、地名解码"（100处诗路地名）活动。创排越剧小戏《回乡偶书》。扩大"跟着小百花·享游

金柯桥"影响。以戏为媒，持续打造"跟着小百花·享游金柯桥"文旅IP，形成"戏曲＋旅游"文旅综合宣传推介品牌。"跟着小百花·享游金柯桥"走进上海、杭州等重点城市，举办推介活动22场，影响目标人群150万余人，获省委宣传部常务副部长来颖杰专门批示。开展特色文旅资源推介。深化"诗画浙江·百县千碗"工程，积极挖掘柯桥美食文化，编制《鉴湖食汇·柯桥十碗》画册；推出美食视频号"柯桥贪吃舌"；举办"柯桥区小吃、冷盘展评"活动。推出"金柯桥自驾游"品牌活动，以"文化＋活力＋生态"理念为主线，开展特色自驾游活动2场，省内知名旅游电台主持人、自驾游博主、旅游大V等30余人参加，借力旅游自媒体头部矩阵，发布图文、视频、游记攻略等文旅创新活动，总浏览量超5000万次。推动"旅游＋互联网"融合发展，开展"桥首以盼·享游柯桥"2021年第二届柯桥文旅产品网络消费季活动，推出柯桥四大主题线路，9条线路产品，90分钟的直播，吸引近100万人次参与，总销售额破10万元，其中柯桥土特产美食销售累计破1300斤。

（沈琛幸）

【上虞区文化广电旅游局】 内设职能科室5个，下属事业单位9个。2021年末人员123人（其中：机关9人，事业114人；具有高级技术职务资格的21人，中级41人）。

2021年，上虞区文化广电旅游局紧紧围绕区委、区政府建设"创新强区、品质名城"部署和在共同富裕示范区建设中"勇当排头兵、争做优等生"要求，进一步

加强文旅工作统领，加快文旅深度融合，加速创新创优工作，加紧文旅发展保障。一是决胜疫情防控阻击战。上虞疫情"遭遇战""阻击战""歼灭战"期间，全心全力支持大通社区防控工作，派出一半班子成员、落实28名优秀干部充实一线，按照"六个坚决"要求，亮出"六大实招"，以最短时间、最快速度、最高效率、最优服务、最严措施、最暖保障，从严从紧、从细从实落实各项疫情防控举措，取得明显成效。大通社区居民除在集中隔离点被确诊2例阳性外，经10余轮核酸检测，社区封控内人员均为阴性。创成"无疫小区"品质型2家，基本型4家，获区委组织部通报表扬1人，战时党支部、区文广旅游局机关党委获评抗疫先进集体。二是营造高品质文化生活。文化下乡工程纳入区政府十大民生实事工程，共计完成"阳光文化惠民"演出500场、送戏下乡100场、"文化走亲"演出20场，实现文化下乡全区行政村全覆盖。完成乡镇（街道）综合文化站第七批提档升级，现有特级2个，一级7个，二级7个；扎实推进图书馆公共文化服务大提升行动，建成城市书房4家，"天香书吧"6家，完成全区284家农家书屋图书编目、入库、联网。获2021年浙江省公共图书馆全民阅读月优秀组织奖，长三角公共图书馆阅读马拉松优秀组织奖。推进上虞剧院改造工程，完成总工程量的40％。三是提高特色文化标识度。以省级试点为抓手，推进孝德文化传承生态保护区创建，完成《新时代孝德文化传承地规划（2021—2025年》和《省级孝德文化传承生态保护

区规划》编制,完成孝德文化主题歌创作,策划打造"孝德文化"研学线路,举办孝文化节、曹娥庙会等活动,组织开展118位上虞区和绍兴市级非遗代表性传承人、168项非遗代表性项目考核评估,开展针对性保护,并于12月通过省中期评估。深入实施"文化基因解码工程",遴选347个文化元素录入全省文化基因库,完成20个重点文化基因解码工作报告,孝德文化入选首批浙江文化标识,孝德文化、虞舜传说、越窑青瓷、梁祝传说、阳明游学等5个文化基因入选全省优秀解码项目。四是加强旅游业服务保障。抓好线上住宿业、旅游总人次、旅游总收入数据统计报送工作。全区全年接待旅游总人数478.5万人次,同比增速11.5%;实现旅游总收入66.8亿元,同比增速21.2%。线上住宿业累计实现营业额6.02亿元,同比增速3.21%。扎实推进"微改造、精提升"项目,共计摸排"微改造、精提升"项目109个,其中非遗馆、凤凰山考古遗址公园入选省单项试点单位,创成市级试点11家,全年累计完成投资额2.6亿元;竹隐陈溪通过国家4A级景区资源评估,张村樱花谷、丁宅四季仙果、崧厦伞艺小镇3家3A级景区已通过景区资源评估,列入3A级旅游景区创建预备名单,盖北野藤葡萄公园、E游小镇景区通过3A级景区复评;推进"百千万"工程,丰惠镇、下管镇、盖北镇争创省4A级景区镇通过市级初评,谢塘镇、汤浦镇、永和镇成功创建省3A级景区镇;积极争创A级景区村19个,其中省3A级景区村3个待省级验收,已成功创建省2A

级景区村2个、省A级景区村14个,全区景区村已达191个.村庄景区化率达68%。五是打造时代文艺精品。高质量筹备区庆祝中国共产党成立100周年晚会,注重本土元素融入,在6月28日晚顺利举办,并被央视4套宣传报道;深化与浙江小百花越剧院的合作,排练越剧大戏《祝家庄里的年轻人》,并于5月10日首演。该戏已列入省文化艺术基金和绍兴市精神文明建设"五个一工程"创作扶持项目。五是提高文博事业发展水平。加快重点项目建设,博物馆异地新建工程土建标段于10月完工,布展设计施工一体化工程完成方案评审、施二图设计并做好施工准备。在市同率先出台名人故居保护三年行动计划,相关工作得到副市长顾涛批示肯定;完成小越罗家古建筑、小越陈家古建筑维修项目,丰惠钱氏大宅院完成总体工程量的40%。创新开设"名人故居云上展",推出16期,阅读量超50万次。六是强化文旅市场监管。严格落实"守小门"制度,抓好文旅市场防疫常态化管理;扎实推进"文明城市"复评、"双减"文艺类校外培训机构调查摸底、宾馆酒店"生活垃圾源头减量"等工作。荣获2021年绍兴市文化和旅游法律法规知识竞赛团体第1名,个人第1名。七是加强文旅队伍建设。扎实开展党史学习教育,坚持党建引领,巩固巡视、巡察成效,践行"四力"要求,严格落实全面从严治党主体责任、意识形态责任制和作风建设工作责任制,进一步优化"文旅讲堂"、文旅干部基层联系点和文化志愿者队伍建设。

(龚吉丹)

【诸暨市文化广电旅游局】 内设职能科室8个,下属事业单位9个。2021年末人员160人(其中:公务员34人,参公11人,事业115人;具有高级技术职务资格的30人,中级59人)。

2021年,诸暨市文化广电旅游局不断推进各项工作,提升文旅融合质量和水平。一是数字赋能文旅改革。根据省、市关于数字化改革的总体部署,成立诸暨市文化广电旅游局数字化改革领导小组,领导小组下设办公室和7个工作组。拟定《诸暨市文化广电旅游局数字化改革方案》,按照"1+4+N"的数字化改革总框架,以清单化形式将改革任务分解至各科室,全面推进诸暨市文旅数字化改革工作,积极谋划"安监通""旅游出行一件事"子场景应用。二是特色引领全域创建。发布《诸暨市旅游"十四五"规划》。成立诸暨市旅游专班,制定《诸暨市旅游业"微改造、精提升"五年行动计划(2021—2025年)》《2021年诸暨市"微改造、精提升"项目清单》《2021年诸暨市全域旅游发展工作清单》,全年完成351个"微改造、精提升"项目管理系统入库,涉及总投资10.4亿元。4A级景区城入选全省旅游业"微改造、精提升"行动单项试点单位。持续推进"万千百"创建工程,新创成省3A级景区镇4家,积极推进珍珠小镇4A级景区复核、牌头环保小镇3A级旅游景区创建、五泄旅游度假区整改工作,指导推动店口镇宣侠父故居争创省级红色旅游教育基地、璜山镇黄家店金萧支队纪念馆争创绍兴市级红色旅游教育基地。三是加快落地文旅项目。积极推进"云溪九里""春风十里""珍珠小镇"等 47 个文旅项目建设，全年完成总投资 47.53 亿元，完成率达 124.26%。其中，尧舜度假养生谷、飨街、三贤文化馆等 14 个项目列入省"四十百千"文旅项目库。四是繁荣发展文旅产业。积极推进省级文化和旅游消费试点城市创建工作，成立消费促进专题小组，明确小组人员及工作职责。修订出台《关于加快推进全域旅游高质量发展的若干政策意见》。深化"诸暨十碗""西施宴"等特色美食产品，新增"百县千碗·绍兴佳肴"美食旗舰（示范、体验）店 7 家、绍兴市首届"诗画浙江·百县千碗""金牌美食讲解员"2 名。举办"五彩唤醒·好美诸暨"2021 诸暨春季文旅新品发布会暨五泄观瀑节启动仪式、"2021 西湖·西施荷花展"、"初心之旅 红动诸暨"诸暨市红色旅游启动仪式、"沪上域见·好美诸暨"2021 诸暨文旅长三角（上海）推介会等活动。坚持借力平台加强营销，通过在 FM104.5《舒中胜有话说》节目宣传推介诸暨旅游、在杭州东站到达层投放形象广告、配合浙江卫视拍摄《还有诗和远方》专题片等系列举措，以及组织企业参加上海旅游产业博览会、杭州都市圈春季旅游惠民大联展、义乌文化和旅游产品交易博览会等活动，不断提高诸暨文旅产业的知名度。五是深入推进书香暨阳建设。全年举办全民读书节系列活动及各类线上、线下阅读推广活动 250 余场，参与读者 15 万余人次；推出展览 71 场，吸引观众 5 万余人次。完善智慧化图书馆建设，完成"诸暨市图书馆特色文献数字库平台建

设"项目 167 册古籍的数字扫描制作与发布工作。推进阅读一卡通工作，6 月底实现全省社保卡与图书馆借书卡一卡通；全市 4 家乡镇图书分馆完成数字化提升工作。累计建成浣江书房 15 家，全年接待读者 97.49 万人次，图书借阅 28.51 万册次。六是扎实开展文化惠民活动。指导创建公共文化场所先行先试单位，山下湖镇新长乐村成为省级试点。围绕建党百年、浙江"三个地"建设等主题，开展系列精品创作，完成《光辉的足迹》剧本创作和组歌《我们的母亲我们的中国》等作品；复排越剧《西施断缆》，完成保利剧院华东巡演签约工作。开展"庆建党百年 享美好生活"系列活动，举办庆祝中国共产党成立 100 周年诸暨市第十三届群文创作大赛、第十二届"舞动诸暨"舞蹈大赛、第九届"梦想诸暨"团队秀等大型演出活动。全年文化下乡巡演 100 场次、"文化走亲"6 场次，举办"潮涌浣江"系列展览 10 场、"流动博物馆"展览 49 场、非遗下乡巡演 17 场，免费培训超 1 万人次；送电影下乡 7296 场次，观众 18 万人次；新增"西施露影"公益电影放映点 2 个，累计完成户外固定点公益放映 100 场次。七是常态化抓实遗产保护。优化文物保护管理机构，设立诸暨市文物局。召开全市文物安全工作会议，出台《关于进一步加强文化遗产保护的实施意见》《诸暨市文物安全三年行动计划》，提升文化遗产保护工作的针对性和实效性。全年开展文物安全专项检查 4 次、"回头看"2 次、下发文物安全检查情况通报 2 则。实施公告公示制度，完成全市 92 处市级

以上文保单位的文物安全直接责任人公告公示牌安装。完成文物保护工程 17 个，总计投入资金约 2100 万元（含民间资金）。加大红色文物保护力度，完成中共诸暨县一大会址、金萧支队成立旧址、宣中华故居修缮工程。完成《绍兴市名人故居激活三年行动计划（2021—2023 年）》年度任务。开展白蚁危害调查，被省文物局立项为 2021 年文物建筑白蚁防治示范项目。公布诸暨市第五批文物保护点 20 处。规范乡村文化博物馆建设，次坞镇溪埭村俞秀松纪念馆等 7 家乡村文化博物馆入选绍兴市重点培育乡村文化博物馆名单。八是多举措保障遗产传承。有序推进诸暨市"文化基因解码工程"，完成 II 期 15 个重点文化基因解码工作，形成工作报告。启动"草塔抖狮子"非遗记录工作与保护研究项目试点，开展"线狮（草塔抖狮子）"口述史记录工作。推动传统戏剧振兴工程，举办"新时代戏曲文化魅力影像工程——地方戏系列集锦"浙江选题申报研讨会，完成诸暨市西路乱弹小戏《一袋药》创排并参加 2021"浙江好腔调"全省传统戏剧展演系列活动，鹦歌调《生灵的咏叹》入围浙江省第十一届群众曲艺大赛决赛，西路乱弹小戏《梅花催春》获 2021 第三届华东六省一市现代地方小戏大赛金奖，西路乱弹小戏《抖狮结义》获"诗路传薪"2021 年浙江传统体育非物质文化遗产项目舞台展演创新奖。编辑出版《西施故事》。新增省级非遗传承人 5 位、绍兴市非遗研学游基地 3 个、首批绍兴市乡村非遗体验基地 3 个。市博物馆被绍兴市委组织部公布为

党员教育培训基地。全年举办"源流——好美诸暨文化·创意展""红船从'浙'里起航——中国共产党在浙江主题展览"等展览19个、"从河姆渡到上山——浙江新石器时代新认识""'万里乾坤秋似水'——三贤文化漫谈八题"等专题讲座5个。推出"云上看戏",选取诸暨西路乱弹《梅花催春》《抖狮结义》等10个小戏在诸暨之声、"西施号"App平台上线。推进馆校合作,设计研发"博物馆进校园"研学课程。九是做深做细市场监管。深入开展文旅领域安全风险普查、"平安护航建党百年"旅游领域安全隐患大排查大整治专项行动、校园周边出版物市场专项整治等工作,深化"扫黄打非"工作,净化文旅市场环境。全年日常巡查出动3641人次,检查经营场所1736家次,立案调查30件,办结案件29件,罚款142200元。强化对旅游新业态的安全监管,配合出台《诸暨市旅游新业态项目安全生产监督管理试行办法》。积极部署开展"平安景区"创建工作,做好文旅行业"守小门"等疫情防控常态化工作。深化市文旅行业单位标准化建设和信用体系评价指标与模型研究工作。持续推进文化旅游行业的全国文明城市建设工作。全年受理旅游投诉30件,回复率、满意率均为100%。联合乡镇(街道),组织开展全市文化艺术类校外培训机构摸排专项行动,以宣传动员、实地走访等形式,开展地毯式排查,全面摸清全市文化艺术类校外培训机构底数,建立完善基础台账,推动"双减"工作落实。

(石 飞)

【嵊州市文化广电旅游局】 内设职能科室7个,下属单位12个。2021年末人员210人(其中:机关16人,事业194人;具有高级技术职务资格的33人,中级39人)。

2021年是高水平开启"十四五"的开局之年,嵊州市文化广电旅游局立足嵊州实际,充分挖掘、转化、利用越乡文化资源,着力打造共同富裕新标识新引擎。一是精品创作展演惊艳"大舞台"。市越剧团获评首批全国文化和旅游系统先进集体。越剧现代戏《核桃树之恋》入选庆建党百年优秀舞台艺术作品展演,成为全国唯一一部进京演出的越剧舞台艺术作品,并获第十七届中国戏剧节优秀剧目奖、第三十五届田汉戏剧奖剧目入围奖、2021深圳市青年戏剧节戏曲类最佳剧目、2021年度浙产优秀原创舞台艺术作品、2021年度浙江十佳红色经典剧目。越剧电影《汉文皇后》入选2021年度浙江省文化艺术发展基金资助项目。歌曲《永远的船娘》入选中国音乐家协会建党"百年百首"全国优秀原创歌曲。《核桃树之恋》《汉文皇后》《永远的船娘》入选2021年度绍兴市精神文明建设"五个一工程"文艺精品创作扶持项目。越歌《村村都有俏花旦》获第二十届浙江省群众音乐大赛银奖并入围2022年全国第十九届群星奖浙江省备选节目。二是非遗保护传承绽放"锦绣花"。积极推动越剧文化传承保护工作,完成省级越剧文化传承生态保护区中期评估有关工作,并作为省文化和旅游厅唯一一家,积极向文化和旅游部申报越剧文化(嵊州)生态保护区项目;新建"爱越小站"30个,累计

建立180个。积极推动越剧申报人类非物质文化遗产代表作工作,成立由市领导挂帅的工作领导小组,并正式挂牌成立非遗中心。注重非物质文化遗产的活态传承,新设越剧、竹编、根雕等10家非遗传习所,非遗文创骨干企业5家,设立吾悦广场非遗集市线下平台和"山乘"非遗线上商城,线上线下齐发力。开展非遗进校园活动,在剡山小学等地推进越剧、根雕、泥塑等多个项目,共开展非遗传播活动50多次。承办"文化和自然遗产日"暨绍兴市非遗兴乡大巡游首站活动,积极参加"百年百艺·薪火相传"中国传统工艺邀请展、第16届中国义乌文化和旅游产品交易博览会、2021年宋韵文化节非遗(文创)博览会等高级别展会。嵊州市大志然工艺竹编厂、"前岗辉白"茶文化旅游景区、山乘山根艺馆3家单位被命名为首批绍兴市非遗研学游基地。三是全域旅游建设驶入"快车道"。嵊州市被正式命名为第二批浙江省全域旅游示范县(市、区),荣获"长三角最佳悠享旅游城市""2021年全国县域旅游综合实力百强县"等称号;浙江省工委旧址获绍兴市红色旅游教育基地;清风驿站、星期八驿站评定为省三级旅游驿站;全市景区镇覆盖率达80%;乡村旅游基础设施项目立项16个,石门岭、敕书岭古道修复顺利推进。《浙东唐诗之路核心区(嵊州)旅游总体规划》荣获浙江省优秀国土空间规划设计奖;有序推进文化博物馆群、越剧博物馆、中国唐诗之城等重点项目建设,取得新成果;积极实施乡村振兴工程,新增游步道4.1千米,观景平台2

个，停车场 3 处，停车位 73 个。实施"微改造、精提升"工程，确定五年计划，实施各类项目 155 个，总投资 4.6 亿元，项目已开工 124 个，完成投资额 2.34 亿元。四是公共文化服务增添"温暖度"。嵊州市获 2021—2023 年"浙江省民间文化艺术之乡"称号。"打造越剧文化圈 高质量推进公共文化服务一体化建设"被列入全省创建公共文化服务现代化先行县（领航项目）十大领航项目；文化"三走进"活动被省文化和旅游厅评为第四批浙江省公共文化服务体系示范项目，全年累计完成送书 4.1 万册，送戏 265 场次，送电影 5000 场次，"文化走亲"18 场；新建绍兴剡溪书房·玉兰馆并对外开放，全市累计建成城市书房 9 家，基本形成"15 分钟阅读圈"，同时新建集镇书房（甘霖馆）、集镇书房（三界馆）并正常运行，完成甘霖馆、三界馆与雏鹰阅读书屋 3 家基层电子阅览室的改造工作。市图书馆获得浙江省第一批"满意图书馆"称号，荣获省文化和旅游厅举办的建党百年主题阅读活动优秀领读组织和优秀领读项目等奖项；积极举办首届"全民阅读·嵊图有请"全民阅读盛典、民营剧团百团共庆"建党 100 周年"优秀剧目展演、"春节七天乐""云上"直播等群众性活动。五是文物遗址保护加持"强引擎"。编制嵊州市文物安全及名人故居保护利用三年行动计划（2021—2023 年），推进二期文物平安工程，其中崇仁村建筑群楼长制成为亮点，中新社（中国新闻网）以《守护老祖宗的智慧 浙江千年古镇为老台门设立"楼长"》为题做了相关报道。小黄山遗址被初步纳入上山遗址群申报世界文化遗产预备名单（建议），31 件小黄山文物精品亮相国家博物馆。崇仁村建筑群消防工程被国家文物局列入全国文物消防安全百项重点工程、国内投资规模最大的文物消防工程，经过长达 3 年时间的建设，顺利通过省级验收。全面完成城隍庙（二期）、瞻山庙（二期）、振德台门等省级项目库修缮项目；红色革命文物省工委旧址修缮工程在建党 100 周年前通过验收并投入使用。全面开展整体平移后苍岩基成台门的修缮工作，并被省专家赞誉为"优良工程"。完成国保华堂王氏宗祠、崇仁村建筑群（四期），省保灵鹅王氏纯节坊、嵊县古城墙（三期）保护修缮方案编制并通过省文物局评审，争取资金 1274 万元。六是文旅品牌推广收获"灿烂果"。吾悦美食街被评为第二批绍兴市文旅夜间消费集聚区。举办"致敬百年路 启航新征程"嵊州市主题游线发布暨首发体验启动仪式，举办"弘越传世——纪念越剧诞辰 115 周年暨第二十届嵊州·中国民间越剧艺术节"、第十六个"文化和自然遗产日"、第十八届中国嵊州书法朝圣活动等系列活动。组织开展"百县千碗·嵊州鲈鱼宴"，评出 9 家美食体验店、6 家美食示范店，4 家单位获评省级"诗画浙江·百县千碗"美食体验（示范）店，6 家单位获评绍兴市"诗画浙江·百县千碗"体验店、示范店、旗舰店。举办 2021 嵊州·第二届国际肖像漫画展、2021 年嵊州市诗路越剧文化讲解员大赛、"庆建党百年·享美好生活"群众声乐大赛等文旅活动。完成嵊州城市动漫 IP"王羲之"设计打造工作，首次公开亮相第十二届国际漫博会。七是特色数字改革闪耀"新光彩"。"浙里好玩"品牌馆（嵊州"数字＋越剧"）入选省文化和旅游数字化改革试点项目。嵊州市崇仁村建筑群消防安全数字化应用模块入选省文物局第一批"文物安全"应用场景建设试点"揭榜挂帅"名单。创新出台《嵊州市文化广电旅游局数字化改革方案》，开发完成"嵊州智慧旅游导览"H5 小程序，推出嵊州旅游手绘地图，并在"文旅嵊州"微信公众号平台上线。做大做强"文旅嵊州"微信公众号，完成"文旅嵊州"子菜单搭建工作。八是文旅市场监管坚持"常态化"。推进旅游行业服务管理水平提升，嵊州宾馆通过四星级酒店复评。嵊州市柏星超级大酒店有限公司荣获浙江省 2021 年度节水标杆单位（节水标杆酒店）。会同多部门研究出台《嵊州市旅游新业态安全监督管理办法》。开展"平安护航建党百年"旅游领域安全隐患大排查大整治专项行动，摸排风险隐患新业态 10 家，关停 1 家，进一步形成了安全维稳工作高压态势，确保文旅市场整体平稳有序。

（支佳荧）

【新昌县文化广电旅游局】 内设职能科室 7 个，下属单位 10 个。2021 年末人员 128 人（其中：公务员 12 人，工勤 1 人，参公 13 人，事业 102 人；具有高级技术职务资格的 10 人，中级 35 人）。

2021 年，新昌县文化广电旅游局围绕"浙东唐诗之路"精华地打造，高质量推进全域旅游示范区建设，实现文旅事业的顺利发展和文旅市场的安全稳定。新昌县获得了浙江省民间文化艺术之乡、浙江省戏曲之乡等荣誉,被列为浙江省旅游业"微改造、精提升"行动试点县、全省大数据旅游统计应用试点,新昌5A级景区城入选全省首批"大花园耀眼明珠",也是绍兴市唯一入围地。一是推动全域旅游持续发力。成功创建国家全域旅游标准化服务示范县。3A级旅游景区"浙东唐诗文化园项目(鼓山公园)"顺利通过资源评估,列入创建名单。台格芮德品购中心被评为省星级旅游购物场所,是全市唯一一家。《新昌县文化和旅游"十四五"发展规划》通过规划评审。全力打造精致精美的"小城镇"建设样板和共同富裕示范区先行区,新昌被列为"微改造、精提升"试点县,梅渚村被列为行动单项试点。在2021年季度累计评价指数中,新昌县以33.14的分数,在全省90个县(市、区)中名列第一;新昌县荣获全省"微改造"最佳实践案例综合奖。推动乡村资源与专业运营团队开展合作,梅渚村实行"共建共享+实体运作"合作模式,外婆坑村引进乡村运营公司,镜岭镇在外婆坑、安山、雅庄、镜岭等村先行试点,探索乡村市场化运营,东茗乡打响"六看'东茗',一切有戏"乡旅品牌,精心策划主题活动吸引游客,实现"强村富民"目标。根据东西线规划,建设相关业态,完善相关配套,形成丹霞风情、运动养生等2条主题精品游线。完成两批建设项目70个,申报创建A级景区村41个。新签约亿元以上项目3个,总投资18.4亿元。2020年续建项目完成率60%。新签约项目落地率

33.3%。实现疗休养市场"零的突破",成为省直机关疗休养9条定点线路之一,新昌白云山庄、尊蓝山居为省直机关疗休养定点基地,并进入省直机关疗休养散客服务平台;积极对接各地疗休养定点旅行社,相继成为杭州、温州、台州、衢州等地区定点疗休养线路,实现"零的突破"。深挖研学游市场,成功创建2家市级研学营地、2家市级研学基地和3家县级研学基地;举办大型研学游活动,推出清风文化、红色基因、非遗传承、民俗体验等特色路线,共输送中小学研学人员2万余人次。鼓山公园、梅渚村发展"夜经济",打造"夜游"观光、"夜购"消费、"夜食"餐饮,撬动文旅市场发展。研发"新昌土菜"系列并完成12家体验店。累计培育4家"浙东天姥唐诗宴"体验店。6名讲解员在绍兴市荣获"诗画浙江·百县千碗"金、银、铜牌奖。2021年"诗画浙江·百县千碗·绍兴佳肴——金秋美食节"活动中6家旗舰店授牌。新昌县文化广电旅游局荣获最佳组织奖。二是打造"唐诗之路"精华地。出版"唐诗之路研究丛书"第一辑——《浙东唐诗之路学术文化编年史》《浙东唐诗之路唐诗总集》等6部著作,积极推进"唐诗之路"高层次研究,是新昌"唐诗之路"理论研究的又一大成果体现。《天姥山志》历时10年出版,为地方文化的传承做出卓越贡献。推进"文化基因解码工程",收集整理录入文化元素405个,解码完成20个重点文化元素,形成"一表、一文、一库";"浙东唐诗之路首倡地和精华地文化基因解码"入选"文化基因解码工程"成果展。打

造以"唐诗之路"为主题的诗化音乐剧《诗路芳菲》。创排调腔现代戏《梁柏台》、优化提升《后山叶芽》庆祝建党100周年。举办"唐诗之路·全国著名书法家作品展"、全国性学术研讨会、诗路星空朗读等活动,提升新昌影响力。三是促进文旅深度融合。相继开发新昌"李梦白"诗路形象IP及相关文创产品,加入全国首个"数字诗路声音博物馆"等。开展大佛寺数字化保护项目、预防性保护项目和"基于多元知识的新昌大佛寺石弥勒像虚拟复原与展示"科研项目。县图书馆提供数字化、信息化服务,推进地方文献和古籍数字化,率先通过全省第一批"满意图书馆"达标考评。联合交通局开发交旅融合系统,用于旅游市场执法,成为法治政府的一个亮点。新昌县文物局于8月13日正式挂牌成立。完成新北区抗日民主政府旧址迁建工程。实施文物安全三年行动计划和名人故居三年行动计划,开展全县文物安全大排查大整治大提升大利用攻坚行动和文物安全隐患排查整治。启动并推进大佛寺石弥勒像本体维修工程。鼓山书院获评浙江省不可移动文物保护利用优秀案例,在全省文物管理培训会上进行宣传推介,并获评第十五届全省博物馆陈列展览精品项目。新昌县非遗馆正式选址并启动装修设计环节。举办"绍兴有戏,梅渚等你"2021新昌县非遗兴乡大巡游等活动。新增第六批省级非遗传承人2人。梅渚村和白云文化艺术村获评首批绍兴市非遗研学游基地。建成并开放尹桂芳大剧院。县博物馆获评国家三级博物馆、2020浙江十佳

影响力博物馆。调腔传承保护发展中心被评为第九届全国先进基层文艺院团。新建 2 家天姥书房，全县累计建成 8 家绍兴天姥书房。图书馆启动唐诗之路主题馆建设，总馆面积增加至 6400 余平方米。梅渚村获评浙江省文化示范村。组织开展"激情七月康乐之夏"2021 群众文化月活动、2021 国庆群众文化月系列活动、第十五届农民文化节等线下主题活动；开展唱红歌、图片展等线上活动。创排调腔现代戏《梁柏台》《后山叶芽》庆祝建党 100 周年。全年开展各类演出 154 场、讲座 70 场、培训 21 场、展览 53 场，送书下乡 23278 册，送电影下乡 3010 场，开展其他阅读推广活动 153 场。四是坚决维护社会稳定。全年出动执法人员 3491 人次，检查文化经营单位 1711 家次，跨部门联合执法检查 28 次，行政处罚结案 31 件，同比增长 138％，警告 6 家次，行政处罚罚没款 127121 元，没收违法物品 1206 个。首次侦办未经许可经营旅行社业务案件。首次查处办理注册商标案和擅自从事印刷经营活动案，提升规范了印刷业管理秩序。与公安局联合查处"TT"酒吧，成功阻止劣迹艺人商演，该案为绍兴市首例演出市场监管案件。严抓、严管、严处，实现文化广电旅游领域全年零安全责任事故。全局坚持"部署到位、排查到位、督查到位、处理到位、准备到位"，严格落实行业管理，常态化开展行业隐患排查和"守小门"工作，组织文旅行业从业人员参加全县大规模核酸检测，确保文旅行业安全平稳。联合行业力量，成立新昌县文化广电旅游局疫情防控应急小分队，打造"有速度、有温度、有力量"的队伍形象，夯实疫情防控保障。发挥调腔、文化馆等文艺优势，创作了调腔、快板、朗诵诗等疫情防控主题的文艺作品。

（钟　靓）

金华市文化广电旅游局

【概况】 内设职能处室 9 个,下属单位 9 个。2021 年末人员 334 人(其中:公务员 42 人,参公 17 人,事业 275 人;具有高级技术职务资格的 88 人,中级 117 人)。

2021 年,金华市文化广电旅游系统坚持以习近平新时代中国特色社会主义思想为指导,深入学习贯彻党的十九大和十九届历次全会精神,全面贯彻落实全省文化和旅游局长会议,市委七届九次、十次全会和全市宣传思想工作会议等精神,紧紧围绕加快打造高质量文化供给地、高品质旅游目的地和高水平文旅融合地,全面推进浙江中西部文化中心、文旅融合发展示范中心、长三角重要文旅中心建设,大力实施"攻坚争先"九大行动。

一、疫情防控常抓不懈

调整充实局新冠肺炎疫情防控领导小组,建立"六个一"疫情防控制度机制,按照"逢会必讲疫情防控"工作理念,全面压紧压实工作责任。紧盯节假日等重要节点,持续对各类文旅经营场所和经营活动开展疫情防控安全隐患督查检查,对发现问题现场反馈,及时整改销号,形成工作闭环。全年共出动巡查 2.4 万余人次,检查各类场所 1.2 万余家,发现并整改完成疫情防控问题 1106 个。全市文旅领域总体保持平稳有序,实现疫情通过文化和旅游途径零传播。

二、文化顶层设计高位推动

制定下发《金华市文化广电旅游局文化繁荣发展三年行动计划》《关于推动公共文化服务高质量发展 助力共同富裕示范区建设的行动方案(2021—2025 年)》《金华市公共文化设施"补短板促赶超"攻坚行动方案》。全国率先出台《金华市中小学艺术类培训机构监督管理实施方案》,全面加强对全市中小学艺术类培训机构的规范管理。

三、文化建设基础不断夯实

全面开启市图书馆新馆建设,组建新馆建设专班,拟定新馆建设建议方案。加快打造"城乡 10 分钟阅读圈",新建"悦读吧"自助图书馆 12 家、"爱阅亭"智慧书屋 100 家、"e 家书房"进社区、农村文化礼堂 1045 家,实现乡镇(街道)综合文化站图书室图书通借通还 50 家。市区"悦读吧"工作经验在《书香中国》刊登推广,获人民网、新华每日电讯、《中国青年报》等媒体报道。实施公共文化场馆服务大提升行动,全面加强公共文化服务能力,10 家文化馆全部评定为国家一级文化馆,9 家图书馆通过省"满意图书馆"验收。永康市方岩镇被评为中国民间文化艺术之乡。东阳市传承发展浙江优秀传统文化工作积极主动、成效明显,获省政府督查激励。义乌市获评省级公共文化服务示范区。全年送戏下乡 3343 场,送书下乡 51.8 万册,送讲座、展览下乡 2145 场,"文化走亲"205 场,开展线上公共文化活动 1935 场,线上活动参与人数 3078 万人次。

四、文化精品创作屡出佳绩

浙江婺剧艺术研究院第五次登上中央电视台春节联欢晚会,第六次登上中央电视台春节戏曲晚会,第二次登上中央电视台元宵戏曲晚会,作为全省唯一单位参演庆祝中国共产党成立 100 周年大型情景史诗《伟大征程》。婺剧《信仰的味道》入选庆祝中国共产党成立 100 周年优秀舞台艺术作品展演重点扶持作品,《踏摇娘》入选 2021—2022 年度全省舞台艺术创作重点题材扶持项目。浙婺演员楼胜荣获第 30 届中国戏剧梅花奖榜首,是浙江时隔 36 年再登榜首,开创婺剧男演员和小生角色"摘梅"先河,得到省委书记袁家军,省委原常委、宣传部原部长朱国贤批示肯定,省委宣传部专门发来贺信。楼胜还入选 2021 年"最美浙江人·浙江骄傲",陈美兰荣获第二届"最美浙江人·最美文旅人"称号。王晓平入选第四批浙江省"万人计划"人文社科领军人才。承办全省国有文艺院团改革现场会,本局和浙江婺剧艺术研究院做典型经验介绍。中国戏剧家协会正式发文号召全国戏剧界向婺剧艺术研究院学习,"浙婺经验"全国推广。

五、文化遗产保护深入推动

编制"十四五"时期上山文化

研究宣传和保护利用工作规划。召开上山文化遗址联盟第 2 次联席会议、全市上山文化研究宣传推进会。5 月，万年稻米首次进京亮相首都博物馆"万年永宝：中国馆藏文物保护成果展"。11 月，在国家博物馆举办"稻·源·启明——浙江上山文化考古特展"。浦江上山遗址从全国 321 个项目中脱颖而出，入选中国百年百大考古发现，并列入国家大遗址保护利用"十四五"专项规划。兰溪首次发现上山文化遗址，是金华市发现的第 14 处遗址，全省遗址突破 20 处。"望道之路——陈望道与《共产党宣言》暨中国共产党成立 100 周年纪念展"入选庆祝中国共产党成立 100 周年精品展览。40 集"南宋徐谓礼文书"主题电视连续剧剧本和同名长篇小说完成创作。

六、非遗活态保护再创新高

永康铸铁等 4 个非遗项目入选第五批国家级非物质文化遗产代表性项目，非遗项目新增数量全省第一，总数达 36 项，居全省第二。38 人入选第六批省级非物质文化遗产代表性传承人，数量全省第一，总数达 176 人，居全省第三。"婺风遗韵·金华非遗会客厅"在国家对外文化贸易基地（北京）正式对外开放。举办2021"学党史 唱道情 感党恩"金华市曲艺传承人研培活动暨第五届"金华道情"论坛、第二届"婺风遗韵·少年非遗说"大赛、"婺风遗韵·一梦归婺州"悦夜之旅等活动。金华道情《一道密令》获第七届"缤纷长三角·浦东北蔡杯"曲艺邀请赛金奖，是浙江省代表队获得的唯一金奖。

七、服务保障扎实到位

加强对旅游景区景点、公共文化场馆、宾馆酒店及旅行社等文旅场所开放经营情况指导力度，最大程度减少生产生活影响。积极出台文旅惠民政策，全力做好"就地过年"服务保障。春节期间全市 85 家 A 级景区近半执行"二免一"优惠政策，开展文化活动 300 多场，"两馆一站"对外实施免费开放，服务人数超 300 万人次。

八、旅游经济持续恢复

积极出台各项旅游政策，成立旅游专班，下设七大专题小组，实行专班化运作，大力推进旅游复苏。先后印发《金华文旅攻坚争先行动三年计划》《"百县千碗·金华有味"工程三年行动计划》《金华市旅游业"微改造、精提升"五年行动计划》等政策。全年共接待游客 4326.6 万人次，同比增长 5.5%，旅游总收入 682 亿元，同比增长 11.3%。全球首家金华两头乌国际牧场正式开园，单日最高峰突破 7500 人次。金华万豪酒店、亚运村酒店试营业，标志着市区高端国际酒店实现零的突破。横店影视文化产业集聚区、婺州古城分别入选第一批国家级、省级夜间文化和旅游消费集聚区，婺城区、义乌市创成省级夜间经济样板城市，婺城区入选第二批省示范级文化和旅游 IP。

九、宣传体系全面形成

形成"一个口号、一份好评榜、一本宣传册、一首主题曲、一部 MV、一部宣传片、一台非遗戏、一套旅游图、一套游金华系列丛书、一系列推介活动"等"十个一"文旅宣传体系。启动"千年文脉·诗路金华"大型系列寻访活动，围绕"百人、百景、百诗"深入挖掘金华诗路文化，发布深度报道 50 篇，是金华市有史以来最大规模"诗路金华"系列报道。参与拍摄《还有诗和远方·诗画浙江篇》，节目收视率破 1，获国家广播电视总局发文肯定。

十、推介活动精彩不断

推出第二季金华文旅好评榜，评选出 2020 年金华文旅好评榜单位 105 家。深化"金华文化旅游主题发布"品牌，举办 2021金华春季文旅产品发布会暨第二季金华文旅好评榜启动仪式、"真理的味道非常甜"红色旅游推介暨"红五月"文旅发布会、金华文旅惠民月暨中国旅游日金华主题活动、金华市研学旅行发布会等系列活动，推出 100 余项旅游惠民措施。

十一、品牌推广不断深化

围绕"金华有戏"，开展建党百年"四十"主题庆祝活动，先后举办"望道之路——陈望道与《共产党宣言》暨中国共产党成立 100 周年纪念展"、"红色非遗情"乡音党课宣讲晚会等活动，举办"信仰之路"金华市庆祝中国共产党成立 100 周年文艺演出。围绕"金华有味"，成立全省首家"百县千碗"美食研究院，上线"百县千碗·金华有味"小程序和抖音号，制定"百县千碗·金华有味"进万家活动指南，制作美食电子地图，印制图书《跟着美食游金华》。举办"百县千碗·金华有味"小吃大赛，推选出 100 个小吃、100 个冷盘、30 家体验店。熙春巷特色饼一条街入选省级"诗画浙江·百县千碗"美食街区。武义县、兰溪市入选 2021 中国特色美食百家县市榜单，数量居全省第二。围绕"金华有艺",先后举办第十三届青年歌手大赛、浙江省第二届诗路文化带景区讲解员大赛金华市选拔赛、金华市导游(讲解员)大赛、旅游饭店业服务技能大赛等各类技艺大赛,金华代表队在全省首届诗路文化带景区讲解员大赛中取得金牌讲解员、优秀讲解员各3名的好成绩,数量均列全省第一。在2021中国特色旅游商品大赛及参赛商品展示活动中,金华市获得8个奖项,其中金奖4个,数量居全省第一。

十二、数字化改革全面启动

贯彻落实全省数字化改革目标任务,成立文旅系统数字化改革小组,构建全市文化广电旅游(文物)"1+4+N"数字化改革框架,制定《金华市文化广电旅游(文物)数字化改革框架方案》,对接城市大脑建设,细化完善智慧文旅大脑建设方案。组织各县(市、区)、局属单位申报省文化和旅游数字化改革试点项目,金华文化市场监管多业务协同应用系统、金华大数据旅游统计应用试点、兰溪不可移动文物数字化服务系统、义乌网吧智慧管理"一件事"、"义乌智慧旅游+未来社区"应用场景等5个项目列入省文化和旅游厅数字化改革试点项目。兰溪不可移动文物数字化服务系统、义乌图书馆借阅"一件事"全省推广,"浙里好玩"金华分站全省率先上线"浙里办"平台。

十三、项目建设快速推进

完成文旅项目投资262.6亿元,提前完成省文化和旅游厅下达的全年180亿元目标任务,完成率达145.9%,在全省一季度文旅项目投资会议上本市做典型发言。浦江县、武义县、磐安县入

围全省旅游业"微改造、精提升"行动试点县(市、区),磐安花溪风景区等13个单位入围单项试点名单。启动"微改造"项目587个,全年总投资超20亿元。其中花溪风景区以旅游推动打造共同富裕"花溪样板"经验获省、市领导批示肯定。

十四、全域旅游捷报频传

金东区、兰溪市成功创建省级全域旅游示范县(市、区),至此全市共有8个县(市、区)成功创建省级全域旅游县,数量居全省第一。7县(市)连续3年全部入选全国县域旅游综合实力百强县,数量居全国第一。6县(市)入选中国县域旅游综合竞争力百强县市,入选数量居全省第一。磐安县尖山镇入选第一批全国乡村旅游重点镇,武义县俞源村入选第三批全国乡村旅游重点村。东阳横店影视城、磐安江南药镇入选全省首批"大花园耀眼明珠"。浙江山山家休闲文化产业园有限公司等4家单位获评省工业旅游示范基地、兰溪药黄庙获评省中医药文化养生旅游示范基地。

十五、景区创建卓有成效

全力支持双龙风景旅游区创建国家5A级景区,启动5A级景区创建提升项目22个,总投资超10亿元,游客中心正式建成运营,通过文化和旅游部5A级景观质量评价,达到国家5A级景区验收标准。共创成A级景区城5个,A级景区镇41个,A级景区村342个,至此全市A级景区城、镇、村覆盖率分别达到100%、89%、63%。成功创建A级旅游景区13家,其中金华之光景区创成全国首家文化场馆类4A级景

区。武义博物馆、东阳卢宅景区通过4A级旅游景区景观评审。

【大事记】

1月

1日 浙江婺剧艺术研究院(浙江婺剧团)连续5年登上新年戏曲晚会。

7日 省文化和旅游厅党组成员、省文物局局长柳河一行调研金华"金名片"培育和文物保护工作。

8日 "浙里过大年"线上推广活动在横店影视城正式启动,通过户外小型现场和网络直播相结合的方式,全景"云展示""诗画浙江"独具魅力的冬季文旅产品。

21日 召开金华市旅游专班第一次工作会议,通报近年来金华旅游业发展基本情况,传达省旅游专班第一次工作会议精神,介绍市旅游专班筹备情况和组织架构,明确旅游专班运行工作机制。

27日 金华市政府新闻办举行金华市"回眸'十三五'·展望'十四五'"主题系列新闻发布会——教育和文化旅游专场。

2月

2日 召开全市文旅局长会议,认真学习贯彻全省文化和旅游局长会议精神,研究贯彻落实措施,对全市文化和旅游工作、人民群众就地过年服务保障及春节期间安全工作进行部署。

3日 召开"千年文脉 诗路金华"大型系列报道座谈会,把脉"千年文脉 诗路金华"第一季报道,对做好第二季报道建言献策。

11日 浙江婺剧艺术研究

院（浙江婺剧团）第四次登上中央电视台春节联欢晚会舞台，出演戏曲节目《盛世百花园》，整个节目时长 10 分 13 秒，婺剧表演大约为 1 分 20 秒，是表演时长最长的剧种。

26 日　浙江婺剧艺术研究院（浙江婺剧团）第 2 次登上中央电视台元宵戏曲晚会。

3 月

3 日　"星耀八婺"金华名人文化研究推广工程入选 2020 年金华市宣传思想文化工作创新项目。

11 日　召开全市文化广电旅游局长会议，总结"十三五"时期及 2020 年工作，研究"十四五"时期文化建设和旅游发展思路，部署 2021 年重点任务。

17 日　市委副书记、市长邢志宏调研市区公共文化设施建设和网络文化企业发展。

25 日　召开党史学习教育动员部署大会，传达中央和省、市党史学习教育动员大会会议精神，部署全市文旅系统党史学习教育。

同日　召开全市文化广电旅游（文物）数字化改革工作会议，贯彻落实市委、市政府关于数字化改革工作部署，全面推进金华市文化广电旅游（文物）数字化改革工作。

30 日　省文化和旅游厅党组成员、副厅长叶菁到金调研非物质文化遗产保护工作。

4 月

9 日　联合金华市应急管理局、金华市消防救援支队首次共同主办的金华市文物消防技能比武活动在金东区岭下镇举行。

20 日　在由省文化和旅游厅主办的"万象新声"浙江省首届诗路文化带景区讲解员大赛颁奖盛典暨第二届大赛启动仪式上，金华代表队 3 人获评金牌讲解员、3 人获评优秀讲解员，数量均列全省第一。

25 日　金华作为首站亮相浙江卫视《还有诗和远方·诗画浙江篇》第二季。

5 月

10 日　金华市第十七届未成年人读书节启动仪式暨市少儿图书馆金外分馆成立仪式在金华市外国语学校小学校区举行。

18 日　"万年永宝——中国馆藏文物保护成果展"在首都博物馆开幕，浦江上山遗址出土万年稻米首次进京展出。

21 日　第八届中国戏剧奖·梅花表演奖（第 30 届中国戏剧梅花奖）终评结果揭晓，浙江婺剧艺术研究院国家二级演员楼胜荣获戏曲类第 1 名，成为继陈美兰、张建敏、杨霞云后婺剧"摘梅"第四人。

24 日　省委宣传部发来贺信，祝贺浙婺创排折子戏《临江会》《断桥》《火烧子都》参加第 30 届中国戏剧梅花奖竞演成功及楼胜同志以得票第一的优异成绩摘得梅花奖魁首。

26 日　"浙江之心　水墨金华"——"横渡武汉　再续'金'彩"金华文旅推介会暨新华东线"穿越时空之旅"产品发布会在武汉举行，这是金华文旅首次走进湖北。

30 日　金华市第十三届青年歌手大赛决赛暨 2021"新松计划"全省青年歌手大赛举行，共有 18 位选手获奖。

6 月

5 日　举办"天山梦城·山水温宿"2021 温宿文化旅游推介会。

7 日　文化市场监管多业务协同应用项目、兰溪不可移动文物数字服务系统、网吧智慧管理"一件事"3 个项目入选省文化和旅游数字化改革试点。

10 日　第五批国家级非物质文化遗产代表性项目名录公布，金华市 4 个项目上榜，非遗项目新增数量居全省第一，总数增至 36 项，居全省第二。

15 日　"望道之路——陈望道与《共产党宣言》暨中国共产党成立 100 周年纪念展"在金华市博物馆开展。

30 日　金华市首家社会机构参与建设的"悦读吧"自助图书馆开馆。

7 月

1 日　浙江省庆祝中国共产党成立 100 周年大会在嘉兴举行，浙江婺剧艺术研究院党总支获评省先进基层党组织，是全省唯一受表彰的戏曲院团。

同日　浙江婺剧艺术研究院作为浙江省唯一参演单位，参加庆祝中国共产党成立 100 周年大型情景史诗《伟大征程》演出。

9 日　市委书记陈龙现场指导"悦读吧"自助图书馆金华市图书馆金都美地分馆开馆工作。

11 日　《浙江日报》头版头条以《浙江婺剧艺术研究院何以成为浙江文化"金名片"——把戏演到人民当中去》为题，回望 65 年建团史，总结浙江婺剧艺术研究院发展经验。

18 日　"百家媒体看金华、

百家旅行商走金华、百万市民游金华"2021金华市"再续金申"文旅推介发布会在上海举行,现场发布13条畅玩金华精品游路线。

19日 第三届全国县域旅游研究成果《全国县域旅游研究报告2021》公布,金华7县(市)全部入选2021年全国县域旅游综合实力百强县。

8月

2日 武义县俞源村入选第三批全国乡村旅游重点村。

16日 2021金华·温宿文旅合作交流周启动仪式在新疆阿克苏地区温宿县融媒体中心举行,市委书记陈龙参加启动仪式。

18日至19日 省文化和旅游厅副厅长刁玉泉到金华督查文化和旅游行业疫情防控工作。

30日 "八婺华彩"文物天团表情包在微信上线。

9月

2日至3日 金华市在2021中国特色旅游商品大赛及参赛商品展示活动中获得8个奖项,其中金奖4个,数量居全省第一。

7日 《人民日报》文化版刊登《小剧种,唱大戏》一文,介绍浙江婺剧艺术研究院经验做法。

同日 中国戏剧家协会到浙江婺剧艺术研究院开展调研活动。

15日 浙江省舞台艺术"1111"人才计划2021年度座谈会在金华举行。

同日至16日 2021年深化全省国有文艺院团改革现场会在金华召开,本局做典型交流发言。

17日 举行2021金华市研学旅行发布会暨文旅好评榜颁奖仪式,现场发布《金华市研学旅行大纲》和金华研学旅行线路。

25日至27日 第16届中国义乌文化和旅游产品交易博览会在义乌举办,金华馆组织各县(市、区)35家企业近100件优质文旅产品及非物质文化遗产项目入驻展厅。

10月

12日 兰溪发现上山文化遗址,这是兰溪发现的第1处遗址,金华发现的第14处上山文化遗址。至此,浙江省早期新石器时代遗址(上山遗址群)突破20处。

17日 金华道情作品《一道密令》获第七届"缤纷长三角·浦东北蔡杯"曲艺邀请赛金奖,是浙江代表队获得的唯一金奖。

18日 浦江上山遗址从321项参评项目中脱颖而出,入选中国百年百大考古发现。

29日 东阳市、义乌市、永康市、武义县获评浙江省全域旅游示范县(市、区)。

31日 出台《金华市中小学艺术类培训机构监督管理实施方案》和《金华市中小学艺术类培训机构准入指引(试行)》。

11月

1日至2日 浙江省第三十二届群众戏剧小品大赛在东阳举行。

15日 公布2021年度金华市优秀非遗传承人72名,其中省级以上非遗传承人22名,市级非遗传承人50名。

19日 "浙里好玩"上线金华分站,涵盖旅游资源、门票、酒店、美食、租车等项目服务。

21日 "稻·源·启明——浙江上山文化考古特展"亮相国家博物馆。

25日 金华历史文化研究

成果展示厅举行开馆仪式,市委常委、宣传部部长吕伟强参加揭牌仪式。

12月

6日至8日 "庆建党百年 享美好生活——2021年浙江省首届喜剧小品竞演活动"在金华举办。

9日 "婺风遗韵·金华非遗会客厅"在国家对外文化贸易基地(北京)正式对外开放。

18日 "徐谓礼文书"作为1号展品亮相南京博物院。

23日 义乌市、婺城区创成首批省级夜间经济样板城市。

(周 裕)

金华市县(市、区)文化和旅游工作概况

【婺城区文化和旅游体育局】 内设职能科室5个,下属单位6个。2021年末人员46人(其中:公务员、参公11人,事业35人;具有高级技术职务资格的7人,中级15人)。

2021年,婺城区文化和旅游体育局深入贯彻落实习近平总书记重要讲话精神,以十九届六中全会、省委十四届十次全会等重要会议精神及决策部署为引领,紧紧围绕高质量发展建设共同富裕示范区这一主题,全力推动文旅产业逐步发展成为全区经济发展新的增长点和亮点。一是做优文化服务。公共文化空间更宽敞。建成图书馆分馆9家、文化馆分馆2家,新建2个图书流通站,实现6个文化站图书室图书通借通还。完成"e家书房"进社区、进农村文化礼堂120家。建成全省首家铁路文化馆。公共文

化活动更丰富。提供针对性文化服务，开展婺图文化助残进基层活动、"青少年红色主题漫画大赛"等各类读书、读者活动469场，服务140561人次；全年免费开放30个项目、培训360场次，受益学员近1万人；举办红色歌舞情景剧《百年风华》、婺剧《南山火种》演出等建党百年系列群众文化活动178场，线上线下参与活动达52.5万人次；承办"全民阅读月"各类文化活动及赛事15项，送文化下乡130场，送戏下乡90场，"文化走亲"7场，举办展览120场、讲座31场，服务读者455433人次。公共文化数字赋能更深化。推出"乡愁婺城 我们的风采"系列线上展览，观看人数达398.1万人次；推进与省文化馆"浙江群文云"数字服务平台的互联互通建设，打造婺城"一码通"微文化馆、微图书馆；强化"书海拾贝"等5个线上阅读推广；"e家书房"进村社文化礼堂，"爱阅亭"智慧书屋、乡镇（街道）文化站图书室实现全市通借通还，打通公共文化服务"最后一公里"。文化管理环境更良好。常态化开展文物安全、节日等专项检查，共计发现隐患63处，整改完成60处，限期整改2处。拟定了交椅山红军标语等3处文物保护项目，落实黄金苑2处"三普点"迁移工程。组织申报认定婺城区第九批非遗代表性项目，评审婺城第七批非遗代表性传承人和第五批非遗传承基地。做好婺州扎染、婺州窑铁店古窑址、乌饭山庄等非遗体验点的创建指导工作。开展非遗传承，举办非遗进校园、进文化礼堂、进景区、进社区活动共11场，让文物"活"起来。二是做

深旅游发展。推进文旅项目建设。13个在建文旅项目完成投资11.2亿元，完成年度计划的101.31%。金华铁路文化公园项目工程、熊猫猪猪·两头乌国际牧场项目建设完成并开放；燕语湖国际垂钓中心（二期）综合开发项目有序推进，望山隐庐园项目荷花芯部分综合体边坡支护、地基建设已完成，道路施工完成40%。完善旅游设施建设。梳理旅游业"微改造、精提升"项目58个。安装全域旅游信息自助查询机10台，新建3A级旅游厕所13处。婺城区入选浙江省3A级景区城。7家景区镇、7家3A级景区村庄完成市级现场验收。新增市级红色旅游教育基地2处，市级中小学生研学实践教育基地1家，婺州古城获评省级夜间文化和旅游消费集聚区。强化旅游宣传推广。开展"全力推进全域旅游全新打造旅游目的地"直播活动，累计观看5万人次，留言点赞互动1.7万次。推出"花满婺城 幸福生活""5·19中国旅游日"婺城数字赋能乡村旅游文化节活动，设置非遗"云集市"等活动，带动乡村旅游新发展。浙江卫视《还有诗和远方》节目到本区录制，《金华日报》专版推出"花满婺城 幸福生活"五一旅游攻略，整理制作婺城全域旅游手绘地图等，让婺城旅游知名度更广。全区共接待游客278.06万人次，同比增长12.85%；实现旅游收入30.9亿元，同比增长15.92%。

（范雯思）

【金东区文化和旅游局】 内设职能科室4个，下属事业单位3个。2021年末人员19人（其中：机关

4人，事业15人；具有中级技术职务资格的3人）。

2021年，金东区文化和旅游局认真贯彻落实党的十九大和十九届历次全会，省、市、区委历次全会精神，扎实开展党史学习教育，紧盯"三区协同"重要发展机遇期，围绕省级全域旅游示范区创建目标，全力打造一批文旅成果，推动文化和旅游多方位深度融合。一是公共文化事业。迎接建党百年系列活动蓬勃开展。6月30日，在中国婺剧院举办"百年潮涌 廿载扬帆"金东区庆祝中国共产党成立100周年文艺晚会。广泛组织开展"迎建党百年 享美好生活"系列群众文化活动，引导各乡镇（街道）、办事处广泛开展具有当地特色的群众文化活动103场次，参与46万余人次，积极营造全民喜迎中国共产党百年华诞的欢乐场面，参与群众达到3.05亿人次。公共文化服务发展基础愈加坚实。建设光南文化舞台18个。新建金都美地悦读吧自助图书馆、东关社区悦读吧自助图书馆；多湖街道、东孝街道、孝顺镇综合文化站图书室实现图书通借通还。孝顺镇文体中心投入使用，金东人文博览中心主体结顶。公共文化惠民活动精彩纷呈。全区送戏下乡384场，送书下乡23788册，送讲座、送展览下乡147场，组织区级以上"文化走亲"活动27次。积极创新公共文化产品供给模式，开展各类线上活动100余场，参与人数达1.079万人次。春节期间，开展"金东文旅 辛丑暖冬——2021云上迎春送福"系列活动，累计开展活动12场，线上参与人数超过300万人次。2021

浙江文旅消费"百年百场"之"金东乡愁"五一美食节在赤松镇锦林佛手文化园举行，金东特色文艺节目深受游客喜爱。举办第一届"艾青诗歌奖"艾青诗歌朗诵会。公共文化服务队伍不断健全。成立金东区文化和旅游志愿者支队，下设区直属和乡镇（街道）、办事处支队16支，志愿者人数近1000人，开展志愿活动96次，累计服务时长3707小时。组织开展各类培训活动214班次，培训超过1.5万人次。加强以"三团三社"为核心的基层文艺社团培育工作，全区各类文艺社团达到442支（其中"三团三社"89支）。公共文化旅游服务品质稳步提升。参加第七次乡镇（街道）综合文化站评估定级工作，全区省级文化示范村共13家。3A级旅游厕所新建、改建16座。文化标识建设步伐加快。完成文化基因资源调查，挖掘300个文化元素，完成20项重点文化元素解码工作。"金东佛手"列入全省首批100个浙江文化标识项目。"金东记忆工程"申报省政府督查激励工作"传承发展浙江优秀传统文化行动计划"项目库。文艺创作硕果累。区文化馆选送的道情《我是军粮》获得"迎建党百年 享美好生活"浙江省第十一届群众曲艺大赛金奖，并入选浙江省群星奖优秀作品录制和2021文明出行全省巡回宣传月大型公益活动汇报演出。施光南农民合唱团获得"迎建党百年 享美好生活"浙江省群众（乡村）合唱大赛金奖及2021"欢乐金华"百姓文化节"为党颂歌"百姓合唱大赛"金华市百姓合唱队之星团队"荣誉。原创歌曲《家乡的味道》入选

2021年浙江省献礼中国共产党成立100周年主题歌曲作品展播。金东区文化馆共有4件文艺作品登上"学习强国"平台。文化遗产保护常抓不懈。深入学习贯彻落实全省文物安全专题工作电视电话会议精神，10月14日，区政府召开常务会议，力争提前实现"5个100％"目标，夯实基层文物管理力量。省级文物保护单位施复亮施光南故居、市级文物保护点黄泥垅钱兆鹏墓、市级文物保护单位下牌塘二十九号民居、县级文物保护单位禅定寺等4处文物保护单位入选浙江省第一批不可移动革命文物名录。深入实施"金东记忆工程"，修缮历史建筑12处，新建私人收藏馆（主题博物馆）8个，区财政补助800多万元。深入实施全区文物安全大排查大整治大提升攻坚行动和文物法人违法三年专项整治行动，引进社会力量对文物实施安全监管，全年出动文物安全检查600多人次、235家次。积极申报浙江省第六批非遗旅游景区，塘雅镇下吴村入选省级民俗文化村；2人被评定为第六批省级非遗代表性传承人；组织非遗传承人参加第16届中国义乌文化和旅游产品交易博览会，作品《朱雀共舞》《美女葫芦》等获铜奖，作品《延安精神永放光芒》获银奖。全年文化执法日常巡查共出动检查1335人次，检查经营单位661家次。办理举报投诉17件，行政处罚立案调查11件，办结案件10件。二是旅游业。围绕"全面实施乡村振兴战略、高水平推进美丽幸福金东建设行动计划"的要求，全域推进旅游工作。全区全年共接待游客287.9万人次，实现旅游

收入43.1亿元，同比增幅分别为34.6％和30.6％，增速排名均列全市第一。截至年底，成功创建国家4A级旅游景区2家（锦林佛手文化园、金华之光景区），国家3A级、2A级旅游景区13家，以及209个省A级景区村庄，其中19个省3A级景区村庄，景区村庄创建比例达65％。制定"微改造、精提升"项目五年行动计划，将70余个项目列入行动清单，总投资2.1亿元，完成投资1.03亿元。创建一批新景点。新增国家3A级旅游厕所5个，新创建完成景区村50个、景区镇4个。金华之光创成国家4A级景区、山山家创成国家3A级景区，山山家休闲文化产业园入选2021年浙江省工业旅游示范基地。建设一批文旅市集，新增火车南站店、旅游集散中心店和金义综保区店等3家。制作一批"金东好礼"，推出1套集合艾青诗集、光南音乐留声机、火腿和佛手丝的"诗歌金东"伴手礼。推出一批金东美食。挂牌"百县千碗"工程示范店2家，推出3套金东特色美食。拍摄制作了金东美食专题片，创作发布了金东美食主题歌《家乡的味道》。打造一批红色旅游线路。在全市率先推出包含28处红色旅游景点的《金东文旅红色印记手绘地图》，规划6条红色旅游精品线路，推出9条红色研学线路。星野山山家、百年星火麦磨滩、金华之光文化广场入选金华市中小学生研学实践教育基地，"希望之光·艾青故里"入选省级党员教育培训基地。《人民日报》等媒体对金东区"红色文旅"做法进行了专题报道。

（盛 婕）

【兰溪市文化和广电旅游体育局】内设职能科室7个，直属单位8个。2021年末人员127人（其中：公务员23人，参公9人，事业95人；具有高级技术职务资格的12人，中级36人）。

2021年，兰溪市文旅事业蓬勃发展，文旅产品供给优质，成功创建浙江省全域旅游示范市、浙江省4A级景区城，入选"诗画浙江·百县千碗"数字化改革试点县、中国县域旅游综合竞争力百强县。全市共接待游客243.94万人次，实现旅游总收入31.04亿元。全市文旅在建项目53个，总投资219.51亿元，完成年度投资40.93亿元，位列金华市第一。一是旅游发展。越龙山国际旅游度假区、飞鸿军事主题乐园、兰溪金兰悦园酒店住宅项目等重点项目加快推进。兰湖度假区首期开发项目、李渔文创园、古城（桃花坞）开发项目等加快落地开工。兰溪4处景点上榜浙江省诗路精品旅游线路，摄影之家获评金宿等级民宿，昱栈民宿获评文化主题民宿。举办2021兰溪文旅（上海）推介会、2021中国（兰溪）民宿产业发展对话暨"妈妈的味道进民宿"活动、"宴遇兰溪"美食体验活动等品牌活动，美食小吃、非遗项目等文旅资源频登中央电视台。旅游资源丰富。全市共有国家4A级旅游景区2处（诸葛八卦村、六洞山风景区），国家3A级旅游景区5处（芝堰古村、游埠古镇、兰溪天下江南、兰溪光膜小镇、长乐福地），国家2A级旅游景区2处（黄大仙赤松园、新天地生态休闲农场）；省级旅游度假区1家（兰湖旅游度假区）；省级风景名胜区2处（六洞山风景名胜

区、白露山—芝堰风景名胜区）；省旅游风情小镇2家（诸葛镇、游埠镇）。省4A级景区镇3家（游埠镇、诸葛镇、女埠街道），省3A级景区镇12家，省A级景区村庄205家，其中3A级景区村庄20家。加强旅游市场营销。将兰溪"文化、生活、旅游、美食"进行整合，统一推出"兰溪日子·有戏有味"文旅IP口号，并开展了一系列宣推活动。邀请长三角重点媒体和上海部分旅行社代表到兰溪踩线，10余家旅行社已申请开通上海至兰溪的散客班线，推广兰溪线路产品。上海—兰溪高铁旅游专列、山东旅游专列等相继开通。策划开展"宴遇兰溪"活动、"乐购体育彩票 玩转兰溪日子"活动，促进美食、文化、旅游、体育融合发展。代表金华参加"舌尖上的相遇——中东欧美食与'诗画浙江·百县千碗'人文交流活动"。打造"兰溪味道"样板店、构筑"百县千碗"兰溪样板，打响"味道兰溪"品牌，持续激发共同富裕新动能。设计"满地风光无穷尽""偷得浮生半日闲""人间烟火抚人心"3条旅游特色线路。积极组织参加省、市组织的各类旅游交易会，做好兰溪旅游形象宣传与市场营销工作。完善行业管理。兰溪市全年共接待游客294.6万人次，同比增长19.8%，增速列金华第三；实现旅游总收入43.6亿元，同比增长7.7%，增速列金华第七。加强行业培训及指导。全年开展线上、线下培训10期，培训人数1200余人次。二是文化发展。全市有非遗中心（文化馆）1个、文化站16个、公共图书馆1个、微书吧32家、公共电子阅览室6个、公共博物馆

1个、文化服务中心1个，全年电影放映4581场次，观众32万人次。全年新闻宣传围绕文旅活动等主题开展，省级媒体共刊发119篇，其中《浙江日报》10篇，重点关注兰溪首次发现上山遗址、"兰溪日子·有戏有味"文旅IP发布等；金华市级媒体刊发各类报道93篇。加强文物管理。兰溪市文物局挂牌成立。及时制定《古建筑认养使用实施细则》。文物安全直接责任人公告公示制度全部推开。完成全省文物大排查大整治大提升攻坚行动。市博物馆共开展各项展览和宣教活动27场次，年接待观众20.45万人次，同比增长16.5%，征集捐赠藏品92件（套），对文物实行"一物一卡一码"的登记、标定与清查，完成馆藏4200件（套）文物整理工作。加强文化市场管理。截至年底，全市共有各类文化经营场所397家。全年共出动执法人员4540人次，检查各类文化经营单位2154家次，受理举报19件，查处违法违规经营行为案件41件，取缔无证游艺场所1家，取缔无证经营出版物单位12家，收缴非法出版物10335册，罚款总金额2.5万元。联合相关职能部门开展各类专项检查行动26次，召开全市各经营单位业主培训及工作会议7次，圆满完成了全年任务。加强图书馆工作。截至年底，市图书馆馆藏文献总量497508册，其中地方特色文献7500余册。每年征订310余种期刊杂志和140余种报刊。数字资源丰富，可在线阅读下载。有"芥子书屋"李渔路分馆、兰创分馆2个自助图书分馆，16个乡镇文化站图书分馆，1个文史主题分馆，19个图

书分馆实现通借通还服务功能。新建 32 个微书吧,以及 100 余个流通点。服务遍及城乡、企业、部队和农村基层等,并开展各项文化惠民活动。加强非遗保护。"双减"政策下,将非遗引入学校,开展常态化教学,已覆盖全市 12 所中小学,开展非遗教学 108 场次,惠及学生 2500 余人次。成功申报第六批浙江省非遗代表性传承人 2 人,金华市级非遗项目 6 个。完成省级以上 4 个项目及 5 位传承人的评估考核。组织完成浙江省第六批非遗旅游景区申报,聚仁村通过初审。全年共组织各类活动 30 场,包括参与外地县(市)活动 15 场,非遗进文化礼堂 10 场,参加国家级活动 2 次,省级活动 3 次,辐射范围扩大到上海、安徽等地。开展线上线下培训 36 场次,惠及民众 10000 多人次。完成兰溪滩簧、断头龙、孔明锁制作技艺等 9 个省级以上非遗项目宣传短片初稿的拍摄。组织剪纸协会成员参与 2021 浙江省喜迎建党百年"红船精神"剪纸作品大赛,2 人获奖。组织传承人参与 2021"欢乐金华"百姓文化节"匠心再造"百姓工艺美术手工技艺大赛,2 人获奖。断头龙参与"迎建党百年 享美好生活"浙江省民间音舞大型广场展演。兰溪滩簧新作《渡考》获得浙江省第十一届群众曲艺大赛、2021 年金华市第五届戏剧曲艺大赛双银奖,创作团队受邀在绍兴柯桥参加了浙江省第十二届中国曲艺牡丹奖节目加工会。兰溪滩簧《南下干部》受邀参加第四届中国浙江·全国曲艺传承发展论坛及观摩交流展演暨"中国浙江(温州)·全国曲艺唱曲传承发展论坛及观摩交流展演"活动。

(汪臭意)

【东阳市文化和广电旅游体育局】内设职能科室 8 个,下属单位 10 个。2021 年末人员 197 人(其中:机关 26 人,事业 171 人;具有高级技术职务资格的 18 人,中级 45 人)。

2021 年,东阳市文化和广电旅游体育局持续提升公共文化服务水平,深入拓展文化优势转化通道,积极推进文旅深度融合发展,扎实做好数字化改革工作,取得实效。东阳市每万人拥有公共文化设施面积 2489 平方米。全年接待游客 1067.8 万人次,同比增长 12%;旅游收入 180.9 亿元,同比增长 15.7%。限上住宿业营业额 8.83 亿元,增速 10.3%,恢复到 2019 年同期的 88%;限上餐饮业营业额 1.49 亿元,增速 9.5%,恢复到 2019 年同期的 91%;全社会住宿业增速 13.7%;全社会餐饮业增速 48.8%。一是持续提升公共文化服务水平。加大基层公共文化设施供给。在浙广直播、"歌画东阳"App、东阳市文化旅游体育公众号等平台上推出"文旅东阳·文化陪你过大年"视频展播 7 场。举办"空中课堂"线上公益艺术培训 18 期。占地超 8000 平方米的江滨文化中心正式启用。场馆内引进电子古琴、数字国画机、数字书法机等数字化线下文化体验设备。东阳市图书馆新增"悦读吧"自助图书馆 1 家,完成"e 家书房"进社区、进文化礼堂 80 家,7 个综合文化站图书室实现图书通借通还。全年新增馆藏 43306 册,馆藏总量 602804 册;图书流通 442643 册次;读者总流通 613423 人次;举办各类阅读推广活动 267 场,参加活动 178893 人次。数字资源浏览量 1353940 万次,下载量 189156 万册次。完成新博物馆、新图书馆的规划选址工作。加快公共文化服务现代化建设。实施"百分之一公共文化计划",激发社会力量投资文化建设积极性,提升城市文化品质。吴宁街道通过浙江省文化强镇评审,歌山镇综合文化站入选省公共文化场馆服务功能拓展先行先试单位。东阳作为金华唯一县(市)列入全省公共文化服务现代化先行县培育对象名单。积极开展文化惠民活动。全年举办文化惠民活动 400 余场,开展大型晚会线上直播活动 5 场,线上服务人次达到 251 万。原创歌曲《裘家岭的路》在"歌画东阳"App 上播放点击量达 5 万次以上,并登上"学习强国"平台。举办各类文化活动 120 余场。开展各类艺术培训 60 余场,"空中课堂"线上公益艺术培训 14 期。每周出推"群星璀璨·每周艺赏"线上优秀文艺作品展播 2 个,全年推送 82 场。完成送戏下乡 140 场,送电影下乡 7813 场,送书下乡 114960 册次。创新推出"百年辉煌"图片展、红色电影展映活动等党史学习教育主题文化活动。承办省第三十二届戏曲小品大赛,作品《雕刻时光》荣获金奖。二是深入拓展文化优势转化通道。实施"百个特色文化场馆"展示工程。出台《东阳市特色文化展示馆奖励扶持办法(试行)》,积极引导工艺、民俗、收藏等方面的社会优质文化资源转化为公共文旅产品。推动文化基因解码。完成吴宁台、卢宅故事等 20 项重点文化元素的解码报告，累计录入文化元素 673 项，解码成果获得优秀等次。打造文化标识，着力培育东阳木雕文化、东阳百工文化、横店影视文化等 3 个项目，申报评选浙江文化标识。6 月，东阳传承发展浙江优秀传统文化工作得到省政府督查激励，是全省 2 个入选县（市）之一。加强文化遗产保护力度。开展文物安全提升专项行动，按照"市、镇、村、责任人"4 级责任体系，层层签订文物安全责任书，全面落实直接责任人公告公示制度，全年出动人员 2850 人次，巡查文物保护单位（点）926 家次，整改隐患 300 余处。卢宅非遗街区入选全省"微改造、精提升"单项试点单位，全年举办各类活动超 200 场次。省级文化传承生态保护区创建工作稳步推进，顺利通过省文化和旅游厅中期评估。三是积极推进文旅深度融合发展。深化全域旅游。指导卢宅景区通过国家 4A 级旅游景区景观质量评估，八里湾共享田园成功创建国家 3A 级旅游景区，全年完成 5 个 A 级景区镇、52 个 A 级景区村的创建工作。东阳入选 2020 浙江文旅融合高质量发展十佳县（市），上榜 2021 年全国县域旅游综合实力百强县，位列第 14 位。狠抓文旅消费。8 月，《浙江政务信息（专报）》刊发东阳市打造省文旅消费试点的工作做法；10 月，横店影视产业文化集聚区入选首批国家级夜间文化和旅游消费集聚区。全年文旅项目投资完成率达到 155%。全力推进横店影视城未来景区建设，指导完成升级演艺秀产品近 100 个，泛博物馆产品设计布展 5 个，横店影视城入选

"耀眼明珠"高能级景区，获评浙江十大数智景区。加强品牌宣传推广。参加厦门国际休闲旅博会、2021 金华上海周等推介活动，有效提升东阳文旅知名度。积极培育"百县千碗·食尚东阳"旅游美食品牌，完成"十大碗""十小吃""十冷盘"评选工作。"浙里过大年·横店逛庙会""诗画浙江·百县千碗"等大型文旅活动在东阳举办，圆明园、木雕小镇等标志性景区纳入全省创建文化和旅游 IP 名单。四是扎实做好数字化改革工作。形成"1＋3＋2"基本框架。搭建文旅一体化公共数据平台，打造不可移动文物保护（数字）系统、基因解码·卢宅营造技艺、浙里好玩品牌馆应用，建设数字政府体系、数字社会体系。其中，基因解码·卢宅营造技艺应用、不可移动文物保护（数字）系统应用，分别列入金华文旅数字化改革特色应用场景和东阳城市大脑平台建设。五是全面提高市场监管治理能力。筑牢行业安全生产防线。严格落实"外防输入、内防反弹"的疫情防控工作方针，约谈防疫工作不力单位 29 家次，停业整顿 25 家。全年出动工作人员 3087 人次，检查场所 1494 家次，整改安全隐患 97 处。营造风清气正的市场环境。查处"扫黄打非"类案件 15 件，没收违法物品 4378 件、非法出版物 462 本，办结行政处罚案件 19 件。推进执法体系现代化建设。深化"互联网＋监管""双随机一公开"执法体系改革，"浙政钉""掌上执法"应用开通率、使用率、行业覆盖率均达 100%。"最多跑一次"行政许可事项即办

率达 98.77%，承诺期限压缩比达 99.05%。

（单国炉）

【义乌市文化和广电旅游体育局】 内设职能科室 10 个，下属单位 7 个。2021 年末人员 205 人（其中：公务员、参公 45 人，事业 160 人；具有高级技术职务资格的 29 人，中级 59 人）。

2021 年，义乌市文化和广电旅游体育局各项工作稳步推进。一是群众文化。全市有文化馆 1 个，文化馆分馆 14 个。开展以书画、乐器、曲艺等培训为主题的 2021 年度民生实事"花开四季"课外公益学堂，服务群众 13162 人次；"蒲公英"群众文化课堂完成 8 期次 849 课时，服务群众 22802 人次；澄心学堂开展低价公益培训 8 项，推出传统课程 9342 课时，受训 86196 人次，组织公益活动 33 场次，服务 1480 余人次。文化广场剧院引进演出 120 场，服务 5 万余人次，组织公益活动 39 场次，服务近 1 万人次。七墨美术馆开展各类艺术展览 17 场，受众 1.07 万余人次，开展公益活动 52 场次，服务 6000 人次。流动书场进文化礼堂 543 场，送展览进文化礼堂、文化馆分馆 31 场，受众 1.3 万人次。全年组织赛事活动 16 场，参与群众 5 万人次；开展线上活动 37 场，服务 364.7 万人次；"掌上微课堂"开设绘画、器乐、非遗等系列线上培训，点击量 6 万余次。以红色资源"活教材"推动党史教育的学习热潮，推出情景剧《谢高华》《丝路新语》《百年风华》、小品《进城》《我要当志愿者》和情景舞蹈《信仰》《飞渡》《奋进》等系列作品。

原创少儿舞蹈《这是我家》荣获"庆建党百年 享美好生活"浙江省第三十一届群众舞蹈大赛金奖。全年各艺术门类获省级以上奖项27项。二是文物保护。8月，义乌市文物局正式挂牌成立，单设义乌市文物保护所。为加强桥头遗址保护研究，设立了上山文化浙中考古基地义乌桥头遗址考古工作站，落实专门人员和工作经费。义乌市文物保护所实施文物保护维修工程45项，文保单位零星修缮9项，投入资金约3400万元。效顺堂保护维修工程获评2021年度浙江省优秀古迹遗址保护工程项目。全市文保单位及文保古建筑共落实业余文保员335名。深化陈望道故居、冯雪峰故居、吴晗故居、黄山八面厅等4个重点文保单位开放管理，全年累计参观人数19万人次。三是非物质文化遗产。至年底，义乌市有非遗代表性项目164项，其中国家级3项，省级14项，金华市级56项；有非遗代表性传承人120人，其中国家级1人，省级12人，金华市级51人；有省级非遗传承基地6个，金华市级非遗传承基地12个，义乌市级非遗传承基地45个；有省级非遗主题小镇1个，省级民俗文化村1个，金华市级民俗文化村12个。全年开展非遗展示活动57场，非遗公益培训课堂122场，"流动书场"巡演活动783场，组织"文化和自然遗产日"、"雅颂风华"宋韵文化宣传体验等大型活动2场。四是旅游业。全市全年接待游客657.5万人次，同比增长2%，其中境外游客4.89万人次，同比增长24.25%；实现旅游总收入108.4亿元，同比增长11.5%，外

汇收入2532.17万美元，同比增长39.42%。完成四星级旅游饭店复评1家，取消四星级旅游饭店1家，新增银树叶级绿色饭店1家，银桂级品质饭店2家，培育浙江省百强旅行社4家。丰富旅游产品供给，丝路金融小镇、光源科技小镇、文化馆、缸窑景区4家单位成功创建为国家3A级景区。开展旅游业"微改造、精提升"工作，引导全市各镇街以"体验更精致、设施更精良、景观更精美、服务更精心、运营更精细"为主攻方向，开展清洁美化提升行动，改善和提升环境设施，植入旅游产业，到年底，共创建4A级景区镇2个，3A级景区镇2个，3A级景区村4个，2A级景区村庄15个。采取日常巡查、联合检查、错时检查等方式，加大对旅行社的执法检查频度和力度，重点检查侵害游客权益、非法经营旅行社业务、不签订旅游合同或签订旅游合同未载明规定事项、不合理低价游等违法违规行为，确保旅游市场安全有序。全年共出动执法人员541人次，累计检查旅游企业248家次。开展旅游普法宣传，引导游客文明旅游、理性消费，树立群体新形象，制作并发放文明旅游和安全旅游宣传图片3000份。坚持96150等投诉热线24小时畅通，全年接到、处理各类投诉408起，其中，处理有效投诉21起，涉及旅行社13起，协调理赔或补偿金额4.3万元。五是文化市场监管。全年共办理行政审批2449件，一网通办率达100%，提前办结率达100%。承办全省贯彻落实文娱领域综合治理暨文化市场行政审批工作会议，并交流义乌工作经验。组织跨部门"双

随机"检查50次，跨部门专项检查22次，累计出动执法检查4551人次，检查经营单位1765家，立案调查26起（行政处罚22起、移送公安机关4起），没收非法出版物15.3万册，没收非法印刷品6100张。

（金淑娴）

【永康市文化和广电旅游体育局】内设机构8个，市文化市场综合行政执法队实行局队合一体制，在市文化和广电旅游体育局挂牌；下属事业单位5个。2021年末人员71人（其中：公务员19人，参公11人，事业41人；具有高级技术职业资格的6人，中级15人）。

2021年，永康市文化和广电旅游体育局高举习近平新时代中国特色社会主义思想伟大旗帜，全面贯彻党的十九大和十九届历次全会精神，认真贯彻落实上级部门和永康市委、市政府决策部署，深刻认识"五金文化之魂就是永康长期发展的根本"，坚持以文塑旅、以旅彰文，在文旅融合发展上先行一步，争当"文旅融合提档攻坚"行动主力军，助推打造"世界五金之都 品质活力永康"。一是深化改革试点，推动"五金耀山水"文旅产业融合。紧扣挖掘传承优秀五金文化、推动"山水＋五金"特色工业旅游、提供良好的政策与要素资源保障三大主攻方向，做好"以文塑旅"和"以旅彰文"文章。铸铁技艺（永康铸铁）被列入第五批国家级非物质文化遗产代表性项目名录。"飞剑工贸"和"豪族科技"成功创建省工业旅游示范基地。推出4条永康特色工业旅游线路，打造以"山水＋五金"为特色的"读、吃、住、行、

游、购、娱、赛"八要素全产业链,全市工业旅游人次 414.51 万人次,同比增长 0.73%,极大提升五金产品消费率。实施旅游业"微改造、精提升"计划,相关工作及做法在《中国文化报》《文化月刊》上刊发。10 月,省政府发文公布永康市为第二批省级全域旅游示范县。二是突出数字赋能和项目管理,全面完成各项工作任务。文化引领,积极构筑"浙江省党的创新理论文艺宣传先行地"。"燕入万家"文艺宣传"百千万"工程完成演出 120 场,新增重点文化建设非公企业 20 家,建立凯丰集团等 7 家企业图书流通站。举办"百年辉煌"等庆祝中国共产党成立 100 周年系列活动 20 余场。开展"5·19 中国旅游日"系列活动、浙江省青少年武术散打锦标赛、"江南诗歌奖"颁奖典礼暨中国诗人永康行系列活动、"鲁光艺术奖"少儿书画活动颁奖典礼、"新新可期——书法新人新作展"及送培训、送讲座、送展览等城乡文体惠民活动 2000 余场。品牌提升,大力提升文化旅游基础设施和服务水平。送书下乡 8.1 万册,6 个乡镇图书分馆实现图书通借通还,新增 2 个自助图书馆,实现"e 家书房"进 150 个文化礼堂,新增 7 家企业图书流通站。全民阅读工作被中央电视台报道。永康市非公企业阅读服务体系建设项目入选省公共文化服务现代化领航项目。永康市图书馆创评"满意图书馆"。16 个文化站全部通过省第七次乡镇(街道)综合文化站评估。婺剧《胡公》入选浙江文化艺术发展基金资助项目。方岩镇入选中国民间文化艺术之乡,唐先镇被命名为省戏曲

之乡,园周村、芝英七村新创建为省文化示范村,象珠镇列为金华市非遗旅游景区。加大传统文化保护传承力度,完成百幢文物建筑抢救工程和历史名镇名村保护工程项目 13 处,完成后吴古建筑消防提升工程一期。6 个项目列入金华市第八批非遗项目名录,公布了第九批永康市非遗项目名录和第六批永康市级非遗传承人名单,共有 11 人获评第六批省级非物质文化遗产代表性项目代表性传承人。组织"弘扬胡公文化·彰显非遗魅力"2021 方岩庙会系列活动,举办"诗路传薪"2021 年浙江传统体育类非遗项目展演暨代表性传承人培训班。完成打铁技艺、十八蝴蝶、九狮图、永祥迎花烛 4 个非遗项目纪录片拍摄。产旅融合,构建文旅融合新发展格局。全年旅游总收入 60.8 亿元,位居金华第四,同比增长 15.2%;旅游总人数 463.3 万人次,位居金华第四,同比增长 1.1%。列入浙江省微改造项目库项目 68 个,总投资 2.75 亿元,完成投资额 2.40 亿元,完成率 87.33%,已完工项目 48 个。列入国家文旅项目库项目 13 个,完成投资 27.99 亿元,完成率 124.36%。推出"微改易贷"旅游休闲业专用贷款,发放贷款额度 2349 万元。象珠古镇获评国家 3A 级旅游景区,秀岩景区通过国家 3A 级景区景观评审。推进大寒山(清泉寺)运动休闲康养旅游区、象珠康养古镇、省旅游风情小镇创建等项目。组织参加"2021 上海·金华周"文旅专场推介等对外交流活动。强化保障,统筹推进疫情防控与行业管理。强化要素政策支撑,出台《关

于进一步推进文旅产业融合、旅游全域化与体育产业发展的若干意见》《永康市基本公共文化服务补助资金管理暂行办法》。加强安全体系建设,部署开展文旅安全生产和疫情防控检查,成立 7 个安全生产、防疫工作检查组,网格化、清单化、责任化落实文旅场所管控措施,共出动检查 2725 人次,检查场所 4186 家次。数字赋能,打造文旅数字应用新场景。采集更新 2021 年文旅数字化转型数据,完成文旅体信息导览一张图,完成 6 个国家 3A 级景区、4 个省 3A 级景区村的数字化手绘导览地图绘制,完成方岩景区社保卡"一卡通"工作。升级博物馆预约系统,推出"多卡通"服务。图书馆实现长三角地区社保卡借阅功能。完成打金打银、铜艺、锡雕等 8 个非遗纪录片的拍摄,并入驻旅游景区、宾馆饭店、礼堂祠堂播放宣传。谋划"五金耀山水"应用场景,在工业旅游基地利用互联网技术,打造游客体验数字化应用场景,增强游客体互动体验感,同时指导企业建立直播带货、电商销售等营销模式。项目管理,实施"文旅融合提档攻坚"行动。成立永康市文旅融合提档攻坚行动指挥部,实施项目清单化管理、专班化运作,13 项任务(30 个项目)总体进展良好。已办结任务目标 7 个,占 23.3%;完成和基本完成 24 个,占 80%。四季度,永康市以"解难题优作风百日大会战"开路,重点攻坚十大任务,其中涉及文化旅游的任务有 8 项,分别为:万年湖西文化遗址考古,组织开展湖西遗址等 5 处上山文化遗址群考古调查勘探工作,启动《永康市上山文化遗址

群整体保护规划》编制工作；文化基因解码工程，录入省文化基因库永康文化元素 300 个以上，解码重点文化元素 16 个，永康市文化基因解码报告通过省文化和旅游厅验收，"胡公文化"入选首批 100 个浙江文化标识培育项目；提高"每万人拥有公共文化设施面积"指标，出台《永康市高质量建设公共文化设施三年行动计划》，新增文化系统公共文化设施面积 3 万平方米；旅游业"微改造、精提升"项目建设，突破一批症结难点，完成 20 个改造提升项目；旅游标准化创建，成功创建 3 个景区镇、59 个景区村，新改建旅游厕所 20 余个；省工业旅游示范基地创建，成功创建 2 家浙江省工业旅游示范基地；大型公共文化设施建设，推进新建永康市大剧院前期工作；解放街区块堆放场文物构件搬迁，完成解放街区块堆放场文物清点、造册、搬迁等工作。

（翁冰蓉）

【浦江县文化和广电旅游体育局】内设职能科室 7 个，下属单位 12 个。2021 年末人员 116 人（其中：机关 29 人，事业 87 人；具有高级技术职务资格的 10 人，中级 28 人）。

2021 年，浦江县文化和广电旅游体育局落实新冠肺炎疫情防控和复工复产各项举措，坚持"两手抓、两手硬"，在抓好疫情防控的基础上，坚定不移走好"文旅富县"之路，推动全县文化旅游事业高质量发展。全县接待游客 252.7 万人次，同比增长－3.1％；实现国内旅游总收入 38.5 亿元，同比增长 6.2％。实施"文旅富县"战略。由县政协主席牵头实施，完成课题调研。成立旅游工作专班、上河景区应急专班等，以专班化运作机制推进全县文化和旅游发展。通过浙江省全域旅游示范县复评，新增黄宅、大畈、前吴、花桥、岩头 5 个景区镇（乡），全县景区镇（乡）占比达 86.7％。推进万村上山文化村、罗家源旅游风景区、万豪酒店、茜溪海华大酒店、山明美术院改扩建等文旅项目，总投资额超过 200 亿元。组织开展"趣浦江，浦江见"杭州旅行社走进浦江推介会、"引客入浦"座谈会、"双浦江大融合文旅先行"等活动。浦江县连续 3 年上榜全国县域旅游综合实力百强县，2021 年度名列全国第 42 位，全省第 23 位。县文物局挂牌成立。8 月 20 日，浦江县文物局挂牌仪式举行，标志着浦江县文物事业迈上新台阶，步入新的发展阶段。公共文化服务水平实现重大突破。全省公共文化服务排名实现"三级跳"，由 2018 年度的全省 85 名，跃升至 2020 年度的 19 名。大畈乡综合文化站、虞宅乡新光村被公布为省公共文化场馆功能拓展先行先试单位。全年开展送戏下乡 320 场、送书 5 万册、送电影 4200 场、送培训及讲座 155 场、"文化走亲"28 场、线上公共文化活动 330 场，参与人次达 44.4 万人。浦江县凭借浦江乱弹剧种入选第二批浙江省戏曲之乡（县级）名单。浦江剪纸、浦江乱弹、浦江书画、杭坪摆祭通过浙江省民间文化艺术之乡项目复核。截至年底，全县有民营剧团 5 个，传承教学基地 3 个，什锦班 100 余个，省、市、县各级传承人 17 人。李字头梨膏糖厂的传统梨膏糖、金华金贸火腿有限公司的竹叶熏腿被评为省优秀非遗旅游商品。"上山文化"遗址群申遗工作正式启动。成立以县委书记、县长为双组长的上山文化申报世界文化遗产工作领导小组，并召开县委常委会，专题研究部署上山工作，明确申遗期间每年安排不少于 2000 万元的上山工作经费，重大建设项目另行安排。11 月 21 日，"稻·源·启明——浙江上山文化考古特展"暨"万年浙江与中华文明"学术座谈会在国家博物馆举行，获得国内外主流新闻媒体报道 420 余篇，相关视频点击量达 650 万次。上山遗址入选百年百大考古发现、国家文物局大遗址保护利用"十四五"专项规划和第十批省社会科学普及基地。郑义门古建筑群之郑氏宗祠等被评为省第三届不可移动文物保护利用优秀案例。举办 2021 浦江·第十四届中国书画节。书画节于 10 月 28 日开幕，秉承节俭办会和疫情防控的原则，共安排 3 个版块 10 项活动，除开幕式和开展仪式外，还有 2021"万年浦江"全国中国画（册页）作品展、"礼赞百年　翰墨清风"清廉书画艺术活动暨全国清廉书法作品大展等 9 项书画艺术活动。至 11 月 4 日落幕，线下参与达 106760 人次，线上参与达 197.95 万人次。举办建党 100 周年系列庆祝活动。充分发挥阵地优势、资源优势和工作优势，广泛组织开展文艺演出、群文宣传、主题展览、红色旅游、非遗展示等活动，向建党百年献礼。举办"丰安颂红韵"浦江乱弹音乐会、"歌声嘹亮　我心向党"歌咏比赛等大型文艺演出活动，"读红色书籍庆建党百年"第七届全民阅读节系列活动，以及8场革命事迹、书画和非遗等展览。精准化选购一批优秀爱国主义影片，在全县各地开展红色电影展映800余场。申报北乡农民革命纪念馆、岩头镇王店村为第三批金华市红色旅游教育基地，打造红色塘波初心之路，激活红色基因，做强红色旅游。实施旅游业"微改造、精提升"行动。浦江县被选为浙江省旅游业"微改造、精提升"行动试点县，山明美术院和上山考古遗址公园被选为单项试点单位。制定《浦江县旅游业"微改造、精提升"试点县五年行动计划（2021—2025年）》及试点县实施方案，大力实施精致体验、精良设施、精美环境、精心服务、精细运营"五精工程"。联合浦江农商银行制定《"微改易贷"专项贷款管理办法》，进一步拓宽文化和旅游企业融资渠道。全年完成项目58个，累计投资2.91亿元。发展乡村旅游。涌现新光玻璃天桥、上河玻璃悬廊、杭坪斗鸡岩云上草原等一批乡村旅游网红打卡地。打造壶源江乡村旅游品牌。新光廿玖间里网络直播节、葡萄采摘游、江南第一家孝义文化旅游与国风潮夜市等特色旅游业态成为假期旅游亮点。培育壮大写生经济，与中国美术家协会合作，持续加强嵩溪、上河、前吴等写生基地推介和招引力度。鱼泡泡多彩田园研学实践教育营地、横山村"最美葡萄园"研学教育基地获评金华市第三批研学基地、营地，绿色之源农业发展有限公司被评为2020年度浙江省3A级采摘旅游体验基地。推进文旅数字化改革。大力开展景区智慧化工作，完成神丽峡智慧景区建设。建立"诗画浦江"微信智慧游系统。全面开展A级旅游景区和各类文体场馆"一卡通"覆盖业务。完成文化民生实事。完成金华市民生实事，积极建设"全民阅读"活动场所，提升6个乡镇（街道）综合文化站图书室，实现图书通借通还功能，"e家书房"进社区、进农村文化礼堂共计100家。开展"文化基因解码工程"。完成20项重点文化基因的信息采集和网上录入，以及395条文化元素的梳理、审核和系统填报工作。完成11项解码项目的报告撰写工作。上山文化入选首批浙江文化标识培育项目，上山文化、仙华山传说、江南第一家、浦江书画被评为优秀解码项目。加强文旅市场管理。在做好元旦、春节、清明、五一及"两会"等节假日和护航建党100周年等重点敏感时段市场监管的基础上，严格落实市场巡查制度，保障文旅市场安全稳定发展。全年出动检查6459人次，检查场所1860家次，查处违规14家次；行政处罚立案调查35件，警告23家次，罚款182000元，没收非法所得304元；取缔地摊游商1家，收缴非法出版物（CD、U盘）280盒（个），没收"口袋书"4本。

（陈畅捷）

【武义县文化和广电旅游体育局】内设职能科室6个，下属事业单位6个；武义县文化市场综合行政执法队实行局队合一；武义县文物局挂牌成立。2021年末人员83人（其中：公务员12人，工勤2人，参公13人，事业56人；具有高级技术职务资格的8人，中级26人）。

2021年，武义县文化和广电旅游体育局以高质量发展为目标，以融合发展为切入点，扎实推进全县文旅事业和产业全面发展，各项工作取得明显成效。一是文化事业。公共服务提质升级。武义县博物馆荣获浙江文化和旅游总评榜2020浙江十佳影响力博物馆，列入首批浙江省博物馆服务质量提升试点单位。新建音乐驿站1个、"e家书房"120个、武警中队自助阅读吧1家，完成乡镇（街道）文化站图书室通借通还9家，有效扩大群众文化服务半径。18个乡镇（街道）文化站公共文化服务功能齐全，均实现免费对外开放。在浙江省文物局公布的《浙江省文博事业发展水平评估指标数据（2020年度）》中，武义县名列全省第15位，连续4年稳居全市第一。文化艺术事业繁荣兴盛。武义县第二十九届"熟水之韵"文艺百花会登上"国家公共文化云"平台，面向全国直播，线上观众约15万人次。县、乡、村3级"文艺百花会"入选全国群众文化品牌活动，该做法获副省长孙景淼、成岳冲批示肯定。开展公益培训、文艺表演、送戏下乡、"文化走亲"、阅读推广、方言大赛等线上线下文化活动700余场，参与人数66.3万余人次。积极开展艺术普及培训工作，开展书法、舞蹈表演、戏曲等培训班60多期，参训人数近2000人次。文艺创作品质提升。以"兴城共富"为题材的曲艺作品"武义十八响"《回家》，获浙江省第十一届群众曲艺大赛银奖，受邀参加"全国民间文艺作品展演'深圳专场'"活动。武义县"县、乡、村文艺百花会"入选文化和旅游部全国公共文化发展中心2021年"百姓大舞台"网络群众文化品牌活动名单,浙江省仅有9个品牌活动入选,是金华市唯一入选的品牌活动。文化遗产保护传承扎实有效。稳步推进"文化基因解码工程","徐谓礼文化"成为金华市唯一一个入选省"文化基因解码工程成果展"的项目。吕祖谦及家族墓省级考古遗址公园建设、国保俞源村古建筑群保护利用等重点文保工作有序推进。完成民办公助、CD级危旧房修缮,共补助12处,补助资金70余万元。南宋徐谓礼文书及其相关文物预防性保护方案入选国家文保项目;延福寺文物保护利用案例入选浙江省第三届不可移动文物保护利用优秀案例;县博物馆获评2020浙江十佳影响力博物馆,是全市唯一,获评浙江省社会科学普及基地,是全县首家省级社科普及基地;9处革命文物入选浙江省第一批不可移动革命文物名录;5位非遗传承人入选国家级非遗薪传陶瓷工艺大赛全国45强(其中1位传承人获铜奖),2位非遗传承人入选第六批省非遗代表性传承人;5件非遗作品入围薪传奖全国百强,入围作品数居全市首位。文化市场管理能力提升。共办理各类案件21件,OA信息报送62条,录用58条。全年共出动执法人员1979人次,检查各类经营场所1038家次。在金华市文化和旅游法律法规知识竞赛中获团体二等奖、优秀组织奖。二是旅游业。按照武义县委"三篇文章"再深化、"二次跨越"再出发的工作要求,奋力打造"重要窗口",聚焦共同富裕先行示范区目标,全力推进全县旅

游业发展再上新台阶。全年接待国内游客464.4万人次,同比增长-0.6%;实现国内旅游总收入79.8亿元,同比增长2.0%。温泉康养品牌持续深化。入选浙江省"微改造、精提升"行动试点单位;通过省级全域旅游示范县年度复核;成功创建3A级景区城;连续4年入选全国县域旅游综合实力百强县;"武义旅游"微信传播力指数最好位次排名全国第三,"武义文旅"抖音号粉丝数突破10万,粉丝量在全市文旅官方账号中位列第一;入选2021中国特色美食百佳县市;俞源村入选全国乡村旅游重点村,成为全市唯一入选单位;5个乡镇(街道)入选2021年度省级美丽城镇建设样板,总量居全市首位;入选省直属机关工会公布的首批省直机关定点职工疗休养点,是全市唯一;入选首批长三角高铁旅游小城,是全市唯一入选城市。产业发展多元融合。计划投资1000万元以上的旅游重点项目34个,总投资192亿元,年度计划投资20亿元,实际完成投资23亿元。牛头山获评市级研学营地,寿仙谷国药基地、八婺非遗研学基地、抱朴艺墅研学基地获评市级研学基地,牛头山国家森林公园、浙武红军与挺进师纪念馆获评市级红色旅游教育基地。武义大斗山飞行营地项目获评2020中国体育旅游精品景区项目;武义大斗山飞行营地(热气球)获评浙江省运动休闲旅游优秀项目。文旅资源开发优化升级。高规格完成规划编制,明确发展目标,完成《武义县全域旅游发展规划》和《武义县"十四五"文化和旅游体育发展规划》编制工作,制定出台《武义县

推动发展乡村民宿的十条政策意见》。持续推进武义温泉民宿集聚区助推乡村振兴改革试点工作,柳城畲族镇梁家山村民宿入选"2021世界旅游联盟——旅游助力乡村振兴案例",全省共3家,是全市唯一。启动旅游大通道建设,完成金武快速路"康养之都欢迎您""来武义、我养你"景观节点和旅游交通指示牌、俞源景区入口景观节点建设。推进"百城千镇万村"景区化工程。文旅市场实现多维拓展。挖掘文旅IP,丰富产品类型。充分利用"徐谓礼文书""温泉名城,康养武义"两大省级文旅IP,开发文创类、温泉衍生类、美食类特色旅游商品3系列20款。指导开发温泉水系列产品,组织旅游企业开展"泉泉水暖进万家"公益地推活动10场,逐步打响"把武义温泉带回家"口号。截至年底,共有牛头山景区、武义醋鸡、武阳春雨等8类42家单位(品牌)荣登"金华好评榜"。新创建市级"诗画浙江·百县千碗"特色美食示范店3家。县内活动围绕"全域旅游+乡村特色+旅游推介"主题,以乡村游为内容,举办首届茶旅游活动、第四届武义湿地节、农民丰收节等乡镇节庆活动。以产业融合为契机,举办中国武义寿仙谷灵芝文化节、桐琴蜜梨文化节、旅游业"微改造、精提升"工作推进会,用活动带人气,丰富全县客源结构;县外推介围绕"来武义,我养你"的年度话题,推出"五养"线路产品、宣传旅游优惠政策。积极组织文旅企业参加省、市各级文旅交流活动11场,推介线路产品和政策。

(潘海健)

【磐安县文化和广电旅游体育局】 内设职能科室 7 个，下属事业单位 7 个，与磐安县文化市场综合行政执法队实行局队合一，8 月增挂磐安县文物局牌子。2021 年末人员 50 人（其中：公务员、参公 19 人，事业 31 人；具有高级技术职务资格的 6 人，中级 12 人）。

2021 年，磐安县文化和广电旅游体育局积极推动文化和旅游事业发展，全县接待游客 290.5 万人次，实现旅游综合收入 46.9 亿元，同比分别增长 11.1%、17.5%，增速分别位列全市第四、第二。一是公共文化事业。送戏下乡 149 场，举办公益性展览 50 场、送培训 682 场、送书 30319 册、送讲座 49 场、县域外"文化走亲"11 场。举办磐安县第八届文化旅游艺术节和 2021 年度文化主题月，举办庆祝中国共产党成立 100 周年文艺晚会等大型文艺活动 33 场。评选出 31 支特色业余文艺团队。面向社会征集磐安文旅歌词，发布磐安原创歌曲《我在磐安等你》MV，线上点击、观看、转发量近 100 万次。磐安县文化基因解码成果获省优秀等次，"磐五味""赶茶场""榉溪孔氏家庙""炼火"4 个项目入选全省文化基因解码优秀解码项目名单，玉山镇凭赶茶场项目获评浙江省民间文化艺术之乡，方前镇方前村、尚湖镇下溪滩村入选浙江省文化示范村，尖山镇横路村文化礼堂入选全省公共文化场馆服务功能拓展先行先试单位。蔡文君（浙江品尚道农业发展有限公司）入选 2021 年度全国乡村文化和旅游能人支持项目，周红光（磐安县尖山镇湖上村）入选浙江省乡村文化和旅游带头人培育项目。出台

《磐安县文保员聘任管理办法》，编辑出版《磐安馆藏文物精粹》。馆藏文物"1935 年红军刻党徽石构件"被定为二级珍贵文物，"两枚石刻党徽""两块银元"的红色故事登上"学习强国"，邀请国家级婺州窑制作技艺大师陈新华对三级文物"珍珠釉蟾蜍"进行翻制。实现国保单位、省保单位电线线路套管率 100%。完成 20 处文保单位白蚁危害调查防治，防治面积超 20000 平方米。磐安茶文化博物馆、大盘山博物馆累计接待游客 12.14 万人次。新增"炼火""迎大旗"2 项国家级非遗项目，新增县级非遗项目 12 项，新增省级非遗代表性传承人 3 名，新增省级非遗保护示范基地 1 家，新增省级优秀非遗旅游商品 1 项，组织非遗展示展演活动 50 余场次。编排提升包括国家级非遗项目"炼火"在内的 3 个非遗节目，9 月起在花溪景区内实现常态化演出。启动非遗映像化工程，磐安非遗登上"学习强国"、新华网等主流媒体平台，其中土香制作技艺短片登上新华社民族品牌工程专题首页。新建新渥街道、方前镇 2 个文化分馆。新建方前镇图书分馆、汽车南站阅读吧、云峰驿站城市阅读吧、"务观书巢"书吧。完成图书总馆提升扩建二期工程。磐安县文化馆获评国家一级馆。磐安县图书馆创建浙江省第二批"满意图书馆"并通过考评，在 2021 长三角地区公共图书馆阅读马拉松大赛中获优秀组织奖。全县有县级图书馆 1 个、图书分馆 7 个，共接待读者 308758 人次；文献外借 95861 册次；新增馆藏 16676 种 17458 册。举办全民阅读节暨"图书馆之

夜"、"百年党史、百年经典"建党 100 周年、图书馆服务宣传周等活动。县文化市场综合行政执法队全年出动 435 人次，检查场所 241 家次，立案 4 起，办结 4 起，罚款 10000 元，没收非法所得 300 元，没收非法书籍 133 册。共接到信访投诉件 63 件，处理 63 件，投诉处理率 100%。二是旅游业。召开磐安县全域旅游发展大会暨国家全域旅游示范县、国家级旅游度假区创建动员会，出台《关于促进全域旅游发展的意见》及实施细则，编制国家全域旅游示范县创建两年行动计划。磐安县被列为省级"微改造、精提升"行动试点县，全县纳入 2021 年县级以上"微改造、精提升"单项试点 15 个（其中省级 2 个、市级 1 个）；《微改造　精提升——磐安县以旅游推动打造共同富裕"花溪样板"》信息获副省长成岳冲、刘小涛和金华市委书记陈龙等多位领导批示肯定；省微改造项目全生命周期管理系统录入项目 134 个，完成投资 3.76 亿元。全县旅游产业项目完成年度投资 21.92 亿元，占年度计划的 132.27%，同比增长 18%；八大重点旅游产业项目完成年度投资 10.18 亿元，占年度计划的 164.23%。全年签约文旅项目 21 个，签约额 131 亿元。全年开展招商引资活动 107 次，举办文旅专场招商活动 6 场，引进内资 3000 万元。尖山列入第一批全国乡村旅游重点镇，双峰入选省级乡村旅游重点镇，湖上、横路入选省级乡村旅游重点村；盘峰乡山地休闲度假、尖山镇乌石民宿助力乡村振兴改革试点通过年度成效评估；磐安县推动"景村融

合"发展助力乡村振兴案例入选首批12个"浙江省文化和旅游促进共同富裕最佳实践案例"。新创建省3A级景区村10个、省2A级景区村3个、省A级景区村13个；新创建省4A级景区镇2个，省3A级景区镇3个；新申报银宿级民宿5家，金宿级民宿1家。新评定浙江省百强旅行社1家、三星级旅行社1家，通过四星级旅行社复核3家；新增旅行社2家。百杖潭景区、舞龙峡·舞龙故乡景区被评为市级中小学生研学实践教育基地，百杖潭景区、金鸡岩研学基地、灵江源森林公园、磐安县小春蔬菜专业合作社、大皿村研学基地被评为县级

中小学生研学实践教育基地。磐安县新城酒店、磐安药膳旗舰总店入选第三批"诗画浙江·百县千碗"省级美食体验（示范）店。以专场推介或结合展会活动推介等形式推介磐安旅游、招商、研学游、红色旅游等资源。3月，在双溪乡樱花主题公园举办磐安樱花季暨磐安春季旅游产品发布会，发布磐安特色旅游线路6条及"磐安心意"系列礼盒。4月，举办磐安儒学小镇研学发布会，拓宽中小学生客源市场。参加中国义乌文化和旅游产品交易博览会、中国—东盟博览会、横店影视产业博览会等展会10余次，推介磐安旅游资源。开展2021磐安

文旅推广月系列活动，组织江苏45家旅行社，安徽合肥、芜湖100家旅行社代表到磐安采风，走访江苏无锡、常州市场推介磐安文旅资源，开展磐安文旅项目（上海）招商、旅游推介活动，举办"磐安文旅走进义乌、东阳、兰溪"系列活动，加强磐安与周边客源地游客、媒体、旅行社联系。组织开展中国作家"浙江之心"磐安之旅活动，在《中国作家》上发表"中国作家走进磐安采风"专辑，包含磐安主题文章9篇。联合县总工会向5000名省外留磐过年职工推出"在磐过大年　免费游磐安"活动。

（刘　亚）

衢州市文化广电旅游局

【概况】 内设职能处室10个，下属单位8家。2021年末人员193人（其中：公务员34人，参公24人，事业135人；具有高级技术职务资格的58人，中级43人）。

2021年，衢州市文化广电旅游局深入贯彻落实党的十九届五中、六中全会精神，牢牢把握消费升级时代发展机遇，抓项目，建品牌，拓市场，育产业，取得了较为突出的亮点成绩。衢江区、常山县入选浙江省第四批全域旅游示范县，南孔圣地文化旅游区以第1名的好成绩通过5A景评，推荐上报至文化和旅游部。衢州市成功创建国家级文旅消费试点城市，衢州白瓷烧制技艺和邵永丰麻饼制作技艺列入国家级非遗代表性项目名录。

一、全域旅游建设再有新突破

以"诗画浙江"大花园核心景区为标准，推进全域旅游，实现全域景区化、处处是花园。新增国家4A级旅游景区1家（大陈古村），国家3A级旅游景区10家，全市共有世界级遗产3个，国家5A级景区2个，4A级景区14个。市、县联动构建形成争创国家级、省级全域旅游示范单位梯队，全市共有5地列入省级全域旅游示范县，具备创建省级全域旅游示范市条件。深入实施"万千百景区化工程"，新增省4A级景区镇17家，省3A级景区镇12家，省3A级景区村61家，省级乡村旅游重点村10家。截至年底，全市A级景区村达1206个，覆盖率达到86%，位居全省前列，以"衢州有礼"诗画风光带为串联的市、县、镇、村全域旅游空间格局基本形成。

二、区域协作再现新跨越

坚持"区域协作，旅游先行"，积极推动浙皖闽赣国家生态旅游协作区创建，"联盟花园"建设工作纳入4市"十四五"规划。推进建设"联盟大道"，全长1995公里的"95联盟大道"，串联起9个5A级景区、83个4A级景区及古镇、村落，规划配建驿站、自驾露营地、民宿集聚区等，变"运输"为"引流"，衢州段已基本成型。整合打通4市旅游"一码游"数据平台，集展示、宣传、服务、销售等功能为一体，"一码预订""一码导览""一码购物"上线运行。构建产品体系，组织4省4市45家骨干旅游企业，联手研发设计了"九五尊享"神奇之旅、"革命摇篮"红色之旅、"梦里老家"乡愁之旅、"千里钱塘"亲水之旅和"寻根问道"文化之旅等5个主题板块100个游线产品套餐。此外，积极融入长三角区域一体化、杭州都市圈等协作平台，借助衢宁铁路，推进衢宁一体化发展，不断扩大衢州旅游市场。

三、产品业态再添新特色

努力改变长期以来单一卖景点资源的局面，培育发展文旅新业态、新产品，拉长产业链。结合体育运动，推出森林运动大荫山、极限运动奥陶纪、攀岩运动千里岗、登高运动江郎山等一批体育运动项目。适应年轻人消费特点，打造"杭衢钱塘江诗路之旅"、信安湖水上游、"水亭门之夜"等文旅产品。全市新增省级红色旅游教育基地1家（衢江区红色千里岗景区）、省级工业旅游示范基地3家，"诗画浙江·百县千碗"省级体验（示范）店16家，水亭门历史文化街区被评为省级夜间文化和旅游消费集聚区。举办浙皖闽赣（衢黄南饶）"联盟花园"春季旅游采购大会，签约一揽子文旅产品采购协议与多达102万人的游客输送订单，预计带动文旅消费1.02亿元，农产品销售6000万元以上。

四、乡村旅游再展新活力

坚持把乡村作为文旅发展的重要增长极，依托美丽乡村和"诗画风光带"建设成果，大力推进旅游业"微改造、精提升"，全市共选取307个示范点进行特色培育。开展微改造项目全生命周期管理，2021年衢州市微改造工作综合评价指数位列全省第二，全年微改造项目1467个，总投资40.41亿元，当年计划投资38.76亿元，当年实际完成投资40.76亿元，投资完成率105.20%，超额完成全年任务。推出"阙里人家"民宿整体营销品牌，全市预计新增省高等级民宿25家，省级文化主题民宿8家，民宿综合体15家，民宿集聚村 20 家,常山村上酒舍民宿被评为全国甲级民宿,是全省上榜的两家民宿之一。实施"现代旅游根据地"计划,对乡村闲置资源进行改造升级,常山金源村试点项目共接待游客 8.1 万人次,旅游总收入 540 万元,带动就业和农产品销售 200 万元。

五、数字化改革再创新佳绩

按照"规定动作接得住,自选动作有创新"原则,全面铺开文旅领域数字化改革。市本级"文旅助企惠民'云闪兑'"与江山"旅游商品'放心购'"项目被选为全省文化和旅游首批数字化改革试点项目,衢江区莲花未来社区入选全省首批"旅游大脑＋智慧旅游"应用场景落地未来社区试点,衢州全域纳入全省大数据旅游统计应用工作试点,也是全省唯一一个全域纳入试点的地市。扎实推进长三角"一卡通"建设,全市 63 家 A 级旅游景区入驻"浙里好玩"平台,15 家收费景区实现实体及电子社保卡网上购票、预约、刷卡入园,公共文化场馆实现刷卡参观、办证、借阅等功能,实现文旅消费智慧化。

六、文化艺术事业再上新台阶

围绕建党百年,举办"永远跟党走"衢州市庆祝中国共产党成立 100 周年文艺演出、群星视觉艺术展览、全市中小学生征文大赛、巡回演出等系列文化活动。实施公共文化强基工程,市文化艺术中心项目将于 2022 年交付使用。全市新建南孔书屋 18 家,累计建成 55 家,乡镇(街道)综合文化站、村(社区)文化活动室实现全覆盖。龙游县创成省级公共文化服务体系示范区。实施文化惠民工程,全年送书下乡 12.7 万

册,送戏下乡 2060 场,送展览、讲座 518 场,开展"文化走亲"活动 108 场。推动优秀传统文化创造性转化、创新性发展,开展"南孔文化基因解码工程",举办祭孔大典、南孔文化季系列活动,南孔文化发展中心被评为浙江省国际人文交流基地。打造九华立春祭、西安高腔、常山喝彩等一批国家级非遗"金名片",沟溪乡获"中国民间艺术之乡"称号,航埠镇严村村入选第二批浙江省戏曲之乡,逐步形成一批具有影响力和辩识度的文化成果。文物保护基础不断夯实,衢江区西周土墩墓群考古挖掘有新发现,上榜国内十大考古新闻,柯城区九华乡省保单位荣阳侯夫人方氏墓文保员郑荣良被评为 2021 年度浙江省"最美文旅人"、全国 2021 年度"最美文物安全守护人"。

【大事记】

1 月

22 日　浙皖闽赣(衢黄南饶)"联盟花园"建设领寻小组第一次会议暨衢黄南饶"联盟花园"签约仪式以视频连线的形式在衢州、黄山、南平、上饶 4 市同步召开,4 市政府共同签订了《浙皖闽赣(衢黄南饶)"联盟花园"合作共建框架协议》,浙江省文化和旅游厅副厅长杨建武、衢州市委书记徐文光分别致辞。

3 月

20 日　浙皖闽赣(衢黄南饶)"联盟花园"春季旅游采购会举办,场内外共计签约完成游客订单 102.3 万人。浙江省文化和旅游厅党组书记、厅长褚子育,衢州市委副书记、市长汤飞帆出席

大会并致辞。

4 月

12 日　由浙江省文化和旅游厅、浙江省旅游协会、《浙江日报》报业集团指导,《浙江日报》、《钱江晚报》、浙江在线等共同主办的"2020 年浙江文化和旅游总评榜"活动进入公示环节,衢州市 6 个项目登榜。

13 日　2021 年全球免费游衢州活动推出,共计 100 余个免费景区(场所)除国家法定节假日、双休日外,向海内外所有游客免费开放,全年免费日共计 242 天。

30 日　由浙江省文化和旅游宣传推广信息中心、衢州市文明办、衢州市文化广电旅游局共同主办的 2021 年"诗画浙江·百县千碗"进乡村(景区)暨衢州市"反对浪费""公筷公勺"文明就餐进民宿启动仪式在衢州市柯城区七里乡举行。

5 月

11 日　衢州市人大副主任朱建华调研文化旅游高质量发展工作并讲话。

14 日　召开全市旅游领域"遏重大"及安全风险普查工作推进(培训)会。

19 日　"平安护航建党百年"旅游安全隐患大排查大整治工作部署会召开,衢州市旅游安全专业委员会主任、副市长徐利水出席会议并讲话。

6 月

10 日　衢州市旅游专班第三次会议暨旅游业"微改造、精提升"现场推进会在柯城区余东村召开,标志衢州旅游业"微改造、精提升"行动全面启动,副市长徐利水参加并讲话。

14 日至 15 日　文化和旅游部科教司司长嘎玛泽登率调研组到衢州调研指导研学旅行工作。省文化和旅游厅副厅长刁玉泉，衢州市委常委、宣传部部长钱伟刚，衢州市副市长徐利水一同调研。

15 日　浙江省文化和旅游厅公布全省文化和旅游数字化改革试点项目名单，经现场汇报、专家评审，衢州文旅助企惠民"云闪兑"、旅游商品"放心购"2 个项目入选。

25 日　召开衢州南孔圣地文化旅游区 5A 创建暨衢州儒学产业园国家示范创建工作推进会，衢州市委书记汤飞帆对"一园一区"创建做出了重要部署。

同日　"永远跟党走"衢州市庆祝中国共产党成立 100 周年文艺演出在衢州学院礼堂拉开帷幕，艺术地再现了中国共产党建党百年的辉煌历程。

7 月

13 日　浙皖闽赣（衢黄南饶）"联盟花园"精品旅游线路专家论证会在杭州召开，对"联盟花园"精品游线路进行可行性分析论证，为实现资源共享和产品共建提供理论支撑。

20 日　以"共筑联盟大道，共建联盟花园"为主题的浙皖闽赣（衢黄南饶）"联盟花园"合作开发推介会在江西上饶举行，正式揭晓"联盟花园"LOGO 和推广口号，宣布 4 市将推出"95 号联盟大道""联盟花园四市旅游航线""全域智慧旅游平台——一码游"等一批合作共建旅游产品。

8 月

13 日　浙江省文化和旅游厅公布第四批浙江省公共文化服务体系示范区（项目）名单，龙游县被认定为省公共文化服务体系示范区。

26 日　浙江省文化和旅游厅公布全省大数据旅游统计应用试点单位，其中衢州市（含柯城区、衢江区、龙游县、江山市、常山县、开化县）是全省唯一市、县一体化试点城市。

9 月

25 日　衢州文旅参加第 16 届中国义乌文化和旅游产品交易博览会。展会期间，文化和旅游部党组成员、副部长杜江，浙江省文化和旅游厅党组书记、厅长褚子育等领导到衢州展区参观指导。

10 月

27 日　衢州市入选国家文化和旅游消费试点示范工作第二批试点城市名单。

11 月

8 日　衢州市村上酒舍民宿被评定为全国甲级民宿。

10 日　全市文旅系统项目谋划擂台赛决赛在衢江区举办，评选出 9 个优秀项目和 11 个"十佳项目"。

12 月

6 日　衢州市委副书记、市长高屹主持召开全市文物安全专题会议并讲话，市委常委、宣传部长钱伟刚，副市长徐利水参加会议。

15 日　常山县东案乡金源村入选首批 12 个浙江省文化和旅游促进共同富裕最佳实践案例。

16 日　江山市入选长三角高铁旅游小城。

20 日　"南孔文化基因解码"成果展在中国儒学馆开展，展示了衢州市 20 项重点南孔文化基因的概况、核心基因提取、转化利用思路等内容。

21 日　衢江区、常山县入围浙江省第四批全域旅游示范县（市、区）。

同日　浙江省旅游区（点）质量等级评定委员会发布了 2021 年度 4A 级旅游景区验收结果公示名单，江山市大陈古村景区入选。

24 日　衢州水亭门历史文化街区入选第一批省级夜间文化和旅游消费集聚区名单。

30 日　浙江省文化和旅游厅公布第二批文化和旅游 IP 评选结果，衢州申报的"醉根""钱江源味道""大陈小事""龙游发糕"入选。

（程梓朔）

衢州市县（市、区）文化和旅游工作概况

【柯城区文化和旅游体育局】　内设职能科室 6 个，下属单位 3 家。2021 年末人员 34 人（其中：机关 17 人，事业 17 人；具有高级技术职务资格的 4 人，中级 6 人）。

2021 年，柯城区文化和旅游体育局大力推进省级旅游度假区、立春文化传承生态保护区创建，大力促进文化旅游体育融合发展，深入推进公共文化服务体系建设，积极探索和实施文化兴区，不断塑造柯城特色品牌。一是立春文化传承生态保护区创建。依托举办九华立春祭系列活动，编制完成《立春文化（柯城）传承生态保护区总体规划》，培育立春文化标识，完成区域 504 个文化元素采集和 20 个重点文化基因解码报告编制，建成国内唯一一家以立春文化为主题的非遗体

验展馆。中国立春文化(柯城)展示体验区建设项目受到省政府督查激励表彰,沟溪乡被授予中国民间文化艺术之乡、九华乡被授予浙江省民间文化艺术之乡。二是非遗传承保护。将"文化+"融入乡村振兴,利用非遗元素引领妙源、严村、余东、麻蓬、碗窑等未来乡村场景建设。深化非遗传承,邵永丰麻饼制作技艺、婺州窑衢州白瓷烧制技艺2个项目入选第五批国家级非遗代表性项目名录,叶氏中医等9个项目列入市级非遗代表性项目名录,柯城剪纸等5个项目的载体建设被列入市级非遗体验基地。开展非遗展示系列活动,举办"献礼百年·非遗传承"2021年"文化和自然遗产日"柯城区非遗宣传展示系列活动暨柯城春礼发布会、柯城区首届传统手工艺发展论坛和传统手工艺大赛等主题活动。"无界弥生"——衢州白瓷文创产业园、石梁溪国瓷文化园、"博闻艺术"——西溪央美文化苑等亿元级以上项目开工建设,通过"非遗+项目"的组合推进,有效扩大文化消费,带动全域旅游。三是文化惠民。推进公共服务场所提升,区"三馆合一"提升公共文化服务品质列入"竞跑者",区文化馆被评为国家一级馆,区图书馆荣获全省首批"满意图书馆"称号,并入选全省公共文化场馆服务功能拓展先行先试试点单位、全省旅游业"微改造、精提升"试点单位。深入开展送文化下乡活动,其中送戏下乡310场,送书下乡1.6万册,"文化走亲"17场,举办各类文化讲座32场,培训418课时,展览35场。开展文艺精品创作,获得省级奖项6个、市

级4个、区级6个,其中文化馆创作的戏剧作品《幸福就像画儿一样》、歌曲作品《立春》荣获衢州市第五届文艺精品南孔奖。四是文物保护。进一步强化文物安全责任制,签订文物安全责任书,形成一级抓一级、层层抓落实的属地管理网络。加快落实各级文物保护单位安全直接责任单位(责任人)公告公示制度,组织开展汛期文物安全隐患排查、文物消防安全、文物古建筑内燃气安全专项检查等40余次,参与人员76人次,并配备灭火器,开展白蚁虫害调查治理,进一步消除安全隐患。积极争取中央文物保护专项资金并启动全国重点文物保护单位北二蓝氏宗祠修缮,完成省级以上6处文保单位安防工程设计;完成省级文保单位大岭背古道立项。五是数字化转型。优化柯城区文旅体大数据中心数据及板块内容,基于"柯城文旅体之声"公众号平台,提升"智游柯城"线上文旅体公共服务平台,建立了集文化、旅游、体育等于一体的管理服务系统,实现线上文旅体资讯查询、导航、运动打卡、运动组团等功能。谋划建设余东未来乡村智慧文旅体场景,积极与省文化和旅游厅数改办对接,争取未来乡村试点落地余东,实现柯城区文旅体大数据中心游客数据与"余东未来乡村大脑"互联互通。建成余东智能图书馆,实现身份证、电子社保卡、微信二维码刷卡扫码入馆24小时借阅,与全市图书馆和南孔书屋数据打通,实行通借通还,设置喜马拉雅听书设备,提升阅读体验。六是灵鹫山度假区申报设立。成立灵鹫山度假区领导小组,由区委、区政府主

要领导任双组长,构建"一办七组"工作机制,抽调30余名干部集中办公。高规格召开柯城区灵鹫山旅游度假区创建推进大会暨项目征收动员部署会,申报设立工作取得实质性进展,先后通过灵鹫山旅游度假区资源评估及基础评价、可行性研究报告联席审查等。七是"微改造、精提升"行动。成立区旅游专班,制定《柯城区旅游业"微改造、精提升"五年行动实施方案》,通过摸排、筛查、申报确定52个示范点。全年列入微改造全生命周期项目管理系统的项目总计164个,项目计划总投资25632.4万元,当年实际完成投资5.15亿元,投资完成率达到101.58%。《衢州市柯城区余东村实施"微改造、精提升"着力打响"中国第一农民画村"品牌》被省文化和旅游厅简报录用。承办全市"微改造、精提升"现场会,推广余东经验。举行柯城区住宿业"微改造"PK赛,推动民宿、酒店品质提升。八是全域旅游。以全域旅游发展理念为指导,深入实施"百千万工程",沟溪乡获评4A级景区镇,石梁镇、石室乡获评3A级景区镇,全区景区镇7个,景区镇覆盖率达到77.8%。石梁镇麻蓬村、沟溪乡洞头村、石室乡石室村、万田乡奕园村获评3A级景区村,全区景区村142个,景区村覆盖率达到66.7%。九是"一乡千宿"工作。2021年是本区"一乡千宿"工作推进的第5个年头,也是发展势头最为迅猛的一年。全年共新增省高等级民宿6家,其中文化主题民宿1家,银宿5家;星级民宿41家,其中三星级民宿8家,不管是质量上还是数量上均为历年

之最。同时，七里乡成功创建"一乡千宿"集聚区，七里桃源村、九华妙源村、九华茶铺村成功创建市级民宿集聚村，大山的房子成功创建市级民宿综合体。十是旅游品牌创建。桃源七里景区通过评定性复核，桃源七里景区、荆溪围棋谷景区创成无废景区。飞鸿神网谷景区通过3A级景区景观质量评定，大荫山丛林飞越探险乐园景区通过景观质量评定及验收，为创建用时最短的景区。浙江邵永丰成正食品有限公司获评浙江省工业旅游示范基地，为柯城区首家。水亭门历史文化街区获评省级夜间文化和旅游消费集聚区，为全市首家。衢州国际大酒店通过省星评委四星级旅游饭店评定性复核；衢府官邸酒店通过省星评小组银鼎级特色文化主题酒店验收。一粒志酒楼、衢州冠发君悦大酒店、筷人筷渔农家菜馆获评省级"诗画浙江·百县千碗"美食体验（示范）店。十一是文旅市场宣传推广。拍摄美食宣传片，丰富柯城系列宣传片，编制《柯城味道》歌曲，制作美食地图等，结合文旅推介、招商推介、柯城特色风物展和文艺表演等，先后在济南、深圳等地举办推介会，在北川羌族自治县、杭州市临平区先后开展东西部扶贫协作和"山海协作"文旅交流活动，与深圳、北川羌族自治县签订战略合作协议。借助"美丽浙江""浙江交通之声"等直播号开展"柯城百县千碗""局长带你游柯城"等直播活动。浙江省第四届体育大会、"共享亚运乡村行动"柯城站、中国围棋之乡联赛等活动在《人民日报》《光明日报》、腾讯大粤网等发布，曝光量达100万余次。

不断开拓潜在客源市场，打响"衢州有礼·运动柯城"城市品牌。十二是行业市场监管。制定《旅游领域遏制重大生产安全事故整治攻坚实施方案》，全面开展景区特种设备、新业态设施等运行安全，等级民宿、森林景等消防和防灭火安全大排查大整治行动。制定《柯城区文旅行业领域安全风险普查工作方案》，开展文旅体行业领域安全风险普查并建立普查清单。春节、五一、十一等节假日期间牵头旅安委成员单位开展安全生产联合检查，在全行业开展安全隐患排查。针对旅游企业消防安全、景区森林防灭火、旅游市场秩序和安全保障等方面开展专项整治行动。严厉打击服务不规范、不合理低价、旅游市场乱象、服务品质降低等行为，发现问题立即整治，切实维护全区文化旅游市场环境良好发展。全年出动检查人员1689人次，检查文旅体企业856家次，发现问题隐患125个，已整改125个。

（余晓芬）

【衢江区文化和广电旅游体育局】
内设职能科室5个，下属单位5家。2021年末人员42人（其中：机关7人，事业35人；具有高级技术职务资格的5人，中级9人）。

2021年，衢江区文化和广电旅游体育局积极构建全域旅游格局，大力推动文旅产业发展，稳步提升惠民水平，城市品牌持续打响，文旅各项工作取得实效。一是全域旅游格局有效构建。召开衢江区旅游高质量发展大会，吹响了创建省级全域旅游示范区的号角。立足衢江文旅资源禀赋，围绕建设"康养旅游目的地城市"

的目标定位，构建全域旅游"1258"工作体系，形成"一体两翼三圈"的全域旅游发展格局。高标准、高质量、高起点编制《衢江区"十四五"文化和旅游发展规划》《衢江区全域旅游发展规划》等多个规划。出台《衢江区全域旅游高质量发展实施意见》《衢江区创建省级全域旅游示范区工作考核办法》《衢江区旅游业"微改造、精提升"五年行动实施方案（2021—2025年）》《加快民宿提质富民扶持奖励办法》等一系列政策文件，为创建全域旅游示范区保驾护航。对照创建标准，梳理52项示范区创建硬件设施建设清单，新建或提升旅游集散中心、全域旅游标识系统、景区村文化礼堂旅游咨询服务点、旅游厕所、绿道等旅游配套设施，构建起"快进慢游"的全域旅游交通网。衢江区入围浙江省第四批全域旅游示范县（市、区）。截至年底，全区有国家4A级景区2个（天脊龙门、药王山），国家3A级景区5个；省4A级景区镇7个，省3A级景区镇5个；省3A级景区村30个，A级以上景区村庄198个。二是发展动能日趋强劲。建立"十四五"期间千亿元文旅项目库，加快推进铜山源休闲旅游度假区、尺方间文化创意园、"衢州有礼"诗画风光带、新田铺田园康养综合体等十大文旅标志性项目建设，总投资436.3亿元。是年，衢江区文旅项目投资综合指数排名全省第15位、山区26县第4位。加大项目谋划力度，西周文化遗址公园项目荣获2020年衢江区项目谋划擂台赛雄鹰奖、"乐动灰坪"文旅体发展综合项目获衢州市文旅系统项目谋划擂台赛第1

名。以数字化改革为牵引,依托"旅游大脑"综合决策分析能力和"浙里好玩"服务平台的共性模块,打造未来社区高质量多跨场景,莲花乡村国际未来社区入选省文化和旅游厅首批"旅游大脑＋智慧旅游"应用场景落地未来社区试点单位。全面实施微改造"五精工程",衢江区和杜泽镇分别入选全省"微改造、精提升"行动试点县和单项试点单位,前三季度微改造综合评价指数位列全省第8位。三是产业发展前景向好。围绕"1258"战略体系和建设"美丽大花园"的战略目标,深入推进"百千万工程",充分挖掘民俗、文化、历史等特色资源,打造康养衢江经典之旅、寻脉衢江文化之旅等精品旅游线路,开发杜泽老街非遗体验、千里岗红色研学、举村畲族文化展示、莲花农事体验等旅游活动,促进农文旅深度融合。铺里九宫格、铺里鹊巢、铺里花匠家、行云居等一批高品质民宿相继落地,全区共有民宿(农家乐)252家,其中省高等级民宿6家,文化主题民宿1家。衢江区圣效景澜大酒店、东方大酒店、古枫休闲农庄等一批省级"诗画浙江·百县千碗"美食体验店脱颖而出,形成衢江"1＋2"菜品体系;衢青青瓷、工道莹白瓷、根角雕等一批旅游伴手礼应运而生,东坪柿酥、民国麻将挂饰获得浙江省"浙宿好礼"乡村民宿伴礼大赛综合奖。全区有四星级旅游饭店2家。衢州市旅行社协会落户衢江,带动引进旅行社7家,其中浙江瑞云国际旅行社6月开业,实现营收2600余万元,文旅要素"量变"激增,文旅融合"质变"发展。四是惠民供给稳步提升。以租赁方式建成区级图书馆、文化馆。区文化艺术中心建设有序推进,计划2023年竣工并投入使用。在实现全区综合文化站全覆盖的基础上,不断延伸服务触角,建成南孔书屋9家、乡镇文化分馆4家、乡镇图书分馆2家。以文旅数字化改革为牵引,推动公共文化服务全速提能,依托"文旅智慧云""浙里办"等服务平台,提供公共文化场馆在线预约、图书一键借阅、"云端荐"、"云课堂"、信阅服务等在线服务。弘扬先进新风尚、传播社会正能量,创作出20多部文艺作品在国家级、省级舞台亮相。以牛头湾搬迁为题材的婺剧小戏《翠花鸡》受邀参加"中华颂"全国小戏小品曲艺大展,获优秀组织奖、剧目奖等7个大奖,以改革先锋谢高华为题材的曲艺作品《独轮车》获浙江省第十一届群众曲艺大赛银奖等。五是遗产保护成果显著。近几年西周土墩墓的抢救性挖掘成果斐然,新增出土各类文物2800余件(组),庙山尖土墩墓和孟姜村土墩墓群先后入选2018年度、2020年度浙江省考古十大重要发现。经权威专家论证,衢江区西周土墩墓群是已知西周时期越地文明中最高等级的墓葬,极有可能是西周时期的姑蔑国王陵。中央电视台《探索·发现》栏目连续3年跟踪拍摄并进行专题报道,新华网、央视新闻、《光明日报》、今日头条等主流媒体持续关注,入选央视2021年国内十大考古新闻,入围中国十大考古发现评选。仙岩洞摩崖题记列入第八批国保单位。成立衢江区非遗协会,创立省级非遗专家工作站,扶持工道莹白瓷、谢继糕饼等5个非遗项目建成专题非遗馆,发展非遗企业20余家,编著衢江区文化遗产系列丛书7册。省级非遗项目新编马灯戏《金鸣报晓东方亮》登上《人民日报》头版,全旺板龙、谷雨祭牛参加浙江省第四届体育大会开幕式。截至年底,全区有各级文保单位51处,其中国家级2处(吴氏宗祠、仙岩洞摩崖题记),省级13处;有各类非物质文化遗产项目126个,其中省级11个。六是城市品牌持续打响。紧抓全省打造"大花园"的机遇,赋能城市品牌提升,高规格举办"活力衢江 莲动未来"2020莲花乡村国际未来社区开园仪式、2021衢台稻田音乐思缘会、四省边际城市群旅游文化节、"洞听丝韵·情满衢江"喜迎建党百年葫芦丝音乐会、"百年潮涌 衢江扬帆"衢江区庆祝中国共产党成立100周年文艺晚会等各类大型文旅体活动200余场。杜泽老街多次登上中央电视台新闻综合频道,"活力新衢江,康养大花园"城市品牌持续发热。七是行业管理有力有为。切实贯彻"管行业就要管安全"的要求,落实文旅安全监管责任,定期开展安全大排查大整治行动,保持文旅行业安全生产平稳有序。严格落实常态化疫情防控措施,实行每日巡查制度,督促A级景区、星级酒店、公共文化场馆、娱乐场所、文化艺术类培训机构等严格执行"限流、预约、错峰"及查验健康码和行程卡、测温、戴口罩、通风消毒等措施。落实场所码31处,确保区疫情防控指挥部指令落实落细,圣效大酒店隔离点团队被评为全省文化和旅游系统疫情防控一线先进典型团队。全力推进"扫黄打非"、文化市场综合行政执法工作，全年办结案件6起，没收非法书籍207册，移交公安涉刑案件1起，营造健康向上的文化市场氛围。

（童　超）

【江山市文化广电旅游局】 内设职能科室6个，下属单位7个。2021年末人员96人（其中：公务员13人，参公3人，事业80人；具有高级技术职务资格的27人，中级27人）。

2021年，江山市文化广电旅游局牢牢把握"项目攻坚推进和庆祝建党百年"两大基调，扎实开展"项目推进年、招商引资年、要素突破年"3个年活动，深入开展党史学习教育，以真抓实干开创工作新局面，全力推进文化旅游高质量发展，江山市在2021中国县域旅游综合竞争力百强县市中排名第12位。一是举办庆祝建党百年活动。围绕庆祝建党百年，举办浙江省群众（乡村）合唱大赛暨江山市庆祝中国共产党成立100周年文艺活动。该活动由文化和旅游部主办，是文化和旅游部组织的75个"唱支山歌给党听"大家唱群众歌咏活动地方联动活动之一，全省仅江山和德清两个县市承办了相关活动。承办"红色江山　三山共富"第三十六届"三山"艺术节，得到3地参会领导嘉宾的高度肯定。策划组织特色活动，举办"衢州有礼·书香江山·我心向党"群众性主题阅读活动、"童心向着党"儿童美术展等活动，传承红色经典。二是优化文化旅游顶层设计。完成江山市"十四五"文化旅游总体规划、全域旅游发展规划编制，科学谋划文化旅游发展总体定位、空间布局、业态布置、基础配套，为江山市文化旅游发展画好"路线图"，编好"操作版"。制定出台大文旅政策，融合文化、旅游、微电影、文艺、体育等五大产业政策，重点扶持骨干企业和新型文旅业态发展。三是推进文旅数字化改革。坚持以数字赋能优化游客体验，启动文旅大数据中心迭代升级工程，创新开发旅游放心购、景区安消一体化等应用场景。其中，旅游放心购应用场景列入全省文化和旅游数字化改革最佳应用名单，并上线"浙里办"平台。四是推进文化遗产复兴。组建江山市文物局，统筹推进文物保护与利用。做实毛氏文化，开展"两山"合作，赴韶山开展对接交流，将韶山纳入跨省疗休养目的地，深化中华毛氏文化及清漾毛氏文化研究，积极编印《中华毛氏》会刊。大陈汪氏宗祠被评为浙江省不可移动文物保护利用优秀案例。完成通禄门古城墙遗址发掘。五是推进文旅重大项目建设。推进春风·江山田园文旅颐养小镇、文化艺术中心二期、虎山运动公园、贺村镇五星级酒店等一批重大文旅项目建设。加快旅游重大平台建设，江郎山旅游度假区可行性研究报告通过省级联席审查。六是推进品质文旅建设。打造高能级景区，成功创建4A级旅游景区1个、3A级景区2个。提升住宿品质，成功创建五星级旅游饭店1家、浙江省金树叶级绿色旅游饭店1家、浙江省金桂品质饭店2家，新增省高等级民宿、文化主题民宿4家、衢州市民宿综合体1家、衢州市民宿集聚村2个。综合推出代表江山餐饮特色的江山十大名菜、十大名小吃、十大名冷盘及"锦绣江山宴"，并举办江山名菜、名小吃、名冷盘发布会暨"锦绣江山宴"发布会，打响"衢州有礼·江山味道"美食文化内涵。策划以"游衢州住江山　健康江山动起来"为主题的江山文旅（杭州、南京、合肥）推介会，全面推介江山美景、美宿、美食。七是筑牢文旅安全防线。开展综合执法，联动开展文化旅游市场监管巡查、文物监察及"清源""净网""护苗""秋风""固边"等"扫黄打非"五大专项行动，有效净化文化和旅游市场环境。完成安全生产综合治理三年行动、文化旅游领域遏制重大安全事故攻坚整治、"平安护航建党百年"安全隐患大排查大整治等多项重大任务。全年开展各类督导检查220次，督查企业单位789家次；排查隐患223个，完成整改217个，整改完成率97%。

（陈荣贤）

【龙游县文化和广电旅游体育局】 内设职能科室10个，下属单位7家。2021年末人员82人（其中：机关26人，事业56人；具有高级技术职务资格的4人，中级14人）。

2021年，龙游县文化和广电旅游体育局以县委"14456"工作布局为引领，围绕"大庆大干"要求，大力推进文化龙游、全域旅游、疫情防控等各项工作进程，圆满完成全年工作目标任务，助推"活力四射""美丽幸福"的"浙西新明珠"建设。"文化龙游"被县委、县政府确定为"四大龙游"建设目标，这在全省尚属首例。一是公共文化。全县公共文化服务体系建设再上新台阶，入围全省公共文化先行县培育名单,是衢州市唯一,公共文化服务现代化领航项目"三百联盟"也得到了省文化和旅游厅领导的高度关注。县委主要领导作为县(市、区)唯一代表在市委文化工作会议上做典型发言。加强公共文化阵地建设。龙游县博物馆建成文旅驿站,全年参观人数8万余人次,成为龙游人的最佳"城市会客厅"。城东公共文化服务中心全面结顶,罗家乡、小南海镇综合文化站完成升级改造,建成溪口、塔石、沐尘南孔书屋3家。博物馆、文化馆、图书馆均成功创建衢州市示范型文化场馆,基层文化网络日渐夯实。詹家镇成功创建2021年度省级文化强镇,湖镇镇、模环乡通过文化强镇复核;志棠村入围2021年度浙江省文化示范村(社区)名单,地圩村等12个村通过浙江省文化示范村(社区)复核。加强文艺精品创作。六春湖宣传歌曲《带你去山顶》在QQ音乐榜上推广宣传;歌曲《曙色》获浙江省群众声乐大赛铜奖;舞蹈《滚花龙》《硬头狮子》《龙游大妈》获浙江省首届乡村艺术舞蹈大赛金、银奖;报告文学《答卷》、歌曲《逆行的光》获第五届衢州市文艺精品南孔奖;国画作品先后6次入选全国、省级展览,其中3人的中国画作品入展"百花向阳"全国花鸟画展。积极参加衢州市第十届群众文艺会演,取得8金6银的好成绩,其中舞蹈《大山里的电影院》、音乐《夏日小辰光》、音乐《北乡月》荣获创作、表演双金奖,本局荣获优秀组织奖。实施文化惠民工程。全年举办送春联福字下乡、民间舞龙舞狮大赛、全民朗诵大赛等系列文化活动,指导各乡镇(街道)开展"一乡一节"品牌文化活动,惠及群众50余万人次,各类群众文化活动线上观看561.78万余人次。完成关键小事"公共场馆预约"和"图书一键借阅"在"浙里办"上线,推行长三角"一网通办""一证通用",大大提升了群众的获得感、幸福感。推进文化基因解码工作。深入挖掘传统优秀文化元素,完成500余个文化元素普查入库,19个重点文化元素解码,形成10万字的文化基因解码成果报告。获评浙江省文化基因解码成果优秀等次(全市唯一),龙游商帮、龙游皮纸、姜席堰、龙游石窟获评优秀解码项目,龙游商帮文化入选全省首批100项浙江文化标识培育项目名单。做好文化基因转化利用,完成龙商码头书吧项目建设,开展龙游商帮LOGO设计应用推广,谋划龙游商帮美术馆等特色项目。首届浙江省文化艺术节暨乡村舞蹈大赛在龙游举办,本局荣获组织奖。二是文化遗产保护。加强文物保护。成立龙游县文物局,召开全县文物工作会议,推进文物保护事业稳步发展。积极谋划荷花山考古遗址公园建设和申遗工作,编制完成《荷花山遗址保护规划》,加入"上山文化"申报世界文化遗产城市联盟。荷花山出土文物进中国国家博物馆展览,进一步打响"荷花山遗址"知名度。全年完成不可移动文物保护工程31处,完成县文保单位(古建筑)电气线路改造工程119处,龙游县古塔及牌坊沉降监测模块作为全市唯一代表入围浙江省"文物安全"应用场景建设"揭榜挂帅"试点。加强革命文物保护开发利用,完成华岗故居成长楼、大街乡红军标语墙修复等工程,推进张爱萍将军抗日旧址展示馆项目建设。开展文物犯罪整治行动,严防严控,切实保护县内文物安全。开展考古项目调查。湖镇文林茶场土地垦造项目考古勘探发现古墓葬35座,已完成发掘21座。城南开发区商贸物流园区项目考古勘探发现古墓葬6座。积极推进东华街道五爪垄村茶场土地垦造项目考古调查工作、民居苑酒店建设项目考古调查工作。协助省文物考古研究所完成南山塘水库考古发掘工作。龙游县博物馆理事会正式成立,审议通过了《龙游县博物馆法人理事会章程》《龙游县博物馆理事会议事规则》,推选出首届理事会理事长。加强非遗保护传承。新增省级非遗传承人1人,市级非遗传承人5人,县级非遗传承人20人。完成龙游皮纸非遗体验基地、龙游发糕非遗体验基地、婺剧传承基地建设。龙游发糕、龙游莲子酒入选第三批浙江省非遗旅游商品。指导建成龙游皮纸制作技艺传承人徐晓静工作室,推进龙游发糕制作技艺蓝锦国工作室建设。三是全域旅游。龙游县先后获得省级全域旅游示范县、省级文旅产业融合发展试验区、全省旅游业"微改造、精提升"试点县、全省大数据旅游统计应用试点单位等系列殊荣,获评3A级景区城,并连续3年入围全国县域旅游综合实力百强县。浙江年年红家居有限公司董事长助理金怡宏作为全市唯一代表荣获全国文化和旅游系统劳动模范。全县共接待游客193.64万人次,旅游总收入21.41亿元,同比增长10.2%。推进文旅项目建设。全县共实施文旅项目33个，当年完成投资66.71亿元，投资完成率134.18%。龙游县文化和旅游投资推进综合评价指数位居全省第六、山区26县第一。以"两江化一龙"精品线路为抓手，大力推进红木小镇和六春湖两大平台建设。红木小镇连续6年被省政府评为优秀特色小镇，完成游客中心、木都商业街、五乐商业街等项目建设，业态布局、旅游配套进展顺利；六春湖休闲旅游度假区索道、游步道建设完成，冰雪运动公园、桃源尖露营基地、悦椿度假酒店等项目稳步推进，并入围全省第二批名山公园。同步推进大南门历史文化街区、城东公共文化服务中心、双江口主题酒店公园等重点项目建设，进一步夯实文旅基础。确定"微改造、精提升"项目144个，全年打造示范点45个，其中1个列入省级试点，13个列入市级试点。积极谋划特色项目，姜席堰世界灌溉工程遗产项目获全市文旅项目擂台赛十佳项目，汽车运动中心、荷花山省级遗址公园获市级优秀项目。发展乡村旅游。指导乡镇开展塔石镇油菜花节、大街乡芍药花节、龙洲街道蓝莓文化旅游节等系列文旅节庆活动10余次，为乡村旅游发展集聚人气。推进民宿农家乐产业稳步发展，竹尖上的树屋、渔悦和园民宿综合体等对外运营，六春山居文旅综合体项目开工建设，星摇民宿、仁义千秋文化园、五道六合清境等7个旅游项目完成决策咨询。山语山庄、悠然水居分别获评省级金宿和银宿，沐尘村、浦山村获评2021年度省级乡村旅游重点村。完成4条红色旅游路线设计，华岗纪念馆入围浙江省52个红色根脉打卡地，进一步丰富乡村红色旅游产品供给。全县乡村旅游共接待游客202.96万人次，实现营业收入1.92亿元。加强旅游宣传营销。深化全媒体矩阵宣传，通过"线上＋线下""综合＋专业""传统＋新兴"等多种媒体形式融合推进。线上通过"文旅龙游"微信公众号全年发布动态信息228条，浏览量达173万次；线下在景区、星级酒店、旅行社、旅游集散中心、景区村发放旅游宣传册、宣传品等资料5000余册，提供旅游咨询2000余次。举办首届研学旅行资源对接会、2021"走读浙江·康养龙游"暨浙江省康养游现场会、2021快乐垂钓大型电视直播垂钓赛等活动，受到浙江新闻、学习强国等主流媒体的关注。组织参加第16届中国义乌文化和旅游产品交易博览会、2021衢州（重庆、武汉）文旅推介会等活动，与宁波市镇海区、杭州市临安区签订文旅体战略合作协议，进一步拓展客源市场。提升旅游品质。浙江浙香食品有限公司入选2021年浙江省工业旅游示范基地；龙游龙和码头渔业园、龙游广和雷迪森维嘉酒店入选第三批"诗画浙江·百县千碗"省级美食体验（示范）店；龙游广和雷迪森维嘉酒店、蓝天清水湾国际大饭店有限公司入选浙江省银桂品质饭店；龙游广和雷迪森怿曼龙山运动酒店被评为银鼎级特色文化主题饭店；"年景"牌龙游发糕、硒莲液莲子酒获评2021浙江优秀非遗旅游商品。推进"95联盟大道"建设。根据国家重点项目"联盟花园"建设要求，牵头落实"95联盟大道"建设。完成彩色标线49.6千米、标识牌安装262套、旅游驿站9个，大道沿线环境和风貌整治、标志性景观提升改造、当地特色文化和业态植入等稳步推进，建设体量、建设效率全市领先。"95联盟大道"作为自驾线路唯一代表在省委宣传部组织的山区26县自驾线路及网红打卡点评选活动启动仪式上重点推介。承办浙闽皖赣"联盟大道"现场推进会，进一步打响龙游知名度。衢州市副市长徐利水等领导点赞龙游联盟大道建设成效。"钱塘江诗路文化体验游"（联盟大道线路）入围浙江省诗路精品旅游线路。四是加强文旅市场监管。开展文旅市场日常执法巡查监管工作，全年累计出动检查261次，出动执法人员930人次，检查场所1325家次。开展数字化监管，通过"互联网＋监管"平台，认领监管事项225项，认领率及标准化率均为100%，事项覆盖率为100%。开展歌舞娱乐场所违禁曲目、旅游市场无证经营、行业领域"削减清零"等专项检查，共办理行政处罚案件13起，警告7家次，罚款8200元，没收非法出版物288册。扎实处理文旅市场投诉举报，核实答复12345等系统派件及电话咨询310余起，各种赔偿金额近4万元，处理率100%，满意度99%以上。

（周佳俊）

【常山县文化和广电旅游体育局】内设职能科室5个，下属单位6个。2021年末人员67人（其中：机关16人，事业51人；具有高级技术职务资格的5人，中级17人）。

2021年，常山县文化和广电

旅游体育局围绕争创国家全域旅游示范县目标,聚焦"一切为了U"城市品牌塑造,深化文旅体融合,发展文旅产业,激发大市场活力,全面打响"画里乡村、研学走廊、康养胜地"文旅品牌。全县累计接待游客180.3万人次,实现旅游总收入22.4亿元,旅游经济发展指标位居全市前列。常山县成功创建浙江省全域旅游示范县,入选2021中国健康旅游名县、浙江省大数据旅游统计应用试点县、浙江省旅游业"微改造、精提升"试点单位。一是公共文化服务。常山县在浙江省公共文化服务数据评估中,排名衢州市第2位、浙江省第53位。县图书馆被评为第一批省"满意图书馆";县文化馆成功创建国家一级馆;招贤镇荣获"浙江省民间文化艺术之乡"称号;何家乡樊家村获评2021年度浙江省文化示范村,全县历年创建的12个省级文化示范村全部通过省级复评;辉埠镇文化站、东乡村文化礼堂、徐村村文化礼堂等3家文化场馆被列入浙江省公共文化服务功能拓展先行先试单位。常山西源革命纪念馆入选浙江省红色旅游教育基地(全省仅10家)。在全省第七次乡镇街道综合文化站评估中,常山县达标率实现100%,其中一级站5个、二级站3个、三级站6个。培育发展省级文化示范户7户、省级乡村文化能人16人。持续推进"黄鹂振翅飞 文化进万家"品牌文化惠民活动,全年完成送戏下乡300多场,送电影下乡2900多场,送书下乡1.5万余册,送展览、讲座、辅导等300余场,县外"文化走亲"10多场。举办"常山YOUYOU音乐节",活

动现场吸引游客约1.2万人,拉动全县住宿、餐饮、农特产品销售等消费500余万元,并吸引《人民日报》、新华社、抖音等30余家媒体聚焦常山,相关阅读量突破2000万次。二是文艺精品创作。组织"黄鹂鸟"文艺团队创作歌曲《我不是英雄》《过招贤渡》《一切为了U》和舞蹈《胡柚娃》等作品10余部。其中舞蹈《阿婆的精糕》获首届浙江乡村舞蹈大赛(舞台舞组)金穗奖一等奖;组织"魅力绽放合唱团"参加浙江省群众乡村合唱大赛获银奖;歌曲《魔数师》获衢州市文艺精品南孔奖;8090宣讲《奋斗,是青春最亮丽的底色》在浙江省群文系统微宣讲大赛中获得三等奖;文章《在摇椅上》获"美丽浙江"网络文学大赛三等奖和人气奖;《常山江辞》《胡柚娃》获衢州市文艺会演双金奖;《千年宋诗河》《过招贤渡》《我不是英雄》等入选衢州市文艺精品项目。三是文化遗产保护。积极构建县、乡、村3级文物安全管理网络和责任体系。启动兴贤塔修缮工程,完成省保泰安古建筑群之王氏宗祠等抢险加固工程。开展全县重大文物安全隐患排查工作,上报《常山县文物安全隐患及问题情况的调查报告》并获衢州市市长高屹批示肯定。通过全县第二次革命文物专项调查,上报不可移动革命文物16处,可移动革命文物11件。《常山文物藏品荟萃》正式出版。成立衢州首个非遗学院。县级非遗代表性传承人增加至87人,市级增加至31人。成功申报常山贡面为浙江省第三批优秀非遗旅游商品,并代表衢州地区在浙江·中国第十三届非物质文化遗产博览会上

展出。四是文化基因解码。完成203个文化元素调研,开展17个重点文化基因解码及报告汇编,"宋诗之河文化带"项目被列入首批100个浙江文化标识培育项目,"宋诗之河""常山胡柚""喝彩歌谣"等3个项目被评为浙江省优秀解码项目。完成《常山文化标识建设计划任务书(2022—2025)》文本编撰,并经县政府审批上报浙江省文化和旅游厅。完成以"一门九进士"为素材的1部短剧的创编和演出工作。完成《诗中有味——常山宋诗文化宴》烹饪专著编撰及"常山宋诗文化宴"宣传专题片拍摄制作,举办"常山宋诗文化宴"宣传推广现场会。五是全域旅游发展。常山县获评省级全域旅游示范县。成功创建3A级景区城,5个4A级景区镇,6个3A级景区镇,38个3A级景区村,180个A级景区村,在衢州市率先实现城镇村景区化全覆盖。推进"微改造、精提升"工作,出台《常山县旅游业"微改造、精提升"五年行动实施方案》,建立"微改造、精提升"行动"一月一推进"工作机制,全县累计完成224个项目梳理和填报工作,完成总投资7.47亿元,发现问题和解决问题1461个。常山县被列入省级试点县,金源村被列入省级试点,10处场所被列入市级试点。该经验做法获得省、市、县领导批示3篇,被《浙江日报》、浙江之声、新蓝网等媒体关注和报道55次。六是文旅项目建设。深入推进文旅拓展行动,推动浙江泓影戏曲与影视文创园项目、文化旅游博览中心等一批文旅项目落地开工建设。其中,浙江泓影戏曲与影视文创园项目于12月25日

顺利竣工验收。全县游览景区项目实际在库28个，总投资约42亿元，累计完成投资约16亿元。累计开展52项文旅拓展工作，其中49项工作完成目标计划，完成率达94.2%，文旅拓展行动成效初步显现。六是文旅业态提升。积极培育"常山漫居"精品民宿，出台《关于加快"常山漫居"民宿发展的实施意见》，推动村上酒舍获评国家首批甲级民宿（全省仅2家），彤弓山居入围浙江省白金宿，东岸乡自在梅林民宿、新昌乡老油坊民宿、芳村镇宋邸民宿获评浙江省银宿。发展乡村旅游，金源村腾云项目累计接待游客7.6万人次，实现餐饮住宿、土特产销售等营收超500万元，带动村集体增收50余万元，打造了乡村旅游富民新模式。该项目入选浙江省首批文旅助力共富最佳实践案例。推进"诗画浙江·百县千碗"工程，柏丽大酒店、良友宴会中心获评第三批"诗画浙江·百县千碗"浙江省美食体验（示范）店，新增华府等10家常山鲜辣美食体验店。开发研学游产业，推出常山十大中小学生研学游精品线路。七是文旅数字化改革。以数字化改革为牵引，积极培育文旅发展新动能，打造文旅服务新场景。整合全县A级景区、文体场馆等公共文化服务资源，建立"云游常山"智慧文旅系统，实现在线预约、智能导游导览等功能，三衢石林景区在衢州市率先实现"一卡通"入园，梅树底景区被评为浙江省智慧景区。启动3馆数字化提升，引入智慧图书墙、有声图书角、智能导览机器人等数字化设备，增设精品慕课、电子化古籍等数字资源，并实现

"浙里办"进馆预约、图书一键借阅，有效扩大公共服务覆盖面。通过融合票务、闸机、信令、视频、手机端应用等数据，构建景区、场馆、酒店、民宿及文保单位、网吧等分级分类监管体系，提高了行政监管、主体服务和行业扶持效能。八是文旅市场监管。坚持文旅市场疫情防控和安全生产同步抓，确保全年安全生产零事故。一手抓疫情防控，全年共开展疫情防控专项检查251次，检查文旅体企业1587家次，出动检查人次2640人次，有效遏制疫情在文旅体行业的传播；一手抓安全生产，通过"日常巡查＋联合检查＋第三方检查"的形式，对全县文广旅企业开展安全监管，在春节、五一、国庆、百年建党等重要时段，牵头组织多部门开展协同检查，检查安全隐患45处，督促整改45处，完成市挂牌督办事项3处，县挂牌督办事项8处，有效防范了文化旅游安全事故的发生。

（凌　昊）

【开化县文化和广电旅游体育局】
内设职能科室5个，下属事业单位10家。2021年末人员103人（其中：机关10人，事业93人；具有高级技术职务资格的7人，中级27人）。

2021年，开化县文化和广电旅游体育局围绕争创国家全域旅游示范区目标，扎实推进品牌创建，深化文旅产业融合，市场活力显著增强，文化软实力明显提高。一是文旅项目稳步推进。成立旅游工作专班，一月一推进。完成衢黄南饶区域旅游联盟大道和根宫佛国驿站建设。印发《开化县国家全域旅游示范区创建工作实

施方案》《开化县旅游业"微改造、精提升"五年行动方案》。开化县列入浙江省旅游业"微改造、精提升"试点县。筹备国家全域旅游示范区创建迎检工作。星宿高田、大源头艺术村等5个典范村项目开工，下淤艺创小镇未来乡村景区进一步提升。燕庐文创项目积极准备土地挂牌。国家公园未来茶社区、茗宇·圣居等4个文旅项目通过决策咨询。"开化文化客厅"项目建成并投入运营。2021年全市文旅项目擂台赛中，3个选送项目均进入决赛并勇夺十佳项目，成绩位列全市第一。建成开放红色根雕博物馆，根宫佛国成功创建省级研学基地，全年共吸引研学学生10万人次。水滑、VR、漂流、游船等新业态成为开化旅游新亮点。二是品牌创建富有成效。开化县再获全国旅游百强县、全国县域旅游影响力百强县。省全域旅游示范县复评获A等序列，2个景区通过国家3A级景区初评。初评省高等级民宿5家，省文化主题民宿2家、市级民宿集聚村4个、市级民宿综合体4家。通过省五星级酒店初评1家，创成三星级酒店1家。钱江源国家公园入选省首批"大花园耀眼明珠"，"醉根"入选省文旅IP。全县旅游增加值预计为15.9亿元，较上年增长9.05%；旅游业总产出为33.5亿元，同比增长6.2%；乡村旅游总收入2.5亿元；旅游产业从业人员1.65万人次，较上年略有提高。特别是国庆7天，旅游收入同比增长33.1%。全年接待人数245万人次，旅游收入25亿元。三是产业发展深度融合。完成《开化县文化旅游体育产业"十四五"发展规划》，修

订《开化县促进文化旅游产业高质量发展若干政策》《开化县民宿提质富民专项扶持奖励办法（试行）》。指导御玺等创建省工业旅游示范基地，并通过专家初评。"百县千碗·钱江源味道"工作稳步推进，成立美食工作专班，出台《开化美食产业"个十百千万亿"工程三年行动计划》，新增"诗画浙江·百县千碗"体验店3家。在全县10家酒店、民宿完成美食文化一角展示，建成金凤凰开化美食文化体验馆，在杭州、衢州、开化等地建成钱江源味道标准旗舰店5家。非遗项目"传统家具制作技艺"入选文化和旅游部中国传统工艺推荐名单。四是文化软实力明显提高。新建南孔书吧4家及各类南孔书屋主题馆3家。推进华埠镇、杨林镇、村头镇等10个有声图书墙建设，发展"文艺轻骑兵"100名。培训"开化大厨"300余名。举办庆祝中国共产党成立100周年文艺晚会。举办省第十一届群众曲艺大赛、"文化赋能　共同富裕"高质量发展建设培训班、全市文化基因解码推进会等省、市级活动30余场。创作《福岭奶奶》《寻根溯源的人》等优秀作品4个。新申报省级文化示范村1个，复评省级文化示范强镇、村（社区）17个。获评市级以上文化示范户39户，市级以上乡村文化能人92人。获评2021年度浙江省民间文化艺术之乡和浙江省公共文化场馆服务功能拓展先行先试单位。制定《开化县革命旧址、遗迹保护和利用办法（试行）》《开化县革命旧址保护和利用专项资金管理办法》，建立全县古井水源的保护告示牌214个。五是品牌营销活力显著增强。开化县被授予中国美术学院乡土学院，获评华东十大最美金花胜地。开展红色旅游"云游"直播活动5场次。举办浙江省第十六届浙江山水旅游节。开辟红色旅游线路3条，建成浙西第一家"五星树"红色主题邮局及红色朗读亭，红色根雕博物馆试运行。全县20余处重要红色旅游点共接待游客近80万人次。赴杭州桐庐、余杭等"山海协作"地开展文旅推介活动5场次。百里金溪画廊、根宫佛国等纳入长三角红色旅游联盟、衢黄南饶联盟花园区域游线。根宫佛国、开化龙顶入驻"浙里好玩"平台。全县72个乡镇、部门和国企齐抓人气集聚，共引进78561人次。六是监管执法服务取得突破。以"平安护航建党百年"为抓手，共出动执法人员819人次，检查文化经营单位405家次，共做出行政处罚案件4起，没收出版物77册。对全县文物保护单位开展全方位安全检查260家次。指导开化国际大酒店创建五星级旅游饭店，雷迪森创建三星级旅游饭店。建立信用体系，旅游购物店承诺"30日内无理由退货"。完善"1＋3＋N"旅游市场执法体系，常态化监管旅游商品市场。完成100名红色导游培训工作，并授予"开化红色旅游讲解员"称号，拍摄红色旅游解说短视频8个。

（陈贤敏）

舟山市文化和广电旅游体育局

【概况】 内设职能处室12个，下属单位15个，其中参公单位2个，事业单位11个，企业2个。2021年末人员278人（其中：机关53人，事业225人；具有高级技术职务资格的25人，中级94人）。

2021年是中国共产党成立100周年，也是"十四五"规划开局之年。舟山市文化和广电旅游体育局以习近平新时代中国特色社会主义思想为指导，积极应对新冠肺炎疫情对文旅行业带来的冲击，统筹抓好疫情防控和产业复苏，以旅游为主线，以文化为支点，以体育为动力，着力为产业发展赋能、为市场复苏聚力、为公共服务提质、为行业治理增效，实现全市文旅工作新提升新发展。

一、以"庆祝建党百年"为主线，开展丰富多样的主题庆祝活动

围绕"献礼建党100周年"开展"千岛儿女学党史""红色经典演出季""百场电影进社区"等系列活动，征集推介十大红色主题旅游线路，优化打造蚂蚁岛人民公社旧址、鸦片战争遗址公园等红色教育示范点，统筹资源，设计推出各类红色主题特展，将公共文化场馆打造为建党百年红色打卡点。原创展"从这里，航向深蓝——舟山海防发展史暨纪念建党100周年特展"入选全国100个社会主义核心价值观主题展览，为全省4个入选展之一；歌曲《阿家里格啰》获庆祝中国共产党

建党100周年全国群众歌曲创作征集活动优秀作品第1名。

二、以"海岛公园"建设为引擎，产业发展提能创效

全域推进海岛公园建设。以"3＋3"模式推进海岛公园建设，完成省海岛公园建设导则，编制《舟山市海岛公园建设总体规划》，6个海岛公园规划通过省级评审，嵊泗县海岛公园、普陀区海岛公园在2020年度全省海岛公园建设评估中分获前两名。建立"十四五"文旅体产业规划发展体系并完成编制，出台《海岛旅游与海上运动产业发展规划》等配套规划7个，全国首创《海岛精品民宿聚落基本要求与评价》。谋划"邮轮、游艇、游船"3游产业，建成全国首家游艇第三方管理平台，签约维京游轮，推出普陀山朝圣游、普陀南部诸岛"跳岛游"等海岛船游新项目。加速推动全域旅游发展。定海区成功创建省级全域旅游示范区，舟山市实现了省级全域旅游示范县全覆盖。着力推动朱家尖、桃花岛等景区整改提升，创建景区城1个；景区镇18个，其中3A级景区镇14个，4A级景区镇3个，5A级景区镇1个；景区村25个，其中3A级景区村4个；定海小沙三毛故里、普陀蚂蚁岛、嵊泗嵊山东崖绝壁成功创建3A级景区，定海区马岙村入选第三批全国乡村旅游重点村。持续推动海岛民宿培优工程，评定"岛居舟山"最美民宿24

家，引进高品质酒店、民宿6家，嵊泗县"推动海岛民宿经济高质量发展 促进海岛居民共同富裕"入选首批浙江省文化和旅游促进共同富裕最佳实践案例。深度激发体旅融合活力。打造贯穿全年的海岛公园赛事活动体系，有效集聚城市人气、拉动体旅消费。多维布局城市营销体系。构建"舟游列岛"营销体系，针对不同客群布局微信、微博、抖音、视频号等多线并进的融媒体传播格局，培育展茅路下徐、朱家尖彩虹街、新城如心小镇等网红打卡点，举办"5·19中国旅游日"、"阿拉过节嘞"、"福在舟山"惠民季等特色活动，策划推广"舟山味道"十大点心、冷菜、旅游必点十道菜、普陀山素宴等系列特色美食，引入中央电视台"回家吃饭"、湖南卫视"天天向上"等综艺及影视节目，举办各类直播带货活动，触及人群达千万级人次。官微"舟山群岛旅游"多次入选全国地级文旅新媒体传播力指数TOP榜。

三、以"群文高地"打造为目标，基因解码出新出彩

文艺精品创作有新收获。全市13件作品入围全省动态类三大文艺赛事决赛，5件作品获金奖，金奖数在全省各地市中并列第一。定海"鸦片战争·海防文化"、普陀"沈家门渔港风情"、岱山"岱东沙古渔镇"、嵊泗"嵊泗渔歌"入选首批浙江文化标识培育项目，定海古城等15个项目入选

"优秀解码项目",白泉镇获评浙江省文化强镇,普陀区(渔民画)获评2021—2023年度中国民间文化艺术之乡,引领本土文化创新发展。"龙茗·陶瓷马克杯""神狮来找茶"荣获首届全国文化创意产品推介活动百佳文化创意产品奖。文化遗产保护传承有新突破。推进舟山市优秀传统文化(非遗)融入学校教育系列活动,举办非遗"三进四季行""少年非遗说"等活动,推进省保法如庵、市保清一堂等文物修缮工程。"走读昌国"舟山文化遗产零距离体验活动、蚂蚁岛人民公社旧址保护利用案例入选2021全国文化遗产旅游百强案例;嵊泗渔歌入选第五批国家级非遗代表性项目;嵊泗黄家台遗址入选2021浙江十大考古重要发现;新发现的白泉镇王家园遗址,将舟山群岛历史追溯到了距今6000余年前的河姆渡文化早期。公共服务供给有新成效。实施文旅公共服务大提升行动,新建提升城市书房11家、网红阅读空间2个、旅游厕所18家,100%公共图书馆完成"满意图书馆"建设,旅游景区、图书馆、博物馆实现长三角社保卡应用全覆盖。组织惠民文化点单活动255场,线上线下观看超190万人次。有序开展"三送一走"活动,完成送戏下乡1112场,送书下乡12.4万册,送讲座、展览1018场,"文化走亲"52场。

四、以"智慧服务"为路径,推动治理体系优化健全

数字化改革突破创新。搭建"1+4+N"数字化改革整体框架,落地浙江海岛公园大数据应用系统项目(一期),梳理文广旅体资源,推动"舟游列岛"旅游公共服务、"岛居舟山"民宿管理系统、导游诚信执业治理、水下文化遗产监测等多跨场景搭建,"舟游列岛""一舟好戏""惠民季""舟山图书馆"等应用场景已上架"浙里办"平台,普陀山"一码通"入选浙江省数字化改革第二批最佳应用。探索具有舟山特色的旅游统计样板,启动海岛旅游环境下舟山市旅游大数据统计方法研究工作。安全生产落细落实。成立市旅游安全专业委员会,制定《舟山市旅游领域遏制重大生产安全事故整治攻坚实施方案》,开展旅游领域安全生产风险普查,切实抓好旅游领域"遏重大"攻坚工作。深入推进文物建筑消防安全三年专项整治行动和文物安全全面提升三年行动计划,厘清文物责任主体,建立联系和督查通报制度,开展文物消防安全"一库一图一清单"数字动态管理,分级分类做好文物安全隐患整改。行业管理持续深化。全面推进文化市场"百日护航建党百年"攻坚行动,运用"互联网+监管""E查通"小程序等数字化监管手段建立"企业自查+县区抽查+市级督查"3级联动模式,开展网吧、娱乐场所智能监控改造工程,构建线上线下巡查机制。完成年度"证照分离"改革任务,推动信用承诺和告知承诺制,创新"信用+监管""信用+服务"应用场景。局行政审批窗口被市政务中心评为"金质服务窗口"。依法行政先行先试。制定《局2021年法治政府(依法行政)建设工作要点》及责任分解表,建立季度议法制度,进一步规范重大行政决策程序。加大合法审查力度,充分发挥公职律师和法律顾问作用,共对638个合同、6个规范性文件进行合法性审查,对8个其他文书提出法律意见,完成9个行政规范性文件的政策解释。与市司法局签订全面战略合作协议,被市依法治市领导小组认定为探索推进法治舟山建设的首个战略合作样本,荣获全市、全省"七五"普法先进单位,为全市唯一获此殊荣的市属部门。

【大事记】

1月

1日 全市电影市场迎来开门红,全市16家影城票房收入超58万元,同比增长255.5%;观影人次1.8万,同比增长220%。

同日 舟山博物馆原创展览"丹青涂抹千秋事——黄山寿人物典故图"开展。本次展览是舟山博物馆首个"微展",新颖的场景设计,充分展示了传统文化的魅力。展览展至2月28日。

19日 省、市文物部门联合开展舟山市石窟寺类不可移动文物专项调查。

26日 浙东(舟山)家谱文化研究中心揭牌仪式暨专家座谈会在舟山市图书馆举行。该研究中心致力于家谱资料的收集、整理和研究,充分挖掘家谱的文化史料价值,发挥家谱在研究舟山区域史、保护本土文化、弘扬传统精神等方面的重要作用。

29日 全市22处不可移动文物和7件(套)可移动文物列入浙江省第一批革命文物。全市有不可移动革命文物47处,可移动革命文物408件(套)。

2月

5日至26日 举办"福在舟山·阿拉过节嘞"欢欢喜喜过大

年和红红火火闹元宵系列传统文化活动，线上共计 48340 人次参与。

7 日　全市文化市场综合执法队伍启动实施"护苗 2021"专项行动。截至年底，全市共出动检查人员 195 人次，检查校园周边场所 73 家次，立案查处网吧接纳未成年人进入营业场所案 2 起，查处未按规定核对登记上网消费者的有效身份证件案 1 起。

同日　市文物保护考古所完成定海远洋渔业小镇、定海工业园区、浙江普陀经济开发区 3 处省级以上平台区域评估文物调查任务。合计复查各级不可移动文物 30 处，新发现军事遗址、革命文物、古建筑民居等不可移动文物 22 处，另有新发现的地下遗存信息交由省考古部门深入调查。

17 日　春节假日期间全市共接待游客 7.36 万人次，同比下降 37.41%。

3 月

3 日　浙江省文化和旅游厅正式发文批复，同意"浙江海岛公园大数据应用系统项目"落户舟山。

5 日　由市委宣传部、市文明办、市文化和广电旅游体育局、团市委、市志愿者协会等单位联合主办的"献礼建党百年·共建志愿之城"2021 年学雷锋志愿服务活动正式启动，舟山市图书馆列入全市首批 20 家"志愿者之城"创建实践基地。

6 日　舟山博物馆举办的"中国普陀山佛教文化名家艺术书法展"在云南省楚雄彝族自治州博物馆开展，展出馆藏普陀山佛教文化书法作品 56 件，对推动舟山海洋文化与佛教文化的传播

及发展具有重要意义。展览展至 5 月 9 日。

19 日　与市教育局联合发文开展推进舟山市优秀传统文化融入学校教育系列活动，启动非遗进校园工作，主要活动包括第四批舟山市非物质文化遗产传承教学基地的申报和评定、全市优秀传统文化（非遗项目）校本教材（读本）征集评选、"优秀传统文化（非遗项目）融入学校教育"优秀实践案例征集宣传等。

同日　舟山博物馆 2021 年"'传承开拓·扬旗有我——党的光辉照我心'走读昌国"公益活动正式启动。本年度"走读昌国"主题公益活动以传承红色基因、讲好党史故事、汲取前行力量为主线，以党建中心、古战场、古遗址、文化礼堂等为主阵地，助推全市党史学习教育高质量开展。

20 日至 4 月 20 日　舟山市文物保护考古所组织实施年度衢山海洋文化遗产资源调查项目。该项目是本市首次结合地下、地面、水下 3 个空间维度的综合性区域文化遗产资源调查。

22 日　2020"福在舟山"惠民季活动圆满收官。受疫情影响，此次惠民季活动以线上为主，在"惠民季"小程序上推出了景区门票、酒店民宿套餐、非遗文创体验等 300 多项惠民产品，并在春节期间开展了"福在舟山 云享年味"线上嘉年华活动，针对外来务工人员开展了"留舟过大年·观影迎新春"等活动，累计惠及群众近 45 万人次，拉动舟山文旅淡季市场消费。

26 日　全市文化市场开展"百日护航建党 100 周年暨春季整治"行动，持续开展到 7 月 10

日。该行动重点从文旅市场疫情防控、安全生产和规范经营入手，共出动执法人员 2083 人次，检查 911 家次，查处违规 3 家次；举报（督查）受理 1 件，属实案件 1 件，行政处罚立案调查 9 件，办结案件 12 件，警告 4 家次，罚款 79000 元，停业整顿 1 家次，没收非法所得 110 元，有效清除遏制了文化市场各类风险隐患。

31 日　由微博、新浪浙江联合主办的"Z 世代·新 V 力——2021 微博 V 影响力峰会"在杭州举行，对优秀政务微博进行了表彰，局官方微博荣膺"浙江十大文旅系统微博"第 3 名。此外，局官方微博还多次进入浙江文旅类总榜 TOP5。

4 月

8 日　"中国博物馆热搜榜"——2021 年第一季度全国热搜博物馆百强榜出炉，舟山博物馆榜上有名，热搜指数为 2.34。

9 日　全市开展关于未经许可经营旅行社业务专项整治行动，持续开展至 8 月 20 日。行动期间，全市共出动执法检查 312 人次，检查旅游团队 583 批。现场发现未经许可经营旅行社业务团队 3 批，立案 1 件，案件移交 1 件。

10 日　市、县文旅部门在定海区南洞新建村举办了以"南洞·红色春风行"为主题的 2021 年舟山市非遗"三进四季行"定海行活动。

17 日　舟山市文化馆"周末艺术课堂"正式开课。周末艺术课堂由舟山市文化和广电旅游体育局与中共舟山市委直属机关工作委员会主办，舟山市文化馆承办。全年共推出朗诵、国画、书法

等9门课程。

23日 2021年舟山市全民阅读节启动仪式暨"图书馆之夜"主题活动在舟山市图书馆举办。活动由中共舟山市委宣传部、舟山市新闻出版局、舟山市文化和广电旅游体育局主办,舟山市图书馆承办。阅读节持续至11月,开展了"领读浙江 寻路初心"诗歌朗诵比赛、青少年红色主题漫画大赛、"千岛儿女学党史——红色专线"活动等一系列活动,营造了全民阅读的良好氛围。

27日 浙东(舟山)家谱文化研究中心新城梅苑书屋研究基地揭牌成立。

29日 浙江海洋大学大学生思政教育基地在中共定海县工委旧址正式揭牌,这是首家在革命文物保护点设立的思政教育基地。

5月

7日 五一假日期间,舟山市共接待游客113.9万人次,按可比口径恢复到2019年的84.05%,实现国内旅游收入16.17亿元,按可比口径恢复到2019年的97.8%。其中,主要旅游岛屿及经营性景区接待游客共56.47万人次。

8日 首届全国文化创意产品推介活动终评会在北京召开,舟山博物馆选送的"龙茗·陶瓷马克杯"和"神狮来找茶"荣获全国百佳文化创意产品奖。

13日 "红色经典演出季"首场演出越剧《江姐》在舟山市艺术剧院上演。此次演出季还推出话剧《守护》、音乐会《难忘的旋律》及话剧《共产党宣言》等演出,讴歌民族精神、时代精神,弘扬红船精神。

14日至15日 舟山市海洋鱼类传统加工技艺、舟山螺钿镶嵌制作工艺、舟山船模艺术3个非遗项目受邀参加2021丽水市"多彩非遗乡村行"春季非遗夜市活动。舟山和丽水建立非遗"山海合作"以来,有效地提高了两地非遗项目的知名度和影响力。

17日 舟山市图书馆、定海区图书馆和普陀区图书馆获评全省第一批"满意图书馆"。

18日 全市各大博物馆围绕"博物馆的未来:恢复与重塑"主题,结合庆祝中国共产党成立100周年,精心筹划了一系列线上线下主题活动,共举办展览10场,各类活动15场,参与人数上万人。

19日 舟山市正式推出定海非遗田园海味游、定海古城非遗体验游、"多彩非遗、别样普陀"普陀本岛两日游等十大非遗主题旅游线路,以国家级非遗项目舟山锣鼓、传统木船制造技艺和省级非遗项目跳蚤会、翁洲走书、舟山渔民号子等30多个非遗项目为核心,以旅游线路为依托,让非遗植入旅游发展,用旅游发展提升展现非遗魅力。

同日 2021年"中国旅游日"舟山主题活动在朱家尖南沙举行。此次活动以"绿色发展,美好生活"为主题,内容包括启动仪式、"5·19中国旅游日"、"舟游列岛"开游主题活动媒体通气会、房车露营嘉年华活动等,在人民网、新华网、澎湃新闻等35个平台进行宣传,总曝光量高达1000万次。同时联合各县(区)、各功能区举办了14项中国旅游日配套活动。

24日 舟山市非遗项目嵊泗渔歌入选第五批国家级非物质文化遗产代表性项目名录。至此,舟山市有国家级非遗项目6项。

29日 2021年舟山市"诗路文化带"景区讲解员大赛在淘文化路演中心举办。本次大赛由舟山市文化和广电旅游体育局、舟山市发展和改革委员会主办,18名讲解员参赛,评选出"诗路文化带"景区十佳讲解员。

30日 全市6家国有博物馆完成长三角社保卡"一卡通"推广运用,并入驻"浙里好玩""浙里办"等平台。

6月

1日 舟山市文物保护考古所联合国家文物局考古研究中心共同启动本市摩崖石刻文物劣化状况调研评估工作。

3日 舟山博物馆正式启动"云上博物馆"建设,通过推出"云讲解""云观展""云故事"等一系列线上服务,进一步延伸教育功能,为观众提供全天候文化服务。

同日 浙江省第三届群星书法小品展书法作品在苍南县文化馆开展,舟山市古风书社5名成员作品入展。

12日 端午节期间,舟山市主要旅游岛屿及经营性景区共计接待游客17.0万余人次,全市旅行社上报团队853团共1.2万余人。

同日 全市各级文旅部门围绕"文化和自然遗产日"主题,积极组织开展系列宣传、展示和体验活动,进一步提高了人民群众的文化遗产保护意识。

同日 《宣传半月刊》刊登《"走读昌国"十余年,深得民心》,向全省宣传系统介绍"走读昌国——舟山文化遗产零距离体验活动"的发展历程及丰硕成果。

同日　舟山市正式推出薪火·红耀东海之旅、铭记·烽火岁月之旅、奋进·星火印记之旅等10条红色主题旅游线路。这些线路主要以红色文博场馆、革命旧址、名人故居等50多个红色资源为载体，将舟山革命历史、革命传统和革命精神通过体验游、深度游和跳岛游的形式传递给广大游客，打造舟山文旅新名片。

14日　"礼赞百年·共庆端午"舟山市"阿拉过端午嘞"系列文化活动在浙江海洋大学举办。本次活动以"端午"和"建党百年"为引导线，通过线上线下相结合的方式把文旅体进行有效串联和集中展现，线上线下共有3万人参与活动。

16日　岱山县阿金嫂（浙江舟山市）商贸有限公司的海鲜下饭宝和长涂老万顺食品有限公司的倭井潭硬糕入选第三批浙江省优秀非遗旅游商品。至此，舟山市共有浙江省优秀非遗旅游商品16种。

21日至26日　中央电视台财经频道《回家吃饭》栏目组到舟山市拍摄体现"舟山味道"的美食节目，记录"渔都港城"的发展与变化。节目分3期播出。

是月　全省第三届不可移动文物保护利用优秀案例和入围案例名单公布，蚂蚁岛人民公社旧址保护利用案例入选。

7月

1日　为庆祝建党100周年，举办原创展"从这里，航向深蓝——舟山与人民海军特展"。此次展览展品丰富多样，有海军历史文献、舰模、海军军服等，部分还是首次公开展出。展览展出

至10月10日。

7日　全市文化市场综合执法队伍启动旅游市场暑期整治工作，持续开展至10月20日，期间日常巡查出动检查2133人次，检查899家次，查处违规4家次；举报（督查）受理1件，其他案件1件；行政处罚立案调查16件，办结案件11件，警告5家次，罚款30500元，没收违法物品39个。

9日　沿新城滨海大道推出"十里海街　文化长廊"文艺演出展示活动。活动开展至10月7日，共举办小型乐队演唱、小提琴弹奏、吉他弹唱等活动30余场，受到了广大市民和社会各界的好评。

15日　在抖音官方发布的榜单中，7月3日"舟山群岛旅游"抖音号原创视频《舟山花鸟岛治愈系风景》进入抖音官方热榜，吸引27.1万人在线观看；7月6日原创视频《那是我一直想要只带你去的海边》进入抖音官方挑战榜，吸引了210.2万人在线观看。

20日　与市教育局联合发文公布了第四批市级非遗传承教学基地名单，浙江国际海运职业技术学院（传统木船制造技艺）、舟山绿城育华（国际）学校（舟山锣鼓）、舟山职业技术学校（船模艺术）等10家入选。

23日　国家文物局公布了2021年度"弘扬中华优秀传统文化，培育社会主义核心价值观"100项主题展览推介名单，舟山博物馆策划举办的庆祝建党百年主题展："从这里，航向深蓝！——舟山与人民海军特展"入选。

同日　在浙江省第九届群众声乐大赛中，舟山市文化馆辅导并选送的民族组选手赵宁宁凭借

《中华女儿强》、中老年组选手郭换婉凭借《粉墨春秋》分获民族组、中老年组金奖。

30日　湖南卫视"天天向上"2021特别企划"美食研学季"第4站在舟山朱家尖南沙景区录制，并于8月15日在湖南卫视播出。该节目收视居综艺日榜第一，单期节目累计触达用户2127万，网络播放量达1700万次；入选3个微博热搜榜，其中"王一博踏浪而行"的热搜话题，阅读量达2.7亿次，讨论量6.5万次。节目播出后，各媒体平台纷纷报道，总阅读量超5亿人次。该宣传案例入选浙江省文化和旅游系统2021年十大宣传案例。

是月　市文物保护考古所完成2021年六横岛考古调查。本次调查为期1个月，调查成果具有年代跨度大、器物类型多、分布范围散等特点，进一步证明六横岛在战国至明清时期，曾几度经历人类开发活动。

8月

6日　在淘文化路演中心组织召开"'青骑兵'双悦谈"活动。本次座谈活动以"青骑兵召集令——创意点亮融合之路"为主题，23个项目个人及项目团队代表参加了活动。

9日　浙江省图书馆学会主办的童心向党·2021"魅力声音之寻找家乡的红色印记"浙江省少年儿童音频征集活动评选结果公布，舟山市图书馆共有10个选送作品获奖，其中银星奖3个，铜星奖7个，舟山市图书馆获优秀组织单位。

13日　舟山博物馆原创表情包合辑"蟹小舟"正式上线。这是该馆在原创展览配套内容上的

探索尝试,扩大了展览的社会效应,提高了博物馆的亲和力。

同日 环球自然日2021年度总决赛(线上)评审结果公示,舟山市的5组参赛作品取得了2金1银2铜的好成绩。

18日 正式增挂舟山市文物局牌子。副市长方维参加揭牌仪式。定海区、普陀区、岱山县、嵊泗县文化和广电旅游体育局也陆续增挂文物局牌子。

同日 舟山博物馆新征集丝路货币92枚,其中金币31枚。这批钱币涉及阿拔斯王朝、布耶王朝、塞尔柱帝国、古尔王朝、帖木儿帝国、萨曼王朝、花剌子模、伽色尼王朝、察合台汗国等,时间跨度长,涉及王朝多,具有独特的历史文化价值。自2018年以来,舟山博物馆陆续征集购买丝绸之路货币,已累计征集丝路货币1800多枚。

19日 由市非遗中心组织的舟山市"少年非遗说"传说故事讲述大赛(视频总决赛)在市文化馆举行。本次比赛共收到130多名青少年的参赛视频,2人获大赛特等奖,4人获一等奖,8人获二等奖,另有16人获优胜奖。

20日 组织开展"舟山味道"美食系列评选活动,推出"舟山味道"十大点心、十大冷菜和舟山旅游必点十道菜,并先后举办舟山黄鱼宴大赛和普陀山素宴竞味活动,评选推出舟山黄鱼宴和普陀山素宴一桌菜经典系列。

30日 市发革委正式发文,批复浙江海岛公园大数据应用系统项目(一期)立项。

9月

1日 省文化和旅游厅公布2021年度浙江省民间文化艺术之乡评审和复核名单,嵊泗县五龙乡凭借"嵊泗渔歌"项目入选评审名单,定海区白泉镇人民政府(舟山锣鼓)、普陀区人民政府(普陀船模)、岱山县人民政府(谢洋祭海)等10个项目通过复核。

7日 舟山市被确定为全省大数据旅游统计应用试点城市之一,从2021年9月至2022年3月,开展全省大数据旅游统计应用试点工作。本次的试点工作将依托移动运营商手机信令大数据技术,开展线上线下游客调查,为全市开展游客精准识别、规范全域旅游客流监测模型提供基础数据支持。此外,还将聚焦旅游统计领域的瓶颈问题,创新统计数据生产模式,促进传统旅游统计数据和手机信令大数据的深度融合应用。

同日 2021中国特色旅游商品大赛评选结果揭晓,选送的SHENGFAS盛发"旅行便携随身护理套装"斩获银奖,铭元"香酥小黄鱼"、老州山"现烤海鲜礼盒"、浙香好礼"泊云二十四品、四时益神香"获铜奖。

同日 舟山市文物保护考古所联合浙江省文物考古研究所在白泉地区开展古文化遗址考古调查及勘探工作,持续至11月。新发现较多新石器时代遗物和少量宋代遗物,主要有石锛、石镞、陶釜、瓷碗及瓦片等,这是迄今舟山地区人类活动最早的实物证据,刷新了舟山新石器时代时间上限。

13日至17日 舟山市与丽水市联合在庆元县举办了2021年非遗保护业务暨庆元木拱桥传统营造技艺专题培训班。培训期间,舟山市向丽水市赠送了由舟山非遗保护中心编撰的《舟山渔业谚语》《翁洲走书》等书籍。

20日 "仲秋之夜 港岛有约"舟山市"阿拉过中秋嘞"传统文化活动在新城港岛大桥举办。本次活动采用"小现场 大传播"线上直播实景演绎的方式,进行了国潮街舞、女子十二乐坊、弦乐团四重奏等传统与现代相结合的沉浸式艺术表演,3.5万人次观看了现场直播。

21日 中秋节期间,全市主要旅游岛屿及经营性景区累计接待游客14.4万余人次,共接待团队544个,同比下降20.6%,团队游客人数6551人次,同比下降39.9%。

25日至27日 在第16届中国义乌文化和旅游产品交易博览会上,舟山国家级非遗项目"传统木船制造技艺"和省级非遗项目"舟山螺钿镶嵌制作工艺"及舟山海鲜系列传统加工技艺等相关非遗产品亮相非遗生活馆,省级非遗项目"普陀山佛茶茶道"参与了"百年遇鉴"舞台的展示展演活动。普陀船模作品《郑和宝船》荣获工艺美术特别荣誉金奖。

10月

1日 编印完成《寻味舟山》《舟山味道——转角寻得》两本美食宣传图书。

同日至7日 国庆期间,累计进出舟山本岛车流量44.97万辆次,较2020年增长7.8%;普陀山机场旅客吞吐量1.79万人次。全市主要旅游岛屿及经营性景区累计接待游客84.47万人次。

同期 "千岛儿女学党史"国庆朗诵会暨全民阅读公益图书展在市图书馆举行,参与读者9800余人次。本次活动还设立了爱心图书点,收到捐赠图书600余册。

9日　舟山市5幅（组）摄影作品入展"迎建党百年　享美好生活"浙江省第七届群星视觉艺术综合大展；古风书社6名成员作品入展"迎建党百年　享美好生活"浙江省第七届群星视觉艺术综合大展——优秀书法作品展。

12日　市、县文旅部门在东沙古镇举行了以"传承海洋非遗　走向共同富裕"为主题的非遗"三进四季行"岱山行活动。

15日　在"2021年全国文化遗产旅游百强案例"发布仪式上，舟山博物馆的"走读昌国——舟山文化遗产零距离体验活动"和普陀区文化和广电旅游体育局的"传承红色基因　弘扬新时代蚂蚁岛精神——蚂蚁岛人民公社旧址保护利用案例"分别入选博物馆研学旅游特色项目和乡村遗产主题旅游项目。

18日　舟山博物馆"世界海洋日：传承红色精神　守护蓝色生命线"入选2021年度全省博物馆优秀青少年教育项目。

同日　以"越韵传承·正值青春"为主题的第七届舟山群岛新区越剧节在普陀大剧院开幕。本届越剧节为期1个月，上演了绍兴小百花梅花奖演员吴凤花、吴素英领衔的《三看御妹》《穆桂英挂帅》，宁波小百花的《红楼梦》《百花江》等多场精彩大戏。越剧节秉持公益惠民原则，推出惠民低价票，让全市人民共享文化大餐。

19日　浙江海岛公园大数据应用系统项目（一期）启动会举办。

20日至21日　举行2021年舟山市旅游饭店服务技能大赛，全市共有14家酒店参赛。本次大赛分为个人项目与团体表演项目，首次引入"迎亚运"特色服务设计项目，树立了舟山市饭店行业服务标杆和榜样，促进了行业服务技能的交流和学习。

22日　由舟山市文化和广电旅游体育局主办，舟山市文化馆、定海区文化和广电旅游体育局承办的"庆祝建党百年·唱支渔歌给党听"——2021年"淘文化"业余文艺团队大比武在定海正式启动。大比武共有40多支团队报名参加，分8场进行，以"串门走亲"的形式在各县（区）举办，上演越剧、舞蹈、表演唱、小品、木偶剧等丰富多彩的节目。

同日至24日　"舟游列岛"参加第五届杭州（国际）未来生活节暨未来旅游嘉年华。活动现场，舟山展区设计"互动性沉浸式打卡地"，文创产品、海鲜零食等引来万人抢购。

23日　市、县文旅部门在五龙乡举办了以"海岛非遗让我们生活更美好"为主题的非遗"三进四季行"嵊泗行活动。

28日　舟山博物馆上榜2021年第三季度全国热搜博物馆百强榜，热搜指数为2.67，全年已连续3个季度上榜。

30日　舟山正式开通至昆明、临沂航班，并恢复合肥航点，加密大连、天津、福州等航点。

11月

8日　舟山市图书馆"阿拉舟山人"服务品牌在2021年浙江省图书馆学会第三届优秀图书馆服务品牌评选活动中荣获最佳创意奖。

10日　新型双体客船"普陀祥云号"完成宁波象山至舟山普陀山航线试航。该航线把两地海岛公园旅游资源串点成线，实现优化配置、相互融合、协同发展，构建快捷舒适的海上旅游交通通道，为游客提供了海上交通新方式。

同日　岱山县、嵊泗县入选第二批省级全域旅游示范县。

19日　市、县文旅部门在展茅文化广场举行了以"品海岛非遗　享美好生活"为主题的非遗"三进四季行"普陀行活动。

22日　嵊泗县的舒信虎（嵊泗渔歌）和定海区的李国良（海岛传统婚礼习俗）获评第六批省级非遗代表性传承人。至此，全市有省级非遗传承人24人。

25日　"唱支渔歌给党听"2021年舟山市文艺创作作品展演评选结果揭晓，共评选出创作一等奖作品6件、表演一等奖作品6件及个人奖项5个，并评选出了优秀组织奖。此次展演活动集中展现了舟山市文艺创作的喜人成果，展现了文艺工作者们艺术表演的精湛水准。

同日至26日　在岱山县举办了全市"优秀传统文化（非遗项目）融入学校教育"成果展示交流活动。活动包括观摩岱山高亭中心小学现场教学展示、举办非遗融入学校教育系列活动成果颁奖仪式、交流探讨非遗融入学校教育活动的经验和做法等内容。全市非遗传承教学基地负责人、各县（区）"优秀传统文化（非遗）进校园"活动获奖单位负责人，以及市级非遗专家、研究基地的代表参加了活动。

12月

1日　正式启动2021"福在舟山"惠民季。本次惠民季以"福在舟山·惠游暖冬"为主题，联合宁波市、松原市、达州市、神农架林区文旅局，协调 5 地 364 家文旅体企业，提供了丰富优质的冬季文化旅游项目和活动，并通过线上线下多地联动的形式，借助"区县联动""互联网＋旅游"的形式，打造并推出 5 个系列主题游。

11 日 舟山博物馆举办"瑞福迎祥——贺岁迎新吉祥文物展"，通过展示各类体现求吉纳祥的器物和纹饰，传承中国吉祥文化。

13 日 联合市司法局举办"12·4 国家宪法日"主题宣传活动，优化共享两单位优势资源，深入学习宣传习近平法治思想，弘扬宪法精神。

14 日 在文旅产业指数实验室发布的 11 月全国市级文化和旅游新媒体传播力指数报告中，舟山群岛旅游微信公众号进入微信公众号阅读总量超 10 万次榜单。

20 日 舟山市"清廉文化"微电影正式开拍。此次主要摄制《清单》《办公室来了个年轻人》两部剧本，每部剧本时长 8—10 分钟，大力宣传舟山市廉政建设成果，进一步推进全市清廉文化建设。

21 日 根据《浙江省景区镇（乡、街道）建设指南》相关规定要求，经各县（区）、功能区申报和市级验收，全市创建景区镇 18 家，其中 3A 级景区镇 14 家，4A 级景区镇 3 家。

23 日 根据《浙江省 A 级景区村庄服务与管理指南》及其细则、《浙江省 A 级景区村庄等级评定管理办法》，经各县（区）、功能区申报和市级验收，全市创建 A 级景区村 25 家，其中 3A 级 4 家，2A 级 2 家，A 级 19 家。

25 日至 26 日 2021 年度浙江考古重要发现评选会在杭州举行。舟山嵊泗黄家台遗址入选年度浙江考古十大重要发现。

28 日 全国首个海上"飞拉达"项目落地桃花岛。整个飞拉达线路加溜索全长 762.95 米，填补了桃花岛旅游业高空体育运动体验方面的空缺，对于进一步打造桃花岛旅游品牌新亮点，丰富舟山市新型旅游业态具有重要意义。

30 日 在 2021 年全省博物馆十佳志愿者之星推介活动评选中，舟山博物馆志愿者潘百开获评"全省博物馆十佳志愿者之星"，舟山博物馆学雷锋志愿讲解队被评为全省博物馆优秀志愿团队。

同日 "舟游列岛""一兵好戏""惠民季""舟山图书馆"等应用场景上架"浙里办"平台。

同日 市文化和旅游体育宣传信息推广中心基本完成了浙江海岛公园大数据应用系统项目一期的功能开发。一期建设主要基于全省一体化公共数据平台，完成"一仓三系统"为架构的主体系统建设，搭建了海岛公园文旅数据仓和综合分析应用、综合智控决策和智慧公共服务等子系统。

（冯贞巧）

舟山市县（市、区）文化和旅游工作概况

【定海区文化和广电旅游体育局】 内设职能科室 6 个，下属单位 6 个。2021 年末人员 73 人（其中：机关 22 人，事业 51 人；具有高级技术职务资格的 4 人，中级 16 人）。

2021 年，定海区文化和广电旅游体育局坚持以庆祝中国共产党成立 100 周年为主线，以开启"十四五"新征程为重点，以满足人民群众日益增长的精神生活需求为目标，全力推动全区文化、旅游工作高质量高水平发展，为共同富裕增色赋能。定海区成功创建第四批省级全域旅游示范区、入选 2021 年全国市辖区旅游综合实力百强区榜单，小沙三毛故里景区获评国家 3A 级旅游景区，马岙街道马岙村获评全国乡村旅游重点村，马岙街道、干览镇获评浙江省 4A 级景区镇，定海区图书馆获评全省首批"满意图书馆"，第五次全国文化馆评估定级拟命名定海区文化馆为一级文化馆。全年定海区旅游总人次 176.97 万人次，实现旅游收入 23.19 亿元。一是建党百年主题宣传出新出彩。围绕建党 100 周年主题，高质量开展"奋斗百年路，起航新征程"建党 100 周年红色征文大赛、"唱支歌儿给党听"歌唱大赛、"正大气象——庆祝中国共产党成立 100 周年"定海区正书作品大展等主题活动 30 余场，发布红色旅游精品线路 6 条，以文旅为载体庆百年、守根脉。拍摄红色视频讲述定海文旅人、定海文旅故事，红色微视频"不忘初心·定海文旅一直在路上"荣获"红心向党——讲述浙江文旅故事"短视频大赛优秀作品奖，红色旅游宣传片《追光》荣获第二届"美丽浙江"国际短视频大赛"我眼中的百年记忆"专题奖。二是公共服务效能有力提升。拓展公共文化空间，稳步推进定海区图书馆新馆工程建设及室内概念设计工作，新建、提升南洞欢喜城市书房、匈牙利馆城市书房 2 家。进一步完善现代公共文化服务体系，"艺工在线"列入第一批全省

公共文化服务现代化领航项目创建名单，1个乡镇街道综合文化站、3个文化礼堂上榜省级公共文化场馆服务功能拓展先行先试单位名单。建成定海文旅体大数据平台，打造定海文旅体导览系统，搭建"微图书馆""定海区文化馆"等微信小程序，设置"学艺直播间""云上展厅""文艺精品视频"等栏目，线上线下并进开展"唱响定海""书香定海"系列活动200余场。深入实施文化惠民工程，全年完成送演出下乡250场、送书3.3万余册、送电影1540场、送展览和讲座253场，"文化走亲"22场，开办"百姓课堂"文化公益培训近500期次，城乡百姓近万人次受益，满足了群众对美好生活的期待和向往。三是文物博物保护利用扎实推进。7月31日，定海区文物局挂牌成立。严格落实文物安全管理，全年共出动检查人员450余人次，检查各级文物180余处。对区保以上26处文物建筑进行白蚁情况普查。完成4处市级文保单位"四有"档案编制工作和5处新增市级文物保护单位标志碑更新工作。推进文物安全责任书签订，健全文物安全4级监管网络，认真落实文物安全直接责任单位（人）公示公告制度。加大文物修缮保护力度，修缮完成1处省级文物保护单位，1处市级文物保护单位，指导完成10处一般不可移动文物修缮。发挥博物馆社会教育功能，全区5家博物馆共举办临时展览7个、教育宣传活动31次，进馆参加人数13.9万人次。推荐《建党百年、让文物（标本）活起来——定海文博场馆风景独好》《铭记屈辱历史　弘扬爱国精神》参加首届全省博物馆十佳新媒体短视频推介活动，分别获评博物馆组"优秀新媒体短视频"和社会组"最佳新媒体短视频"。四是非遗传承活力不断释放。新增1位省级非遗代表性传承人，完成2021年度5个省级非遗项目和5个省级代表性传承人评估工作，以第六批"名师带徒"活动为载体，新培育非遗后备人才6人，壮大非遗传承力量。丰富非遗宣传推广载体，举办参加非遗新春线上灯谜活动、"岛城少年话非遗"传统故事讲述大赛、舟山市"文化和自然遗产日"活动等各类宣传展示活动，在非遗馆举办"贝之艺"、烙画艺术展、建党一百周年特展、民间古董茶具收藏展等临展4期。完成省级非遗项目短视频制作4个、定海布袋木偶戏新剧目《抗英三总兵》拍摄10集，深入社区、学校、景区送戏、送书136场。编撰印刷《海贝臻艺》。五是文艺精品创作成果丰硕。繁荣文艺精品创作，30余件作品获省级以上奖项，其中男女声对唱《如果海水不是咸的》获浙江省第二十届群众音乐大赛金奖，男子群舞《第一次出海》获浙江省第三十一届群众舞蹈大赛金奖，歌词《咱也当回大画家》获2021"庆建党百年·享美好生活"全省歌词大赛金奖，表演唱《数幸福》获"唱支山歌给党听"全国群众歌曲征集展示活动最佳作品奖。六是文旅产业积聚发展新动能。谋划产业发展路径，全面推进定海文化旅游发展"十四五"规划编制工作，继续编制定海海岛公园建设规划。27个重点文旅建设项目稳步推进，项目年度累计投资17.54亿元，年度完成率达101%。其中，五山生态旅游带东山段已于"十一"长假试开放，竹山段加快开展道路基础建设及景观设计；南洞文旅融合示范区项目建成全市首家净零碳馆；盐仓秘境观海民宿度假村项目一期民宿完成改造和装修，美色工坊、美器工坊、美艺工坊等文化社群项目开放运营。厚植"海上古城"文脉，构建"海上古城"整体形象IP，并入选浙江省首批示范级文化和旅游IP名单。创新研发制作10余种东海云廊文创周边产品和马岙"水稻君"文创周边产品，提升文旅品牌形象。七是宣传营销拓展客源市场。瞄准重点市场举办定海（梁溪）文旅推介会，深化两地旅游客源互通、市场共拓。在"全国百名自驾游旅游商走进定海暨浙江省旅游协会自驾游与房车露营分会成立大会"上专题推介定海旅游，促进全国各地旅游商与本地文旅企业合作。构建立体式宣传矩阵，上线马蜂窝平台"定海互动专题馆"并发布达人旅行攻略，在长三角总曝光800万余次；利用微信、微博、抖音等新媒体平台和纸媒，以图文、视频等方式，推广精品旅游线路、原创攻略等，扩大定海文旅品牌影响力。承办"2021浙江定海美丽乡村周"系列配套活动，系列活动全网传播实时曝光累计3078万次，微博"云游定海""乡野游园会"双话题数据分别达1282.7万、528.5万，乡村文旅"金名片"进一步擦亮。积极参与第16届中国义乌文化和旅游产品交易博览会，在工艺美术奖评选中斩获2金2银2铜。八是行业管理监督规范有序。完善疫情防控工作制度，线上线下多种形式做好疫情防控宣传,指导辖区内各行业落实疫情防控主体责任。提升行业品质,举办2021年全区旅游业务培训班,开展"诗画浙江·百县千碗"工作,完成"定海米道"十道冷菜和十道点心的落地和比武工作,农家小厨等9家餐饮企业被评为"诗画浙江·百县千碗"体验(示范)店,大乐之野·南洞店获"岛居舟山"最美民宿荣誉。组织安全生产工作会议和各类行业安全培训,通过日常监管、重要时段监管等形式,进一步加强安全隐患排查、安全预防联动工作。强化"互联网+监管"数字管理,现场执法"掌上执法"率达100%,"双随机、一公开"事项覆盖率达100%。开展"百日护航建党百年攻坚战""秋冬会战""春季战役"等文化市场专项整治行动,全年共出动检查人员1069人次,检查各类场所488家次,行政约谈2家次,立案查处违规经营场所11家次,警告7家次,文化市场更加清朗。

(徐楚好)

【普陀区文化和广电旅游体育局】内设职能科室8个,下属单位6个,派驻机构1个。2021年末人员83人(其中:公务员15人,参公9人,事业59人;具有高级技术职务资格的4人,中级16人)。

2021年,普陀区文化和广电旅游体育局坚持以建设"重要窗口"海岛风景线为指引,全面推进全区文化旅游工作高质量发展、高品质展示,开启"十四五"发展新征程,助力全区建设共同富裕示范区先行典范。普陀区成功创建2021—2023年度中国民间文化艺术之乡,入选浙江省公共文

化服务现代化先行县培育对象名单,位列2021年全国市辖区旅游综合实力百强区第7位;普陀海岛公园荣获省级十大海岛公园2020年工作评估优秀等级;2021年省级全域旅游示范区复核A档,成为全省入选的七大县(市、区)之一;浙江省公共文化服务评估实现全市八连冠。全年全区(含普朱)接待游客785.3万人次,同比增长9.75%;旅游总收入105.3亿元,同比增长16.64%。一是公共文化服务日益优化。普陀美术馆、沈家门渔港文旅驿站、朱仁民艺术馆项目持续推进,新建、提升岛上人才书店、八E书局、清宴书屋等城市书房,各镇(街道)公共文化场馆服务功能拓展先行先试实现全覆盖。沈家门渔港小镇公共文化空间建设经验在省级现场会交流。实施"文化基因解码工程",对18个重点文化元素进行解码和转化利用策划,打造沈家门渔港区域文化标识,蚂蚁岛精神红色教育基地入选传承发扬浙江优秀传统文化计划项目库。有效对接群众需求,提供点单式文化服务配送,完成送戏、送培训下乡170场次,送书下乡5.7万册次。全年举办群众性文化活动180余场次,参与游客25万余人次。坚持免费开放常态化,3家区级公共文化场馆共计接待量19.3万人次,普陀图书馆获评省首批"满意图书馆"。加强文化精品创作生产,8件作品在国家、省以上比赛中获奖。二是文化遗产保护持续强化。加强文化遗产保护利用,新征文物藏品98件(套),"蚂蚁岛人民公社旧址保护利用"入选2021全国文化遗产旅游百强案例,"蚂蚁岛

红色精神守护团队"获第五届"最美浙江文物守望者"荣誉称号,3处文保单位入选浙江省第一批不可移动革命文物名录,4家单位被认定为第四批舟山市非遗传承教学基地,3条旅游线路打造为舟山市十大非遗主题旅游线路。以灯塔、鱼梭等为元素,开发设计了书签、摆件、团扇等一系列创意产品,普陀船模作品"郑和宝船"荣获第16届中国义乌文化和旅游产品交易博览会工艺美术特别荣誉金奖。三是旅游环境品质稳步提升。高质量编制《普陀海岛公园建设规划(2020—2035年)》,通过省级评审。加快规划成果转化,打造中街山列岛海岛公园核心样板区,迭代升级蚂蚁岛红色旅游示范区,"一岛一品"格局初步彰显。积极谋划《莲花岛生态艺术岛规划提升方案》《青龙山片区文旅项目规划提升方案》。"普陀之星"跳岛游航线开通,串联普陀山、蚂蚁岛、桃花岛,开启普陀海岛旅游新模式。推进普陀区省级试点县(区)、景区城景区村单项试点单位"微改造、精提升"工作,通过实施"五精"工程,不断提升海岛旅游品质。推进4A级景区城、桃花镇4A级景区镇、黄杨尖村3A级景区村庄创建。编制桃花岛风景旅游区整改提升工作方案和规划,破解体制机制和管理难题,桃花寨、塔湾金沙、安期峰及射雕影视城景点实现统一管理。大力发展乡村旅游、研学旅游,打造东极蓝海省级民宿集聚区和塘头"最美公路"、展茅黄杨尖村等"网红打卡点",塔湾金沙景区沙滩卡丁车入选浙江省运动休闲旅游优秀项目。四是产业融合发展不断深化。成立

普陀区旅游专班，草拟《普陀区民宿产业发展实施意见（修订）》《普陀区海钓产业发展实施意见》《关于扶持电竞数娱产业发展的实施意见（初稿）》，统筹推进文旅产业扩消费、稳投资、拓市场。积极对接上市企业、品牌民宿，做好酒店项目招商服务，通过中国义乌文化和旅游产品交易博览会、深圳文博会等平台扩大招商范围。探索文创与旅游融合新途径，开发设计以灯塔、鱼梭等为元素的一系列文创产品，打造普陀特色文创产品。创新推出普陀文旅市集"福集"，打造沉浸式文旅消费场景。精心办好普陀佛茶文化节、普陀海稻音乐节、越野东海等海洋海岛特色IP节赛活动，策划帆船跳岛拉力赛、全国矶钓名人精英赛，以节庆赛事活动的举办大力发展体验经济、赛事经济，培育文旅体融合新业态。五是文旅营销工作成效明显。全方位深化新媒体营销平台，做好微信、微博、抖音、视频号自媒体营销矩阵建设，普陀区在全国县级文化和旅游新媒体综合传播力指数排行榜上排名第十。开展以文化旅游体验为核心的采风活动，微博话题阅读量累计达7.2亿人次，宣传覆盖携程旅拍、去哪儿、马蜂窝、小红书等34个平台。加强长三角地区旅游区域联动，通过举办普陀文旅推介会，组织参加2021中国特色旅游商品大赛、中国义乌文化和旅游产品交易博览会、杭州"未来嘉年华·平行时空"文旅展等展会，做好普陀旅游目的地营销。六是数字赋能服务品质提升。区文化馆数字网站开设线上网课，打造"云课堂"线上服务品牌，受益群众1万余人次。区

图书馆打造手机端微图书馆，通过移动端实现自助借还、自助检索、读者服务、场馆预约等功能，推进全区80%的社区（村）综合文化服务中心、文化礼堂纳入图书馆自动化业务管理系统，实现全域通借通还。区博物馆建设渔都风情展馆和沈院全景720°线上体验馆，提高智慧博物馆建设水平。持续运营"嗨普陀"平台，入驻商家659家，依托节赛活动，增加互动体验，发放文旅消费券，拉动餐饮、住宿、商贸等消费超3000万元。持续运营普陀区文化和旅游信息服务平台，实现全区文旅产业发展情况监测和旅游精准营销。以建立渔民画创作交流推广一站式服务机制为目标，谋划建设"浙里好玩"普陀品牌馆（普陀数字渔民画特色应用）。实施旅行社"一团一档"数字化管理。以省级"百县千碗"数字化试点县（区）建设为抓手，逐步建立"普陀鲜味"数字菜品库，形成线上线下美食和旅游同步宣传模式。七是行业管理水平稳步提高。推进依法行政和政务公开，健全重大决策合法性审查机制，力求决策科学正确。积极推行"网上办、掌上办"，涉文旅行政审批全面实现无接触、零跑腿办事，业务办结率100%。加强文化旅游市场的行政执法检查，抓实疫情防控、文明城市复查等工作，开展旅游领域安全隐患大排查大整治专项行动，出动检查执法人员2638人次，检查经营单位1214家次，组织开展多部门联合执法行动41次，立案查处违法违规行为10起，结案10起。加强不可移动文物修缮保护与管理，文物安全直接责任人公告公示制度全

面落实。提高基层文化队伍素养，9户家庭获评省级文化示范户，22人获评省级乡村文化能人。加强文旅复合型人才队伍建设，举办全区文旅企业从业人员业务培训，培育海都旅行社等一批文旅领域省级骨干型、新锐型企业。

（孔凡雪）

【岱山县文化和广电旅游体育局】内设职能科室6个，下属单位6个，其中事业单位5个、企业1个。挂岱山县文化市场综合行政执法队牌子、岱山县文物局牌子。2021年末人员86人（其中：机关15人，事业71人；具有高级技术职务资格的4人，中级28人）。

2021年，岱山县文化和广电旅游体育局坚持顶层设计和项目建设同步推进，构建全域旅游新格局；坚持硬件提升和软件建设同步推进，实现文化发展新繁荣；坚持品牌打造和宣传营销同步推进，塑造岱山文旅新形象，取得一定成效。一是坚持顶层设计和项目建设同步推进，构建全域旅游新格局。高起点编制《岱山海岛公园创建规划》《岱山县"十四五"文化旅游体育发展规划》，实施岱山海岛民宿产业发展专题研究，着力构筑文旅体融合新格局。磨心谷公园、鹿栏晴沙配套工程、海金文创园等一批重点项目取得实质性进展。非遗传习所、大峧山村休闲公园等25个"微改造、精提升"项目建设成效初显。扎实开展全域景区化创建，东沙古渔镇引入中南集团，率先实现景区市场化运营，鹿栏晴沙、上船跳等多个景区和乡村旅游点引入新业态，创建A级景区村庄17个。

新增提升岚熙、青也等海岛特色民宿20余家,引进锦舟宝盛酒店落地开业。二是坚持硬件提升和软件建设同步推进,实现文化发展新繁荣。实施图书馆文化客厅、衢山电影院"微改造、精提升"、海洋系列博物馆提升三年行动等项目,建设城市书房2家,新增三余书屋10家。完善修订乡镇文化工作考核等运行机制5项,编制完善《岱山县促进文化产业高质量发展扶持奖励办法》,推动形成高效协同的文化工作管理闭环。围绕建党百年主线,举办徐福游园会、文明颂·基层行等大型活动10余场,开展送戏下乡80场,送书下乡1.5万册,农村电影播放1000余场,"岱你'艺'+'益'"累计教学464课时,受益群众1万余人。发展红色研学游,累计接待全市中小学生研学团队608批次共3.56万人次。《四季行舟》《我的炊事班长》等作品荣获省级荣誉。三是坚持体育惠民和海岛运动同步推进,呈现体旅融合新亮点。围绕"10分钟健身圈"建设目标,全民健身中心完成主体建设,双峰新城体育中心有序推进,发放健身路径9套,健身器材养护工作有序开展。举办群众体育大会,推出"体育三下乡""体育进文化礼堂"21场,荣获"2017—2020年度全国群众体育先进单位"称号。高质量举办海岬马拉松、秀山徒步大会、高尔夫球挑战赛等精品赛事,上船跳引进卡丁车新业态,岱东镇入选省级运动乡镇培育名单,全力打造海岛休闲运动"金名片"。四是坚持文化保护和传承传播同步推进,取得资源活化利用新成效。健全文物安全责任网络,对东沙

菜场、小长涂王氏民居、秀山厉家四房等不可移动文物实施日常维修管理。实施"文化基因解码工程",梳理文化元素193条,提炼重点文化元素16条,推选东沙古渔镇(渔文化)项目申报省文化标识。探索非遗传承新路径,培育"亲子互动""课堂教育""公众体验"三位一体传播空间,有效推广非遗项目20余项,开展公益培训30余次,服务游客8万余人次。全市优秀传统文化(非遗)融入学校教育成果展示交流活动在岱山县举办。五是坚持品牌打造和宣传营销同步推进,塑造岱山文旅新形象。"岱走岱山"文创集市领跑全市文创产品综合体,设立景区品牌店2家、文创售卖点3个,重点开发安澜阁沙漏灯、仙丹杯、灯塔纸雕便签等文创新品。深化"仙岛鲜味"品牌打造,评选岱山十大碗,培育示范店2家,推选美食体验店1家,实施视觉体系推广。举办"趣海岛 岱你玩"杭州文旅推介会,参加中国义乌文化和旅游产品交易博览会、海峡旅游博览会等,加入长三角盐文化旅游与盐产业联盟,做好文旅合作的重要链接。完成江浙沪皖高铁、杭州地铁、宁波客运站等主要客源地交通场站岱山文旅形象广告投放。精心编印新版手绘地图、仙岛鲜味美食地图。全年完成招商引资1.715亿元。六是坚持安全生产和市场管理同步推进,展现平安文旅新面貌。开展旅游领域"遏重大"攻坚行动,组织专项大排查大整治行动10余次,举办景区大型应急演练,修订应急预案2个,扎实完成25项旅游风险关键节点整治。紧盯网吧、歌舞娱乐场所、规模酒店等重

点领域,加强文旅市场综合检查,全年出动检查人员1361人次,检查场所1868家次,办理行政处罚案件10件。县文化市场综合行政执法队获全市文化市场综合执法技能比武团体一等奖,经办案卷获市行政处罚优秀案卷。七是坚持疫情防控和创城工作同步推进,紧贴中心工作新作为。始终抓好疫情常态管控,全面统筹文旅行业科学精准落实防控措施,落实"点位长"分片包干制、剧情式应急演练等创新举措,累计派驻点位督查员近900人次,实现重点时段、重点领域"一对一"防疫指导,坚持"线上+线下"双督查,全力织牢精密智控网。牵头落实全国县级文明城市创建文化市场和文明旅游管理专班工作,实施基础设施建设、落实便民服务项目、营造公益广告氛围,对全县文旅经营单位、公共文化场馆、乡镇文化站等60个点位开展高密度、多轮次检查和创城指导服务,下发抄告单、反馈单37份,完成网上申报任务指标96项,累计出动志愿者800余人次,开展宾馆、网吧、小区专项整治志愿活动20余场。八是坚持数字化改革和强化治理同步推进,打造智慧文旅新样本。图书馆网借中心有效打破借阅地域壁垒,实现"停馆不停阅"。博物馆访客系统全面建成。"智慧景区"建设成效初显,构建门禁票务、安全防护、智能监测三大体系,实现游客扫码(刷证)入园、景区24小时平安守护、安全旅游智慧引导等功能。岱山文旅管理执法数字平台建设顺利推进。"岱你舟游"智慧旅游服务平台上线休闲渔船游客登记、"小福袋"抽奖、来岱疗休养团

队统计等 3 个小切口应用场景，推广辐射游客 130 万余人。对标省、市文旅数字化改革任务，落实完成文化馆、博物馆等文化场馆上线"浙里办"平台，有序开展"智慧文化云"系统数据填报录入及乡镇指导督促工作，整体做到了省、市、县数字化改革规定动作承接住，相关业务上跑道。九是坚持党的建设和队伍建设同步推进，开创护航全局新局面。坚持全面从严治党，充分发挥基层党组织战斗堡垒作用，推动党史教育活动向纵深发展，有效落实"四为"专题实践。人才队伍建设逐步优化，选派文艺骨干参与省、市培训 158 人次，基层文旅工作者李浩杰荣获全国文旅系统"先进工作者"称号；培育省级乡村文化能人 3 名。完成 5 个紧缺岗位招聘工作。

（曾令娟）

【嵊泗县文化和广电旅游体育局】 内设职能科室 8 个，挂牌嵊泗县文化市场综合行政执法队，下属事业单位 6 个。2021 年末人员 63 人（其中：公务员 15 人，事业 47 人，工勤 1 人；具有高级技术职务资格的 1 人，中级 16 人）。

2021 年，嵊泗县文化和广电旅游体育局立足部门职能，以习近平新时代中国特色社会主义思想为指导，牢固树立"以文促旅、以旅彰文、和合共生"理念，以创建国家级全域旅游示范县为目标，以高质量融合发展为主线，聚焦文广旅公共服务现代化、产品供给优质化、行业监管智治化，着力提升服务能级和产业核心竞争力，主动适应国内大循环为主体的新发展格局，推进文化建设和

旅游产业发展再上新台阶，为建设浙江省最美海岛公园和国际海岛旅游典范区集聚实力。一是文化基础设施概况。县文化馆馆舍建筑面积 4200 平方米，设有"嵊泗海洋渔民服饰"传承工作室、渔俗文化工作创研室、青少年艺术培训中心等。有乡镇、社区基层文化礼堂 30 座；文化广场 32 个，总面积 43938 平方米；活动室 37 个，总面积 7148 平方米。核定编制为 16 名，在编人员 19 名。全年送戏下乡 98 场，受众人数 19300 人次；举办各类文艺培训 37 班次，受训人员 1423 人次。县图书馆建筑面积 3700 平方米，馆内阅览座位 186 个，馆藏图书 16.4 万册；在职人员 11 名，其中编内 6 名、编外 5 名。全年接待读者 44261 人次，新增图书流通点 4 家，流通图书 8864 册次，借还图书 66424 册次；全年主办、承办、协办各类读者阅读活动 150 场次；举办讲座 5 场次、展览 10 场次。累计送书下乡 12180 册。二是群众文化活动。以打造"美好生活·全民乐和"文化活动品牌为主线，引导群众学起来、唱起来、念起来、跳起来、动起来，全年主办、承办、协办"唱支渔歌给党听"主题文艺晚会、"美育润童心"儿童剧专场演出等各类群众文化活动 70 场次。以优秀业余艺术表演团队为主要载体，举办"百年潮涌·乘风破浪"嵊泗县渔歌广场舞大赛暨"美好生活全民乐和节"开幕式、"建党百年 民星动舞台"业余文艺团队送戏下乡系列活动。三是文艺创作。全年共创作音乐作品《唱支渔歌给党听》、少儿群舞作品《小小志愿者》、小品《二维码》等各类文艺作品 10 余件。其中，

音乐作品《我的老爸是渔民老大》获浙江省第二十届群众音乐大赛金奖，小品《我还没有忘记你》获浙江省第三十二届群众戏剧小品大赛银奖，小品《晚霞如火》获浙江省首届喜剧小品竞演活动银奖，舞蹈《微光》获浙江省第三十一届群众舞蹈大赛入围奖。四是文化基因解码。依托"文化基因解码工程"工作小组及本地专家组，深挖嵊泗海洋文化内涵，拓宽文化元素清单，已挖掘出嵊泗文化元素 203 个。组织举办渔歌广场舞赛事，以赛促训，推广嵊泗渔歌广场舞的受众面。以"春节线上逛大集"文化活动为载体，活用"舌尖嵊泗"、渔绳结等重点文化元素，拍摄视频进行投放。串联海防海疆、灯塔等重点文化元素及嵊泗历史发展过程中的重点事件，举办"我爱这片深蓝的大海"2021 年嵊泗县迎国庆诗文诵读会。五龙乡以嵊泗渔歌、渔民画为主要项目通过 2021 年度省民间艺术之乡评审命名，黄龙乡以渔绳结为主要项目通过省民间艺术之乡复核。五是文化遗产。全县共有不可移动文物 63 处，其中国家级文物保护单位 3 处，省级 1 处，市级 3 处，县级 16 处。全县有国家级非物质文化遗产项目 1 项，省级 4 项，市级 17 项，县级 51 项。嵊泗渔歌被列入第五批国家级非物质文化遗产代表性项目名录。举办"人民的非遗，人民共享"文化遗产日宣传活动、舟山市非遗"三进四季行"嵊泗行活动、"少年非遗说"嵊泗传说故事讲述选拔赛等，营造全民传承和保护文化遗产的氛围。完成市级非遗代表性传承人项目推荐申报，新增 1 名省级代表性传承人、

4名县级代表性传承人。嵊泗博物馆项目完成工程馆舍基建、展陈前期设计、招投标等工作。完成黄家台遗址挖掘工作及周边环境勘探工作,黄家台遗址列入2021浙江考古十大重要发现。六是旅游宣传推广。推出2021年来嵊职工疗休养团队"Fun泗之旅"优惠活动,出台《2021上半年嵊泗文旅市场疫后持续恢复的提振措施》提振疫后市场活力,增强全县文旅产品竞争力。全年嵊泗旅游微信公众平台推送199篇原创推文,总阅读人数116.48万人,总阅读次数144.19万次。嵊泗文旅抖音号、视频号正式运营。发起微博话题"好久不见,嵊泗想念",阅读次数超4.4亿,讨论次数超5.7万;推出"Finding嵊泗 到灯塔去"海岛追光计划主题活动,围绕嵊泗百年灯塔追光之旅、海岛渔村传承非遗文化研学之旅、东海前哨红色之旅三大主题设计推出多条研学线路,并同步发起微博话题,阅读量超2.5亿人次。完成"到灯塔去·海岛光影启程"主题视频创作和灯塔元素主题海报设计创作。启动"到灯塔去·Dou去追光吧"抖音达人线上挑战赛,上海、杭州定向投放开屏广告。携程开通嵊泗文旅星球号,拓展网络宣传渠道。举办"好久不见,嵊泗想念"苏州文旅品牌推介会、"一日岛主各有态度"苏州观前街路演活动、《到嵊泗,给旅行上色》新书发布及读者见面会等,提升嵊泗旅游的知名度和美誉度。开通苏州、南通、杭州至嵊泗直通车,开展客源地双向宣传。在《悠游浙江》杂志上投放嵊泗旅游专刊,杂志进入杭州浙旅投集团旗下各大酒店、宾

馆。持续打造"一乡一品"文旅节庆,做好花鸟岛第二届灯塔艺术节、节庆活动宣传推广工作。发挥重大赛事引流效应,重点推出海岛运动季体旅产品,举办长三角万人徒步大会、全民骑游大会、海岛夏日荧光跑等大众休闲运动项目。基湖沙滩获评省级运动休闲旅游示范基地。拍摄制作完成"LIVING嵊泗"离岛民宿宣传片、"SAILING嵊泗"帆船宣传片等,宣传嵊泗民宿特色和旅游资源。成立萧山机场嵊泗海鲜印象店工作专班,打造"百年渔场"品牌,力争推出海岛美食季系列产品,开发海鲜伴手礼,通过文化赋能、视觉设计、包装提升等,培育消费热点。七是全域旅游工作。按照"一岛一韵、一村一品"的建设格局精心打造一批特色精品村镇。全县A级景区村覆盖率达100%,率先在全省实现村村、镇镇、城城景区化全覆盖。花鸟乡创成国家4A级旅游景区,嵊山东崖绝壁成为国家3A级旅游景区,花鸟乡创成浙江省5A级景区镇,东海五渔村4A级景区通过复核,省级全域旅游通过复核,全域旅游成果丰硕。制定并下发《嵊泗县旅游业"微改造、精提升"五年行动计划(2021—2025年)》,花鸟"微改造、精提升"做法获省文化和旅游厅认可。推进重点项目建设。嵊泗开元名庭酒店建成营业;雷孟德旅游小镇项目完成项目方案评审和备案流程。泗礁本岛沿海风景线工程完工,成为嵊泗新晋"网红打卡点"。特色小镇4A级旅游景区提升工程完成安装验收。加强海岛公园建设。发布《嵊泗海岛公园建设规划(2020—2025年)》,确定嵊泗海

岛公园规划范围、战略定位、空间布局、产品体系及工作目标。梳理并上报完成《2021年嵊泗海岛建设工作清单》《嵊泗县2021年海岛公园建设推进工作方案》和海岛公园推进会汇报材料,保质保量完成各项工作任务。立足海岛公园五大专项体系,围绕2021年嵊泗海岛公园建设计划,共排定全域景区化工程、交通畅通工程、主题IP和线路工程等6个大项目共30个子项目,其中新建项目12个,续建18个;全年计划完成投资55亿元,累计完成投资67.6亿元,超额完成全年工作任务。完成海岛公园建设2020年度省文化和旅游厅专家组评估有关工作,嵊泗被评为优秀档,总分位列全省十大海岛公园之首。八是旅游执法监管。常态化开展涉旅企业疫情防控工作,做好对文旅行业的疫情防控指导、监管、宣传工作和复工复产的指导工作。强化目标管理责任制考核,召开全县文化和旅游市场安全生产(消防)工作会议,与全县77家企业签订2021年度安全生产目标管理责任书。开展"平安护航建党百年"安全隐患大排查大整治、第二轮安全生产综合治理三年行动、"遏重大"整治攻坚战等专项行动,全年组织安全培训及应急演练5次。共梳理涉及旅游交通、民宿经营、景区管理等突出问题整改任务清单30条,及时跟踪整改进度,确保完成整改。全年举行旅行社、导游和餐饮协会3次行业培训及技能比武培训,促进行业服务品质提升。九是民宿管理。出台《嵊泗县民宿行业信用监管实施方案》,拟定《关于发展海岛民宿聚落的指导意见(征

求意见稿）》《民宿人才认定试行办法（征求意见稿）》。申报省级白金宿1家、金宿1家、银宿8家、省级主题民宿3家、全市最美民宿19家。民宿规范化成效明显，全县民宿持证率达98.7%。民宿品质化持续提升，省级金银宿总量达25家，市级最美民宿43家，市级渔农家精品民宿550家，占全县民宿总量的53.6%。民宿户均净收入达19.2万元/年。"聚焦富民惠民，打造海岛民宿嵊泗样板"入选全省共同富裕示范区建设首批试点项目，成立县民宿发展经营专班。"嵊泗县推动海岛民宿经济高质量发展　促进海岛居民共同富裕"入选第一批浙江省文化和旅游促进共同富裕最佳实践案例。成立嵊泗县民宿行业党建联盟，发挥党建统领民宿产业发展作用。十是数字化转型。完善数字化场景应用，完成"离岛e宿"数字化综合服务平台软件平台建设，同步推进平台推广和终端一体机安装部署工作，完成一体机安装280余家。优化升级游客端"嵊泗想念—码上游"服务平台，优化完善美景、渔味、岛宿等功能模块，同时对接"智行嵊泗""淘嵊泗"等系统，丰富平台内容，提升游客体验。推进"数字浙江工作台"任务。根据省、市、县下发的数字化改革各项工作任务，按照"两单两图""四个体系"要求完成核心任务的梳理、拆解工作。

（兰琼瑛）

台州市文化和广电旅游体育局

【概况】 内设职能处室8个,下属单位6个。2021年末人员124人(其中:机关22人,事业102人;具有高级技术职务资格的13人,中级27人)。

2021年,台州市文化和广电旅游体育局加快建设文化发展高地、长三角最佳旅游目的地,各项工作实现新突破新发展。台州入选2021中国旅游业最发达城市,5个县(市、区)入选2021年全国县域旅游综合实力百强县。全力打响"追着阳光去台州"品牌,长三角三省一市文化和旅游厅(局)长为台州代言,"启航2022"央视总台跨年晚会在台州录制。举办"永远跟党走"台州市庆祝中国共产党成立100周年文艺演出,台州乱弹大型现代戏《我的大陈岛》在国家大剧院献演。积极发展乡村旅游促进共同富裕,创新打造乡村旅游"共富八景"。全市全年累计接待游客3602.12万人次,实现旅游总收入423.97亿元,同比分别增长6.0%和13.7%,分别恢复至2019年的91.9%和96.5%。

一、献礼庆祝建党百年,奋力彰显政治担当

举办"永远跟党走"台州市庆祝中国共产党成立100周年文艺演出、"永远跟你走"台州市百首红歌百名歌手百场巡演等活动,在全社会营造了共庆建党百年华诞的浓厚氛围,受到社会各界高度评价。5月15日、16日,台州乱弹大型现代戏《我的大陈岛》在国家大剧院献演,引起热烈反响。深入学习贯彻党的十九届六中全会精神,高质量高标准推进党史学习教育走深走实,把党史学习教育的过程转变为文旅惠民、文旅育民、文旅富民的生动实践。

二、积极融入重大战略,服务大局能力持续提升

坚持把数字化改革作为"一把手"工程,全市6个项目入选全省文化和旅游数字化改革试点,数量居全省设区市第一;3个项目入选全省第一批"文物安全"应用场景建设试点"揭榜挂帅"名单;黄岩方山下社区入选全省首批"旅游大脑+智慧旅游"应用场景落地未来社区试点。台州文旅市场监管"数字智控舱"集成应用相关做法在全省文旅系统数字化改革推进会上做交流发言,子应用"旅游调庭"上线"浙里办"平台,形成《关于建立旅游投诉调解与仲裁相衔接工作机制的实施意见》等制度成果,助力台州入选全国旅游投诉调解与仲裁衔接试点城市。积极推动乡村旅游促共同富裕,打造台州乡村旅游"共富八景",全市休闲农业和乡村旅游产业规模达百亿元,乡村旅游接待游客总人数超过全市旅游总人数一半以上,带动受益农民超百万人,相关做法被新华社、《人民日报》等主流媒体推介。举办台州市首届"沿边百村"乡村旅游大会,联合温州、丽水成立"沿边村"乡村旅游发展联盟,统筹推进264个陆上市、县交界村及34个海岛村发展乡村旅游促进共同富裕,推出"椒江·垦荒精神之旅""天台·寒山神隐之旅"等两批次18条特色线路,相关工作获市委书记李跃旗批示肯定。全面融入长三角,持续打响"追着阳光去台州"文旅品牌。3月11日,承办长三角文化和旅游联盟联席会议,三省一市文化和旅游厅(局)长为台州代言。深化与上海市文化和旅游局、长三角城市战略合作,举办2021长三角融媒体对话台州文旅峰会、长三角地区职工疗休养交流协作大会等重大文旅宣传活动,9县(市、区)委书记同台吆喝文旅宣传成为"爆款"短视频,浏览量超过600万次。长三角文化旅游一体化社保卡"一卡通"顺利完成。

三、坚持文旅惠民乐民,公共服务大提升持续升温

全年开展送戏下乡、"文化走亲"1000余场次,线上文化服务活动1200余场次,线上参与310余万人次。实施2021年度台州市文艺名家展演工程。台州市城市艺术角——优秀群众文艺团队展演入选2021年文化和旅游部"百姓大舞台"网络群众文化品牌活动。连续4年实施台州市政府民生实事项目"台州人免费游台州",全年入园人数约180万人次。新入选省级文化强镇4个,省级文化示范村9个。全年新建

和合书吧 20 家，建成总量达到 123 家。市、县两级公共图书馆 100％创成省"满意图书馆"，台州市博物馆被评为 2021 年度浙江省最具创新力博物馆。建成台州首批"书香民宿"17 家、首批最美公共文化空间 42 家、旅游驿站 9 家，温岭市构建 4 级服务体系打通全民阅读"最后一公里"获省委改革办《竞跑者》刊发。温岭市与台州市图书馆分别入选省级公共文化服务现代化先行县和领航项目试点，温岭市、路桥区农村文化礼堂"4Z"管理模式上榜省公共文化服务体系示范区（项目）名单。台州公共文化服务相关经验在 2021 年全省城市公共文化建设工作现场会上做典型发言。第三届全国文化馆理论体系构建研讨活动、浙江省公共文化服务现代化研讨会在台州举行。"启航 2022"中央电视总台跨年晚会在台州录制，这是中央电视总台跨年晚会首次走出北京，走出中央电视台演播大厅。

四、立足"活起来传下去"，文化遗产保护成果丰硕

送大暑船、天台山易筋经入选第五批国家级非物质文化遗产代表性项目，全市国家级非遗项目增至 17 个，入选第六批浙江省非遗代表性传承人 17 人，新增市级非遗代表性项目 41 项。获评浙江省民间文化艺术之乡 3 个。台州市文物局挂牌成立。持续推进章安故城、黄岩沙埠窑竹家岭窑址、下汤遗址等三大遗址考古发掘和保护工作，联合组建"上山文化"遗址群保护和联合申遗城市联盟，打响"万年台州"品牌。仙居 33 件下汤遗址文物亮相国家博物馆。文物安全大排查大整

治大提升攻坚行动全面开展，全市全年共开展检查巡查 1808 次，出动 5382 人次，累计检查文物单位 820 处，不可移动文物实现"三色"管理。全力推进"文化基因解码工程"，举办"和合文化基因解码"暨文化标识建设成果展，入选首批浙江文化标识培育项目 9 个、省级优秀解码项目 35 个。"台州文献丛书"出版《宝纶堂文钞》等影印本 4 本、《台州古籍存佚录》等点校本 5 本，出版《台州文化概论》等著作 4 本。黄岩"官河古道"南宋特色文化重塑项目、路桥"中国曲艺之乡"提升工程列入浙江省传承发展浙江优秀传统文化行动计划项目库。

五、锚定高质量发展，全域旅游建设提档升级

制订实施"四十百千"文旅重大项目推进工作方案，项目上墙、挂图作战，局班子成员实行区块挂连分县指导。全市在建文旅项目 231 个，年度完成投资 229 亿元，完成率达 114％。四大海岛公园项目年度完成投资 48.5 亿元，完成率达 146％。总投资 13.34 亿元的台州大剧院项目实质性启动，台州方特动漫主题园项目基本建成，玉环海山国际旅游岛开工建设。加强招商引资工作，台州市政府与无锡拈花湾达成战略合作协议，椒江葭沚老街等新兴文旅项目顺利推进。临海市、三门县创成第二批浙江省全域旅游示范县，天台县列入浙江省全域旅游示范县（市、区）复评结果 A 档。深化"十城百镇千村"景区化工程，创成景区城 2 个、景区镇 38 个、景区村 246 个，提前完成"千村景区化"目标。仙居淡竹乡入选第一批全国乡村旅

游重点镇（乡），天台后岸村入选第三批全国乡村旅游重点村，环神仙居旅游公路入选全国美丽乡村路。全力以赴争取台州府城文化旅游区创国家 5A 级景区，推进仙居创建国家级旅游度假区，天台山风景名胜区、神仙居景区、台州府城文化旅游区入选省千万级核心大景区培育名单，黄岩博物馆创成国家 4A 级旅游景区。"微改造、精提升"行动全面发力，联合台州市发改委等 6 部门出台《台州市旅游业"微改造、精提升"五年行动计划》，临海、天台、仙居、三门被列入全省旅游业"微改造、精提升"试点县（市），12 家单位被列入省级单项试点单位。

六、加快文旅融合发展，平台载体建设激活动能

全力推动文旅行业提振复苏，出台《台州市游客招徕奖励办法》，修改完善 2021 年度《文旅产业扶持资金（以奖代补）专项申报指南》《文旅产业发展扶持资金申报指南》，在资金保障、市场营销、人才支撑等方面给予企业"硬核"支持。举办台州市首届文化创意精品展、"浙东唐诗之路目的地——台州"铁路列车冠名活动等，天台"唐诗之路"博物馆工程建设、浙东"唐诗之路"文化保护利用立法取得阶段性成果。组织文旅企业参加 2021 中国—东盟博览会旅游展、第 16 届中国义乌文化和旅游产品交易博览会、上海旅游产业博览会等重要展会，在义乌博览会上获文化和旅游部副部长杜江肯定。修改完善"百县千碗·鲜在台州"美食体验店、示范店和旗舰店创建标准，评定市级"百县千碗"体验店 35 家，创建省级"百县千碗"体验店 20 家。组织开展

"百县千碗·鲜在台州"进机关等"六进"活动。创成省示范级文旅IP 1个,省级工业旅游、中医药文化养生旅游示范基地4个,省级文旅企业梯度培育计划企业15家。

七、强化文旅市场监管,护航建党百年平稳有序

全力推动行业品质提升,创建五星级旅游饭店1家、金桂级品质饭店4家、金树叶级绿色饭店2家、银树叶级绿色饭店1家、银鼎级特色文化主题饭店2家、三星级以上品质旅行社4家。温岭国际大酒店绿色节能案例入选文化和旅游部《星级饭店管理与服务典型案例汇编》,10家旅行社入选浙江省百强旅行社,3家旅行社入选浙江省融合创新旅行社。2021年浙江省文明旅游主题宣传现场会在仙居启动。纵深推进"最多跑一次"改革,推出告知承诺、容缺受理、智能秒办等系列审批服务举措,有效推动"全市通办",实现全事项网上办、"掌上办",全年台州市本级共办理行政审批事项487件,行政审批事项即办率、承诺压缩比、跑动次数均优于省定目标。法治建设主体责任不断夯实,文旅法治制度体系、监督能力、普法宣传工作等提质增效。开展"平安护航建党百年"旅游领域安全隐患大排查大整治专项行动,日常巡查出动检查1.67万人次,检查企业7342家次,全年未发生安全责任事故。创新体检式暗访、非现场执法,健全"包容审慎监管"执法机制,"全链式执法监管"创新模式成为全省基层改革典型案例。台州市入选全国旅游服务质量保证金试点城市。坚决抓好常态化疫情防控工作,紧盯责任落实、重点领域和

宣传引导,确保了文化和旅游领域平稳有序。台州市文化市场综合行政执法队被评为全国文化和旅游系统先进集体,台州代表队在全省执法技能比武大赛中勇夺冠军。

【大事记】

1月

4日　全国旅游星评饭后评定委员会正式批准浙江温岭耀达国际大酒店为五星级旅游饭店。

20日　台州市文化和广电旅游体育局在2020第五届中国文旅大消费年度峰会暨"龙雀奖"颁奖盛典上荣获最佳文旅消费复苏示范单位。

2月

13日　天台县委书记参加中央电视台中文国际频道《中国地名大会》栏目,推介天台山文化旅游资源,讲述"一座天台山,半部《全唐诗》"。

3月

11日至12日　2021年长三角文化和旅游联盟联席会议在台州召开。长三角三省一市文化和旅游厅(局)长进行工作交流座谈,研究审定了2021年长三角文旅一体化工作计划,并就高质量推进一体化工作进行研讨。会议上还举行了长三角文化馆联盟、交响乐联盟签约仪式。台州市推出长三角三省一市文化和旅游厅(局)长代言台州短视频,形成轰动效应。"百年百景·先锋领跑"长三角文化和旅游系统党史学习教育启动仪式在大陈岛举行。

27日　台州市首届"沿边百村"乡村旅游大会暨仙居"岭上畲乡"斗茶大赛开幕。

4月

1日　台州文旅推介会在上海世博展览馆举行。台州市副市长章月燕推介台州文旅,台州市9个县(市、区)委书记一齐"云吆喝"。

7日至9日　"追着阳光去台州·神山秀水心归处"长三角地区职工疗休养交流协作大会在台州召开。

5月

8日至11日　"追着阳光去台州　寻着诗路游天台"2021浙江森林旅游节·第24届天台山云锦杜鹃节暨长三角融媒体对话台州文旅峰会在台州举行。

15日至16日　台州乱弹大型现代戏《我的大陈岛》连续两晚亮相国家大剧院。

6月

15日　台州文旅市场监管"数字智控舱"集成应用等6个项目入选全省文化和旅游数字化改革试点项目名单,入选项目数量在全省设区市位居第一。

28日　"永远跟党走"台州市庆祝中国共产党成立100周年文艺演出顺利举行。

7月

28日　台州5个县(市)入选2021年全国县域旅游综合实力百强县。

8月

6日　仙居淡竹乡入选第一批全国乡村旅游重点镇(乡),天台后岸村入选第三批全国乡村旅游重点村,台州入选数位居全省并列第一。

17日　台州市文物局揭牌仪式举行。

30日　台州市政府与无锡

拈花湾文化投资发展有限公司战略合作框架协议签约仪式举行。

9 月

10 日　台州市乡村旅游共富八景新闻发布会举行。

23 日　台州市入选全国旅游投诉调解与仲裁衔接试点城市。

10 月

18 日至 19 日　第三届全国文化馆理论体系构建研讨活动在台州举行。文化和旅游部公共服务司、全国公共文化发展中心、中国文化馆协会、浙江省文化和旅游厅、台州市人民政府等相关人员共 140 余人,围绕"十四五"时期文化馆高质量发展相关主题进行了研讨、分享与交流。

23 日至 25 日　台州市首届文化创意精品展在台州市体育中心开幕。展会精心挑选了 270 多个系列的精美展品,分 3 个展区展陈,体现了"创、特、精、融"4 个特点。

11 月

9 日　临海市和三门县入选第二批浙江省全域旅游示范县(市、区)名单。

16 日　黄岩沙埠窑新发现窑炉,将改变浙江陶瓷史。

30 日　台州市文化市场综合行政执法队被授予"全国文化和旅游系统先进集体"称号,台州市图书馆毛旭被授予"全国文化和旅游系统先进工作者"称号,温岭市国际大酒店李招蓉被授予"全国文化和旅游系统劳动模范"称号。

12 月

2 日　浙江省旅游服务质量保证金试点工作方案获文化和旅游部批准同意。台州作为试点城市,为全省乃至全国质保金改革提供台州智慧、台州方案。

9 日　2021 和合文化全球论坛在天台县举行,来自 10 余个国家的国际组织代表、国外驻华使节、国际汉学家及有关智库、高校、研究机构的专家学者共 150 余人通过线上线下,共话"和合文化与人类命运共同体"。

10 日　台州市首次以市委名义召开文化工作会议。市委书记李跃旗出席会议并强调高标准推进新时代文化台州建设,全力打造社会主义文化强国市域典范。

22 日　台州入选"2021 中国旅游业最发达城市"榜单。

30 日　温岭市新河镇、三门县海游街道、天台县街头镇、仙居县白塔镇入选 2021 年浙江省文化强镇(街道)。

31 日　以台州为主舞台完成录制的"启航 2022"央视总台跨年晚会在中央电视台综合频道、综艺频道等播出。这是中央电视总台跨年晚会首次走出北京。晚会主舞台设在台州府城兴善门广场,以积淀千年历史文化的古城墙为背景。为台州量身打造的歌曲《山海万里只为你》、台绣、仙居无骨花灯等台州非遗元素及临海紫阳街、温岭石塘、天台山等台州风光精彩亮相,向全球观众展示了台州的历史文化、山海水色和城市魅力。

(黄伊佳、鲍思羽)

台州市县(市、区)文化和旅游
工作概况

【椒江区文化和广电旅游体育局】
内设职能科室 6 个,下属单位 10 个。2021 年末人员 116 人(其中:机关 17 人,事业 99 人;具有高级技术职务资格的 8 人,中级 18 人)。

2021 年,椒江区文化和广电旅游体育局坚持以人民为中心,紧盯群众所需,紧扣融合思维,紧抓机制创新,各项工作取得良好成绩,全年共接待国内游客 85110 人次,组织国内游客 208789 人次,实现营业收入 20912 万元,同比增长 20.28%。获评台州市全国文明城市"两连创"工作集体嘉奖、"新时代垦荒先进集体"和"美丽椒江"先进集体等。一是民生实事创特色。椒江文化艺术中心第一期改建工程完成,图书馆分馆实现街道全覆盖,135 家农村文化礼堂服务点图书通借通还,培育新型城市公共文化空间 3 个,新增农村文化礼堂基层流通服务点 45 家,新建喜马拉雅有声图书馆,新建和合书吧 2 家。椒江区图书馆被评为浙江省第一批"满意图书馆"。以庆祝建党百年为主题,持续推进文化艺术培训进校园、365 公益课堂、枫山系列活动等群文品牌打造,惠及群众 10000 余人。其中,完成 365 公益课堂 129 期、517 次课,服务群众 20640 人次;组织惠民剧场 9 场,开展"戏剧进校园",将越剧、台州乱弹、话剧送入文昌小学、前所中心校、台州市学院路等小学,举办活动 12 场。完成文化基因解码工程"送大暑船""戚继光祠""大陈垦荒"等重点文化基因解码 15 个,梳理文化元素 340 多个,大陈垦荒文化标识入选省首批浙江文化标识。二是文化服务再升级。举办(承办)长三角文化和旅游联盟联席会议暨"诗画浙江・百县千碗・鲜在台州(椒江)"特色美食展示推介活动、"百年百景·先锋领跑"长三角文化和旅游系统党史学习教育启动仪式、区庆祝建党100周年大型文艺演出等活动15场。组织送戏116场、送展览6场，与金华永康、金东、磐安、杭州桐庐、台州天台、温岭等地开展"文化走亲"9场。文艺作品累计获省级一等奖1项，十佳作品（综合最高奖）1项，铜奖1项，优秀奖1项，市级奖项24个，书法美术作品入选省展7次。台州乱弹大型现代戏《我的大陈岛》首登国家大剧院舞台，为台州首个入选国家艺术基金的大型剧目。三是旅游品牌精提升。全年推进重大文旅项目建设21个，总投资15.9亿元；《大陈岛海岛公园建设规划》编制完成并顺利通过省联席会议评审。大陈岛帆船帆板基地建设稳步推进。积极开展旅游业"微改造、精提升"，全年共有63个项目列入省"微改造"项目库，总投资约1.92亿元。大陈梅花湾村作为典型代表参加台州市乡村旅游推进共同富裕大会。做好文旅项目招引工作，上海大隐书局成功签约落地，台州市婚礼创意文化产业园、新华书店和合文化产业园招引工作有序推进。积极评选"百县千碗·鲜在台州"美食旗舰店、示范店、体验店，评选出旗舰店1家、示范店2家、体验店6家。四是文化遗产保护大突破。"送大暑船"入选第五批国家级非遗代表性项目；李佩青、林霞、廖春妹获评省级传承人；入选市级第八批非遗代表性项目名录6项，公布区级非遗项目6项。戚继光祠修缮工程通过国家文物局审批立项。章安故城遗址考古发掘顺利启动，发掘

面积2000平方米，发现河道、道路、建筑等城市肌理，出土三国青瓷虎子、莲花纹瓦当、青瓷粉盒等256件完整或可修复的文物。举办"文脉咏传·古韵寻芳"2021年椒江区文化遗产主题展、"红色记忆——20世纪中国革命纪念章展"、"永不褪色的记忆——大陈一江山专题展"等主题展陈。五是审批监管大优化。深化"最多跑一次"，推行全省通办、跨区域通办改革，115项许可类事项和61项其他行政权力类事项实现全市通办；全年共完成新设立、变更、延续、注销、备案等审批工作67件。深入推进"平安文旅"市场创建工作，开展校外艺体类培训机构排摸工作，会同区教育局监管有转型意向的学科类机构36家；以春节、国庆等节假日为重要时间节点，通过部门联查、"双随机"抽查、错时检查等形式开展各类专项检查，全年共出动执法人员3329人次，检查场所1258家次，行政处罚立案调查13件，办结案件8件，警告2家次，罚款141000元，没收非法所得545.44元，没收违法物品100个。

（王　方）

【黄岩区文化和广电旅游体育局】 内设职能科室6个，下属单位6个。2021年末人员116人（其中：公务员17人，参公23人，事业76人；具有高级技术职务资格的10人，中级25人）。

2021年，黄岩区文化和广电旅游体育局坚持以习近平新时代中国特色社会主义思想为指导，紧紧围绕文旅体融合发展战略目标要求，持续夯实文化阵地建设，提振文旅消费，不断加强文化遗

产保护和文旅市场监管力度，较好地完成了全年各项工作任务。一是开展建党百年系列主题活动。开展"献礼建党100周年"系列主题宣传活动，举办"奋斗百年路·启航新征程——黄岩区庆祝中国共产党成立100周年文艺演出暨原创诗歌朗诵会"、"永宁墨韵——永宁杯三张金名片主题国画创作作品展"、"党史读百年诵读话永宁"图书馆之夜诗歌会等活动，组织了区文旅系统"唱支山歌给党听"主题快闪活动。二是持续推进公共服务体系建设。加快推进区图书馆、区文化馆新馆建设，图书馆新馆建设基本完成，文化馆新馆内装工程施工有序进行。全力推进民生实事项目建设，建成院桥奥特莱斯和区总工会2个和合书吧、10个小型休闲便民公园。打造文化品牌，实施"文化基因解码工程"，"官河古道"被省文化和旅游厅列入2021年度"文化基因解码工程"及文化标识建设培育项目，"小橘灯"阅读联盟列入台州市公共文化服务创新项目，区图书馆获评省"满意图书馆"，图书馆服务入驻"浙里办"平台；新前街道入选浙江省民间文化艺术之乡，宁溪镇白鹭湾村被评为浙江省乡村美育计划——美育村。三是持续实施文化惠民工程。春节期间，面向外来员工开展"留在黄岩过大年、文旅服务暖心田"活动，推出"我在黄岩过大年·云游橘乡"系列主题推文，通过"橘乡如诗、橘乡如画、橘乡如锦、橘乡如歌、橘乡如故"等5个主题，宣传推广区重点景区和历史人文，做到文化服务有温度，线上服务不打烊。深化送文化下乡活动，送演出下乡95场，送书

下乡 13899 册，送讲座进文化礼堂 12 场。推出系列线上艺术慕课教学和"云上永宁"风尚黄岩文体微课，开展文体超市、乡村艺苑等公益培训。指导各乡镇（街道）综合文化站组建"三团三社"，丰富乡村文化活力，为共同富裕提供精神动力和智力支持。四是加强文化遗产保护利用。"官河古道"南宋特色文化重塑项目列入浙江省传承发展浙江优秀传统文化行动计划项目库。继续抓好沙埠窑保护棚、徐昌积宅维修施工进度，跟进大有宫维修监管工作，完成凤凰山考古发掘工作。开展第八批省级文保单位的推荐申报工作，成功申报第八批市级非遗项目 5 项，黄岩非遗馆提升改造设计方案通过专家评审。举办黄岩区 2021 年"文化和自然遗产日"非遗宣传展示活动暨澄江中学翻簧竹雕、火烙画师生作品展活动。组织非遗项目到路桥、温岭、椒江开展"走亲"活动，参加省第四届"少年非遗说"讲故事比赛。完成曲艺"三进"活动 60 场。五是加快发展全域旅游。以创建浙江省全域旅游示范区为目标，开展景区城、景区镇、景区村庄创建。黄岩区创成 3A 级景区，建成北洋镇等 5 个景区镇、潮济村等 22 个景区村，黄岩博物馆成功创建国家 4A 级景区。实施景区"微改造、精提升"行动，黄岩博物馆、黄岩非遗馆、黄岩沙埠窑考古遗址公园被列入省级单项试点，桐树坑红色景区、宁溪镇景区镇、半山民宿列入市级单项试点，黄岩图书馆创建 3A 级景区通过验收。与浙江青艺服务公司合作开展文旅营销宣传，完成旅游达人"浙里好玩·黄岩 48H"专题采

风活动。积极推进文旅项目投资，完成投资额 28.4 亿元，投资完成率达 112％。配合同济大学编制完成《黄岩区西部乡村文旅发展规划和实施指引》，打造西部乡村旅游集聚带，推进共同富裕。六是拓展消费市场路径。举办2021 年中国旅游日黄岩旅游消费月启动仪式暨"诗画浙江·百县千碗"——"中华橘宴"发布活动，推出旅游优惠月、节庆活动月、消费购物月等系列惠民措施，培育激发旅游消费热点。指导开展澄江橘花文化旅游节、东魁杨梅母树开摘节、宁溪旅游音乐节等乡村旅游节庆活动。醉江南等 2 家酒店被评为"诗画浙江·百县千碗"省级美食体验店，黄岩国际大酒店等 3 家酒店被评为"百县千碗·鲜在台州"美食体验店。推进全媒体复合传播，开设黄岩文旅官方抖音号和官方微信视频号，强化新媒体精准推广。积极开展旅游宣传推广工作，参加上海产业博览会、第十七届海峡旅游博览会、2021 年中国东盟博览会旅游展和 2021 中国国际旅游交易会等进行宣传推介，举办四川新龙县旅游、特色产品、招商项目黄岩推介会。修订出台《黄岩区旅行社地接业务补助办法》，进一步拓展长三角客源市场，深化与《新民晚报》战略合作，持续做好上海万人游及上海旅游直通车工作。推进行业品质提升，黄岩模塑基地、宁溪糟烧酒业有限公司被评为 2021 年度省级工业旅游示范基地，中国柑橘博览园成功创建浙江省 2A 级采摘体验基地，黄岩蜜橘列入第二批浙江省创建级文化和旅游 IP 项目，黄岩耀达酒店成功创建省级金桂级品质饭

店，永宁国际旅行社创成四星级旅行社，花果山等 3 家民宿被评为省银宿级民宿。是年，全区接待国内游客 311.44 万人，实现国内旅游收入 36.88 亿元。七是推进文旅数字化改革。探索黄岩区图书馆"阅无止境·精神共富——'小橘灯'阅读联盟"建设，场景应用与区"共富大脑"对接，入选台州市发改委未来社区认领项目，并完成省级未来社区试点——方山下社区点位进驻。"黄岩区'安全网'防盗窃盗掘模块"列入省首批"文物安全"应用场景建设试点"揭榜挂帅"项目，"旅游大脑＋智慧旅游"落地未来社区列入省首批试点单位，旅游行业信用体系建设列入市级试点单位。数字社会微门户手机端上线。八是平安护航建党百年。组织开展护航建党 100 周年文化和旅游市场百日攻坚等行动，落实安全生产主体责任，在重大节假日前夕开展文化场馆、文保单位、景区、旅行社等安全生产专项检查，多渠道开展隐患排查，确保重要节假日期间文旅市场安全平稳有序。落实文物安全直接责任人公告公示制度和分级分色挂牌工作。加强文化市场巡查，全年共出动执法人员 1494 人次，检查场所 653 家次，行政处罚案件 8 件，没收非法书籍 500 余册。全力做好疫情防控，切实抓好文化和旅游领域疫情防控。

（何　宁）

【路桥区文化和广电旅游体育局】内设职能科室 5 个，下属单位 6 个。2021 年末人员 67 人（其中：公务员 12 人，参公 4 人，事业 51 人；具有高级技术职务资格的 11

人,中级 18 人)。

2021 年,路桥区文化和广电旅游体育局不断完善公共文化服务体系,大力传承优秀传统文化,积极推动全域旅游发展,各项工作取得实效。一是公共文化服务体系不断完善。中国曲艺之乡建设提升纳入省传承发展浙江优秀传统文化行动计划项目,创成浙江省民间文化艺术之乡,区文化馆新馆对外试运行,被文化和旅游部评为一级图书馆,9 个最美空间上榜 2021 年台州市首批最美公共文化空间名单。农村文化礼堂"四 Z"管理模式创成省第四批公共文化服务体系示范项目;十里长街文化入选首批 100 项浙江文化标识培育项目;"十里长街""路桥灰雕"2 个项目被省文化和旅游厅评为"文化基因解码工程"优秀解码项目。实施"312"人才培育计划,3 户家庭入榜省级文化示范户,10 人入选省级乡村文化能人。二是公共文化服务供给持续增加。社区"智慧书架"共享阅读入选省文化和旅游厅数字化改革试点,图书馆应用上线"浙里办"平台。创成全省第一批"满意图书馆",新建和合书吧 2 个,全年新增图书 52300 余册,图书馆总藏书达 83.3 万册,办证总数 4.85 万张,全年借还书服务 14 万人次。文艺作品获市级以上艺术类奖项 24 个,其中国家级越剧小梅花奖 1 个,省级 7 个,12 件视觉艺术类作品入选省、市展览,其中书法《〈孟子集注〉选抄》获"陆维钊奖"浙江省第九届中青年书法篆刻展优秀作品奖。举办庆祝建党百年"十百千万"系列文化活动 1800 余场,进驻 150 余家文化礼堂,吸引了近 20 万人次参

与,承办了台州市第六届"群星璀璨"书法美术作品展。推出"艺多多"公益培训 51 门课程 782 课时,送演出下乡 165 场,送图书下乡 43500 册,送讲座、展览 101 场,"文化走亲"11 场,服务群众 20 多万人次。三是优秀传统文化有效传承。博物馆新馆完成陈列布展基础装修,陆续征集藏品 1100 余件(套),新定级国家一级文物 5 件(套)、二级文物 9 件、三级以上珍贵文物 192 件(套),实现了建区以来国家一级文物"零的突破"。截至年底,区博物馆有藏品 1619 件(套),是 2019 年的 3 倍多,珍贵文物 229 件(套),是 2019 年的 10 倍。投资 734 万元对新桥爱吾庐(五凤楼)进行二期修缮,开展桐屿窑址群探方发掘和器物修复,组织对白石驿道、东盘山摩崖石刻等进行专题研究。新增省级非遗传承人 1 人、市级非遗项目 4 个、区级非遗项目 11 项、区级非遗传承人 19 人,举办"建党百年 红色咏传"系列非遗活动、非遗"四进"、"乌饭麻糍"非遗文化节等活动,路桥区综合得分名列台州地区第 4 名,全省第 53 名。全力加快中国曲艺之乡建设提升,曲艺发展工作被《中国艺术报》报道,得到了中国文联党组成员、副主席、书记处书记萱耀鹏,副省长成岳冲批示肯定。四是全域旅游发展动能不断增强。编制完成《路桥区文化、旅游、体育发展"十四五"规划》,修订《路桥区旅游地接奖励办法》,起草《路桥区加快推进旅游业发展扶持办法》。新创国家 3A 级旅游景区 1 家、省 3A 级景区镇 3 家、省 A 级景区村庄 42 家、全区 A 级景区村庄达到 83 家、A 级景区

镇达到 5 家,兑现 3A 级景区村庄奖补资金 150 万元。获批"微改造,精提升"示范点 11 个及改造项目 18 个,已竣工 9 个,完成投资额 2102 万元。方林汽车城入选省级工业旅游示范基地,推进区"义百碗"美食进市政府食堂、镇街道家宴中心,创成省级"百县千碗"特色店 2 家,市级美食旗舰店 1 家、示范店 1 家、体验店 2 家。精心设计 5 条红色旅游线路,举办"路桥区'建党百年'红色旅游讲解大赛",中共黄岩首届县委旧址义务讲解员王锦荣入选全国革命文物百佳讲述人。五是行业监督管理水平全面提升。"最多跑一次"改革深入推进,实现文旅政务服务 100% 网上办,80%"掌上办"。按照省"双减"工作专班工作指引,对全区 261 家文化艺术类等校外培训机构进行排摸,召开区培训机构转型工作协调会,联合教育、市场监管等部门完成 53 家学科类培训机构转文化艺术类培训机构工作。以"互联网＋监管"系统为依托,牵头或协调相关职能部门,实现 224 个监管事项全覆盖,完成 40 多次"双随机"检查。采取错时、错峰、交叉检查,打击无证经营行为和违法违规旅游经营行为,共立案查处 16 起。开展疫情常态化防控和"平安护航建党百年"专项行动,督查文旅经营单位 1000 余家次,累计排查整改安全隐患 200 余处。针对文旅市场重点行业、重点区域,查制度、查管理、查隐患、查落实,实现了安全无事故。

(陈虹希)

【临海市文化和广电旅游体育局】内设职能科室 8 个,下属单位 9

个。2021 年末人员 136 人（其中：公务员 19 人，参公 17 人，事业 100 人；具有高级技术职务资格的 13 人，中级 28 人）。

2021 年，临海市文化和广电旅游体育局以习近平新时代中国特色社会主义思想为指导，以高质量发展为主题，以改革创新为动力，积极推进文化旅游事业发展。全市全年接待游客总人次 473.35 万人次，同比增长 6.5%；实现旅游收入 57.84 亿元，同比增长 11.3%。一是对标"重要窗口"建设，发展势头更加强劲。顶层设计清晰明确。出台《临海文化和旅游业发展"十四五"规划》和《临海市东矶海岛公园建设规划》。入选浙江省旅游业"微改造、精提升"试点市，制定了《临海市旅游业"微改造、精提升"五年行动计划（2021—2025 年）》。完成《括苍山浙江省文化名山公园、浙东唐诗之路十地百珠总体策划和重点区整治提升实施方案》初稿编制。完成临海市户外运动规划，为打造长三角户外运动胜地提供顶层设计。项目建设加速推进。加快实施"千年古城"复兴，着力抓好总投资额 15.7 亿元的 17 个文旅项目工程，台州府城墙修缮（二期）、台州府城全国研学游营地、兴善门游客中心等一批项目建成投用。稳步推进市文化综合体、白沙湾公园、熊出没文旅小镇等重点项目建设。全面推进文旅数字化改革，台州府城数字化文旅融合场景体验项目入选省文旅数字化改革试点项目名单。对标创建不断提升。认真对照 2020 年 11 月国家暗访报告所指出的问题，对台州府城进行全面的环境整改，加强文化展示和品牌提升，确保各项创建任务落到实处。临海市跻身 2021 年全国县域旅游综合实力百强县，创成省全域旅游示范市，当选首批长三角高铁旅游小城，括苍镇成功创建省 3A 级景区镇，尤溪镇入选省美丽城镇，市博物馆通过国家 4A 级景区资源评审。二是深挖文旅融合亮点，品牌建设更加凸显。升级文旅产业结构。坚持文旅产业集聚发展，加强台州府城历史文化展示区、"临湖邀月"文化创意街区、紫阳街智慧商圈等建设，紫阳街入选第一批省夜间文化和旅游消费集聚区，获评省高品质步行街和"诗画浙江·百县千碗"美食街区。以原台州印刷厂地块为基础，规划打造占地面积 7500 余平方米的文化产业创意园，已完成总体概念设计方案。临海括苍山蜂巢露营基地获评浙江省十佳露营基地。临海数字诗路文化体验馆启动方案研讨工作。重塑多元文旅业态。修订促进文旅产业发展扶持政策，落实每年 3000 万元旅游发展专项资金，引导发展一批新型特色旅游企业，激发多元市场主体活力。立足"文化为魂、旅游为体"，深度对接文创头部企业，以台州府城为展示平台，培育"互联网+文创"新业态，进一步延长文旅产业链，激活千年台州府。以台州置州 1400 年为契机，实施文化府城专项行动，制定景区活动方案，开展汉服市集、府城市集、瓮城音乐会、非遗展演等活动，打造经典剧目，体现府城特色，增加游客文化体验。拓展文旅宣传渠道。联动仙居、天台，打好"天仙驾临"文旅区域品牌，进一步拓展市场，聚集人气。"千年府城 自在临海"冠名高铁列车正式首发。联合多部门开展一系列文旅活动，举办"留临过个文艺年"系列新春文化活动、第二届"打包春天·临海樱花纪"活动、长三角职工疗休养交流协作大会等，与湖南卫视合作开展"天天向上"节目录制，央视元旦跨年晚会落户府城，增强府城活力，不断吸引游客，提升景区流量。三是健全公共服务网络，均衡普惠更加广泛。基础布局优化提升。配合临海市委宣传部高标准完成 88 家文化礼堂建设任务，已累计建成 552 家，覆盖率达 88%。推进"书香临海"建设，全年送书下乡 127 次 65555 册，举办阅读推广活动 184 场次。持续推进乡镇（街道）自助分馆建设，新建伟星城、括苍镇、涌泉镇、观澜书院 4 家图书分馆。建成紫阳苑、朱自清纪念馆、台州式硬气馆等 7 个台州府城系列展馆。试点公共文化服务数字化工程，设时空 Live 码小程序。庆祝活动精彩纷呈。营造庆祝中国共产党成立 100 周年文化氛围，引领全市广大干部职工群众精神文化生活，举办各类群众文化庆祝活动 104 场，参与人数近 40 万人次。承办"永远跟党走"临海市庆祝中国共产党成立 100 周年主题文艺演出和"红心向党·礼赞百年"临海市机关职工合唱大赛。开展庆祝建党 100 周年临海非遗献礼和非遗专场戏曲晚会。文化惠民广泛开展。复兴传统艺术，扶持"在地艺术"，积极打造"15 分钟品质文化生活圈"。四是增强非遗传承活力，文物保护更加科学。传承发展持续向好。打造以台州府城迎宾仪式、非遗手工市集和音乐擂台剧"戚家军·鸳鸯阵"为主的临海非遗品牌。继续做好文化艺术传播空间、非遗集市及紫阳街各非遗馆的日常工作。首创非遗研学线上活动,陆续和临海市中等职业技术学校、临海市警备育才学校达成合作协议,积极开展黄沙狮子、戚家军鸳鸯阵、大石车灯戏等优秀非遗项目传承进校园工作。保护利用成效突出。市博物馆获评国家二级博物馆,承办全国文物修复研讨会,文物守望工程获省级肯定。有序开展国保台州府城墙修缮工程二期施工,完成巾山东大塔修复工程和桃渚城城墙修缮工程,桃渚城文物建筑修缮工程待省文物局验收,下沙屠马氏庄园准备招标。梁佩书故居修缮工程完成验收。推进城墙申遗工作。组织开展"台州府城墙保护日"活动,做好"文化和自然遗产日"的宣传工作。完成台州府城墙军事价值和防洪功能研究课题的后续工作。五是服务执法同步强化,行业管理更加规范。优化服务提升行政效率。实现证照分离全覆盖,窗口进驻率、签批率100%,电子证明共享核查率100%,网上办结率100%。全年累计接受行政审批咨询近500人次,受理本部门行政审批事项40件;处理各类旅游投诉20件,结案率100%。加强宣传促进市场文明。以台州府城创5A和垃圾分类工作为契机,文明旅游市场管理为突破,向文旅企业发放文明旅游宣传册及宣传广告、海报1400余份,各类宣传标识4000份。强化监管推进规范经营。以文旅市场规范健康发展为目标,努力营造良好的文旅市场环境。全年共出动检查890次,出动执法人员1970人次,检查各类文化经营场所890家次。办结行政处罚案件14件,均为一般程序,罚款91330.4元,没收违法物品3306个,停业整顿2家次。

(陈乐怡)

【温岭市文化和广电旅游体育局】内设职能科室7个,下属单位8个。2021年末人员137人(其中:公务员16人,参公20人,事业101人;具有高级技术职务资格的8人,中级20人)。

2021年,温岭市文化和广电旅游体育局围绕庆祝建党100周年主题,积极打造文化惠民高地;以全市旅游发展大会精神为引领,坚决扛起全域旅游高质量发展的责任担当。各项工作成效显著,疫情防控和文旅发展齐头并进。全市全年接待游客649.15万人次,同比增长11.2%;实现旅游经济收入78.48亿元,同比增长25.8%。一是聚焦主题主线,开展建党100周年系列活动。充分利用多种文化艺术表现形式庆祝建党百年。组织编排"永远跟党走"庆祝中国共产党成立100周年大型文艺演出,引进话剧《共产党宣言》,创排现代越剧《江姐》,拍摄献礼百年"快闪"视频。利用文化馆、图书馆、博物馆等公共文化阵地,策划举办"铭记历史 开创未来"庆祝中国共产党成立100周年专题展,接待观众超8万人次。开展"红色手工坊"、"光影礼赞 百年辉煌"摄影作品展、"品读红色经典 漫话红色精神"等主题活动100余场次。二是丰富文化供给,综合提升汤馆效能。创成浙江省公共文化服务体系示范区和浙江省戏曲之乡,入选浙江省首批公共文化服务现代化先行县创建对象。市文化中心项目有序推进,基本完成大剧院、文化馆、图书馆主体施工。公共文化场馆服务效能提升,全市新增文化强镇1个、村级文化广场10个,自助图书馆2个,7家文化站获评省特级综合文化站,入选省级文化示范户7户、乡村文化能人6人。文化馆开展"文化走亲"6次,举办各类节庆活动15场、名家讲座26期、展览15期;图书馆接待读者50万人次,借阅图书100万册次;博物馆加强馆校合作,举办社教活动52场,新入选国家一级珍贵文物4件(套),出版"温岭文物精粹"丛书;王伯敏艺术史学馆举办展览6场、文史讲堂6期,制作文化专题片1期。完善制度设计,制订《温岭市扶持新文艺组织和群体工作方案》《温岭市新文艺组织和群体工作扶持暂行办法》。三是紧盯"双创"目标,精准发力全域旅游。召开全市旅游发展大会,明确创建省全域旅游示范市和省景区城两大目标,加强旅游发展政策保障,配合市委、市政府出台《温岭市关于加快推进全域旅游高质量发展若干政策措施的意见》。全面实施旅游基础设施"微改造、精提升"行动,创建A级景区镇5家、A级景区村庄13家、银宿级以上旅游民宿2家、浙江省"百县千碗"旗舰(示范)店3家。旅游市场宣传成效显著,完成各类旅行商推介活动和市场宣传活动10余场,《人民日报》刊登《浙江温岭:全域推进乡村旅游激活共同富裕新动能》。全面提升旅游行业服务品质,举办全市星级饭店服务技能大赛,指导耀达国际大酒店成功创建五星级旅游饭店、金桂级品质饭店，温岭国际大酒店"节能降耗 绿色经营"入选国家文旅部典型案例。四是深耕惠民工程，实践助力文化共富。全力推进公共文化服务下沉，《温岭市图书馆构建四级服务体系 打通全民阅读"最后一公里"》被省委改革办《竞跑者》刊发。全年完成送越剧下乡 85 场，送综艺下乡 100 场，送书下乡 6 万册。开展"书香机关 艺飘社区""乡村艺校"等全民艺术普及工程，其中"书香机关 艺飘社区"开设培训门类 31 个，招录学员 1600 名，培训 3.84 万课时。"乡村艺校"公益培训新增培训点 89 个，开设培训门类 60 个，招收学员 11966 人，培训 28.7 万课时。五是夯实文保基础，扎实推进文化传承。深入推进全市民居类文物建筑消防安全三年专项整治行动，全面落实文物安全网格化与属地管理。完成 4 处省级文保单位消防安全工程和 5 处文保单位维修工程。加强文化挖掘传承，出版"温岭历史文化丛书"共 13 册，推进"文化基因解码工程"，"石塘石屋海韵风情"被列入省首批文化标识培育项目。丰富非遗传承形式，开展非遗进校园和"非遗走亲"活动，举办各类非遗文化展示、展演活动 10 余场，签约台州市级非遗传承人带薪授徒 22 人。六是强化市场监管，全力探索"数智"改革。严格落实文旅场所疫情防控措施，筑牢行业安全底线。深入参与文明城市创建，严查文旅企业违法违规行为。大规模开展全市校外艺术类培训机构检查、新业态安全生产领域"遏事故"攻坚等行动，检查场所

1224 家次，整改隐患 173 处，行政处罚立案调查 53 件，办结案件 52 件。全力探索文旅领域数字化改革，入选浙江省"文物安全"工作应用试点"揭榜挂帅"项目。完成风险较大旅游景区智能风险管控系统建设，基本实现单体景区数字化管控。七是抓实党建工作，多措培树廉政风尚。以建设清廉机关、创建模范机关为抓手，深入推进党支部标准化规范化建设，荣获台州市级奖项 2 个。高质量开展党史学习教育，荣获相关奖项省级 3 个、台州市级 3 个，被中央级主流媒体报道 3 次。进一步健全廉政风险防控体系，制定出台全面从严治党有关制度 8 项，创成清廉科室（站所）2 个，创排《清廉组诗》等节目 14 个。推进党建工作与业务工作深度融合，党委书记领办机关党建服务项目——"书香机关"系列公益文艺培训，被市委改革办列为群众身边举措有力的改革项目。厚植党员干部为民情怀，帮扶文化贫困村 26 个，常态化开展志愿活动 198 场。

（包情枝）

【玉环市文化和广电旅游体育局】内设职能科室 5 个，下属单位 6 个。2021 年末人员 92 人（其中：机关 31 人，事业 61 人；具有高级技术职务资格的 4 人，中级 22 人）。

2021 年，玉环市文化和广电旅游体育局以人民为中心、以润富为主调、以改革为牵引，勤勉尽责、实干笃行，全年工作取得显著成效。玉环市文化馆获评国家一级馆，市图书馆创成全省首批"满意图书馆"。全市新增省级文化示范村 1 个、省级公共文化场馆

服务功能拓展先行先试单位 3 个，台州市首批最美公共文化空间 6 个，楚门镇文化站获评 2021 年长三角及全国部分城市最美公共文化空间大赛网络人气奖。市文化市场行政执法队在台州市执法技能比武大赛中获二等奖。指导楚门镇创成全省"扫黄打非"进基层示范点和示范标兵，实现创建"五连冠"。一是文化设施建设。玉环市图书馆新馆投入试运行，成为市民新的"网红打卡点"。启动玉环市博物馆陈列布展工程大纲编制工作。新建和合书吧 2 家、民宿图书馆 1 家、企业文化 e 站 1 家，打通了公共文化服务"最后一公里"。二是群众文化。牢牢把握建党百年主题主线，举办"颂建党伟业·展百年风华·焕市民风采"玉环市首届市民文化艺术节，开展"庆建党百年·享美好生活"、"玉环有戏"、"百年颂、书香情"全民阅读等 7 个板块 40 项子活动，其中越剧版、弦乐合奏版《唱支山歌给党听》快闪作品获全市最佳作品奖和优秀创编奖。深化"文化嘉年华""书香玉环""越音飞扬"等品牌项目，针对群众多层次、个性化的文化需求，全年共开展文化演出 2000 多场，公益培训 1800 多次；送图书 3 万多册，送展览、讲座 1800 多场，惠及群众逾 30 万人次。不断优化基层公共文化服务内容与方式，基层公共文化服务社会化运营标准化建设项目入选台州市第一批公共文化服务创新项目。《市域公共文化服务标准化设计研究》被评为浙江省 2021 年度优秀调研报告。三是专业文化。积极挖掘基层文艺人才，进一步壮大基层文艺队伍，王冠（楚门民乐团）入

选国家级乡村文化和旅游能人（支持项目），为台州市唯一；新增各级文化示范户 36 户、文化能人 96 人。联系指导全市基层文艺骨干，培育基层文艺团队，全年共组建文艺团队 17 支、文化志愿者团队 16 支，成员有 2000 余人。聚焦"建党百年"主题，精心打磨文艺作品，冲击各类赛事展演，全年获台州市级以上奖项 47 项，其中国家级 1 项，省级 21 项。舞蹈《盛世欢歌》跻身 2021 年全国"我最喜爱的村晚节目人气榜单"前三甲；《柚乡花影》《柚见红马甲》《海岛"老百花"》等原创作品在首届浙江乡村文化艺术节暨乡村舞蹈大赛上获奖，其中，广场舞《柚乡花影》斩获金穗奖一等奖；舞蹈《鳌龙鱼灯》亮相浙江省庆祝中国共产党成立 100 周年大型交响诗画文艺演出，在全省民间音舞大型广场展演中荣获民间音舞精品奖；民乐合奏作品《讨小海》参加台州市首届民族器乐原创作品音乐会。四是文化市场。修订和优化市政府美丽经济 88 条文化产业扶持政策部分条款，兑现专项扶持资金 300 万元，惠及文化企业 11 家。实施企业梯度培育计划，鼓励企业做大做强。三木和老铜匠分别被省文化和旅游厅评为骨干企业和新锐企业。强化文化产业基地建设，楚洲 3176 文创园开园，手艺创作、艺术展陈、生活美学等文创企业入驻园区，产业集聚效应进一步加强。江南奇石馆开馆，打造文旅融合新业态，进一步激发了市场活力。组织参加第 13 届浙江·中国非遗博览会、第 16 届中国义乌文化和旅游产品交易博览会和台州市首届文化创意精品展等重要展会，文创

作品渔民画《紫气东来》和安人金属雕塑《禅意》荣获第 16 届中国义乌文化和旅游产品交易博览会工艺美术铜奖。在神仙居文化创意产业园设立海韵玉环馆，陈列玉环特色文创产品，玉环文化产业知名度进一步扩大。加强市场管理。认真落实"平安护航建党百年"文旅安全隐患大排查大整治专项行动，以高标准、严要求、强措施开展文旅市场日常监管、执法检查、疫情防控，全年日常巡查共出动 4217 人次，检查场所 2003 家次，查办案件 49 起，罚款 3.28 万元，收缴非法出版物 921 册。深化"友间驿站"公共文化政务服务品牌，加速简化审批程序，全年共受理、办结各类审批事项 33 件，审批服务质效显著提升。五是文物保护。着力推进文物修缮保护工作，修复各类馆藏古籍、书画、档案共 123 件（套），文物馆藏家底进一步摸清。完成分水梁氏碉楼、东头碉楼等不可移动文物修缮，推进密鹦盐场及天富北监遗址勘探试掘，文物保护基础进一步夯实。全面开展文物安全大排查大整治提升攻坚行动，全市不可移动文物实现"三色"管理，文物安全防线进一步筑牢。宋代前塘垟盐业遗址发掘物入展温州市"十三五"考古成就展，被"学习强国"、浙江卫视、玉环发布等各级媒体多次报道。六是非物质文化遗产。3 名非遗传承人获台州市级年度评估考核优秀等次，全年新增省级非遗传承人 1 名、台州市级非遗项目 5 个、玉环市级非遗项目 6 个，非遗基础性保护进一步加强。举办 2021 年"文化和自然遗产日"台州主场（玉环）宣传展示活动、"深蓝大

海·红色记忆"第二届全国海洋文化剪纸精品展、"少年非遗说"玉环传说故事讲述大赛等大型活动，开展"非遗走亲"、非遗进校园等交流活动 100 多场，玉环非遗的传播力和影响力进一步扩大。大力开展公益培训、越剧进校园等活动，着力培养越剧"少年英才"，全年共开展培训 306 课时，培训人数超 250 人。越剧展演成果斐然，举办"梨园欢歌送党恩"红色经典戏曲折子戏等专场演出 8 场，惠及群众 1 万余人次。在浙江省第六届少儿戏曲"小金桂荟萃"比赛中斩获 1 金 1 优，在台州市第四届少儿戏曲"小丹桂荟萃"比赛中斩获 3 金 2 银。

（蒋冰琼）

【天台县文化和广电旅游体育局】内设职能科室 7 个，下属单位 5 个。2021 年末人员 82 人（其中：机关 36 人，事业 46 人；具有高级技术职务资格的 3 人，中级 9 人）。

2021 年，天台县文化和广电旅游体育局积极探索旅游业高质量发展新路，围绕全力打造"诗画浙江"引领区、世界级旅游景区目标，以项目建设为抓手，以品牌创建为核心，以文旅带富为方向，全力抓重点、补短板、推改革，各项工作稳步推进。天台入选旅游业"微改造、精提升"行动试点县，天台山上榜 5A 级景区品牌 100 强，"浙东唐诗之路"建设入选省争先创优最佳实践案例，天台连续 4 年入选全国县域旅游竞争力百强县。一是疫情防控。严格落实省、市、县疫情防控要求，天台山各大景区第一时间暂停对外开放，推迟一切大型文化旅游活动，关闭文旅相关人员密集场所。同

时，实行片区长制度，对景区、网吧、KTV、艺术类校外培训机构等重点场所进行日常检查，落实责任到人，以最实最细手段排查疫情危险源与风险点。二是全域旅游。组织骨干赴宁海县考察学习，积极对接上级单位，召开省全域旅游示范县复核迎检部署会，高标准做好迎检工作，全域旅游建设获评全省 A 档（优秀）。启动省级旅游度假区创建工作，完善全域旅游全景图和智能指示标识设置，进一步提升基础配套设施。创成 6 个 A 级景区镇、50 个 A 级景区村，新增 3A 级景区 1 家、等级民宿 3 家，后岸村入选第三批全国乡村旅游重点村，天台县获评全省第一批大花园示范县。台州市乡村旅游推动共同富裕工作现场会在天台县召开，乡村旅游经验做法获市长吴海平批示肯定并交流推广，天台县文化主题民宿建设助推乡村振兴入选省文化和旅游系统改革基层典型案例。三是项目推进。高标准编制文旅产业"十四五"规划和《天台县旅游业"微改造、精提升"五年行动计划（2021—2025 年）》。全年累计完成投资 23.48 亿元，完成率 102%，签约青云度假村、玉霄书院、赤城君澜、白鹤褚橙等 5 亿元以上项目 5 个，已开工玉霄书院、赤城君澜 2 个项目。其中，天台县旅游业"微改造、精提升"项目共有 215 个入库，竣工 147 个，全年完成投资约 5.05 亿元，完成率 100%。始丰溪夜游项目启动建设；全国第一座高低塔双跨三墩玻璃悬索桥"会仙桥"完成施工并投用，天台山大瀑布竖井工程顺利推进；诗路博览馆项目完成主体工程建设与招标方

案深化设计；寒明岩景区游路系统完成地质勘察、主次入口总平图报批，启动低线游步道路基施工等；文化中心项目主体结构工程施工完成，文化中心舞台工艺专项工程完成施工图预算及审核；天台博物馆提升改造、天台山雪乐园项目完工，寻佛问道旅游公交专线开通。四是数字化改革。研发投用"诗路 e 站"深度体验服务平台，融合导游预约、智能服务、产品营销、数字政务等功能，实现一站式、个性化、定制化服务。平台已入驻 48 位导游，共发布 14 款导游服务产品；入驻 43 位文旅企业商户，共上架发布 152 款产品。"诗路 e 站"入选全省文化和旅游数字化改革试点项目。五是宣传推广。2 月，天台登上中央电视台《中国地名大会》，县委书记亲自推介；4 月，连续两期登上中央电视台《中国诗词大会》；5 月，登上浙江卫视《还有诗和远方》，社会反响强烈，取得良好成效。围绕"浙东唐诗之路"目的地品牌建设，举办和合花朝节，赴上海参加旅游产品博览会，策划中国旅游日主题活动、长三角地区城市文旅推介会、长三角电台主播对话台州文化等活动，不断提高天台山文旅的品牌知名度和影响力。创新宣传形式，开通"美丽天台"抖音号、"天台文旅"小红书号、"天台文旅"微信视频号等新媒体。六是公共文化。公共文化服务不断提升，举办 2021 年度天台县广场舞培训班，开展公益性阅读推广活动、"文化超市"公益艺术培训活动。推进公共文化场馆服务功能拓展先行先试工作，发挥公共文化场馆阵地优势，入选省级公共文化

场馆服务功能拓展先行先试单位，是台州市唯一。深化公共图书馆"最多跑一次"改革，提升公共图书馆服务便利化、智慧化、人性化、特色化、规范化水平，顺利通过省"满意图书馆"考评验收。策划系列庆祝建党 100 周年红色主题文艺活动，举办"永远跟党走"天台县庆祝中国共产党成立 100 周年主题文艺晚会、"童心向党"系列主题活动、少儿书法作品展等。七是文化遗产。召开天台县文物安全会议，落实文物安全属地管理责任。完成省级文物保护单位红旗渡槽的施工图会审。天台山易筋经列入第五批国家级非遗代表性项目名录，天台饺饼筒、九大碗、够周馃等 7 个项目被列入第八批台州市非遗代表性项目名录。举办首届传统工艺大赛、2021 年"文化和自然遗产日"非遗宣传展示活动暨灵溪古村文化节、天台县第三届"少年非遗说"传说故事讲述大赛。天台县非遗保护发展指数连续 5 年位列全市第一。八是市场监管。围绕"护航建党 100 周年百日攻坚"行动，通过重点检查、一般检查、"双随机"抽查、夜查突查和联合检查等检查方式，强化市场秩序监管。全年共出动执法人员 1349 人次，检查文化旅游场所 610 家次，发现整改隐患 86 处，查办案件 30 起。打击未经许可经营旅行社业务、低价游、非法营运旅游车辆等现象，开展疫情防控、"扫黄打非"等整治工作。截至年底，共受理旅游投诉 41 起，结案 41 起，结案率 100%，无重大旅游质量投诉。

（王利祥）

【仙居县文化和广电旅游体育局】 内设职能科室 6 个，下属单位 9 家。2021 年末人员 86 人（其中：公务员 9 人，参公 26 人，事业 51 人；具有高级技术职务资格的 3 人，中级 12 人）。

2021 年，仙居县文化和广电旅游体育局对标"重要窗口"新目标新定位，以"创新引领、绿色跨越"为指导，以"建设现代化中国山水画城市，打造世界旅居目的地"为目标，以品牌提档为路径，以宣传提效为抓手，以惠民提优为重点，以保护传承为脉络，以监督管理为关键，努力把仙居得天独厚的人文优势和生态优势转化为经济社会发展和共同富裕优势，文化旅游融合发展活力持续迸发。全县全年共接待游客 749.05 万人次，同比增长 24.7%；总收入 76.63 亿元，同比增长 51.4%。一是公共服务水平有新提升。公共文化设施不断完善，县城市文化综合体主体工程基本完成，县文化馆获评国家一级馆，县图书馆被评为首批浙江省"满意图书馆"，馆藏图书新增 49120 册次；新建成农村文化礼堂 19 家、文化广场 2 个、和合书吧 2 家，图书馆乡镇（街道）分馆 1 家、主题分馆 6 家，实现乡镇（街道）图书馆分馆全覆盖；创成省级文化强镇 1 个、文化示范村 1 个，市级最美公共文化空间 3 个。文化惠民力度不断加大，打造"文艺绿道"公益培训项目，年均提供 2000 堂公益培训课程；持续开展送书下乡、送电影下乡、送戏下乡等惠民活动，全年共送电影下乡 3400 场、送戏下乡 120 场、送展览和讲座下乡 86 场、送书下乡 45032 册，举办各类阅读推广活动 125 场

次；加强"一乡一品"文化品牌建设，举办了斗茶大赛、杨梅节等各类文旅活动近 2000 场次。文艺创作持续繁荣，先后创作了原创歌词《青春信仰》、原创歌曲《吉祥油菜花》、词调《从军行》等作品，积极组织文艺作品参加省、市各类赛事，获奖 10 余项。基层文化队伍建设不断壮大，继续开展乡镇文化员定向培养，招录定向生 3 名，另有 3 名定向生毕业入职到岗，进一步优化乡镇文化员队伍结构；乡镇"三团三社"建设扎实有序，有各类文体团队 1500 多支，极大丰富了群众的精神文化生活。二是文化遗产保护传承有新进展。文物保护基础不断夯实，持续推进下汤遗址考古发掘和保护工作，修编了《下汤遗址保护规划》《下汤省级考古遗址公园规划》，启动下汤遗址临时保护及展示工程建设，33 件下汤遗址文物亮相国家博物馆；与浦江县、义乌市、嵊州市、永康市、龙游县组建了"上山文化"遗址群保护和联合申遗城市联盟，开展联合申报世界文化遗产工作；文物安全大排查大整治大提升攻坚行动全面开展，不可移动文物实现"三色"管理。非遗活态传承更加有力，新增市级非遗项目 3 个、县级非遗项目 8 个；深入挖掘非遗产业价值，仙居荔枝灯（荔枝灯材料包）入选第三批浙江省优秀非遗旅游商品；积极组织传承人及传承项目参加各类赛事及活动，提升传承人素质及传承意识。全力推进"文化基因解码工程"，神仙文化入选首批浙江文化标识培育项目，推出杨梅酥、无骨花灯等特色伴手礼 20 多件；对接出版社开展"仙居文化丛书"文稿修改，系

统梳理仙居历史文化谱系。三是"微改造、精提升"有新作为。以环神仙居大花园"两区二十村"为改造重点，全面开展旅游业"微改造、精提升"工程。分批次推进环神仙居区域村庄立面改造、景观打造、通讯管线地埋等工程；抓好老屋修复及业态培育，引进国家重点研发课题，与中国美术学院共建"中国美院白塔乡土人才研学基地"，开办名家工作室；联手农商银行推出"微改易贷"专项金融贷款项目，首批完成授信 5 亿多元。仙居海亮生态农业体验观光园创成国家 3A 级旅游景区，白塔镇创成省 4A 级景区镇，安岭乡、上张乡、步路乡、田市镇、朱溪镇等 5 个乡镇创成省 3A 级景区镇（乡），新增 A 级景区村庄 30 个（其中省 3A 级 7 个）；新增等级民宿 6 家（其中金宿 2 家，银宿 4 家），非遗主题民宿 1 家。仙居县入选省旅游业"微改造、精提升"行动试点县，神仙居景区、神仙居君澜度假酒店入选省旅游业"微改造、精提升"行动单项试点单位，淡竹乡入选首批全国乡村旅游重点镇（乡）名单，神仙居、仙居杨梅被评为浙江省示范级文化和旅游 IP。四是文旅产业融合有新成果。台州学院文化旅游与大健康产业学院（仙居）和台州学院文化旅游与大健康学院（筹）正式挂牌，产业学院启动实体化运营，首期招收旅游管理（创新实验班）学生 57 人，同时面向全县旅游产业从业人员开展在职培训，全方位提供人才培养保障。县职业技术学校专设旅游班，成立乡村规划师队伍，打造乡村旅游人才高地；组建"1＋艺"微改指导团，引进浙江省旅游发展中心研

究院、深圳清舍建筑设计有限公司等专家团队，对古村落保护利用、景观节点等开展一对一结对打造。五是市场宣传营销有新气象。出台《仙居县推进全域旅游高质量发展若干意见》，每年安排不少于 3000 万元旅游发展资金，并通过调整政策结构和奖励方式，激发县外旅行社送客的积极性，到仙居的旅游团队人次大幅增长，开通省内外旅游直通车线路 160 条，较 2019 年暴涨 20 倍，直通车游览 23.29 万人次，游客团队占比达 30%，尤其是 3 月至 7 月，团队占比高达 40% 以上。宣传营销全面发力，积极对接电视台、报社等权威媒体，加强与新媒体平台的战略合作，在省内外主要客源地召开旅游推介会和疗休养专场推介，基本实现省内地级市和长三角地区推介会全覆盖，被省直机关及杭钢集团等大型国企确定为 2021 年定点职工疗休养基地。大力推广"台州人免费游台州"活动，神仙居景区、皤滩古镇、淡竹休闲谷等 3 家国有收费景区参与，全年提供免费门票 601543 张，超额 25% 完成 480000 张的额定总票量。推进神仙居扩容提质项目，神仙居如意桥、莲花台、南天观景平台等成为"网红"景点，进一步提高了仙居旅游的知名度和美誉度。六是文旅市场管理有新成效。始终抓好文旅行业疫情防控工作，督促文旅场所严格落实限量要求，规范小门管控"四件套"、消毒消杀、健康登记等措施；对到仙居的旅游团队采取事先报备制度，规范旅游团队档案管理；组织旅行社、旅游景区、文化场所等从业人员每周进行核酸检测，提高监测预

警能力，筑牢文旅安全防线。落实"最多跑一次""互联网＋""一窗受理"等改革措施，所有事项实现网上办理。健全"双随机"抽查机制和多部门联动机制，加强常态化执法，不断提高全县文娱场所、文保单位、景区、校外艺术类培训机构等的巡查频率和覆盖面。文化市场综合执法体制改革持续深化，建立文化市场数据智控舱，通过全链式监管系统平台实现县机关、乡镇（街道）及社会监督 3 级协同监管。全年出动执法人员 1552 人次，检查场所 1183 家次，行政处罚立案 10 件，办结案件 13 件，罚款 135000 元，没收非法所得 2000 元，停业整顿 1 家次，收缴非法出版物 342 件，确保文旅市场秩序健康平稳发展。切实加强旅游行业管理，创成省金桂级品质饭店 1 家、银叶级绿色饭店 1 家、银鼎级文化主题酒店 2 家、"诗画浙江·百县千碗"美食体验（示范）店 2 家，市"百县千碗·鲜在台州"美食旗舰店 1 家、示范店 1 家、体验店 2 家。七是文旅数字化有新突破。创新个性化、特色化的文旅项目场景应用，通过找准小切口实现大突破。仙居旅游"微改造　一键提升"小程序入选省文化和旅游数字化改革试点项目；"玩转仙居"微信小程序上线"浙里办"App，完成适老化改革。开通数字图书馆，数智化赋能建设特色应用场景，实现社保一卡通，全面实现"一键书目查询"和"一键新书推荐"，已上线"浙里办"App。

（郭瑶坤）

【三门县文化和广电旅游体育局】内设职能科室 4 个，下属单位 9

个。2021 年末人员 105 人（其中：机关 39 人，事业 66 人；具有高级技术职务资格的 7 人，中级 19 人）。

2021 年，三门县文化和广电旅游体育局以庆祝中国共产党成立 100 周年为主线，以文旅惠民为基调，以项目建设为动力，立足于满足人民群众日益增长的美好生活需要，以实现共同富裕为目标，全面推进文旅事业高质量发展，被列入浙江省旅游业"微改造、精提升"行动试点县，创成浙江省全域旅游示范县。一是强基础，着力提高基层文化设施效能。积极改善基层文化活动环境和条件。新建 2 个和合书吧、1 个县级文化示范村、4 个数字文化广场、5 个示范村村史馆、1 个旅游驿站、33 个农村文化礼堂，新建的沙柳街道综合文化站室内装修有序推进，花桥镇、蛇蟠乡综合文化站工程开工建设。紧抓乡镇（街道）综合文化站每周 42 小时免费开放工作，完成新建文化礼堂管理员招聘工作和在职文化礼堂管理员的年度考核、公共文化场馆免费开放考核工作。三门县图书馆获浙江省首批"满意图书馆"称号，三门县文化馆通过"国家一级馆"评定，亭旁起义纪念馆获评省级"红色根脉守护团队"荣誉称号，亭旁镇文化站入选浙江省公共文化场馆服务功能拓展先行先试单位，海游街道文化站、健跳镇文化站获省级特级文化站称号，花桥镇文化站获评省级一级文化站。海游街道、海润街道涛头村被评为浙江省文化强镇、浙江省文化示范村。亭旁镇、花桥镇通过浙江省民间艺术之乡复评，三门县文化馆、三门县有为图书馆、三门大剧院、亭旁起义纪念

馆入选 2021 年度台州市首批最美公共文化空间,三门县图书馆入选台州市公共文化场馆服务功能拓展先行先试单位。二是惠民众,着力丰富文化活动内容。以庆祝建党 100 周年系列活动为主线,举办"永远跟党走"三门县庆祝中国共产党成立 100 周年晚会、"横渡之春"艺术节、4·23 全民阅读节等各类大型活动 10 余场,举办摄影作品展、老照片展、篆刻展等建党 100 年系列活动 158 场次,参与人数数十万人次,社会反响热烈。全年共计开展送戏下乡 166 场,送书下乡 2.9 万册。跨区域文化交流 5 次,开展图片巡展、培训讲座、送戏等各种形式的"四万工程"进文化礼堂活动 200 余次。三是守根脉,着力挖掘保护文化遗产。指导省保单位娄坑俞氏家庙、悬渚俞氏家庙、亭旁起义纪念馆、义丰路 160 号民居通过省文物局立项修缮。亭旁上蔡山头遗迹考古工作收尾,发现距今 4000 年、6000 年的史前遗存,为三门县的史前文化历史找到了源头,初步确定遗址年代最早为河姆渡文化晚期。开展文保单位安全巡查工作,对全县文保单位(点)进行安全隐患大排查,发现问题及时整改,确保文物安全。开展三门祭冬研究工作,"中国冬至文化"丛书的整理编撰工作有序推进;完成三门祭冬国家级传承人杨兴亚抢救性记录工作,配合编撰出版"国家级非遗代表性传承人口述史"丛书。四是搭平台,着力夯实文化队伍基础。做好乡镇文化员定向培养招生工作,完成 4 个文化员委培招生工作。实施"三员下派"工程,入选台州市第一批公共文化服务创新

项目,已建成 500 多支群众业余文化队伍,开展线上线下公共文化活动 100 余场,惠及城乡群众 10 万人次,选送作品《墨梅》获省群众舞蹈大赛一等奖;组织全县文旅业务干部、乡村文化骨干、文化特派员、农村文化礼堂管理员等培训 10 余期,切实提升了基层文旅从业人员的专业化水平。4 个文化示范户、5 名乡村文化能人入选 2021 年省级文化示范户、乡村文化能人名单;8 个文化示范户、38 名乡村文化能人入选 2021 年市级文化示范户、乡村文化能人名单。五是强规划,着力完善旅游基础设施配套。完成《三门县文化、旅游、体育发展"十四五"规划》初稿,启动《三门湾湾区旅游规划》编制工作,牵头开展蛇蟠岛"浙江十大海岛公园"规划评审有关工作,完成《"鲜甜三门"百县千碗规划》和相关体制机制建设。制订蛇蟠岛创省级旅游度假区、十大海岛公园方案及三门湾湾区发展联盟规划。协同象山县、宁海县召开了 2 市 3 县"三门湾湾区旅游高质量发展研讨会",明确湾区协同发展的工作思路。推动景区城景区镇及万村景区化建设,创成 A 级景区村 23 个、2A 级景区村 6 个、A 级景区村 18 个。截至年底,全县共创成 A 级景区村 98 个,其中 3A 级景区村 11 个,2A 级景区村 19 个,A 级景区村 68 个。狠抓文旅项目,全年文旅入库项目 62 个,其中在建项目 29 个,前期谋划 10 个,竣工 23 个,完成投资额 22 亿元,超额完成台州市分配的 8 亿元项目投资总额任务,完成率达到 275%。微改造入库项目总数 88 个,已完成 88 个,完成率 100%;绿色转

化资金已使用 5108 万元,用于 10 个乡镇 30 个项目的配套建设。六是做品牌,着力丰富旅游产品提升行业品质。设计推出养眼蓝色之旅、清肺绿色之旅、古色古香之旅、红色经典之旅等重点旅游线路。重点打响"大美湾区,鲜甜三门"文旅品牌,在杭州举办了"浙江红旗第一飘 鲜甜三门 红动浙里"2021 三门文旅(杭州)推介会,着重推介三门红色之旅、美食之旅等特色路线。深挖旅游行业文化特色,竹蓬里民宿被评为台州市第一批"书香民宿"。推进"百县千碗"工作,新建千吉莱、海逸大酒店两家省级"百县千碗"美食体验(示范)店,讲好三门特色美食文化故事,以美食文化吸引外地客流。组织开展全县品质旅行社培训,浙江蛇蟠岛旅行社成功创建省三星级品质旅行社;组织景区从业人员开展"无废城市"相关知识培训,开展景区内餐饮生活污水和公共场所空气质量检测,蛇蟠岛旅游景区达到"无废景区"标准;组织全县旅游行业垃圾分类培训,海市黄龙饭店、琴江山庄成功创建台州市生活垃圾分类样板行业单位。组织从业人员参加台州市旅游饭店服务技能大赛,2 名选手分别获全市中餐项目二等奖、西餐项目优胜奖。开展旅游行业塑料污染治理,制定《三门县文化和旅游行业塑料污染治理实施方案》。开展旅游行业文明城市创建垃圾分类检查,全年共出动检查人员 60 余人次。七是保安全,着力强化文旅市场监管。认真梳理文旅市场疫情防控工作"三张清单",厘清网吧、娱乐场所、景区景点等各场所的防疫工作任务清单、责任清单和措

施清单。及时推进疫苗紧急接种,确保各场所服务人员全员接种。落实防疫检查与问题整改,重点检查督促各经营场所落实消费者"测温＋验码＋戴口罩"准入制、实名制登记(预约)、人流控制、通风消毒等常态化防控措施,关停4家疫情防控不到位的场所。落实遏制重大事故大排查攻坚整治工作,开展2021年全县文化和旅游行业"119"消防宣传月活动,全面落实单位消防安全主体责任,全县19家网吧、38家娱乐场所均开展了逃生演练。开展"扫黄打非"各项专项行动,给予3家违法印刷企业警告处理。全年日常巡查出动检查2243人次,检查1060家次,查处违规3家次;举报(督查)受理1件;行政处罚立案调查18件,办结案件18件,警告16家次,停业整顿2家次,听证2家次。

(潘灵燕)

丽水市文化和广电旅游体育局

【概况】　内设职能处室9个,直属单位5个。2021年末人员124人(其中:局机关含文化市场综合行政执法队45人,事业79人;具有高级技术职务资格的19人,中级39人)。

2021年,丽水市文化和广电旅游体育系统在"外防输入、内防反弹"的防疫大局下,深入贯彻省委关于全面实施新时代文化浙江工程、加快打造社会主义先进文化高地的部署,以高质量发展为目标、以融合发展为主线,勇于担当、主动作为,文化、旅游发展取得新硕果。持续深化公共文化服务体系建设,"村晚联盟"项目获得第一批浙江省公共文化服务现代化先行县(领航项目)创建资格,建成并启用全国首家共建共享清廉书室,辛丑(2021)年中国仙都祭祀轩辕黄帝大典在缙云县仙都黄帝祠宇隆重举办,推动浙江省首部革命遗址保护类地方性法规《丽水市革命遗址保护条例》立法实施。高位推动全域旅游创建,8地创成全域旅游省级示范县(市、区),高质量融入长三角文旅大市场。丽水市全年接待游客2556.5万人次,同口径比2020年增长11.8%,恢复到2019年的94.5%;旅游总收入288.4亿元,同口径比2020年增长18.2%,恢复到2019年的99.3%。

一、公共文化服务

(一)公共文化服务体系建设

着眼服务效能提升,聚焦文化惠民赋能美好生活,持续深化文化惠民工程,全年开展送戏下乡1000场,送书下乡20万册。丽水市图书馆新馆运行开放,龙泉市入选第一批浙江省公共文化服务现代化先行县创建名单,新入选省公共文化服务体系示范项目2个,浙江省文化强镇2个,浙江省文化示范村(社区)4个。

(二)文化标准化体系建设

深入推进公共文化服务标准化建设,发布《乡村春晚建设规范》《城区公共文化场馆美化建设规范》《数字文化馆建设与服务规范》等市级地方标准,其中《乡村春晚建设规范》成为全国首个乡村春晚建设市级地方标准。

(三)文化品牌建设

深入推进乡村"春晚"变"村晚","乡村春晚"被写入国家"十四五"公共文化服务体系建设规划,"村晚联盟"项目获得第一批浙江省公共文化服务现代化先行县(领航项目)创建资格。2021年全国乡村春晚线上优秀节目展播通过新华网、央视频、中新社等国家级媒体直播,并在腾讯网、新浪网等平台播放,观看总流量超过700万人次。评选出丽水市乡村公共文化服务供给侧创新十大案例。9个标识入选首批浙江文化标识培育项目名单,缙云黄帝文化入选第二批浙江省示范级文化和旅游IP名单。

二、文艺精品创作

(一)文艺精品创作

全市精心组织创作原创歌曲30首,原创舞蹈22个,原创戏剧曲艺作品28件。曲艺作品《三担米》荣获浙江省第十一届群众曲艺大赛银奖,戏剧作品《我们》荣获浙江省第三十二届群众戏剧小品大赛银奖,《乳娘》《大山的脉搏》《神笔马良》荣获2021年浙江省中小学生艺术节一等奖。丽水市在浙江省第九届群众声乐大赛中斩获3金1银,在浙江省第七届群星视觉艺术综合大展中斩获1金1银,现代小戏《网红桥》荣获"中华颂"第12届全国小戏小品展演小戏类最佳剧目和最佳人气节目。潘立峰畲族音乐创作导师工作室入选省首批文旅导师工作室。

(二)献礼建党百年主题作品创作

切实增强建党100周年主题文艺创作的使命感、责任感、紧迫感,共创作文艺精品121件,举办庆典活动696场。高标准举办"再唱山歌给党听"——丽水市庆祝中国共产党成立100周年大型文艺歌会。戏曲(松阳高腔)电视剧《红色浙西南》首映,并在中央电视台和全国各地100家电视台联播,红色革命婺剧《括苍山下》完成创作排演并首演。剧目《畲山黎明》荣获第六届全国少数民族文艺会演优秀剧目奖,剧中4位主演荣获艺术表演奖。

三、文物保护与非物质文化遗产保护

（一）浙西南革命文物保护利用

积极推动浙江省首部革命遗址保护类地方性法规《丽水市革命遗址保护条例》立法，于10月1日正式施行。编制《浙西南革命文物保护利用规划》，谋划打造九大特色保护利用片区，全市共59处不可移动革命文物、56件（套）可移动革命文物入选浙江省第一批革命文物名录。评选发布"蔡鸿猷绝笔诗"等馆藏革命文物类"金名片"10个，丽水中共浙江省机关旧址等革命遗址类"金名片"12个，浙西南革命文物保护利用的"丽水经验"在省级层面推广。

（二）旧城改造文物保护

加强历史文化街区有机更新和城中村改造区块文物保护与监管指导工作，完成21栋文物建筑产权置换，组织完成丽水饭店区块城墙遗址保护展示方案设计，完成青林村门楼保护迁移工程。大窑龙泉窑遗址入选国家文物局《大遗址保护利用"十四五"专项规划》。完成《处州廊桥保护利用规划》编制并经省政府批复同意，开展全市廊桥隐患调查与治理，共排摸廊桥262座，实施了国保龙济桥、省保宏济桥、市县保黄洋护龙桥等系列廊桥保护修缮工程。编制发布《丽水市全域传统村落暨老屋保护与发展规划》。云和梅源梯田和松阳邮电局旧址获评浙江省第三届不可移动文物保护利用优秀案例。开展消防安全、白蚁防治、古井资源普查等联合专项行动、文物安全大排查大整治大提升行动。

（三）博物馆体系建设

全面完成丽水市博物馆馆藏文物预防性保护项目建设，扩大博物馆公共服务覆盖面。推进博物馆"微改造、精提升"，龙泉市博物馆入选旅游业"微改造、精提升"省级试点名单。景宁畲族自治县畲族博物馆入围浙江十佳影响力博物馆。

（四）非遗保护传承体系

围绕"多彩非遗·美好生活"主题，扩大非遗影响力，促进非遗传承的可持续发展。畲族彩带编织技艺、梅源芒种开犁节、缙云烧饼制作技艺入选第五批国家级非遗代表性项目名录。27人入选第六批浙江省非遗代表性传承人名单，总数居全省第二。8个项目入选第三批浙江省优秀非遗旅游商品名单。

（五）非遗展示展演

以线下和线上方式开展丰富多彩的非遗展示展演活动，开展以"人民的非遗 人民共享"为主题的"文化和自然遗产日"系列活动，举办以"诗路丽水·惠享生活"为主题的2021瓯江山水诗路"非遗购物节·文旅消费季"大型沉浸式体验活动，并开展丽水市"多彩非遗乡村四季行"活动。进行缙云剪纸、松阳古法造纸的网络直播教学，联合淘宝、拼多多、京东、东家、抖音等多家网络直播销售平台，引导非遗企业、非遗传承人积极入驻平台，拓宽销售渠道。组织丽水提线木偶戏、陈十四传说等项目走进养老院、幼儿园，处州板龙进校园等一系列展示展演活动。

四、文化旅游市场管理

（一）文旅市场疫情防控和惠企行动

严格落实防控措施，做到"两手硬、两手赢"。制定《丽水市文化和广电旅游体育局疫情防控应急预案》，应运"互联网＋督查"、"四不两直"暗访等手段，全面抓好文化和旅游室内场所和旅行社组织旅游团队的疫情防控工作。推出留丽过年市外员工"暖心游"，2月1—28日，可在全市政府性投资国有A级旅游景区免门票游览。印发《丽水市文化和广电旅游体育局关于市区旅游饭店留丽过年、在岗员工惠企政策的通知》，累计发放市区旅游饭店在岗员工补贴111.832万元。

（二）市场管理

组织开展文化市场、旅游领域、娱乐场所等专项检查行动及"扫黄打非"等系列专项行动，持续推动全市文化、旅游、广电、体育、电影、文物、出版七大领域执法业务融合发展，建立丽水市文化市场和交通运输联合执法工作机制。全年出动日常巡查10404人次，检查经营场所4554家次，受理举报（督查）线索7件，行政处罚立案调查108件。已办结案件111件，其中含重大案件2件，罚款273400元，停业整顿1家次，吊销许可证1家次，没收非法所得9252.66元。

（三）行业发展

新获评浙江省品质饭店5家、国家绿色旅游饭店2家、浙江省特色文化主题饭店金鼎级1家；缙云县中维香溢大酒店入选文化和旅游部《星级饭店管理与服务典型案例汇编》。新入围2021年度国家乡村文化和旅游能人2人，新增2个省级文旅导师工作室。通过线下培训结合线上展示，新培育"终身金牌导游"2人，短视频大赛共征集到来自7

个国家的 665 件作品,有力促进导游队伍建设。

五、全域旅游与旅游资源开发

(一)全域旅游创建

积极开展全域旅游创建工作,莲都、龙泉、青田、景宁创成第二批省级全域旅游示范县(市、区),云和成为第四批省级全域旅游示范县拟命名单位,丽水累计8 地创成全域旅游省级示范县(市、区),创建数量位居全省前列。新增浙江省采摘旅游体验基地 7 家、省中医药文化养生旅游示范基地 1 家、省工业旅游示范基地 1 家、省运动休闲旅游示范基地 1 家、省运动休闲旅游优秀项目 2 个。开展"百县千碗"示范创建,获评省"百县千碗"特色美食体验(示范)店 25 家(数量列全省第三)、美食街区 1 条,新培育示范街区 1 条(云和采真里)。举行"红动浙江 献礼百年"活动首发仪式暨浙西南革命根据地(丽水)红色旅游季启动仪式,打响"红色浙西南,绿色新丽水"区域品牌,推出沉浸式体验的红色研学线路"烽火浙西南三部曲",研学旅行"丽水模式"入选 2021 全国研学旅行十大案例。

(二)文旅项目招引

全市共有在建文旅项目 282个,完成文旅投资 314.28 亿元,同比增长 12.79%,完成省里下达年度任务指标的 157.14%。编制完成《丽水市文化和旅游发展"十四五"规划》和《丽水瓯江山水诗路文化旅游规划》,出台《〈丽水市人民政府关于推动生态旅游业高质量发展的若干意见〉实施细则(试行)》。丽水市列入浙江省"四十百千"文化和旅游重大项目 66 个,总投资约 896 亿元。列

入"四条诗路"项目 38 个,总投资约 798 亿元;百张文旅"金名片"18 个,总投资约 479 亿元;千亿投资项目 30 个,总投资 511.36亿元。全市共签约文旅项目 44个,总签约额 458.15 亿元。其中,签订意向、框架协议项目 28个,总投资 351.25 亿元;签订正式协议项目 10 个,项目总投资49.88 亿元。

(三)"微改造、精提升"行动

丽水市入选全省旅游业"微改造、精提升"行动试点市(全省仅 2 个),印发《丽水市旅游业"微改造、精提升"五年行动方案(2021—2025 年)》,全年完成 200个微改造示范点改造,其中完成瓯江山水诗路沿线微改造试点建设 10 个,完成微改造项目总数达941 个,当年计划投资 20.27 亿元,实际完成投资 20.36 亿元,投资完成率 100.5%。积极推进民宿微改造工作,共有石门隐墅民宿、凡己民宿、绿湾原舍民宿等 9家民宿列入省、市微改造试点单位,成功创建国家级甲级民宿 1家、省级金宿 5 家、银宿 17 家,文化(非遗)民宿 5 家。

(四)高等级景区(旅游度假区)创建

指导推进龙泉住龙创成国家4A 级旅游景区,成为全市首个红色旅游主题 4A 级景区,新评定国家 3A 级旅游景区 4 家。缙云县创成省 4A 级景区城;云和县、庆元县创成省 3A 级景区城;新创成 A 级景区镇 47 家。松阳县安民乡安岱后村入选第五批省级红色旅游教育基地。云和赤石乡赤石村入选第三批全国乡村旅游重点村,创成 A 级景区村 238 家。

六、旅游宣传促销

(一)数字文旅建设

全面推进数字化改革"一号工程","文化丽水"被列为浙江省数字政府系统特色跑道。推出全国首个自驾游公共服务协同应用场景"丽水山路"自驾游公共服务协同应用项目,并入选全省文化和旅游数字化改革试点。

(二)云上宣传

通过"上海旅游直播间"进行在线直播,向上海市民游客推介和讲解丽水"红绿融合"的旅游资源产品和线路,举办"丽水文旅直播季",开设"丽水在直播"抖音专场,鼓励本地文旅从业者"带货"丽水景区、酒店、民宿、美食等,开启丽水短视频营销新时代。

(三)长三角系列营销

进一步融入长三角一体化大局,丽水作为浙江省的代表城市参加"东进之路"长三角红色旅游主题活动,在线推介展示丽水"红绿"融合特色旅游产品和线路,开展黄浦—丽水"信游长三角"活动和"99 玩一城"升级版长三角购物节惠民市集活动,"秀山丽水"号花车亮相上海旅游节。开展"秀山丽水 诗画田园"高铁冠名大编组列车,参加 2021 上海旅游产业博览会、第十七届海峡旅游博览会暨 2021 第七届中国(厦门)国际休闲旅游博览会、第 16届中国义乌文化和旅游产品交易博览会、2021 海丝之路(中国·宁波)文化和旅游博览会线上展、2021 中国—东盟博览会旅游展等活动,进行丽水"红+绿"融合宣传,拓展长三角、海西等丽水主客源市场。

(四)精品线路

精心设计推出"秀山丽水"10

条精品旅游线路，诗路精品旅游线路 3 条、摄影主题线路 5 条、"一起跨越最美山城·山区 26 县"自驾线路 2 条。9 条精品线路入围 2021 年休闲农业和乡村旅游精品线路。浙西南革命根据地旧址群入选全国建党百年红色旅游百条精品线路，"红色信仰、真理味道"线路入选长三角红色旅游精品线路。

【大事记】

1 月

6 日至 7 日　省政协主席葛慧君到丽水调研，在莲都区大港头镇实地考察了景区智能化信息系统。

8 日　松阳高腔传承发展有限公司正式揭牌成立，是该县国家级非遗项目首个市场化运营主体，非遗传承发展由原先政府单方面主导转变为政府和市场双向协同共进。

15 日　云和县重大文旅产业招商项目——云和湖生态康养小镇项目签约。

19 日　全省首批 15 个示范级文化和旅游 IP 名单公布，缙云烧饼入选。

20 日　莲都古堰画乡上榜 2020 年度文旅场景类总榜，获评 2020 年度最佳乡村目的地振兴示范区。

27 日至 29 日　以"欢乐过大年，迈向新征程——我们的小康生活"为主题的遂昌县"乡村春晚"暨全国"村晚"示范展示活动在汤显祖大剧院完成录制，于 2 月 4 日在中央电视台农业频道和央视频首播。该活动在全国选取了 15 个县（市、区）展示点，遂昌县是全省唯一。

31 日　遂昌县王村口镇以"红色引擎"驱动"两山"发展入围"美丽浙江绿色发展十佳示范案例"。

2 月

1 日　推出留丽过年市外员工"暖心游"，2 月 1—28 日可在全市政府性投资国有 A 级旅游景区免门票游览。

2 日　省文化和旅游厅公布全省文化和旅游系统 2020 年度优秀调研成果，《创新建管用机制　助力乡村振兴——松阳建设全县域生态博物馆群的实践与探索》被评为优秀调研报告。

4 日　省文化和旅游厅党组成员、二级巡视员朱海闵带队到青田开展节前文旅市场安全检查。

10 日　2021 全国乡村春晚"百县万村"区域网络联动优秀节目展播在丽水电视台新闻综合频道推出，并在新华网、人民网、央视频、浙江在线等媒体同步推出。节目以"欢乐过大年　迈向新征程——我们的小康生活"为主题，通过乡村春晚代言人"斗"春晚展演形式呈现，展示了丽水各地年俗年味、文旅融合成果及优秀乡村春晚节目，观看总流量突破 562 万人次。

20 日　莲都区创建省级旅游"微改造"试点动员会在古堰画乡举行。

3 月

5 日　与浙江工商大学旅游与城乡规划学院签署全面合作协议，双方将在课题研究、决策咨询、人才培养、产业服务和学术交流等方面开展全面合作。

同日　省文化和旅游厅党组成员、二级巡视员朱海闵赴莲都

区开展春节期间文化和旅游假日市场工作和疫情防控工作督查。

11 日　省委组织部、省财政厅印发《关于开展百个红色美丽村庄建设工作的通知》，龙泉市宝溪乡溪头村、云和县石塘镇小顺村、遂昌县王村口镇桥西村入选中央试点村；莲都区雅溪镇岱后村、龙泉市住龙镇住溪村、青田县祯旺乡吴畲村等 8 个村入选省级建设村。

16 日　《丽水市旅游业"微改造、精提升"五年行动方案（2021—2025 年）》出台。

19 日　在市文化馆召开局系统党史学习教育动员部署会。

20 日　省财政厅下达 2021 年诗路文化带建设资金，丽水市获 7432 万元，位列全省第二。

30 日至 4 月 1 日　2021 年全省文化和旅游资源开发培训班在丽水举行。

31 日　"秀山丽水　诗画田园"高铁冠名列车在上海虹桥站发车，驶向北京，向全国递出了一张靓丽的旅游城市名片。

4 月

5 日　遂昌在"班春劝农"重要传承基地石练镇淤溪村建成全省首个二十四节气主题图书馆。

6 日　省美丽城镇办印发《关于做好 2021 年度全省美丽城镇建设样板创建工作的通知》，丽水市 15 地入选，其中文旅特色型 5 个，分别是莲都区老竹镇、龙泉市住龙镇、云和县石塘镇、遂昌县高坪乡和湖山乡。

16 日　市发改委、市委宣传部、市文旅局联合发布《丽水市全域传统村落暨老屋保护与发展规划》。

同日　"红动浙江　献礼百

年"活动首发仪式暨浙西南革命根据地(丽水)红色旅游季启动仪式在丽举行。

19日　丽水市建成并启用全国首家"共建共享清廉书室"。

20日　丽水市松阴溪(含莲都古堰)入选全省首批"大花园耀眼明珠"名单。

同日　仙都景区、云和梯田、古堰画乡景区入选全省42家千万级核心大景区培育名单。

21日　松阳县象溪镇象溪村被评为千年古村落地名文化遗产。

同日　松阳县入围浙江文旅融合高质量发展十佳县(市、区);缙云仙都景区入围浙江十大数智景区;遂昌县红星坪温泉度假村入围浙江十佳度假型酒店;松阳卓庐若家民宿入围浙江十佳文化遗产民宿;遂昌厨娘·牡丹亭、缙云烧饼总部入围"诗画浙江·百县千碗"特色体验店;景宁畲族自治县畲族博物馆入围浙江十佳影响力博物馆。

24日　缙云县被授予"中国运动旅游休闲目的地"称号。

5月

10日　全省旅游业"微改造、精提升"行动试点市、县(市、区)和单项试点单位名单公布,丽水市成为全省2个试点市之一。

同日　省农业农村厅、省文化和旅游厅联合公布2021年休闲农业和乡村旅游精品线路100条,丽水市共有9条线路入围。

同日　全省公共文化场馆服务功能拓展先行先试单位名单公布,丽水市13家公共场馆入选。

19日　丽水市与上海市黄浦区在上海新世界城联合举办黄浦—丽水"信游长三角"启动仪式,黄浦—丽水"信游长三角"首批服务商家授牌。

21日　丽水市发改委、市文旅局印发《丽水瓯江山水诗路文化旅游规划(2021—2035年)》。

24日　丽水市3个项目入选第五批国家级非物质文化遗产代表性项目名录,分别是彩带编织技艺(畲族彩带编织技艺)、传统面食制作技艺(缙云烧饼制作技艺)、农历二十四节气(梅源芒种开犁节)。

27日至28日　浙江省文化和旅游厅党组成员、副厅长、一级巡视员许澎带队赴莲都区、松阳县开展安全生产工作专项督查。

31日　文化和旅游部、中央宣传部、中央党史和文献研究院、国家发改委联合推出100条建党百年红色旅游百条精品线路,丽水市浙西南革命根据地旧址群在内的"水乡抗战·红色浙江"精品线路入选"重温红色历史、传承奋斗精神"主题线路。

6月

7日　浙江省文化和旅游数字化改革试点项目名单公布,全省共31个项目入选,"丽水山路"自驾游公共服务协同应用项目名列其中。

16日　第三批浙江省优秀非遗商品名单公布,丽水市8项商品名列其中,

18日　"再唱山歌给党听"——丽水市庆祝中国共产党成立100周年大型文艺歌会在丽水大剧院举行。

23日　"云北仙宫18号"新能源船舶在云和湖完成航行试验,是全省首艘全铝合金锂电池新能源船舶。

25日　全省第三届不可移动文物保护利用优秀案例和入围名单公布,松阳县邮电局旧址保护利用案例、云和梅源梯田保护利用案例入选优秀案例,松阳"思廉堂"民居保护利用案例、云和黄绍竑公馆保护利用案例入选优秀案例入围名单。

同日　与浙江华数广电网络股份有限公司签订《瓯江山水诗路数智文旅战略合作框架协议》。

7月

2日　第四批浙江省公共文化服务体系示范区(项目)名单公布,景宁县"文化物流"项目、缙云县"戏剧上山下乡"工程入选省公共文化服务体系示范项目名单。

7日至8日　2021浙江丽水·遂昌/缙云/云和/景宁文化旅游(山东)联合推广周活动先后走进济南、青岛。

14日　遂昌、缙云、龙泉跻身2021年全国县域旅游综合实力百强县。

17日　浙江省首家外销瓷专题类博物馆丽水市海归外销瓷博物馆正式开馆。

20日　省文化和旅游厅、省农业农村厅联合发文公布第一批民宿(农家乐)助力乡村振兴改革试点评估结果,松阳县四都乡民宿改革试点通过评估。

22日至24日　由松阳县人民政府、上海景域驴妈妈集团联合主办,松阳县农业农村局承办的首届中国乡宿产业发展大会暨松阳民宿招商推介会在松阳召开。

23日　省文化和旅游厅一级巡视员柳河在丽水调研指导旅游业"微改造、精提升"行动试点工作。

27日　市市场监管局公告发布市地方标准《乡村春晚建设

规范》（DB3311/T 179—2021），是全国首个乡村春晚建设市级地方标准，于8月21日起实施。该标准主要由丽水市文旅局起草。

同日　"赋能共同富裕　添彩重要窗口"丽水文旅融合发展专题研修班在上海交通大学开班。

29日　市发改委、市财政局、市文旅局联合印发《丽水市本级瓯江山水诗路文化带建设资金管理实施细则》。

30日　浙江省十三届人大常委会第三十次会议批准通过《丽水市革命遗址保护条例》，是全省首部革命遗址保护类地方性法规，于10月1日起正式施行。

8月

1日至3日　省文化和旅游厅党组书记、厅长褚子育到青田、龙泉调研"微改造、精提升"、文物保护、文旅融合高质量助推共同富裕情况。

2日至3日　2021年全省年中文化和旅游局长座谈会在丽水举行。

10日　丽水市文物局揭牌仪式举行，市文旅局正式加挂市文物局牌子。

11日　省文化和旅游厅、省教育厅、省妇联联合推出"薪火相传跟党走——百万亲子家庭寻访红色根脉活动"，发布了52个"红色根脉"打卡地，丽水市5地入选。

18日　文化和旅游部发布《星级饭店管理与服务典型案例汇编》，缙云县中维香溢大酒店"精益管理推动企业可持续发展"案例入选。

23日　2021年度浙江省民间文化艺术之乡名单公布，丽水市9个县、乡（10个项目）通过复核。

25日　文化和旅游部、国家

发改委公布第三批全国乡村旅游重点村和第一批全国乡村旅游重点镇（乡）名单，云和县赤石乡赤石村入选。

31日　云和县东山头东晋墓葬群抢救性发掘完成，共发现7座东晋古墓遗迹，出土青铜镜、青铜印章、瓷器等器物或标本32件。

9月

6日　省文化和旅游厅发布2021年度省级文化示范户和乡村文化能人名单，丽水市洪丽梅等22户家庭获评省级文化示范户，刘小芬等72人获评乡村文化能人。

14日至15日　副市长卢彩柳带队赴青田县、缙云县指导旅游业"微改造、精提升"工作。

24日　在国家民委、文化和旅游部、广电总局、中央广电总台和北京市人民政府共同主办的第六届全国少数民族文艺会演圆梦奖颁奖晚会上，由景宁畲族自治县和浙江演艺集团（浙江歌舞剧院）携手打造的省地合作典范项目——大型原创民族歌剧《畲山黎明》荣获优秀剧目奖，剧中郑培钦、薛雷、陈盼盼、满添等4名主要演员荣获艺术表演奖。

29日　省体育局、省文化和旅游厅联合公布2021年度浙江省运动休闲旅游示范基地、精品线路和优秀项目名单，缙云县黄龙景区入选示范基地名单，缙云县三溪乡漂流、壶镇镇卡丁车获评优秀项目。

30日　省旅游协会、省文化和旅游标准化技术委员会公布首批浙江省采摘旅游体验基地名单，丽水市7个基地入选，其中缙云县黄龙生态农业特色庄园获评3A级基地。

10月

11日　省委宣传部公布浙江省农村文化礼堂建设示范县（市、区）、示范乡镇（街道）名单，莲都区入选示范县（市、区），莲都区仙渡乡、龙泉市查田镇、青田县仁庄镇等9个乡镇（街道）入选示范乡镇（街道）名单。

14日　辛丑（2021）年中国仙都祭祀轩辕黄帝大典在缙云县仙都黄帝祠宇隆重举办。《浙江日报》给予整版报道。

20日　"2021世界旅游联盟研究成果"新闻发布会在北京举行。会上发布了《2021世界旅游联盟——旅游助力乡村振兴案例》，"浙江丽水市景宁畲族自治县大均乡：文旅融合绽放'五朵畲花'"案例入选，全省仅2个案例入选。

22日　省文化和旅游厅主办的长三角红色文化旅游宣传推广活动，在丽水浙西南革命根据地纪念馆广场举行启动仪式。活动现场还进行了处州游学品牌及浙西南红色研学线路的发布。

26日　省文化和旅游厅公布数字化平台建设试点县名单，遂昌县、景宁县入选。

11月

1日至4日　全省文化市场综合行政执法负责人培训班在丽水举行。

2日　"2021中国县域旅游综合竞争力百强县市"名单公布，缙云县、龙泉市、遂昌县入围。

3日　省政府发文命名第二批浙江省全域旅游示范县（市、区），莲都区、龙泉市、青田县、景宁县等4个县（市、区）被命名。

8日　由丽水市文旅局、教

育、农业农村局、人社局、团市委5部门及丽水职业技术学院、浙江深海文旅集团共建并探索打造的"丽水模式",作为"政校企协同共建 多措并举精准施策"的体制机制创新模式典型案例,入选2021全国研学旅行十大案例。

10日 第二届"浙宿好礼"乡村民宿伴手礼大赛评选结果揭晓,丽水选送的8件作品获奖,丽水市文旅局获组织奖。

17日 第二批浙江省戏曲之乡名单公布,松阳县玉岩镇(松阳高腔)、景宁县英川镇(菇民戏、木偶戏)入选。

同日 由中国摄影家协会和丽水市人民政府共同主办的第四届国际摄影研讨会暨2021丽水摄影节开幕式在丽水大剧院举行。

18日 丽水举办"丽水在直播"文旅直播季"丽水逍遥游"全民导游短视频大赛成果发布活动。

同日 国家文物局印发《大遗址保护利用"十四五"专项规划》,丽水市大窑龙泉窑遗址位列其中。

同日 人力资源社会保障部、文化和旅游部印发《关于表彰全国文化和旅游系统先进集体、先进工作者和劳动模范的决定》,龙泉市文化和广电旅游体育局被授予"全国文化和旅游系统先进集体"称号,项莉芳、钟毓英2名同志被授予"全国文化和旅游系统先进工作者"称号,周玮哲同志被授予"全国文化和旅游系统劳动模范"称号。

22日 第六批浙江省非物质文化遗产代表性传承人名单公布,丽水市27人入选,入选总量与杭州市并列全省第二。

23日 丽水市景宁如隐小佐居入选全国首批甲级旅游民宿名单,全省共2家入选。

29日 省政府批复同意《全国重点文物保护单位处州廊桥保护规划》。

12月

7日 浙江省第五批省级红色旅游教育基地名单公布,松阳县安岱后入选。

16至17日 由丽水市文化和广电旅游体育局、丽水市人力资源和社会保障局、丽水市全域旅游发展中心共同举办的第六届金牌导游大赛开赛。

21日 第二届浙江省"最美浙江人·最美文旅人"名单发布,龙泉博物馆馆长吴明俊榜上有名。

22日 丽水华东药用植物园等12家单位被认定为2021年浙江省中医药文化养生旅游示范基地。

24日 龙泉市入选浙江省公共文化服务现代化先行县创建对象名单。

28日 "万年处州——瓯江史前先民的家园"跨年大展开幕式在丽水市博物馆举行。

同日 省文化和旅游厅、省商务厅联合公布第三批"诗画浙江·百县千碗"省级美食体验(示范)店名单,莲都区新戴记餐厅、青田县北海人家、遂昌县田木厝、松阳县文里家宴等25家丽水餐厅入选。

是月 省文化和旅游厅发布了首批12个"浙江省文化和旅游促进共同富裕最佳实践案例",松阳县入选。

(何俊华、孙 楠)

丽水市县(市、区)文化和旅游工作概况

【莲都区文化和广电旅游体育局】内设职能科室5个,下属单位6个,乡镇(街道)文广旅体中心站6个。2021年末人员127人(其中:机关9人,事业118人;具有高级技术职务资格的9人,中级51人)。

2021年,莲都区文化和广电旅游体育局守土有责、守土担责、守土尽责,不断丰富产品供给,助推全域旅游建设,有效开展全区文化旅游各项工作。一是立足服务提质,基础设施建设稳中有优。完成1个莲城书房、4个图书馆分馆建设。莲都区文化馆再次被评定为国家一级馆,莲都区图书馆获评省第一批"满意图书馆","爱心书屋"入选丽水乡村公共文化服务供给侧创新十大案例。3个文化强镇(街道)、11个文化示范村通过省级复评,莲都区图书馆单读主题分馆获评丽水"最美阅读空间"、莲都区图书馆下南山特色分馆、驻·85民宿书吧获评丽水"最具特色阅读空间"。堰头村文化礼堂成为省公共文化场馆服务功能拓展先行先试单位。二是立足市场提振,文旅市场复苏稳中有进。兑现《2021莲都区旅游团队招徕奖励办法》扶持政策,全年共发放补助60余万元;开展文旅营销推广活动30余场、推出短视频宣传100余条、组织策划"五个百"系列活动,其中"百位达人播莲都"活动全网综合关注量达到1.7亿次;莲都入选长三角高铁旅游小城,新戴记餐厅、新兴餐馆入选第三批"诗画浙江·百

县千碗"美食体验（示范）店名单，国庆期间，水牛坪、白云山、天堂山等露营地共吸引自驾游客约6.5万人次。三是立足项目提速，文旅产业发展稳中有新。坚持项目"谋划、招商、建设"三位一体，推出重点谋划项目3个、重点招商项目10个，着力推进郎奇白桥康养小镇、石牛温泉、梦里水乡·欢乐谷等重点项目建设，全年完成投资7.01亿元。以创建促进产业发展，顺利通过省级全域旅游示范县（市、区）复核评估，莲都区入选第二批浙江省全域旅游示范县（市、区），创建提升A级景区村庄17个，A级旅游景区乡镇4个，创成市级巾帼示范民宿16家，入选市级最美民宿女主人的18家，申报2021年文化和旅游领域新锐型企业3家。四是立足监管提效，文旅综合治理稳中有为。全年共出动执法检查2566人次，检查经营场所1195家次，收缴非法出版物89册，行政处罚案件11件，办结11件，共计罚没款37500元；办理行政审批132件，清理"僵尸企业"18家。对全区校外培训机构进行摸排，完成摸底建档；对疫情防控落实不到位或措施不力的行业企业采取责令整改、通报警告、暂时关停等措施，全年约谈2家，警告1家，责令整改8家，暂停营业11家。五是立足传统提优，文化活态传承稳中有力。文艺创作有精品，围绕中国共产党建党100周年，创作各类文艺作品46件，获得国家级奖项3件，省级奖项22件，市级奖项13件，区级奖项21件，其中音乐作品《村支书的日记》《荷韵江南》，油画作品《红色人家》反

响热烈。举办"堰遇千年　画里跨年"双龙庙会、"非遗小景　传统文化"民俗踩街、"非遗赋彩献礼百年"2021年莲都区优秀传统文化节目展演等活动。实施"文化基因解码工程"，完成20条重点文化元素梳理、150条文化元素普查，《莲都区文化基因解码工程报告》通过省级评审。省保浙江铁工厂旧址、区保中共丽水县委旧址入选浙江省第一批不可移动革命文物名录，浙江铁工厂旧址获评丽水市浙西南革命文物"金名片"，三岩寺红军洞遗址、太平特约战时经济建设实验区旧址入选浙西南革命文物"金名片"提名名单。

（姚慧、郑悦）

【龙泉市文化和广电旅游体育局】内设职能科室6个，下属单位8个。2021年末人员87人（其中：机关26人，事业61人；具有高级技术职务资格的6人，中级24人）。

2021年，龙泉市文化和广电旅游体育局以开启"十四五"奋进新征程为重点，坚定实施"文旅兴市"发展战略，奋力推动文化旅游跨越式高质量发展，促进文旅融合不断深化，产品开发日趋丰富，文旅市场繁荣有序，文化惠民成效显著，荣获全国文化和旅游系统先进集体、全国县域旅游综合实力百强县、省级全域旅游示范县。龙泉市全年旅游总人数322.4万人次，同比增长9.0%；旅游总收入36.5亿元，同比增长14.5%。一是推动文旅融合发展。坚定文旅高质量发展理念，成立旅游专班，高规格召开全市文化旅游高质量发展暨5A景区城创建动员

大会，凝聚全市力量系统推进省5A级景区城创建、旅游业"微改造、精提升"行动、"百千万"工程等重点工作。围绕"月月有活动，活动有主题"，举办"天下龙泉——龙泉青瓷、宝剑传承与创新展"上海巡回展、"万象更新——浙江省油画作品邀请展"、故宫藏刀剑文物展等14场大型展览，推出《宋·龙泉窑青釉菊瓣纹盘邮票》首发暨庆祝中国共产党成立100周年·2021浙江省集邮展览活动、"献礼建党百年·我为龙泉代言"短视频大赛等建党百年主题活动300余场，举办乡村文化漫游节30场、"不灭窑火"龙泉青瓷传统龙窑烧制技艺活动18场。深化与中外文化交流中心的合作，制定《龙泉市国际传播与交流合作实施方案》，启动国际传播与交流合作三年行动，在新加坡、罗马尼亚布加勒斯特中国文化中心设立龙泉青瓷展示角，开展"听瓷语·观世界"——探秘龙泉青瓷春节线上互动体验展活动，海内外网友在线互动观看109.3万人次。二是持续丰富产品开发。加强文旅品牌创建，积极开展"百千万"工程，指导住龙景区创成国家4A级景区，查田镇、兰巨乡、八都镇创成省3A级景区镇，兰巨乡官浦垟村创成省3A级景区村，浙江双益菇业有限公司创成浙江省工业旅游示范基地。打响"天下龙泉"品牌，推出2022故宫《天下龙泉日历》，打造"天下龙泉·风华宋韵"沉浸式演出项目，营造身临其境的宋韵文化互动体验场景。推进文旅项目建设，精心编制《龙泉市文化和旅游发展"十四五"规划》《龙泉市体育发展

"十四五"规划》,加快推进城市文化客厅、龙泉宝剑小镇等一批文旅项目建设。旅游项目全年投资额约32.8亿元,同比上升6.5%。加快文旅IP发展,完成20个重点文化基因解码工作,获省文化基因解码成果优秀等次,青瓷文化入选省首批浙江文化标识培育项目,"不灭窑火"获评省第二批示范级文化和旅游IP。三是加快文旅市场推广。精准对接主客源市场,积极融入长三角发展战略,充分发挥龙泉(上海)文化旅游推广中心作用,对接走访近170家龙商在沪创业酒店,并选取13家植入"天下龙泉"品牌及龙泉文化旅游元素。发挥龙泉驻武夷山旅游办事处"桥头堡"作用,继续加强两大国家公园互动,深化与武夷山大型旅行社的合作,持续开展"武夷山串线游"活动。加强联动营销推广,与浙江体彩中心联合推出"乐购体育彩票 畅游天下龙泉"活动,探索"体彩+旅游"营销新模式。加快推广"一剑钟情·从瓷开始"城市精品旅游线路,持续开展"一月一城"龙泉旅游推介活动,组织旅游企业赴武夷山、杭州、宁波、上海等地对接走访,并邀请当地旅游企业到龙泉踩线。携手衢宁铁路沿线城市,在福建厦门、泉州等地开展文化旅游领域交流活动。加强线上媒体宣传,通过"龙泉旅游"微信公众号和"天下龙泉"抖音官方账号,发布本地信息,介绍旅游景点,宣传特色文化,并积极策划活动提升人气。"龙泉旅游"粉丝累计超13万人,微信总阅读量达到180万次,共发布文章近2000篇,原创文章350余篇,获

浙江省县(市、区)文化和旅游局10月至11月融媒力指数第1名。四是深入推进惠民工程。提升公共服务水平,丰富公共文化服务供给,开展"文化走亲"22场,举办百姓大舞台10场,送戏下乡135场,送书下乡13471册,送展览、讲座下乡81场,引进《黎明新娘》等艺术剧目6场,建成主题图书馆1个。文化馆开展免费培训20余次,图书馆接待读者45万人次,博物馆接待游客21.32万人次。有序推进公共文化场馆"微改造",加快提升文化馆、图书馆、博物馆公共服务水平和数字化改革,图书馆利用视障电子阅览室和图书室,帮助1名视障读者考取北京联合大学中医专业硕士,成为是年浙江省唯一一名考上研究生的视障学生。龙泉市入选首批浙江省公共文化服务现代化先行县创建名单,是丽水市唯一。加快推进传统文化保护利用,设立龙泉市文物保护中心,围绕《丽水市大窑龙泉窑保护条例》,重点推进大窑龙泉窑国家考古遗址公园博物馆项目。加快推进省级龙泉青瓷文化传承生态保护区创建,完成《龙泉青瓷文化传承生态保护区规划(2021—2030)》编制。完成龙泉市第五批非物质文化遗产代表性项目和第五批非遗代表性传承人评定,宋元青瓷厂"绿水青山系列茶杯"入选省第三批优秀非遗旅游商品。五是协同优化管理服务。培育市场主体,新增易生活智慧商贸发展有限公司、龙泉市绿野仙踪有限公司、龙泉芳野文化传播有限公司和浙江万合旅游管理有限公司等4家旅行社。指导金沙温泉酒店

和将军大酒店创成浙江省银桂品质饭店,红豆林酒店创成银鼎级特色文化主题饭店。助推旅投公司做大做强,完成旅游投资发展集团改革方案编制。修订《加快旅游业发展扶持政策》,通过加大对文旅企业及新业态的奖励,激发文化旅游市场活力,不断提升文旅从业人员服务意识和能力,举办景区讲解员技巧提升培训、全市乡村旅游统计人员培训、疫情防控培训会等系列活动,共计培训12734人次。在第六届丽水市金牌导游大赛中,获评"金牌导游"3名、优秀导游3名。开展文旅系统"平安护航建党百年"安全生产工作,出动检查人员402人次,检查各类文化(文物)市场经营单位215家次(处),开展文旅市场百日攻坚行动、校园周边文化环境整治、疫情防控等专项行动10余次,办理行政处罚案件9件,收缴违法音像制品77张、非法出版物110本,清理地摊游商4处,取缔非法演出2起。兑现2020年度旅游发展扶持资金204.16万元,受理行政许可34件,办结率100%。

(龚晓懿)

【青田县文化和广电旅游体育局】内设职能科室5个,下属单位9个。2021年末人员81人(其中:公务员、参公20人,事业61人;具有高级技术职务资格的4人,中级24人)。

2021年,青田县文化和广电旅游体育局依托"侨"文化基础,以"微改造、精提升"为主要抓手,坚持项目引领、强化文化支撑、增强市场保障,聚力"双招双引",上

下一心、赶超奋进，加快打造青田时尚汇，建设东海岸艺术浪漫侨乡、文化高地，实现生态旅游跨越式发展，助力实现富民增收和共同富裕。一是公共文化事业安定繁荣。完成"青田百鸟灯舞、青田鱼灯舞、青田鼓词"等青田县"文化基因解码工程"重点文化元素的解码工作。推荐侨乡中国年、越剧振兴计划列入乡村公共文化服务供给侧创新十大案例，完成"青田石雕"浙江省民间文化艺术之乡复核申报。持续深化文化下乡工程，完成送书下乡 24123 册，送戏下乡 186 场，图书馆总馆共接待入馆读者近 30 万人次，借阅图书 27 万多册次，开展阅读推广服务活动 100 多场次，累计退还图书证押金 34 万元。举办"迎建党百年　展青田风采"迎五一、图书馆之夜、"百年辉煌　党史中的故事"宣讲活动进校园等庆祝建党 100 周年系列文化活动，举办庆祝刘基 710 周年诞辰系列活动。充分运用新媒体平台，创新活动形式和内容，推出"你选书我买单"线上线下借阅活动，举办"欢乐中国年"全民线上 7 天乐、"诵读红色经典，传承民族精神"红色诗歌展等活动，推出"红色故事绘"专题阅读，掌上数字移动图书馆点击量达到 100 多万次，电子书下载量达到 9 万多册次。结合建党百年和纪念刘基 710 周年诞辰重要节点，重点打造原创越剧《刘基还乡》并首演，创作情景剧《红色的呼唤》《红色的印记》《红色的希望》，创作以"五水共治"为主题的原创舞蹈《水的倾诉》和情景剧《爱在山水间》、以清廉文化为主题的情景剧《选择》、

原创歌曲《听见八月》《妈妈的针线篓》等。二是文化遗产保护守正创新。完成第七批青田县非遗代表性项目申报工作，6 个非遗项目入选，其中青田传统木雕技艺、青田卢家拳入选丽水市第七批非物质文化遗产代表性项目名录。林观博、施观彬、韩志琴、季海华等 4 名非遗代表性传承人入选第六批浙江省非物质文化遗产代表性传承人名单。完成两篇以刘伯温传说故事为题材的《石章寻恩》《智判牛犊》新鼓词曲本。举办"迎建党百年　展青田风采"艺术联展活动之第二届中青年青田石雕艺人技艺培训成果展。结合建党百年和纪念刘基 710 周年诞辰，举办刘基 710 周年诞辰祭祀大典、"讲刘基故事　承国遗经典——第八届青田县'少年说非遗'故事大赛"活动。建立健全县、乡镇（街道）、村（社区）3 级文物安全管理工作责任制，加强业余文物保护员队伍建设和管理，形成"保护文物、人人有责"的良好社会氛围。三是旅游融合发展蹄疾步稳。谋划启动省全域旅游示范县复核工作。夯实省全域旅游示范县创建成果，积极筹备启动国家级全域旅游示范县创建工作。协调万山乡、祯旺乡抓好"万山红""初心路"等革命传统教育线路升级改造，结合庆祝中国共产党成立 100 周年活动，于 6 月底全部完成两条线路的升级改造项目。累计编发全域旅游示范县创建周报 50 期。完成《青田县文化体育和旅游融合发展"十四五规划"》编制，出台《青田县生态旅游高质量发展助推共同富裕实施方案（2021—2025 年）》《加快推

动青田县旅游业高质量发展五年实施方案》和《青田县旅游业"微改造、精提升"五年行动方案（2021—2025 年）》，谋划政府性固定资产投资项目 7 个，前期工作计划项目 8 个，共同富裕专项融资项目 4 个，完成景区城创建、全域美、石门洞景区和中国石雕文化旅游区改造提升 4 个文旅专项债项目可研究性报告编制，完成中国石雕文化旅游区整改策划方案制定。制定《青田县旅游工作专班"双招双引"项目全生命管理清单》，重点盯引"奇云智竞云谷""温溪侨商智造""青都乐园二期"等项目。定期开展重点项目推进会，制定倒排计划表，实行晾晒机制，动态掌握项目进展。完成合同利用内资 11.8 亿元，实际利用内资 7.0128 亿元，引进大项目 3 个，分别完成年度任务的118%、175.32%、100%。完成旅游年度投资总额 23 亿元。完成"奇云智竞云谷""青田县古城墙再现与文化展示""青都乐园二期"等 9 个项目规划评审工作。积极推进东堡山文博生态城、"奇云智竞云谷"项目主路、新图书馆装修等项目建设。新创建 A 级景区村 56 个，3A 级景区村 6 个，A 级景区镇 6 个。四是市场营销宣传亮点纷呈。开展"游青田"全民线上宣传青田活动，关联话题的作品达 713 条，累计播放量达4474.8 万次。与温州电视台《乐玩路线》栏目合作宣传青田文旅，在青田传媒集团开设《陪你旅行》专题节目。3 月 20 日，举办"来青田，看世界"——百名旅行社老总来青踩线活动；4 月 12 日，组织上海的作家、画家、摄影家、旅

游达人到青田采风,并撰写文章或拍摄短视频宣传青田;5月,在温州举办青田文旅推介会暨青田杨梅上市发布会;9月,开展2021年首届星空草甸露营节;10月,举办2021首届侨乡时尚音乐会、第五届"皇菊节";11月,举办第四届华侨进口商品博览会暨青田进口葡萄酒交易会、第二届国际咖啡博览会。举办中国青田博物馆群论坛暨文旅融合发展研讨会,助力文旅融合高质量发展。成立青田县咖啡协会,通过"文化兴咖啡、人才立咖啡、品牌树咖啡、商旅促咖啡、市场拓咖啡"等举措,走"咖啡+产""咖啡+城""咖啡+文"的融合发展之路。推荐申报平斜漫栖、竹上人家等7家重要精品民宿参加省民宿等级评定。编辑出版《寻味青田》。大尖山油茶采摘基地被评为浙江省3A级采摘旅游体验基地。青田绿湾农业开发有限公司被评为浙江省A级采摘旅游体验基地。五是文旅市场管理平稳向好。开展疫情防控日常检查和部署落实,做好日常和节假日安全生产检查,落实好消防、防汛防台抗旱、娱乐场所内容监管等工作。全年共出动检查1704人次,检查出动631家次,查处违规16家次;核查市场举报12件;行政处罚立案调查17件,办结案件17件,警告7家次,罚款10400元。修订《关于进一步加快生态旅游业发展的若干意见》奖励政策。开展中青旅、旅游集散、海外风情等3家星级旅行社四星复核工作,评定1家三星级品质旅行社。做好文明旅游宣传,倡导文旅企业全面厉行节约,做好垃圾分类、

限制一次性消费用品使用、制止餐饮浪费行为等工作。成立青田县旅游行业协会,引导旅游产业协调稳固发展,整合行业资源,促进合理竞争、共同进步。开展饭店服务技能、旅行社相关法律法规、乡村统计员、安全生产培训,开展青田县导游大赛,推送优秀导游参加省、市比赛。完成"最多跑一次"改革任务,推进"放管服"、电子证照改革、证照分离改革办件量报送等工作。办理文艺表演团体变更审批16件,歌舞娱乐场所变更审批12件,互联网上网服务营业场所变更事项备案1件,游艺娱乐场所变更审批1件,互联网上网服务营业场所变更审批4件,进一步提升行政办事效能,降低办事成本。

(叶莉鳞、陈晓宁)

【云和县文化和广电旅游体育局】内设职能科室5个,下属单位6个。2021年末人员55人(其中:机关9人,事业46人;具有高级技术职务资格的5人,中级12人)。

2021年是"十四五"开局和建党百年的关键时期,云和县文化和广电旅游体育局坚持"全域5A"发展战略,以"十四五"百亿文旅项目建设为关键抓手,积极培育和壮大文旅产业新动能,文旅融合发展呈现全新局面。"双招双引"迎来"开门红",引进总投资超50亿元的云和湖生态康养小镇项目,为云和湖创建国家级旅游度假区奠定坚实基础。在2020年度浙江省公共文化服务评估排名中,云和县排名大幅提升,在山区26县中位列第十四名,居丽水市第三名,全省第五十

五名。创成省级全域旅游示范县,实现全域旅游"百千万"工程全覆盖,是全省首批、全市首个。东山头徐氏家族墓考古发掘入选2021年度浙江考古重要发现;县图书馆上榜全省首批"满意图书馆";"云和木玩"列入首批浙江文化标识培育项目。全年累计接待游客247.7万人次,同比增长15.3%;旅游收入26.8亿元,同比增长26.1%。一是坚持党建引领,知行合一献礼建党百年华诞。全面落实新时代党的建设总要求,坚持以高质量党建引领文旅产业高质量发展,以庆祝建党100周年活动为引领,全力抓好各项庆祝活动的筹备举办,把建党百年系列庆祝活动与党史学习教育相结合,打造党建示范标杆。举办"永远跟党走"大型文艺演出、"唱支歌儿给党听"红歌赛、红色经典美文朗诵、"百年同舟·华彩丹青"庆祝建党100周年暨"小县大城"战略实施20周年书画展等庆祝建党百年"七个一"系列活动。二是解码文化基因,守根铸魂绘就云和文化图谱。全面挖掘云和地域特色文化内涵,启动"文化基因解码工程",开展文化基因库建设,探索基因转化路径,为全域5A建设增添文化底蕴和魅力。重点对"农耕文化""抗战文化""童话文化"等文化形态解码。梳理农耕、女神、抗战等类型元素颗粒193项,涉及3个主类,22个亚类,67个基本类。"云和梯田""云和木玩""小顺铁工厂"被评为省"文化基因解码工程"优秀解码项目,木玩文化列入全省首批100项浙江文化标识培育项目。启动中国农耕文化活态博物馆建设。

将"农耕文化""银矿文化""畲族文化"三大文化元素通过场景还原、现场演绎、节庆活动等形式，展示云和梯田景区优秀的传统文化魅力，已完成布展方案设计。深度发掘云和"古瓯"脉络。根据前期已出土的石镞、石斧、石锛、陶爵、陶瓷等文物标本，结合白龙山街道马鞍山、沙溪区块、雾溪乡石板桥等多处新石器遗址田野考察，启动史前文明研究，梳理古瓯国文化脉络。谋划三江口区块"瓯"文化主题项目策划，着手打造沉浸式文旅体验产品。县域文物考古有重大发现。新考古发掘3处墓葬群，是云和历年来考古发掘成果最为丰硕的一年。其中，东晋墓葬群距今1686年，发掘7座古墓群，出土32件精美器物，是云和考古发掘出土文物数量最多的一次，被列入浙江2021年重要考古发掘项目；西汉墓葬1处，是当前云和及浙西南地区有明确纪年、有墓主人身份等信息的最早墓葬，经省、市专家初判，推断该墓葬距今2158年（前137—2021），跨越式拉伸云和悠久历史；唐代土坑墓1处，出土珍贵文物6件，其中"唐三彩来通杯"据资料查证及省文物考古研究所专家初判，是我国南方古墓发掘以来首次发现的完整器，对研究唐代时期云和及浙江地区的文化、经济、丝绸之路具有重要价值。三是突出项目带动，文旅产业发展后劲不断增强。坚持把重点项目建设作为落实文旅第一战略性支柱产业的主抓手，着力发挥重点项目支撑引领和示范带动作用。全年牵头在建重点项目7个，实现项目投资3.91亿元，完成年度投资计划

的113％。聚力规划引领。完成《云和县文化、旅游和体育"十四五"发展规划》《白鹤尖旅游景区总体规划》《云和县龙门片区乡村旅游发展规划》《灵漈山4A级景区总体规划》等编制工作。优化完善《云和县三江口片区旅游开发概念性规划》《云和湖原"马尔代夫"生态景观改造方案设计》等。启动"科创绿谷"规划前期工作。聚力项目建设。梯田区块一级游客接待中心接待大厅投入使用，主题酒店装饰装修完成60％，亲子酒店完成内部墙体砌筑；二级旅游中心、摄影基地完成土地出让指标确认，生态红线调整对接工作有序推进；综合管网工程基本完工，太空舱体验项目、玻璃观景台等项目基本完工，完成梅竹网红游艺设施、滑雪场方案设计；黄家畲精品民宿一期工程投入运营。湖上区块云缦康养度假区项目酒店样板房完成装修，一期动工建设；云和东旅游集散服务中心一期主体工程完工，开展二期前期工作；云和湖聚仙岛旅游综合体一期城堡酒店投入试运营；燕庐文化创作基地项目完成施工图审；局村乡村酒店完成方案编制；醉月楼项目基础部分完工。县城区块养生文化村项目养生公寓主体工程完工，室外附属工程完成50％；嘉瑞温泉度假村土方开挖有序推进；佛儿岩景区游客中心启动装饰装修，游步道改线工程完成选线设计。聚力招商引资。抢抓"双招双引"发展机遇，签订云和湖生态康养小镇项目并开工建设，总投资50亿元。充分发挥"山海协作"、云和驻外招商局、异地商会等资源优势，积

极与复兴旅文、红树林、蓝城集团等投资公司对接三江口区块整体招商；加快打造梯田标志性网红点，引进梯田滑雪场、梅九区块游艺设施项目；与河南春献旅游资源开发有限公司签约佛儿岩景区项目投资框架协议，协议总投资不低于2亿元，计划建设木栈道、小火车、空中飞船、滑索等户外产品项目不少于15个。四是聚焦相融相合，公共文旅服务效能稳步提升。以"微改造、精提升""数字化改革"等工作为抓手，强化文旅深度、智慧化融合，推进文旅高品质提升、高质量发展。以提升"家门口"公共文化设施为核心，不断提升服务效能。以童话元素为核心的全省首个木玩主题童话书房正式对外免费开放，成为市民休闲打卡的新地标。新建图书分馆6家，悦读吧5个，民宿书吧3个，文化馆分馆2个。举办第十五届云和梯田开犁节、"野梨"音乐节、首届童话云和全民健步走等系列大型文体活动。精心编排打造大型古装越剧《慈母泪》，社会各界反响热烈；大型情景音画诗剧《云和故事》获市政府"瓯江文化"优秀成果奖；新童话合唱团荣获全市合唱比赛金奖。以大数据引领"互联网＋旅游"新常态。紧抓数字化改革重要引擎，在全市率先打造全域旅游大数据分析平台，全面采集各乡镇（街道）、A级景区（村）旅游数据，智能分析实时客流量、游客来源、过夜率等数据，集客流智能预警、游客多维画像、精准营销决策三大功能于一体，被列入全省首批大数据旅游统计应用试点单位，是全市唯一。以构建全域全要素融

合为抓手,释放文旅新活力。出台实施旅游业"微改造、精提升"和旅游业高质量发展五年行动方案,全方位促进全域旅游品质提升;创成省级全域旅游示范县、3A级景区城,石塘镇、安溪乡4A级景区乡镇,雾溪乡3A级景区乡,新岭村、黄家畲等24个景区村,实现全域旅游"百千万"工程全覆盖,是全省首批,全市首个。充分挖掘乡村资源,赤石村入选全国乡村旅游重点村。五是注重行业管理,文旅市场监管机制逐步完善。严格落实疫情防控和市场监管"两手抓、两手都要硬",强化督导检查,确保文旅市场平稳有序。坚持防疫与服务并重。全面部署加强文旅业疫情防控,从疫情防控、游客疏导、物资储备、生活保障等方面构建文化旅游防疫体系,重点加强苏南等主要客源市场及中高风险地区游客的排查、管控、溯源工作。营造规范有序的市场环境。深入开展文化和旅游市场"未成年人权益保护""不合理低价游"等突出问题的整治行动。持续深化"扫黄打非""净网、清源、护苗、秋风、固边"等五大专项行动,筑牢基层意识形态安全和文化安全防线。全年共出动执法人员599人次,检查各类经营单位338家次。

(涂红燕)

【庆元县文化和广电旅游体育局】内设职能科室5个,下属单位7个。2021年末人员69人(其中:机关15人,事业54人;具有高级技术职务资格的4人,中级18人)。

2021年,庆元县文化和广电旅游体育局认真学习贯彻习近平总书记关于文化工作的重要思想,高举"丽水之干"行动旗帜,弘扬践行"庆元精神",着力推动文艺创作、开展文艺活动、扶持农村文化服务中心建设,全县文化文艺事业呈现队伍壮大、创作繁荣、充满活力的良好局面。一是项目建设有条不紊,大力推进难题化解和销号。全县涉旅项目计划投资13亿元,其中本局负责承建项目13个,文体中心、生态古民居、半湾休闲养生文化园、状元文化养生养老中心项目稳步推进,启动孔庙及孔庙广场建设项目。谋划国家公园度假区、西洋殿香菇始祖朝圣地、兰溪桥度假区、大月山4A级景区等9个重大文旅项目,涉及投资91.5亿元。紧抓丽水市纳入革命老区的重大利好攻策,系统梳理和谋划浙西南革命老区巩固脱贫攻坚成果重大项目,包括崔上红色研学基地、半岭会议红色旅游经典景区、竹口战斗实景地等红色旅游项目,涉及投资108亿元。谋划百山祖国家公园户外运动胜地建设项目,在全市项目谋划中获得三等奖。二是主动对接周边市场,多措并举复苏文旅市场活力。努力克服疫情影响,出台《2021年庆元县旅游地接业务引流奖励办法》,完成《庆元县旅游业高质量发展实施方案(2021—2025)》及年度实施计划编制,指导"十四五"旅游业高质量发展,成立庆元文旅市场振兴联盟,采取对组团或自行前往县外开展有影响力市场宣传推广活动的企业予以补助等措施,支持文旅企业发展,提振文旅企业信心。全年给予6家旅行社引流奖励130.2万元。是年,限额以上住宿业营业额同比增长131.3%,排名全市第一;参加省、市组织和自行举办营销推介活动8场;按照"一乡镇(街道)一节会活动"的要求,协助各乡镇(街道)举办乡村旅游季活动12场次,有力推动了乡村生态休闲旅游发展,优化提升"一机游庆元智慧文旅综合系统",全面展示庆元文旅资源。三是文化活动全面开花,助推宣传思想工作上新台阶。围绕"庆祝建党百年"举办演艺活动10场,开展线上讲座、名师讲坛、线上阅读、微视频及非遗项目展览展播等活动40余场。深入开展"文化基因解码工程",新增文化元素705个,新增重点元素20个,文化基因解码报告完成2个、初步完成15个。推出"国家公园·康养庆元""相遇庆元 遇见美好"等形象宣传口号,设计伴手礼包装,如龙桥3D立体便签、兰溪桥纸雕灯、"桥色生香"口红套装入选浙江省百件最具浙江文旅基因的文创产品。全年图书借阅量同比增长52%;办理读者证1695张,同比增长99%;全县村级基层综合文化中心、农村文化礼堂均纳入县图书馆业务管理。"月山春晚"入选丽水乡村公共文化服务供给侧创新十大案例,《廊桥嬉趣》获浙江省第31届群众舞蹈大赛入围奖,现代小戏《网红桥》参加"中华颂"第12届全国小戏小品展演,获评小戏类最佳剧目和最佳人气节目。四是积极履行行业监理责任,确保文化市场稳定清和。坚持疫情防控与市场监管两手抓,积极落实疫情防控工作和文化市场专项整治行动,指导并监督各景区、旅行社、星级酒店做好疫情常态化防控工作，每月1次开展疫情防控监管和日常安全生产监管，按照县防指办要求做好重点地区、重要时段来庆旅游人员排查。组织两景区进行疫情防控演练。有效确保庆元文化市场健康、平稳、有序。全年共出动执法人员826人次，检查经营单位339家次。对2个4A级景区进行防汛防台和森林防火检查。对辖区内街道社区、企事业单位、宾馆饭店等共组织检查5次，取缔非法销售点1个，查处非法生产销售网点1家，行政处罚立案调查7件，办结案件7件，警告4家次，罚款26000元。五是抢救整理及时规范，稳步推进文化遗产保护利用。坚持"保护为主、抢救第一、合理利用、加强管理"的文物保护方针，成立庆元县文物局，召开全县文物工作会议、文物安全工作季度工作例会暨文物建筑火灾防控工作专题部署会，推行局班子成员、中层干部全县廊桥监管认领责任制，进行认领普查与检查。建立文物巡查制度，全年检查文保点80处、出动执法人员193人次。庆元、龙泉两地探索联合执法新机制。完成龙济桥、外村桥、西洋殿、胡纮墓、吾际下姚氏宗祠等修缮工程。六是"线上""线下"搭台服务，推进数字化改革工作。在互联网技术日益普及的背景下，积极推进"数字化＋公共文化服务"，进一步提高文化受众面和影响力。"月山春晚"打破往年的集聚模式，通过录播的形式，在新华网、央视频、浙直播等平台播放，观看量达100万人次。同时，配合全国春晚启动，录播了《王婆说媒》及庆

元年味。全面将"互联网＋监管"平台、"钉钉·掌上执法"、省行政处罚系统融入日常监管，落实跨部门"双随机、一公开"工作机制。指导涉旅企业开展实战演练，提升应急突发事件处理能力。"文旅庆元"微信公众号发布推文332篇次，累计粉丝1.9821万人，"文旅庆元"抖音号发布短视频48个，累计粉丝1.4万人，全年阅读量43.38万人次，并通过今日头条、搜狐新闻、网易新闻等新媒体联动发布，形成文旅庆元新媒体营销矩阵。七是大抓双招双引工作，聚焦康养产业链补链强链。紧盯"双招双引"揭榜挂帅责任状，全面梳理招商项目，编制《文旅康养产业链链长招引工作方案》，完成文旅康养项目投资手册和招商地图编制，谋划文旅康养项目25个。积极"引进来"，分别与正大、山屿海、北京壹方城、蓝城等公司开展招商洽谈，与中国铁建集团、旺旺集团、山海集团基本达成共识，计划在百山祖、濛洲、隆宫、淤上、竹口等地投资发展文化旅游康养休闲项目。

（吴婷婷）

【缙云县文化和广电旅游体育局】内设职能科室9个，下属单位7个。2021年末人员82人（其中：机关14人，事业68人；具有高级技术职务资格的10人，中级15人）。

2021年，缙云县文化和广电旅游体育局坚持以习近平新时代中国特色社会主义思想为指导，全面贯彻党的十九届五中、六中全会精神，紧紧围绕庆祝中国共产党成立100周年和辛丑（2021）

年中国仙都祭祀轩辕黄帝大典两条主线，深入贯彻落实省委文化工作会议精神，主动作为，务实创新，推进深度融合，实现跨越式高质量发展。一是积极创造高品质文化生活。着力提升公共文化服务水平，丰富高品质公共文化供给。缙云"戏剧上山下乡"工程入选第四批浙江省公共文化服务体系示范项目；胡源乡入选2021年度浙江省民间文化艺术之乡。以庆祝中国共产党成立100周年为主线，创编浙西南革命故事婺剧现代戏《括苍山下》，于6月6日在丽水大剧院首演，《人民日报》、新华社、央视综艺频道等20多家国家级主流媒体转发报道，全网点击量达8000万人次，入选丽水市文艺精品扶持奖励项目。全年组织献礼建党100周年大中型文化活动17场次，送戏下乡170场次，"文化走亲"27场次，展览展示78场次，阅读推广309场次，送书下乡34222册次。"文化基因解码工程"获评省优秀等次；缙云县图书馆入选全省第一批"满意图书馆"；壶镇镇湖川文化礼堂、新建镇笕川文化礼堂入选省级公共文化场馆功能拓展先行先试单位；缙云什锦《三担米》获浙江省第十一届群众曲艺大赛银奖；清廉婺剧小戏《生日礼物》获丽水市第二届清廉村晚优秀剧本大赛第1名；缙云县图书馆西桥分馆（阳冰书房）开馆。以仙都轩辕黄帝祭典为核心，积极培育文化标识。7月20日，全国清理和规范庆典研讨会论坛活动工作领导小组批复同意中国仙都祭祀轩辕黄帝大典主办单位变更为浙江省人民政府，一年一届。10月14

日,辛丑(2021)年中国仙都祭祀轩辕黄帝大典圆满举行,全国政协副书记刘奇葆,省委书记袁家军,省委副书记黄建发出席祭祀大典,省政协主席葛慧君主持。《人民日报》、新华社等40家主流媒体、600多家海外媒体和28家台湾媒体给予报道,直播观看量达6000万人次,相关报道及信息8300余条,全网累计阅读量3亿余人次。同时,轩辕祭典(黄帝文化)入选首批浙江文化标识培育项目;缙云黄帝文化入选第二批浙江省示范级文旅IP名单。以传统文化传承保护为主题,提升传统文化精品创作服务。缙云烧饼制作技艺入选第五批国家级非物质文化遗产代表性项目名录;李阳冰传说、缙云黄坛拳等8个项目入选第七批丽水市非物质文化遗产代表性项目名录(其中轩辕黄帝祭典为补录项目)。与浙江自然博物院合作的"中国缙云甲龙化石修复"项目获评2021全国优秀文物藏品修复项目;"缙云婺剧传承发展平台建设项目"入选浙江优秀传统文化精品创作服务工程;姓王土面专业合作社的玉屏山牌缙云爽面、老土地食品有限公司的红薯片入选第三批浙江省优秀非遗旅游商品。以"人民的非遗·人民共享"为主题,举办非遗活动44场次。出版《历史文化丛书》(包括黄帝文化、缙云民间故事、缙云民俗、缙云杂剧)。二是积极建立高标准旅游体系。全县旅游总人数374.7万人次,同口径比2020年增长44%,实现旅游总收入41.6亿元,同口径比2020年增长53.9%。连续3年登上全国县域旅游综合实力百

强县,被国际旅游联合会授予"中国运动旅游休闲目的地"称号。以旅游业高质量发展为导向,完成《缙云县文化、旅游和体育发展"十四五"规划》编制。成功创建4A级景区城;新增景区镇6个,实现景区乡镇全覆盖;新增A级景区村30个,累计覆盖全县57.7%的行政村。顺利通过省级全域旅游示范县复核评估。缙云首家五星标准酒店锦江国际大酒店正式营业。四星级酒店中维香溢大酒店的"精益管理推动企业可持续发展"入选文化和旅游部典型案例汇编。培育1家白金级旅游等级民宿,1家银宿级旅游等级民宿,1家非遗主题民宿。锦江国际大酒店、婆媳炊烟、缙云烧饼杭州总部等3家单位入选第三批"诗画浙江·百县千碗"美食体验后。以"微改造、精提升"为载体,制定《缙云县旅游业"微改造、精提升"五年行动方案(2021—2025年)》,全年投入2.3亿元,在环境与景观、设施与服务、产品与业态、管理和保障等方面均获得极大提升,获得副市长卢彩柳的批示肯定;仙都景区列入浙江省旅游业"微改造、精提升"景区试点单位,是全市唯一的景区试点单位;第三季度"微改造、精提升"考核名列全省第三、山区26县第一、全省进步第一;年度排名全市第一、全省第九。开通仙都景区西入口至河阳景区旅游景观专线(途经黄龙景区、笕川花海),连接本县主要旅游景区。五一期间,仙都景区数智化管理受到央视点赞。以旅游市场营销为引擎,组织参加、自行举办各类推介活动13场次,开展线上营销活动30次,举

办文旅节庆活动20场次。设计并推出5条特色疗休养线路,2条"诗人行踪"精品线路,并在《浙江日报》等媒体上进行全面推广。4月,"倪妮水墨眉仙都大片"话题阅读量达7200万人次;五一期间,仙都景区和缙云烧饼代表浙江美景美食登上纽约时代广场;9月,全市首支文创雪糕"仙境奇冰"引无数游客打卡仙都,1个月内实现营收30万元;国庆期间,"今夕好溪 老城记忆"文旅市集活动在溪滨南路开市。与青壹坊和西泠印社等知名文创企业合作,开发首期60多种文创产品,并开设第1家文创直营店"把仙气带回家",实现经济效益与社会效益的双赢。三是积极落实高要求常态工作。贯彻落实各级党委、政府关于庆祝中国共产党成立100周年安保维稳工作的会议精神及要求部署,防风险、保安全、护稳定。对接群众所思所想,开展文旅人才引育工作和"最多跑一次"改革。认真开展市场监管。全年出动检查988人次,检查424家次,查处违规2家次;行政处罚立案调查15件,办结案件15件,警告8家次,罚款5700元。发现违规使用"庆祝中国共产党成立100周年活动标识"行为3起,整改3起。开展"新风2021"出版物专项检查、邮政快递业"扫黄打非"专项检查等活动,共检查38家次,立案2起。联合对低空飞行、玻璃滑道、卡丁车等旅游新业态开展专项检查。坚实推进文物保护工作,发布《省级文物保护单位——"大溪滩窑址群"保护规划》;全国重点文物保护单位"河阳村乡土建筑"之"文翰公祠"、

"圭二公祠"、"循规映月"宅、"公济桥"、"儒林古第"修缮工程通过省文物局验收。全面提升人才水平。出台"1+3"人才新政，吸引特级、高级导游人才到缙云发展。聘任蔡幸爵农文旅团队、"石头会唱歌"林智远团队为缙云县文旅专家。完成2020年度全域旅游发展扶持政策兑现工作，兑付旅行社旅游地接奖励61.7387万元，旅游人才培养2.5万元，旅游企业品牌创建20万元。开展人才培训工作，积极开展旅游统计、乡村旅游讲解员、景区景点讲解员、导游素质提升等培训活动，培训613人次。开展"留缙过年、艺起战'疫'"线上课堂、少儿钢琴公益大师讲座、缙云县婺剧演唱骨干培训班、缙云县公共文化服务体系建设提升培训班等培训活动27场次，培训3539人次。坚决扛起政治责任。扎实推进"最多跑一次"改革工作，落实"证照分离"改革全覆盖，所有项目实现"网上办""掌上办"，全年共办理审批件290件，其中承诺件30件，即办件129件。完成互联网上网服务场所年检28件，娱乐场所年检9件，文艺表演团体年检29件，社会组织文化类年检35件。

（潘浩川）

【遂昌县文化和广电旅游体育局】内设职能科室7个，下属单位9个。2021年末人员78人（其中：机关24人，事业54人；具有高级技术职务资格的3人，中级24人）。

2021年，遂昌县文化和广电旅游体育局紧跟"瓯江山水诗路"文化带建设，落实县委"一城五区"战略，以打造"长三角户外休闲运动生活目的地"为目标，全力推进项目建设、业态创新、文化惠民、市场营销等各项工作，推动文旅转型发展，取得了较好成效。遂昌县上榜2021年全国县域旅游综合实力百强县和全国2021年县域旅游影响力TOP100，全年共接待旅游总人数359.9万人次，实现旅游总收入41亿元，同口径相比2020年增长35%和45.1%。一是坚持项目为王理念，重点项目建设提速。全县共实施文化旅游项目19个，年度计划投资27.6亿元，完成投资37.5亿元，完成年度计划的135.9%。聚力聚焦项目落地，遂昌博物馆、王村口5A级景区镇提升工程、温泉养生岛、兰台居、云顶壹号等项目稳步推进，非遗馆项目完工并投入使用。加快项目招引，全年签订项目协议金额约26亿元，成功签约国际赛艇中心、诗莉莉·漫戈塔度假村、竹旅融合数字创新园等项目。二是坚持创新转型发展，文旅业态生机勃发。突出赛事引流，举办数字绿谷·遂昌仙侠湖首届半程马拉松赛、2021中国户外山地越野跑公开赛（遂昌站）等赛事活动，逐步打开中高端客源市场。尝试新兴户外业态，开发亲子桨板SUP体验、湖面风光游览、网红玻璃船体验等户外体验型旅游项目，仙侠湖水上运动中心获批全省首张高危险性体育项目经营许可证（潜水）。持续推出"浙西川藏线"自驾越野游线路，引入车辆28715辆，人数71780余人，产生效益3200余万元，并被作为典型案例在中央电视台综合频道《点亮2021》元旦特别节目中报道，"遂昌山路"品牌入选"2021浙江共享共富十佳自驾旅行精品线"。三是坚持拉高建设标准，乡村旅游品质升级。鼓励、指导文旅企业参与省、市等级评定，要求企业以等级标准优化乡村旅居环境，升级产品软硬设施，提高企业服务水平，高标准、高质量发展乡村旅游业态，提升乡村旅游品质。大柘镇、蔡源乡、应村乡获评4A级景区镇，濂竹乡、西畈乡、石练镇、新路湾镇、三仁畲族乡获评3A级景区镇，王村口镇、湖山乡获评浙江省乡村旅游重点镇，龙洋乡茶园村、西畈乡举淤口村、三仁畲族乡小忠村获评3A级景区村，王村口镇桥西村获评浙江省乡村旅游重点村；望辰民宿提升为省金宿级民宿，非云民宿获评省文化主题民宿；发布全国首个民宿类团体标准《温泉民宿等级划分与评定》，对温泉民宿做了详细界定，助力精品温泉民宿的培育和发展。四是坚持文旅品牌引领，产业辐射融合发展。打响汤显祖文化品牌，"汤公遂昌"入选第二批浙江省创建级文化和旅游IP，"汤公遗爱 盛世遂昌"文化标识列入省首批100个浙江文化标识培育项目，新增4个优秀解码项目。培育研学旅行，以研学课程、研学基地串联传统文化、旅游点位及农旅产业，新增6家丽水市中小学生研学实践基地、1家研学营地。打造休闲业态，持续红色、避暑、生态、亲子型休闲线路，获得"华东十大油菜花胜地""浙江省采摘旅游体验基地""长三角红色旅游精品线路""浙江爱益司休闲农业和乡村旅游精品线路"等荣誉。五是坚持实施精准营销，客源市场得到拓展。围绕"建党百年""百县千碗"等主题,提炼推广"汤显祖文化""遂昌风炉宴"等IP,县域旅游品牌辨识度更加鲜明。举办"国庆嘉年华""走读红色遂昌""越野自驾露营"等活动30余场,赴"衢宁铁路"沿线、厦门、泉州、济南等城市开展客源地精准营销,持续引流江苏、福建等300人大团。输出沉浸式玩法,打造小红书、抖音号、微信视频号等新媒体矩阵,达到互联网亿万级传播量。跻身2021年度全省文化和旅游新闻宣传工作前六,营销转型成效逐步显现。六是坚持提质公共服务,文化惠民更加凸显。遂昌县文化馆被评定为国家一级文化馆,遂昌县图书馆成为省第二批"满意图书馆"达标单位,遂昌县汤显祖纪念馆被命名为首批市级清廉文化示范点,石练镇文化站在浙江省第七次综合文化站评估定级中被评为特级文化站,相圃书房开元酒店分馆等建成开放,王村口、三仁文化馆分馆开馆,文化场地全面提质拓展。遂昌县焦滩乡独山村获评首批浙江省美育村。开展送戏下乡120场、文旅剧场演出33场,送书下乡18291册,送讲座下乡(进社区)32场,举办"相圃"读书、"文化四季风"、昆曲进校园等活动,群众文化生活丰盈充实。举办"百年征程 遂月如歌"遂昌县"民星欢乐荟"系列群众文化活动、"翰墨丹青·艺心向党"群众书画大赛等活动,庆祝建党100周年。承办全国"村晚"示范展示活动,遂昌县为浙江省唯一入选承办的点位。七是坚持活化利用原则,文化遗产保护加强。遂昌县文物局

挂牌成立,文物事业步入新的发展阶段。保护文物和文保单位。联合丽水市博物馆等共同承办"万年处州——瓯江史前先民的家园"展览,进一步弘扬好川文化。由浙江省文物鉴定站鉴定文物42件,其中4件为三级文物。新增9处浙江省第一批不可移动革命文物,14件浙江省第一批可移动革命文物。开展文物安全大排查大整治大提升攻坚行动,文物保护水平全面提升,实现"零事故"目标。发扬浙西南革命精神。王村口革命纪念建筑群、大柘泉湖寺荣获浙西南革命文物"金名片"称号。传承人类非遗,举办"班春劝农"典礼,重现明代农耕盛典。开展非遗项目及传承人发展和推广工作,13个项目列入第八批县级非物质文化遗产代表性项目名录,9个项目列入第七批市级非物质文化遗产代表性项目名录,4人入选省级非遗传承人;古韵陶瓷社的黑陶"竹韵"陶壶入选第三批浙江省优秀非遗旅游商品。八是坚持加快数字化改革,数字文旅稳步发展。推进文化场馆数字化建设,开通语音讲解、线上观展、场馆预约等功能,线上文化服务全面提升。积极配合做好"智慧文化云""浙里好玩"等省级重点应用建设工作。全面推进长三角社保卡文旅"一卡通"服务,全县10余家A级景区、文化场馆等文旅场所实现长三角区域文旅体验"同城待遇"。注重数字化体验,"班春劝农"H5小程序、汤显祖文化趣味答题及线上书画展、图书馆线上有奖活动等参与人数突破180万人次,覆盖全国23个省(自治区、市)。积极收集

特色美食资源,搭建数字化美食平台,遂昌县入选浙江省"诗画浙江·百县千碗"数字化平台建设试点县。九是坚持做好行业服务,市场环境不断优化。注重行业发展,6家限上住宿业企业全年实现营收4621万元,同比增长19.98%;指导7家规上营利性服务业企业实现营收8570.8万元,同比增长2%。提升行业服务,凯兴开元大酒店创五星工作按计划完成硬件设施改造升级;星级饭店凯恩大酒店入选浙江省2021年度节水标杆单位;开展文旅企业业务培训,700余人次受训;受理行政许可及其他权力事项、机关内部"一件事"共238件,提前办结率100%,群众满意率100%。完成统计测算,2020年全县旅游产业增加值为12.28亿元,占GDP比重为9.39%,占比排名丽水市第二。十是坚持严格监管督查,文旅市场安全稳定。重抓安全生产,每季度召开安全生产工作会议,层层签订《安全生产责任书》,突出疫情防控、消防安全等重点,全年共出检645次,出动检查1375人次,检查单位1056家次,发现并整改问题416项,行政处罚立案调查8件,办结8件,罚款22000元,没收违法物品128个,未发生安全生产事故。

(徐　丹)

【松阳县文化和广电旅游体育局】内设职能科室5个,下属事业单位5个,增挂县文化市场行政执法队、县文物局牌子。2021年末人员71人(其中:公务员8人,参公12人,事业51人;具有高级技术职务资格的6人,中级23人)。

2021年，松阳县文化和广电旅游体育局以提升文旅效能、打造"江南秘境 田园松阳"文旅品牌、讲好"松阳故事"为目标，积极推动文旅融合发展，取得实效。松阳县全年共接待游客275.4万人次，同比下降3.3%；实现旅游总收入30.5亿元，同比增长3%。一是文化服务提质增效。以夯实文化服务基础为主线，以提升文化效能、弘扬红色文化为重点，着力推进公共文化建设，推动公共文化资源共建共享。县文化馆通过第五次全国文化馆评估定级，被评为国家一级文化馆。全县19个乡镇（街道）文化站全部通过浙江省第七次乡镇（街道）综合文化站定级，其中6个一级、9个二级、4个三级。古市镇综合文化站，水南街道寺岭下村文化礼堂、大东坝镇茶排村文化礼堂入选浙江省文化和旅游厅公共文化场馆服务功能拓展先行先试单位名单；在玉岩镇建设图书分馆及文化馆分馆，并创成省级戏曲之乡、省级文化强镇；叶村乡河头村创成省级文化示范村。积极开展"文化基因解码工程"，完成松阳高腔、松阳古村落、松阳茶文化等20个重点文化元素解码并通过省文化和旅游厅评审，松阳高腔被列入省文化标识培育名单。戏曲（松阳高腔）电视剧《红色浙西南》在丽水万地国际影城举行首映仪式，在丽水大剧院公映，市、县四套班子出席观看，在中央电视台戏曲频道和全国各地156家电视台联播。开展群众文化活动。文化馆全年举办452个培训班次，培训6960余人次。全年共组织承办各类文艺活动165场；

同时，充分利用网络资源，积极开展线上文化活动，推出"云音乐展""云赛事""云灯谜会"等7类128场线上活动。加强文化交流，与新疆维吾尔自治区阿克苏地区新和县、金华市婺城区、湖州市南浔区等地开展"文化走亲"交流活动16场，其中"走出去"7场，"引进来"9场。二是传统文化传承创新。健全非遗保护传承体系。做好项目、基地、传承人管理工作，推进"三位一体"建设。以国家级项目、省级项目为重点，建立长效保护机制，开展了第五批县级非遗代表性项目申报工作，新增15项县级非遗代表性项目。成功申报8个项目为第七批市级非遗代表性项目。成功申报李伯能、郑王义、蓝根土、兰炳花4人为第六批省级非遗代表性传承人。举办松阳县田园文化传承生态保护区建设专题研培班、松阳县非遗代表性项目和代表性传承人评估培训会，开展全县4级非遗代表性传承人评估工作。与浙江艺术职业学院合作开设松阳高腔定向委培班，已招入15名学生，为松阳高腔长久发展注入新活力。开展非遗活态保护利用。探索新形势下的文旅融合发展，推动非遗更好融入现代生活。开展春节"松阳好年味——多彩非遗过大年"、中秋节拜月、"国庆七天剧场"等活动，充分挖掘传统节日的文化内涵，弘扬传统节日文化的魅力。开展"文化和自然遗产日"活动，主打"松阳好非遗"系列品牌，搭建"松阳非遗集市"平台，为传承人提供非遗展示、体验渠道，推动非遗产品销售。承办丽水市"多彩非遗乡村行"（非遗

夜市）、第五届全球科技创新大会数字赋能非遗产业发展高峰论坛等活动。加大力度开展省级文化传承生态保护区工作。提出"田园松阳"发展战略，编制《松阳田园文化传承生态保护区总体规划》，并将其纳入县"十四五"规划。三是文物保护不断加强。松阳安岱后浙西南革命根据地领导机关旧址群被评为浙西南革命文物"金名片"，小吉会议旧址入选提名名单。松阳县红军挺进师政委会小吉会议旧址被评为市级爱国主义教育基地。完成国保延庆寺塔塔院环境整治及周边道路修整，詹宝兄弟进士牌坊完成国保标志碑设立。国保延庆寺塔修缮工程及省保安岱后浙西南革命根据地旧址之红军主会场、红军食堂、刘英粟裕旧居、挺进师机关旧址及石仓乡土建筑之阙伟胜宅等完成省文物局验收。完成5个乡镇（街道）共27个子项目的建设工作。盘活利用修缮后的文物和建筑，完成枫坪小吉会议旧址、斗谭纪念馆、安岱后村红军主会场等展陈馆布展工作。四是文旅项目稳步推进。积极开展旅游业"微改造、精提升"行动，深入推进"百千万工程"。古市镇、玉岩镇、竹源乡成功创建省级景区乡镇，横樟村、松庄村、八都村等8个村庄成功创建3A级景区村庄，西屏街道九村等48个村庄创建省A级和2A级景区村庄，进一步完善游客中心、标识体系、旅游厕所等基础设施配套建设。椰树民宿综合体、南明桥文旅项目二期、白丰民宿综合体、气象博物馆、大木山景区茶园绿道景观驿站等项目建成营业。与浙江百县千碗餐

饮管理有限公司签订了"百县千碗·松阳味道"品牌打造合作协议,以"松阳味道"为核心,采取挖掘提升、活动策划、媒体宣传等方式,进行美食品牌打造,丰富松阳文化旅游体验度。持续抓好"百县千碗"特色体验店(示范店)、街区的培育指导和深化工作。在原有3家特色体验店基础上,新培育头上红乡村食府、好灶头宴会酒店、王家厨房、文里家宴为第二批特色体验店。五是旅游营销优化提升。以提升"江南秘境 田园松阳"文旅品牌,讲好"松阳故事"为目标,做好市场营销。深入融入长三角一体化,开拓各地文旅市场。参加首届上海旅游产业博览会主题展、"乘着衢宁高铁游丽水"2021浙江丽水·遂昌庆元龙泉松阳文化旅游(福建)联合推广周、第十七届海峡旅游博览会暨2021中国(厦门)国际休闲旅游博览会等10余场文旅推介活动。举办"2021杭州·未来旅游嘉年华"松阳故事文旅展,以中国有机茶乡为主题,布置茶空间、民俗体验与产品销售空间、文创空间,并在展会上融合松阳高腔元素,为观众提供极具创意的体验感,获省文化和旅游厅厅长褚子育等领导肯定,3天展期共吸引10万余人次互动,深受杭州市民喜爱,媒体争相报道。举办首届"走进国家传统村落·松阳故事"文创产品和旅游商品设计大赛,推出精神抖擞茶、松阳高腔冰箱贴、独山异形拼图等部分优秀文创产品,并在"未来旅游嘉年华"活动中正式亮相。开通2趟"走进国家传统村落公园系列火车旅游专列",不断开拓铁路沿线旅游

市场。与宣传部、文联等部门联合举办2021"松阳国家传统村落公园"全国摄影大展、松阳县大毛峡背"星花怒放"主题摄影大赛、斗米岙当代艺术展等活动。同时,利用新媒体做好松阳文旅线上宣传与推广。开通"松阳文旅"视频号,优化"松阳文旅"公众号服务平台。加强与《人民日报》《文化月刊》《中国旅游报》等媒体合作,全年松阳文旅品牌曝光量约数十亿次。提升智慧旅游,上线"图游松阳"手绘导览项目,实现"一图知松阳",全力打响"松阳故事"文旅品牌。加强旅游推荐,打造并推广一日游—五日游及古村探秘、乡建打卡、田园问茶等10个主题14条游线精品线路。六是行业保障持续加强。制定《松阳县酒店留员工稳生产惠企政策实施方案》,对县内各旅游饭店中留松过年并在岗的非松阳籍员工进行补助和奖励;面对旅游业发展的新形势和新要求,牵头制定《关于推动生态旅游业高质量发展的若干意见》《县内外旅行社接送团奖励实施细则》。借助专业和部门力量,委托江泰对本县137家文旅体企业(项目)开展第三方机构安全风险评估,提高文旅行业风险管控能力;首次开展综合类应急演练,科目涉及森林火灾、恶劣天气应急疏散和发现疑似病例游客的现场应急处置;对玻璃栈道、玻璃平台、热气球等新业态项目,以第三方专业机构安全评估与部门、所在乡镇(街道)联合检查相结合方式,形成监管全覆盖。举办民宿管家培训班、文旅场所应急救护取证培训班、松阳县第三届金牌导游(讲解

员)大赛和"全域康养胜地"松阳味道养生美食大赛。松泰酒店创成浙江省银桂级品质饭店,获评银树叶级绿色旅游饭店;丽水风光国际旅行社有限公司创成浙江省四星级品质旅行社;张琦被授予"终身金牌导游"荣誉称号。

(叶莉琴)

【景宁畲族自治县文化和广电旅游体育局】 内设职能科室5个,下属事业单位6家、参公单位1家、国企3家。2021年末人员72人(其中:公务员10人,参公7人,事业55人;具有高级技术职务资格的6人,中级21人)。

2021年,景宁畲族自治县文化和广电旅游体育局坚定践行"绿水青山就是金山银山"理念,以高质量发展为要务,以项目建设为支撑,以文旅融合为主线,以改革创新为驱动,坚定民族文化自信,发挥数字赋能作用,推进旅游为民惠民,着力提供优秀文旅产品,努力以"十四五"良好开局庆祝建党100周年。一是双招双引和重大项目建设加快推进。招商引资方面,集中签约那云·天空之城休闲度假景区(二期)、千峡湾渤海生态园(一期)、汇田大桥区块旅游养生综合体等5个文旅康养签约项目,招商引资总额达15.5亿元。招才引智方面,对外与意大利莱西尼亚缔结友好城市,聘请"畲乡智库"推动"一带一路"双方文化交流和旅游合作走深走实;对内加强人才培养,2人获评全国先进。全县安排涉旅项目19个,实际完成投资25.5亿元。其中,那云·天空之城项目通过对废弃矿区治理再利用、向

山坡悬崖要土地要空间等开发新模式,重点建设了亚洲首座沉浸式矿洞景观群落、云谷游客接待中心、特色崖间客房等新业态,差异化打造浙西南大花园文旅融合新地标,一期项目已竣工验收并试运营。惠明禅茶文化产业园、畲族风情康养度假综合体、李宝洞宫畲王寨旅游景区等在建项目有序推进。山哈大剧院投入使用。完成畲乡古城项目扶持政策送审稿。二是旅游市场营销精准发力。坚持品牌引领,全面整合营销资源,健全完善区域旅游合作联盟,依托上海、江苏、杭州、宁波等景宁文旅七大联络处,深耕长三角客源市场,构建"活动推广、线上推介、招募体验"三位一体的营销模式。景宁文旅旅行社联盟成员达301家,开展推介活动81场,全网曝光量达1亿次。发布浓情畲寨体验游、畲乡红色印记游等主题精品旅游线路13条,其中2条入选省级精品线路,不断推动"红绿畲"融合发展。加大文创产品和旅游商品开发力度,"畲族元素畲蓝功夫茶具套装"获2021中国特色旅游商品大赛金奖;在第16届中国义乌文化和旅游产品交易博览会上获优秀参展企业奖2个,工艺美术金奖1个、银奖1个、铜奖1个;2件乡村民宿伴手礼获评第二届"浙宿好礼"。通过研发特色菜品、加强人才培训、强化品牌推广等举措,打造一批省级美食体验店和美食街区,入选全省首批"百县千碗"数字化改革试点县并签约入驻"百县千碗"农都美食小镇。景宁县全年接待游客250.8万人次,同口径比2020年下降3.9%;实

现旅游总收入26.7亿元,同口径比2020年增长3%。三是公共文化服务全面升级。品牌建设出成果,"文化物流"项目入选第四批浙江省公共文化服务体系示范项目;英川镇获评浙江省文化强镇,东坑镇、鸬鹚乡通过复核;民族歌剧《畲山黎明》入选浙江文化艺术发展基金资助项目、2021—2022年全省舞台艺术创作重点题材扶持项目,并作为浙江唯一剧目斩获全国少数民族文艺会演优秀剧目奖,剧中4位主要演员荣获艺术表演奖;创作文化精品28个。文化活动不间断,聚焦建党百年,全年举办中国好声音景宁赛、全县干部职工七一合唱大赛等各类赛事活动97场,观众4.8万余人次,参演人员5000余人,线上浏览量37万次;聚焦四季景宁,举办"我在畲乡过大年"系列文化活动、2021中国畲乡三月三"红色畲乡·风情景宁"活动、"一乡一品"特色乡村节庆系列活动等,进一步展示和弘扬畲族优秀传统文化,推进农文旅融合发展;聚焦群众文化,开展送戏下乡139场、送书下乡15226册、送电影下乡1618场、"文化走亲"13场、畲乡村晚8场、"我们的节日"系列活动28场;举办红色革命图片展、庆祝建党100周年书法作品展等主题展览展示活动14场次;图书馆到馆23.5万人次,开展读者退押金服务,退还押金12万元,开展线上线下阅读推广活动169场,参与人数3万余人次;依托畲语畲歌畲舞等特色文化,实施"耕山播海"基层文艺骨干培训、暑期公益免费培训、"小小讲解员"培训等公益项目,

累计送讲座、展览45次,形成"月月有节庆、周周有演出、天天有欢乐"的浓厚文化氛围。文化阵地有提升,县文化馆完成国家一级馆复评,县图书馆荣获浙江省"满意图书馆"称号;新建、提升那云·天空之城书房、澄照创业园书房等畲乡特色书房7个,提升沙湾、英川2个乡镇分馆和大均、渤海2个文化站;完成县数字图书馆提升、县数字文化馆建设,继续提升"畲乡文化物流"平台,推出"云展览""云培训""云看戏"和"云直播"等数字化传播形式。四是文化遗产保护传承工作高效落实。推进"文化基因解码工程",在畲乡古城香菇文化非遗馆设立文化基因解码示范基地,完成200项文化元素调研和系统录入工作,解码畲族文化、红色文化等15个重点元素,形成基因解码项目策划库和重点策划项目。国家级传承人蓝陈启荣获2021年国家级非物质文化遗产代表性传承人薪传奖,全省仅8个;新增国家级非遗项目1个、省级非遗代表性传承人6位、市级非遗代表性项目4项、县级非物质文化遗产传承基地15个;英川镇入选第二批浙江省戏曲之乡;举办畲乡非遗展演展示、传统戏剧红色之旅展演、畲乡非遗联盟启动活动,展示非遗项目,激活非遗传承方式。县文物局挂牌成立。建立廊桥桥长制,聘任国保级廊桥桥长,建立一桥一码,进行联合宣传保护等,加强景宁廊桥保护。开展国保廊桥、时思寺、省保潘家大屋等文物维修工程和隐患排查整治工作。景宁县库头抗战标语、李树突红军标语、李振彪烈士墓被公布为

浙江省第一批不可移动革命文物。121件（套）畲族文物被认定为三级文物；畲族博物馆获评2020浙江十佳影响力博物馆、丽水市第五届瓯江文化奖群众文化类优秀成果奖、丽水市浙西南革命文物（馆藏革命文物类）"金名片"。五是旅游品牌创建提质升级。省级全域旅游示范县、国家4A级旅游景区畲乡之窗景区通过复核。推进5A级景区城、景区镇、景区村创建，创成A级景区镇5个、景区村11个。制定"微改造、精提升"五年行动方案。全县"微改造"项目实际完成投资2.45亿元，入库项目110个，竣工项目95个，续建项目15个。培育壮大"旅游＋"新业态，"如隐·小佐居"获评全国首批甲级旅游民宿，全省仅2家；景宁大均乡文旅融合案例入选2021世界旅游联盟旅游助力乡村振兴案例，全省仅2个，是全市唯一；云中公社古法农业基地获评首批浙江省采摘旅游体验基地（2A级）；畲乡鸿宾大酒店入选浙江省金桂品质饭店，完成四星级旅游饭店复评；邀请国家星评员莅临天元名都大酒店开展五星级旅游饭店创建指导、培训工作。六是市场环境不断优化。建立旅游安全专业委员会，积极推进安全生产社会化服务，开展旅游领域风险普查工作，形成旅游领域安全生产风险分类分级结论，分地区绘制安全生产风险"四色图"。开展文旅市场秩序整治、疫情防控督查、安全生产大检查、文化市场监督执法、应急演练活动和专题培训等工作，全年开展各类执法巡查313家次，出动执法人员667人次，共立案13起，结案13起，切实维护全县文旅市场经营秩序，保障文旅行业健康发展。

（林　丽）

文献资料

ZHEJIANG CULTURE AND TOURISM YEARBOOK

浙江省发展和改革委员会　浙江省文化和旅游厅
关于印发《浙江省旅游业发展"十四五"规划》的通知

浙发改规划〔2021〕179号

各市、县（市、区）人民政府，省级有关单位：

　　经省政府同意，现将《浙江省旅游业发展"十四五"规划》印发给你们，请结合实际，认真组织实施。

浙江省发展和改革委员会
浙江省文化和旅游厅
2021年5月20日

浙江省旅游业发展"十四五"规划

　　为推进浙江省旅游业高质量发展，充分发挥旅游业在经济社会发展中的综合带动作用，根据《浙江省国民经济和社会发展第十四个五年规划和二〇三五年远景目标纲要》，制定本规划。

一、发展背景

　　（一）"十三五"浙江省旅游业发展成就

　　"十三五"期间，浙江省旅游业持续保持较快增长，整体实力明显增强，为"十四五"发展奠定了良好基础。

　　产业规模明显壮大。"十三五"期间，全省接待游客32.1亿人次，旅游总收入46607.8亿元，分别比"十二五"增长44.6%、67.3%。2019年全省全域旅游产业增加值4914亿元，占全省GDP的7.9%，全省旅游业吸纳就业人口占全社会就业总人口10.5%，对全省GDP的综合贡献达到18.7%，战略性支柱产业地位进一步巩固。乡村旅游、生态旅游、文化旅游、滨水旅游等特色产业快速发展，规模持续壮大，在全国产生广泛影响。产业发展平台不断发展壮大，世界旅游联盟总部落户浙江，中国义乌文化和旅游产品交易博览会、国际海岛旅游大会、世界乡村旅游大会等重大平台的集聚、辐射功能进一步加强。

　　发展质量明显提升。以标准化管理促进质量提升，牵头制定4项国家标准和行业标准，发布实施11项省级地方标准。产业结构不断优化，开元、宋城、横店等一批旅游领军企业快速成长。8个县（市）创成国家全域旅游示范区，53个县（市、区）创成省级全域旅游示范县，覆盖率达60%。建成旅游风情小镇100个。景区城、景区镇、景区村覆盖率分别达55.5%、34.6%、49.4%。乡村旅游领跑全国，其中民宿1.98万家，总床位近20万张，就业人数超15万，总营业收入超过100亿元，均居全国第1位。5A级旅游景区19家、国家级旅游度假区6家、星级饭店554家，数量均居全国前列。2020年中国县域旅游综合实力百强县浙江占25席，数量位居全国第1位。"诗画浙江"品牌影响力持续扩大。

　　发展环境明显优化。省委、省政府把旅游业作为战略性支柱产业培育，制定《浙江省旅游条例》《关于把旅游产业打造成为万亿产业的实施意见》《浙江省全域旅游发展规划》等地方性法规和政策措施，启动"四条诗路""十大海岛公园""十大名山公园"等重大工程建设。推进旅游体制改革，全省文化和旅游机构合并重组，所有行政许可事项实现"最多跑一次"。长三角旅游一体化发展步伐加快，合作机制不断健全。旅游公共服务不断完善，通景公路网络基本形成,建成旅游厕所8694座,"诗画浙江·旅游信息服务平台"全功能上线,具备预约、错峰、限流功能。全省33所高等院校和88所中职学校开设旅游相关专业,全日制在校生数4万人。旅游安全保障体系日趋完善。

新冠肺炎疫情对我省旅游业发展造成了巨大冲击。同时,一些结构性、素质性、体制性问题尚未得到根本解决:旅游业区域间、各旅游板块间发展水平不够平衡;文化和旅游资源融合不够,旅游品质有待提升;旅游产品、公共服务等旅游供给还难以满足个性化、细分化、品质化的消费需求;旅游国际化水平有待提高,入境游市场增速较慢;新业态发展速度不够快,创新发展有待提速;旅游治理体系和治理能力需进一步提升;高层次复合型旅游人才培养亟待加强。这些要在"十四五"和今后一个时期重点加以解决。

(二)"十四五"时期旅游业发展机遇与挑战

从国际环境看,国际形势严峻复杂,新冠肺炎疫情影响广泛深远,全球旅游业不确定性明显增加。5G、大数据、人工智能、物联网、区块链等全球新一轮科技革命,将引发旅游发展模式变革。随着我国经济实力、国际影响力不断增强,将引发更多国际关注,吸引更多国际友人到我国考察与旅游。从国内环境看,我国经济进入高质量发展新阶段,以国内大循环为主体、国内国际双循环相互促进的新发展格局加快形成,人民群众消费能力大幅提高,高品质旅游需求将快速增长;生态文明、乡村振兴、文化强国等战略,为旅游业发展提供新机遇。从省内环境看,我省将在建设"重要窗口"新方位上开启争创社会主义现代化先行省新征程,数字化改革为旅游业发展注入新活力,高质量发展建设"共同富裕示范区"、"一带一路"、长三角高质量一体化发展等国家战略红利加快转化为旅游业发展新动能。

综合判断,"十四五"及今后一个时期,全省旅游业将处在现代化的开启期、高质量发展的关键期,全面进入大众旅游新阶段,全域化发展更加快速,品质化需求更加突出,分众化消费更加明显,数字化应用更加广泛,融合化改革更加深入,国际化竞争更加激烈。

二、总体要求

(一)指导思想

坚持以习近平新时代中国特色社会主义思想为指导,深入贯彻党的十九大和十九届二中、三中、四中、五中全会精神,把握新发展阶段、贯彻新发展理念、构建新发展格局,忠实践行"八八战略",奋力打造"重要窗口",聚焦高质量、竞争力、现代化,以扩大内需为战略基点,以深化供给侧结构性改革为主线,以社会主义核心价值观为引领,以满足人民日益增长的美好生活需要为根本目的,以数字化改革为总抓手,主动把握和适应旅游发展新态势,进一步扩大开放,推进文化和旅游深度融合,构建现代旅游业体系,把浙江人文优势与生态优势转化为旅游发展优势,优化产品结构,提升旅游品质,拓展旅游市场,扩大旅游消费,壮大旅游经济,用旅游载体讲好浙江故事,促进共同富裕,努力为争创社会主义现代化先行省贡献力量,为全国旅游现代化建设贡献经验。

(二)主要原则

坚持以文塑旅,以旅彰文。发挥旅游载体作用,让旅游成为人民感悟优秀文化、增强文化自信的过程,让广大游客在旅游体验中感受文化之美,陶冶心灵情操,促进人的全面发展。

坚持主客共享,惠民富民。以提高游客和当地居民满意度获得感为核心,发展大众旅游、全域旅游;发挥产业优势,扩大投资,增加群众收入,促进共同富裕示范区建设。

坚持生态优先,品质至上。注重提高标准,突出特色发展、绿色发展,拓展"绿水青山就是金山银山"理念的旅游转化通道,提升核心竞争力,实现量的有效增长和质的大幅提升。

坚持数字赋能,创新驱动。用数字化技术、数字化思维、数字化认知对旅游治理进行全方位系统性重塑,创新体制机制,推进旅游业从资源和要素驱动向创新驱动转变,催生新产品、新业态、新服务。

坚持依法治理,优化环境。加强旅游法治体系建设,运用法治思维和方法推动旅游市场发展,营造法治化的营商环境,依法维护旅游者和经营者合法权益。

坚持系统观念,整体智治。统筹发展和安全、保护和利用、国内与国际、城市和乡村、线上和线下等关系,加强全局性谋划,整体闭环推进"诗画浙江"建设,构建新发展格局,推动旅游与经济社会全局实现高度融合、联动发展。

(三)"十四五"主要发展目标

进一步优化布局、完善结构、提升能级,加强优质旅游产品供给，激发旅游消费市场活力。到2025年，率先基本建成现代化旅游经济强省，各项主要指标位居全国前列，努力成为长三角休闲度假胜地、中国最佳旅游目的地、国际知名旅游目的地和未来旅游先行地。

形成现代旅游业体系。现代旅游产品体系、旅游营销体系、旅游公共服务体系更加完善，旅游产业链现代化水平显著提升，特色旅游业态优势凸显，新兴业态快速发展，率先打造国内旅游大循环的战略支点、国内国际旅游双循环战略枢纽，旅游业成为拉动内需的重要引擎。到2025年，全省接待国内过夜游客达4亿人次以上，旅游产业总产出1.78万亿元，增加值占地区生产总值的比重达8%以上，旅游业对国民经济的综合贡献达19%以上。

建成全域旅游示范省。70%以上县（市、区）达到国家全域旅游示范区标准，建成100个景区城、1000个景区镇、12000个景区村。培育5个以上国家级和国际级旅游产业发展平台、10家以上上市旅游企业、35个千万亿级大景区。争取新增5A级旅游景区3家、国家级旅游度假区3家。

建成数字旅游示范省。数字创新生态体系基本形成，数字化驱动效应充分显现，数字旅游新业态、新模式更加丰富。到2025年，60%以上A级旅游景区建成智慧景区，打造100家以上智能服务、无感支付的饭店，建成20个数字技术、人工智能、区块链等多业务协同应用场景，"预约、错峰"旅游运行机制完善高效。

建成旅游富民示范省。助力共同富裕机制更加完善，旅游业成为山区26县实现跨越式发展的主导产业，山区26县旅游产业增加值年均增长9%以上。旅游业促进就业渠道进一步拓宽，成为全省农民增收致富的主渠道。全省旅游产业从业人员占全社会从业人员达11%以上，乡村旅游收入占全省农民人均可支配收入

的比重超13%。

建成全国文化和旅游融合发展样板地。文化和旅游融合发展的制度体系和工作机制更加完善，文化和旅游在更广范围、更深层次、更高水平上实现深度融合发展。到2025年，高质量完成"四条诗路"黄金旅游带和十大海岛公园、十大名山公园建设，建设2个以上富有文化底蕴的世界级旅游景区和度假区、10条以上国内外知名的旅游精品线路，打造文化特色明显的国家级旅游休闲城市3—5个、街区10—15个。

建立省域旅游现代化治理体系。旅游领域治理实现横向协同、纵向贯通、整体智治，按县（市、区）评价体系、分业态统计评价体系全面建立。旅游法治体系更加完善，旅游营商环境更加优化，数字赋能、科技驱动、人才创业、创新创造的氛围更加浓厚，信用监管、安全保障等体系更加健全，文明旅游蔚然成风，游客和居民满意度达到90%以上。

"十四五"时期旅游业发展主要指标

一级指标	二级指标	三级指标	2019年实际值	2020年实际值	2025年目标值
发展质量	国内过夜游客人数	住宿单位接待国内过夜游客/亿人次	2.9	2.2	4
	游客人均花费	国内游客人均消费/元	1486	1450	2000
规模效益	旅游产业对国民经济的直接贡献	旅游产业增加值占GDP比重/%	7.9	6.8	8
	旅游产业对社会就业的贡献	旅游从业人员数占社会从业人员数比重/%	10.5	—	11.0
国际化程度	出入境游客规模	住宿单位接待入境过夜游客/万人次	467.1	38.3	470
		国际旅游（外汇）收入/亿美元	26.7	1.6	27
		旅行社组织出境旅游人数/万人次	306.5	12.8	310
智慧化水平	智慧型产品	智慧景区、度假区占全省景区、度假区的比重/%	—	—	100

一级指标	二级指标	三级指标	2019 年实际值	2020 年实际值	2025 年目标值
品质化供给能力	高能级供给	世界级旅游景区和度假区/个	—	—	2
		国家级旅游休闲城市/个	—	—	3—5
		国家级旅游休闲街区/个	—	—	10—15
		千万亿级大景区/家	19	10	35
		品质饭店/家	50	138	200
		品质旅行社/家	501	574	700
		等级民宿/家	488	688	1200
	旅游市场主体	上市旅游企业/家	3	3	10
现代化治理水平	可持续发展	营商环境、生态环境公众评价/%	81.7	82.3	87.0
	目的地美誉度	游客、居民满意度/%	78.1	80.95	90.0
	安全保障	游客千万人次死亡率/%	0.095	0.053	<0.41

（四）2035 年远景目标

"诗画浙江"全面建成，全省旅游服务质量、产业规模、核心竞争力、综合效益达到国际先进水平，全面形成具有较强竞争力的现代旅游业体系，高水平建成现代化旅游经济强省，浙江成为具有较强国际影响力的旅游目的地。

旅游业成为"世界看浙江"的重要窗口。实现省域旅游治理现代化，旅游产品内涵与品质明显提升，建成 3 个左右旅游发展国际平台、5 个以上富有文化底蕴的世界级景区和度假区，"诗画浙江"品牌的国际影响力全面提升，旅游业成为新时代全面展示中国特色社会主义制度优越性重要窗口的标志性成果。

旅游业成为国民经济主导产业。旅游经济可持续发展，产业链更加完善，国内和入境、出境三大旅游市场更加协调。游客人均消费明显提高，20 个景区、度假区年收入达 10 亿元。全省旅游业增加值占地区生产总值的比重达 8.5%，对国民经济的综合贡献达到 20% 以上。

旅游业成为"绿水青山就是金山银山"转化的主渠道。形成一批高能级的生态旅游发展平台，旅游业的生态化水平明显提升，生态保护与旅游发展的互促机制更加完善，全省"大花园"有效转化为全域"大景区"。

旅游业成为广泛传播中华优秀文化的重要载体。11 个设区市全部达到文化特色鲜明的国家级旅游休闲城市标准，建成一批国内外知名的特色文化旅游目的地，200 个文化场馆达到 A 级旅游景区标准。浙江文化底蕴和特色得到充分展示，浙江文化在中华文明中的地位进一步凸显，对外文化影响力显著提升。

旅游业成为满足人民群众美好生活需要的幸福产业。主客共享的现代旅游环境全面形成，浙江成为全国重游率最高的目的地省份之一，游客和居民满意度达 95%，旅游业成为实现共同富裕的重要途径，旅游成为新时代人民群众体验美好生活的重要方式

和消费时尚。

（五）空间布局

推动发展战略与空间基底有机统一、空间战略与要素配置有效衔接，优化旅游发展空间布局。

实施"一体两翼"区域发展战略。

"一体"指的是坚持全域一体，以"微改造"的绣花功夫提升品质，所有县（市、区）按标准创建国家全域旅游示范区，完成"百城千镇万村景区化工程"建设任务，形成 100 条旅游精品线路，建成全域大景区、全省大花园，做强全域旅游本体。"两翼"指的是落实国家战略，加强区域合作，共同建设世界级长三角旅游一体化发展示范区、浙皖闽赣国家生态旅游协作区，联手打造杭黄世界级自然生态和文化旅游廊道、环太湖生态文化旅游圈、衢黄南饶"联盟花园"等具有国际影响力的旅游目的地，着力扩展浙江旅游发展空间，提升旅游发展能级。

构建"一湾引领、三带联动、四路示范、多点带动"省域发展空

间布局。

一湾引领。聚焦提升环杭州湾区域在全省旅游发展的核心地位,重点在文化旅游、海洋旅游、自由贸易试验区旅游、科技旅游等方面形成发展新优势,努力成为全国旅游高质量发展示范区、旅游区域合作样板区和现代旅游发展引领极。

三带联动。立足我省海洋、生态和红色特色资源,以宁波、舟山、台州、温州为重点建设蓝色海洋旅游带;以衢州、丽水、湖州、温州西部和台州西南山区为重点提升绿色生态旅游带;以"红船精神""垦荒精神""浙西南革命精神"等为重点加快构建红色旅游带,形成全省"蓝、绿、红"三带联动的发展格局。

四路示范。推进浙东唐诗之路、大运河诗路、钱塘江诗路和瓯江山水诗路"四条诗路"文化带建设,将历史、文化、生活、生态有效融合在一起。打造大花园"耀眼明珠"100 个,以文化、交通、数字等为纽带,打造彰显全省自然和人文的主题旅游线路,形成"一文含四带,十地耀百珠"的空间形态。

多点带动。以杭州、宁波、温州、金华-义乌四大都市区和衢丽花园区为依托,构建五大旅游经济圈,强化都市区中心城市的核心带动作用。依托各地特色文化和旅游资源,建设一批重点旅游区,提升一批特色旅游功能区,打造一批特色旅游目的地,构建特色鲜明、品牌突出的区域旅游业发展增长极,满足大众化、多样化、特色化旅游市场需求。

专栏 1　重点旅游区和特色旅游功能区

1. 重点旅游区:杭州国际都市旅游区、宁波东钱湖旅游区、温州雁楠旅游区、湖州环太湖旅游区、嘉兴运河古镇旅游区、绍兴兰亭旅游区、金华山文化旅游区、衢黄南饶旅游区、舟山国际海岛旅游区、台州天仙配旅游区、丽水瓯江生态旅游区。

2. 特色旅游功能区:千岛湖湖泊休闲旅游区、河姆渡文化旅游区、氡泉康养旅游区、莫干山乡村旅游区、南湖红色旅游区、天姥山唐诗文化旅游区、横店影视文化旅游区、南孔圣地文化旅游区、普陀山佛教文化旅游区、台州滨海旅游区、丽水绿谷风情旅游区。

三、"十四五"重点任务

(一)以数字化引领改革创新

以数字化改革为总抓手,撬动文化和旅游领域各方面改革,统筹运用数字化技术、数字化思维、数字化认知对文化和旅游治理的体制机制、组织架构、方式流程、手段工具进行全方位系统性重塑,创新体制机制,努力抢占旅游现代化发展制高点。

创新数字政务服务体系。坚持数字化改革与政府职能转变相结合,推进简政放权,对旅游领域涉企经营许可有关事项实行告知承诺、优化审批服务等方式优化办事流程。深化证照分离事项改革,聚焦跨部门数据共享和业务协同,建立健全便民高效、标准统一、协同互信的政务服务"全省通办"机制。深化"一件事"综合集成改革,推进流程再造,创新"一窗受理、集成服务、一次办结"服务模式,进一步提升旅游企业的便利度和获得感。通过跨部门、跨层级共享和汇聚各类文化和旅游数据,加强数据的挖掘、分析和利用能力,构建智慧文旅大脑。全面实现"掌上办公""掌上办事"。

发展智慧旅游。实施旅游"新基建"行动计划,全省 4A 级以上旅游景区和省级以上旅游度假区实现 5G 网络全覆盖,达到国家智慧旅游景区度假区标准。一窗集成"浙里好玩"畅游浙江服务平台,推广杭州"多游一小时"模式,推出"10 秒找空房""20 秒景点入园""30 秒酒店入住"等智慧旅游便民服务场景。建成数字旅游应用体系,发展数字导航、数字导购、数字导览、数字导游等,普及扫码入园、刷脸通行、无接触服务等智慧服务,全省 3A 级以上景区和省级以上旅游度假区实现上述功能全覆盖。推动停车场、旅游集散与咨询中心、游客服务中心、旅游专用道路及景区内部引导标识系统等公共服务数字化与智能化改造升级。推动"互联网＋旅游"深度融合,开发云旅游、云演艺、云娱乐、云直播、云展览等新业态,推广沉浸式体验型数字前沿产品。打造旅游投融资数字服务平台,集成金融、投资、项目、招商、政策、运营等要素资源,构建线上线下联动的精准招商和投融资服务模式。壮大在线旅游服务商(OTA),探索旅游业与农村电商、跨境电商、服务业电商和电商物流等跨界融合。支持杭州市等地创建数字经济旅游示范区。

专栏 2　智慧旅游项目

1.浙江省文化和旅游智慧大脑。打造文化和旅游数据中台,通过数字高铁连接 11 个设区市城市大脑、重点文化和旅游感知设备,形成万物互联的网状中心,成为文化和旅游决策、现代化治理的中枢系统。与 OTA、横向部门、设区市旅游主管部门的数据开放共享,创新统计分析方法,建成基于大数据分析的文化和旅游融合发展评估决策子系统、旅游产业发展评估决策子系统、旅游市场发展评估决策子系统、风险预警子系统。

2.“浙里好玩”旅游服务平台。将“浙里好玩”平台打造成为全省重要票务预约预订平台,引导预约旅游消费。在停车引导、景区引导、风险预警、线上投诉、公共交通等方面提供便捷有效的公共服务信息。到 2022 年实现全省星级酒店、文旅企业、导游信用查询,3A 级以上旅游景区商品、服务溯源查询;到 2025 年实现全省酒店、民宿信用查询,A 级以上旅游景区商品、服务溯源查询。

3.浙江省红色旅游大数据中心。整合全省红色旅游数据,建设红色旅游大数据中心及综合服务应用系统。以多场景应用为核心,挖掘红色旅游资源,建立红色文化基因图谱,分析红色旅游客源市场,监测红色旅游实时运行情况,展示红色文化。

加强旅游科技创新与应用。立足浙江优势,适应文化和旅游融合趋势,提升舞台灯光、机械、计算机控制系统等文化娱乐设备的研发水平,加强丝织品、古陶瓷等文物科技研究。推进旅游信息监测与管理技术、旅游数据智能采集技术、旅游场所智能感知技术、沉浸式体验技术等创新发展。推进旅游业与先进制造技术融合发展,开展邮轮游艇、自驾车旅居车、低空飞行、房车等高端旅游装备和非接触式服务智能装备研制。支持省内大型装备制造企业研发旅游装备,形成一批国家级旅游装备制造业示范基地。利用云计算、物联网、AR/VR、全息投影、无人驾驶、航空航天、北斗导航等新技术,发展旅游新业态。支持引进新科技支撑的旅游项目。挖掘历史文化内涵,借助声光电和人工智能等技术,让游客体验优秀文化。推动导航定位、可穿戴设备、电子围栏、遥感卫星等技术和设备在自助旅游、特种旅游中的运用。探索利用区块链技术,升级旅游商业模式。依托杭州城西科创大走廊和全省科技馆等科技设施,打造 200 个科技体验旅游点。

专栏 3　旅游科技创新平台

积极创建 10 个左右国家旅游科技示范园区、文化和旅游部重点实验室和技术创新中心。培育 20 家以上旅游科技创新领军企业。实施“揭榜挂帅”制,每年推出 2—5 项引领旅游新潮流的自主创新项目。支持高等院校、职业学校与相关企业联合建设旅游科技人才培养基地,扶持一批旅游科技项目。

促进长三角旅游高质量一体化发展。秉承资源共享、市场共拓、品牌共创原则,创新长三角文化和旅游联盟合作平台建设,加快一体化制度创新和经验复制,完善一体化发展体制机制,共同打造世界级旅游目的地。建立旅游业一体化标准体系,推出《旅游景区(点)道路交通指引标志设置规范》等 10 项以上区域协同标准。探索“畅游长三角”“旅游护照”等市场联动措施,联手打造十大旅游品牌和十大旅游线路;推出长三角社保卡“一卡通”旅游系列产品;建设长三角、浙皖闽赣旅游交通专线,推出长三角“高铁＋”旅游产品线路;强化旅游推广联盟,通过联合策划、组织境内外旅游市场推广营销,推广长三角整体旅游形象资源。着力推进旅游市场主体合作,促进资源要素顺畅流动。制定互相认可的旅游市场负面清单,发布旅游行业“红黑榜”,构建长三角旅游市场诚信体系。共建假日旅游、旅游景区大客流预警等信息联合发布和共享机制。大力支持长三角生态绿色一体化发展示范区嘉善片区旅游发展。推进杭绍甬、甬舟、湖嘉、衢丽等旅游一体化发展。

> **专栏 4　长三角旅游一体化发展重点项目**
>
> 1.推进长三角江南水乡古镇联合申报世界文化遗产,打造享誉国际的江南水乡古镇旅游圈。
>
> 2.打造杭黄世界级自然生态和文化旅游廊道,建设"名城—名江—名湖—名山—名镇—名村"国际黄金旅游线。
>
> 3.打造衢黄南饶"联盟花园"旅游协作区,推进浙皖闽赣国家生态旅游协作区,建设世界级旅游景区。
>
> 4.打造环太湖生态文化旅游圈,探索建设世界级旅游度假区。
>
> 5.建设中国邮轮旅游发展示范区,开辟上海经舟山至洞头的浙东沿海邮轮游黄金旅游线,将国际邮轮线路从上海延伸至浙江十大海岛公园和滨海景区景点,推进浙江邮轮游艇旅游发展。

推动自贸试验区旅游发展。利用好中国(浙江)自由贸易区扩区和《区域全面经济伙伴关系协定》(RCEP)签署的契机,赋权改革,重点发展邮轮游艇旅游、商贸旅游、特色医疗旅游、娱乐演艺旅游、文化旅游、滨海旅游、健康养生旅游、体育竞技旅游、教育旅游、会展旅游等业态,形成新的增长点。设立50家以上离境退税商店,争设一批免税店,推进离境退税"即买即退"试点,打造中国东部富有吸引力的购物旅游目的地。扩大旅游业对外开放,引进一批跨国企业总部和著名品牌企业、平台进驻自贸试验区。围绕旅游购物、旅行社开放、便利入境旅游、离岸金融业务等,加强制度创新。推动区内区外联动发展,探索区内注册区外服务路径方法。

> **专栏 5　自贸试验区旅游业发展重点**
>
> 1.舟山片区。推进中国邮轮旅游发展实验区、海岛公园、舟山国家健康旅游示范基地、朱家尖国际旅游度假区等重大项目建设,全面创建自贸旅游岛。
>
> 2.宁波片区。建设自贸区文化艺术品交易中心、文化和旅游进口博览会等平台。培育竞技赛事、康养、休闲运动等新业态,创建滨海体育赛事基地、专业装备进口基地、康养基地、邮轮游艇旅游中心、文物修复国际中心。打造数字文旅谷、文化和旅游知识产权服务中心。
>
> 3.杭州片区。推动杭州钱塘新区台湾免税购物综合体、保税免税商品交易市场建设,发展购物旅游。推进大创小镇、东部湾湿地公园、杭州空港小镇、滨江物联网小镇、互联网小镇等建设,发展休闲度假、数字经济、会展节庆旅游,促进文创贸易。建设杭州东部湾总部基地、杭州生物医药产业园等区块,创新发展医疗康养旅游。
>
> 4.金华-义乌片区。打造世界商贸旅游目的地。设立影视旅游基地,培育外向型影视文化旅游企业。探索创新综保区内国际高端艺术展品、文物担保监管模式,建设国际文化艺术品展示交易中心,探索海外文物艺术品交易、回流工作模式,发展国际会展旅游。

推进旅游体制机制创新。以数字资源分析为依据,加强旅游领域改革系统集成,打造高效工作闭环,提升资源配置效率。探索健全旅游业促进共同富裕制度,拓宽旅游强县(市、区)旅游富民渠道,创新乡村旅游利益联结机制,带动农民通过旅游业增收致富。紧扣"四条诗路"等跨区域重大建设任务,深化和完善省市县协同机制,凝聚共抓大项目、共促大发展的工作合力。积极探索自贸试验区旅游业发展机制,形成先试先行的制度创新成果。改革旅游宣传推广模式,突出市场效果导向,建立宣传推广评估体系和规程。鼓励旅游企业"抱团式"发展模式,推广衢州旅行社行业协会"现代旅游根据地"模式,发挥各类旅游行业协会的作用,促进资源整合、集成,拉长产业链,提升整体发展能力。对全省旅游景区实行分类管理,推进国有景区所有权、管理权和经营权分离,建立现代企业制度的景区经营主体。鼓励旅行社等旅游企业适应"后疫情时期"旅游市场的新变化,加快转型,重视个性化、品质化产品的开发,重构发展模式。创新要素保障新机制、新方法。

(二)深化文化和旅游融合发展

以文塑旅、以旅彰文,拓展融合路径,创新融合方法,推动文化和旅游资源共享、优势互补,丰富融合业态,拓展发展空间,努力建成全国文化和旅游融合发展样板地。

普查全省文化和旅游资源。实施全省文化和旅游资源普查工程,厘清资源类别标准,全面调查登记,摸清家底,建立浙江省文化和旅游资源数据库。推进文化基因解码工程,系统研究梳理浙江历史文脉,提炼文化元素价值,构建文化基因库,描绘浙江文化基因图谱。到2022年底,全省核心文化资源基因解码工程基本完成。到2025年,以文化基因为基础的文旅融合发展环境和机制基本完善,为全国文化和旅游资源分类与评价国家标准的制订提供"浙江样本"。

打通文化和旅游融合主路径。一是推进"优秀传统文化+旅游",以浙江特色传统文化资源为依托,进一步擦亮西湖文化景观、大运河、良渚古城遗址等世界文化遗产,高水平建设"四条诗路"文化带和浙江省大运河国家文化公园,打造上山文化、河姆渡文化、宋韵文化、南孔文化、和合文化、古越文化、吴越文化、丝瓷茶文化、江南水乡古镇文化等具有浙江辨识度的文化标识,全面展示浙江文明;充分利用浙江历史名人辈出的优势,打造阳明故里、书圣故里、刘伯温故里、西施故里、鲁迅故里等历史名人故里(故居)主题旅游线路和研学旅游目的地。二是推进"革命文化+旅游",以中国共产党建党100周年为契机,发挥我省作为中国革命红船起航地的优势,加强革命文物保护利用,传承红色基因,努力打造全国红色旅游圣地。三是推进"社会主义先进文化+旅游",以新中国史、改革开放史,特别是"八八战略"实施以来我省有影响力的重大标志性成果为文化支撑,加强规划,推出系列旅游产品,打造10条改革开放主题旅游线路,充分展示社会主义制度优越性。

专栏6 红色旅游

挖掘全省红色旅游资源,用好嘉兴南湖中共一大会址、丽水中共浙江省委机关旧址、余姚和慈溪"浙东抗日根据地"旧址、长兴"新四军苏浙军区"旧址、永嘉"红十三军"旧址、开化"闽浙赣(皖)根据地浙西一翼"旧址、丽水"红军挺进师"活动旧址、平阳中共浙江省第一次代表大会会址、椒江"解放一江山岛"革命遗址等浙江革命遗址、遗存、遗迹,实施100项重大革命文物保护利用项目。将"红船精神""浙西南革命精神""大陈岛垦荒精神""枫桥经验"等融入红色旅游线路设计、展陈展示、讲解体验,持续打造10个国家级和8个省级红色旅游经典景区、10条"寻访红色足迹、传承红色基因"主题精品旅游线路;联合上海打造"重走一大路"主题红色旅游精品线路。加快完善70个省级红色旅游经典景区资源点,结合爱国主义教育基地建设,创建一批红色旅游教育基地。结合党史学习教育,开展万名红色讲解员讲百年党史主题活动,打响"浙里红"红色教育和红色旅游品牌。

专栏7 建设具有浙江辨识度的文化旅游目的地

1.文明之源旅游目的地。利用好良渚、上山、河姆渡、马家浜、跨湖桥等遗址,推进遗址公园建设,加强研究传承,推出系列主题研学和文化项目,体验万年浙江和世界稻作文明、古老海洋文明、人类早期城市文明起源。

2.运河文化旅游目的地。建设浙江省大运河国家文化公园,推进大运河精品景区、创意产品、度假休闲产品、文化娱乐产品、体育旅游产品开发建设,提升大运河的国际知名度和影响力。

3.丝瓷茶文化旅游目的地。突出浙江作为"海上丝绸之路"大宗商品丝、瓷、茶发源地的地位,串珠成链,重点打造"湖州钱山漾遗址—湖州桑基鱼塘—湖州丝绸小镇—南浔古镇—中国丝绸博物馆"为主线的丝绸体验专线,"临安天目窑遗址—杭州老虎洞窑址"和"杭州南宋官窑博物馆—慈溪上林湖越窑遗址—温州永嘉瓯窑小镇—龙泉大窑龙泉窑遗址"为主线的青瓷体验专线,"余姚河姆渡遗址—西湖龙井茶园—中国茶叶博物馆"为主线的茶叶体验专线。

4.江南水乡古镇文化旅游目的地。以乌镇、西塘、南浔、新市等为核心,推动古镇群落文化休闲和旅游资源的联动开发,打造江南水乡古镇文化旅游品牌。

5.书香文化旅游目的地。提升杭州文澜阁、宁波天一阁、湖州皕宋楼、南浔嘉业藏书楼等浙江藏书楼和杭州万松书院等传统书院展示服务功能,利用好国家版本馆杭州分馆,打造书香主题研学线路,开展抄写、写样、雕版与活字制作、印刷装订、装帧装潢等活态体验,促进书香浙江建设。

6.宋韵文化旅游目的地。建设杭州南宋皇城考古遗址公园、绍兴宋六陵考古遗址公园,推进宋韵文化研究传承和南宋文化品牌塑造,打造具有鲜明文化特色和综合互动的南宋文化体验园区。

7.古越文化旅游目的地。以会稽山、兰亭两大核心,围绕古虞遗址、历史文化名村落地重点项目,高起点规划建设小黄山遗址、西施山考古遗址、印山越国王陵考古遗址等八大古越文明遗址公园,打造平水镇宋家店村、兰亭镇紫洪山村、嵊州原竹溪乡竹溪村、五泄镇十四都村等十大古越名村。

8.南孔文化旅游目的地。建立国际孔子文化联盟,打造南孔文化体验线路,建设儒学文化研修传播中心,建成"南孔圣地"文化旅游产业集聚区。

9.和合文化旅游目的地。打造和合文化精品景区项目、节庆活动、国际文化交流平台,支持台州市建成和合文化传承发展示范区。

10.阳明文化旅游目的地。高水平建设阳明故里、阳明古镇等综合保护利用项目,建成"良知源头、心学圣地"文化和旅游产业集聚区。

创新文化和旅游融合方法。一是推动文化资源转化为旅游产品。充分用好文物资源,推广"拯救老屋行动",建设绍兴宋六陵等25处以上考古遗址公园,打造"千年古镇"复兴旅游专线;推进非遗展示馆、体验基地和传统民俗活动场所纳入重点旅游线路,培育10个文化传承生态保护区、100个非遗旅游景区、1000个非遗体验点,引导游客参与非遗体验;推进文化场馆景区化建设,重点推动100个博物馆、美术馆、档案馆等创建成为A级旅游景区。二是为旅游产品植入文化元素。推进"文化润景"计划,通过文化策划、设计,以"微改造"为手段有机融入现有旅游产品;推进演艺业进旅游景区。三是以文旅融合的思路规划谋划、储备、实施一批具有牵引性的重大项目。培育100张文化和旅游"金名片"、100个文化和旅游IP。探索重大文化旅游项目文化评价制度。

丰富文化和旅游融合业态。发挥文化和旅游的融合拉动、催化集成功能,深化与一、二、三产跨界融合发展。深化文化创意、音乐、影视、动漫、网络文学、工艺美术等文化业态与旅游业融合,推动旅游与教育、体育、会展等现代服务业深度融合,促进文化和旅游与农业、工业融合发展,创新推出影视、研学、体育、工业、商务会展等旅游新业态,延长产业链。促进文化和旅游与新型城市化同步发展,将城市资源开发建设与文化建设、旅游发展同步推进,提升都市发展能级。

专栏8　文化和旅游融合发展重点业态

1.旅游演艺。支持旅游演艺创作,实现5A级旅游景区和国家级旅游度假区有1台主题演艺节目或特色演艺活动。推进业态模式创新,发展中小型、主题性、特色类、定制类旅游演艺项目。壮大演艺经营主体,提升其在创意策划、市场营销、品牌打造、衍生品开发等方面能力。推出10部具有全国影响力的演艺力作。打造10个旅游演艺集聚区。推进音乐场馆、音乐小镇、音乐团体建设,培育10个品牌音乐节,探索"音乐＋旅游"发展模式。

2.影视旅游。推出一批具有浙江文化和旅游元素的影视精品,借助影视剧和"明星效应"宣传推广浙江文化和旅游。利用热点影视IP,开发一批旅游产品和线路,延伸影视旅游产业链。推进横店影视产业实验区、湖州影视城、象山影视城等影视基地景区化建设,打造5个左右全国知名特色影视小镇,推出更多互动式影视体验项目。旅游赋能中国(浙江)影视产业国际合作实验区、浙江国际影视中心等平台建设,加快浙江影视精品"走出去",吸引境外游客"走进来"。

3.研学旅游。推动建立适合不同阶段、不同类型、不同层次学生需求的研学旅游产品体系,打造"跟着课本游浙江"品牌。深入实施全省中小学研学旅游计划,提供文化体验、科技体验、劳动体验等内容,丰富实践教学。探索研学旅游学分制。加强研学旅游课程设计。遴选公布科普教育、历史文化等省级营地10个以上、省级基地100个以上,培育30条研学旅游精品线路。创建一批中国研学旅游目的地和全国研学旅游示范基地。

4.运动休闲旅游。以2022年杭州亚运会为契机,建设亚帆中心等50个运动休闲旅游示范基地,推出10条左右运动休闲精品线路,打造杭绍甬体育文化旅游带,努力建设国际知名的运动休闲目的地。培育马拉松、自行车等赛事,鼓励开发山地越野、山地自行车、野外探险、户外露营、攀岩、漂流、潜水、独木舟、皮划艇、帆板、摩托艇等山地和海洋运动旅游产品。以体育小镇为载体,打造一批运动旅游品牌。鼓励有条件的地区建设冰雪运动场地,开展冰雪运动休闲活动。推进健身休闲、竞赛表演与旅游融合发展,支持体育运动场所开展体育旅游服务。

5.商务会展旅游。加大商务、会议、展览、节事等与旅游联动发展力度,打造互联网、先进制造、电子信息、新材料、新能源、纺织等领域国际级展会,自主培育和引进国内外大型会展品牌。建设10个左右以会展中心为依托的商务旅游集聚区。推动杭州、宁波、金华-义乌都市旅游经济圈打造国际商务旅游目的地。

6.工业旅游。依托浙江先进制造业,建设100家左右工业旅游景点(区)。开发龙泉青瓷小镇、绍兴黄酒小镇、湖州湖笔小镇等为代表的浙江传统手工业旅游产品和线路。保护性开发温州矾矿、菱湖丝厂等近代工业遗址景区、景点。综合开发杭州钢铁公司等工业企业遗存,形成都市工业旅游集聚区。依托梦栖小镇、云栖小镇、汽车小镇等现代智造业特色小镇,打造高能级旅游目的地。

(三)发展生态保护为底色的特色旅游

深入践行"绿水青山就是金山银山"理念,把生态绿色作为旅游业发展的底色,进一步拓宽旅游转化的通道,把生态优势转化为旅游发展优势,促进共同富裕示范区建设。

全面提升乡村旅游。坚持乡村旅游与未来乡村生活相适应、与乡村振兴相融合,探索未来乡村旅游模式。培育发展休闲农业旅游、乡村旅居业,提升休闲度假比重。深入挖掘乡村传统文化,利用乡村民俗文化、风土人情和农业文化遗产,广泛开展"跟着节气游乡村"等活动。建设100个美育主题村落,推出乡村音乐节+乡村旅游等新业态。实施"万村景区化"2.0计划,景区村庄覆盖率达到60%。完善"景区+村庄""小镇+村庄""民宿+村庄""村庄+村庄"和田园综合体等模式,形成100个乡村旅游集群。实施乡村旅游精品工程,迭代升级乡村旅游标准,提升休闲农庄、农家乐、乡村酒店、特色民宿、乡旅客栈、自驾露营、户外运动和养老养生等产品质量,促进农民创业就业。振兴农家特色小吃、传统手工制作等乡愁产业,鼓励农民以土地、房屋等入股乡村旅游企业,促进农产品销售,增加农民收入。重点培育1000名"乡村旅游带头人"。提高世界乡村旅游大会和全国民宿主人大会等重要平台能级。创建全国乡村旅游重点村镇100个、全国乡村旅游融合发展示范区20个。乡村民宿超过2万家,经营总收入比"十三五"增长50%以上;全省乡村旅游年经营总收入达700亿元以上。

专栏9　乡村旅游运营管理公司培育计划

到2025年,培育100家乡村旅游运营管理公司。推动乡村旅游经营方式向专业托管、连锁加盟、合作共赢转变。引导金融资本、社会资金、村民自有资产参与乡村旅游,推动农村经济合作社成为乡村旅游运营管理的主要参与者,形成企业、乡村、群众合作共赢发展新格局。强化市场监管,推动行业协会建设,提升乡村旅游专业化水平。

加快发展海洋旅游。制定《浙江省海洋旅游发展规划》，依托1800公里生态海岸带，深入挖掘和利用海洋文化资源，发展滨海旅游，打造中国最美黄金旅游海岸带。挖掘宁波、舟山"海上丝绸之路"文化遗址价值，保护沿海抗倭等海防遗址，打造海洋考古文化旅游目的地。创新杭州湾、三门湾、台州湾、象山港-梅山湾、乐清湾、温州湾等湾区旅游发展。推出游钓艇、海洋牧场、海洋运动、海水康疗、海洋食品养生等海洋旅游产品，开发邮轮游艇、休闲度假岛、海洋探险等高端旅游产品，打造海上运动赛事，大力发展海洋海岛旅游。加快打造滨海旅游景区度假区，加强滨海游和海岛游串联，丰富旅游产品供给。大力拓展境内外海洋旅游线路，形成浙江滨海旅游一日游、多日游和跨境海上旅游线路。完成"十大海岛公园"建设，海岛公园地区年接待游客总数超1亿人次，旅游收入超1600亿元。

专栏10　海岛旅游和邮轮游艇旅游

1.海岛旅游。全面建成嵊泗、岱山、定海、普陀、花岙、蛇蟠、东矶、大陈、大鹿、洞头等十大海岛公园。海岛公园率先实现景区村庄、乡镇、城区全覆盖，丰富滨海旅游线路产品。提升国际海岛旅游大会等平台能级。扩大特色美食影响力，提高游艇邮轮、海洋海岛度假、海洋运动休闲、渔村体验、海洋探奇、生态研学等业态品质，打造"诗画浙江·海上花园"中国最佳海岛旅游目的地。

2.邮轮游艇旅游。加快舟山国际邮轮母港、宁波国际邮轮港、温州国际邮轮港等沿海重要旅游节点的设施建设，积极融入中国邮轮旅游发展试验区，开道上海到洞头浙东沿海邮轮旅游线路。建设3—5家省级邮轮游艇旅游试验区，配套完善邮轮游艇停泊、加油、检修、改装、交易、租赁、餐饮、游乐等系列服务设施。规划建设30个私人游艇码头基地，引导投资建设游艇俱乐部，研究制定游艇管理相关政策。

创新发展滨水旅游。利用好丰富的江、湖、河、溪等自然资源，大力发展滨水创意型旅游度假项目，努力建设国际滨水旅游目的地。依托浙江八大水系，建设30个以上水利风景区，发展亲水旅游，打造"母亲河"之旅。依托千岛湖、西湖、南湖、太湖等名湖资源，保护名湖、名河、湿地水环境，修复古代溇港、古堰坝、古渡口，打造一批国家级和省级旅游度假区，形成滨河（湖）生态廊道。开发大运河、钱塘江等水上旅游，打造水上旅游休闲特色品牌。积极探索内河游轮旅游。加强水陆联动，丰富线路产品，形成新增长点。争取滨水旅游收入年均增长15%以上。

积极发展山地旅游。充分利用丰富山地资源，以发展休闲度假产业为主导方向，打造全国高山旅游疗养胜地和长三角山地度假休闲旅游目的地。建成天目山、四明山、雁荡山、莫干山、会稽山、大盘山、钱江源、天台山、神仙居、凤阳山-百山祖十大名山公园。建设20个山地休闲度假旅游试验区，发展避暑休闲、山地运动、汽车露营、科普探险等新业态。建设临安清凉峰、云和梯田等200个山地休闲度假区、景区，培育唐诗古道（霞客古道、寒山古道）、括苍古道、会稽山香榧古道、徽杭古道等50条"浙江最美森林古道"，充分挖掘景观价值、文化价值、运动价值，构建山地旅游产业集群。完善山地旅游交通体系，制定山地旅游生态建设标准和消防管理标准。到2025年，平均每个名山公园年旅游人次超过500万，旅游收入超过5000万元。

鼓励发展康养旅游。把握游客对"后疫情时期"康养旅游产品的迫切需求，利用浙江生态、中医药、温泉等资源优势，打造高品质的中医药养生、温泉度假、天然氧吧、森林氧吧等绿色康养旅游产品，推出乡村康养、森林康养、海洋康养、湿地康养、滨湖康养、山地康养等新型业态，形成"养生、养心"康养旅游新模式。建设100个休闲度假型、农事体验型和康复疗养型老年养生基地。打造50个以上浙江省中医药文化养生旅游示范基地、100个以上森林康养基地、100个以上海洋休闲度假养生基地、20个以上温泉保健疗养基地等康养旅游基地和10条精品疗休养线路。建设3个以上国家级康养旅游示范区、5个以上国家级中医药健康旅游示范区。争取康养旅游年营业总收入超100亿元。

支持发展山区26县旅游业。以促进共同富裕为目标，发挥山区生态优势，培育壮大山区生态旅游、乡村旅游、山地旅游、康养旅游和文化旅游等业态,带动相关产业联动发展。依托 18 个山海协作生态旅游文化产业园,推出诗路怀古等一批山海协作最美生态旅游线路。培育 30 张文化和旅游"金名片"、20 个乡村旅游集群、15 家全国乡村旅游重点村、20 家红色旅游经典景区等,迭代提升 30 家旅游风情小镇,推进民宿助力乡村振兴改革试点。提炼 26 县"诗画浙江＋"主题品牌,精准拓展客源市场,扩大市场影响力。深化景区城、景区镇、景区村建设,实现省级全域旅游示范县(市、区)覆盖率 100%、国家全域旅游示范区覆盖率超过 30%。实现县县有 4A 级旅游景区、省级旅游度假区,50% 以上的县有 5A 级旅游景区、国家级旅游度假区。

推进旅游业生态化建设。全面落实垃圾分类管理规定,治理塑料污染。到 2023 年底,所有 A级旅游景区、旅游度假区、星级饭店、等级民宿不再主动提供一次性塑料用品。指导各类旅游企业绿色化低碳化发展,实现节水节电节能、绿色低碳标准达标。全面实现滨水、山地等旅游景区污水集中处理。建立生态评价制度,改善旅游景区、旅游度假区、旅游休闲区、国家公园、生态旅游岛等生态环境。4A 级以上旅游景区全部建成生态停车场并配备新能源汽车充电设备。旅游厕所实现生态化。建设 500 家以上"绿色饭店"。推广绿色旅游活动,认定一批国家级、省级生态旅游示范区。制定全省旅游绿色消费指南。

(四)提升旅游供给品质

立足大众旅游发展,大力创造旅游供给,努力提供更加丰富、更加优质的旅游产品和服务,满足全面建成小康社会后群众对美好生活的需求。

开展旅游业"微改造、精提升"。坚持全域覆盖、点面结合、科技赋能、以人为本的原则,开展A 级旅游景区、旅游度假区、旅游风情小镇、文博场馆等旅游核心吸引物,景区城、景区镇、景区村等旅游目的地,酒店、民宿等旅游接待场所的"微改造、精提升"。大力实施"精致体验、精良设施、精美环境、精心服务、精细运营"五精工程,打造 1 万个"微改造"示范点。以"微改造"的"绣花"功夫,提升旅游业人性化、现代化、集约化、品质化、国际化水平,让游客"多住一天""多玩一天"。

打造高能级旅游吸引物。着力培育高能级旅游景区和度假区,重点打造江南水乡古镇旅游集群、衢黄南饶生态旅游集群、杭黄自然生态和文化旅游集群、环太湖休闲度假集群、浙中生态和文化旅游集群等。培育千万亿级大景区 35 家,新增 5A 级旅游景区 3 家,新增国家级旅游度假区 3 家、省级旅游度假区 5—10 家。提升旅游风情小镇文化内涵。强化标准引领、质量提升、文化挖掘、技术传承,提升"诗画浙江·百县千碗"美誉度。推出品质饭店 200 家,建成等级民宿 1200家、民宿集聚区 50 个、文化主题民宿 200 家。推出 100 个浙派文化符号伴手礼,评定 1000 个星级旅游商品购物点,打造"浙江有礼"旅游购物特色品牌体系,到 2025 年,旅游购物占旅游总收入超 25%。

专栏 11 "诗画浙江·百县千碗"提升工程

建立健全菜肴标准、经营实体标准、统计评价标准,培育 3—5 个特色美食小镇、30 个特色美食街区和美食园区、500 家特色美食店等美食文化体验场所,展现舌尖上的浙派美食文化魅力。培育一批名师大厨。在新农都综合体内打造"百县千碗"中心厨房。推动"诗画浙江·百县千碗"进景区、进饭店、进校园、进机关食堂、进高速服务区。举办有影响力的美食主题活动,发展美食旅游。支持"诗画浙江·百县千碗"走向全国、走向国际,全面提升"浙菜"影响力。

探索未来系列旅游产品。与未来城市、未来交通、未来社区、未来乡村充分衔接,着力在理念、业态、服务、管理等方面集成创新,打造在全国有影响力的"未来旅游先行区"。突出绿色发展、人性化高品质服务、未来科技运用、数字赋能等要素,推动旅游产品迭代升级,建设理念新、跨界融合强、智慧化程度高、体验感好、管理效率佳的未来景区、未来度假区、未来风情小镇、未来酒店、未来民宿、未来旅行社等未来系列旅游产品,引领旅游业高质量发展。

专栏 12　培育未来系列旅游产品

1. 未来景区。以提高景区体验度、舒适度和满意度为出发点,融合先进理念、文化、科技,全面提升景区现代化、集约化发展水平,打造全国未来景区引领地和示范地。"十四五"期间,培育 25 家未来景区。

2. 未来度假区。着眼度假模式升级,注重生态赋能、标准赋能、科技赋能,凸显度假区独特主题,推动品牌建设,进行产品升级,打造传统之上的未来度假区风貌。"十四五"期间,培育 10 家未来度假区。

3. 未来风情小镇。创新实践"未来小镇"美学设计,对已经命名的 100 个省级小镇逐级复核,提高产业功能、文化功能、旅游功能及社区功能,提升其品质、品牌知名度与美誉度,打造旅游风情小镇未来版本。

4. 未来酒店。聚焦"人本化、生态化、数字化"三维价值坐标,以品质体验、主题文化、绿色集约、智慧共享为内涵特征,构建以文化、健康、智能、低碳、服务等场景创新为重点的集成系统。推广智慧住"零接触"酒店。"十四五"期间,培育 100 家未来单体酒店、10 家未来酒店集团、5 家未来酒店科技服务商、3 个未来酒店产学研平台。

5. 未来民宿。加快推进民宿集群化、特色化、产业化发展,提供人性化、定制化的服务。打造内通外达、智慧便捷、配套完善、互通互用、主客共享的公共空间,形成浙江特色的民宿转型发展模式。"十四五"期间,培育 1000 家未来民宿,推动一批民宿纳入全国优选乡村民宿名录。

6. 未来旅行社。引导旅行社准确把握旅游消费市场细分化和升级化趋势,建立服务增值、产业链拓展、在线交易等经营发展新模式,设计更加特色化多样化的旅游产品和旅游线路。推进智慧旅行社平台和导游智能评价管理平台建设,实现精细化、特色化和高端产品的定制。支持大型旅行社企业整合上市。"十四五"期间,培育 200 家高品质未来旅行社。

打造精品旅游线路。顺应自驾游、特色游快速发展的趋势,加强区域合作,深度挖掘整合全省文化和旅游资源,把资源转化为产品,串珠成链。立足浙江区域特色,结合交通线路,优化旅游线路设计,突出生态、文化、美食、研学、养生、观光、度假等不同主题,形成满足多元需求的特色精品旅游线路体系。提升沿线节点景观品质,完善沿线吃、住、行、游、购、娱等特色集成配套,打造多样化高品质的旅游产业集群。加强精品旅游线路的宣传与推广,进行整体化品牌营销,提升品牌的知名度、美誉度与影响力。

扩大旅游有效投资。坚持谋划一批、立项一批、开工一批、竣工一批,围绕省委、省政府中心工作,推进牵引性、战略性、带动性强的重大旅游项目建设,力争"十四五"期间投资累计达 1 万亿元以上。注重优化旅游业态结构,完善创新旅游招商选商机制。改善旅游投资服务环境,推行土地、能耗、资金等投资要素跟着项目走,加快项目落实落地。完善重大项目动态清单管理机制和退出机制。

培育现代旅游市场主体。实施"领军型、骨干型、新锐型"旅游企业梯度培育计划,利用 5 年时间培育 100 家龙头企业、1000 家成长型企业和 10000 家小微企业。支持旅游企业通过资产重组、股份合作、资源整合、品牌输出等多种形式做大做强,打造跨界融合的产业集团和产业联盟。支持浙商回归发展旅游产业。到 2025 年力争培育 10 家以上年产值超 10 亿元的大型旅游企业集团。积极引进国际和国内旅游知名品牌,支持世界 500 强和中国 500 强企业进入浙江旅游领域投资兴业。支持宋城、横店、龙之梦等一批大型旅游企业创新发展,发挥龙头牵引带动作用。促进线上旅游平台规范健康发展。

专栏 13　浙系酒店集团培育计划

聚焦中高端市场,突出龙头引领,实施"品质""品牌"双轮驱动,培育 10 家以上立足浙江、覆盖全国的综合性酒店集团。支持"开元""君澜""蝶来""雷迪森"等浙江酒店品牌进一步做大做强,形成浙系酒店集团品牌矩阵。鼓励酒店集团提升服务标准和专业化运营水平,实施品牌输出,扩大省内外布局。引导我省大型酒店集团创新经营,主动上市,扩大规模,打造全国酒店行业标杆。

专栏 14　品质旅行社培育计划

着眼旅游业中高端市场,注重个性化服务,拓展线上业务,提升旅行社品质内涵。注重出境、入境、国内三大市场协调发展。细分旅游市场,健全完善旅行社业务批发零售分工体系。突出龙头引领,助推旅行社行业转型升级。提升导游服务水平,拓展定制服务。到 2025 年,培育 30 家以上头部旅行社企业,全省品质旅行社数量达 700 家以上。

（五）拓展旅游消费市场

坚持扩大内需战略基点,深化供给侧结构性改革,推进需求侧管理,积极打造国内旅游大循环战略支点。

促进旅游消费。积极培育旅游消费体验新场景。深度挖掘城市文化内涵和资源优势,打造高吸引力的旅游休闲城市和街区;建设 1000 个城市旅游特色购物街区、100 个文化创意街区;探索社区旅游,建设一批社区旅游示范点;培育假日旅游新产品;发展无接触旅游消费;发挥国家、省级文化和旅游消费示范试点城市的带动作用,举办浙江省文化和旅游消费季,完善促进旅游消费长效机制。丰富出游方式选择,提供团队游、自助游、亲子游等多元旅游产品和线路。鼓励"浙江人游浙江",实施分时段分人群的省内旅游促销行动,推动实施"欢乐周末亲子游"计划,鼓励城乡居民周末跨市旅游、退休人员工作日出行;根据浙江的季节特点,积极开发夏季高山旅游、海岛旅游等"凉享"产品,探索发展冬季冰雪运动旅游等产品,努力做到淡季不淡。

专栏 15　落实带薪休假制度

制定带薪休假制度实施细则。合理安排职工休假时间,鼓励带薪错峰休假。探索"假期银行"制度,通过节假日的"零存整取",形成分散式、多时段的旅游消费方式。推行"浙江疗休养一卡通"。鼓励企业按规定发放旅游消费券或旅游休闲补贴,将职工旅游休闲作为奖励和福利措施。

发展夜间旅游。推出一批常态化、特色化的夜间文旅体验项目,促进"夜游、夜购、夜演、夜娱、夜宵、夜读、夜展"等夜间消费,发展文化休闲和旅游消费"夜经济"。优化夜游景区景点,策划组织一批"小而精"的地方戏曲、电影、歌剧、音乐、读书会等文化休闲活动,开发夜间光影秀等产品。培育 200 个夜间文化和旅游消费场景,打造一批夜间特色文旅 IP。开发"文博场馆奇妙夜"夜间体验项目,县级以上博物馆、图书馆等文化设施夜间开放比例达到 30% 以上。推动文化演艺进景区,打造"白天观景、夜晚看剧"全天候旅游体验。培育 50 个以上省级夜间文旅消费集聚区和 5 个以上国家级夜间文旅消费集聚区。

加大市场推介力度。立足长三角市场,主动融入长江经济带建设,深耕上海、江苏、安徽、福建、江西等周边省市客源市场,重点突破山东、河南、湖南、湖北、广东等中程客源市场,拓展北京、四川、贵州等远程客源市场。持续赴重点旅游客源地营销,推出"惠游浙江"体验活动。利用现代网络营销,通过微博、微信、短视频（抖音、快手）、B 站、直播带货等新媒介新方式,扩大浙江旅游影响力。加强与携程、飞猪、马蜂窝等国内大型旅游线上运营商合作,建立浙江旅游品牌专区。指导旅行社建立合作联盟,联合开展旅游产品直销。办好中国徐霞客开游节、浙江山水旅游节等旅游节庆活动,增强浙江旅游吸引力。

专栏 16　创新营销模式

1. 名人营销。邀请浙江籍名人为家乡旅游代言,特聘明星等知名人士作为旅游推广大使。与千万粉丝级网络旅行微视频 UP 主、网红导游等加强合作,培育 1—2 名百万粉丝级网络传播大 V,10 名以上十万粉丝级网络传播大 V。

2. 人气营销。充分发挥特色文体活动的魅力,以聚焦人气、扩大游客流量为目的,因地制宜创设节庆论坛、文艺演出、体育赛事、直播带货等活动载体,创新举办各地特色民俗活动,促进人员流动,扩大消费。

3. 平台营销。创新办好中国义乌文化和旅游产品交易博览会等重要产业平台。加强与国内知名 OTA 平台的合作,广泛推介浙江旅游产品。

（六）提高旅游国际化水平

推进对外开放，统筹国内国际两个市场，着力打造世界知名的旅游目的地，成为对外展示浙江的重要窗口。

积极发展入境旅游。探索建立入境旅游产业促进和发展专项基金，扶持入境旅游发展。用好用足144小时过境免签政策。推进杭州、宁波、温州、义乌和舟山等的国际航空港建设，开辟、加密国际和地区航线。丰富入境旅游产品供给，重点打造展示浙江创新创造、迅速发展的新型旅游产品，建立与市场需求和发展阶段相适应的多样化、多层次产品体系，增强对境外游客的吸引力。抓住举办亚运会、亚洲之光国际艺术节等重大契机，打造亚洲知名会展、赛事、节庆聚集地。进一步放大世界互联网大会、中国-中东欧国家投资贸易博览会等重大活动的旅游溢出效应。优化国际旅游环境，在境外预订、金融支付、网络通信、医疗救助、语言标识等方面大力提升国际融合度。探索在杭州、舟山、义乌等地设立国际货币兑换点，完善入境消费移动支付解决方案。加大离境退税政策宣传推广，推动离境退税凭证电子化，优化离境退税服务流程。加快旅游国际化改造，旅游基础设施、接待设施达到国际一流水平。依托杭州、宁波等重点旅游城市，探索打造国际游客集聚区。推进旅游国际化标准建设，全面提升国际旅游服务水平。加强涉外旅游企业经营管理、国际旅游市场营销、多语种高等级导游等人才培养与储备。到2025年，年入境过夜游客数突破470万人次。

专栏17 亚运主题旅游

抢抓举办杭州亚运会的重大契机，推出一批亚运赛事为主题的旅游产品和线路，吸引境内外体育爱好者"看亚运、游浙江"。结合赛事直播推广浙江旅游形象，让境内外观众在观看体育比赛的同时感受浙江文化和旅游魅力，成为重要潜在客源。整合亚运期间酒店、民宿接待能力，严格规范亚运期间旅游市场秩序。利用亚运场馆开展"亚运场馆游"，拉长亚运消费时段。利月亚运配套完善的针对宗教习惯和文化传统的接待设施和接待服务能力，重点开展"后亚运时代"西亚、中东人群旅游营销。

加强境外市场营销。深耕日韩、东南亚、港澳台市场，拓展欧美市场，开辟"一带一路"沿线国家和地区潜在市场。借助省委、省政府重大出访计划，文化和旅游部重大外事载体，在浙江举办的重大国际性活动等平台，组织"诗画浙江与世界对话"等一系列交流推广活动。加快布局境外宣传营销渠道，通过整合利用海外中国文化中心、政府购买、委托代理等方式，探索在境外建立5—10个旅游推广中心（点）。借助青年汉学家研修班、意会中国等载体，聘选一批传播达人、"诗画浙江"友好使者。加强与国际旅行商的战略合作。创新境外客源地市场精准营销，设立运营国际社交媒体账号。充分利用外事、商务、侨务等对外宣传渠道，广泛开展"诗画浙江"品牌宣传推广活动。借助浙籍华人在外创办的电视台、报纸等媒体，拓展推介渠道。

扩大旅游开放合作。发挥世界旅游联盟总部的作用，提高国际话语权。积极服务"一带一路"建设，扩大与沿线国家交流合作，探索推进沿线城市在旅游宣传推广、旅游产品和线路开发、人才交流培训等方面务实合作，打造"一带一路"旅游重要枢纽。依托中国-中东欧"17＋1"合作机制、东亚文化之都等重大平台，加快旅游国际化进程。加强与世界旅游组织、亚太旅游协会等国际旅游组织的合作。积极引进国际知名旅游企业和品牌。支持旅游行业组织、旅游企业、研究机构参与国际旅游交流，形成工作合力。鼓励旅游企业通过海外并购、联合经营、设立分支机构、股权收购等方式走出去，培育一批具有国际影响力的市场主体。借助长三角一体化国家战略及海上丝绸之路推广联盟、运河推广联盟、内地游学联盟等机制，加强与兄弟省市合作，联合打造国际旅游精品，共拓市场。

规范发展出境旅游。支持浙江公民赴海外旅游目的地旅游，合理增加出境组团数量，满足日益增长的出境旅游需求。重视游客生命财产安全，加强旅游警示提醒，做好领事保护工作，扩大境外旅游保险、旅游救援合作，完善出境旅游服务保障体系。加强对出境旅游产品的促销引导和监控，提升出境旅游的服务质量，维护出境游客的合法权益。探索与相关国家和地区建立出入境客源市场互换机制。支持有条件的旅游企业跟随中国游客"走出去"，建立海外旅游接待网络。加强对出境游客的引导,遵守境外的法律法规,尊重当地的风俗习惯。

（七）优化现代旅游公共服务

紧扣大众旅游发展趋势,文旅融合、主客共享,全域化布局旅游公共服务,打造全国旅游公共服务样板地。

构建"快进慢游"公共交通网络。建设"快进"交通网,依托"大通道"和"大都市圈"建设,基本建成"城市—城市、城市—景区、景区—景区"的快进交通线,打造

"海陆空一小时交通圈"。构建"内畅"交通体系,充分考虑节假日及高峰期旅游消费集中特征,优化景区与周边高速干线的衔接,实现全省 4A 级及以上旅游景区二级以上公路通达率达到 95% 以上,5A 级旅游景区、国家级旅游度假区一级(准一级)以上公路通达率达到 100%。实施"内河航线复兴"计划,推进内河客运码头、游艇俱乐部建设,构建以"四条诗路"为主要线路的内河水上游线。建设交通连岛项目,

实现海岛公园旅游码头全覆盖。打造"慢游"风景线,建成骑行绿道网 1 万公里以上,其中:省级绿道不少于 6000 公里。优先支持景区村镇"四好农村路"建设,完善"乡村畅游"专线。优化旅游交通服务设施,升级旅游交通标识系统。大力发展车站城市公园、旅馆列车、观光专线等"交通＋旅游"新型业态。完善城市观光、旅游专线等旅游公共交通方式。新建改扩建旅游停车场不少于 300 个。发展自驾车旅居车服务。

专栏 18　自驾车旅居车服务

顺应自驾游快速增长趋势,建设国家旅游风景道、旅游主题高速公路,加快建设布局合理、公共服务完善的自驾车旅居车旅游目的地 200 个,其中:创建国家级自驾车旅游目的地 3—5 个、省级自驾车旅游目的地 10—15 个,建成自驾车、旅居车营地 50 个以上、旅游驿站 1000 家(个)以上,创建高质量、结构合理的 5C、4C、3C 自驾车旅居车营地;4A 级及以上旅游景区新能源充电桩覆盖率达 100%。提升自驾游服务体系,完善旅游交通和营地标识,推动一批自驾旅游基地和自驾车旅游服务区建设。培育一批自驾游和营地连锁品牌企业,规划自驾、自助旅游交通产品。研究完善旅居车政策制度。鼓励发展自驾车旅居车租赁产业。

专栏 19　低空旅游

围绕全面实现"空中一小时交通圈"目标,争取建成 20 个以上 A 类通用机场,在重要景区增设一批临时起降点。保持舟山—建德—黄山、舟山—德清—黄山等短途运输航线常态化运营,开辟建德—温州、横店—舟山等低空短途运输航线。依托全省丰富的山、海、江、湖等资源禀赋,开发具有浙江地方特色的低空旅游产品,培育通用航空＋旅游消费市场。拓展岛际低空旅游航线。建设 10 个航空小镇。依托柯桥、新昌、横店通用机场等运营基地,打造"浙东空中唐诗之路""空中看横店"等低空旅游项目。推动建德、安吉等通用机场开展高空跳伞、航空科普研学等新型旅游消费活动。举办滑翔伞、动力伞、飞行嘉年华等品牌体育赛事,促进航空体育运动与旅游融合发展。

推进旅游便民惠民服务。巩固"厕所革命"建设成果,加快第三卫生间建设,提高女性厕位比例,做到主要旅游景区、旅游线路以及客运列车、车站等场所厕所数量充足、干净卫生、使用免费、管理有效。实现全省旅游厕所"厕所码"智慧管理。到 2025 年,新建改扩建旅游公共厕所 1000 个,建成示范性旅游厕所 500 个以上。加快 5G 网络、游客休憩

点在旅游景区和文化场馆的布局,提高消费支付的即时性和便捷度。鼓励在游客聚集区积极引入影院、剧场、书店等文化设施,支持公共文化场馆在景区设立分馆、服务点。推动文化惠民活动进景区,丰富旅游内容。推动"最多跑一次"改革向景区等旅游服务领域延伸扩面,提升群众满意度。

优化旅游公共信息供给。在

旅游景区、旅游度假区、乡村旅游点、机场、车站、码头、高速公路服务区、商业步行街区等游客集中区域建设旅游服务中心或咨询中心。推动公共文化场所拓展旅游服务功能,在博物馆、美术馆、非遗馆、图书馆、文化馆、档案馆等公共文化场所设立旅游服务专区。开展基层综合性文化服务中心拓展旅游服务功能试点,推动有条件的乡镇(街道)文化站、农

村文化礼堂为居民游客提供旅游公共服务,到2025年,实现公共文化场所旅游服务功能全覆盖。实施智慧旅游咨询服务工程,依托"浙里好玩"平台,建立市级分站点,实现全省旅游公共服务信息互联互通、共建共享。严格落实景区最大承载量管理,为游客提供及时的信息服务。

健全游客权益保障机制。完善旅游公共服务协调机制。推进旅游矛盾调解中心建设,健全人民调解与行政调解、司法调解"三调联动"体系,推进旅游行政调解进驻当地社会矛盾纠纷调处化解中心,实现纠纷化解"最多跑一地"。推进矛盾调解中心进景区,5A级旅游景区、国家级旅游度假区游客中心设置矛盾调解室。关注特殊游客群体,健全无障碍旅游公共服务标准,在3A级及以上旅游景区和国家级、省级旅游度假区均设有特殊人群服务窗口。完善旅游投诉机制,用好旅游服务热线,确保投诉受理率和办结率均在95%以上。

(八)构建省域旅游现代治理体系

注重数字赋能,统筹推动制度创新,系统性变革治理理念、机制、工具、手段,努力实现省域旅游治理体系和治理能力现代化。

探索旅游整体智治。推动核心业务梳理、流程再造、集成应用和精密智控,形成即时感知、科学决策、主动服务、高效运行、智能监管的新型治理形态。突出整体性和系统性,跨部门、跨地区共享公安、交通、环境、金融、气象等部门数据,推进公共数据开放共享与创新应用。构建基于大数据"数据采集＋监测评价＋决策实施＋市场反馈"闭环体系。实施景区、文博场馆"预约"常态化管控,引导游客错峰出游。形成客流超载、信用风险、文物安全、防火防盗、负面舆情等全天候风险预警机制。加大数字技术在文化市场综合执法、安全监测等领域应用,探索5G场景下数字智能综合执法体系,不断提高非现场执法监管能力。形成"互联网＋执法业务"闭环,实现所有执法事项网上办、掌上办,全程留痕可追溯,建立电子执法档案,推动执法更加严格规范公正文明。

推进依法治旅。完善旅游法规规章,制修订《浙江省旅游条例》《浙江省乡村旅游促进办法》等。优化法治化营商环境,健全知识产权保护机制,加大对旅游商品商标、专利的保护力度,建立公平开放透明的市场规则。加强执法队伍建设,健全文化市场综合执法监管绩效考评制度,完善全省文化市场综合执法权力清单、"双随机、一公开"和行政裁量权细化标准。提升旅游市场监管能力,严厉打击发布虚假广告或不实旅游产品信息等非法旅游经营行为,严厉惩处诱导购物、"零负团费"等违法违规行为,维护旅游市场秩序。

健全信用体系。持续打造"浙江省文化和旅游行业信用监管平台",深化行业信用评价体系、分类监管体系和应用体系建设。推进信用记录,完善信用档案。拓展完善行业评价指标体系,实现监管事项和监管对象全覆盖。开展旅游行业诚信创建活动,评定200家"诚信企业"。推广旅游购物"30天无理由退货"。建立信用产品体系,研发信用指数、信用预警等产品。加大诚信应用,把诚信经营管理列为景区、饭店、旅行社、民宿等评等定级的重要内容。拓展"信用＋公共服务"等社会应用场景,在旅游服务、融资信贷等方面为守信主体提供便利和优惠。依托信用评价结果,优化旅游市场主体信用分级分类监管。推进旅游行业红黑名单规范认定,打造"诚信主体公示榜"和"失信主体曝光台"。

提升旅游标准化建设。注重以标准提升旅游质量,构建浙江旅游标准体系。承担制修订《海洋旅游安全规范》等国家标准、行业标准5个,制修订《研学旅行课程与线路设计指南》等地方标准10个。引导旅游协会等社会团体参与标准制订。加大旅游标准的宣传贯彻力度,开展标准化试点示范,加强标准实施绩效评估。探索浙江旅游标准"走出去",推进长三角和"一带一路"标准化合作。开展"品质旅游"系列推广活动,鼓励旅游企业公布服务质量承诺和执行标准,形成优质旅游服务品牌。

构建旅游安全保障体系。强化文化和旅游、公安、应急管理、交通运输、市场监管等部门的协调配合,建立旅游安全联动综合治理机制。加强对节假日等重点时段、重要设施设备、重大旅游节庆活动安全监管,强化对玻璃滑道(梯)、玻璃栈道、空中游览、悬崖秋千、蹦极等新业态项目安全监管,建立安全监管权责体系。建设旅游安全保障体系,构建基于大数据的旅游安全预警与可追溯管控平台,强化事前预防、事发预警、事中救援、事后重建机制。指导旅行社、景区、饭店加强服务安全及应急管理,经常性开展应急救助技能培训,对提供的产品和服务进行安全检验、监测和评估,压实主体责任。完善旅游应急救援体系。丰富旅游保险产品,提高保险保障额度,扩大保险覆盖范围,提升保险理赔服务水平。

推行文明出游。加强部门合作,推进文明旅游宣传教育、规范约束和社会监督,引导游客自觉遵守《中国公民国内旅游文明行为公约》和《中国公民出国(境)旅游文明行为指南》。整治旅游不文明顽疾陋习,建立文明旅游红黑名单制度。在全省旅游饭店普及开展"公筷公勺""光盘"行动和旅游餐饮节约标准推广活动。鼓励开展旅游公益广告创作与播出,加强正面引导,强化舆论监督。在景区公共场所建立旅游志愿者队伍和文明旅游监督岗。

四、保障体系

(一)完善领导机制

加强对旅游业高质量发展的组织领导和统筹协调,推动形成"目标体系、工作体系、政策体系、评价体系"闭环工作机制。省政府设立旅游工作专班,定期研究解决旅游改革和发展重大问题,省直相关部门要按照责任分工,通力配合,齐抓共促,细化政策措施,形成合力推动旅游发展的良好局面。各市、县(市、区)要强化主体责任,建立健全组织机构和工作机制,加大统筹力度,抓好工作落实。定期召开全省旅游推进大会。

(二)强化人才培养

鼓励全省高等院校、中职学校围绕旅游产业新发展定位和方向,加强重点学科和紧缺专业建设。支持浙江旅游职业学院开展本科层次职业教育人才培养试点。"十四五"期间培养5万名旅游类专业毕业生。鼓励全省高校与地方政府、旅游企业合作,支持各地采取人才引进费、安家补助费以及科研成果奖励等政策吸引旅游高端人才和紧缺人才。培养100名旅游高层次人才。培育80个左右文化和旅游导师工作室,推行"导师+团队+项目+传承"人才培养模式。开展导游执业改革试点,探索建立特级、高级和金牌导游(讲解员)激励机制。支持独立旅行设计师队伍建设。加强旅游从业人员职业技能培训。加强旅游研究机构、智库建设。

(三)加大财政支持

加大对旅游基础设施、旅游公共服务、旅游宣传推广、促进旅游消费等方面的资金保障力度。各市、县(市、区)从实际出发,因地制宜完善财政支持政策。依法依规落实国家支持旅游发展有关税收优惠政策。推进文化事业单位绩效工资改革,支持国有文艺院团在完成公益任务基础上,参与旅游演艺所获收入可作为绩效工资来源;加大博物馆等相关事业单位叠加景区旅游功能后的绩效工资分配自主权,并向有贡献工作岗位倾斜。

(四)保障土地供给

强化用地空间保障,将旅游项目新增用地需求纳入国土空间规划。在坚持生态环保标准前提下,合理规划自然保护地、海岛生态旅游项目开发建设。对利用低丘缓坡资源建设的旅游项目,继续适用"坡地村镇"政策。用好农村集体土地入市政策,推动农房经营权流转,促进乡村旅游发展。

支持农村集体经济组织利用非耕农用地,在符合条件下,采取作价入股、土地合作等方式参与旅游项目开发。农村集体经济组织、农户利用闲置房屋发展乡村旅游产业的,可以保持原土地用途、权利类型不变。在不改变用地主体、规划条件的前提下,市场主体利用旧厂房、仓库提供符合全域旅游发展需要的旅游休闲服务的,可执行继续按照原用途和土地权利类型使用土地的过渡期政策。在符合环境保护要求和相关规划的前提下,支持使用未利用地、废弃地等土地建设旅游项目,出让底价可按不低于土地取得成本、土地前期开发成本和按规定应收取相关费用之和的原则确定。"十四五"期间,对"微改造、精提升"程度深、进度快、亮点多的20个县(市、区)给予每年1000亩规划建设用地指标奖励;对旅游业发展前10名的山区26县给予每年1000亩规划建设用地指标奖励。

(五)加强金融服务

加大对旅游企业的信贷支持力度,鼓励金融机构支持企业抵(质)押建设用地使用权、林权等,探索开展收费权、经营权及在建项目抵(质)押业务,开发知识产权、应收账款、艺术品等质押融资产品。建立金融支持体系,拓宽企业融资渠道。支持通过政府和社会资本合作(PPP)等方式,引导社会资本加大对旅游业的投资力度。支持符合条件的旅游企业通过上市、挂牌、发债、资产证券化等方式进行直接融资。完善政府性融资担保体系。支持各地设立文旅金融专营机构或部门。设立文化和旅游与金融合作示范区,开展改革试点。支持金融机构创新旅游消费支付、收单服务,规范发展旅游消费信贷、消费预付业务。

（六）实施考核评价

把旅游业高质量发展纳入各市、县（市、区）绩效目标考核,作为领导班子和干部实绩考核重要内容。突出县域旅游产业增加值占 GDP 比重考核,建立晾晒制度。建立旅游业高质量发展考核评价体系,综合运用第三方评估、社会监督评价等方式。推进旅游统计改革,加强现代信息技术应用,健全完善指标体系、统计方法,推进旅游业态细分统计,开展旅游富民贡献率统计,建立健全统计监督和检查制度。开展规划实施年度测评分析、中期评估和总结评估。加强跟踪督查,推动重点任务落实落细落地。

浙江省发展和改革委员会　浙江省文化和旅游厅关于印发《浙江省"十四五"时期推进旅游业高质量发展行动方案》的通知

浙发改社会〔2021〕219 号

省财政厅、人力社保厅、自然资源厅、生态环境厅、交通运输厅、地方金融监管局、能源局、通信管理局、省总工会,各市发展改革委、文化和旅游局:

根据国家《关于组织编制推进旅游业高质量发展行动方案的通知》（发改办社会〔2021〕54 号）要求,《浙江省"十四五"时期推进旅游业高质量发展行动方案》已编制完成并报经省政府同意。现印发给你们,请遵照执行。

浙江省发展和改革委员会
浙江省文化和旅游厅
2021 年 5 月 21 日

浙江省"十四五"时期推进旅游业高质量发展行动方案

为推动"十四五"时期旅游业高质量发展,统筹解决当前旅游业发展水平不高、设施能力不足、游客体验感不好等问题,更好发挥旅游业在构建新发展格局中的重要作用,经研究,实施以下行动方案。

一、指导思想

以习近平新时代中国特色社会主义思想为指导,全面贯彻党的十九大和十九届二中、三中、四中、五中全会精神,统筹推进"五位一体"总体布局和"四个全面"战略布局,紧紧围绕忠实践行"八八战略"、奋力打造"重要窗口"主题主线,立足新发展阶段,贯彻新发展理念,构建新发展格局,整合优化各类资源渠道,协同推进旅游基础设施建设和公共服务提升,有效扩大优质旅游产品供给,推进旅游业高质量发展,更好满足人民群众美好生活的需要,为争创社会主义现代化先行省做出积极贡献。

二、总体目标

"十四五"时期,率先基本建成现代化旅游经济强省,以旅游业"微改造、精提升"五年行动计划为主抓手,有效解决当前旅游市场中存在的基础设施不足等问题,全面提升重点景区游客服务接待能力,推动红色旅游和乡村旅游高质量发展,建设一批富有文化底蕴的世界级旅游景区和度假区,打造一批文化特色鲜明的国家级旅游休闲城市和街区,充分发挥旅游业在扩大国内消费市场、促进经济社会发展、提升人民群众获得感幸福感等方面的重要作用。到 2025 年,全省接待国内过夜游客 3.2 亿人次,旅游业增加值占地区生产总值的比重达 8%,旅游产业从业人员占全社会从业人员比重达 11%,旅游业对国民经济的综合贡献率达 19%。

三、工作指标

(一)完善配套政策措施

以推动旅游市场"放管服"改革为核心,制定出台全省层面旅游业配套政策措施共 23 项(详见附件)。其中,涉及土地要素保障的配套政策 15 项,主要解决文化和旅游企业用地保障难、途径窄等方面的问题;涉及优化营商环境的配套政策 6 项,主要解决旅游市场秩序不规范、旅游产品品质不高等方面的问题;涉及减少审批事项的配套政策 2 项,主要解决旅游项目审批环节多、审批周期长、审批程序复杂等方面的问题。

(二)补齐基础设施短板

以补齐 A 级及以上旅游景区和国家级、省级旅游度假区基础设施短板为重点,加强游客服务中心、通景道路、旅游码头、旅游停车场(含公共充电桩)、旅游厕所等基础设施建设,显著改善旅游基础设施条件。其中,新建改扩建游客服务中心不少于 30 个,增强游客综合接待服务能力(责任单位:省文化和旅游厅);全面解决 A 级及以上旅游景区和国家级、省级旅游度假区通达条件不良问题,连接核心旅游景区公路达到三级以上标准,抵达主要乡村旅游点道路达到等级公路标准,4A 级及以上旅游景区二级以上公路通达率达到 80%(责任单位:省交通运输厅、省文化和旅游厅);新建改扩建旅游停车场不少于 300 个(责任单位:省文化和旅游厅),贯彻碳达峰碳中和目标,加快旅游景点电能替代,进行充电设施改造的现有旅游停车场不少于 300 个(责任单位:省文化和旅游厅、省能源局),实现 4A 级及以上旅游景区和国家级、省级旅游度假区均拥有停车场并配备充电设施,确有困难无法建设停车场的景区,须制定交通引导方案并公开发布,基本解决停车难问题(责任单位:省文化和旅游厅、省交通运输厅);新建改扩建旅游公共厕所 1000 个,建成示范性旅游厕所 500 个以上,全面解决旅游厕所不足问题(责任单位:省文化和旅游厅)。

(三)提升管理服务水平

进一步优化重点旅游景区和度假区管理措施,推动智能化管理设施建设,增强旅游公共服务能力,提升群众旅游消费满意度。推进景区智慧管理设施升级改造,强化流量监测管理,在 A 级及以上景区和国家级、省级旅游度假区范围内全面落实分时预约限流制度,3A 级以上景区和旅游度假区实现电子地图、智能导游、电子讲解、在线预订等功能全覆盖(责任单位:省文化和旅游厅),4A 级以上旅游景区和国家级、省级旅游度假区实现 5G 网络全覆盖(责任单位:省通信管理局、省文化和旅游厅)。打造"浙里好玩"畅游浙江服务平台,跨部门共享公安、交通、环境、气象等部门数据,打造旅游公共服务数据"驾驶舱";建立健全旅游信息综合发布平台和手机 App 或公众号,完善门票预约、开放时间、实时流量、旅游交通、投诉举报等信息动态发布机制;实现公共文化场所旅游服务功能全覆盖,为游客提供及时便利的公共信息服务。完善特殊群体旅游服务,为老年人、残疾人、退役军人等提供针对性便利化的公共服务,在 3A 级及以上景区和国家级、省级旅游度假区均设有特殊人群服务窗口(责任单位:省文化和旅游厅)。

(四)大力推进提档升级

围绕资源优势突出、知名度高、影响力大、综合效益好的重点旅游景区和度假区,制定提档升级工作计划,明确保障措施和工作指标。其中,计划培育千万亿级大景区 35 个,新增 4A 级旅游景区 25 个、5A 级旅游景区 3 个,新增省级旅游度假区 5 个、国家级旅游度假区 3 个。开展旅游业"微改造、精提升"五年行动计划,重点实施环境"精美"工程、设施"精良"工程、体验"精致"工程、服务"精心"工程、运管"精细"工程,打造 1 万个"微改造"示范点。着力在理念、业态、服务、管理等方面创新升级,打造未来系列旅游产品,计划培育未来景区 25 个、未来度假区 10 个、未来酒店 100 个、未来旅行社 200 个(责任单位:省文化和旅游厅)。

四、加强保障

(一)完善工作机制

按照省旅游专班现有的工作机制和明确的责任分工,强化部门和地方协同配合的推进机制,充分发挥全省各级旅游专班的力量,加强对旅游业高质量发展的组织领导和统筹协调。

(二)落实配套政策

积极支持对旅游重大项目的建设和发展,推荐符合条件的项目纳入"十四五"时期旅游项目储备库(责任单位:省发展改革委、省文化和旅游厅);统筹利用旅游发展资金等多种资金渠道,支持符合条件的旅游项目申请地方政府专项债券,加大对旅游基础设施、旅游公共服务、旅游宣传推广、促进旅游消费等方面的资金保障力度,落实国家支持旅游发展有关税收优惠政策(责任单位:省财政厅、省文化和旅游厅);强化金融支持(责任单位:省地方金融监管局);构建旅游人才培养体系,落实带薪休假制度,完善促进旅游业高质量发展的配套政策等(责任单位:省文化和旅游厅、省人力社保厅、省总工会)。

(三)加强监督检查

健全监督检查管理制度。各地各部门可依托各级旅游专班统计专题小组,明确工作推进时间表、建立工作台账,强化工作落实并及时跟踪分析,确保各项工作指标顺利完成。

省发展改革委、省文化和旅游厅将发挥好牵头抓总作用,完善工作机制,强化情况梳理,加强沟通协调,积极向上争取,做好业务指导,强化事中事后监管。各地发改和文旅部门将充分发挥主体作用,明确推进路径,完善推进举措,抓好贯彻落实,确保"十四五"时期完成上述目标任务。

附件:浙江省"十四五"时期推进旅游业高质量发展配套政策措施清单

附件

浙江省"十四五"时期推进旅游业高质量发展配套政策措施清单

序号	支持重点	政策内容	牵头部门
1	土地要素保障	支持对列入重大产业项目的旅游类项目予以用地保障。	省自然资源厅 省发展改革委
2		支持旅游业"微改造、精提升",在不改变用地主体、规划条件的前提下,探索市场主体合理利用旧厂房、仓库建设旅游配套设施的合法路径。	省自然资源厅
3		加强旅游用地与国土空间规划的衔接,在编制国土空间规划时,充分考虑旅游产业发展用地的空间需求,合理保障旅游产业用地规模。强化存量土地和废弃地在旅游规划中的利用,促进土地利用结构优化,提高土地利用效益。	省自然资源厅
4		统筹新增计划指标、增减挂钩指标、批而未供土地、存量建设用地等土地资源要素做好旅游产业用地服务保障工作,支持旅游产业发展合理用地需求。	省自然资源厅
5		对符合省重大产业项目申报条件的重大旅游项目,支持优先纳入省重大产业项目库。对已入库项目,在完成相关手续后,将按规定给予新增建设用地计划指标奖励,加快推进旅游项目落地。	省自然资源厅 省发展改革委
6		对列入省级旅游相关规划、符合国家用海用岛政策的重点滨海海岛旅游项目,建立海域使用审批和无居民海岛使用审批绿色通道。	省自然资源厅
7		稳步推进农村集体经营性建设用地入市,研究出台具体操作办法。农村集体经济组织、农户利用闲置房屋发展乡村旅游产业的,可执行在五年内继续按原土地用途、权利类型使用过渡期政策。支持农村集体经济组织利用非耕农用地,在符合国土空间规划、符合农用地用途管制规则、不破坏农用地耕作层、不改变土地农用性质的前提下,采取作价入股、土地合作等方式参与文旅项目开发。	省自然资源厅

序号	支持重点	政策内容	牵头部门
8	土地要素保障	对旅游项目中永久性设施建设涉及的用地,依法按建设用地管理;对属于自然景观用地及农牧渔业种植、养殖用地的,既不改变土地权利性质,也不改变土地用地用途,仍由现有土地权利人使用和管理,属于农用地的仍按农用地管理,属于未利用地的仍按未利用地管理,土地利用与旅游经营的经济关系,由相关当事人依法协商解决。	省自然资源厅
9		在不改变用地主体、规划条件的前提下,市场主体利用旧厂房、仓库提供符合全域旅游发展需要的旅游休闲服务的,可执行继续按照原用途和土地权利类型使用土地的过渡期政策。	省自然资源厅
10		对于利用低丘缓坡资源建设符合"坡地村镇"建设相关要求的项目优先列入"坡地村镇"建设项目,深入贯彻落实省政府办公厅 64 号文件,研究"坡地村镇"推进措施,促进乡村旅游业发展。	省自然资源厅
11		允许旅游项目积极探索集体土地入市供地政策,鼓励以长期租赁、先租后让、租让结合方式供应旅游项目建设用地。	省自然资源厅
12		旅游相关建设项目用地中,用途单一且符合法定划拨范围的,可以划拨方式供应;用途混合且包括经营性用途的,采取招标拍卖挂牌方式供应,其中影视城等人造景观用地按《城市用地分类与规划建设用地标准》的"娱乐康体用地"办理规划手续,土地供应方式、价格、使用年限依法按旅游用地确定。	省自然资源厅
13		景区内建设亭、台、栈道、厕所、步道、索道缆车等设施用地,可按《城市用地分类与规划建设用地标准》"其他建设用地"办理规划手续,参照公园用途办理土地供应手续。	省自然资源厅
14		在符合环境保护要求和相关规划的前提下,支持使用未利用地、废弃地等土地建设旅游项目,出让底价可按不低于土地取得成本、土地前期开发成本和按规定应收取相关费用之和的原则确定。	省自然资源厅
15		推进农村土地所有权、承包权、经营权三权分置,探索开展经营权确权发证和价值评估,推动经营权流转和融资担保。	省农业农村厅
1	减少审批事项	加大环评支持力度。旅游开发项目中包含缆车、索道建设的项目需编制环境影响报告表,其他项目仅需登记备案即可;一般宾馆无需环境影响评价,仅涉及环境敏感区的宾馆需要编制环境影响报告表。	省生态环境厅
2		印发浙江省投资项目审批事项目录(2020 年),依托浙江政务服务网投资项目在线审批监管平台,细化任务、压实责任,实行全省投资项目统一收件、统一审批、统一出件,激发市场主体扩大有效投资和创新创业的活力。	省发展改革委
1	优化营商环境	根据《浙江省人民政府办公厅关于继续实施惠企政策促进经济稳中求进的若干意见》(浙政办发〔2021〕9 号),要求各地继续整合现有资金渠道,加大对促进文化和旅游消费的支持力度,重点用于公共服务、消费惠民、宣传推广等。	省发展改革委
2		制定实施《浙江省旅游业"微改造、精提升"五年行动计划(2021—2025 年)》,落实体验"精致"工程、设施"精良"工程、环境"精美"工程、服务"精心"工程、运营"精细"工程等 5 方面 20 项重点举措。	省文化和旅游厅
3		推出《浙江省旅游服务质量提升计划实施方案》,配套制定《浙江省旅游景区品质提升专项活动方案》《浙江省旅游饭店业品质提升专项活动方案》《浙江省乡村民宿提质富民三年行动计划》。	省文化和旅游厅
4		制订《品质饭店评价规范》《旅游民宿基本要求与评价》《品质旅行社评价规范》地方标准,引领旅游服务提质升级。	省文化和旅游厅
5		制定《浙江省文化和旅游行业信用评价管理办法(试行)》,出台《浙江省文化和旅游行业信用监管工作实施方案》,以"旅行社"为突破口,积极推进"一平台三体系"("一平台"指文旅行业信用监管平台,"三体系"指行业信用评价体系、管理体系和应用体系)建设,率先打造旅行社信用监管"浙江模式"。	省文化和旅游厅
6		省文化与旅游厅、省市场监督管理局联合开展"品字标浙江服务"品牌建设,以旅游饭店业为突破口,着力推进"品字标浙江服务"品牌建设,辐射培育一批知名度高、有影响力的"品字标浙江服务"品牌主体。	省文化和旅游厅

浙江省发展和改革委员会　中共浙江省委宣传部
关于印发《浙江省文化改革发展"十四五"规划》的通知

浙发改规划〔2021〕234号

各市、县（市、区）人民政府，省级有关单位：

《浙江省文化改革发展"十四五"规划》已经省人民政府同意，现印发给你们。请结合实际，认真组织实施。

浙江省发展和改革委员会
中共浙江省委宣传部
2021年6月9日

浙江省文化改革发展"十四五"规划

为深入贯彻党的十九大和十九届五中全会精神，贯彻落实省委十四届八次全会部署，根据《中共浙江省委关于制定国民经济和社会发展第十四个五年规划和二〇三五年远景目标的建议》和《浙江省国民经济和社会发展第十四个五年规划和二〇三五年远景目标纲要》，编制浙江省文化改革发展"十四五"规划。

一、以深化文化建设"八项工程"为总抓手提升浙江文化软实力

文化是一个国家、一个民族的灵魂。进入"十四五"时期，推动文化大发展大繁荣，打造新时代文化高地，是忠实践行"八八战略"、奋力打造"重要窗口"，争创社会主义现代化先行省的重大任务。高质量发展建设共同富裕示范区，文化既是衡量标准，也是显著标志。必须担负新时代文化使命，全面提升浙江文化软实力，大力弘扬社会文明新风尚，着力建设人民满意幸福美好家园。

（一）"八项工程"引领浙江文化建设取得新成效

近年来，省委、省政府把加强文化建设摆在全局工作的突出位置，坚持一张蓝图绘到底，深入实施文化建设"八项工程"，推动我省文化改革发展取得历史性成就，浙江文化软实力显著提升。习近平新时代中国特色社会主义思想学习宣传贯彻持续深化，铸魂工程、溯源工程、走心工程深入实施，社会主义核心价值观普遍践行，红船精神、浙江精神广为弘扬，媒体深度融合改革不断深化，网络综合治理体系建设取得突破；优秀文艺精品成果涌现，浙江音乐学院、浙江自然博物院、小百花艺术中心等重大文化设施全面建成，农村文化礼堂逐步实现五百人以上行政村全覆盖，基本公共文化服务标准化率先实现，人民群众精神文化生活持续改善；

四条诗路文化带、之江文化产业带、横店影视文化产业集聚区等重大平台建设扎实推进，文化体制改革迈向纵深，文化产业整体实力和竞争力持续增强；良渚古城遗址成功申遗，大运河国家文化公园建设稳步实施，西湖世界文化遗产保护不断加强，浙江文化研究工程取得新成效，浙江优秀传统文化标识日益彰显；公民道德建设工程深入推进，文明好习惯养成行动广泛开展，成为首个设区市全国文明城市创建"满堂红"的省份，新时代文明实践中心建设拓展深化，"最美浙江人"品牌培育推广，正气充盈、温暖如春、德者有得、好人好报的时代风尚更加浓郁；文化人才队伍进一步发展壮大，文化领域法治建设得到加强。"十三五"时期，是文化自信和文化自觉大为增强的五年，是浙江文化守正创新、繁荣发展的五年，是全省人民文化获得感幸福感持续提升的五年。文化的力量越来越深地融入经济社会发展之中,融入全省人民的创新创造之中,为浙江改革发展和社会进步注入强大力量。同时,对标建设"重要窗口"的使命任务,针对人民群众日益增长美好生活新需要,我省文化领域发展不平衡不充分问题依然突出,高品质文化供给还不够丰富,文化软实力与经济硬实力还不相匹配,必须在深化改革中克难攻坚、在加快发展中提质增效。

(二)新阶段文化改革发展面临的机遇和挑战

人的现代化是现代化的核心要义,文明是现代化的显著标志。当今世界正经历百年未有之大变局,国内外形势发生深刻复杂变化,克服前进道路上的各种风险挑战,既需要强大物质力量的保障,也需要强大精神力量的支撑。高质量发展建设共同富裕示范区,人民前所未有地期待更加充实、更为丰富、更高质量的精神文化生活,时代前所未有地呼唤文化发挥引领风尚、教育人民、服务社会、推动发展的作用,这迫切需要解决文化发展不平衡不充分问题。随着科技创新的深入推进和广泛应用,文化生产方式和传播手段发生深刻变化,互联网成为文化传播力影响力的关键变量,必须加快推动以先进技术为牵引的文化变革。面对新形势新要求,要进一步坚定文化自信和文化自觉,切实增强"窗口"意识,不断铸就浙江文化繁荣发展新辉煌,更高层次实现物质文明和精神文明的协调发展,更高水平谱写争创社会主义现代化先行省的文化新篇。

二、"十四五"时期浙江文化改革发展的总体要求和主要目标

(三)指导思想

坚持以习近平新时代中国特色社会主义思想为指导,深入贯彻党的十九大和十九届二中、三中、四中、五中全会精神,增强"四个意识"、坚定"四个自信"、做到"两个维护",统筹推进"五位一体"总体布局,协调推进"四个全面"战略布局,举旗帜、聚民心、育新人、兴文化、展形象,坚持守好"红色根脉",坚持以人民为中心,坚持促进满足人民文化需求和增强人民精神力量相统一,聚焦"忠实践行'八八战略'、奋力打造'重要窗口'"主题主线,文化强省、提升文化软实力,文化树人、引领社会新风尚,全面实施新时代文化浙江工程,守正创新、破立并举、担当作为,加快打造与社会主义现代化先行省、高质量发展建设共同富裕示范区相适应的新时代文化高地,率先构建人的现代化的文化发展格局,努力成为精神富有示范省、品质生活样板地、人民满意幸福美好家园。

(四)基本原则

——坚持党的全面领导。深入贯彻党管宣传、党管意识形态、党管媒体根本要求,把党的领导落实到文化改革发展的各方面各环节,提高党把方向、谋大局、定政策、促改革的能力,牢牢掌握党对文化工作的领导权和主动权。

——坚持马克思主义指导地位。牢牢把握社会主义先进文化前进方向,深入推进习近平新时代中国特色社会主义思想学习宣传实践,健全用党的创新理论武装全党、教育人民工作体系,不断巩固全省人民团结奋斗的共同思想基础,建设具有强大凝聚力和引领力的社会主义意识形态。

——坚持以社会主义核心价值观为引领。着眼培养担当民族复兴大任的时代新人,强化教育引导、实践养成、制度保障,推动人民牢固树立共产主义远大理想和中国特色社会主义共同理想,不断增强人们的价值观自信,促进全体人民在理想信念、价值理念、道德观念上紧紧团结在一起,建设具有强大生命力和创造力的社会主义精神文明。

——坚持以人民为中心。自觉践行人民至上理念,把推动文化发展进步与促进人的全面发展结合起来,满足人民的精神生活,丰富人民的精神世界,增强人民的精神力量,保障人民群众文化权益,紧紧依靠人民进行文化创造,实现人民群众文化共富和精神富有。

——坚持系统观念。统筹文化建设与经济、政治、社会和生态文明建设,统筹发展与安全,统筹文化事业和文化产业,统筹守正与创新,扬优势、补短板、强弱项,全面推进理论、舆论、文化、文明和网络宣传等各领域工作,推动新时代文化浙江不断展现新气象。

——坚持面向全国、面向世界、面向未来。对标对表建设"重要窗口"目标要求,着力打造具有中国气派、浙江辨识度的重大文化成果,对内出成果、出经验、树标杆,对外多参与、多发声、展形象,主动服务和融入大局,建设具有强大感召力和影响力的浙江文化软实力。

(五)发展目标

到2025年,以党的创新理论为引领的先进文化、以红船精神

为代表的红色文化、以浙江历史为依托的优秀传统文化、以浙江精神为底色的创新文化、以数字经济为支撑的数字文化全面繁荣发展,文化自信充分彰显,文化形象更加鲜明,文明程度显著提升,人民群众文化生活丰富充实,基本建成中国气派、古今辉映、诗画交融的文化强省,在实现人的现代化方面走在前列。

——主流思想引领力强劲牢固。习近平新时代中国特色社会主义思想深入人心,增强"四个意识"、坚定"四个自信"、做到"两个维护"植根全省干部群众思想深处,社会主义意识形态焕发强大的精神力量和引领作用,浙江成为学思用贯通、知信行统一氛围浓厚的省份。

——先进文化凝聚力充分彰显。红船精神、浙江精神广为弘扬,优秀传统文化不断创新转化、丰富再造,浙学文化内涵与时代精神相得益彰,全省广大干部群众干在实处、走在前列、勇立潮头获得强大力量源泉,浙江成为精神标识鲜明的省份。

——文明风尚塑造力极大增强。社会主义核心价值观深入践行,公民思想道德素质、科学文化素质和社会文明程度显著提高,爱国爱乡、科学理性、书香礼仪、唯实惟先、开放大气、重诺守信的时代风尚蔚然成风,浙江成为群众公认、全国示范的"最美"省份。

——文化生活服务力全面提升。全域高品质现代文化供给更加丰富,文化设施网络更加健全,文学、影视、音乐、舞蹈、美术、书法、摄影、戏剧、曲艺、金石篆刻、民间文艺等各个艺术门类全面繁荣,城乡一体的现代文化服务体系全面覆盖,人文关怀体现到城乡每个角落,浙江成为文化获得感、幸福感丰厚的省份。

——文化改革创新力竞相迸发。文化领域集成创新能力显著增强,文化整体智治体系不断健全,文化产业在全国领跑优势更加凸显,文化与科技、文化与旅游、文化与制造、文化与会展、文化与金融等深度融合,浙江成为文化创新创造活力强劲的省份。

——文化传播影响力广泛深远。现代传播体系基本建成,网上网下一体、内宣外宣联动的主流舆论格局全面形成,更多具有浙江印记的文化名片走向世界,对外文化话语权大幅提升,浙江成为讲好中国故事鲜活生动的省份。

专栏1 "十四五"时期文化建设主要指标

序号	指标名称	属性	2020 年	2025 年
1	人均文化娱乐消费支出占消费支出比例/%	预期性	9.3	15
2	每万人拥有公共文化设施面积/平方米	预期性	3670	4350
3	重大理论和政策发声平台/个	预期性	—	5
4	具有强大影响力竞争力的新媒体平台/个	预期性	—	8
5	新时代文明实践所、站覆盖率/%	约束性	70	100
6	全域文明创建覆盖率/%	约束性		100
7	人均年参与志愿服务活动次数/次	预期性	0.21	0.4
8	每万人拥有"最美浙江人"数量/个	预期性	1.98	2.5
9	文明好习惯养成实现率/%	预期性	78.93	90
10	社会诚信度	预期性	94.2	96
11	电影银幕数/块	预期性	5400	6000
12	居民综合阅读率/%	预期性	90.4	92.5
13	人均年观看电影、艺术表演、文博展览次数/次	预期性	4.5	6
14	国际人文交流基地/家	预期性	7	50
15	文化及相关产业增加值占全省 GDP 比重/%	预期性	6.8	8

序号	指标名称	属性	2020 年	2025 年
16	规上数字文化企业营业收入占规上文化企业营业收入的比重/%	预期性	59.4	>65
17	全省旅游业增加值占全省 GDP 比重/%	预期性	6.8	>8
18	新增国家级高层次文化人才/人	预期性	35	50

到 2035 年,高水平全面建成文化强省,文化活力全面迸发,文艺高峰成果显现,文化标识充分彰显,文化领域实现高水平整体智治,文化软实力大幅提升,文化对经济社会发展的驱动力充沛强劲,社会主义精神文明和物质文明全面协调发展,国民素质和社会文明程度达到新高度,以实现人的现代化为核心的文化发展格局全面形成,精神富有、品质生活成为人民满意幸福美好家园的鲜明底色,浙江成为展示社会文明进步和中华文化魅力的闪亮窗眼。

（六）发展格局

依托我省文化资源禀赋,着重构建纵横交织、贯通古今、山海呼应、串珠成链、覆盖全域的"两地五区一带"文化建设格局,绘好共同富裕的文化盛图,全面展现新时代浙江文化的繁荣景象。

——红色文化传承发展示范区。系统性挖掘浙江在革命、建设和改革过程中形成的红色文化精髓,守好"红色根脉"。大力推进红船精神的研究阐释和传承转化,推动嘉兴南湖与上海中共一大会址一体化保护研究,着力打造革命精神传承展示阵地。加强对覆盖全省域的红色文化资源保护利用,丰富和弘扬浙西南革命精神、大陈岛垦荒精神、海霞精神、蚂蚁岛精神等红色精神,传承红色基因,厚植家国情怀。

——新时代乡村文化生活样板区。实施文化惠民工程,推动高质量文化资源下沉,挖掘乡村优秀文化资源,推进乡村文化振兴,完善乡村文化服务体系。发展乡村文化和旅游产业,提升乡村文化体验,塑造乡村文明风尚,培育乡村现代文明,建设美好精神家园,提高乡村文化生活品质。

——现代都市文化标杆区。围绕杭州、宁波、温州、金华-义乌四大都市区建设,大力发展时尚、设计、会展、现代演艺、夜游经济等现代都市文化,着力建设一批标志性重大文化设施,推动"数智杭州·宜居天堂"、宁波国际港口名城、温州现代时尚之都、嘉兴国际化品质江南水乡文化名城、湖州生态文明示范城、绍兴国家历史文化名城、金义国际商贸之都、衢州四省边际中心城市、舟山海上花园城、台州山海宜居美城、丽水国际生态旅游之城等建设,打造国内一流、国际知名的现代都市文化圈。

——优秀传统文化"两创"展示地。深入实施浙江文化研究工程,打造文明之源大遗址保护群、世界文化遗产群、宋韵文化传承展示中心,深入挖掘浙学等深厚内涵,建设高水平传承展示平台,不断推进创造性转化、创新性发展,生动展示中华优秀文化的独特魅力和时代风采。

——影视文化创新集聚示范区。支持横店创建国家影视文化产业先行先试区,推动象山影视城、湖州影视城等影视基地特色化差异化发展,发挥中国（浙江）影视产业国际合作实验区等文化出口基地作用,推出更多具有全国和全球影响的影视精品,打造具有国际影响力的影视文化创新中心。

——互联网治理首善区。充分发挥法治中国重要实践地和世界互联网大会永久举办地优势,全面推进依法管网、依法办网、依法上网,率先构建依法治网体系,推出具有辨识度、影响力的制度成果、实践成果、创新成果,不断提高网络综合治理水平,打造浙江依法治网"金名片"。

——文化数智创新先行地。实施文化数字化战略,打造行业引领、国内领先的数字文化发展高地。大力推进大数据、云计算、区块链、人工智能等新技术在文化领域的应用,率先构建文化整体智治体系。加快推进媒体深度融合发展,打造新型主流移动传播平台和传播集群。

——诗路文化华彩带。推进大运河国家文化公园、诗路文化带建设,加强沿线地区优秀历史文化的保护、传承和利用。充分发挥特色优势,着力打造诗路文化名山、人文水脉、森林古道、遗址公园、名城古镇和古村,建设各具特色的文化明珠,立体展示浙江文化形象。

三、大力打造新时代思想高地

坚持马克思主义在意识形态领域的指导地位,深入实施铸魂工程、溯源工程、走心工程,打造学习宣传研究实践习近平新时代中国特色社会主义思想的重要阵地。

用习近平新时代中国特色社会主义思想武装头脑指导实践。加强新时代理论武装工作,构建用党的创新理论武装党员、教育人民、指导实践、推动工作的长效机制。健全学习实践习近平新时代中国特色社会主义思想的制度体系,建立党委(党组)重大决策前专题学习制度,实施理论中心组学习巡听旁听制度。健全党员领导干部理论宣讲体系,深化省领导赴联系高校做形势政策报告制度,全面推行各级领导干部上讲台上党课制度。加强高校马克思主义学院建设,提升高校思想政治课的教育教学水平。健全基层理论宣传宣讲体系,完善党委讲师团工作机制,创新开展媒体理论传播、宣讲品牌打造、宣讲名师培育、宣讲平台整合"四大行动",推出更多有吸引力、感染力的理论宣讲载体。打造重大理论和政策发声平台,形成良好社会思潮、引领社会风尚。

专栏2　铸魂工程重点工作

1.党委(党组)重大决策前专题学习制度。省、市、县(市、区)党委做出重大决策前,确定与决策领域相关的学习内容,组织专题学习,加强研究交流,确保科学决策、民主决策、依法决策。

2.党委(党组)理论中心组学习巡听旁听制度。制定年度巡听旁听计划,把巡听旁听情况作为考核评价领导班子和领导干部的重要依据,加强对党的理论和路线方针政策以及重大决策部署学习贯彻情况监督检查。"十四五"期间,实现全省各级党委(党组)理论中心组学习巡听旁听全覆盖。

3.构建面向基层的理论宣讲体系。深化省领导赴联系高校做形势政策报告、厅局级领导干部和县委书记上讲台以及省直机关"千名书记上党课"工作,完善领导干部担任思想政治理论课特聘导师制度。建立各级领导干部下基层宣讲制度,设立领导干部基层宣讲联系点。

4.建立健全督导制度。实行中心组年度学习计划报备制度和学习总结报告制度,落实"一学一报"制度,对党委(党组)理论学习中心组学习情况进行定期通报。定期召开全省党委(党组)理论学习中心组经验交流会。

推进党的创新理论研究阐释。推进百年理论创新研究工程,系统开展"习近平新时代中国特色社会主义思想在浙江的萌发与实践"研究,建好浙江省习近平新时代中国特色社会主义思想研究中心,系统构建理论溯源体系。深入实施马克思主义理论研究和建设工程,紧扣建党百年、党的二十大、"八八战略"实施20周年、新中国成立75周年等重大时间节点,组织开展重大专项课题研究,形成一批体现国家水准、对全局工作有重要参考价值的标志性成果,着力打开科学思想转化为真理力量的通道、战略构想转化为战术方法的通道、精神旗帜转化为奋进动力的通道、实践成果转化为理论创新的通道。加强与国家级学术研究机构合作,深化省院合作、央地合作研究机制。创新推进理论大众化,推出一批理论联系实际、通俗易懂的重点文章和普及读物,推动理论成果数字化建设。加强理论研究成果转化平台建设,建立转化评价机制,服务和引领经济社会发展。

专栏3　溯源工程重点项目

1.庆祝建党百年系列研究。围绕马克思主义中国化、时代化、大众化的历史进程与经验,中国共产党领导革命、建设和改革开放的历史进程和经验,习近平总书记关于新时代党的建设重要论述和以红船精神为代表的革命精神谱系,设立中国共产党百年历程的浙江印迹研究等一批重点课题,形成一批专著、论文和调研报告,举办高规格"红船论坛",献礼建党百年。

2.党的二十大精神系列研究。围绕党的二十大报告提出的新思想、新观点、新论断,结合建设"重要窗口"与争创社会主义现代化先行省,列出一批重点课题,推出一批优秀理论解读文章,形成有分量、有价值的研究成果。

3."八八战略"实施 20 周年系列研究。以省委名义召开纪念"八八战略"实施 20 周年座谈会,组织开展"八八战略"与习近平新时代中国特色社会主义思想、浙江深入实施"八八战略"20 年、践行"两山"理念 20 年的成就与经验等课题研究。

4.迎接新中国成立 75 周年系列研究。围绕新中国成立 75 周年所取得的历史性成就和重大经验启示,设立专项课题,召开理论研讨会,形成一批理论研究阐释文章,推出系列电视理论节目和理论通俗读物。

加强社科强省建设。实施文化研究工程 2.0 版,推进永嘉学派、永康学派、浙东学派、阳明心学、和合文化、南孔儒学等优秀文化思想研究,开展当代浙江思想史研究,编纂以浙江历代文献为主体内容的浙江文库,推出更多具有深远影响的重大成果,让浙学成为具有世界影响的东方思想标识。实施哲学社会科学创新工程,推进省一流学科建设工程和学科"登峰计划",建设一批国内领先、国际先进的高水平学科,扶持发展一批特色学科。实施浙江人文学科振兴工程,提升基础理论研究水平。深化哲学社会科学协同创新计划,强化学术共同体建设,建设一批哲学社会科学重点研究基地和文科实验室,推进重点社科研究和交流平台建设,打造"浙学论坛"学术品牌。实施现代智库体系建设工程,培育国家高端智库建设梯队,创建浙江省文化软实力研究中心,高水平建设一批重点专业智库和重点培育智库。推动高校、科研机构在海外建立中国学术研究中心,加强国际合作研究和学术交流。设立国际人文社科基金,吸引全球更多社科学者研究浙江。

专栏 4　社科强省建设重点工程

1.浙江文化研究工程。高质量完成工程第二期研究任务,部署开展工程第三期研究。围绕浙江当代发展问题和浙江历史文化,推出一批高水平原创性成果,构建新时代浙学文化体系。建设历史文化研究大数据平台。加强优秀学术著作外译工作。

2.哲学社会科学创新工程。加强哲学社会科学学科建设的统筹规划,形成富有浙江特色的学科体系,打造 10 个左右国内优势学科研究领域,支持文理融合的交叉学科研究,加强冷门绝学保护传承,建设一批具有较强影响力的马克思主义理论研究平台和传播平台。

3.学术创新能力提升工程。加强高水平科研平台建设,新遴选一批省哲学社会科学重点研究基地。加强人文社科数据库和文科实验室建设,推进社科工作数字化转型。加强浙江学术名刊培育,扶持高水平期刊发展。健全以创新质量与贡献为导向的学术评价体系。

4.现代智库体系建设工程。建立智库大成集智工作机制,组建多国别研究机构,到"十四五"末,建设 50 家左右省级新型重点专业智库和智库培育单位。发挥好《浙江社科要报》《浙江智库要报》等平台作用,完善智库成果宣传转化机制,形成一批有影响的智库产品。

四、推进以人的现代化为核心的新时代文明高地建设

推动社会主义核心价值观深入人心,加强社会主义精神文明建设,形成适应新时代要求的思想观念、精神面貌、文明风尚、行为规范,全面提升人民思想道德素质、科学文化素质、身心健康素质。

推动社会主义核心价值观实践养成制度化体系化。推进社会主义核心价值观教育引导、实践养成、制度保障体系建设,使之成为全体人民的共同价值追求。实施红色基因薪火行动,加强党史、新中国史、改革开放史、社会主义发展史教育,加强爱国主义、集体主义、社会主义教育,推动理想信念教育制度化常态化。深化红船精神研究阐释,体系化开展浙西南革命精神、大陈岛垦荒精神、海霞精神、蚂蚁岛精神传承弘扬,丰富红色精神谱系。实施新时代浙江精神研究计划,与时俱进地弘扬浙江精神、浙商精神和当代浙江人共同价值观。培育践行主流价值群像,形成人人参与、广泛认同、全面实践的社会氛围。推动社会主义核心价值观融入经济社会发展各方面,完善弘扬社会主义核心价值观的法规政策体系,制定完善文明条例、村规民约、学生守则、行为规范,健全科学有效的诉求表达、利益协调、矛盾调处、权益保障等机制。组织开展以劳动创造幸福为主题的宣传教育，大力弘扬劳模精神、劳动精神、工匠精神，发展乡贤文化，加强家庭、家教、家风建设。

加强和改进思想政治工作。深入贯彻《关于新时代加强和改进思想政治工作的意见》，坚持解决思想问题与解决实际问题相结合，提升思想政治教育水平。加强青少年思想政治工作，推进乡村学校少年宫、乡村复兴少年宫建设，深入实施"春泥计划"品牌工程，拓展青少年课外实践基地创建，开展"争做新时代好少年"活动，培养青少年家国情怀，构建德智体美劳全面发展的育人体系。推进高校思政课和课程思政改革，加强师德师风建设。大力弘扬企业家精神，繁荣发展企业文化。深化模范机关创建活动，组织开展忠诚教育，发展清廉文化。加强社区思想政治工作网格化建设和职工思想政治建设，做好非公有制经济人士、新社会阶层人士、出国和归国留学人员等各类群体的思想政治工作，强化老年人、残疾人、留守儿童等群体思想政治工作。健全社会心理服务体系和疏导机制、危机干预机制，加强青少年心理健康教育，培育自尊自信、理性平和、积极向上的社会心态。深化政工职称制度改革，将政工职称纳入国家专业技术职务序列。

提升公民道德建设水平。深入实施新时代公民道德建设工程，大力推进自治、法治、德治、智治"四治融合"，全面深化社会公德、职业道德、家庭美德、个人品德建设。实施"最美"品牌培育行动，擦亮"最美浙江人"名片，打造"浙江有礼"省域品牌。常态化开展道德典型学习宣传实践，健全礼遇关爱机制，推广"道德银行""道德绿卡""道德信贷"等模式。建立重大公共政策道德风险评估和纠偏机制，加强对道德领域热点问题引导。实施全民人文素养提升行动，建立常态化人文素养评估体系，加强人文社科普及基地建设，提升公民人文素养。实施诚信建设行动，加强地方信用立法，塑造诚信文化，建设诚信社会，培育诚信公民，建设信用浙江。建立惩戒失信失德行为常态化机制，让每个浙江人都成为文明的代言人。

推进全域精神文明创建。实施全域文明创建行动计划，巩固提升全国文明城市创建成果，全面推动文明创建从城区向乡村延伸，从局部向全域覆盖，从风景向全景跃迁。深化拓展新时代文明实践中心建设，构建覆盖县（市、区）、乡（镇、街道）、村（社区）3级的新时代文明实践体系。健全现代志愿服务体系，广泛开展志愿服务关爱行动。实施新时代文明生活行动，深化移风易俗，探索实行文明积分制。实施文明好习惯养成工程，提升"礼让斑马线、聚餐用公筷、排队守秩序、垃圾要分类、餐饮不浪费"等文明实践品牌。加强网络文明建设，发展积极健康的网络文化。

专栏5　文明素养提升重点项目

1."最美"品牌培育行动。健全从发现、培育、选树到表彰、宣传、褒奖全链条的工作机制，推动先进典型由个人向家庭拓展、个体向群体延伸、单位向行业辐射，深化时代楷模、道德模范、最美人物、身边好人等先进典型选树，打造"'浙'里好人，德润之江"品牌。

2.诚信建设行动。推进浙江信用"531X"工程，开展诚信领域突出问题专项治理，健全诚信"红黑榜"发布机制，推行"诚信贷""诚信银行""诚信档案"等做法，开展"最美诚信浙江人"选树活动。开展社会诚信度测评，到"十四五"末达到96％以上。

3.新时代文明生活行动。拓展新时代文明实践中心建设，实现县（市、区）新时代文明实践中心建设全覆盖，500人以上行政村及所有社区文明实践站（点）全覆盖，省级及以上文明单位及主要公共文化服务场所文明实践站点基本覆盖。实施文明好习惯养成工程，打造美好生活实践基地，广泛开展"迎亚运讲文明树新风"志愿服务活动，重点打造2—3个具有浙江辨识度文明品牌。

4.全域文明创建行动计划。到"十四五"末，实现全国县级文明城市达50％、文明村镇县级及以上建成率达90％、文明单位省级及以上达3500家、文明校园县级及以上建成率达60％、文明家庭县级及以上达20万户。

五、繁荣发展新时代文艺事业

统筹思想性和艺术性的有机统一，聚焦重大主题、加强创作生产，推动作家艺术家深入生活、深入基层，不断推出反映时代新气象、讴歌人民新创造的文艺精品，打造全国文艺重镇，再创浙江文艺新辉煌。

推进重大题材文艺精品创作。全面推进各文艺门类繁荣发展，进一步丰富高品质文化产品和文化服务供给。实施新时代文艺精品创优工程，健全重大现实、重大革命、重大历史题材规划组织机制，加强农村、少儿等题材创作。立足"重要窗口"建设生动实践，推进当代文学精品、美术书法精品、现代音乐精品、影视动漫精品、传统戏曲精品、歌剧舞剧精品等重点项目创作，以优秀文艺作品展形象、树标杆、铸高峰。推进主题出版引领工程，抓好浙版原创精品出版，编撰"浙江文丛"第三期，实施"当代中国文学名家"书系等品牌出版项目，开展浙江树人出版奖评选。到2025年，推出100部左右反映新时代、新浙江、新气象，具有传播度、辨识度、认可度的浙产文艺传世精品。

专栏6　文艺精品提升工程

1. 当代文学精品。聚焦现实题材，重点抓好现实题材长篇小说和报告文学创作，推出20部优秀长篇小说和报告文学作品，办好郁达夫小说奖，提升文学整体水平。

2. 美术书法精品。深化"百年追梦"浙江美术书法精品创作工程，推出一批具有时代特征、浙江特色、艺术魅力的优秀美术书法作品。实施浙籍美术名家作品引聚展示工程，办好浙江美术作品展、兰亭书法节等具有全国影响力的美术书法活动。

3. 现代音乐精品。实施"唱响浙江"音乐创作推广计划，集中打磨推出2—3首表现新时代、新生活，易于传唱、代表浙江的优秀歌曲，推动创作一批具有浙江特色的优秀交响乐作品。

4. 影视动漫精品。实施影视动漫精品创作计划，策划、遴选一批重点选题和作品列入影视动漫精品工程名录，推出具有国内一流水准、深受群众喜爱、富有浙江特色的10部电影、20部电视剧、10部纪录片、10部动漫作品。

5. 传统戏曲精品。实施地方戏曲振兴工程，推出一批适应需求的戏曲精品剧目。加大对国家级和省级重点戏曲院团的投入保障，扶持基层和民营戏曲艺术表演剧团。

6. 歌剧舞剧精品。新创或提升5部左右思想精深、艺术精湛、制作精良，具有浙江特色的歌剧舞剧作品，力争部分优秀作品入选国家级奖项或展演。

加强文艺原创能力建设。实施文艺原创能力提升工程，常态化开展"深入生活、扎根人民"主题实践活动，加强文艺工作基础建设。建立重大文艺创作项目"揭榜挂帅"工作机制，探索签约创作、招标创作、跨地跨界联手创作和联合攻关创作等制度，提升文艺精品创作组织力。推进重大文艺创作平台建设，精心打造之江编剧村，加大对文学、剧本、作曲等文艺创作原创性、基础性环节和优秀创作人才的扶持力度，广泛汇聚各方力量，扎根浙江搞创作。推动基层文艺创作繁荣发展，扶持县级及以下文化机构创作人才。加强新文艺群体团结引导，实施网络文学提升计划，持续推进中国网络作家村建设，促进网络文学、网络剧等新兴文艺类型健康发展。

创新文艺创作生产体制机制。全面深化文学创作出版、影视创作生产等领域创新，健全把社会效益放在首位、社会效益和经济效益相统一的文艺创作生产体制机制。建立重点文艺创作全流程保障机制，发挥浙江文化艺术发展基金导向作用，完善文艺精品扶持机制，加大对省级卫视频道资源影视剧播出的统筹指导，实行重点内容生产文化企业驻企指导员制度。在文艺创作生产机构，设立艺术委员会或艺术总监岗位。按照多演出多得酬劳的原则，实行演出收入向业务骨干和做出突出业绩的人才倾斜、向一线演员倾斜、向关键岗位和特殊岗位倾斜的分配机制。探索支持民营文化企业参与重大主旋律影视作品生产创作的政策举措。加强文艺评奖和文艺评论工作，完善省精神文明建设"五个一工程"等评选表彰机制，实施文艺领域荣誉制度。高水平办好中国国际网络文学周、中国大运河国际钢琴艺术节、中国越剧节、之江国际青年艺术周。

六、加强现代全媒体传播体系建设

推进媒体深度融合发展,打造新型传播平台集群,建立以内容建设为根本、先进技术为支撑、创新管理为保障的全媒体传播体系。

提升主流舆论凝聚力影响力。坚持团结稳定鼓劲、正面宣传为主,加强和改进主题宣传、成就宣传、形势宣传、典型宣传,凝聚全省干部群众迈向新征程、奋斗新时代的强大正能量。实施新闻产品提质工程和新闻品牌栏目培育工程,办好浙江日报头版、"浙江新闻联播"等新闻品牌,提高正面宣传和舆论引导的质量水平。创新内容表现形式,多推出适合移动传播、社交传播的新闻产品,打造更多群众喜爱、刷屏热传的新闻作品。统筹传统媒体和新兴媒体,整合商业平台、内容创作者、技术公司等,建立与今日头条、抖音、B站等头部平台合作机制,提高"重要窗口"传播的到达率、点赞率、黏合率,共建现代传播生态圈。加强建设性舆论监督,办好舆论监督栏目节目,提升舆论监督效能。健全完善新闻发布制度,推动"4·2·1+N"新闻发布模式省、市、县3级全覆盖,建设"网上新闻发布厅",提高领导干部在聚光灯下开展工作的能力。

打造新型主流媒体。实施全媒体传播工程,大力推进主流移动传播矩阵建设,建设在全国有影响力的新闻信息和文化视听重大传播平台。推动"天目"新闻客户端全国化布局、全球化传播,创办"人文+综艺"融媒视听传播平台。推进"浙江新闻""小时新闻""中国蓝新闻"客户端特色化发展,推动主流媒体向新型媒体集团转型。深化市级媒体融合改革,鼓励探索自身融合发展模式,打造富有地方特色的区域性传播平台。推动县级融媒体中心建设提质增效,形成面向基层的主流舆论阵地、综合服务平台和村社信息枢纽。建立适应全媒体传播的一体化组织架构,构建集约高效的内容生产体系和全媒体传播链条。

专栏7 新型主流传播矩阵

1.“天目”新闻客户端。坚持内容全国化、平台国际化,突出短视频传播特色,优化资源配置,突破资金、技术、人才等发展瓶颈,集中力量打造具有较强传播力影响力的移动传播平台,力争近3年每年新增千万用户,5年内聚合用户达到1亿以上。

2.“人文+综艺”融媒视听传播平台。整合浙江广播电视集团资源要素,打造“人文+综艺”特色的互联网视频平台,培育涵盖IP版权、演艺经纪、演艺培训、影视后期制作等全产业链条,构建网络视频生态圈。

3.构建全省贯通的媒体融合技术平台。依托浙报集团“天目云”和浙江广电集团“中国蓝云”技术平台,构建系统集成的开放式网络技术平台,强化省、市、县3级新型主流传播矩阵运维服务和技术支撑能力。

4.浙江新闻客户端。突出党端特质、融媒特征,进一步丰富政务、民生信息和服务、社交功能,做强“大政经”特色,打造权威新闻的发布平台和浙江政务信息的服务平台。

5.中国蓝新闻客户端。发挥浙江广电集团新闻生产优势,推动融媒体新闻中心优势力量向移动端生产平移转型,打通与集团各媒体单元的新闻共享通道,聚合整合融合资源,打造在全国有影响力的移动新闻传播终端。

6.小时新闻客户端。围绕“大生活”定位,以社会、社区、社群为重点,进一步提高原创品质内容的全网传播力、影响力,充分反映浙江人民的美好生活,打造群众喜爱的都市融媒体平台。

推动主力军全面挺进主战场。以互联网思维优化资源配置,把更多优质内容、先进技术、专业人才、项目资金向互联网主阵地汇集、向移动端倾斜。坚持移动优先策略,打造网络内容精品和知名品牌,推动主流舆论占领新兴传播阵地。加强对新闻传播领域有关新技术的前瞻性研究和应用,探索网络传播新业态新模式,推出全息化、可视化、沉浸式、交互式网络产品,丰富传播形态、传播样式。加强全媒体人才培养,鼓励和推动知名编辑记者、评论员、主持人、播音员到新媒体平台发挥作用,打造有影响力的网络账号。建设媒体融合重点实验室,加强与高等学校、科研院

所、科技公司的合作,推动成果转化、补齐技术短板。鼓励符合条件的媒体企业上市融资,支持主流媒体控股或参股互联网企业、科技企业。

深入推进网络综合治理。完善网络综合治理体系,推动形成多主体参与、多种手段相结合的综合治网格局,率先构建省域依法治网体系,打造互联网治理首善之区。健全舆论引导和舆情应对智治体系,深化网络生态"瞭望哨"工程,开展网络生态治理"之江净网"行动,建设系统展示"重要窗口"网上传播平台。推进互联网行业党的建设,深入开展网络社会工作。实施网络安全整体能力提升行动,建好用好互联网舆情动态感知平台、网络安全协调指挥平台和省市县融媒体技术平台。加强大型互联网平台企业反垄断审查和治理。加大互联网数据资源保护和管理,有效保护数字安全、保护个人隐私。扩大网络文化交流与合作,高水平办好世界互联网大会。

七、高水平建设人民满意的公共文化服务体系

推进城乡公共文化服务体系一体建设,制定实施高质量公共文化服务标准,创新高质量发展建设共同富裕示范区的文化保障机制,更好满足人民群众美好生活需要。

健全现代公共文化设施体系。实施百亿文化设施建设工程,高水平建设国家版本馆杭州分馆、之江文化中心项目,有序推进浙江社科中心、浙江音乐厅新馆等新时代浙江文化地标,创办浙江电影学院。实施百城万村文化惠民工程,完善基层公共文化设施网络,"十四五"期间全面实现"市有五馆一院一厅、县有四馆一院、区有三馆、乡镇有综合文化站、农村有文化礼堂",市、县、乡3级文化设施覆盖达标率100%。推进未来社区、未来乡村文化建设,完善城市公共文化空间布局。落实浙江省居民住宅区公共文化设施配套建设标准,各类新建改建扩建住宅区按每套不少于0.12平方米、且总面积不小于50平方米标准配建公共文化设施用房,按照不少于100平方米的标准建设室外文化活动场地。推广"社区文化家园""企业文化家园""城市书房""文化驿站"等文化服务模式,建设文化景观道路、文化广场、文化公园、文化街区和文化阅读空间。

专栏8 "十四五"时期基层公共文化设施建设

1. 市有五馆一院一厅。各设区市建有文化馆、图书馆、博物馆、非遗馆、美术馆、剧院、音乐厅。其中,图书馆、文化馆达到国家一级馆。

2. 县有四馆一院。各县(市)建有文化馆、图书馆、博物馆、非遗馆或展示场所和剧院(场)。其中,一类地区图书馆文化馆以国家一级馆为主,至少达到国家二级馆;二类地区图书馆文化馆达到国家一级馆。

3. 区有三馆。各区建有文化馆、图书馆、非遗馆。

4. 乡镇(街道)有综合文化站。各乡镇(街道)建有单独设置的综合文化站,100%的乡镇(街道)设三级(含)以上文化站。其中,二类地区为二级(含)以上文化站,一类地区以二级(含)以上文化站为主。

5. 农村有文化礼堂。人口在500人以上的村实现农村文化礼堂全覆盖。其中,人口在1000人以上的新建礼堂建筑面积不少于300平方米;人口在500至1000人的新建礼堂面积不少于200平方米;人口在500人以下的可建设部分功能性文化场所。

扩大高品质公共文化供给。深化公共文化服务供给侧结构性改革,全面繁荣新闻出版、广播影视、文学艺术、哲学社会科学事业。探索推行浙江文化保障卡制度,打造高水平城乡一体"15分钟品质文化生活圈""15分钟文明实践服务圈",构建人民群众幸福美好精神文化生活的基本保障体系。培育发展音乐会、歌剧、舞剧、交响乐等文化艺术,推进高雅艺术进校园、进农村、进社区、进企业,满足不同群体的文化需求。创新公共文化服务供给机制,扩大公共文化设施免费开放范围,探索夜间公共文化服务,提高公共文化资源配置利用效能。构建全民阅读推广服务体系,推动实体书店乡镇、高校双覆盖,深化农村发行连锁扩网布点,提升农家书屋建设水平,办好浙江书展,深化书香浙江建设。推动艺术振兴乡村,深化文化下乡和"文化走亲"活动,开展农村公益电影放映,办好"千镇万村种文化""我们的节日"等系列文化活动。支持少数民族地区文化建设。深化开展省市

县乡村五级文化结对活动,建设乡村"三团三社"文艺团队,加大基层优质文化产品和服务供给。

推动公共文化服务高水平均等共享。加快构建政府主导、社会参与、市场主体的公共文化服务机制,大力发展文化志愿服务、文化捐赠、文化公益等,推广"文化管家"模式,引导和扶持文化类社会组织发展,鼓励社会力量参与公共文化服务供给和设施运营管理。健全群众公共文化服务供需对接机制,创新"菜单式""订单式"公共文化服务。全面推行公共图书馆、文化馆总分馆制。开展公共文化机构和旅游服务中心功能融合改革试点,推动科技馆、工人文化宫、妇女儿童活动中心、青少年校外活动场所等具有公共文化服务功能的各类场所纳入公共文化服务体系。完善标准化无

障碍设施和关爱服务设施,加强公共文化场所应急体系和应急能力建设。建立基本公共文化服务标准化均等化达标机制和公共文化机构绩效考评制度,完善公共文化服务质量监测体系。

八、推动优秀传统文化振兴发展

传承弘扬中华优秀传统文化,深入挖掘浙江文化基因,建全保护、研究、利用工作体系,推动更多优秀传统文化走入生活、走进群众、走向世界。

打造浙江文化遗产重大标识。实施百张文化"金名片"打造工程,培育涵盖物质遗产、非物质遗产、经典产业等门类的文化标识。推进文明之源大遗址群建设,深入挖掘上山遗址、河姆渡遗址、良渚古城遗址、跨湖桥遗址、马家浜遗址等丰厚历史遗存,打

响"文明之源看浙江"品牌。推进世界文化遗产群建设,加强西湖、良渚等保护管理,合力推进大运河(浙江段)整体性保护利用,建设大运河世界文化遗产公园、良渚古城遗址公园、浙东运河博物馆等重大设施,高水平打造京杭大运河南端精华带。推动海上丝绸之路(浙江)、河姆渡、江南水乡古镇、南宋皇城遗址等申报世界文化遗产。加强南宋皇城遗址综合保护,创建南宋博物馆,建设宋韵文化传承展示中心,推进宋六陵遗址考古工作,塑造宋韵文化品牌。加强传统艺术保护传承工作,加大对越剧、昆曲、婺剧、瓯剧、甬剧、台州乱弹等标志性戏曲艺术保护传承力度,擦亮浙江小百花越剧品牌,建设越剧博物馆,打造中国越剧之乡,形成以浙江为核心的中国越剧文化中心。

专栏9 文化遗产重大标识性项目

1.上山遗址。深化上山文化遗产价值提炼,积极申报世界文化遗产,建设上山文化考古遗址公园,建立上山文化考古遗址公园群落,推出上山文化考古特色精品旅游线路,建设展示"万年浙江""世界稻作之源"的"重要窗口"。

2.河姆渡遗址。启动河姆渡国家大遗址项目申报工作,加强河姆渡省级考古遗址公园建设,争创国家考古遗址公园。

3.良渚古城遗址。深挖良渚古城世界文化遗产价值,打造中国城市文明起源的典型样本。开展以良渚古城为核心的良渚文化考古,推进良渚古城国家考古遗址公园建设,完成良渚文明系列著作的翻译、校稿及出版,设立世界考古论坛·良渚分论坛暨良渚国际考古论坛。

4.宋韵文化传承展示中心。建立省、市、县(区)3级统筹协调工作机制,推进宋韵文化研究传承和南宋文化品牌塑造,做好"两宋"文物遗址考古勘探和发掘,实施南宋皇城综合保护工程,启动德寿宫遗址公园暨南宋博物院建设。开展南宋主题文艺精品创作,提升举办南宋文化节,推出一批具有标志性的南宋文化文旅项目。

加强文物保护利用。做好文物古籍保护、研究、利用,建设高水平文博体系。实施文物保护利用重点工程,推进考古遗址公园建设,加强革命文物保护利用,推进诗路沿线文物资源保护传承。完善浙江历史文化专题研究、名

人研究、历史文献整理,强化万史文化名城、名镇、名村以及历史建筑保护利用。实施文物建筑活化利用培育计划,深化"千年古城"复兴计划,推广"拯救老屋"行动,实施石窟寺保护利用,推进水下文物考古和文化遗产保护,深入

开展海丝、海防、海港遗存研究。实施博物馆建设提升工程,抓好文澜阁、天一阁等国家等级博物馆建设和利用。加强基层博物馆建设,扶持民间各类专业博物馆建设。实施文物平安工程,建设浙江文物资源信息大数据库。加

强国家文化遗产保护科技区域创新联盟建设，促进文物保护与现代科技融合发展。

构建非物质文化遗产保护传承体系。实施非物质文化遗产保护传承计划，健全非遗保护管理机制，完善非遗名录体系，建设文化传承生态保护区。建设非遗展示馆、非遗生活馆、非遗街区、非遗旅游景区、非遗民宿、非遗文创园，加强非遗文创产品开发，推动非遗融入生产生活。深化对人类非遗代表性名录非遗项目的保护传承，擦亮浙江人类非遗名片。推进各级非遗代表性项目和代表性传承人的认定管理工作。实施国遗项目影像工程，创新非遗传承传播，建设浙江省非遗网络传习所、"浙江非遗大戏台"视频剧目平台。推进非遗相关学科和专业建设，建设校园非遗传承基地，持续推进戏剧进校园。

推动传统文化弘扬转化。实施文化基因解码工程，描绘浙江文化基因图谱。挖掘浙江传统文化丰厚内涵，办好"两宋"论坛、浙东学派研讨会、和合文化国际论坛、阳明心学大会、南孔国际论坛等重大文化交流平台。实施优秀传统文化活化计划，推进传统工艺振兴。发挥浙江历史文化名人辈出的优势，建设一批历史名人陈列馆、博物馆、纪念场所、传习基地，打造一批学术研究中心、品牌文化活动、文艺精品力作、优秀文创产品、主题旅游线路和研学旅游目的地。推进美术书法艺术

振兴，开展美术书法艺术研究，创办浙江书法院。加快国家和省级文化生态保护区建设，加强对丝瓷茶剑、黄酒、湖笔等传统文化保护开发，发展历史经典产业，提升"老字号"文化品牌。

九、加快文化产业高质量发展

抓住新技术、新业态、新消费带来的重大机遇，完善文化产业规划和政策，加快构建现代文化产业体系，满足人民群众高品质、多样化的文化需求。

优化文化产业发展布局。推进区域文化产业带建设，发挥之江文化产业带要素集聚、示范带动效应，加快推动浙报融媒发展中心、浙数文化产业园、中国TOP直播电商产业园、中国蓝文化创意产业园、西溪511电影数娱综合体、之江电影集团数据中台项目等重大文化产业项目落地，打造高能级文化产业发展平台。深入谋划红色文化、海洋文化、生态文化和优秀传统经典文化等融合发展产业带建设，提升四条诗路文化带建设整体水平。规范发展文化产业园区、文化创意街区，支持中国寓言小镇、黄酒小镇、禅意小镇等文化特色小镇建设，健全重大文化产业项目数据库。加强长三角文化产业融合发展，发挥长三角文化产业投资联盟作用。

推进重点文化产业门类高质量发展。推动文化产业结构调整，巩固发展新闻出版、影视动漫、旅游演艺、文化创意、文化会展、文体休闲娱乐、文化装备制造

等优势文化产业。大力发展数字文化产业，打造国家数字出版产业基地、短视频基地、音乐产业基地、网络视听产业基地等"四大基地"。推动文化产业与科技、体育、信息、教育、会展、金融、建筑、工业设计等产业的双向融合，培育新兴文化业态。做大做强做优影视文化产业，打造具有国际影响的影视文化创新中心和影视产业高质量发展基地。

健全现代文化市场体系。实施百家文化名企创优工程，到2025年，引进和培育100家以上文化领军企业、上市企业、高成长性企业，形成一批年产值百亿以上文化企业巨头。支持重点国有文化企业做大做强做优，推动民营文化企业加快发展，大力扶持中小微文化企业发展。繁荣文化消费市场，推进国家文化消费试点城市建设和夜间文旅消费集聚区建设，探索建立扩大文化消费长效机制。推动文化全面融入新发展格局，拓展提升文化产业发展的空间、市场和潜能。办好浙江国际青年电影周、中国电视艺术创新峰会、新时代影视文化产业发展大会等活动，办好杭州文博会、中国（杭州）国际动漫节、海丝之路（中国·宁波）文旅博览会、温州国际时尚文化产业博览会等展会。完善文化产业投融资体系，建设文化金融合作示范区，创设一批文创银行，引导各类投资基金向文化产业倾斜，促进文化资产评估和文化产权交易。

专栏10　文化名企创优重点项目

1.壮大一批文化领军企业。引进国际国内知名文化企业，设立区域总部或行业总部；推动浙报传媒、浙版传媒、华策影视、宋城集团等龙头文化企业，跨地区跨行业跨所有制兼并重组，构建以数据驱动、模式创新为引领的新型产业生态，打造30家左右主业突出、核心竞争力强、市场占有率高的"文化航母"。

2.培育一批文化上市企业。实施文化企业"凤凰行动计划",创新文化金融、税收等综合政策,引导优质文化企业对接资本市场,加大其在股份制改造和国内证券市场上市关键成长期的支持力度。支持上市文化企业开展资本运作和跨境投资收购,支持文化企业境外上市,到 2025 年,新增上市文化企业 30 家以上。

3.发展一批文化独角兽企业和隐形冠军。聚焦数字文化、动漫演艺、创意设计、文化旅游、文化装备制造等产业领域,培育行业领先的单项冠军、隐形冠军,培育文化独角兽、准独角兽、潜在独角兽企业 40 家以上。

推进文化和旅游深度融合。坚持文化为魂、旅游为体,创建富有文化底蕴的世界级旅游景区和度假区、文化特色鲜明的国家级旅游休闲城市和街区。实施十大名山公园、十大海岛公园等重大工程,建设一批富有文化内涵的千万级核心景区,谋划打造"绿水青山就是金山银山"文化发展示范区、滨海文化旅游产业带等文旅融合发展大平台。支持南孔古城、云和梯田、台州古城、金华山等创建国家 5A 级景区。推进文旅融合标志性 IP 和"金名片"培育工程,深入实施"诗画浙江·百县千碗"工程,高标准推进全域旅游示范省建设。加快乡村旅游高品质发展,全面推进"百城千镇万村"景区化。大力发展红色旅游,创建红色旅游示范带。推动文化遗产旅游、旅游演艺等创新发展,提升大运河古镇群、阳明故里文化街区、天台山景区、太湖龙之梦乐园、新时代富春山居图富阳样本段等建设水平。振兴入境旅游市场,争取开展出入境游便利化改革试点。深度融入长三角一体化和长江经济带发展,共建杭黄世界级自然生态和文化旅游廊道、浙皖闽赣国家生态旅游协作区、环太湖生态文化旅游圈、江南水乡古镇文化旅游体验廊道。

专栏 11　文旅融合重点项目

1."四条诗路"文化带。全面推进大运河诗路、浙东唐诗之路、瓯江山水诗路和钱塘江诗路文化带建设,打造串联全省诗画山水的黄金旅游带,形成"一文含四带,十地耀百珠"的空间形态。加快推进"四条诗路"明珠培育,打造千万级核心景区,推出一批古城、古镇和古村旅游目的地。深入挖掘诗路文化内涵,举办诗路文化和旅游发展峰会等活动,扩大"四条诗路"的国际影响力。

2.标志性 IP 和"金名片"培育工程。重点建设和提升 100 个文旅融合发展 IP,探索文旅融合 IP 的衍生机制和商业模式。培育 100 张文旅"金名片",其中力争 5 张成为世界级"金名片"、10 张成为国家级"金名片"。

3.红色旅游示范带。深入挖掘革命遗址、遗存、遗迹,把革命足迹和革命精神融入红色旅游线路设计、展陈展示、讲解体验。实施 100 项重大革命文物保护利用项目,重点打造 100 个经典红色旅游景区、10 条红色文化主题精品旅游线路,打响"浙里红"红色旅游品牌,使浙江成为全国红色旅游圣地。

4.未来乡村旅游模式。实施"万村景区化"2.0 计划,到"十四五"末,建成 10000 个 A 级景区村庄(其中 3A 级以上 1000 个)。引导乡村旅游集中连片发展,形成 100 个左右乡村旅游集群。推进乡村民宿转型升级,培育 60 个乡村民宿集聚区。

5."诗画浙江·百县千碗"工程。培育 10 个特色美食小镇、100 个特色美食街区和美食园区、1000 家特色美食店等美食文化体验场所,展现舌尖上的浙派美食文化魅力。

十、建设辐射全球的对外传播窗口

围绕"重要窗口"建设,大力创新对外传播理念,拓展对外传播渠道和载体,构建更具国际影响和浙江特色的对外传播体系,多参与、多发声、展形象,讲好浙江故事、中国故事。

打造对外传播精品。围绕"展形象"深耕传播内容,精心提炼和培育具有鲜明标识的对外传播名片和浙江文化符号。全方位宣介习近平新时代中国特色社会主义思想在浙江的生动实践,组织开展习近平总书记重要著作和相关主题图书海外合作翻译出版和宣传推介,策划推出一批面向海外受众的新媒体产品,做实做新做活理论外宣。实施浙江好故事对外传播计划，实施精品图书多语种翻译推广工程，推进浙江优秀传统文化海外传播工程，加强优秀传统文化经典的译介推广，做好物质文化遗产和非物质文化遗产的活态展示和国际推介，凸显中华优秀传统文化的当代价值和世界意义。

拓展文化走出去渠道。深化对外文化交流合作，加强文化交流机制和品牌建设，探索建立地方性国际传播中心，提升对外文化交流话语权。实施浙江文化"出海计划"，推动影视、图书、动漫等优秀作品在海外传播。发挥政府间人文交流机制的平台和引领作用，支持举办友城论坛、市长论坛、青年论坛等活动，支持中外青年高端人才培养、双向留学、职业教育、创新创业等方面的人文交流合作，拓展建设"西泠学堂"。

以"一带一路"建设为统领，推进区域文化交流合作机制多元化。支持中非文化合作交流示范区、浙江(青田)华侨经济文化实验区建设。发挥浙江侨务大省资源优势，推广海外传播官、海外宣讲团、民间文化大使等对外文化传播模式，发挥浙江自由贸易试验区在推动文化走出去方面的平台作用。实施海外文化市场拓展计划，培育外向型文化旅游企业，鼓励和引导有实力的民营互联网企业、电商平台等拓展海外市场，传播中国文化。推进对外文化交流重大平台建设，办好亚洲艺术节，打响丝绸之路文化周品牌，举办诗路文化国际峰会、和合文化国际论坛。用好2022年杭州亚运会、亚残运会契机，做好"家门口"的文化外宣。

构建多元化国际传播体系。加强互联网传播能力建设，创新智能移动对外传播渠道，巩固拓展海外社交媒体阵地，深化"美丽浙江"国际传播矩阵建设。统筹发挥新闻网站、网信企业、头部平台、网民群体等各类力量作用，打造网络传播出海联盟。建设国际传播媒体集群，办好浙江广电集团英语频道、"天目"新闻英文频道、杭州英文电台，推动省市主流媒体开展多语种外宣。鼓励网络视听平台、短视频平台拓展海外市场，加快推进海外社交平台账号建设，打造区域性海外传播共同体。办好面向海外受众和境内外国人的外语传播平台，加强与境外传播机构的合作。重视发挥海外华文媒体作用，加强与海外主流媒体合作传播，举办国际合作传播论坛，建设国际人文交流基地和媒体合作交流平台。

专栏12　国际传播重点项目

1. 新媒体国际传播平台。优化"印象浙江"英文网，扩大中国·浙江英文网覆盖面，建立省级和市级联动的"1+11"英文网集群，建立一批媒体、高校、机构和个人海外社交账号，培育"国际网红"，打造现象级"爆款"产品。

2. "天目"新闻英文频道。面向在浙外国人，创新办好"天目"新闻英文频道，提供方便快捷、内容丰富、实用贴心的媒体服务，展示浙江人文、山水、发展之美，提升"重要窗口"国际影响力。

3. 浙江广电集团英语频道。以在浙外国人为目标人群，利用全英文播报和4K高清播出，通过时政资讯、历史文化、政策服务等，构建符合外国人信息诉求与认知习惯的内容传播体系，提升浙江国际影响力。

4. 杭州英语电台。依托杭州广播主频率"杭州之声"，推出英文节目，打造城市国际传播平台，使之逐步成为外国友人走进杭州、认识浙江、了解中国的窗口。

5. 国际人文交流基地。在全省范围遴选一批体现浙江特色、代表中国形象、具有国际影响力的机构或单位，到2025年，建成50个承载国际交流合作、文化海外传播、国际形象塑造功能的国际人文交流基地。

十一、以数字化改革驱动文化体制机制创新

统筹运用数字化技术、数字化思维、数字化认知，全面深化文化领域数字化改革，大力推动文化工作职能优化、流程再造、综合集成、高效协同，加快实现文化建设系统性重塑。

推进文化领域数字化改革。深入实施文化智融工程，加快实现文化改革发展的整体智治，打造面向未来发展的数字文化生态体系。深化文化领域的数字化建设、数字化应用和数字化转型，率先形成与数字变革时代相适应的文化生产方式、传播方式、治理方式，推进文化领域全方位、系统性、重塑性改革。创新文化领域整体智治、数字文化政务、数字公共文化服务、数字文化产业、数字文明实践等数字化综合应用,重点打造志愿浙江、"家头条""邻里帮""文E家"、文化礼堂家等数字化应用场景,建设数字文化知识产权保护管理平台,形成全局"一屏掌控"、政令"一键直达"、执行"一贯到底"、服务"一网通办"、监督"一览无余"等协同体系。大力推进新闻、出版、文艺以及图书馆、文化馆、博物馆、非遗馆、美术馆等文化设施和公共文化空间数字化建设,打造共享、便捷、融合的文化数智场馆。深入实施文化产业数字化战略,大力发展数字影视、数字演艺、数字出版、短视频、数字音乐、电子竞技、数字创意、网络安全等重点数字文化产业,抢占文化产业发展制高点。推进智慧广电建设,构建应急广播智能化体系,打造数字广电、云上广电。

专栏13　数字文化重点产业

1. 数字影视。推进"影视＋科技""影视＋互联网",规范发展网络剧、网络电影、数字动漫、网络直播等新兴业态,建设影视大数据平台。引进一批影视后期制作领军人才和企业,运用动作捕捉、虚拟拍摄、特效合成等提高影视制作能力。

2. 数字演艺。引导鼓励各级国有文艺院团、剧场、演出院线、演艺企业开展线上线下融合创新,大力发展"云上剧场""云上演艺"等新模式。深化数字演艺与旅游融合,推进5G、AR/VR、3D全息投影等数字技术运用。

3. 数字出版。高质量推进杭州国家数字出版产业基地建设,办好中国数字阅读大会。以博库线上图书交易平台为基础,建设全省发行业大数据集聚和服务专业平台。推动阿里巴巴淘宝、天猫、1688图书交易电商平台规范发展模式,打造网上电商交易平台矩阵。支持重点网游企业探索沉浸式游戏、云游戏等新模式,发展衍生品制作、主题公园、游戏会展等新业态,培育一批具有全球竞争力的游戏研发运营企业。

4. 短视频。大力发展短视频内容产业,推动视频新技术、新媒体、新业态发展,形成特色鲜明、优势突出的短视频产业生态链和价值链。以国家短视频产业基地建设为重点,充分发挥项目带动作用,培育和引进一批短视频龙头企业、重大平台,建设商业头部短视频企业聚集地。

5. 数字音乐。推进浙江省国家音乐产业基地、中国数字音乐谷、宁波音乐港建设,培育发展数字影音技术、在线视听、音乐制作、音乐特效、线上传播等新业态,支持网易云音乐等重点企业发展。建设音乐演艺、音乐主题公园、音乐生活街区、音乐众创空间、音乐产学研基地等数字音乐平台。

6. 电子竞技。系统谋划电竞未来发展规划,加快电竞产业基地建设,推动电竞标准建设,提升自主研发能力,打造原创游戏IP。规范发展电竞产业,推动电竞小镇建设,培育和引进电竞赛事,支持电子竞技俱乐部发展,深入探索电竞与在线直播、旅游等垂直行业应用的深度融合。

7. 数字创意。推动信息技术与创意设计深度融合,发展以数字技术为依托的创意设计、工业设计、建筑设计、装备制造产业。探索建设线上线下开放性共享平台,发展众创设计、众包设计、定制化设计、用户参与设计、云设计、网络协同协同设计等新型服务模式。

8. 网络安全。加强网络安全技术和产业发展的统筹规划、整体布局和政策扶持,引进一批国际国内领先、掌握核心技术的网络安全企业和创业团队来浙江落户发展,做大做强海康威视、安恒信息等一批网络安全龙头企业,扶持一批成长性强的中小企业,打造网络安全产业集群。建设网络安全技术产品协同创新平台和实验室,推动产业共性技术研发应用。

深化文化领域体制机制创新。完善文化管理体制和生产经营机制,构建现代文化发展治理体系,提升文化治理效能。深化国有文艺院团改革,实行"一团一策",推进分类改革,激活内部机制,做大做强浙江演艺集团。建立民营文艺剧团扶持机制,鼓励发展民营演出中介和经纪人。创新国有文化资产监管体制,深化国有文化企业股权激励、员工持股、职业经理人改革试点,探索文化企业混合所有制改革,建立文化企业重大改革容错免责机制,健全更加科学、更有效率、更符合文化发展规律的国有文化资产监管机制。分层分类推进国有文化企事业单位改革,创新文化单位

内部运行机制,探索建立体现市场规则、行业性质的薪酬分配制度和管理模式。推进媒体深度融合改革,建立健全全媒体工作机制,鼓励符合条件的媒体企业上市融资,支持主流媒体控股或参股互联网企业、科技企业。推进社科研究院所体制机制创新,完善课题管理、经费使用、人才引育、成果激励等机制。深化文化领域行政执法改革,健全文化领域法规体系,深入开展"扫黄打非"工作,推进文化法治建设。

完善文化改革发展政策体系。制定文化改革发展的自主创新、财政扶持、金融支持、土地使用等配套政策,确保政策实施效果。财政部门要随着地方经济的发展和财力的增强,加大对宣传文化投入力度,确保公共财政文化投入与财力状况相匹配、与我省经济社会发展相适应。充分发挥省级文化产业发展专项资金作用,提高使用效能,积极引导社会资本参与文化产业发展。支持文化企业申报科技型中小企业、高新技术企业、创新型领军企业,全面落实研发费用税前加计扣除、高新技术企业所得税优惠等政

策。完善文化发展宏观调控政策,充分运用财政、税收、价格、信贷等经济杠杆,大力扶持文化事业和文化产业发展,继续落实好国家关于支持转制文化企业的优惠政策。加强基层文化工作机构建设和力量配备,配齐配好乡镇(街道)宣传委员、宣传干事和村社宣传文化员。健全农村文化建设经费保障机制,完善基层思想政治工作、新时代文明实践中心、农村文化礼堂经费保障政策,加强对文化建设薄弱地区的扶持和督导。

十二、加强高素质文化人才队伍建设

深入贯彻人才是第一资源理念,充分激发人才创新活力,全面提升脚力、眼力、脑力、笔力,培养造就一支政治过硬、本领高强、求实创新、能打胜仗的文化人才队伍。

打造高层次文化人才队伍。实施百名文化大家引育工程,建设具有吸引力的人才蓄水池。加强高端文化人才引进,面向国内外招引 100 名以上涵盖社科理论、文化文艺、新闻出版、媒体融合、文化经营管理等重点文化领域的高层次文化人才。以宣传文

化系统"五个一批"人才工程为龙头,"五个一批"领军人才和"五个一批"青年英才为重点,各领域人才培育项目为支撑的人才培养体系,培育一批哲学社会科学、新闻出版、文艺、国际传播、全媒体、网信领域、文化经营管理人才和特殊文化人才。充分发挥高校在文化传承和文化人才培养中的主力军作用,大力推进各类高层次文化人才和实用性文化人才培养。推动文化艺术类院校建设和发展,以中国美术学院、浙江音乐学院和其他高校文化艺术学院(系)为依托,建设之江艺术走廊,打造区域性艺术教育航母。推动浙江艺术职业学院和浙江旅游职业学院开展职业教育本科招生试点。注重在实践中培养和使用人才,打通高校、科研院所、文化企事业单位之间的人才通道,建设一批文化人才培育基地。大力引进高层次文化人才,推进浙江籍知名文化专家学者回归工程,建设文化人才之家,打造文化人才会客厅。提升浙江青年艺术周、浙江青年学术周、浙江电影周等品牌,培养和汇聚具有竞争力的文化人才后备军。

专栏14 "五个一批"人才工程

1."五个一批"领军人才。培养造就一批全面掌握重要思想、有较高学术造诣、联系实际的理论专家,一批坚持正确方向、深入反映生活、受到群众喜爱的名记者、名编辑、名主持人,一批熟悉党和国家方针政策、社会责任感强、精通业务知识的出版专家,一批紧跟时代步伐、热爱祖国和人民、艺术水平精湛的作家、艺术家,一批既懂得宣传文化发展规律、又懂得市场运作规律的文化经营管理专家。到 2025 年,新增"五个一批"领军人才 100 名左右。

2."五个一批"青年英才。培育一批涵盖理论、新闻、出版、网信、文艺、文化经营管理、国际传播、文化专门技术等领域的青年人才,作为"五个一批"领军人才的后备军。到 2025 年,新增"五个一批"青年英才 600 名左右。

3."五个一批"人才培育项目。文艺人才孵化项目:扶持培育一批在影视、文博、舞台艺术、美术、书法、戏曲、文学等领域具有较高专业水平和创作实力的文化艺术人才。到 2025 年,新增培育文艺名家孵化对象 100 名、舞台艺术"1111"人才培育对象 50 名、"新松"人才 250 名、"新光"人才 80 名、"新峰"人才 210

名、"新荷"人才50名、"新鼎"人才50名、"新雨"人才100名。

之江社科学者项目：设立高层次哲学社会科学人才引进专项课题和人才工作室，搭建跨领域、跨学科研究交流平台，建立参政咨政的哲学社会科学专家库。到2025年，新培育之江社科学者领军人才150名左右、之江青年社科学者不少于200名。

媒体融合优才项目：加快打造一支全媒型、专家型、复合型媒体融合队伍，培育一批熟悉新媒体技术研发、管理、应用、推广的文化专门技术人才。到2025年，培育核心骨干新媒体人才100名左右，培育10个左右优质短视频生产团队。

出版菁英锻造项目：培养造就一支适应出版业高水平高质量发展的领军人才队伍和首席编辑队伍，培养一批具有数字技术、行业专长，精通内容整合和运营的数字出版人才。到2025年，培育100名左右高端专业人才队伍，300名左右高素质数字出版和编辑专业人才队伍。

文化传播鸿雁项目：依托"诗画浙江友好使者"计划、浙江"金名片"海外推广计划、横店影视文化产业集聚区、中国（浙江）影视产业国际合作实验区等，发展培养一批具有较高专业素养、文化底蕴和知识背景的文化交流传播人才。到2025年，培育50名左右文化交流传播人才。

网聚之江人才项目：加强校企合作和基地建设，通过世界互联网大会、云栖大会等平台，培养一批网络内容建设、网络安全、信息化发展和网络空间治理等领域的跨领域、跨学科、跨技术部门复合型人才。到2025年，培育或引进50名左右网信领域顶尖人才，培育25支左右网络安全专业团队。

加强基层文化人才队伍建设。系统性加强基层文化人才队伍规划建设，完善和落实机构力量、学习培训、待遇保障等方面的政策措施。实施基层文化人才队伍素质提升工程，建立健全群众性文艺社团、演出团体和基层宣讲员、业余文化队伍扶持机制，大力培养扎根基层的乡土文化能人、民族民间文化传承人、基层文化设施管理人员等基层宣传工作者。鼓励专业文化人才和社会各界人士参与基层文化建设和群众文化活动，建立高层次文化人才服务基层制度，构建省、市、县（市、区）、乡（镇、街道）、村（社区）五级文化志愿服务体系。

优化文化人才创业创新生态。坚持尊重劳动、尊重知识、尊重人才、尊重创造方针，实行更加开放的文化人才政策。创新文化人才思想引领机制，强化各类文化人才的团结引导。创新文化人才使用机制，形成以文化创新创造能力和业绩为主要标准的人才使用导向。对专业性强、技能要求高的公共文化服务岗位，在开展公开招聘时设置更具灵活性的条件，采取更贴合岗位用人特点的考试考核方法。对考古、戏剧、杂技、魔术等学术技艺青年人才培养，实行一体化培养模式。创新文化人才评价机制，完善文化人才职称评审办法，形成有利于人才施展才华、潜心创造的制度环境。创新文化人才分配激励机制，探索实施高层次人才协议工资、项目工资等多种分配形式，合理发挥市场机制作用，逐步建立高层次人才流动培养补偿机制。健全文化人才"选管用育"全链式服务机制，让各类文化人才安身、安心、安业。

十三、加强组织保障

贯彻落实党对文化工作的全面领导，坚持和完善党领导文化发展的体制机制，充分调动各方面的积极性，形成推进新时代文化浙江工程的强大合力。

加强组织领导。各级党委、政府要自觉把文化建设放在全局工作的突出位置，纳入经济社会发展总体规划，加强统筹协调、加大投入保障、加以推进落实，切实履行文化建设的政治责任和工作责任。深入贯彻《中国共产党宣传工作条例》及省委实施办法，完善意识形态工作责任制落实专项督查和巡视巡察专项检查机制，健全意识形态工作责任制约谈问责制度，加强各类意识形态阵地的建设和管理，全面落实党对意识形态工作和文化建设全面领导的各项制度。党委宣传部门要充分发挥统筹、协调、指导作用，政府及有关部门要加强对文化建设各项工作的具体实施和指导管理。文化行政部门要抓好政策调节、市场监管、社会管理和公共服务。人大要加强文化领域立法和法律法规监督工作。各级党校（行政学院）要把文化建设纳入干部培训主要内容，着力提升党员干部特别是各级领导干部的文化素养、文化眼光和文化情怀。政协要积极发挥参政议政的职能作用，为文化建设建言献策。工青妇等群团组织和群众性文化团体要组织开展各具特色、丰富多彩的群众文化活动，共同参与文化建设。

健全规划实施机制。强化规划实施全过程、精细化管理，完善规划执行、评估、考核等工作体系，提升规划目标任务的约束力和权威性。将规划明确的约束性指标和重大任务进行细化分解，编制实施行动计划、年度计划，形成重大项目、重大平台、重大改革、重大政策具体清单，健全政策协同和工作协同机制。开展规划实施年度监测、中期评估和总结评估，加强对规划实施情况的监督考评，纳入党政领导班子考核，纳入巡视巡察中意识形态工作责任制专项检查，建立文化软实力评价指标体系，纳入"八八战略"实施综合评估体系，确保"十四五"文化改革发展各项目标任务落到实处。

浙江省公共文化服务体系协调组办公室关于印发《高质量推进城市公共文化服务体系建设三年行动计划（2021—2023 年）》的通知

浙公共协〔2021〕1 号

省公共文化服务体系建设成员单位：

《高质量推进城市公共文化服务体系建设三年行动计划（2021—2023 年）》已经省公共文化服务体系建设成员单位协商同意。现印发给你们，请结合工作贯彻落实。

浙江省公共文化服务体系协调组办公室

（浙江省文化和旅游厅代章）

2021 年 1 月 14 日

高质量推进城市公共文化服务体系建设三年行动计划（2021—2023 年）

为深入贯彻落实《公共文化服务保障法》《浙江省公共文化服务保障条例》，进一步弘扬社会主义核心价值观，传承中华优秀传统文化，发挥公共文化服务在城市文化建设中的引领作用，助力提升城市文化品位，提高城市治理水平，不断满足人民群众对美好生活的向往，特制定本行动计划。

一、总体要求

（一）指导思想

以习近平新时代中国特色社会主义思想为指导，全面贯彻党的十九大，十九届二中、三中、四中、五中全会和省委十四届历次全会精神，深刻认识城市在国家治理中的重要地位和作用，坚持以人民为中心的，按照浙江建设"重要窗口"的新目标新定位，进一步完善城市公共文化设施网络和产品供给，培育现代都市文化，打造高品质的城市公共文化空间，提高文化治理现代化水平，提高城市治理和风险防范能力，提升人民群众文化获得感和满意度。

（二）主要目标

以城市公共文化空间为载体，以提升城市公共文化服务效能为重点，全面提升城市公共文化服务品质。到 2023 年，权责明晰保障有力的公共文化服务制度体系进一步健全;城市大型公共文化设施、社区综合性文化服务中心和新型公共文化空间实现高水平互联互通、高效运转,覆盖全民的"一刻钟文化圈"基本建成;高品质公共文化产品和服务供给能力持续提高,城市文化IP影响力明显增强,公共文化现代化水平日益提高,城市群众文化活动更加繁荣,文化旅游融合发展更趋紧密,公共文化创新创造活力不断增强,具有浙江特色的城市公共文化服务体系成为长三角乃至全国的动力引擎和发展样板。

二、实施六大工程,推动城市公共文化服务高质量发展

(一)城市公共文化空间品质提升工程

1.建设标志性公共文化设施

按照市有五馆一院一厅、区有三馆的要求,结合城市有机更新,规划建设和改造提升一批标志性公共文化设施;逐步完善工人文化宫、青少年宫、妇女儿童活动中心、老年活动中心等设施,使之成为代表和展示当地城市文化特色的城市地标。省本级重点推动之江文化中心、浙江音乐厅、国家版本图书馆杭州馆等重大工程建设;设区市人民政府要积极推动在新区和城市副中心建设代表和展示当地城市文化特色的文化地标,完成公共文化设施新改扩建工作。

2.优化城市基层公共文化设施布局

按照便捷、普惠、实用的原则,全面提升街道综合文化站、社区综合文化中心的标准化品质化信息化建设水平。街道综合文化站达到省定一级站(含)以上标准,社区综合性文化服务中心覆

盖率和达标率均达100%。新建、改建、扩建城镇居民小区严格落实《浙江省居民住宅区公共文化设施配套建设标准》,配建不少于0.12平方米/套(最小不少于50平方米)的室内公共文化场地和不少于0.3平方米/套的体育建设用房,以及用地面积不少于100平方米的室外文化活动场地和用地面积不少于0.9平方米/套的室外体育健身场地。落实《高质量打造未来社区公共文化空间的实施意见》要求,启动60个未来社区公共文化空间的前期策划、建设工作。

3.营造融入百姓生活的新型公共文化空间

推进社区公共文化嵌入式服务,在老百姓身边打造一批小巧舒适、精致优雅的城市新型公共文化空间,推动公共文化服务融入社区生活场景。鼓励社会力量参与打造城市书房、文化驿站等新型公共文化空间,到2023年底,建成城市书房600家、文化驿站不少于300家,百姓健身房不少于1500家。依托城市商业综合体、综合交通枢纽、文化创意园区等场地,创新打造200个融互联网服务、数字阅读、艺术展览、文化沙龙等内容于一体的"公共文化+"空间。鼓励利用沿城市绿道、沿城市河岸和其他城市空地,建设一批文化街景、文化广场、文化长廊和文化楼道等公共文化空间,提高城市文化品位。

(二)城市公共文化IP塑型工程

1.打造城市文化"金名片"

以"一城一品"为目标,深入挖掘当地特色文化资源,打造具有独特地域风格和全国影响的城

市公共文化IP。鼓励建设"图书馆之城""博物馆之城""音乐之城"等文化品牌。举办"全民文化艺术节""群众文艺精品展演"等全省性群众文化活动品牌,吸引广大市民参加,让人民群众成为城市文化的参与者、展示者和分享者。建设以"三团三社"为核心的城市文艺团队10000个以上,每年开展面向基层文化团队的培训不少于1000场次,在歌舞编排、骨干培训、器材设备等方面提供服务保障。每年开展城市公共文化创新品牌活动评选。

2.打造具有浙江特色的全民阅读品牌

以"走读、朗读、诵读"为抓手,积极打造具有浙江特色的全民阅读品牌。聚焦中心工作,围绕重要时间节点、重大节日,开展主题阅读活动。每年4月联合全省公共图书馆开展全民阅读系列活动。高水平办好"图书馆之夜""阅读马拉松"等品牌活动。构建以公共图书馆、场馆型自助图书馆、实体书店等为支撑的现代公共阅读服务体系,大力推广城市书房、信用借阅服务等模式,让阅读成为时尚、成为习惯。

(三)城市公共文化多元化治理工程

1.构建多元化公共文化服务供给主体

发挥图书馆、文化馆、博物馆等公共文化服务机构的主力军作用,加大优质公共文化供给。加强对文化类社会组织的引导和扶持,认定一批专业能力强、信誉度高、热心于公共文化事业的文化类社会组织(企业),重点培育文化类社会组织(企业)50个。推动基层公共文化设施社会化运

营,打造一批社会化运营典型样本。鼓励企业、社会组织和个人通过兴办实体、资助项目、赞助活动、提供产品和服务等方式,参与公共文化服务体系建设。

2.推进公共文化机构法人治理结构改革

坚持党的领导,稳妥推进公共文化机构法人治理结构改革,落实和扩大法人自主权,完善运作机制,提高服务效能,增加公共文化机构内在活力。全省县级以上图书馆、文化馆、博物馆、美术馆理事会覆盖率达100%。鼓励有条件的街道文化站和社区文化活动中心等基层文化阵地组建理事会。

3.完善城市公共文化志愿服务体系

发挥城市专业人才资源优势,大力倡导城市公共文化志愿服务,壮大文化志愿服务队伍,到2023年志愿者总数达到20万人以上。成立文化和旅游志愿服务总队,研究制定《浙江省文化志愿服务章程》,完善志愿服务组织架构,健全志愿服务工作机制,强化城市公共文化志愿服务管理。制定《浙江省文化志愿服务规范》,丰富文化志愿服务项目,推动志愿服务常态化、规范化发展。

(四)城市公共文化数智化工程

1.完善公共文化大数据中心

完善浙江智慧文化云平台,丰富浙江智慧文化云功能,实现文化数字服务、服务效能监测、大数据分析等功能集成。推动市县两级公共文化服务平台接入浙江智慧文化云,实现全省一张网。推动全省100%城市社区的公共文化服务集成进网,强化发挥平台在需求和供给对接方面的作用。探索建立基于云平台的城市公共文化设施管理系统,建设公共文化服务大数据驾驶舱,全流程全要素记录公共文化设施的使用效能,提高供需匹配度和精准度。

2.提高城市公共文化数字服务能力

依托5G等数字基础设施优势,提高公共文化机构的"互联网+公共文化服务"能力,努力形成线上线下相结合的城市公共文化服务格局。推动公共文化场馆打造云阅读、云展览、云演出、云走秀、云体验等系列资源,通过完善看直播、享活动、学才艺、读好书等服务功能,将优质资源输送到城市各个角落。加快图书馆、文化馆、博物馆等公共文化设施数字化转型升级。利用大数据、云计算等先进技术为用户画像,促进城市公共文化服务"精准供给"。

3.提升城市公共文化服务智能化水平

加强网络通信技术、云计算、大数据、物联网、人工智能等新技术应用,推动公共文化服务全方位、全链条智能化升级。全面抓好公共图书馆服务大提升行动,搭建支撑智慧图书馆运行的云基础设施,形成完备的智慧化图书馆管理系统和运营环境,普遍确立实体智慧图书馆服务空间,到2023年,市级以上智慧图书馆建成率达100%以上。推进城市社区综合性文化服务中心智能化提升建设。加快VR/AR技术应用,打造沉浸式全景在线公共文化产品。

(五)城市公共文化服务一体化工程

1.促进公共文化长三角一体化发展

主动对接国家发展战略,加强与长三角地区公共文化领域全方位深度交流合作。推进长三角有声阅读联盟、图书馆联盟、文化馆联盟、工人文化宫联盟等公共文化服务便利共享工程。力争到2023年,实现长三角城市之间的阅读一卡通、公共文化服务一网通、公共文化联展一站通、公共文化培训一路通。深化对外文化交流合作与文化共建,鼓励开展健康向上、丰富多彩、形式多样的民间文化交流活动。

2.建立全省城市公共文化服务一体化机制

加强统筹协调和沟通交流,建立城市公共文化服务一体化发展的常态化工作机制。加快公共图书馆服务大提升步伐,到2021年全省所有设区市完成区域内公共图书馆业务管理系统一体化,并与浙江图书馆联通,实现流通文献通借通还。到2023年实现公共图书馆、高校、科研院所、企业园区图书馆等图书馆系统间通过馆际互借实现文献互借,馆际互借渠道更加畅通。建立全省文化馆联盟、图书馆联盟、文化站联盟、工人文化宫联盟,通过共同举办活动等方式,实现资源、活动、服务等多个方面的共建共享。

3.推动城市公共文化设施均衡配置

新建公共文化设施结合实际适当向城乡接合部和远郊县区倾斜,城乡接合部和远郊县区图书馆分馆、文化馆分馆覆盖率达100%,实现优质公共文化资源城乡共享。深化文化走亲、流动文化等服务品牌,通过文艺小分队、送欢乐到基层等形式,把慰问演出、文艺辅导、展览讲座、科普宣传等活动内容送到老百姓身边。建立城市主城区与城乡接合部、远郊市县帮扶结对机制。加强面向老年人、少年儿童、农民工、残疾人等特殊群体的服务。

（六）城市群众文化活动繁荣工程

1. 提升基本公共文化服务标准

制定出台浙江省基本公共文化服务标准2.0版。市、县两级人民政府要根据省定基本公共文化服务指导标准,结合当地经济社会发展水平,制定、公布本地公共文化服务目录并组织实施。

2. 丰富城市公共文化产品供给

实施全民艺术普及行动计划,每年举办全民艺术普及活动不少于10000场、公益文艺培训课程班1000个。发挥图书馆、文化馆、博物馆、科技馆等公共文化场馆作用,延长开放时间,扩大免费开放范围,推进错时开放,到2023年,市级以上公共场馆错时开放比例达100%。借力义乌文博会搭建公共文化采购平台,促进高品质公共文化产品供需无缝对接,丰富城市公共文化产品的品质和样式。推动城市公共文化

助力"月光经济",推动文化元素融入商业业态,策划一批夜间文化旅游产品。

3. 促进城市公共文化品质化发展

完善全省群众文艺创作体系,建立"群星孵化机制",提升作品创作水平,力争多件作品入围第十九届群星奖决赛。加大演艺精品创作力度,推动话剧、歌剧、音乐剧、舞剧、儿童剧等原创作品的创作生产,延伸演艺产业链·推出沉浸式、互动式等演艺业态。大力推动原创音乐创作,加大对词曲创作、项目孵化、演出展示、宣传推广等环节的扶持奖励力度,激发社会力量支持原创音乐的积极性。鼓励有条件的城市举办国际音乐节、新年音乐会等高水平活动。

三、保障措施

（一）强化组织领导

各级各部门要把加强城市文化建设作为弘扬社会主义核心价值观的重要抓手和提升城市文化品位的重要载体,通过城市公共文化品质提升,进一步优化城市人居生态环境、丰富人文内涵、提升城市品质。文化和旅游部门要充分认识城市公共文化建设的重要意义,加强对重要品牌、重点项目和重大政策的研究部署。

（二）强化示范引领

锚定建设"重要窗口"的战略

目标,把握建设文化强省、提升浙江文化软实力的内涵和特征,坚持立足浙江、面向全球,坚持重点突破与整体提升相结合,在高质量推进城市公共文化服务建设中走精品化品质化之路,强化引领示范,形成一批具有中国气派和浙江标识度的城市公共文化IP、文化"金名片"。

（三）强化政策保障

充分发挥财政资金的引导作用,落实税收优惠政策,吸引社会资本广泛参与城市公共文化建设。加强与城建、规划部门沟通,确保新建、改建、扩建小区公共文化设施与小区房屋同步规划、同步建设、同步投入使用。组建城市公共文化建设专家咨询库,加强基层公共文化服务机构的队伍建设,充实基层文化队伍,加强对公共文化空间的日常管理和维护。

（四）强化绩效考评

定期开展城市公共文化设施运行绩效考核工作,引入社会第三方开展群众满意度测评,将考核与测评结果作为补助与表彰依据。开展第三方社会组织认定工作,鼓励专业水平高、管理规范的社会组织优先承接政府采购服务项目。做好公共文化服务资金绩效管理,加大资金管理和使用情况监督审计力度。

浙江省文化和旅游厅关于印发《高质量推进旅游公共服务体系建设的若干意见》的通知

浙文旅〔2021〕4 号

各市、县(市、区)文化和旅游局:
《高质量推进旅游公共服务体系建设的若干意见》已经厅长办公会议审议同意,现印发给你们。请结合工作认真贯彻落实。

浙江省文化和旅游厅
2021 年 1 月 14 日

高质量推进旅游公共服务体系建设的若干意见

为进一步丰富旅游公共服务供给,提高旅游公共服务品质,助力旅游业高质量发展,不断满足人民对美好生活的需求,现就高质量推进我省旅游公共服务体系建设提出如下意见。

一、总体要求

（一）指导思想

以习近平新时代中国特色社会主义思想为指导,深入贯彻落实党的十九大和十九届二中、三中、四中、五中以及省委十四届历次全会精神,坚持以人民为中心,坚持高质量发展,不断深化旅游公共服务供给侧改革,紧扣"乡村振兴""文旅融合""全域旅游"等战略部署,忠实践行"八八战略"、奋力打造"重要窗口",构建满足居民游客全方位需求、符合旅游市场发展规律、适应文化和旅游产业转型升级、凸显浙江特色的现代化国际化旅游公共服务体系,为浙江省打好构建新发展格局组合拳、高水平绘好新时代"富春山居图"提供重要支撑。

（二）基本原则

坚持正确导向。倡导文明旅游,树立浙江游客文明新形象。突出便利惠民,精细管理,实现游客居民"双满意",推动旅游公共服务向优质高效转变。

坚持协同发展。更好发挥政府作用,鼓励多方参与资源配置,优化旅游公共服务内容,实现从单一要素配置向全过程全要素构建转变,形成全社会协同发展格局。

坚持科技引领。推动旅游公共服务与最新科技成果融合发展,加强跨部门跨领域跨层级公共资源的集成共享,以智慧化引领旅游公共服务品质全面提高。

坚持因地制宜。合理引导社会预期,科学把握旅游公共服务的多样性,结合各地旅游发展实际,分类指导,精准施策,有序推进旅游公共服务科学发展。

坚持国际视野。突出标准引领,全面推动口岸交通接驳、旅游标识建设、游艇邮轮通关、旅游资讯传播等旅游公共服务与国际接轨。

（三）工作目标

到 2025 年,建成与浙江"三地一窗口"建设要求相匹配的标准化、均衡化、品质化、智慧化、国际化、现代化旅游公共服务体系。全省旅游信息咨询服务全面优化,旅游交通网络互联互通,旅游便民惠民优质高效,旅游安全保障能力显著增强,旅游行政管理规范健全,成为理念先进、设施一流、体系完善、运营高效、服务优质的全国旅游公共服务样板地。

二、主要任务

（一）全方位优化旅游公共信息供给

1. 优化线下旅游服务中心布局

整合旅游集散中心、旅游信息咨询中心、游客服务中心等设施功能,推进主要旅游目的地交通枢纽和旅游服务中心的一体化建设。在 A 级景区、旅游度假区、乡村旅游点、机场、车站、码头、高速公路服务区、商业步行街区等游客集中区域建设旅游服务中心或咨询中心。推动公共文化场所拓展旅游服务功能，在图书馆、文化馆、博物馆、美术馆等公共文化场所设立旅游信息宣传和咨询点。开展基层综合性文化服务中心拓展旅游服务功能试点，探索有条件的乡镇（街道）文化站、农村文化礼堂为居民游客提供信息咨询、旅游集散、宣传展示、旅游投诉、旅游预订等旅游公共服务，到 2025 年，实现公共文化场所旅游服务功能全覆盖。

2.一窗集成旅游公共信息服务平台

整合全省公共资源，跨部门共享公安、交通、环境、气象等部门数据，打造旅游公共服务数据"驾驶舱"，使之成为浙江旅游公共服务的线上统一入口。建立"浙里好玩"市级分站点，实现全省旅游公共服务资源的互联互通、共建共享。利用大数据、人工智能等技术，实现预约预订、全域导览、停车服务、错峰引导、智能查询、安全投诉等线上闭环服务，为游客提供从游前、游中到游后的个性化服务。到 2025 年，实现全省 4A 级以上景区、省级以上旅游度假区、星级酒店、主要交通枢纽、旅游厕所、导游信用和等级民宿信用等旅游资讯一网查询。

3.实施智慧旅游咨询服务工程

实施旅游"新基建"行动计划，全方位推进 5G、云计算、大数据、VR/AR、物联网、人工智能、区块链等新技术在旅游领域的应用。全省 4A 级以上景区和省级以上旅游度假区实现 5G 网络全覆盖，建设一批智慧景区、智慧乡村旅游点、智慧文博场馆。普及电子地图、线路推荐、语音导览等智慧化服务，推动道路、厕所等数字化建设，开创智慧旅游生活消费新体验。大力推广杭州"多游一小时"智慧旅游便民服务场景。加强区块链技术应用，实现产品、服务身份快速验证、溯源，保证消费者合法权益。到 2025 年，完成 4A 级以上景区、省级以上旅游度假区、县级以上公共文化场馆智慧化升级。

（二）全域化布局旅游公共交通网络

1.建设"快进"交通网

依托四大都市圈核心区，建设"海陆空一小时交通圈"。以旅游景区、度假区、风情小镇、特色乡村为枢纽，构建航空、城际铁路、轨道交通、公路、内河水上客运、海上航线等有机结合的综合立体交通网络，基本建成"城市—城市、城市—景区、景区—景区"的快进交通线。推进景区"最后一公里"工程，到 2025 年，确保通往 5A 级景区、国家级旅游度假区的道路基本达到一级（准一级）公路及以上标准，通往 4A 级景区、省级旅游度假区、特色小镇至少有一条二级公路，通往 3A 级景区、旅游度假区、乡村旅游点的道路符合等级公路标准。实施"内河航线复兴"计划，推进内河客运码头、游艇俱乐部建设，构建以大运河文化带（南浔—新市—杭州），瓯江山水诗路（云和—莲都、龙泉—青田—瓯江口），钱塘江诗路（钱塘江—富春江—新安江—兰溪—衢江），浙东唐诗之路（浙东运河—曹娥江—剡溪）为主要线路的内河水上游线布局。加强交通连岛项目建设。加快甬舟铁路、杭绍台铁路温岭至玉环段建设，实施甬舟高速公路复线、六横公路大桥、象山湾疏港高速、S215 省道延伸线等工程建设，加强岛际协作与交通互联，实现海岛公园"一岛两码头"、旅游码头全覆盖。

2.打造"慢游"风景线

推动旅游休闲绿道建设，形成覆盖全域的城乡绿道网，丰富省内"慢游"体验，建成"两环三横四纵"万里骑行绿道网，包括环杭州湾、环南太湖、沿钱塘江、沿瓯江、沿海等。加快通景公路提升改造，打造集"行、游、赏、驻"于一体的风景道。到 2025 年，全省绿道总规模 10000 公里以上，其中省级绿道不少于 6000 公里；建成 10 条自驾车文化旅游绿道。统筹 4A 级以上景区、省级以上旅游度假区、优质资源点，打造兼顾多种功能的主题风景道，提供居游共享的优质游憩空间。优先支持景区村镇的"四好农村路"建设，推进"乡村畅游"专线建设。

3.优化旅游交通服务设施

对旅游交通引导标识系统进行优化升级，将观景台、旅游标识标牌等设施与交通服务设施统一规划设计，建设一批具有"诗画浙江韵味"的交通公共服务设施。大力发展车站城市公园、旅馆列车、观光专线等新型旅游业态。完善城市观光、旅游专线等旅游公共交通方式。顺应自驾游快速增长趋势，在主要旅游交通干道、旅游景区、旅游度假区等区域规划建设一批自驾车旅居车营地，配套完善道路指引、餐饮购物、汽车养护、安全救援服务功能。提升自驾车旅居车租赁服务,发展自驾车旅居车租赁产业,逐步实现异地还车。到2025年,建成公共服务完善的自驾车旅居车营地50个以上,4A级及以上景区新能源充电桩覆盖率达100%。

（三）全天候推进旅游便民惠民服务

1.持续推进厕所品质提升

巩固"厕所革命"建设成果,完成A级景区、旅游度假区厕所的电子地图标注工作,实行全省旅游厕所"厕所码"智慧管理,确保所有旅游厕所网上可查可定位可导航。提高旅游厕所管理维护水平,推广旅游厕所智能场景应用,增强旅游厕所的卫生和舒适程度。加快第三卫生间建设,提高女性厕位比例,做到主要旅游景区、旅游线路以及客运车站等场所厕所数量充足、干净卫生、实用免费、管理有效。开展示范性旅游厕所建设。完善厕所管理评价制度,建立等级厕所退出机制,到2025年,3A级景区、省级旅游度假区和生态旅游示范区内50%以上的旅游厕所达到A级以上标准,建成示范性旅游厕所500个以上。

2.推动文化惠民活动进景区

图书馆、文化馆、博物馆等公共文化场馆充分挖掘地方资源,采取设置一批地方特色文献资源图书专柜、创作一批反映当地历史人文内涵的群众文艺作品、展示一批体现当地发展历史的文物和图片等方式,免费向居民游客开放,推动公共文化场馆景区化。在传统节日和节假日期间,组织一批互动性强、地方特色明显的民俗活动、非遗展示、文艺表演进景区,丰富旅游内容、提升游客体验。完善文化和旅游志愿服务体系,广泛吸引志愿者参与景区、旅游度假区的文明引导、游览讲解、质量监督、旅游咨询、应急救援等服务。到2025年,不低于10%的县级以上公共文化场所达到A级景区标准。

3.构建多元权益保障机制

推进旅游矛盾人民调解中心建设,健全人民调解与行政调解、司法调解"三调联动"体系,推进旅游行政调解融入当地社会矛盾纠纷调处化解中心。推进人民矛盾调解中心进景区,到2025年,5A级景区、国家旅游度假区游客中心设置矛盾调解室。关注特殊游客群体,制定《特殊人群旅游服务规范》,推进针对特殊群体的设施建设,到2025年,全省所有公共文化场所、A级景区、旅游度假区实现无障碍设施全覆盖。鼓励地方和企业针对老年人、残疾人等特殊群体旅游推出经济实惠的旅游产品和优惠措施。

（四）全过程强化旅游公共安全保障

1.加强旅游安全制度建设

贯彻实施《旅游安全管理办法》,落实旅游经营者安全生产主体责任,规范旅游安全监督管理。健全旅游目的地安全风险提示制度。强化重点领域和重点环节监管,每年联合有关部门对旅游包车、旅游客运索道、大型游乐设施及景区地质灾害等开展常态化隐患排查和联合整治。加强旅游节庆活动安全管理,常态化做好A级以上景区最大承载量管控。强化旅游场所安全基础设施建设,落实安全主体责任,每年至少开展一次安全应急演练。落实旅游客运车辆"导游专座"制度。

2.提升旅游应急救援能力

制定应急预案,完善健全旅游突发事件应对机制。逐步建立旅游、气象、地质、公安、交通、卫生等部门协同联动的旅游安全预警机制,及时发布旅游景区实时游客量、道路出行、气象预警等信息。推进旅游场所安全视频监控平台建设,实现人流、车辆、位置、环境等关键节点的全域全程全时可视化监控。分类建立旅游应急救援中心、救援工作站和应急救援点,鼓励旅游企业培养组建专兼职相结合的应急救援队伍。

3.深化旅游保险合作机制

完善旅游保险产品,提高保险保障额度,扩大保险覆盖范围,提升保险理赔服务水平。完善旅行社责任保险制度,鼓励游客购买旅游意外险。推动旅游景区、宾馆饭店、旅游大巴及高风险旅游项目购买游客人身意外伤害险。加强与重点出境旅游目的地的旅游保险合作,建立健全出境旅游保险保障体系。

（五）全流程提高旅游公共管理水平

1.优化旅游行政管理职能

建立以游客满意度为核心的旅游服务质量管理体系,形成多层次全方位的旅游服务质量监督管理机制。建立旅游公共服务协调机制,成立各级旅游公共服务协调组,明确责任分工和运行规则,统筹落实旅游公共服务相关职能。进一步改善旅游环境、投诉受理、引导游客文明出游等旅游公共服务职能,维护游客的合法权益。

2.完善旅游公共服务标准

推进旅游公共服务标准化建设,研究制定浙江省旅游公共服务标准体系。积极主导或参与国家标准、行业标准的制(修)定,鼓励旅游协会等社会团体在优势和特色领域制定团体标准。鼓励旅游企业公布服务质量承诺和执行标准,培育优质旅游服务品牌。完善旅游公共服务相关评定工作规范,不断提高旅游服务体系建设的标准化、国际化水平。

3.建立旅游服务市场准则

发挥信用监管效能,完善旅游市场黑名单制度,协同市场监督管理、卫生等相关部门,加强对旅游餐饮、购物、娱乐等配套要素管理。完善旅游投诉机制,完善12301智慧旅游服务平台、12345政府服务热线以及旅游投诉热线电话等多种投诉举报渠道,依法公正处理旅游投诉,投诉受理率和办结率均在95%以上。

三、重点项目

(一)智慧旅游公共服务项目

打通共享公安、交通、环境、气象等部门数据,打造旅游公共服务大数据集成中心,建设旅游公共服务数据驾驶舱,完善"浙里好玩"平台建设。完成所有4A级以上景区视频监控摄像头全部接入全省旅游指挥平台。与国内有影响的电信运营商、互联网公司开展数据对接,拓宽旅游大数据采集渠道,为旅游行业管理、产业监管、统计分析、应急指挥、信息查询等提供基础数据支持。推动停车场、游客服务中心及景区内部引导标识系统等数智化改造升级。推进旅游公共服务智慧化建设,建设一批智慧景区、智慧乡村旅游点、智慧文博场馆,打造一批国家级智慧旅游示范村镇。到2025年底,实现全省旅游及相关公共数据互联互通,共建共享;居民和游客实现预约预订、全域导览、停车服务、错峰引导、智能查询、安全投诉等一站式服务。

(二)旅游厕所提档升级项目

制定《浙江省旅游厕所建设和管理标准》,开展示范性旅游厕所建设,高水平推进旅游厕所建设布局。根据游客流量动态变化情况,在核心景区、高速公路等场所推广移动厕所、潮汐厕所建设。4A级以上景区、旅游度假区、客流集中的服务区、客运交通枢纽设置第三卫生间。按照国家标准统一全省A级以上景区旅游厕所标识标牌。完成A级景区、旅游度假区厕所的电子地图标注工作。实行全省旅游厕所"厕所码"智慧管理,实现旅游厕所在线信息查询、路线导航、意见反馈等功能。探索旅游厕所社会化管理机制,提高居民游客满意度。到2025年,5A级旅游景区、国家级旅游度假区和国家生态旅游示范区20%的厕所达到AAA级旅游厕所标准,4A级旅游景区、省级旅游度假区和省生态旅游示范区10%的厕所达到AAA级旅游厕所标准,3A级旅游景区和3A级景区村庄至少有1个AAA级旅游厕所,男女厕位比例提升至1:3,省内公厕信息化升级覆盖率达80%。建设示范性旅游厕所不少于500个。

(三)长三角旅游公共服务一体化项目

整合长三角3A级以上景区、星级酒店、旅行社的基础信息数据,建设旅游信息库。建立假日旅游、旅游景区大客流预警等信息联合发布和共享机制,增强居民游客的旅游体验。探索推出"畅游长三角""旅游护照"等务实措施,提高游客的惠民体验。探索长三角居民公共服务一卡通,在交通出行、旅游观光、文化体验等方面率先实现"同城待遇"。制定长三角互相认可的旅游市场负面清单,发布旅游行业"红黑榜",构建长三角地区旅游市场诚信体系。

(四)畅通景区最后一公里项目

以市县高铁站、汽车站为依托,建设旅游服务中心。构建市域范围内的旅游交通环线和旅游专线,探索开辟县域旅游公共交通线路,满足市民游客的多种旅游观光需求。将通景公路体系打造纳入"百城千镇万村"景区化的重点建设项目,优先支持景区村镇的"四好农村路"建设,建设一批兼顾多种功能的主题风景道。完善自驾车旅居车租赁服务,汽车租赁点分布机场、汽车站、码头、火车站、旅游集散中心、4A级以上景区、A级景区镇(街道)等游客集中场所,逐步实现异地还车。到2025年,全省建成旅游服务中心不少于30家,公共服务完善的自驾车旅居车营地100个以上。

四、保障机制

(一)加强组织领导

加强对旅游公共服务工作的领导,强化旅游公共服务职能,将旅游公共服务质量提升工作纳入县(市、区)党政领导考核指标,建立政府主导、多方参与的旅游公共服务保障机制。省旅游公共服务协调组负责全省旅游公共服务顶层设计,研究制定相关政策,组织协调相关工作。各地有关部门要结合实际,加快制定旅游公共服务工作实施方案,明确重点内容、解决措施和实施步骤,确保旅游公共服务工作稳步推进。

(二)强化要素保障

健全旅游公共服务财政投入机制,发挥财政资金引导撬动作用,鼓励民营资本参与旅游公共服务项目建设,推动更多金融和社会资本投向旅游领域。引导金融业加大对旅游公共服务投资的信贷支持,为重大旅游公共服务项目建设提供便利融资服务,形成政府引导、社会参与、市场运作的多元供给格局。统筹考虑旅游公共服务发展需求,在土地利用总体规划和城乡规划制定时,合理安排旅游用地。支持将旅游公共服务内容纳入旅游院校职业教育,加大从业人员的培训力度。成立浙江省旅游公共服务发展智库。

(三)创新评价机制

围绕旅游交通便捷服务、旅游公共信息服务、旅游惠民便民服务、旅游安全保障服务等内容,编制旅游公共服务质量评价指数体系,定期发布《浙江省旅游公共服务发展报告》。引入第三方社会组织开展满意度测评,吸引居民游客广泛参与,提高旅游公共服务的透明度和适配性。

附件:《浙江省旅游公共服务指导标准(2021—2025 年)(试行)》

附件

浙江省旅游公共服务指导标准(2021—2025 年)

(试行)

类别	项目	内容
交通服务	交通网络	1.建立航空、海运、高速铁路、城际铁路、高等级公路的立体化交通网络,衔接周边地区交通体系。
		2.中心城市(镇)出入口环境与城市景观相协调,主要景区、街区设置布局合理、配置齐全,能满足中心城市(镇)接待容量要求的旅游专用停车场、公交车站点或船舶码头。
		3.中心城市(镇)通往国家 5A 级景区或国家旅游度假区的道路基本达到一级公路标准;通往国家 4A 级景区、省级旅游度假区、特色小镇的道路至少有一条达到二级公路标准。中心城市(镇)抵达乡村旅游点道路须达到等级公路标准。
		4.主干道和景区之间、相邻景区之间、自驾车旅居车营地与交通主干道之间有连接线。
	交通服务设施	5.中心城区(镇)、交通枢纽等游客集散地开通直达核心旅游吸引物的旅游专线公交,有串联核心旅游景区的旅游专线。中心城区(镇)到重要乡村旅游点开通城乡班车。
		6.提供城市观光巴士等多种城市观光交通方式。
		7.在城市交通枢纽、旅游集散中心、公路服务区、旅游码头、驿站、自驾房车营地、旅游活动场所等游客相对密集的地方,设置自驾车所需的停车场与相关设施。4A 级及以上景区停车场新能源充电桩覆盖率达 100%。
		8.提供汽车租赁服务。汽车租赁点分布机场、汽车站、码头、火车站、旅游服务中心、主要旅游景区等。汽车租赁联网运营,实现一地租车、异地还车。
	旅游标识	9.旅游交通标识在公路沿线全域覆盖,布局合理。
		10.旅游景区、旅游度假区或旅游风景道等核心旅游吸引物入口位置显著处设置全景导览图。
		11.旅游服务中心位置显著处、重要通景旅游公路入口、核心旅游吸引物入口处配套设置全域全景图。
		12.游客集中场所设置旅游公共信息图形符号。

续　表

类别	项目	内容
交通服务	自驾车旅居车营地	13.在主要旅游交通干道、旅游风景道、旅游景区、旅游度假区等自驾游客集中、环境优美、远离自然灾害区域建设自驾车旅居车营地。
		14.年游客接待量超过5000万人次的设区市至少建设5个自驾车旅居车营地。年游客接待量在3000万至5000万之间的设区市建设至少3个自驾车旅居车营地。年游客接待量超过500万人次的县(市、区)建设自驾车旅居车营地。全域旅游示范区创建单位至少建设1个自驾车旅居车营地。
	绿道	15.有山林型、城镇型、郊野型等多种形态的慢行绿道。绿道总长度不少于100公里。
		16.绿道慢性系统线路合理、舒畅,沿途安全、舒适、整洁,标识清晰完善,景观良好。
信息服务	线上服务	17.利用大数据、互联网＋、5G、区块链等技术,整合全省相关资源,面向游客、政府、企业,提供权威的旅游公共服务和差异化的个性服务。
	旅游服务中心	18.旅游服务中心整合旅游集散中心、旅游信息咨询中心功能,为游客提供信息咨询、旅游集散、宣传展示、旅游投诉、旅游预订等旅游公共服务。
		19.机场、火车站、客运站、码头等交通枢纽显著位置处设置旅游服务中心,并保持有效运营。
		20.城市商业街区、主要旅游景区(点)、乡村旅游点等游客集中场所位置显著处设置游客中心,并保持有效运营。
		21.在乡村旅游点、星级酒店等游客集中场所设置旅游信息服务点。
		22.公共图书馆、文化馆、乡镇(街道)文化站、农村文化礼堂等公共文化机构拓展旅游公共服务功能,100％以上文化场馆兼具旅游咨询等综合服务功能。
	智慧旅游咨询	23.有针对自助旅游者的咨询、导览、导游、导航、分享评价、实时信息推送,为远程旅游者提供旅游攻略服务等内容的智能化、个性化旅游服务系统。
		24.4A级以上景区提供智能导游、电子讲解、实时信息推送、在线预约等服务。
		25.游客集中场所实现免费Wi-Fi、通信信号畅通、视频监控全覆盖。
便民惠民	旅游厕所	26.旅游厕所分布合理,主要游客集中场所步行10分钟,或旅游公路沿线车程30分钟内设置旅游厕所或市政公厕。
		27.厕所管理规范,设备须无损毁、无污垢、无堵塞;厕所无异味、无秽物。厕所内须有爱护设施、文明如厕的宣传。
		28.高速公路服务区、客运交通枢纽的厕所达到国家A级旅游厕所标准。4A级以上景区、国家旅游度假区、客流集中的服务区、客运交通枢纽设置第三卫生间。
		29.A级景区旅游厕所电子地图标注率达到100％,实行"厕所码"智慧管理的旅游厕所达到80％以上。
	旅游消费	30.4A级以上景区、旅游度假区、博物馆、文化馆、美术馆等重点文化机构实现分时段预约游览、网上支付。主要乡村旅游点或民宿须提供在线预订、网上支付等便利服务。
	休憩空间	31.在城市旅游活动场所、交通枢纽等游客相对密集地方,设置公共游憩区、特色街区、游览自行车道、观光步行道和休闲座椅等公共休闲和游览接待设施。
		32.建设完善休闲公园、休闲街区、城市绿道、骑行公园、慢行系统、环城休憩带等休闲设施。
	矛盾调解中心	33.5A级景区和国家级旅游度假区设置旅游矛盾人民调解中心(室)。
	文化惠民	34.不低于10％的县级以上博物馆、文化馆、图书馆、美术馆等公共文化场所达到A级景区标准。
		35.公共图书馆设置介绍地方风土人情和本地名人的书刊专柜,举办地方文献专题展览或图文展览、讲座。乡镇(街道)文化站、农村文化礼堂立足服务本地乡村旅游发展,设置专区展示本地风土人情相关文献和实物、非物质文化遗产、特色文化创意产品。
		36.县级以上博物馆、文化馆、图书馆、美术馆等公共文化机构创作生产一批反应当地历史文化的文艺作品进景区。

类别	项目	内容
便民惠民	志愿服务	37.游客集中场所设立志愿者服务站不少于3处,并视游客流量安排值守。根据需要开展常态化旅游志愿服务公益活动。
	特殊群体服务	38.旅游厕所及城市广场、城市公园无障碍设施完善,公共交通建筑设施(含机场、客运车站、码头、主要公交车站等)有无障碍设施。无障碍设施导向标志和位置标志其清晰。
安全保障	事前防范	39.有旅游安全风险提示制度,通过各级旅游信息平台及时向旅游者发布旅游安全警示。
		40.推动协调相关部门加强对特种旅游设施设备、高风险旅游项目、旅游节庆活动等重点领域的安全监管。
		41.每年配合有关部门至少开展1次旅游包车、旅游客运索道、大型游乐设施及景区地质灾害、旅游场所消防设施等重点领域隐患排查和联合整治,常态化开展A级景区最大承载量管控,每年组织1次安全演练。
		42.旅游企业有健全的安全管理制度并有效执行。
	应急预警	43.构建旅游、气象、地质、公安、交通、卫生等部门相结合的旅游安全预警联动机制。
		44.制定应急预案,完善健全旅游突发事件应对机制。
		45.旅游景区安全视频监控体系实现人流、车辆、位置、环境等关键节点的全域全程全时可视化监控。有广播、新媒体、手机短信等多种信息预警发布渠道。
	事后救援	46.各级政府、文化和旅游部门与本地110、120、119等建立旅游安全合作救援机制。
		47.分类建立旅游应急救援中心、救援工作站、应急救援点。旅游企业有专门救援队伍或与其他专业救援队伍(或商业救援机构)合作。
	旅游保险	48.高风险旅游项目实现旅游保险全覆盖且有效理赔。
服务管理	净化市场	49.协同相关部门加强对旅游餐饮、购物、娱乐等配套要素管理。联合整治"黑导""黑社""黑店""黑车""擅自变更行程""虚假宣传""不合理低价游""强迫消费(购物)"等破坏旅游市场秩序的行为。
		50.旅游投诉机制健全,有12301智慧旅游服务平台、12345政府服务热线以及旅游投诉热线电话等投诉举报手段。A级以上景区和省级以上旅游度假区均设有旅游投诉点,线下投诉渠道畅通。
		51.依法公正处理旅游投诉,投诉受理率、办结率均在95%以上。
	管理机制	52.实行智慧监管,规范使用"浙江省行政执法监管(互联网＋监管)平台"。
		53.建立旅游领域社会信用体系,制定有旅游市场主体"红黑榜"制度、旅游企业信用联合惩戒制度。

浙江省文化和旅游厅等 6 部门关于印发
《浙江省旅游业"微改造、精提升"五年行动计划（2021—2025 年）》的通知

浙文旅〔2021〕17 号

各市、县（市、区）人民政府,省直有关单位：

《浙江省旅游业"微改造、精提升"五年行动计划（2021—2025年）》已经省政府同意,现印发给你们,请结合实际认真贯彻执行。

浙江省文化和旅游厅
浙江省发展和改革委员会
浙江省财政厅

浙江省自然资源厅
浙江省住房和城乡建设厅
浙江省农业农村厅
2021 年 3 月 25 日

浙江省旅游业"微改造、精提升"五年行动计划（2021—2025 年）

为忠实践行"八八战略"、奋力打造"重要窗口"，全面提高旅游品质，努力满足我省高水平小康后人民群众对美好生活的向往，特制定本行动计划。

一、总体要求

聚焦做好旅游"微改造"的"绣花"功夫，坚持不搞大拆大建，从挖掘文化内涵和提升游客微观感受入手，突出软件和硬件结合、内部和外部结合、线上和线下结合，以问题为导向，立足把"小环境"打造好，按照全域覆盖、点面结合、统筹推进、以人为本的原则，全面开展 A 级旅游景区、旅游度假区、旅游风情小镇、文博场馆等旅游核心吸引物，景区城、景区镇、美丽城镇、景区村等旅游目的地，酒店、民宿等旅游接待场所的"微改造、精提升"，促进我省旅游公共服务大提升，推动旅游业高品质提升和高质量发展，不断提升人民群众旅游获得感与幸福感。到 2025 年，全省旅游产业增加值占 GDP 比重达 8％以上，对 GDP 的综合贡献率达 19％以上，游客满意度达 95％以上。

——引领品质生活。立足美好生活要求，打造镇村生活服务圈，营造景美人和、主客和谐的旅游氛围。实施"旅游服务优质"行动，让旅游成为品质生活的重要标志，旅游体验从美丽、美好到美满，实现宜游宜业宜居。到 2025 年，全省过夜游客绝对量达 4 亿人次以上。

——引领全域美丽。推行全域旅游理念，统筹推动美丽城镇建设，建设时时美丽、处处精致的旅游环境。实施"百县万点"微改造行动，弘扬匠人匠心匠艺，打造全域旅游精品。到 2025 年，全省完成 10000 个"微改造"示范点。

——引领旅游消费。顺应"后疫情"时代对旅游需求的变化，助力"经济双循环"，打造品类丰富、体验多元的旅游消费产品。实施"旅游消费提升"行动，刺激旅游消费潜力，不断扩大旅游二次消费。到 2025 年，国内游客人均消费增长 35％以上，门票收入占景区总收入比重降至 20％以下。

——引领文旅融合。按照"深处挖掘、小处植入"的要求，形成见微知著、见形见物的文旅融合格局。实施文化基因解码行动，推动文化和旅游在更广范围、更深层次、更高水平上深度融合发展。到 2025 年，高质量建成文旅金名片 100 张。

二、重点任务

以"体验更精致、设施更精良、景观更精美、服务更精心、运营更精细"为主攻方向，重点推出"五精"工程，切实解决"远看像幅画、近看不像话"问题，加快建成"全省大景区，全域大花园"。

（一）体验"精致"工程

1.深度挖掘文化内涵

完成文化基因解码工程，强化文化元素的挖掘和转化，推动工艺美术进景区。加快文旅金名片培育打造，培育一批手艺村、美术村、艺术村、音乐村，美丽城镇建成区力争建成景区镇，样板城镇建成 3A 级以上景区镇。（责任单位：省委宣传部、省文化和旅游厅、省建设厅、省农业农村厅）[主要责任单位为：各市、县（市、区）人民政府；列第一位者为牵头单位，以下不再单独列出]

2.营造主客共享空间

灯光秀设计、夜间活动的举办等应适度适当，加强在地文化的展示，避免对周边居民造成影响。推动博物馆、展览馆、美术馆、剧院等公共文化场馆景区化改造，累计打造 30 家 4A 级以上文博场馆类景区。丰富休憩、互动、购物等功能，让当地居民和游客能同看一场戏、同赏一处景、同游一个馆。（责任单位：省文化和旅游厅、省建设厅）

3.丰富游客综合体验

结合文旅、农旅、体旅、水旅等主题，加快文化元素的植入，推进"名景、名菜、名品、名戏、名数""五名"工程。开展"资源＋创意"，建设、提升核心景点 300 个。积极发展游船夜游、24 小时书店等经济业态。大力提升"诗画浙江·百县千碗"，开设 500 个体验店，实现全省旗舰店、体验店全覆盖。继续开展"君遇浙宿·好礼则安"品牌活动，推出"浙宿好礼"1000 款。实现 4A 级及以上旅游景区和省级及以上旅游度假区主题演艺节目（非遗传承或民俗活动)常态化运营。持续推动省级运动休闲旅游示范基地、精品线路和优秀项目的评定工作,打造省级体育旅游线路100条。加快"互联网+旅游"业态拓展,开发云文化、云旅游等数字旅游产品。(责任单位:省文化和旅游厅、省科技厅、省水利厅、省农业农村厅、省大数据局、省体育局)

4.保障特殊群体权益

做好全年龄段服务,为老年人、残障人士、母婴、少年儿童等特殊群体保留线下服务渠道。加强卫生间、进出口、重要通道、电梯等关键节点的人性化改造,充分考虑特殊人群的体验和利益,加强符合标准的无障碍设施建设,配备老年人、残障人士、母婴、少年儿童等使用的辅具设备,旅游场所的无障碍和适老化设施覆盖率达100%,提升母婴、医护等设施500处,推动第三卫生间改造1000个。(责任单位:省文化和旅游厅、省民政厅、省卫生健康委、省残联)

(二)设施"精良"工程

5.打造安全可靠的游览设施

建设平安景区,创新完善平安景区的创建标准和规范,提升景区网格化管理和治安管理规范,切实加强平安旅游教育引导,增强人民群众平安质感。强化旅游安全检查,落实吃、住、行、游、购、娱等环节的安全措施,确保整体平安有序。联合公安、安监、市场、综合执法等职能部门和专业安全监测公司,对A级旅游景区、度假区内接待、娱乐设施开展安全检查,创新玻璃天桥、索道滑道、蹦极滑翔等新业态项目监管全覆盖。(责任单位:省委政法委、省公安厅、省市场监督管理局、

省应急管理厅、省文化和旅游厅、省建设厅、省体育局、省气象局)

6.打造全程舒适的卫生设施

加强旅游场所垃圾分类的执行力度,提升游客的垃圾分类意识,垃圾分类做到全覆盖,垃圾日清日净日洁率100%。推进生活污水治理全覆盖和标准化运维管理。加快提升旅游厕所,旅游重要节点实现A级旅游厕所全覆盖,提升A级旅游厕所10000座。(责任单位:省建设厅、省文化和旅游厅)

7.打造规范有效的导览设施

加强公共图形信息符号的标准化、智慧化应用,合理配备智能导航、夜间指引等多重功能,设置图文、二维码导览、声音等多种系统解说设施,打造景观协调、智能精准、文化鲜明、辨识清晰的标识标牌系统。(责任单位:省文化和旅游厅)

8.打造低碳节能的交通设施

鼓励推广新能源旅游车船。加强小火车、接驳车、穿梭车、缆车等交通载具管理,提高旅游区域内外的通达性。以更安全、更便捷、更舒适的交通体验为目标,新建、改建智慧化、立体式、地下式和生态式停车场,根据实时客流量,智慧引导旅游停车。(责任单位:省交通运输厅、省发展改革委、省建设厅)

9.打造特色鲜明的住宿设施

开展酒店、民宿等旅游住宿场所设施设备品质提升,落实住宿设施设备的标准化管理,无障碍客房达到国家标准。加快住宿设施的文化植入和主题营造,提升星级酒店300家、主题酒店100家,提升等级民宿500家,培育打造文化主题、非遗主题民宿

100家。(责任单位:省文化和旅游厅)

(三)环境"精美"工程

10.保持环境原色

开展全域旅游环境整治行动,擦亮青山、绿水、房屋、道路、围墙等原色,开展"四边三化"行动,实现重要场所屋边、路边、山边、水边绿化、洁化、美化,让群众可"席地而坐"。集中整治乱堆乱放、乱搭乱建、乱拉乱接、乱丢乱挂等"八乱"现象,背街小巷、卫生死角、庭院内外等环境整治覆盖率达100%。加强美丽河湖建设,推进"美丽河湖示范县"建设,打造国家级水利风景区,城乡基本普及15分钟亲水圈,主要江河从源头到河口贯通能漫步、可骑行的滨水绿道。(责任单位:省建设厅、省生态环境厅、省水利厅、省林业局)

11.提升重要节点

以历史文化为脉络,高水平开展千年古城(古镇、古村)振兴,按照"应保尽保、能保则保"的原则,完成古街、古桥、古居、古井、古树、古道、古庙、古塔等"古字号"的保护和修缮。(责任单位:省发展改革委、省建设厅、省文化和旅游厅)

12.擦亮门户形象

推动不符合环境风貌、缺少当地文化元素的景区城(镇、村)、A级旅游景区、旅游度假区等门户形象改造提升,凸显当地特色,强化门户形象设计,注重建设的"精雕细琢",打造辨识度高、文化特色明、主题形象佳的景观门户。(责任单位:省文化和旅游厅、省建设厅)

13.改善建筑风貌

倡导优化存量用地、存量用

房,避免大拆大建,实施老建筑改造修缮,优化沿街立面,延续原有街巷肌理,完成老建筑改造、修缮,提升景区城(镇、村)、A 级旅游景区、旅游度假区整体建筑风貌,形成与周边景观、当地文化和谐相融的建筑风貌。(责任单位:省建设厅、省文化和旅游厅)

14.践行低碳旅游

坚持就地按需取材,降低原材料损耗。主要旅游场所不主动提供一次性筷子、牙刷、牙膏、梳子、肥皂、浴液、拖鞋,逐步减少不可降解的塑料材料使用。鼓励游客绿色出游自带洗漱用品、使用环保购物袋、选择公共交通。推动旅游纪念品、伴手礼包装生态化、简约化。(责任单位:省文化和旅游厅、省生态环境厅、省市场监督管理局)

(四)服务"精心"工程

15.推广个性服务

开展"微笑服务"专项行动,推动各管理主体设立"优胜劣汰"制度,加强服务管理,推出一批大众喜爱、热心热情的优秀旅游服务人员。(责任单位:省文化和旅游厅、省市场监督管理局)

16.提高服务水准

突出以人为本的理念,立足大众旅游需求,提高个性化、专业化、特色化的服务技能,提升游客的满意度。推出 100 位"实力硬核、魅力四射、潜力可期"的"金海螺"讲解员,培训讲解员 1000 人次,提升旅游讲解员整体水平。(责任单位:省文化和旅游厅、省委宣传部、省人力社保厅)

17.创新服务模式

加快服务标准化提升行动,推广"一片洁净待宾客、一张笑脸迎宾客、一杯清茶敬宾客、一则故事暖宾客、一桌好菜宴宾客、一份安心慰宾客、一份好礼赠宾客、一个挥手送宾客"的"八个一"模式,开展服务人员标准化培训,推动服务人员的语言表达、服务态度、业务素质等全方位提升,提高游客体验感和幸福感。(责任单位:省文化和旅游厅)

(五)运营"精细"工程

18.推动智慧旅游建设

加强对旅游接待能力最大承载量测算,科学制定游玩度高、体验感好、安全性强的游览线路和产品。推动"最多跑一次"改革向旅游场所延伸。4A 级及以上旅游景区实现"预约、限流、错峰"全覆盖。加强交通大数据与旅游出行数据的共享与整合,推出电子游览地图和电子导航。加快实现旅游场所免费 WiFi、智能导游、电子讲解、在线预订、信息推送等功能全覆盖。(责任单位:省文化和旅游厅、省委改革办、省交通运输厅、省大数据局)

19.提升旅游运营水平

探索旅游景区专业化、连锁化运营,引进国内外知名旅游品牌、专业团队,组建"旅游运营智库",培育 50 个景区专业运营团队。实施"万村景区化"2.0,打造 50 个专业强、服务优的乡村旅游运营团队,培育 1000 位"乡村旅游带头人"。(责任单位:省文化和旅游厅、省商务厅)

20.加强专业人才培育

充分发挥高等院校旅游专业学科作用,加快各类旅游专业人才培养。实施专业化培训计划,提高景区、酒店、民宿等管理人员、专业技术人员的综合能力,每年安排各类高质量培训不少于 2 万人次。(责任单位:省教育厅、省人力社保厅、省文化和旅游厅)

三、进度安排

全面启动旅游业"微改造、精提升"五年行动计划(2021—2025 年)。主要分为 5 个阶段:

筹备发动阶段(2021 年 4 月底前):召开全省"微改造、精提升"动员大会,制定并发布全省"微改造、精提升"五年行动计划。

试点先行阶段(2021 年 5 月底前):开展"微改造、精提升"试点,建立省、市、县 3 级试点协同机制。省级安排不少于 2 个设区市,其他每个设区市安排不少于 2 个县(市、区)开展试点。各设区市、县(市、区)选取若干点作为市级、县级试点。原则上从 4A 级及以上旅游景区,省级及以上旅游度假区等单位开始试点,形成"头雁效应",积累试点经验。

全面推进阶段(2021 年底前):各设区市、县(市、区)同步推进,制定行动计划和实施方案。发布"微改造、精提升"任务清单,全面开展"微改造、精提升"行动。

基本完成阶段(2022 年—2024 年底):2022 年,完成"微改造、精提升"任务 30%;2023 年,完成 60%;2024 年,基本完成"微改造、精提升"任务。

扫尾收官阶段(2025 年):对少数工作落后的县(市、区)指导攻坚,对新发现的问题进行迭代升级,确保全省 100%的旅游场所完成改造提升。

四、工作机制

(一)建立领导统筹机制

将"微改造、精提升"行动列入全省旅游专班的重要工作,设立专项工作小组,开展集中办公,负责"微改造、精提升"日常工作。

各部门按照职责和分工,做好"微改造、精提升"各项任务推进。各市、县(市、区)要依据本行动计划,制定相应实施方案或行动计划,确保形成推进合力。

(二)建立问题发现机制

按两个维度建立工作机制。一是由各市场主体对照要求自查发现问题。二是由专业团队检查发现问题。运用全省文化市场综合行政执法队伍力量,加强监督检查。加强与行业协会信息共享,调动行业自律规范机制,发现问题及时整改。培育 1000 位专业监督员与 10000 位旅游志愿者,强化对各地旅游服务水平的日常督促和监管。建立线上线下旅游负面舆情系统,畅通游客投诉、监督员反馈、志愿者发现三个渠道,梳理旅游场所不合适、不合理、不合情、不合景的"微节点"。由各市、县(市、区)对两个维度掌握的问题进行分析、汇总、立项,理清"微改造、精提升"问题清单。

(三)建立闭环管理机制

建立全省"微改造、精提升"项目数据库,明确"微改造、精提升"每个项目名称、具体内容、投资额、完成时间和责任人,探索构建旅游行业品质评价标准体系,开展旅游业发展品质整体测评。健全"问题发现—清单建立—立项推进—整改落实—综合评估"工作闭环体系,实施清单化管理,项目化推进,确保"微改造、精提升"项目快落地、快见效。

(四)建立评价考核机制

建立省、市、县 3 级"微改造、精提升"评估机制,结合明察暗访,重点评估进展情况、存在问题和创新做法等内容。对市场主体,根据"微改造、精提升"任务完成度建立"红黑榜",对于列入"黑榜"的单位暂缓各类文化和旅游相关创建评定。对市、县(市、区),建立全省"赛马""晾晒"制度,定期通报"微改造"进度,推广一批最佳实践案例,形成步调一致、齐抓共管的强大合力。将"微改造"标准点纳入"钱江杯优质工程奖"评价范围,鼓励各优质"微改造"项目参与评比。

(五)建立协同共建机制

把旅游业"微改造、精提升"工作与"四大建设"、"四条诗路"、乡村振兴、美丽城镇、千年古城复兴等工作有机结合,做到信息共享、资源集成、成果叠加。协同建设等相关部门组建"微改造"驻点设计团队,为各建设主体和基层政府提供专业技术支持。统筹现有旅游发展资金、旅游产业基金,鼓励社会各类资本积极参与"微改造、精提升"行动,给予建设主体资金支持。

(六)建立专项激励机制

每年安排 1000 亩规划建设用地指标对微改造、精提升程度深、进度快、亮点多的 20 个县(市、区)予以奖励。鼓励各市、县(市、区)建立激励机制,加强引导,实行奖励,激发"微改造、精提升"主体内生动力,形成创先争优良好态势。在不改变用地主体、规划条件的前提下,探索市场主体合理利用旧厂房、仓库建设旅游配套设施的合法路径。

浙江省文化和旅游厅等 6 部门关于印发《关于加快推动山区 26 县旅游业高质量发展的意见》的通知

浙文旅〔2021〕18 号

各市、县(市、区)人民政府,省直有关单位:

《关于加快推动山区 26 县旅游业高质量发展的意见》已经省政府同意,现印发给你们,请结合实际认真贯彻执行。

浙江省文化和旅游厅
浙江省发展和改革委员会
浙江省财政厅

浙江省自然资源厅
浙江省住房和城乡建设厅
浙江省农业农村厅
2021 年 3 月 25 日

关于加快推动山区 26 县旅游业
高质量发展的意见

为全面贯彻落实省委第十四届八次全会和 2020 年浙江省委经济工作会议精神,忠实践行"八八战略",奋力打造"重要窗口",以"绿水青山就是金山银山"理念为指引,将山区生态优势转化为旅游产业优势,充分发挥旅游业在促进经济增长中的拉动作用,助力实现富民增收和共同富裕。经研究,特制定本意见。

一、综合目标

经过五年努力,山区旅游业实现跨越式高质量发展,建成生态底色美、文化氛围浓、旅游功能强、公共设施全、管理服务优的"诗画浙江"大花园,旅游业成为当地国民经济的主导型产业和助力富民增收的主渠道。到 2025 年,

——26 县旅游总产出、游客总人次年均分别增长 5% 以上,旅游业增加值年均增长 9% 以上。

——26 县每年人均旅游 GDP 增速高于当地人均 GDP 增速,每年实际完成旅游投资增长率高于当地固定资产投资增长率,旅游业增加值占 GDP 比重提高。

二、主要任务

(一)实施全域旅游品牌创建工程

1. 创建全域旅游示范区

坚持"全省大花园、全域大景区"的理念,推动全域旅游绿色发展,统筹推进美丽城市、美丽城镇、美丽乡村建设,支持创建省级和国家全域旅游示范区。到 2025

年,实现省级全域旅游示范县(市、区)覆盖率 100%,国家全域旅游示范区覆盖率超过 30%,建成宜居宜业宜游的全域旅游目的地。(责任单位:省文化和旅游厅、省发展改革委、省建设厅)[主要责任单位为:26 县(市、区)人民政府,列第一位者为牵头单位,以下不再单独列出]

2. 打造高能级旅游景区、度假区

支持永嘉楠溪江、泰顺廊桥、武义牛头山、磐安云山、仙居神仙居、丽水古堰画乡、云和梯田、泰顺廊桥—氡泉等创建高等级旅游景区或度假区,支持淳安千岛湖、文成刘伯温故里、丽水古堰画乡推进未来景区改革试点。到 2025 年,实现县县有 4A 级旅游景区、省级旅游度假区;50% 以上的县有 5A 级旅游景区、国家级旅游度假区;成功培育 10 家左右千万级核心大景区、3 家左右富有文化底蕴的世界级旅游景区和度假区。(责任单位:省文化和旅游厅)

3. 建设景区城、景区镇、景区村

开展"人人有事做,家家有收入"行动,启动打造"景区村 2.0 版",提升景区城、景区镇建设水平,推动文旅特色型美丽城镇串珠成链,形成"一户一处景、一村一幅画、一镇一天地、一城一风光"美丽格局。到 2025 年,实现

A 级景区城覆盖率 100%,A 级景区镇覆盖率 100%,A 级景区村覆盖率 80%,美丽城镇样板镇 3A 级景区镇覆盖率 100%。(责任单位:省文化和旅游厅、省建设厅)

4. 培育旅游休闲城市街区

以标准化为抓手,对城区和街区的环境、设施、管理、服务按景区化进行改造提升,布局娱乐休闲功能。支持丽水、衢州创建文化特色鲜明的国家级或省级旅游休闲城市,创建 10 条文化特色鲜明的国家级或省级旅游休闲街区。打造游船夜游、夜间演艺、城市夜场灯光秀、24 小时书店、美食网红店、文创集市等夜间经济业态。评定推出 30 家省级品质饭店、30 家特色文化主题饭店。(责任单位:省文化和旅游厅、省商务厅,衢州市人民政府、丽水市人民政府)

(二)实施"微改造"旅游品质提升工程

1. 打造"精致"体验

以文旅、农旅、体旅等融合为重点,打造一批"名景、名菜、名品、名戏"。每个县(市、区)完成 10 个核心景点的提升工作;开设 10 家"诗画浙江·百县千碗"体验店,开展 50 场美食活动;培育打造 10 款质地优良、做工精细、价格合理、富有创意、主题鲜明的"浙宿好礼";推出 1 个旅游演艺精品。(责任单位:省文化和旅游厅)

2.打造"精良"设施

以保证安全为重点,对旅游设施进行微改造提升。加强导览设施的标准化提升,合理配备智能导航、夜间指引等多重功能。加强小火车、接驳车、穿梭车、缆车等交通载具安全管理。加强休憩座椅、触屏查询机、自动售卖机、存包柜台、手机充电站等设施配置,有效植入餐饮、娱乐、休憩等功能,提高游客的舒适度。加强旅游场所交通换乘接驳区域、停车场、进出口、卫生间、服务中心、重要通道、电梯等关键节点进行无障碍通用设计和改造,配备儿童、母婴、老年人、残障人士等使用的辅具设备,旅游场所无障碍和适老化设施覆盖率达100%,并达到国家《无障碍设计规范》标准。(责任单位:省文化和旅游厅、省市场监督管理局、省民政厅、省交通运输厅、省卫生健康委、省残联)

3.打造"精美"环境

以保持"原色"、达到"可席地而坐"要求的整洁为重点,开展"四边三化"行动,实现重要旅游场所屋边、山边、路边、水边的绿化、洁化、美化。集中推进整治乱堆乱放、乱搭乱建、乱拉乱接、乱丢乱挂的"八乱"现象。禁止大拆大建,保护乡村特色风貌,保留乡土味道,建设现代化宜居农房。(责任单位:省建设厅、省文化和旅游厅、省生态环境厅、省农业农村厅、省水利厅)

4.打造"精心"服务

以提升旅游服务人员的语言表达、服务态度、业务素质等服务水平为重点,提高游客的满意度。提升景区讲解质量,提供定制化、特色化的讲解服务,开展讲解员培训比赛,培育30位"实力硬核、魅力四射、潜力可期"的金牌讲解员,带动讲解员水平全面提升。做好全年龄段服务,为儿童、母婴、老年人、残障人士等特殊群体畅通线下服务渠道。(责任单位:省文化和旅游厅、省民政厅、省卫生健康委、省残联)

5.打造"精细"运营

以旅游景区精细化运营模式创新为重点,提高专业化经营水平。引进国内外知名旅游品牌、专业团队进驻,打造20个专业强、服务优的省级旅游运营团队。每年开展800人次业务管理培训,提高酒店管理人员、民宿主人、农家乐业主的经营能力。推广应用掌上执法系统,掌上执法率达到100%。五年培育30位省级专业景评员与100位旅游志愿者,加强对旅游服务的日常督促和暗访监管。(责任单位:省文化和旅游厅、省市场监督管理局)

(三)实施"百项千亿"文旅投资工程

1.加强项目谋划

聚焦文化旅游、旅游新业态新产品、公共服务设施等领域,按照"谋划一批、储备一批、实施一批、竣工一批"的要求,滚动推进项目建设。支持南孔圣地、遂昌天工之城、泰顺华东大峡谷氡泉、丽水莲都杏福小镇、磐安江南药镇等一批投资总量大、发展前景好、综合效益强的新项目列入省重大项目,重点推进实施。(责任单位:省文化和旅游厅、省发展改革委)

2.搭建项目平台

支持旅游项目进入全省文化和旅游投资项目库。搭建山区26县旅游项目专门投融资平台,促进"投资、需求、金融"三对接,扩大有效投资。(责任单位:省文化和旅游厅、省发展改革委)

3.加快完成投资实物工作量

强化要素保障,确保项目早立项、早开工、早竣工,到2025年,累计完成文化和旅游投资4000亿元以上,单体投资超10亿元项目达100个以上。(责任单位:省文化和旅游厅、省发展改革委)

(四)实施文旅融合促进可持续发展工程

1.完成资源普查

全面摸清文化和旅游资源,建立资源库并有序组织解码文化基因,描绘文化基因图谱,打造山区文化标识,推进文艺精品创作,加大考古研究力度,促进文化遗产传承保护利用,完善山区公共文化服务体系,全面推进文旅融合。(责任单位:省文化和旅游厅、省文物局)

2.推进文化资源转化为旅游产品

推进博物馆、美术馆、图书馆、非遗馆等文化场馆的景区化建设,将10家文化场馆打造成4A级景区,完成考古遗址公园高质量建设,推进传统村落省域集中保护区建设。加快龙泉青瓷烧制技艺、青田石雕、柯城九华立春祭、景宁畲族民歌、永嘉昆曲、松阳高腔、平阳木偶戏等非遗项目的旅游商品开发。(责任单位:省文化和旅游厅、省建设厅、省文物局)

3.促进文旅产业融合

以诗路文化带建设为抓手,坚持聚焦重点,浙东唐诗之路以"名人名山、故里故居"为重点,瓯江山水诗路以古迹、古艺、古村为重点,钱塘江诗路以古城为重点,推出秀水诗路、田园耕读、山水人文等不同主题的精品旅游线路50条。将文成、苍南、柯城、龙游、天台、仙居、龙泉、缙云、遂昌、松阳列为全省文旅产业融合试验区。(责任单位:省文化和旅游厅、省发展改革委)

4.打造文旅"金名片"

努力培育南孔爷爷、和合天台、丽水山耕、缙云烧饼等10个文旅融合IP,重点打造淳安千岛湖、永嘉江南宋村、衢州有礼诗画风光带、丽水古堰画乡等20张文旅"金名片",扩大山区旅游的影响力和竞争力。(责任单位:省文化和旅游厅、衢州市人民政府、丽水市人民政府)

(五)实施特色旅游业态培育工程

1.升级乡村旅游

立足农业文化遗产,深化农业农村和旅游联动发展,助力乡村振兴。提升专业化运营水平,培育专业运营公司,推进乡村旅游集群化发展,因地制宜构建"景区＋村庄""古街＋村庄""民宿、农家乐＋村庄"和农家乐集聚村、省级休闲乡村、田园综合体等,累计建成15家全国乡村旅游重点村,形成20个省级乡村旅游集群。实施旅游风情小镇2.0计划,完成遂昌王村口、江山大陈等30家旅游风情小镇的提升工作。启动推出磐安县尖山镇、松阳县四都乡等民宿助力乡村振兴改革试点,评定100家左右等级民宿。(责任单位:省文化和旅游厅、省发展改革委、省农业农村厅)

2.壮大红色旅游

以建党百年为契机,开展红色旅游专题推广活动。以丽水中共浙江省委旧址、丽水片区"红军挺进师"活动旧址、开化片区"闽浙赣(皖)根据地浙西一翼"旧址、平阳片区中共浙江省一大会址、三门亭旁起义旧址等为重点,创建红色旅游经典景区20家、省级红色旅游教育示范基地20家;串珠成链,培育红色旅游经典线路10条,鼓励浙旅集团做大做强"浙里红"品牌。(责任单位:省文化和旅游厅、省委宣传部)

3.推动生态旅游

充分发挥山区生态资源优势,加大旅游景区、旅游度假区等休闲度假产品的打造。推广自行车和徒步等绿色旅游活动。认定10家国家级或省级生态旅游示范区。(责任单位:省文化和旅游厅、省自然资源厅、省生态环境厅)

4.培育山地旅游

推进名山公园建设,加快"环浙步道"建设,建设环山通景公路,打造以山脉为纽带的名山旅游圈,发展避暑、运动、露营、科普、探险等休闲度假产品,建设全国知名山地旅游目的地。(责任单位:省文化和旅游厅、省体育局、省林业局)

5.布局康养旅游

充分利用绿色生态、中医药、温泉等资源优势,打造高品质的中医药养生、温泉度假、天然氧吧、森林氧吧等绿色康养旅游产品;开发建设休闲度假型、农事体验型和康复疗养型养生基地。建成10个省中医药养生旅游示范基地、30个森林旅游康养基地、5个温泉保健疗养基地。(责任单位:省文化和旅游厅、省自然资源厅、省生态环境厅、省卫生健康委、省林业局、省药品监督管理局)

6.发展研学旅游

依托自然和文化遗产、自然保护地,建设主题突出、内容丰富、配套完善、服务规范、安全有序的研学旅游目的地和教育基地。到2025年,建成省级研学基地(营地)30个,精品研学线路10条。(责任单位:省文化和旅游厅、省教育厅、省林业局)

7.促进滨水旅游

依托江、河、湖、海、溪等自然资源,加强美丽河湖建设,水陆联动开发亲水旅游项目,打造10个滨水旅游区,积极发展钱塘江、瓯江等内河游轮航线。加快推进三门蛇蟠岛海岛公园建设,支持三门湾湾区生态旅游发展。重点提升千岛湖、瓯江风情、古堰画乡等滨水型旅游度假区。(责任单位:省文化和旅游厅、省交通运输厅、省水利厅)

(六)实施公共服务标准化工程

1.打造"快进慢游"交通体系

加快高铁、高速、通用机场、码头、通景公路等建设,提升接驳转运能力,提高旅游通达性。在旅游景区和度假区的集聚区域,优化高速互通节点布置,在有条件的地区形成高速公路环线。实现4A级以上旅游景区二级以上公路通达率达到80%以上,5A级旅游景区、国家级旅游度假区一级以上公路通达率达到100%;加快重要水运节点旅游客运码头和游船游艇码头建设。因地制宜打造绿道、骑行专线、登山步道、慢行系统、交通驿站等休闲设施,建成省级绿道1000公里。(责任单位:省交通运输厅、省文化和旅游厅、省建设厅)

2.推进旅游景区公共服务大提升

改善景区道路、停车场、防洪、给排水、强弱电、污水治理、垃垃圾分类处理等基础设施。完善游客服务中心、无线网络、标识标牌、应急救援等服务设施。推进"厕所革命",新建 A 级旅游厕所300 家。(责任单位:省文化和旅游厅、省建设厅、省水利厅)

3. 健全旅游矛盾调解协作机制

提升旅游执法数字化、标准化、规范化水平,将旅游矛盾调解纳入当地社会矛盾纠纷调处化解中心工作内容,形成旅游纠纷调处一条龙、一站式办理。推广旅游执法与法院、公安、市场监管、法律服务等协同,实现纠纷化解"最多跑一地"。实现执法职能归口乡镇(街道)一支队伍。(责任单位:省文化和旅游厅、省公安厅、省司法厅、省市场监督管理局、省委政法委)

(七)实施数字旅游新基建工程

1. 培育数字旅游产业

以"互联网＋旅游"为重点,推动旅游业与数字科技融合,推出具有智能交互特征的云旅游、云演艺、云娱乐、云展览等沉浸式、体验型数字旅游产品;壮大旅游 OTA 平台,支持电商、直播带货等畅通旅游商品销售渠道。推动建设诗路 e 站数字文化体验馆(园),鼓励利用 AR/VR 等数字技术,打造龙游石窟未开放石窟、千岛湖水下古城等物理景观及各种探险体验的虚拟空间移植和再现。(责任单位:省文化和旅游厅、省经济和信息化厅、省通信管理局、省大数据局、省委宣传部、省发展改革委)

2. 实施旅游"新基建"

大力推进 5G、区块链、云计算、大数据、人工智能等新技术在旅游领域的应用,实现 A 级旅游景区和度假区 5G 网络基本覆盖,完成 4A 级以上景区停车场、旅游厕所、游客服务中心、景区引导标识系统的智能化改造升级。(责任单位:省文化和旅游厅、省大数据局、省委宣传部)

3. 推进旅游智慧服务

落实数字化改革部署,按照数字社会系统总体设计,基于"浙里好玩",构建"一站式、智能化、个性化"智慧旅游服务系统。推出"一键订单""一码投诉"等便捷操作。推广"多游一小时"模式,推出"10 秒找空房""20 秒景点入园""30 秒酒店入住"等便民服务,并集成至数字社会综合应用服务端。提升"浙里好玩"公共服务系统,进一步完善旅游线路产品,跨部门、跨层级整合旅游公共服务信息,融合优质服务文化服务内容,依托人工智能等技术优化旅游个性化服务和文化服务,进一步提升数据开放能力,实现数据开放共享,提升"浙里好玩"品牌影响力。有效整合文旅、公安、交通、气象等部门数据,及时发布景区等实时游客量、道路出行、气象实况和预警等信息。(责任单位:省文化和旅游厅、省公安厅、省交通运输厅、省气象局)

(八)实施旅游精准营销工程

1. 打造旅游主题营销品牌

在全省旅游品牌统领下,提炼 26 县"诗画浙江＋"主题品牌,变"产品营销"为"品牌营销",扩大影响力。围绕特色美食、民宿、农家乐、风物、文化场馆等方面,利用媒体平台,推出 200 个专题。(责任单位:省文化和旅游厅)

2. 举办文旅节庆活动

支持举办开化根雕艺术节、景宁畲乡三月三、龙泉青瓷宝剑文化旅游节、仙都皇帝祭典、青田石雕文化节等节庆活动。实施分时段分人群的旅游促销行动,发放住宿优惠券,推出体育、演艺等活动,积聚人气,吸引游客"再住一晚"。(责任单位:省文化和旅游厅)

3. 精准开拓客源市场

构建活动推广、线上推介、招募体验三位一体的营销模式,深耕长三角,拓展珠三角,辐射京津冀,举办多种形式的旅游推介活动,针对日韩、东南亚主要客源国,加大国际旅游营销,利用抖音、小红书等新媒体宣传,重点培养 50 名旅游宣传网红达人。(责任单位:省文化和旅游厅)

(九)实施区域旅游协同发展工程

1. 积极推进跨区域合作

积极融入长三角一体化发展,将长三角城市群作为主要客源市场,开设旅游专列,加强与客源市场的串联。推进杭黄世界级自然生态和文化旅游廊道建设,建设"千岛湖—千里岗"生态走廊,协力打造世界级旅游风景线。以浙皖闽赣生态旅游协作区为平台,推进线路串联、游客互送、交通共建等,拓宽旅游发展空间。(责任单位:省文化和旅游厅、省发展改革委、省交通运输厅)

2. 打造特色旅游功能区

依托独特区位、特色旅游资源等优势,谋划打造温州雁楠、衢饶边际、台州括苍山、丽水瓯江 4 个重点旅游区,打造千岛湖湖泊休闲旅游、氡泉康养旅游、天姥山唐诗文化旅游、南孔文化旅游 4 个特色旅游功能区,逐步形成跨县域的一体化旅游发展格局。(责任单位:省文化和旅游厅,温州

市人民政府、衢州市人民政府、台州市人民政府、丽水市人民政府）

3.打造山海协作升级版

将18个山海协作生态旅游文化产业园打造为旅游发展的主平台，按照"一区一品、各具特色"要求，加快产业园基础设施建设。重点打造"诗路怀古、瓯越风情、红色研学、康体养生、佛道寻禅、乡居耕读、童话寻梦"7条山海协作最美生态旅游线路。加大结对县在项目招引、人才支持、客源输入、组织疗休养等方面的帮扶力度。（责任单位：省文化和旅游厅、省发展改革委、省总工会）

（十）实施旅游综合保障工程

1.创新标准达标评价新机制

改"配额制"为"达标制"，鼓励山区26县开展A级旅游景区、旅游度假区、全域旅游示范区、风情小镇、景区城（镇、村）、等级民宿、星级饭店等品牌创建，对于达到创建标准要求的，省级及以下品牌创建予以通过，国家级品牌创建予以优先推荐。（责任单位：省文化和旅游厅）

2.实施土地奖励政策

支持将5亿元以上旅游项目列入省重大产业项目，按规定予以用地保障。各地统筹新增计划、增减挂钩指标、存量建设用地保障旅游项目用地。每年安排1000亩规划建设用地指标对旅游业发展前十名的县（市、区）予以奖励。支持农村集体经济组织利用森林资源、非耕农用地，在不改变土地农用性质的前提下，采取作价入股、土地合作等方式参与文化旅游和乡村休闲项目开发。（责任单位：省自然资源厅、省农业农村厅、省文化和旅游厅、省林业局）

3.加大资金扶持力度

统筹现有旅游发展相关资金，向山区26县给予倾斜，重点支持创成省级以上全域旅游示范区、旅游度假区、4A级以上旅游景区等工作成效明显的县（市、区）。省级政府产业基金对满足条件的旅游项目予以支持。支持市县结合实际发放旅游消费券，拉动山区旅游消费。（责任单位：省财政厅、省文化和旅游厅）

4.落实带薪休假制度

积极引导全省职工、退休职工赴山区26县开展疗休养活动，对赴山区26县旅游的省内干部职工，鼓励将年休假分段灵活安排。鼓励全省中小学生赴山区26县开展课外实践教学活动。（责任单位：省文化和旅游厅、省教育厅、省总工会）

5.强化旅游安全管理

建设平安景区，创新完善平安景区创建标准和规范，提升景区网格化管理和治安防范能力，切实加强平安旅游教育引导，增强人民群众平安质感。强化旅游安全检查，落实"吃、住、行、游、购、娱"等各环节的安全措施，确保不发生各类安全事故。（责任单位：省文化和旅游厅、省委政法委、省公安厅）

三、组织协调

发挥旅游专班作用，将山区26县旅游业发展纳入省、市、县三级旅游专班重点专项工作，予以单列推动。山区26县旅游专班要根据本意见，制定具体实施方案和配套措施，明确时间表、路线图，加强统筹，抓好落实。建立旅游业发展评价体系，把旅游业发展纳入26县统一考核，与大花园建设、诗路文化带等重点工作考核结合，每年予以考核通报。（责任单位：省文化和旅游厅、省发展改革委）

浙江省文化和旅游厅关于印发《浙江省非物质文化遗产保护发展"十四五"规划》的通知

浙文旅非遗〔2021〕9号

各市、县（市、区）文化和旅游局，省非遗保护中心：

现将《浙江省非物质文化遗产保护发展"十四五"规划》印发给你们，请结合实际，认真组织实施。

浙江省文化和旅游厅
2021年4月13日

浙江省非物质文化遗产保护发展"十四五"规划

为推动新时代非物质文化遗产保护事业高质量发展,根据《中华人民共和国非物质文化遗产法》《浙江省非物质文化遗产保护条例》《文化和旅游部"十四五"时期非物质文化遗产保护规划》《浙江省国民经济和社会发展第十四个五年规划和二〇三五年远景目标纲要》,编制本规划。

一、发展基础

（一）发展现状

"十三五"期间,浙江坚持先行先试、不断探索,非遗保护事业取得了显著成绩,多项指标保持全国领先。

项目保护成效显著。对省级以上非遗项目实施"八个一"保护措施,组织对我省列入人类非遗代表作名录的非遗项目开展"3+N"保护行动。项目名录体系进一步完善,"三门祭冬""九华立春祭""班春劝农""半山立夏节"等四个非遗项目作为"二十四节气——中国人通过观察太阳周年运动而形成的时间知识体系及其实践"的组成部分入选联合国教科文组织人类非遗代表作名录。我省以 10 项人类非遗项目和217 项国家级非遗项目的总数居于全国领先位置。公布第五批省级非遗代表性项目 98 项。组织实施六批 99 位国家级非遗项目代表性传承人抢救性记录工作,10 位国家级非遗代表性传承人记录成果在文化和旅游部验收中获得优秀;2 个项目入选民间文学类、民俗类全国非遗记录与保护研究项目工程试点并通过验收。

传承发展焕发活力。传承人队伍建设进一步加强,74 人入选第五批国家级非遗项目代表性传承人名单;评定 279 名第五批省级非遗项目代表性传承人。组织实施"中国非物质文化遗产传承人群研修研习培训计划",培训学员 1570 人次。开展"非遗薪传"展演展评活动。传承载体不断创新突破,海洋渔文化(象山)生态保护区成功入选国家级文化生态保护区,公布 17 个省级文化传承生态保护区(创建)名单。文旅融合加速推进,成功举办"非遗购物节·浙江消费季"活动;"浙西南畲乡非遗技艺体验游"入选首批全国非遗主题旅游线路;公布 82 家非遗旅游景区,评选 200 项浙江省优秀非遗旅游商品。大力推动传统工艺振兴,22 个项目入选第一批国家传统工艺振兴目录,打造传统工艺振兴"杭州工艺周"重要品牌,成功创建东阳市、杭州市拱墅区 2 家传统工艺工作站。传统戏剧保护不断深化,命名四批共 72 个浙江省传统戏剧之乡,持续开展"浙江好腔调"传统戏剧系列展演,实施传统戏剧发展"五个一"计划。启动浙江曲艺保护振兴系列活动,成功举办三届"中国浙江·全国曲艺传承发展论坛及观摩交流展演"、2020 全国非遗曲艺周等活动。连续三年举办

"少年非遗说"浙江传说故事讲述大赛,20000 余人参与。

非遗传播影响广泛。传播活动持续开展,出台《浙江省非物质文化遗产传播工程行动计划(2020—2022)》,每年举办"文化和自然遗产日"非遗宣传展示系列活动、浙江·中国非遗博览会、中国义乌文化和旅游产品交易博览会浙江非遗生活馆等,逐步成为我国非遗展示交流重要平台和品牌。对外交流深入开展,组织赴俄罗斯、法国、德国、澳大利亚等国和港澳台地区举办非遗展示交流活动,形成天工遗风、春节习俗、忆江南三个品牌;浙江非遗元素精彩亮相 G20 杭州峰会,新中国成立 70 周年国新办新闻发布会浙江专场,第二、三届中国国际进口博览会等重要场合,成为向中外友人讲述"浙江故事"的重要窗口。传播平台有效拓展,加强浙江省非遗网、"浙江非遗"微博与微信公众号建设,联合中央媒体开展"央媒浙江行"采风活动,每年公布《浙江省非遗保护工作十件大事》。

制度建设不断完善。着眼长效管理,注重建章立制,制定出台《浙江省非物质文化遗产代表性项目管理办法(试行)》《浙江省省级非物质文化遗产代表性传承人管理办法》《关于贯彻落实中国传统工艺振兴的实施意见》《关于浙江省省级文化传承生态保护区建设的意见》《浙江省非遗融合发

展行动计划》《浙江省曲艺传承发展行动计划》等一系列制度,开展省级非遗项目、代表性传承人评估。探索全省非遗保护工作绩效评估机制,发布年度全省非遗保护发展指数评估数据。

工作基础得到加强。资金投入保障有力,"十三五"期间国家补助我省非遗保护专项资金合计14819万元,省级非遗保护专项资金累计投入26600万元,将省级代表性传承人补助统一调整为5000元/每年。数字化建设成效明显,建立了普查资源、项目管理、事业管理、集成志书、影像视听、管理平台等数据库,迄今已采录293.6万余条数据;建立浙江非遗保护信息公共服务平台,发布浙江非遗数字地图"非遗Go"。场馆建设加速推进,开工建设浙江省非遗馆,有序推进藏品征集工作,全省各地新建成开放了一批具有地域特色的市、县(市、区)综合性非遗馆。理论研究和成果编纂深入开展,"大匠至心"非遗传承发展杭州沙龙成为重要学术交流平台;建立浙江省非遗文献馆,编纂完成浙江省第四批国家级非遗代表性项目丛书30本,完成《浙江通志·非物质文化遗产志》编纂工作。

(二)机遇与挑战

"十四五"时期是浙江开启高水平全面建设社会主义现代化新征程的第一个五年,是我省忠实践行"八八战略"、奋力打造"重要窗口"的关键期,也是推进非遗保护事业高质量发展的重要时期。一方面,以习近平同志为核心的党中央高度重视非遗保护工作,做出了一系列重要指示批示和决策部署,赋予非遗工作新使命、新

定位、新要求;进入新发展阶段,社会经济的快速发展极大地保障和推动了非遗保护传承,人民日益增长的美好生活需要对非遗保护发展提出了更高要求;非遗在坚定文化自信、助力经济社会发展和建设社会主义文化强国中的重要作用日益彰显。另一方面,随着工业化、城市化的加速推进和社会快速转型,非遗保护面临的社会环境发生了深刻变化,保护传承中的一些短板和弱项愈发凸显,与走在前列的要求还有差距:一些项目保护传承质量有待提升,保护传承体系有待完善,保护工作基础有待夯实,创造创新发展潜力有待激活,数字化运用有待提速,政策保障支撑和机构队伍建设有待加强。"十四五"时期,要立足新发展阶段,贯彻新发展理念,运用系统观念,深入实施中华优秀传统文化传承发展工程,不断健全非遗保护传承体系,着力提升非遗传承发展水平,努力建设新时代非遗强省。

二、总体要求

(一)指导思想

坚持以习近平新时代中国特色社会主义思想为指导,深入贯彻党的十九大和十九届二中、三中、四中、五中全会精神,认真落实习近平总书记关于非遗保护重要指示精神,忠实践行"八八战略"、奋力打造"重要窗口",以人民为中心,以"保护为主、抢救第一、合理利用、传承发展"为根本方针,以数字化改革为总抓手,贯彻新发展理念,坚持创造性转化、创新性发展,主动把握新时代非遗保护发展新形势新要求新机遇,深入实施非遗传承发展工程,着力构建科学规范、健全高效、智

慧融合、保障有力的非遗保护传承体系,高水平建设非遗强省,更好地服务于新时代文化高地和共同富裕示范区建设,不断满足人民对美好生活的需求,为浙江争创社会主义现代化先行省提供有力支撑。

(二)基本原则

坚持正确方向。坚持以社会主义核心价值观为引领,牢固树立以人民为中心发展思想,深入挖掘阐释非遗蕴含的思想理念、传统美德和人文精神,提供高质量的非遗产品和服务,传播弘扬优秀传统文化,让人民群众共享非遗保护发展成果,促进人的全面发展。

坚持依法保护。坚持以法治思维和法治方式引领和规范非遗保护传承,完善非遗保护法律法规,研究出台一系列制度性文件,推动非遗保护走上法治化轨道。分门类制定实施标准,构建系统全面的非遗保护标准体系。

坚持融合发展。坚持见人见物见生活的理念,将科学保护与合理利用有机结合,促进非遗系统性保护、活态化传承,推动非遗当代实践与现代生活相融相通,统筹协调非遗与产业、市场、旅游等各个领域深度融合、互相促进、协同发展,构建非遗保护与相关产业良性互动的融合发展新格局。

坚持创造创新。尊重非遗基本文化内涵,遵循非遗保护自身规律,传承弘扬非遗当代价值,推动非遗在当代生产生活实践中实现创造性转化、创新性发展,不断增强生机活力。坚持数字赋能,推动非遗治理体系和治理能力现代化,增强发展新动能、激发创造新活力,让浙江非遗展现出永久

魅力和时代风采。

坚持系统观念。统筹发展与安全、保护与利用、政府与社会等关系,系统做好抢救、保护、研究、传承、利用等工作,形成工作闭环。有效强化政府引导作用,形成全社会自觉参与、关注和保护传承优秀传统文化的良好氛围。

（三）发展目标

到2025年,基本建成非遗强省,非遗保护传承体系健全完善,非遗保护管理水平和现代治理能力明显增强,非遗当代价值充分彰显,人人参与、保护、传承非遗的良好局面基本形成,对文化浙江建设的服务保障和支撑引领更加有力,打造一批"重要窗口"非遗保护标志性成果。

——建成高水平的现代非遗保护体系。非遗代表性项目名录体系不断健全,人类非遗项目实现新突破,国家级非遗项目保持领先优势;非遗理论研究取得重要成果,非遗保护制度体系更加完善;非遗系统性保护有效推进,传承环境不断优化;各级非遗名录项目得到有效保护振兴,传承发展活力进一步增强。

——建成高质量的非遗传播传承体系。省、市、县三级非遗场馆实现全覆盖;非遗传播传承载体更加丰富;传承人群研培计划深入实施,非遗保护专业队伍建设有效加强;非遗传播普及深入开展,传播品牌影响力进一步提升,传播途径不断拓展,新媒体传播得到广泛应用;传统节日影响日益深入,非遗进校园持续开展,浙江非遗的国际影响力和知名度不断增强。

——建成高效能的非遗创新发展体系。国家级文化生态保护区建设实现新突破,文化生态整体性保护水平大幅提升;非遗数字化改革加快推进,建成一批数字非遗馆,非遗智治水平显著提升;非遗与相关产业实现深度融合,"非遗＋旅游"叠加效应不断放大;非遗产品开发和非遗经济呈现发展良好态势;非遗富民成效明显,非遗服务经济社会发展的作用更加显著。

到2035年,建成更高水平的非遗强省,制度体系更加健全完备,保护传承更加全面有效,发展效益更加健康优质,非遗保护理念成为社会普遍共识,非遗保护综合实力大幅提升,非遗项目规模质量、创造创新能力、优质非遗产品和服务供给能力全国领先,具有浙江特色的非遗保护新格局全面构建,成为新时代全国非遗传承发展的示范区和样板地。

"十四五"期间浙江非物质文化遗产保护发展主要指标

类别	指标名称	2020年实际值	2025年目标值	指标特征
保存保护	人类非物质文化遗产代表作名录项目/项	10	11	预期性
	国家级非物质文化遗产名录项目/项	217	241	预期性
	省级非物质文化遗产名录项目/项	886	1000	预期性
	国家级非物质文化遗产代表性传承人/人	196	220	预期性
	省级非物质文化遗产代表性传承人/人	1215	1400	预期性
	国家级非物质文化遗产代表性传承人记录工程/人	99	150	预期性
	浙江省非物质文化遗产代表性项目丛书/本	217	241	预期性
	浙江省国家级非物质文化遗产代表性传承人口述史丛书/本	10	60	预期性
传承传播	浙江省非物质文化遗产馆/个	—	1	约束性
	国家级非物质文化遗产馆/个	—	1	预期性
	市级综合性非物质文化遗产馆/个	6	11	预期性
	传播活动品牌/个	6	10	预期性
	"非遗进校园"优秀实践案例/个	—	20	预期性
	"少年非遗说"全省传说故事讲述大赛参与人数/万	2	3	预期性
	县（市、区）非遗（展示）馆覆盖率/%	—	100	预期性

类别	指标名称	2020年实际值	2025年目标值	指标特征
传承传播	非遗特色演艺项目/个	—	10	预期性
	非遗曲艺书场试点/个	—	10	约束性
创造创新	国家级文化生态保护(实验)区/个	1	2	预期性
	省级文化传承生态保护区/个	—	10	约束性
	省级非遗体验基地/个	—	100	约束性
	省级非遗生活馆/个	—	100	预期性
	省级非遗旅游主题线路/条	—	10	预期性
	浙江省优秀非遗旅游商品/项	200	300	约束性
	浙江省非遗旅游景区/个	147	247	约束性
	省级非遗主题街区/个	—	100	预期性
	省级非遗主题民宿/家	—	100	预期性
	省级非遗主题酒店/家	—	10	预期性
	"非遗购物节·浙江消费季"销售额/亿元	10	30	预期性

三、主要任务

(一)名录体系建设工程

1. 扎实开展非遗调查

认真落实第二次全国非遗资源普查工作任务,组织开展我省非遗资源调查,全面摸清我省非遗资源的种类、数量、分布状况、生存环境、保护现状。广泛采用先进技术手段推进普查工作,加强普查数据、资料的整理、保存和运用。采取积极措施加强尚未列入各级名录的非遗资源的有效保护,建立完善档案和数据库。根据重点工作需要,组织开展专项调查,为提升非遗保护工作的有效性、科学性提供数据支持。

2. 规范组织名录申报

积极做好联合国教科文组织人类非遗代表作名录项目申报工作;组织做好国家级非遗代表性项目和代表性传承人推荐申报工作。深入挖掘整理浙江优秀非遗资源,组织开展新一批省级非遗代表性项目和代表性传承人申报

认定工作,科学规范开展省以下各级非遗代表性项目和代表性传承人的认定工作,进一步完善国家、省、市、县代表性项目名录体系。探索推动非遗代表性传承团体(群体)认定工作。

3. 切实强化项目管理

加强非遗项目和传承人保护管理制度建设,建立健全科学的评价制度体系,定期开展省级非遗代表性项目、省级非遗代表性传承人评估工作,推动项目保护单位、名录项目和代表性传承人的动态管理。积极探索推动第三方专业机构评估。严格实施省级以上非遗代表性项目"八个一"保护措施,全面落实保护责任,确保项目得到有效保护。开展项目保护优秀实践案例和创新案例遴选,加强宣传推广,发挥示范引领作用。

4. 深入实施记录工程

加强现代科技手段应用,系统规范开展国家级非遗代表性项

目和代表性传承人记录工作,推进省级非遗代表性项目和代表性传承人记录,支持基层开展相关非遗记录工作,鼓励发动社会记录。至2025年,完成150位国家级非遗代表性传承人记录工作,争取验收通过率达100%。对具有独特历史意义的濒危项目,优先实施记录。加强记录工作专业能力建设,提高记录成果质量,做好记录成果验收工作。加强非遗记录工作数据库建设,推动非遗记录工程成果的传播利用,拍摄制作音像影像作品,编撰出版《浙江省国家级非物质文化遗产代表性传承人口述史丛书》等。

5. 不断提升履约水平

切实履行《保护非物质文化遗产公约》,认真落实联合国教科文组织对相关项目履约报告的意见。深入开展联合国教科文组织人类非遗项目"3+N"保护行动,进一步提升保护传承水平和履约能力,探索人类非遗项目保护的

"浙江实践",擦亮浙江文化"金名片"。加强项目保护联盟建设,推动发挥牵头保护工作机制积极作用。组织举办相关展览展示活动,宣传展示我省列入人类非遗名录项目"3＋N"保护成果。

非遗名录体系建设重点项目

1. 健全项目名录体系。组织开展名录项目申报推荐,至2025年,争取有新项目列入联合国教科文组织人类非遗代表作名录;国家级非遗名录项目总量达240项左右,省级名录项目总量达1000项左右,市级名录项目达4000项左右,县级名录项目达10000项左右。

2. 开展代表性项目和代表性传承人评估。根据统筹协调、分类推进、有序开展的工作原则,组织开展省级非遗代表性项目和省级非遗代表性传承人评估工作,至2025年,实现各门类全覆盖。

3. 加强人类非遗项目保护传承。深化人类非遗项目"3＋N"保护行动,支持中国蚕桑丝织技艺保护联盟等建设,推动成立中国木拱桥传统营造技艺保护联盟、传统制茶技艺和习俗保护联盟等。

（二）非遗保护振兴工程

1. 推动传统工艺高质量发展

深入实施传统工艺振兴计划,完善传统工艺振兴目录,落实各项振兴举措。推进传统工艺生产性保护基地建设,加强传统工艺类特色小镇培育,支持历史经典产业传承发展。发挥老字号中传统工艺品牌产品的示范带动作用,培育一批传统工艺振兴品牌。开展"传承人对话"系列活动,不断提升传统工艺设计、制作与衍生品研究开发能力,促进传统工艺走进现代生活。把东阳、杭州市拱墅区传统工艺工作站建成国内有较强影响力的传统工艺工作站,支持在传统工艺项目集中地和文化传承生态保护区设立传统工艺工作站。围绕中国共产党成立100周年等主题,组织开展多种形式的传统工艺大赛、技能大赛,持续举办杭州工艺周、薪传奖传统工艺大展等品牌活动,展示传统工艺振兴成果,不断提升影响力和辐射力,培育弘扬"工匠精神",发现、扶持一批传统工艺创意人才。遴选传统工艺振兴优秀案例。

2. 加强传统戏剧保护振兴

全面落实《浙江省传统戏剧保护振兴计划》,推进全省传统戏剧发展"五个一"计划实施,推动浙江传统戏剧"活起来,传下去"。着力加强濒危传统戏剧项目保护传承,大力实施师带徒项目,开展濒危剧种传统剧目整理复排工作,不断改善濒危项目生存状况。实施"民间传统戏曲曲牌抢救计划"。支持传统戏剧类特色小镇发展,发挥传统戏剧之乡作用,有效落实分级保护责任。提升"浙江好腔调"传统戏剧系列展演活动品牌,充分利用新媒体优势,加强数字化应用,探索全方位多维度传播模式。

3. 促进曲艺传承发展

贯彻实施《曲艺传承发展计划》《浙江省曲艺传承发展行动计划》,深入开展浙江曲艺保护振兴系列活动。高水平办好"中国浙江·全国曲艺传承发展论坛及观摩交流展演"活动,继续举办"浙江好腔调"曲艺展演活动。加强曲艺创作、演出人才培养,提升曲艺作品创作水平。搭建曲艺传播立体平台,扶持开展曲艺驻场演出,推动非遗曲艺书场试点设立工作,探索设立曲艺电视书场、广播书场和网络书场。探索制定我省非遗曲艺书场的建设标准和扶持政策。深入开展曲艺进校园、社区（企业）、农村文化礼堂活动。

4. 开展非遗分类保护

重视传统医药类非遗传承发展,研究制定相应的政策措施,进一步提升保护传承水平。加强传统音乐、传统舞蹈、民俗、民间文学及传统体育、游艺和杂技等门类非遗项目保护,根据项目特点和存续状况,分门别类探索研究保护传承措施,改善存续状况,增强生命活力,切实推动振兴发展。

5. 抓好特色载体建设

深化全省非遗传承基地、非遗宣传展示基地、非遗传承教学基地、传统节日保护基地、生产性保护基地、高校非遗研究基地等各类保护载体建设,通过取消、新增和调整一批,明确任务职能,规范工作机制,促进持续健康发展,推动作用有效发挥。

曲艺保护振兴重点项目

1. 举办"中国浙江·全国曲艺传承发展论坛及观摩交流展演"活动。搭建优秀传承人展示舞台,举办名家示范、传承中坚、新秀展示、浙江本土等多个专场的交流演出,分门类展演曲艺优秀作品;举办传承发展论坛,研讨交流曲艺保护发展经验和思路,进一步提升活动影响力。

2.开展非遗曲艺书场试点。以国家级非遗代表性项目为重点,扶持曲艺开展驻场演出,试点设立"非遗曲艺书场",不断加大扶持力度,推动提高曲艺类非遗的整体活力。到2025年,全省非遗曲艺书场试点达10个左右。

(三)非遗融合发展工程

1.全面提升区域性整体保护水平

加强文化生态保护区建设,提升国家级海洋渔文化(象山)生态保护区建设绩效,努力打造非遗区域性整体保护样板。建成命名10个省级文化传承生态保护区。加强非遗保护区域合作,支持相关地区参与长三角一体化核心区国家级文化生态保护区创建。贯彻实施《浙江省省级文化传承生态保护区建设的意见》,围绕"诗路文化带"十大高地建设,组织开展培育创建评估工作,验收命名一批省级文化传承生态保护区,推动实现"遗产丰富、氛围浓厚、特色鲜明、群众受益",打造优质非遗生态圈。组织开展省级文化传承生态保护区总体规划实施情况和建设成效评估工作。积极推荐创建成效显著的地区申报国家级文化生态保护(实验)区。推动文化生态保护区建设与乡村旅游、全域旅游相衔接、相融合。

2.在重大国家战略中积极发挥非遗作用

积极主动融入和服务"一带一路"、长三角一体化、诗路文化带、乡村振兴、大花园建设、杭州亚运会等重大战略和活动,有效彰显非遗独特魅力和重要作用。举办诗路文化带非遗展,围绕"非遗资源丰富、保护传承有力、民众积极参与",探索开展非遗特色村镇、街区建设。在大运河国家文化公园建设中,加强非遗保护传承,讲好浙江运河故事。发挥大运河非遗保护传承利用协同机制作用,制定实施大运河非遗保护年度行动计划,组织举办会商、展览展示展演、研讨等系列活动。将非遗保护与美丽乡村、特色小镇、传统村落保护等工作紧密结合,支持发挥非遗资源在服务基层社会治理和发展乡村旅游中的积极作用,助力乡村振兴,促进我省高质量建设"共同富裕示范区"。

3.探索推进"非遗在社区"工作

支持温州市开展"非遗在社区"试点工作,探索有效模式,总结经验成效,逐步在全省拓展推广。开展"非遗在社区"示范点创建。牢牢把握"尊重社区居民主体地位""选择适合非遗资源""创新工作模式""发挥传承人作用"等重要工作原则和重点,探索建设氛围浓厚的非遗特色社区,充分发挥非遗在加强社区治理、增进社区凝聚力、维系邻里和睦关系方面的重要作用,积极培育非遗在城市中传承发展的土壤,探索在新型城镇化进程中非遗保护的有效方式和途径,维护和营造非遗传承发展的良好生态,赓续浙江历史文脉。

4.推动非遗文创产品开发

加强非遗活化利用,鼓励和支持非遗产品、创意衍生品研发设计、生产销售、品牌推广。鼓励将非遗元素通过创意转化、科技提升和市场运作,开发形成动漫、游戏、综艺、影视剧、艺术品等一系列文化创意产品,支持一批非遗网络平台和企业的发展。探索将特色非遗资源引入商场,开设非遗展示、体验、销售专区,培育形成一批非遗特色商场。组织开展浙江省优秀非遗旅游商品评选发布活动,培育推出一批具有引领示范作用的非遗旅游商品。

5.促进非遗与旅游深度融合发展

坚持以文塑旅、以旅彰文,积极挖掘和整合特色非遗资源,实施"非遗+旅游",推动非遗项目进景区、景点,探索将传统技艺、戏曲、民间传说等非遗元素融入旅游项目开发与旅游市场推广,丰富旅游产品文化内涵,推动非遗与旅游有机融合发展,培育非遗与旅游融合示范项目和示范区。依托非遗资源,培育建设一批主题突出、内涵丰富的非遗旅游景区(非遗主题小镇、民俗文化村),支持有条件的地方规划建设非遗项目集聚的非遗主题街区。鼓励各地深入挖掘非遗资源,将民宿、酒店与非遗有效对接,开发建设100家省级非遗主题民宿和10家省级非遗主题酒店。开展"跟着非遗去旅行",通过串珠成链,开发推出一批非遗主题旅游线路和体验项目,支持研学旅游等包含非遗元素的旅游产品体系建设,不断提升运营管理水平。充分挖掘传统医药类非遗项目资源,大力发展中医药健康旅游,打造一批中医药文化养生知名品牌。

6.培育壮大非遗经济

加强非遗资源的合理适度开发利用，做好"非遗＋产业"的文章，努力将非遗资源优势转化为经济社会发展优势。推进非遗与特色产业的深度融合，充分挖掘文化内涵与核心价值，打造产业品牌、提升产品品质，增加市场竞争力和附加值。搭建非遗购物推介平台，以非遗传承人、项目保护单位、中华老字号以及相关企业为切入点，举办"非遗购物节·浙江消费季"活动，以线上线下相结合方式开展形式多样的非遗购物活动，让人民群众共享非遗保护成果，助力非遗经济发展。至2025年，"非遗购物节·浙江消费季"展销活动累计实现销售额超30亿元。发展非遗特色的夜间经济。支持各地充分挖掘本地夜间休闲资源，创新打造具有非遗特色的夜间体验项目；支持发展夜间传统戏剧、曲艺演出以及山水实景演出，开展非遗展示体验等，满足人民群众的精神文化消费需求。

非遗与旅游融合发展重点项目

挖掘整合特色非遗资源，加强"非遗＋旅游"载体建设，培育开发一批文旅融合项目和产品。至2025年，创建100个浙江省非遗旅游景区，推出10条省级非遗主题旅游线路，评选公布100项浙江省优秀非遗旅游商品，建设100个省级非遗体验基地、100个省级非遗生活馆、100家省级非遗主题民宿、10家省级非遗主题酒店。

（四）非遗传播体验工程

1.加快非遗展示场馆建设

按照"浙江文化新地标，全国一流，世界领先"的目标定位，高水平建成浙江省非遗馆。根据我省非遗传承脉络和特质，科学设定浙江省非遗馆展陈规划。制定浙江省非遗馆藏品征集计划，按年度有重点多渠道开展精准征集工作，鼓励代表性传承人、收藏家捐赠提供或借展藏品。努力争取建设1个国家级非遗馆。加快大运河非遗馆建设。加强全省非遗传承体验设施建设，加快谋划建设一批综合性非遗馆和专题性非遗馆，市、县（市、区）实现非遗场馆全覆盖；推动省级以上非遗代表性项目配套建设传承体验中心，鼓励社会力量参与兴办非遗传承体验设施。加强非遗馆建设和管理的理论研究，研究制定非遗馆建设指导意见和评估定级标准。研究出台行动方案，推动全省非遗场馆服务大提升。

2.加强非遗传播阵地建设

支持新闻媒体开设非遗专栏、专题、频道等，加强宣传推广，突出非遗特色，讲好非遗故事，大力宣传推广浙江非遗保护工作成果和经验亮点，打造一批非遗传播品牌，营造良好舆论环境。充分发挥各类文化场所在非遗传播中的重要作用，支持各地设立非遗传习机构，鼓励非遗馆、图书馆、文化馆（站）、博物馆、美术馆、传统工艺工作站、农村文化礼堂等公共文化机构和非遗相关保护机构开展非遗展览展示活动，发挥旅游景区景点对非遗的宣传推广作用。鼓励各地探索利用公共空间和商业空间开展非遗传播展示活动。探索建设城市非遗主题公园、广场、街区，乡村非遗驿站等。支持各地推进非遗体验基地（点）建设，评选公布一批省级非遗体验基地。探索建设非遗生活馆。

3.打造非遗传播品牌活动

精心组织"文化和自然遗产日"非遗宣传展示活动，持续办好中国义乌文化和旅游产品交易博览会浙江非遗生活馆、浙江·中国非遗博览会（杭州工艺周）、宁波"温故"非遗展、阿拉非遗汇、年味温州非遗展、金华"婺风遗韵"非遗展等活动，充分利用现代展览技术与新展陈形式，进一步提升办展质量和传播水平，打造一批会展品牌。到2025年，全省形成10个地域特色鲜明、人民群众参与度高、传播辐射力强的品牌活动。支持各地培育和举办富有地方特色的非遗展览展示展演和节庆品牌活动。举办"少年非遗说"浙江传说故事讲述大赛等活动，明确活动主题，创新举办形式，提升活动影响。至2025年，累计组织30000名少年儿童参加活动，打响浙江非遗故事传播品牌，进一步推动民间口头文学的保护传承。组织"央媒浙江行"非遗保护采访宣传活动。发展非遗演艺，举办浙江非遗春晚，逐步形成品牌项目。评选公布年度《浙江省非遗保护十件大事》。举办浙江非遗读书周活动。

4.加大非遗普及教育力度

持续深入开展非遗进校园，发挥非遗教学传承基地作用，鼓励中小学开设非遗特色课程，组织编写非遗教材，鼓励支持非遗传承人参与非遗教学活动。建设非遗传承教育实践基地,举办校园节庆活动,成立非遗社团,通过系列传承与创新教学活动弘扬非遗,发挥"非遗进校园"优秀实践案例示范引领作用,推动非遗在校园深入传播普及。

5.开展传统节日活动

深入实施中国传统节日振兴工程,鼓励各地以春节、元宵节、清明节、端午节、七夕节、中秋节、重阳节等传统节日为重点,结合"我们的节日"主题活动,策划组织富有本地特色的非遗宣传展示活动。开展"春节去哪儿"春节期间浙江非遗传统文化活动专题宣传,精心组织最美中国年·浙江年俗微系列大赛。深入挖掘和阐释传统节日蕴含的文化内涵,引导广大群众在积极参与中体验节日习俗,培育积极向上的习俗风尚。支持发展各类传统民俗节庆活动,通过创意设计,促进非遗的节庆、民俗与旅游休闲相结合,丰富传统节日的形式与内涵。以"三门祭冬""九华立春""班春劝农""半山立夏节"等入选人类非遗代表作名录项目为重点,深化"二十四节气"民俗体验活动,打造非遗民俗项目体验活动精品。

6.提升非遗国际化传播水平

加强国际化传播,积极推动非遗"走出去",促进优秀传统文化对外交流与合作。积极融入"一带一路"建设,依托中国国际进口博览会、世界互联网大会、世界浙商大会、成都国际非遗节等重要国际性展会和中国-中东欧国家非遗保护研究与交流合作中心、保加利亚索非亚中国文化中心等重要平台,利用杭州亚运会等重要体育赛事,借助欢乐春节、浙江文化节等对外文化重要节展

和"诗画浙江"旅游推介品牌,开展非遗展示交流活动,讲好浙江故事,打造一批非遗国际化传播品牌,进一步扩大浙江优秀传统文化的影响力。省本级重点打造"根与魂——浙江省非遗展演"、天工遗风、春节习俗、忆江南等品牌,鼓励各地依据自身特色和优势,探索创设各类非遗国际化传播交流平台和载体,构建浙江非遗国际化传播新格局。到2025年,省本级和各设区市逐步形成6个非遗国际化传播品牌。挖掘和整合浙江优秀非遗资源,建立浙江非遗对外交流资源(项目)库,实施一批海外展示传播精品项目,形成一批对外文化交流"金名片"。建设浙江非遗海外交流推广线上平台,推出外文版非遗宣传网页。

(五)非遗数字赋能工程

1.加快数字化平台开发

积极推进非遗数字化改革,制定非遗数字资源标准,利用系统采集、人工录入、物联网技术等拓宽数据采集渠道,建立全省非遗数据仓,健全省非遗综合资源数据库,实现市级以上名录项目资料录入率达100%。加快全省各级非遗数据库建设,推进各设区市完成本级非遗数据库建设,推动省、市、县数据库系统互联互通,实现数据资源共享。建设浙江非遗知识资源库,运用人工智能技术构建非遗知识图谱,深挖数据关系,构建完整的非遗知识体系。进一步完善大运河文化带、传统工艺、传统戏剧、曲艺、研培等专题数据库,新建一批特色资源数据库。

2.推进"非遗大脑"建设

以智慧保存、智慧管理、智慧

传承、智慧传播等为方向,运用数字化、智能化、多媒体现代信息手段,建立健全全省非遗保护信息化工作体系,促进非遗科学化智慧化保护和整体智治。进一步优化全省非遗保护信息化平台、非遗保护发展指数评估平台及省非遗数据分析平台功能,逐步实现全省"一网式"运行与管理。以浙江省非遗保护信息化平台数字资源为基础,建立数据可视化平台,对非遗保护工作、非遗代表性项目、代表性传承人保护状况实施实时监控、智能化分析评估、危机预警,构建非遗项目、传承人、保护工作评估指标体系,推动我省非遗保护治理体系和治理能力现代化。

3.搭建互联网传播平台

顺应互联网发展和媒体深度融合趋势,强化"非遗+网络",创新丰富传播载体和渠道,充分利用微博、微信小程序、直播、短视频等新媒体手段,加强浙江非遗网、"浙江非遗"微信公众号、"浙江非遗"官方抖音号等平台建设,加速打造浙江非遗传播新媒体矩阵,不断扩大受众范围及粉丝群,提升非遗项目的影响力和传播力。推动市场主体量身打造相关非遗产品,拍摄一批影像资料、制作一批非遗抖音、开设一批直播平台、推出一批精品力作。加强网络销售购物平台开发建设,增强功能应用,优化用户体验,更好支持非遗产品线上推介销售,鼓励支持传承人利用新媒体技术和平台"直播带货",培育推出一批传承人"网红"。

4.提升非遗数字资源社会共享水平

以数字化改革为契机,加强

数字资源赋能,探索非遗传播利用的新模式和新路径。加强"非遗GO"等小程序建设,打造浙江非遗展示体验重要网络平台。开发轻量化非遗创新应用,建设数字非遗馆,让非遗数字资源在"云端"焕发新的生命力,提升社会化共享与利用水平。加强5G、VR、AR、大数据、人工智能等新技术应用,推进非遗资源的数字化展示传播。推动建设浙江省非遗公共服务平台、浙江省非遗体验旅游平台、浙江非遗视听馆、浙江省非遗网络传习所平台、浙江省非遗展示场馆智能导览平台、浙江非遗数字影像馆等,开设线上非遗大师公开课。

(六)非遗研究转化工程

1.开展非遗理论研究

组织开展非遗重大课题研究,深入开展非遗传承演变规律和新时代非遗保护实践的研究阐释,提炼形成理论成果。加强对民俗、传统节日、节气等知识与实践的研究利用,开展与中华文明起源相关非遗项目的挖掘研究、整理提升,积极开展非遗保护组织体系、制度体系、工作体系、评估体系、非遗经济、文旅融合、非遗传播、非遗数字化改革等课题研究,形成一批新成果。推进浙江省非遗文献馆建设,在收集保存非遗文献及其他编纂成果的基础上,拓展提升文献整理研究和编纂出版功能。搭建学术交流平台,举办"大匠至心"非遗传承发展杭州沙龙等学术活动,办好《浙江非遗》刊物。学习借鉴国际非遗保护的先进理念和做法;坚持群众首创精神,鼓励基层开展探索创新,及时总结成功经验做法,并加以提炼推广。

2.加强研究力量建设

开展全省非遗研究机构摸底调查,采取积极措施推动全省非遗保护研究机构健康发展,集聚各方研究力量。建立健全非遗专家库,加强省非遗保护专家委员会和高校省非遗研究基地建设,借助其专业优势和科研优势,为非遗保护实践提供智力支持和理论支撑。推动高等院校非遗学科体系和专业建设。充分发挥非遗保护协会的作用,开展研究咨询活动。加强中青年非遗专家队伍建设,加大培养扶持力度,提升学术能力水平,引导鼓励更多中青年学者从事非遗研究相关工作。支持非遗传承人与高校、研究机构开展合作,推动理论、应用方面研究。支持代表性传承人参与职业教育教学和开展研究,建设代表性传承人工作室。

3.促进非遗保护成果社会利用

围绕非遗记录工程、项目保护、学术研讨、展会活动等主题,加大非遗保护成果转化利用力度,组织开展丛书出版、短视频发布等。编纂出版《浙江省非物质文化遗产代表作丛书》《非物质文化遗产代表性传承人口述史丛书》,推动以非遗门类为单位编撰出版系列丛书,组织制作我省非遗代表性项目简介读本、短视频。至2025年,编撰出版《浙江省国家级非物质文化遗产代表性传承人口述史丛书》50卷,制作发布国家级非遗代表性项目短视频200集。鼓励各地制作推出非遗记录作品、传播作品,组织参加非遗影像展示展映活动。鼓励开发制作非遗主题或非遗元素的游戏、动漫、影视等。鼓励支持各地

编纂出版当地主要非遗项目校本教材等普及型读物。

(七)非遗人才培养工程

1.加强非遗传承人队伍建设

加大中青年非遗传承人发现和培育力度,创新传承模式,建立灵活多样、可持续的传承体系。组织开展"非遗薪传"展演展评系列活动、传统工艺技能大赛、学术研究活动等,拓宽人才培养渠道,促进优秀年轻人才脱颖而出,形成合理传承梯队。以提升传承能力和传承水平为目标,深入实施"中国非物质文化遗产传承人群研修研习培训计划",拓展研培领域,提升研培质量,不断扩大传承人群。至2025年,全省举办25期研培活动,培训学员1000人次。创新研培模式,探索在职业学校开设"非遗班"。开展"对话传承人"系列活动,促进同业与跨界交流,增强创新意识和能力。支持各级代表性传承人开展带徒授艺和传承传习活动,鼓励各地建立传承体验基地,有效推进师徒传承、群体传承、校园传承等多种形式的传承活动,联合教育部门探索推动非遗传承融入国民教育体系,开展非遗进学校、进课堂、进教材,促进传统传承方式和现代教育体系相辅相成。尊重传承人主体地位,持续深化传承人服务月活动,维护传承人合法权益,充分调动传习积极性。

2.提升非遗保护队伍能力素质

以打造一支数量充足、结构合理、素质优良、敬业奉献的非遗保护人才队伍为目标,依法加强人员力量配备,进一步充实队伍数量,适应职责任务和事业发展需要。加强队伍能力建设,实施

基层工作队伍培训计划，创新学习培训模式，依托浙江非遗网络学院平台，开展常态化学习培训，不断提升知识水平和业务能力。加强非遗传播、策展、创意、管理等各方面人才培养。加强与高校合作，推进非遗相关学科和专业建设，将非遗纳入学历教育路子，依托职业学院开办非遗分院，促进非遗保护管理人才培养。建立健全工作激励机制，推动对在非遗保护事业中做出突出贡献的单位和个人进行表彰和奖励；研究完善非遗保护工作人员专业技术资格评定事项，拓宽晋升渠道。

3. 凝聚非遗保护社会合力

加快建设非遗智库，加强非遗创新团队建设与优秀专家培育，有效发挥其在决策参谋、业务咨询、学术支持、工作指导等方面的作用。加强非遗类社会组织建设，推进省非遗保护协会及各专委会建设，推动建立健全市县非遗保护协会组织，完善工作机制，发挥协会在政府与市场、政府与行业间的桥梁和纽带作用，构建非遗保护共同体。组建非遗专家志愿服务团，加强对基层非遗保护实践的业务指导和专业支持。加强非遗志愿者队伍建设，进一步提升服务水平，充分发挥其在传承历史文脉、传播优秀传统文化、传递社会文明新风尚方面的重要作用。至2025年，建立30支县级以上非遗保护志愿者队伍。

四、保障措施

（一）加强组织领导

加强对非遗保护工作的领导，把非遗保护摆上各级政府重要议事日程，纳入各级国民经济和社会发展总体规划，强化政府主导责任，健全各级保护工作领导机构和协调机构。加强与相关部门的联系协作，加强统筹协调，进一步凝聚工作合力。重视非遗保护管理机构、专业机构建设，进一步理顺工作运行机制，充实配备专业人员力量，确保非遗保护职能充分履行。细化分解本规划工作任务，明确年度工作计划，确保规划落实落细落地有序推进。

（二）完善政策法规

加大对非遗保护传承的政策扶持力度，推动落实财政税收、土地金融、人才社保等相关方面的优惠政策。创新经费投入方式，充分发挥财政资金引导作用。建立多元化的投融资体制，拓宽融资渠道，鼓励和引导社会资本参与非遗资源保护利用。坚持以《中华人民共和国非物质文化遗产法》为统领，推动完善《浙江省非物质文化遗产保护条例》等法规文件，进一步构建体现浙江特色的非遗保护法律制度体系。加强非遗相关法律法规的普法教育。

（三）加大经费投入

推动县级以上人民政府依法将非遗保护经费列入本级财政预算，设立非遗保护专项资金，建立与经济社会发展相适应的资金增长机制，不断加大经费投入。坚持"政府主导、社会参与"原则，建立健全多元投入机制，广泛吸纳民间资本捐赠和赞助非遗保护事业，探索非遗项目社会认养制度，推动社会力量共同参与非遗保护，鼓励设立非遗保护社会基金，提升非遗保护社会化水平。加强非遗保护专项资金的使用管理，不断提高资金使用绩效。

（四）开展督查评估

以制度体系为依据，进一步建立健全评估机制，构建非遗保护工作评估体系。健全完善我省非遗保护发展指数评估体系。加强对本规划贯彻执行情况的跟踪分析和督促落实，定期对规划执行情况开展评估，进一步强化评估结果运用，推动科学保护和精准管理，不断提升非遗治理现代化水平。

浙江省文化和旅游厅　浙江省发展和改革委员会 浙江省商务厅印发《关于加快推进夜间文化和 旅游消费集聚区建设的指导意见》的通知

浙文旅产〔2021〕6 号

各市文化和旅游局、发展改革委、商务局：

为贯彻落实《国务院办公厅关于进一步激发文化和旅游消费潜力的意见》《中共浙江省委　浙江省人民政府关于完善促进消费体制机制　进一步激发居民消费潜力的实施意见》以及浙江省文化和旅游厅、省发展和改革委、省商务厅等 10 部门印发的《关于尽快恢复振兴文化和旅游消费市场　进一步激发文化和旅游消费潜力的实施意见》（浙文旅产〔2020〕2 号）等文件精神，促进夜间文化和旅游消费转型扩容提质，助推我省经济高质量发展，现将《关于加快推进夜间文化和旅游消费集聚区建设的指导意见》印发给你们，请结合实际，认真贯彻落实。

浙江省文化和旅游厅
浙江省发展和改革委员会
浙江省商务厅
2021 年 5 月 21 日

关于加快推进夜间文化和旅游 消费集聚区建设的指导意见

夜间文化和旅游消费集聚区（以下简称集聚区），是指以地域特色文化和旅游资源为核心，以文化产业和旅游产业为主体，与相关产业配套，以常态化夜间消费为基本形态，依托一定的夜间景观环境，空间相对集中，业态丰富多元、设施配套完善、管理机构健全，具有较大的市场影响力和品牌知名度，文化和旅游消费带动力强的产业集聚空间。为贯彻落实《国务院办公厅关于进一步激发文化和旅游消费潜力的意见》等相关文件精神，提升夜间文化和旅游消费的规模和水平，繁荣发展夜间经济，现就加快推进集聚区建设提出如下意见。

一、总体要求

以习近平新时代中国特色社会主义思想为指导，坚持弘扬社会主义核心价值观，贯彻落实中央和省委省政府关于扩大消费的重要部署，围绕构建"双循环"新发展格局，聚焦高质量、竞争力、现代化，以供给侧结构性改革和需求侧引导为着力点，以数字化改革为撬动，促进文化产业和旅游产业与相关产业深度融合和集聚发展。按照"部门联动、梯度培育、共同建设"的原则，建设发展一批具有浙江辨识度的集聚区，打造主客共享的美好生活新空间，更好满足人民群众高品质、多元化、便利化的夜间文化和旅游消费需求，助推文化和旅游"双万亿"产业高质量发展，为把我省建成国内一流、国际知名的夜间文化和旅游消费大省，助力打造"重要窗口"做出积极贡献。

二、工作目标

省、市、县 3 级联动，提升建设一批地域特色鲜明、文旅商深度融合、消费带动作用强，具有浓郁"浙味"的集聚区。到 2022 年，全省建成 5 个以上国家级集聚区，20 个以上省级集聚区；到 2025 年，全省建成 10 个以上国家级集聚区，60 个以上省级集聚区。通过5年努力,我省集聚区的规模化、特色化、数字化、品牌化、国际化水平进一步提升,在全省形成以省级为骨干、国家级为示范的布局合理、功能完善、业态多元、效益显著、管理规范的集聚区发展格局。

三、重点任务

(一)加强规划引领

结合"十四五"规划编制,加强对集聚区发展的总体规划和标准建设,坚持把集聚区建设与塑造城乡人文风貌相结合,与文旅商等相关产业融合发展相结合,与打造主客共享的美好生活新空间相结合,深入挖掘地方特色文化和旅游资源,依托全域旅游示范区、历史文化街区、品质步行街、A级旅游区、文博场馆、文化产业园区、城市休闲生活区、商业街区、传统夜市、特色小镇、旅游风情小镇等,因地制宜,因势利导,优化规划布局,引导文化和旅游资源与商业资源有机联动、有效配置和集约利用,推动集聚区差异化、特色化发展。

(二)强化项目带动

树立"项目为王"理念,加强项目谋划,围绕"微改造、精提升""四条诗路""十大海岛公园""十大名山公园""百张金名片""万亿投资""诗画浙江·百县千碗"等工程和项目,结合对当地传统商业街区、闲置厂房、街道内巷、文化休闲街区、特色美食街区、美丽乡村建设等改造提升,每年筛选确定一批夜间文化和旅游重点项目,突出项目应用场景数字化改造,集成打造"吃住行游购娱"于一体的夜间消费集聚空间,建设一批"空间一体化设计、产业集群化发展、消费一站式服务"的夜间

文旅商综合体,以项目牵引集聚区转型扩容提质。

(三)优化业态集聚

顺应大众消费升级新需求新趋势,加大文化和旅游元素植入,推动文化和旅游与体育、康养、时尚、休闲、餐饮等相关行业、产业跨界融合,创新发展夜演、夜娱、夜读、夜健、夜秀、夜购、夜食、夜宿等业态,着力推动"百县千碗"特色美食体验店、示范店,24小时城市书房、传统老字号、非遗手作、亲子研学、乡愁体验等项目和产品落地。推动博物馆、美术馆延长或合理调配开放时间。创新夜间文旅消费新业态新模式和新场景应用,开发推出沉浸式、体验式的演艺、非遗互动、数字展馆、虚拟景区等项目和3D灯光秀、街头艺术表演等常态化、品质化、特色化的夜间特色文旅新产品,延长消费链条,提升游客消费体验感。加快线上线下融合发展,强化数字赋能提升消费,加快推进5G、大数据、MR、AR、VR等新技术应用,依托数字技术创新多元消费场景,推动集聚区数字生态建设,不断激发夜间消费新活力和可持续发展新动力。

(四)打响特色品牌

结合实施"文化基因解码"和文旅融合IP工程,深入挖掘当地文化和旅游资源,依托山水人文、民俗风情、传统节庆等,顺应时令季节特点,制定实施夜间文旅消费营销计划,组织开展丰富多彩的文旅活动,推出一批常态化、特色化的夜间文化和旅游体验项目,打造一批在地性、原创性的活动品牌,培育提升一批夜间特色文化和旅游IP,促进夜间文化和旅游消费。以大众消费需求升级

为导向,强化数智科技赋能提升消费新体验,策划推出夜间文旅市集、"百县千碗"美食节、文化和旅游消费季(月、周)等一批辨识度高、影响力大、消费力强的夜间特色文化和旅游主题品牌活动,打出一批时尚品牌、网红品牌,把集聚区打造成为当地文化和旅游融合的金名片、文化和旅游消费的样板地、夜间文化和旅游休闲的目的地。

(五)完善设施配套

加强与相关部门联动,优化集聚区夜景设计,亮化美化入口形象、导览标识、路牌门牌等夜间标识体系;加快基础设施改造提升和环境整治,完善水电气供给、污水收集处理、餐饮油烟处理、垃圾分类处理、游客安全疏散、旅游交通接驳、无障碍设施、公共厕所、5G网络及物联感知等设施设备建设。结合文化和旅游新基建工程,加快集聚区智慧化信息服务平台等项目建设,开发各类自助服务设施,提供交通引导、商品导购、移动支付、停车出行、即时快递物流等智能服务,提升集聚区数字化、网络化、智能化水平,加强对集聚区旅游安全和市场秩序的管理,保障良好的旅游消费环境,着力打造集聚区文化和旅游公共服务2.0版,提高服务的便利性和旅游的舒适度,为形成具有浙江特色的数字文化和旅游消费新优势提供支撑。

(六)提升服务水平

加强集聚区队伍建设,推动集聚区建立实体化的管理和运行主体,深化"最多跑一次"改革,简化文化和旅游事项审批程序。推动"文旅绿码"预约预订,引导游客错峰出游。严格落实意识形态

监管责任,加强对文艺演出、展览展示、论坛节庆等文化和旅游活动的内容审核把关,加强文化和旅游产品知识产权保护,促进集聚区规范有序健康发展。依托"智慧文化云""浙里好玩"等平台,为游客提供高质量公共服务,提升集聚区旅游体验品质。推动公交、地铁等公共交通延时运营,增开夜间公交专线,出租车、网约车等积极响应夜间营业需求。在集聚区内合理增设夜间专用停车位。加强部门联合执法,实施"互联网+"智慧监管,完善突发公共卫生预警和夜间应急救援等处理机制,建立健全夜间文化和旅游消费投诉和处理机制,实现"一键投诉、一站调解"。加强行业信用管理,建设一批放心消费单位,提高消费者的满意度。

(六)加强宣传推广

编制集聚区服务指南、活动资讯,统筹线上线下营销,充分利用报刊、广播、电视等传统媒体,加大与"浙里好玩"、各门户网站、OTA、搜索引擎等流量平台、正能量网红的营销合作,策划开展全方位、多层级、立体化的宣传营销,不断提升集聚区的知名度、美誉度和消费力。鼓励导游、经营者等运用微博、微信、抖音 App 等新媒体、新技术,开展直播带货等"短平快"的网络营销,扩大集聚区曝光量,为集聚区宣传促销引流,集聚市场人气,打造网红打卡地营造良好氛围。

四、保障措施

(一)加强组织领导

各级文化和旅游、发展改革、商务部门要积极争取当地党委、政府的重视支持,统筹推动集聚区的建设工作,按照职责分工,建立多部门协调联动机制,明确目标任务,形成工作闭环。指导健全集聚区的管理机构,实行统一规划建设,统一业态布局,统一协调管理。鼓励引导集聚区成立行业组织,加强自律规范,促进市场繁荣。

(二)强化要素支撑

整合现有资金渠道,适度安排相关资金扶持集聚区建设发展,支持设施改造、项目创新、业态培育等提质升级。统筹用好各级旅游宣传推广资金,加强对集聚区的宣传营销推广。会同相关部门研究制定资金补贴、租金减免、奖励扶持等政策措施,推动对集聚区商户在用水、用电、用气、税收等方面予以优惠。积极引导金融资本和社会资本参与集聚区建设,鼓励金融机构加大对集聚区项目的信贷支持力度。

(三)开展评价认定

探索建立集聚区评价指标体系,加强统计监测分析,为科学决策和行业发展提供依据。适时组织对集聚区建设情况进行督促检查,评估实施效果并通报相关情况。制订集聚区认定办法,组织开展认定工作。

浙江省文化和旅游厅关于印发《建设文化标识推进文旅融合行动计划(2021—2025 年)(试行)》的通知

浙文旅〔2021〕65 号

各市、县(市、区)文化和旅游局:

经研究,现将《浙江省文化和旅游厅建设文化标识 推进文旅融合行动计划(2021—2025 年)(试行)》印发给你们,请结合实际研究实施。

浙江省文化和旅游厅
2021 年 8 月 2 日

浙江省文化和旅游厅建设文化标识
推进文旅融合行动计划（2021—2025 年）

（试行）

为全面贯彻落实省委十四届九次全会精神，建设浙江文化标识，推进文化和旅游融合发展，助力新时代文化高地建设，根据《浙江高质量发展建设共同富裕示范区实施方案（2021—2025 年）》和省委 2021 年重点工作要求，制订本行动计划。

一、总体要求

（一）指导思想

以习近平新时代中国特色社会主义思想为指导，忠实践行"八八战略"、奋力打造"重要窗口"，在实施文化基因解码工程基础上，建设一批在历史发展过程中长期积累形成，在全省广泛分布，具有鲜明辨识度、广泛传播力、深远影响力的浙江文化标识，支撑文旅"金名片"建设，为打造新时代文化高地、"诗画浙江"中国最佳旅游目的地、全国文化和旅游融合发展样板地赋能助力，加快形成文旅高质量发展建设共同富裕示范区省域范例。

（二）基本原则

——坚持分层分类、链式建设。立足各地文化标识的类型和特色，深入挖掘浙江文化基因，健全保护、研究、利用工作体系，激活产业发展动能，建立从资源普查、基因解码、规划设计、立项建设到验收评价的链条式闭环式文化标识建设体系。

——坚持活态传承、融合发展。努力发挥文化遗产的支撑作用，加快修复和优化文化生态，坚持在人民群众生产生活过程中实现保护、传承与发展。以文塑旅、以旅彰文，完善文化和旅游融合发展的体制机制，推动文化和旅游更广范围、更深层次、更高水平融合发展。

——坚持系统布局、突出重点。加强省域统筹，对跨县域、跨地域的文化标识，以有利于发展为原则，建立协调机制，形成抓总统筹与分散主体建设相结合机制。鼓励和支持基础条件优良、改革成效突出、产业特色鲜明的地域性文化标识重点优先发展，带动其他地区共同发展。按周期、分阶段推进建设，实行动态管理、过程监测、有进有出、优胜劣汰，提升文化标识建设质量。

——坚持县级主体、省市统筹。明确县（市、区）在建设文化标识工作中的主体地位，发挥县级财政支持文化标识建设的积极性和主动性。突出设区市建设浙江文化标识的统筹协调和指导评价作用，对需全省联动的文化标识，要建立全省协调机制。构建政府、行业、企业、高校协同推进文化标识建设新机制。

（三）总体目标

统筹全省文化和旅游系统资源，在全面解码浙江文化基因的基础上，到 2025 年，集中力量推进 300 个左右文化标识培育项目，从中再遴选、整合、提炼若干浙江文化标识，形成浙江省文化标识建设的工作体系，以及一批持续擦亮浙江文化标识的政策、制度、标准，实现浙江文化标识成为引领带动浙江文化事业、文化和旅游产业发展的支撑力量。

二、主要任务

（一）凝练主题，精准选定文化标识

文化标识是一种符号，它以文化现象为彰显、文化遗产为支撑，集成理念、风貌和人文精神等于一体，为广大群众所普遍接受，是文化自信和竞争力的标志。各地应根据《浙江省"十四五"规划和 2035 年远景目标纲要》明确的文化要求，围绕综合带动性、影响力、辨识度、产业开发（文艺创作）的潜力、资源丰富度等"五项标准"，科学提炼、广泛整合、精准定名"文化标识"。以这一文化标识为统领，形成一批在市、县（市、区）范围内广泛分布，存在一定的文化遗产、文旅产业基础和较高知名度、辨识度的"金名片"。在地域性文化标识建设培育成熟后，再通过归并整合、择优遴选，确定若干浙江文化标识。

（二）普查资源，夯实文化标识资源基础

各县（市、区）研究确定地域性文化标识，阐释这一文化标识的概念定义和范围界定,依据《文化和旅游资源分类、调查与评价标准》,实施纵贯式、专题式的文化标识资源普查,形成图文报告,上传数字平台。探索制订"文化和旅游资源可利用指数",对相关资源的产业利用价值进行分级评价。对大多数资源集中在县域内的文化标识,由相关县(市、区)牵头开展普查;全省或市域广泛分布的文化标识,由省、市文化和旅游部门分期分批、统筹实施普查,以夯实这一文化标识的基础。

(三)基因解码,发掘固化文化标识建设和内生动力

加快推进某一文化标识相关联基因解码工作,围绕这一文化标识梳理形成本区域重点文化元素"组团",从而凸显文化基因解码支撑文化标识的建设。通过文化基因解码,寻找、梳理文化标识得以生存发展的内生动力,刻画、描绘文化标识打动人心的独特魅力,建立不同专题的文化标识基因库,探索绘制某一文化标识基因图谱。各县(市、区)应在2021年基本完成文化基因解码"查、解、评、用"四环节中"解"的任务,高水平推进文化标识相关基因解码成果的转化利用。以不同的文化标识为引领,加快编制区域《文化基因解码成果转化利用项目手册》,遴选培育一批文化基因转化利用的支持文化标识建设项目。

(四)创新模式,提升文化遗产保护传承水平

针对某一文化标识,遴选遗产资源(包括物质文化遗产和非物质文化遗产资源),围绕"万年上山""五千年良渚""千年南宋""百年南湖",以及丝瓷酒茶等文化标识,完成文化标识相关遗产

保护利用项目遴选。同时,建设一批地方博物馆文化标识主题展区,努力构建具有较高知名度和鲜明辨识度的可移动文物标识体系。建立浙江文化标识非遗专项名录,将文化标识建设纳入文化传承生态保护区培育与验收标准。实施浙江文化标识建设与非遗融合发展工程、非遗保护振兴工程、非遗传播体验工程,形成一批地域特色鲜明、人民群众参与度高、传播辐射力强的浙江文化标识品牌(节庆)活动,打造一批浙江文化标识科普传承基地,培育一批浙江文化标识研学实践教育基地。

(五)构建场景,激活文旅产业发展动能

一是赋能景区开发。加快建设文明之源、大运河、丝瓷酒茶、江南水乡古镇、书香文化、宋韵文化、古越文化、南孔文化、和合文化、阳明文化等文化标识旅游目的地,加快文旅融合。推进文化标识建设和"微改造、精提升"行动计划深度融合,打造一批文化标识主题"微改造、精提升"示范点。二是打造线路产品。推出一批支撑文化标识建设的旅游精品线路和研学旅游线路产品。三是发展文创产业。探索制订《文化标识产品标准通用要求》等指导性行业标准。提升文化产业发展内涵,通过影视动漫、旅游演艺、文化创意、文化会展、文体休闲娱乐等,培育一批新兴文化业态、打造一批重点项目、做优一批文化名企,再支撑文化标识建设。四是培育文旅IP。开展浙江文化标识主题文创衍生品的研发,研究创设某一"浙江文化标识"下的专属LOGO、卡通形象和视觉VI

体系。推出一批文化标识主题酒店、民宿、非遗民宿示范点、"百县千碗"示范店、"浙宿好礼"等项目。

(六)赋能创作,繁荣新时代文艺事业

赋能文化标识建设,丰富高品质文化产品、主题文艺精品创作和文化服务供给,重点围绕越剧文化、宋词文化、四条诗路等文学艺术类标识,打造围绕文化标识下的作品集群。一是繁荣舞台艺术。依托"讴歌新时代"主题原创歌曲创作计划等,推出一批聚焦文化标志、浙江特色明显的优秀歌曲、交响乐作品。以"浙江省舞台艺术创作重点题材扶持项目"为抓手,以省属重点院团和艺术院校为主体,推出一批反映浙江文化标识的戏剧等舞台作品。二是打造美术平台。充分利用浙江深厚的历史文化资源,大力加强美术创作研究。从浙江山水和文化内涵中寻找和发现新的创作主题、创造新的艺术语言、开拓新的审美境界,举办具有全国影响力的文化标识主题美术、书法和摄影活动。三是创新旅游演艺。引导旅游演艺经营主体充分挖掘文化标识中的核心思想理念、传统美德和人文精神,推出一批底蕴深厚、特色鲜明、涵育人心的优秀作品。

(七)文化惠民,丰富公共服务内涵

围绕打造公共文化服务标准2.0版,推动博物馆、美术馆、非遗馆、图书馆、文化馆等公共文化场所设立文化标识主题展区,在基层公共文化设施中充分植入文化标识元素,建设一批突出文化标识的景观道路、文化广场、文化公园、文化街区。建设提升一批

文化标识主题书院书房书屋、农村文化礼堂、社区文化家园、企业文化家园、文化驿站。加强针对浙江文化标识相关的主题馆藏古籍和民间遗存的文书档案整理和研究,推出一批文献整理标志性成果。支持各级群众文化机构创作、演出一批与文化标识相关的高水平群众文化艺术作品,力争一批节目获省级及以上群星奖。在全省培育建设若干浙江文化标识主题未来社区、未来乡村项目,建设一批浙江文化标识主题旅游驿站、游客服务中心、自驾车旅居车营地。办好"两宋"论坛、浙东学派研讨会、和合文化国际论坛、阳明心学大会、南孔"双创"研讨会等突出文化标识内涵的交流平台。

(八)借力借势,融入国际交流传播平台

探索浙江文化标识的跨文化阐释与表达,将文化标识培育成具有鲜明辨识度的对外传播名片和文化符号。将文化标识纳入对外交流重大平台,发挥世界旅游联盟总部、中国-中东欧"17+1"合作机制、东亚文化之都、亚洲之光国际文化艺术节、丝绸之路文化周、中国义乌文化和旅游产品交易博览会、国际海岛旅游大会、国际乡村旅游大会等的作用,形成为浙江文化标识建设服务的国际传播主渠道。借助青年汉学家研修班、意会中国等载体,聘选一批精通浙江文化标识的传播达人、"诗画浙江"友好使者,多参与、多发声、展形象。建设国际丝绸之路与跨文化交流中心等20个浙江文化标识主题国际人文交流基地,推动浙江文化标识融入"诗画浙江与世界对话"主题系列交流推广活动。

(九)数字赋能,构建文化标识信息系统

围绕建设数字浙江目标,在文化标识建设过程中,重点融入数字文化和旅游产业发展体系,在"浙江文化基因库"的基础上,建设集元素采集、资源普查、遗产监控、基因解码、质量评价、产业发展于一体,涵盖遗产库、基因库、项目库3个模块的浙江文化标识信息系统,构建两个应用场景:一是联通文旅产品开发和文艺作品创作的"资源端"与"设计端",接入"文化和旅游产业投融资服务平台",建立动态调整的"资源可利用指数",实现文化标识产业转化的"随取随用";二是打通文化标识、文化基因与项目建设"两张皮",接入"全省文化产业和旅游经济运行分析系统",实现全省文化标识建设项目的全过程管理和统计评价。

三、实施程序

文化标识建设承接"文化基因解码工程"既有成果,评建结合、以评促建、重在建设。在实施过程中坚持"总量控制、动态管理、中期评价、期满考核,有进有出、优胜劣汰"。

(一)确定项目

各县(市、区)对已完成基因解码的区域重点文化元素清单进行筛选整合,提出地域性文化标识培育项目建设,向设区市文化和旅游部门提交"浙江文化标识培育项目"申报书。每项文化标识培育项目应有一定数量和质量的文化遗产、文旅产业、通过服务、舞台艺术、对外传播等为支撑,并提出建议规划。设区市文化和旅游部门经整合遴选后,以县(市、区)数比文化标识数

1∶3.5左右的数量向省文化和旅游厅推荐文化标识。凡县域范围内的文化标识,以所在县(市、区)为建设主体;跨县(市、区)的,以设区市为建设主体;跨设区市的,在省文化和旅游厅协调下,以共建的方式确定建设主体。省文化和旅游厅综合平衡后,备案确定"浙江文化标识培育项目"。

(二)制订规划

确定建设项目后,以2022—2025年为建设期,各建设主体编制《浙江文化标识项目建设规划书》,报省文化和旅游厅备案。省文化和旅游厅将适时印发浙江文化标识项目建设导则、示范文本和浙江文化基因解码成果转化利用导则等指导性文件。

(三)中期调整

2021年底,省文化和旅游厅浙江文化标识备案确认,并启动建设。2023年,对文化标识建设情况开展中期评估,并结合项目年度评价,对部分标识进行调整,实现优胜劣汰。

(四)建设管理

各建设主体根据项目规划书和时间节点安排,突出清单式管理、项目化推进。在建设过程中,各地应探索文化标识差异化发展路径,省文化和旅游厅将分年遴选培育示范项目、示范点,印发《浙江文化标识建设项目典型案例汇编》,并集中资源予以重点支持,从而梳理形成标准化、可复制、可推广的工作机制。省文化和旅游厅根据建设任务书确定的年度工作任务和绩效指标要求,对各地文化标识建设情况开展年度评价。

(五)验收评价

2025年,对浙江文化标识建

设进行综合验收。验收评价严格依据《浙江文化标识项目建设规划书》实施,评价结果为优秀、合格和延迟验收三个档次。

四、工作要求

(一)加强组织领导

构建省统筹、市牵头、县(市、区)实施的浙江文化标识建设工作格局,推动形成"目标体系、工作体系、政策体系、评价体系"闭环工作机制。市、县两级文化和旅游部门应落实负责文化标识建设机构和人员,积极协调财政、自然资源、住建等部门给予大力支持。定期研究浙江文化标识建设政策体系,协调解决建设过程遇到的困难问题。

(二)加强要素保障

各市、县(市、区)因地制宜完善文化标识建设财政支持政策。创新投融资机制,鼓励社会资本参与文化标识项目建设,支持将部分重大项目纳入省重大产业项目和《浙江省传承发展浙江优秀传统文化行动计划》重点项目。

(三)强化区域统筹

部分文化标识需跨地域共同建设,有关地区和单位要强化大局观念、协作意识,立足自身职责,各司其职、整体联动、协调配合,推进文化标识协同保护、旅游资源协同开发、平台设施共建共享,统筹规划和发展好跨区域的文化标识。

(四)加强经验总结

文化标识建设是一项创新工作,各地要边干边学,边学边干。要及时总结经验,相互学习借鉴,取长补短,迭代升级。省文化和旅游厅以召开现场会、经验交流会等形式,搭建平台,鼓励创新,加快形成最佳实践案例。

浙江省文化和旅游厅关于印发《推进文化和旅游高质量发展　促进共同富裕示范区建设行动计划（2021—2025 年）》的通知

浙文旅〔2021〕67 号

各市、县(市、区)文化和旅游局,省文物局,厅属各单位:

现将《浙江省文化和旅游厅推进文化和旅游高质量发展　促进共同富裕示范区建设行动计划(2021—2025 年)》印发给你们,请结合实际,认真贯彻落实,努力为我省高质量发展建设共同富裕示范区做出积极贡献。

浙江省文化和旅游厅
2021 年 8 月 11 日

浙江省文化和旅游厅推进文化和旅游高质量发展　促进共同富裕示范区建设行动计划（2021—2025 年）

为全面落实《中共中央、国务院关于支持浙江高质量发展建设共同富裕示范区的意见》和《浙江高质量发展建设共同富裕示范区实施方案(2021—2025 年)》,结合我省文化和旅游系统实际,特制定本行动计划。

一、指导思想

深入学习贯彻习近平新时代中国特色社会主义思想和习近平总书记关于浙江工作的重要指示

批示精神,忠实践行"八八战略"、奋力打造"重要窗口",围绕"为浙江高质量发展建设共同富裕示范区提供致富之路、智力之源和精神之力"定位,紧扣发展不平衡不充分的主要矛盾,以缩小地区差距、城乡差距和收入差距为主攻方向,以改革创新为根本动力,突出"物质富裕、精神富足"双向发力,注重"制度创新、数字赋能"双轮驱动,创造性系统性推进文化和旅游高质量发展,让广大人民群众共享文化和旅游发展成果,切实提升获得感和幸福感,为全国文化和旅游系统提供可复制可推广的"浙江经验"。

二、发展目标

通过努力,到2025年,基本建成新时代文化高地、中国最佳旅游目的地、全国文化和旅游融合发展样板地,探索形成文化和旅游高质量发展模式和推动共同富裕的有效路径,数字化改革撬动文化和旅游体制机制创新取得重要突破,文化和旅游促进共同富裕示范区取得明显实质性进展,文化和旅游产业成为人民群众致富增收的重要渠道,人民群众的文化和旅游权益得到有效保障,共同富裕的内生动力有效激发,文化和旅游成为共同富裕示范区建设的牵引性载体和标志性成果。

主要指标

类 别	指标名称	2022 年	2025 年
文化和旅游高质量发展	文化及相关产业增加值占 GDP 的比重/%	7.5	8
	文化产业发展综合指数全国排名/位次	2	1
	旅游产业增加值占 GDP 的比重/%	7.5	8
	旅游业对国民经济的综合贡献/%	17.7	19
	全国领航标志性成果数/项	60	80
旅游对乡村振兴贡献度	乡村旅游年经营总收入/亿元	520	700
	农村居民旅游收入占其可支配收入的比重/%	12.5	13
促进区域协调发展	地区人均文化和旅游总收入最高最低倍差	2.16	<2.1
	文化产业增加值占 GDP 比重超过 5%的县(市、区)比例/%	85	100
	旅游产业增加值占 GDP 比重超过 5%的县(市、区)比例/%	85	100
	山区 26 县旅游业增加值占全省旅游业增加值的比重/%	13	15
丰富群众文化和旅游生活	全省人均年出游率/次数	4	6
	每万人拥有公共文化设施面积(文化和旅游系统)/平方米	1650	2000
	人均参观展览演出/次	5.8	6
	公共图书馆藏书人均流通/册数	1.5	1.6
	全民艺术综合普及率/%	75	80
	文化事业费占财政支出比重/%	0.86	0.9
满意度和安全率	群众对文化服务满意度/%	83	85
	游客对浙江旅游满意度/%	85	90
	全国重点文保单位安全责任事故发生率/%	0	0
	游客千万人次死亡率/%	<0.41	<0.41
	文化市场安全责任事故发生率/%	0	0
	意识形态领域安全责任事件发生率/%	0	0

三、重点任务

（一）构建现代产业体系，努力成为文化和旅游高质量发展的省域范例

落实构建新发展格局要求，充分释放创业创新创造动能，提升文化和旅游产业竞争优势，推动文化产业、旅游产业发展成为主导性产业，文化产业和旅游产业增加值占 GDP 比重均达 8％以上，旅游业对国民经济的综合贡献率达 19％。

1.提升文化和旅游科研能力

以自主研发和重点领域关键技术攻关为重要支撑，通过科技促进文化和旅游生产方式、体验方式、服务方式、管理模式的创新。立足我省优势，提升舞台灯光、机械、计算机控制系统等文化娱乐设施成套设备的研究、开发、设计和生产，加强丝织品文物、古陶瓷、古籍的鉴定、保护、修复、复制等技术研究，开展云展览、云娱乐、云旅游、线上演播、数字艺术、沉浸式体验等新兴业态的内容生成、定制消费、智慧服务和共治管理的关键技术研究，推进旅游信息监测与管理技术、区域游客承载量承载技术、旅游数据智能采集和统计分析技术等创新发展。加大对科研项目支持力度，完善立项制度，实施"揭榜挂帅"制，每年推出 2~5 项自主创新项目，支持一批国家文化和旅游科技创新工程项目。建设省级文化和旅游科技创新平台，创建 10 个以上国家旅游科技示范园区、国家文化和科技融合示范基地，5 个左右文化和旅游部重点实验室和技术创新中心，10 个左右省文化和旅游厅重点实验室、技术创新中心；培育 20 家以上文化和旅游科技创新领军企业。（省文化和旅游厅科技与教育处，省文化局博物馆与社会文物处；列第一位的为牵头单位，下同）

2.大力发展数字文化和旅游产业

出台《浙江省数字文化产业高质量发展实施意见》，着力建设全国数字文化创新发展高地。协同推进之江文化产业带等重要平台建设。高质量办好中国国际动漫节、中国国际网络文化博览会、中国义乌文化和旅游产品交易博览会。重点发展动漫、游戏、数字音乐、网络文化、数字文化装备等优势产业，以数字技术、声光电技术、互联网技术、虚拟现实技术等为手段，积极发展数字艺术。支持运用数字全息等技术发展虚拟现实交互旅游场景，促进云旅游等新业态发展。推进传统线下业态数字化改造和转型升级，促进文化产业上线上云，形成数字文化产业新经济实体。探索线上文化产品展览交易会等新模式。鼓励数字文化与社交电商、网络直播、短视频等在线新经济结合，发展直播带货等产业经济新模式。壮大在线旅游服务商（OTA）。认定 30 家左右数字文化和旅游产业示范基地，支持一批数字文化和旅游产业重点项目（园区），打造数字文化和旅游产业"头部阵营"。（省文化和旅游厅产业发展处、市场管理处）

3.优化文化和旅游产业结构

打造特色文化和旅游产业集群，巩固发展旅游演艺、文化创意、文化会展、文化休闲娱乐、文化装备制造等优势文化产业。积极发展研学旅行、工业旅游、中医康养旅游、运动休闲旅游、邮轮旅游等旅游新业态。争取将舟山、宁波等市列入中国邮轮旅游发展实验区，协调上海将国际、国内邮轮线路延伸至浙江十大海岛公园和滨海景区景点，推动舟山、宁波、台州、洞头等邮轮始发港和访问港建设；争取建成 20 个以上 A 类通用机场，打造"浙东空中唐诗之路""空中看横店"等低空旅游项目；加快建设布局合理、公共服务完善的自驾车旅居车旅游目的地 200 个，建成自驾车、旅居车营地 50 个以上、旅游驿站 1000 个以上。实施"领军型、骨干型、新锐型"文化和旅游企业梯度培育计划，培育 1000 家左右文化和旅游优质企业，衔接纳入"凤凰行动""雄鹰行动""雏鹰行动"，争取新增上市文化和旅游企业 5 家以上，培育一批文化和旅游独角兽、准独角兽、潜在独角兽企业。全面提升中国义乌文化和旅游产品交易博览会、国际海岛旅游大会、世界乡村旅游大会等重要展会平台。（省文化和旅游厅产业发展处、公共服务处、资源开发处、对外合作交流处）

4.扩大文化和旅游消费及投资

优化文化和旅游消费政策，探索"假期银行"制度，制定带薪休假制度实施细则。精心打造 100 条文化主题旅游精品线路，集成旅游产品、市场营销和品牌打造等环节，促进旅游消费。培育 50 个网络消费、体验消费、智能消费等新场景，开发假日旅游新产品。丰富出游方式选择，提供团队游、自助游、亲子游等多元旅游产品和线路。每年举办"浙江省文化和旅游消费季"。深化"诗画浙江·百县千碗"提升工程,夯实"百县千碗"农都城市厨房等重点项目,到 2025 年建设 800 家"诗画浙江·百县千碗"体验店(点),构建"百县千碗"AR、VR 讲解、展示体系。探索建立全省重点文创和旅游商品名录。积极创建国家文化和旅游消费示范(试点)城市,建设一批国家级夜间文化和旅游消费集聚区。实施"引客入浙"计划,加大市场推介力度,持续赴重点旅游客源地营销,推出"惠游浙江"体验活动。发挥好浙江省文化和旅游产业投融资服务平台作用,开展数据分析,促进投融资机构与文化和旅游企业有机对接,力争"十四五"全省重大项目投资规模超过 1 万亿元。(省文化和旅游厅消费专班、产业发展处、资源开发处,省文化和旅游宣传推广信息中心)

5.加快发展对外文化贸易与入境旅游

实施海外文化市场拓展计划,培育国家级文化出口重点企业和项目 100 个,积极创建国家文化出口基地,推动义乌中国浙江艺术贸易国际合作区等文化贸易集聚发展高能级平台建设,支持文化企业参加境内外重要国际性文化展会,鼓励有实力的民营互联网企业、电商平台等拓展海外市场。探索建立入境旅游产业促进和发展专项基金,争取开展出入境旅游便利化改革试点,提振入境旅游。丰富入境旅游产品供给。在境外预订、金融支付、网络通信、医疗救助、语言标识等方面大力提升国际融合度。实施"诗画浙江"品牌全球推广计划,探索建立 5—10 个浙江境外旅游推广中心(点)。发挥世界旅游联盟总部平台作用,利用世界互联

网大会、杭州亚运会、亚洲之光国际艺术节等国际性活动的主场优势,全面推介浙江文化和旅游。(省文化和旅游厅对外合作交流处、产业发展处、资源开发处、宣传专班,省文化和旅游宣传推广信息中心)

(二)打造新时代文化高地,努力成为促进群众精神富足的省域范例

构建以文化力量推动社会全面进步新格局,全民文化素养显著提升,共同富裕的文化自信显著增强,文化和旅游成为社会和谐稳定的"黏合剂"。文化事业费占财政支出比例达 0.9%,人均年出游率达 6 次以上,群众的文化和旅游生活数量与质量双提升,实现"富脑袋"与"富口袋"双丰收。

1.实施浙江文化标识建设工程

以浙江省文化基因解码工程为基础,统筹串联文化和旅游资源普查、文化遗产保护、艺术创作表演、文化旅游场景和线路开发、文创产品研发、市场营销、惠民服务、对外宣传交流等各环节,形成文化建设的工作链条,形成 100 个具有浙江辨识度的文化"金名片"。开展"江南文化"研究和品牌建设,推进浙东学派、永嘉学派、阳明文化等创新转化,深入挖掘良渚文化、上山文化、河姆渡文化、宋韵文化、南孔文化、和合文化、钱塘江文明、丝瓷酒茶文化等,省、市、县协同,2021 年全面启动建设,加快形成标志性成果。(省文化和旅游厅公共服务处、基因解码专班、艺术处、非物质文化遗产处、资源开发处、产业发展处、对外合作交流处,省文物局文物保护与考古处)

2.实施红色根脉传承计划

加强重大革命历史题材创作,推出歌剧《红船》等一批红色艺术精品。实施百项革命文物保护利用工程,打造一批充分彰显浙江革命精神、有效助推当地经济社会发展的革命文物保护利用标志性项目,守护红色根脉,传承红色基因,凸显浙江作为革命红船起航地的政治优势。大力发展红色旅游,将红船精神、浙西南革命精神、大陈岛垦荒精神、枫桥经验等融入红色旅游线路设计、展陈展示、讲解体验,持续打造 10 个国家级和 8 个省级红色旅游经典景区,10 条"寻访红色足迹、传承红色基因"主题精品旅游线路;联合上海打造"重走一大路"主题红色旅游精品线路。加快完善 70 个省级红色旅游经典景区资源点,结合爱国主义教育基地建设,创建一批红色旅游教育基地。(省文化和旅游厅艺术处、资源开发处)

3.传承弘扬优秀传统文化

推进文明之源大遗址群和世界文化遗产群建设。积极申报世界文化遗产、人类非物质文化遗产、国家考古遗址公园、国家级非遗馆等高等级文化遗产相关项目。争取国家水下文化遗产保护东海基地落户浙江,启动实施宁波象山定塘横湾沉船等水下考古发掘项目。争创国家重点区域考古标本库房、国家文化遗产科技创新中心。实施"千年古城"复兴计划,推广"拯救老屋行动",推进国保省保集中成片传统村落保护项目,完成 10000 幢传统民居的抢救性保护。加强传统工艺、传统戏曲艺术等保护传承,利用两年时间,完成浙江戏曲剧种曲牌

抢救保护。擦亮浙江小百花越剧品牌，建设越剧博物馆，打造中国越剧文化中心。建设宋韵文化传承展示中心。建设10个以上省级文化传承生态保护区、50个以上浙江省戏曲之乡，培育100家浙江省非遗体验基地、120家浙江省非遗生产性保护基地、130个非遗主题小镇和民俗文化村，评选一批优秀非遗旅游商品。（省文物局文物保护与考古处、博物馆与社会文物处，省文化和旅游厅非物质文化遗产处、艺术处）

4.创新对外文化交流传播

完善交流传播合作机制，提升合作平台，拓展交流渠道，加快形成"世界看浙江"文化对外交流传播的特色与优势。加强与"一带一路"国家地区文化交流合作，建成"一带一路"国际人文交流枢纽。实施浙江文化"出海计划"，设立浙江省对外文化和旅游交流精品项目库，打造100项供海外交流推广的精品。建设国际丝绸之路与跨文化交流中心、丝绸之路文化研究院。建设30个左右省内国际人文交流基地。精心打造"丝路之绸""丝路之茶""丝路之瓷"三大交流品牌，做强"浙江文化旅游年（节）""诗画浙江与世界对话"等一批品牌交流活动，推进浙江"文化印记"海外宣传。聘选一批传播达人、"诗画浙江"友好使者。发挥浙江省侨乡优势，以文化为纽带，开发"寻根之旅"产品，吸引广大侨胞回乡旅游；利用好海外华侨优势，开展海外"诗画浙江"宣传推广。积极创建东亚文化之都和亚洲最佳旅游城市。（省文化和旅游厅对外合作交流处，省文物局博物馆与社会文物处）

5.提升以文化人水平

通过丰富多彩的文化和旅游活动，促进文化力量转变为精神力量。推动浙江文化基因与新时代有机结合，推进浙东学派、阳明心学、南孔儒学、和合文化等创新转化，大力弘扬新时代浙江精神，持续激发创新创造活力。文化为魂，旅游为体，通过文艺演出、文化场馆参观、非遗体验、参与文物保护等文化活动和红色旅游、文化旅游、导游文化讲解等旅游体验温润人民心灵，全面提高人的文明程度，使社会主义核心价值观广为践行、社会凝聚力显著增强。培育慈善文化，弘扬慈善精神，促进"善行浙江"建设，引导高收入群体和企业家向上向善、关爱社会。指导推动企业文化建设，促进形成新型和谐劳资关系。（省文化和旅游厅公共服务处、基因解码专班、艺术处、公共服务处、非物质文化遗产处，省文物局文物保护与考古处）

（三）推动文化和旅游公共服务提质增效，努力成为促进共建共享品质生活的省域范例

基本建成公共文化服务现代化先行省，"15分钟品质文化生活圈"覆盖城乡，建成城乡共享的"智慧文化云"，市、县、乡3级文化设施覆盖达标率100％，县级图书馆乡镇分馆、县级文化馆乡镇分馆覆盖率均达100％。率先构建以均衡普惠为价值取向的旅游公共服务体系。提升文化和旅游对幸福指数的贡献度，人民群众对公共文化服务和旅游满意度分别达85％以上、90％以上。

1.实施新时代艺术精品创优工程

加强重大主题作品创作和组织规划，建立重大文艺创作项目"揭榜挂帅"机制，完善全周期文艺精品服务机制。提升浙江文艺创研中心。高质量办好亚洲之光国际艺术节、中国越剧艺术节等重大艺术活动；整合浙江省音乐舞蹈节、浙江省戏剧节、浙江曲艺杂技魔术节，设立浙江艺术节，集成打造艺术繁荣的省级综合性艺术展示平台。发挥全省各专业院团、艺术单位的积极性，将共同富裕主题渗透到艺术创作之中。计划打造10部大型共同富裕题材文艺作品，100部小戏小品，1000幅书画作品，10000幅摄影作品。实施共同富裕主题歌曲创作精品工程，推出30首左右优美动听广泛传唱的优秀歌曲。将共同富裕文化作品纳入送文化活动重点内容，深入开展进校园、进社区、进企业、进农村文化礼堂活动，传播共同富裕理念。（省文化和旅游厅艺术处、公共服务处、对外合作交流处）

2.构建高品质公共文化服务体系

制定《关于高质量建设公共文化服务现代化先行省的实施意见》，出台公共文化服务标准2.0版。协同相关部门建设之江艺术长廊。建成之江文化中心、浙江音乐厅新馆、越剧博物馆等一批文化地标。深入实施百城万村文化惠民工程，实现"市有五馆一院一厅，县有四馆一院，区有三馆，乡镇（街道）有综合文化站，村有农村文化礼堂"。推进城市文化空间建设，建设700个"城市书房"；依托商业综合体、综合交通枢纽、文化创意园区、A级旅游景区等场地，创新打造融互联网服务、数字阅读、艺术展览、文化

沙龙等内容于一体的"嵌入式"新型公共文化空间500个。推动优质公共文化资源延伸到基层，每年送戏、送书、送展览分别不少于2万场、150万册、1000场，创新文化走亲等文化惠民活动品牌。开展艺术振兴乡村计划。规范乡镇（街道）文化机构和文化队伍建设。支持公共文化机构业务干部兼任驻村（社区）文化策划师，建立基层服务点。推进乡村文艺团队"三团三社"（合唱团、民乐团、艺术团、文学社、摄影社、书画社）建设，到"十四五"末数量达40000个。开展文化示范户和乡村文化能人培育。深入实施"耕山播海"农村文艺骨干免费培训。探索推行浙江文化保障卡制度，让广大群众享受普惠均等的文化服务。（省文化和旅游厅公共服务处、基建专班）

3.构建高水平旅游公共服务体系

推进旅游与交通融合发展试点，构建"快进慢游"公共交通网络，5A级旅游景区所在县（市、区）高铁站覆盖率达95%，实现5A级旅游景区一级公路通达率达100%，4A级旅游景区干线公路通达率达95%，4A级旅游景区连接线达到四级公路标准的超93%。推进旅游便民惠民服务，新建改扩建旅游厕所1000个，建立假日旅游移动厕所战略储备制度；新建改扩建旅游停车场300个。推动景区等公共场所服务大提升。优化旅游公共信息供给，在旅游景区、旅游度假区、乡村旅游点、机场、车站、码头、高速公路服务区、商业步行街区等游客集中区域建设旅游服务中心或咨询中心。实施智慧旅游咨询服务工程，依托"浙里好玩"平台，建立市级分站点，实现全省旅游公共服务信息互联互通、共建共享。关注特殊游客群体，健全无障碍旅游公共服务标准。建立假日旅游交通综合治理机制，解决"停车难、行车堵""如厕难"难题。（省文化和旅游厅公共服务处、资源开发处、市场管理处、数字化专班、改革专班）

4.开展文化和旅游教育公共服务

大力发展研学旅行，建立适合市场需求的研学旅行产品体系，培育一批科普教育、历史文化等省级研学旅行基地和精品线路，争取创建5家以上国家级研学旅行基地。大力普及艺术教育，为中小学生和老年人开展音乐、舞蹈、美术等培训，规范社会艺术水平考级管理。开展盲人音乐教育等，拓展视力障碍人群就业路子。利用公共图书馆等文化阵地，开展老年人数字应用技术等培训。（省文化和旅游厅科技与教育处、艺术处、产业发展处、公共服务处）

5.开展文化和旅游健康公共服务

促进健康浙江建设，积极打造高品质的中医药养生、温泉度假、天然氧吧、森林氧吧等绿色康养旅游产品，形成"养生、养心"康养旅游新模式。打造50个以上浙江省中医药文化养生旅游示范基地、100个以上森林康养基地、100个以上海洋休闲度假养生基地、20个以上温泉保健疗养基地等康养旅游基地和10条精品疗休养线路。探索发展音乐医疗。（省文化和旅游厅产业发展处、资源开发处、科技与教育处）

（四）实施促进居民收入十年倍增计划，努力成为旅游富民的省域范例

进一步拓宽文化和旅游领域就业创业渠道，吸纳就业人口占全社会就业总人口达13%以上。文化和旅游富民增收的效能充分显现，其中，农村居民的旅游收入占其可支配收入的比重达13%以上，促进形成以中等收入群体为主体的橄榄型社会结构。

1.促进旅游就业

实施乡村旅游精品工程，迭代升级乡村旅游标准，提升休闲农庄、农家乐、乡村酒店、特色民宿、乡旅客栈、自驾露营、户外运动和养老养生等产品质量，形成100个乡村旅游集群，使15万名农村居民得到就业。制订《浙江省乡村文化和旅游运营导则》，"十四五"期间，培育100家乡村文化和旅游运营团队、500名文化和旅游运营师，增强乡村文化和旅游的造血功能，扩大就业容量。鼓励乡村旅游企业优先吸纳当地村民就业。实施教育助力项目，发挥浙江旅游职业学院、浙江艺术职业学院等学校的作用，深入各地设立"产学合作工作站"，指导乡村旅游提质升级；持续组织送教下乡活动，重点面向"后富者"，每年开展10000名乡村文化和旅游一线从业人员技能提升大培训。（省文化和旅游厅资源开发处、科技与教育处）

2.支持旅游创业

创建全国乡村文化和旅游创客创业创新试点省。培养乡村旅游带头人1000名。落实"两进两回"行动，搭建"青年回农村、乡贤回农村"乡村旅游发展平台，办好长三角乡村文旅创客大会，推动各地成立乡村旅游创业指导中心，探索设立乡村旅游创业基金，支持当地村民和回乡人员参与乡村旅游经营和服务。探索"入股联营"村集体主导的旅游开发模式，吸收村民广泛参与，建立村民合理利益分配机制试点。引导文化和旅游龙头企业发挥示范辐射作用，发挥文化和旅游创业"孵化器"作用。实施中小微文化企业扶持计划，支持青年创新创业。开展非遗助力乡村振兴试点，支持创办传统技艺企业，开设手工艺等传统产品制造工作室，振兴1000项乡村传统工艺。（省文化和旅游厅资源开发处、产业发展处、非物质文化遗产处）

3.实施万户农家旅游致富计划

推进民宿经济全产业链发展，深化民宿（农家乐）助力乡村振兴改革试点，到2025年，乡村民宿超过2.2万家，经营总收入比"十三五"增长50%以上，全面促进我省乡村旅游富民增收。开展先富村、先富户"致富经"推广行动，推动先富带后富、快富带慢富。支持有能力的农民利用自有资产发展民宿、休闲农业旅游等相关产业，不断增加经营性收入。通过发展乡村民宿，使10000户农村家庭年旅游经营收入超20万元。挖掘乡村美食文化，振兴农家特色小吃、传统手工制作等"乡愁"产业，举办乡村民宿伴手礼大赛，促进农产品精加工和销售，增加农民收入。到2025年，乡村旅游带动农产品销售收入达120亿元，占乡村旅游经营收入17%以上。（省文化和旅游厅资源开发处、产业发展处、非物质文化遗产处）

4.增加农民财产性收入

鼓励农民盘活存量资产资源，将土地、房屋等资产，以出租、入股等方式与乡村旅游合作社、旅游企业合作，获得财产性收益。指导有条件的村集体经济组织成立乡村旅游发展合作社，以出租、合作等方式盘活利用空闲农房及宅基地，让村民共享旅游收入。总结衢州"乡村旅游根据地"做法，发挥旅行社协会作用，推广"旅游公司＋村集体＋村民"整村运营模式，带动农民致富。（省文化和旅游厅资源开发处、市场管理处）

（五）抓重点补短板促提升，努力成为文化和旅游城乡区域协调发展的省域范例

建立省域一体化发展制度体系和标准体系，补齐文化和旅游发展短板，先行探索共同富裕现代化基本单元建设，全省各县（市、区）文化和旅游产业增加值占GDP比重均不低于5%，地区人均文化和旅游总收入最高最低倍差小于2.1。

1.推进文化和旅游标准化建设

深入实施《浙江省文化和旅游标准化建设行动计划（2019—2022）》，建成覆盖文化和旅游各领域、支撑高质量高水平发展的标准体系，以标准化促进省域一体化和区域协调发展。制定《博物馆教育服务规范》《景区数字化服务规范》《旅游驿站建设和管理规范》等10个以上省级地方新标准。承担制修订《公共美术馆服务规范》《旅游购物场所服务质量要求》等5个左右国家标准、行业标准。探索标准"走出去"，争取设立旅游国际化标准研究基地，提出《在线旅游咨询服务指南》等

国际标准提案。推进长三角标准化合作，推动《文化志愿者管理与服务规范》等标准成为区域协同标准。（省文化和旅游厅标准化专班、资源开发处、产业发展处、市场管理处、科技与教育处、艺术处、公共服务处，省文物局博物馆与社会文物处）

2.建设共同富裕文化和旅游现代化基本单元

与未来城市、未来社区、未来乡村、未来交通充分衔接，打造在全国有影响力的"未来文化和未来旅游先行区"。制定《未来社区公共文化空间建设规范》，建设100个未来社区公共文化空间。开展未来乡村文化建设试点，制定《未来乡村文化建设工作指南》，建成1000个呈现未来元素、彰显江南韵味的示范性乡村文化新社区。突出绿色发展、人性化高品质服务、未来科技运用、数字赋能等要素，探索未来乡村旅游模式，建设未来景区、未来度假区、未来风情小镇、未来酒店、未来民宿、未来旅行社等未来系列旅游产品，分类制定认定标准，更好满足群众未来生活需求。（省文化和旅游厅公共服务处、资源开发处、市场管理处）

3.促进新型城镇化建设

加快实施四大都市区、杭甬"双城记"文化和旅游建设规划，推进城市文化地标、文化公园、古建筑保护、雕塑和文化街区等特色文化建设，全面提升城镇景观风貌和文化品位。深入推进全域旅游"百千万"工程，到2025年全省景区城、景区镇覆盖率分别达100%、70%，提升城镇品质，促进地方经济社会发展。发展具有特色优势的休闲旅游、民俗文化传

承等魅力小镇。建设城镇文化联合体,深入推进县级图书馆、文化馆总分馆建设,建成图书馆分馆1500家,文化馆分馆1000家,探索图书馆文化馆企业分馆建设。(省文化和旅游厅公共服务处、资源开发处、非物质文化遗产处,省文物局文物保护与考古处)

4.支持山区26县文化和旅游跨越式发展

挖掘山区26县文化和旅游发展优势和潜力,促进区域协调发展。全力争取批复浙皖闽赣国家生态旅游协作区总体方案并组织实施。到2025年,实现山区26县旅游总产出、游客总人次年均分别增长5%以上;省级全域旅游示范县(市、区)覆盖率100%,实现县县有4A级旅游景区、省级旅游度假区;50%以上的县有5A级旅游景区、国家级旅游度假区;成功培育10家左右千万级核心大景区。发挥全省文化和旅游产业投融资平台作用,会同相关部门支持龙泉青瓷宝剑、龙游宣纸、磐安五味、松阳香茶、景宁惠明茶、开化根雕、青田石雕、遂昌黑陶、江山西砚等历史经典产业,各县(市、区)历史经典产业增加值年均增长9%以上。打造山海协作升级版,支持山区26县重大项目招引,加大市场推介力度。(省文化和旅游厅资源开发处、产业发展处、非物质文化遗产处、对口专班)

5.加强对西藏、新疆、青海、四川等地对口地区文化和旅游协作工作

完善对西部协作机制。在文化建设、遗产保护、旅游开发、艺术创作、互送客源、人文交流、人员培训、人才共享等方面,构建全方位、多层次、宽领域协作体系。深入实施"文化润疆、旅游兴疆"等帮扶工程,丰富创新协作和支援方式,打造全国文化和旅游协作和支援"金名片"。推广复制浙江高质量发展实现共同富裕经验模式。(省文化和旅游厅对口专班)

(六)大力推进全域旅游示范省建设,努力成为把生态优势转化为发展优势主渠道的省域范列

进一步拓展"绿水青山就是金山银山"转化通道,推动旅游成为GEP转化为GDP的有效路径,文明旅游、绿色出行成为全社会共识,建成"处处能旅游、时时可旅游、行行加旅游、人人享旅游"美丽大花园,"诗画浙江"金名片擦得更亮。

1.加快生态旅游发展

立足美丽浙江建设,把生态绿色作为旅游业发展的底色,通过生态估值、生态信贷等途径,探索生态旅游资源价值实现机制,把生态优势转化为旅游发展优势,把GEP转化为GDP。发展生态为底色的特色旅游,制定实施《浙江省海洋旅游发展规划》,全面建成十大海岛公园,探索海上"绿水青山就是金山银山"理念旅游转化路径,建设国际滨水旅游目的地;创新发展以十大名山公园为示范的山地旅游,丰富生态旅游产品。创建一批国家级生态旅游示范区。支持新时代浙汇(安吉)县域践行"两山"理念综合改革创新试验区建设。以浙江自然博物院为示范,以公共文化场馆、生态旅游区为依托,建成一批生态文化长廊和生态文化展示馆。(省文化和旅游厅资源开发处、产业发展处、公共服务处、政策法规处,省文物局博物馆与社会文物处)

2.建成全域旅游示范省

推动70%以上县(市、区)创建成为省级全域旅游示范县(市、区),建成全省大花园、全域大景区。开展旅游业"微改造、精提升",打造1万个"微改造"示范点,提升旅游业人性化、现代化、集约化、品质化、国际化水平。打造高能级生态旅游吸引物,建设2个以上富有文化底蕴的世界级旅游景区和度假区,打造文化特色明显的国家级旅游休闲城市3—5个、街区10—15个,培育千万级核心大景区35家以上,新增5A级旅游景区3家,新增国家级旅游度假区3家、省级旅游度假区5—10家,建成国家级旅游度假区联盟;推出品质饭店200家,建成等级民宿1200家、民宿集聚区50个。培育旅游景区和度假区专业运营公司,通过托管等模式,实现资源要素优化配置,提升发展质量。(省文化和旅游厅资源开发处、市场管理处、产业发展处)

3.推进旅游领域生态文明建设

全面落实垃圾分类管理规定,治理塑料污染。到2023年底,所有A级旅游景区、旅游度假区、星级饭店、等级民宿不再主动提供一次性塑料用品。指导各类旅游企业绿色化低碳化发展,实现节水节电节能、绿色低碳标准达标。全面实现滨水、山地等旅游景区污水集中处理。建立生态评价制度,改善旅游景区、旅游度假区、旅游休闲区、国家公园、生态旅游岛等生态环境。4A级以上旅游景区全部建成生态停车场并配备新能源汽车充电设备。旅游厕所实现生态化。建设500

家以上"绿色饭店"。制定《全省旅游绿色消费指南》。推行文明出游,整治旅游不文明顽疾陋习。制定实施《关于促进碳达峰碳中和工作的指导意见》。(省文化和旅游厅市场管理处、资源开发处、公共服务处、政策法规处)

(七)探索有效治理方式,努力成为文化和旅游现代化治理的省域范例

迭代升级治理理念与手段,文化和旅游领域安全风险有效管控,文化和旅游法治保障体系健全完善,整体智治体系基本建成。

1.推进"最多跑一地"改革

完善旅游公共服务协调机制,推动旅游投诉处理与公安、市场监管、法律服务、人民调解协同的监管模式,推进旅游行政调解纳入当地社会矛盾纠纷调处化解中心,实现纠纷化解"最多跑一地"。完善旅游投诉机制,用好旅游服务热线,确保旅游投诉结案率在95%以上。(省文化和旅游厅执法指导监督处)

2.推进文化和旅游法治建设

加强文化和旅游立法研究,争取出台地方性法规《浙江省公共图书馆条例》和政府规章《浙江省乡村旅游促进办法》,争取修订《浙江省旅游条例》《浙江省非物质文化遗产条例》《浙江省文物保护管理条例》。优化法治化营商环境,健全知识产权保护机制,协同相关部门加大对文化产品和旅游商品商标、专利的保护力度,建立公平开放透明的市场规则。健全文化市场综合执法监管绩效考评制度,完善全省文化市场综合执法权力清单、"双随机、一公开"和自由裁量权细化标准。加强对乡镇(街道)基层一支队伍管执法试

点工作的指导和业务监督。实施《法治文化建设三年行动计划》,力争形成法治文化建设标志性成果。(省文化和旅游厅政策法规处、公共服务处、资源开发处、非物质文化遗产处、科技与教育处、执法指导监督处,省文物局综合处)

3.构建文化和旅游信用体系

持续打造"浙江省文化和旅游行业信用监管平台",深化行业信用评价体系、分类监管体系和应用体系建设。推进信用记录,完善信用档案。拓展完善行业评价指标体系,实现监管事项和监管对象全覆盖。开展旅游行业诚信创建活动,评定200家"诚信企业"。推广旅游购物"30天无理由退货"。建立信用产品体系,研发信用指数、信用预警等产品。加大诚信应用,把诚信经营管理列为景区、饭店、旅行社、民宿等评等定级的重要内容。拓展"信用+公共服务"等社会应用场景,在旅游服务、融资信贷等方面为守信主体提供便利和优惠。依托信用评价结果,优化文化市场主体信用分级分类监管。(省文化和旅游厅市场管理处)

4.创新文化和旅游安全管理

开展全省文物大排查大整治大提升三年攻坚行动,在全省范围内全面推行文物安全联系制度,全面摸清全省文物安全隐患底数,压实文物安全主体责任、监管责任和直接责任,确保省级以上文物保护单位安全档案建档率100%,重大安全隐患整改率100%,文物法人违法案件立案率100%。探索不可移动文物数智治理,提升馆藏文物管理能力。协调推动相关部门深入开展旅游景区、旅游包车、火灾、特种设备、食品安

全、疫情防控等各类安全隐患排查治理,强化对玻璃栈道、滑翔伞、悬崖秋千、蹦极等旅游新业态项目安全监管,完善旅游新业态安全监管工作机制。探索建立旅游有偿救援试点,拟定《关于进一步加强游客安全管理的意见》。压实文化和旅游领域意识形态安全管理责任。指导督促文化和旅游经营单位健全风险防控和隐患排查治理双重预防机制。(省文化和旅游厅执法指导监督处、宣传专班、办公室,省文物局文物安全与督察处,省文化和旅游宣传推广信息中心)

(八)积极创新文化和旅游体制机制,努力成为共同富裕改革探索的省域范例

把体制机制创新作为高质量发展建设共同富裕示范区的最大动能,锚定重点领域和关键环节,以数字化改革有效撬动文化和旅游体制机制创新,推动有为政府和有效市场更好结合,形成领航态势和领先优势。

1.推进数字化改革

充分利用数字化手段消除城乡、地区发展差距,发挥数字化改革对共同富裕的放大、叠加和倍增效应。构建"1+4+N"的数字化改革总框架,实现文化和旅游领域整体智治。深化"一件事"综合集成改革,推进数字赋能、流程再造,创新"一窗受理、集成服务、一次办结"服务模式,进一步提升文化和旅游企业的便利度和获得感。构建浙江省智慧文旅大脑。打造基于大数据的"数据采集+监测评价+决策实施+市场反馈"的闭环体系,为促进共同富裕提供数据分析和决策支撑。一窗集成"浙里好玩"畅游浙江服务平

台,普及扫码入园、刷脸通行、无接触服务等智慧服务。推动"智慧文化云"功能升级,建成一批智慧文化场馆,建设公共文化多跨应用场景。打造"文E家""文化礼堂家"等应用场景,加强网上文化产品供给。实施景区、文博场馆"预约服务"制度,构建"无预约、不旅游(不参观)"管理新机制。形成"互联网+执法业务"闭环,实现所有执法事项网上办、掌上办,全程留痕可追溯。(省文化和旅游厅数字化专班,厅局机关各处室)

2.深化"放管服"改革

推进职能转变、简政放权,探索涉外涉港澳台营业性演出审批、经营性互联网文化单位设立、演出经纪机构设立等审批事项的改革,由设区市文化和旅游行政部门审批后报省级主管部门审核备案,建立责权一致、管理协同的市场管理机制。对文化和旅游领域涉企经营许可有关事项实行告知承诺、优化审批服务等方式,优化办事流程。深化证照分离事项改革,聚焦跨部门数据共享和业务协同,建立健全便民高效、标准统一、协同互信的政务服务"全省通办"机制。(省文化和旅游厅市场管理处、改革专班,省文物局文物保护与考古处、博物馆与社会文物处)

3.构建区域协作机制

秉承资源共享、市场共拓、品牌共创原则,创新长三角文化和旅游联盟合作平台建设,完善一体化发展体制机制,加快一体化制度创新和经验复制。推出长三角社保卡"一卡通"文化和旅游系列应用场景。以项目合作为切入点,推动高等级旅游景区和度假

区强强联合,合力打造杭黄自然生态和文化旅游廊道、环太湖休闲度假区集群、江南水乡古镇生态文化旅游圈,联合申报世界级旅游景区和度假区,形成一批具有国际影响力的高端旅游产品。探索"畅游长三角""旅游护照"等市场联动措施,强化旅游推广联盟,通过联合策划、组织境内外旅游市场推广营销,推广长三角整体旅游形象资源。制定互相认可的旅游市场负面清单,发布旅游行业"红黑榜",构建长三角旅游市场诚信体系。共建假日旅游、旅游景区大客流预警等信息联合发布和共享机制。支持长三角生态绿色一体化发展示范区嘉善片区旅游发展。探索省域内区域协调发展改革,推进杭绍甬、甬舟、湖嘉、衢丽等省内文化和旅游一体化发展。(省文化和旅游厅长三角专班、资源开发处、产业发展处、对外合作交流处、市场管理处、政策法规处、执法指导监督处、公共服务处,省文物局文物保护与考古处、局博物馆与社会文物处)

4.推进文旅深度融合发展

探索制定文旅融合评价体系。发布市域文旅融合发展指数。深化省级文旅产业融合试验区建设。打造国家文化和旅游产业融合示范区、国家体育旅游示范区。实施百个文化和旅游IP培育工程。实施文化资源转化利用计划,打造文化底蕴深厚、文化特色明显的旅游景区和线路。推进文化和旅游公共服务机构功能融合试点,探索文化场馆景区化建设,重点推动100个博物馆、美术馆等创建成为A级旅游景区。推进"文化润景"计划,以"微改造、精提升"为手段将文化有机融

入现有旅游产品。探索试行重大文化和旅游项目文化评价制度。(省文化和旅游厅政策法规处、科技与教育处、公共服务处、艺术处、资源开发处、产业发展处,省文物局博物馆与社会文物处)

5.探索自贸区文化和旅游改革发展

学习借鉴海南等地自贸区政策,与省自贸办联合出台《浙江自由贸易试验区文化和旅游发展改革工作方案》,统筹推进杭州、宁波、舟山、金义-义乌4个片区文化和旅游改革创新。积极探索保税免税购物旅游,在自贸区设立50家以上跨境保税免税店。推进国际邮轮港建设,积极开拓国内外邮轮航线,推进舟山邮轮始发港常态化运营,依托普陀山的国际影响力和知名度,力争舟山邮轮港口参与中资方便旗邮轮公海游试点。开展文化艺术品展示、交易、保税拍卖等服务,构筑以电子交易、仓储物流、融资结算、信息服务为支撑的综合服务平台,面向全世界开展文化艺术品全产业链服务;建设国际文化艺术品展示交易中心和文物鉴定修复中心,设立文化艺术品基金,积极促进文物回流。建设世界文化和旅游小商品自由贸易中心。推动自贸区景区化建设。(省文化和旅游厅产业发展处、资源开发处、市场管理处、对外合作交流处、改革专班,省文物局博物馆和社会文物处)

6.深化国有文艺院团改革

全省国有文艺院团高质量发展指数达标率达100%,推动市级国有文艺院团实现全覆盖。明确院团定位,进行分类指导,进一步完善财政、人事、收入分配等各

项政策,加强内部管理机制改革,积极拓展演出市场,进一步增强活力。建立健全扶持优秀剧本创作、促进剧目生产表演、鼓励演职员多演出的工作机制。整合国有文艺院团剧目、剧场资源,组建浙江舞台艺术演出院线。发展数智文艺,推动艺术线上传播、应用场景、大数据管理和智慧营销等模式创新。多渠道引聚高层次文艺人才。推动"文教结合、校团(馆)合作",鼓励国有文艺院团与高等院校、职业院校开展合作,联合培养艺术人才。支持有条件的国有文艺院团开办艺术培训学校。重点打造5个左右国内一流的国有文艺院团,争取20家国有文艺院团进入全国重点艺术院团名录。(省文化和旅游厅艺术处、人事处、财务处、科技与教育处、改革专班、人才专班、数字化改革专班)

7.推进博物馆改革发展

分类推进国有博物馆、非国有博物馆理事会制度建设。探索开展国有博物馆资产所有权、藏品归属权、开放运营权分置改革试点。推动博物馆公共服务市场化改革,鼓励社会力量参与展览、教育和文创开发。鼓励各级博物馆依托馆藏文物资源,推进文化创意产品开发与营销,扶持"浙江省文澜阁博物馆商店联盟"发展。健全激励机制,博物馆开展陈列展览策划、教育项目设计、文创产品研发取得的事业收入、经营收入和其他收入等,按规定纳入本单位预算统一管理,可用于藏品征集、事业发展和对符合规定的人员予以绩效奖励等。探索开展"类博物馆"培育。实施博物馆质量提升"一十百千"计划,争创1家世界一流博物馆,建设国内领先博物馆10家,国家等级博物馆总数达100家,建设乡村博物馆(展示馆)1000家。(省文物局博物馆与社会文物处)

8.完善社会化参与机制

深入探索文化事业单位社会化管理运营机制,推广公共文化服务"文化管家"等运营管理模式,探索引入社会力量代管托管中小博物馆运营机制,提升基本公共文化服务水平。允许社会力量参与国有企业改革,积极引入其他国有资本或各类非国有资本实现混合制改革,全面建立灵活高效的市场化经营机制。支持民营文艺表演团体发展,在股份合作、人才共享、政府购买服务、旅游演艺、展演平台搭建、体制机制创新等方面积极探索。完善文物、非遗手工艺作品、美术作品捐赠奖励制度,拓展藏品入藏渠道,鼓励群众向博物馆、非遗、美术馆无偿捐赠藏品。支持和规范民办文化机构建设,通过政府购买、项目补助等措施,促进各类社会文化机构参与公共文化服务。完善文化和旅游志愿服务机制。(省文化和旅游厅社会组织专班、公共服务处、艺术处,省文物局博物馆与社会文物处)

9.创新人才培养机制

支持浙江音乐学院、浙江旅游职业学院、浙江艺术职业学院深化办学体制改革,不断提高办学质量和水平。积极探索建立艺术人才从中小学到高等教育的一体化人才培养体系。完善舞台艺术"1111"人才培养、新松计划、新鼎计划等培养新模式,启动浙籍文艺名家回归计划,引聚20名左右国内外高层次艺术人才,建成20个以上文艺名家工作室。培育80个左右文化和旅游导师工作室。实施柔性引进人才激励支持政策,实行年薪制、协议工资制、项目工资等灵活多样的分配形式,吸引高端人才、紧缺人才。实施基层文化人才队伍振兴计划和艺术教育筑基计划,大力培养非遗传承人和民间艺人、乡村旅游讲解员,每年挖掘培育乡村文化能人1000名以上。(省文化和旅游厅人事处、人才专班、科技与教育处、艺术处、公共服务处、非物质文化遗产处、资源开发处、产业发展处,省文物局综合处)

四、组织实施

(一)加强党的全面领导

坚持把党的政治建设摆在首位,把党的领导贯穿文化和旅游促进高质量发展建设共同富裕示范区的全过程、各领域、各环节,深化领导班子政治建设,充分发挥基层党组织战斗堡垒作用和党员先锋模范作用。打造忠诚干净担当的高素质专业化干部队伍,提高文化和旅游干部推进现代化建设和共同富裕的新能力。落实全面从严治党主体责任、监督责任,营造风清气正政治生态,建设清廉文化高地。(省文化和旅游厅直属机关党委、机关纪委)

(二)强化组织领导

成立厅高质量发展建设共同富裕示范区领导小组和专项小组,厅主要领导任组长,加强组织领导和统筹协调,厅党组定期听取工作进展情况汇报,研究解决重大问题。明确目标体系、工作体系、政策体系和评价体系,加强工作任务梳理与责任分解,建立清单化推进机制,形成工作闭环管理体系。建立省地联动的抓落实工作机制,形成上下联动、协同

推进的工作格局。发挥文化和旅游智库的作用,为示范区建设提供智力支持。(省文化和旅游厅政策法规处、办公室)

(三)完善政策制度

积极争取文化和旅游部、国家文物局制定出台专项政策,优先将本领域改革试点、探索示范任务赋予浙江。用足用好高质量发展建设共同富裕示范区共有政策和乡村振兴、山区26县发展等既有支持政策,积极争取新的增量政策。对利用低丘缓坡资源建设的旅游项目,继续适用"坡地村镇"政策;稳妥推进农村集体经营性建设用地入市工作,实现与国有土地同等入市、同权同价,进一步激活农村土地要素市场;每年安排1000亩规划建设用地指标,对山区26县中旅游业发展前10名的县(市、区)予以奖励;山区26县由政府投资且经省发改委立项的优质文化和旅游项目,给予新增建设用地计划指标支持。深化与金融机构战略合作,鼓励

金融机构加大对民营小微文化和旅游企业的信贷支持,提升信用贷款发放占比。推进旅行社保证金改革,开展保险直接替代现金或银行保函交纳保证金试点工作。帮助旅游企业拓展旅游消费客源市场,鼓励旅游企业为相关单位党建主题研修活动、党史学习等活动服务,为机关和企事业单位工会春秋游活动、公务活动提供服务,鼓励委托旅行社代理安排交通、住宿、餐饮、会务等事项。(省文化和旅游厅政策法规处、资源开发处、产业发展处、市场管理处、财务处)

(四)建立争先创优机制

强化前列意识、标杆意识和示范意识,鼓励和支持创新试点,率先形成创新性、突破性制度成果,打造最佳实践,以点带面推进整体突破。定期命名一批省级试点,评选表彰一批试点,形成可复制可推广的标志性成果。建立最佳实践总结推广机制,总结高质量发展建设共同富裕示范区中的好

经验好做法,及时向全国复制推广。加强对先进典型和经验的宣传,营造良好舆论氛围。(省文化和旅游厅政策法规处、宣传专班、省文化和旅游宣传推广信息中心)

(五)实施考核评价

开展比较研究,对标发达国家、国内先进省(区、市),查找差距,制定对策。探索设立高质量发展建设共同富裕示范区评价体系,建立文化和旅游促进共同富裕实现度测度标准和方法。突出重点,开展文化和旅游产业增加值占GDP比重、文化和旅游富民贡献率、公共文化服务质量、群众和游客满意度等考核评价。推进文化和旅游统计改革。把共同富裕重点项目实施情况纳入对厅局机关处室(专班)和厅属单位的年度目标责任制考核,纳入厅重点工作督查内容,强化督促、检查和考核工作,定期通报任务落实进度和成效,完善问题反馈整改机制。(省文化和旅游厅政策法规处、办公室、人事处、科技与教育处)

浙江省文化和旅游厅关于印发《浙江省加强旅游服务质量监管　提升旅游服务质量五年行动（2021—2025年）实施方案》的通知

浙文旅市〔2021〕23号

各市文化和旅游局:

根据文化和旅游部《关于加强旅游服务质量监管提升旅游服务质量的指导意见》(文旅市场发〔2021〕50号),省文化和旅游厅研究制定了《浙江省加强旅游服务质量监管　提升旅游服务质量

五年行动(2021—2025年)实施方案》,确定了五年行动的总体目标和主要任务,现予印发,请各地高度重视,认真抓好贯彻落实。请各市文化和旅游局结合实际制定工作方案,并于9月10日前将方案报送至省文化和旅游厅市

管理处。

特此通知。

浙江省文化和旅游厅
2021年8月23日

浙江省加强旅游服务质量监管　提升旅游服务质量五年行动（2021—2025年）实施方案

为全面落实质量强省战略，推动新时代我省旅游业高质量发展，统筹解决当前旅游业发展水平不高、设施能力不足、质量人才匮乏、监管手段不硬、质量持续提升动力不足、游客体验感不好等问题，更好发挥旅游业在构建浙江新发展格局中的重要作用，制定以下实施方案。

一、总体要求

（一）指导思想

以习近平新时代中国特色社会主义思想为指导，全面贯彻党的十九大和十九届二中、三中、四中、五中全会精神，统筹推进"五位一体"总体布局和"四个全面"战略布局，紧紧围绕忠实践行"八八战略"、奋力打造"重要窗口"主题主线，立足新发展阶段，贯彻新发展理念，构建新发展格局，整合优化各类资源渠道，协同推进旅游基础设施建设和公共服务提升，有效扩大优质旅游产品供给，培育浙江旅游服务品牌，推进旅游业高质量发展，更好满足人民群众美好生活的需要，为争创社会主义现代化先行省和高质量推进共同富裕示范区建设做出积极贡献。

（二）基本原则

——坚持以人民为中心。树牢以人民为中心的发展理念，把人民群众满意作为实施旅游服务质量监管和提升工作的出发点和落脚点，围绕影响人民群众旅游体验的重点问题和主要矛盾开展工作，让游客游得放心、游得舒心、游得开心，不断实现人民对美好生活的向往。

——坚持系统观念。加强旅游服务质量监管和提升的系统性思考、整体性推进、协同性发展，统筹旅游服务质量需求和供给，统筹旅游服务质量主体和监管主体需要，统筹大众旅游时代多层次、多元化旅游服务质量提升需要，实现旅游服务质量持续提升。

——坚持创新发展。加快完善旅游服务质量基础设施，加强标准、评价等能力建设。以数字化驱动旅游服务质量监管和提升变革。坚持创新驱动和融合发展，推动市场主体创新理念、技术、产品、服务、模式和业态，加快数字化改革，提高旅游服务专业化水平，提升便利度，改善服务体验。

——坚持深化改革。破除制约旅游服务质量提升的体制机制障碍。充分发挥市场在资源配置中的决定性作用，落实旅游服务质量主体责任。更好发挥政府职能作用，为质量提升营造良好的市场环境。加快形成政府主导、企业主责、部门联合、社会参与、多元共治的旅游服务质量监管和提升工作格局。

（三）发展目标

"十四五"时期，率先基本建成现代化旅游经济强省，以旅游业"微改造、精提升"五年行动计划为主抓手，实施"精致体验、精良设施、精美环境、精心服务、精细运营"五精工程，影响旅游服务质量的突出问题得到有效解决，高质量旅游服务供给更加丰富，人民群众的满意度进一步提高。主动提升旅游服务质量成为市场主体和各级文化和旅游行政部门的自觉意识，旅游服务质量基础设施更加完善，旅游服务质量提升的合力显著增强。旅游企业质量管理水平进一步提升，形成一批适应市场需求和引领消费升级的优质旅游服务品牌。旅游市场综合监管能力进一步增强，信用监管效能得到有效提升，旅游投诉处理及时有效，旅游市场秩序更加规范，旅游消费环境明显改善。质量提升政策体系更加健全，旅游服务标准化、品牌化、网络化、智能化水平显著提升。

二、主要任务

（一）落实旅游服务质量主体责任

1.培育企业质量文化

大力弘扬企业家精神和工匠精神，提高管理人员和从业人员质量意识和质量素养，推动旅游企业树立以质取胜发展战略和赋能质量第一的企业文化。

2.提升质量管理水平

鼓励和支持旅游企业建立健全质量管理体系，大力推广应用先进质量管理方法，创新旅游服务质量管理模式,完善消费后评价体系。鼓励和支持有条件的旅游企业建立"首席质量官""标杆服务员"制度。支持和引导旅游企业公开旅游服务质量信息,发布旅游服务质量承诺,加快建立优质旅游服务承诺标识和管理制度,接受社会监督。

3.促进企业服务创新

促进旅游企业线上线下融合,推动旅游企业数字化发展,支持大数据、云计算、区块链、人工智能等在旅游服务中的应用;推进景区智慧管理设施升级改造,强化流量监测管理,A级旅游景区要落实"错峰、预约、限量"要求,依法落实最大承载量核定要求,完善流量控制制度,3A级以上景区和旅游度假区实现电子地图、智能导游、电子讲解、在线预订等功能全覆盖,4A级以上旅游景区和国家级、省级旅游度假区实现5G网络全覆盖;实施智慧旅游咨询服务工程,依托"浙里好玩"平台,跨部门共享公安、交通、环境、气象等部门数据,打造旅游公共服务数据"驾驶舱";建立健全旅游信息综合发布平台和手机App或公众号,完善门票预约、开放时间、实时流量、旅游交通、投诉举报等信息动态发布机制;实现公共文化场所旅游服务功能全覆盖,为游客提供及时便利的公共信息服务。完善特殊群体旅游服务,为老年人、残疾人、退役军人等提供针对性便利化的公共服务,在3A级及以上景区和国家级、省级旅游度假区均设有特殊人群服务窗口。

4.增强旅游服务质量保障

以补齐A级及以上旅游景区和国家级、省级旅游度假区基础设施短板为重点,加强游客服务中心、通景道路、旅游码头、旅游停车场(含公共充电桩)、旅游厕所等基础设施建设,显著改善旅游基础设施条件。贯彻碳达峰碳中和目标,加快旅游景点电能替代,进行充电设施改造的现有旅游停车场不少于300个,实现4A级及以上旅游景区和国家级、省级旅游度假区均拥有停车场并配备充电设施,确有困难无法建设停车场的景区,须制定交通引导方案并公开发布,基本解决停车难问题。

5.发挥行业组织作用

鼓励和支持行业社会组织,推动市场主体进一步提高旅游企业服务质量,鼓励和支持相关行业组织建立服务质量分会,积极参与地方标准、团体标准的制修订,加强质量文化宣传引导,提升质量兴旅、质量强旅意识。

(二)培育优质旅游服务品牌

6.培育壮大旅游服务品牌

做强做优做大骨干旅游企业,稳步推进规模化、品牌化、网络化经营,培育一批大型旅游集团和有国内、国际影响力的旅游企业,建设一批富有文化底蕴的世界级旅游景区和度假区,打造一批文化特色鲜明的国家级旅游休闲城市和街区。以旅游饭店业为突破口,着力推进"品字标浙江服务"品牌建设,辐射培育一批知名度高、有影响力的"品字标浙江服务"品牌主体。聚焦中高端市场,突出龙头引领,实施"品质""品牌"双轮驱动,培育10家以上立足浙江、覆盖全国的综合性酒店集团。支持浙江酒店品牌进一步做大做强,形成浙系酒店集团品牌矩阵。鼓励酒店集团提升服

务标准和专业化运营水平,实施品牌输出,扩大省内外布局。

7.完善旅游服务品牌建设制度

建立完善旅游服务品牌建设、培育和评价体系。进一步完善旅游质量分等定级方式,加大旅行社、星级饭店、品质饭店、特色文化主题饭店、绿色旅游饭店、旅游民宿等级评定和推广力度。发挥高星级饭店、高等级旅游景区、国家级旅游度假区、文明旅游示范单位的示范带动作用,引导旅游企业树牢品牌意识,健全品牌运营管理体系,让服务优质的旅游企业脱颖而出。支持地方政府、行业协会和第三方机构开展旅游服务品牌培育工作,建立优质旅游服务商名录,树立行业标杆和服务典范。

8.建立旅游服务品牌创建激励机制

加大自主知识产权产品的保护力度,依法依规查处侵权假冒旅游服务品牌行为,建设有利于品牌发展的长效机制和良好环境。通过政府采购、扶持政策、评选表彰、融资信贷向优质旅游服务供应商倾斜等政策措施,引导和推动市场主体把提高旅游服务质量作为企业发展的中心工作。培育建设一批品质旅行社、品质饭店、品质景区等品牌示范单位。

9.加强旅游服务品牌宣传推广

以"一带一路"建设和2022杭州亚运会举办为契机,进行整体化品牌营销,提升品牌的知名度、美誉度,全面提升"诗画浙江"品牌国际影响力。全面实施新时代文化浙江工程,聚焦"文化强省、提升浙江软实力,文化树人、

引领社会新风尚"总目标,促进文旅融合。在"一湾引领、三带联动、四路示范、多点带动"省域发展空间布局基础上,围绕文明之源旅游目的地、运河文化旅游目的地、丝瓷茶文化旅游目的地、江南水乡古镇文化旅游目的地、书香文化旅游目的地、宋韵文化旅游目的地、古越文化旅游目的地、南孔文化旅游目的地、和合文化旅游目的地、阳明文化旅游目的地,推广一系列具有浙江辨识度的文旅融合品牌。

(三)夯实旅游服务质量基础

10.推进旅游服务相关标准制修订工作

注重以标准提升旅游质量,推动各层级旅游标准协调发展,完善浙江旅游标准体系。重点加强旅游新产品新业态新模式、旅游服务质量评价等领域的标准制定。支持和引导市场主体和各类社会机构积极参与旅游服务标准制定,鼓励行业协会完善团体标准,激发企业制定发布标准积极性。

11.加强标准宣传和实施

加大标准宣贯力度,提高全社会、全行业的标准意识和认识水平。推进文旅融合背景下的旅游标准化试点工作,确定一批标准化试点单位、示范单位,以标准化引领旅游服务质量提升。在《品质饭店评价规范》《品质旅行社评价规范》等标准的宣传与实施过程中,进一步突出旅游服务质量方面要求。

12.开展质量监测评价

加强旅游服务质量评价指标、模型和方法研究,建立以游客为中心的旅游服务质量评价体系。加快建立区域、业态、企业等

旅游服务质量监测机制,推进监测结果应用,督促引导社会各方提升旅游服务质量水平。加强旅游服务质量数据归集和共享,建设旅游服务质量大数据平台。

(四)加强旅游人才队伍建设

13.加强导游队伍建设

开展导游队伍建设和管理行动。开展导游执业改革试点,探索建立特级、高级和金牌导游(讲解员)激励机制。实施导游专业素养研培计划和金牌导游培训项目。完善导游人员资格考试和等级考核制度,鼓励地方将特级、高级导游纳入高层次人才目录。加快构建以市场需求为导向、考评角度多元、激励反馈有效的导游服务质量综合评价体系。建立导游合理薪酬体系,依法保障导游合法劳动权益。支持独立旅行设计师队伍建设。建立鼓励旅游景区(点)聘请专业技术人员担任义务讲解员制度。结合党史学习教育,开展万名红色讲解员讲百年党史主题活动,打响红色旅游品牌。

14.举办旅游服务技能竞赛

围绕品质提升、融入亚运元素,办好全省旅游饭店服务技能大赛。举办省、市两级导游大赛、红色故事讲解员大赛。表彰一批优秀导游、领队、讲解员和饭店从业人员,加强对先进人物和典型事迹的宣传推广。支持和鼓励旅游行业协会开展旅游饭店、旅游景区等旅游从业人员和旅游专业学生服务技能竞赛。

15.完善教育培训体系

将旅游服务质量教育纳入旅游教育培训体系。推动建立政府、院校、科研院所、行业协会和旅游企业共同参与的旅游服务质

量教育网络。增强旅游职业技术技能教育适应性,深入推进产教融合、校企合作,大力推广现代学徒制度。充分发挥文化和旅游人才培训基地的作用,组织和开展多层次多类别的旅游服务标准化、旅游服务质量管理和服务技能培训。引导和鼓励大型旅游企业建立实训中心,建立企业旅游服务质量培训制度,加强企业管理人员培训。

16.大力培养旅游服务质量人才

发挥世界旅游联盟总部的作用,开展国际间人才交流培训等方面务实合作。将旅游服务质量培训纳入高级经营管理人才培养、高质量产业人才培养扶持、专业人才培养及乡村文化和旅游能人支持等各级各类培养项目。鼓励全省高等院校、中职学校围绕旅游产业新发展定位和方向,加强旅游相关重点学科和紧缺专业建设。鼓励全省高校与地方政府、旅游企业合作,支持各地采取人才引进费、安家补助费以及科研成果奖励等政策吸引旅游高端人才和紧缺人才。加强对基层一线旅游人才的旅游服务质量培训,提升乡村旅游人才旅游服务质量意识和专业化水平。

(五)加快推进旅游信用体系建设

17.完善旅游市场信用监管制度

按照"制度化引领、项目化推进、闭环化管理"的总体思路,构筑以《浙江省文化和旅游行业信用评价管理办法(试行)》为核心,《浙江省旅行社信用评价指引》《浙江省旅游黑名单管理工作流程》《浙江省文化和旅游数据采集

规范（试行）》等 8 项配套制度共同构成的制度体系，形成"数据采集—信用评价—分级分类—精准监管—结果反馈—优化评价"管理闭环，以"旅行社"为突破口，积极推进"一平台三体系"（一平台指文旅行业信用监管平台，三体系指行业信用评价体系、管理体系和应用体系）建设，率先打造旅行社信用监管"浙江模式"。

18.完善信用承诺制度

完善行政审批告知承诺制度。针对旅游行业市场主体的不同类型，聚焦易发、频发的不良行为事项，建立实施信用承诺制度，引导旅游行业市场主体做出信用承诺，强化诚信自律。支持旅游行业协会建立健全行业内信用承诺制度，加强行业自律。

19.推进信用分级分类监管

研究制定旅游企业信用评价规范，组织开展企业信用评价，依托信用评价结果实施分级分类监管。

20.严格失信名单管理

坚持"应列入尽列入"原则，依法依规将查处的符合列入条件的失信主体列入失信名单，依法实施信用惩戒，进一步增强震慑力。

21.建立信用修复机制

研究建立保护市场主体权益的信用修复机制，科学地界定可修复的失信行为，明确修复内容，规范与失信严重程度相对应的修复条件和程序，逐项开展信用修复。建立健全跨部门信用修复的协调机制，加强信用修复信息共享，提高信用修复效率。

22.拓展信用应用场景

加大诚信应用，把诚信经营管理列为景区、饭店、旅行社、在线旅游经营者、民宿等评等定级

的重要内容。依托"浙里好玩"平台，推广"信用码"应用，使"信用码"成为旅行社亮信用的窗口，也成为游客评服务的入口。

（六）加强行业旅游服务质量监管

23.构建高效协调的旅游服务质量监管体系

探索旅游服务质量整体智治。加快制定旅游服务质量监管目录、流程和标准，构建高效协同的旅游服务质量监管体系。推进依法治旅，强化服务质量源头管控。优化法治化营商环境，健全知识产权保护机制，加大对旅游商品商标、专利的保护力度，建立公平开放透明的市场规则。健全旅游领域公平竞争审查机制，坚决反对垄断和不正当竞争行为。对各类不正当竞争行为加强预警、分析，及时发现倾向性、苗头性问题。

24.加强综合执法工作

围绕侵害游客合法权益、影响游客旅游体验和满意度的突出问题，进一步加大旅游市场执法监管力度。常态化开展"体检式"暗访评估工作，加强对各类在线旅游经营者、互联网平台等的日常监测，及时处置监测发现的各类问题。加强执法队伍建设，健全旅游文化市场综合执法监管绩效考评制度，完善全省旅游文化市场综合执法权力清单、"双随机、一公开"和行政裁量权细化标准。提升旅游市场监管能力，严厉打击发布虚假广告或不实旅游产品信息等非法旅游经营行为，严厉惩处诱导购物、"零负团费"等违法违规行为，维护旅游市场秩序。

25.坚持包容审慎监管

鼓励支持旅游企业创新发展，加强对新技术、新模式、新业态发展规律研究，创新监管模式和方法。建立在线旅游市场监管机制，及时将新进入在线旅游经营领域的综合网络平台纳入监管视野，建立在线旅游产品价格预警机制、旅游产品网络巡查机制，引导在线旅游平台企业等新兴市场主体守法经营、履行责任、提升旅游服务质量，健康有序发展。

26.创新质量监管方式

探索 5G 场景下数字智能综合执法体系，不断提高非现场执法监管能力。形成"互联网＋监管业务"闭环，实现所有执法事项网上办、掌上办，全程留痕可追溯，建立电子执法档案，推动执法更加严格规范公正文明。建立健全旅游服务质量暗访制度和旅游服务质量重大事故约谈制度。研究建立旅游市场主体信息面向社会开放查询功能，依法公开市场主体信息。

27.健全公平竞争审查机制

健全旅游领域公平竞争审查机制，坚决反对垄断和不正当竞争行为。对各类不正当竞争行为加强预警、分析，及时发现倾向性、苗头性问题，将违法行为线索移交市场监管等部门进行查处。

28.加强游客权益保护

完善旅游公共服务协调机制。推进旅游矛盾调解中心建设，健全人民调解与行政调解、司法调解"三调联动"体系，推进旅游行政调解进驻当地社会矛盾纠纷调处化解中心，实现纠纷化解"最多跑一地"。推进矛盾调解中心进景区，5A 级旅游景区、国家级旅游度假区游客中心设置矛盾

调解室。关注特殊游客群体,健全无障碍旅游公共服务标准,在3A级及以上旅游景区和国家级、省级旅游度假区均设有特殊人群服务窗口。完善旅游投诉机制,用好旅游服务热线,确保投诉受理率和办结率均在95%以上。支持和鼓励地方建立赔偿先付制度。增强游客权益保护的法律意识,定期发布旅游纠纷典型案例,加强"以案释法",引导游客理性消费、依法维权。

四、保障措施

(一)加强组织领导

各地要高度重视旅游服务质量监管和提升工作,将其作为推动地方旅游业高质量发展的重要内容。要把旅游业高质量发展纳入各市、县(市、区)绩效目标考核,作为领导班子和干部实绩考核重要内容。要进一步完善领导机制和协调机制,加强与公安、应急管理、交通运输、市场监管等部门的协调配合,统筹推进服务质量提升工作。要制定具体落实方案,确保旅游服务质量监管和提升工作取得实效。

(二)加强宣传引导

各地要大力宣传提升旅游服务质量的政策措施,利用各种媒体报道提升旅游服务质量的典型案例、突出成就,营造全社会关注旅游服务质量、参与旅游服务质量提升的良好氛围。要举办形式多样的旅游服务质量主题活动,加强对游客的宣传教育,引导游客形成质价相符的成熟消费观。

(三)加强监督评估

各地要组织开展各种形式的明察暗访活动,落实监管责任,加强督促指导。要加强对旅游服务质量监管和提升工作落实情况的跟踪评估,建立和完善旅游服务质量评价体系。要充分发挥各类行业协会作用,自觉开展行业自律,抓好整改提升。要积极借助社会力量参与服务质量监督,开展第三方评估,并适时将第三方评估结果向社会公布。要建立激励机制,对旅游服务质量监管和提升工作取得良好成效的单位和个人实施正向激励。各设区市文化和旅游部门于每年12月5日前向省文化和旅游厅报送辖区内旅游服务质量提升工作落实进展情况。

浙江省文化和旅游厅　浙江省文物局
关于全面贯彻省委文化工作会议精神
实施浙江省文化和旅游领航计划的通知

浙文旅〔2021〕90号

各市、县(市、区)文化和旅游局,厅属各单位,厅局机关各处室(专班):

为全面贯彻省委文化工作会议精神,推动浙江文化和旅游加快发展、率先发展,促进"重要窗口"建设,争创社会主义现代化先行省、高质量发展建设共同富裕示范区,经研究,决定实施浙江省文化和旅游领航计划。现就有关工作通知如下:

一、总体要求

以习近平新时代中国特色社会主义思想为指引,以数字化改革为统领,坚决扛起建设"重要窗口"和"共同富裕示范区"的使命担当,突出改革创新,注重先试先行、优势再造,努力形成一批具有重要影响力、浙江辨识度的文化和旅游标志性成果,确保"十四五"时期我省文化建设和旅游发展整体走在前列,努力建成新时代文化高地、中国最佳旅游目的地、全国文化和旅游融合发展样板地。

二、主要内容

重点突破、整体提升,清单化管理、项目化推进,以省委文化工作会议为依据,立足浙江文化和旅游发展基础,编制《"十四五"时期浙江省文化和旅游领航计划重点项目》(详见附件),主要内容包括促进共同富裕、弘扬传统文化、繁荣文化艺术、提升公共服务、深化文旅融合、加快产业发展、扩大交流合作、发展数字科技、创新体制机制、完善保障体系等10个类别90个重点项目。通过上述重点项目的实施,推动浙江文化建设和旅游发展各领域取得重大进展,形成领航态势、领先优势,为全国文化和旅游改革发展做出表率、提供经验。

三、组织实施

(一)落实责任

各地各单位要把浙江省文化和旅游领航计划作为贯彻省委文化工作会议精神、落实《浙江省文化改革发展"十四五"规划》和《浙江省旅游业发展"十四五"规划》的重要抓手。认真对照领航计划重点项目清单,细化工作举措,明确"任务书"和"时间表",切实把工作任务落到实处。鼓励各地各单位在此基础上探索拓展。

(二)联动推进

坚持整体智治、系统推进,建立省地协同、上下联动工作机制。推进区域之间合作,鼓励强强联合,推动优势互补。积极发动社会力量参与,强化政企互动、社会参与的机制,推动有为政府与有效市场更好结合,形成推进工作强大合力。

(三)强化保障

各地各单位要积极研究政策供给。争取对领航计划重点项目的财政支持力度。加强与金融机构合作,千方百计为项目建设提供资金保障。统筹推进用地、制度、人才等要素保障,促进领航落地见效。

(四)考核评估

结合"十四五"发展规划的评估机制,建立工作推进评价制度,每个项目设立评价指标,建立数据采集渠道和机制。把领航计划重点项目实施情况纳入对厅局机关处室和厅属单位的年度目标责任制考核,纳入厅重点工作督查内容,强化督促、检查、晾晒和考核工作,探索建立激励机制,确保高质量完成目标任务。

(五)加强宣传

支持和鼓励各地各单位积极创新,着力创造"最佳实践案例",推荐优秀案例纳入厅高质量发展促进共同富裕"最佳实践案例库"。加强与新闻媒体的联络合作,持续开展对先进典型和经验的宣传,全面展示建设成果,不断提升领航计划知名度、影响力。动员全省文化和旅游系统干部职工及全省文化和旅游企业积极参与,营造领航计划实施的良好氛围。

附件:"十四五"时期浙江省文化和旅游领航计划重点项目

浙江省文化和旅游厅
浙江省文物局
2021 年 9 月 30 日

附件

"十四五"时期浙江省文化和旅游领航计划重点项目

序号	项目名称	目标与成果	重要举措	责任处室(专班)
一、促进共同富裕				
1	推进群众"精神富有"工程建设	基本建成新时代文化高地,"15 分钟品质文化生活圈"覆盖城乡,人均年出游率达 6 次数,人民群众的基本文化权益得到有效保障,人文精神凝聚力显著增强,共同富裕内生动力有效激发。	1.开展"以文化人"行动。实施文化基因解码,推进文化标识建设。 2.提升文化遗产保护利用水平,赓续红色根脉,增强共同富裕的文化自信。 3.协同规划建设之江艺术长廊,打造具有世界影响、中国气派的艺术教育中心、历史文化集群、艺术生活社区、艺术交流枢纽。 4.加强新时代艺术创作,丰富公共文化供给。 5.构建公共文化服务共建共享机制,提升公共文化服务标准。 6.加大旅游供给,丰富群众旅游生活。倡导文明旅游,促进社会文明建设。	厅公共服务处 厅艺术处 厅资源开发处 厅科技与教育处 厅非物质文化遗产处 厅市场管理处 局文物保护与考古处 局博物馆与社会文物处

序号	项目名称	目标与成果	重要举措	责任处室（专班）
2	文化和旅游山海协作赋能区域协调发展	建立省域一体化发展制度体系和标准体系，补齐文化和旅游发展短板，全省各县（市、区）文化和旅游产业增加值占GDP比重均不低于5%，地区人均文化和旅游总收入最高最低倍差小于2.1，努力成为文化和旅游城乡区域协调发展的省域范例。	1. 支持山区26县创建全域旅游示范区，培育千万级核心大景区、5A级旅游景区、国家级旅游度假区。 2. 支持山区26县文化建设，发展历史经典产业。 3. 努力将18个山海协作生态旅游文化产业园打造为旅游发展的主平台。 4. 支持山区26县重大文旅项目招引，加大旅游市场推介力度。	厅资源开发处 厅产业发展处 省文化和旅游宣传推广信息中心
3	乡村旅游富民	探索形成乡村文化和旅游资源利用路径与运营机制，推动乡村旅游产业发展壮大，完善利益联结机制，乡村旅游收入占农村居民人均可支配收入的比重达13%以上。	1. 实施"万户农家旅游致富计划"，重点针对低收入农户，促进乡村旅游就业创业、农产品销售、增加农民财产性收入。 2. 搭建乡村旅游创业平台，吸引人才"回流"。 3. 支持湖州市举办乡村旅游国际性活动。 4. 制定《浙江省乡村文旅运营导则》，培养一批乡村旅游运营师。 5. 完善县（市、区）乡村旅游收入占农村居民可支配收入统计标准和方法。 6. 推广衢州"旅行社＋景区村运营"乡村旅游富民等做法。	厅资源开发处 厅科技与教育处 厅非物质文化遗产处 厅产业发展处 厅对外合作交流处
4	艺术振兴乡村	深度挖掘乡村和艺术内在潜质，探索艺术赋能乡村振兴的路径与方法，用新的当代艺术语境激活传统文化基因，形成艺术振兴乡村浙江模式。	1. 推动艺术人才支持乡村建设。 2. 支持乡村艺术走廊建设，探索农耕文化植入旅游产业的方法经验。 3. 推广宁海县葛家村"艺术院校＋乡村"艺术振兴乡村模式。 4. 推动优质美术资源下沉，培育浙江省百个美丽乡村美育村（社区），助力乡村振兴。	厅艺术处 厅公共服务处 厅产业发展处
5	民宿业提升发展	推动民宿高质量发展，到2025年，民宿超过2万家，创建等级民宿800家，文化主题民宿200家，民宿集聚区30个，经营总收入比"十三五"期末增长50%以上，为全国民宿发展提供浙江样板。	1. 落实《浙江省乡村民宿提质富民三年行动计划（2020—2022）》，推进民宿助力乡村振兴改革试点。 2. 探索民宿业2.0版标准。 3. 引导当地群众发展民宿，全面提升民宿标准化、品牌化、产业化、品质化，培育一批民宿集聚区。 4. 实施民宿推广工程，加强宣传推广，打造一批民宿区域品牌。	厅资源开发处
6	非遗助力乡村振兴	到2025年，建成10个省级文化传承生态保护区；培育100家省非遗体验基地、120家省非遗生产性保护基地、100个非遗主题小镇和民俗文化村，形成非遗助力乡村振兴先行路径。	1. 扶持传承人开展生产性保护，促进非遗产品融入现代生活、进入消费市场，带动群众就业。 2. 支持鼓励非遗产品创新，评选一批优秀非遗旅游商品。 3. 加快形成非遗生态保护区、非遗小镇、民俗文化村建设模式。	厅非物质文化遗产处
7	海洋渔文化旅游助力渔民转业转产	探索形成海上"绿水青山就是金山银山"理念旅游转化路径，促进渔民共同富裕。	1. 以象山为试点，重点建设国家级海洋渔文化生态保护区和全国海洋渔文化实践和产业基地。 2. 大力发展特色海洋渔文化旅游，助力传统渔业渔民转产转业，选择少数县（市、区）先行试点，形成海上"绿水青山就是金山银山"理念旅游转化模式，并加以推广。 3. 探索制定海洋休闲旅游船舶管理办法。	厅资源开发处 厅非物质文化遗产处 厅产业发展处

续　表

序号	项目名称	目标与成果	重要举措	责任处室（专班）
8	文化现代化基本单元建设	建成100个未来社区公共文化空间，建成一批呈现未来元素、彰显江南韵味的示范性乡村文化新社区，提升服务便捷性和群众参与度。	1.形成未来社区公共文化空间建设标准，并加快推进。 2.开展未来乡村文化建设试点，制定《未来乡村文化建设工作指南》。 3.创新打造服务和治理应用新场景，加快形成浙江模式。	厅公共服务处
9	现代旅游基本单元建设	突出绿色发展、人性化高品质服务、未来科技运用、数字赋能等要素，推动旅游产品迭代升级，打造在全国有影响力的"未来旅游先行区"。	1.着力在理念、业态、服务、管理等方面集成创新，加快形成浙江经验。 2.探索未来乡村旅游模式，建设未来景区、未来度假区、未来酒店、未来民宿、未来旅行社等未来系列旅游产品，分类制定认定标准。	厅资源开发处 厅市场管理处 厅标准化专班
10	文化和旅游扶贫协作和对口支援对口合作	构建援疆援藏等全方位多层次对口帮扶机制，打造文化和旅游对口支援工作"金名片"。	1.发挥浙江优势，实施"文化润疆、旅游兴疆"等支援工程。 2.以交流合作、文化走亲、文艺创作、客源输送、宣传推介、人才培养、产业提升为主要内容，推动浙江与新疆、西藏、青海、四川、吉林等地建立更紧密对口工作机制。 3.推广促进高质量发展建设共同富裕示范区的经验模式。	厅对口专班

二、弘扬传统文化

序号	项目名称	目标与成果	重要举措	责任处室（专班）
11	文化基因解码	到2022年底，全省核心文化资源基因解码工程基本完成。到2025年，以文化基因为基础的文旅产业融合发展环境和机制基本成型，浙江文化价值体系更加清晰、更加凸显，文化应用体系更加高效，为"精神富有"提供文化支撑。	1.系统梳理研究浙江历史文脉，完成1500个左右重点文化基因解码工作，建成浙江省文化基因库，描绘浙江文化基因图谱，推出一批有重要影响的原创性成果。 2.深入挖掘宋韵文化、南孔文化、和合文化、越文化、阳明文化、丝瓷酒茶产业文化、浙东学派、永嘉学派等文化内涵。 3.推出一批文化基因解码成果转化利用示范性项目，努力扩大浙江文化影响力。	厅基因解码专班
12	浙江文化标识建设	以浙江省"文化基因解码工程"为基础，以浙江文化标识建设为抓手，形成文化建设的工作链条，把新时代文化高地建设抓实抓落地，在推动300个文化标识建设项目的基础上，加快形成"宋韵文化"等一批具有浙江辨识度的文化标识和"金名片"。	以文化标识为抓手，统筹串联文化和旅游资源普查、文化遗产保护、艺术创作表演、文化旅游场景和线路开发、文创产品研发、市场营销、惠民服务、对外宣传交流等各环节，形成浙江文化标志性成果。在以下几个方面重点突破： 1.协同实施"宋韵文化传世工程"，构建宋韵文化标识体系，加强宋代历史文化考古及研究，指导南宋皇城遗址综合保护暨南宋博物院建设，推进绍兴宋六陵遗址、临安洞霄宫考古与保护工作，强化南宋文化研究资源整合，形成宋韵文化挖掘、保护、提升、研究、传承工作体系。 2.打造世界文化遗产集群，加强杭州西湖文化景观、大运河（浙江段）、良渚古城遗址世界文化遗产的保护利用，争取将上山文化遗址群纳入中国世界文化遗产预备名单。 3.建设良渚古城、上山文化、河姆渡文化等30个考古遗址公园，大力宣传良渚文化、上山文化、河姆渡文化在中华城市文明起源、农业文明起源、海洋文明起源中的地位。	厅公共服务处 厅基因解码专班 厅艺术处 厅非物质文化遗产处 厅资源开发处 厅产业发展处 厅对外合作交流处 局文物保护与考古处

序号	项目名称	目标与成果	重要举措	责任处室（专班）
13	"文明探源"重大考古	到2025年，浙江考古和文明探源取得显著成果，水下遗产保护工作取得重大进展，争取新增国家考古遗址公园1处、省级考古遗址公园5处，凸显浙江在中华文明演进中的'启明星'地位。	1.推动国家文物局"考古中国——长江下游区域文明模式研究"等重大项目取得明显进展。 2.建设"一主五中心十个工作站"考古工作机构体系。探索建立考古前置的有效介入机制。 3.完善水下考古科研机构布局，增设国家水下文化遗产保护宁波基地北仑工作站，争取国家文物局水下文化遗产保护中心东海基地落户宁波。 4.深入开展浙江"三海"（海丝、海防、海港）遗存研究，启动宁波象山塘横湾沉船发掘项目、温州瓯江口海域水下考古项目。争取组队赴沙特开展塞林港考古等境外水下考古项目。 5.继续推进考古工作，争取部分重点项目成为全国重大考古发现。	局文物保护与考古处
14	古城古村复兴	依托浙江丰富的古城、民居类文物建筑资源，以文旅融合为主线，推动古城古村复兴发展。到2025年，配合省发改委推进30—40个古城复兴计划，维修民居类文物建筑不少于1000幢、100万平方米，形成古城古村复兴浙江模式。	1.实施古城古村文物建筑分类保护计划，推动古城古村串点成线、连片发展。 2.探索古城文物建筑合理利用模式，推动古城重塑空间风貌、重构产业布局、重续优良传统、重焕生机活力。 3.推广完善松阳县"拯救老屋行动"实践模式，建设传统村落集聚区，利用已维修文物建筑开展乡村经济新业态探索，助力乡村振兴。	局文物保护与考古处
15	建设现代博物馆体系	实施博物馆质量提升工程，至2025年，培育世界一流博物馆1家，打造10家国内领先博物馆，国家等级博物馆数量达到100家，实现县县有博物馆发展目标，力争3个陈列展览列入全国博物馆十大陈列展览精品奖，全省博物馆特色化、精准化服务水平显著提升，形成具有社会影响力的全省博物馆服务系列品牌。	1.加快浙江省博物馆之江馆区建设，做大做强中央地方共建国家级博物馆。鼓励国有企业、大专院校建设专题博物馆（大运河博物馆），探索推进乡村展示馆建设。 2.提升博物馆展示水平，探索实施策展人制度。 3.整合区域资源和专题优势，打造博物馆联盟。 4.建设数字博物馆，提升智慧服务水平。筹建"浙江可移动文物数字资源管理平台"。 5.探索引入社会力量代管托管中小博物馆运营机制，提升博物馆基本公共文化服务水平。 6.与高校开展合作，加强科研与研究生培养，积极向研究型博物馆转型。 7.推行"馆中馆"体制，改革文物收藏机制，拓展渠道，创新引入社会力量参与机制。	局博物馆与社会文物处　厅社会组织专班
16	类博物馆培育	探索乡村传统文化载体建设，以多种方式打造覆盖面全、特色鲜明、示范性强、服务基层的乡村博物馆1000家，留住文明根脉。	1.制定乡村博物馆建设和服务规范。 2.创新乡村博物馆管理和运营机制，开展乡村博物馆等级评定。 3.基本构建政府、社会力量、个人多元办乡村博物馆新体制新机制。	局博物馆与社会文物处

续　表

序号	项目名称	目标与成果	重要举措	责任处室（专班）
17	文物安全治理	全面压实文物安全责任，提升文物安全监管和执法水平，探索形成文物安全治理体系。	1.开展文物安全"大排查大整治大提升"攻坚行动，建立文物安全体系。 2.实施文物安全精密智控工程，依托浙江省世界遗产监测中心形成全省文物安全智能监管"一张网"，实现文物安全分级智慧监管新模式，并绘制分色图。 3.实施文物平安工程，加快推进文物安防、消防、防雷等安全防护基础设施建设，加强智能分析、生物识别等现代科学技术和无人机、机器人等先进智能设备的应用。 4.对省级（含）以上文物保护单位推行属地政府领导负责的"宝长制"。 5.鼓励推行私有产权文物建筑征收、置换、流转制度，推动民居类文物建筑由分散式、粗放型管理向相对集中的规范化管理转变。	局文物安全与督察处
18	人类非遗和国家级非遗保护	到2025年，继续保持人类非遗和国家级非遗项目数量全国领先，提升非遗项目保护质量，推进非遗保护科学化、规范化、制度化。	1.积极申报人类非遗和国家级非遗新项目。 2.实施列入人类非遗代表性名录项目的"3＋N"保护行动，提高全省10个人类非遗项目履约能力。 3.开展新的省级非遗项目评估工作，指导地方开展市、县级非遗挖掘保护工作。	厅非物质文化遗产处
19	非遗传承人队伍建设	壮大非遗传承人队伍，使国家级、省级代表性传承人数量分别达240人和1200人以上，创新各级非物质文化遗产名录项目代表性传承人的管理，完善非遗传承体系。	1.实施国家级非物质文化遗产代表性传承人记录工程。 2.推行师徒传承协议制度、传承基地责任制度等，有效推进师徒传承、群体传承、院校传承等多种形式的传承活动。 3.支持国家级代表性传承人开展传承活动。 4.探索建立国家级代表性传承人工作站制度。 5.建立和完善代表性传承人认定和退出机制。 6.指导高校设置非遗专业，探索非遗现代传承方式。	厅非物质文化遗产处 厅科技与教育处
20	非遗展示基地建设	到2025年，建成1个国家级非物质文化遗产馆，形成覆盖全省城乡的非遗传承发展空间。	1.建成浙江省非遗馆。 2.建设100个非遗展示馆、100个非遗生活馆、100条非遗街区。 3.培育100家文化主题（非遗）民宿。	厅非物质文化遗产处 厅资源开发处 厅产业发展处
21	非遗活化工程	坚持"见人见物见生活"，推动非遗资源优势转化为经济社会发展优势，更好融入人民群众生产生活。到2025年，创建10个省级文化传承生态保护区，持续推动我省非遗传承发展工作走在全国前列。	1.推出一批非遗精品旅游线路、优秀非遗旅游商品，打造一批非遗体验点。 2.组织举办非遗展览展示展演和节庆活动，全省形成5个左右品牌活动。 3.推动社会化传播普及，组织非遗进校园活动，打响"少年非遗说"品牌。 4.实施传统工艺振兴计划，建设传统工艺工作站。 5.实施"我们的节日"主题活动。	厅非物质文化遗产处 厅产业发展处

序号	项目名称	目标与成果	重要举措	责任处室（专班）
22	传统戏曲振兴	深入挖掘浙江传统戏曲深厚底蕴和丰富资源，传承优秀保留剧目，面向市场、面向观众，广泛演出人民群众喜闻乐见的优秀传统戏剧作品。到2025年，全省累计推出50部传统优秀保留剧目，实施100场优秀保留剧目展演活动，建设传统戏曲振兴发展新高地。	1.实施戏曲传承保护计划，确保18个戏曲剧种"一个都不能少"。 2.推进越剧、昆曲、婺剧、京剧等特色传统戏剧传承发展，着力建设中国越剧之乡，推动越剧申报人类非物质文化遗产代表作名录。 3.办好中国越剧艺术节、"浙江戏曲北京周""浙江省传统戏曲演出季"，打造"浙江好腔调"品牌，设立非遗曲艺书场试点，扩大戏曲传播渠道。 4.实施"浙里好戏"优秀保留剧目传承计划，每年评选推出10部左右浙江传统戏剧优秀保留剧目，组织展演展示。 5.完成对民间戏曲剧种曲牌抢救保护。 6.加大传统戏曲领军人才培养，依托浙江音乐学院、浙江艺术职业学院等，加强戏曲教育。 7.实施戏曲进校园"八个一"计划，确保大中小学校学生每年观看1场戏曲演出。	厅艺术处 厅非物质文化遗产处

三、繁荣文化艺术

序号	项目名称	目标与成果	重要举措	责任处室（专班）
23	舞台艺术精品创作	到2025年，夯实文艺高峰建设基础，推出3—5部在全国具有重要影响的舞台艺术精品和2—5首优秀歌曲，力争在"之江潮"杯文化大奖评选中斩获佳绩，力争在全国精神文明建设"五个一工程奖"、文华大奖等重大奖项评审中实现新突破。	1.建立全周期艺术精品服务机制。 2.实施文艺精品创作攀峰计划，设立重点题材库，推动创作题材规划，组织各设区市、县（市、区）每年开展创作活动。 3.实施"美丽浙江"原创艺术项目扶持计划，推出一批省内中青年创作团队为主创作的原创艺术项目。 4.推进浙江文艺创研中心建设，发挥"中国·中东欧国家艺术创作与研究中心""中国-中东欧国家音乐院校联盟"的作用； 5.积极申报国家艺术基金项目。 6.建立省地协同创演机制，地方出题材、资金，省属院团出创作、人才。 7.实施群众文艺精品创作计划。	厅艺术处 厅公共服务处
24	原创歌曲创作	形成原创歌曲创作良好生态，培育一批优秀作曲家，推出一批新时代的浙江"采茶舞曲"。	1.开展浙江省讴歌"新时代"原创主题歌曲创作。 2.实施"诗画浙江"全省旅游歌曲创作推广计划，每两年举办一次全省旅游歌曲创作演唱大赛。 3.加强作曲家队伍建设。 4.加强与网易云平台等合作，推广原创歌曲。	厅艺术处
25	打造舞台艺术演出院线	构建以演出运营为核心，兼容剧院管理、剧目制作、艺术普及教育、艺术商业开发等"泛剧院"文艺综合体生态链。	1.组建"浙江舞台艺术演出院线"，高效开发整合浙江省内优质演艺资源，推介浙江优秀艺术作品。 2.对外引进优质演出剧目。 3.开发"浙江演艺"票务营销小程序，让观众在线下观赏演出的同时获得线上优质会员体验。 4.拓宽剧院的商业模式和盈利模式。	厅艺术处 厅市场管理处

续　表

序号	项目名称	目标与成果	重要举措	责任处室（专班）
26	发展旅游演艺	到2025年，培育50个旅游演艺示范项目，推出10部具有全国影响力的演艺力作，打造10个旅游演艺集聚区，形成中国演艺品牌。	1.制定实施《关于促进旅游演艺发展的指导意见》，优化产业发展布局、推动业态创新。 2.支持宋城演艺等龙头企业发展壮大和品牌输出，提升浙江旅游演艺知名度，带动旅游演艺快速发展。 3.鼓励引入国际知名旅游演艺品牌，举办世界旅游演艺论坛，扩大浙江旅游演艺影响力。 4.推动旅游演艺进景区，提升A级景区吸引力。	厅艺术处 厅产业发展处 厅市场管理处 厅执法指导监督处
27	提升国有文艺院团综合竞争力	到2025年，全省国有文艺院团高质量发展指数达标率达100%，推动市级国有文艺院团实现全覆盖；入选全国重点艺术院团名录数量增至20家。	1.完善"一团一策"，建立国有院团文艺精品扶持机制。 2.国有文艺改制院团除人员身份、收入分配机制转变之外，资产属性要从非经营性资产转为经营性资产，跑完"最后一公里"。 3.按照多演出多得酬劳的原则，实行演出收入向业务骨干和做出突出业绩的人才倾斜、向一线演员倾斜、向关键岗位和特殊岗位倾斜的分配机制。	厅艺术处
28	民营文艺表演团体发展	优化民营文艺表演团体发展环境，构建民营文艺表演团体与国有文艺院团公平竞争、优势互补、共同发展的机制。	1.研究制定扶持民营文艺表演团体发展的意见。 2.指导推动民办文艺院团在股份合作、人才队伍建设、政府购买服务、旅游演艺、展演平台搭建、体制机制创新等方面，形成浙江经验和做法。 3.构建国有与民营院团资本流动、人才共享、税收优惠、共享发展平台一视同仁的政策环境。	厅艺术处 厅市场管理处
29	积极发展音乐艺术	推动设区市和有条件的县（市、区）音乐场馆、音乐学校、音乐团体"三位一体"建设，夯实浙江听觉艺术事业发展基础。到2025年，规划建设或改造提升50个音乐场馆、50所音乐特色学校、50个音乐表演团体、50个音乐小镇，努力打造文化浙江音乐艺术新标识。	1.制定实施音乐艺术"三位一体"建设方案，推出音乐艺术"三位一体"建设标准，提升建设质量。 2.确定一批试点城市，鼓励试点单位大胆探索，提炼发展经验。 3.强化资源共享，推动省地合作，探索协同发展新模式。	厅艺术处

四、提升公共服务

序号	项目名称	目标与成果	重要举措	责任处室（专班）
30	文化设施网络建设	推动重大公共文化设施建设，持续完善基层综合性文化服务中心。到2025年，建成一批省级文化地标，实现"市有五馆一院一厅、县有四馆一院、区有三馆、乡镇（街道）有综合文化站，农村有文化礼堂"，促进公共文化设施达标提质，打造覆盖城乡、功能完备、便捷高效的公共文化设施网络2.0版。	1.高水平建设之江文化中心、浙江音乐厅（新馆）、越剧博物馆、新时代文化艺术创研基地等重大标志性公共服务设施。 2.推动设区市文化馆、图书馆全部达到国家一级馆标准。 3.推动县级公共文化服务设施建设，一类地区图书馆、文化馆以国家一级馆为主，至少达到国家二级馆标准；二类地区图书馆、文化馆达到国家一级馆标准。 4.实现100%的乡镇（街道）设三级（含）以上文化站，其中二类地区为二级（含）以上文化站；一类地区以二级（含）以上文化站为主。 5.吸收社会力量参与公共服务设施运营管理。	厅资源开发处 厅公共服务处 厅基建专班

序号	项目名称	目标与成果	重要举措	责任处室(专班)
31	构建优质文化供给体系	着眼人民群众的美好生活新需求,完善服务供需对接机制,培育多元供给主体,加大优质文化产品供给。到2025年,公共文化服务供给体系更加完善、供给质量大幅提升,建成公共文化服务现代化先行省。	1.制定《关于高质量建设公共文化服务现代化先行省的实施意见》,出台公共文化服务标准2.0版。 2.开展浙江省公共文化服务现代化先行县(领航项目)创建工作。 3.深化公共文化服务供给侧结构性改革,突出浙江优秀文化,以弘扬社会主义核心价值观为导向,提升"送文化""文化走亲"服务质量。 4.提升民族文化供给质量,围绕铸牢中华民族命运共同体,生产优秀文化产品,提供优质公共文化服务。 5.完善公共文化服务供需对接机制,探索开展互动式、菜单式公共文化配送。 6.培育多元供给主体,创新购买公共文化服务模式,适度增加社会化运营,加强对文化类社会组织规范引导。	厅公共服务处
32	城市公共文化空间拓展	到2025年,建设100个左右"城市书房""书吧",100个左右未来社区公共文化空间,实现城市公共文化空间总量上明显增加,布局上更加合理。	1.因地制宜建设一批文化景观道路、文化休闲绿道、文化广场公园、文化街区园区、文化阅读空间、文化驿站。 2.落实《浙江省居民住宅区公共文化设施配套建设标准》,实施"百分之一文化计划",确保社区文化空间建设。 3.推动"城市书房""书吧"等城市公共阅读空间建设。	厅公共服务处
33	全省图书馆通借通还场景建设	到2025年,实现图书一键借阅、一体化管理、全省通借通还,建成全省图书馆业务"一张网",服务"一朵云",完善夜间公共服务,拓展图书阅读空间,形成线上线下融合服务圈,丰富人民群众阅读文化生活,显著提升图书馆服务效能,引领全国现代图书馆体系建设。	1.建成浙江省公共图书馆通借通还系统平台,接入全省县级以上公共图书馆,在国内率先打破省域图书借阅服务地域限制,进一步提升无门槛、零距离阅读服务覆盖范围。 2.推动城市书房、百姓书屋、文化驿站、书香酒店等特色阅读场所建设,打造"家门口"的图书馆、"10分钟阅读圈"。 3.完善数字服务,推行全省公共图书馆通借通还,推动图书馆服务"云集成"。 4.推广"信阅"服务,全省公共图书馆全面实行借阅服务零门槛。 5.深入实施浙江省古籍保护计划,加大数字赋能力度,完善古籍保护工作体系。	厅公共服务处
34	构建公共文化服务新机制	加快构建政府主导、社会参与、市场主体的公共文化服务机制。	1.探索推行"浙江文化保障卡"制度。 2.大力发展文化志愿服务、文化捐赠、文化公益等,推广"文化管家"等社会化参与模式。 3.引导和扶持文化类社会组织发展,鼓励社会力量参与公共文化服务供给和设施运营管理。 4.开展文化示范户和乡村文化能人培育。 5.持续提升"乡村春晚"等公共文化品牌。	厅公共服务处 厅社会组织专班
35	图书馆文化馆总分馆制建设	推进县级文化馆、图书馆总分馆制建设,发挥县级总馆在县域公共文化建设中的中枢作用,通过分馆把优质公共文化服务延伸到基层农村,增加公共文化产品和服务供给。	1.深入推进县级图书馆、文化馆总分馆建设,建成图书馆分馆1500家,文化馆分馆1000家。 2.鼓励具备条件的学校、科研机构、企业等的图书馆(室)、职工书屋、文化室等根据自身职能特点,在自愿原则下成为县级文化馆或图书馆的分馆。 3.通过专业化服务、科学化管理,做好总分馆日常管理运行。	厅公共服务处

续　表

序号	项目名称	目标与成果	重要举措	责任处室（专班）
36	全省美术馆建设	以视觉感知多样化、视觉接受媒介化、视觉文化延展化为切入点，打造以浙江美术馆为样板的当代展览视觉体系，建成沉浸式未来展厅，助推浙派艺术走向全国，构筑展示浙江文化的重要窗口。	1.开展美术馆展览视觉研究，构建现代美术馆展览视觉理论，在浙江美术馆形成高品质当代展览视觉样板。 2.创新展陈体系，实施"文化浙江"展览计划。 3.全面落实《公共美术馆服务规范》，到2022年，全省"大运河（浙江段）美术馆联盟"会员馆全部达到"共享美术馆"服务标准，提升行业服务水平。 4.推进智慧美术馆建设。 5.建立全省美术藏品资源共享平台，推进长三角美术馆藏品资源共享机制建设。 6.推动浙江美术馆向"研究型美术馆"转型。 7.在设区市布局美术馆的基础上，指导支持有条件的县（市、区）建设美术馆。	厅艺术处
37	旅游公共服务体系构建	服务打造中国最佳旅游目的地，科学界定旅游公共服务边界和内涵，实现信息咨询便利高效、如厕干净无障碍等，建立科学合理的投入、建设和管理机制，率先建成现代旅游公共服务体系。	1.将公共文化服务体系融入旅游公共服务体系建设规划，探索制定旅游公共服务标准体系。 2.深入实施"厕所革命"，加快第三卫生间建设步伐，提高女性厕位比例，建立等级厕所退出机制。 3.推进智慧旅游公共咨询服务进社区、高速服务区、文博场馆，形成全省统一导览服务体系。 4.健全无障碍旅游公共服务标准。	厅公共服务处 厅资源开发处
38	假日旅游市场治理	全面落实假日旅游预约制度，探索建立假日旅游市场治理模式，有效保障旅游安全和市场秩序，为旅游提供"安全旅游""舒心旅游"。	1.建立假日旅游交通综合治理机制，按照"一景一策"，解决"停车难、行车堵"难题。 2.建立假日旅游移动厕所战略储备制度，解决"如厕难"难题。 3.完善假日旅游驾驶舱建设和场景设计，推广瓯海"错峰乐游"、安吉"智慧停车"、长兴"共享厕所"、德清"山地游"等应用场景。 4.加强假日旅游市场执法工作。 5.着力解决假日旅游"数"处多门问题。 6.完善假日旅游安全监测机制。	厅市场管理处 厅执法指导监督处 厅公共服务处 厅科技与教育处 厅资源开发处 厅数字化专班
39	旅游与交通融合	聚焦通达性、便捷性、舒适性、效益性，开展交通与旅游融合发展试点，实现海陆空"一小时旅游交通圈"，努力实现全省4A级及以上旅游景区二级以上公路通达率达到95%以上，5A级旅游景区、国家级旅游度假区一级以上公路通达率达到100%，建设旅游交通融合发展强省。	1.完善快速通达、层次分明的旅游交通综合网络，建成便捷舒适、全域覆盖的景区化交通基础设施，建设多级协同、运游一体的风景道路系统，提升交通枢纽各类交通接驳转乘能力。 2.加强旅游公共交通服务，推动汽车租赁企业普遍实行异地还车服务。支持各地建设长三角、浙赣闽皖旅游交通专线。 3.会同相关部门实施"内河航线复兴"计划，建设干支衔接、文脉兴盛的"四条诗路"内河水上游线，完善内河水上交通旅游网络。 4.打造海岛公园"海上游"线路，加强交通连岛项目建设，实现海岛公园"一岛两码头"、旅游码头全覆盖。 5.抢抓2022年杭州亚运会的机遇，加强与相关部门沟通，增加开通国际国内重要城市和旅游客源地航班。 6.构建智慧交通与旅游治理体系。加大交通对旅游专门制度供给力度。	厅资源开发处 厅对外合作交流处

序号	项目名称	目标与成果	重要举措	责任处室（专班）
五、深化文旅融合				
40	"四条诗路"文化带建设	推进大运河文化带和浙东唐诗之路、钱塘江诗路、瓯江山水诗路文化带建设,将历史、文化、生活、生态有效融合,形成"一文含四带,十地耀百珠"的空间形态,打造串联全省诗画山水中外知名的黄金旅游带、中华传统文化传承发展示范带、产业兴盛文旅富民经济带。	1.推进一批重点项目,围绕"谋划一批、开工一批、加快一批、竣工一批"要求,谋划大运河国家文化公园等标志性项目,重点推进300多个总投资上亿元的重点项目建设。 2.培育一批重点明珠,大运河（浙江段）以古镇为珠,钱塘江诗路以古城为珠,浙东唐诗之路以名人名山、故里故居为珠,瓯江山水诗之路以古迹古艺古村为珠,加快推动建设。 3.推出一批主题线路,谋划打造跨省水上游线、诗路精品线、山水人文线、研学主题线等十条精品旅游线路。 4.开展一批节事活动,培育运河国际论坛、乌镇戏剧节、海宁国际观潮节等十大品牌节事活动,打造唐诗之路整体品牌,扩大诗路品牌影响力与传播力度。	厅资源开发处 局文物保护与考古处
41	建设文旅融合评价体系	制定区域文化和旅游融合指数测评指标体系,评估各地文旅融合水平,形成促进全省文旅融合的"指挥棒"。	1.发布文旅融合发展指数。 2.推动创建一批国家级文化和旅游产业融合试验区。 3.推动提升25个省级文旅产业融合试验区。	厅政策法规处 厅科技与教育处 厅产业发展处 厅改革专班
42	推进公共文化场馆景区化	加强文化资源挖掘、整合及创造性转化,推动公共文化场馆资源与旅游深度融合,创建成为旅游景区。到2025年,推动100个公共文化场馆创建成为旅游景区,引领全国公共文化场馆景区化建设新风向。	1.促进博物馆与旅游融合发展,打造10家景区博物馆,完成3A级以上景区创建,开放区域和展示馆藏文物种类超过70%。完成之江文化中心A级景区化建设。 2.推进文化馆、美术馆、图书馆、非遗馆等景区化建设,按照景区标准打造升级,通过旅游展示文化底蕴,加强文化资源活化转化。 3.支持湖州市开展文化和旅游公共服务机构功能融合试点工作,创造经验逐步推广。 4.推进公共文化场馆服务功能拓展先行先试工作。	厅资源开发处 厅艺术处 厅公共服务处 厅非物质文化遗产处 局博物馆与社会文物处
43	打造文化和旅游"金名片"	整合利用浙江文化核心元素和各地特色文化旅游资源,培育文化和旅游"金名片"。到2025年,培育100张文旅融合"金名片",其中力争10张成为世界级和国家级"金名片"。	1.完善省市县联动机制,争取每个市、县（市、区）打造一张以上代表性文旅"金名片",完成100张文旅"金名片"培育、评定工作。 2.将百张"金名片"纳入文化与旅游宣传推广重点工作范畴,提高"金名片"知名度和影响力。 3.强化"金名片"资源开发利用,围绕"金名片"配套文艺作品、旅游体验、产品开发等,形成浙江文化品牌群。	厅资源开发处
44	建设文旅融合IP	到2025年,认定100个省级文旅融合IP,其中10个为国家级文旅融合IP,使浙江文旅融合产品专利、商标、版权注册申请总量和规模位居全国前列,争创全国文旅融合IP发展先行省。	1.全面开展IP资源普查,充分挖掘利用地方文化和旅游资源禀赋,重点培育并认定一批创新意识强、综合带动大、市场前景好的文旅融合IP作为示范类项目。 2.落实《关于加快推进文旅融合IP工程建设的实施意见》,打造浙江文旅融合IP大集群。 3.加强转化利用,形成文旅融合IP的衍生机制和商业模式。 4.实施知识产权战略,提升文化和旅游产业领域的知识产权创造、运用、保护与管理能力,优化产业发展环境。 5.支持浙江工商大学文旅IP研究中心建设。	厅产业发展处

续　表

序号	项目名称	目标与成果	重要举措	责任处室（专班）
45	发展研学旅行	打造"跟着课本游浙江"研学品牌,到2025年,遴选公布具有浙江特色的科普教育、历史文化等省级营地10个以上、省级基地100个以上,精心培育30条具有影响力的研学旅行精品线路,创建一批"中国研学旅游目的地""全国研学旅行示范基地"品牌。	1.实施全省中小学研学旅行计划,推动建立适合不同阶段、不同类型、不同层次的研学旅行产品体系。 2.鼓励有条件的地方开展多种形式的研学旅行活动,支持有条件的地方可试行春、秋亲子研学假期制度。 3.加强研学旅行的理论研究和课程设计,制定《研学旅行课程与线路设计指南》等有关标准。 4.支持各地依托各类特色资源,建设一批主题突出、内容丰富、配套完善、服务规范、安全有序的研学旅行目的地和示范基地。 5.打造"跟着考古去旅游"系列研学体验产品,建设一批考古文化旅游目的地。	厅科技与教育处 厅产业发展处
六、加快产业发展				
46	培育文化和旅游企业集群	实施"领军型、骨干型、新锐型"文旅企业梯度培育计划,壮大文旅市场主体。到2025年,培育100家领军型龙头企业、1000家成长骨干企业和10000家新锐小微企业,打造跨界融合的文旅产业集团和产业联盟。	1.支持优势文旅企业向相关领域横向扩展或跨地区、跨行业、跨所有制整合经营,以打造产业集群为重点,实施产业链协同创新工程,构筑产业链上下游企业共同体。 2.建立全省文旅投资信息发布和通报制度,重点引导和服务民营企业家在浙江投资创业,支持浙商回归发展文化和旅游业。 3.大力支持世界500强和中国500强企业进入文化和旅游领域投资兴业,引进一批国内外大型企业和文旅集团投资落户浙江,提高文旅市场主体的品牌影响力和经营管理能力。 4.指导推动旅行社企业顺应疫情带来的旅游消费新变化,主动改革转型,打造个性化管家式旅游服务产品。	厅产业发展处
47	发展数字文化产业	顺应5G、互联网、大数据、云计算、人工智能等发展新趋势,重点推动动漫游戏、数字音乐、网络文化、数字文化装备等产业发展。到2025年,基本建成之江文化产业带等辐射带动全省数字文化产业发展核心区域和产业集群,培育30个以上具有引领性和示范性的龙头企业,20个以上国内外知名品牌,认定一批数字文化产业示范基地,建成国内一流的数字文化产业示范省。	1.以杭州国际动漫之都建设为重点,推动宁波全国原创动漫产业基地、金华全国动漫游戏产业基地建设,打造动漫产业集群。提升中国(杭州)动漫节办节水平,促进跨界融合发展。 2.引导优秀原创游戏创作与开发,指导杭州电竞数娱小镇、上虞 e 游小镇等电竞小镇建设,打造电子竞技产业集群。 3.依托网易云音乐、浙江音乐学院等载体建设数字音乐云平台、数字音乐产业人才培育基地,推动数字音乐产业创新发展,建设国家数字音乐产业示范基地。 4.鼓励生产传播优秀网络原创作品,支持浙江(金华)数字创意产业试验区、中国作家村等重点机构做大做强。 5.建设全国文化装备制造新高地,提升数字文化装备的研发能力与应用水平,打造本土数字文化装备品牌。 6.办好中国国际网络文化博览会。	厅产业发展处 厅艺术处

序号	项目名称	目标与成果	重要举措	责任处室(专班)
48	培育艺术品市场	加强行业引导,推动画廊、拍卖公司及艺术品博览会、收藏交易市场、电子商务网站等协同发展,构建完善产业体系,建设艺术品市场诚信体系浙江模式。	1. 推动艺术品市场诚信体系建设,规范市场发展秩序。 2. 支持西泠拍卖等拍卖企业做大做强,推动画廊、艺术品市场健康发展。 3. 提升中国(浙江)工艺美术精品博览会、西湖艺术博览会等展会品牌知名度、影响力,鼓励"艺是网拍"、美院在线微拍卖等在线拍卖合规发展壮大。 4. 支持艺术品行业协会等社会组织健康发展。	厅市场管理处 厅执法指导监督处 厅产业发展处
49	发展数字旅游产业	探索旅游业的数字化变革,提升数字旅游产业创新能力,推进数字旅游产业发展。到2025年,推出一批新产品,培育一批新业态,形成一批新模式,优化产业结构,增强核心竞争力,打造数字旅游产业发展先行区。	1. 开发云旅游等数字旅游产品,推广沉浸式体验型数字前沿产品,支持文创、电商等企业创新经营旅游商品。 2. 培育数据要素市场,扩展特色数字旅游产业链。 3. 推动多媒体数字展示技术与旅游行业的创意融合。 4. 支持杭州市试行建设"数字经济旅游十景",引领数字旅游新业态发展。	厅产业发展处 厅科技与教育处 厅数字化专班
50	扩大文化和旅游消费	着眼文化和旅游消费升级,丰富消费供给,构筑消费平台,创新消费场景,推动国家文化和旅游消费试点城市建设。到2025年,创建20个国家级夜间文化和旅游消费集聚区,40个省级夜间文化和旅游消费集聚区,打响"浙里消费"文旅品牌,助力"双循环"发展新格局。	1. 实施"百县千碗""百县千景""百县千宿""百县千品"等工程,丰富"浙里有品"文旅消费产品体系。 2. 发展大运河、钱塘江、瓯江等夜游、夜演、24小时书店、特色风情街等夜间经济业态,丰富夜间文旅消费场景。 3. 探索打造浙江文化和旅游线上营销平台、旅游线上预售平台,推动消费试点城市建设,举办消费季系列活动。 4. 实施文创产品和旅游商品创新工程,发挥国家旅游商品研发中心带动作用,完善文旅商品体系。 5. 推动落实和完善带薪休假制度,扩大假日消费。	厅消费专班 厅产业发展处 厅市场管理处
51	发展全域旅游	探索全域旅游3.0版,到2025年,70%以上县(市、区)达到国家全域旅游示范区标准,建成全域旅游示范省。	1. 推动省级全域旅游示范县(市、区)创建与提升。 2. 开展全域旅游示范市创建。 3. 推进百城千镇万村景区化工程,完善景区城、景区镇、景区村建设新标准,提高景区镇、景区村庄覆盖率。 4. 实施100条精品旅游线路打造计划。	厅资源开发处
52	推进旅游业"微改造、精提升"	聚焦做好旅游"微改造"的"绣花"功夫,从挖掘文化内涵和提升游客微观感受入手,全面开展A级旅游景区、旅游度假区、旅游风情小镇、文博场馆等旅游核心吸引物,景区城、景区镇、美丽城镇、景区村等旅游目的地,酒店、民宿等旅游接待场所的"微改造、精提升",推动旅游业高品质提升和高质量发展。	1. 实施体验"精致"工程,深度挖掘利用文化内涵,丰富游客综合体验。 2. 实施设施"精良"工程,打造安全可靠的游览设施、全程舒适的卫生设施、低碳节能的交通设施。 3. 实施环境"精美"工程,保持环境原色,擦亮门户形象。 4. 实施服务"精心"工程,开展"微笑服务"专项行动,提升服务水准。 5. 实施运营"精细"工程,推动智慧旅游建设,提升旅游运营水平。	厅资源开发处

续　表

序号	项目名称	目标与成果	重要举措	责任处室（专班）
53	打造世界级旅游景区和度假区	形成世界级旅游景区、度假区标准和评价办法。到2025年，创建3—5家世界级景区、3—5家世界级旅游度假区，建设全国世界级旅游景区和度假区示范地。	1.遴选有基础有潜力有竞争力的旅游景区和度假区，按文化和旅游部标准先行先试，开展筹建工作。 2.培育一批具有发展潜力的高品质旅游景区和度假区，推动旅游景区和度假区提升品质，注重文化内涵建设，增强文化底蕴。 3.推动旅游景区和度假区组团式、集群化发展，重点支持龙头旅游景区和度假区集聚发展。 4.成立国家级旅游度假区联盟。	厅资源开发处
54	建设国家级旅游休闲城市和街区	形成国家级旅游休闲城市和街区标准和评价办法。到2025年，创建2—5个国家级旅游休闲城市、50个国家级旅游休闲街区，引领国家级旅游休闲城市和街区建设新潮流。	1.深度挖掘城市文化内涵和资源优势，加快推进都市休闲旅游，推动杭州等重点城市率先创建国家级旅游休闲城市。 2.推进旅游演艺、文化创意、时尚购物、美食体验、商务会展等旅游产品建设，丰富城市休闲业态。 3.创新发展都市夜间旅游，围绕都市夜游、夜演、夜宴、夜宿、夜娱和夜展，打造都市"六夜"旅游经济，培育夜经济街区。 4.指导各地开发建设城市旅游特色街区、文化创意街区，推进城市文化地标建设，对有条件的着手培育国家级街区。	厅资源开发处 厅产业发展处
55	推动"百城千镇万村"景区化	到2025年，建成10000个A级景区村庄、1000个A级景区小城镇、100个A级景区县城（城区），高水平建设100个旅游风情小镇，100个乡村旅游集群，打造乡村旅游的高质量浙江样本。	1.提升乡村旅游经营管理水平，创新运营机制。 2.深化"百千万"工程，实施"万村景区化"2.0计划。 3.创新乡村旅游业态，大力发展创意农业、乡村手工艺等业态。 4.实施乡村旅游精品工程，提升新时代乡村旅游质量。	厅资源开发处
56	发展红色旅游	传承好红色根脉，进一步将红船精神、大陈岛垦荒精神、浙西南革命精神融入红色旅游各类产品中，丰富红色旅游核心支撑。到2025年，推出10个红色旅游经典景区，建成红色旅游标杆地。	1.充分挖掘浙江革命遗址、遗存、遗迹，把革命足迹和革命精神融入红色旅游线路设计、展陈展示、讲解体验，提升"红色根脉"文化标识度。 2.充分利用嘉兴南湖红船起航地、浙西南革命根据地等优势资源，实施100项重大革命文物保护利用项目，重点打造50个红色旅游景区、10条"寻访红色足迹、传承红色基因"主题精品旅游线路，在全省范围内创建一批红色旅游教育基地。 3.联合上海，联手打造"重走一大路"主题红色旅游精品线路。 4.挖掘利用改革开放以来特别是新时代中国特色社会主义建设时期的红色旅游资源，用鲜活的浙江故事感召国内外游客。	厅资源开发处 局文物保护与考古处 厅产业发展处 省文化和旅游宣传推广信息中心

序号	项目名称	目标与成果	重要举措	责任处室（专班）
57	海岛公园建设	全面发掘浙江丰富的海洋海岛资源，到2025年，建成10大海岛公园，打造中国最美黄金旅游海岸线，建成"诗画浙江·海上花园"中国最佳海岛旅游目的地。	1.编制《浙江省海洋旅游发展行动计划》，依托美丽黄金海岸带修复整治工程、海塘安澜千亿工程等重点项目，深入挖掘和利用好海洋文化资源，大力发展滨海旅游项目，打造中国最美黄金旅游海岸线。 2.以沿海岛屿为基地，全面推进10大海岛公园建设，实施陆岛联动，大力发展海洋海岛旅游等海洋旅游产品体系，开发邮轮游艇、海洋探险等高端旅游产品，大力拓展境内外海洋旅游线路。 3.加快舟山国际邮轮母港、平湖九龙山邮轮泊港等全省沿海重要旅游节点设施建设，配套完善邮轮游艇停泊租赁、餐饮、游乐等系列服务设施，研究出台游艇、海钓等管理相关政策，规划建设一批私人游艇码头基地。	厅资源开发处
58	发展生态旅游	以"绿水青山就是金山银山"理念为指引，拓展文旅转化路径，到2025年，创建20个省级生态旅游示范区，打造10大名山公园，50个以上浙江省中医药文化养生旅游示范基地，建立生态保护与发展旅游的互促机制，建成具有国际影响力的生态旅游目的地。	1.协同周边省（市）文化和旅游部门，共同打造衢黄南饶联盟花园，促进浙皖闽赣国家生态旅游协作区建设。 2.依托丰富山地资源，开发休闲度假产品，发展山地旅游；利用浙江生态、中医药、温泉等资源优势和成熟的业态体系，大力发展康养旅游；依托千岛湖、东钱湖、太湖等名湖资源，重点打造一批国家级和省级旅游度假区，大力发展生态滨湖旅游，丰富生态旅游产品。 3.支持新时代浙江（安吉）县域践行"绿水青山就是金山银山"理念综合改革创新试验区建设。 4.推出10条生态旅游精品线路，打造50条最美古道，建成100个森林旅游休闲养生区，推进景区连点成线、串珠成链，建成全域"大景区""大花园"。	厅资源开发处 厅产业发展处 厅对外合作交流处
59	发展旅游新业态	依托浙江文化和旅游特色资源，积极培育旅游消费新业态、新热点，丰富旅游产品供给，打响浙江旅游新业态品牌。	1.推动通航旅游全产业链构建、航空小镇综合体模式探索、航空文化传播、重大赛事活动等领域实现重点突破，打造"通航产业浙江样板、国家级通航产业综合示范区、国际知名航空休闲旅游目的地"。 2.顺应自驾游快速增长趋势，研究完善旅居车城市通行、证照管理等政策制度。提升自驾游服务体系，丰富露营产品，建设不同等级的风景道体系，完善旅游交通和营地标识等举措，完善道路系统旅游功能。培育一批自驾游和营地连锁品牌企业。 3.注重"旅游＋"，着力培育休闲农业旅游、康养旅游、运动休闲旅游、体验旅游等新业态。	厅产业发展处 厅资源开发处 厅公共服务处
60	推广"诗画浙江·百县千碗"	到2025年，建设3—5个美食特色小镇，30个左右文旅美食园或美食商业街，500个左右特色美食店，基本形成"诗画浙江·百县千碗"美食产业体系，提升旅游美食产业核心竞争力。	1.建设一批"诗画浙江·百县千碗"消费体验点。挂牌成立"百县千碗·农都美食小镇"。 2.提升"诗画浙江·百县千碗"品牌核心竞争力。 3.加大"诗画浙江·百县千碗"宣传推广力度。 4.建立"诗画浙江·百县千碗"质量评价体系。 5.大力培养"诗画浙江·百县千碗"旅游美食人。 6.建成"诗画浙江·百县千碗"美食数字化服务系统。	厅产业发展处

续　表

序号	项目名称	目标与成果	重要举措	责任处室（专班）
61	旅游饭店品牌创建	健全旅游饭店品牌培育、发展体系，形成科学合理、特色鲜明、比较优势突出的浙江饭店业品牌梯度布局。	1.实施"品字标"饭店建设工程，培育一批美誉度高、影响力大、示范性强的"品字标浙江服务"饭店品牌主体。 2.实施浙系饭店品牌矩阵建设工程，推动"开元""君澜"等我省"国际百强"品牌饭店企业做优做强，形成立足浙江、覆盖全国、走向世界的浙系饭店集团品牌矩阵。 3.擦亮星级饭店"金字招牌"，评定400家绿色旅游饭店、200家品质饭店、150家特色文化主题饭店。	厅市场管理处
七、扩大交流合作				
62	构建长三角区域文旅高质量一体化发展示范区	坚持资源共享、市场共拓、品牌共创发展理念，将长三角地区建成文化和旅游高质量一体化发展样板地、全国文化和旅游创新发展重要展示窗口，具有国际号召力和影响力的旅游目的地。	1.完善长三角文旅高质量一体化发展机制，构建文旅融合发展平台。 2.打造长三角区域旅游品牌和旅游线路，建立以社会保障卡为载体的"一卡通"在旅游观光、文化体验等方面实现"同城待遇"，促进区域旅游消费交流互动，提升区域文旅品牌形象。 3.落实《共促长三角生态绿色一体化发展示范区嘉善片区文化和旅游发展合作协议》，支持形成文旅高质量发展"嘉善模式"，培育吴越文化金名片。 4.推进文旅企业和行业协会联盟建设，探索长三角区域文旅行业高质量发展的标准体系，健全资源共享、客源互送、市场共管的行业协作联盟机制。	厅长三角专班 厅资源开发处 厅产业发展处 厅市场管理处 厅对外合作交流处
63	联合打造跨省域高能级旅游产品	基本形成跨省域联合打造高能级旅游产品的体制机制；以项目合作为切入点，在制度创新、标准制定、消除消费壁垒、资源共享等方面迈出实质性步伐；形成部分标志性成果。	1.与安徽、福建、江西联合打造浙皖闽赣国家生态旅游协作区。 2.与安徽合作打造杭黄自然生态和文化旅游廊道。 3.与江苏、上海合作，打造环太湖休闲度假区集群、江南水乡古镇生态文化旅游圈等。	厅资源开发处 厅产业发展处 厅长三角专班
64	建设"一带一路"国际人文交流枢纽	深化"一带一路"国际文化旅游合作，建成丝绸之路文化研究院、国际丝绸之路与跨文化交流中心、国际丝绸学院等交流平台，完善国际人文交流活动体系，把浙江打造成为"一带一路"重要人文交流枢纽，提升浙江文化国际影响力和知名度。	1.推进良渚古城遗址公园等国际人文交流基地建设，突出与"一带一路"国家和地区文化和旅游合作，在全省范围内打造50个左右国际人文交流基地。重点做好在浙外国友人文化交流工作。 2.提升中国义乌文化和旅游产品交易博览会国际影响力，持续举办丝绸之路周、海丝之路文化和旅游博览会等文化和旅游品牌活动。 3.依托中国丝绸博物馆等机构，讲好"世界丝绸之源"故事。 4.发挥华侨优势，开展交流与合作。	厅对外交流合作处 厅产业发展处 局文物保护与考古处 局博物馆与社会文物处

序号	项目名称	目标与成果	重要举措	责任处室（专班）
65	提升国际文化和旅游发展平台能级	着力构建世界级文化和旅游发展平台，提升浙江文化和旅游发展的国际话语权。	1. 发挥世界旅游联盟平台的功能，提升影响力。 2. 将"亚洲之光"国际艺术节办成高质量高水平的国际艺术交流合作平台。 3. 提升舟山国际海岛旅游大会国际影响力。 4. 办好世界乡村旅游大会。 5. 推进"中国·中东欧国家艺术创作与研究中心""中国-中东欧国家音乐院校联盟"建设并发挥作用。	厅对外合作交流处 厅资源开发处 厅科技与教育处
66	文旅全球推广	进一步完善交流传播合作机制，提升合作平台，拓展交流渠道，发挥品牌效应，提升浙江文化和旅游国际影响力。到2025年，年入境过夜游客数突破500万人次。	1. 实施浙江文化"出海"计划。 2. 构建浙江文化和旅游宣传推广全球网络，借助省委省政府重大出访计划、文化和旅游部重大外事载体、在浙江举办的重大国际性活动等平台，组织"诗画浙江与世界对话"等一系列交流推广活动。 3. 加强与国际旅行商的战略合作。充分利用外事、商务等对外宣传渠道，广泛开展"诗画浙江"品牌宣传推广活动。 4. 发挥国际友城和友好合作关系作用，举办旅游推广活动。 5. 探索在境外建立5—10个旅游推广中心（点）。 6. 聘选培育100名左右浙江文旅国际"代言人"和"宣传员"。 7. 创新传播推广手段，设立运营国际社交媒体账号。	厅对外交流合作处 省文化和旅游宣传推广信息中心
67	完善国内营销体系	树立现代营销观念，转"产品营销"为"品牌营销"，转粗放营销为精细化营销，转单向营销为多向营销，对客源市场进一步细分，形成多层次国内文旅精准营销体系。	1. 实施分类精准营销，坚持深耕拓展周边市场，重点突破中程市场，吸引远程市场，充分利用高铁、高速路网覆盖面不断扩大的优势，推出系列旅游产品，重点推介系列生态文化旅游产品和度假产品，有针对性地吸引外省（市）游客进入我省旅游。 2. 加大营销推广力度，持续组团赴重点旅游客源地营销，加大广告投放力度；线上线下结合，充分利用微博、微信等新媒体平台开展旅游营销。 3. 加强与国内大型旅游线上运营商合作，建立和完善浙江旅游品牌专区；借助杭州亚运会等重大活动，深入宣传浙江旅游。 4. 注重发挥旅行商作用，逐步实现从"代销商"向"服务商"转变，适应旅游市场变化。	厅产业发展处 省文化和旅游宣传推广信息中心

八、发展数字科技

序号	项目名称	目标与成果	重要举措	责任处室（专班）
68	实施文化和旅游"新基建"	聚焦数字基础设施、智能化基础设施、创新型基础设施三大重点方向，统筹文旅系统新型基础设施建设，提升公共文化场所的资源数字化及服务智慧化能力。	1. 提升公共文化场馆智慧化水平，打造"未来＋"系列场馆。 2. 利用AR、VR、人工智能等先进信息技术，打造数字互动演艺场景。 3. 加强部门数据共享及业务协同，创新多场景应用。 4. 实施文旅数字化示范引领工程，引领数字"新基建"发展。	厅数字化专班 厅公共服务处 厅资源开发处

序号	项目名称	目标与成果	重要举措	责任处室（专班）
69	建设文化和旅游智慧大脑	建成"1113"文旅数字化治理体系，即：1个省级文旅中枢、11个城市文旅大脑、3大应用体系（办公办事体系、数字化治理体系、服务营销体系）。	1.建成浙江省文旅数据中心（浙江省文旅数据综合应用中心），建立文旅大数据开发应用机制。 2.跨部门融合交通、环境等信息数据，建立省市县企共建共享的管理和服务机制。 3.打造全省红色旅游主题库、海岛公园主题库、诗路主题库等特色专题主题库，建设专题特色文化旅游数据中心。	厅数字化专班 厅资源开发处
70	"畅游浙江"智慧旅游服务	迭代升级"诗画浙江"文旅信息服务系统，实现互联互通、跨部门共享。到2025年，数字旅游建设实现突破性进展，全面建成数字旅游的应用体系，推出一批智慧景区、智慧乡村旅游点、智慧文博场馆、智慧剧场，开创智慧旅游生活消费新体验，培植智慧旅游经济发展新优势，建成全国数字旅游示范省。	1.打造浙江智慧文旅"一张网""一朵云"，为社会公众提供更加智能、便捷、优质的服务。 2.基于"浙里好玩"打造"多玩一天"畅游浙江服务平台，大力推广杭州"多游一小时"模式，推出"10秒找空房""20秒景点入园""30秒酒店入住"等智慧旅游便民服务场景。 3.构建"无预约、不旅游（不参观）"的新型管理机制。 4.推进数字厕所建设，创新旅游厕所"一厕一码"管理服务模式。 5.建设全省文艺数媒平台。	厅数字化专班 厅艺术处 厅公共服务处 厅非物质文化遗产处 厅资源开发处 局博物馆与社会文物处
71	建设智慧文化云	打造线上线下对接、资源合理配置的综合服务平台，创新公共服务模式，提升服务的精准性。	1.升级公共文化智慧服务大数据平台，2022年底前，智慧文化云全面上线。 2.推动数字文化产品和服务在公共文化场馆的应用，推进公共文化场馆建设。 3.集成创新"文化点单"服务、个人生命周期"个人文化宝"服务等个性化文化服务应用。 4.打造未来社区"文E家"文化应用场景。	厅数字化专班 厅公共服务处
72	文化和旅游科技创新与应用	推动产学研用协同创新，以省内外高校、科研院所和科技公司为基地，建设一批浙江省文旅科技研发协同中心，促进文旅和科技深度融合，探索"5G＋文旅"发展新模式。到2025年，创建全国文旅和科技融合示范省。	1.加大对科研项目支持力度，完善立项制度，实施"揭榜挂帅"制，每年推出2—5项自主创新项目。 2.抓好国家文化旅游科技创新工程、国家旅游科技示范园区、国家文化和科技融合示范基地、文旅部重点实验室和技术创新中心、文旅部智库和艺术研究项目、文化旅游科技创新示范项目等建设。 3.建设省级文化和旅游科技创新平台。 4.培育一批文化和旅游科技创新领军企业。 5.加强国家文化遗产保护科技区域创新联盟（浙江省）建设。	厅科技与教育处 厅数字化专班 局博物馆与社会文物处

九、创新体制机制

序号	项目名称	目标与成果	重要举措	责任处室（专班）
73	文化和旅游整体智治	按照整体智治、唯实惟先的治理理念，统筹推动数字技术应用和制度创新，对文化和旅游施政理念、机制、工具、手段进行系统性变革，率先建成现代文化和旅游治理体系，建成全国文旅现代化治理标杆地。	1.加强省文化和旅游厅部门职能梳理、流程再造、集成应用和精密智控，建立谋划、决策、执行、监管闭环工作机制，形成新型治理形态。 2.加强省级部门之间协作和省市县之间贯通，加快推进公共数据的开放共享与创新应用。 3.加快政府数字化转型，将办事事项接入政务服务2.0平台和浙政钉2.0平台，推进"互联网＋政务服务""互联网＋监管"，实现掌上办事和掌上办公。加强场景化多业务协同应用，建设文物安全、假日旅游、新业态监管等应用场景。	厅办公室 厅数字化专班

序号	项目名称	目标与成果	重要举措	责任处室（专班）
74	改善文化和旅游领域营商环境	到2025年，文化和旅游营商环境便利度达到90％以上，营造国内最优营商环境。	1.深化文化和旅游领域"一件事"综合集成改革，打造集成的"一件事"服务新场景。 2.深化文旅领域简政放权、放管结合，优化服务改革，最大限度减少政府对市场活动的直接干预，着力提升政务服务能力和水平，增强发展动力。 3.建立健全文旅重大项目跟踪服务机制。 4.加强文化和旅游法治建设，完善法律法规体系。	厅改革专班 厅政策法规处 厅市场管理处 厅执法指导监督处
75	文化和旅游行政审批制度改革	建立从事先转向事中事后监管的市场管理新模式，实现"放得下、管得住、服务好"的优质行政审批服务，激发市场活力，让企业和群众真正享受到改革红利。	1.在涉外涉港澳台营业性演出审批、经营性互联网文化单位设立、演出经纪机构设立等审批事项上，取消审批，改为备案，实行告知承诺、优化审批服务等证照分离改革。 2.深化政务服务"一网通办"改革，分类推进"放管服"改革，优化服务审批事项，实施《行政审批告知承诺制办法》，加强事中事后监管。 3.在审批事项的事中事后监管上，形成"监管＋执法"联动，利用数字赋能，探索出可复制的成功经验。	厅市场管理处 厅数字化专班 厅执法指导监督处
76	自贸试验区文化和旅游改革发展	利用中国(浙江)自由贸易试验区扩区的契机，大力发展文化和旅游新业态，释放文化旅游服务贸易增长活力。通过自贸试验区文化和旅游改革发展和先行先试，形成文化和旅游消费新的增长点。	1.支持自贸试验区赋权改革，推动管理体制和监管体制创新。 2.将舟山、宁波等市列入中国邮轮旅游发展实验区，推动邮轮游艇、娱乐演艺等产业对外开放，提升国际化程度。 3.重点发展文旅新兴业态，支持舟山创建自贸旅游岛，支持义乌探索保税拍卖服务，促进文化艺术品海外回流。 4.大力发展购物旅游，争取境外游客购物离境退税和境内游客购物离岛免税政策，打造东部富有吸引力的购物旅游目的地。 5.积极发展文化和旅游金融、产权交易、投资担保等，开拓适合旅游业特点的对外投资、融资、并购渠道。 6.形成可复制、可推广的改革创新成果，带动全省文化和旅游改革发展。	厅产业发展处 厅市场管理处 厅改革专班 厅政策法规处
77	"文教结合""院团合作"新模式	推动文化旅游和教育优质资源强强联合，拓展文化旅游发展空间，增强文化旅游发展动力、发展质量，创建具有浙江特色的"文教结合""院团合作"新模式。	1.与浙江大学、中国美术学院、浙江理工大学、浙江外国语学院等高校签订战略合作协议，指导推进浙江美术馆与中国美术学院、中国丝绸博物馆浙江理工大学、浙江自然博物院与中国计量大学等合作，提高厅属单位办馆水平。 2.深化校团合作，指导推进浙江音乐学院、浙江艺术职业学院与省内院团等合作共建，促进高水平学科建设和创作排演。	厅科技与教育处

续　表

序号	项目名称	目标与成果	重要举措	责任处室(专班)
78	文化市场综合行政执法改革	加强文化市场执法能力建设,打造高素质执法队伍,完善文化市场综合行政执法体系,争当综合行政执法改革先锋。	1.制定浙江省文化市场综合行政执法队伍规范化建设方案,建立与相关厅局多跨协同机制,推进规范化建设。 2.落实"双随机、一公开"、行政执法"三项制度",完善综合执法统一规范及运行机制。 3.推广"互联网+监管"平台,完善全流程数字化管理。 4.探索全省审慎执法监管。 5.试点推广旅游执法与法院、公安、市场监管、法律服务、人民调解协同模式.实现纠纷化解"最多跑一地"。	厅执法指导监督处 厅人事处 厅政策法规处 厅市场管理处 厅数字化专班
79	文化和旅游统计改革	推进统计改革与创新,完善统计体系。以健全完善的指标体系、科学规范的统计方法、真实准确的统计数据、优质高效的统计分析,更好服务全省文化和旅游高质量发展,争创全国文旅统计改革创新样板省。	1.推动统计改革创新,建立更加科学、完善的文化和旅游统计体系和制度方法,形成县域旅游增加值占GDP比重核算办法,建成文旅融合发展监测系统。 2.规范大数据统计应用,形成文化和旅游大数据统计应用产品体系。 3.构建文化和旅游高质量发展数字监测分析新模式。 4.持续开展文化产业和旅游经济运行分析。	厅科技与教育处 厅产业发展处
80	旅游新业态安全监管	按照"谁审批、谁监管""谁投资、谁负责""谁建设、谁负责""谁运营、谁负责"和属地管理原则以及对监管职能相同或相近具有专业人员与技术仪器设备的要求,进一步厘清明确旅游新业态安全监管权责,保障经营单位和游客合法权益及人身安全,规范市场秩序。	1.推广湖州市旅游新业态安全监管模式、温州市"驴友"安全管理经验,落实旅游新业态安全监管部门职责,建立旅游安全联动综合治理机制。 2.建立涉旅突发事件应急机制。 3.加强企业负责人培训机制,压实主体责任。	厅执法指导监督处 厅资源开发处
81	文化和旅游领域碳达峰碳中和试点	力争到"十四五"末,率先实现文化和旅游全产业链绿色转型升级,率先走出生态优先、绿色低碳的高质量发展之路,生态旅游成为"绿水青山就是金山银山"理念转化的主渠道,低碳理念和低碳文化成为社会文明风尚。	1.每年创作10个左右生态、低碳主题文艺作品,依托文化场馆建设100个左右低碳文化宣传阵地,推动低碳消费成为新时尚。 2.推动生态旅游成为"两山"理念转化"主渠道"。 3.推进旅游业低碳化建设,推动低碳旅游成为未来旅游"主产品"。 4.不断完善政策体系,实现治理智能高效。	厅政策法规处 厅资源开发处 厅市场管理处
十、完善保障体系				
82	党建和党风廉政建设	全面压实党建责任,提升党建工作质量水平,实现党建与业务同谋划、同部署、同落实、同考核,为文化和旅游不断创新发展提供坚强保证。	1.落实党建主体责任,探索实践党建领导、责任落实、组织管理、督查通报、考核评估"五大工作机制"。 2.持续深化"六强六规范"党支部提升工程。 3.深化省级文化和旅游系统巡察制度。 4.建立完善"1+10+N"党风廉政建设体系。 5.开展清廉文化建设。	厅直属机关党委 厅直属机关纪委 厅艺术处 厅公共服务处

序号	项目名称	目标与成果	重要举措	责任处室（专班）
83	文化和旅游人才培养	到2025年，形成领军人才、骨干人才、未来人才梯度培养培训体系，建设全国文化和旅游人才高地。培养培训1000名文化和旅游精英人才，建成80个左右浙江省文化和旅游导师工作室。	1.实施新时代文旅人才培养工程。 2.实施"新松计划""新鼎计划"、舞台艺术"1111"人才计划等，实施"大师回家"高层次艺术人才引聚计划。 3.支持各地采取人才引进费、安家补助费以及科研成果奖励等政策吸引文化和旅游高端人才、紧缺人才。 4.实施文化和旅游导师工作室培育计划。 5.探索建立特级、高级、金牌导游（讲解员）激励机制；弘扬工匠精神，举办全省导游大赛、红色故事讲解员大赛、旅游饭店服务技能大赛等旅游服务技能竞赛。	厅人才专班 厅人事处 厅艺术处 厅市场管理处 局综合处
84	构建文化和旅游教育体系	推动浙江音乐学院高水平一流音乐院校、浙江旅游职业学院、浙江艺术职业学院"双高"计划建设，构建新型文旅人才培养模式，形成文旅特色教育体系，树立文旅人才职业教育标杆，打响浙江文旅教育品牌，建成文旅人才教育基地。	1.鼓励全省高校围绕文旅产业发展方向，加强重点学科、紧缺专业建设。支持院校完善人才教育体系，提高办学质量，提升办学层次。 2.创造条件，加快将浙江音乐学院办成高水平一流院校；在条件成熟前提下实现职业院校升级，建设本科层次职业学校。 3.构建中小学到研究生教育人才培养体系，创新"九年一贯制"（小学＋初中）、"3＋3"（高中＋高职）、"3＋4"（高中＋本科）、"专升本"等人才培养新模式。 4.鼓励厅属高校与优秀社会资源合作，与地方政府、国内外知名院校、院团、文旅集团合作办学，提升影响力、知名度。 5.加强文化和旅游研究机构、智库建设。	厅科技与教育处 厅人事处
85	构建文化和旅游项目土地保障新机制	加大重大文化和旅游项目用地保障，探索建立新型高效土地供给机制。	1.对利用低丘缓坡资源建设的旅游项目，争取继续适用"坡地村镇""点状供地"政策。 2.协助推进农村集体经营性建设用地入市工作，实现与国有土地同等入市、同权同价，进一步激活农村土地要素市场。 3.每年安排1000亩规划建设用地指标，对山区26县中旅游业发展前10名的县（市、区）予以奖励。 4.山区26县由政府投资且经省发改委立项的优质文旅项目，给予新增建设用地计划指标支持。 5.研究在土地利用、生态环境保护环境下挖掘浙江山海资源，开发露营等旅游新业态和产品目录，找到既不触碰底线又能发展旅游的新路径和方法。	厅资源开发处

续　表

序号	项目名称	目标与成果	重要举措	责任处室（专班）
86	构建文化和旅游金融服务体系	健全多维度文化和旅游金融组织、推出多元化金融产品、拓宽多层次融资渠道，推动文旅和旅游金融服务体系创新，创建国家文化金融合作示范区，打造文化和旅游金融服务创新发展强省。	1.深化政银战略合作，发挥银行、保险、担保、基金、证券等金融机构在创新金融产品和服务方面的作用和功能。 2.建立文化和旅游产业投融资服务平台。 3.拓宽企业融资渠道，探索利用旅游景区经营权、门票收入权以及旅游企业建设用地使用权、林权等质押贷款。支持有条件的企业通过发行债券、股权转让、风险投资、PPP等方式融资。探索与省股权交易中心合作，创设文化和旅游板，扶持优质旅游企业科创板上市。 4.加强与金融机构的合作，改善文旅消费支付便利性，丰富消费信贷产品。 5.支持宁波创建国家文化与金融合作示范区，在杭州、宁波、温州、绍兴、丽水等地设立文化旅游与金融合作示范区。	厅产业发展处
87	完善文化和旅游法治体系	文化和旅游领域立法进程加快推进，率先基本建成广覆盖、高效能的新时代社会主义法治宣传教育工作体系，运用法治思维和法治方式推进文化和旅游发展。	1.实施《"十四五"时期浙江省文化和旅游领域立法调研项目库》，争取制定《浙江省产业促进条例》《浙江省公共图书馆条例》等地方性法规和《浙江省乡村旅游促进办法》等政府规章。争取修订《浙江省非物质文化遗产保护条例》《浙江省文物保护管理条例》《浙江省旅游条例》等。 2.组织全省文化和旅游系统每年创作100个左右法治文艺作品，每年开展不少于30个以法治宣传教育为主题的讲座和展览；指导各地推动法治宣传教育工作与旅游业融合发展，谋划建设100个法治文化景区景点和5条法治主题旅游精品线路。	厅政策法规处 厅艺术处 厅公共服务处 厅非物质文化遗产处 厅资源开发处 厅产业发展处 局综合处 局文物保护与考古处 局博物馆与社会文物处 局文物安全与督察处
88	文化和旅游标准化建设	坚持工作内容、工作流程、绩效评价标准化的要求，建成覆盖文旅各领域、支撑高质量发展的文旅标准体系。到2025年，力争新制定或修订文旅国家标准、行业标准和地方标准20项，新增5家国家级标准化试点示范单位，打造标准化引领高质量发展的标杆省。	1.实施《浙江省文化和旅游标准化建设行动计划》，重点制定一批抢占发展制高点的文旅标准，强化紧缺、空白标准供给。 2.提升文旅标准实施成效，开展标准实施绩效评估，充分发挥标准引领质量和品牌提升的作用。 3.推进长三角文旅标准一体化，推动成立长三角文旅标准化联盟，共同制定、统一发布一批长三角通用的地方标准。 4.争取设立旅游标准国际化研究基地。	厅标准化专班
89	构建文化和旅游信用体系	推进政府数字化转型和行业信用体系建设先行先试，高标准建设"一网一平台三体系"，打造全省行业信用监管标杆，实现行业监管全覆盖，建成文旅信用先行省。	1.打造浙江省文化和旅游行业信用监管平台，深化行业信用评价体系、信用分类监管体系和信用应用体系建设，探索"信用绿码"等应用。 2.健全文化和旅游市场信用管理制度体系，完善浙江省旅行社信用监管评价指标模型、浙江省演出经纪机构信用监管评价指标模型，在此基础上，推广至所有文旅领域。 3.加大诚信应用，培育文旅信用服务产业。	厅市场管理处 厅执法指导监督处

序号	项目名称	目标与成果	重要举措	责任处室（专班）
90	文化和旅游宣传	统筹全省文旅系统宣传资源，协调专业媒体与社会媒体角色作用，提升浙江文化和旅游知名度。到2025年，建成全省互通、"官网＋自媒体"联动的宣传推广平台，打造文旅全媒体人才队伍，建成文旅宣传矩阵，打响浙江文旅融媒体宣传品牌，扩大浙江文化和旅游影响力。	1.建立省级文化和旅游系统宣传平台资源统筹协调机制，整合各类宣传资源，打造"官网＋自媒体"联动宣传平台，形成省级文旅系统内部联动的宣传平台体系。 2.协调发挥《中国文化报》《中国旅游报》等国家级专业媒体的作用，讲好浙江文旅故事。 3.强化与社会新媒体合作力度，增强网络正面舆论引导能力。 4.加强省级文化和旅游系统宣传员、网评员工作群和媒体联络群建设，提升人才队伍宣传能力。	厅宣传专班 厅办公室 厅对外交流合作处 省文化和旅游宣传推广信息中心

浙江省文化和旅游厅印发《关于加快推进全省景区村庄文旅运营的实施意见（试行）》的通知

浙文旅资源〔2021〕44号

各市文化和旅游局：

　　为贯彻落实《浙江省旅游业发展"十四五"规划》和《浙江省乡村振兴促进条例》要求，推动"万村景区化"时代乡村运营，为乡村文旅专业化运营提供有力支撑，引领乡村旅游高质量发展，引导全省各地探索乡村文旅运营新路径、新模式，打造全国乡村旅游的"重要窗口"，助力共同富裕示范区建设，现将《关于加快推进全省景区村庄文旅运营的实施意见（试行）》印发给你们，请结合实际，认真执行。

浙江省文化和旅游厅
2021年12月1日

关于加快推进全省景区村庄文旅运营的实施意见

（试行）

　　一、为助力共同富裕示范区建设，创新"万村景区化"2.0时代高质量发展，打造全国乡村文旅运营的"重要窗口"，制定本实施意见。

　　二、景区村庄文旅运营是指运营主体整合利用景区村庄生产、生活、生态、文化等各类资源，加快乡村文化和旅游高质量发展，推动景区村庄社会、经济、生态协调发展的综合性经营管理工作。

　　三、乡村文旅运营遵循市场规律、农民主体、三产融合、地方特色、绿色发展原则，发展文旅产业，激活乡村活力，促进乡村更高质量、更有效率、更加公平、更可持续、更为安全的发展。

　　四、加强乡村文旅运营顶层设计，全面摸清景区村庄各类资源，研究制定保护与利用专题方案，系统引导乡村文旅运营科学发展。

　　五、突出招商选商，注重优质企业、头部企业的战略合作，当地政府或相关部门及其他招商主体应当提供高效的招商服务,择优精选运营主体,创造良好营商环境。

六、强化共商共建,签订规范合同,明确职责,村民委员会或者村集体经济组织应和运营主体签订协议,内容包含但不限于如下:

(1)运营空间范围、运营财物;

(2)合作方式、运营模式;

(3)运营期限及考核、奖励、退出;

(4)运营工作具体任务;

(5)利润核算和分配;

(6)违约责任及争议解决。

七、运营协议可以根据运营实际情况以及市场形势变化进行变更,但应当经过双方协商一致并签订补充协议后实施。

八、注重突出乡村产业发展、文化传承、文旅融合、品牌建设、乡风文明、共享机制、乡村治理等主要任务,全面助力未来乡村建设。

九、坚持以需求为导向,推进乡村文旅运营项目化,组织实施彰显当地特色、具有综合效益、带动乡村共同富裕的优质项目,不断丰富乡村文旅供给。

十、注重产业融合,引进与培育各类乡村旅游新业态,推进乡村一、二、三产高质量发展,助力富民增收,缩小收入差距。

十一、强化文旅融合,加强创意引领,积极开发乡村文创产品,提升乡村民宿伴手礼、乡村美食的附加值,加快乡村文化基因的解码转化和利用,彰显乡村文化价值。

十二、运营主体严格遵循法律法规和景区村庄有关规划,推进依法建设、依法经营、依法管理。

十三、加强品牌建设与推广,运营主体要策划推出运营村庄主题 IP 和品牌形象,通过各类媒体、平台、第三方机构等渠道,定期开展品牌策划和宣传营销活动,提高运营乡村的知名度和美誉度。

十四、强化数字赋能,提高乡村文旅运营数字化水平,鼓励数字化设计、数字化运营、数字化治理,推出乡村文旅数字运营场景。

十五、推行运营标准化发展,鼓励各地探索实践乡村文旅运营系统化做法,形成可复制可推广的模式和普适性标准。

十六、强化智力支撑,鼓励组建景区村庄文旅运营专家库,探索专家团队与乡村结对等个性制度,为景区村庄文旅运营提供决策、咨询等服务。

十七、强化人才队伍建设,注重培养乡村文旅运营师队伍。引导乡村青年人才及团队参与景区村庄运营管理,组织开展技能培训、素质提升培训,出台乡村文旅运营人才激励政策。

十八、强化运营监管和分析,运营主体定期采集游客数量、经营效益、客源分布、从业人员等相关数据,分析景区村庄文旅运营综合情况,适时优化经营策略,实现可持续发展。

十九、突出主客共享,强化共商共治,运营主体与村集体共同建立景区村庄综合治理机制,包括运行有效的议事规则,决策执行和监督制度,提高景区村庄运营安全、有序、和谐发展,提高运营乡村现代化治理能力。

二十、强化乡村文旅运营评价,各级文化和旅游主管部门制定景区村庄文旅运营评价考核办法,适时组织开展评价考核,重点包括资源转化、运营模式、文化传承、村民利益实现机制等方面,以评价结果应用推进建立乡村运营主体的优胜劣汰。

二十一、建立档案管理制度,运营主体根据运营情况分门别类实施归档,确保资料完整有效。当运营主体发生变更时,应进行运营管理交接,交接内容包括但不限于运营资产、信息数据、各类合同及管理制度等档案。

二十二、加强乡村文旅运营舆情管理,强化乡村正面宣传舆论阵地建设,第一时间有效处置负面舆情,注重游客评价意见的收集、整改与反馈,创造良好的舆论氛围。

二十三、注重发挥行业协会作用,运营主体协助景区村庄组建民宿(农家乐)协会或其它组织,强化综合素质培训与专题培训,引导其开展一系列对景区村庄发展有益的活动。

二十四、强化政策扶持与集成,各级文化和旅游主管部门通过设立专项资金、出台与集成相关补助政策、搭建服务平台、媒体宣传营销等途径,扶持乡村文旅运营。

二十五、乡村文旅运营中,出现以下情况的,依法追究责任,视情节轻重终止合作业务。

(1)存在违法经营情况;

(2)出现卫生、消防、安全等责任事故;

(3)发生重大有效投诉;

(4)发生破坏自然生态、景区村庄风貌、文物古迹、古树名木等事件;

(5)发生造成恶劣社会影响的其他事件;

(6)出现不符合运营基本条件等特殊情况。

二十六、本意见自发布之日起试行,期限 3 年。

浙江省文化和旅游厅关于印发
《浙江省海洋旅游发展行动计划(2021—2025)》的通知

浙文旅资源〔2021〕45 号

各市文化和旅游局：

为全面贯彻落实全省海洋强省建设推进会精神，推动我省海洋旅游高质量发展，我厅制定了《浙江省海洋旅游发展行动计划(2021—2025)》，现印发给你们，请结合实际认真贯彻落实。

浙江省文化和旅游厅
2021 年 12 月 13 日

浙江省海洋旅游发展行动计划(2021—2025)

为忠实践行"八八战略"、奋力打造"重要窗口"，加快建设海洋强省、现代化旅游经济强省，助力社会主义现代化先行省和共同富裕示范区建设，推动海洋旅游高质量发展，遵循《浙江省海洋经济发展"十四五"规划》《浙江省旅游业发展"十四五"规划》，特制订本行动计划。

一、总体要求

（一）指导思想

坚持以习近平新时代中国特色社会主义思想为指导，深入贯彻党的十九大和十九届历次全会精神，聚焦忠实践行"八八战略"、奋力打造"重要窗口"主题主线，深入贯彻新发展理念，立足新发展阶段，充分发挥浙江山海资源优势，强化海洋意识、沿海意识、开放意识，将海洋旅游发展作为构建浙江新发展格局、助力高质量发展建设共同富裕示范区的重要举措，"十四五"时期，紧紧围绕海洋旅游强省总目标，坚持数字引领、陆海一体、人海和谐、山海协同、内外联动原则，推进实施海洋旅游空间新格局、数字新高地、产业新集群、服务新体系、市场新品牌五大任务，推动我省海洋旅游跨越式高质量发展，打造全国海洋旅游发展的新高地、全球游客向往的海上"诗和远方"，为建设依海富民、向海图强、人海和谐、开放共赢的海洋强省做出贡献。

（二）基本原则

数字引领，创新发展。坚持数字赋能，以数字化改革为牵引，推动海洋旅游创新发展，实现从资源驱动向创新驱动转变，推进海洋旅游与一、二、三产业融合发展，催生新产品、新场景、新服务，提升海洋旅游竞争力，促进海洋旅游体系全面重塑、功能整体优化、创新综合集成。

陆海一体，协调发展。坚持系统观念，以陆海"一盘棋"理念，全省域谋划全方位变革海洋旅游发展，统筹塑造海滨、海湾、海岛和近远海旅游等一体化协同发展格局，加强陆海串联，推进滨海旅游向海洋旅游跨越发展，形成联通便捷、合作紧密、发展一体的陆海空间新格局。

人海和谐，绿色发展。坚持生态优先，保护海洋环境，协同发挥海塘综合功能，提升海塘岸线生态品质，助力碳达峰、碳中和，打造"绿水青山就是金山银山"的海洋范本，推动海洋旅游绿色、安全、可持续、高质量发展，建设人与自然和谐的东海大花园，打造"诗画浙江"的海洋之窗。

内外联动，开放发展。坚持开放共赢，"跳出浙江看浙江"，立足浙江，面向东海，辐射全国，放眼全球，聚焦长三角一体化、"一带一路"等国家战略，以中国（浙江）自贸试验区为平台，拓展全球海洋旅游合作与发展范围,打造旅游"双循环"重要战略支点。

依海富民,共享发展。坚持"以人民为中心"的发展思想,聚焦旅游富民惠民安民,推动山海协作,形成山海共富新图景,缩小三大差距,实现共建共治共商共享,让群众百姓享受海洋旅游发展红利,打造高质量共同富裕示范区的标志性工程,建成美丽幸福家园。

(三)发展目标

经过五年努力,实现海洋旅游高质量跨越式发展,主要指标明显提升,到2025年,全省海洋旅游五年累计投资达1500亿元,海岛公园地区年接待游客超1.2亿人次,全省滨海旅游业增加值达1300亿元,带动100万群众参与共建,建成人与海洋和谐共生、产业活力持续迸发、人民安居乐业幸福美满的海洋版"富春山居图",全面建成全国海洋旅游强省,打造中国最佳海岛旅游目的地、国际滨海旅游度假胜地和新时代海洋文化高地。

——"诗画浙江·海上花园"中国最佳海岛旅游目的地。到2022年,全面建成十大海岛公园,并在此基础上扩量提质,推进海岛公园集群化发展。到2025年,实现海岛公园地区景区村(镇、城)100％覆盖,建成"10＋X"海岛公园集群。打造成中国最佳海岛旅游目的地、国际海鲜美食目的地。

——"诗画浙江·黄金海岸"国际滨海旅游度假胜地。贯通全省沿海1800多公里大陆海岸线,对陆侧20公里区域进行景区化提升,植入旅游功能,初步建成生态优美、人文彰显、功能齐备的生态海岸带,率先建成4条生态海岸带先行段,建设10处美丽海湾、总岸线长度达400公里以上,提升6—8座重点滨海旅游城镇。

——"诗画浙江·海上丝路"新时代海洋文化高地。通过海洋旅游,深入挖掘海上丝绸之路"活化石"文化,挖掘海洋人文典故、时代精神、文化场景,展示浙江海上丝路文化,打造海洋文化标识,提高海洋海岛地区人民"物质富裕、精神富有"水平,不断提高人民群众的自豪感、幸福感与获得感。

二、优化发展布局,构建陆海一体空间新格局

对接全省旅游业发展"十四五"规划"一湾、两区、三带、四路、多点"空间布局,推进陆海旅游空间重塑,构建"一带统领、四极辐射、六湾协同、十岛带动"空间布局,加快形成滨海为基、近海支撑、中远海拓展的陆海一体新格局。

(一)强化"一带统领"

以蓝色海洋旅游带为统领,以东部沿海区域内高速公路、高速铁路为轴线,加快滨海旅游带建设。推进生态海岸带建设,整合滨海旅游资源,开发海岸旅游,打造特色山海旅游产品和线路,形成一批具有竞争力的优势海洋旅游产业聚集区。拓宽全省海洋旅游业的新空间,打造未来浙江旅游的重要增长点和新蓝海。

(二)推动"四极辐射"

充分挖掘海丝文化、都市文化、侨乡文化、红色文化,以宁波、舟山、台州、温州四城市为重点,唱好杭州宁波"双城记",加快培育现代化海洋旅游中心城市,辐射带动周边海洋旅游发展。支持宁波建设"全球海洋中心城市",支持宁波、温州建设国际滨海休闲旅游城市,舟山建设国际海岛旅游城市,台州建设滨海红色旅游城市,形成驱动浙江海洋旅游发展的四大引擎。

(三)促进"六湾协同"

依托全省大湾区建设,以杭州湾、象山港-梅山湾、三门湾、台州湾、乐清湾、温州湾为核心,打造湾区特色旅游功能区,推进湾区旅游改革试点,加快培育观光度假、海上运动休闲、海洋主题乐园、海洋探奇、海鲜美食、海洋研学、海洋文创、影视演艺等优质湾区旅游产品,将六大湾区打造为我省海洋旅游高能级发展战略平台。

专栏1　六大海湾旅游区

	湾区	主题定位	地区	特色产品
1	杭州湾	历史文化体验与国际休闲度假旅游区	杭州、宁波、绍兴、嘉兴、舟山	湿地公园、温泉疗养、钱塘生态长廊、钱江观潮、南北湖、融创文旅城、九龙山、普陀山、朱家尖
2	象山港—梅山湾	影视文化与时尚创意旅游区	宁波	影视旅游、游艇、帆船体验、沙滩乐园、冰雪世界、极速赛车体验

	湾区	主题定位	地区	特色产品
3	三门湾	湾区旅游试验区 海鲜美食与渔业休闲旅游区	宁波、台州	海鲜美食体验、蛇蟠岛景区、花岙石林景区
4	台州湾	海防文化与红色旅游体验区	台州	戚继光抗倭遗址、大陈岛红色垦荒旧址、解放一江山岛战役遗址、科技和生态体验区
5	乐清湾	山海览胜与乡村田园旅游区	温州、台州	璇门湾湿地公园、雁荡山景区、西门岛休闲度假区、铁定溜溜景区等
6	温州湾	滨海休闲度假与诗路文化旅游区	温州	以洞头海岛公园为核心，包括半屏山、青山欢乐岛、梦幻海湾、珑头湾、白鹭湾、海霞民兵小镇等，辐射江心屿、苍南 168 黄金海岸线、永昌堡抗倭文化

专栏 2　三门湾湾区旅游改革试验区

　　目标定位：聚焦"生态优先、海岛引领"主题，打造长三角海洋康养度假体验地、三门湾湾区旅游发展试验区、甬台一体化文旅合作核心区，塑造"海岛黄金岸·休闲三门湾"湾区旅游目的地品牌。

　　重点区域：三门县健跳港—台州旅游走廊、三门县健跳港—临海旅游走廊、宁海胡陈港—老城旅游走廊、象山环石浦新城—老城旅游走廊、象山环石浦港新城文旅发展核、宁海宁东新城文旅发展核、三门滨海新城文旅发展核

　　特色产品：海洋旅游（海岸休闲游、海面休闲游、海空休闲游、海岛休闲游）；体育旅游（竞技体育赛事、户外极限运动）；康养旅游（森林康养、海滨康养、海岛康养）；历史民俗旅游（历史文化游、民俗节庆游、民俗演艺游、民俗美食游）；乡村旅游（农业休闲、现代农业游、乡村度假游、主题村落游）

　　组建联盟：成立三门湾区域旅游发展联盟，搭建旅游资源对接合作平台，由宁波、台州两市牵头，宁海、象山、三门三县协商，本着资源共享、线路共建、市场共拓、客源互派、信息互通、互利共赢的原则，建立一体化机制，构建"省里统筹、市里推动、县里主抓"的三级联动实施体系。

　　（四）加快"十岛带动"

　　聚焦海岛大花园建设，以嵊泗、岱山、定海、普陀、花岙、蛇蟠、东矶、大陈、大鹿、洞头等十大海岛公园为重点，按照"一岛一特色、一岛一主题"，建成"10＋X"海岛公园集群。因地制宜，谋划个岛精细化、主题化、特色化开发，打造具有市场竞争力的海岛旅游目的地；串珠成链，开发跳岛游、联岛游以及近远海域旅游产品，开辟上海经舟山至温州的国内沿海邮轮游黄金旅游线。探索公海无目的邮轮航线，力争舟山群岛国际邮轮港参与中资合作邮轮公海游试点。带动全省各类大小海岛的生态开发和绿色发展，着力扩展浙江旅游发展空间，将海岛公园打造成长三角海上花园和中国东海明珠。

专栏 3　十大海岛公园

序号	公园	公园主题	范围
1	嵊泗海岛公园	国际休闲度假岛	嵊泗列岛
2	岱山海岛公园	海洋运动岛	岱山岛及周边岛群
3	定海海岛公园	海洋群岛旅居胜地	岙山大猫山等岛群
4	普陀海岛公园	国际渔都港城 海上花园会客厅	东极、桃花、普陀山、朱家尖等

续 表

序号	公园	公园主题	范围
5	花岙海岛公园	海上地质公园	花岙岛群
6	蛇蟠海岛公园	小海鲜美食休闲胜地	蛇蟠岛
7	东矶海岛公园	海蚀地质公园	东矶列岛
8	大陈海岛公园	红色旅游第一岛	大陈岛群等
9	大鹿海岛公园	海上森林公园	鸡山大鹿岛群
10	洞头海岛公园	海上花园	洞头列岛

三、强化创新引领，抢占未来发展数字新高地

用数字化理念、技术和平台，提升海洋旅游治理能力和产业发展水平，激发新动能，促进海洋旅游现代化建设。

（一）构建海洋旅游数字"驾驶舱"

提升海洋旅游整体智治水平，构建综合集成、协同高效、闭环管理的海洋旅游治理新体系。依托智慧海洋工程建设，推进智慧海洋大数据中心文旅功能建设，整合文旅、海事、气象、公安、统计、应急管理、交通运输、市场监督涉海资源数据，打造数据一屏展示、指标一屏分析、指挥一屏联动、治理一屏闭环、场景一屏透视的"数字驾驶舱"，打造横向协同、纵向贯通的海洋旅游业智慧大脑。提升"限流、预约、错峰"旅游运行机制，加强预测预警，加强重点时段、重要设施、重大节庆活动及新业态项目的安全监管，推广应用掌上执法系统，掌上执法率达到100%。

（二）创新数字海洋旅游体验

推动海洋旅游"新基建"，在滨海旅游场所优先布局5G信号、WiFi等基础网络，实现4A级以上旅游景区和省级以上旅游度假区5G网络基本覆盖，WiFi全覆盖。将数字化改革向海洋旅游领域纵深推进，推动创新驱动，推进"互联网＋旅游＋海洋"，加强5G、大数据、虚拟现实、人工智能、物联网、区块链等新技术在各类海洋旅游消费场景的应用，加快培育一批5G云上游产品，VR潜水、冲浪等沉浸式体验产品，海洋生物种群智能识别研学产品，促进海洋旅游迭代升级。

（三）推进智慧海洋旅游建设

强化数字赋能，围绕海洋旅游"制度、改革、场景"3张清单，按照"大场景、小切口"，找准牵一发动全身的突破口。依托"浙里好玩"旅游服务平台，建成方便、高效的海洋旅游智慧服务体系，打破"数据孤岛"，建立完善集咨询投诉、信息发布、导游导览、在线预订、安全预警等功能于一体的"一站式"海洋旅游服务平台。推进智慧景区建设，4A级以上景区停车场、旅游厕所、游客服务中心、导览标识系统的智能化改造升级覆盖达90%。依靠数字化技术，将旅游移动厕所作为应急储备资源，集中管理统一调度使用。

四、夯实发展动能，壮大海洋旅游产业新集群

推进供给侧结构性改革，培育优势突出、特色鲜明、潜力广阔的海洋旅游供给体系和世界级滨海旅游产业集群。

（一）提升海洋旅游优质供给

1. 打造海洋旅游核心吸引物

加快提升舟山普陀、钱塘观潮、雁荡山等著名景点，打造国际知名旅游目的地，培育建设富有文化底蕴的世界级旅游景区和度假区，支持宁波、温州打造文化特色鲜明的国家级或省级旅游休闲城市，新增4A级及以上旅游景区或省级及以上旅游度假区10个，新增省级及以上全域旅游示范区5个，景区城（镇、村）覆盖率达80%以上，打响我省海洋旅游拳头产品，不断提升我省海洋旅游影响力和竞争力。

2. 提升海洋观光游览水平

充分依托杭州湾钱塘潮、东极岛日出等自然景观，嵊泗列岛、洞头列岛、南麂列岛等海岛风光，各类海洋公园、诗路文化带等人文景观及各类海洋生物资源，利用现代化海陆空游览载具，打造海空观光、海上观光、海底观光产品。开展海洋生态旅游，持续提升沙滩品相，推进美丽海湾、美丽海岸、美丽海岛、美丽沙滩建设，打造"水清滩净、渔鸥翔集、海碧山绿"的靓丽风景线。推进生态海岸带建设，推广洞头蓝色海湾整治经验，推广

"蓝湾"指数标准;打造滨海风情城镇5座,水上观光覆盖线路超50%,每10公里滨海观景点不少于2个。

3.推进滨海休闲度假发展

以沉浸式体验为导向,培育邮轮游艇、海洋海岛度假、海洋运动休闲、渔村体验、宗教朝觐、海洋探奇、海鲜美食、生态研学、海洋疗休养等优质旅游产品。打造滨海品牌度假酒店、文化主题酒店和精品民宿1000家,提高海洋旅游接待能力。依托生态海岸带建设,因地制宜植入业态各异、功能多样的旅游项目。加快串珠成链,推出100条精品海洋特色旅游线路,加快打造海洋文旅休闲特色带。

4.推进自贸区旅游发展

依托中国(浙江)自由贸易试验区,对标CPTPP、RCEP等国际高标准经贸规则,借鉴海南等国内自贸区政策经验,围绕旅游投资、资金、人员往来自由化便利化,制定实施《中国(浙江)自由贸易试验区文化和旅游改革发展工作方案》,推进自贸区景区化建设,以舟山、宁波、杭州、温州4个片区为重点,加快各片区联动发展。建立和完善自贸区旅游产业标准化体系,打造一批具有国际竞争力的旅游设施、产品、企业和品牌,培育海洋特色旅游消费集聚区,支持进口商品购物旅游,推进国家、省级文化和旅游消费试点示范城市建设,力争到2025年在自贸试验区设立20家以上保税店,带动跨境商品销售。推进入境旅游签证、通关便利化。通过区分不同的入境群体的特点,制定免签证、落地签证与过境免签政策的相关要求。

专栏4　海洋旅游特色业态

1.发展邮轮游艇。加快舟山、宁波、温州、台州等国际邮轮港沿海重要旅游节点的设施建设,争创中国邮轮旅游发展试验区,与上海、江苏、福建、广东、海南等省、市合作打造邮轮航线,试行有条件开放公海无目的地邮轮航线。建设省级邮轮游艇旅游试验区,配套完善邮轮游艇停泊、加油、检修、改装、交易、租赁、游乐等系列服务设施。鼓励企业开展商务、婚礼、宴会、休闲等多种形式的游艇旅游,引导游艇旅游与滨海旅游产品接驳接续,拓宽海洋旅游腹地。规划建设20个私人游艇码头基地,引导投资建设游艇俱乐部,研究制定游艇管理相关政策。

2.海上运动休闲。以松兰山、梅山、九龙山、半屏山等旅游度假区为主,加快洞头中国休闲海上运动中心等建设,开发海岛帆船、骑行、海钓等产品,推进滨海帆船赛、沙滩运动基地建设。发展潜水、独木舟、皮划艇、帆板、摩托艇、滑泥、浮潜和水球等海上休闲运动产品,丰富滨海体育项目类型。鼓励有条件的滨海景点开展探索发展跳伞、热气球、潜水、飞行模拟等海上极限项目,打造海上旅游网红打卡点,并通过举办国内外赛事活动,增强海岛运动旅游的品牌号召力。

3.海洋研学旅游。依托各类海洋自然保护区、海洋科技馆等,积极推动"海洋+旅游+教育"融合,深入开展海洋自然和文化遗产调查与挖掘保护,聚焦海洋地质、海洋生物、海洋环境、海洋文化、海洋民俗、海洋考古等主题,开发寓教于乐的研学产品和线路。积极引导企业建设海洋乐园、海洋博物馆、海洋科技馆等产品,推动研学与娱乐融合发展。

4.渔家度假体验。大力发展体验渔业产品,鼓励渔民加大投入,提升渔业船舶的舒适度与渔业捕捞的品质,联动渔家业项目延伸体验渔业产业链。加大"诗画浙江·百县千碗"宣传活动,开发"滩涂赶海""当一天渔民、吃一天海鲜"等渔家体验产品。加快规范休闲渔业活动,加大渔船安全设施建设,满足不同层次游客的海洋渔业体验需求。

5.海洋红色旅游。发展海洋红色旅游,大力弘扬红船精神、大陈岛垦荒精神等,依托宁波浙东(四明山)抗日根据地旧址、舟山群岛、蚂蚁岛、台州大陈岛、解放一江山岛战役旧址、三门亭旁起义旧址、温州平阳省一大、洞头海霞故乡等海洋红色旅游点,打造红色旅游体验产品,推出红色旅游精品线路10条,创建红色旅游教育基地5家,当好"红色根脉"的守护者、传承人。

专栏5　海洋旅游精品旅游线路

	游线名称	地　区
1	"嵊泗24H"主题精品旅游线	以泗礁本岛、黄龙岛、花鸟岛、嵊山岛等旅游主题岛为载体,以24小时跳岛游的形式,串联"九岛八线"的主题航线,包括蓝色牧海、百年渔镇(菜园—嵊山枸杞);海钓天堂(菜园—浪岗山列岛);海岛风电、养生观日(菜园—绿华—花鸟);魅力渔村(菜园—黄龙);魅力渔村、养生观日(菜园—黄龙—花鸟);养生观日(菜园—花鸟);海港观光(沈家湾—大洋山石龙景区—圣姑庙—小洋山);慢城体验(沈家湾—李柱山)。
2	"蓬莱海韵"人文精品旅游线	以岱山岛为核心,结合秀山岛、衢山岛,串联中国灯塔博物馆、鹿栏晴沙、中国海防博物馆、中国台风博物馆、东沙古镇、海洋渔业博物馆、秀山滑泥主题乐园、衢山岛风车公路等节点,形成融合运动休闲、海洋文化体验于一体的文体精品旅游线路。
3	"花园港城"休闲精品旅游线	把握定海"花园港城"和爱国主义教育基地特色,串联东岠岛、凤凰岛、大五奎山岛等度假、运动主题岛,形成港城度假精品线;串联定海古城、摘箬山岛、盘峙岛、团鸡山、中国大桥公园风景区五峙山列岛等海岛,打造海岛科普精品线。
4	"东方佛国"文化精品旅游线	以路为媒,串线整合,打造普陀区全域旅游陆上休闲线路,包括极地风情度假岛、东海岸国际休闲旅游度假区、沈家门渔港小镇、禅意小镇、朱家尖沙滩主题岛、侠骨柔情主题岛、葫芦岛、蚂蚁岛等。
5	"多彩象山"影视精品旅游线	结合象山县全域旅游的发展,山海联动,串联松兰山滨海旅游度假区、象山民俗文化村、灵岩山攀岩基地、象山影视城、中国海影城、中国渔村、石浦渔港古城、象山之湾户外大本营及花岙海岛公园等景区,打造涵盖民俗体验、影视拍摄、户外运动、滨海度假、农业休闲于一体的精品旅游线路。
6	"山海水城"鲜甜三门精品旅游线	结合三门县滨海及海岛旅游的发展规划,以特有的海、岛、城、山、小海鲜资源为基础,蛇蟠岛、五子岛群、扩塘山岛3岛联动,以养生康体、美食体验、滨海休闲为主题,通过陆地交通串联整合健跳港、木杓沙滩、山后涂、牛头门等区域资源,打造滨海度假精品旅游线路。
7	"活力山海"探索精品旅游线	"以活力山海"为主题,串联台州府城文化旅游区、安基山滑翔基地、括苍山山顶滑雪拓展基地、牛头山和羊岩山亲子科普基地、江南大峡谷军事运动基地、东矶列岛海钓基地等项目,形成以山地、海洋运动休闲为主线,以千年海防文化为脉络的临海旅游精品线。
8	"红色之旅"研学精品旅游线	以大陈丰富的红色文化资源为依托,串联上下大陈、竹屿、洋旗、一江山等岛屿,联合一江山岛战役遗址、大陈岛红色记忆广场、甲午岩景区、潜艇观光基地、亭旁红色文化教育基地、六敖连心塘、蛇蟠围垦初心教育基地等景区景点,融入参观教育、修学寻踪、户外体验等产品,打造红色之旅精品旅游线路。
9	"活力海湾"生态精品旅游线	开通海上巴士,辅以游艇、快艇等海上旅游交通设施,把海上旅游岛与本岛、楚门半岛中的旅游设施,构建岛—海一体化的游览线路。西线:茅埏—横床—大青—江岩岛、大小乌岛、鹰婆岛;东线:坎门渔都龙文化游—大鹿岛森林生态观光—鸡山岛海鲜美食—羊屿岛高端度假—披山岛军事体育—中鹿岛海洋牧场观光—栈台码头;南线:大麦屿至大龙湾海滨游。
10	"海上花园"人文精品旅游线	"海上花园,百岛洞头",洞头以丰富的"五海"优势为依托,将"蓝色"海洋与"绿色"生态、"红色"文化有机结合,衍生出蓝色海岛度假游、红色海霞拓展游、海岛非遗文化游、海外离岛探险游、禅修康养静心游、夜间星光浪漫游、海岛旅拍时尚游和运动休闲动感游多个主题的旅游线路,充分展现海岛魅力。
11	"活力蓝湾"休闲运动精品线	梅山湾作为长三角地区唯一的蓝色海湾,以水清、岸绿、波宁、潮平为主要特色,完美呈现了蓝湾十景:海上牧歌、烟墩沧水、山海长情、红桥卧波、春晓韵动、万博扬帆、千帆春潮、港通天下、水归沧海、星湖夕照。
12	"潮玩奉化"运动旅游精品线	依托区域独特的生态环境和东海近岸的唯一清海资源,沿海岸线联通莼湖、裘村、松岙,串联时光宁波文旅风情园、"欢乐滨海"运动休闲港湾、天妃湖水上运动基地、宁波湾公共船艇码头、宁波湾国际医疗健康中心、天妃文化景观廊道、恒大滨海新城等旅游资源,致力于打造国家级旅游度假区、长三角滨海旅游目的地和宁波国际化旅游消费中心。
13	"海上诗路"人文自然精品线	结合全省四条诗路建设中十大文化高地之一的"海上诗路起航地",依托宁波-舟山联động交通线,充分融入诗路文化、海上丝绸之路文化、佛道文化、渔文化、海防红色文化、美食文化,串联舟山本岛、朱家尖岛、普陀山、桃花岛、岱山岛、秀山岛、嵊泗列岛等海岛及宁波天一阁·月湖、天童寺、老外滩等景区。

	游线名称	地　　区
14	"东海巡礼"游轮观光精品线	以大型海上游轮为载体,融入海岛观光、文艺表演、海鲜美食等旅游产品,开发以嵊泗—岱山—普陀—象山—临海—洞头沿海航线为主线的海洋海岛观光游精品线,串联嵊泗列岛、中街山列岛、普陀山—朱家尖、桃花岛、渔山列岛、东矶列岛、洞头列岛等沿海岛屿。
15	"山海名刹"文化禅修精品线	以舟山、宁波、台州地区丰富的佛文化为主线,串联中国佛教四大名山普陀山、佛教天台宗祖庭天台国清寺、曹洞宗祖庭宁波天童寺、弥勒道场雪窦寺、禅宗名寺宁波阿育王寺等名寺古刹,打造融合山海自然胜境和佛道人文积淀的文化禅修精品旅游线。
16	"海蚀胜境"地址风貌精品线	依托沿海高速公路和沿海航线,联通象山湾、三门湾、台州湾三大湾区,串联花岙岛、蛇蟠岛、东矶列岛、大陈岛等岛屿,展现亿万年来海蚀和海积形成的海蚀崖、海蚀平台、海蚀洞和砾石滩等神奇自然景观,同时结合象山半岛、温岭石塘半岛,发展滨海度假和渔港旅游。
17	"蓝海天堂"观光度假精品线	以华东蓝色海洋观光度假游为主题,依托洞头、玉环等地联岛交通线和海上航线,串联乐清西门岛、茅埏岛、大青山岛、玉环岛、大鹿岛、洞头列岛等沿海岛屿,打造沿乐清湾至温州海域的蓝色海洋海岛观光度假精品线。
18	"黄金海岸"生态休闲精品线	着力黄金海岸的旅游景观公路建设,串联南麂旅游岛、炎亭旅游度假区、棕榈湾旅游度假区、渔寮风景区、霞关小镇等,以海岸休闲为重点,海鲜美食、滨海风情小镇为特色,海岛跳岛游为补充。

（三）推进海洋文旅深度融合

结合全省文旅资源普查,全面摸清海洋旅游资源家底,推进海洋文化基因解码,加快海洋文化资源传承、转化和利用,推进海洋类文化场馆的景区化建设。打造海洋文化标识,加快海洋类文旅"金名片"培育,大力促进滨海地区发展旅游演艺、影视旅游、红色旅游、音乐节、摄影写生、动漫电竞等新兴业态。加快促进海洋文旅产业融合,加快宁海、象山、苍南、普陀等省级文旅产业融合试验区建设。依托大陈岛垦荒纪念区、一江山岛战役遗址、洞头海霞民兵小镇等红色资源,深度开发海岛红色旅游。建设海洋类非物质文化遗产馆,开发以渔文化、诗路文化、海防文化、灯塔文化、非遗等为主题的旅游商品和文创产品不少于100项,挖掘宁波、舟山"海上丝绸之路"文化遗址价值,打造海洋考古文化旅游目的地。

专栏6　海洋类文旅"金名片"培育名单

	文旅"金名片"名单	"金名片"建设目标	总投资(亿元)	项目单位
1	舟山海岛公园建设	作为全省大花园和国家全域旅游示范区建设重点工作内容,打造一批样板区和文化旅游主题岛,开发东海巡礼海岛游轮观光精品线路。	500	舟山市
2	中国邮轮发展实验区	大力推进国际邮轮港建设,提升基础配套设施,打造邮轮产业链,拓展境外市场,推进舟山邮轮始发港常态化运营。	—	舟山市
3	国际海岛旅游大会	全面提升大会"国际化、市场化、专业化、品牌化"水平,打造成中国与世界海岛旅游国家、地区的合作交流平台,以海岛旅游为主题贯彻落实"一带一路"倡议的桥头堡平台,聚焦海洋海岛旅游开发全产业链的交流与贸易平台。	—	舟山市
4	舟山东海音乐节	办好东海音乐节,举办一系列东海音乐节主题活动,在长三角地区打响海岛音乐节庆品牌。	—	舟山市
5	慈城海丝运河古城	深入挖掘慈城古县城深厚的内涵,以"创建国家级文旅融合示范区"为目标,打造融游览观光、休闲度假、文化体验于一体的国内著名旅游目的地。	—	宁波市
6	文化和旅游消费示范城市	深入推进文化与金融合作创新,探索解决文旅企业融资难题;加大"百县千碗"推广,进一步扩大文化和旅游消费。	—	宁波市

续　表

文旅"金名片"名单	"金名片"建设目标	总投资（亿元）	项目单位
7　象山海洋文化生态保护区	依托国家级海洋渔文化（象山）生态保护区和国家全域旅游示范区建设，推动海洋渔文化生态保护与旅游融合发展，打造浙江省文旅产业融合试验区样板，努力将象山建设成为国家文（渔文化）旅融合发展示范区。	40	宁波市
8　中国旅游日主会场	做好宁海《徐霞客游记》开篇地和 5 月 19 日"中国旅游日"主会场两篇文章，办好"徐霞客开游节"和"中国旅游日"主会场庆典活动，不断优化节庆活动内容和形式，发挥综合带动效应。	—	宁波市
9　洞头海霞民兵小镇	以海霞精神为载体，积极打造海霞民兵小镇，打造海霞学院，引入红色主题餐饮、时代主题民宿、研学教育基地、军事主题营地等新业态，开发海霞文化体验项目，将民兵小镇打造成爱国主义教育、培训以及旅游相结合的特色小镇。	2.3	温州市
10　温州滨海旅游休闲带	完成 168 黄金海岸线核心资源流转和收储工作，推进炎亭 4A 级景区、渔寮湾乐活小镇创建，积极申报两湾省级旅游度假区。完成温德姆酒店和海西游艇开元酒店建设并开业，继续推进一批滨海特色旅游重大项目建设。	150	温州市
11　台州海岛公园建设	加快发展海洋海岛观光、休闲度假、海洋文化体验，打造个性化、主体化的滨海度假旅游，着力建成一批有吸引力、有浓郁滨海特色的高端滨海休闲旅游度假区。	30	台州市
12　大陈岛红色旅游目的地	加快青垦纪念馆、垦荒剧场、军事文化类公园、沙质岸线修复（人工沙滩）等项目建设，提升改造住宿等接待设施，到本行动计划末，创成国家级研学基地。	20	台州市
13　三门湾湾区旅游试验区	重点在湾区规划、业态和产品、旅游公共服务、旅游品牌推广等方面。借鉴推广省文旅产业融合试验区相关改革经验，推进三门湾旅游改革试点工作，加强重大项目用地保障。加快一体化发展，努力打造中国湾区旅游的样板和示范。打造三门湾区发展联盟。	100	台州市
14　台州府城文化旅游区	全力推进台州府城文化旅游区创建国家 5A 景区，重点推进台州府城文化旅游区十伞巷改造、台州府城墙"申遗"项目、临海市创建 5A 景区城项目，丰富府城文化内涵和旅游业态。	30	台州市

（四）提高海洋旅游运营能力

按照市场化、专业化、共享化原则，组建海岛公园"文旅运营智库"，引进一批国内外知名旅游品牌、专业团队，探索海岛公园连锁化、品牌化运营模式。引进大型企业，深度开发跳岛游、串岛游产品，推出精品串岛、连岛旅游线路。成立海钓等管理机构和协会，逐步完善行业标准规范和监管体系，推进休闲渔船产业开发。强化休闲渔船安全管理，加快渔民旅游转产转业。完善休闲渔业船舶管理办法，突破休闲渔业船只载客容量数、作业航距数的限制。鼓励成立集团化运营公司，推进休闲渔船规范化、市场化。

专栏 7　探索发展海上休闲船艇

1.探索发展休闲船艇。破解政策壁垒，研究出台休闲渔船、海钓船等船艇管理办法，大力发展海钓、休闲渔业、潜水、海洋体育等参与性强的海洋休闲项目，推动传统滨海观光旅游向海上休闲体验旅游转变。推动小型海上休闲船艇发展，支持嵊泗、象山等地开展海钓等海上休闲产业试点，重点在游船（艇）行业管理、游艇规制、载人数量、航行距离、安全监管、海域资源有偿使用、市场化运营等方面进行突破性改革探索，形成可复制、可推广的发展模式。

2.科学规划休闲海域。充分发挥我省独特的岛礁资源、渔场优势，立足长三角、面向全国、放眼全球，高起点规划建设海钓等海上休闲基地。坚持绿色、可持续的理念，科学布局海钓综合服务区、核心海钓区、专业赛钓区、产业配套区，高标准建设海钓码头停泊、钓场通信、后勤给养等基础设施，以及海上救助、医疗、卫生、培训等配套设施，为开展海上休闲提供基础保障。

3.健全安全监管体系。梳理部门职责分工，明确管辖责任，科学设置市场准入条件，确保游艇的行驶安全、游客的人身安全、海域的生态安全。全面摸底排查现存的小型高速船艇，对标对表严格审批签发国籍证书，严格执行年检年审制度，防止无证小船非法违规无序发展。逐船建立一船一档，严格遵守进出港报备制度，海钓人员实行实名登记，并办理人身意外伤害保险，加强安全设备配置和安全警示教育，切实保障人身安全。

五、提升服务品质，打造海洋公共服务新体系

重点围绕生态海岸带建设，加快交通等基础设施建设，健全旅游公共服务体系，为海洋旅游发展提供有力支撑。

（一）提升海洋生态环境

推进生态海岸带建设，按照生态化、人文化、景观化、舒适化要求，将长 1800 公里、陆侧 20 公里的沿海区域自然风貌、人文古迹、码头渔港等进行线路串联、环境改造和风貌提升。推进美丽海湾、美丽海岛建设，结合"微改造、精提升"行动，强化"四边三化"建设，实现海洋旅游场所屋边、山边、路边、水边的绿化、洁化、美化，达到"可席地而坐"。结合海塘安澜工程，因地制宜对海塘进行改造提升，植入旅游元素，提升旅游功能，修复古塘古堰等历史遗存，结合港湾、人工沙滩，打造海塘休闲长廊，优质沙滩达到 30 处以上。

（二）完善立体交通体系

依托大通道建设，建立起"接陆连海、贯通海岸、延伸内陆"便捷高效的海陆空交通体系。加快甬舟等连岛铁路建设，加快推动实施甬舟高速公路复线、六横公路大桥、象山湾疏港高速、S215省道延伸线等，提高陆岛通行能力。推进通用航空，开辟短途通勤航线，打造海岛百万级空港，规划布局海岛通用机场、直升机起降点 10 个，发展岛际航空和短途航空运输，加快嵊泗本岛等水上机场建设。推进水上客运，加快旅游码头布局与建设，通达主要码头公路等级达到二级以上；实现海岛公园主要岛屿"一岛两码头"、旅游码头全覆盖，支持符合条件的货主码头改建公共码头和旅游码头。

（三）提升旅游公共服务品质

完善通景公路，实现 5A 级景区 90% 通达一级公路，4A 级景区干线公路通达率达到 95%，4A 级景区连接线 93% 达到四级公路标准。提升旅游集散中心、游客服务中心、停车场、旅游驿站。推进旅游服务标准化建设，完善旅游标识标牌、导览系统、慢行系统等，建设主干绿道、游步道 1800 公里。强化一站式、体验式、智慧化的数字智能服务，巩固"厕所革命"建设成果，新建旅游厕所 1000 个，加快第三卫生间建设，实现旅游厕所"厕所码"智慧管理。旅游场所无障碍和适老化设施覆盖率达 100%。

（四）强化海洋旅游安全监管

强化海上旅游安全监管，严防商渔游艇船碰撞，加强交通、海事、市场监管、消防等部门联动，持续深入对海洋旅游景区安全、海上特种设备安全、海洋交通安全、海上文旅新业态、新产品安全、疫情防控安全等关键领域监管。强化预警、应急、救援能力。不断提高台风、强对流等海上极端天气预警能力和应急处置救援能力，不断降低安全事故起数，坚决防范和遏制各类水上事故发生，争取重大事故零发生。

六、强化开放合作，打响海洋旅游市场新品牌

重点围绕"诗画浙江"品牌矩阵、海洋旅游节会、客源市场拓展等，不断提升浙江海洋旅游市场影响力。

（一）塑造主题形象

打响"诗画浙江·海上花园"海洋旅游品牌，围绕"一湾一特色、一岛一主题、一地一风情"，推出滨海市县"诗画浙江＋"地方主题品牌，提炼地方特色海洋文化元素与符号，建立浙江国际海岛旅游目的地品牌体系，加快推出"嵊泗 24H""蓬莱海韵""花园港城""东方佛国""海上名山""海上花园""山海苍南"等县域精品游线。

（二）扩大品牌影响

积极承接或举办重大会议和赛事活动，打造具有国际影响力的海洋旅游节庆活动，着力提升国际海岛旅游大会、海洋音乐节

影响力,搭建与世界知名海岛旅游目的地的联动合作,不断扩大国际知名度。重点培育10个独具地方风情的旅游节庆、民俗活动。重点支持海岛公园建设推广联盟,组团打造不同种类的山海旅游产品。积极利用微博、抖音、小红书等新媒体,拓展营销渠道,开拓目标市场。

(三)推进区域合作

打造山海协作升级版,以山海协作产业园为平台,加强沿海与山区旅游联动发展,深化"产业飞地"建设,按照"一区一品、各具特色"要求,推动各方在资源共享、产品串线、游客招徕、宣传推介、招商引资、人才交流、组织疗休养等方面深入对接合作。以跨区域精品海岛旅游线路为抓手,依托长三角一体化、长江经济带等平台,加强与上海、福建的海丝文化旅游路线合作,提高旅游对外开放合作水平,努力争取在国际航线、国际邮轮、落地签证、免税购物和国际旅游合作等领域有较大突破,打造海洋旅游跨区域合作典范。

专栏8　海洋旅游品牌节会活动

	节会活动	主要内容	举办单位	举办时间
1	国际海岛旅游大会	打造成中国与世界海岛旅游国家、地区的合作交流平台,以海岛旅游为主题贯彻落实"一带一路"倡议的桥头堡平台,聚焦海洋海岛旅游开发全产业链的交流与贸易平台。	舟山市人民政府	夏季
2	钱江(海宁)观潮节	举行钱塘江观潮、祭潮、潮文化市集、潮音乐会等系列活动。	嘉兴海宁	农历八月十八日前后
3	中国(象山)开渔节	以感恩和保护海洋为主题,丰富祭海、开船、妈祖巡安等节庆仪式,融合农业、旅游、文化等产业,打造"开渔节＋"的新模式。	宁波象山	7—9月
4	中国海洋文化节	宣传普及海洋知识,增强民众海洋意识,促进全社会关注海洋、保护海洋以及可持续开发利用海洋,包含休渔谢洋大典等系列丰富的活动和内容。	舟山市人民政府	6月
5	舟山国际沙雕节	沙雕节实现"以节促旅、以旅活市",观摩沙雕作品、品味沙雕文化、领略海岛风情。	舟山普朱管委会	6—10月
6	宁波湾海上嘉年华	提升和拓展"宁波湾·奉化玩"城市旅游品牌,助推湾区旅游经济专业化、产业化、大众化发展。	宁波市奉化区	长期

七、保障措施

(一)加强规划引领

贯彻落实《浙江省海岛大花园建设规划(2019—2025)》《浙江省生态海岸带建设方案》《浙江省十大海岛公园建设三年行动计划(2020—2022)》,有关市、县(市、区)要立足地方实际,协同海塘安澜千亿工程等行动,因地制宜编制海洋旅游发展行动方案,明确指导思想、总体思路、主要任务、重大工程、时间节点,确保行动计划落地见效。

(二)加强组织领导

充分发挥省"四大建设"工作联席会议、省旅游专班、浙江海洋经济发展示范区工作领导小组的统筹领导作用,省、市、县3级分别成立海洋旅游专项工作小组,协调解决发展过程中的重大问题。加强与国家和省重大战略衔接,将海洋旅游工作与长三角一体化建设、四大建设、全域旅游等有机结合,做到全省上下同向发力、齐抓共管、高效推进,形成建设合力。

(三)加强政策集成

系统集成各层级、各部门支持政策。加强政策创新。积极支持邮轮游艇、通用航空发展政策,简化优化游艇、游船航线审批手续。加快出台休闲渔船、海钓船、休闲旅游船管理办法和渔民转产转业旅游安置办法。积极向国务院争取公海无目的地邮轮航线试点。加强资金扶持。整合省市县各级旅游发展资金、海岛公园建设资金等相关财政资金,统筹涉及沿海及海岛地区的资金安排,积极支持海洋旅游建设重点领域(项目)。加强金融支持。创新多元投融资渠道,鼓励和吸引各类社会资本参与海洋旅游建设。采取多元化投融资方式,鼓励央企、省属国有企业、民营企业、外资企业等多元化市场主体共同参与。加强用地保障。支持将海洋旅游建设标志性工程涉及的重点支撑项目优先纳入省重大产业项目，并按有关政策配套用地指标。对建设过程中涉及 5A 级旅游景区和国家级旅游度假区项目或省市县长项目，按"就高"原则享受用地要素保障支持。降低历史围填海区域内海洋旅游项目纳入省重大项目库门槛，对固定资产投资、投资强度、亩均增加值、亩均税收等 4 个指标按 0.7 修正系数下调。加强自贸区优惠。深化实施境外旅客购物离境退税政策，优化退税流程和网点布局。简化旅行社证照审批许可流程，争取在自贸试验区试行办理外商投资旅行社业务许可。探索一站式办理工商营业执照与申请旅行社业务经营许可。大力推进入境旅游便利化。不断完善区域协同机制，健全工作体系，积极实施长三角区域口岸签证通办和推广 144 小时过境免签政策，提供免签入境、口岸签证的双重便利和保障。

（四）加强督查考核

建立健全考核评价机制，将海洋旅游发展作为相关市、县（市、区）考核的重要内容，将目标任务实现情况、重大工程推进情况等纳入海洋强省年度绩效考评，严格奖惩措施，强化考核结果运用。建立海洋旅游统计评价体系，发布海洋旅游数据和年度报告。加大监督管理力度，会同省级相关部门，通过明察暗访，结合大数据分析，开展阶段性督查评估，突出展现发展过程中的显著成效、存在问题等内容，推动各项工作落细落实。

浙江省文化和旅游厅关于印发
《浙江省 5A 级旅游景区、国家级旅游度假区培育管理意见》的通知

浙文旅资源〔2021〕46 号

各市、县（市、区）文化和旅游局：

《浙江省 5A 级旅游景区、国家级旅游度假区培育管理意见》已经厅长办公会议审议通过，现印发给你们，请结合实际，认真贯彻执行。

特此通知。

浙江省文化和旅游厅
2021 年 12 月 14 日

浙江省 5A 级旅游景区、国家级旅游度假区培育管理意见

一、为进一步规范 5A 级旅游景区、国家级旅游度假区培育管理工作，建立具有浙江特色的高等级旅游景区和度假区、高质量发展模式，全面推进旅游业高质量发展，依据《旅游景区质量等级管理办法》《旅游景区质量等级的划分与评定》国家标准（GB/T—17775）《国家级旅游度假区管理办法》《旅游度假区等级划分》国家标准（GB/T—26358）的有关要求，特制定本意见。

二、本意见适用于国家 5A 级旅游景区、国家级旅游度假区创建单位，相关类似创建参照执行。

三、坚持系统观念，树立科学创建观，推动理性创建、量力创建、持续创建，切实解决当前"创

而不动、创而不实、创而不快"问题,推动创建为了更好的发展,实现社会效益、经济效益和生态效益有机统一。

四、按照"自愿申报、规范程序、动态管理、注重实效"的原则,建立5A级旅游景区、国家级旅游度假区发展梯队,推动创建培育工作滚动协同、持续开展。

五、申报5A级旅游景区、国家级旅游度假区,应具备以下基本条件:

(一)旅游资源禀赋优质,生态环境质量优良,四至边界清晰,是资源普查认定的文旅资源"优集区"。具备世界级的旅游资源吸引力和市场影响力,国际化程度高。

(二)突出文旅融合,深入挖掘充分展示中华优秀传统文化、革命文化、社会主义先进文化,践行社会主义核心价值观。注重优秀文化保护与传承利用,推动优质文化基因创造性转化和创新性利用。将文化内涵深度融入旅游景区、旅游度假区建设,突出在地文化的场景展示,彰显人文之美。

(三)申报5A级旅游景区,应当评定为4A级旅游景区3年以上,景区面积不得少于3平方公里,优先支持封闭管理景区。申报国家级旅游度假区,应当被审批或认定为省级旅游度假区1年以上,面积在5平方公里以上。

(四)具有统一的运营或管理机构,经营状况良好,主要经营主体近3年无严重违法违规等行为记录,未发生重大安全责任事故和游客投诉。

(五)旅游景区、旅游度假区建设领跑全省,积极探索未来景区、未来度假区建设。

(六)数字化改革取得标志性成果,智慧景区、度假区管理接入省级平台,实现跨场景、跨层级、跨区域的信息共享与数据协同。

(七)根据发展需求与文化和旅游部的要求,5A级旅游景区、国家级旅游度假区等应具备的其他条件。

六、5A级旅游景区、国家级旅游度假区的创建培育,按照"意向名单—培育名单—推荐名单"3个阶段进行。

(一)意向名单

自愿申报且符合基本条件的旅游景区、旅游度假区,由所在县(市、区)文化和旅游部门向市级文化和旅游部门提交资源价值评估申请。各市文化和旅游部门初审后,向省级文化和旅游部门提出推荐意见。市直属单位可由设区市直接申报。省级文化和旅游部门组织评估后,达到标准的单位,列入意向名单。原则上,意向名单每年申报1次。

(二)培育名单

列入意向名单的单位,应在1年内启动编制创建提升规划,规划经设区市文化和旅游部门初审后,由省级文化和旅游部门进行论证会审,会审通过并公示无异议后,列入培育名单,启动创建工作。

(三)推荐名单

原则上,列入培育名单1年以上的单位,经设区市文化和旅游部门同意,可向省级文化和旅游部门申请年度评估。评估为A档的,列入推荐名单,择优推荐申报5A级旅游景区、国家级旅游度假区资源评估和创建验收。

七、坚持高质量创建,严格对标对表,制定年度工作计划,项目化、清单化、常态化推进创建工作,

明确各项工作的任务书、路线图、时间表,确保创建落实落细落地。

八、坚持问题导向、需求导向、标准导向,科学制定评估标准,主要包括资源保护与利用、文化传承与转化、项目建设、公共服务、数字化建设、综合管理、发展品质等内容,客观真实反映创建成效。

九、建立年度评估机制,强化创建成效。采取重点复核与随机抽查、明察与暗访相结合等方式,进行年度评估。评估结果分为A、B、C 3个等次,其中排名位列前10%的为A档,排名靠后的10%为C档,其余为B档,并向社会公布。对列入意向名单、推荐名单的单位,进行抽查,定期通报抽查结果。

十、强化评估结果运用,建立"优胜劣汰、有进有出"的动态管理机制,形成"你追我赶、竞相发展"局面。评估结果为C档的,责令整改,连续两年为C档的,退出创建培育序列。

十一、聚焦数字化发展,以数字化思维、数字化认知、数字化技术引领培育创建,注重多跨应用场景开发,强化功能集成、数据互通、系统重塑,打造全国旅游景区、旅游度假区数字化发展的"重要窗口"。

十二、深化改革创新,顺应新发展格局要求,优先支持探索未来景区、未来度假区试点,推动在发展模式、经营方式、体制机制等方面的改革,实现高质量发展。

十三、坚持以人民为中心的发展理念,围绕"主客共享、共建共富",充分发挥旅游景区、旅游度假区在缩小收入差距、地区差距、城乡差距中的积极作用,推动

"建好一个旅游品牌,带动一方经济、造福一方百姓"。

十四、强化数据信息管理。定期报送统计数据和信息,注重系统收集、整改与反馈游客评价意见,全面真实反映旅游景区、旅游度假区管理服务水平。

十五、5A级旅游景区、国家级旅游度假区创建培育过程中,出现重大舆情与意识形态事件、重大旅游违法案件、重大旅游安全责任事故、重大游客投诉事件、严重破坏旅游生态环境、虚假填报信息行为的,取消创建资格,三年后方可重新申请。

十六、本意见由浙江省文化和旅游厅负责解释,自发布之日起施行。

浙江省文化和旅游厅关于印发《浙江省"十四五"时期濒危剧种保护扶持方案》的通知

浙文旅艺〔2021〕30号

各市、县(市、区)文化和旅游局,厅属艺术单位:

为弘扬中华优秀传统文化,加强濒危剧种的保护传承,切实改善濒危剧种的生存发展状况,根据文化和旅游部的有关要求,我厅拟制了《浙江省"十四五"时期濒危剧种保护扶持方案》,现印发你们,请结合实际,认真抓好贯彻落实。

浙江省文化和旅游厅
2021年12月27日

浙江省"十四五"时期濒危剧种保护扶持方案

根据中共中央、国务院关于传承和弘扬中华优秀传统文化、支持戏曲传承发展的系列文件精神,结合我省濒危剧种的实际发展状况,进一步加强对濒危剧种的保护传承力度,切实改善濒危剧种的生存发展状况,我省编制了《浙江省"十四五"时期濒危剧种保护扶持方案》,现将方案内容公布如下:

一、总体要求

(一)指导思想

深入贯彻习近平总书记关于文艺工作的系列重要论述精神,坚持为人民服务、为社会主义服务,促进满足人民文化需求和增强人民精神力量相统一,贯彻落实《浙江省人民政府关于印发浙江省传承发展浙江优秀传统文化行动计划的通知》精神,大力促进我省地方戏曲振兴,传承弘扬优秀传统文化,打造江南特色的新时代文化高地。

(二)发展目标

力争在"十四五"期间,健全濒危剧种戏曲艺术保护传承工作体系、戏曲艺术院团演员传习与学校教育相结合的人才培养体系,完善濒危剧种戏曲艺术院团扎根基层、潜心事业的保障激励机制,切实改善濒危戏曲剧种"活起来、传下去"的良好环境,形成全社会重视戏曲、关心支持濒危剧种戏曲艺术发展的生动局面。

二、加强濒危剧种保护与传承

(一)实施濒危剧种公益性演出计划

2021年6月至2025年6月,在全省范围内开展文化和旅游部认定的10个濒危剧种公益性演出计划,每年保证每个濒危剧种100场的演出场次,并给予相应经费补助,以演出为核心促进濒危剧种的保护传承发展。支持各地通过政府购买服务方式开展免费或低票价公益性演出服务,为濒危剧种演出营造良好环境。

(二)支持濒危剧种演出,加大政府购买力度

根据当地群众实际需求,将地方戏曲演出纳入基本公共文化服务目录,在"送戏下乡""戏曲进校园"等各类政府购买演出活动中,侧重加强对濒危剧种戏曲剧目采购,优先推荐濒危剧种戏曲艺术表演团体到基层为群众演出。

(三)实施全省戏曲剧种曲牌抢救工作

"十四五"期间开展全省戏曲剧种曲牌抢救工作,面向全省艺术表演团体,开展戏曲曲牌抢救。侧重对濒危剧种的新昌调腔、宁海平调等古老剧种的抢救,进行剧种特色曲牌的记录、整理,并在此基础上培养剧种音乐人才。

三、鼓励和引导多方力量支持濒危剧种戏曲表演团体

在"十四五"期间,以多种方式支持濒危剧种戏曲表演团体。推动以事业单位的形式,挂牌成立湖州市湖剧传习中心(所);继续办好松阳高腔传承发展有限公司、淳安睦剧团等国有企业;以民营公助的形式支持浙江台州乱弹剧团、平阳新民和剧团等民营剧团,促进剧种的复苏、繁荣。

此外,大力鼓励和引导企业、社会团体或个人通过兴办实体、资助项目、赞助活动、提供设施、建立专项基金等形式参与扶持濒危剧种戏曲的传承发展,营造有利于社会力量支持濒危剧种艺术表演团体的良好环境,发挥好政府引导和社会参与的综合效益。

四、完善濒危剧种戏曲人才机制

通过"校团合作",加强学校戏曲专业人才培养。支持浙江艺术职业学院、绍兴艺术学校与松阳县、新昌县合作,培养"松阳高腔中专班""新昌调腔中专班"等中专层次的人才;支持宁波甬剧团有限公司、温州瓯剧艺术研究院与浙江艺术职业学院、温州职业技术学院合作,开办专科层次的"甬剧大专班(甬九班)""瓯剧大专班(瓯四班)";争取在中国戏曲学院设立台州乱弹本科班。立足于剧种的实际情况,使我省濒危剧种的人才学历、水平得到较大提高。

在浙江舞台艺术"1111"人才培养计划中,加大对濒危剧种的优秀人才的倾斜,在第一批培养计划中列入台州乱弹相关人员的基础上,在瓯剧、甬剧、姚剧等濒危剧种中发展优秀人才,通过名师挂帅,精准施策,强化实践等措施,争取培养政治素质坚定、业务水平精湛,工作作风扎实的领军人物。

浙江省文化和旅游厅印发 《浙江省文化和旅游厅关于加快推进数字文化产业 高质量发展的实施意见》的通知

浙文旅产〔2021〕30号

各市、县(市、区)文化和旅游局,省文物局,厅属各有关单位,厅机关各有关处室:

现将《浙江省文化和旅游厅关于加快推进数字文化产业高质量发展的实施意见》印发你们,请结合实际,认真组织实施。

浙江省文化和旅游厅
2021年12月31日

浙江省文化和旅游厅关于加快推进数字文化产业高质量发展的实施意见

为深入贯彻落实习近平总书记关于不断做强做优做大数字经济的指示精神，深入实施数字经济"一号工程"和数字经济五年倍增计划，加快建设国家数字经济创新发展试验区，推动形成一批具有国际竞争力的数字文化产业集群。根据《文化和旅游部关于推动数字文化产业高质量发展的意见》（文旅产业发〔2020〕78号）、省委宣传部《关于推进浙江省文化产业高质量发展的实施意见》（浙宣〔2021〕59号）精神，现就我省加快推进数字文化产业高质量发展提出如下实施意见。

一、总体要求

（一）指导思想

以习近平新时代中国特色社会主义思想为指导，深入贯彻落实党的十九大和历次全会精神，认真落实省委十四届八次、九次全会精神，把握新发展阶段，贯彻新发展理念，构建新发展格局，忠实践行"八八战略"、奋力打造"重要窗口"。顺应数字产业化和产业数字化发展趋势，以数字化改革为抓手，以推动高质量发展为主题，以深化供给侧结构性改革为主线，以改革创新为动力，以贯彻实施《浙江省数字经济促进条例》为保障，以满足人民日益增长的美好生活需要为根本目的，深入实施文化和旅游产业数字化战略，加快发展新型文旅企业、文旅业态、文旅消费，改造提升传统业态，提高质量效益和核心竞争力。围绕构建现代文化和旅游产业体系，促进产业链和创新链精准对接，积极融入浙江全力打造全国数字经济先行示范省和全球数字变革高地发展大潮，在争创社会主义现代化先行省开局中勇当先锋，努力将数字文化产业打造成为浙江高质量发展建设共同富裕示范区的标志性成果。

（二）基本原则

坚持导向，厚植根脉。以社会主义核心价值观为引领，牢牢把握正确的政治方向、舆论导向和价值取向。按照打造精神力量高地、文明和谐高地、文艺精品高地、文化创新高地要求，持续放大社会效益，提高数字文化产业的品质内涵，展现数字文化驱动共同富裕的美好社会愿景。

数字转型，智慧引领。准确把握现代文化产业特征和趋势，推动数字文化领域实现制度创新、体系创新、功能优化、高效协同。依托数字科技拓展文化和旅游领域数字化应用场景，改造提升传统行业，促进跨行业、跨部门、跨地域成果转化，更好地以"数智文旅"展现浙江"重要窗口"。

文化立魂，内容为王。发挥"文化铸魂、文化赋能、文化融入"作用，把加快推进数字文化产业发展，作为促进第三产业提质增效的重要抓手，以更加解放的思想、创新的思路、务实的举措，精细规划基因解码，精心打造宋韵文化，精致提升时代精品，不断提升"文化浙江""诗画浙江"的知名度和影响力。

尊重创意，梯度培育。以深化制度改革为突破口，围绕营造良好的市场准入环境、竞争环境和消费环境，规范数字创意产品的产权属性、交易管理，促进数字文化产品使用、交易、管理和保护。注重数字文化产业发展布局，探索建立数字文化企业梯度培育机制，引导企业做强产业链、做深价值链，提升企业核心竞争力，助推经济复苏和转型升级。

融合创新，激活消费。以融合创新激活数字文化产业发展的内生动力，运用大数据精准研判文旅消费结构、消费习惯和消费特征，运用新技术培育文化消费形态、拓展消费链条、畅通消费渠道，积极满足人民群众尤其是青年一代的多元化需求，推动数字文化产业与相关产业深度黏合、融合发展。

（三）发展目标

到2025年，规上数字文化企业营业收入占规上文化企业营业收入比重达到65%左右，基本形成结构合理、布局优化、深度融合、产业链全、竞争力强，质量、规模和效益稳居全国前列的数字文化产业发展体系。分层次、分行业、分梯队建立文化和旅游领域数字企业培育梯队，培育50家左右社会效益和经济效益突出、创新能力强、具有影响力的领军型企业,培育100家左右成长性好、竞争力强、技术优势明显的"专精特新"骨干型企业,培育200左右家发展势头强劲、商业模式得到资本和市场初步认可、具有较强自主创新能力和发展潜力的新锐型企业。通过夯实产业基础,培育重点业态,构建产业生态,加快推进数字文化产业成为新时代文化高地和全国文化和旅游融合发展样板地的新动能,助力打造社会主义文化强国的省域典范,推动浙江高质量发展建设共同富裕区。

二、重点任务

(一)夯实数字文化产业发展基础

1.丰富内容建设

以"四条诗路"、大运河国家文化公园(浙江)、之江文化产业带、十大名山公园、十大海岛公园、大花园、微改造精提升等重大项目为引领,充分发挥数字文化内容的关键作用,释放增长潜力,提升竞争能力,增添发展动力。突出浙江文化基因,强化对宋韵文化等具有显著辨识度的区域特性原创数字文化产品开发。赋能文化经典,推动数字文化内容创新发展、鼓励艺术品、文物、非物质文化遗产等文化资源的"数字孪生",实现传统文化资源的创造性转化和创新性发展。

2.推进技术应用

引入云计算、大数据、人工智能、5G、虚拟现实、区块链等新一代信息技术,推动文化艺术与传播学、心理学、计算科学的融合,开展数字文化与大数据应用算法模型等基础性研究。推动文旅智能产品接轨"元宇宙"发展趋势,鼓励文化领域数字技术和通用软硬件的开源开放,推广国产基础软件、智能穿戴设备在文旅领域应用。促进文化经典在数字时代的传承和发扬,开展智能创作、辅助创排、舞台表演综合设计仿真、大规模复杂场景渲染等艺术创作领域的技术研究。

3.加快资源转型

以"数字+"为导向,加快推动数字技术在文博展陈、文娱演艺、文化装备制造、文旅会展、文物保护、非物质文化遗产传承、创意设计、景区景点、街区园区等领域和空间的融合应用,重点扶持一批基于5G、大数据、云计算、人工智能、虚拟现实等新技术应用的文化和旅游新场景建设项目。实施差异化上云推进策略,将创作、生产和传播等向云上拓展,在创新表现形式的同时深化文化内涵。分企业、分行业、分区域推动云计算、新媒体传播在文化旅游领域的普及推广和深度应用,鼓励依托地方特色文化资源,开发区域特征鲜明的数字文化产品。

4.培育市场主体

进一步完善《浙江省文化和旅游企业梯度培育计划》评价体系和政策体系,加强数字文化企业梯队建设。在数字文化领域,遴选一批主业突出、核心竞争力强、市场占有率高、行业示范忹强的领军型企业;壮大一批成长性好、竞争力较强、技术优势明显的"专精特新"骨干型企业;培育一批发展势头强劲、具有较强目主创新能力和发展潜力的新锐型企业。引导社会资本投资、兴办数字文化企业,支持民营企业参与国有文艺院团数字化改革,不断提升浙江小百花越剧院、浙江演艺集团、浙江交响乐团、浙江京昆艺术中心等演艺团体数字化服务水平。

5.构建标准体系

围绕浙江打造新时代全面展示中国特色社会主义制度优越性重要窗口、长三角一体化发展、高水平发展建设共同富裕示范区等顶层设计,实施数字文化产业标准化战略,加强数字文化技术标准应用,以标准建设促进产业发展。围绕"一带一路"发展战略,加快数字文化产业标准国际化进程,推动数字文化产业相关技术和服务标准走出去,逐步形成数字文化产业标准体系的浙江样板。

(二)培育数字文化产业重点业态

6.夯实动漫产业

依托杭州高新区国家动画产业基地、宁波鄞州国家动漫游戏原创产业基地,建设全球动漫游戏原创中心,培育具有影响力的动漫产业集群。扶持一批具有国际竞争力的本土原创动漫龙头企业,支持国内外知名动漫企业落户浙江。扶持优秀原创精品项目,招引优秀原创数字动漫产品在浙制作发行,鼓励中国网络作家村将原创网络文学作品、浙江特色题材作品改编为动漫产品。发挥金融环境、产业集群、人才集聚等优势,促进动漫企业和作品与虚拟现实、裸眼3D等前沿科技结合。放大中国国际动漫节品牌效应,大力发展网络动漫、动漫衍生品、动漫演艺、动漫会展等线上品牌,拓展在线动漫平台规模和盈利空间。

7.挖掘电竞潜力

对标全球电竞之都,科学规

划电竞场馆空间布局,利用保税区、自贸区优势,在杭州、宁波、舟山、义乌等地培育电竞产业聚集区。举办专业化、国际化的重点赛事,支持英雄联盟全球总决赛、和平精英国际冠军杯等国际顶级赛事落户。鼓励依托4K8K超高清大屏联网联播联控、虚拟现实等技术,拓展电竞赛事转播渠道,提升电竞观赛体验,进一步激发电竞产业活力。加快引入和建设主场ESP电竞文化体验中心、文创电竞中心、电竞产业园,吸引电竞行业头部企业和团队入驻,促进电竞交易、直播、培训发展,加快品牌建设和衍生品市场开发。鼓励有条件的高校开设电竞专业。

8.培育"云演艺"

围绕建设网络视听产业高地的目标,鼓励演艺视听头部企业在浙江设立总部,带动和完善上下游产业链,推动形成网络视听产业体系化。推动5G＋4K/8K超高清在演艺业的应用,建设在线剧院、数字剧场,推动全省文艺院团、演出经纪机构、演出经营场所逐步实现数字化转型,培养观众线上付费习惯。提高文艺精品线上制作生产能力,推动一批紧跟全球演艺产业发展变革方向的现代文艺佳作、优秀传统剧目实现线上云展播。

9.丰富"云展览"

支持文化文物单位与融媒体平台、数字文化企业合作,运用数字技术提升公共文化资源服务水平,推动公共文化资源实现"云展览"功能。以省属文化场馆为试点,开展"云讲解""云展览""云赏艺""云公教""云文创"等服务,打造沉浸式"互联网＋展陈"新体验。结合非物质文化遗产保护与传承,开展非遗代表性项目及保护成果"云展厅"建设。推进文化会展行业数字化转型,探索以"云对接""云洽谈""云签约"等形式,创新中国国际网络文化博览会、中国义乌文化和旅游产品交易博览会线上线下同步互动、有机融合的办展模式。

10.探索"云交易"

培育自贸区、国贸区文旅产品交易市场,借助区块链等数字技术,着力解决艺术品交易难点堵点等问题,实现藏品线上真伪查验、来源追溯等功能。引导微拍堂、玩物得志等App平台进一步规范交易规则,提升文化艺术品交易"即展即买"服务模式。结合文创旅游商品应用场景,推动相关企业开发一站式交易服务基础平台,不断丰富文创旅游商品展示、销售、租赁服务场景。

11.发展网络视听

依托浙江广电集团、浙江出版联合集团、中国移动、中国电信、浙江省网络作家协会、浙江省作家协会、阿里巴巴、字节跳动、网易等主体,打造网络视听产业高地,推动数字音乐、网络动画、网络文学、网络直播、短视频、数字出版、数字典藏、数字教育等特色产业有序发展。以创作指导、评选推优、作品发布等方式,引导网络视听产业内容创作生产,不断提升浙江网络视听产业综合实力和对外影响力。结合Z世代群体在产品购买与传播中的角色变化,从"国潮"等社会热点中,发掘网络视听与ACGN(动画、漫画、游戏、小说)产业结合所产生新的增长点和"爆款"作品,形成个性化、品牌化产品体系。

12.做强数字装备

瞄准数字文化领域数字装备关键核心技术,实现数字文化重要软件系统和重大装备自主研发与安全可控。加快推进数据采集、内容制作、信息传输等相关设备、软件自主研发和产业化进程,提升三维数字扫描、沉浸式设施、数字化舞台、无人智能游览、可穿戴设备、智能终端、无人机等数字文化装备技术水平。加强高端数字文化装备自主研发,加快高端数字装备基地与展示中心建设,打造国内领先的数字装备技术整体解决方案。提升高精度数据采集技术装备应用水平,以省属博物馆、文化艺术场馆为试点,开展珍贵文物和高端艺术品数据采集,实现文化数据多维度标识与关联。

(三)构建数字文化产业生态

13.夯实产业平台

以红色文化、宋韵文化、和合文化、运河文化、海洋文化、生态文化和商贸文化为代表,建设一批数字化服务与宣传平台,不断提升核心节点文化产业数字化水平。加强数字文化产业集聚发展,积极创建中国(杭州)数字文化产业集聚区,加快建设中国网络作家村、中国(之江)视听创新创业基地、杭州国家数字出版基地、浙江国家音乐产业基地、国家(杭州)短视频基地、浙江数字文化国际合作区等发展平台。依托上海中国邮轮旅游发展示范区、浙皖闽赣国家生态旅游协作区、杭黄世界级自然生态和文化旅游廊道、环太湖生态文化旅游圈等区域合作平台,强化文化和旅游资源数字化传播力。

14.繁荣消费市场

支持文旅消费新业态发展，鼓励数字文化企业推动文旅消费线上线下融合创新，探索文旅消费产品多渠道发布、多网络分发、多终端呈现。结合夜间文旅消费集聚区建设，积极发展数字特色鲜明的城市夜场灯光秀、24小时书店、城市书房、创意街区、"百县千碗"网红店、文创市集等夜间数字文旅消费业态，打造一批有知名度、有网络传播效应的夜间文化消费地标。鼓励地方文艺工作者、非物质文化遗产传承人运用社交媒体、视频等新型传播手段，开辟网络展演展播通道，以即时、移动、轻量、互动的传播理念，构建立体化的宣传平台与推介渠道，拉长美育传播链。

15.引导创业创新

深化数字文化产业供给侧结构性改革，鼓励数字文化企业加大研发投入，开展技术、产品、服务创新，以及生产、组织、管理和商业模式等创新，探索开拓数字文化产业新领域、新技术、新业态、新模式。鼓励市场主体打造数字文化产业众创空间、双创服务平台，推广和展示数字文化企业"双创"成果。支持数字文化企业发展微创新、微应用、微产品，率先在全国探索灵活就业、聚焦供需两侧、创新与创业结合、孵化与投资结合的数字文化"双创"服务体系。

16.完善版权保护

依托"浙里办""浙政钉"应用平台，规范网上审批办事标准、优化网上办事流程，进一步提高知识产权和行政许可的线上办结率。以数字经济"新基建"为契机，以版权经纪、管理、保护为纽带，加强数字文化版权服务，探索数据公开、信息透明的数字文化版权管理及分发服务平台。以区块链、卫星授时等相关技术为支撑，逐步形成全网版权监测与快速维权体系，切实保护著作权人合法权益。

17.加强协同发展

结合区域特点，统筹数字文化产业块状布局，提升数字文化产业集聚功能与辐射能力，形成定位清晰、优势互补、资源共享、分工明确的协同发展机制。依托数字文化领域重点实验室、领军示范企业、高校和研究机构等，建立数字文化产业发展智库，加快数字化转型共性技术、关键技术研发应用，构建产学研用协同发展闭环。推进企业、高校、科研机构之间技术要素流动，鼓励通过许可、转让、入股、协作等方式，推动技术要素向数字文化企业转移，引导企业更高层次的参与国际、国内经济合作和竞争。

18.深化融合发展

以数字化推动文化和旅游产业融合发展，探索培育未来景区、未来酒店、未来民宿、未来文博场馆、未来社区等"未来系列"产品，丰富文化和旅游空间体验形式和内容。促进数字文化创意向先进制造业、消费品工业、智慧农业领域拓展，深化与金融、物流、教育、体育、电子商务等现代服务业融合力度。培育"数字文化＋"产业生态圈，拓展旅游产业发展空间，提升旅游产业文化内涵，推动产业间融合发展、互惠发展，使融合发展成为促进产业数字化转型发展的重要抓手，实现更广范围、更深层次、更高水平的文旅融合。

19.深化国际合作

打造文化出口贸易综合服务新平台，建设国家文化出口基地浙江数字文化国际合作区，推进中国（浙江）影视产业国际合作区向云基地转型。支持国际丝绸之路与跨文化交流研究中心以丝绸之路文化遗产为核心，开展研究、保护、传承、弘扬等工作，为国际国内同行提供数字化合作和交流平台。支持数字文化企业参与境内外综合性、专业性展会，持续推进技术、人才、资金等资源的全球互动。进一步完善文化"出海"政策，深化数字文化产业国际合作，打造一批海外年轻用户喜爱的产品，培育一批数字文化领域重点出口企业。鼓励数字文化企业通过电子商务、项目合作、海外并购、设立分支机构等方式开拓国际市场，加快向"一带一路"国家和地区提供数字化服务，合作开发数字文化产品。

三、保障措施

20.加强组织领导

各地文化和旅游部门要高度重视数字文化产业发展，加强与经济、科技、金融等部门协作和政策衔接。完善联席会议、项目推进、专家咨询、产业研究等工作机制，统筹部署和落实相关任务措施。各地要结合实际，研究制定本地区推动数字文化产业高质量发展的具体举措，把数字文化产业高质量发展摆在更加突出的位置，纳入当地经济社会发展年度计划。

21.健全统计评价

严格按照国家文化及相关产业统计分类目录进行统计，摸清产业发展底数，持续优化数据采集、数据处理、数据分析方式，完善全省数字文化统计评价指标体系。进一步强化对基层文化统计相关人员的培训,提升统计业务能力和水平。加强沟通协调,建立和完善省级层面数字文化产业统计监测制度,力求解决宏观数据不匹配、文化统计与发布滞后的难题,定期发布评价报告,为推进全省数字文化高质量发展提供决策依据。

22.优化发展环境

推动数字文化领域公共基础数据、生产要素数据、科技创新数据、消费服务数据、贸易流通数据、供应链数据的互联互通,形成全要素、全产业链、全价值的链接,持续推动数字产业化和产业数字化进程。加大市县两级财政对数字文化产业高质量发展的资金支持,研究制定数字文化产业和文旅产业数字化改革支持政策。健全财税政策,引导社会资金探索设立数字文化转型基金。完善数字文化产业人才培养、评价激励、流动配置机制,突出导向管理、思维创新和实务培养,把人才培育作为推动数字文化产业发展的重要支撑。

统计资料

ZHEJIANG CULTURE AND TOURISM YEARBOOK

2021年浙江省文化发展指标

主要指标	计量单位	绝对量
文化事业费	亿元	104.5
人均文化事业费	元	159.7
文化事业费占财政支出的比重	％	1.0
平均每万人拥有公共图书馆建筑面积	平方米	238.9
人均拥有公共图书馆藏量	册	1.6
人均购书费	元	4.1
每万人拥有群众文化设施建筑面积	平方米	853.0
人均群众文化业务活动专项经费	元	18.4
艺术表演团体个数	个	1357
艺术表演团体国内演出观众人次	千人次	59473
艺术表演团体演出收入	千元	790707
文化部门艺术表演团体经费自给率(事业)	％	20.1
文物藏品数量	件(套)	1780663
博物馆参观总人次	千人次	40702

说明：1. 人均购书费＝(新增藏量购置费＋新增数字资源购置费)/年末常住人口。

  2. 艺术表演团体包含非文化部门数据。

  3. 艺术表演团体经费自给率＝(总收入－财政补贴收入)/总支出。

2021年浙江省旅游业主要指标

指标		计量单位	绝对量	比上年增长/％
旅游产业	旅游产业总产出(2020年)	亿元	10831.0	—
	旅游产业增加值	亿元	4815.2	9.5
	旅游产业增加值占GDP比重	％	6.5	－0.3
旅游收入	旅游总收入	亿元	6184.2	10.5
	其中:国际旅游(外汇)收入	亿美元	2.0	28.7
	国内旅游收入	亿元	6171.1	10.5
旅游人数	接待游客总人数	亿人次	4.0	9.6
	其中:入境游客	万人次	42.8	14.3
	国内游客	亿人次	4.0	9.6
	旅行社组织出境游客	万人次	0.0	－100.0

说明：1. 全省入境旅游统计口径为"入境过夜游客"。

  2. 自2021年开始，浙江省国内旅游主要指标根据《全国文化文物和旅游统计调查制度》(国统制〔2020〕189号)和《浙江省文化和旅游统计调查制度》(浙统制〔2022〕1号)进行总体推算，"比上年增长"为同口径比。

2021 年浙江省分市主要文化发展指标（一）

地区	文化事业费/万元	人均文化事业费/元	文化事业费占财政支出的比重/%	平均每万人拥有公共图书馆建筑面积/平方米	人均拥有公共图书馆藏量/册	人均购书费/元	每万人拥有群众文化设施建筑面积/平方米
杭州市	197694	162.0	0.83	165.8	1.62	3.6	648.4
宁波市	118087	123.7	0.61	206.5	1.30	2.6	1063.2
温州市	91561	94.9	0.86	257.3	1.61	3.8	1129.2
嘉兴市	75694	137.2	0.95	359.9	2.12	5.8	765.6
湖州市	40517	118.9	0.77	217.5	1.21	3.9	771.4
绍兴市	60228	112.8	0.84	178.8	1.55	2.3	650.2
金华市	59599	83.7	0.75	193.8	0.86	2.1	734.3
衢州市	40202	175.8	0.77	269.8	1.91	4.3	884.1
舟山市	23216	199.3	0.69	298.7	2.22	4.7	1023.2
台州市	85489	128.3	1.16	243.8	1.49	2.3	640.4
丽水市	61919	246.3	1.13	375.1	1.37	4.2	1490.5

2021 年浙江省分市主要文化发展指标（二）

地区	人均群众文化业务活动专项经费/元	艺术表演团体个数/个	艺术表演团体国内演出观众人次/千人次	艺术表演团体演出收入/千元	文化部门艺术表演团体经费自给率（事业）/%	文物藏品数量/[件（套）]	博物馆参观总人次/千人次
杭州市	23.4	128	4531	102936	27.3	192670	6267
宁波市	17.5	194	10424	152421	15.2	321659	5982
温州市	16.1	134	14154	87485	8.0	125392	4057
嘉兴市	30.7	23	1339	9293	0.7	176985	4973
湖州市	13.0	85	1610	20338	—	90797	3520
绍兴市	11.2	200	11931	169999	16.2	130776	2637
金华市	12.0	185	6106	63009	27.4	109791	2329
衢州市	9.5	52	1176	13386	13.1	35016	445
舟山市	18.0	14	344	6731	17.6	41297	696
台州市	21.6	163	4690	55575	0.0	126504	3914
丽水市	15.2	168	1867	18771	—	62360	3033

2021年浙江省分市主要文化发展指标（三）

地区	每万人拥有公共文化设施建筑面积/平方米	人均观看艺术表演、文博展览次数/人次	图书馆流通率/人次	每万人拥有非物质文化遗产项目个数/个	每百万人拥有非遗项目传承人数/人
杭州市	1470.96	1.4	1.31	0.15	18.7
宁波市	2632.95	1.8	1.22	0.10	10.6
温州市	2105.11	1.9	1.72	0.15	23.8
嘉兴市	1859.60	1.4	2.44	0.13	16.3
湖州市	1934.84	1.5	3.12	0.15	19.4
绍兴市	1870.51	2.9	1.46	0.16	25.1
金华市	1491.34	1.4	0.88	0.16	24.7
衢州市	1435.51	1.5	2.53	0.33	43.7
舟山市	2109.01	0.9	1.37	0.33	21.5
台州市	1612.22	1.3	1.74	0.16	16.5
丽水市	2568.68	2.1	2.30	0.41	65.6

2021年浙江省分市旅游业主要指标

地区	旅游业增加值/亿元	旅游业增加值增速/%	旅游业增加值占GDP比重/%
杭州市	1211.5	8.3	6.7
宁波市	920.0	9.7	6.3
温州市	585.1	10.0	7.7
嘉兴市	403.7	10.1	6.4
湖州市	282.6	10.8	7.8
绍兴市	381.4	7.4	5.6
金华市	361.2	8.0	6.7
衢州市	134.9	10.4	7.2
舟山市	94.9	9.6	5.6
台州市	328.5	8.8	5.7
丽水市	147.2	11.0	8.6

2021 年浙江省分市接待游客总人数和旅游总收入情况

地区	接待游客总人数		旅游总收入	
	绝对量/万人次	比上年增长/%	绝对量/亿元	比上年增长/%
杭州市	8951.8	5.0	1523.8	6.9
宁波市	5156.0	8.0	838.8	5.5
温州市	4957.8	11.4	657.1	16.0
嘉兴市	3218.7	10.0	503.5	13.4
湖州市	3635.7	8.6	536.4	16.6
绍兴市	2757.8	5.1	380.8	15.8
金华市	4331.3	5.5	683.6	11.4
衢州市	1437.2	11.2	177.4	14.5
舟山市	1244.2	7.5	170.5	13.7
台州市	3602.1	6.0	424.0	13.7
丽水市	2556.5	11.8	288.4	18.2

说明:自 2021 年开始,浙江省国内旅游主要指标根据《全国文化文物和旅游统计调查制度》(国统制〔2020〕189 号)和《浙江省文化和旅游统计调查制度》(浙统制〔2022〕1 号)进行总体推算,"比上年增长"为同口径比。

2021 年浙江省分市接待入境游客人数、国际旅游(外汇)收入情况

地区	入境游客人数		国际旅游(外汇)收入	
	绝对量/万人次	比上年增长/%	绝对量/万美元	比上年增长/%
杭州市	18.2	26.4	8544.2	46.0
宁波市	4.8	−13.9	1455.4	−8.8
温州市	1.2	−62.5	472.9	−69.0
嘉兴市	3.4	−15.4	2934.3	5.5
湖州市	4.2	55.0	1792.6	84.5
绍兴市	0.7	−14.4	282.4	−8.4
金华市	4.7	13.4	2497.4	34.0
衢州市	0.1	−18.6	21.3	−34.6
舟山市	2.8	149.1	1337.1	127.0
台州市	2.6	131.1	1060.3	263.1
丽水市	0.1	−41.0	25.4	−54.0

说明:全省入境旅游统计口径为"入境过夜游客"。

2021年浙江省国内游客分市人均停留时间、人均花费情况

地区	人均停留时间	人均花费
	国内过夜游客/〔天/人次〕	国内游客/〔元/人次〕
全　省	1.9	1545
杭州市	1.8	1700
宁波市	1.8	1626
温州市	1.8	1325
嘉兴市	1.9	1560
湖州市	2.1	1474
绍兴市	2.1	1381
金华市	2.1	1576
衢州市	1.9	1234
舟山市	2.1	1366
台州市	2.0	1176
丽水市	2.1	1128

2021 年浙江省接待外国游客客源分布情况

	客源地	绝对量/人次	占外国游客/%	比上年增长/%
按地区分组	亚洲	91582	28.0	−14.5
	欧洲	58150	17.8	29.4
	美洲	42176	12.9	37.6
	非洲	13143	4.0	−3.3
	大洋洲	10229	3.1	98.4
接待主要国家	日本	32423	9.9	33.3
	美国	28600	8.7	41.2
	韩国	19689	6.0	8.6
	德国	18428	5.6	132.0
	澳大利亚	8142	2.5	122.9
	加拿大	6817	2.1	31.6
	埃及	6553	2.0	551.6
	新加坡	5879	1.8	30.3
	英国	5374	1.6	11.4
	法国	5051	1.5	11.7
	西班牙	4710	1.4	0.9
	意大利	4618	1.4	−18.7
	印度尼西亚	4272	1.3	−72.3
	泰国	3978	1.2	80.7
	俄罗斯	3912	1.2	−6.6
	马来西亚	3572	1.1	−82.6
	印度	2632	0.8	−8.0
	菲律宾	2304	0.7	50.4
	荷兰	1628	0.5	−16.1
	巴西	1593	0.5	68.2
	瑞士	1591	0.5	149.5
	南非	1428	0.4	47.0

说明:外国游客不包括港澳台游客。

2021 年浙江省接待国内游客客源分布情况

省（区、市）	占国内游客比重		
	2021 年/%	2020 年/%	占比增减/%
北京	0.2	0.8	−0.6
天津	0.3	0.5	−0.3
河北	0.3	1.2	−0.8
山西	0.2	0.7	−0.5
内蒙古	0.0	0.1	0.0
辽宁	0.3	0.6	−0.3
吉林	0.1	0.3	−0.2
黑龙江	0.2	0.4	−0.2
上海	4.1	8.9	−4.8
江苏	7.5	11.6	−4.2
浙江	75.9	57.1	18.8
安徽	2.1	3.4	−1.3
福建	2.2	3.0	−0.8
江西	1.9	2.8	−0.9
山东	1.0	1.5	−0.5
河南	0.9	1.2	−0.3
湖北	0.4	0.7	−0.3
湖南	0.5	0.8	−0.4
广东	0.4	1.4	−1.0
广西	0.1	0.2	−0.1
海南	0.0	0.1	−0.1
重庆	0.2	0.6	−0.4
四川	0.4	0.9	−0.5
贵州	0.2	0.2	−0.1
云南	0.2	0.2	−0.1
西藏	0.0	0.0	0.0
陕西	0.2	0.4	−0.2
甘肃	0.1	0.1	0.0
青海	0.0	0.0	0.0
宁夏	0.0	0.1	0.0
新疆	0.0	0.1	0.0

2017—2021 年浙江省文化发展指标

主要指标	计量单位	2017 年	2018 年	2019 年	2020 年	2021 年
文化事业费	亿元	59.4	66.9	79.9	85.0	104.5
人均文化事业费	元	105.1	116.6	136.6	131.6	159.7
文化事业费占财政支出的比重	%	0.8	0.8	0.8	0.8	1.0
平均每万人拥有公共图书馆建筑面积	平方米	190.4	208.8	223.4	204.0	238.9
人均拥有公共图书馆藏量	册	1.4	1.5	1.6	1.5	1.6
人均购书费	元	3.8	4.1	4.3	3.9	4.1
每万人拥有群众文化设施建筑面积	平方米	744.0	785.1	840.9	795.4	853.0
人均群众文化业务活动专项经费	元	14.9	15.4	17.5	14.1	18.4
艺术表演团体个数	个	1420	1573	1550	1228	1357
艺术表演团体国内演出观众人次	千人次	210970	207876	182612	6932	59473
艺术表演团体演出收入	千元	4571377	4418731	1746101	951529	790707
文化部门艺术表演团体经费自给率（事业）	%	20.2	20.5	19.0	16.9	20.1
文物藏品数量	件（套）	1532324	1504325	1558407	1666243	1780663
博物馆参观总人次	千人次	64855	70054	80296	30765	40702

说明：1. 人均购书费＝（新增藏量购置费＋新增数字资源购置费）/年末常住人口。

2. 艺术表演团体包含非文化部门数据。

3. 艺术表演团体经费自给率＝（总收入－财政补贴收入）/总支出。

2017—2021 年浙江省旅游产业主要指标

年份	旅游产业总产出/亿元	旅游产业增加值/亿元	旅游产业增加值占地区生产总值比重/%
2017	10023	3991	7.7
2018	10766	4507	7.8
2019	11499	4889	7.8
2020	10831	4399	6.8
2021	—	4815	6.5

说明：1. 自 2017 年开始，全省旅游产业统计口径调整为"全域旅游产业"。

2. 2021 年旅游产业总产出省统计局还未测算。

2017—2021 年浙江省接待入境游客人数、国际旅游（外汇）收入情况

年份	接待入境游客人数		国际旅游（外汇）收入	
	绝对值/万人次	比上年增长/%	绝对值/亿美元	比上年增长/%
2017	1211.7	8.3	82.8	10.5
2018	456.8	−4.2	26.0	−0.7
2019	467.1	1.9	26.7	2.9
2020	38.3	−91.8	1.6	−93.9
2021	42.8	14.3	2.0	28.7

说明：从 2018 年开始，全省入境旅游统计口径调整为"入境过夜游客"，"比上年增长"为可比口径。

2017—2021 年浙江省接待入境外国游客和港澳台同胞人数情况

年份	外国游客		港澳同胞		台湾同胞	
	绝对量/人次	比上年增长/%	绝对量/人次	比上年增长/%	绝对量/人次	比上年增长/%
2017	8014956	7.6	1922931	8.5	2179452	10.8
2018	3234062	−4.3	478914	−12.8	854601	1.7
2019	3298281	2.8	469372	−5.7	903483	2.8
2020	276711	−91.6	43874	−90.6	62899	−93.0
2021	327417	24.1	49507	17.2	51508	−25.0

说明：从 2018 年开始，全省入境旅游统计口径调整为"入境过夜游客"，"比上年增长"为可比口径。

2017—2021 年浙江省接待国内游客人数和国内旅游收入情况

年份	接待国内游客人数		国内旅游收入	
	绝对量/万人次	比上年增长/%	绝对量/亿元	比上年增长/%
2017	62868.4	9.7	8763.9	15.3
2018	68386.4	8.8	9834.0	12.2
2019	72180.4	5.5	10726.7	9.1
2020	56977.6	−21.1	8263.9	−23.0
2021	39943.3	9.6	6171.1	10.5

说明：自 2021 年开始，浙江省国内旅游主要指标根据《全国文化文物和旅游统计调查制度》（国统制〔2020〕189 号）和《浙江省文化和旅游统计调查制度》（浙统制〔2022〕1 号）进行总体推算，"比上年增长"为同口径比。

2017—2021 年浙江省假日旅游接待收入情况

年份	假日	接待人数		旅游收入	
		绝对量/万人次	比上年增长/%	绝对量/亿元	比上年增长/%
2017	春节	2048.5	13.4	185.9	18.1
	国庆	5952.3	11.9	576.2	16.8
2018	春节	2227.9	8.8	211.1	13.6
	国庆	5742.9	10.3	565.5	12.2
2019	春节	2412.8	8.3	232.4	10.1
	国庆	5917.1	3.0	587.4	3.9
2020	春节	164.6	−93.2	24.2	−89.6
	国庆	5628.9	−16.8	504.4	−24.9
2021	春节	995.3	830.0	85.8	238.7
	国庆	1238.5	−3.9	111.2	−6.9

说明:1. 假日旅游主要指标"比上年增长"为日均比。

2. 自 2021 年开始,浙江省国内假日旅游主要指标根据《全国文化文物和旅游统计调查制度》(国统制〔2020〕189 号)和《浙江省文化和旅游统计调查制度》(浙统制〔2022〕1 号)进行总体推算,"比上年增长"为同口径比。

附 录

ZHEJIANG CULTURE AND TOURISM YEARBOOK

浙江省国家历史文化名城

杭州	国家级	第一批1982年	
绍兴	国家级	第一批1982年	
宁波	国家级	第二批1986年	
衢州	国家级	第三批1994年	
临海	国家级	第三批1994年	

金华	国家级	2007年
嘉兴	国家级	2011年
湖州	国家级	2014年
温州	国家级	2016年
龙泉	国家级	2017年

浙江省省级历史文化名城

余姚	省级	第一批1991
舟山	省级	第一批1991
东阳	省级	第一批补1996
兰溪	省级	第二批2000
天台	省级	第二批2000

松阳	省级	第二批2000
瑞安	省级	第二批2000
海宁	省级	单独2010
丽水	省级	单独2014
平阳	省级	单独2015

浙江省全国文化先进单位

1995年　诸暨市、萧山市

1996年　慈溪市、嵊州市

1997年　东阳市、平阳县、海宁市、宁波市海曙区

1998年　嘉善县、义乌市、宁波市镇海区、上虞市

2000年　乐清市、宁波市北仑区

2002年　鄞县、兰溪市、海盐县

2005年　长兴县、桐庐县、德清县

2009年　平湖市、临海市、杭州市拱墅区

2014年　杭州市江干区、龙泉市、玉环县、宁海县、瑞安市

全国文化工作模范地区

1995年　余姚市、桐乡市

全国文化工作先进地区

1991年　绍兴县、余杭县

浙江省 2021—2023 年度中国民间文化艺术之乡

舟山市普陀区　渔民画　　　　　　　　温州市瑞安市　鼓词
杭州市余杭区径山镇　茶文化　　　　　金华市永康市方岩镇　庙会
宁波市宁海县　"十里红妆"婚俗　　　　衢州市柯城区沟溪乡　农民画

浙江省国家级非物质文化遗产代表性项目名录

序号	项目名称	项目类别	所属地区	批次	保护单位
1	梁祝传说	民间文学	杭州市、宁波市、绍兴市上虞区	第一批	杭州市文化馆
2	白蛇传传说	民间文学	杭州市	第一批	杭州市文化馆
3	西施传说	民间文学	诸暨市	第一批	诸暨市文化馆
4	济公传说	民间文学	天台县	第一批	台州市天台山文化研究会
5	西湖传说	民间文学	杭州市	第二批	杭州图书馆
6	徐福东渡传说	民间文学	象山县、慈溪市	第二批	慈溪市徐福研究会、象山县文化馆
7	刘伯温传说	民间文学	文成县、青田县	第二批	文成县非物质文化遗产保护中心、青田县刘基研究会
8	徐文长故事	民间文学	绍兴市	第二批	绍兴市文化馆（绍兴市非物质文化遗产保护中心）
9	黄初平（黄大仙）传说	民间文学	金华市	第二批	金华黄大仙文化研究会
10	观音传说	民间文学	舟山市	第二批	舟山市普陀山风景名胜区管理委员会
11	苏东坡传说	民间文学	杭州市	第三批	杭州名人纪念馆（唐云艺术馆）
12	钱王传说	民间文学	杭州市临安区	第三批	杭州市临安区文化馆
13	布袋和尚传说	民间文学	宁波市奉化区	第三批	宁波市奉化区弥勒文化研究会
14	海洋动物故事	民间文学	温州市洞头区	第三批	温州市洞头区民间文艺工作者协会
15	王羲之传说	民间文学	绍兴市	第三批	绍兴市文化馆（绍兴市非物质文化遗产保护中心）
16	烂柯山的传说	民间文学	衢州市	第三批	衢州市非物质文化遗产保护中心
17	防风传说	民间文学	德清县	第三批	德清县文化馆
18	童谣（绍兴童谣）	民间文学	绍兴市	第四批扩展	绍兴市文化馆（绍兴市非物质文化遗产保护中心）

续 表

序号	项目名称	项目类别	所属地区	批次	保护单位
19	常山喝彩歌谣	民间文学	常山县	第四批	常山县文化馆
20	刘阮传说	民间文学	天台县	第四批	台州市天台山文化研究会
21	古琴艺术(浙派)	传统音乐	杭州市	第二批	杭州市非物质文化遗产保护中心
22	江南丝竹	传统音乐	杭州市	第二批	杭州艺术学校
23	十番音乐(楼塔细十番)	传统音乐	杭州市萧山区	第二批	杭州市萧山区楼塔细十番协会
24	十番音乐(遂昌昆曲十番)	传统音乐	遂昌县	第二批	遂昌县非物质文化遗产保护中心
25	海洋号子(象山渔民号子)	传统音乐	象山县	第三批扩展	象山县石浦文化馆
26	海洋号子(舟山渔民号子)	传统音乐	岱山县	第二批	岱山县非物质文化遗产保护中心
27	道教音乐(东岳观道教音乐)	传统音乐	平阳县	第三批扩展	平阳县非物质文化遗产
28	道教音乐(苍南正一派科仪音乐)	传统音乐	苍南县	第四批扩展	苍南县玉音乐团
29	畲族民歌	传统音乐	泰顺县、景宁畲族自治县	第三批扩展、第二批	泰顺县非物质文化遗产保护中心、景宁畲族自治县文物和非遗保护中心
30	嵊州吹打	传统音乐	嵊州市	第一批	嵊州市文化馆(嵊州市非物质文化遗产保护中心)
31	嘉善田歌	传统音乐	嘉善县	第二批	嘉善县文化馆
32	琵琶艺术(平湖派琵琶)	传统音乐	平湖市	第二批	平湖市非物质文化遗产保护管理中心
33	舟山锣鼓	传统音乐	舟山市	第一批	舟山市定海区非物质文化遗产保护中心
34	嘉善田歌	传统音乐	嘉善县	第二批	嘉善县文化馆
35	渔歌(嵊泗渔歌)	传统音乐	嵊泗县	第五批	嵊泗县文化馆
36	余杭滚灯	传统舞蹈	杭州市余杭区	第一批	杭州市余杭区文化馆
37	浦江板凳龙	传统舞蹈	浦江县	第一批	浦江县文化馆
38	黄沙狮子	传统舞蹈	临海市	第一批	临海市非物质文化遗产保护中心
39	滚灯(海盐滚灯)	传统舞蹈	海盐县	第二批	海盐县非物质文化遗产保护中心
40	十八蝴蝶	传统舞蹈	永康市	第二批	永康市民间艺术表演协会
41	大奏鼓	传统舞蹈	温岭市	第二批	温岭市石塘镇里箬村股份经济合作社
42	青田鱼灯舞	传统舞蹈	青田县	第二批	青田县非物质文化遗产研究保护中心
43	盾牌舞(藤牌舞)	传统舞蹈	瑞安市	第三批扩展	瑞安市非物质文化遗产保护中心
44	龙舞(奉化布龙)	传统舞蹈	宁波市奉化区	第一批	宁波市奉化区文化馆
45	龙舞(长兴百叶龙)	传统舞蹈	长兴县	第一批	长兴县文化馆
46	龙舞(兰溪断头龙)	传统舞蹈	兰溪市	第二批	兰溪市畲乡风情旅游发展有限公司
47	龙舞(碇步龙)	传统舞蹈	泰顺县	第三批扩展	泰顺县非物质文化遗产保护中心

序号	项目名称	项目类别	所属地区	批次	保护单位
48	龙舞(开化香火草龙)	传统舞蹈	开化县	第三批扩展	开化县非物质文化遗产保护中心
49	龙舞(坎门花龙)	传统舞蹈	玉环市	第三批扩展	玉环市坎门花龙活动中心
50	灯舞(上舍化龙灯)	传统舞蹈	安吉县	第四批扩展	安吉县上舍龙舞艺术团
51	灯舞(青田百鸟灯舞)	传统舞蹈	青田县	第四批扩展	青田县非物质文化遗产研究保护中心
52	竹马(淳安竹马)	传统舞蹈	淳安县	第四批	淳安县博物馆(淳安县文物管理委员会办公室、淳安县文物保护管理所、淳安县非物质文化遗产保护中心)
53	昆曲	传统戏剧	永嘉县	第一批	永嘉昆剧团(浙江永嘉昆曲传习所)
54	越剧	传统戏剧	嵊州市	第一批	嵊州市越剧艺术保护传承中心
55	宁海平调	传统戏剧	宁海县	第一批	宁海县平调艺术传承中心
56	泰顺药发木偶戏	传统戏剧	泰顺县	第一批	泰顺县非物质文化遗产保护中心
57	新昌调腔	传统戏剧	新昌县	第一批	新昌县调腔保护传承发展中心
58	海宁皮影戏	传统戏剧	海宁市	第一批	海宁市文化馆(海宁市非物质文化遗产保护中心)
59	浦江乱弹	传统戏剧	浦江县	第一批	浦江县文化馆
60	西安高腔	传统戏剧	衢州市	第一批	衢州市西安高腔传习所
61	台州乱弹	传统戏剧	台州市	第一批	台州乱弹剧团
62	松阳高腔	传统戏剧	松阳县	第一批	松阳县文化馆
63	木偶戏(平阳木偶戏)	传统戏剧	平阳县	第二批	平阳木偶戏
64	木偶戏(单档布袋戏)	传统戏剧	苍南县	第二批	苍南县非物质文化遗产保护中心
65	木偶戏(泰顺提线木偶戏)	传统戏剧	泰顺县	第三批扩展	泰顺县非物质文化遗产保护中心
66	木偶戏(廿八都木偶戏)	传统戏剧	江山市	第三批扩展	江山市文化馆(市非物质文化遗产保护中心)
67	甬剧	传统戏剧	宁波市	第二批	宁波市甬剧团有限公司
68	姚剧	传统戏剧	余姚市	第二批	余姚市姚剧保护传承中心
69	瓯剧	传统戏剧	温州市	第二批	温州市瓯剧艺术研究院
70	绍剧	传统戏剧	绍兴市	第二批	杭州市萧山绍剧艺术中心
71	婺剧	传统戏剧	金华市、江山市	第二批	浙江婺剧艺术研究院(浙江婺剧团)、江山市文化馆(市非物质文化遗产保护中心)
72	乱弹(诸暨西路乱弹)	传统戏剧	诸暨市	第三批扩展	诸暨市文化馆
73	淳安三角戏	传统戏剧	淳安县	第三批	淳安县文化馆
74	湖剧	传统戏剧	湖州市	第三批	湖州市文化馆、湖州市非物质文化遗产保护中心
75	醒感戏	传统戏剧	永康市	第三批	永康市民间艺术表演协会

续　表

序号	项目名称	项目类别	所属地区	批次	保护单位
76	目连戏（绍兴目连戏）	传统戏剧	绍兴市	第四批扩展	浙江绍剧艺术研究院
77	杭州小热昏	曲艺	杭州市	第一批	杭州滑稽艺术剧院演艺有限公司
78	温州鼓词	曲艺	瑞安市、平阳县	第一批、第三批扩展	瑞安市非物质文化遗产保护中心、平阳县非物质文化遗产保护中心
79	绍兴平湖调	曲艺	绍兴市	第一批	绍兴市文化馆（绍兴市非物质文化遗产保护中心）
80	绍兴莲花落	曲艺	绍兴市	第一批	绍兴市柯桥区文化发展中心（绍兴市柯桥区文化馆、绍兴市柯桥区图书馆、绍兴市柯桥区博物馆、绍兴市柯桥区文物保护管理所）
81	兰溪滩簧	曲艺	兰溪市	第一批	兰溪市文化馆（兰溪市非物质文化遗产保护中心）
82	滩簧（杭州滩簧）	曲艺	杭州市	第二批	杭州滑稽艺术剧院演艺有限公司
83	滩簧（绍兴滩簧）	曲艺	绍兴市	第二批	绍兴市文化馆（绍兴市非物质文化遗产保护中心）
84	杭州评词	曲艺	杭州市	第二批	杭州滑稽艺术剧院演艺有限公司
85	杭州评话	曲艺	杭州市	第二批	杭州滑稽艺术剧院演艺有限公司
86	独脚戏	曲艺	杭州市	第二批	杭州滑稽艺术剧院演艺有限公司
87	武林调	曲艺	杭州市	第二批	杭州滑稽艺术剧院演艺有限公司
88	四明南词	曲艺	宁波市	第二批	宁波市海曙区文化馆
89	宁波走书	曲艺	宁波市鄞州区、奉化区	第二批	宁波市鄞州区咸祥镇咸六村股份经济合作社、宁波市奉化区文化馆
90	温州莲花	曲艺	温州市鹿城区、永嘉县	第二批	温州市温馨瓯韵说唱团（普通合伙）、永嘉县曲艺家协会
91	绍兴词调	曲艺	绍兴市	第二批	绍兴市文化馆（绍兴市非物质文化遗产保护中心）
92	绍兴宣卷	曲艺	绍兴市柯桥区	第二批	绍兴市柯桥区非物质文化遗产保护中心
93	平湖钹子书	曲艺	平湖市	第二批	平湖市非物质文化遗产保护管理中心
94	金华道情	曲艺	金华市、义乌市	第二批	金华市非物质文化遗产保护中心
95	临海词调	曲艺	临海市	第二批	临海市非物质文化遗产保护中心
96	苏州评弹（苏州弹词）	曲艺	浙江省	第三批扩展	浙江曲艺杂技总团有限公司
97	唱新闻	曲艺	象山县	第三批	象山县文化馆
98	永康鼓词	曲艺	永康市	第三批扩展	永康市民间艺术表演协会
99	丽水鼓词	曲艺	丽水市莲都区	第四批	莲都区非物质文化遗产保护中心
100	三跳（湖州三跳）	曲艺	湖州市	第五批	湖州市文化馆、湖州市非物质文化遗产保护中心

序号	项目名称	项目类别	所属地区	批次	保护单位
101	线狮(九狮图)	传统体育、游艺与杂技	永康市、仙居县	第二批	永康市民间艺术表演协会、仙居县文化遗产保护中心
102	翻九楼	传统体育、游艺与杂技	杭州市、东阳市	第二批	杭州市萧山区浦阳镇民间文化研究协会
103	调吊	传统体育、游艺与杂技	绍兴市	第二批	绍兴市金寿昌调吊传习所
104	十八般武艺	传统体育、游艺与杂技	杭州市余杭区	第三批	杭州市余杭区文化馆
105	掼牛	传统体育、游艺与杂技	嘉兴市南湖区	第三批	嘉兴市海华武术馆
106	高杆船技	传统体育、游艺与杂技	桐乡市	第三批	桐乡市文化馆(桐乡市非物质文化遗产保护中心、桐乡市子恺画院)
107	迎罗汉	传统体育、游艺与杂技	缙云县	第三批	缙云县非物质文化遗产保护中心
108	线狮(草塔抖狮子)	传统体育、游艺与杂技	诸暨市	第四批扩展	诸暨市文化馆
109	易筋经(天台山易筋经)	传统体育、游艺与杂技	天台县	第五批	天台山桐柏宫
110	迎大旗	传统体育、游艺与杂技	磐安县	第五批	磐安县文化馆
111	金石篆刻	传统美术	杭州市	第一批	西泠印社社务委员会
112	宁波朱金漆木雕	传统美术	宁波市	第一批	宁波市朱金漆木雕文化发展有限公司
113	乐清细纹刻纸	传统美术	乐清市	第一批	乐清市非物质文化遗产保护中心
114	乐清黄杨木雕	传统美术	乐清市	第一批	乐清市非物质文化遗产保护中心
115	嵊州竹编	传统美术	嵊州市	第一批	嵊州市文化馆(嵊州市非物质文化遗产保护中心)
116	硖石灯彩	传统美术	海宁市	第一批	海宁市文化馆(海宁市非物质文化遗产保护中心)
117	东阳木雕	传统美术	东阳市	第一批	东阳市非物质文化遗产保护中心
118	仙居花灯	传统美术	仙居县	第一批	仙居县文化遗产保护中心
119	青田石雕	传统美术	青田县	第一批	青田县石雕产业保护和发展中心
120	竹编(东阳竹编)	传统美术	东阳市	第二批	东阳市非物质文化遗产保护中心
121	剪纸(浦江剪纸)	传统美术	浦江县	第二批	浦江县文化馆
122	剪纸(桐庐剪纸)	传统美术	桐庐县	第四批	桐庐县文化遗产保护中心(博物馆、非遗馆)
123	竹刻(黄岩翻簧竹雕)	传统美术	台州市黄岩区	第二批	黄岩希望工艺厂
124	鸡血石雕	传统美术	杭州市临安区	第二批	浙江省昌化石雕厂

序号	项目名称	项目类别	所属地区	批次	保护单位
125	骨木镶嵌	传统美术	宁波市	第二批	宁波市江北腾骁骨木镶嵌制品有限公司
126	瓯绣	传统美术	温州市	第二批	温州市工艺美术研究院
127	瓯塑	传统美术	温州市	第二批	浙江云艺装饰有限公司
128	彩石镶嵌	传统美术	温州市鹿城区、瓯海区，仙居县	第二批	温州崇林斋工艺品有限公司、温州市瓯海区文化馆、仙居县文化遗产保护中心
129	乐清龙档	传统美术	乐清市	第二批	乐清市黄家龙档木雕艺术研究所
130	锡雕	传统美术	永康市	第二批	浙江荣盛达锡制品有限公司
131	麦秆剪贴	传统美术	浦江县	第二批	浦江云花工艺美术有限公司
132	宁波金银彩绣	传统美术	宁波市	第三批	宁波金银彩绣有限公司
133	宁波泥金彩漆	传统美术	宁海县	第三批	宁波东方艺术品有限公司
134	嘉兴灶头画	传统美术	嘉兴市	第三批	嘉兴市文化馆（嘉兴市非物质文化遗产保护中心）
135	木偶头雕刻（泰顺木偶头雕刻）	传统美术	泰顺县	第四批扩展	泰顺县方圆木偶工艺有限公司
136	发绣（温州发绣）	传统美术	温州市鹿城区	第五批	温州市发绣研究所
137	竹根雕（象山竹根雕）	传统美术	象山县	第五批	象山德和根艺美术馆
138	张小泉剪刀锻制技艺	传统技艺	杭州市拱墅区	第一批	杭州张小泉集团有限公司
139	竹纸制作技艺	传统技艺	杭州市富阳区	第一批	杭州市富阳区富阳竹纸文化保护与传承发展促进会
140	绍兴黄酒酿制技艺	传统技艺	绍兴市	第一批	绍兴市黄酒行业协会
141	湖笔制作技艺	传统技艺	湖州市	第一批	湖州市善琏湖笔厂
142	天台山干漆夹纻髹饰技艺	传统技艺	天台县	第一批	台州传统艺术博物院
143	龙泉青瓷烧制技艺	传统技艺	龙泉市	第一批	龙泉市非物质文化遗产保护中心
144	龙泉宝剑锻制技艺	传统技艺	龙泉市	第一批	龙泉市非物质文化遗产保护中心
145	制扇技艺（王星记扇）	传统技艺	杭州市下城区（原）	第二批	杭州王星记扇业有限公司
146	铜雕技艺	传统技艺	杭州市	第二批	金星铜集团有限公司
147	西湖绸伞制作技艺	传统技艺	杭州市	第二批	杭州宋记绸伞有限公司
148	西湖龙井茶制作技艺	传统技艺	杭州市	第二批	杭州市西湖区龙井茶产业协会
149	余杭清水丝绵制作技艺	传统技艺	杭州市余杭区	第二批	杭州余杭塘北股份经济合作社
150	杭罗织造技艺	传统技艺	杭州市	第二批	杭州福兴丝绸有限公司
151	海盐晒制技艺	传统技艺	象山县	第二批	宁波信丰泰盐业科技有限公司
152	木活字印刷技术	传统技艺	瑞安市	第二批	瑞安市活字印刷协会
153	木拱桥传统营造技艺	传统技艺	泰顺县、庆元县	第二批	泰顺县非物质文化遗产保护中心、庆元县文化馆
154	石桥营造技艺	传统技艺	绍兴市	第二批	绍兴市古桥学会

序号	项目名称	项目类别	所属地区	批次	保护单位
155	双林绫绢织造技艺	传统技艺	湖州市	第二批	湖州云鹤双林绫绢有限公司
156	金华酒传统酿造技艺	传统技艺	金华市	第二批	金华酒行业协会
157	婺州举岩茶制作技艺	传统技艺	金华市	第二批	浙江采云间茶业有限公司
158	金华火腿腌制技艺	传统技艺	金华市	第二批	金华火腿行业协会
159	诸葛村古村落营造技艺	传统技艺	兰溪市	第二批	兰溪市诸葛旅游发展有限公司
160	东阳卢宅营造技艺	传统技艺	东阳市	第二批	东阳市非物质文化遗产保护中心
161	浦江郑义门营造技艺	传统技艺	浦江县	第二批	浦江县文物保护管理所（浦江县郑义门文物保护管理所）
162	俞源村古建筑群营造技艺	传统技艺	武义县	第二批	武义县文化馆
163	传统木船制造技艺	传统技艺	舟山市普陀区	第二批	浙江岑家木船文化发展有限公司
164	蚕丝织造技艺（杭州织锦技艺）	传统技艺	杭州市	第三批扩展	杭州都锦生实业有限公司
165	蚕丝织造技艺（辑里湖丝手工制作技）	传统技艺	湖州市南浔区	第三批扩展	湖州市南浔区文化馆
166	雕版印刷技艺（杭州雕版印刷技艺）	传统技艺	杭州市西湖区	第三批扩展	杭州黄小建雕版艺术工作室
167	传统棉纺织技艺（余姚土布制作技艺）	传统技艺	余姚市	第三批扩展	余姚市小曹娥镇朗海村股份经济合作社
168	绿茶制作技艺（紫笋茶制作技艺）	传统技艺	长兴县	第三批扩展	长兴县紫笋茶文化研究会
169	皮纸制作技艺（龙游皮纸制作技艺）	传统技艺	龙游县	第三批扩展	浙江龙游辰港宣纸有限公司
170	中式服装制作技艺（振兴祥中式服装制作技艺）	传统技艺	杭州市上城区	第三批	杭州利民中式服装股份有限公司
171	越窑青瓷烧制技艺	传统技艺	杭州市西湖区，慈溪市，绍兴市上虞区	第三批	杭州市西湖区贵山窑陶瓷艺术研究室、慈溪市越窑青瓷有限公司、绍兴上虞三雄陶瓷有限公司
172	蓝夹缬技艺	传统技艺	温州市	第三批	苍南县非物质文化遗产保护中心
173	白茶制作技艺（安吉白茶制作技艺）	传统技艺	安吉县	第三批扩展	安吉县溪龙乡黄杜村村民委员会
174	五芳斋粽子制作技艺	传统技艺	嘉兴市	第三批	五芳斋集团股份有限公司
175	木版水印技艺	传统技艺	杭州市下城区（原）	第四批扩展	杭州十竹斋艺术馆
176	竹纸制作技艺（泽雅屏纸制作技艺）	传统技艺	温州市瓯海区	第四批扩展	温州市瓯海区文化馆
177	龙档（乐清首饰龙）	传统技艺	乐清市	第四批扩展	乐清市非物质文化遗产保护中心
178	蓝印花布印染技艺	传统技艺	桐乡市	第四批扩展	桐乡市文化馆（桐乡市非物质文化遗产保护中心、桐乡市子恺画院）
179	婺州窑陶瓷烧制技艺	传统技艺	金华市婺城区	第四批	金华市婺窑小镇文化发展有限公司
180	传统制糖技艺（义乌红糖制作技艺）	传统技艺	义乌市	第四批	义乌市五亭现代农业开发有限公司

续　表

序号	项目名称	项目类别	所属地区	批次	保护单位
181	花边制作技艺（萧山花边制作技艺）	传统技艺	杭州市萧山区	第五批	杭州市萧山区文化馆（杭州市萧山区非物质文化遗产保护中心）
182	红帮裁缝技艺	传统技艺	宁波市奉化区	第五批	宁波市奉化区服装商会
183	彩带编织技艺（畲族彩带编织技艺）	传统技艺	景宁畲族自治县	第五批	景宁畲族自治县文物和非遗保护中心
184	铸铁技艺（永康铸铁）	传统技艺	永康市	第五批	永康一本堂艺术品有限公司
185	严东关五加皮酿酒技艺	传统技艺	建德市	第五批	浙江致中和实业有限公司
186	装裱修复技艺（天一阁古籍修复技艺）	传统技艺	宁波市	第五批	宁波市天一阁博物院（宁波市保国寺古建筑博物馆）
187	传统面食制作技艺（邵永丰麻饼制作技艺）	传统技艺	衢州市柯城区	第五批	浙江邵永丰成正食品有限公司
188	传统面食制作技艺（缙云烧饼制作技艺）	传统技艺	缙云县	第五批	缙云县缙云烧饼协会
189	婺州窑陶瓷烧制技艺（婺州窑衢州白瓷烧制技艺）	传统技艺	衢州市柯城区	第五批	衢州火神瓷业有限公司
190	胡庆余堂中药文化	传统医药	杭州市	第一批	杭州胡庆余堂国药号有限公司
191	畲族医药（痧症疗法）	传统医药	丽水市	第二批	丽水市畲族医药研究会
192	中医传统制剂方法（朱养心传统膏药制作技艺）	传统医药	杭州市拱墅区	第三批扩展	杭州朱养心药业有限公司
193	中医传统制剂方法（方回春堂传统膏方制作技艺）	传统医药	杭州市上城区	第四批扩展	杭州方回春堂国药馆有限公司
194	正骨疗法（张氏骨伤疗法）	传统医药	杭州市富阳区	第三批扩展	杭州市富阳中医骨伤医院
195	正骨疗法（章氏骨伤疗）	传统医药	台州市	第三批扩展	台州章氏骨伤医院
196	中医诊疗法（董氏儿科医术）	传统医药	宁波市海曙区	第四批扩展	宁波市中医院
197	中药炮制技艺（武义寿仙谷中药炮制技艺）	传统医药	武义县	第四批扩展	金华寿仙谷药业有限公司
198	针灸（杨继洲针灸）	传统医药	衢州市	第四批扩展	衢州市中医医院
199	中医诊疗法（绍派伤寒）	传统医药	绍兴市	第五批	绍兴市中医院
200	传统中医药文化（桐君传统中药文化）	传统医药	桐庐县	第五批	桐君堂药业有限公司
201	传统中医药文化（朱丹溪中医药文化）	传统医药	义乌市	第五批	义乌市中医医院
202	大禹祭典	民俗	绍兴市	第一批	绍兴市大禹陵景区管理处（绍兴市大禹陵文物保护所）
203	端午节（蒋村龙舟胜会）	民俗	杭州市西湖区	第三批扩展	杭州市西湖区蒋村龙舟协会
204	端午节（嘉兴端午习俗）	民俗	嘉兴市	第三批扩展	嘉兴市文化馆（嘉兴市非物质文化遗产保护中心）
205	端午节（五常龙舟胜会）	民俗	杭州市余杭区	第二批	杭州市余杭区非物质文化遗产保护办公室

序号	项目名称	项目类别	所属地区	批次	保护单位
206	宁海十里红妆婚俗	民俗	宁海县	第二批	宁海县十里红妆博物馆
207	汤和信俗	民俗	温州市龙湾区	第二批	温州市龙湾区海滨街道宁村村村民委员会
208	水乡社戏	民俗	绍兴市	第二批	绍兴市文化馆（绍兴市非物质文化遗产保护中心）
209	扫蚕花地	民俗	德清县	第二批	德清县文化馆
210	浦江迎会	民俗	浦江县	第二批	浦江县民间艺术表演协会
211	赶茶场	民俗	磐安县	第二批	磐安县文化馆
212	畲族三月三	民俗	景宁畲族自治县	第二批	景宁畲族自治县文物和非遗保护中心
213	渔民开洋	民俗	象山县	第二批	象山县文化馆
214	谢洋节	民俗	岱山县	第二批	岱山县非物质文化遗产保护中心
215	石浦-富岗如意信俗	民俗	象山县	第二批	象山县石浦文化馆
216	含山轧蚕花	民俗	桐乡市	第二批	湖州市南浔区善琏镇便民服务中心（湖州市南浔区善琏镇退役军人服务站）
217	庙会（方岩庙会）	民俗	永康市	第三批扩展	永康市方岩风景区投资经营有限公司
218	庙会（张山寨七七会）	民俗	缙云县	第三批扩展	缙云县非物质文化遗产保护中心
219	祭孔大典（南孔祭典）	民俗	衢州市	第三批扩展	衢州孔氏南宗家庙管理委员会
220	农历二十四节气（班春劝农）	民俗	遂昌县	第三批扩展	遂昌县非物质文化遗产保护中心
221	农历二十四节气（九华立春祭）	民俗	绍兴市柯城区	第三批扩展	衢州市柯城区文化馆
222	农历二十四节气（三门祭冬）	民俗	三门县	第四批扩展	三门县非物质文化遗产保护中心
223	七夕节（石塘七夕习俗）	民俗	温岭市	第三批扩展	温岭市石塘镇东海村股份经济合作社
224	妈祖祭典（洞头妈祖祭典）	民俗	温州市洞头区	第三批扩展	温州市洞头区妈祖文化交流协会
225	祭祖习俗（太公祭）	民俗	文成县	第三批扩展	文成县非物质文化遗产保护中心
226	黄帝祭典（缙云轩辕祭典）	民俗	缙云县	第三批扩展	缙云县仙都旅游文化产业有限公司
227	网船会	民俗	嘉兴市秀洲区	第三批	嘉兴市秀洲区文物保护所（嘉兴市秀洲区非物质文化遗产保护中心）
228	径山茶宴	民俗	杭州市余杭区	第三批	杭州市余杭区径山万寿禅寺
229	元宵节（河上龙灯胜会）	民俗	杭州市萧山区	第四批扩展	杭州市萧山区河上龙灯胜会协会
230	元宵节（前童元宵行会）	民俗	宁海县	第四批扩展	宁海县文化馆
231	民间信俗（潮神祭祀）	民俗	海宁市	第四批扩展	海宁市文化馆（海宁市非物质文化遗产保护中心）
232	民间信俗（孝子祭）	民俗	杭州市富阳区	第四批扩展	杭州市富阳区周雄孝文化研究会

续　表

序号	项目名称	项目类别	所属地区	批次	保护单位
233	祭祖习俗（诸葛后裔祭祖）	民俗	兰溪市	第四批扩展	兰溪市诸葛旅游发展有限公司
234	婚俗（畲族婚俗）	民俗	景宁畲族自治县	第四批扩展	景宁畲族自治县文物和非遗保护中心
235	龙舞（鳌江划大龙）	民俗	平阳县	第四批扩展	平阳县鳌江镇大龙文化研究会
236	腊八节习俗	民俗	浙江省	第五批	杭州灵隐寺
237	炼火	民俗	磐安县	第五批	磐安县文化馆
238	二十四节气（半山立夏习俗）	民俗	杭州市拱墅区	第五批	杭州市拱墅区皋亭文化研究会
239	二十四节气（送大暑船）	民俗	台州市椒江区	第五批	台州市椒江区送大暑船保护中心
240	二十四节气（梅源芒种开犁节）	民俗	云和县	第五批	云和县非物质文化遗产保护中心
241	庙会（绍兴舜王庙会）	民俗	绍兴市	第五批	绍兴市虞舜文化研究会

浙江省国家级非物质文化遗产代表性项目代表性传承人

序号	所属市	所属地区	姓名	项目名称	项目类别	批次
1	杭州市（34人）	上城区	冯根生	胡庆余堂中药文化	传统医药	第一批
2			朱炳仁	杭州铜雕工艺	传统技艺	第三批
3			包文其	振兴祥中式服装制作技艺	传统技艺	第四批
4			俞柏堂	方回春堂传统膏方制作技艺	传统医药	第五批
5		下城区	魏立中	木板水印技艺	传统技艺	第五批
6		江干区	邵官兴	杭罗织造技艺	传统技艺	第五批
7		拱墅区	施金水	张小泉剪刀锻制技艺	传统技艺	第一批
8			徐祖兴	张小泉剪刀锻制技艺	传统技艺	第一批
9			张忠尧	张小泉剪刀锻制技艺	传统技艺	第五批
10		西湖区	嵇锡贵	越窑青瓷	传统技艺	第四批
11			黄小建	杭州雕版印刷术	传统技艺	第五批
12		萧山区	楼正寿	楼塔细十番	传统音乐	第三批
13			钱小占	翻九楼	传统体育、游艺与竞技	第五批
14			傅叶茂	河上龙灯胜会	民俗	第五批
15		余杭区	汪妙林	余杭滚灯	传统舞蹈	第四批
16			俞彩根	蚕丝织造技艺（余杭清水丝绵制作技艺）	传统技艺	第五批

序号	所属市	所属地区	姓名	项目名称	项目类别	批次
17		富阳区	庄富泉	竹纸制作技艺	传统技艺	第一批
18			李法儿	竹纸制作技艺	传统技艺	第四批
19			张玉柱	中医正骨疗法（张氏骨伤疗法）	传统医药	第四批
20		临安区	钱高潮	石雕（鸡血石雕）	传统美术	第三批
21		淳安县	方炳坤	竹马（淳安竹马）	传统舞蹈	第五批
22			周志华	小热昏	曲艺	第二批
23			安忠文	小热昏	曲艺	第二批
24			沈凤泉	江南丝竹	传统音乐	第三批
25	杭州市		刘树根（刘笑声）	独脚戏	曲艺	第三批
26	（34人）		李自新	杭州评话	曲艺	第三批
27			胡正华	杭州评词	曲艺	第三批
28		杭州市本级	杨继昌	西湖龙井茶制作技艺	传统技艺	第三批
29			宋志明	杭州西湖绸伞	传统技艺	第三批
30			徐晓英	古琴艺术（浙派）	传统音乐	第四批
31			郑云飞	古琴艺术（浙派）	传统音乐	第四批
32			徐长根（徐筱安）	小热昏	曲艺	第五批
33			王桂凤	武林调	曲艺	第五批
34			孙亚青	王星记扇	传统美术	第五批
35		海曙区	陈祥源	四明南词	曲艺	第五批
36			董幼祺	中医诊疗法（董氏儿科医术）	传统医药	第五批
37			陈明伟	镶嵌（骨木镶嵌）	传统美术	第三批
38		鄞州区	陈盖洪	宁波朱金漆木雕	传统美术	第三批
39			许谨伦	宁波金银彩绣技艺	传统技艺	第四批
40		余姚市	沈守良	姚剧	传统戏剧	第三批
41			王桂凤	传统纺织技艺（余姚土布制作技艺）	传统技艺	第五批
42	宁波市	奉化区	陈行国	龙舞（奉化布龙）	传统舞蹈	第二批
43	（16人）		张嘉国	布袋和尚传说	民间文学	第五批
44			史奇刚	晒盐技艺（海盐晒制技艺）	传统技艺	第三批
45		象山县	叶胜建	唱新闻	曲艺	第五批
46			韩素莲	渔民开洋节、谢洋节（开洋节）	民俗	第五批
47			黄才良	宁波泥金彩漆	传统技艺	第四批
48		宁海县	叶全民	宁海平调	传统戏剧	第四批
49			童全灿	元宵节（前童元宵行会）	民俗	第五批
50		宁波市本级	杨柳汀	甬剧	传统戏剧	第四批

续　表

序号	所属市	所属地区	姓名	项目名称	项目类别	批次
51		鹿城区	缪成金	彩石镶嵌	传统美术	第三批
52			戴春兰	温州莲花	曲艺	第三批
53			陈志雄	温州鼓词	曲艺	第四批
54		龙湾区	徐顺炜	民间信俗（汤和信俗）	民俗	第五批
55		瓯海区	林志文	泽雅屏纸制作技艺	传统技艺	第五批
56			谢炳华	镶嵌（彩石镶嵌）	传统美术	第五批
57		瑞安市	阮世池	温州鼓词	曲艺	第二批
58			林初寅	瑞安木活字印刷术	传统技艺	第三批
59			王超辉	瑞安木活字印刷术	传统技艺	第三批
60			徐巧青	盾牌舞（藤牌舞）	传统舞蹈	第五批
61		乐清市	林邦栋	剪纸（乐清细纹刻纸）	传统美术	第一批
62			陈余华	剪纸（乐清细纹刻纸）	传统美术	第一批
63			王笃纯	乐清黄杨木雕	传统美术	第三批
64			黄德清	龙档（乐清龙档）	传统美术	第三批
65	温州市（37人）		高公博	乐清黄杨木雕	传统美术	第四批
66			虞金顺	乐清黄杨木雕	传统美术	第四批
67			林顺奎	灯彩（乐清首饰龙）	传统技艺	第五批
68		洞头区	吴江	妈祖祭典（洞头妈祖祭典）	民俗	第五批
69			许根才	海洋动物故事	民间文学	第五批
70		永嘉县	林天文	永嘉昆剧	传统戏剧	第二批
71			林媚媚	永嘉昆剧	传统戏剧	第三批
72		平阳县	方克多	温州鼓词	曲艺	第二批
73			卓乃金	木偶戏（平阳木偶戏）	传统戏剧	第三批
74			吴立勋	道教音乐（东岳观道教音乐）	传统音乐	第五批
75		苍南县	吴明月	木偶戏（单档布袋戏）	传统戏剧	第三批
76		文成县	刘一侠	祭祖习俗（太公祭）	民俗	第五批
77		泰顺县	周尔禄	木偶戏（泰顺药发木偶戏）	传统戏剧	第二批
78			董直机	编梁木拱桥营造技艺	传统技艺	第三批
79			季桂芳	木偶戏（泰顺提线木偶戏）	传统戏剧	第四批
80			季天渊	木偶头雕刻（泰顺木偶头雕刻）	传统美术	第五批
81			林实乐	龙舞（碇步龙）	传统舞蹈	第五批
82			张良华	木偶戏（泰顺提线木偶戏）	传统戏剧	第五批

序号	所属市	所属地区	姓名	项目名称	项目类别	批次
83			李子敏	瓯剧	传统戏剧	第三批
84			陈茶花	瓯剧	传统戏剧	第三批
85		温州市本级	周锦云	瓯塑	传统美术	第三批
86			孙来来	瓯剧	传统戏剧	第五批
87			施成权	瓯绣	传统美术	第五批
88		南湖区	韩海华	嘉兴掼牛	传统体育、游艺与杂技	第五批
89			陈伟炎	灯彩(硖石灯彩)	传统美术	第一批
90			徐二男	皮影戏(海宁皮影戏)	传统戏剧	第二批
91		海宁市	王钱松	皮影戏(海宁皮影戏)	传统戏剧	第三批
92			张坤荣	皮影戏(海宁皮影戏)	传统戏剧	第三批
93	嘉兴市		沈圣标	皮影戏(海宁皮影戏)	传统戏剧	第三批
94	(12人)		胡金龙	灯彩(硖石灯彩)	传统美术	第五批
95		平湖市	朱大祯	琵琶艺术(平湖派)	传统音乐	第三批
96			徐文珠	平湖钹子书	曲艺	第三批
97		桐乡市	屠荣祥	高杆船技	传统体育、游艺与杂技	第五批
98			周继明	蓝印花布印染技艺	传统美术	第五批
99		嘉善县	顾友珍	嘉善田歌	传统音乐	第三批
100		南浔区	周康明	蚕丝织造技艺(双林绫绢织造技艺)	传统技艺	第三批
101			顾明琪	蚕丝织造技艺(辑里湖丝手工制作技艺)	传统技艺	第五批
102		长兴县	谈小明	龙舞(长兴百叶龙)	传统舞蹈	第二批
103	湖州市		郑福年	绿茶制作技艺(长兴紫笋茶的制作技艺)	传统技艺	第五批
104	(7人)	安吉县	杨森芳	灯舞(上舍化龙灯)	传统舞蹈	第五批
105		湖州市	邱昌明	湖笔制作技艺	传统技艺	第一批
106			许丽娟	湖剧	传统戏剧	第五批
107		诸暨市	蒋桂凤	诸暨西路乱弹	传统戏剧	第五批
108			赵伯林	线狮(草塔抖狮子)	传统体育、游艺与杂技	第五批
109		上虞区	陈秋强	梁祝传说	民间文学	第五批
110	绍兴市	嵊州市	俞樟根	嵊州竹编	传统美术	第一批
111	(21人)		尹功祥	嵊州吹打	传统音乐	第二批
112		柯桥区	何云根	绍兴宣卷	曲艺	第三批
113			蔡德锦	新昌调腔	传统戏剧	第二批
114		新昌县	章华琴	新昌调腔	传统戏剧	第二批
115			吕月明	新昌调腔	传统戏剧	第五批

序号	所属市	所属地区	姓名	项目名称	项目类别	批次
116			王阿牛	绍兴黄酒酿制技艺	传统技艺	第一批
117			郑关富	绍兴平湖调	曲艺	第二批
118			王玉英	绍兴平湖调	曲艺	第二批
119			倪齐全	绍兴莲花落	曲艺	第二批
120			胡兆海	绍兴莲花落	曲艺	第二批
121		绍兴市本级	金寿昌（金长林）	调吊	传统体育、游艺与杂技	第三批
122			宋小青	滩簧（绍兴滩簧）	曲艺	第三批
123			章宗义	绍剧	传统戏剧	第四批
124			刘建杨	绍剧	传统戏剧	第四批
125			姚百青	绍剧	传统戏剧	第五批
126			杨乃浚	王羲之传说	民间文学	第五批
127			吴传来	徐文长故事	民间文学	第五批
128		婺城区	陈新华	婺州窑陶瓷烧制技艺	传统技艺	第五批
129		兰溪市	王柏成	龙舞（兰溪断头龙）	传统舞蹈	第五批
130			诸葛议	祭祖习俗（诸葛后裔祭祖）	民俗	第五批
131		义乌市	叶英盛	金华道情	曲艺	第三批
132			冯文土	东阳木雕	传统美术	第一批
133			陆光正	东阳木雕	传统美术	第一批
134		东阳市	何福礼	东阳竹编	传统美术	第三批
135			吴初伟	东阳木雕	传统美术	第四批
136			黄小明	东阳木雕	传统美术	第五批
137	金华市（26人）		楼玉龙	翻九楼	传统体育、游艺与杂技	第五批
138			应业根	锡雕	传统美术	第三批
139		永康市	胡金超	线狮（九狮图）	传统体育、游艺与杂技	第三批
140			盛一原	永康锡雕	传统技艺	第五批
141			程忠信	庙会（方岩庙会）	民俗	第五批
142		武义县	李明炎	武义寿仙谷中药炮制技艺	传统医药	第五批
143			吴善增	剪纸（浦江剪纸）	传统美术	第三批
144		浦江县	张根志	抬阁（浦江迎会）	传统舞蹈	第三批
145			蒋云花	麦秆剪贴	传统美术	第五批
146			于良坤	火腿制作技艺（金华火腿腌制技艺）	传统技艺	第三批
147		金华市本级	朱顺根	金华道情	曲艺	第三批
148			郑兰香	婺剧	传统戏剧	第三批

序号	所属市	所属地区	姓名	项目名称	项目类别	批次
149			葛素云	婺剧	传统戏剧	第三批
150			张建敏	婺剧	传统戏剧	第四批
151			陈美兰	婺剧	传统戏剧	第四批
152			吕敏湘	金华酒酿制技艺	传统技艺	第五批
153			徐勤纳	婺剧	传统戏剧	第五批
154	衢州市 （8人）	江山市	姜志谦	婺剧（变脸、耍牙）	传统戏剧	第三批
155			金宗怀	木偶戏（廿八都木偶戏）	传统戏剧	第五批
156		常山县	曾祥泰	常山喝彩歌谣	民间文学	第五批
157		龙游县	万爱珠	皮纸制作技艺（龙游皮纸制作技艺）	传统技艺	第四批
158		衢州市本级	汪家惠	高腔（西安高腔）	传统戏剧	第二批
159			严邦镇	高腔（西安高腔）	传统戏剧	第二批
160			金　瑛	针灸（杨继洲针灸）	传统医药	第五批
161			孔祥楷	祭孔大典（南孔祭典）	民俗	第五批
162	舟山市 （2人）	定海区	高如丰	舟山锣鼓	传统音乐	第二批
163		普陀区	岑国和	传统木船制造技艺	传统技艺	第四批
164	台州市 （12人）	黄岩区	罗启松	竹刻（黄岩翻簧竹雕）	传统美术	第三批
165		温岭市	陈其才	七夕节（石塘七夕习俗）	民俗	第四批
166			陈德福	鼓舞（大奏鼓）	传统舞蹈	第五批
167		临海市	王曰友	狮舞（黄沙狮子）	传统舞蹈	第二批
168		玉环市	鲍木顺	龙舞（坎门花龙）	传统舞蹈	第五批
169		三门县	杨兴亚	农历二十四节气（三门祭冬）	民俗	第五批
170		天台县	汤春甫	天台山干漆夹苎技艺	传统技艺	第四批
171		仙居县	李湘满	灯彩（仙居花灯）	传统美术	第一批
172			王汝兰	灯彩（仙居花灯）	传统美术	第五批
173		台州市本级	许定龙	台州乱弹	传统戏剧	第二批
174			傅林华	台州乱弹	传统戏剧	第二批
175			章岩友	中医正骨疗法（章氏骨伤疗法）	传统医药	第五批
176	丽水市 （16人）	龙泉市	沈新培	龙泉宝剑锻制技艺	传统技艺	第一批
177			徐朝兴	龙泉青瓷烧制技艺	传统技艺	第一批
178			夏侯文	龙泉青瓷烧制技艺	传统技艺	第四批
179			毛正聪	龙泉青瓷烧制技艺	传统技艺	第四批
180			张绍斌	龙泉青瓷烧制技艺	传统技艺	第五批

续　表

序号	所属市	所属地区	姓名	项目名称	项目类别	批次
181		青田县	倪东方	青田石雕	传统美术	第三批
182			张爱廷	青田石雕	传统美术	第四批
183			张爱光	青田石雕	传统美术	第五批
184			郭秉强	灯舞（青田鱼灯舞）	传统舞蹈	第五批
185		缙云县	胡文相	庙会（张山寨七七会）	民俗	第四批
186		松阳县	吴陈基	松阳高腔	传统戏剧	第二批
187			陈春林	松阳高腔	传统戏剧	第二批
188			吴陈俊	松阳高腔	传统戏剧	第三批
189		庆元县	胡淼	木拱桥传统营造技艺	传统技艺	第五批
190		景宁县	蓝陈启	畲族民歌	传统音乐	第三批
191			蓝余根	婚俗（畲族婚俗）	民俗	第五批
192	浙江省（5人）	浙江昆剧团	汪世瑜	昆曲	传统戏剧	第二批
193		浙江音乐学院	林为林	昆曲	传统戏剧	第二批
194		浙江小百花越剧团	茅威涛	越剧	传统戏剧	第二批
195		浙江小百花越剧团	董柯娣	越剧	传统戏剧	第二批
196		浙江昆剧团	王世瑶	昆曲	传统戏剧	第五批

2021年浙江省非物质文化遗产代表性传承人（第6批）

一、民间文学（10人）				
序号	传承人编号	姓名	项目名称	申报地区	备注（国遗项目名称）
1	06-Ⅰ-1216	周静书	梁祝传说	宁波市海曙区	梁祝传说
2	06-Ⅰ-1217	余孟友	上林湖传说	慈溪市	—
3	06-Ⅰ-1218	刘日泽	刘伯温传说	文成县	刘伯温传说
4	06-Ⅰ-1219	董百根	越歌	绍兴市	童谣（绍兴童谣）
5	06-Ⅰ-1220	孟元土	王羲之传说	绍兴市	王羲之传说
6	06-Ⅰ-1221	徐景荣	虞舜传说	绍兴市上虞区	庙会（绍兴舜王庙会）
7	06-Ⅰ-1222	马水根	黄大仙传说	金华市	黄初平（黄大仙）传说
8	06-Ⅰ-1223	曾令兵	常山喝彩歌谣	常山县	常山喝彩歌谣
9	06-Ⅰ-1224	沈建中	台州府城民谣	临海市	—
10	06-Ⅰ-1225	兰炳花	畲族叙事歌	松阳县	—

二、传统音乐(14 人)

序号	传承人编号	姓名	项目名称	申报地区	备注(国遗项目名称)
1	06-Ⅱ-1226	蔡群慧	浙派古琴艺术	杭州市	古琴艺术(浙派)
2	06-Ⅱ-1227	寿新安	楼塔细十番	杭州市萧山区	十番音乐(楼塔细十番)
3	06-Ⅱ-1228	王年法	吹打(淳安三吹三打)	淳安县	—
4	06-Ⅱ-1229	丁钊年	越窑青瓷瓯乐	慈溪市	—
5	06-Ⅱ-1230	郑满江	渔民号子(象山渔民号子)	象山县	海洋号子(象山渔民号子)
6	06-Ⅱ-1231	陈圣恕	吹打(平阳吹打)	平阳县	—
7	06-Ⅱ-1232	项方志	道教音乐(东岳观道教音乐)	平阳县	道教音乐(东岳观道教音乐)
8	06-Ⅱ-1233	曾思殷	吹打(苍南吹打)	苍南县	—
9	06-Ⅱ-1234	陈单华	塘工号子	海盐县	—
10	06-Ⅱ-1235	舒信虎	渔歌(嵊泗渔歌)	嵊泗县	渔歌(嵊泗渔歌)
11	06-Ⅱ-1236	涂鑫久	汀州吹打	云和县	—
12	06-Ⅱ-1237	朱景雄	遂昌昆曲十番	遂昌县	十番音乐 (遂昌昆曲十番)
13	06-Ⅱ-1238	蓝根土	竹溪锣鼓	松阳县	—
14	06-Ⅱ-1239	蓝景芬	畲族民歌	景宁畲族自治县	畲族民歌

三、传统舞蹈(22 人)

序号	传承人编号	姓名	项目名称	申报地区	备注(国遗项目名称)
1	06-Ⅲ-1240	宋世兰	淳安竹马	淳安县	竹马(淳安竹马)
2	06-Ⅲ-1241	王立芳	马啸滚灯	杭州市临安区	—
3	06-Ⅲ-1242	陈亮亮	奉化布龙	宁波市奉化区	龙舞(奉化布龙)
4	06-Ⅲ-1243	潘永迪	踏八卦	永嘉县	—
5	06-Ⅲ-1244	朱臣生	碇步龙	泰顺县	龙舞(碇步龙)
6	06-Ⅲ-1245	林长就	碇步龙	泰顺县	龙舞(碇步龙)
7	06-Ⅲ-1246	谈勇	长兴百叶龙	长兴县	龙舞(长兴百叶龙)
8	06-Ⅲ-1247	杨海人	上舍化龙灯	安吉县	灯舞(上舍化龙灯)
9	06-Ⅲ-1248	王亿武	犟驴子	安吉县	—
10	06-Ⅲ-1249	杨国人	竹叶龙	安吉县	—
11	06-Ⅲ-1250	朱和明	五梅花(海盐五梅花)	海盐县	—
12	06-Ⅲ-1251	吕妙梭	十八蝴蝶	永康市	十八蝴蝶
13	06-Ⅲ-1252	王竹萍	十八蝴蝶	永康市	十八蝴蝶
14	06-Ⅲ-1253	洪淮雨	浦江板凳龙	浦江县	龙舞(浦江板凳龙)
15	06-Ⅲ-1254	陈有宝	浦江滚地龙	浦江县	—
16	06-Ⅲ-1255	羊荣地	乌龟端茶	磐安县	

续 表

序号	传承人编号	姓名	项目名称	申报地区	备注（国遗项目名称）
17	06-Ⅲ-1256	周树长	磐安长旗	磐安县	—
18	06-Ⅲ-1257	金 钗	新前采茶舞	台州市黄岩区	—
19	06-Ⅲ-1258	戴皆道	板龙（大田板龙）	临海市	—
20	06-Ⅲ-1259	项文其	处州板龙	龙泉市	—
21	06-Ⅲ-1260	施观彬	青田鱼灯	青田县	青田鱼灯舞
22	06-Ⅲ-1261	韩志琴	青田百鸟灯舞	青田县	灯舞（青田百鸟灯舞）

四、传统戏剧（24人）

序号	传承人编号	姓名	项目名称	申报地区	备注（国遗项目名称）
1	06-Ⅳ-1262	何仁德	淳安三脚戏	淳安县	淳安三角戏
2	06-Ⅳ-1263	沃幸康	甬剧	宁波市	甬剧
3	06-Ⅳ-1264	王春秧	宁海平调	宁海县	宁海平调
4	06-Ⅳ-1265	蔡晓秋	瓯剧	温州市	瓯剧
5	06-Ⅳ-1266	黄光利	永嘉昆剧	永嘉县	昆曲
6	06-Ⅳ-1267	毛秀英	平阳木偶戏	平阳县	木偶戏（平阳木偶戏）
7	06-Ⅳ-1268	黄小友	泰顺木偶戏	泰顺县	木偶戏（泰顺提线木偶戏）
8	06-Ⅳ-1269	郑美旺	单档布袋戏	苍南县	木偶戏（单档布袋戏）
9	06-Ⅳ-1270	项翠萍	皮影戏（项家皮影戏）	安吉县	—
10	06-Ⅳ-1271	高娟琴	海宁皮影戏	海宁市	皮影戏（海宁皮影戏）
11	06-Ⅳ-1272	计美娥	花鼓戏	桐乡市	—
12	06-Ⅳ-1273	施洁净	绍剧	绍兴市	绍剧
13	06-Ⅳ-1274	骆纪强	绍兴目连戏	绍兴市	目连戏（绍兴目连戏）
14	06-Ⅳ-1275	张 琳	越剧	绍兴市柯桥区	越剧
15	06-Ⅳ-1276	娄素芬	哑目连	上虞区	—
16	06-Ⅳ-1277	邢奏滨	新昌调腔	新昌县	新昌调腔
17	06-Ⅳ-1278	苗 嫩	婺剧	金华市	婺剧
18	06-Ⅳ-1279	胡苏央	醒感戏	永康市	醒感戏
19	06-Ⅳ-1280	吴勤国	西安高腔	衢州市	高腔（西安高腔）
20	06-Ⅳ-1281	毛冬英	徽戏	龙游县	—
21	06-Ⅳ-1282	周晓敏	提线木偶戏	丽水市	—
22	06-Ⅳ-1283	张明娟	包山花鼓戏	云和县	—
23	06-Ⅳ-1284	罗金水	茶灯戏（唱灯）	遂昌县	—
24	06-Ⅳ-1285	李伯能	松阳高腔	松阳县	高腔（松阳高腔）

五、曲艺(16人)

序号	传承人编号	姓名	项目名称	申报地区	备注(国遗项目名称)
1	06-Ⅴ-1286	陈雪芸	四明南词	宁波市海曙区	四明南词
2	06-Ⅴ-1287	朱玉兰	宁波走书	宁波市奉化区	宁波走书
3	06-Ⅴ-1288	陈春兰	温州鼓词	瑞安市	温州鼓词
4	06-Ⅴ-1289	季绍南	温州参龙	平阳县	—
5	06-Ⅴ-1290	程海燕	温州鼓词	平阳县	温州鼓词
6	06-Ⅴ-1291	闻永泉	三跳	德清县	三跳(湖州三跳)
7	06-Ⅴ-1292	戎永鑫	平湖钹子书	平湖市	平湖钹子书
8	06-Ⅴ-1293	孟娇珍(丽)	绍兴鹦歌戏	绍兴市	滩簧(绍兴滩簧)
9	06-Ⅴ-1294	孔莲芝	绍兴鹦歌戏	绍兴市柯桥区	滩簧(绍兴滩簧)
10	06-Ⅴ-1295	陈华春	绍兴宣卷	绍兴市柯桥区	绍兴宣卷
11	06-Ⅴ-1296	林寿堂	绍兴莲花落	绍兴市柯桥区	绍兴莲花落
12	06-Ⅴ-1297	胡云钱	金华道情	金华市	金华道情
13	06-Ⅴ-1298	杨丽萍	兰溪滩簧	兰溪市	兰溪滩簧
14	06-Ⅴ-1299	徐善兴	江山坐唱班	江山市	—
15	06-Ⅴ-1300	叶鹏云	鼓词(丽水鼓词)	丽水市莲都区	丽水鼓词
16	06-Ⅴ-1301	季海华	青田鼓词	青田县	—

六、传统体育、游艺与杂技(15人)

序号	传承人编号	姓名	项目名称	申报地区	备注(国遗项目名称)
1	06-Ⅵ-1302	符飞云	精武拳(械)技	余姚市	—
2	06-Ⅵ-1303	胡晓敏	龙舟竞渡	温州市	—
3	06-Ⅵ-1304	温从轮	南拳(平阳白鹤拳)	平阳县	—
4	06-Ⅵ-1305	甘岗	嘉兴掼牛	嘉兴市南湖区	掼牛
5	06-Ⅵ-1306	姚其才	三塔踏白船	嘉兴市南湖区	—
6	06-Ⅵ-1307	陈国明	舞方天戟	桐乡市	—
7	06-Ⅵ-1308	屠松根	高杆船杂技	桐乡市	高杆船技
8	06-Ⅵ-1309	朱国祥	线狮(草塔抖狮子)	诸暨市	线狮(草塔抖狮子)
9	06-Ⅵ-1310	何夫明	赵家拳棒	诸暨市	—
10	06-Ⅵ-1311	厉宝余	翻九楼	东阳市	翻九楼
11	06-Ⅵ-1312	胡位强	九狮图	永康市	线狮(九狮图)
12	06-Ⅵ-1313	左琦	武当太乙拳(宋氏门)	常山县	—
13	06-Ⅵ-1314	马曙明	缩山拳	临海市	—
14	06-Ⅵ-1315	柳世菊	菇民防身术	龙泉市	—
15	06-Ⅵ-1316	罗水根	遂昌茶园武术	遂昌县	—

续　表

七、传统美术（27人）

序号	传承人编号	姓名	项目名称	申报地区	备注（国遗项目名称）
1	06-Ⅶ-1317	王　萍	剪纸（杭州剪纸）	杭州市上城区	—
2	06-Ⅶ-1318	刘莲花	剪纸（桐庐剪纸）	桐庐县	剪纸（桐庐剪纸）
3	06-Ⅶ-1319	潘汉斌	昌化鸡血石雕	杭州市临安区	石雕（鸡血石雕）
4	06-Ⅶ-1320	裘群珠	宁波金银彩绣工艺	宁波市鄞州区	宁波金银彩绣
5	06-Ⅶ-1321	陆建波	陆埠佛雕	余姚市	—
6	06-Ⅶ-1322	张红姬	瓯塑	温州市	瓯塑
7	06-Ⅶ-1323	董希造	米塑	温州市鹿城区	—
8	06-Ⅶ-1324	朱月祥	民间绘画（秀洲农民画）	嘉兴市秀洲区	—
9	06-Ⅶ-1325	赵生波	嘉兴灶画艺术	海盐县	嘉兴灶头画
10	06-Ⅶ-1326	钱利淮	乌镇竹编	桐乡市	—
11	06-Ⅶ-1327	王岳龙	绍兴花雕制作工艺	绍兴市	—
12	06-Ⅶ-1328	寿新灿	棕编	诸暨市	—
13	06-Ⅶ-1329	吕　成	嵊州竹编	嵊州市	嵊州竹编
14	06-Ⅶ-1330	蒋宝良	东阳木雕	东阳市	东阳木雕
15	06-Ⅶ-1331	何红兵	东阳竹编	东阳市	竹编（东阳竹编）
16	06-Ⅶ-1332	杨国强	东阳竹根雕	东阳市	—
17	06-Ⅶ-1333	应远志	永康锡雕	永康市	锡雕
18	06-Ⅶ-1334	桑子安	永康锡雕	永康市	锡雕
19	06-Ⅶ-1335	朱瑞芳	浦江剪纸	浦江县	剪纸（浦江剪纸）
20	06-Ⅶ-1336	林　霞	台州刺绣	台州市椒江区	—
21	06-Ⅶ-1337	廖春妹	台州刺绣	台州市椒江区	—
22	06-Ⅶ-1338	张秀娟	剪纸（临海剪纸）	临海市	—
23	06-Ⅶ-1339	陈君标	草编工艺（温岭草编）	温岭市	—
24	06-Ⅶ-1340	林荣文	剪纸（温岭剪纸）	温岭市	—
25	06-Ⅶ-1341	许阿林	剪纸（玉环剪纸）	玉环市	—
26	06-Ⅶ-1342	林观博	青田石雕	青田县	青田石雕
27	06-Ⅶ-1343	郑王义	松阳豺虎画	松阳县	—

八、传统技艺（57人）

序号	传承人编号	姓名	项目名称	申报地区	备注（国遗项目名称）
1	06-Ⅷ-1344	朱军岷	杭州铜雕工艺	杭州市上城区	铜雕技艺
2	06-Ⅷ-1345	王君琴	万隆腌腊食品制作技艺	杭州市上城区	—
3	06-Ⅷ-1346	潘春年	王星记扇	杭州市拱墅区	制扇技艺（王星记扇）
4	06-Ⅷ-1347	陈伟明	张小泉剪刀锻制技艺	杭州市拱墅区	张小泉剪刀锻制技艺

序号	传承人编号	姓名	项目名称	申报地区	备注（国遗项目名称）
5	06-Ⅷ-1348	姚水琴	西溪小花篮编织技艺	杭州市西湖区	—
6	06-Ⅷ-1349	葛维冬	西湖龙井茶采摘和制作技艺	杭州市西湖区	绿茶制作技艺（西湖龙井）
7	06-Ⅷ-1350	楼小红	九曲红梅红茶制作技艺	杭州市西湖区	—
8	06-Ⅷ-1351	金国荣	南宋官窑瓷制作技艺	杭州市萧山区	—
9	06-Ⅷ-1352	朱中华	竹纸制作技艺	杭州市富阳区	竹纸制作技艺
10	06-Ⅷ-1353	闻士善	富阳纸伞制作技艺	杭州市富阳区	—
11	06-Ⅷ-1354	麻根英	合村绣花鞋制作技艺	桐庐县	—
12	06-Ⅷ-1355	申屠玉增	传统建筑营造技艺 （桐庐传统建筑群营造技艺）	桐庐县	—
13	06-Ⅷ-1356	姚佐兴	畲乡红曲酒酿制技艺	桐庐县	—
14	06-Ⅷ-1357	陈开河	宁波汤团制作技艺	宁波市海曙区	—
15	06-Ⅷ-1358	吴圣东	甬式家具制作技艺	宁波市鄞州区	—
16	06-Ⅷ-1359	朱军良	彩船制作技艺	宁波市鄞州区	—
17	06-Ⅷ-1360	孙 威	越窑青瓷	慈溪市	越窑青瓷烧制技艺
18	06-Ⅷ-1361	金达迎	红帮裁缝技艺	宁波市奉化区	红帮裁缝技艺
19	06-Ⅷ-1362	袁建增	棠岙纸制作技艺	宁波市奉化区	—
20	06-Ⅷ-1363	黄 雍	清刀木雕	宁海县	—
21	06-Ⅷ-1364	柴世存	宁海传统戏台建造技艺	宁海县	—
22	06-Ⅷ-1365	吴魁兆	瑞安木活字印刷术	瑞安市	木活字印刷技术
23	06-Ⅷ-1366	沈佩英	湖州小吃制作技艺 （周生记大馄饨制作技艺）	湖州市吴兴区	—
24	06-Ⅷ-1367	徐永艳	辑里湖丝传统制作技艺	湖州市南浔区	蚕丝织造技艺 （辑里湖丝手工制作技艺）
25	06-Ⅷ-1368	马志良	湖笔制作技艺	湖州市南浔区	湖笔制作技艺
26	06-Ⅷ-1369	蒋兴宜	紫砂烧制技艺	长兴县	—
27	06-Ⅷ-1370	王美荣	马村蚕桑生产技艺	安吉县	—
28	06-Ⅷ-1371	严荣火	安吉白茶手工炒制技艺	安吉县	绿茶制作技艺 （安吉白茶制作技艺）
29	06-Ⅷ-1372	姚新国	五芳斋粽子制作技艺	嘉兴市	五芳斋粽子制作技艺
30	06-Ⅷ-1373	徐立巧	姑嫂饼制作技艺	桐乡市	—
31	06-Ⅷ-1374	徐岳正	绍兴黄酒酿制技艺	绍兴市	绍兴黄酒酿制技艺
32	06-Ⅷ-1375	张月来	绍兴石桥营造技艺	绍兴市	石桥营造技艺
33	06-Ⅷ-1376	孙国樑	绍兴菜烹饪技艺	绍兴市越城区	—
34	06-Ⅷ-1377	孙国昌	绍兴黄酒酿制技艺	绍兴市柯桥区	绍兴黄酒酿制技艺
35	06-Ⅷ-1378	谢小义	同山烧酒传统酿造技艺	诸暨市	—
36	06-Ⅷ-1379	俞秋红	传统砖瓦制作技艺	新昌县	

续　表

序号	传承人编号	姓名	项目名称	申报地区	备注(国遗项目名称)
37	06-Ⅷ-1380	黄红波	金华酥饼传统制作技艺	金华市	—
38	06-Ⅷ-1381	蒋方明	金华酒酿造技艺	金华市	酿造酒传统酿造技艺(金华酒传统酿造技艺)
39	06-Ⅷ-1382	尹根有	婺州窑传统烧制技艺	金华市金东区	—
40	06-Ⅷ-1383	诸葛坤亨	婺州传统民居营造技艺(诸葛村古村落营造技艺)	兰溪市	婺州传统民居营造技艺(诸葛村古村落营造技艺)
41	06-Ⅷ-1384	卢祖豪	东阳酒酿造技艺	东阳市	—
42	06-Ⅷ-1385	陈培亮	木车牛力绞糖制作技艺	义乌市	传统制糖技艺(义乌红糖制作技艺)
43	06-Ⅷ-1386	王 进	木活字印刷术	义乌市	—
44	06-Ⅷ-1387	童跃庭	永康打铁技艺	永康市	—
45	06-Ⅷ-1388	程育全	永康铜艺	永康市	—
46	06-Ⅷ-1389	胡永清	永康打金打银工艺	永康市	—
47	06-Ⅷ-1390	朱子岩	木杆秤制作技艺(永康钉秤制作技艺)	永康市	—
48	06-Ⅷ-1391	盛晓星	豆制品传统制作技艺(浦江豆腐皮捞制技艺)	浦江县	—
49	06-Ⅷ-1392	邵文礼	婺州窑传统烧制技艺	武义县	—
50	06-Ⅷ-1393	郑秋和	大洲厨刀制作技艺	衢州市衢江区	—
51	06-Ⅷ-1394	王 雄	台州府城传统小吃制作技艺	临海市	—
52	06-Ⅷ-1395	陈允祥	石雕(温岭石雕)	温岭市	—
53	06-Ⅷ-1396	汤华远	天台山干漆夹苎髹饰技艺	天台县	天台山干漆夹纻技艺
54	06-Ⅷ-1397	李 震	龙泉青瓷	龙泉市	龙泉青瓷烧制技艺
55	06-Ⅷ-1398	邹建明	龙泉宝剑	龙泉市	龙泉宝剑锻制技艺
56	06-Ⅷ-1399	汤建华	黑陶烧制技艺	遂昌县	—
57	06-Ⅷ-1400	陈青华	畲族银饰制作技艺	景宁畲族自治县	—

九、传统医药(10人)

序号	传承人编号	姓名	项目名称	申报地区	备注(国遗项目名称)
1	06-Ⅸ-1401	程晓冬	方回春堂传统膏方制作工艺	杭州市上城区	中医传统制剂方法(方回春堂传统膏方制作技艺)
2	06-Ⅸ-1402	盛新农	茶亭伤科	杭州市萧山区	—
3	06-Ⅸ-1403	董继业	董氏儿科	宁波市海曙区	中医诊疗法(董氏儿科医术)
4	06-Ⅸ-1404	张国甫	寿全斋中药文化	宁波市海曙区	—
5	06-Ⅸ-1405	章文宇	一指禅推拿	温州市	—
6	06-Ⅸ-1406	陆有仁	陆氏医验	德清县	—
7	06-Ⅸ-1407	罗开涛	施氏针灸	嘉兴市	—
8	06-Ⅸ-1408	吴新颜	吴氏中医内科	嘉善县	—
9	06-Ⅸ-1409	章允志	章氏骨伤科	台州市路桥区	中医正骨疗法(章氏骨伤疗法)

序号	传承人编号	姓名	项目名称	申报地区	备注(国遗项目名称)
10	06-Ⅸ-1410	章　鸣	章氏骨伤科	温岭市	中医正骨疗法(章氏骨伤疗法)

十、民俗(31 人)

序号	传承人编号	姓名	项目名称	申报地区	备注(国遗项目名称)
1	06-Ⅹ-1411	傅长明	元宵灯会(河上龙灯胜会)	杭州市萧山区	元宵节(河上龙灯胜会)
2	06-Ⅹ-1412	金国权	"活金死刘"习俗	杭州市富阳区	—
3	06-Ⅹ-1413	崔忠定	鄞江它山贤德庙会	宁波市海曙区	—
4	06-Ⅹ-1414	洪求伟	七夕成人节	温州市洞头区	—
5	06-Ⅹ-1415	刘德铭	太公祭	文成县	祭祖习俗(太公祭)
6	06-Ⅹ-1416	蓝剑光	三月三(畲族三月三)	泰顺县	—
7	06-Ⅹ-1417	杨水珍	蚕桑生产习俗 (南浔传统养蚕习俗)	湖州市南浔区	—
8	06-Ⅹ-1418	朱永根	舞阳侯会	德清县	—
9	06-Ⅹ-1419	冯彩根	防风氏祭典	德清县	—
10	06-Ⅹ-1420	杨佳英	扫蚕花地	德清县	蚕桑习俗(扫蚕花地)
11	06-Ⅹ-1421	范木方	长兴花龙船	长兴县	—
12	06-Ⅹ-1422	冯月明	嘉兴端午习俗	嘉兴市	端午节(嘉兴端午习俗)
13	06-Ⅹ-1423	胡永良	海盐骚子	海盐县	—
14	06-Ⅹ-1424	翁松法	元帅庙会	海宁市	—
15	06-Ⅹ-1425	马性远	绍兴艺兰	绍兴市越城区	—
16	06-Ⅹ-1426	孟信忠	南孟祭礼	诸暨市	—
17	06-Ⅹ-1427	朱淑文	金华斗牛	金华市婺城区	—
18	06-Ⅹ-1428	何福英	迎花树	金华市金东区	—
19	06-Ⅹ-1429	朱其昌	永康迎花烛	永康市	—
20	06-Ⅹ-1430	周兴光	浦江迎会	浦江县	抬阁(浦江迎会)
21	06-Ⅹ-1431	钟发品	畲族三月三	武义县	—
22	06-Ⅹ-1432	周秉忠	赶茶场	磐安县	庙会(赶茶场)
23	06-Ⅹ-1433	孔令立	南宗祭孔	衢州市	祭孔大典(南孔祭典)
24	06-Ⅹ-1434	李国良	海岛传统婚礼习俗	舟山市定海区	—
25	06-Ⅹ-1435	李佩青	送大暑船	台州市椒江区	农历二十四节气(送大暑船)
26	06-Ⅹ-1436	颜冬春	温岭洞房经	温岭市	—
27	06-Ⅹ-1437	樊寿康	太平庙会	丽水市莲都区	—
28	06-Ⅹ-1438	陈卫娟	畲族服饰	景宁畲族自治县	—
29	06-Ⅹ-1439	黄金美	畲族服饰	景宁畲族自治县	—
30	06-Ⅹ-1440	蓝土成	景宁畲族祭祀仪式	景宁畲族自治县	—
31	06-Ⅹ-1441	梅振先	抢猪节	景宁畲族自治县	—

浙江省中国历史文化名镇（村）

中国历史文化名镇（27 个）

第一批

桐乡市乌镇

嘉善县西塘镇

第二批

宁波市慈城镇

象山县石浦镇

湖州市南浔镇

绍兴县安昌镇

第三批

宁海县前童镇

绍兴县东浦镇

义乌市佛堂镇

江山市廿八都镇

第四批

德清县新市镇

富阳市龙门镇

永嘉县岩头镇

仙居县皤滩镇

第五批

景宁畲族自治县鹤溪镇

海宁市盐官镇

第六批

嵊州市崇仁镇

永康市芝英镇

松阳县西屏镇

岱山县东沙镇

第七批

慈溪市观海卫镇（鸣鹤）

平阳县顺溪镇

湖州市南浔区双林镇

湖州市南浔区菱湖镇

诸暨市枫桥镇

临海市桃渚镇

龙泉市住龙镇

中国历史文化名村（44 个）

第一批

武义县武阳镇郭洞村

武义县俞源乡俞源村

第三批

桐庐县江南镇深奥村

永康市前仓镇厚吴村

第四批

龙游县石佛乡三门源村

第五批

建德市大慈岩镇新叶村

永嘉县岩坦镇屿北村

金华市金东区傅村镇山头下村

仙居县白塔镇高迁村

庆元县松源镇大济村

乐清市仙溪镇南阁村

宁海县茶院乡许家山村

金华市婺城区汤溪镇寺平村

绍兴县稽东镇冢斜村

第六批

苍南县桥墩镇碗窑村

浦江县白马镇嵩溪村

缙云县新建镇河阳村

江山市大陈乡大陈村

湖州市南浔区和孚镇荻港村

磐安县盘峰乡榉溪村

淳安县浪川乡芹川村

苍南县矾山镇福德湾村

龙泉市西街街道下樟村

开化县马金镇霞山村

遂昌县焦滩乡独山村

安吉县鄣吴镇鄣吴村

丽水市莲都区雅溪镇西溪村

宁海县深甽镇龙宫村

第七批

建德市大慈岩镇上吴方村

建德市大慈岩镇李村村

桐庐县富春江镇茆坪村

宁波市海曙区章水镇李家坑村

宁波市鄞州区姜山镇走马塘村

慈溪市龙山镇方家河头村

余姚市大岚镇柿林村

义乌市佛堂镇倍磊村

磐安县尖山镇管头村

磐安县双溪乡梓誉村

江山市凤林镇南坞村

江山市石门镇清漾村

龙游县溪口镇灵山村

龙游县塔石镇泽随村

临海市东塍镇岭根村

天台县平桥镇张思村

说明：

第一批 2003 年 10 月 8 日公布；

第二批 2005 年 9 月 16 日公布；

第三批 2007 年 5 月 31 日公布；

第四批 2008 年 10 月 14 日公布；

第五批 2010 年 7 月 22 日公布；

第六批 2014 年 2 月 19 日公布；

第七批 2019 年 1 月 21 日公布。

浙江省中国历史文化街区

第一批

杭州市中山中路历史文化街区

龙泉市西街历史文化街区

兰溪市天福山历史文化街区

绍兴市蕺山（书圣故里）历史文化街区

浙江省全国重点文物保护单位

序号	名称	时代	地址	批次	所属地区
1	七里亭遗址	旧石器时代	长兴县	7	湖州市
2	上马坎遗址	旧石器时代	安吉县	7	湖州市
3	乌龟洞遗址	旧石器时代	建德市	7	杭州市
4	上山遗址	新石器时代	浦江县	6	金华市
5	跨湖桥遗址	新石器时代	杭州市萧山区	6	杭州市
6	小黄山遗址	新石器时代	嵊州市	7	绍兴市
7	河姆渡遗址	新石器时代	余姚市	2	宁波市
8	田螺山遗址	新石器时代	余姚市	7	宁波市
9	鲻山遗址	新石器时代	余姚市	7	宁波市
10	罗家角遗址	新石器时代	桐乡市	5	嘉兴市

续　表

序号	名称	时代	地址	批次	所属地区
11	谭家湾遗址	新石器时代	桐乡市	6	嘉兴市
12	马家浜遗址	新石器时代	嘉兴市南湖区	5	嘉兴市
13	南河浜遗址	新石器时代	嘉兴市南湖区	6	嘉兴市
14	良渚遗址	新石器时代	杭州市余杭区、德清县	4	杭州市、湖州市
15	庄桥坟遗址	新石器时代	平湖市	7	嘉兴市
16	新地里遗址	新石器时代	桐乡市	7	嘉兴市
17	好川遗址	新石器时代	遂昌县	7	丽水市
18	曹湾山遗址	新石器时代	温州市鹿城区	7	温州市
19	小古城遗址	新石器时代	杭州市余杭区	7	杭州市
20	钱山漾遗址	新石器时代至周	湖州市吴兴区	6	湖州市
21	塔山遗址	新石器时代至周	象山县	7	宁波市
22	昆山遗址	新石器时代至周	湖州市吴兴区	7	湖州市
23	德清原始瓷窑址	商至战国	德清县	7	湖州市
24	富盛窑址	周	绍兴市越城区	6	绍兴市
25	茅湾里窑址	春秋战国	杭州市萧山区	6	杭州市
26	小仙坛窑址	东汉	绍兴市上虞区	6	绍兴市
27	上林湖越窑遗址	东汉至宋	慈溪市	3、6、7	宁波市
28	凤凰山窑址群	三国至晋	绍兴市上虞区	7	绍兴市
29	大窑龙泉窑遗址	宋至明	龙泉市、庆元县	3、7、8	丽水市
30	郊坛下和老虎洞窑址	宋至元	杭州市西湖区	6	杭州市
31	天目窑遗址群	宋至元	杭州市临安区	7	杭州市
32	铁店窑遗址	宋、元	金华市婺城区	5	金华市
33	泗洲造纸作坊遗址	宋	杭州市富阳区	7	杭州市
34	大溪东瓯古城遗址	西汉	温岭市	7	台州市
35	城山古城遗址	东汉	长兴县	7	湖州市
36	下菰城遗址	春秋	湖州市吴兴区	5	湖州市
37	安吉古城遗址、龙山越国贵族墓群	春秋至南北朝	安吉县	6、7	湖州市
38	临安城遗址	南宋	杭州市上城区	5	杭州市
39	永丰库遗址	元	宁波市海曙区	6	宁波市
40	小南海石室	宋至清	龙游县	7	衢州市
41	云和银矿遗址	明	云和县	7	丽水市
42	花岙兵营遗址	明至清	象山县	7	宁波市
43	鲤鱼山-老虎岭水坝遗址	新石器时代	杭州市余杭区	8	杭州市
44	嘉兴子城遗址	唐至清	嘉兴市南湖区	8	嘉兴市

序号	名称	时代	地址	批次	所属地区
45	坦头窑遗址	唐	永嘉县	8	温州市
46	沙埠窑遗址	唐宋	台州市黄岩区	8	台州市
47	浙南石棚墓群	商、周	瑞安市、平阳县、苍南县	5	温州市
48	东阳土墩墓群	周	东阳市	6	金华市
49	绍兴越国贵族墓群	春秋战国	绍兴市柯桥区	7	绍兴市
50	吕祖谦及家族墓	宋	武义县	7	金华市
51	宋六陵	南宋	绍兴市越城区	7	绍兴市
52	东钱湖墓葬群	宋至明	宁波市鄞州区	5、7	宁波市
53	高氏家族墓地	明	乐清市	6	温州市
54	印山越国王陵	春秋战国	绍兴市柯桥区	5	绍兴市
55	长安画像石墓	汉至三国	海宁市	7	嘉兴市
56	吴越国王陵	五代	杭州市临安区、上城区	5、6	杭州市
57	大禹陵	清	绍兴市越城区	4	绍兴市
58	岳飞墓	南宋	杭州市西湖区	1	杭州市
59	赵孟頫墓	元	德清县	7	湖州市
60	吴镇墓	元	嘉善县	7	嘉兴市
61	于谦墓	明至清	杭州市西湖区	6	杭州市
62	台州府城墙	宋至清	临海市	5	台州市
63	衢州城墙	明至清	衢州市柯城区	6	衢州市
64	安城城墙	明至清	安吉县	6	湖州市
65	桃渚城	明	临海市	5	台州市
66	永昌堡	明	温州市龙湾区	5	温州市
67	蒲壮所城	明至清	苍南县	4、6	温州市
68	俞源村古建筑群	元至清	武义县	5	金华市
69	诸葛、长乐村民居	明、清	兰溪市	4	金华市
70	芙蓉村古建筑群	明至清	永嘉县	6	温州市
71	芝堰村建筑群	明至民国	兰溪市	6	金华市
72	寺平村乡土建筑	明至清	金华市婺城区	7	金华市
73	鸡鸣山民居苑	明至清	龙游县	7	衢州市
74	河阳村乡土建筑	明至清	缙云县	7	丽水市
75	新叶村乡土建筑	明至民国	建德市	7	杭州市
76	崇仁村建筑群	清	嵊州市	6	绍兴市
77	斯氏古民居建筑群	清	诸暨市	5	绍兴市
78	郑义门古建筑群	清	浦江县	5	金华市

序号	名称	时代	地址	批次	所属地区
79	顺溪古建筑群	清	平阳县	6	温州市
80	东阳卢宅	明至清	东阳市	3	金华市
81	慈城古建筑群	明至清	宁波市江北区	6	宁波市
82	泰顺土楼	清至民国	泰顺县	7	温州市
83	吕府	明	绍兴市越城区	5	绍兴市
84	七家厅	明	金华市婺城区	7	金华市
85	莫氏庄园	清	平湖市	6	嘉兴市
86	黄山八面厅	清	义乌市	5	金华市
87	林宅	清	宁波市海曙区	7	宁波市
88	雪溪胡氏大院	清	泰顺县	7	温州市
89	陈阁老宅	清	海宁市	7	嘉兴市
90	马上桥花厅	清	东阳市	7	金华市
91	三门源叶氏民居	清	龙游县	7	衢州市
92	王守仁故居和墓	明	余姚市、绍兴市柯桥区	6	宁波市、绍兴市
93	孔氏南宗家庙	南宋至清	衢州市柯城区	4	衢州市
94	刘基庙及墓	明	文成县	5	温州市
95	榉溪孔氏家庙	清	磐安县	6	金华市
96	关西世家	明	龙游县	7	衢州市
97	绍衣堂和横山塔	明	龙游县	7	衢州市
98	西姜祠堂	明	兰溪市	7	金华市
99	楠溪江宗祠建筑群	明至清	永嘉县	7	温州市
100	南坞杨氏宗祠	明至清	江山市	7	衢州市
101	玉岩包氏宗祠	明至清	泰顺县	7	温州市
102	华堂王氏宗祠	明至清	嵊州市	7	绍兴市
103	世德堂	明至清	兰溪市	7	金华市
104	上族祠	明至清	兰溪市	7	金华市
105	积庆堂	明至清	兰溪市	7	金华市
106	余庆堂	明至清	兰溪市	7	金华市
107	吴氏宗祠	明至清	衢州市衢江区	7	衢州市
108	三槐堂	明至清	龙游县	7	衢州市
109	北二蓝氏宗祠	清	衢州市柯域区	7	衢州市
110	宁海古戏台	清至民国	宁海县	6	宁波市
111	青藤书屋和徐渭墓	明	绍兴市越城区、柯桥区	6	绍兴市
112	天一阁	明至近代	宁波市海曙区	2、5	宁波市

序号	名称	时代	地址	批次	所属地区
113	文澜阁	清	杭州市西湖区	5	杭州市
114	玉海楼	清	瑞安市	4	温州市
115	嘉业堂藏书楼及小莲庄	清	湖州市南浔区	5	湖州市
116	白云庄和黄宗羲、万斯同、全祖望墓	明至民国	宁波市海曙区、余姚市、奉化区	6	宁波市
117	庆安会馆	清	宁波市鄞州区	5	宁波市
118	玉山古茶场	清	磐安县	6	金华市
119	胡庆余堂	清	杭州市上城区	3、6	杭州市
120	兰亭	清	绍兴市柯桥区	7	绍兴市
121	四连碓造纸作坊	明	温州市瓯海区	5	温州市
122	三卿口制瓷作坊	清	江山市	6	衢州市
123	庙沟后、横省石牌坊	宋、元	宁波市鄞州区	5	宁波市
124	南阁牌楼群	明	乐清市	5	温州市
125	金昭牌坊和宪台牌坊	明	永嘉县	7	温州市
126	舜王庙	清	绍兴市柯桥区	7	绍兴市
127	周宣灵王庙	清	衢州市柯城区	7	衢州市
128	西洋殿	清	庆元县	7	丽水市
129	保国寺	北宋	宁波市江北区	1	宁波市
130	延福寺	元	武义县	4	金华市
131	天宁寺大殿	宋至元	金华市婺城区	3	金华市
132	时思寺	元至清	景宁县	5	丽水市
133	阿育王寺	元至清	宁波市鄞州区	6	宁波市
134	法雨寺	清	舟山市普陀区	6	舟山市
135	国清寺	清	天台县	5	台州市
136	天童寺	明至清	宁波市鄞州区	6	宁波市
137	凤凰寺	元至清	杭州市上城区	5	杭州市
138	圣井山石殿	明至清	瑞安市	6	温州市
139	普陀山普济寺	清	舟山市普陀区	7	舟山市
140	宁波天宁寺	唐	宁波市海曙区	6	宁波市
141	功臣塔及功臣寺遗址	唐、五代	杭州市临安区	5、7	杭州市
142	闸口白塔	五代	杭州市上城区	3	杭州市
143	瑞隆感应塔	五代	台州市黄岩区	7	台州市
144	灵隐寺石塔和经幢	五代、北宋	杭州市西湖区	7	杭州市
145	保俶塔	五代、明、中华民国	杭州市西湖区	7	杭州市
146	湖镇舍利塔	宋	龙游县	5	衢州市

续　表

序号	名称	时代	地址	批次	所属地区
147	松阳延庆寺塔	宋	松阳县	6	丽水市
148	二灵塔	宋	宁波市鄞州区	7	宁波市
149	国安寺塔	宋	温州市龙湾区	7	温州市
150	观音寺石塔	宋	瑞安市	7	温州市
151	护法寺桥和塔	宋	苍南县	7	温州市
152	东化成寺塔	宋	诸暨市	7	绍兴市
153	龙德寺塔	宋	浦江县	7	金华市
154	南峰塔和福印山塔	宋	仙居县	7	台州市
155	乐清东塔	宋	乐清市	7	温州市
156	八卦桥和河西桥	宋	瑞安市	7	温州市
157	栖真寺五佛塔	宋	平阳县	7	温州市
158	六和塔	南宋	杭州市上城区	1	杭州市
159	飞英塔	南宋	湖州市吴兴区	3	湖州市
160	普陀山多宝塔	元	舟山市普陀区	6	舟山市
161	真如寺石塔	元	乐清市	7	温州市
162	普庆寺石塔	元	杭州市临安区	7	杭州市
163	巾山塔群	元	临海市	7、8	台州市
164	绮园	清	海盐县	5	嘉兴市
165	镇海口海防遗址	明至近代	宁波市镇海区、北仑区	4	宁波市
166	赤溪五洞桥	宋	苍南县	6	温州市
167	绍兴古桥群	宋至中华民国	绍兴市越城区、柯桥区	5、7	绍兴市
168	德清古桥群	宋、元、明	德清县	6、7	湖州市
169	古月桥	宋	义乌市	5	金华市
170	西山桥	南宋	建德市	7	杭州市
171	新河闸桥群	宋至清	温岭市	6	台州市
172	处州廊桥	明至中华民国	庆元县、龙泉市、景宁畲族自治县、青田县、松阳县	5、7	丽水市
173	古纤道	明至清	绍兴市柯桥区	3	绍兴市
174	潘公桥及潘孝墓	明至清	湖州市吴兴区	7	湖州市
175	泰顺廊桥	清	泰顺县	6	温州市
176	仕水矴步	清	泰顺县	6	温州市
177	双林三桥	清	湖州市南浔区	7	湖州市
178	通济堰	南朝至清	丽水市连都区	5	丽水市
179	它山堰	唐	宁波市海曙区	3	宁波市

序号	名称	时代	地址	批次	所属地区
180	犭央犭茶湖避塘	明至清	绍兴市越城区	7	绍兴市
181	盐官海塘及海神庙	清	海宁市	5	嘉兴市
182	独松关和古驿道	宋至清	安吉县、杭州市余杭区	6	湖州市、杭州市
183	大运河	春秋至今	杭州市区、余杭区、萧山区,嘉兴市区、海宁市、桐乡市,湖州市南浔区、德清市,绍兴市区、柯桥区、上虞区,宁波市区、余姚市	6、7	杭州市、嘉兴市、湖州市、绍兴市、宁波市
184	安吉永安寺塔	五代至南宋	安吉县	8	湖州市
185	义乌大安寺塔	北宋	义乌市	8	金华市
186	杭州忠义桥	南宋	杭州市西湖区	8	杭州市
187	灵鹫寺石塔	南宋	丽水市莲都区	8	丽水市
188	绍兴大善寺塔	南宋	绍兴市越城区	8	绍兴市
189	南渡广济桥	元、清	宁波市奉化区	8	宁波市
190	詹宝兄弟牌坊	明	松阳县	8	丽水市
191	梅城南峰塔和北峰塔	明	建德市	8	杭州市
192	独山石牌坊	明	遂昌县	8	丽水市
193	湖州潮音桥	明	湖州市吴兴区	8	湖州市
194	林应麒功德牌坊	明	仙居县	8	台州市
195	紫薇山民居	明、清	东阳市	8	金华市
196	石楠塘徐氏宗祠	明、清	金华市婺城区	8	金华市
197	赤岸朱宅建筑群	明至中华民国	义乌市	8	金华市
198	厚吴村古建筑群	明至中华民国	永康市	8	金华市
199	吴文简祠	清	庆元县	8	丽水市
200	下柏石陈大宗祠	清	永康市	8	金华市
201	余姚通济桥	清	余姚市	8	宁波市
202	金清大桥	清	温岭市	8	台州市
203	江山文昌宫	清	江山市	8	衢州市
204	兰溪通洲桥	清	兰溪市	8	金华市
205	雅端村古建筑群	清	义乌市	8	金华市
206	塘下方大宗祠	清	义乌市	8	金华市
207	椒江戚继光祠	清	台州市椒江区	8	台州市
208	东阳白坦民宅	清	东阳市	8	金华市
209	仙居古越族岩画群	春秋战国	仙居县	7	台州市
210	安国寺经幢	唐	海宁市	6	嘉兴市

续 表

序号	名称	时代	地址	批次	所属地区
211	法隆寺经幢	唐	金华市婺城区	6	金华市
212	龙兴寺经幢	唐	杭州市拱墅区（原）	7	杭州市
213	惠力寺经幢	唐	海宁市	7	嘉兴市
214	梵天寺经幢	五代	杭州市上城区	5	杭州市
215	大佛寺石弥勒像和千佛岩造像	南北朝	新昌县	7	绍兴市
216	飞来峰造像	五代至元	杭州市西湖区	2、6	杭州市
217	柯岩造像及摩崖题刻	宋、清	绍兴市柯桥区	7	绍兴市
218	宝成寺麻曷葛剌造像	元	杭州市上城区	5	杭州市
219	南山造像	元	杭州市余杭区	7	杭州市
220	南明山摩崖题刻	晋至中华民国	丽水市莲都区	7	丽水市
221	石门洞摩崖题刻	南北朝至中华民国	青田县	7	丽水市
222	顾渚贡茶院遗址及摩崖	唐至宋	长兴县	6	湖州市
223	仙都摩崖题记	唐至近代	缙云县	5	丽水市
224	汉建初元年买地刻石	东汉	绍兴市越城区	8	绍兴市
225	雁荡山龙鼻洞摩崖题记	唐至中华民国	乐清市	8	温州市
226	杭州孔庙碑林	唐至中华民国	杭州市上城区	8	杭州市
227	仙岩洞摩崖题记	宋、清	衢州市衢江区	8	衢州市
228	道场山祈年题记	元	湖州市吴兴区	8	湖州市
229	太平天国侍王府	1861年	金华市婺城区	3	金华市
230	乍浦炮台	清	平湖市	7	嘉兴市
231	中国共产党第一次全国代表大会会址——嘉兴南湖中共"一大"会址	1921年	嘉兴市南湖区	5	嘉兴市
232	红十三军军部旧址	1930年	永嘉县	7	温州市
233	浙东抗日根据地旧址	1942—1945年	余姚市、慈溪市	6	宁波市
234	新四军苏浙军区旧址	1943—1954年	长兴县	5	湖州市
235	蒋氏故居	清至民国	宁波市奉化区	4、6	宁波市
236	绍兴鲁迅故居	1881—1898年	绍兴市越城区	3	绍兴市
237	浙江秋瑾故居	中华民国	绍兴市越城区	3、6	绍兴市
238	蔡元培故居	近代	绍兴市越城区	5	绍兴市
239	章太炎故居	中华民国	杭州市余杭区	6	杭州市
240	尊德堂	1877年	湖州市南浔区	7	湖州市
241	王国维故居	1886—1898年	海宁市	6	嘉兴市
242	茅盾故居	1896—1910年	桐乡市	3	嘉兴市
243	马寅初故居	清至中华民国	嵊州市、杭州市拱墅区	6	绍兴市、杭州市
244	龙山虞氏旧宅建筑群	1916—1929年	慈溪市	5	宁波市

序号	名称	时代	地址	批次	所属地区
245	南浔张氏旧宅建筑群	1899—1906 年	湖州市南浔区	5	湖州市
246	莫干山别墅群	清至中华民国	德清县	6、7	湖州市
247	江北天主教堂	清	宁波市江北区	6	宁波市
248	嘉兴文生修道院与天主堂	1903 年、1930 年	嘉兴市南湖区	7	嘉兴市
249	曹娥庙	1936 年	绍兴市上虞区	7	绍兴市
250	陈英士墓	1916 年	湖州市吴兴区	6	湖州市
251	钱塘江大桥	中华民国	杭州市西湖区	6	杭州市
252	钱业会馆	中华民国	宁波市海曙区	6	宁波市
253	浙江兴业银行旧址	1923 年	杭州市上城区	7	杭州市
254	西泠印社	近代	杭州市西湖区	5	杭州市
255	利济医学堂旧址	1885—1902 年	瑞安市	6	温州市
256	大通学堂和徐锡麟故居	清	绍兴市越城区	6	绍兴市
257	春晖中学旧址	清至中华民国	绍兴市上虞区	7	绍兴市
258	锦堂学校旧址	1909 年	慈溪市	7	宁波市
259	之江大学旧址	中华民国	杭州市西湖区	6	杭州市
260	笕桥中央航校旧址	中华民国	杭州市拱墅区(原)	6	杭州市
261	浙江大学龙泉分校旧址	1939 年	龙泉市	7	丽水市
262	仓前粮仓	清至今	杭州市余杭区	7	杭州市
263	浙东沿海灯塔	清至中华民国	舟山市定海区、普陀区、嵊泗县、岱山县,宁波市镇海区、北仑区、象山县	5、7	舟山市、宁波市
264	坎门验潮所	1929 年	玉环市	7	台州市
265	沈钧儒故居	1921 年	嘉兴市南湖区	8	嘉兴市
266	英国驻温州领事馆旧址	1894—1924 年	温州市鹿城区	8	温州市
267	求是书院旧址	1897—1914 年	杭州市上城区	8	杭州市
268	恩泽医局旧址	1901—1951 年	临海市	8	台州市
269	浙江图书馆旧址	1909—1936 年	杭州市上城区、西湖区	8	杭州市
270	陈望道故居	1891 年	义乌市	8	金华市(金华市建议年代为:清、中华民国)
271	史家庄花厅	1915 年	东阳市	8	金华市(金华市建议年代为:中华民国)
272	仁爱医院旧址	1922 年	杭州市拱墅区	8	杭州市
273	第一届西湖博览会工业馆旧址	1928 年	杭州市西湖区	8	杭州市
274	五四宪法起草地旧址	1953—1954 年	杭州市西湖区	8	杭州市

序号	名称	时代	地址	批次	所属地区
275	一江山岛战役遗址	1955 年	台州市椒江区	8	台州市
276	王店粮仓群	20 世纪 50 年代	嘉兴市秀洲区	8	嘉兴市
277	江厦潮汐试验电站	1979 年	温岭市	8	台州市
278	西湖十景	南宋至清	杭州市西湖区	7	杭州市
279	太湖溇港	春秋至今	湖州市吴兴区	8	湖州市
280	钱塘江海塘海盐救海庙段和海宁段	明清至今	海盐县、海宁市	8	嘉兴市
281	矾山矾矿遗址	清至 1994 年	苍南县	8	温州市

浙江省国家公共文化服务体系示范区(项目)

第一批

　一、示范区

　宁波市鄞州区

　二、示范项目

　1.嘉兴市:城乡一体化公共图书馆服务体系建设

　2.温州市:苍南农村文化中心建设创新模式

第二批

　一、示范区

　嘉兴市

　二、示范项目

　1.杭州市余杭区:乡镇综合文化站服务效能提升工程

　2.绍兴市:电视图书馆绍兴模式

第三批

　一、示范区

　台州市

　二、示范项目

　1.丽水市:乡村春晚

　2.温州市:"城市书网"公共图书馆现代服务模式

第四批

　一、示范区

　温州市

　二、示范项目

　1.杭州市拱墅区:社区公共文化服务动态评估体系

　2.杭州市萧山区:引导社会多元投入提升公共文化服务效能

2021 年浙江省公共文化服务体系示范区(项目)(第 4 批)

　一、示范区

　海盐县

　龙游县

　温岭市

　宁波市海曙区

　义乌市

二、示范项目

1.杭州市余杭区、临平区:文旅融合背景下公共文化服务精准扶持的"余杭样本"

2.台州市路桥区:农村文化礼堂"四 Z"运营管理模式

3.宁波市鄞州区:"数字文化馆总分馆体系"建设

4.平湖市:农民读书会

5.景宁畲族自治县:"文化物流"项目

6.平阳县:乡村艺术一村一团大联动项目

7.宁波市镇海区:公共文化场馆高效能低成本运行模式

8.嵊州市:文化"三走进"系列活动

9.长兴县:文化礼堂志愿者助力乡村振兴项目

10.缙云县:缙云"戏剧上山下乡"工程

浙江省国家文化和旅游消费试点城市

第一批

宁波市、温州市

第二批

绍兴市、湖州市、衢州市

浙江省国家级夜间文化和旅游消费集聚区

第一批

杭州市:杭州宋城、清河坊文化街区

宁波市:老外滩

温州市:温州南塘景区

嘉兴市:西塘古镇景区

金华市:横店影视文化产业集聚区

2021 年浙江省省级夜间文化和消费集聚区

杭州市:新天地活力 Park 街区、星光大道电影文化特色街区

宁波市:南塘老街、宁波文化广场

温州市:五马历史文化街区

湖州市:南浔古镇景区、长兴太湖龙之梦乐园

嘉兴市:月河历史街区、云澜湾温泉景区

绍兴市:柯岩风景区"夜鲁镇"景区

金华市:婺州古城

衢州市:水亭门历史文化街区

台州市:临海市紫阳街历史文化街

浙江省国家文化产业示范基地

浙江乐富创意产业投资有限公司

浙江中南卡通股份有限公司

杭州金海岸文化发展股份有限公司

华宝斋富翰文化有限公司

杭州宋城旅游发展股份有限公司

杭州神采飞扬娱乐有限公司

西泠印社集团有限公司

海伦钢琴股份有限公司

浙江大丰实业股份有限公司

宁波音王电声股份有限公司

美盛文化创意股份有限公司

华鸿控股集团有限公司

衢州醉根艺品有限公司

浙江台绣服饰有限公司

台州市绣都服饰有限公司

龙泉市金宏瓷业有限公司

浙江省全国爱国主义教育示范基地

第一批

南湖革命纪念馆

鲁迅故居及纪念馆

镇海口海防遗址

禹陵

河姆渡遗址博物馆

第二批

解放一江山岛烈士陵园

鄞县四明山革命烈士陵园

舟山鸦片战争纪念馆

第三批

侵浙日军投降仪式旧址（千人坑遗址）

第四批

浙江省博物馆

新四军苏浙军区纪念馆

温州浙南平阳革命根据地旧址群

2017 年新增

洞头先锋女子民兵连纪念馆

2019 年新增

秦山核电站

2021 年新增

浙西南革命根据地纪念馆

良渚博物院

湖州安吉余村

宁波奉化滕头村

浙江省全国博物馆十大陈列展览精品获奖项目

第二届（1998 年度）

　　精品奖

　　恐龙与海洋动物精品陈列（浙江自然博物馆）

第四届（2000 年度）

　　精品奖

　　浙江七千年（浙江省博物馆）

　　最佳创意奖

　　宁波清代官宅陈列（宁波天一阁博物馆）

　　最受观众欢迎奖

　　浙江七千年（浙江省博物馆）

第五届（2001—2002 年度）

　　精品奖

　　中国茶叶文化展（中国茶叶博物馆）

第六届（2003—2004 年度）

　　精品奖

　　中国丝绸文化陈列（中国丝绸博物馆）

　　最佳内容设计奖

　　温州人（温州博物馆）

　　最佳服务奖

　　江南水乡文化陈列（杭州中国水乡文化博物馆）

第七届（2005—2006 年度）

　　精品奖

　　吴兴赋——湖州历史与人文陈列（湖州市博物馆）

第八届（2007—2008 年度）

　　精品奖

　　良渚文化——实证中华五千年文明（良渚博物院）

　　最佳创意奖

　　东方"神舟"——宁波海上丝绸之路主题展（宁波博物馆）

　　最佳服务奖

　　东方"神舟"——宁波海上丝绸之路主题展（宁波博物馆）

第九届（2009—2010 年度）

　　精品奖

　　"自然·生命·人"浙江自然博物馆基本陈列（浙江自然博物馆）

　　越地长歌——浙江历史文化陈列（浙江省博物馆）

第十届（2011—2012 年度）

　　精品奖

　　南湖革命纪念馆新馆基本陈列（嘉兴南湖革命纪念馆）

　　钱塘匠心·天工集粹——杭州工艺美术精品陈列（杭州工艺美术馆）

　　惠世天工——中国古代发明创造文物展（浙江省博物馆）

　　优秀奖

　　珍藏杭州——杭州博物馆馆藏文物精品陈列（杭州博物馆）

第十二届（2014 年度）

　　优胜奖

　　"港通天下"中国港口历史陈列（宁波港口博物馆）

　　禾兴之源——史前时期的嘉兴（嘉兴博物馆）

第十三届（2015 年度）

　　精品奖

　　生命·超越——中原文化中的动物映像（浙江自然博物馆、河南博物馆）

　　中兴纪胜——南宋风物观止（浙江省博物馆）

　　优胜奖

　　最忆是杭州——杭州通史陈列（杭州博物馆）

第十四届（2016 年度）

精品奖

中国丝绸和丝绸之路——锦程·更衣记（中国丝绸博物馆）

第十五届（2017 年度）

精品奖

明月入怀·中国团扇文化印象展（杭州工艺美术博物馆）

优胜奖

古道新知——丝绸之路文化遗产保护科技成果展（中国丝绸博物馆）

第十六届（2018 年度）

精品奖

良渚遗址是实证中华五千年文明史的圣地（良渚博物院）

优胜奖

越地宝藏——100 件文物讲述浙江故事（浙江省博物馆）

第十七届（2019 年度）

精品奖

浙江自然博物院安吉馆基本陈列（浙江自然博物院）

优胜奖

海市蜃楼：17 至 20 世纪中国外销装饰艺术展（杭州工艺美术博物馆）

第十八届（2020 年度）

精品奖

众望同归——丝绸之路的前世今生（中国丝绸博物馆）

优胜奖

勇立潮头——跨湖桥文化主题展（杭州市萧山跨湖桥遗址博物馆）

浙江省博物馆（纪念馆）名录

序号	博物馆名称	所属市	博物馆性质	题材类型	质量等级	免费开放	馆舍地址
1	中国丝绸博物馆	杭州市	文物系统国有博物馆	其他	一级	是	杭州市西湖区玉皇山路 73-1 号
2	浙江省博物馆（浙江革命历史纪念馆）		文物系统国有博物馆	历史文化	一级	是	武林馆区（浙江革命历史纪念馆）：杭州市拱墅区西湖文化广场 29 号 孤山馆区：杭州市西湖区孤山路 25 号
3	浙江自然博物院		文物系统国有博物馆	自然科学	一级	是	杭州馆：杭州市拱墅区杭州西湖文化广场 6 号 安吉馆：安吉县梅园路 1 号
4	杭州西湖博物馆总馆（西湖学研究院、杭州西湖风景名胜区网宣中心）		文物系统国有博物馆	综合地志	一级	是	杭州市上城区南山路 89 号
5	中国杭州工艺美术博物馆（中国刀剪剑博物馆、中国扇博物馆、中国伞博物馆）		文物系统国有博物馆	艺术	一级	是	杭州工艺美术博物馆：杭州市拱墅区小河路 334 号 中国扇博物馆：杭州市拱墅区小河路 450 号 中国刀剪剑博物馆、中国伞博物馆：杭州市拱墅区小河路 336 号

序号	博物馆名称	所属市	博物馆性质	题材类型	质量等级	免费开放	馆舍地址
6	中国茶叶博物馆		文物系统国有博物馆	历史文化	一级	是	双峰馆区：杭州市西湖区龙井路 88 号 龙井馆区：杭州市西湖区翁家山 268 号
7	杭州博物馆［杭州博物院（筹）］		文物系统国有博物馆	历史文化	一级	是	杭州上城区粮道山 18 号
8	浙江中医药博物馆		其他行业国有博物馆	其他	二级	是	杭州市滨江区滨文路 548 号
9	胡庆余堂中药博物馆		非国有博物馆	自然科技	二级	否	杭州市上城区大井巷 95 号
10	杭州市临平博物馆（中国江南水乡文化博物馆）		文物系统国有博物馆	历史文化	二级	是	杭州市临平区南大街 95 号
11	萧山博物馆		文物系统国有博物馆	历史文化	二级	是	杭州市萧山区北干山南路 651 号
12	中国湿地博物馆（杭州西溪研究院）		其他行业国有博物馆	自然科技	二级	是	杭州市西湖区天目山路 402 号
13	桐庐博物馆		文物系统国有博物馆	综合地志	三级	是	桐庐县学圣路 646 号
14	浙江辛亥革命纪念馆（林风眠旧居、盖叫天旧居、都锦生旧居）		文物系统国有博物馆	革命纪念	未定级	是	杭州市西湖区龙井路 138 号
15	杭州万事利丝绸文化博物馆		非国有博物馆	历史文化	未定级	是	杭州市上城区天城路 68 号万事利科技大厦 B 座 3 楼
16	杭州西湖本山龙井茶叶博物馆	杭州市	非国有博物馆	自然科技	未定级	是	杭州市西湖区云栖路 7 号
17	建德博物馆		文物系统国有博物馆	综合地志	未定级	是	建德市江滨中路 118-16 号
18	马一浮纪念馆		文物系统国有博物馆	历史文化	未定级	是	杭州市西湖区杨公堤 10 号花港公园蒋庄内
18	杭州大光明眼镜博物馆		非国有博物馆	历史文化	未定级	是	杭州市上城区延安路 238 号大光明眼镜 5 楼
20	杭州市文史研究馆		其他行业国有博物馆	历史文化	未定级	是	杭州市拱墅区岳官巷 4 号
21	临安博物馆		文物系统国有博物馆	历史文化	未定级	是	杭州市临安区天目路 800 号
22	马寅初纪念馆		非国有博物馆	其他	未定级	是	杭州市拱墅区庆春路 210 号
23	中国昌化鸡血石博物馆		其他行业国有博物馆	其他	未定级	是	杭州市临安区天目路 800 号临安博物馆
24	盖叫天故居		文物系统国有博物馆	历史文化	未定级	是	杭州市西湖区金沙港 26 号
25	中国印学博物馆		其他行业国有博物馆	艺术	未定级	是	杭州市西湖区孤山后山路 10 号
26	龚自珍纪念馆		文物系统国有博物馆	其他	未定级	是	杭州市上城区马坡巷 16 号
27	张小泉博物馆		非国有博物馆	其他	未定级	是	浙江省杭州市富阳区五星路 8 号
28	杭州华夏紫砂博物馆		非国有博物馆	艺术	未定级	是	杭州市上城区 58 号西湖国贸中心 622 室
29	叶浅予艺术馆		文物系统国有博物馆	艺术	未定级	是	桐庐县大奇山路 519 号

续　表

序号	博物馆名称	所属市	博物馆性质	题材类型	质量等级	免费开放	馆舍地址
30	杭州江南明清古建筑博物馆		非国有博物馆	艺术	未定级	是	杭州市余杭区访溪路 33 号西溪国家湿地公园洪园景区内
31	浙商博物馆		其他行业国有博物馆	历史文化	未定级	是	杭州市西湖区教工路 149 号
32	浙江大学艺术与考古博物馆		其他行业国有博物馆	历史文化	未定级	是	杭州市西湖区余杭塘路 866 号浙江大学紫金港校区西区
33	杭州孔庙		文物系统国有博物馆	历史文化	未定级	是	杭州市上城区府学巷 8 号
34	杭州市临平区颉德文化博物馆		非国有博物馆	历史文化	未定级	否	杭州市临平区人民大道 652 号
35	浙江观吟艺术博物馆		非国有博物馆	艺术	未定级	是	杭州市拱墅区丽水路 126 号
36	浙江旅游博物馆		文物系统国有博物馆	其他	未定级	是	杭州市萧山区耕文路 399 号
37	杭州海塘遗址博物馆		文物系统国有博物馆	考古遗址	未定级	是	杭州市上城区九睦路 109 号
38	韩美林艺术馆		文物系统国有博物馆	艺术	未定级	是	杭州市西湖区桃源岭 3 号
39	良渚博物院		文物系统国有博物馆	考古遗址	未定级	是	杭州市余杭区美丽洲路 1 号
40	杭州高氏照相机博物馆		非国有博物馆	其他	未定级	是	杭州拱墅区陆家坞 111 号
41	杭州土火斋古陶瓷博物馆		非国有博物馆	其他	未定级	是	杭州市上城区杭海路 1191 号
42	浙江朱炳仁铜雕艺术博物馆		非国有博物馆	艺术	未定级	是	杭州市上城区河坊街 207—221 号
43	千岛湖自然博物馆	杭州市	非国有博物馆	自然科技	未定级	是	淳安县千岛湖镇梦姑路 158 号
44	杭州临平禹昊博物馆		非国有博物馆	历史文化	未定级	是	杭州市临平区塘栖路 142 号
45	杭州西湖龙井茶博物馆		非国有博物馆	历史文化	未定级	是	杭州市西湖区九街 33 号
46	杭州京杭大运河博物馆		文物系统国有博物馆	历史文化	未定级	是	杭州市拱墅区运河文化广场 1 号
47	杭州南宋钱币博物馆		非国有博物馆	历史文化	未定级	是	杭州市上城区酱园弄 12 号
48	杭州市萧山区开运通宝民俗博物馆		非国有博物馆	历史文化	未定级	是	杭州市萧山区潘水路山水苑 34-9 号
49	中国工农红军北上抗日先遣队纪念馆		其他行业国有博物馆	革命纪念	未定级	是	淳安县厦山村 46 号
50	杭州西湖丝绸文化博物馆		非国有博物馆	艺术	未定级	是	杭州市西湖区梅岭南路 3 号
51	"五四宪法"历史资料陈列馆		其他行业国有博物馆	革命纪念	未定级	是	北山街馆区：杭州市西湖区北山街 84 号 栖霞岭馆区：栖霞岭 54 号
52	浙江安贤生命博物馆		非国有博物馆	其他	未定级	是	杭州市拱墅区临半路 181 号
53	杭州李叔同纪念馆		文物系统国有博物馆	历史文化	未定级	否	杭州市西湖区虎跑路 39 号
54	杭州市萧山跨湖桥遗址博物馆		其他行业国有博物馆	考古遗址	未定级	是	杭州市萧山区湘湖路 978 号
55	杭州江南锡器博物馆		非国有博物馆	历史文化	未定级	是	杭州市上城区机场路 25 号 6 幢 2 楼

序号	博物馆名称	所属市	博物馆性质	题材类型	质量等级	免费开放	馆舍地址
56	淳安博物馆		文物系统国有博物馆	历史文化	未定级	是	淳安县珍珠一路 113 号
57	潘天寿纪念馆		文物系统国有博物馆	艺术	未定级	是	杭州市上城区南山路 212 号
58	杭州笕桥抗战纪念馆		非国有博物馆	革命纪念	未定级	是	杭州市上城区机场路 250 号
59	杭州西湖博览会博物馆		其他行业国有博物馆	历史文化	未定级	是	杭州市西湖区北山路 41—42 号
60	中国财税博物馆		其他行业国有博物馆	历史文化	未定级	是	杭州市上城区吴山广场 28 号
61	吴越历史文书博物馆		非国有博物馆	历史文化	未定级	是	杭州市萧山区湘湖路 47 号
62	杭州市萧山区湘湖吴越古文化博物馆		非国有博物馆	其他	未定级	是	杭州市萧山区北干山南路 453 号
63	世界钱币博物馆		非国有博物馆	历史文化	未定级	是	杭州市上城区景昙路 9 号西子国际 A 座 31 楼
64	杭州市余杭章太炎故居纪念馆	杭州市	文物系统国有博物馆	革命纪念	未定级	是	杭州市余杭区仓前塘路 59 号
65	杭州市萧山区梦娜斯酒文化博物馆		非国有博物馆	其他	未定级	否	杭州市萧山区凤凰坞村 588 号
66	大韩民国临时政府杭州旧址纪念馆		其他行业国有博物馆	革命纪念	未定级	是	杭州市上城区长生路 53—55 号
67	富阳博物馆		文物系统国有博物馆	综合地志	未定级	是	杭州市富阳区江滨西大道 159 号
68	中国水利博物馆		其他行业国有博物馆	历史文化	未定级	是	杭州市萧山区水博大道 1 号
69	岳飞纪念馆（俞曲园纪念馆）		文物系统国有博物馆	历史文化	未定级	否	岳飞纪念馆：杭州市西湖区北山路 80 号 俞曲园纪念馆：杭州市西湖区后孤山路 32 号
70	浙江省现代陶瓷艺术博物馆		非国有博物馆	艺术	未定级	是	杭州市萧山区湘湖旅游度假区眉山路陶瓷艺术岛
71	宁波博物院（宁波博物馆、宁波帮博物馆）		文物系统国有博物馆	综合地志	一级	是	宁波博物馆：宁波市鄞州区首南中路 1000 号 宁波帮博物馆：宁波市镇海区思源路 255 号
72	中国港口博物馆		文物系统国有博物馆	历史文化	一级	是	宁波市北仑区港博路 6 号
73	余姚博物馆		文物系统国有博物馆	历史文化	二级	是	余姚市舜水南路 1 号
74	河姆渡遗址博物馆		文物系统国有博物馆	考古遗址	二级	是	余姚市河姆渡镇浪墅桥村旁
75	镇海口海防历史纪念馆	宁波市	文物系统国有博物馆	历史文化	三级	是	宁波市镇海区沿江东路 198 号
76	宁海县十里红妆博物馆		非国有博物馆	历史文化	三级	是	宁海县徐霞客大道 1 号
77	溪口博物馆		文物系统国有博物馆	综合地志	三级	否	宁波市奉化区溪口镇武岭西路 159 号
78	浙东海事民俗博物馆（浙东学术文化陈列馆、银台第官宅博物馆）		文物系统国有博物馆	历史文化	三级	否	宁波市鄞州区江东北路 156 号
79	慈溪博物馆		文物系统国有博物馆	历史文化	三级	是	慈溪市科技路 909 号

续 表

序号	博物馆名称	所属市	博物馆性质	题材类型	质量等级	免费开放	馆舍地址
80	柔石故居（柔石纪念馆）		文物系统国有博物馆	革命纪念	三级	是	宁海县柔石路 1 号
81	宁波市鄞州区金银彩绣艺术馆		非国有博物馆	艺术	未定级	是	宁波市鄞州区启明路 818 号创新 128 园区 9 幢 68 号
82	宁波市海曙区赵大有宁式糕点博物馆		非国有博物馆	历史文化	未定级	是	宁波市海曙区高桥镇联丰中路 499 号
83	余姚市看云楼科举文化博物馆		非国有博物馆	历史文化	未定级	是	余姚市泗门镇望安路 14 号
84	宁海县许家山石文化展示馆		非国有博物馆	其他	未定级	是	宁海县茶院乡许家山石头村
85	宁波鄞州陶瓷文化艺术馆		非国有博物馆	艺术	未定级	是	宁波市鄞州区云龙镇云莫路 88 号
86	千工甬式家具博物馆		非国有博物馆	其他	未定级	是	宁波市鄞州区人民南路 200 号
87	余姚市四明山书画院		非国有博物馆	其他	未定级	是	余姚市大岚镇丁家畈村丹山路 1 号
88	宁波市鄞州区插花艺术馆		非国有博物馆	艺术	未定级	是	宁波市鄞州区下应街道天工蓝海巷 58 号
89	宁波市鄞州区沧海农耕博物馆		非国有博物馆	其他	未定级	否	宁波市鄞州区首南街道桃江村
90	慈溪市东方博物馆	宁波市	非国有博物馆	其他	未定级	是	慈溪市浒山街道孙塘南路（南段）378 号
91	宁波市奉化区布袋弥勒博物馆		非国有博物馆	艺术	未定级	是	宁波市奉化区锦屏街道中塔路 12 号
92	慈溪市上林湖越窑青瓷博物馆		非国有博物馆	其他	未定级	是	慈溪市新浦镇老街路 389 号
93	奉化博物馆		文物系统国有博物馆	历史文化	未定级	是	宁波市奉化区大成路 2 号
94	宁海县得心坊艺术馆		非国有博物馆	艺术	未定级	是	宁海县胡陈乡东张村
95	慈溪市珍丽民俗博物馆		非国有博物馆	其他	未定级	是	慈溪市三北大街 2323—2327 号
96	余姚市大呈博物馆		非国有博物馆	历史文化	未定级	是	余姚市梁辉开发区中兴路 1 号
97	慈溪市赵府檀艺博物馆		非国有博物馆	其他	未定级	是	慈溪市天元镇天潭路 86 号
98	余姚市金桥奇石艺术馆		非国有博物馆	艺术	未定级	是	余姚市舜宇路 84 号
99	华茂艺术教育博物馆		非国有博物馆	艺术	未定级	是	宁波市鄞州区连心路 99 号
100	慈溪市东方红像章博物馆		非国有博物馆	其他	未定级	是	慈溪市横河镇泰堰桥北区 5 号
101	开明街鼠疫灾难陈列馆		文物系统国有博物馆	历史文化	未定级	是	宁波市海曙区华楼巷 15 号天一广场党员服务中心 2 楼
102	鄞州革命烈士纪念馆		其他行业国有博物馆	革命纪念	未定级	是	宁波市海曙区章水镇通远路 1022 号
103	王康乐艺术馆		其他行业国有博物馆	艺术	未定级	是	宁波市奉化区溪口镇溪南路 270 号
104	浙江省浙东越窑青瓷博物馆		非国有博物馆	历史文化	未定级	是	余姚市梁弄镇高南村宋家岙
105	宁波市海曙区黄古林草编博物馆		非国有博物馆	历史文化	未定级	是	宁波市海曙区鄞县大道古林段 312 号

序号	博物馆名称	所属市	博物馆性质	题材类型	质量等级	免费开放	馆舍地址
106	宁波市海曙区王升大粮油工艺博物馆		非国有博物馆	历史文化	未定级	是	宁波市海曙区高桥镇新庄村新庄路 185 号
107	宁海县江南民间艺术馆		非国有博物馆	历史文化	未定级	是	宁海县大佳何镇大佳何村
108	宁波市鄞州区雪菜博物馆		非国有博物馆	历史文化	未定级	是	宁波市鄞州区东吴镇鄞县大道东吴段 58 号
109	宁波市鄞州区鱼文化博物馆		非国有博物馆	历史文化	未定级	是	宁波市鄞州区咸祥镇南头村 1 号
110	张苍水纪念馆		文物系统国有博物馆	历史文化	未定级	是	宁波市海曙区苍水街 194 号
111	宁海东方艺术造像博物馆		非国有博物馆	艺术	未定级	是	宁海县跃龙街道外环西路 369 号
112	宁波服装博物馆		其他行业国有博物馆	其他	未定级	是	宁波市鄞州区下应街道天工路蓝海巷 80 号
113	宁波市海曙区婚俗博物馆		非国有博物馆	其他	未定级	是	宁波市海曙区石碶街道石源路 410-20 号
114	宁波市鄞州区甬宝斋锡镴器熨斗博物馆		非国有博物馆	其他	未定级	是	宁波市鄞州区潘火街道潘火桥村蔡氏宗祠内
115	浙东革命根据地纪念馆		其他行业国有博物馆	革命纪念	未定级	是	余姚市梁弄镇横坎头村
116	浙江涌优金丝楠木博物馆		非国有博物馆	艺术	未定级	否	宁波市江北区洪盛路 6 号
117	浙江中立古陶瓷博物馆		非国有博物馆	其他	未定级	是	慈溪市古塘街道坎墩大道 155 号
118	宁波市千峰越窑青瓷博物馆	宁波市	非国有博物馆	历史文化	未定级	是	宁波市鄞州区下应街道湾底村西江古村民国老街 D 区
119	宁海县海洋生物博物馆		非国有博物馆	自然科技	未定级	是	宁海县强蛟镇振兴东路 83 号
120	余姚市寿宝斋工艺藏品博物馆		非国有博物馆	其他	未定级	是	余姚市丰山路 358 号 4 楼
121	紫林坊艺术馆		非国有博物馆	其他	未定级	是	宁波市鄞州区首南街道日丽中路 666 号
122	王锡桐起义遗址		文物系统国有博物馆	革命纪念	未定级	是	宁海县跃龙街道桃源南路 20 号
123	象山县博物馆		文物系统国有博物馆	综合地志	未定级	是	象山县丹东街道新华路 279 号
124	沙孟海书学院		文物系统国有博物馆	历史文化	未定级	是	宁波市东钱湖旅游度假区钱湖东路 99 号
125	慈溪市徐福红木博物馆		非国有博物馆	其他	未定级	是	慈溪市龙山镇范市湖滨北路工业开发区 26 号
126	东钱湖民俗文化艺术馆		非国有博物馆	历史文化	未定级	是	东钱湖镇钱湖人家小区 3 期 96 幢
127	周尧昆虫博物馆		文物系统国有博物馆	自然科技	未定级	是	宁波市鄞州区日丽西路 336 号
128	慈溪市吴越青瓷博物馆		非国有博物馆	其他	未定级	是	慈溪市桥头镇五丰村周塘路 860 号
129	象山县才华剪纸博物馆		非国有博物馆	艺术	未定级	是	象山县东陈乡樟岙村
130	象山德和根艺美术馆		非国有博物馆	艺术	未定级	是	象山县丹东街道湖滨路 101 号
131	慈溪越韵陈列馆		非国有博物馆	其他	未定级	是	慈溪市匡堰镇王家埭南路 1 号
132	宁波市鄞州区地质宝藏博物馆		非国有博物馆	自然科技	未定级	是	宁波市鄞州区天童南路 2365 号海港城 5 楼

续　表

序号	博物馆名称	所属市	博物馆性质	题材类型	质量等级	免费开放	馆舍地址
133	宁波市甬剧研究传习中心	宁波市	其他行业国有博物馆	艺术	未定级	是	宁波市鄞州区南部商务区水街6F103号203室
134	宁波市海曙区耕泽石刻博物馆		非国有博物馆	历史文化	未定级	是	宁波市海曙区高桥镇岐阳村下边1号
135	宁波市鄞州区朱金漆木雕艺术馆		非国有博物馆	历史文化	未定级	是	宁波市鄞州区横溪镇横溪村上街
136	象山县大晌博物馆		非国有博物馆	艺术	未定级	是	象山县新华路269号
137	鄞州滨海博物馆		非国有博物馆	其他	未定级	是	宁波市鄞州区瞻岐镇滨海投资创业中心合兴路188号
138	大革命时期中共宁波地委旧址纪念馆		文物系统国有博物馆	革命纪念	未定级	是	宁波市海曙区解放南路26弄17号
139	宁波市奉化区民间中医药博物馆		非国有博物馆	其他	未定级	是	宁波市奉化区莼湖镇漂溪村
140	宁波市海曙区居家博物园		非国有博物馆	其他	未定级	是	宁波市海曙区高桥镇民乐村
141	慈溪市上林遗风博物馆		非国有博物馆	其他	未定级	是	慈溪市浒山街道世纪花园21号
142	潘天寿故居		文物系统国有博物馆	其他	未定级	是	宁海县桃源街道冠庄村
143	宁波市海曙区知青博物馆		非国有博物馆	历史文化	未定级	是	宁波市海曙区联丰中路499号
144	温州博物馆	温州市	文物系统国有博物馆	综合地志	一级	是	温州市鹿城区市府路491号
145	瑞安博物馆		文物系统国有博物馆	历史文化	二级	是	瑞安市安阳街道嘉宁路23号
146	文成博物馆		文物系统国有博物馆	综合地志	二级	是	文成县文青路1号
147	瓯海博物馆		文物系统国有博物馆	综合地志	三级	是	温州市瓯海区行政管理中心10号楼
148	龙湾区文博馆		文物系统国有博物馆	综合地志	三级	是	温州市龙湾区机场大道501号
149	乐清市博物馆		文物系统国有博物馆	综合地志	三级	是	乐清市城东街道晨曦路299号
150	乐清市雁荡山铁枫堂铁皮石斛博物馆		非国有博物馆	其他	未定级	是	乐清市龙西乡龙溪村
151	温州叶同仁中医药博物馆		非国有博物馆	其他	未定级	是	温州市鹿城区瓯江路望江公园
152	文天祥纪念馆		文物系统国有博物馆	历史文化	未定级	是	温州市鹿城区江心屿
153	乐清市蒲岐古城民俗博物馆		非国有博物馆	其他	未定级	是	乐清市蒲岐镇北门街87弄3号
154	金洲动物博物馆		非国有博物馆	自然科技	未定级	是	温州市洞头区灵昆街道双昆村
155	永嘉县吴超征烈士纪念馆		非国有博物馆	革命纪念	未定级	是	永嘉县桥下镇韩埠村韩埠路36弄15号
156	瑞安市杨衙里博物馆		非国有博物馆	历史文化	未定级	是	瑞安市万松东路188号
157	温州教育史馆		其他行业国有博物馆	历史文化	未定级	是	温州市鹿城区胜昔桥路54号
158	苍南县天韵奇石博物馆		非国有博物馆	其他	未定级	是	苍南县藻溪镇建光村
159	平阳县烈士纪念馆		其他行业国有博物馆	革命纪念	未定级	是	平阳县昆阳镇昆鳌路275号
160	温州市塘河青灯石刻艺术博物馆		非国有博物馆	历史文化	未定级	是	温州市瓯海区南白象街道梧三路99号

序号	博物馆名称	所属市	博物馆性质	题材类型	质量等级	免费开放	馆舍地址
161	温州市维日康树贤艺术博物馆		非国有博物馆	艺术	未定级	是	温州市瓯海区娄桥工业园区森茂路 118 号 1 号楼 5 楼
162	瑞安市维加斯服装文化博物馆		非国有博物馆	其他	未定级	是	瑞安市经济开发区三路 588 号
163	永嘉红十三军军部旧址纪念馆		其他行业国有博物馆	革命纪念	未定级	是	永嘉县岩头镇五尺村
164	泰顺县文博馆		文物系统国有博物馆	历史文化	未定级	是	泰顺县罗阳镇文祥 1 路科技文化中心
165	温州市采成蓝夹缬博物馆		非国有博物馆	艺术	未定级	是	瑞安市马屿镇净水村
166	衍园美术馆		非国有博物馆	其他	未定级	是	温州市鹿城区隔岸路 177 号
167	瑞安市瑞祥堂青铜镜收藏馆		非国有博物馆	其他	未定级	是	瑞安市锦湖街道沿江西路 500 号
168	温州夹苎漆器博物馆		非国有博物馆	艺术	未定级	是	龙港市湖前镇东巷 15 号
169	温州市红欣盆景艺术博物馆		非国有博物馆	艺术	未定级	是	温州市黎明东路山下前巷 59 号
170	洞头先锋女子民兵连纪念馆		其他行业国有博物馆	历史文化	未定级	是	温州市洞头区北岙街道海霞村
171	叶适纪念馆		非国有博物馆	历史文化	未定级	是	瑞安市莘塍东街 446 号
172	苍南县刘基文化博物馆		非国有博物馆	其他	未定级	是	苍南县莒溪镇桥南村
173	苍南博物馆	温州市	文物系统国有博物馆	历史文化	未定级	是	苍南县灵溪镇车站大道 563—583 号
174	永嘉县瓯渠民俗博物馆		非国有博物馆	其他	未定级	是	永嘉县金溪镇瓯渠村
175	东瓯古家具博物馆		非国有博物馆	其他	未定级	是	温州市鹿城区藤桥镇上寺西村昌源路 38 号
176	瑞安市陈傅良纪念馆		非国有博物馆	历史文化	未定级	是	瑞安市塘下镇南汇工区 42 号（中兴南街 35—43 号）
177	季氏历史名人纪念馆		非国有博物馆	历史文化	未定级	是	瑞安市莘塍街道仙甲季村
178	永嘉县春秋陶瓷博物馆		非国有博物馆	其他	未定级	是	永嘉县黄田街道双井路 15 号
179	瑞安市抗美援朝历史教育馆		非国有博物馆	革命纪念	未定级	是	瑞安市西山烈士陵园内
180	中共浙江省一大纪念园		其他行业国有博物馆	革命纪念	未定级	是	平阳县凤卧镇凤林村
181	温州矾矿博物馆		非国有博物馆	历史文化	未定级	是	苍南县矾山镇八一路 38 号
182	瑞安市隆山知青纪念馆		非国有博物馆	历史文化	未定级	是	瑞安市瑞光大道隆山公园南入口门楼 2 楼
183	叶茂钱收藏馆		非国有博物馆	综合地志	未定级	是	瑞安市公园路 84 号
184	瑞安市仙降革命斗争史纪念馆		非国有博物馆	革命纪念	未定级	是	瑞安市仙降街道横街村东岳路 1 号
185	中国工农红军挺进师纪念园		其他行业国有博物馆	革命纪念	未定级	是	平阳县山门镇凤岭山
186	白水民俗博物馆		非国有博物馆	综合地志	未定级	是	温州市龙湾区永中街道天柱路 211—223 号
187	肇平垟革命纪念馆		非国有博物馆	革命纪念	未定级	是	瑞安市塘下镇肇平垟中村中业路 2 号
188	苍南县碗窑博物馆		非国有博物馆	历史文化	未定级	是	苍南县桥墩镇碗窑村

续　表

序号	博物馆名称	所属市	博物馆性质	题材类型	质量等级	免费开放	馆舍地址
189	东海贝雕艺术博物馆	温州市	非国有博物馆	历史文化	未定级	是	温州市洞头区飘香路 1 号南塘九亩丘海创园 1 楼
190	温州龙湾区永昌博物馆		非国有博物馆	综合地志	未定级	是	温州市龙湾区永中街道新城村王氏宗祠
191	苍南县揽月轩博物馆		非国有博物馆	历史文化	未定级	是	苍南县灵溪镇江湾路金城大厦 058 室
192	平阳县博物馆		文物系统国有博物馆	历史文化	未定级	是	平阳县昆阳镇西城下南路 8 号
193	湖州博物馆	湖州市	文物系统国有博物馆	历史文化	二级	是	湖州市吴兴区吴兴路 1 号
194	安吉县博物馆（中国・安吉生态博物馆、诸乐三艺术馆）		文物系统国有博物馆	综合地志	二级	是	安吉县递铺镇东庄路 2 号
195	长兴太湖博物馆		文物系统国有博物馆	综合地志	二级	是	长兴县太湖街道中央大道 1 号
196	长兴县新四军苏浙军区纪念馆		文物系统国有博物馆	革命纪念	三级	是	长兴县煤山镇槐坎村温塘村 55-1 号
197	德清博物馆		文物系统国有博物馆	综合地志	三级	是	德清县武康街道云岫南路 7 号
198	吴昌硕纪念馆		文物系统国有博物馆	艺术	三级	是	安吉县昌硕街道安吉大道 2 号
199	德清桃花庄艺术博物馆		非国有博物馆	艺术	未定级	是	德清县阜溪街道临溪街 778 号
200	湖州市南浔区辑里湖丝博物馆		非国有博物馆	历史文化	未定级	是	湖州市南浔区南浔镇辑里村 20 号
201	湖州太湖古木艺术博物馆		非国有博物馆	艺术	未定级	否	湖州市吴兴区太湖路 5501 号
202	德清水样年华婚俗文化艺术馆		非国有博物馆	其他	未定级	是	德清县舞阳街道舞阳街 939—969 号
203	长兴浙北古人类生活博物馆		非国有博物馆	历史文化	未定级	是	长兴县和平镇中翔大道 168 号
204	安吉和也健康博物馆		非国有博物馆	其他	未定级	是	安吉县孝丰镇竹产业科技创新中心和也大健康产业园
205	湖镜博物馆		非国有博物馆	历史文化	未定级	是	湖州市吴兴区织里镇义皋村
206	湖州瑞一历史文物博物馆		非国有博物馆	历史文化	未定级	是	湖州市吴兴区太湖路 259—273 号
207	长兴林海车模博物馆		非国有博物馆	其他	未定级	是	长兴县水口乡顾渚村龙头自然村 42 号
208	姚珠珠舞蹈艺术博物馆		非国有博物馆	艺术	未定级	是	湖州市南浔区南浔镇江南水乡一条街 898 号
209	红军长征追踪馆		非国有博物馆	革命纪念	未定级	是	湖州市南浔区南浔镇浔阳路 172 号文园内
210	欧诗漫珍珠博物院		非国有博物馆	其他	未定级	是	德清县珍珠街 9 号
211	德清蛇文化博物馆		非国有博物馆	自然科技	未定级	是	德清县新市镇子思桥村
212	湖州谭建丞艺术馆		非国有博物馆	艺术	未定级	是	湖州市吴兴区田盛街 263 号
213	湖州菰城博物馆		非国有博物馆	其他	未定级	是	湖州市吴兴区西山漾丝绸小镇 6 幢

序号	博物馆名称	所属市	博物馆性质	题材类型	质量等级	免费开放	馆舍地址
214	湖州知青博物馆	湖州市	非国有博物馆	历史文化	未定级	是	湖州市妙西镇后沈埠村茧站
215	金钉子地质博物馆		其他行业国有博物馆	自然科技	未定级	否	长兴县槐坎乡新槐村葆青山麓
216	安吉上张山民文化生态博物馆		非国有博物馆	其他	未定级	是	安吉县报福镇上张村庙田垓自然村
217	长兴东方古木博物馆		非国有博物馆	其他	未定级	否	长兴县龙山街道川步村梅花坞
218	浙江湖州桑基鱼塘系统历史文化博物馆		非国有博物馆	历史文化	未定级	是	湖州市南浔区和孚镇荻港渔庄 3 期 5 号楼 1 楼
219	湖州德泰恒博物馆		非国有博物馆	其他	未定级	是	湖州市吴兴区衣裳街历史文化街区吉安巷 1 号
220	中国竹子博物馆		其他行业国有博物馆	自然科技	未定级	否	安吉县灵峰街道竹博园路 1 号
221	春山收藏馆		非国有博物馆	革命纪念	未定级	是	安吉县灵峰街道灵峰村（竹博园旁）
222	中国湖笔博物馆		其他行业国有博物馆	其他	未定级	否	湖州市吴兴区莲花庄路 258 号
223	安吉古城遗址博物馆		文物系统国有博物馆	考古遗址	未定级	是	安吉县递铺街道古城村
224	德清县莫干山艺术邮票馆		非国有博物馆	历史文化	未定级	是	德清县莫干山镇黄郭西路 48 号
225	徐迟纪念馆		非国有博物馆	其他	未定级	是	湖州市南浔区南浔镇浔阳路 172 号文园内
226	湖州太湖船模馆		非国有博物馆	艺术	未定级	是	湖州市吴兴区红门馆前 106—108 号
227	湖州市吴兴区妙境禅茶文化博物馆		非国有博物馆	其他	未定级	是	湖州市吴兴区妙西镇妙山村文化礼堂 2 楼
228	德清县莫干山陆有仁中草药博物馆		非国有博物馆	历史文化	未定级	是	德清县舞阳街道舞阳街 1001 号
229	湖州通灵奇石艺术博物馆		非国有博物馆	艺术	未定级	是	湖州市妙西镇龙山村柳家村 188 号
230	南湖革命纪念馆（红船精神研究院）	嘉兴市	其他行业国有博物馆	革命纪念	一级	是	嘉兴市南湖区烟雨路 186 号
231	嘉兴博物馆（马家浜文化博物馆）		文物系统国有博物馆	综合地志	二级	是	嘉兴博物馆：嘉兴市南湖区海盐塘路 485 号 马家浜文化博物馆：嘉兴市南湖区马家浜路 297 号
232	桐乡市博物馆		文物系统国有博物馆	历史文化	三级	是	桐乡市环园路 399 号
233	钟旭洲钱币艺术博物馆		文物系统国有博物馆	历史文化	三级	是	桐乡市振东新区环园路 399 号
234	茅盾纪念馆		文物系统国有博物馆	历史文化	三级	是	桐乡市乌镇镇观前街 17 号
235	海宁博物馆		文物系统国有博物馆	综合地志	三级	是	海宁市西山路 542 号
236	丰子恺纪念馆		文物系统国有博物馆	艺术	三级	是	桐乡市石门镇大井路 1 号
237	君匋艺术院		文物系统国有博物馆	艺术	三级	是	桐乡市梧桐镇庆丰南路 59 号
238	平湖市李叔同纪念馆		文物系统国有博物馆	历史文化	三级	是	平湖市当湖街道叔同路 29 号
239	海盐县博物馆		文物系统国有博物馆	综合地志	三级	是	海盐县武原街道新桥北路 122 号
240	海宁市晴雨楼藏砚馆		非国有博物馆	历史文化	未定级	是	海宁市盐官镇古邑路 1 号

续　表

序号	博物馆名称	所属市	博物馆性质	题材类型	质量等级	免费开放	馆舍地址
241	嘉兴电力博物馆		非国有博物馆	其他	未定级	是	嘉兴市南湖区环城西路 671
242	嘉善九德堂博物馆		非国有博物馆	历史文化	未定级	否	嘉善县西塘镇北栅街四贤祠弄 57 号
243	嘉兴五四文化博物馆		非国有博物馆	革命纪念	未定级	是	嘉兴市南湖区槜川路香槟街 218 号
244	桐乡市吴蓬艺术院（桐乡市书画院）		文物系统国有博物馆	艺术	未定级	是	桐乡市县前街 101 号
245	嘉兴美术馆（嘉兴市蒲华美术馆、嘉兴画院）		文物系统国有博物馆	艺术	未定级	是	中和街馆：嘉兴市南湖区中和街 28 号 秀湖馆：嘉兴市秀洲区秀洲大道 870 号嘉兴市文化艺术中心内
246	平湖玺印篆刻博物馆		非国有博物馆	历史文化	未定级	是	平湖市当湖街道锦绣路 18 号
247	钱君匋艺术研究馆		其他行业国有博物馆	艺术	未定级	是	海宁市硖石街道西山路 493 号
248	张乐平纪念馆		文物系统国有博物馆	艺术	未定级	是	海盐县武原街道文昌东路 10 号
249	浙江东方地质博物馆		非国有博物馆	历史文化	未定级	是	嘉兴市南湖区广益路国际中港城 5 楼南区
250	陆维钊书画院		文物系统国有博物馆	其他	未定级	是	平湖市当湖街道乐园路 80—136 号
251	吴镇纪念馆	嘉兴市	文物系统国有博物馆	历史文化	未定级	是	嘉善县魏塘街道花园路 178 号
252	徐邦达艺术馆		其他行业国有博物馆	艺术	未定级	是	海宁市建设路 122 号
253	吴一峰艺术馆		文物系统国有博物馆	艺术	未定级	是	平湖市当湖街道当湖东路 161 号
254	谢氏艺术收藏馆		非国有博物馆	综合地志	未定级	是	海宁市西山路 1000 号
255	嘉善县博物馆		文物系统国有博物馆	综合地志	未定级	是	嘉善县阳光东路 188 号
256	嘉兴粽子文化博物馆		非国有博物馆	其他	未定级	是	嘉兴市南湖区月河街中基路 35 号
257	平湖博物馆		文物系统国有博物馆	综合地志	未定级	是	平湖市新华南路 372 号
258	嘉兴地方党史陈列馆		其他行业国有博物馆	革命纪念	未定级	是	嘉兴市秀洲区新塍镇蓬莱路 506 号
259	张宗祥书画院（张宗祥纪念馆）		其他行业国有博物馆	其他	未定级	是	海宁市仓基街 56 号
260	嘉兴船文化博物馆		其他行业国有博物馆	历史文化	未定级	是	嘉兴市南湖区新嘉街道栅堰路 278 号
261	嘉兴市丝绸博物馆		非国有博物馆	其他	未定级	是	嘉兴市秀洲区中山西路 2710 号嘉欣丝绸工业园内
262	嘉兴邮电博物馆		非国有博物馆	其他	未定级	是	嘉兴市南湖区环城东路 508 号
263	嘉兴市影上摄影史料馆		非国有博物馆	其他	未定级	是	嘉兴市南湖区农翔路 805 号
264	嘉兴毛泽东像章书画展览馆		非国有博物馆	革命纪念	未定级	是	桐乡市乌镇镇环河东路 666 号

序号	博物馆名称	所属市	博物馆性质	题材类型	质量等级	免费开放	馆舍地址
265	绍兴博物馆		文物系统国有博物馆	综合地志	二级	是	绍兴市越城区偏门直街 75 号
266	上虞博物馆		文物系统国有博物馆	历史文化	二级	是	绍兴市上虞区百官街道人民中路 228 号
267	浙江中鑫艺术博物馆		非国有博物馆	艺术	二级	是	绍兴市上虞区舜耕大道 518 号
268	鲁迅纪念馆		文物系统国有博物馆	历史文化	二级	是	绍兴市越城区鲁迅中路 235 号
269	诸暨市博物馆		文物系统国有博物馆	综合地志	三级	是	诸暨市东一路 18 号
270	柯桥区博物馆（绍兴市柯桥区文物保护管理所）		文物系统国有博物馆	综合地志	三级	是	绍兴市柯桥区明珠路 398 号
271	兰亭书法博物馆		其他行业国有博物馆	艺术	三级	是	绍兴市柯桥区兰亭镇兰亭景区内
272	越剧博物馆		文物系统国有博物馆	艺术	三级	是	嵊州市甘霖镇问越路 1 号
273	新昌博物馆		文物系统国有博物馆	历史文化	三级	是	绍兴市新昌县鼓山西路 130 号
274	诸暨市江南博物馆	绍兴市	非国有博物馆	综合地志	未定级	是	诸暨市店口镇江东路 63 号
275	诸暨市卓越人文艺术馆		非国有博物馆	艺术	未定级	是	诸暨市暨阳街道西门路 2 号
276	新昌县凯名胡琴艺术博物馆		非国有博物馆	艺术	未定级	是	新昌县澄潭街道麻家田村
277	中国香榧博物馆		其他行业国有博物馆	自然科技	未定级	是	诸暨市浣东街道榧博路 8 号
278	江南博物馆		非国有博物馆	艺术	未定级	是	新昌县七星街道浙江江南名茶市场 B8 幢 2001 号
279	斯民博物馆		非国有博物馆	艺术	未定级	是	诸暨市东白湖镇斯宅村
280	浙江民艺拼布博物馆		非国有博物馆	艺术	未定级	是	绍兴市柯桥区 S308 大师美术商贸楼
281	照明油画艺术馆		非国有博物馆	艺术	未定级	是	诸暨市陶朱街道协和路 77 号 4 楼
282	绍兴市金国胜雕塑艺术馆		非国有博物馆	艺术	未定级	是	绍兴市柯桥区兰亭街道宝地景苑 21 幢 104 室
283	周恩来纪念馆		其他行业国有博物馆	革命纪念	未定级	是	绍兴市越城区劳动路 369 号
284	绍兴市上虞区城南红色陶瓷艺术馆		非国有博物馆	革命纪念	未定级	是	绍兴市上虞区城南商业中心
285	诸暨市裕昌号民间艺术馆		非国有博物馆	艺术	未定级	是	诸暨市东白湖镇斯宅村 160 号
286	绍兴市石语堂玉石文化博物馆		非国有博物馆	其他	未定级	是	绍兴市越城区东浦街道运河园内
287	绍兴市荷湖乡土文化博物馆		非国有博物馆	其他	未定级	是	绍兴市越城区斗门街道荷湖村
288	绍兴市镜湖湿地自然科学博物馆		非国有博物馆	自然科技	未定级	否	绍兴市越城区镜湖湿地儿童乐园内
289	绍兴市越龙钱币博物馆		非国有博物馆	历史文化	未定级	是	绍兴市越城区笔飞弄 7 号
290	绍兴越国文化博物馆		非国有博物馆	历史文化	未定级	是	绍兴市越城区中兴南路 187 号
291	诸暨雅居轩艺术博物馆		非国有博物馆	艺术	未定级	是	诸暨市草塔镇杨家楼新宅村 798 号
292	绍兴市古艺术博物馆		非国有博物馆	其他	未定级	是	绍兴市越城区中金大厦 A 楼 21 楼

续　表

序号	博物馆名称	所属市	博物馆性质	题材类型	质量等级	免费开放	馆舍地址
293	绍兴气象博物馆	绍兴市	其他行业国有博物馆	自然科技	未定级	是	绍兴市越城区胜利西路163号
294	绍兴市上虞区三庚纪念馆		非国有博物馆	艺术	未定级	是	绍光市上虞区章镇镇大勤村
295	绍兴市朵云美术馆		非国有博物馆	艺术	未定级	是	绍兴市越城区府山街道西小路30号
296	绍兴市上虞区星辰工业博物馆		非国有博物馆	历史文化	未定级	是	绍兴市上虞区舜耕大道1111号
297	"枫桥经验"陈列馆		其他行业国有博物馆	其他	未定级	是	诸暨市枫桥镇孝义路9号
298	绍兴市会稽金石博物馆		非国有博物馆	其他	未定级	是	绍兴市越城区鉴湖镇坡塘村
299	新昌县天姥中医博物馆		非国有博物馆	其他	未定级	是	新昌县七星街道金星村中柴路2号
300	绍兴市上虞区江南文房博物馆		非国有博物馆	艺术	未定级	是	绍兴市上虞区舜耕大道1111号
301	绍兴市戴葆庭钱币文化博物馆		非国有博物馆	历史文化	未定级	是	绍兴市树下王路15号鉴湖水街壹号文创园3号楼
302	诸暨市越艺博物馆		非国有博物馆	艺术	未定级	是	诸暨市牌头镇山下周村朱家坞526号
303	中国酱文化博物馆		非国有博物馆	历史文化	未定级	是	绍兴市柯桥区平水镇新桥村
304	绍兴市上虞区会稽金石博物馆		非国有博物馆	历史文化	未定级	是	绍兴市上虞区舜耕大道1111号
305	绍兴市汉生根雕艺术馆		非国有博物馆	艺术	未定级	是	绍兴市越城区东浦街道环北路1号
306	诸暨市越地农耕文化博物馆		非国有博物馆	其他	未定级	是	诸暨市东和乡姚邵畈村
307	绍兴市越中艺术博物馆		非国有博物馆	艺术	未定级	是	绍兴市柯桥区大香林景区内兜率天宫2层
308	越红博物馆		非国有博物馆	历史文化	未定级	是	诸暨市东白湖镇新上泉村58号
309	华脉书画博物馆		非国有博物馆	艺术	未定级	是	绍兴市越城区越西路237号
310	金华市博物馆	金华市	文物系统国有博物馆	综合地志	二级	是	金华市婺城区东市北街128号
311	永康博物馆		文物系统国有博物馆	综合地志	二级	是	永康市文博路1号
312	义乌市博物馆		文物系统国有博物馆	综合地志	三级	是	义乌市城中北路126号
313	兰溪市博物馆		文物系统国有博物馆	综合地志	三级	是	兰溪市横山路11号
314	浦江博物馆		文物系统国有博物馆	综合地志	三级	是	浦江县新华东路68号
315	东阳博物馆（中国木雕博物馆）		文物系统国有博物馆	综合地志	三级	是	东阳博物馆：东阳市城南东路77号 中国木雕博物馆：东阳市世贸大道180号
316	吴有发绘画陈展馆		文物系统国有博物馆	艺术	未定级	是	武义县武川中路18号
317	兰溪市黄蜡石博物馆		非国有博物馆	自然科技	未定级	是	兰溪市云山街道砚山路1—9号
318	金华满堂书画博物馆		非国有博物馆	艺术	未定级	是	金华市婺城区飘萍路98号
319	台湾义勇队纪念馆		其他行业国有博物馆	革命纪念	未定级	是	金华市婺城区酒坊巷84号

序号	博物馆名称	所属市	博物馆性质	题材类型	质量等级	免费开放	馆舍地址
320	金华酒博物馆		其他行业国有博物馆	历史文化	未定级	是	金华市婺城区酒坊巷 95-1 号
321	金华市木版年画博物馆		非国有博物馆	艺术	未定级	是	金华市金东区塘雅镇盘龙山庄内
322	金华市南科古生物博物馆		非国有博物馆	其他	未定级	是	永康市东城街道丽州中路 20 号
323	永康市神雕铜文化博物馆		非国有博物馆	历史文化	未定级	是	永康市望春东路 172 号
324	严军艺术馆		非国有博物馆	艺术	未定级	是	金华市婺城区熙春巷 39 号
325	叶一苇艺术馆		文物系统国有博物馆	艺术	未定级	是	武义县武川中路 18 号
326	吴远谋绘画陈列馆		文物系统国有博物馆	艺术	未定级	是	武义县武川中路 18 号
327	永康市一原锡雕博物馆		非国有博物馆	历史文化	未定级	是	永康市金山西路金山大厦 25 楼
328	严济慈纪念馆		文物系统国有博物馆	自然科技	未定级	是	金华市婺城区永康街 288 号
329	浦江民间工艺博物馆	金华市	非国有博物馆	艺术	未定级	是	浦江县江滨西路 15 号
330	浙江林炎古陶瓷博物馆		非国有博物馆	综合地志	未定级	是	永康市武义巷 50 号
331	金华市剪纸博物馆		非国有博物馆	艺术	未定级	是	金华市婺城区东市北街 50 号
332	萤石博物馆		非国有博物馆	其他	未定级	是	武义县温泉南路 1688 号
333	艾青纪念馆		文物系统国有博物馆	革命纪念	未定级	是	金华市婺城区婺江东路 238 号
334	何氏三杰陈列馆		其他行业国有博物馆	其他	未定级	是	金华市婺城区东市北街 66 号
335	太平天国侍王府纪念馆		文物系统国有博物馆	革命纪念	未定级	是	金华市婺城区鼓楼里 72 号
336	吴茀之纪念馆		文物系统国有博物馆	艺术	未定级	是	浦江县书画街 5 号
337	潘絜兹艺术馆		其他行业国有博物馆	艺术	未定级	是	武义县柳城畲族镇龙山公园内
338	磐安茶文化博物馆		文物系统国有博物馆	历史文化	未定级	是	磐安县玉山镇马塘村
339	武义博物馆		文物系统国有博物馆	综合地志	未定级	是	武义县温泉北路北
340	东阳市紫檀博物馆		非国有博物馆	其他	未定级	是	东阳市横店镇昌盛路 82 号
341	大盘山博物馆		其他行业国有博物馆	综合地志	未定级	是	磐安县安文街道云山社区中田村
342	衢州博物馆		文物系统国有博物馆	综合地志	二级	是	衢州市柯桥街新桥街 98 号
343	江山博物馆		文物系统国有博物馆	综合地志	三级	是	江山市鹿溪北路 297 号
344	龙游县博物馆	衢州市	文物系统国有博物馆	综合地志	未定级	是	龙游县宝塔路 46 号
345	衢州市雅趣黄蜡石博物馆		非国有博物馆	艺术	未定级	是	衢州市柯城区迎和中路 165—169、171—175 号
346	西源革命纪念馆		文物系统国有博物馆	革命纪念	未定级	是	常山县新昌乡西源村湖坑 1 号
347	舟山博物馆		文物系统国有博物馆	综合地志	一级	是	舟山市定海区新城海天大道 610 号海洋文化艺术中心内
348	舟山市瀛洲民间博物馆	舟山市	非国有博物馆	历史文化	未定级	是	舟山市定海区临城街道金岛路 153—155 号

序号	博物馆名称	所属市	博物馆性质	题材类型	质量等级	免费开放	馆舍地址
349	岱山县海洋文化博物馆（中国台风博物馆、中国海洋渔业博物馆、中国海防博物馆、中国盐业博物馆、中国灯塔博物馆、中国岛礁博物馆）	舟山市	文物系统国有博物馆	综合地志	未定级	是	中国台风博物馆：岱山县东沙镇拷门大坝 中国海洋渔业博物馆：岱山县东沙镇解放路 203 号 中国海防博物馆：岱山县东沙镇黄嘴头 中国盐业博物馆：岱山县西镇万亩盐田 中国灯塔博物馆：岱山县高亭镇长剑大道 201 号 中国岛礁博物馆：岱山县长涂镇铁登山
350	岱山县海曙综艺珍藏馆		非国有博物馆	其他	未定级	是	岱山县高亭镇银舟公寓 14 幢
351	舟山市莲花洋陨石博物馆		非国有博物馆	其他	未定级	是	舟山市定海区临城街道融信·新新家园 18 幢 104 室
352	舟山市妙有堂艺术馆		非国有博物馆	艺术	未定级	是	舟山市定海区临城街道海月道 36 号
353	普陀博物馆		文物系统国有博物馆	其他	未定级	是	舟山市普陀区沈家门街道缪家塘路 50 号
354	舟山市平和民间文化博物馆		非国有博物馆	其他	未定级	是	舟山市普陀区朱家尖街道月岙村和尚礁
355	普陀五匠博物馆		其他行业国有博物馆	历史文化	未定级	是	舟山市普陀区展茅街道干施岙村中横路 1 号
355	舟山名人馆		其他行业国有博物馆	历史文化	未定级	是	舟山市定海区昌国街道总府路 132 号
357	舟山鸦片战争纪念馆		其他行业国有博物馆	历史文化	未定级	是	舟山市定海区竹山公园内
358	马岙博物馆		其他行业国有博物馆	考古遗址	未定级	是	舟山市定海区白马街 199 号
359	舟山市徐正国博物馆		非国有博物馆	综合地志	未定级	是	舟山市定海区环城南路 453 号
360	舟山市观音佛像美术馆		非国有博物馆	其他	未定级	是	舟山市定海区人民北路 89 号
361	台州博物馆	台州市	文物系统国有博物馆	综合地志	二级	是	台州市椒江区白云街道爱华路 168 号
362	黄岩博物馆		文物系统国有博物馆	历史文化	二级	是	台州市黄岩区二环南路 288 号
363	临海市博物馆		文物系统国有博物馆	综合地志	二级	是	临海市大洋街道临海大道 288 号
364	温岭市赵大佑纪念馆		非国有博物馆	历史文化	未定级	是	温岭市大溪镇桥里村中心路 899 号
365	浙江启明博物馆		非国有博物馆	历史文化	未定级	是	三门县海游街道朝晖路 71 号
366	临海市永丰农耕文化博物馆		非国有博物馆	历史文化	未定级	是	临海市永丰镇下塘园村
367	台州市台绣刺绣博物馆		非国有博物馆	艺术	未定级	是	台州市椒江区云西路 157 号
368	一江山岛登陆战纪念馆		其他行业国有博物馆	其他	未定级	是	台州市椒江区青年路 518 号
369	临海市红色书画博物馆		非国有博物馆	革命纪念	未定级	是	临海市大洋街道柳堤 1—3 号
370	张秀娟剪纸博物馆		非国有博物馆	艺术	未定级	是	临海市紫阳街 82 号

序号	博物馆名称	所属市	博物馆性质	题材类型	质量等级	免费开放	馆舍地址
371	天台博物馆		文物系统国有博物馆	历史文化	未定级	是	天台县赤城街道国清路 333 号
372	天台和合博物馆		非国有博物馆	历史文化	未定级	是	天台县赤城街道国清路 102 号
373	仙居县竺梅枕文化博物馆		非国有博物馆	历史文化	未定级	是	仙居县安洲街道艺城中路 11 号
374	台州市吴子熊水晶艺术博物馆		非国有博物馆	其他	未定级	是	台州市椒江区中心大道 398 号
375	路桥博物馆		文物系统国有博物馆	综合地志	未定级	是	台州市路桥区樱花路 505 号
376	台州府城刺绣博物馆		非国有博物馆	艺术	未定级	是	临海市天宁路 29 号
377	台州市黄岩区陆光正木雕艺术馆		非国有博物馆	艺术	未定级	是	台州市黄岩区九峰公园内
378	临海市府城灯具博物馆		非国有博物馆	历史文化	未定级	是	临海市古城街道灵江长塘岸村 1-1 号
379	温岭市滨海革命纪念馆		非国有博物馆	革命纪念	未定级	是	温岭市滨海镇五星村
380	台州市黄岩区老俞民俗博物馆		非国有博物馆	其他	未定级	是	台州市黄岩区宁溪镇乌岩头村
381	三门县章一山纪念馆		非国有博物馆	历史文化	未定级	是	三门县海游街道朝晖路 8 号
382	三门县博物馆		文物系统国有博物馆	历史文化	未定级	是	三门县海游街道玉城路 8 号
383	台州市椒江区文化传承保护中心（椒江博物馆）	台州市	文物系统国有博物馆	历史文化	未定级	是	台州市椒江区卖鸡巷 30 号
384	台州府城民俗博物馆		非国有博物馆	其他	未定级	是	临海市古城街道灵江长塘岸村 1-1 号
385	临海市于至楼庭院艺术博物馆		非国有博物馆	历史文化	未定级	是	临海市邵家渡街道邵牛东路 129 号
386	临海市梦宝来民俗博物馆		非国有博物馆	历史文化	未定级	是	临海市江南长城景区望江门平海楼
387	天台山民俗博物馆		非国有博物馆	其他	未定级	是	天台县始丰街道云锦路 199 号
388	温岭博物馆		文物系统国有博物馆	历史文化	未定级	是	温岭市城西街道横湖北路 28 号
389	台州市同康酒文化博物馆		非国有博物馆	历史文化	未定级	是	台州市椒江区东海大道东段 989 号
390	亭旁起义纪念馆		文物系统国有博物馆	革命纪念	未定级	是	三门县亭旁镇亭山路 55 号
391	王伯敏艺术史学馆		文物系统国有博物馆	其他	未定级	是	温岭市太平街道锦屏南路 60 号
392	台州市黄岩区松溪美术馆		非国有博物馆	艺术	未定级	是	台州市黄岩区澄江办事处松兴堂
393	临海市洞港青年农场文博馆		非国有博物馆	革命纪念	未定级	是	临海市桃渚镇洞港青年农场内
394	三门县高天祥艺术馆		非国有博物馆	艺术	未定级	是	三门县健跳镇三核村
395	台州刺绣博物馆		非国有博物馆	艺术	未定级	是	台州市椒江区前所街道椒北大街 20 号
396	临海市兰文化博物馆		非国有博物馆	其他	未定级	是	临海市古城街道紫砂岙路九畹兰花专业合作社内

续　表

序号	博物馆名称	所属市	博物馆性质	题材类型	质量等级	免费开放	馆舍地址
397	丽水市博物馆		文物系统国有博物馆	综合地志	二级	是	丽水市莲都区大猷街 30 号
398	龙泉市博物馆（龙泉青瓷博物馆、龙泉宝剑博物馆）		文物系统国有博物馆	其他	二级	是	龙泉青瓷博物馆：龙泉市川大道 258 号 龙泉宝剑博物馆：龙泉市公园路 1 号九姑山公园内
399	庆元县博物馆		文物系统国有博物馆	历史文化	三级	是	庆元县松源街道石龙街 1-1 号
400	缙云博物馆（李震坚艺术馆）		文物系统国有博物馆	综合地志	三级	是	缙云县五云街道黄龙路 140 号
401	景宁畲族自治县畲族博物馆		文物系统国有博物馆	历史文化	三级	是	景宁畲族自治县鹤溪街道鹤川路 1 号
402	丽水摄影博物馆		其他行业国有博物馆	艺术	未定级	是	丽水市莲都区括苍路 583 号
403	景宁畲族自治县畲银博物馆		非国有博物馆	艺术	未定级	是	景宁畲族自治县鹤溪北路廊桥边四合院
404	丽水市处州青瓷博物馆		非国有博物馆	其他	未定级	是	丽水市莲都区丽水学院东校区 15 栋工学院 1 楼
405	松阳博物馆		文物系统国有博物馆	综合地志	未定级	是	松阳县西屏街道吴家山脚 1 号
406	浙江紫竹艺术博物馆	丽水市	非国有博物馆	艺术	未定级	是	龙泉市青瓷文化创意基地 17 号地块
407	遂昌民俗博物馆		非国有博物馆	其他	未定级	是	遂昌县水阁路 428 号
408	遂昌石文化博物馆		非国有博物馆	其他	未定级	是	遂昌县三仁乡高碧街村
409	中国工农红军挺进师纪念馆		其他行业国有博物馆	革命纪念	未定级	是	遂昌县王村口镇桥西村 16 号
410	丽水市处州三宝博物馆		非国有博物馆	其他	未定级	是	丽水市莲都区中山街 1—9 号
411	遂昌竹炭博物馆		非国有博物馆	其他	未定级	是	遂昌县上江工业园区炭缘路 1 号
412	浙西南革命根据地纪念馆		其他行业国有博物馆	革命纪念	未定级	是	丽水市莲都区大猷街 135 号
413	青田县石雕博物馆		其他行业国有博物馆	艺术	未定级	是	青田县瓯南街道江南大道 136-1 号
414	云和县匠心博物馆		非国有博物馆	艺术	未定级	是	云和县城西路 60-8 号
415	汤显祖纪念馆		文物系统国有博物馆	历史文化	未定级	是	遂昌县妙高街道北街 4 弄 12 号
416	龙泉市香菇博物馆		非国有博物馆	其他	未定级	是	龙泉市金沙路 26-1 号
417	景宁畲族自治县晓琴畲族民间陈列馆		非国有博物馆	历史文化	未定级	是	景宁畲族自治县人民中路 211 号
418	丽水市海归外销瓷博物馆		非国有博物馆	艺术	未定级	是	丽水市莲都区大猷街处州府城 14 幢

浙江省国家 4A 级以上景区

序号	景区名称	所属地区
5A 级		
1	杭州西湖风景名胜区	杭州市
2	杭州西溪湿地旅游区	
3	杭州市千岛湖风景名胜区	
4	天一阁·月湖景区	宁波市
5	溪口—滕头景区	
6	温州市雁荡山风景名胜区	温州市
7	温州市刘伯温故里景区	
8	湖州市南浔古镇景区	湖州市
9	西塘古镇景区	嘉兴市
10	嘉兴市桐乡市乌镇景区	
11	南湖旅游区	
12	绍兴市鲁迅故里·沈园景区	绍兴市
13	金华市东阳横店影视城景区	金华市
14	江郎山-廿八都旅游区	衢州市
15	根宫佛国文化旅游区	
16	舟山市普陀区普陀山风景旅游区	舟山市
17	台州市天台山景区	台州市
18	神仙居景区	
19	缙云仙都景区	丽水市
4A 级		
20	杭州雷峰塔景区	杭州市
21	中国丝绸博物馆	
22	浙江美术馆	
23	杭州市清河坊历史文化特色街区	
24	玉皇山南基金小镇	
25	杭州皋亭山景区	
26	京杭大运河杭州景区	
27	宋城	
28	龙坞茶镇	

续　表

序号	景区名称	所属地区
29	兰里景区	
30	杭州乐园	
31	杭州东方文化园	
32	杭州市湘湖跨湖桥景区	
33	杭州长乔极地海洋公园	
34	浙旅院国际教育旅游体验区	
35	杭州双溪竹海漂流景区	
36	杭州市良渚博物院	
37	杭州市余杭山沟沟景区	
38	梦想小镇景区	
39	径山景区	
40	杭州市运河·塘栖古镇景区	
41	杭州市超山景区	
42	杭州野生动物世界	
43	杭州龙门古镇景区	
44	杭州富春桃源风景区	
45	黄公望隐居地	
46	建德大慈岩风景区	杭州市
47	建德七里扬帆景区	
48	建德灵栖洞景区	
49	航空小镇	
50	严州古城	
51	瑶琳仙境旅游区	
52	桐庐垂云通天河景区	
53	杭州市桐庐严子陵钓台景区	
54	杭州桐庐浪石金滩景区	
55	桐庐江南古村落风景区	
56	桐庐天子地生态风景旅游区	
57	临安天目山	
58	浙西大峡谷	
59	临安大明山风景旅游区	
60	杭州临安太湖源景区	
61	千岛湖乐水小镇·文渊狮城	
62	下姜村景区	
63	千岛湖石林	

序号	景区名称	所属地区
64	奉化博物馆	
65	宁波市慈溪市鸣鹤古镇景区	
66	宁波中国港口博物馆	
67	梁祝文化园	
68	黄贤森林公园景区	
69	宁海县前童古镇旅游区	
70	宁波市杭州湾新区方特东方神画景区	
71	宁波市江北区慈城古县城景区	
72	宁波市东钱湖旅游度假区马山休闲旅游景区	
73	宁波市余姚市浙东"四明山"抗日根据地旧址群景区	
74	宁波市镇海区宁波帮博物馆景区	
75	宁波科学探索中心景区	
76	老外滩景区	
77	宁海县森林温泉景区	
78	宁海县伍山石窟景区	
79	余姚市天下玉苑风景区	
80	宁波市海曙区五龙潭景区	
81	宁波市鄞州区宁波海洋世界	宁波市
82	宁波市镇海区澥浦镇郑氏十七房景区	
83	宁波博物馆景区	
84	象山县象山影视城景区	
85	石浦渔港古城景区	
86	宁波松兰山旅游度假区	
87	天宫庄园景区	
88	象山县石浦中国渔村景区	
89	慈溪市龙山镇达蓬山景区	
90	宁波市江北区慈城镇五星村绿野山居	
91	余姚市丹山赤水景区	
92	宁波市北仑区九峰山旅游区	
93	浙江省宁波市镇海区九龙湖旅游区	
94	海天一洲景区	
95	宁波市杭州湾新区海皮岛景区	
96	宁波雅戈尔动物园景区	
97	宁波市镇海区招宝山旅游风景区	
98	宁波市江北区宁波市保国寺古建筑博物馆（景区）	

续 表

序号	景区名称	所属地区
99	苍南碗窑景区	
100	苍南玉苍山森林旅游区	
101	洞头仙叠岩–半屏山（同心小镇）景区	
102	乐清市中雁荡山风景区	
103	温州江心屿景区	
104	温州南塘文化旅游区	
105	瓯海泽雅景区	
106	温州乐园景区	
107	平阳南麂列岛景区	
108	平阳南雁荡山风景名胜区	
109	瑞安寨寮溪风景区	温州市
110	泰顺氡泉景区	
111	泰顺廊桥文化园景区	
112	泰顺乌岩岭景区	
113	文成森林氧吧小镇	
114	温州市文成龙麒源旅游景区	
115	文成县铜铃山国家森林公园	
116	永嘉楠溪江风景名胜区	
117	苍南渔寮景区	
118	乐清铁定溜溜景区	
119	浙南（平阳）抗日根据地旧址	
120	安吉县中国竹子博览园	
121	中南百草原景区	
122	安吉县江南天池景区	
123	安吉县浙北大峡谷景区	
124	安吉县浪漫山川景区	
125	安吉县杭州 Hello Kitty 乐园	
126	安吉县余村景区	湖州市
127	浙江山水灵峰·田园嘉乐比乐园景区	
128	浙江自然博物院安吉馆旅游景区	
129	长兴县金钉子远古世界景区	
130	长兴县新四军苏浙军区旧址群景区	
131	长兴县中国扬子鳄村景区	
132	仙山湖景区	

序号	景区名称	所属地区
133	长兴县水口乡水口茶文化景区	湖州市
134	长兴县太湖演艺小镇（太湖图影生态湿地文化园）景区	
135	下渚湖湿地风景区	
136	湖州市德清莫干山风景区	
137	庾村景区	
138	地理信息小镇景区	
139	湖州德清新市古镇景区	
140	荻港景区	
141	湖州市菰城景区	
142	湖州市吴兴区黄金湖岸景区	
143	湖州原乡小镇景区	
144	湖州市吴兴区移沿山生态景区	
145	湖州市吴兴区湖州丝绸小镇景区（西山漾景区）	
146	太湖溇港景区	
147	嘉善县图博中心	嘉兴市
148	浙江省嘉兴市海盐县南北湖风景区	
149	海宁盐官观潮景区	
150	歌斐颂巧克力小镇	
151	海宁市海宁中国皮革城景区	
152	东湖景区	
153	碧云花海·十里水乡景区	
154	嘉兴云澜湾温泉景区	
155	嘉兴市南湖区湘家荡环湖景区	
156	嘉兴市南湖区梅花洲景区	
157	嘉兴市海盐县绮园景区	
158	绍兴市东湖风景区	绍兴市
159	绍兴兰亭风景区	
160	绍兴市上虞区中华孝德园	
161	绍兴新昌县十九峰景区	
162	绍兴市大禹陵景区	
163	诸暨市珍珠小镇景区	
164	大佛寺文化旅游区	
165	绍兴市上虞区覆卮山景区	
166	绍兴市新昌丝绸世界旅游区	

序号	景区名称	所属地区
167	五泄风景区	绍兴市
168	绍兴市诸暨市西施故里旅游区	
169	杭州湾海上花田景区	
170	绍兴市柯桥区绍兴乔波冰雪世界旅游区	
171	诸暨市米果果小镇景区	
172	绍兴东方山水乐园	
173	柯岩风景区	
174	绍兴市柯桥区大香林景区	
175	绍兴市柯桥区安昌古镇景区	
176	金华双龙风景旅游区	金华市
177	金华婺州古城景区	
178	金华金东锦林佛手文化园	
179	金华之光景区	
180	兰溪诸葛八卦村	
181	六洞山风景名胜区	
182	金华市东阳横店明清民居博览城	
183	金华市横店华夏文化园	
184	中国木雕文化博览城	
185	金华市东阳花园村景区	
186	义乌中国国际商贸城购物旅游区	
187	金华永康方岩风景区	
188	浦江仙华山风景名胜区	
189	浦江县神丽峡景区	
190	武义牛头山国家森林公园	
191	金华市武义大红岩景区	
192	武义璟园	
193	武义温泉小镇	
194	金华市磐安百杖潭旅游景区	
195	金华市十八涡景区	
196	磐安县舞龙峡景区	
197	龙天红木小镇景区	衢州市
198	衢州江南儒城·水亭门景区	
199	梅树底景区	
200	龙游石窟旅游区	

序号	景区名称	所属地区
201	民居苑景区	衢州市
202	衢州市柯城区桃源七里景区	
203	浮盖山景区	
204	古田山风景旅游区	
205	衢州市江山市仙霞关景区	
206	七彩长虹景区	
207	衢州市衢江区药王山景区	
208	衢州市衢江区天脊龙门景区	
209	三衢石林风景区	
210	大陈古村景区	
211	舟山市普陀区朱家尖旅游景区	舟山市
212	嵊泗东海五渔村	
213	舟山市嵊泗县花鸟岛景区	
214	舟山市定海区新建生态村南洞艺谷景区	
215	沈家门渔港小镇景区	
216	舟山桃花岛风景旅游区	
217	台州市玉环漩门湾湿地景区	台州市
218	台州市玉环市大鹿岛景区	
219	仙居氧吧小镇景区	
220	玉环市漩门湾观光农业园景区	
221	仙居县永安溪休闲绿道景区	
222	天台县后岸乡居旅游	
223	三门县蛇蟠岛景区	
224	台州市黄岩区九峰景区	
225	台州市黄岩区柔川景区	
226	天台县南屏乡旅游景区	
227	台州市椒江区台州海洋世界	
228	临海市灵湖景区	
229	长屿硐天旅游区	
230	方山景区	
231	临海市江南长城旅游区	
232	椒江大陈岛景区	
233	天台山大瀑布	
234	黄岩博物馆	

续　表

序号	景区名称	所属地区
235	云和县梯田景区	
236	云和湖仙宫景区	
237	遂昌县南尖岩景区	
238	遂昌县神龙飞瀑景区	
239	遂昌县遂昌金矿国家矿山公园景区	
240	遂昌县千佛山景区	
241	松阳县松阳双童山景区	
242	松阴溪景区	
243	大木山茶园景区	
244	松阳县箬寮原始林景区	
245	庆元县百山祖景区	
246	庆元县巾子峰景区	
247	青田中国石雕文化旅游区	丽水市
248	青田县石门洞景区	
249	龙泉市宝溪景区	
250	龙泉中国青瓷小镇.披云青瓷文化园景区	
251	龙泉市龙泉山旅游度假景区	
252	龙泉市住龙景区	
253	丽水市莲都区古堰画乡景区	
254	丽水市莲都区东西岩景区	
255	景宁畲族自治县云中大漈景区	
256	景宁畲族自治县畲乡之窗景区	
257	缙云县河阳古民居景区	
258	缙云县黄龙景区	

浙江省国家级旅游度假区

杭州市湘湖旅游度假区　2015年
宁波市东钱湖旅游度假区　2015年
湖州市太湖旅游度假区　2015年

湖州市安吉灵峰旅游度假区　2018年
杭州市淳安千岛湖旅游度假区　2020年
湖州市德清莫干山国际旅游度假区　2020年

浙江省省级旅游度假区

序号	所属地区	度假区名称	批准时间
1	杭州市	临安清凉峰省级旅游度假区	2013 年
2	宁波市	宁波松兰山旅游度假区	1998 年
3		镇海九龙湖省级旅游度假区	2014 年
4		宁海森林温泉省级旅游度假区	2014 年
5		宁波梅山湾省级旅游度假区	2017 年
6		余姚四明山省级旅游度假区	2018 年
7		宁波苏湖旅游度假区	2018 年
8	温州市	泰顺廊桥-氡泉省级旅游度假区	2014 年
9		文成天湖省级旅游度假区	2014 年
10		洞头半屏山海洋省级旅游度假区	2021 年
11	湖州市	长兴太湖图影旅游度假区	2012 年
12		吴兴西塞山省级旅游度假区	2015 年
13		南浔古镇省级旅游度假区	2016 年
14		安吉山川省级旅游度假区	2018 年
15	嘉兴市	嘉兴湘家荡旅游度假区	1997 年
16		平湖九龙山旅游度假区	1998 年
17		嘉善大云温泉省级旅游度假区	2014 年
18		海宁盐官省级旅游度假区	2015 年
19		乌镇-石门省级旅游度假区	2015 年
20		嘉兴运河文化省级旅游度假区	2018 年
21	绍兴市	会稽山旅游度假区	1995 年
22		绍兴县鉴湖旅游度假区	2008 年
23		嵊州温泉旅游度假区	2010 年
24		诸暨西施故里省级旅游度假区	2011 年
25		上虞曹娥江省级旅游度假区	2012 年
26		新昌天姥山·十里潜溪省级旅游度假区	2015 年

序号	所属地区	度假区名称	批准时间
27	金华市	兰溪旅游度假区	1997 年
28		武义温泉旅游度假区	1997 年
29		金华仙源湖旅游度假区	2002 年
30		磐安云山旅游度假区	2011 年
31		东阳东白山省级旅游度假区	2014 年
32		浦江仙华山省级旅游度假区	2016 年
33		义乌市佛堂省级旅游度假区	2017 年
34	衢州市	龙游石窟旅游度假区	2001 年
35		开化钱江源省级旅游度假区	2013 年
36	舟山市	省级舟山群岛普陀国际旅游度假区	2013 年
37	台州市	浙江省临海牛头山旅游度假区	2001 年
38		神仙居旅游度假区	2003 年
39		台州绿心省级旅游度假区	2013 年
40		石塘半岛省级旅游度假区	2016 年
41		椒江大陈岛省级旅游度假区	2016 年
42	丽水市	丽水瓯江风情旅游度假区	2010 年
43		景宁畲族风情旅游度假区	2011 年
44		松阳田园风情省级旅游度假区	2014 年
45		云和湖省级旅游度假区	2015 年
46		龙泉青瓷文化省级旅游度假区	2018 年

浙江省国家全域旅游示范区

安吉县、江山市、宁海县　2019 年

新昌县、松阳县、仙居县、桐庐县、嘉善县　2020 年

2021 年浙江省全域旅游示范县（市、区）（第 2 批）

杭州市：西湖区、余杭区、临平区、临安区、建德市　　　　温州市：平阳县、泰顺县、苍南县

宁波市：江北区、余姚市、慈溪市　　　　湖州市：吴兴区

嘉兴市：海盐县

绍兴市：上虞区、诸暨市、嵊州市

金华市：东阳市、义乌市、永康市、武义县

衢州市：龙游县

舟山市：岱山县、嵊泗县

台州市：临海市、三门县

丽水市：莲都区、龙泉市、青田县、畲族自治

浙江省全国乡村旅游重点村镇

全国乡村旅游重点村

第一批（14 个）

　　杭州市：淳安县枫树岭镇下姜村

　　宁波市：奉化区萧王庙街道滕头村、宁海县前童镇鹿山村

　　温州市：泰顺县竹里畲乡竹里村

　　湖州市：安吉县天荒坪镇余村村、长兴县水口乡顾渚村

　　嘉兴市：秀洲区新塍镇潘家浜村

　　金华市：兰溪市诸葛镇诸葛八卦村

　　衢州市：开化县华埠镇金星村、江山市大陈乡大陈村

　　舟山市：嵊泗县花鸟乡花鸟村

　　台州市：仙居县淡竹乡下叶村

　　丽水市：遂昌县湖山乡红星坪村、龙泉市宝溪乡溪头村

第二批（26 个）

　　杭州市：西湖区转塘街道上城埭村、临安区高虹镇石门村、建德市大慈岩镇新叶村

　　宁波市：象山县墙头镇方家岙村、宁海县桥头胡街道双林村、宁海县大佳何镇葛家村

　　温州市：文成县南田镇武阳村、永嘉县岩头镇苍坡村

　　湖州市：南浔区和孚镇荻港村、德清县莫干山镇劳岭村、安吉县递铺街道鲁家村、安吉县灵峰街道横山坞村

　　嘉兴市：海宁市丁桥镇新仓村

　　绍兴市：柯桥区漓渚镇棠棣村、上虞区岭南乡东澄村、新昌县镜岭镇外婆坑村

　　金华市：磐安县尖山镇乌石村、浦江县虞宅乡新光村、东阳市南马镇花园村

　　衢州市：江山市石门镇清漾村、江山市廿八都镇浔里村

　　舟山市：定海区干览镇新建村

　　台州市：天台县赤城街道塔后村、三门县横渡镇岩下潘村

　　丽水市：缙云县新建镇河阳村、松阳县大东坝镇茶排村

第三批（7 个）

　　杭州市：余杭区径山镇小古城村

　　湖州市：吴兴区妙西镇妙山村

　　绍兴市：柯桥区湖塘街道香林村

　　金华市：武义县俞源乡俞源村

　　舟山市：定海区马岙街道马岙村

　　台州市：天台县街头镇后岸村

　　丽水市：云和县赤石乡赤石村

全国乡村旅游重点村

第一批（4 个）

　　温州市：永嘉县岩头镇

　　湖州市：德清县莫干山镇

　　金华市：磐安县尖山镇

　　台州市：仙居县淡竹乡

浙江省全国红色旅游经典景区

嘉兴市南湖风景名胜区（中共一大旧址）

绍兴市鲁迅故居及纪念馆

台州市解放一江山岛战役纪念地

温州市浙南（平阳）抗日根据地旧址

宁波市浙东（四明山）抗日根据地旧址

浙西南革命根据地旧址群（丽水市夏河中共浙江省委机关旧址、龙泉市披云山苏维埃旧址、松阳县安岱后苏维埃旧址、遂昌县王村口苏维埃旧址，衢州市开化县中共浙皖特委旧址、中共闽浙赣省委旧址，温州市泰顺县中共浙闽边临时省委成立旧址）

湖州市新四军苏浙军区旧址群（长兴县新四军苏浙军区旧址、新四军苏浙军区一纵队司令部旧址、新四军苏浙公学旧址，安吉县反顽自卫战指挥部旧址）

温州市永嘉县中国工农红军第十三军军部旧址群

杭州市富阳区侵浙日军投降仪式旧址

温州市洞头先锋女子民兵连纪念馆

浙江省全国甲级、乙级旅游民宿

第一批

　甲级

　如隐小佐居民宿（景宁畲族自治县）

　村上酒舍民宿（常山县）

　乙级

　云栖舍民宿（长兴县）

　那年晚村民宿（桐乡县）

2021 年浙江省旅游休闲街区（第 1 批）

杭州市：上城区清河坊历史文化街区、拱墅区桥西历史文化街区

宁波市：江北区老外滩街区

温州市：鹿城区五马历史文化街区

2021 年浙江省工业旅游示范基地

序号	名称	所属地区
1	广汽乘用车（杭州）有限公司	杭州市钱塘区
2	浙江大茗堂生物科技有限公司	杭州市西湖区

序号	名称	所属地区
3	浙江骆驼九宇有机食品有限公司	杭州市余杭区
4	宁波方太厨具有限公司	宁波市杭州湾新区
5	浙江吉润梅山汽车部件有限公司	宁波市北仑区
6	浙江爱伊美服装有限公司	宁波市奉化区
7	浙江卓诗尼鞋业有限公司	温州市龙湾区
8	久盛地板有限公司	湖州市南浔区
9	浙江泰普森实业集团有限公司	湖州市德清县
10	湖州吴兴美妆小镇建设投资开发有限公司	湖州市吴兴区
11	米开朗食品股份有限公司	嘉兴市经济技术开发区
12	浙江嘉特保温科技股份有限公司	平湖市
13	浙江百思寒羽绒股份有限公司	绍兴市柯桥区
14	浙江同山醉美人酒业有限公司	诸暨市
15	喜临门家具股份有限公司	绍兴市越城区
16	浙江山山家休闲文化产业园有限公司	金华市金东区
17	浙江飞剑工贸有限公司	永康市
18	浙江大清翰林古典艺术家具有限公司	东阳市
19	浙江豪族科技有限公司	永康市
20	浙江邵永丰成正食品有限公司	衢州市柯城区
21	浙江浙香食品有限公司	龙游县
22	浙江云翠茶业发展有限公司	开化县
23	台州市宁溪糟烧酒业有限公司	台州市黄岩区
24	台州市黄岩模塑工业设计有限公司	台州市黄岩区
25	浙江方林汽车城有限公司	台州市路桥区
26	浙江双益菇业有限公司	龙泉市

2021 年浙江省中医药文化养生旅游示范基地

序号	名称	所属地区
1	杭州市富阳中医骨伤医院	杭州市富阳区
2	中国兵器装备集团杭州疗养院	省直
3	浙江韵芝堂生物科技有限公司	余姚市
4	浙江花城食用花卉养生基地	文成县

续 表

序号	名称	所属地区
5	南塘中医药特色街区	温州市鹿城区
6	蜂状元中医药养生保健旅游基地	长兴县
7	长啸菌菇康养产业基地	海宁市
8	鸿佑开颜谷文化养生旅游基地	诸暨市
9	药皇庙（兰溪市中医院）	兰溪市
10	里羊岩休闲养生农庄	舟山市普陀区
11	大孚易恬园	三门县
12	华东药用植物园	丽水市莲都区

2021 年浙江省省级红色旅游教育基地（第 5 批）

杭州市富阳区抗日战争胜利浙江受降纪念馆　　　　海盐县核电科技馆
宁波市奉化区松岙红色旅游基地　　　　　　　　　衢州市衢江区红色千里岗景区
湖州市烈士陵园（钱壮飞纪念馆）　　　　　　　　松阳县安岙后——浙西南红色教育中心

浙江省 4A 级以上景区城和 5A 级景区镇（乡、街道）

类别	所属地区	名称	认定时间
5A 级景区城	杭州市	淳安县城区	2020 年
	绍兴市	柯桥区城区	2020 年
		新昌县城区	2020 年
4A 级景区城	杭州市	建德市城区	2020 年
		桐庐县城区	2020 年
		富阳区城区	2021 年
	宁波市	宁海县城区	2020 年
		奉化区城区	2021 年
	温州市	鹿城区城区	2020 年
		平阳县城区	2020 年
		洞头区城区	2021 年
	湖州市	南浔区城区	2020 年
		长兴县城区	2021 年

类别	所属地区	名称	认定时间
	嘉兴市	南湖区城区	2020 年
		南湖区城区	2020 年
		桐乡市城区	2020 年
		海盐县城区	2021 年
	绍兴市	诸暨市城区	2020 年
	金华市	义乌市城区	2020 年
		兰溪市城区	2021 年
	衢州市	开化县城区	2020 年
	舟山市	嵊泗县城区	2020 年
	台州市	天台县城区	2020 年
	丽水市	景宁县城区	2020 年
		龙泉市城区	2020 年
		缙云县城区	2021 年
5A 级景区镇 （乡、街道）	杭州市	建德市寿昌镇	2020 年
		余杭区瓶窑镇	2020 年
		余杭区径山镇	2021 年
		临安区湍口镇	2021 年
	宁波市	宁海县前童镇	2020 年
	温州市	苍南县霞关镇	2020 年
		文成县铜铃山镇	2021 年
5A 级景区镇 （乡、街道）	湖州市	德清县莫干山镇	2020 年
	嘉兴市	桐乡市乌镇镇	2020 年
	绍兴市	柯桥区安昌街道	2020 年
	舟山市	嵊泗县花鸟乡	2021 年
	台州市	天台县石梁镇	2020 年
	丽水市	遂昌县王村口镇	2020 年

浙江省五星级品质旅行社

名称	地址
中国国旅（浙江）国际旅行社有限公司	杭州市上城区金隆花园南区二层商场 3 号
浙江省中国旅行社集团有限公司	杭州上城区光复路 200 号

续　表

名称	地址
杭州海外旅游有限公司	杭州市上城区西湖大道 239 号耀江广厦写字楼 3 层
浙江海峡国际旅行社有限公司	杭州市上城区凤凰城 4 号 1304 室
浙江省中国国际旅行社有限公司	杭州市上城区钱江路 639 号 12 楼、15 楼
浙江中山国际旅行社有限责任公司	杭州市上城区延安路 135 号涌金广场 6 楼 A 座
杭州市职工国际旅行社有限公司	杭州市上城区东宁路 501 号杭州市职工文化中心
浙江捷登旅游有限公司	杭州市拱墅区武林广场 29 号杭州剧院内 2 楼
浙江新世界国际旅游股份有限公司	杭州市拱墅区凤起路 361 号国都商务大厦四层 A、B 房
杭州市中国旅行社集团有限公司	杭州市拱墅区湖墅南路 1C3 号百大花园 C 区 701、702、703
浙江光大国际旅游有限公司	杭州市西湖区学院路 64 号集锦饭店 6 号楼
浙江省中青国际旅游有限公司	杭州市西湖区黄龙路 5 号黄龙恒励大厦 3 楼
杭州国际旅行社有限公司	杭州市西湖区文三路 90 号东部软件园创新大厦(科技创新基地)B 座四层
浙江光大星辰国际旅行社有限公司	杭州市西湖区天目山路 238 号华鸿大厦 1 号楼 1101 室
杭州开元国际旅游有限公司	杭州市萧山区市心南路 146 号
杭州假日国际旅游有限公司	杭州市临平区南苑街道南大街 326 号 21 层 2101 室
宁波中国青年旅行社有限公司	宁波市海曙区柳汀街 201 号
浙江飞扬国际旅游集团股份有限公司	宁波市海曙区大沙泥街 88 号富茂大厦裙楼 8—9 楼
浙江达人旅业股份有限公司	宁波市江北区扬善路 36 号玛瑙大厦 F 座 9 楼
宁波康泰国际旅游有限公司	宁波市江北区环城北路东段 647 号
中国国旅(宁波)国际旅行社有限公司	宁波市鄞州区鄞县大道中段 1357 号 503 室
宁波中国旅行社集团有限公司	宁波市鄞州区天童北路 939 号
宁波中青旅旅游有限公司	宁波市鄞州区百丈东路 856—862 号(3—4)
宁波浙仑海外旅业集团有限公司	宁波市鄞州区和济街 68 号
温州市精诚国际旅行社有限公司	温州市鹿城区人民东路 13 号楼华宫大厦九楼
温州海外旅游有限公司	温州市鹿城区锦绣路锦城商务楼 302、303 室
温州国旅旅游有限公司	温州市鹿城区锦源路 1 号商贸楼 2 楼
瑞安市顺达国际旅游服务有限公司	瑞安市万松西路 59—60 号
嘉兴市假日国际旅行社有限公司	嘉兴市南湖区建国中路 611 号港澳商城 E 幢 308 室
湖州新国际旅行社有限公司	湖州市吴兴区飞英新村 15 幢
浙江美都旅游有限公司	德清县武康镇五里牌路 70 号 2301 室
湖州春秋国际旅行社有限公司	长兴县雉城镇金陵北路 22 号
湖州易行旅行服务有限公司	浙江省湖州市吴兴区爱山街道富城商楼南区 A 座 403 室
绍兴海外国际旅行社有限责任公司	绍兴市越城区环城西路 438 号 9—12 号
浙江三清国际旅游股份有限公司	金华市婺城区五一路 666 号通园大厦 9 楼
浙江华夏国际旅行社有限公司	台州市椒江区云西路 1 号 601 室

名称	地址
浙江商务国际旅行社有限公司	台州市路桥区路北管淋村新安西街 748—752 号
浙江假日国际旅行社有限公司	温岭市太平街道三星大道 23 幢 A207 室
丽水市旅游集散中心有限公司	丽水市莲都区大洋路 192 号
浙江新航国际旅行社有限公司	杭州市拱墅区新华路 9 号铭和商务楼
宁波万达国际旅行社有限公司	宁波市鄞州区首南街道前河南路 818 弄 10 号
浙江省中国旅行社集团宁波有限公司	宁波市江北区文教路 85 号
浙江仙乐国际旅行社有限公司	乐清市乐成街道双雁路 327 号
浙江浪漫国际旅游有限公司	温州市鹿城区鹿城路 619 号温建商务大厦

浙江省文化和旅游机构简址

机构名称	地址	邮编	负责人
浙江省文化和旅游厅	杭州市西湖区曙光路 53 号	310007	褚子育
浙江省文物局	杭州市拱墅区教场路 26 号	310006	杨建武
浙江音乐学院	杭州市西湖区转塘街道浙音路 1 号	310012	王 瑞
浙江旅游职业学院	杭州市萧山区耕文路 399 号	311231	杜兰晓
浙江艺术职业学院	杭州市滨江区滨文路 518 号	310053	黄杭娟
中国丝绸博物馆	杭州市上城区玉皇山路 73-1 号	310002	赵 丰
浙江图书馆	杭州市西湖区曙光路 73 号	310007	褚树青
浙江省文化馆	杭州市拱墅区武林路 71 号	310006	顾 炯
浙江美术馆	杭州市上城区南山路 138 号	310002	应金飞
浙江省博物馆	杭州市西湖区孤山路 25 号	310007	陈水华
浙江自然博物院	杭州市拱墅区西湖文化广场 6 号	310014	严洪明
浙江省文物考古研究所	杭州市拱墅区假山路假山新村 26 号	310014	方向明
浙江省非物质文化遗产保护中心（浙江省非物质文化遗产馆）	杭州市西湖区石函路 1 号	310007	郭 艺
浙江京昆艺术中心	杭州市上城区延安路 126 号耀江广厦 A 座 4 楼	310002	翁国生
浙江小百花越剧院	杭州市拱墅区西湖文化广场 C 区 8 号	310014	王滨梅
浙江交响乐团	杭州市西湖区转塘街道浙音路 1 号浙江音乐学院音乐厅 5 楼	310006	郭义江
浙江省文化和旅游宣传推广信息中心	杭州市西湖区西溪路 531 号西溪商务大厦 4 楼	310063	林仁状
浙江省文物鉴定站（国家文物进出境审核浙江管理处）	杭州市拱墅区教场路 26 号	310006	黄 斌
浙江演艺集团有限责任公司	杭州市拱墅区桥弄街 399 号运河大剧院	310011	王文龙

续　表

机构名称	地址	邮编	负责人
杭州市文化广电旅游局	杭州市上城区解放东路 18 号市民中心 A 座 8—9 楼	310026	楼俪捷
上城区文化和广电旅游体育局	杭州市上城区庆春东路 1 号 6 楼	310002	薛迓冰
拱墅区文化和广电旅游体育局	杭州市拱墅区北城街 55 号 A 座 13 楼	310015	高晓岚
西湖区文化和广电旅游体育局	杭州市西湖区文一西路 858 号西楼 5 楼	310012	裘国英
滨江区社会发展局	杭州市滨江区春晓路 580 号钱塘春晓大厦 6 楼	310051	杨晓红
萧山区文化和广电旅游体育局	杭州市萧山区市心中路 958 号萧山区图书馆 4 楼	311202	陆佳伟
余杭区文化和广电旅游体育局	杭州市余杭区仓前街道文一西路 1500 号	311199	邵素萍
临平区文化和广电旅游体育局	杭州市临平区南苑街道南大街 265 号市民之家 5—7 楼	311100	何军芳
钱塘区社会发展局	杭州市钱塘区江东大道 2199 号智慧谷 C1 楼 28 楼	311125	夏海琴
富阳区文化和广电旅游体育局	杭州市富阳区江滨西大道 358 号区文化中心 A 座	311407	蒋建军
临安区文化和广电旅游体育局	杭州市临安区锦城街道钱王街 28 号职工之家 13—14 楼	311300	何军梁
建德市文化和广电旅游体育局	建德市新安江街道国信路 166 号	311600	谢黎琴
桐庐县文化和广电旅游体育局	桐庐县城南街道白云源路 1383 号	311500	雷启迪
淳安县文化和广电旅游体育局	淳安县千岛湖镇珍珠大道 136 号	311700	方必盛
宁波市文化广电旅游局	宁波市鄞州区宁东路 835 号行政中心 9 号楼	315151	詹荣胜
海曙区文化和广电旅游体育局	宁波市海曙区解放北路 128 号新金穗大厦 A 座 5 楼	315099	应　彬
江北区文化广电旅游局	宁波市江北区江北大道 1 号深悦广场 7 号楼 5 楼	315020	李善基
镇海区文化和广电旅游体育局	宁波市镇海区招宝山街道沿江东路 618 号	315299	胡玉珍
北仑区文化和广电旅游体育局	宁波市北仑区四明山路 700 号太河商务楼 7 楼	315899	蔡建萍
鄞州区文化和广电旅游体育局	宁波市鄞州区惠风东路 568 号	315145	张行君
奉化区文化和广电旅游体育局	宁波市奉化区大成路 2 号城市文化中心 1 号楼	315599	胡玉珍
余姚市文化和广电旅游体育局	余姚市谭家岭东路 2 号	315400	杨玉红
慈溪市文化和广电旅游体育局	慈溪市新城大道北路 99 号	315300	杨智峰
宁海县文化和广电旅游体育局	宁海县桃源街道桃源商务楼 B 座 10—12 楼	315600	张畅芳
象山县文化和广电旅游体育局	象山县天安路 999 号南部新城商务楼 3 号楼 7—8 楼	315700	陈淑萍
温州市文化广电旅游局	温州市鹿城区市府路 500 号市行政管理中心 1 号楼 6 楼、19 楼	325000	朱云华
鹿城区文化和广电旅游体育局	温州市鹿城区江滨路怡浦园 2 号楼 2 楼	325000	刘玉东
龙湾区文化和广电旅游体育局	温州市龙湾区永中街道龙康路 91 号图书馆大楼 8 楼	325011	邱朝瀚
瓯海区文化和广电旅游体育局	温州市瓯海区娄桥街道洲洋路瓯海行政中心 3 号楼 5 楼	325000	孙小丹
洞头区文化和广电旅游体育局	温州市洞头区北岙街道通港路 2 号	325700	郑雪园

机构名称	地址	邮编	负责人
乐清市文化和广电旅游体育局	乐清市城东街道伯乐东路 888 号乐清市行政中心 3 楼	325600	茅晓华
瑞安市文化和广电旅游体育局	瑞安市万松东路 178 号安阳大厦 21 楼	325200	王心海
永嘉县文化和广电旅游体育局	永嘉县北城街道县前路 94 号县行政中心主楼 4 楼	325100	徐建斌
文成县文化和广电旅游体育局	文成县文青路 1 号文化中心 6 楼	325300	王孟森
平阳县文化和广电旅游体育局	平阳县昆阳镇天来巷 8 号	325400	苏志煌
泰顺县文化和广电旅游体育局	泰顺县罗阳镇新城大道 117 号行政审批中心 9 楼	335599	赖立军
苍南县文化和广电旅游体育局	苍南县人民大道 555 号苍南行政中心 3 楼	325800	李传力
中共龙港市委宣传统战部	龙港市镇前路 195 号	325802	张传锁
湖州市文化广电旅游局	湖州市吴兴区安吉路 299 号	313000	楼　婷
吴兴区文化和广电旅游体育局	湖州市吴兴区八里店镇西山社区南区 58 幢	313000	蔡滨斌
南浔区文化和广电旅游体育局	湖州市南浔区南浔镇向阳路 601 号	313009	郭凤娟
德清县文化和广电旅游体育局	德清县武康街道千秋东街 1 号县行政服务中心 B 座 8 楼	313200	朱海平
长兴县文化和广电旅游体育局	长兴县锦绣路 8 号县行政中心 D 座 6 楼	303100	何杰雄
安吉县文化和广电旅游体育局	安吉县昌硕街道天目中路 389 号	313300	彭忠心
嘉兴市文化广电旅游局	嘉兴市南湖区中山东路 922 号	314001	张　硕
南湖区文化和旅游局	嘉兴市南湖区湘溪路 22 号南湖区第二行政中心	314021	程友杰
秀洲区文化和旅游局	嘉兴市秀洲区新城街道大德路 368 号	314031	沈晓珍
嘉善县文化和广电旅游体育局	嘉善县罗星街道钱家汇 8 号	314100	董铭勤
平湖市文化和广电旅游体育局	平湖市胜利路 380 号 2 号楼 4 楼	314200	吴东伟
海盐县文化和广电旅游体育局	海盐县武原街道中兴路 9 号	314300	吴学辉
海宁市文化和广电旅游体育局	海宁市海州西路 226 号行政中心 2 号楼 3 楼	314400	张国华
桐乡市文化和广电旅游体育局	桐乡市梧桐街道环园路 578 号	314500	李新荣
绍兴市文化广电旅游局	绍兴市越城区洋江西路 530 号	312000	何俊杰
越城区文化广电旅游局	绍兴市越城区胜利东路 600 号迪荡综合服务大楼 11 楼	312000	周志红
柯桥区文化广电旅游局	绍兴市柯桥区百花路 20 号	312030	鲁立新
上虞区文化广电旅游局	绍兴市上虞区百官街道市民大道二路 1 号文化艺术中心	312300	王忠良
诸暨市文化广电旅游局	诸暨市东二路 39 号	311800	何永钢
嵊州市文化广电旅游局	嵊州市剡湖街道官河路 528 号	312400	汪正浩
新昌县文化广电旅游局	新昌县七星街道坎头村茶壶峧自然村 39 号	312500	高雪军
金华市文化广电旅游局	金华市婺城区丹溪路 1388 号财富大厦 23 楼	321017	方宪文
婺城区文化和旅游体育局	金华市婺城区宾虹西路 2666 号行政中心南楼 6 楼	321025	沈春燕
金东区文化和旅游局	金华市金东区兰台街 33 号	321017	方伟红

机构名称	地址	邮编	负责人
兰溪市文化和广电旅游体育局	兰溪市振兴路 500 号企业服务中心 13 楼	321100	许佩秦
东阳市文化和广电旅游体育局	东阳市江北行政中心东楼 2 楼	322103	马景斌
义乌市文化和广电旅游体育局	义乌市南门街 302 号	322099	张凤德
永康市文化和广电旅游体育局	永康市金城路 15 号质监大楼 5 楼	321300	施一军
浦江县文化和广电旅游体育局	浦江县人民东路 38 号	322200	张　华
武义县文化和广电旅游体育局	武义县北岭四路 10 号	321200	高江洪
磐安县文化和广电旅游体育局	磐安县安文街道壶厅西路 133 号	322300	陈一波
衢州市文化广电旅游局	衢州市柯城区仙霞路 27 号	324003	周红燕
柯城区文化和旅游体育局	衢州市柯城区荷花西路 109 号	324002	唐之斌
衢江区文化和旅游体育局	衢州市衢江区求真路 525 号	324022	杜莹莹
江山市文化广电旅游局	江山市南门路 1 号	324199	姜淑芬
龙游县文化和旅游广电体育局	龙游县文化东路 536 号	324402	胡炜鹏
常山县文化和广电旅游体育局	常山县文峰东路 115 号	324299	何　菊
开化县文化和广电旅游体育局	开化县永吉二路 7 号行政中心 4 号楼 15 楼	324300	曹　蓉
舟山市文化和广电旅游体育局	舟山市定海区海天大道 681 号行政楼东 2 号楼	316021	曹　泓
定海区文化和广电旅游体育局	舟山市定海区港务码头 1 号港务大厦 12 楼	316002	孙艳青
普陀区文化和广电旅游体育局	舟山市普陀区东港街道昌正行 169 号东港商务中心 3 号楼西 2—3 楼	316100	孙燕芬
岱山县文化和广电旅游体育局	岱山县高亭镇兰秀大道 481 号	316299	李仲仪
嵊泗县文化和广电旅游体育局	嵊泗县菜园镇望海路 265 号 9—10 楼	202450	金飞珍
台州市文化和广电旅游体育局	台州市椒江区白云山南路 323 号	318000	蔡文富
椒江区文化和广电旅游体育局	台州市椒江区星明路 9 号楼 3—4 楼	318001	金志良
黄岩区文化和广电旅游体育局	台州市黄岩区县前街 22 号行政大楼 15 楼	318020	叶慧洁
路桥区文化和广电旅游体育局	台州市路桥区财富大道 999 号	318053	姜金宇
临海市文化和广电旅游体育局	临海市临海大道 401 号	317000	王荣杰
温岭市文化和广电旅游体育局	温岭市太平街道方城路 58 号 2 号楼	317599	叶敏智
玉环市文化和广电旅游体育局	玉环市三潭路 1 号科技文化艺术中心	317600	王海婷
天台县文化和广电旅游体育局	天台县始丰街道济公大道 80 号	317200	蒋朝永
仙居县文化和广电旅游体育局	仙居县安洲街道上林湾 55 号 3 号楼	317399	王牡丹
三门县文化和广电旅游体育局	三门县广场路 18 号县行政中心	317100	戴　峥
丽水市文化和广电旅游体育局	丽水市莲都区寿尔福北路 6 号	323000	吴飞飞
莲都区文化和广电旅游体育局	丽水市莲都区解放街 288 号	323000	留红伟
龙泉市文化和广电旅游体育局	龙泉市中山东路 114 号	323700	胡武海
青田县文化和广电旅游体育局	青田县鹤城街道新大街 58 号	323900	叶根长
云和县文化和广电旅游体育局	云和县浮云街道车站路 28 号	323600	吴广丰

机构名称	地址	邮编	负责人
庆元县文化和广电旅游体育局	庆元县濛洲街道云鹤路 24 号	323800	叶其娇
缙云县文化和广电旅游体育局	缙云县五云街道黄龙路 48 号	321400	曹雄英
遂昌县文化和广电旅游体育局	遂昌县妙高街道兴文路 1 号	323300	叶孔贤
松阳县文化和广电旅游体育局	松阳县白露岭路 29 号	323400	叶经伟
景宁畲族自治县文化和广电旅游体育局	景宁畲族自治县人民中路 171 号	323500	蓝利明

索引

ZHEJIANG CULTURE AND TOURISM YEARBOOK

索　引

说　明

一、本索引采用主题分析索引方法编制。

二、本索引以汉语拼音为排序依据。

三、索引词后的阿拉伯数字表示内容所在的页码。

"遏重大"攻坚战　4,90,110,204,
　210

"放管服"改革　37,86,279,395,
　460

"十四五"国家大遗址　9,58,
　61,97

"双减"工作　40,41,42,43,64

"证照分离"改革　37,64,87,170,
　191

"最多跑一次"改革　17,18,21,
　25,32

15 分钟品质文化生活圈　8,39,
　56,69,114

2021 丝绸之路周　59,112,115,
　129,130

4A 级以上景区　91,420,422,
　424,433

A

爱国主义教育示范基地　560

B

百年百大考古发现　9,58,61,
　97,116

百县千碗　19,23,37,39,57

博物馆事业　37,98,99

C

产业发展　11,25,48,54,82

长三角一体化　74,81,112,144,
　159

D

大事记　108,170,193,218,243

大遗址保护　97,116,295,306,
　355

地方文献　73,74,198,292,424

东亚文化之都　10,20,37,57,96

读者服务　72,74,333

队伍建设　31,60,61,66,78

对港澳台合作交流　92

对口支援　20,164,269,470

对外合作交流　59,134

F

法人治理结构改革　20,65,140,
　417

非物质文化遗产保护　37,76,110,
　149,355

非遗购物节　59,77,84,112,150

非遗旅游景区　23,78,267,274,
　300

非遗在社区　78,216,221,226,
　440

非遗走亲　77,152,347,348

分市接待入境游客人数、国际旅
　游(外汇)收入　515

分市接待游客总人数和旅游总收
　入　515

G

改革创新　16,21,35,39,83

高质量推进旅游公共服务体系建
　设的若干意见　59,71,419

革命文物保护　32,48,54,98,
　355

工业旅游示范基地　45,59,83,
　119,590

公共场所服务大提升　58,64

公共服务　19,38,69,71,99

公共图书馆服务大提升　72,133,
　417

公共文化场馆评估定级　70

公共文化服务体系　19,24,54,
　58,70

公共文化服务体系示范区（项目）
　　113,220,313,358,558
公共文化服务现代化　8,48,56,
　　69,114
共同富裕　2,8,22,35,47
古籍保护　74,135,475
关于高质量打造新时代文化高地
　　推进共同富裕示范区建设行动
　　方案　8,117
国际性旅游展会　93
国家级非物质文化遗产代表性项
　　目代表性传承人　534
国家级非物质文化遗产名录项目
　　437
国家级夜间文化和旅游消费集聚
　　区　48,57,84,115,559
国家文化和旅游消费试点城市
　　57,85,115,216,559

H

红色旅游　6,19,28,34,80
红色旅游教育基地　6,19,36,
　　80,592
红色旅游经典景区　366,383,
　　432,454,590
欢乐春节　59,96,138,139,442
获奖情况　67

J

机构改革　98,222
机构简址　595
祭祀轩辕黄帝大典　7,8,77,78,
　　116
甲级、乙级旅游民宿　80,118,
　　264,590
建党百年系列活动　23,27,36,
　　66,70
交流合作　21,49,59,73,90
节庆活动　83,84,159,173,210
景区城　16,19,21,22,592

景区镇（乡、街道）　16,19,21,22,
　　592

K

考古发掘　9,18,61,97,109
考古工作　9,24,32,58,96
科技创新　25,37,48,75,129
科技与教育　74
可移动文物保护　97,99,195,199,
　　204

L

历史文化名城　52,62,97,172,
　　524
丽水市革命遗址保护条例　13,
　　98,354,355,359
领航计划　23,47,56,63,467
旅游拔尖人才培育　60,102,126,
　　197,264
旅游度假区　17,21,52,79,111
旅游精品线路　19,36,83,94,
　　109
旅游市场　16,18,19,23,35
旅游休闲街区　52,59,79,81,
　　118
旅游业主要指标　512,514
旅游资源　16,19,22,44,45

M

满意图书馆　58,64,72,133,173
美术工作　67

N

年度要闻　96,123,126,128,131

Q

全国博物馆十大陈列展览　11,
　　33,99,111,259

全国博物馆十大陈列展览精品获
　　奖项目　259,561
全国文化先进单位　524
全国重点文物保护单位　20,53,
　　98,100,549
全民阅读　58,71,133,184,186
全域旅游　16,17,19,21,75
全域旅游示范区　16,17,21,22,
　　588
全域旅游示范县（市、区）　19,
　　79,117,184,588
群众文化　6,70,71,101,110

R

人才培养　19,20,49,66,67
人类非物质文化遗产代表作名录
　　76,437,473

S

上山文化　9,18,22,24,33
少儿服务　73
设施建设　24,70,72,82,135
社会文物管理　100
社会组织管理　20,88
诗画浙江　3,6,9,13,16
十大海岛公园建设　3,37,81,
　　116
世界看见・诗画浙江　13,96
世界文化遗产保护　17,32,96,
　　97,112
市场管理　16,19,86,181,187
首届联合国世界旅游组织最佳旅
　　游乡村　10,118,250
数字化改革　9,11,16,17,21
数字资源　73,79,116,134,141
四条诗路　19,22,59,61,81

T

特殊群体服务　73,425

厅属单位管理　101
图书馆事业　72,74,134
图书馆之夜　58,71,110,133,204

W

网络安全　76,130,160,407,412
微改造、精提升　4,24,37,46,79
未来艺术家计划　60
文保单位管理　96
文化标识　16,21,22,24,29
文化产业示范基地　23,478,560
文化传承生态保护区　18,24,48,
　58,78
文化发展指标　512,513,514,519
文化工作会议　2,41,47,54,56
文化和旅游 IP　49,57,83,108,
　176
文化和旅游消费　6,9,19,22,23
文化和自然遗产日　6,77,78,
　112,147
文化惠民　19,58,71,164,173
文化基因解码　18,22,24,29,71
文化走亲　19,56,71,174,175
文旅"金名片"　13,39,46,57,80
文旅融合　3,11,18,21,22
文旅统计　75,486
文明旅游　88,192,196,197,203
文物安全　5,18,25,31,32
文物平安工程　61,99,100,230,
　234
文物执法　99,100,241
文艺精品　2,8,18,22,23
文艺院团改革　25,37,39,48,57
五星级旅游饭店　59,87,110,
　249,317
五星级品质旅行社　59,87,193,
　227,593
舞台艺术"1111"人才计划　19,
　20,60,110,111

X

乡村博物馆　11,48,58,61,98
乡村博物馆建设　11,58,61,98,
　99
乡村旅游　10,19,21,23,49
乡村旅游重点村镇　280,385,589
乡村振兴　35,39,46,58,59
新鼎计划　49,60,62,142,147
新松计划　20,49,60,66,117
薪传奖　77,79,150,151,266
信息服务　21,39,72,73,206
信用监管　19,37,49,60,87
学术研究　53,74,130,134,141

Y

夜间文化和旅游消费　19,22,48,
　57,84
艺术创作　18,21,23,39,65
优秀案例　33,37,60,61,63
优秀非遗旅游商品　18,58,77,
　78,182
优秀剧目　22,53,65,66,67
阅读推广　71,74,177,213,224

Z

浙江·中国非遗博览会　6,58,
　77,79,234
浙江非遗保护 10 件大事　78
浙江好腔调　77,151,204,234,
　289
浙江山水旅游节　59,83,322,
　389
浙江省非物质文化遗产保护发展
　"十四五"规划　77,78,110,
　434,435
浙江省非物质文化遗产代表性传
　承人　264,267,284,360,540
浙江省旅游业发展"十四五"规划
　4,63,376,468,489
浙江省未成年人读书节　73,133
浙江省戏曲之乡　19,58,117,185,
　202
浙江文旅海外推广中心　93
拯救老屋行动　97,384,454,471
政策法规　63,72,83,101,444
职业教育　37,75,124,125,126
志愿服务　12,74,109,126,136
制度保障　96,403
智慧文化云　47,56,69,78,136
中国考古新发现　9,58,61,97,
　109
中国历史文化街区　53,549
中国历史文化名镇（村）　548
中国旅游日　59,83,111,134,176
中国民间文化艺术之乡　117,
　136,179,189,525
中国特色旅游商品大赛　12,83,
　99,115,202
中国戏剧梅花奖　10,37,66,111,
　294
中国县域旅游综合竞争力百强县
　市　12,79,247,269,296
中国义乌文化和旅游产品交易博
　览会　9,19,23,59,77
中国音乐金钟奖　10,67,117,123,
　124
中小学生研学实践教育基地
　78,191,299,300,310
中医药文化养生旅游示范基地
　59,83,118,217,591
重点项目　23,48,59,71,83
专业艺术　65,67
综合治理　60,86,117,130,176
最美文旅人　6,17,62,105,106